U0601943

新闻与传播学译丛·国外经典教材系列

创造性的采访

（第三版）

Creative Interviewing: The Writer's Guide to Gathering Information by Asking Questions (3rd Edition)

[美] 肯·梅茨勒（Ken Metzler） 著

李丽颖 译

中国人民大学出版社

·北京·

“新闻与传播学译丛·国外经典教材系列”出版说明

“新闻与传播学译丛·国外经典教材系列”丛书，精选了欧美著名的新闻传播学院长期使用的经典教材，其中大部分教材都经过多次修订、再版，不断更新，滋养了几代学人，影响极大。因此，本套丛书在最大限度上体现了现代新闻与传播学教育的权威性、全面性、时代性以及前沿性。

在我们生活于其中的这个“地球村”，信息传播技术飞速发展，日新月异，传媒在人们的社会生活中已经并将继续占据极其重要的地位。中国新闻与传播业在技术层面上用极短的时间走完了西方几近成熟的新闻传播界上百年走过的路程。然而，中国的新闻与传播学教育和研究仍然存在诸多盲点。要建立世界一流的大学，不仅在硬件上要与国际接轨，而且在软件、教育上与国际接轨，也已成为我们迫切的时代任务。

有鉴于此，本套丛书书目与我国新闻与传播学院系所开设的必修课、选修课相配套，特别适合新闻与传播学院系教学使用。如传播学引进了《大众传播效果研究的里程碑》，新闻采访学引进了《创造性的采访》、《全能记者必备》，编辑学引进了《编辑的艺术》等等。

本套丛书最大的特点就是具有极大的可操作性。不仅具备逻辑严密、深入浅出的理论表述、论证，还列举了大量案例、图片、图表，对理论的学习和实践的指导非常详尽、具体、可行。其中多数教材还在章后附有关键词、思考题、练习题、相关参考资料等，便于读者的巩固和提高。因此，本丛书也适用于新闻从业人员的培训和进修。

需要说明的是，丛书在翻译的过程中提及的原版图书中的教学光盘、教学网站等辅助资料由于版权等原因，在翻译版中无法向读者提供，敬请读者谅解。

为了满足广大新闻与传播学师生阅读原汁原味的国外经典教材的迫切愿望，中国人民大学出版社还选取了丛书中最重要和最常用的几种进行原文影印，收入“新闻传播学英文原版教材系列”中，读者可以相互对照阅读，相信收获会更多。

中国人民大学出版社

译者序

Preface

大约20年前，美国俄勒冈大学新闻传播学院的肯·梅茨勒教授发现，一些初次接触新闻采访的年轻记者害怕采访诸如消防队长、政府官员和不经意间被卷入新闻事件的普通人之类的对象。正是这个发现促成了《创造性的采访》一书的问世。之后，梅茨勒教授又从课堂和学术研讨会中汲取了数以千计的采访范例，对它们进行了细致的归纳和总结，从而对一些基本的采访技巧，例如如何发现问题，如何自然延伸与被访者之间的对话，以及如何策划一次采访，等等，有了更深层次的认识。再后来，梅茨勒教授在自由基金会（Freedom Foundation）的资助下，进行了一个科研项目研究，采访了许多一夜成名的人士。他把此项研究的结果，与他在新闻采访课堂和学术研讨会上多年积累的经验相结合，出版了《创造性的采访》第三版。

肯·梅茨勒教授在《创造性的采访》第三版中继续深入探讨有关采访的问题。他首先对采访中出现的主要问题进行了分析，随后给采访下了一个非常科学的定义："代表背后的观众，双方以对话的形式来交换信息，以达到任何一方都无法独自达到的知晓程度。"该定义强调了采访中"创造性"的成分，正是这种"创造性"突出了新闻采访中信息传播的规律——双向性和交互性。其实采访并不像我们通常在电视上看到的那样，记者与采访对象一问一答，这仅仅是表面的现象，信息的交换和流通才是采访的最终目的；记者在采访中也不只是一个问话机器，他代表的是背后的读者和观众的利益；采访过程是人与人之间自然的交流过程，采访的成功与否取决于采访者能否恰当地使用一些交流的技巧，当然最重要的还是采访者是否能够真诚平等地与被访者谈话。梅茨勒教授在书中强调了倾听、观察和营造和谐的采访氛围的重要性，并提出了具体的建议。

《创造性的采访》对采访的分析可谓面面俱到。作者结合实例说明了具体的采访步骤，并对如何策划采访，如何创造性地提问，如何使对话自然延伸，如何联系采访对象，如何记采访笔记，如何进行采访录音等具体的采访细节提出了细致、独到的建议。同时，作者还不忘从被访者的角度来谈论采访，提醒采访者在采访中要设身处地地为被访者考虑，这一点恐怕大部分国内的记者都未曾意识到。广播电视采访、人物采访、电子辅助采访、特定领域的采访、多重采访项目这几大项具体的采访领域也在书中被分章探讨。

“真实”是梅茨勒教授在本版中追求的境界。为此，他在书的结尾处用两章的篇幅强调真实的重要性。记者采访的道德标准在书中被给予了更多的关注。时下非常流行的一些不光彩的采访伎俩，例如采访时进行偷拍、欺骗、设圈套、打埋伏等，都在书中被作为采访道德问题提出来讨论。同时，作者还具体阐述了有关真实性的一些观点——娱乐界的名人和普通人如何看待这个问题，采访者怎样做才能更加接近事实的真相。可以说，梅茨勒教授在“真实”方面所做的努力是该书第三版与前两版的真正不同之处，也是新版的重要亮点之一。

《创造性的采访》多年来一直被美国各大院校的新闻院系作为专业教材使用，可见该书在新闻采访教育领域的影响力和权威性。对于新闻专业的在校生和新闻从业人员而言，《创造性的采访》无疑是一本必读之书；而对于所有对采访艺术感兴趣的人，阅读此书也定会有所收获。因为“采访”一词，在英语中的对应词是“interview”，衍生出来的词组有“job interview”（工作面试）——面试者与求职者之间的对话；同时商界人士在进行市场调查时也会借助“采访”的一些手段。由此可见，“采访”不仅仅局限于新闻采访的领域，它的应用范围很广，更确切地说，“采访”是一门艺术。而掌握了这门艺术的人，一定会跨越人际交流的障碍，实现与外界思想的自由沟通的目标。

李丽颖

前　言

Foreword

如果用两个字来说明《创造性的采访》第三版与前两个版本的区别，那应该是——“真实”。再多用一些字眼，那就是“力求真实”。25 年来，我始终将新闻采访作为一个课题潜心研究，也因此对它的真实性愈加关注。什么是“真实”？“真实”的定义到底是什么？如何将真实性应用于新闻工作？最重要的是，新闻工作领域里具体的采访活动日趋多样化，这到底是增强了还是妨碍了真实性的体现？是什么促使我们发生了上述这些思想转变？我想多半是因为这样一个事实，即今日的公众看到从事新闻采访活动的记者的人数越来越多，多过了以往任何时候。越来越多的广播节目采用了问答的形式，包括尖刻的谈话节目——通常变成了较量谁更能喊叫的比赛；或者是聪明人用一问一答式的对话来斗智斗勇，而这些最终都是为了搞笑；偶尔，你甚至能看到某些讨论公共事件的论坛类节目也采用了问答形式。所有的这些例子都表明，公众已经逐渐开始认识到，提问的性质决定了回答的性质。诙谐的提问得到的回答也是诙谐的；而挑衅性的问题则会招致防卫性的回答。在这样一个竞技场里，如何获得事实真相？在记者的工作实质上就是与采访对象唱对台戏这样的前提下，怎样才能保证事情的真实性？这个前提表明，记者与采访对象是敌人，在两者之间进行的采访就像一场象棋比赛，你攻击我防御，你前进我后退，你胜利我失败。但如果我们的采访目的就是公正地讲述事实真相，我们不妨重新考虑这些采访策略。

我喜欢把第三版的修订工作比作航向的稍稍改变，就像船长将舵向左或向右转动三四度。也许这种变化在起航时非常微小，但是途中的风景却大相径庭。这个版本对记者采访的道德标准给予了更多的关注。我在书中列举了时下非常流行的一些不光彩的采访伎俩，它们主要出现在电视上，比如隐藏起摄像机进行欺骗，设圈套、打埋伏，以及我用来概括电视上与日俱增的吵闹的谈话节目的一个词——歇斯底里。1990 年的一个研究项目给了我足够的启发，我开始把追求事件真实性作为一个新的问题而重点关注。我与那些经常接受媒体采访的人交谈过，尤其是那些一夜之间声名鹊起之人。人出名的一个“回报”就是——真的大名鼎鼎时——街头小报可以不经采访就对你妄加评论。我们可以想想这种做法的道德何在；而且当记者告诉采访对象“小声把答案讲给我听——这里就你我两个人”时，这个小声相告的答案却被成千上万的人听到了，这究竟意味着什么？因为采访行为的本身通常不被人们关注，所以一位新闻学教授把它称为“新闻道德领域的巨大黑洞”。正是因为上述这些原因，本书新增加了两个章节来讨论采访的伦理道德问题。第 20 章专门讨论道德问题，第 21 章增加了有关真实性的一些观点——娱乐界的名人以及其他人如何看待此问题、采访者怎样做才能更加接近事实真相等。

本版本的另一个变化是有关新技术方面的。众所周知，计算机网络系统使新闻记者的视野变得更为开阔、更为壮观。这就促使我为本书增加了一个新的章节——“电子辅助采访”（第 15 章），此章不仅形象地描述了用电子邮件采访在南极工作的一名科学家的过程，还谈到了一个崭新的采访领域——利用互联网进行采访。此章展示了新闻工作的一个全新世界。

本版本的另一个创新源于我对新闻媒体的采访对象所做的广泛的采访。相当多的个人经历从对方的角度——即采访对象的角度描绘出了被访者接受采访时的体验。我非常感激许多昔日的名人向我诉说他们的真知灼见以及他们的被访经历。其中有一位年轻的女士，名叫梅利莎·拉思本·科尔曼（Melissa Rathbun Coleman），她曾是美国陆军的第一个女战犯。梅利莎不喜欢当名人，也不喜欢媒体来关注自己。“我宁愿回到伊拉克的监狱中，也不愿意被囚禁在媒体为我设置的‘监狱’里。”她曾经这样说道。梅利莎曾经断然拒绝过 100 多次采访请求，其中包括菲尔·多纳修（Phil Donahue）和莫里·波维奇（Maury Povich）的采访，但是接受了包括我在内的少数几个人的采访。梅利莎的经历体现了新闻信息收集方面高超的和低劣的两类技巧，有关她的故事详见第 20 章。

本版本还提供了一些最新的例子和与最新研究相关的参考资料，包括三项关于新闻采访的最新专题研究。但是，也有一些例子自第一版起就没有更换过，因为读者反映说这些例子有训诫之用。我们仍然在谈论用泼咖啡的办法来赢得采访对象更多信任的问题。这已经成为了一个标志，蕴涵着一个采访真理——如果你希望采访对象说出他们的弱点，就要先表现出自己的弱点。

写这本书的初衷源于我们发现新闻专业的大学生害怕在他们认为“正式”的采访场合下与人们交谈。也正是由于这个原因，在我的杂志文章写作课上，他们的作品又枯燥又平淡，文章展现的往往是一幅贫瘠雪原的抽象画面，而不是人性化、生活化的具体经历。所以我希望这本书，以及建立在这本书基础上
xi 的课堂实践活动能够使你消除采访工作中的“正式”感。采访不过就是人与人之间的交谈，有时甚至是赤脚人之间的交谈。我希望这些经验能将你领进一个精彩的世界。新闻采访绝不是“冷酷”的行业。它非常有趣。它鼓励你去结识陌生人——正如马克·吐温所说，结识在平常环境下你不可能结识的人们，有在位的国王，也有监狱里的囚犯。

信息的出处及感谢

这本书的信息来源极其丰富——除了记者、编辑、社会科学的研究人员，还有从部长到杀害幼童的凶手等各类人士。这些采访对象的材料堆积如山，我绞尽脑汁才将其进行筛选后整理到合适的章节里面。除了新技术方面，任何纪实性书籍的信息出处都遵循了一定的标准。我做的工作包括：查阅第一手的资料（未经发表的）和第二手的资料（发表过的）；找合适的人——能够让自己开阔眼界的那些人——交谈；询问大量的问题；埋头研究别人的经验之谈；观察；做实验——非正式或者是系统性的实验，还要将实验的结果记录下来；然后，再将这些形形色色的零星信息拼凑成一篇文章，让文章去体现自己要传达的信息。

置身其中？在从事新闻学专业研究的 40 多年来，我一直通过提问来收集信息；同时我也曾接受过学

生记者以及专业媒体的多次采访。

实验？我经常在俄勒冈大学的采访课上做实验，甚至鼓励学生尝试“失败”（实验过程取得了很好的效果）——让他们尝试在采访中使用一些特殊的方式，如故意大声地、态度傲慢地提问，目的是看一看这样的方式是否能比本书中介绍的轻柔的、宽容的提问方式更有效地从采访对象身上获取信息（当然事实并非如此）。也有一些实验不幸失败了。有几次，我尝试着与报社记者交谈，让他们谈谈采访时的内心感受——与记者提问运动员时的方式大体一样：“当你接近 5 000 米赛跑的终点，即将打破全国纪录时，你在想什么？”我想，记者们喜欢问别人这样的问题，但是他们自己未必喜欢回答这样的问题。

与人交谈？我曾采访过记者，当他们发现自己被媒体的闪光灯包围时，几乎毫无例外地因为接受采访而变得十分紧张。一些人承认他们当时的感觉已接近恐惧。曾经两次荣获普利策奖的记者乔恩·富兰克林（Jon Franklin）说：“如果有人向我提出采访的请求，就像是在我面前亮起了红色警报。”这样的反应似乎为“讽刺”一词又增加了新的含义。

观察？那很容易。看电视——如果每天晚上都能坐在电视机旁，谁都能体会到最出色的和最拙劣的采访技巧；观看采访的录像带；倾听印刷媒体记者的采访录音带；或者阅读采访的文字记录；观看新闻 xii
发布会；甚至留心普通市民互相提问题的方式（当然经常是拙劣的，带有片面性的主观臆想）。

参考文献？随着有关采访经历和采访实验的报告不断涌现，参考文献的数量也随之增加。大多数的研究成果不是来自新闻和大众传媒领域，而是来自学术领域，如心理学、人类学等社会科学领域。不过一些新的研究却直接与新闻界有关。

综合？本版本在新闻采访方面所提出的新视角进一步肯定了在三个版本中大致保持不变的一些采访原则。例如采访前做充分准备，热心地、不加任何评判地倾听，饶有兴趣地回应，追问——总而言之，这些仍然是非常恰当的采访方式。

每一位作家都会感激那些为自己的材料准备慷慨相助的人。如果把过去 25 年来曾参与过采访研究班和讨论会的学生和专业记者们都算在内的话，在此应当得到感谢的人可以列举出几千名。我曾举办过多次这样的研究班和讨论会——从纽约到新西兰——每一次我都能从中受益。

我在写作本书时，作了广泛的阅读。本书所参考的书籍和文献都列在了“参考文献”当中。

据估计，就“与媒体关系”这一主题，25 年来我采访过大约 300 个采访对象。其中大约有 200 次采访都是在 1990 年以后，在“自由论坛”（Freedom Forum）的赞助下通过电话来完成的，在此我深表感谢。新版中直接引用的言论的出处都列在了书的后面。同时，我还要对以下人士进行特别的感谢：

迈克尔·特尔（Michael Thoele），俄勒冈（Oregon）作家，前新闻记者，杰出的采访人。多年来，我从迈克尔处借鉴了许多新闻采访的原则，我承认连我自己都搞不清哪些原则是我自己的，哪些原则是从迈克尔那里借鉴来的。

唐·比绍夫（Don Bishoff），俄勒冈州尤金市（Eugene）《记录卫士报》（*The Register-Guard*）的专栏作家；《俄勒冈人》（*The Oregonian*）的杰克·哈特；尤金市的梅洛迪·沃德·莱斯利（Melody Ward Leslie），记者兼完美的受访人。

吉姆·厄普舍（Jim Upshaw），艾伦·斯塔维斯基（Alan Stavitsky）和卡尔·内斯特沃尔德（Karl Nestvold），均为俄勒冈大学专攻广播电视采访与报道的教授同仁——他们曾对广播电视的采访方法提出过建议；汤姆·比维斯（Tom Bivins），我的另一位大学同事，感谢他为本书做了插图；约翰·鲁西尔（John Russial），也是我的大学同事，前报社编辑，他承担了全书的编辑工作，并为几个章节做了精心的校对，修改打印错误，并提出了中肯的建议。

史蒂夫·庞德（Steve Ponder），曾经与我一起沿河漂流的好朋友，从互联网上为我精心挑选了一些教科书的样本，对此深表感谢。

俄亥俄州立大学（Ohio State University）的莎伦·布罗克（Sharon Brock）——感谢她阅读本书并 xiii

提出了有价值的建议（我们曾就"什么是真实"这个问题通过电子邮件热烈地讨论过，虽然我们的意见从未达成过一致）。

利萨·麦考马克（Lisa McCormack），华盛顿前报纸作家，感谢他介绍我结识了许多重要的人物。

感谢本书前两个版本的热心读者——约翰·L·格里菲思（John L. Griffith），戴尔·布林克曼（Del Brinkman），阿尔·赫丝特（Al Hester），肯尼思·S·德沃尔（Kenneth S. Devol），大卫·鲁宾（David Rubin）和约翰·F·狄龙（John F. Dillon）。

特别感谢 Allyn & Bacon 出版公司的编辑乔·奥佩拉（Joe Opiela），一名鼓励型的编辑——作家最愿意碰到的那种。

尽管过去了许多年，我仍然要感谢《檀香山广告人报》（*Honolulu Advertiser*），它在 1974—1975 年——我的休假期间，慷慨地接受我为"特殊作者"。也正是这段经历给了我启发，使我写出了《创造性的采访》的第一版（1977）。

我的妻子，贝蒂·简（Betty Jane）——感谢她作为我终生的朋友。

还要特别感谢我的三个孩子。在他们小时候，他们在我写作时努力保持安静，对此我非常感激。现在他们都已长大成人，成为有所成就的公民，并在各自的岗位上工作得很出色。芭芭拉（Barbara），我们的第一个孩子，工作于加利福尼亚州门洛帕克市（Menlo Park）的一家名叫"战略决策集团"的商务咨询公司。本书的第 8 章谈到了如何为一次重要的采访做准备的问题，并虚拟列举了一名优秀的公司经理人的例子，芭芭拉作为顾问帮助解决了许多问题。斯科特（Scott）是俄勒冈州尤金市的一名工程师，他管理着一家名叫 Biggs Cardoza 的公司，这是加利福尼亚工程公司的分公司。他对"技巧谈话"的本质发表过深刻的见解——记者在报道公共事件时必须要掌握的技巧。道格（Doug）是年龄最小的孩子，就职于西雅图（Seattle）附近的微软公司。他耐心地教我学会如何上网，并且帮助我完成了第 15 章——电子辅助采访的写作。与道格一起帮助过我的还有他的计算机同仁，旧金山（San Francisco）的埃里克·斯旺森（Eric Swanson），以及俄勒冈大学新闻与大众传播学院的计算机天才米克·韦斯特里克（Mick Westrick）。

其他为本书的写作做出过贡献的人的名字都列在了后面的章节中。这里必须要强调的是，本人对书中可能出现的所有错误承担全部责任。

肯·梅茨勒

目录

第1章

你的采访问题何在

问：你对人类的未来有什么看法？ 1

答：我关心这个干嘛？我刚刚吞下了一片含氰化物的药片。再过 20 秒我就死了。

问：!？……那么……我想问问你有什么爱好——你参加什么体育活动吗？

你在采访中经常遇到问题吗？让我们来看看一位名叫娜拉·维拉格兰（Nora Villagrán）的年轻女士曾经遇到过的尴尬。这位女士正要开始她的第一次采访，当时她刚刚在《圣何塞新闻信使报》（*San Jose Mercury News*）担任娱乐记者。她要采访的是一位民谣歌手——琼·贝兹（Joan Baez）。那天早上她穿上白色套装，套上长筒袜，踩上高跟鞋，匆匆赶往和要采访的第一位明星商量好的约会地点。

意想不到的问题出现了。在去采访的路上，她从一连串台阶上跌了下来。虽然只蹭破了点儿皮，但她的白色套装却被血浸红了，长筒袜也破了。

怎么办呢？回去换衣服，修补刚才的一切损失？——没时间了。

取消这次采访？——下次可能就没机会了。

最后，她毅然决定前往。她衣着不整地出现在琼·贝兹的门前。歌手是光着脚来开门的，一看到维
拉格兰，她就惊叫起来："怎么回事儿？你是遭车祸了，还是被抢劫了？""两者都不是。"她答道。接下 2
来她给贝兹讲了事情的经过，于是贝兹把她让进自己的洗手间整理衣服和处理伤口，甚至还为她肿起来的脚踝准备了冰袋。

贝兹还建议维拉格兰脱掉鞋子和破口的长筒袜。采访还是算了吧，贝兹对维拉格兰说，如果非做不可的话，拿贝兹的话来说："只不过是两个赤脚女人在聊天。"

只不过是两个赤脚女人在聊天。在后来回顾这件事的时候，维拉格兰总结说，这是她所经历的最出色的采访之一，双方都以极大的坦诚投入到采访和被访中。看似灾难的事情使采访发生了彻底

的转机，她亲眼目睹了一位赤脚的明星所展现的不同寻常的坦诚——而这一切竟然源于自己的“衣冠不整”。

这种情形的发生并不稀罕。维拉格兰曾经修过采访课程，并从课堂讨论中听到过类似事件，她说，是“泼咖啡”的故事给了她灵感，使她下定决心做完这次采访。

在我所教的俄勒冈大学采访课上，多年来一直在讨论“泼咖啡”的故事。这个故事涉及另外一位名叫安·科里（Ann Curry）的年轻女士，她后来成为全国广播公司（NBC）驻纽约分部新闻部主播兼记者。为了完成一次课堂作业，科里采访了一位当时声名显赫的女商人。在开始时谈话没有产生她所期望的坦诚。于是科里建议去附近的一个咖啡店去坐坐。当她们肩并肩地坐在吧台前的时候，感觉到能够比较平和而自然地谈话了。接下来科里在用手势强调一个要点的时候把咖啡给打翻了。她正在为大煞风景而感到懊恼的时候，却吃惊地发现那位女士开始比较真诚地谈话了。科里的失态反倒使这位女士放下了她尊贵的架子。一瞬间两位女人开始侃侃而谈起来。

这个故事刻画了人性中某些不可预测的、出乎意料的成分。从这个故事中我们至少可以分辨出两个事实。一个是，如果你需要的是坦诚——是人性化的反应，而不是有防御倾向的夸大和虚假的外在敷衍——那么就尝试在对话中暴露一下自己。另一个是，为了追求采访技巧的完美而做的努力，往往容易破坏采访的坦诚性。谈话时最好就只有两个人，这种放松的非正式场景使得人性的多方面得以展现。最好的记者往往能够从被访者的人性化回答中，品出其出人意料的成分，并且在适当的时候把它传达给听众。

“泼咖啡”的故事成了采访课上的一个经典案例。你是否也遇到过这样的事件？以前也有一些学生报道过类似的事件。在佛罗里达，记者斯科特·马特尔（Scott Martell）身穿蓝色牛仔裤和脏兮兮的T恤衫，脚踩破旧的网球鞋，出现在人人都系着黑领带的庄重场合。他本来是想驾驶一艘渔船去做一个追踪
3 报道，但暴风雨让他不得不放弃了这个计划。报社又把他安排到一个家具商店的开幕式上。没人告诉他这是一个正式场合。但今天回顾此事的时候，他却认为这是他最成功的采访之一，虽然他至今也搞不明白这是为什么。

这些故事都说明了较高境界的坦诚往往不是产生于正式的采访场合，而是源于“两个赤脚女人在聊天”这样的场景。通常我们在电视上看到的采访太过拘泥于形式，以至于一位颇为精通口述史采访的权威人士声称，他从电视节目《会见新闻界》（*Meet the Press*）中的确学到了很多。他的体会是——先研究记者们的提问技巧，然后反复去做。

有时你的确会发现记者与你保持着距离并且充满敌意——可能他们认为这就是面对名人和政府高层官员时应该采取的态度。但大多数人会对平和、友好的提问方式报以最大限度的真诚。记者们经常以敌对的态度发问，但通过对提问技巧的研究表明，不带个人判断的提问方法对于增强对方的信赖和坦诚，作用是最为明显的。它说明你不是来做判断的，来讨论的，来破坏的，而是来倾听的，来核对事实的，来学习的。当采访对象发现你不是以法官或陪审员的身份而是以一个学生的身份来了解“人类事务”时，他们就会表现出较大程度的坦诚。

在这样的情况下，职业记者应该能够和现实的人谈论现实的问题——这是我对电视采访记者芭芭拉·沃尔特斯（Barbara Walters）写的一本书的名字所做的解释。谈到人群中最可鄙的两种人——强奸犯和猥亵儿童者——问问你自己：你能不含鄙视地采访这两类人吗？比较一下对此问题肯定回答的程度，反思自己是不是一名职业的采访记者。这种职业性并不要求你赢得一场辩论或者表现出道德上的高尚，而是要求你从与采访对象的接触中学到一些东西，从而能够和以后的读者一起来分享。

这几个事例所展示的事实确实存在，而且也有那么多的年轻记者声称他们在采访中确实存在着问题。“我真希望所有的话都由我的采访对象来说，”一个学生曾经说道，“这样我连问题都不用问了。”

25年来我一直在教新闻采访，采访时所使用的技术设备发生了变化，但采访中存在的问题却一直没

变。现在使用掌上电脑做采访记录的记者，在与沉默寡言或者喋喋不休的采访对象打交道时，他们一样有无能为力的感觉。当你对一个意料之外的回答无法继续发问时，如何避免由此而引发的令人尴尬的沉默呢？难道就按你的提问单上的下一个问题来发问吗？就像在本章开头，由于记者的提问没有衔接上采访对象出人意料的回答，这让人感觉到他很机械。

我们做过问卷调查，对象是这些年来在大学里上过新闻采访课的 1 500 名学生。一类问题是记者认识并有切身感受的问题；另一类是隐性的，即客观存在但易被新记者忽略的问题。

4 

显性问题

首先来看看年轻记者在问卷调查中所界定的一些问题。

缺乏自信

学生们描述这类问题的方式丰富多样。“其实我只是只小鸡。”这是一位女士的说法。“我希望在采访中能够找到避免出冷汗的方法。”另一位男士如是说。无论表达的方式有什么不同，对于采访新手来说，这都是一类问题。这么多年来的评论表明，大约有 1/3 的女士和 20%的男士承认有过这类问题出现。“我认为，大多数人在采访中感到不舒服，这似乎是人类与生俱来的天性，”一个学生暗示道，“虽然他们在正常情况下完全可以与其他人进行愉快的交流，但一旦到了所谓的正式场合，他们就会表现出紧张和不自然的情绪。”

但这个问题只是暂时的。大部分学生发现，能够导致愉快交流的社交技巧也在采访中扮演着重要角色。你要是知道有那么多的著名记者也承认自己面对采访对象会羞涩，你一定会感到吃惊。比如说，芭芭拉·沃尔特斯，菲尔·多纳休（Phil Donahue）和盖伊·塔利斯（Gay Talese）（Huber & Diggins，1991。具体出处见参考文献）。

获取完整的信息

“我和我的采访对象谈话很愉快，”一位学生记者抱怨道，“但当我坐下来写稿子的时候，我意识到我并没有什么新鲜和有趣的东西可写。”要解决这个问题可不容易。但是随着经验的积累，你就会发现以下的这些事项会对你有所帮助——为采访做准备，认真地倾听，最重要的是，能够识别谈话中“新鲜的和与众不同的”东西。

知道接下来要问什么问题

一个学生解释道：“我问了一个问题，我得到的回答完全出乎意料——我真的不知道接下来该说什么。”这样的事情真要发生了，你该怎么办？我的回答是：“你的回答真棒！请再说得具体点儿，好吗？”

做 笔 记

现场的采访笔记不同于课堂笔记。首先，你必须能够识别谈话中的要点并把它们记录下来。由于在非正式谈话场合中，人们无法把自己的想法组织成正式语言，所以这就显得不太容易。其次，你必须记录下一些证据——丰富的引用、分析性很强的逸事、事实、数据——一切用来支持论点的必要论据。一边倾听，一边记录，还要同时保持谈话的进行，这实在不容易。一心不可二用嘛！解决这个难题的方法可以是学会速记（或者发展你自己的速记方法），也可以使用一些录音设备，或者是把录音和手写结合起来。关于这点的详细内容见第 12 章。

5 ## 应对沉默寡言的采访对象

学生们认为这是一场可怕的噩梦——你问的所有问题都是恰当的，但得到的回答不是简单的只言片语，就是沉默。人与人之间谈话的学问是很深奥的，谁能解释得清为什么某个采访对象表现得如此难以沟通？采访对象接受采访的态度经常折射出采访者的态度。如果采访对象以自己特有的傲慢来应对媒体的傲慢——保持沉默，谁又能责备他们呢？然而有一个讨巧的方法值得重视——由于大多数人都会对某种特定的事情感兴趣——比方说政治、体育、投资、钓鱼、旅行等，从中找到共同的兴趣点，会有助于谈话的顺利进行。

应对喋喋不休的采访对象

有些人的嘴巴像马达一样，陷在一些微不足道的小事里不能脱身，却对记者的提问回答不到点子上。打断他们也许不太合适，但寻找有创造性的解决途径却是必要的。曾有一位记者采访一名官员——一位出了名的话匣子，采访是在这位官员刮胡子时进行的，当理发师在官员的嘴边工作时，记者抓住时机赶快提问。这位被访者就是西奥多·罗斯福（Theodore Roosevelt）。

以上六点并不能穷尽学生们观察到的所有问题。其他的问题还有：

- 开始和结束一次采访
- 询问敏感问题或尴尬问题
- 6 采访的准备工作
- 与被访者建立轻松和谐的关系
- 重要人物采访的保密工作
- 拿一个学生的话来说："完美的问题就是当我提出它时，能够使采访对象消除心理障碍，不需我再问任何一个多余的问题，他们就能以极高的坦诚来说出内心深处从未公开过的见解。"

类似这样的问题都不错，这在以后的章节中会得到充分的论述。

"议员先生，在那个问题上我能引用您的原话吗？"

隐性问题

对于大部分问题，学生都是有感觉的，只是这些问题都是隐性的，还未被完全认识到。基于25 年来对学生记者具体实践行为的观察，我对这类问题做了如下的汇总。

由于害怕背上无知的名声，对提问普遍感到反感

亚里士多德（Aristotle）曾经说过：“真正的学习往往伴随着痛苦。”人们正因为在求知时感到不自在，所以总是试图填补知识上的沟壑。曾经有多少男人（数目比女人多）开车时宁肯多走几个街区的冤枉路，也不愿意停下来问一问。不幸的是当人长到一定年龄的时候，原本自然的、天真的好奇心却变得好像有些过时了。

提问题是痛苦的，这已经很糟糕。但不提问，问题会更加糟糕。中国餐馆的签饼中夹的写着智慧文字的小纸条曾经写着：**不耻下问**。另有一句中国谚语也表达了同样的见解：**勤问者愚一时，不问者愚一生。**

不能明确陈述采访目的

这涉及如何使一个跑题的采访对象重回采访正轨的问题。这就要求你知道正轨是什么——也就是说，你采访的明确目的是什么。如果你确实知道并能把它解释清楚，爱跑题的采访对象可能就不会这么轻易地迷失方向了。或者即使是他的谈话跑题了，你也能很快把它带回正轨。

这个问题表现得非常突出——至少前几组是这样的。那几组中至少有一半的采访对象抱怨说，当他们尽力回答问题时，根本就不知道为什么采访者要问一系列这样的问题。结果他们感觉有点儿不舒服：采访者到底想了解什么？为什么想了解它？一些采访对象努力猜测着采访者的意图。一旦猜错了——经常是这样的——他们的回答就很不到位，跑了题还不知道。怎么能知道呢？因为从来没有人告诉他们。

7 对人对物缺乏热情和天然的好奇心

大部分采访对象都能很快感受到采访者对相关话题的感兴趣程度。一旦感觉对方兴趣不大，为了避免和心不在焉的人说话产生痛苦，他们就会草草地应付了事。在 1991 年出版的《采访美国顶尖采访记者》（*Interviewing America's Top Interviewers*）这本书中，“好奇心”是 19 名全国著名记者评价自己的工作时使用频率最高的词（Huber & Diggins，1991）。美国广播公司的芭芭拉·沃尔特斯在书中列举了好的采访必备的三个因素：好奇心、倾听和做作业。该书作者盖伊·沃尔特说：“在采访中，好奇心是第一步。”

不能倾听

如果有某些迹象表明采访者没有在倾听，那么采访对象所表现出来的沉默寡言或者托词回避，

可能就是对此的回应。这些迹象通常很明显，包括目光交流的缺失，慵懒的体态，过量地记笔记，话说得太多，过多的无理的争辩，缺少衔接问题，面无表情，以及一系列表现内心焦灼的体态，比如点手指，叉着腿坐，或者晃脚。相关内容详见第10章。

缺乏准备

没有做准备，采访时必然会感到紧张。你怎么能知道要问什么问题呢？就像一名没有认真学习而应付考试的大学生一样，你会感到装备匮乏。准备工作包括了解以前都发生了什么——事件的历史背景。可以阅读以前的一些有关你的采访对象或采访主题的文章，也可以初步采访一下了解你的采访对象的人。准备工作还包括确定你要获取什么样的信息，以及什么样的提问能够帮你得到该信息。

不作深度探究

有经验的记者都知道采访中最好的提问往往出现在他们不知道该问什么的时候。你准备好的第一个问题不会产生最好的答案。问题一的答案帮助产生问题二，以此类推，直到你接近问题的实质。对采访准备得越充分，就越容易在现场即兴草拟出新的问题。这些即兴问题可能不会像拟定好的问题那样字斟句酌，但这并不重要。重要的是采访中的倾听和思考，并能在思考的基础上提出新的问题。

提问含混

大学生的思维倾向于归纳和推理，因此他们的采访和写作往往不能实现只有具体细节才能营造出来的戏剧化和冲击力。他们永远都在问着学术味道很浓的问题，例如下面对一个酒鬼戒酒以后的采访：“你认为嗜酒是不是一种疾病？”这样的提问只会让采访对象的回答同样抽象和无聊。相对而言，记者所需的是支撑抽象的具体细节，
8 一位编辑称其为具体的栩栩如生的意象。对刚才那个戒酒的酒鬼的提问，如果变成“能不能谈谈你在嗜酒的这15年中总共喝掉了多少酒精”这样的问题，就可以说我们这群学生的采访做到了另辟蹊径，颇有创意。这计算起来可不太容易，但答案的戏剧成分很强：“葡萄酒、啤酒、威士忌加起来大概有2 000加仑[①]，为此我失去了50个工作、2个老婆、11辆轿车，以及相当大程度的自尊。”

不修边幅

一个大学生试图就女大学生的情感问题写篇文章，她尝试着去采访了一些顾问和医生，但都碰了钉子。有人建议她穿得正式些——不要老穿着破旧的牛仔裤和褪色的T恤衫这样的校园制服。“穿得职业些。”他们建议道。她照此去做，成功率果然大大增加了。

① 1加仑约合4.55升。本书脚注均为译者注。

主题先行

有一些记者倾向于先下结论，接下来对事件的调查只是为了验证他的结论。檀香山的一位商人把记者分为两类："倾听者"和"武断家"。他说，武断型记者"经常置你于对立的一面"。他们似乎已经拥有了所有的答案，因而仅仅是想要你证实他们的想法。倾听型记者真正地在倾听。他们从不同的角度来考察问题——外部的，内在的，与它相关的，以及关于此问题还要不要和其他的什么人聊一聊，等等。

懒　惰

有些记者——可能就是抱怨采访对象枯燥乏味的那些人吧——他们本身的提问又死板又欠推敲，却希望能够得到精彩的、戏剧性的、富有高度愉悦感的回答。这类事情偶尔会发生，尤其是当你遇上一些想对外宣泄的采访对象时，同时这些人的自我意识比较强，为人又比较热情。他们可能是政客，也可能是公共事务的热情参与者，或者是作家，甚至可能是磨斧子的人。但记者通常一定要做好准备工作，确定目标，以避免游离主题的、肤浅的采访结果出现。

第2章 何为采访？

9 问：能采访一下您吗？
答：最好别了，咱们聊聊就行了。

无论如何，最好别提采访这两个字。“采访”容易使人联想到这样的场景：咄咄逼人的记者正在审问一位恼羞成怒的官僚，或者是一群喧嚣的记者穿过法院大厅大声追问某个引起新闻关注的倒霉蛋：“陪审团的判决使你感到震惊吗？……你打算上诉吗？……你现在的感受如何？……”

在电视新闻中所见到的这些场面，使新闻采访的真实性质变得有些模糊。难怪年轻人在理解这个概念时有些困难。采访的本质为我们提供了多种视角。采访仅仅就是有问有答的对话，而为了使其成为新闻，只需再加上“代表背后的观众”这样的字眼。于是采访就是“代表背后的观众，为获取信息或交换信息而设计的对话”。

然而采访的确不仅仅是一些简单的技巧：这就是问题，那就是答案。学生们经常问：“如果采访对象只回答是或者不是，那该怎么办?”或者：“面对态度敌对的采访对象，不停地针对我们两年前发表的某篇社论抱怨时，又该做怎样的应对呢?”

这些问题都不太好回答，因为采访是人与人之间多层面的对话。采访拥有不同的层面——意识层面和潜意识层面，语言层面和非语言层面。采访在多数情况下，看起来好像只是被访一方单独为简单的问
10 题提供冗长的答案。但非语言交流常常胜过语言交流。采访对象会从一些符号中解读出某些含义。比如说，皱眉、回避的眼神、微笑或者是点头。很明显，皱眉、回避的眼神和面无表情会降低采访对象的兴致，而微笑、点头和视觉接触会增强他们回答问题的兴趣——虽然事实并非总是如此。除了这些，还有100个因素会影响到采访对象的回答，甚至会导致只回答“是”或者“不是”的倾向。

所以本书不会只提供一些简单的采访技巧——这就是问题，而那就是答案。本书也不会只鼓励你沉

浸于所谓的“填空采访”（“fill in the blanks” interviewing）。你应该知道这样的采访是怎么一回事。问一个准备好的问题，不管得到什么样的回答，再接着问下一个准备好的问题。按照这种程式，很快你就会无话可说。这类采访属于最糟糕的单层面型，计算机就可以完成。一些计算机程序已经开始协助报社的体育部来处理一些日常的体育报道了。

不带个人评价的倾听——一条基本原则

是什么使人际间的交流能成功进行呢？心理医师卡尔·罗杰斯（Carl Rogers）和助手 F. J. 勒特利斯贝格尔（F. J. Roethlisberger）在为《哈佛商业评论》（*Harvard Business Review*）撰写的一篇题为《交流障碍与交流通路》（Barriers and Gateways to Communication）的文章中，提出了两个理论（Rogers，1952）。

他们在第一个理论中指出，只有在 A 说服 B 相信他或她所说的话是真的的时候，交流才是成功的。而第二个理论则指出，只有当 B 能让 A 说出他或她的真实想法和感受，同时并不在意 B 是否相信时，交流才是成功的。

我们可以把第二个理论运用到新闻采访中。让采访对象说出他们的真实想法和感受，而不是让他们反复思量自己的谈话内容。把这条原理应用到你能想象到的最极端的例子上——采访一名强奸犯或者一名猥亵儿童者。在电视上，谈话节目的女主持人奥普拉·温弗里（Oprah Winfrey）曾经电话“采访”过州立感化院的一名猥亵儿童者。讨论才进行了一小会儿，她就表达了对这个犯人的蔑视。犯人反抗道：“你根本就不让我说话。”而主持人喊道：“你真是卑鄙无耻！”观众中爆发出响亮的掌声。或许主持人的表演很精彩，但这样的采访实在过于拙劣。

如果采访的唯一目的就是显示采访者道德上的高尚，这样的采访又有什么意义呢？一次好的采访的目标应该定位在从采访中获取一些值得和观众共享的东西。如果把理解而不是指责和评判作为采访目标的话，我们甚至可以从社会的最底层那里有所收获。一位精神治疗家曾经说过，优秀的记者一定要在满足采访双方的自尊心上做努力。

记者如何获取信息 11

作为美国人的独特发明的采访，决定着当今媒体采集新闻的方式。据估计，记者掌握的信息的 75%～80%都来自采访。但过去并非如此。在美国报业近 300 年的历史中，采访只是新近的发明，最初它并未受到足够的重视。最早的记者获取信息靠的是文献和公共演讲。虽然记者们经常和公共官员谈话，但他们很少在报道中提到这些谈话。有关采访起源的问题在史学家中间曾经引起过争论。有人认为 1836 年对詹姆斯·戈登·贝内特（James Jordan Bennett）的采访是历史上的第一次采访［《纽约先驱报》（*New York Herald*）］，也有人认为源头是 1859 年对霍勒斯·格里利（Horace Greeley）的采访（《纽约论坛报》）。

采访是新闻报道的基础——这一点毋庸置疑。在 19 世纪 60 年代，采访官员，公开他们的姓名，在报道中引用他们的话等做法变得引人注目。然而并不是所有人都赞成这种做法。当代评论家，《国家》（*The Nation*）的编辑 E. L. 戈德金（E. L. Godkin），就将其比喻为“陈腐的政客和报社记者共同欺骗的产物”——这是当时普遍的反应，尤其是在海外。然而，新闻采访很快就得到了普及，尤其是在安德鲁·约翰逊（Andrew Johnson）总统亲自接受采访，并同意自己的话被报纸引用之后。采访进一步赢得了声誉，甚至有些声名远扬，1871 年，《纽约世界报》（*New York World*）的一名记者在第一时间采访教皇庇护九世（Pope Pius IX）。“教堂和媒体握手了！”《世界报》欢呼道。（Schudson，1995）于是，越来越多的记者开始使用采访的手段，而且一直持续至今。虽然它的尝试者们也承认它的缺陷，例如采访者的偏见，被访者的人为操作，引用的一些只言片语却要代表采访对象说的整段话——这被看作采访与生俱来的缺陷。

一直以来，收集信息还有两个方法，那就是资料研究和新闻观察。记者们可以借助资料来写报道，也可以用它来准备采访。但资料对采访只起辅助的作用，不可能替代采访。新闻观察也是如此。单纯的新闻观察，根本就不能帮助人们写出新闻报道（即便是体育报道也强烈地依赖赛后的采访）。但在为细节描写提供素材上，观察却是非常有用的。

当然，采访的应用领域很广，包括咨询、求职、口述历史、民意调查、医疗、执法、学术研究，还有数不清的以获取信息为目的的商务或私人谈话。它甚至还包括所谓的“说服性采访”（“persuasive” interview）——买汽车时会遇到的采访类型。这类采访大多遵循着相似的原则。事实上，有关新闻采访的大部分知识都来自于学术领域的研究，而非新闻业的实践。

12 什么是新闻采访

我们曾经把新闻采访称作“代表背后的观众，为收集信息而进行的谈话”。下面就是它的运行方式：

一名电视记者给州高速公路巡视办打电话，询问有关一起严重的交通事故的情况。记者按照典型的事故报道的采访模式进行提问。提问是这样开始的：“今天下午，一场致命的汽车冲撞导致当地一名居民丧生……”传统新闻报道的标准是：谁，做了什么，在什么时间，什么地方，怎么发生的，以及为什么（5W）。于是电话采访遵循了这个模式：发生了什么？（有细节说明轿车是如何失去控制，冲向陡峭的岸边，最后跌入河中的）事故都牵涉到哪些人？（采访对象给出死者和伤者的姓名、年龄和地址）什么时间发生的？（今天下午 3 点左右）在什么地方？（提到具体的地点）怎么发生的？（汽车在又湿又滑的公路上失控了）为什么发生？（一个原因是公路滑，另一个原因是司机喝酒了）

记者还问了几个问题，以便使事件的前因后果更加清晰。警方正在进行调查吗？会起诉喝酒的司机吗？还有什么不寻常的事情发生吗？（“你问得好。好像有个年轻的过路人跳进河里救出了困在车里的小孩……”）而这条新信息会使当晚 6 点钟的整点新闻的报道重点转向：“高速公路发生惨剧，河中上演营救一幕——接下来，我们将分析事件背后的原因……”

创造性的采访

“创造性”这个词在本书的书名中出现，主要是为了重新规范新闻采访的定义。这里它的定义应为：“代表背后的观众，双方以对话的形式来交换信息，以达到任何一方都无法独自达到的知晓程度。”

大多初次接触采访的记者都把自己已有的知识想象成零，认为准备和提问能够帮助他们了解一个主题或事件，从而帮助形成采访中的问题。然而，随着阅历的增长，记者在采访中会展现出越来越高的知识水平。一位经验丰富的体育记者或许要比正在接受采访的年轻的大学四分位队员更全面地了解橄榄球——记者可以从历史的角度来拓展采访的范围和深度——这名四分位队员的身上有乔·纳马斯（Joe Namath）过去的许多优点，记者的提问要反映这一点。

创造性采访的另一方面集中体现在运用想象力来挑选你的采访对象，并整体策划你的提问。当一组女性杂志就发表《权利平等修正案》（Equal Rights Amendment）的支持文章达成共识时，其中的一本杂志《当代女性》（*Woman's Day*），将焦点
13 集中在一名妇女身上，她从有些反对《权利平等修正案》转变为强烈地拥护它。是什么使她的观念发生了转变呢？究竟发生了什么？刻画人物性格，制造悬念和讽刺效果，从而把一系列事件推向高潮，这是戏剧文学的创作技巧。任何对此有过研究的人都能意识到在采访和报道中使用陈述手段的必要性。

我们在这里所谈的是创造性写作的一种形式——这类作品读起来像篇小说，有特定的情节，而且对现实具有一定的冲击力，因为它描述的是真实事件中的活生生的人物。因为我们无法把已经发生的事件的细节凭空捏造出来，所以就得从采访中寻求这一切。

总之，创造性的采访包括两点。首先，它要以思想和信息的交换来促成较高程度的知晓；其次，在采访中追求人性化和戏剧性的成分，例如，描述处于冲突中的一个人物，而该冲突在经历了一件乃至更多的戏剧性事件后得到了解决。

创造性的提问

具体的提问过程也包含着创造的成分，它的潜在目的是使你的知识从已知向未知延伸。孕育问题的温床是知的欲望和知的无限。举一简单例子，我们知道怎么去克利夫兰市（Cleveland），但并不知道怎么找到欧几里得大街，所以我们得问路。

同样的原则指导着我们从事新闻采访的思路。一座大楼着火了——这是我们知道的。但我们不知道为什么会着火，于是我们得去提问。我们也不知道有没有人受伤，或者损失有多大，所以我们也得去提问。我们采访了一位经常上电视的名人。我们不知道她荧屏下什么样，所以我们得去提问。好奇心驱使着我们想要知道，如果一个人无论走到何处，都有仰慕者围着她，那她又有怎样的感受呢？我们不知道，所以我们得提问。

假设采访前的调查不能帮助我们弄清事情真相——我们进行这样的调查是为了在接近采访对象时有所准备。准备得越充分，就越能扩展我们的所知。如果我们发现名人女士厌恶她的那些仰慕者，就还会想知道其他一些未知的事情。她是怎样躲避他们的呢？一旦这些问题都找到了答案，又会生出一些新的问题来，而很多问题都是由她的回答引出的。在好奇心的驱动下，有创造力的采访者永远不会没问题可问。

于是，问题帮助扩展你的知识，从已知到未知。这有点儿像走出公司，冲进未知深度的游泳池中。有人觉得这很可怕。但还有人发现，从回答中有所收获，在提问的牵引下走向越来越奇异的未知世界，实在是件令人兴奋的事情。方法越大胆，收获就越大。

14 

采访的类型——直接采访和间接采访

新闻采访最基本的分类就是把直接采访从间接采访中分离出来。这两个词来自心理咨询领域。直接采访对问题有量的要求，但却希望对方的回答越简洁越好。

问：你亲眼目睹了抢劫吗？
答：是的。
问：当时你在哪？
答：就在前门的后面。
问：是一个人，还是两个人？
答：就我所知，只有一个人。
问：男的，还是女的？
答：……我想应该是女的。她戴着面具，很难辨认。但她的声音很显然是女声。
问：她是从前门进来的吗？
…………

间接采访把大部分的谈话留给采访对象。

问：你亲眼目睹了抢劫吗？
答：是的。
问：那你能不能把你看到的事情经过从头讲讲？
答：好的。我正站在前门，突然这个戴着面具、穿着马戏团小丑服装的怪人，从前门闯了进来，大喊："我是来抢劫的——都趴在地上，我不会伤害你们！"
…………

在第二个例子中，记者让采访对象来叙述整个故事，把他记忆中的事都讲出来。他的描述生动，而且富有戏剧性。记者可以在报道中引用他的话。最后，记者可能再问一些具体问题，做进一步的扩展和核实。在上面描述的场景中，间接采访的效果更好一些。它不但可以少问问题，而且还引发了更加准确和生动的描述。在其他情形下，如果你需要的是具体的信息，直接采访能帮忙省去一些无用的偏离话题。在一次采访中，记者可以在两种类型之间转换。

这两种采访类型在采访技巧中都占有一席之地，直接采访用来获取具体信息，间接采访用来引发更广范围的谈话，它往往应用于人物采访。直接采访的一个变体是"有计划的"采访（scheduled interview）——一种在民意测验中正式使用的采访。记者按照底稿，采访抽样挑选出来的有代表性的一些人。记者的提问完全一样，这样有利于把采访对象的回答都做成表格。

第3章

采访的十个步骤

问：将军，您的军旅生涯有多久了？

答：既然对我一无所知，为什么还要采访我？

我们对新闻采访应该有些什么样的期待呢？典型的采访类型有许多种，从为获取新闻概要而进行的快速电话采访，到为撰写长篇传记文学而进行的马拉松式的分阶段采访。通常，面对面的采访分为十个步骤，当然也不总是如此。前四步发生在与采访对象见面之前。后六步的成功与否很大程度上取决于前四步的完成情况。这十个步骤是：

- ◈ 明确采访目的
- ◈ 进行背景调查
- ◈ 进行采访预约
- ◈ 策划采访
- ◈ 与采访对象见面：打破僵局
- ◈ 提第一个问题
- ◈ 营造轻松和谐的采访氛围
- ◈ 提问敏感问题（asking the bomb）
- ◈ 提问敏感问题之后的情感恢复
- ◈ 总结本次采访

接下来的章节会从细节上探讨这些步骤。本章的简述只是为了帮你进入正题。

16 明确采访目的

不管是何种类型的采访，最重要的两个问题往往出现在采访的开始。你需要什么样的信息？谁能为你提供该信息？你需要了解今天犯人越狱的情况（今天早上有七个犯人越狱了）。县治安官乔纳森·T·康斯特布尔（Jonathan T. Constable）掌握着有关情况，可能他也很想提供这些情况。如果双方都能了解并认可这个目的，那么采访就会进行得非同一般地顺利。你的报道愿望和县治安官想让公众知情的愿望刚好吻合——这可帮助他捉拿在逃的罪犯。但有时事情并不这么简单。设想你要采访的是有关县治安官失败的婚姻状况，他可能就不会马上接受了。“为什么偏要采访我呢？”他问，“为什么又是这个话题呢？这跟执法有什么关系？”这些问题问得好。你最好要做出回答。

通常来说，如果你能对这些问题做出很好的回答，那么你的采访目的也就被表达清楚了。这样一来，采访就会进行得更加顺利。真诚地表明采访目的能够扫除对方不信任的障碍。有些人总是逃避和记者说话。表明采访目的能帮助他们准确地知道你需要什么，以及你是来倾听的、来了解的，而不是来制造矛盾的、来责备的。采访的目的可以有许多种。采访县治安官时可以超越常规的犯罪报道。话题可以是犯罪的趋向，监狱里的过度拥挤，还可以进行一次人物采访。

也可以询问对方婚姻失败的情况。但为什么是这个话题呢？为什么新闻机构和公众要来关心一名警官的失败婚姻呢？假定心理咨询师告诉过你，从事高压职业的男人和女人——警察是其中之一——通常会有个人问题，比如婚姻失败问题。警官的离婚率高于总人口的平均离婚率。当你了解到新近成立了一个名叫“重压之下的匿名警察”（Stressed-Out Cops Anonymous）的组织时，一个可供挖掘的新闻主题就出现了。这样一来，采访的重点就不仅仅是某个警官的失败婚姻，它还会进一步探讨职业压力与家庭问题的关系。具体地说，工作压力会导致婚姻失败吗？治安官康斯特布尔会同意谈论这个话题吗？我们拭目以待。

最后要注意的一件事是：有时正常的采访程序——首先表明自己需要何种信息，然后找到合适的采访对象——刚好倒过来。曾经做过总统候选人的得克萨斯州的亿万富翁罗斯·佩罗（Ross Perot），计划明天来你所在的城市参观，他同意接受独家采访。你要采访他什么呢？把你的采访目的缩至具体的话题或者一系列相关的话题，范围越小，收获越大。

进行背景调查

如果你明天要采访罗斯·佩罗，今天就要开
始工作。查阅一切相关资料——简报或者资料库
17 文档，杂志上的文章——它们会帮你预先了解曾
经发生在他生活中的事件。只有通过调查——回
顾以前发生的一切——才能找到带你走向新领域
的问题。“新”是关键词。没有相关的背景，你就
会重复相同的已经被问过 100 遍的问题，最后形成
的报道内容就会是别人早已报道过的。

报道的性质决定了所需调查的种类。如果记者采访的话题是：工作带来的压力如何导致婚姻问题，那么有关婚姻和家庭问题的书籍和文章，家庭问题的专家，就成了他的良师益友——其中的某些环节都是在接近县治安官康斯特布尔之前进行的。此外，他还应该采访熟识治安官的一些人——同事、敌人、朋友、家人、前妻——任何对他的性格有深刻了解的人。

不过并不是所有的采访都要求大量的访前调查。经验丰富的体育记者采访一位大学橄榄球队队长时，可能更多的是依赖回忆，或者是过去写过的类似报道的片段。在忙忙碌碌的新闻编辑室里，记者在匆忙之中会发现，一些有关采访对象或者采访主题的建议通常来自记者或编辑等自己的同行。飞机在本地机场的逗留期间，假定你被派去采访乘坐本机的农业部副部长。你只有 20 分钟的准备时间。快速地给农业部在本地的分支机构或者当地小麦种植者协会（Wheat Grower's League）的主席打个电话，这会帮你获取足够的与农业问题相关的信息，从而使你的采访成为可能。通常记者分两步来进行调查：第一步是帮助进行采访预约的初步调查，第二步请看下文。

进行采访预约

别人并没有义务接受你的采访。在你打电话预约时脑子里要想着这一点。预约过程似乎很简单——表明自己的身份，解释你的需求，提出采访的要求，安排时间和地点。但如果你与采访对象以前并未见过面，或者采访的话题不太一般，那你就要像推销员卖东西那样来推销自己。热情的作用不可忽视。例如，说服县治安官康斯特布尔来谈论工作压力和婚姻问题的任务，在开始时可能比较艰难，但你可以做如下表述：

“我刚刚开始研究一个有趣的话题，并为此感到很兴奋。它是有关工作压力和家庭问题的关系的。我咨询了一些婚姻问题的专家，也读了一些文章，发现职业压力在现实生活中的延续就是婚姻的冲突。一些警官谈了自己的一些经历，希望能帮助别人解决类似的问题。现在能不能谈谈您的经历——有可以与其他警官交流的东西吗？”

18 以上的表述能使报道脱离假定的闲谈，转而去挖掘一些具有启迪性的信息。然而，双方也需要协商。治安官康斯特布尔或许会接受你的采访，但前提是不要在报道中提到他的名字。如果你要提及他的名字，他就不那么坦诚了。或者可以谈谈警官如何应对工作中的压力，但涉及工作对家庭的影响，他认为自己没有资格谈论。也或者他的大部分谈话都能做到真诚，除了他的儿子——他因吸毒过量而死亡。

如果想在报道中公开采访对象的姓名，对方在谈话时可能就不会那么真诚了，你愿意这样去做吗？这个问题有没有解决方法？这个记者下面的答复可能会比较有效：“我并不想难为任何人。我准备为《纽约时报》（*Times*）写一篇特写，我将采访 15 名高压职业的从业人员，如果每个人都能讲述自己悟到的最重要的一条经验，我就满意了。例如，一名警官采纳了心理咨询师的建议，经常给他的妻子打电话，在他妻子的留言机上录下‘真心吻你’——妻子回家后拨电话肯定会听到这条爱的讯息。第一次她非常兴奋——竟然一下子回拨了 15 遍。于是他悟出了重要的一条经验，目前他们的婚姻还在继续。我的采访需要的就是这个。”

如果某个有经验的记者曾经以先前的某篇报道在圈子里赢得了不错的声誉，在与采访对象协商时他就会有一些优势。但如果你在圈子里的声誉不佳，可以说这项工作可能就比较困难了。

假设治安官同意以至少一项亲身经历来谈论职业压力对家庭生活的影响。要签个合同吗？当然不需要。随着采访的向前推进，他的态度会发生变化。采访进行了 20 分钟后，治安官对你的信任会增强（或者降低），他的真诚也会随之增加（或者减少），谈话的真诚度会较想象中的提高或者降低。升还是降，5%取决于你的运气，其他就在于你的谈话技巧，尤其是不加个人判断的倾听和你对听到的话的反应（当然越热情越好）。

策划采访

对采访预先所做的策划越多，采访在实际进行时，就越像是未经策划的很随便的讨论，采访对象感到愉悦的同时，你也会从中有所收获。下面是一些策划原则：

第一，要策划在见到采访对象时，再次解释采访目的。一定要把你的目的说清楚（尤其是在与对方首次交谈之后，目的已经发生了变化时），这一点不容忽视。只有这样，谈话才能够向特定目标直接前进。甚至有一些记者发现陈述采访目的是他们在采访中唯一被要求的“提问”。好的采访对象会自动陈述细节，满足你的采访目的。

19 第二，要策划怎样和首次见面的客人打招呼。策划一些看上去微不足道的打破僵局的语言，以便开始你的采访。县治安官康斯特布尔喜欢用假蚊钩钓鱼，所以如果你了解蜻蜓和飞蝼蛄之间的区别，你会感到很自在。如果你对此在行的话，至少可以问问他钓鱼的运气，先让他就此侃侃而谈一会儿。

第三，迅速记下需要用提问来涉及的话题。确定它们和你的采访目的相一致。或者写下一些问题，尤其是在打破僵局后所提的第一个严肃的问题。

第四，要策划让对方举一些例子、一些说明性的逸事和总结性的评论。最重要的是，策划好你的倾听。如果对方的回答能让你提出新的问题，对此类回答策划好你的反应，把重点放在重要问题的挖掘之上，即便自己并不知道会出现什么样的新问题。

做采访策划时还应该考虑到采访中可能出现的出乎意料的回答和话题的意外偏离。事实上，采访策划做得越好，采访不按计划进行的几率就越大。这并不是件坏事。有备而来的采访者并不希望对方的回答能够肯定自己的已有知识，而是希望对方能够带领他们在新领域里进行冒险。突然涌现的新鲜见解，错综缠绕的细节，探讨独到的新路径，意外的转折，对古老逸事的回顾和新的分析——所有这一切在采访中都如黄金一般珍贵。它们更容易在有准备的采访者面前出现，在能够意识到它们在谈话中的缺失的采访者面前出现。

与采访对象见面：打破僵局

陌生人初次见面通常使用一些社交中经常运用的打破僵局的技巧。“你好吗？今天的天气真糟糕。你遇到过这么冷的天气吗？顺便说一下，我认识你的一个朋友——你的大学同学，查理·弗雷泽（Charlie Frazer），他捎话来问你好。”这时你该把有关钓鱼的话题拿出来，或者使用其他适用于你的采访对象的打破僵局的技巧。仔细观察对方的工作环境会帮助你制造些现场感。（“我很喜欢你窗外的景色……你墙上挂的外景照片使我想起了在科罗拉多的度假。”）

谈论些小话题能使谈话具有人性化的特点，而不仅仅局限于机械化的提问—回答模式。但有些工作繁忙的采访对象想马上谈到正题，不喜欢在小事上浪费时间。另有一些人似乎需要谈论些小话题以建立信任和安全感。应对这两种情况都要做好充分的准备。

对方也会抓住这些机会来评价你，判断你是
否真诚和可信。一位权威人士曾经指出，陌生人 20
见面后的前四分钟在很大程度上决定了接下来发
生的事情，所以好的开端非常重要（Zunin，
1972）。这些早期的谈话能使友好的、平易近人的
气氛弥漫开来。幽默是谈话的润滑剂。

打破僵局

提第一个问题

优秀的采访者能在对方意识不到的情况下，把最初的小话题顺利地引向第一个严肃的问题，也就是把谈话从小事导向正题。当被访者正在谈论钓鱼的时候，采访者突然提出第一个“正式”问题——钓鱼是不是缓解压力的好办法？你会不会建议其他警官也参加一些像钓鱼这样的业余活动？该不该带着妻子和孩子一起去？这是否能帮助稳定婚姻？还有什么办法能帮助警官缓解压力、挽救婚姻？你自己的婚姻又如何呢？就这样，你的采访一路向前。但不要忘记表明你的采访目的——如果到这个阶段你还没表明的话。（“我想先停一下，告诉您我的需要，然后我们再回到钓鱼上来……”）

21 

营造轻松和谐的采访氛围

这是采访的核心部分，在这里信息能够自由和真诚地交换。如果前六步做得都不错，这一步也会自然地顺延下去。谈话应该在轻松和谐的氛围中进行，就像第 1 章谈到的“两个赤脚女人聊天”的境界。谈话越不正式，收获越大；倾听时越认真，得到的回应越热情，收获就越大；好奇心表现得越突出，提问时表现的准备越充分，收获就越大。

如果采访进展得不够顺利，有以下几个原因可以对此做出解释：忽视了前面的步骤；没有把采访的目的解释得足够清楚；没能让采访对象意识到该采访任务的重要性；在最初的四分钟，采访对象把你当成了不值得信任的人。

但正像偶尔在我身上发生的那样，坏的开端也可以营造出和谐的氛围，这实在令人惊喜。下面是我的一次亲身经历。我曾经就公共官员和媒体的关系问题采访了一些公共官员。有一次，我给一名官员的公关助手打电话预约采访，称自己正在进行一个研究项目，以确定公共官员对媒体的态度。然后问，能不能和她谈谈 X 先生接触媒体的经历。

她的回答是，自己的一生中还从未遇到过如此令人愤怒的事。我是谁，竟敢提这样的问题？她暗示，我一定有某种不可告人的动机——那么我正在寻找的龌龊的东西又是什么？

公关人员的答复使我又迷惘又愤怒。但我还是努力做进一步的解释，当时使用的“采访”这个词，招来了长篇的激烈言辞。我想挂电话，但却想不出具有破坏性的语言来做结束语。但在双方恼羞成怒的一番辩论之后，我意识到我根本就没有真正解释清楚自己要做什么以及她的角色是什么。最后，我这样去做了，犹犹豫豫，只顾向前，像个反应迟钝的家伙正在攀绳子。

于是神奇的一幕出现了。我无法解释这一切，只能说她变成熟了。我也如此。谈话得以重新进行。她为我采访她的老板提了一些建议。我们约好从此以后，一两天喝一次咖啡。谈话变得极为友好，还谈论了刚才发生的一幕，不禁彼此发笑。很奇怪我们竟然没有爱上对方。我从中得出的经验是：

1. 在谈话之初要全面具体地解释——你是谁，你需要什么，为什么需要。

2. 人性是无法预料的、矛盾的、神秘的，同时也是神奇的。于是，双方之间的和谐有可能在最糟糕的情况下出现。

3. 建立在共同兴趣和相互信任的基础上的和谐是采访的核心所在。就像电视文学作品中的侦探科伦布（Columbo）一样，在黑暗中摸索着前行，有了和谐，就能得到真诚的答案；而一旦没有了和谐，提问水平就算再高，收获也不会太大，或者说没有收获。

22 提问敏感问题 （Asking the Bomb）

那些敏感的或令人难堪的问题最好在采访的后半部分提出，这样，先前营造的和谐氛围就能像预期的那样，使谈话度过危险的雷区。“炸弹”（bomb）这个词的意思并不是侵略，而是小心翼翼地处理敏感问题，以防止对方做出情绪化的反应。

在策划采访的时候，就应该意识到有些问题回答起来又轻松又愉快，而有些问题则刚好相反。县治安官可能会公开谈到手下男女警官的压力，但不会公开自己的压力，也许他自己也有酗酒、情绪低落或其他什么问题。或许他会告诉你——前提是第七步中的和谐氛围已经建立——因为作为敏感的而不是心理阴暗的采访者，你是前来表达理解的，而不是前来惩罚受害者的。

不要以为所有的采访都要问到敏感问题，并有不自在伴随着发生。大多数的采访并非如此。但要记住，看似无辜的问题也能导致情绪化的反应。天真地询问对方儿时的某段记忆，得到的回答却是对方的泪流满面。你又怎么能知道自己正踏上了一枚情感地雷？

提问敏感问题之后的情感恢复

如果在处理上做到了小心谨慎，第八步会自然融入第九步，而双方的信赖不会受到任何损失。

有时一点点充满人情味的安慰很起作用（“听到你的这些烦恼，我也很难过……真希望这是发生在别人身上的事儿”）。如果原来的气氛本来已经很和谐，就算问题很令人尴尬，也不会破坏整个采访。但如果先前的和谐氛围本来就不稳定，就要庆幸是在采访的最后才提问这些敏感问题的。

总结本次采访

有些采访者认为很难不失优雅地从进展顺利的谈话中抽身出来。请尝试下面的方法：

1. 主动按时停止采访，但如果采访对象看上去仍然意犹未尽，可以再延续一小会儿。或者另约一次采访。

2. 表现你想终止的意图，再核实一下做过的记录，看看是否包括了所有的采访内容（“我看时间差不多了，我能花点时间过一下采访记录吗?”）。

3. 询问采访对象要不要再做什么补充，或者有没有什么“最后的想法”。或许这能弥补一些你事先没有想到的问题。

4. 留下你的名片。“如果您又有了什么想法，请给我打电话。”

23 5. 索要采访中提及的资料。采访对象经常会提及一些报告、信件和其他想让你了解的材料。

6. 不要把后路封死，问问如果又有了新问题，能不能再打电话。

7. 告别——“谢谢您的合作。”

8. 等待“最后的晚霞”——和谐氛围的扩展。最有价值的言论往往出现在你站在门口说再见的时候。这时的采访对象，在经历了“严格考验”之后，可能会提供一些新鲜的见解和最具引用价值的总结语。请认真倾听。

9. 写个非常规的便笺，对采访对象的回答和合作表示感谢。这样一来，下次再采访县治安官时，这些便笺的神奇作用就显现出来了，长官不仅可以配合你的采访，而且可以帮助你获得其他相关的新闻源。

第4章

采访要素——个案史

24 问：哈蒙德（Hammond）法官，您在高级法院已经工作了40年，今天要退休了，有什么感受吗？

答：我是个严厉的法官。

常规性的新闻采访是如何进行的呢？下面的这个虚拟事例——当然有其真实的新闻报道背景，描述了具体的采访步骤。一天下午，《新闻论坛报》（*News-Tribune*）负责城市新闻的编辑指派记者贝蒂·帕特森（Betty Paterson）写一篇“枯燥的常规性的报道，一篇200字左右的内容介绍”，反映一位退休教师明晚要做的一个演讲，他要讲述美国灯塔的历史。

“什么，你知道我憎恨枯燥的、常规性的报道！”

“我在开玩笑。”贝蒂的老板说，承认“常规”这个词也经常让自己恼怒。在她的眼里，常规的新闻报道本身就是个自相矛盾的词儿。如果是新闻的话，就必须是新的，至少是与众不同的，而不会是常规的。

有必要去偷听别人正在进行的采访吗？当然有必要了。许多记者承认，当有经验的记者进行电话采访时，他们就坐在附近偷听，然后学会了采访。过去的一些采访实例验证了偷听学习的可能性。下面这则虚拟的采访实例所阐述的原则其实是我们已经讨论过的了。

1. 结构。本次虚拟采访基本囊括了前一章提到的十个步骤。但它也走了一点儿电话采访的捷径。

25 2. 信任和谐。致力于和谐的人际关系的原则在对话中得到体现。记者做了充分的准备，对话题表现出极大的热情，打电话时表现得很随意，还要用“这太有趣了”这样的回应来鼓励对方。

3. 创造性。为了给自己的报道注入一些新鲜的成分，记者在采访中做出了各种努力，这一点很好地体现了“创造性的采访”的原则。

明确采访目的

在本次采访任务的最初，记者贝蒂・帕特森唯一掌握的信息就是：明天晚上，历史学家克拉丽莎・麦吉（Clarissa McGee）会在每月一次的市政组织的集会上讲演。她需要通过采访去获取更多的信息，这样，明天早上的《新闻论坛报》就能把即将发生的公共事件告知读者。

记者会自动明确自己的采访目的，但这要受到报道种类的限制。当然，200 字的内容介绍所需的信息量肯定比不上人物特写或者有关灯塔的纪录片。演讲的题目、时间、地点、赞助机构的身份、演讲者的背景资料，或者是演讲内容的一两个举例——足够详尽的资料，这样人们便可决定是否来参加，这些都在记者的需要范围之内。除此之外，贝蒂还给她的采访添加了一个目的，那就是：**寻找有趣的东西**。一定要找到被贝蒂称为**“引人注目的，令人着迷的事实”**（*RAFF*：*a Remarkable and Fascinating Fact*）的东西。

背景调查

贝蒂认为自己最大的缺点就是喜欢学习新知识，结交新朋友。这就是她选择记者职业的原因——做一辈子的学生，并为此付出代价。贝蒂的脑海中涌现了镶嵌在岩石或远离岸边的岛屿上的凄凉的前方岗哨，暴风雨的夜晚，狂啸的大海，迷途的船只，戏剧般逃离厄运的船只，寂寞的、拼命避免精神失常的灯塔看守人，甚至哥特式的谋杀秘闻。

回到现实中来。贝蒂在报纸图书馆中查阅了先前发表的有关克拉丽莎・麦吉的以姓名和主题为索引的报道。首先她要弄清楚：谁是克拉丽莎・麦吉？许多报纸都使用计算机处理档案，贝蒂一碰按键就可获得以前相关报道的信息。她在计算机上搜索有关“克拉丽莎・麦吉”的报道，结果找到了 14 篇，都发表于过去的两年中。贝蒂从这些报道中了解到，克拉丽莎・麦吉曾经是高中历史教师，现已退休，获过无数的教学奖，曾经 26
去灯塔旅行过，还写过一本名叫《海上君主》（*Lore of the Sea*）的书，是一位颇受欢迎的演说家，经常在全国各地，面对不同的人群做巡回演讲。去年 3 月，在堪萨斯，她在演讲中提到了出没在全世界海岸的鬼魂，受到听众的欢迎。她的演讲和出现在电视谈话节目中的形象还经常被制作成幻灯片和录像带，从而受到了更多的关注。

从计算机搜索“灯塔”的结果中，贝蒂找到了三篇值得关注的文章，并从中得知，在美国，曾经有 1 400 多座为航海者导航的灯塔。现在这个数字已经缩减为 750 座，其中仍在工作的不足 400 座。

策划采访

可能是鬼故事激起了贝蒂的热情，也可能是贝蒂相信像灯塔的历史这样具备事实挖掘潜力的题材并不多见。因为最近的素材库中没有麦吉的人物特写，她甚至还幻想着写上一篇。但这是以后的事了。目前要做的事很简单。贝蒂的任务就是针对将要发生的事件提问，确立新闻的五要素，即谁，要做什么，什么时间做，怎样去做（要放幻灯和录像吗）和这样做的原因。在好奇心的驱使下，记者想了解的是一个地方上的教师为什么能穷其一生进行海洋研究。

贝蒂天性喜欢创造，正因如此，她设计了能够探索这些引人注目的、令人着迷的事实的提问，但并不是很认真。她回顾着从背景调查中获得的资料，努力去想一些引导我们从已知走向未知的问题。为了做到这一切，贝蒂让她的职业想象力自由驰骋。

> 已知：灯塔的数量正在削减。未知：灯塔会不会最终消失？怎样来挽救它们，正在采取什么措施吗？即将取代它们的会是什么——电子技术的新发明？
>
> 已知：麦吉谈到了出没在海上的鬼魂。未知：鬼魂也经常光顾灯塔吗？
>
> 已知：她曾经去过灯塔。未知：哪些灯塔受到她的青睐？在她去过的灯塔中，哪个最好，哪个最糟糕，哪个最荒凉，哪个目前的处境最危险？
>
> 已知：她花了那么多时间和精力研究海洋。未知：为什么？在采访中，回答本身就会把未知导向已知——反之又会引出更多的未知。设想，问题是："你去过的灯塔中，哪个处境最危险？"得到的回答是："雷点"（Thunderation Point：假想的名字）。于是新的未知又出现了：它在哪儿？您为什么选择去最危险的地方？以此类推，每个回答都引出新的问题，直到记者确定掌握的资料足够写出一篇引人注目的、令人着迷的报道。

报道的类型也是贝蒂的思考内容。如果可能的话，她会尽量避免常规型的报道，这类报道的开端往往是："克拉丽莎·麦吉，著名的历史学家，
27 海洋知识的权威，明晚7点会在……［演讲的地点］就……［演讲的主题或题目］发表演说。"贝蒂在脑子里为要写的报道打了一个粗略的草稿：

> 你了解耸立在全国的750座灯塔的［引人注目的、令人着迷的事实］吗？
>
> 为什么在美国［插入数字］英里[①]的海岸线上为水手们导航的［最引人注目的、令人着迷的］灯塔被认为是最奇怪最神秘的灯塔？今晚7点，克拉丽莎·麦吉女士，本地灯塔和海洋知识的权威，将给大家讲述这个问题。

这些初步的调查和策划使贝蒂的好奇心和想象力向纵深领域发展。因为贝蒂把寻找引人注目的、令人着迷的事实作为所有采访的目标，所以通常会有所收获——就像是自圆其说的预言。在这点上，贝蒂有自己的一套办法。例如，去思考另一个已知：灯塔是孤独的哨兵。寻找一个相关的未知：灯塔的看守人由于工作的寂寞，会精神失常吗？（如果能找到这样的实例，该多好啊！）如果答案是肯定的，再做进一步的调查："您能举个例子吗？"如果答案是"不会"或"很少会"，那就再接着问："怎样才能避免精神失常？"（在他们应对精神失常的独特方法中，或许你会发现引人注目的、令人着迷的事实）

贝蒂不喜欢把整个提问都写在纸上，但她喜欢写下某些词，提醒她按照计划提问。例如"减少"这个词会提醒她就灯塔数量的缩减提问；"保护"这个词提醒她就对保护灯塔所做的努力提问；"鬼魂"这个词提醒她就鬼魂出没过的灯塔提问；"寂寞——发疯"这两个词引导她问一些有关灯塔看守人的问题。贝蒂记下了八个要点：

> 细节（谁，做了什么，在哪儿，等等）
> 减少？
> 保护？
> 替代？
> 鬼魂？
> 最荒凉的/最危险的？
> 寂寞——发疯？
> 麦吉的开始？为什么？

有些记者喜欢预先精心策划一些提问，但贝

① 1英里约合1.61公里。

蒂喜欢现场即兴提问。她喜欢非正式的，甚至有点儿漫无目的的对话——就像人们真实的谈话那样。贝蒂知道，在采访中，不可能把预先准备的所有话题都谈透，有些可能根本就谈不到。还有一些始料不及的话题会突然出现，但她喜欢谈论这样的话题。她会留意采访进行中出现的一些新的提问点——与主题无关的某个话题。优秀的记者能够迅速适应新的信息，他们不介意现场的即兴提问，甚至敢冒险提一些听起来比较愚蠢的问题。总之，创造性的采访遵循的不是你问我答的直线型路径，而是曲线型路径，职业的观察家和 28
知识丰富的新闻源在其中交流观点，互通有无。

电话采访

电话采访中不需使用那些经常出现在面对面采访中的打破僵局的社交技巧。它的商业色彩较浓，要求记者尽快解释清其打电话的目的。谁都不喜欢接到推销“废物”的电话。在下面的电话采访中，贝蒂很快就向对方解释清楚了她的报道能够同时满足双方需要的事实。语言上的即时回应——像“噢……真有趣……嗯……”——能够使谈话在非语言符号缺失的情况下向前进展。在采访过程中，记者可以根据个人的喜好做记录，可以通过电脑，也可以是手记。

答：喂？您好！

问：您好！请问克拉丽莎·麦吉女士在吗？

答：我就是。

问：下午好！我是《新闻论坛报》的记者贝蒂·帕特森。近来我读了一些有关您的报道，内容涉及您在灯塔和海洋知识方面所做的一些工作。刚刚了解到您明晚要做个讲座，我想在明天的报纸上登一篇短文章，介绍一下您的演讲内容，并希望能扩大您的听众群。但现在我有一些问题——能不能和您在电话里聊上几分钟？（注意强调对方的重要性：近来我读了一些有关您的报道……希望能扩大您的听众群……如果以这样的方式去接近采访对象，又有谁会拒绝呢？）

答：当然可以，我会尽力帮忙的。

问：谢谢。我没耽误您什么事吧？

答：没有，我们开始吧。

问：好的。我想在这篇简短的报道中介绍一下讲座的时间、地点和主题。同时还想添加一些有关灯塔的民间传说，比如灯塔中的鬼魂，或者灯塔看守人的精神失常，等等——难道真有一些灯塔被鬼魂光顾过吗？

答：几乎所有的灯塔都被鬼魂光顾过。

问：真的吗？这太有趣了！（注意！这可能就是第一个引人注目的、令人着迷的事实）

答：当然我不敢太绝对了，但我去过很多座灯塔，也经常听当地人讲鬼魂 29
光临的传说。灯塔的传奇色彩很浓，所有的故事都很生动。因为想象到如此传奇的画面时，没有鬼故事的配合是不可能的。

问：这真有趣。我了解到目前美国还有750座灯塔——有多少座是您去过的？

答：将近300座吧。

问：我倒很想问问这300座灯塔的情况，尤其是被鬼魂光顾过的那些，但还是先来解决一些最基本的问题吧，有关您的讲座的一些基本问题。

答：好的。

问：能不能告诉我您的演讲题目、演讲时间和地点，还有组织这次演讲的市政组织的名称。

答：我的演讲题目是《正在消失的灯塔的故事和海洋的悲剧》。我准备使用一些幻灯片来做展示。（提供更具体的细节）

问：这听起来很有趣……给我一点时间把它们记下来……你听到的敲打声是我在电脑上做记录的声音……好的，那么说，您会具体地讲述某个灯塔逐渐消失的故事？

答：讲座主要是有关灯塔悲哀的现状，以及它们是如何失修的。现在的灯塔数量仅仅是过去的一半，以一年几座的速度逐渐减少。

问：现在它们的状况怎样？

答：它们已经失去了以往的作用，正等着被取消。这里我有一些具体的例子可举。

问：如果能在报道中谈到具体的某座灯塔，就有趣了。例如，您到过的最危险的灯塔是哪座？

答：是蒂拉穆克岩石（Tillamook Rock）。

问：真的吗？它在哪儿？它又危险在哪儿？

答：这座灯塔位于太平洋距俄勒冈海岸一英里远的一座多岩石的小岛上。“可怕的蒂利（Tilly）”，人们过去都这样描述它。它现在还在，但已经废弃不用了。冬季的暴风雪使塔上工作人员的行动受阻，有时可能数个星期无法出门。

问：哇！那里的看守人一定会寂寞得发疯。他们也该有自己的应对办法吧？

答：一位寂寞的灯塔看守人把小岛上田园诗般的生活记录下来，装到瓶子里，投进大海，希望能被美丽的波利尼西亚女郎发现，把她们的祝福传达给岛上的看守人。

30 问：最后他收到波利尼西亚女郎的祝福了吗？

答：没有，但他确实收到过距灯塔几英里远，住在俄勒冈海岸的女士的信。信上说，女士的丈夫在一头死海狮的身体里发现了他的短讯息。这位女士说：“我丈夫认为你是个疯子——因为据他所知，蒂拉穆克岩石是个连上帝也会拒绝光顾的地方。”

问：这个故事太棒了！（贝蒂认为这个引人注目的、令人着迷的事实太适合做她报道的开端了）考虑到您对这个话题的热情——我倒很想知道您是怎么对灯塔产生兴趣的？

答：我想这可能是儿时的遗憾吧。

问：儿时的遗憾？

答：成年后弥补儿时的遗憾是人的天性。饥饿的孩童梦想着一顿大餐，结果长大后做了美食家。瘦弱的少年当不成运动员，长大后却成了体育作家。我是在堪萨斯州的平原长大的，直到 23 岁才见到大海。自然而然，我从小就对大海的故事感兴趣，所有关于海洋的书我都读过了，光《大白鲸》（*Moby-Dick*）就读了 13 遍，所有有关海洋的电影我也都看了。我记得第一次见到大海，是在去加利福尼亚旅游的路上，我们去了圣莫尼卡湾（Santa Monica）。真是让人太失望了！

问：失望？为什么呢？

答：太平洋并不像想象中的那么大。论大小和凶险，甚至还比不过密歇根湖。我也不知道自己期望中的大海该是什么样子——可能应该是山峰一样高的浪头在冲击海岸；我期望着自己会兴奋——甚至会害怕。

问：难道没有这种感受吗？

答：在圣莫尼卡湾时没有这种感觉。但在阿拉斯加湾的渔船上，我有过几次这样的感觉……

问：你在渔船上工作过？

答：那时我还年轻，还没结婚，我又是个老师，暑假是很空闲的……

或许到这里，我们的采访基本就可以结束了。当然采访还会按策划好的主题继续进行（可根据实际情况做调整，或增或减）。这里我们亲历了采访的几个步骤，它们是：明确采访目的，做背景调查，策划，提出采访要求（通过电话联系），问第一个问题，赢得对方的信赖。提问敏感问题和恢复阶段不太适合这种类型的采访。接下来就是如何对本次采访做总结的问题了。

问：克拉丽莎女士，谢谢您为我的报道提供了这么多的素材——现在我想核实一下我们刚才谈过的内容，可以吗？（通常，这时的记者和采访对象已经熟悉得可以直呼对方的名字了）
31 首先，你的演讲主题就是全国灯塔数量的锐减和状况的恶化，我的这个推断没错吧？

答：没错。另外还有，为了恢复和保护这些灯塔，某些公民和社会组织所做的各种努力。

问：我明白了。你还会谈到现存灯塔的现状吗？

答：会的，已经有一些市政组织接管了它们，尝试着恢复，还有一些灯塔已经被私人购买了——甚至有一些被改造成了小旅馆。

问：这太有意思了！让我来记一下。还有什么需要我在报道中提到吗？

答：我想这已经足够了。

问：好的。但我还得在一些小细节上跟您核实一下——您的名字的拼写（拼一下她的名字），我想把您的身份定位为“退休于东杰裴逊中学的作家，历史学家”——这没错吧？（这些细节可能不太重要，但它们帮您避免了差错；核实姓名、年龄、地址、头衔等相关细节，用不了多长时间）最后一点——如果在写作的过程中，某些应该问却忘了问的问题又出现了，还能给您打电话吗？

答：当然可以了。

问：太棒了！再见，非常感谢。

需要牢记在心的一些要点

本章的采访实例主要阐述了如下这些要点：

1. 在访前的调查中，记者要做充足的准备，并就可以提问的领域进行思考。只有这样，采访才能进行得足够顺利。

2. 要敢于想象最完美的报道模式，并为此去挖掘信息，确保采访具有创造性。但要做到客观——需要下工夫的地方是报道的技巧，而不是报道的内容。

3. 采访双方要做充分的交流。告诉你的采访对象，充满着令人着迷的事实的报道正是你的所需。不要忘记告诉对方这一点。

4. 报道的精确度至关重要。最后要核实一下自己对某些概念的理解，例如明天演讲的主题。

5. 小细节也很重要，例如核实被访者的姓名和头衔。

6. 报道的思路往往从谈话中产生。演讲、克拉丽莎·麦吉女士，及她一生对大海的热爱都可以成为你的报道主题。

7. 不要忽视采访笔记的重要性。在电话采访中，回应对方和提出新问题时的拖延的最好解释就是告诉被访者你正在做采访笔记。

8. 重复对方刚刚说过的话，能促进深层次的
讨论，例如“儿时的遗憾”、“失望”这样的字眼。 32

9. 如果贝蒂的报道充满了引人注目的、令人着迷的事实，或许编辑会改变原来的安排，同意为她提供更长的篇幅和更好的版面。这就是应用创造性的采访技巧得到的一个重要回报。

第5章 提问

33 问：公主，能把您不结婚的理由讲给我们听听吗？难道您对男人不感兴趣吗？还是别的什么原因？

答：不感兴趣？你要知道，在过去的20年中，我的情人不会少于33个！

问：啊……（脸红了）

答：我想，你肯定没料到我会这么坦诚。难道在新闻学院上学的时候，没人教你该怎样面对现实的生活吗？

我的一些学生经常抱怨在采访中"不知道该问些什么"。我的回答是："不管问什么，首先要保证它是个问题。"伏尔泰曾经说过，我们判断某人的为人，往往是通过他提出的问题，而不是提供的答案。

那么，到底该问些什么样的问题呢？这很简单，就是利用人类的好奇心。刺激采访对象对提问做出回答的往往不是问题本身，而是问题背后的提问者的好奇心。提问仅仅是导火线，好奇心是它的燃料库。面对一位讲课精彩的老师——叫他"演讲家拉里"（Larry Lecture）吧，一位能使学生入迷的老师——难道你不想多了解一些有关他的情况吗？为什么他的课讲得如此自如、诙谐有趣？他在日常生活中又是什么样呢？他有过晕堂的经历吗？小时候的他是不是很内向？他也有演讲失败的经历吗？相对而言，讲课最枯燥的"枯燥的巴里"（Barry Boring）教授怎么样？你肯定也想更多地了解一些他的情况。他意识到自己讲课的乏味了吗？他是否曾经试着改进他的授课方式？当他在课堂上大讲乔伊斯（Joycean）对生活的顿悟时，坐在下面的学生的脑子里都在想些什么呢？问问这些学生，或许他们讲的故事要比老师的讲课内容有趣得多。

提问是多么神奇的一把钥匙啊！它打开了地下宝藏的大门。正是它，使你得以接触所有的人间琐事，也
34 正是它，使得生活在记者的眼中变得如此丰富多彩。当你了解到，"演讲家拉里 "小时候是个特别腼腆的孩

子，曾经为了逃避在全班同学面前做一次五分钟的演讲而装病不去上课的情况时，你会情不自禁笑出声来。不要笑——这样的事情经常发生。只要你肯去问，对方就会把一些意想不到的事情告诉你，甚至是他们曾经经历过的尴尬。我的学生德怀特·舒（Dwight Schuh），曾经采访过一位因上课风趣而闻名的历史学教授。出于好奇心，舒问这位教授有没有上课不顺利的时候。教授说他上课有个规矩——如果同时看到三个学生在打哈欠，不管讲到哪，都会停下来，插入一个有趣的段子。这一招多年来一直很见效——直到一个学生识破了这个伎俩。她与两个朋友排练好了，只要暗号一出，就一起打哈欠。“刚开始的时候，我的压力很大，”教授承认道，“但到第三次的时候，我发现打哈欠的总是这三名女生，于是我知道自己被愚弄了。这些小女生真聪明！”

既然好奇心是问题背后的驱动力，现在我们就来谈谈问题本身吧。

“我知道您和/或者您所在的组织对近来全球经济环境的高潮（或者按某些人的说法，趋势）的现状负直接责任；至少根据我所掌握的可靠消息，您倾向于对欧共体的所有或大多数国家进行逆向贸易制裁。能不能谈谈您自己的看法？”

提问的语言要简单明了 35

有时，即便是简单的问题也会惹来麻烦，请看下面记者与天气预报员之间“捉迷藏”式的对话。

问：明天会下雨吗？
答：不会。
问：那么天气会不错吧？
答：这要看你所说的“不错”是什么意思。
问：是晴天吗？
答：不是。
问：那是什么？
答：下雪。
问：你为什么不直接说下雪呢？
答：你根本就没问。

这真是一段拙劣至极的对话。记者只问会不会下雨，这一提问排除掉了所有其他可能的天气情况。如果记者把提问变成：“你预测明天的天气会怎样？”回答就会变成：“下雪。”当然，天气预报员在玩文字游戏，但其中的教训却显而易见：提出的问题要传达你的真实想法（避免词不达意的情况发生）。许多官僚恰恰利用语言上的模糊来逃避你的问题。

提问要做到直接、明了，而且不带个人偏见。请看下面的这段对话，它展示了人们是如何通过提问来表现个人偏见的。“我感觉不太舒服。”吉姆说。于是朋友比尔问道：“是不是昨晚喝多了?”比尔其实不是在问问题，而是在表达对吉姆喝酒的态度。如果是问对方问题，应该是：“你为什么感觉不舒服?”

同时也要避免把问题描述得太复杂。曾有一名学生向前来听课的警官提问：

> 问：警官，您的枪是不是只在射击练习的时候使用，我的意思是说，您在追捕逃窜的强盗，或者解救人质时，使用过它吗？我读过的一些报道告诉我，很多警察在愤怒时是从来不用枪的，也就是说……
>
> 答：是的，我——
>
> 问：那么也许……

这个学生无法从他的提问中解脱出来。让它简单一点又有什么错呢？如果对方不能在回答中提供足够的细节，就再接着问。

> 问：警官，你在执行任务时开过枪吗?（措辞从使用变成开枪，避免产生歧义）
>
> 答：是的，但仅开过一次。 36
>
> 问：给我们讲讲好吗?

开放式问题和封闭式问题

问题的类型有两种：开放式问题和封闭式问题。开放式问题是比较宽泛的问题，为答案留有足够的余地。而封闭式问题通常都很具体，当然也需要对方的回答足够具体。请看下面的开放式问题：

> “您能不能说说自己的情况?”
>
> “肯纳利（Kennerly）先生，您在经历了七次失败的婚姻后，对婚姻制度有什么看法?”
>
> “卡克斯顿（Caxton）长官，您对立法机关提出的减税方案有什么看法?”

下面是一些封闭式问题：

> “卡克斯顿长官，您要否决立法机关提出的减税方案吗?”
>
> “警官，导致受害者毙命的是什么武器?”
>
> “司令，舰队随后要被派到哪里去作战?”

以上例子表明，这两种提问方式在新闻采访中都占有一席之地。有时，一些经验欠缺的记者在向封闭式问题的过渡过程中表现得过于急切。比如记者采访交通事故中的一名目击者，他的提问是：“绿色汽车里的司机是不是喝醉了?”这样的提问不但隐藏了记者的一种偏见，而且问题的本身已经得出了一个目击者无法得出的结论。即使司机步履蹒跚，像是喝醉了，但也还会有其他的可能，比如受伤了。所以，此处比较客观的提问应该是：“把你看到的一切讲出来，好吗?”

还有一些提问介于两者之间。例如，“福格（Fogg）议员，我了解到，昨晚您与总统在海外援助的问题上发生了意见分歧。这是怎么回事?”这个提问是开放式的还是封闭式的？看起来可能更倾向于封闭，但也有点二者兼有，因为它给议员留下了足够的空间就外交事务发表自己的见解。

提问的顺序：漏斗

典型的提问顺序有两种，一种是从具体到一般，另一种是从一般到具体。被访者在回答一般问题时发表的言论自然会使采访者产生获得更为
37 具体信息的需求。反之亦然。请看下面两个虚拟的采访实例。第一个采访反映的是从一般到具体的程式，有人把它称为“漏斗”（funnel）。请注意封闭式问题是如何紧接着开放式问题展开的。

问：梅耶尔斯（Meyers）教练，您的球队进入了本赛季的第一场比赛，目前您面临的主要问题是什么？

答：应该说队员的受伤情况可能会在前两个星期对我们造成一些影响。

问：您的队员受伤了吗？

答：当然了。

问：谁？

答：查里·赖斯（Charlie Rice），我们本来安排他担任四分位。

问：赖斯不能上场了，他怎么了？

答：昨天训练的时候脚踝拉伤了。

记者肯定会花时间弄清楚赖斯和其他队员目前的具体情况。下面是从具体到一般的采访程式（与“漏斗”刚好相反）：

问：梅耶尔斯教练，我注意到查里·赖斯拄着拐杖——他怎么了？

答：（具体的细节。）

问：他的离场会影响到您下星期的比赛吗？

答：前一两个星期会的……

使采访开始的提问

采访开始时准备的某些提问在后来可能要被删去，很多记者认为这样做的目的只是为了本次采访的顺利进行。其实它也能帮助采访很快进入正轨。想象一下电视采访中的某个画面，善谈但有些紧张的嘉宾在回答第一个意料之外的问题时显得有些结结巴巴。这证明嘉宾的神经其实很紧张。删除一两个无关痛痒的问题总比放弃整个采访要好得多。使采访开始的提问有两类，一类用于打破僵局，另一类帮助迈出采访的第一步。

我在前面一章中，曾经谈到了记者第一次与采访对象会面时可以使用一些打破僵局的技巧。比如聊聊办公室的背景、双方共同的熟人、两人都感兴趣的话题——钓鱼或者艺术。这样的话题还能帮你引出第一个正式的提问：“您觉得达拉斯（Dallas）小牛队怎么样——您一定看了昨晚的比赛吧？”可以向卡克斯顿长官提出这样的问题，因为他是个狂热的球迷。先让他心醉神迷地聊上一 38
会儿，然后马上转入正题。“谈到小牛队，我想知道您是否认为自己昨晚在立法机构大会上的讲话在离假想的球门线三码的地方出了界？”（你的提问是隐喻的，对方的回答也可能是隐喻的）

不管第一个严肃的问题是什么，它必须具备四个特性：

1. 比较好回答，电视采访更应如此。
2. 能增强采访对象的自尊心，敏感问题稍后再问。
3. 显示出采访者为此已经做了充分的准备。
4. 在逻辑上符合采访者已经阐明的采访目的。

过滤型问题

记者通常借一些过滤型问题来判断对方是否具备回答你提问的资格。例如，在事故现场，记者的提问是“这里发生了什么”，采访对象给你做了许多细节描述，但事后你发现，他当时根本就不在现场。而当时如果问了一个简单的过滤型问题——“大楼爆炸的时候，你在哪儿？”——或许这些努力就不会付诸东流。

过滤型问题在采访身份不明的人时的作用更明显。你想写一篇儿童离家出走的报道，而你又不认识那个即将接受你采访的警官，那就提个过滤型问题吧：“警官，您与离家少年的接触多吗？”

向高素质的被访者提出过滤型问题能增强谈话的和谐度，但如果被访者的素质较低，谈话的和谐度将会被降低。如果你在提问时把采访对象当成了权威，他的自我意识就会得到提高。但要记住一点，名人不喜欢回答那些需要准备的问题。所以最好不要问萨利·菲尔德（Sally Field）的表演经历。

探究型（加强型）问题

对事实进行深度挖掘是采访的中心环节。这类问题鼓励采访对象就已经说过的话做进一步的解释和说明。在本章开始的那段虚拟对话中，记者就公主的单身状况提问，而公主回答说，她在20年中结交过33个情人。为了鼓励对方提供更多的细节，我们经常使用以下的几种方式来进行深度挖掘工作：

1. 被动的挖掘。“这……我想……”与之相伴
39 的可能是采访者的不动声色。这表明他想得到更多的信息，但有时被访者却错误地把它理解成对方对自己的话不感兴趣。

2. 主动的回应。“真的吗！……这太有趣了！”与之相伴的是生动的面部表情。

3. 反映。指恰当地重复被访者说过的话：“33个情人……”心理咨询专家在面对有心理障碍的病人时，经常使用这种方法，而且还很见效。

4. 沉默。这种沉默是早有预料的，与之相伴的是一些得体的非语言符号，暗示对方可以继续其谈话。通常，你的沉默反倒帮助了对方收集想法。

5. 拓展。“能不能谈谈出现在您生活中的这些男人……怎么这么多啊？……您不是在夸大吧，还是在抱怨？……他们中哪个最好，哪个最坏？……您的第34位情人已经有目标了吗？”

6. 澄清。“平均下来，一年1.5个情人；是一个完了再谈一个，还是同时谈着？……他们彼此知道对方的存在吗？”

7. 离题。“您声称自己是女权运动的先锋——您不觉得这个运动本身就是个矛盾吗？”

8. 转移。“如果您不介意的话，我们现在来谈谈另外一个话题——您喜欢雷诺阿（Renoir）的绘画吗？”（这表明你对前一个话题已经不感兴趣了）

9. 下判断（通常尽量避免这样做）。“您是个什么样的女人，放荡？还是……”

介绍了这么多的方法，其实最重要的莫过于拥有好奇心，因为它能指引着你触到问题的最核心部分。提问“为什么”是深度挖掘事实的最好方法，在你想不出其他问题的时候，它就是最好的问题。“您为什么这么说呢？”

与事实有关的提问：五个“W”

谁（who），做了什么（what），在哪儿做的（where），什么时候做的（when），为什么做（why）和怎么做（how），一直是以事件为中心的新闻报道所需的主要信息。谁？（州长）做了什么？（否决税案）等等。在提出较复杂的问题之前，这五个“W”和一个“H”为你了解事件奠定了基础。市政大厅前有一群人，堵在那里，不让别人进去。这件事似乎值得在 6 点钟的新闻中报一报。但你并不了解整个事件的前因后果。这时候，五个“W”就派上用场了。正在发生什么？由谁负责？一定要找到这个人，问他一些基本的问题。例如，发生了什么事？这些人在这干吗？他们怎么在这儿？等等。

概念界定型的提问 40

概念界定型的提问旨在挖掘新闻事件背后的原因和规则。这类提问有时简单得只有三个字：为什么？提问很简单；但它暗示了采访者的一种愿望，那就是无论对方的回答如何复杂，都希望去理解它。可能的情况是，答案不但复杂，而且还不真实。真理往往有多重标准，而“掩盖真理”往往也如此。事件的真相往往被隐藏在一系列错综复杂的政治、社会、经济甚至心理现象之中。而你要做的就是与人类的各种动机打交道，虽然并不在行——这是作家和临床医学家每天处理的事情。导致狱中暴动或者城市闹市区环境恶化的真实原因是什么，谁又能马上说清楚呢？

为了更好地理解这个问题，我们举个比较私人的例子。邻居琼斯先生买了一辆新奥尔兹莫比尔汽车（Oldsmobile），你的问题是，他为什么要买奥尔兹莫比尔汽车？他的回答是：“因为相对别克而言，我更喜欢奥尔兹莫比尔。”表面看来，这就是事实，你完全可以就此打住，结束你的提问，当然你也可以从一系列的心理因素上做些分析，以求更加接近事实的真相。或许是琼斯先生天性胆小，期望通过买辆豪华昂贵的车来获得自信、朋友和邻居的羡慕，以及家人的尊敬。琼斯肯定会否定你提供的这个答案，谁愿意承认自己做的是件错事呢？他会说他仅仅是在努力和邻居比阔。

理解表面事实背后的概念依据与其说是个提问技巧问题，还不如说是个复杂的学习和理解问题。对概念的挖掘有时需要不懈地探究：

> 问：州长大人，您为什么反对死刑议案？
> 答：因为这个议案很糟糕。
> 问：它糟糕在哪里？
> 答：可以说，从头到尾都很糟糕，我找不到它的什么优点！
> 问：能不能举例说明一下？
> 答：首先，它与本州的宪法有冲突。
> 问：这又是怎么回事？
> （一直问下去，直到你全部了解了州长对死刑议案所持的态度，以及她反对该议案的主要原因。）

拉吕·吉尔兰（LaRue Gilleland）教授曾经为概念界定型的采访提出过一种模式（1971）。它被简称为 GOSS，是提问的四个步骤的首字母的缩写。

- 目标（goals）
- 障碍（obstacles）
- 解决办法（solutions）
- 开始（start）

41 GOSS遵循的原则是，大部分人——无论是官员还是普通人——都把实现某种目标作为自己生活的一个重要组成部分，但并不是所有的这些目标都能轻易实现。如果你在采访中问到了这些目标，对方也做了比较现实的回答，你的概念学习过程就要开始了。州长为什么要反对议案？因为她的目标是（什么都可以）。然后找到阻碍她实现目标的层层障碍。可能的解决方案还是存在的——无论在现实中，还是在理论上。最后一个S是指，如果你肯回到事件的开端，概念的理解就比较简单了。这件事是怎么发生的？为什么会发生？

GOSS原则既可应用在简单新闻事件的采访上，也可用在传记采访之中。在每个阶段，你都可以讨论州长的目标。“在监狱改革上您准备做点什么？目前的最大问题和障碍是什么？您准备扫除这些障碍吗？怎样扫除呢？您是什么时候开始对监狱改革感兴趣的？”

为了使采访获得一定的概念深度，你还可以在GOSS后面再加上两个字母：

- E：评估（evaluation）
- Y：为什么（why）

于是GOSS就成了GOSSEY，还是比较容易记忆的模式。评估意味着对正在讨论的话题做一历史性的回顾：“州长大人，在监狱改革的问题上，您与立法机关有冲突，对此您怎样评价？”字母Y（why）提醒你要全面地去理解这一事件：州长对监狱改革的反应为什么如此强烈？

数字问题

在过去的10年里，人口增长了多少？具体的数字？百分比？回答这类问题能使正在讨论的话题的精确度得到提高。模棱两可的回答就显得没意思了，具体一点才有意思，如果使用得当的话，甚至还颇富戏剧性。体育报道中占主导地位的似乎是数字和统计学知识——根据教练对胜负所做的记录，平均击球率大概是0.314。其他人也使用数字统计的方式，虽然在获取数字上，体育、商业、经济、人口普查领域做起来更容易些。登山者可能会把他的一生记录为登过122座山峰，横越过383座冰川，等等。通常来说，旨在获得数字的提问比较简单——用“多少”（how many）来提问。退休的邮递员在40年的工作生涯里总共走了多少路？为了更富戏剧化，可使用比较的方法。如：他走了12万英里的路，相当于绕地球赤道5周。

42

评论性问题

从严格意义上讲，评论性问题并不是真正的问题，而是采访者为了获取对方的观点，自己先做出评论。这些评论大多是推测性的，通常表达得比较随意，能增强对方的自我意识。“约翰斯顿（Johnston）女士，看上去您很喜欢教学。”或者是：“议员先生，我注意到，一提到联邦赤字问题，您就窃笑。”

这种评论的谈话色彩较浓，对被访者没有什么威胁。被访者可以按自己的意愿回答，于是经常有一些令人震惊的对立观点出现。

问：约翰斯顿女士，看上去您很喜欢教学。

答：是的——至少在89.3%的时间里是这样的。

问：我明白了——那么，那剩余的10.7%听起来好像有点儿小麻烦了。

答：当你想弄清楚学生是否掌握了应该掌握的知识时，他们就会感觉到压力，你自己也会感觉到压力。可能要冒点儿被误解的风险，不久就会有家长代表团来视察你的工作。我不太喜欢教学的这个部分。

问：但很明显，那些代表团并没有削弱您的决心……

当然，并不是所有的这类评论都会打击对方的自我意识。一些负面的评论——可能适用于另一类人——反倒会鼓励对方做出更具活力的回答。

问：有些学生告诉我，他们不会选择您的课，因为您的要求太高了。

答：是的，但总有一些最优秀的学生报名参加我的高级英语课——尽管有些老师不愿意接受这个事实；同时我还想指出，我还在英语补习班讲课。

创造性问题

从定义上看，当记者想挑战自己的已有知识时，就会提出创造性的问题。一旦发现四分位明星拄着拐杖（已知领域），你就会给他的教练打电话，弄清原因及这一受伤事件对未来赛事的影响（未知领域）。

一旦给创造性的采访确定了这个定义，我们就得承认，总有一些记者的创造性高于常人。他们总能从谈话的一些细节中筛选出些许信息，而这些信息似乎总是新鲜的、独到的，甚至还包括一些非语言的信息。

例如，为什么一提到外交政策，议员就回避你的目光？除了“火力外交”（fire-engine diplo-
43 macy），她拒绝谈论任何军事和革命热点问题。上个星期，有一家报纸引述了她的话：“对于美国的外交政策，我的问题要比答案多。”这是怎么回事？如果越来越多的这类问题聚集在采访者的脑海里，就会产生某种意义，可以解释堆积在你脑海中的各个片断。于是你形成了自己的推测——可能的一种解释，然后再把它放到谈话中去检验。

问：议员，您今天的发言似乎暗示了您可能不再支持总统的外交政策了，尤其是在干预地方冲突的问题上。

答：天啊！您是怎么得出这个结论的？（反应很强烈）

问：根据您所说过的一切。

答：您是对的！您的感觉真是太敏锐了！是的，我感觉总统正在违背他先前宣布的外交政策……

就算她否定了你的推断，那也没什么损失。也许她会为困扰你的问题提供其他的解释。然而，一旦被访者对你的创造性的推断做了认可，谈话就会获得新的动力。因为此时的被访者会从全新的角度来重新认识你，把你看作是聪明的、感觉敏锐的观察家——当然你也受之无愧。

诱导性问题、内容过剩问题和垃圾问题

下面谈到的三种提问的名声不是很好，它们的有效性也值得质疑。

诱导性问题

这种问题的本身就包含了答案：“您喜欢看日落，是吧？”该不该在采访中使用这类问题呢？通常是不用的，除非你的被访者有些昏昏欲睡，你想刺激他一下。面对一位把一生都贡献给公园和广场建设的市政官员，你的提问是：“市长先生，如果把这些公园改建为商业场所，您认为我们的城市会从中受益吗？我的意思是，如果把税收收入和经济利益都考虑进去的话。”采访者采访时的口吻很和气，他也没想到这种倡导性的问题会误导市长做出肯定的回答。当然，采访对象可能会受此刺激，做出活跃的回应。

内容过剩问题

如果说诱导性问题能够刺激被访者做出富有活力的回答，那么内容过剩的问题在此方面的功能则有过之而无不及。“市长先生，如果警官总是以近乎野蛮的方式来打扰市民，您不觉得市政府的所作所为几近犯罪吗？”或者，“有人说，正是您的贪得无厌使得您的公司霸占了土地，污染了
空气，全然不顾工人和广大民众的健康和幸福， 44
这是事实吗？”这样的提问和回答只能表明你正在上演“新闻戏剧”（news theater），而不是在为采访收集素材。

垃圾问题

这类提问为回答设置了障碍。就像是采访者把一堆堆的垃圾放到公路上，强迫被访者越过这些垃圾，然后为他们提供答案。这样一来，原本想坦诚回答你的提问的被访者也会改变初衷。请看下面的提问：“州长大人，您的两个高层助手已经辞职，整个州的花费高出预算几百亿，根据最新的财务计算，税收至少减了 11 个百分点，而且您的决策总有些负面作用，反对党正呼吁您辞职，民意调查显示您的受欢迎度已经下降到 37%——在这样的情况下，您怎么可能对自己在明年秋天选举中的连任还如此乐观呢？”最好不要提这样的问题。它将迫使州长在碎砖烂瓦中艰难前行。也许她根本就不会费力去做这件事。问题太分散了，她只能把准备好的演讲稿读读了事。但难道这是她的责任吗？

第6章

采访中对话的延伸

问：多格布莱斯（Dogbreath），靠墙站好——老实点儿，小心我打断你的胳膊！ 45

答：哈哈，我就喜欢像你这样讲话粗鲁的记者！

本章将会讨论男女之间的差异。从某种程度来说，男人和女人的谈话内容，倾听方式和话中隐藏的含义都会有所不同。而对新闻记者而言，意义重大的恰恰是这些弦外之音。

20世纪90年代，谈话中的性别差异问题已被一些文献所谈及。乔治·华盛顿大学的语言学教授德博拉·坦纳（Deborah Tannen）在两本书中表达了他对性别差异的关注。这两本书的名字分别是《你真的不明白》（*You Just Don't Understand*，1990）和《从9说到5》（*Talking from 9 to 5*，1994）。从这两本书中，我们了解到，根据人类学家的研究，女人生来就喜欢提问，而不太善于提出一些肯定性的，或者挑战性的言论。她们更倾向于对别人说出的话做回应，以此来表明她们正在倾听（如“嗯？……啊！”和愉快的笑声，等等）。因此，有人认为女人是最好的倾听者（Tannen，1990）。

对采访者而言，这些特性表明，采访对象在面对女记者的提问时，会表现出更多的真诚。因为男人天性好战，喜欢与对方竞争，他们经常把谈话当成了竞争。而在这样的竞争中，他们的位置不是“上风”，就是“下风”。所以在面对男性记者的时候，被访者如果太坦诚了，就会认为自己处在“下风”。于是，他们在回答问题时就处处设防，或者仅让自己的回答停留在问题的表层。但如果换了女记者，这样 46
的事就不会经常发生了。

坦纳和其他人［尤其是梅奥（Mayo）和亨利（Henley）］在性别差异问题上所做的其他一些引述也对新闻采访产生了一定的影响。以下是一些例子：

◈ 女人在停车问路时不会有不安的感觉，男人对此事则很反感。因为这样一来，他们就处在了“下

风”。（所以女人在提问时，不会像男人那样感到尴尬）

◈ 男人讲话的方式很像老师，而女人倾听的方式则很像学生。（这种倾听—学习的模式对采访很有帮助）

◈ 男人讲话比较直接，女人讲话比较慎重。（他们在采访中都能发挥各自的优势，这主要取决于采访对象——如果采访对象是个官僚，话中带刺，且含糊其辞，那就不妨直截了当一些；但如果对方是某个案件可怜的受害者，在采访时一定要小心慎重）

◈ 女性善于使用一些举止，来表现自己已经“融入事件之中”（了解对方，并且欣赏对方）；而男性却总做出旁观者的姿态，表明自己的独立。（如果你想让对方的回答坦诚而且个人化，就采用前面的方法；但这似乎暗示着你是站在被访者一边的，这种情形在处理有争议的问题时是很危险的——采访对象会把友好的记者误解为自己的“盟友”）

47 ◈ 如果双方的交流失败，女性较男性更容易接受对方的批评。（男性：“你把我的意思理解错了！”女性：“可能是我没表达清楚吧。”女性不像男性那样以自我为中心，这能帮助建立双方的信任）

◈ 男性喜欢拿对方寻开心，而女性则不然。（当然，这样的玩笑可能会帮助提高双方的信任度，但也可能降低它，这要取决于玩笑开得是不是很合适，以及被访者的反应——他/她也反过来开你的玩笑吗？）

“奥尔德里奇先生，有没有什么值得关注的事情在您身上发生呢？”

考虑到营造和谐的谈话氛围对采访起着至关重要的作用，女人似乎天生就适合做采访者。男人应该好好学学这些属于女人天性的优点。当然了，男人以比赛的方式进行的提问，有时也会获得更富活力、更加巧妙、更为丰富的应答。

坦纳回忆了自己的一次颇富戏剧性的被访经历，其中涉及了性别的差异。那时她接受了两名记者的采访，一名男记者，一名女记者。当时，那名男记者的提问充满了敌意，跟打仗似的。坦纳说什么，男记者就反驳什么。但那名女记者看上去很友好，认可坦纳说的每句话。坦纳表达了希望能同时读到这两名记者的文章的愿望。当时她想，男记者的文章肯定以批评为主，而女记者的文章肯定以表扬为主。然而，实际情况恰好相反。“使我感到惊喜的是，男记者在他写的关于我的人物特写中，表扬了我一番，丝毫看不出采访时他对我的敌意。”但这位女记者的报道却出乎她的意料：“完全没有夸奖我的意思……尽管如此，当我读到第一篇报道的时候——它比我预料的要善意得多，我感到一种令人欣慰的解脱；但读到第二篇报道的时候，我则强烈感觉到自己被欺骗和愚弄了。”（Tannen，1994）

坦纳的这个经历与传统的理解刚好相反，它值得我们研究一下。难道这个经历只是个例外？难道男记者采访时的敌对倾向产生了出乎预料的善意结果？难道女记者微笑和点头的背后，隐藏着歹毒的用心？为了对此问题形成某种学术上的看法，我们需要做进一步的研究。

研究的价值

新闻学理论在采访技巧方面的研究甚少。提问时使用温和的语言，倾听时做到全神贯注，不对对方的回答做任何个人评判，这样做能够帮助你获得更多的信息，但如果提出的问题过于尖锐，并使用欺骗的伎俩，就不会产生预期的效果。不过用什么来支撑此论断呢？难道在采访中，记者真的需要陈述第三者的话，让自己的采访对象处于不利的地位吗？比如，“议员先生，您的反对派说您玩弄女性，是个流氓——您对此怎么看？”

从事理论研究的人很少探讨新闻的采访技巧，所以我们不得不从人类学家、心理学家、社会学家和语言学家那里寻求支持。他们的发现似乎对记者很有帮助，但前提是大家必须相信这一切同样也适用于新闻采访。请看下面的这个例子：

48 研究人员在加利福尼亚州做过一项心理实验。实验开始，以广告的形式来召集志愿者参与一项为期 4 个星期的减肥项目（Chang，1994）。有 127 人对此做了答复，其中的 67 人被选中，她们都是女性，平均年龄 28 岁，体重 147 磅①，她们的减肥目标是 125 磅。几乎没有男人来主动应征，所以这是一项只有女人参加的活动。

减肥顾问为她们提供了一份合理的减肥计划，但研究的真正目的是肯定正负采访技巧的作用。设定好的肯定问题是：“有人对你的外貌做过评价吗？你觉得自己的哪些地方不错？”

设定好的否定问题是：“有人取笑过你的外表吗？你还能想起这个人来吗？你觉得自己的哪些地方最差？”

第一组收到了否定问题，第二组收到了肯定问题。研究人员担心收到否定问题的人会丧失继续减肥的兴致。但事实证明，提什么样的问题并不重要。可是当研究人员调查采访者对参与者的回答的反应时，令人吃惊的事情发生了。

被分到第三组的减肥者的回答都得到了对方的肯定——采访者认可她们的回答，表扬她们的诚实，同时还鼓励她们继续努力减肥。还有一些非语言形式的热情答复：微笑，点头，和许多“对”、“是”等语言上的回应。

第四组得到了中性的答复——没有微笑，没有点头，没有鼓励性的语言。男记者甚至还把一个文件夹架在他与被访者之间。

减肥效果最为突出的是哪一组？研究结果显示，从对减肥计划坚守的角度来衡量，那些收到热情答复的人（第三组）做得最好。

从减肥效果来看，这组也是最成功的。每人平均减掉 4 磅。而得到中性答复的一组，每人平均减掉了还不到 1 磅，大部分人根本就没能完成这个减肥计划。

记者应该从这个例子中学些什么呢？实验表明，倾听并对被访者的回答做出反应，比提什么样的问题更加重要。真诚地赞美对方一句话，能够打开彼此坦诚交流的大门。研究人员彼得·章（Peter Chang）在《咨询心理学杂志》（*Journal of Counseling Psychology*）一书中分析了这个减肥项目，他认为女性减肥者在和男性专家谈论减肥这种个人问题时，会感到不自在。但如果对方能做出肯定的反应，她们就会大受鼓舞。

① 1 磅约合 0.45 千克。

还有一些研究表明，男人在谈话中不太善于利用微笑、点头和笑声，女人在这方面却很有天赋。这些研究还表明，男人和女人通常使用肯定
49 的回复来表达不同的意思。男人借此表明，他们同意谈话者的观点，而女人只是用它来说明“是的，我正在听，请继续讲下去”。(Tannen，1990)

在俄勒冈州进行的对报社记者的一项调查进一步支持了上面的观点。调查人员对正在采访的记者做了一些跟踪拍摄，拍下的录像带表明，那些掌握了“非同一般”的采访技巧的记者比“一般”记者在采访中更多地使用了微笑、点头、目光接触等非语言符号。他们的穿着也很得体（Cerotsky，1989）。

新闻采访问题的文献回顾

社会科学领域里的研究成果为新闻采访提供一些独特的见解，现在看来，这已经不是什么新鲜的事了。第一次把其他领域的研究成果拿来填补新闻学领域空白的是尤金·J·韦布（Eugene J. Webb）教授和杰里·R·萨兰西克（Jerry R. Salancik）教授。1966年，他们在调查已有文献的基础上，合作出版了一本书，书名是《采访，城市里唯一的赌轮》(*The Interviewer, or The Only Wheel in Town*)。这个标题刚好反映出从应用在新闻采访领域的社会学、心理学和其他学科的研究中得出的一个结论。“城市里的赌轮”本来描述的是赌徒面对弯曲的赌轮时的悲哀。干吗偏要玩它呢？回答是“因为我所在的城市只有这一个赌轮”。

作者在书中总结道，新闻采访同样也“弯曲”了，但这座城市里只有这一种游戏。两位教授引用了采访研究中许多已成定论的成果——侧重于决定人们对问题的看法的那类采访。为什么遭社会遗弃的人曾经都是有追求的人？一项比较前沿的调查（Rice，1929）比较了两名记者对这一问题的不同发现。

是什么原因造成了他们的堕落呢？一名记者认为是酗酒。另一名记者认为是对所处环境的控制失败。这就有点奇怪了吧。为什么两名记者得出的结论都偏离了正轨？赖斯把这称为“会互相传染的偏见”。第一名记者是个禁酒主义者，第二名记者是个社会主义者。令人不可思议的是，他们把自己的信仰反映在采访之中。先把自己的观点模糊地传达给对方，然后得到自己想要的答案。

类似的一些研究也表明，采访者的态度会影响到被访者的回答。在潜意识里，我们会通过一些非语言的微笑和鼓励（前面已经提到了），传达自己对一些问题的态度，尤其是那些比较鲜明的态度。非语言交流是信息交换的一部分，而信息交换是创造性的采访的一个主要特点。韦布和萨兰西克说过：

> 交换信息是实现采访目的的基础。采访并不仅仅是一系列的问题和答案。采访者往
> 往通过提问、姿态、衣着，以及上千种其他 50
> 因素，向被访者传达他的个人信息——他是个什么样的人，他怎样看待他的被访者，他怎样看待被访者的回答。被访者接收的信息数量，往往决定了他们反馈的信息数量和内容。

韦布和萨兰西克还指出，环境不同，采访者的角色也会有所不同——面对处在困惑之中的采访对象时，你要表现得像个临床医学家；面对社会底层的采访对象时，你要表现得像个拯救者；在权威面前，你是沟通的渠道；而在社会奋斗者面前，你要发挥自己的影响力。所有这一切表明，新闻记者不要太自以为是，也不要敌视你的采访对象。曾有采访教材谈到，记者应该“通过直截了当的交谈来加强对方对你的信任甚至敬畏之情”，对这个说法，两位教授持反对意见。

“如果面前的人非常敬畏你，采访者的自我意识可能会得到满足，”他们写道，“但是如果采访者说话过于自信和直接，他们获取的信息的完全性和准确性就要受到质疑了。我们的建议是，不要老是想着怎样才能让采访对象觉得你无所不知。”

《城市里唯一的赌轮》一书出版后的 10 年中，大量的有关采访问题的文献涌现出来。在最近一本文献（Dillon，1990）的概要中，《赌轮》一书的观点得到了进一步的肯定。加利福尼亚大学河滨分校（University of California-Riverside）的教授 J. T. 狄龙（J. T. Dillon）查阅了一些研究师生问答、警察审讯、医生做诊断的对话的资料，发现很多研究把采访的挖掘事实的脆弱的本质给戏剧化了。

综合所有研究采访提问的资料，狄龙确定了提问过程的三个要素：（1）假设，（2）问题本身，（3）回答。这三大要素对采访者自身的偏见和准确的把握能力提出了挑战。

假设指的是，相信被访者能够提供答案，并且保证提问在事实上做到准确。然而在采访实践中，却会出现意外。例如，“你已经不再打老婆了，是吗”这个提问的本身就暗示了打老婆的行为发生在过去。除非你能保证所做假设的正确性，否则你的提问就具有欺诈性质，而且提供了多余的信息，对方在不否定你的假设的情况下，是无法回答你的问题的。当然，每天都有很多模糊的假设出现在记者的提问中，它们不仅使提问，而且使随后的报道都独具特色。这样的假设有：

- 被访者有回答问题的资格。证人是亲眼所见，还是从别处得来的二手材料？
- 某些字眼在谈话双方的理解中是一样的。“超速”一词，警察的理解和赛车手的理解能一样吗？
- 名声很重要。“她讨厌记者，不愿意和他们说话。”如果在采访前就了解了这个情况，你会以特殊的方式去接近你的采访对象，并以特殊方式向她提问。或许她讨厌的是那些把自己错误的假设带入采访的记者吧。
- 你所了解的背景知识总是正确的。 51
- 记者总按自己的想象行事。“飞机爆炸时，您站在哪儿？”你怎么知道被访者当时是站着的？比较稳妥的假设应该是“您在哪儿”。

对提问的相关研究本来是为了肯定韦布和萨兰西克把采访者的偏见比喻为“弯曲”的赌轮的文章。还有一篇报道（Loftus，1987）对措辞的慎重提出了要求。采访者询问某交通事故的目击者：“两车剐蹭/相撞/猛撞时，车速大概是多少？”如果是“剐蹭”，大概车的时速也就是 31 英里，但如果是“猛撞”，大概时速就得是 41 英里了。

研究回答的一些文献说明了更多的问题。“回应”这个词非常形象地描写了提问后发生的事情，因为许多反应根本就不是答案。如果对方的回答没有提供问题的答案，这可能是逃避，也可能是“设防”。曾有一篇《怎样不回答问题》（How not to Answer a Question）的报告（Weiser，1975）指出，被访者在面对简单得像“你今年多大了”这样的问题时，可以“故意含糊其辞”（“别着急，他们会把我投进监狱的”），也可以正面拒绝（“我不愿意回答这个问题”），甚至还可以狡猾地转移话题（“啊，糟了！我忘记关车的前灯了”）。

被访者的回答会随着环境发生变化。在一项调查（Getzels，1954）中，采访者把他的提问“你喜欢见陌生人吗”放在三种不同的假想环境中。怕见陌生人的被访者在工作面试时的回答是：“我喜欢。”在问卷调查时的回答是：“这要取决于是什么样的陌生人。”而当他面对心理医生时，回答就变成了：“见陌生人使我感到紧张和自卑。”

如果被访者“不肯提供答案”，该怎么办呢？狄龙的建议是倾听，对对方的回答做出反应。“倾听在采访实践中的重要性是显而易见的，然而正在进行实地采访的记者总是把全部的心思都放在提问上，脑子里想的总是下面该问什么了。”

"温柔"提问的重要性

某些采访学的文献对温柔型、倾听型、同情型的采访方式持肯定态度。在某种程度上，没有足够的证据支持自负能够帮助采访者发现事实的观点。而有大量的证据刚好支持相反的观点。甚至连法庭也尽力避免粗暴的审讯方式，强调充满善心、机智、同情和诚实(Buckwalter，1983)。有一本研究审讯方法的书被命名为《采访和审讯的温柔艺术》（*The Gentle Art of Interviewing and Interrogation*，Royal and Schutt，1976)。“温柔”的艺术？某些案件的影响力，例如米兰达（Miranda）一案是促成审讯方式向这种做法转变的主要原因。在米兰达案中，法官被要求，提前通知犯罪嫌疑人，审讯时他们有权利让律师到场，而他们不需要回答任何问题。发出这样的通知后，法官该怎样审讯嫌疑人呢？温柔？机智？同情？符合逻辑？法庭定罪的依据不该是通过欺诈、威胁或者强迫手段获得的那些证据和招供。“只有虐 52
待狂才会使用以上的方法，因为他们获得的信息不够多，能力也不够高。”罗亚尔和舒特说。

巴克沃尔特说：“对立的态度不会帮助你征服嫌疑犯，相反，却把你的一切努力都置于对手的反抗之下……‘手挥战斧’的问讯人本身就是个失败。他从来就不懂如何使用温柔的但不失韧性的方式去调查事实的真相，以引导嫌疑犯坦白自己的罪行。粗鲁的、敌对的审讯方法会遭到所有嫌疑犯的反感。”

非语言的交流

研究表明，当两人发生冲突时，冲突双方的行为比语言能提供更为精确的信息。下面的一个例子具有明显的嘲讽意味。“在媒人为我安排好的约会中，我度过了愉快的时光。”一个女大学生说。你相信吗？但如果面对面地与她交谈，通过她讲话时眼球的转动和音调的变化，你很快就会识别出话中的撒谎成分。

采访者可以用两种方式进行非语言的交流。首先，要确保自己的穿着、态度、体态、眼神接触和其他行为能传达自己对对方谈话的兴趣，并告诉对方自己正在认真倾听。其次，观察被访者的一些非语言行为，这些行为能反映出被访者的心理活动——通常很模糊，有时却很富戏剧性。感悟力强的采访者能从被访者的皱眉、耸肩、微笑或者音调的高低中解读出某种意义。采访者关注的重点应该是什么——被访者在听到问题后的轻笑声，还是随后发表的长篇大论？如果让采访者做选择的话，我相信他会关注前者。

> 问：名人女士，您的讲话很有趣。但我注意到您在讲话之前轻轻笑了一下。能告诉我，您的笑有什么特殊的含义吗？

非语言的交流方式有以下几种：

辅助语言（paralanguage）

记者在被访者讲话时发出的一些声音——例如“umms”，“uh-huhs”，“mmmmms”等等，被称做辅助语言。无数的研究表明，毫无疑问，这些语言在帮助营造和谐的谈话氛围上效果显著。

听到这样的语言就像看到对方的微笑和点头，谈话者会为此再多讲上一会儿。

语　气

讲话的语气虽然有些含混，但在意义传达上
53 效果显著，例如上文中谈到的讥讽语调。艾伯特·迈赫比恩（Albert Mehrabian，1981）通过实验总结出，一旦语言和语调、面部表情融合在一起，人们总愿意相信非语言的成分。

眼　神

眼睛是心灵的窗户。还有一些有关眼睛的词语（“躲闪的目光”）和谚语（“笑眼盈盈，口出严词”）。很多研究表明，眼神的接触能刺激对方的回答，听别人讲话时，人们更喜欢看着对方。在一项研究中，研究人员让看过电影剪切镜头的观众发表对画面中两类人的看法，一类人讲话时看着对方，另一类人讲话时不看着对方。观众对前者的评价是友好、自信、自然、成熟和真诚。而后者却被认为是冷酷、悲观、防御性强、善于逃避，而且不成熟（Klick，1968）。

人体动作学（kinesics）

已经有无数的研究表明，我们用身体语言来进行交流——从敲桌子到面部表情的微妙变化。然而，这些非语言符号所表达的意思有时不够清楚。在一项研究中，研究人员让人们通过一些非语言的方式传达六种情感信息。这些业余演员在录像机面前努力地做出发怒、恐惧、引诱、漠不关心、快乐和悲伤的表情。观众通过看录像带来识别各种表情的含义。结果发现，六种表情中竟然有四种被误读了。一个年轻女人的所有表情都被误读为“引诱”，而另一个女人的六种表情都被误读为“生气”（Beier，1974）。解码非语言符号时，这样的事经常发生。所以说，非语言符号的作用仅仅是提供了一些线索，采访者还需做进一步的研究。

空间关系学（proxemics）

人类学家爱德华·T·霍尔（Edward T. Hall）把进行日常对话的两人之间的距离界定为四个层次：亲密的、私人的、社会的和公共的距离。最近的距离是互相接触的亲密距离，最远的距离是大约 12 英尺[①]或更远的公共距离（Hall，1996）。采访的距离通常在私人距离的最大限度（18 英寸到 4 英尺）到社会距离的最小限度（4 英尺到 12 英尺）之间。

霍尔提到，当人与人之间的距离使双方都感到不舒服的时候，就会产生人际间的隔阂。侵犯我们私人空间的只能是一些精挑细选出来的亲密知己，我们会与其他人保持一定的距离。当别人
与自己的距离过近时，我们会采取一些“防范行 54
为”，比如向后退，或者在双方之间的桌子上放置障碍物：一本书，或者一个皮夹。或者是双臂交叉护在胸前，拿本书护在胸前，还有咳嗽，双手乱抓，逃避眼神的接触，等等。

这些方法可以帮助你洞察对方的性格特点。

① 1 英尺等于 12 英寸，约合 0.3 米。

接受采访的官员会不会拿桌子做堡垒，躲在后面，把来访者的椅子放在对面？这种人对空间距离的要求很高，或许他有资格提这样的要求。我的一个学生在采访中遇到的不仅仅是桌子被拿来做壁垒，他注意到客人坐的椅子腿竟然被锯短了，这样来访者只好坐在比主人低的位置上，对此他感到极不舒服。如果想把房间布置得富有启迪性，可以把办公室做成起居室的模样，桌子在一头，沙发和咖啡桌被放在另一头。有一些比较民主的官员，在办公室里放置了圆形办公桌，这样谁都不会坐在桌子的一端。

来访的记者不要总是按照事先的安排来行事。如果可以选择的话，不要太正式了——咖啡桌、圆桌，而不是大桌子，或者到没有私人用品干扰的会议室去。当然你自己也要避免携带这些干扰用品。选择大的笔记本或写字板来做记录——把它放在你和采访对象之间——就像矛和盾，它是个防御的信号。

在电视采访中，不要在争辩的时候使用麦克 55
风。我的一个学生亲眼目睹一名电视记者站着采访一位议员。在大部分时间里，采访者把麦克风放在了他和被访者正中间的位置上。一旦议员的回答慢了点儿，话筒就杵到了他的脸上，有一次他甚至被迫向后趔趄了好几步。采访双方似乎都没意识到话筒的作用。

有些被访者努力在你和他之间设置一些障碍

人际交流的基础

通过研究采访，我得出了三点结论：

1. 关于采访的所有事实——在法庭审讯时更为突出——都表明，真诚、互信、非正式的谈话氛围是顺畅交流的基础。

2. 成功的交流发生在记者把目标定为营造和保持一种高度坦诚的谈话氛围时，不要老是想着战胜你的被访者。

3. 在了解事实时，采访其实是一种脆弱的、直线的方式。

当然，新闻采访并不需要受到严格的控制，不像社会科学调查总统的受欢迎度或者哪种清洁剂最受欢迎时那样。作家刘易斯·A·德克斯特

(Lewis A. Dexter) 在《精英及专业领域采访》(*Elite and Specialized Interviewing*，1970) 一书中提出了“采访的交易原理” (transactional theory of interviewing)。该理论认为，每次采访都会涌现一些独特的问题和答案——新观点就产生于此——这就是创造性的采访。事先对采访的过多安排会阻碍新观点的形成，从而使谈话变得索然无味。记者只有把个人的偏见放在一边，以开放的思维来认真聆听对方的讲话，才能引领谈话进入新的领域。

第7章

受访

56 问：你最喜欢哪种颜色？

答：华而不实的黄色新闻。

被采访的感觉如何？“就像是玩轮盘赌，”俄勒冈州的记者梅洛迪·沃德·莱斯利（Melody Ward Leslie）说，“到底是哪个问题要了自己的命，你永远也不得而知。”这位记者偶然间发现，自己33年前的出生竟然是人工授精的成果。惊讶之余，她就人工授精这个课题进行了进一步的调查，并写了一本书。也因此，几个月来，她一直是媒体关注的焦点。于是，突然间涌现出许多记者同行，包括全国广播公司（NBC）和英国广播公司（BBC）的一些记者，都前来跟她预约采访时间。后来，她提到，所有的采访都让她感觉极不舒服。

她本人就是记者。但作为被访者，她感受到一些只有被采访者才能感受到的奇特经历。一般来说，这些转变了角色的记者在采访过程中会感到不舒服，他们总是担心自己说的话会惹来麻烦，甚至比普通的被采访者更容易心慌意乱和不知所措。所以，有些人干脆拒绝接受采访。欧瑞亚那·法拉希（Oriana Fallaci）是一名活跃的意大利记者，他曾经采访过世界上的许多领袖人物，但一旦有人提出采访他的要求，他大多持拒绝态度。“我不会接受采访的……有一次，一个荷兰人打电话采访我。他问我：‘你喜欢什么颜色？’我的回答是：‘彩虹的七种颜色！先生。’然后就挂断了电话。他们还想采访我，但我就是不想见他们。”（Huber & Diggins，1992）就连哥伦比亚广播公司的名牌栏目《60分钟》（*60 Minutes*）的节目主持人迈克·华莱士（Mike Wallace），在扮演被访者的角色时也出现了紧张的情绪。华莱士经历过一系列的报纸采访，他表现得很“警惕”——“在近期的一次采访中，一旦谈话涉及他认定的敏感领域，他就马上把录音机关掉。”（Lesher，1982）

57 如果上文所谈属实，为什么还有人同意接受记者的采访呢？有大量的证据表明，大部分有过被采访经历的美国人，发现这种经历令人愉悦，而且有助于实现他们的目标，因此还是值得的。

“被人采访的感觉就像是在玩俄罗斯轮盘赌的游戏。”给自己的“问题子弹”贴上标签，或者尝试以下的方法。第一轮：“人们说你是个无赖——对此你怎么回应?”第二轮：“你怎么看待自己制造的这些麻烦事件?”第三轮：“如果没有了这些辱骂，你又会做何反应呢?”

这是阿比林基督教大学（Abilene Christian University）的默林·曼（Merlin Mann）教授在一项研究中得出的结论。随后，密苏里大学的一名博士生从密苏里州的42家日报中挑选了315则新闻报道，对这些报道涉及的记者和采访对象进行了调查。在171名被访者返回的问卷中，大多数人都对“我喜欢接受采访”一项表示赞同。大多数人还认为采访他们的记者也能从中得到快乐。一般来说，采访双方在开始时会感到有点尴尬，但很快就会产生和谐的氛围。（Mann，1991）

被访者通常对记者的采访方式和他们写出的报道持肯定态度。他们发现记者的访前准备做得很充分——听得很认真，自己不怎么插话，并且对被访者的观点表现出一定的关注。至于记者们写出的报道，被访者认为基本属实。

记者们也喜欢别人肯定他们的工作，只是在程度上稍有些不同。记者通常比被访者更喜欢电话采访。因为他们认为，在电话采访中，自己的准备更加充分，态度也比较平和，谈话能够更加切中目标。

整体上来讲，被访者比记者的年龄要大，受教育程度要高。他们中大多为男性，这点和记者一样。 58
但如果让这些被采访者根据自己的喜好作出选择，他们更喜欢面对面的采访，而不是电话采访，同时希望采访的时间能更长一些。调查发现，大部分采访持续的时间还不足20分钟。被访者认为，采访进行的时间越长，双方越能达到“有谈话热情”的境界。被访者还说，采访进行的时间越长，他们的回答越真诚，记者的报道也就越精确。他们认为好记者必须具备的品质是：充分的准备，开放的态度，倾听的愿望，对话题的热情，还有“一些交际技巧”，例如，友好的态度和情感上的共鸣。

有时也会出现一些问题。有9名被访者（只占5%）提到了采访者的一些过失，如偏见，不尊重被访者提出的“不要录音”的要求，或不能把采访目的解释清楚。还有一些被访者说，有少数的一些记者非常武断——其实他们在采访前就已经把报道的内容定好了，只想从采访对象那里获得一些支持他们观点的话，以便在报道中引用。

曼教授认为自己在堪萨斯州城市医院观摩一次器官移植手术时，犯了个很严重的错误。在器官移植的过程中，手术室里的两名护士把曼教授当成了穿着手术服的“喜欢提问题的医学院的学生”，所以说话时并未设防。两个小时后，他们却发现他是名记者，要写一篇关于器官移植手术的报道。曼教授前来观摩手术进程本是受到一名外科医生邀请的，但他没把自己的真实身份向护士们挑明。虽然这些护士认为他的报道基本还算准确，但里面一些耸人听闻的描写，如“血滴到了地上”，“热乎乎的手术刀发出酸酸的味道”，使她们有一种被出卖的感觉［Mann，1991，对霍夫曼（Hoffman）和沃达（Voda）的采访，1991］。

一夜成名者的尴尬

在密苏里州，曾经发生过有道德过失的报社记者不能获得优秀记者的称谓的事情。在过去 20 年中，我就“接受采访给你带来的快乐和烦恼”一题与被访者们进行了 300 次左右的对话。谈话的结果肯定了我的发现：主流媒体的得分也只是“良”或者“良＋”，只有一些认真尽职的记者得到了“优”。

与这些被访者的大部分谈话——1990 年以来，大约有 200 个左右吧——涉及的是一个新的而且越来越普遍的现象：“一夜成名者”的出现，即无名之辈突然间变成了家喻户晓的名人。纽约的模特玛勒·汉森（Marla Hanson）惨遭毁容，却因此成了世界名人。竟然还有人把她的生活拍成了电影。1987 年，得克萨斯州米德兰地区的一个婴儿掉到井里，救援人员史蒂夫·福尔贝斯（Steve Forbes）在 6 点钟的整点新闻中亮相——当他从救援通道中举起还活着的婴儿时，他的形象被永远地铭刻在了电视观众的心中。在接下来的数月
59 里，100 多名记者提出要对他进行面对面的采访。

有时，把一个普普通通的市民捧成明星并不费力。就像下面走错卫生间的故事这么简单。丹尼斯·韦尔斯（Denise Wells）讲述了 1990 年发生在得克萨斯州休斯敦博物馆里的一件事。当时，一场乡村音乐会正在进行。德尼萨·韦尔斯感到内急，可女厕所外却排着长龙，而旁边的男厕所外则无人排队。一名男子护送他的女友进去方便。于是她也跟进去了。警察宣布两个女人违反了该城的法规，命令两人离开音乐会。《休斯敦邮报》（*Houston Post*）就此发了一篇报道——于是德尼萨·韦尔斯成了一个家喻户晓的名字，全世界都有人给她打电话，《人物》（*People*）杂志上刊登了她的大幅照片，甚至琼·里弗斯（Joan Rivers）和约翰尼·卡森（Johnny Carson）主持的谈话节目还邀请她以嘉宾的身份亮相——当然所有的费用都由电视台出。韦尔斯说，她的“夜壶”（“potty parity”）玩笑逗乐了约翰尼·卡森，从而使她一时间名声大噪（韦尔斯后来在法庭上驳斥报纸的引用获胜）。

这类新闻源对媒体采访的反应如何呢？我的发现几乎与曼教授的调查结果一致——他们认为大多数记者都是真诚的，认真负责，所做的报道也基本属实。他们也比较喜欢被人采访——至少最初的几次是这样。但是做一个世界级的名人太花时间了，而且自己的私人空间无形间也被剥夺了。于是，他们开始使用非公开的电话号码，使用应答机来应付电视节目中打来的电话。《生活》（*Life*）杂志和网络新闻媒体打来的电话往往是最长的——回答它们的电话要花掉很多时间。《生活》杂志曾经花五个小时打电话索要犹他州普罗沃城的女警察杰姬·吉博特（Jackie Guibord）的照片，她是参加海湾战争的士兵的墙上张贴的明星。后来因为战争很快就结束了，这些照片也没派上用场。这些被访者还发现，电视节目竟不惜时间和精力去设计一些采访陷阱，刺激摄像机前的被访者做出各种情绪上的反应。正像某人描述的那样，“在谈话中设置一些手榴弹，然后看着你

来拆除”。

名人们很快就厌倦了被记者们老拿同样的问题问来问去，尤其是厌倦了那些要求他们描述自己感受的问题。救援人员史蒂夫·福尔贝斯经常遇到的提问——尤其是电视记者的提问，就是“你把婴儿从井里抱出来的时候有什么感受”。他还有一个不满，那就是：经常有一些记者以私人身份来到他家或者他的工作地点要求采访，如果他不同意，他们就不肯离开。这些记者不允许被访者拒绝他们的采访要求，也不接受被访者提出来的再安排其他采访时间的要求。（对福尔贝斯的采访，1990）

不久，一些名人重返默默无闻的生活，另一些则继续过着他们的名人生活，还有些人利用自己的名人声望做了一番事业，例如一名强奸未遂案件的受害妇女做巡回演讲，为受害者伸张正义。

为什么要接受采访?

比被采访还要糟糕的事只有一件，那就是——没人采访你。想想为什么在面对采访时，有人会同意，而有人会拒绝。明白了这些原因，当你遇到不情愿接受采访的对象时，就可以运用一些说服的技巧了。以下是接受媒体采访的常见原因：

60 1. 获得认可和出名的一次良机。

2. 阐明对某个问题的立场的一次良机。

3. 用自己对某个问题的鲜明态度教育公众：人性中总有些想教育别人（或者宣传）的成分。

4. 得到提升的一次良机，例如某个女演员想推销她新近出演的一部电影。

5. 表明立场，消除误会的一次良机。

6. 影响或感染他人的一次良机。

7. 一次新鲜的经历，个性得到张扬。

8. 多少带些不朽的色彩，说出的话变成了铅字，供未来的历史学家研读。

9. 支持某个目标或某项事业——全然不顾个人的痛苦。20世纪90年代，有许多强奸案件的受害者愿意把她们遭受袭击的痛苦经历公布于众，同时也公布了她们在与反复无常的司法制度做斗争的过程中忍受的巨大痛苦。

10. 对某个新鲜的、有创意的话题或方法感兴趣——记者许诺采访会涉及一个全新的领域，而不仅仅是旧调新唱。

以下是拒绝接受采访的常见原因：

1. 不信任采访者的采访动机：“他简直是在寻找垃圾。”

2. 对具体的某个记者的反感。这些记者由于使用过进攻或者欺骗的伎俩而臭名远扬。

3. 没时间。

4. 对话题不感兴趣。

5. 缺少所谈话题的相关知识。

6. 对记者的采访目的不认同。

7. 对采访者拿捏复杂话题的能力缺少信心。

8. 避免被曝光，或者减少公众的关注，例如由于渎职而正在接受调查的政府官员。

9. 不想出名，例如不愿意被别人当成“出名狂”。

10. 不愿意扮演组织发言人的角色。

11. 势利，采访者所属的报纸或电台没什么名气。

12. 面对摄像机时晕场。

13. 记者解释采访目的时不够真诚，使被访者感到不舒服。

14. 反感媒体过去的一些不公正的行为，如媒体的恶意诽谤，错误的引用，刊登批评性的社论。

15. 厌倦了记者们的夸张伎俩，过去曾有个名人称此伎俩为“萨姆·唐纳森（Sam Donaldson）用块湿湿的破布去碰他们的脸，然后看他们如何反应”。

16. 采访话题的枯竭。已被确立名人地位的人经常说的一句话就是“足够了”。新近出名者不久就体会到了这句话的价值。

出道已久的名人在接受采访之后往往会制定一些基本的规则。女演员朱迪·福斯特（Jodie Foster）
61 肯定不会就约翰·欣克利（John Hinkley）试图暗杀罗纳德·里根（Ronald Reagan）的事件发表评论。而埃里克·罗伯茨（Eric Roberts）也肯定不会谈论他的姐姐朱莉娅·罗伯茨（Julia Roberts）。

采访对象是否需要建立一个全国性的组织？

考虑到社会上有那么多的组织，为什么采访对象们不建立一个自己的组织，每年定期召开一次全国性的会议呢？有一些小范围的组织，例如警方情报官员以及洽谈商务的人士，的确是定期见面，但没有哪个组织允许女演员和犯罪受害者——甚至是臭名昭著的罪犯——在媒体上与警官和商务人员交流思想。这是一件很严肃的事。时下很流行公司主管或政府官员在一些豪华高档的工作室里与媒体见面——集中做一期节目，这是电视媒体所擅长的最傲慢、感觉最迟钝的采访风格。

想象一下，在某次会议上，你混在人群里，和周围的人摩肩接踵，所有人都有一个共性——从某种程度上讲，他们都是媒体找来接受你的采访的人。其中某些人颇具采访价值。肯·凯西（Ken Kesey），《飞跃疯人院》《*One flew Over the Cuckoo's Nest*》的作者，不是正在和一群人谈话吗？或许他正在讨论如何对付大学生提出的采访要求。他被那么多人围在中间，但他有个原则：只接受两个快速的提问，如果发现问题有意思，他就会接受采访。一位年轻的姑娘，听到这个挑战很兴奋，脱口而出："基督教在您的生活和工作中扮演着什么样的角色？"

"这个问题不错——我喜欢。"凯西说。他让对方问第二个问题。这名学生吞吞吐吐地好像问到"吸毒对您的想象力和工作的影响"。凯西说这个问题不太好。如果第二个问题能和第一个问题很好地融合在一起就好了——但实际发生的情况是，"你错过了这次机会"。这名学生承认第二个问题的确有些陈词滥调，发誓以后不经认真准备不会对名人提出采访的要求（上面的场景是想象出来的，但这些评论并非出于想象，而是基于作者对参与者所做的实际采访）。

还有一些人在会议总部转来转去。其中有些人的名字是家喻户晓的。杰克·凯沃尔基安（Jack Kevorkian）博士说，媒体的监视经常使他感到震惊和迷惑。拿他的话说，媒体就像徘徊在他住所附近的狼群。史蒂夫·米利肯（Steve Millikin）上尉，或许这并不是个家喻户晓的名字，但在声名狼藉的 1991 年拉斯维加斯（Las Vegas）会议之后，他成了 Tailhook 协会的主要发言人，获得这个职位对于一个曾经为该协会的用光面纸印刷的通俗杂志《*The Hook*》做编辑的退休人员来说很不容易。他的一个经验是，在接受媒体采访时，不要总想着设置障碍，失败的教训，或者未来的改革都可以成为你的谈话内容。

在肯·伯恩斯（Ken Burns）主持的有关美国 62
内战的电视系列节目中，历史学家兼作家谢尔比·富特（Shelby Foote）做了开场白，为此受到了全国的关注。他说，他喜欢媒体关注自己，尤其是让他出名的那 15 分钟的最后几秒即将过去的时候。他还说，作家必须要写作，必须要吸引媒体的关注。

一些罪犯名人也出现在这场想象的会议中，他们同样是媒体关注的焦点。被指控杀害自己亲生孩子的黛安·唐斯（Diane Downs），表达了她对媒体的不满。例如，铁窗外的记者曾经问她："你的床上功夫真像他们描述的那么好吗？"她说，记者的提问往往基于一些错误的假设，例如，她对某个情人的着迷。

采访对象们的这次全国性会议的议事日程包括：有广泛媒体接触经验的人讲话——O. J. 辛普森（O. J. Simpson）的辩护律师罗伯特·夏皮罗（Robert Shapiro）是首选，然后是小组讨论一些专题。夏皮罗在辛普森案之前的 1993 年曾经做过类似的演讲。

他说："不要向媒体撒谎。"在全国辩护律师协会（National Association of Criminal Defense Lawyers）在塔霍湖（Lake Tahoe）召开的一次会议上，他描述了律师与媒体的关系。"简单地编造事实，希望过后再来验证它们的正确性，这样做太冒险了。一些不现实、不可能的辩护词只会在案件的随后调查中产生反作用。切记你说的每句话都会被录像带和长篇的笔录记录下来。"

设置障碍来对付媒体也不对。"**'没什么可说的'**这样的回答既不合时宜，又缺少创造力，"夏皮罗说，"如果这样的话出现在某篇长篇报道的结尾，会给公众留下负面印象。"（《圣何塞信使新闻》，1994-07-10）

记者最容易提及的"最危险的问题"也被某位先生谈到了。他认为，**"推理式"**或**"假定式"**的问题是第一危险问题。面对以**"如果"**开头的问题时，要多想上一遍："州长先生，如果您的女儿被强奸或被谋杀了，您还会反对死刑吗？"接下来，采访者会在语言上设置手榴弹，并刺激被访者在摄像机前做出情绪化的反应。"您该怎么告诉小约翰尼，他的妈妈永远也回不了家了？"

被访者很快就了解了其他的一些伎俩。他们认为，采访者的沉默实际上是危险的润滑剂，目的是让被访者结结巴巴地来填补这个空白。还有些人识别出了"晚霞效应"（afterglow effect）——即在某次成功的采访即将结束时，还未疲倦的采访者突然表现出来的真诚。这些被访者很快就认清了某些记者的欺诈手段，比如，在提问时故意引用一些错误数据，期望被访者在更改错误信息的同时，揭示出真实的数据。警署发言人把这称为"刀耕火种"（slash and burn），只有那些假定自己不会再与被访者打交道的记者们才会使用这种伎俩。

被访者们还识别出了所谓的"保密"伎俩（"您可以小声地告诉我——这是我们两个人之间的秘密，我不会告诉别人"）和媒体善于使用的先 63
入为主式的假定："州长大人，考虑到几个月来您所遭遇的政治失败，能不能说您的执政已经**'彻底地失败'**了？"这几个单薄的字眼非常适合做新闻提要，记者希望的回答是："我不认为这是彻底的失败。"于是他就可以继续重复自己的一些主观臆断，以诱被访者上钩。

被访者的访前准备

会议记录表明，被访者或许比采访者更喜欢在采访前做准备。一个农民正在进行他的显然已经排练好的小型演讲，来自一家农民报纸的记者中途打断了他，"等一等，我想问几个问题。"这个农民举着手中满满的演讲稿，说："我还以为你需要的就是这样的一篇演讲！"这在被访者中间是很普遍的现象。他们知道，接受采访时不要太冷漠，尤其是善意的采访。这在电视采访中表现得较为突出，做个二三十秒钟的小型演讲，在合适的时候多次播放。他们还在一些多次播放的小段录像里做演讲——根据实际要求把它压缩至10秒钟。他们还发现，地方电视台的工作人员最喜欢的就是那些能够根据记者的需要来调整答案的采访对象。有些记者甚至会问："我该问你些什么样的问题？"被访者通常是带着准备好的建议前来接受采访的。

记者在采访中使用的花招

有些感悟力强的被访者发现媒体在采访中经常使用一些花招——一问一答的对话中渗透着肤

浅——常规的提问，预期的回答。例如，前纽约名模玛勒·汉森。在早期的一些采访中，她并没有谴责纽约对她的容颜的攻击。“我爱纽约这个城市——我不想离开它。”她说。结果，这番话不仅成了新闻标题，而且还为随后的一系列采访奠定了主题。媒体把她描述成来自中西部的勇敢者和不畏艰险的孩子。她认为，这就是媒体希望的结果。

但在一次接受一本杂志采访的过程中，她与记者进行了一次长长的对话，谈话的内容涉及了心灵深处的一些秘密。玛勒·汉森向《时尚》(*Vogue*) 杂志的记者承认，自己经常感到情绪低落，有时几近崩溃的边缘，以至于一天都起不来床。而她在媒体面前却表现得很勇敢。“也就是说，你不太诚实，”记者根据她的描述答道，“你不觉得这样做伤害了那些案件中的受害者吗？——当他们经历不幸时，往往会想到你的勇敢，而你的现实生活却是一塌糊涂。”

64 “难道我还有其他选择吗?”她后来回顾这件事时问道。记者后来的报道中没有提及这部分谈话的内容。但除了勇气，她还能以什么来面对媒体？向记者和摄像师表白自己的低落情绪时，自己会有什么样的感受呢？他们会尊重她的坦率、理解她的脆弱吗？还是简单地把她列入哀诉者和抱怨者之列？(对汉森的采访，1991)

提出这样问题的人并不止她一个。有人问：“记者到底想从采访中获得什么?”也有人怀疑，记者喜欢在大量的黑白之间夹杂些许的灰色——这是被剪下的虚构的图片，而不是真实的人物。

旧金山的律师梅尔文·贝利（Melvin Belli）——曾经为许多有身份的罪犯做过辩护，提出的一些观点得到了大家的认可。与媒体见面时，把自己的观点压缩成精华的几个，按照它们的重要性，依次说出来。如果第二点和第三点被漏掉了，也不要吃惊。识别人和环境时要有自己的标准，表达自己的观点时要使用简单清晰的语言。在采访中使用过多的行话和莫测高深的法律用语只会引起误解。贝利说，如果记者有误解的话，责任也不在记者身上，而在于被访者没把自己的意思表达清楚。(对贝利的采访，1991)

还有一些老资格的采访对象在会上提出，“不许公开发表”这类的话最好不要说。任何人的发言，如果有新闻价值，早晚都会被公开发表。面对记者的问题，如果不知道正确答案，不要去猜测；你只需简单地回答：“我不知道，但我会帮你找出答案的。”

还会有人——可能是政客吧，在大会上，用嘲讽性的语言表达一个很新奇的观点：“如果希望自己出名，就不要让记者参加正在召开的会议。如果不太想出名，尤其是有什么于己不利的事发生时，就召开一个新闻发布会，详细地向记者述说一切。这样一来，有关你的报道最多只能热上一天，很快就会被大家遗忘。”

还有一些人发布了一些经验之谈，表明下次再有类似的事情发生，他们的做法会与上次完全不同。玛勒·汉森和医护人员史蒂夫·福尔贝斯的坦诚和开放度都较以前大为降低。1980 年的圣海伦（Saint Helens）火山爆发后，实地考察火山问题的地质学家阿尼塔·格伦德尔（Anita Grunder）说，她会努力想出一些生动的比喻。这个比喻把史前地质时代的变迁戏剧化了。如果把时间比喻成一卷卫生纸的话，这卷卫生纸里面的1 000页纸中，有人类记载的历史只占了最后一页纸的一半。

还有些人建议，要尽力避免采访中的混乱。选择你的采访伙伴时一定要格外小心。“采访是断绝双方关系的最快途径。”一位农夫说。另一位农夫说：“如果有记者打来电话，说：‘如果您想对外界讲述一下农场生活的情况，我能和您谈谈吗？当然前提是不会打扰您。’我会欣然接受的。”但他说实际情形是，通常记者只考虑他们自己——自己的兴趣，自己的时间限制。

商业领袖的建议是，只谈公众利益，不谈公 65
司利益。如果话题涉及用人需求，不要把你的反对意见表达成为“公司不能支付这些”，而要说“我们必须提高销给美国人民的商品的价格”。

许多人建议经常接受采访的人准备一套完整的资料。这包括姓名、身份、可能谈到的话题的相关历史和背景知识、某些话题的常见提问和回答的清单。如果采访触及的是某个具体问题，被访者恰好对此有自己的见解，那么代表他的立场和观点的陈述会起到一定的作用。对于作家而言，为整本故事情节写个概要就能够确保准确性。

最后的几点说明

本章的结尾还要谈谈从小组讨论中得出的一些次要观点。虽然报道做到了基本准确，这一点也得到了被访者的认可，但还有一些可以改进的地方——记者们要是能够认识到这一点就好了。

细节的准确

一些个人信息，如姓名等，都是报道容易出错的地方。作家格雷琴·奥尔森（Gretchen Olson）把刚刚完成的一部小说拿去参加比赛，为此接受了一个 20 分钟左右的电话采访。小说的名字是《快乐属于我》（*The Pleasure is Mine*）。而报道中的书名却成了 EL GUSTO ES MIO，其中的每个字母都大写。而这一切的发生就是因为作者在电话采访中告诉记者，他的书名源于一个西班牙语的习语 el gusto es mío，这个记者把这条习语翻译成了英文。

被访者从中得到的教训就是：尽量简化你的语言。而记者的教训则是：一定要反复核实报道中的细节。通常这些错误都来自采访时的笔记摘要；另外，如果采访者没有及时写出报道来，就会把采访札记放在一边，时间长了，就会忘记一些内容。同时，如果采访者的笔记做得不充分，又忘记了使用录音设施，这被已感疲倦的采访对象看在眼里，他们通常会表现得烦躁不安。

海湾战争中的明星军官吉博特说，记者经常在她的年龄上犯错误（把 30 岁说成 28 岁），也搞不清她到底有几个孩子（把一个弄成两个）。为什么记者们重复犯下这么简单的错误呢？因为他们总是从先前的报道中寻找数据，其中的原始错误就会永远保持下去。吉博特说，记者在每次采访的时候，都应该向被访者核实这些细节。千万不要误以为以前的报道完全正确——最好先假定它们是错误的，因为写报道时间很仓促。一个被访者曾经说过：“我喜欢记者对我说：‘再给我一点时间，让我把笔记过一遍，同时再核实几件事。’”

数不清的琐事

66 被访者们发现，不小心说走嘴了一句话，就会成为全世界的笑柄——这让他们想都不敢想。吉米·卡特（Jimmy Carter）曾经表达过自己对其他女人“心中的情欲”，比尔·克林顿（Bill Clinton）也说过“我简直无法呼吸”，还有丹·奎尔（Dan Quayle）把“土豆”的拼写搞错了，从而为戴维·莱特曼（David Letterman）的笑话提供了素材，人们至今也忘不掉他。被访者们对此大开玩笑，并希望记者们保证不要再玩儿“我可抓住你了”的采访游戏。如果不得不玩儿，也要提前告知被访者［米兰达警告[1]（Miranda warning）］：**小心不要说错话，否则你就要倒霉了！**

同时，被访者搞不懂：记者们为什么喜欢即兴的未经准备的回答？他们为什么认为头脑发热时的回答要比深思熟虑后的回答更接近事实、更好引用？有些被访者认为，如果能有足够的思考时间，他们不仅能提供更加贴近事实的答案，而且还能把自己的话做一些书面整理，直接被媒体

① 指美国最高法院规定在讯问在押的嫌疑分子之前，侦查人员必须告知对方有权保持缄默，不作自证其罪的证词，并有权聘请律师，要求讯问时有律师在场等。

引用。

有些被访者对在家中进行的电话采访感到不自在——看不到对方做采访笔记，缺少电脑数据库的帮助，对方的回应也不够准确。但也有一些被访者比较喜欢即兴回答，哪怕答案不够准确。

被访者的另一个困惑是：记者们为什么那么看中采访最初的谈话？即便自己在接下来的讨论中改变了先前的想法，也无济于事。好的采访通常能开拓新的领地，从而对早期的答案提出质疑，以求做进一步的思考。有些记者宁愿相信先前的错误见解，也不愿意相信经过讨论和思考得到的正确的结论。记者可能把新闻的标题定为《市长态度的突然转变》(Mayor Flip-flops on Issue)，于是就闹了笑话。被访者经常发现，记者的报道内容准确得无懈可击，但却使用了一个错误的新闻标题。

耸人听闻主义

记者们需要的是比较极端的事物——最好的，最坏的，最奇特的。被访者虽然明白这是新闻行业的本质，但他们还是憎恶记者们在鉴别“流行趋势”时，不肯下什么工夫——经常有这种事情发生。记者们采访和写作的对象似乎都是些例外的人和事，而不是什么符合因果关系的规则之事。被访者虽然理解媒体报道耸人听闻事件的必要性，但还是希望记者的报道能够更加精确地描述时事的动向。

当然，耸人听闻主义也有它正面的作用。一名农夫提到，城里来的记者被乡下田园诗般的生活吸引住了。他们用美丽的词藻来描绘自己所见到的一切，即使看到乡村生活的现实状况也无法使他们摆脱这种印象。农产品的价格在下降，而各种设施和供给的费用却在上涨，政府的规定都是强制性的。但即便把这一切都告诉他们，他们最后还是在报道中把乡下的生活描绘成了田园天堂。

考察记者

正如每个记者都有自己喜欢的采访对象，每个被访者也都有自己喜欢的记者。有些采访对象为了弄清你的采访经历，在同意接受采访之前，会查阅一些参考文献。

什么样的记者会受到被访者的欢迎呢？“思维开放的，诚实的，坦率的记者——与记者所喜欢的被访者的类型一样。”先前做过学校管理人员的罗伯特·彼得金（Robert Peterkin）说，他在哈佛
67 大学就职之前，曾在威斯康星州密尔沃基市的多所学校里做教学督导。总的来说，受到被访者欢迎的那类记者应该具备以下的这些素质：考虑周全，报道准确，访前准备充分，提问富有创造性，思维开放，认真倾听被访者的回答。许多人说，面对这样的记者，他们甚至会说出一些于己不利的事情。因为他们相信，这样的记者能够在有意义的语境中使用他们提供的信息——也就是说，能够展现事物的全貌。他们比较欣赏记者问出这样的问题：“还有谁了解这件事？我能和他谈谈吗？”

采访对象还会使用一些小伎俩来报复那些不受欢迎的记者。有一位社区律师告诉学生记者娜塔莎·谢泼德（Natasha Shepard），他经常给记者回电话。但他知道该社区所有媒体的最后报道期限。有一个不受欢迎的记者在中午 11 点 59 分收到回复电话，而他的最后报道期限是 12 点。

第8章 采访策划

问：议员先生，如果你是记者，你会问什么问题？

答：我会问自己："为什么不在事先作好准备，结果使自己在观众面前像个白痴？"

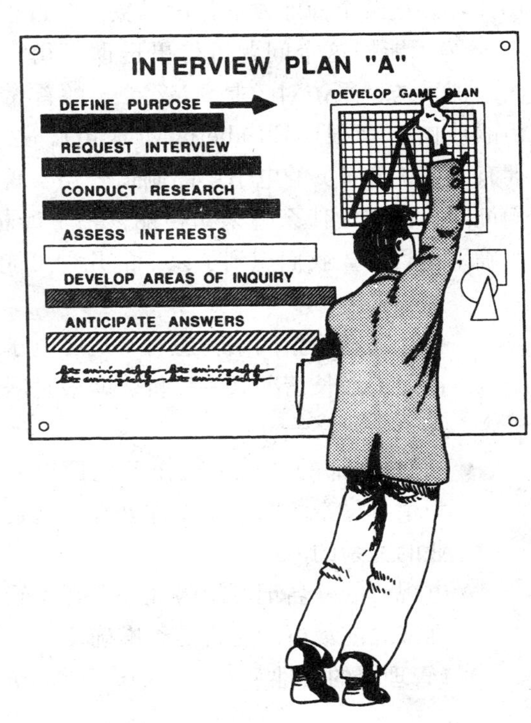

通常，经过认真策划的采访与新闻或特写相似，组织性很强。新闻写作通常采用倒金字塔的方法——最重要的成分放在最前，其次重要的随后，以此类推。国王的死讯要排在葬礼或者国家元首发言的前面。采访也如此。采访新闻事件时，记者在一开始就要表明自己的目的就是弄清事件的基本情况，即谁，发生了什么，在什么时间，什么地点，为了什么，怎么发生的。其他的采访往往也以特写报道的形式展开：开头先来一段趣闻逸事（打破僵局的谈话），接着申述主题（描述采访目的），然后一步步地去挖掘主题（就你的兴趣点提问）。一些采访如果能按时间顺序进行，效果最佳。例如，记者要求街头枪击事件的目击者，"描述事情的经过，从头开始"。

以上讲述了采访的三种基本的组织模式：（1）倒金字塔——把最重要的放在最前头进行采访；（2）按主题组织采访；（3）按时间顺序组织采访。要尽力避免业余记者常犯的蜻蜓点水式的采访作风。每个采访都不可避免地要采用其中的一种模式，复杂一些的还会把这三种模式结合起来。采访策划通常按七个步骤进行：

- 明确采访目的。
- 提出采访要求。
- 69 进行访前调查。
- 研究被访者的性格和爱好。
- 发展具体的提问领域。
- 预测问题的答案。
- 制订具体的采访计划。

采访策划的第一步——明确采访目的

前面提过，强烈的目的感是策划采访的关键。但怎样才能确定自己的采访目的呢？首先要清楚地知道自己需要的是什么。描述一个新闻事件？把事件的基本情况讲述清楚？言行并重的新闻特写？使用主题策划的方法，把重点落在观察和询问“接下来发生什么了”上面。有时，被访者的行动可能就是对正在发生的戏剧性事件的最好描述，例如，消防员在火中抢救儿童的行为。而对事件的戏剧化陈述则能帮助展现一些内在的东西，例如，讲述某个商业领袖作困难决定的过程。

70 为了能把这个问题讲得更透彻，我们策划一次虚拟采访，采访对象是 XYZ 公司的首席执行官伊丽莎白·摩根（Elizabeth Morgan）。这是一家拥有 6 000 名雇员的电子产品制造公司。首先，我们询问自己“为什么想采访伊丽莎白·摩根”，以明确采访目的。我们想到了以下的几种可能。

- 报社的经济新闻编辑想对本地区电子产品制造业的增长情况做一评价。摩根是联系上的几个主管之一。
- “民众”部的一名特写作家想探讨一下，作为单身母亲的摩根是怎样处理家庭责任与事业的关系的。
- 电视台的一名记者想验证一下有关经济衰退到来之前裁员的流言是否准确。
- 《管理层的女性》（*Executive Woman*）是一本想象中的专为从事管理工作的女士们编撰的杂志。就职于此的一名记者想报道一下，摩根是如何经过奋斗到达公司的最高职位的——这个位置通常属于男人。

以上的各种想法都能找到自己的萌发地，有时偶尔听到的一句话也能促成某种想法。《管理层的女性》的编辑在一次商务界领袖召开的会议上，听说了 XYZ 公司“惊人的转折”的故事。该公司曾经一度濒临破产，“直到那位女士出现”。因为编辑需要的正是这类故事，它能鼓励起那些从事管理工作的女人的信心，所以编辑马上对这位女士产生了浓厚的兴趣。“那位女士是谁？”编辑问道。随后，编辑策划的一场报道活动就展开了。

杂志做独家报道和被访者联系时，与报纸报道来自法庭和市政大厅的消息时是一样的。通过与摩根的同行接触——大部分都是熟识 XYZ 公司和摩根的新式管理的管理人员和顾问——编辑了解到，摩根曾经有过酗酒的经历，也作出过荒谬的、错误的管理决策（“书中所谈到的所有错误，她都犯过”），然而她很快从这些失败中有所收获，在三年前公司召开的董事会上，成功地战胜了其他对手，获得了首席执行官的职位。无论是工作，还是个人生活，她都处理得很稳妥。是什么办法使 XYZ 公司成功地起死回生呢？缩编、分流，但更多的是倾听——倾听顾客的意见。“她能够解读这个市场，”公司的联系人告诉你，“她帮助人们把顾客的声音带到 XYZ 公司里……她的市场洞察力很强，并把这种悟性发挥在别人做梦都想不到的生产线和市场的新领域中。”

这就是本次报道的开端，目的不是很明确。你想写一篇什么样的文章呢？一定要找到读者满意、摩根本人也满意的采访目的，而且越具体越好。可以把文章的标题暂定为《你想知道的有关摩根的一切》（Everything You Wanted to Know about Elizabeth Morgan），以吸引家庭主妇的注意。更有可能把标题定为《在男性占主导地位的世界里，伊丽莎白·摩根到达公司最高职位的奋斗经历》（Elizabeth Morgan's Struggle to Reach the Corporate Top Against Great Odds in a Male-Dominated Field）。接下来再做进一步的限定。能不能 71
把主题定为“失败中的教训”？伊丽莎白·摩根从失败中学到的哪些管理经验对其他的女人有所帮助？于是又一个临时性的标题出现了，它就是《一名公司总裁所犯的十大严重错误，如何避免这些错误》（A Corporate CEO's Ten Worst Mistakes and How to Avoid Them）。杂志文章总是力图把主题缩小，描述一些不合常理的事件，并掺杂一些反语和似是而非的说法。没有人会想到，一位成功的管理者背后，还有那么多的经验和教训。而这就是摩根，用自己的亲身经历，讲述对生活和事业的感悟，供大家学习。

提出采访要求

伊丽莎白·摩根会不会认同你的这个目的？她凭什么要承认这些错误呢？这样的问题想多了，就会把自己约束起来。很多好的想法不能得以实现的原因，不是采访对象不肯与你合作，而是记者本身胆小怕事，不敢提出大胆的创意。请看下面的这个经典案例。

1986 年，华盛顿的记者利萨·麦科马克（Lisa McCormack）提出了一个大胆的创意——采访一些名人，让他们说出自己的“白日梦”。而她的同事中很少有人认为这事能行得通。杰拉尔德·福特（Gerald Ford）、G·戈登·利迪（G. Gordon Liddy）、理查德·尼克松（Richard Nixon），还有其他人怎么可能把属于个人隐私的幻想说出来呢？但采访的结果震惊了所有人——当然麦科马克除外，这些名人在谈到个人的幻想时，竟然如此自如。福特把自己想象成了一名著名的棒球手，利迪把自己想象成了第二次世界大战的飞行员，而尼克松则把自己想象成了交响乐团的指挥家。麦科马克认为，这个采访项目之所以获得成功，是因为那些秘书和助手们——必须通过他们的把关记者才能够接触到这些重要人物——发现这些问题如此有创意以至于连他们自己都想知道答案。（*Washington Times*，1986－04－16）

所以，记者在尝试做某些事时，不要犹犹豫豫。采访预约前，确实要作一些准备。这包括：了解相关的背景资料，找一些商务管理人员聊聊，这有助于掌握经理人常犯的一些错误。但因为杂志需要的是描写管理层女性的文章——所以我们的主要兴趣将集中在那些具有女人特征的事物上。

我们的任务不仅是要求摩根列出她的十大错误——而且还要把自己准备好的观点拿来与被访者交换。工作繁忙的管理者当然不喜欢我们以讨点吃食的方式来接近他们。做出合作的姿态，像知识分子那样，期望谈话能产生较大的启迪作用。作准备时，还要抛弃那些对女性管理者的刻板成见，只有这样，摩根的谈话才能带我们步入新的领域。

打电话与摩根预约采访时间时，一定要表现出自己对采访主题的了解。站在她的角度，思考一下自己的采访要求。伊丽莎白·摩根为什么要把自己的错误公布于众呢？因为这会使她陷入与董事会的纠缠之中，XYZ 公司的股票价格也可能会因此而下降。摩根是个聪明人，在接到你的采访要求之后，她会派公司的公关人员对将要采访 72

她的记者和杂志进行一番调查。从她的角度来说，小心点儿没什么坏处。

被访者收到你的采访预约电话时，心中通常会掠过一系列比较复杂的感觉。首先是杂志的声望。如果摩根和她的顾问都认为《管理层的女性》是本不错的杂志——如果她认可了该杂志先前报道过的女性管理者的形象——就会看好将来的报道。说不定，她还会和谢里·兰辛（Sherry Lansing）、伊丽莎白·多尔（Elizabeth Dole）、唐纳·沙拉拉（Donna Shalala）和海伦·格利·布朗（Helen Gurley Brown）一起——这些都是该杂志报道过的人物——被列入优秀管理者的行列之中。其次，编辑们肯定会按照摩根的讲话风格去进行采访，因为他们毕竟都是"学习管理知识的学生"。在这样的采访中，他们的付出与收获应该是一致的。还有，她有一个疑问，那就是《管理层的女性》杂志通常会怎样处理一些微妙的信息呢？记者会不会提出有关她酗酒的问题？公关顾问的回答是，记者们的确需要许多私人性的信息，但他们的处理方式通常很谨慎。况且这是家上等杂志，是站在她的立场上从事报道的——因为它真诚地期望女人能在管理事业上取得成功。此外，出现在一家著名杂志的人物特写报道中的事情会对她的事业产生促进作用，总之是利大于弊。而且这样一来，会有更多的人对一些管理上的问题产生更深刻的认识，也算是为社会做贡献吧。也许报道之后，XYZ公司就会出现在本城市的地图上。当然了，摩根的一些错误的确是愚蠢至极——但可以用幽默的方式把它讲出来。无论如何，一切都发生在过去，如果不是从中得到了一些经验教训，她永远也不可能成功的。接受采访总是有风险的——但冒此风险能帮助她摆正目前的位置。

以上是记者预期的最理想的反应。当然，你的采访要求是否得到满足，更多地还是依赖于媒体和作家的声望，而不是采访本身涉及的话题。一般来说，提出采访要求经历六个步骤。

1. 打电话，写信，或者亲自拜访，粗略陈述本次采访的内容，告诉对方采访的价值。可以先和被访者的下属联系，比如公关人员。也可以把杂志过去刊登的一些有关著名管理人员的报道文章拿给对方看看。

2. 对方为什么要接受你的采访？可以先虚拟一些原因。如教育公众，帮助大家有所作为，为女性提供一些避免犯错误的方法。把杂志的卖点定为：帮助女人获得成功。在采访时，要注意唤醒对方的自我意识。例如：目前，许多重要人物都在谈论着XYZ公司走出低谷的惊人业绩。许多管理人员也急切希望能从她那里得到一些充满想象力的建议。还有一些人认为，只有她才有资格来谈论你脑海中的一些想要知道的东西，尤其是市场营销方面的成功经验。

3. 对可能遇到的采访障碍做个预测，找到克服它们的方法。是的，你是想让对方谈谈过去的酗酒行为，因为许多要人都有过与对方相似的戒酒经历，比如得克萨斯州的前任州长安·理查兹（Ann Richards）——"我们的杂志曾经报道过她的这段往事，处理得很得体，维护了她的形象。您想不想看看这篇报道？"在一些难以克服的问题上要与对方协商。"能不能把报道重点放在正面的行为上？"摩根问道。"多谈如何克服困难，少谈犯错误，怎么样？"（当然可以了。于是新标题可 73
以暂定为：《公司的高层管理人员向大家讲述如何避开常见的十大管理错误》）

4. 为初步的讨论作好准备。"您具体想知道什么样的管理错误？"她会问。此时可以提出你的建议。"因为我们的杂志主要面向女性读者。所以您的谈话最好能够对女性的生活和工作产生直接的影响，"你回答道，"我以前也采访过一些经理人。他们谈到的容易出现管理错误的领域，一个是冒险，不管是经济上的风险，还是其他方面的风险；还有一个是谈判的技巧——许多读者来信表明这是读者关心的问题。怎样在谈判中证实自己的诚意呢？除了严肃一点，少微笑，多讲笑话，敲桌子——还有什么？甚至连一些商业中的行话也是她们关心的话题。哈拉根（Harragan）曾经写过一本书，书名是《从妈妈那里学不到的游戏规则》(*Games Mother Never Taught You*)，书中谈到了一些女士，她们竟然不知职场女性应该遵守的游戏规则。真希望这样的日子已经过去了！所以这就是容易出问题的地方，希望能对您有些启迪。"

上面的一番话会刺激被访者，有些人忍不住

在电话里就争论起来了。“微笑会使你偏离正轨，”摩根说，“我认为女人容易犯的最大错误就是——不对别人的要求表示出愤怒。我已经学会了在大会上喊叫——发泄自己的冷血式的愤怒。在正常情况下，我不会这样做，只是偶尔使用一下，发现效果不错……”突然间，你们俩都意识到采访实际上已经开始了，需要进一步挖掘的只是些细节的东西。

5. 安排采访时间和采访地点。

6. 告诉对方需要事先思考的一些问题。“我希望能在报道中提到您经历的一些趣闻逸事，我可能在采访中会提到一些。”

做作业

一个小时的采访需要五个小时的准备，这是一条重要的采访原则。《生活》杂志的前任记者理查德·梅里曼（Richard Meryman）说，一次重要采访前的准备工作包括：连续几天不要喝酒，吃淀粉和糖类食品，采访的前一天要保证充足的睡眠，采访的当天早上要吃高蛋白的早餐。这样做的目的是：保持头脑的清醒，以便采访时能够做到认真倾听，为追问作好准备（*Life*，July 7，1972）。做采访的准备工作包括两个要点。

查阅文献

寻找一些对采访策划有所帮助的信息，先问自己一些问题，以便更好地了解采访主题。在图书馆或者电脑上查询过去一些有关伊丽莎白·摩根和 XYZ 公司的报道，尤其是公司在破产前的各种麻烦和后来摆脱困境的步骤。还要寻找一些有
74 关女性管理者的文章。查询全国的报刊数据库。去一趟当地的图书馆；读读《华尔街女人》（*Wall Street Women*）和《女性领导》（*Feminine Leadership*），然后把人们常犯的管理错误做成一份清单，并且想想克服的方法。XYZ 公司的公关部也会提供一些资料，帮你了解摩根和该公司的基本情况。

还可以制作几份自己的文献。找一些女性管理者来谈话——对一名杂志编辑而言，这不是件难事。分给每个人几张白纸，让她们匿名列出“最糟糕的管理错误”。这样做收效显著。

找其他人谈谈

初步采访一些熟识你的采访对象或者采访主题的人，会有所受益。这些人会就如何接近你的采访对象，采访对象喜欢的话题、讨厌的话题、业余爱好、喜欢读的书，等等，提出一些很好的建议。征求一些专家，比如管理学教授的建议。同行业的竞争者也能提供一些有价值的见解。如果需要的话，被访者的同事和家庭成员也能提供一些信息，反映出她在生活中的一面。但在接近这些人时要小心一点，因为他们忠实于你的采访对象，而不是你。在你的采访要求被接受之后，再找这些人谈话。同时，这些人也会在同意和你谈话之前，征求她的意见。如果她信任你，他们也会信任你。

研究采访对象的性格和兴趣

历史证明，西奥多·罗斯福（Theodore Roosevelt）是一名杰出的演讲家，无论在家里，还是在外界。他是怎么做到这一切的呢？这很简单。罗斯福在接见客人的前夜，会在一些他认为会使对方感兴趣的领域做些阅读，为此，他经常熬夜（Carnegie，1936）。只要把研究工作做到家，对方的兴趣范围就会在你的掌握之中。所有值得采访的人物都会有自己的业余爱好，比如艺术、名著、爬山、军事历史、漂流，等等。了解了这些兴趣爱好，就为采访最重要部分之前的聊天作好了准备。摩根喜欢印象派艺术家，而且曾经顺着险峻的白水河，从查图加河（Chattooga）漂流到萨蒙河（Salmon），这些情况对你的采访准备帮助很大。还可以花一个晚上的时间欣赏凡·高（Van Gogh）的作品，或者阅读约翰·韦斯利·鲍威尔（John Wesley Powell）1869 年探险科罗拉多河的故事。以熬夜为代价而获取的信息不但会帮助你扩充谈话领域，而且还会展现被访者的某些性格特点，这些都可以写进你的报道。冒险漂流和冒险做生意是一回事吗？这样的问题值得一问。

准备提问的领域

从某种程度上讲，报道风格和报道种类决定了你的提问领域。有些杂志作家可能想通过具体的案例分析，讲述女主人公在经历了一系列管理失误后，于危难之际拯救了公司，戏剧性地使
75 XYZ公司走出了破产的阴影。这类报道使用了小说创作中“最黑暗的时刻”和“戏剧性结局”的手法，因此读起来像个短故事。按照这样的报道思路，采访者最常问的问题就是“接下来发生什么了”。

然而，如果报道的重点只是放在十大管理错误上，习惯上要把这十大错误做以排序，在开端介绍一下摩根的身份和她在 XYZ 公司的地位，结尾还要对管理的属性做出总结。贯穿采访前后的一个基本问题就是：“我们怎样才能避开这十大管理错误呢？”把这作为采访提问的重点，目的明确，这样采访者和被访者就能够分清主次，有的放矢。其次，采访中对问题和错误的讨论要活跃和广泛，最好牵扯到女人，这些因素都会促成你的报道。所以得准备些问题或者话题来问，以确定管理错误存在的领域。以下是女性管理者容易犯的一些管理错误，出处是女性作家为女性管理者写的一些书（见参考文献）。你的采访计划应该把它们作为提问和讨论的要点。

- 权利。（女人如何获得权利，使用权利？）
- 冒险。（怎样避免胆小怕事？）
- 注意倾听消费者的意见。（如果真像采访联系人所提到的那样，她是通过“接近顾客”而取得成功的，当你的提问触及这一点时，她肯定会有话可说）
- 协商的能力，尤其是在获取资金支持和与债权人打交道方面的能力。（女性在这方面是否有优势？能不能把我们的倾听能力转化为优势？）
- 不够自信，冲劲不足。（怎样才能学会夸夸其谈呢？）
- 来自男人世界的骚扰、敌意和不认可，等等。（男人经常对女人做错误的评估——怎样解决这个问题？）
- 幽默。（在生意场上，男人在这一点上占尽了优势——女人为什么不行呢?)

还能再继续列举出一些来。以上所谈中，只要有一点涉及伊丽莎白·摩根认为需要避开的问题，就足够幸运了。而且仅此一点，就能把你带入新的领域。其实你前来采访的目的就是：寻找全新的东西；或者是寻找全新的角度；也或者是寻找一些能够描述一个独特的经验教训的事件。所有这些，都是采访策划和采访准备的原因——识别全新的事物。

预测答案

设想就公司的组织结构问题向摩根提问。有资料显示，女人比较喜欢下属向她汇报工作，而军队中的自上而下下达命令的等级制度得不到她
76 们的青睐。这样的组织结构意味着下属要经常向经理汇报工作。而一些来自基层的好建议，如果中间没有人设置障碍的话，往往能够受到嘉奖。你完全可以预测出摩根对“您对于横向管理体制和纵向管理体制的看法”这样的提问的答案。通过预测对方的答案，你可以预先想想该追问一些什么样的问题。以下是可能出现的一些回答：

- 或许，她会认为，就女性的性格和行事方式而言，女性管理者应该在工作中多使用一些阿谀奉承的言辞。(追问：为什么？这有什么好处？存在着什么问题？这会造成什么样的管理错误？要避开这样的错误吗？能举个例子吗?)
- 或许，她会说，阿谀奉承不如她预期的有效。(进行同样的追问，尤其要问：“为什么不如你预期的有效呢?”)
- 或许，她会讲到一些改正后被证实有效的管理体制。(要对方提供一些细节，或者描述一下早期所犯的这些错误)
- 或许，她还会提出一些出乎意料的观点。你是幸运的！因为你不可能预测出所有的答案。当你遇到出乎意料的答案时，追问的可能是一些事先并不知道要问的问题。而最好的提问往往出现在这个时候。不包含一个出乎意料的回答的采访肯定有某种问题。

在任何情况下，站在对方的角度上思考问题都会收到奇效。如果你是被访者，该怎样回答对方的提问呢？例如，酗酒的问题。设想自己过去也有过酗酒的经历。只有在确信了对方的报道重点在于自己的戒酒过程，报道目的在于帮助别人解决或尽量避免同样的问题之后，你才会同意谈论酗酒的问题。所以，如果想询问酗酒方面的问题，必须先让对方产生安全感。“我们的报道在讲述酗酒行为的同时，会尽力避免耸人听闻主义。它的侧重点在您所提出的建议上——告诉别人如何避免同样错误的发生。”

如果采访会涉及比较敏感的话题，策划就显得尤为重要。可以策划间接地接近酗酒的主题。可以引用文学作品里的原话：“在酗酒这个问题上，贝蒂·哈拉根(Betty Harragan)在书中表达了人们对男性管理者和女性管理者截然不同的期望。她说，如果男人在公司的聚会上喝得烂醉如泥，旁人不大会注意到，但是如果女人做了同样的事，就会成为公司的一大丑闻。您是否注意到这些不同了？这种情形目前有所改变吗?”她的回答决定了你接下来的追问；或许她会自告奋勇地谈谈过去的一些问题，但前提是她已经对你的真诚和处理敏感问题上的判断能力产生了信任。

制订具体的采访计划

最后，要把所有的采访要素汇合在一起，制订一项具体的采访计划。采访将按照以下的组织形式展开：

1. 采访开始可以使用一些打破僵局的谈话技巧，可以谈艺术，也可以谈科罗拉多河上的漂流。

77 2. 时机一旦成熟，赶快转移到采访的主题，但开始时还要重申一下采访目的。

3. 探讨问题的本质。为什么女性管理者需要这样的建议？为什么摩根能提供这样的建议？（可以把此处的评述当成引子，引出后面的十大错误）

4. 在适宜的时候，可以把自己对管理错误的建议说给对方听，刺激对方做出反应。或者指出容易发生问题的领域。或者问问她，脑子里是不是已经有了这十大管理错误的雏形了，说不定她已经准备好了。

5. 继续你的采访进程，一步一步来。

6. 每次的管理错误都涉及一段经历，把你准备好的有关管理的故事说给对方听，刺激她做出回答。

7. 强调“讲述经验之谈”的必要性。

8. 把诸如酗酒之类的敏感问题（炸弹问题）放到采访的后半部分。

9. 为对方提供一次机会，补充已经说过的话，对记者没提到的问题发表自己的见解，或者再重新考虑一下先前说过的话。

10. 提问最后一个问题。谈完十大管理错误后，最后的提问旨在从对方谈话中收获一个比较全面的概括，把你们谈过的一切做总结性的评述，以便在报道中引用。

11. 准备好，迎接“最后的晚霞”——如果采访进行得很成功，人性的坦诚会紧随其后。

保持策划的弹性

哲学家兼教育学家威廉·詹姆斯（William James）曾经给教师提出过一个建议：一定要对自己的讲课内容做到彻底了解，接下来的事就由运气决定了。这句话同样适用于采访的领域。只有充分了解采访的主题，才能在采访中开拓出新的谈话思路——在准备阶段，这是无法预料到的。活跃的、有见解的采访往往形成于现场的即时发挥——不设防的回答，出乎意料的回答。

但这也意味着可能要偏离先前的采访计划。设想你要问的基本的问题有 10 个，第一个问题的回答恰好包含了第四个问题的部分答案。是坚持回到第一个问题上来，还是从第四个问题继续问下去？对此我无法提供最佳答案。我的建议是，最好能遵循人与人之间谈话的正常规则——正常的停顿，正常的转折，正常的难以琢磨。如果采访对象对第四个问题很感兴趣，为什么要打击她，不让她继续呢？可以稍后再回到第一个问题上来。因为事先已经做好了策划，再回到先前的轨道上来并不难。

采访者必须要把握好这类不规则的采访。使 78
用一些连接词对保持谈话的正规很有帮助。“有关管理结构的问题，我想我们已经谈得足够了，为什么不谈谈权力的问题呢？……”可以重复被访者说过的话，这会使连接词的使用更加自然。“你刚才说过——面对批评，要学得厚脸皮一些——现在我倒想谈谈这个问题。”采访的弹性还意味着在必要的情况下改变你的报道重点，或许可以把 10 点降到 8 点——也可以增到 12 点——而不是固执得坚持以前的十点。

关于策划的几点补充

敏感问题（炸弹问题）通常会使人不舒服，这主要体现在两个方面。被访者的公文箱里可能也藏着一颗炸弹——揭示出的事实可能会令世人震惊，从而彻底改变了你原先的报道思路。例如，当你站在门口与摩根告别的时候，她说："顺便提一下，明天我就要辞去 XYZ 公司首席执行官的职位了。本想早点告诉你这个消息，但我把它给忘了。谢谢你的采访……"

现在该怎么办呢？这会改变你的报道内容吗？有可能。这会使你的报道更好一些吗？也有可能，尤其是在进一步的追问之后。"为什么要辞职呢？XYZ 公司出问题了吗？您现在准备做点什么？"

这就是策划。

对突然发生的一系列事件，采访者应该继续保持自己的提问。设想，摩根把作为首席执行官所犯的最大错误总结为一直屈从于董事会的意见。因为大部分的董事会成员都是男性，是他们在指挥着她运营这家公司。"我已下定决心，从今以后，犯错误就要犯自己的错误，不犯别人的错误。"这段话完全可以在报道中引用。

也许她会创办一家自己的制造公司——摩根产品发展有限公司。以风险资金做资助，雇员初步定为 40 个，计划生产应用在小型计算机、微型电视、飞机、有轨机动车和移动家庭中的液晶显示屏（liquid crystal display，LCD）。"在今后的 5 年或 10 年中，液晶显示屏在全世界的市场份额会增至 200 亿美元，"摩根说，"我会争取在几年的时间内，获得其中的一部分。"

拿它做报道的结尾，这简直太棒了。做采访策划时一定要考虑到出乎意料的成分——正因如此，新闻学才变得格外有趣。

第9章

失败的教训

79 问：?

答：!

坦诚地讲，我喜欢失败。失败中孕育着学习的机会。多数大学生发现，从别人的失败中总结经验时所经历的痛苦，要比从自己的失败中总结经验时所经历的痛苦小。下面是一则采访失败的例子，希望能对你有所帮助。

首先，在一间会议室里，15 名学生围坐在一张大桌子旁。我们挑选了学生——玛格丽特·莱恩（Margaret Laine）来做这项实验：我们当着全班同学的面来采访她。采访开始前，她要离开会议室一会儿。在她不在场的情况下，我们来制定一下具体的采访策略。莱恩是个研究生，曾在俄克拉何马城的健康部做过性疾病的调查员。这项工作要求在比较困难的环境下广泛地进行采访，以确定那些有过性接触的人的身份。这项工作还要求调查员去城市中最差的地区，找到那些有过性接触的人，然后鼓励他们去诊所检查，或者接受必要的治疗。

我们决定，要在采访她的过程中处理采访自身存在的一些问题。我们要问的问题包括：如何把采访的手段运用到工作中？我们主要关注的是一些难度较大的采访。能不能讲些心得体会，帮助我们与那些不愿谈论个人经历的采访对象打交道？

班上的一位男生自告奋勇地开始了这次采访。莱恩回到会议室时，根本就不知道我们已经定好的采访目标。随后，我们开始了采访录音。

80 以下是采访记录。我们把问题编了序号，以便在采访结束后对其进行分析。

问题 1：听说您在俄克拉何马城做过性病调查员，我想问一些相关的问题。

答：好的。

问题 2：先不要讲述个人经历，您获取信息的最有效的方法是——

答：你的意思是说——

问题 3：您接触过的人，或者其他的……您发现他们……嗯……（4 至 5 秒钟的沉默）……与人接触时，如果遇到不好沟通的人——

答：嗯，嗯——

问题 4：和他们打交道时，您认为最有效的方法是——

答：好的，我——

问题 5：在谈话时，如何使他们放松，并且能使谈话按照您的意愿顺利进行？

答：你指的是一般意义的采访——对普通人进行的采访，还是对性病患者的采访，或者是——

问题 6：是的。

答：你是指——实地寻找一些性病患者吗？

问题 7：我们知道，您经常出去寻找这些患者——有没有自己走进诊所的？

答：啊——

问题 8：或者是主动前来——

答：可以说，这两种情况都有，但处理的方式却完全不同。有些性病患者自己走进诊所，我们会在诊所里和他们谈话。这类采访比较正式。而进行实地采访的目的，则是发现那些可能的性病患者，把他们劝到诊所来。这与其说是采访，不如说是寻找病人。

问题 9：您是怎么获得他们的情况的？

答：通过来过诊所的人，或者通过私人医院、私人医生，或者实验室。

问题 10：您会不会挑一个特殊的时间进行实地调查——采访成功率会高一些的时间——我的意思是，不必晚上也要出去吧？

答：不，有时晚上也要出去。因为许多人晚上在家。 81

问题 11：嗯，嗯。

答：啊——（沉默）

问题 12：所以，当您外出时，在什么时间工作并不重要，是吧？

答：外出时重要的东西很多，这要看具体情况了。

问题 13：您的工作时间很灵活，是吧？

答：是的，自己的时间很多。你的工作就是进行调查，有时 5 点以前就完成了，而有时白天游泳，晚上工作。这取决于你要找的人的时间。一般上午都要工作。

问题 14：能不能描述一下初步接触不想见您的患者时的情况？

答（咯咯地笑）：这个问题太难回答，因为，情况不同，发生的事情也会有所不同。能不能把话题缩小些？

问题 15：这取决于被访者的类型？

答：是的，有人爱发怒，有人爱哭闹，还有人好斗；我不知道你想要的是什么。

问题 16：我们来谈谈好斗的人吧。年龄比你大的，男性。

答：是外出寻找的那类吧？

问题 17：是的。

答：好的，让我想想看……这样的例子有很多……处理的方式，当然视情况而定……这是我出去找到的……（她讲道，在俄克拉何马城的乡下的一间破旧房屋的前门外，她怀着极大的热情和谦恭拜访了一位女士。当时这位妇女的丈夫也在场，所以不能当着他的面谈论女主人可能感染性病的事实。于是她含混地表达了“体检”的要求。丈夫突然起身，威胁道：“赶快滚，不然我就要拿枪了。”玛格丽特开车快速离开时，听到了三声枪响，有一枪还把她的车前窗震碎了。“我不知道，他是真想开枪打我，还是只想吓吓我，我可不想留下来把它搞清楚。”这个故事很有趣，围坐在桌子四周的学生们发出了笑声。此时，玛格丽特不再和记者谈话；她向人群挥挥手，认为学生们的回应是对她的认可）

问题 18：你们中有人被击中吗？

82 答：你的意思是被打死了，是吗？

问题 19：我只是说受伤了。

答：在俄克拉何马城没有。一个家伙被吓坏了，但没人受伤。

问题 20：……（沉默）

采访到这里就结束了。玛格丽特·莱恩似乎还想再讲一些冒险经历，与全班同学分享，但做采访分析的时间到了。所有人都认为这次采访不够成功，但由此得到的经验也不少。都有些什么样的经验呢？

1. 采访者没有表明自己的采访目的。莱恩根本就不了解我们需要的是什么。如果采访目的能够被表达得很清楚，她就能轻松地讲述自己的采访经历，同时提供一些建议。但怎样才能把目的解释清楚呢？设想以下面的方式重新开始这次采访：

问：听说您在俄克拉何马城做过性病调查员，我想问一些相关的问题。

答：好的。

问：首先，我想让您了解我们的需要。刚才的讨论您也在场，我们得知您在工作中经常使用采访的手段，甚至还参加过强化的采访训练。我想，对此您肯定有许多的想法和经验，会对我们的采访有所帮助——尤其是那些被访者不愿意和您谈话，或者不想透露他们的性体验细节的采访。或许您可以告诉我们采访中最常见的一些问题，具体地说，是那些与新闻采访相关的问题。您是怎么处理这类问题的？当然，如果能用自己的切身体验来分析这些问题，就更好了。您明白我的需要了吗？开始之前还有什么问题吗？

在导致采访失败的错误中，不能明确陈述采访目的被排在错误之首。虽然还有一些其他错误，但相对而言，它们看起来没那么严重，虽然也具有某种代表性。

2. 没有使用打破僵局的采访技巧。

3. 不能做到认真地倾听。问题 12 表明，采访者根本就没在听对方讲话，这样的提问只是为了让采访能够往下进行。问题 13 同样不能切中要害。双方还在误解着对方的意思。

4. 采访者的回应不能加强对方的自信。例如“最好滚出去”的故事，你的回答可以是——“这个故
83 事简直太棒了！”（因为这的确是个出乎意料的故事。此时陈述采访目的，是挽救本次采访的一个好时机。一旦她了解了我们的需要，接下来的故事就会命中目标）

5. 面对采访主题，采访者缺乏必要的热情。问题 20 中采访者的沉默会使对方很扫兴。在得不到对方赞许的情况下，人们通常会保持沉默 。

6. 采访缺乏必要的组织——目标不明确带来的问题。有些提问就像是在黑暗中胡乱投篮。当然作为读者，我们在了解采访目的的情况下，可以看到些许的联系。但莱恩被完全蒙在鼓里。这样一来，我们和读者一起，都无法欣赏和领会玛格丽特·莱恩的智慧——有关在艰苦环境下如何进行采访的一些有用

的经验和想法。

挖掘事实真相的采访工作就像是走进一个黑暗的洞穴，手持未被点燃的蜡烛。每支蜡烛代表着一个问题，需要由答案来点燃它。点燃的蜡烛照亮的只是整个洞穴的一小部分。一个问题引出另一个问题，最后整个洞穴都被照亮了。有组织的一系列问题，尤其是受到被访者启发而即兴提出的那些问题，引导我们一步步地接近事实的真相。但通常情况下，采访者在点燃蜡烛时太过随意，结果是，只有部分的现实被照亮。大多时候，部分的现实就像是盲人摸象的故事中盲人对大象的描述。你仍然处在黑暗之中。在数不清的报道中，你会找到大象耳朵的故事，或者是象鼻的故事，而不是整只大象的故事，不成系统的片面采访是造成这种状态的最主要原因。

第10章 学会倾听

问：你对倾听怎么看？

答：倾听啊……倾听是一种人类活动，在这个活动中，自私被赋予了一定的含义。倾听者从谈话者那里获取的越多，谈话者付出的就越多。

问：啊?!……

记者在采访时并不是平等的。总有一些人获取的信息要比别人多。而这一切并不是靠机智的提问或者威吓的手段来获得的。事实刚好相反。某些记者获得的信息比别人多，是因为他们的提问较少，而倾听却比别人认真，同时还对所听到的做出了及时的反馈。设想在一个不熟悉的环境中，你迷路了。你去“采访”一位路人。当然，你并不想造成什么突发的戏剧性效果，也不想制造什么耸人听闻的头条新闻，你只是想让对方告诉你埃尔姆大街与梅因大街交叉的十字路口在哪。此时最重要的就是倾听。你可以重复对方的话，以确信自己是否明白了对方的指点。这种倾听——把对方谈话中的主要内容准确地重复出来——是新闻采访的重要组成部分。

一旦把自己的采访需求确定下来，倾听行为就发生了。如果需要的是一些可供引用的话或者趣闻逸事，不但要认真倾听，还得要识别——及时做出反馈，鼓励对方提供更多的这类信息。被访者当然不会说："这就是你需要的逸事，可以做头条新闻。"他们只会谈话。而你的任务就是从一堆"谷物壳"中，分辨出可供引用的"颗粒"。但倾听时头脑要开放，否则就不能领悟对方的谈话精髓。我们可以把新闻倾听定义为：去听，去理解，为随后再现被访者提供的基本讯息作准备（你可以保留不同的见解）。称它"用心去关注"也比较合适。

85 进攻性的倾听（Aggressive Listening）

倾听不应该是被动的。"进攻性的倾听"这种说法听起来有些自相矛盾。你得努力抓住对方谈话的要点，还得以自己的反应——语言方式和非语言方式——去鼓励对方。

调查显示，与花在其他交流活动中的时间相比，成年人花在倾听上的时间更多一些。早期的一项研究（Rankin，1926）计算出，人们在交流时，倾听的时间占 42%（说的时间占 32%，阅读占 15%，写作占 11%）。到 1975 年，另有一位研究者更新了这项研究，倾听的时间上升至 55%（Werner，1975，见 Wolvin 和 Coakley 的报告，1985）。但倾听被作为学术课题来关注并不普遍，这方面的学术研究也很少。

表面来看，倾听的关键似乎是人脑处理信息的速度。我们说话的速度大约是每分钟 125 个单词，但大脑吸收信息的速度却是它的三四倍。但人的思维是单向的——人人都如此。一次只能做一件事。于是你在谈话中来回穿梭，利用多余的时间来记笔记，温习与先前谈话相关的细节，把
86 谈话者的想法和其他想法相比较，思考接下来该问的问题。你还可以利用这段时间进行一些不相关的探索。

大脑的活动速度和谈话者的谈话速度之间的差距把倾听家与非倾听家区分开来。一项权威调查（Nichols and Stevens，1957）显示，最优秀的倾听者的思维速度往往快于谈话者，有时甚至能率先领悟谈话的要点。

对优秀和糟糕的倾听者的倾听习惯的调查显示——通过检验他们对口述材料的记忆能力，优秀的倾听者往往具备一些别人不具备的特点。他们肯花时间思考自己听到的东西，而且肯阶段性地回顾谈话者已经说过的和接下来要说的话。他们还会使用其他论据来权衡谈话者的见解，从"字里行间"听出一些暗示过的但未直接表达出来的观点和态度。

糟糕的倾听者却倾向于只听事实，有时还下很大的工夫去记住它们，但却不考虑这些事实的深层含义。他们还经常被一些小事分神，比如说经过的车辆的声音，或者说话者的一些个人特征——外貌丑，外貌迷人，声音尖细，或者别的什么。通常，糟糕的倾听者的注意力容易被某个具有感情色彩的词分散，从而去想一些不相关的事情。这类倾听者不是觉得说话者无聊，就是觉得他们谈论的话题无聊。

在尼科尔斯（Nichols）和史蒂文斯（Stevens）所做的开创性工作中，倾听被定义为从口述讯息中回忆信息的能力。近来有越来越多的文献对此定义提出质疑（决定记忆能力最关键的因素是什么？是倾听还是智力？研究表明与智力的关系很突出）。有关倾听文献的一项研究报告中，至少列出了 17 条倾听的定义，并下结论说，我们对该问题的思考仍然停留在定义的水平（Wolvin and Coakley，1985）。或许好的倾听者本身就是"善于关心他人的，以他人为中心的"（Bostrom，1990）。在乎采访对象的采访者——至少能够做到倾听或者陈述采访对象的观点——相对缺乏真诚的记者而言，能够赢得更加真诚的回答。

同时，对新闻倾听的定义也可有可无。因为大部分新闻采访的重点都在收集信息，以便向观众陈述，所以定义倾听的任务也就变得容易了许多。倾听意味着关注采访对象提供的讯息，还意

味着为了更好地理解该讯息，问一些问题。它意味着大脑以短期记忆的方式介入采访的方方面面，这样你的提问就特定地反映出你所听到的一切（这些问题并不是在采访前准备好的）。倾听意味着，离开的时候，刚刚被揭示出真相的一些事情以笔记、录音带或者记忆的形式被记录在案。

对证人证词可靠性的研究表明，记忆是最不可靠的记录形式（Loftus and Doyle，1987）。采访过程包含了记忆的三个组成部分：短期记忆
87 （STM），再现（rehearsal），和长期记忆（LTM）（Bostrom，1990）。记忆通常会在几秒钟内很快瓦解，除非再次排演，也就是思考和谈论你的所见所闻，或者把它们记录在案。如果采访对象的观点对你没什么意义，它们很快就会在你的记忆里消失。这也暗示了采访时作倾听的一点不足。在采访的初期，记者们通常不会留意采访对象的言论，这些言论只有通过接下来进一步的讨论，才会显现出其意义。除非被记录下来，否则有价值的言论最终会无影无踪。

短期记忆在采访过程中显得弥足珍贵。关注谈话的进展程度能够帮助把记忆中的谈话片段重新组合，并帮助形成新的问题。这类提问往往开始于“你几分钟前说的话好像跟我们现在谈论的有关”，然后不断融合、重组谈话片段，目的是产生新的见解。评价、比较、对照采访对象的言论花费的心思越多，提问就越具创造性。

采访中锻炼记忆力的作用还体现在其他方面。在一次会议上，卡尔·罗杰斯（Carl Rogers）和欧文·李（Irving Lee，1952）做了个实验，所有人都不能说话，除非他或她对前一个发言人表达的想法做出使其满意的总结。“尝试一下，你就会发现，这可能是你经历过的最难做的事情之一。”罗杰斯说。李发现，会议上，实验在进行的过程中确实引起了一段时间的混乱。但接下来令人兴奋的事发生了。胆子大的人会努力把自己的想法表达得更加简单明了，而胆小的人一旦发现别人正在认真倾听自己讲话，也会勇气倍增。如果记者在采访中能够不断地把自己的理解反馈回去，也会有同样令人兴奋的事情发生。

专家认为，倾听需要勇气。这至少要付出两个代价。第一个代价是，冒险改变自己先前的观点。倾听中的收获能够改变你的生活。“这种倾听要求我们鼓起勇气，而这点大多数人都不容易做到，”尼科尔斯和史蒂文斯暗示道，“如果我们全身心地倾听别人的观点，随时都会发现，自己先前的一些想法是错误的。”

做一个好的倾听者很难，让自以为是的人做倾听者更难。新闻采访课上学生的反馈证实，好的倾听者，会发现一个全新的世界正在他们面前展开。羞怯的人从此有了勇气，走出去，结交新朋友；高傲的人从此有了勇气，战胜自己的故步自封，学习并欣赏他人。

第二个代价是，要冒卷入事件的风险。我们发现，倾听的作用如此强大，以至于被倾听的人与我们纠缠在了一起。作家斯塔兹·特克尔（Studs Terkel）曾经提到自己采访劳动者的一次经历，他在仓促之中忽视了一些必要的客套寒暄。而正是这些劳动者，使得他的《工作》（*Working*）一书成为畅销书。布鲁克林（Brooklyn）的一名消防员邀请他吃饭，特克尔说自己还得马上去赴另一场约会。“你就这样溜了？”消防员说，“我们谈 88
了整整一个下午。一个叫斯塔兹的家伙，把有关我的生活的一切都录了下来，然后说：‘我得走了。’这听起来不太好吧。”于是特克尔留了下来。“现在回顾这件事时，”他写道，“奇怪当时我的感觉怎么这么迟钝！”（Terkel，1974）

怎样成为职业倾听家

关于如何发展倾听的技巧，以下的建议可供参考。首先，要谨防常犯的一些错误，其次，要了解自己的需要。

作好倾听的准备

什么是你想听到的东西？做好采访的策划工作，确定哪些要点和证据是自己应该用心去倾听的。这有点像编辑的工作，丢掉一些东西，保留住感兴趣的一些东西。但做采访策划时也不要太死板，要留够空间，灵活应对谈话中出现的意想不到的转折，因为这些转折往往会引出不同寻常的见解。

作好倾听的准备还意味着要同时在身体上和精神上调整自己。它意味着要摒弃干扰倾听过程的“情绪因素”。这包括谈话者的一些个人魅力。比如，胖、丑、频频微笑、说话结巴——所有这些都会干扰倾听。对某些人来讲，有些词语本身就含有某种情绪色彩，如家、母亲、爱国主义、堕胎、右翼、自由主义、性、艾滋病、血统、裸体，等等。一提到“家”，我们的大脑中就会立刻出现一些快乐的或悲伤的童年时期的画面，这种情感使我们无法正常倾听。最好能意识到这些情绪地雷——把它们写下来，仔细研究，直到这种情绪慢慢消失——不要让它干扰你的倾听。

倾听要点

听别人说话不像听一次预先准备好的演讲。擅长讲话的人在提出自己的论题时，通常会提供两个或两个以上的论点，每个论点都会有事实，由说明性的事例和奇闻逸事来支撑。他在提出主要观点时，通常这样来提醒他的听众：“下面要说的是……”而采访与谈话没什么两样。从获取和谐谈话氛围的角度上来讲，这是个不错的办法，但谈话双方必须在整个谈话过程中留心一些概念因素——采访对象的观点。这种注重论点的采访风格使记者在采访结束后感觉比较轻松，因为双方都已经得到了想要的东西。如果采访不是很具体，观点性的话就可能不会很快出现。而如果被访者喜欢喋喋不休，直接询问他的观点则比较有效。但不要恐吓对方：“就我所知，您的意思是……”或者：“您是说……”有时，你会发现谈话者其实没有什么观点，所以在采访中或采访结束后写作的时候还得自己归纳。有些采访，比如 89
目击者向你讲述自己在火灾中的所见所闻，完全是描述性的，毫无观点可言。有时，双方会同时通过如下的问题来触及某个观点：“这次经历给您的教训是什么？”或者：“这个故事有什么教育意义？”

倾听支撑事实

一旦知晓了谈话者的观点，并且弄清了它与主题的关系，就可以寻找支撑的事实了。设想你正在采访一位重要人物，要他谈论名人地位给自己带来的隐患。这位要人说：“最糟糕的事情是在公众面前冒险。”这只是她的一个观点，该拿什么样的证据来证明这个观点呢？如果她不肯主动说，你就得问了。她一共签过多少次名？（“大概有 450 万次吧！”）去杂货店的路上有什么事发生吗？或者去饭店吃午饭的路上有什么事发生？仔细听，或许她会告诉你，酒鬼如何在饭桌上和她搭话，更衣室的女士们都盯着她，或者跟她索要和苏西姑姑在一起的宝丽来一次成像照片。有一次，一个自己把车撞坏的家伙还起诉她——因为他的注意力都集中在沿人行道行走的这位名人身上，而忽视了自己的驾驶。他指责她应该对本次事故负主要责任，于是她投保的保险公司不得不出面解决这个问题。由此可见，上述的这些事例和一些趣闻逸事都可以用做支撑的事实，甚至连她的数百万亲笔签名都可以被当成支撑事实来被提及。

倾听反面观点

名人女士对她的狂热崇拜者的反感，可能并不像听起来的那样严重。如果从另外的角度去倾听事实（或者提问），你会发现，她的态度中也是中庸的成分居多，而不是纯粹的肯定或否定。名人女士，当你冒险走入杂货店时，即便没人注意到你，你也会觉得心慌意乱吗？有没有例外？

评价对方的发言

对新思想的接受和不加个人判断的倾听并不意味着就没问题可问。如果你的采访准备做得很充分，就会知道采访中谈到的事情往往和你从别处了解的不一致。对这种可能发生的不一致进行提问，表明你不仅在倾听，而且在思考。仔细斟酌一些话，用新颖的方式把它们联系起来，甚至可以用一些创造性的提问来验证先前的一个假想，或者仅仅是阐明一些有争议的言论。

倾听没说出的话或者说出一半的话

西奥多·赖克（Theodor Reik）在 1952 年出版了《用第三只耳朵来倾听》（*Listening with the Third Ear*）一书，书中阐述的主题和书名一样。人们交流的方式多种多样，前面提到了一些非语言形式。当一位妇女被问及有关她的未来的问题时，她会脸红，微笑，微微扬起眉毛。于是你怀疑自己的提问是不是有些不同寻常。而仅从这些外在的表现上，并不能看出深层的含义。只有通过进一步的追问，比如“在我问问题的时候，我注意到您笑了，这又是为什么呢”，才能有所收获。

同样，措辞的使用也暗示着深层含义。例如 90
在下面的讲话中，“作为一名公共事业的管理人员，被问题缠身是件常事，而容不得你去解释……”，或者，“我所在的机构目前正受到县司法行政长官的控制……”。敏感的采访者会抓住“缠身”、“控制”这样的字眼。这些措辞很有意思。说话者在潜意识中想用它们来说明什么呢？确切地讲，这个问题你必须要问。

鼓励并指明方向

采访者不但要提问，而且要对采访对象的回答有所反应。对许多采访技能并不是很强的采访者而言，这绝不是老生常谈。这些记者的提问倾向于程式化，很少做进一步的评论，也不会去追问一些问题，他们只会面无表情地坐在那儿，把被访者的话记录下来，像个速记员。而此时的被访者像是在独白，第一个话题讲述完毕，采访者宣读第二个话题，被访者重新开始他的独白。这样的采访太没意思了。虽然采访者扮演的是倾听者的身份，但他应该不仅仅会微笑、点头、皱眉，说“嗯，嗯”，还应该提出一些探讨性的问题，引导谈话继续往下进行。

显示你正在倾听

如果你没在倾听，就会做出一些心不在焉的姿势，比如游离的眼神。通常，一些身体语言会反映出不想倾听的态度。这些人会懒散地，或者歪歪扭扭地坐在那儿。我曾经在一次课堂练习中，
经历过一个极端的事情。当时学生们两两结成组，91
互相采访。一个男生采访一个女生时，懒散地靠

在椅子上，双脚跷在窗框上，头比脚还低。在接下来的课堂讨论中，这名女生把这名男生的姿势评价为“奇怪”、“不正式”，而这名男生根本就没意识到自己是躺着的。不仅学生中会出现这样的问题，在职业记者参加的一次研讨会上，我提到这种奇怪的动作时，一名财经记者突然意识到，他也曾经以这种慵懒的姿势来放纵过自己。

采访时怎样才能做到足够随便

为倾听而着装

着装与倾听有什么关系？人们的穿着经常能向外界传达他们个人的一些讯息，供旁人去领悟。如果穿着褪色的牛仔裤和破旧的 T 恤衫去银行行长的豪华办公室里进行采访，或许会产生灾难性的结果。你的着装方式暗示着你是来发表什么声明的，而不是来倾听的。当然，这可能不是你的初衷，但行长却这样理解——除非你做出合理的解释，像穿着蓝色牛仔裤的斯科特・马特尔出席人人都打着黑色领带的商店开业典礼时那样。

第11章

新闻观察

92 问：钱普（Champ）先生，您曾经亲临拳击现场，几乎与所有职业拳击手都较量过。被像舒加尔·雷·莱昂纳德（Sugar Ray Leonard）这样的拳击手击倒时，您有什么感受？

答：重新站起来。我给你展示一下。

有时候记者为了一篇报道，要付出很大的代价。乔治·普林顿（George Plimpton）是一家文学杂志的编辑，身材瘦弱，在与世界轻量级冠军的比赛中被打得鼻子出血，实践了他所命名的“参与式的新闻采访”。供职于波特兰的《俄勒冈人》（*The Oregonian*）的记者詹恩·米切尔（Jann Mitchell），沿着伐木场中的滑道整整乞讨了三天，一度饥饿难耐，不得不从垃圾桶里拣了一块被人吃剩一半的三明治来充饥。大街上和拳击场里的生活是很艰苦的，而记者只有亲身去经历这种艰苦，才能把它描述出来。

接下来要谈的是新闻的一种变体，它对信息采集的要求超出了对采访的要求。记者不仅是事件的见证人，而且是事件的参与者。

这并不是什么新鲜东西。人类学家在这方面已经做了多年的研究。对新闻报道来讲，它也不是什么新鲜的东西。一个世纪以前，伊丽莎白·科克伦（Elizabeth Cochrane），以内利·布莱（Nellie Bly）的笔名，假装精神失常，然后被送进精神病院。她把那里的经历写成报道，发表在约瑟夫·普利策（Joseph Pulitzer）的《纽约世界报》（*New York World*）上。1889年，她环球旅行72天——比科幻小说作家儒勒·凡尔纳（Jules Verne）在小说中幻想的80天少8天，这一事迹使她成了传奇性人物。某些伟大的文学作品的创作素材就来自参与式新闻采访的体验，例如：《像我一样黑》（*Black Like Me*）。在这部经典著作中，
93 白人约翰·霍华德·格里芬（John Howard Griffin）为了能以黑人的身份通过关口，不惜把自己的皮肤漂黑。他装扮成黑人，在南部地区游历，随后把自己的经历写成小说，从而掀起了20世纪60年代的人权运动。女作家格洛里亚·斯泰纳姆（Gloria Steinem）为我们提供了另外一个个案。为了能在杂志上发表一篇讲述自己

亲身经历的文章，她与花花公子们泡在一起。这篇文章（*Show*，5 月—6 月，1963）后来成为女权运动的标志，她本人也成为女权运动的先驱者。

体育报道一直依赖于新闻观察。谋杀诉讼和司法辩论的报道也是如此。但近来情况已经发生了变化。有越来越多的人开始关注纪实性的文学创作，里面也有形象的细节描写、戏剧冲突、悬念和讽刺。这些因素使得新闻报道不但具备了一部优秀小说才能具备的情感和感官上的冲击，而且还从描述事实的过程中获得了真实性。曾经有很多词语被用来给这种新闻形式命名，例如文学性新闻、创造性的纪实报道、新新闻主义。实践者中最著名的有乔治·普林顿、约翰·麦克菲（John McPhee）、盖伊·塔利斯（Gay Talese）、特蕾西·基德尔（Tracy Kidder）、汤姆·乌尔夫（Tom Wolfe）、亨特·汤普森（Hunter Thompson）和琼·迪迪翁（Joan Didion）。有些报社记者还为此获了奖，比如说普利策奖的得主乔恩·富兰克林（Jon Franklin）和雅凯·巴纳希斯基（Jacqui Banaszynski），他们在所创作的新闻特写中都有大量的场景描写，而这一切都来自于新闻观察。事件发生时他们都在场：富兰克林曾在医院的手术室里亲眼目睹头部外科手术，而巴纳希斯基曾在明尼苏达州（Minnesota）的农场里亲眼目睹了两位艾滋病人的死亡。

有关文学创作的一项简单事实为观察技巧提供了依据。如果你想把矿工或流浪汉的生活生动地描述出来，就要走进煤矿，或者逃票乘坐火车。社会学家内尔斯·安德森（Nels Anderson）在 1923 年对流浪汉做过一次开创性的调查。本来以为流浪汉的生活已经属于过去的岁月，但在 1983 年，《萨克拉门托蜜蜂报》（*Sacramento Bee*）的一位编辑有机会和一名老流浪汉交谈。这名流浪汉提到，古老的流浪艺术已经被"一群新来的移民"替代了。于是该名编辑派记者戴尔·马哈雷兹（Dale Maharidge）和摄影师迈克尔·威廉森（Michael Williamson）去报道这件事。两人立即前往俄勒冈。他们对这个报道任务很感兴趣，创作的一系列报道不但为《萨克拉门托蜜蜂报》赢得了奖项，而且一年的"职业流浪汉"的生活还为《没有目的地的旅行》（*Journey to Nowhere*，1985）一书的创作提供了素材。10 年以后，他们又合作出版了第二本书《美国最后一名流浪汉的故事》（*The Last Great American Hobo*，1993）。此书详尽地记载了流浪时代结束的故事。

对"文学性新闻"创作研究的新要求

40 年来，一些报纸记者亲眼目睹了"文学性新闻"的发展势头。对实践者而言，这个术语听起来有些自相矛盾。"用文学的手法来进行新闻写作，"R·托马斯·伯纳（R. Thomas Berner）说，"它是深度报道和文学手段在新闻写作上的结合。这类文学创作手段包括：叙述、景物描写、过程和结局、观点、戏剧冲突、时间顺序、节奏、意象、暗示、暗喻、反语、对话，以及全文的结构（开端、中间、结尾）——一篇优秀的新闻报道必须具备这些要素。"（Berner，1986）西奥多·A·
94 里斯·切尼把它称为"创造性的纪实报道"，认为"讲故事的技巧和记者的观察能力是其必备的条件"。切尼说，这种纪实报道的创作方式给记者们提出了新的标准，他们"不但要明白表层的事实，而且要善于发现事实背后深层的东西。同时，还要把深层的含义戏剧化，以有趣的方式表达出来，使读者产生情感上的共鸣，而且提供丰富的信息"（Theodore A. Rees Cheney，1991）。

下面我们来研究一下一些获奖的报道。1979 年，普利策奖委员会开始为新闻特写设置奖项，第一个获此殊荣的是《巴尔的摩晚太阳报》（*Baltimore Evening Sun*）的科普作家乔恩·富兰克林（Jon Franklin）。他在报道《大脑通道中的恐怖旅行》（Terrifying Journey through Tunnels of the Brain）中，对脑部手术做了充满悬念的描述。文中有大量复杂的细节描述，从高潮到结局。

细节描述的大多是紧张的场面。其中一个讲到，医生的手术刀触碰到大脑中的一条血管，挤压到了动脉瘤，结果使这一区域的动脉聚集呈气泡状，用富兰克林的话来说，就是“随时会崩破的气泡，一颗黄豆大小的定时炸弹”。外科医生必须先摘掉这颗定时炸弹，手术刀才能到达血管深处的一处畸形组织。医生用手术刀轻轻挤压着动脉瘤，一名护士说：“一旦碰错地方，就会有致命的危险。”

护士在手术中说的话成了富兰克林的旁白。多年以后，富兰克林在接受一次采访时说，这篇报道的问世要归功于许多术前术后的采访和现场的体验。6 年医学和科学报道的经历使他赢得了医生们的尊敬，因此院方很高兴地同意他观摩手术的全过程。这是他第一次尝试着通过手术观摩来报道一次外科手术的全过程。一时兴起，他选择了结果会受到质疑的一次手术。患有大脑动静脉畸形（AVM：arteriovenous malformation）的女士凯利（Kelly）成为这篇报道的焦点人物。这种外科手术——复杂、脆弱、危险——看起来简直无法操作。手术的结果是凯利女士死了。富兰克林离开手术室时想，这种悲剧的结局不会有报道的价值。但在草拟这篇报道时，他意识到，值得一提的是医生们的努力，而不是病人的不幸。（对富兰克林的采访，1995）这篇报道在多次修改之后，主题被定为——即便在经历了一次悲剧的结局之后，生活仍将继续。正是这篇报道，获得了美国历史上第一届普利策新闻特写奖。

这篇报道，连同随后普利策奖的获得者，为新闻采访建立了新的标准——信息采集的功能被夸大了。“必须要做全面深入的调查，”作家盖伊·塔利斯在耶鲁大学做演讲时说道，“必须要热爱你要采访的事件。”他和作家琼·迪尼、约翰·邓恩（John Dunne）、刘易斯·拉帕姆（Lewis Lapham），还有乔治·普林顿一同参加了小组讨论。塔利斯的论断——“创造性的纪实报道一定不能违反精确的原则。我们写出的所有的东西必须能经得住检验”得到了大家的认可。

总会有人违反这条原则，这是不可避免的。这导致了普利策奖有史以来最大的一个丑闻事件。事情发生在 1981 年，当时《华盛顿邮报》的记者珍妮特·库克（Janet Cooke）写了一篇 8 岁男孩吸毒的报道——《吉米的世界》（Jimmy's World），并获得了普利策奖。报道中对这名男孩的所有细节描述，例如，他那“圆圆的小脸上露出天真无 95
邪的表情”，读起来都非常真实。市长派警察去找吉米，想帮助他，结果没有找到，于是有人开始怀疑报道的真实性。最终谎言被揭穿了。所有的一切，包括天真无邪的表情，都来自作者的想象。于是 1981 年珍妮特获得的普利策奖最终被收回，颁给了另外一名作家。

这件事给了我们什么样的启迪呢？不要尝试写什么纪实性的报道，除非你的采访能力和观察能力达到了创作文学性新闻的水平。在认真观察的同时，还要磨炼你的采访技巧。

用整本书去描述一个事件，可能会有其不足之处，而你刚好想从这些不足之处入手。新闻观察能够增强新闻报道的力度，无论是体育事件，还是谋杀诉讼。原告方的律师在向被告提问时，言辞很激烈吗？在报道中要把对话的过程完整地再现出来——愤世嫉俗的提问，谄媚的回答，肃静的法庭，傲慢的法官。

前面各章中提到的一些采访观念——尤其是明确采访目的，确定自己的需要——同样也适用于新闻观察。如果想用当事人的行为来促进报道的进展，那么一旦有相关的行为发生，一定要抓住它，并记录下来。

新闻观察的三种类型

新闻观察是采访技巧中的一种，它通常有三种类型：非参与式的观察、参与式的观察和暗中的观察。

非参与式的观察

这是新闻观察的第一个层次，采访中记者例行要做的一件事。体育记者报道篮球比赛，戏剧批评家观看表演，议会现场中的政界记者目睹辩论的全过程——所有这些都是“旁观者型”的报道，是最常见的新闻报道方式。

进行非参与式观察的记者就像“行中的搭乘者”。亲临事件发生的现场，但并不介入其中。这类观察的使用范围并不仅仅局限于市政会议。周六晚上，一群十几岁的年轻人开车沿着梅因大街兜风，如果你想报道一下青年社团的情况，那么就加入他们的行列。周六晚上，发生了一起交通事故，如果想报道这个事件，那么就去医院的急救室，亲眼目睹事故中受伤人员的抢救过程。还可以跟随一位跑长途的卡车司机，做一次横穿美国的长途旅行。或者是亲临电影拍摄现场，观看自己喜爱的演员的表演。

参与式的观察

假装与花花公子们鬼混在一起；与流浪汉们一起逃票乘坐火车；在伐木场的滑道上沿途乞讨；走进拳击场，与职业拳击手阿奇·摩尔（Archie Moore）较量一番，结果被打得鼻破血流。这些都是参与式观察的案例。作家乔治·普林顿所做的冒险除了亲临拳击现场，与阿奇·摩尔较量之外，还亲临一些事件的发生地点。普林顿还与一些职
96 业棒球明星打过比赛（他向场内的一记横传差点儿击中了里奇·阿什伯恩的头部，结果是威利·梅斯把它击出界外）（Plimpton，1961）。他还曾经在底特律雄狮队（Detroit Lions）中担任四分位，打了五场比赛，然后把自己的这段经历写进了《纸上雄狮》（*Paper Lion*）一书（1966）。

新闻观察能够锻炼你的所有感官——看到的，听到的，触摸到的，品尝到的，闻到的，而且还包括内心的感受。内在的一些反应——想法和情感——能够产生戏剧冲突和出乎意料的结局。当阿奇·摩尔的拳头如雨点般落在乔治·普林顿的身上时，他听到身边有个人在喊：“嗨，乔治，还击啊！”——他马上就想到乔治这个名字在拳击场上听起来很不合时宜。“就像听到‘蒂莫西（Timothy）’、‘沃伦（Warren）’，或者‘克里斯多弗（Christopher）’一样。”（Plimpton，1997）还可以把别人的内心反应也报道出来，比如创造女子万米长跑新纪录的冠军在接近终点时的想法（至少要把她在胜利后的采访中，向你谈及的所有想法都报道出来）。

“告诉我，这使您感到精疲力竭还是别的什么?”

有时需要记者隐姓埋名，例如格洛里亚·斯坦姆与花花公子混在一起时，约翰·霍华德·格里芬假扮黑人在南部旅行时都曾这样做过。因为在这种情形下，与你接触的人会正常行事。而在其他情形下，例如乔治·普林顿作为运动员的冒险经历，参与者都知道他的记者身份。但这也使
得记者的优势很明显：不需欺骗隐瞒，可以随意 97
走动，随便提问。而且人们一旦知道了你的身份，就会从你这里寻求一些建议。

匿名会引出一些道德问题。如果你假扮成乞丐，在向市长乞讨时，得到的回答会是“滚蛋”。那么你的良心允许你把市长的名字连同说的话一起报道出来吗？市长有权利知道他正在与一名记者谈话吗？——这名记者有可能把他说的话在新闻报道中引用，甚至把它做标题来使用。还有，你对记者偷拍有什么感受？请看第 20 章有关采访伦理问题的讨论。

暗中观察

这类观察就像是“角落里的老鼠”，通常伴随着许多私下里的记录。大学生在课堂上经常做这样的观察。采访班里的学生曾经在俄勒冈大学做过调查，询问大学生在面对枯燥乏味的授课内容时的反应，结果使他们非常震惊。他们原本以为学生们会讲出自己做白日梦的事实——从性幻想到度假计划。这的确是调查结果的一部分。但有更多的结果显示，学生们竟然肯花那么多的时间，从事只有专业新闻人员才使用的暗中观察活动。

大学生们私下里做着计算，比如，教授讲课时套话的使用次数。每说一次“另一种可能是”或“我的看法是”，学生们就在自己的统计表格中做一次记录。使用频率最高的一句话是“从最后的分析中”。有一名学生竟然在一位助教 50 分钟的授课内容中统计出了不少于 70 个“你知道”。通常，职业观察家也使用同样的方法，这在学术上被称为“不引起对方反应的统计”，也就是说，你的观察活动并不影响被观察人的行为。

社会科学家也使用同样的观察技巧。例如，在 1922 年进行的一项经典调查中，研究人员 H. T. 摩尔花了几个星期的时间，沿着纽约百老汇（Broadway）大街散步，记录下了他听到的所有谈话的片段。摩尔发现，男性之间的谈话中涉及“异性”话题的只占 8%，而女性之间的谈话中竟然有 44%涉及“异性”。

从那以后，性别差异就一直成为观察的主题。有一项研究报道了男女双方在讲话方式上的不同：女性更喜欢问问题，而男性更喜欢打断别人的话，尤其是与女性谈话时。一个观察者发现，过马路时，男性偏离斑马线的几率要高于女性（23%：10%）（Webb，1981）。

应该观察什么

不同的记者对细节的需求是不同的。兴奋型的记者比呆板的记者对细节的需求量要大一些。一套完整的观察体系能够帮助你确定自己的所需。如果想让写出的报道具有戏剧效果，就使用一下古希腊哲学家亚里士多德提出的戏剧四要素——紧张（tension）、统一（unity）、行动（action）、讽刺（irony）。

98 紧张的意思就是制造悬念。统一要求整个故事必须围绕一个主题展开——也就是你的中心论题。行动的意思是要表现人物的所作所为。讽刺有两层基本含义：（1）出乎意料的结局；（2）与初衷相悖，通常具有一定的嘲讽意味。本书的第 1 章中，有几处对这种出乎意料的结局的描述——从一连串的楼梯上掉下来，泼咖啡——最终的采访结果明显好于预期。

意义的相悖经常体现在文学作品中，有一个典型的例子：在一部戏剧中，丈夫赞扬了妻子的忠贞，而我们作为观众，都知道妻子的情人正躲在床下。纪实文学也可以充分利用读者的全知状态。在报道的开始，先讲述一名男子在交通事故中丧生，这时，如果能快速地回顾这名男子在童年时对驾驶快车的痴迷，就能产生讽刺的效果——读者会认识到，悲剧源于这名男子对开快车的迷恋，这是完全出人意料的结局。

了解了这一切后，你想通过本章谈到的三种观察方式去寻找些什么呢？两个字——细节——大量的细节，并按照整体含义，把它们组织起来。收集细节时，会出现一些不同的模式和趋势。深入研究这些模式和趋势，能够帮助记者在意义上形成一些试探性的假设。例如，一位老师星期一怒斥了一个上课迟到的学生，星期二由于学生的“傻问题”而大发雷霆，星期三朝着一名正在睡觉的学生愤怒地扔去黑板擦，你就会想知道星期四还会发生什么。如果星期四和星期五还有类似与学生冲突的事件发生，就完全可以通过分析这些事件，对这位老师的性格得出一个明显的结论。

有四类观察能够帮助捕捉纪实文学戏剧性的创作本质。首字母缩拼词 SCAM 可以帮你把握住紧张、行动、讽刺和统一。如果真像莎士比亚所说，整个世界就是一个大舞台，所有的男人和女人都在其中扮演着角色，那么，戏剧创作的一些基本要素也能在纪实报道中被借鉴使用。以下就是可供借鉴的一些东西：

- 场景或背景（scene or setting）
- 人物（character ）
- 行动（action）
- 意义（meaning）

这些要素与传统的新闻要素相似：时间和地点（背景），谁（人物），做了什么，怎么做的（行动），为什么这样做（意义）。

背　景

大多常规性的新闻报道中都有事件发生的环境描述。记者通常会为自己的采访（尤其是电视采访）寻找一些有特殊意义的地点。例如，给著
99 名的戏剧导演做宣传时，选择后台做采访地点；想做一部交通问题的纪录片，选择洛杉矶的高速公路做采访现场。还可以转换场面，交通报道的一部分采访场景安排在高速公路上，另一部分安排在警察局总部；如果报道与交通事故有关，甚至还可以在医院的急诊室或者停尸房里进行你的采访。不管选择什么样的场景，都应该把你的所见所闻系统地记录下来，先描述全景——例如足球场里的一群人——然后再聚焦在一些单独的场景上，例如一两个观众的特写镜头。

声音和气味也值得关注。当你亲临脑外科手术现场时，是否听到了大街对面孩子们玩耍时发出的笑声？在生死交接的手术室外，生活还在继续，一点点神秘的色彩能够增强读者的体验。

人　物

静态的景物描写通常很枯燥，只有人物才能赋予它活力。人物观察有几个层面，从表层的外貌，到深层的价值观和动机。优秀的作家能够通过人物的行为来展现人物的性格。无论何时，单纯地讨论人物而不讨论行动是很难的。把观察集中在人物的行动上，部分是为了了解人物性格，部分是为了分析人物性格。通常这些了解来自采访当事人的朋友或同事，来自能够对你亲眼目睹的事件做出充足解释的人。

例如，有一位急脾气的戏剧导演。了解他的人说，他能让平庸的演员做出杰出的表演，因为他对这些演员爱恨兼施。他能够准确地把握住对每个演员的爱恨程度，这个人需要更多的爱，那个人需要更多的恨。所以你要亲临排练的现场，观察工作状态中的导演，善于捕捉能够体现爱与恨关系的戏剧化场面。如果总有这样的场面发生，就可以从中不断验证自己对这位重要人物性格的认识。所做笔记一定要完整，以便在报道中把见过的最好的场面再现出来。

做人物观察时，对某些符号也应该保持高度的重视。人们不断地通过自己的拥有物——举止、衣着，甚至身体语言和发型这些模糊的符号，来

告诉外部世界有关自己的一切——个人信息和个人观念。对各种符号保持警觉的观察家，不仅能充分了解被观察的话题或者人物，而且还能从这些符号中分析出人物的性格。被访者把她的家布置得又时尚又美丽，简直令人羡慕。而她的临时公寓却是一团糟——脏乱无比。在帮她整理放照片的地方时（参与式的观察），留意她的一言一行。通过提问来判断她的性格。

行　动

众所周知，分析人物的性格要借助人物的所作所为，而且，仅分析一个人物是不够的。例如，你想分析一下洛杉矶高速公路干道上最糟糕的驾驶员的性格特征。在高峰期里，你搭乘交警的车，沿高速公路行驶，做一初步的统计。共有多少处未被标明的道路急转弯？见到了多少位行动缓慢，
100 马虎大意，或者喝醉酒的司机？警察对近处的事故和监测到的驾车者的愚蠢行为有何评价？

不要忽视一些使你啼笑皆非的情感小事。杂志《体育画报》（*Sports Illustrated*）的作家肯·摩尔（Ken Moore）认为，这是采访和观察的重要组成部分。不管什么时候听到笑声，都要去想想是什么使对方发笑。然后把这一幕再现在你的报道中。让你的读者也笑一笑。

意　义

场景、人物、行动结合在一起，产生了一个合成物——意义。通过观察得到的细节被有序地组织在一起，以用来分析你想要说明的要点问题。

戴尔·马哈雷兹在他的一本书中谈到了当代的流浪生活，描述了人们搭乘火车、汽车或者卡车去寻找工作。他和搭档一起，驾着一辆老车从俄亥俄州的平原驶入得克萨斯州的休斯敦，在那里，他们遇到了当地的一名警员。这名警员打开车顶的信号灯，阻止他们说："如果再向前，我就开枪了。"接下来的一段对话是：

> "你准备在这里呆多久？"
>
> "再呆一个星期吧。"
>
> "好吧。如果过一个星期，再在这里看到这辆车，我就把你送进监狱！"
>
> 我们问："为什么？"
>
> 警察把手放到下巴上，为了找个借口，他蹲下来检查车身。过了一分钟，他指着破旧的轮子说："因为轮子。"(Maharidge，1985)

类似的一些场面使得意义更为突出：失业的移民在得克萨斯州找不到期望中的乐土。因而，意义指的就是，你想在一篇报道中展现的主题。主题的阐明需要一些要点的支撑，我们可以使用一些戏剧性的事例来分析这些要点。

为意义所做的观察包含两个要素。第一个是通过观察来发现某种有意义的东西——一个观点，一种趋势，一种气质，一种性格——或者肯定其他来源的某种意义。第二个要素是，通过一些具体的观察来阐述某一要点，例如流浪者遇到的那些充满敌意的警官。

如果这一切看起来还很模糊，或者令你感到迷惑，那么成为一名优秀记者的时日就离你不远了。这并不是在开玩笑，它只是更加肯定了这个世界的复杂性，无序的事情经常发生，完全是一种无意义的、无望的混乱状态。即便存在着某个中心观点，它也不会自己站出来说话。作为记者，首先要决定的就是选择什么样的主题以及支撑的要点，就像记者选择新闻事件中的几大要素来做导语一样。这不是一件易事，因为从来就没有哪两名记者决定的要点完全一样过。

第12章 引语和逸事的采访

问：能不能举个例子——您亲身经历过的一件有趣的事，来阐明您的观点？ 101

答：可我没有这样的事可讲啊！

《华尔街日报》（*Wall Street Journal*）素以庄严、稳重而著称。它给人的印象通常是版面没有照片，充斥着大量的统计数字和晦涩难懂的经济术语，很乏味。

然而，仔细阅读报纸上面的文章，你的看法就会改变。许多有趣的报道都涉及了一些名人逸事，即名人所作的商业决策以及商业决策对普通人生活的影响。这些报道使人的正常行为具有戏剧冲突的味道，它们经常把真实人物的谈话内容作为引言来使用。

1994年，《华尔街日报》刊登了一篇反映家庭财产保障中出现的新问题的文章。文章讲述了得克萨斯州的一对夫妇多年来一直受到墙裂缝、管道漏水等一系列问题的困扰，尽管有住房合同的保障，但这些问题一直得不到解决。那么这些保障还有什么用呢？

"这种破房子都不值得去装修。"房主罗奇（Roach）女士说。这话可以被当作引语来使用。一篇严肃的报道提到墙上深红色的斑点，这个细节暗示出，商品房合同并不能真正保证购房者的利益，如果你并没有认真阅读合同上的条文，你的利益就更不能得到保证了。"房子的售后服务还比不上烤箱的售后服务。"业主利益委员会的主席说。这话做引语也很合适（《华尔街日报》，1994-11-30）。

逸事和引语是在纪实文学创作中使用的最人性化的技巧。正因如此，纪实文学读起来才更像短篇小 102
说。它们被用来表现人物的行为——小说家通常把这称为"人性化的环境"：现实的人做现实的事。纪实文学创作中如果缺少逸事和引语，就会导致"写法的平淡"，缺少人情味和戏剧冲突。

采访中获得的一些逸事和引语，能够帮助纪实文学在写法上避免平淡无奇。接下来的一些建议希望能对你有所帮助。为了获得高质量的引语，在采访中要做好两件事。首先，倾听时能识别出它们。其次，鼓励对方说出可供引用的话。

学会识别引语

下面来谈谈识别的问题。在一堂新闻写作课上，我让学生根据一次虚拟学生会议的逐字记录来写一篇新闻报道。记录显示了学生们对一个有争议问题的辩论过程，该问题是关于一个叫人民联盟的组织的。一个学生在他的报道中，引用了某个辩论参与者的评论，这使得他的报道与众不同。

> 她提到了人民联盟中没有女性成员的事实，随后责怪人民联盟的主席发表的代表全体人民利益的声明完全错误。

记录还显示了这位妇女在向一位会议成员做陈述时说的话：“哈利（Harry），你的人民联盟里没有一个女性成员。你根本就没有代表全体人民的利益——你代表的只是大沙文主义的男人的利益。什么人民的力量——见鬼去吧！”

这段话言简意赅，戏剧性很强，抓住了人物的性格，很具体，很适合做引语。而这名学生却没有意识到用这样的方法来给文章增色。

有些新手会犯另外一种错误——他们把什么都作为引语，甚至一些常规数字。“我于1942年夏天出生在俄亥俄州的桑达斯基（Sandusky）。”如果你想分析一下大峡谷（the Grand Canyon）地区皮革商的性格特点，还需把他的出生日期也做引语来用吗？当然不需要！应该做引语的是他在艰苦的旅行开始前，对一群旅行者开的荒谬玩笑：“一定要小心啊，女士们——游客很多，但谁都代替不了一头受过训练的骡子。”

同样，听到的话很多，但能够做引语的却很少。要在谈话中把它们识别出来。一般来讲，要留心一些定义。

从简单的意义上来讲，**“引语”**指的就是某人说过的话的记录。**“直接引语”**要使用引号，而且要逐字引用。还有些话是本人说的，但被别人——通常是作者——给诠释了，这被称作**“间接引语”**。也可以把谈话中的一部分当作引语来使用。所以当某位叫珍妮的女士说：“住在纽约就像住在水泥的混合体中——很艰难，令人困惑。”引号里的部分是直接引语；间接引语就是：珍妮说 103
住在纽约很艰难，很困惑（没有引号）；部分引语则是：珍妮发现住在纽约很困惑——“就像住在水泥的混合体中”。

如何在新闻写作中使用这些引语呢？下面是一些常见的方法：

引语的权威性

在一艘游船上，如果有游客说：“这艘船现在非常危险。”可能你不会太在意。但如果这话来自船长，而不是坐在你身边的乘客，你可能就会格外小心了。权威人士说的话的价值大小取决于职位的高低。“我们所管辖的社区纯粹是个充满暴力的社区。”警长说。“我们的外交政策有些孤注一掷。”国务卿说。

引语的人性化色彩

要让自己的一只耳朵去适应人们的谈话方式。如果对方说出“这种房子都不值得去装修”这样的话，不要轻易表达你的认同。要特殊对待那些掺杂着个人喜好的话语。“这个房间太小了，做什么事都碍手碍脚的（you couldn’t cuss the cat without gettin’ hair in your mouth）。”（田纳西州的谚语）“在得克萨斯州遭遇袭击时，你表现得像个傻瓜，不知所措。蹲下来，不就行了。”（Lyndon B. Johnson，由专栏作家 Carl Rowan 援引，1993 年 8 月 13 日）

对这样的个人旁白要格外小心，因为它们与新闻报道所使用的半正式的风格截然不同。难道你没有注意到，在某些报道中，所有被直接引用的讲话的风格都如出一辙？而且这些引语与新闻报道本身的风格也极为一致？这样的报道方式显得单调乏味了些。你一定想知道这是为什么。被访者谈话的方式与记者写作的方式是否一样？当然不一样。记者总是喜欢挑选那些适合自己写作风格的引语。他们并不关注对方的谈话方式。下面是三个人在面对同一件事时，所做的不同的表达：

> 警官：“大约在早上 4 点钟，我看到了这辆高速行驶的车子。”
>
> 大学教授：“在凌晨 4 点钟，虽然没有任何工具来准确测量这辆车的行驶速度，但我可以试探性地下结论，它的车速极快。”
>
> 路人：“哥们儿，那家伙把车开得飞快，像蝙蝠在飞！”

总之，引语应该能够体现说话者的个性。只有这样，你的报道才能脱离单调，变得生动形象，像七色彩虹那样色彩斑斓。

引语的真实性

有篇报道描述了某名人害羞的性格特点，如果在其中直接引用名人的一些原话，报道会显得更加真实可信：“是的，”这位老兄说，“我总是担心即将见到的人会不喜欢我，而这种担心给我带来了莫大的痛苦。”

104 使用与话题相关的术语，能够展现报道的真实性。曾有一位老流浪汉用下面的行话来描述他的过去经历：“我们曾经夹着铺盖卷，蹭坐铁路特快货车，从车上下来后又跑到‘繁华街道’上骗吃骗喝。”这听起来就比较真实了，虽然你得好好领会一下这句话的意思——流浪汉告别了铁路特快货车上邋遢古怪的生活方式，开始在梅因大街上沿街乞讨。

修辞的引用

有些人喜欢在说话时使用比喻。“明天的天气简直能让青蛙窒息。”一位气象学家说。一位生物学家说：“你一想到牛，就应该先想到一大块 2 000 磅的牛肉。”有些比喻已经成了俗语，例如“不顾一切的”（bat outta hell），或者“不值得为此浪费弹药”（not worth the powder to blow it up），这些平民百姓使用的街头粗话能够传达比较丰富的信息。

总结语的引用

有经验的新闻采访对象通常知道应该如何总结自己的发言，他们也经常使用一些比喻的方法。“议会的行动无疑是在侵犯孩子们的利益”，或者，“孩子们成为议院政治阴谋的牺牲品”。

引语的采访

在采访中，怎样鼓励对方说出更多的可供引用的话？首先，自己先说出一些可被引用的话。你的投入决定了你的收获——如果提问枯燥乏味，回答也会同样的枯燥乏味。下面的一些建议可供参考。

鼓励对方在回答中使用比喻

有些问题能刺激被访者做出充满想象力的回答。好的提问往往要求对方在回答时使用比喻或类比的手法。这样的提问很简单："它像什么?""第一次找工作时的感觉像什么?"记者采访一群大四的学生。"感觉就像女生联谊会争取新会员时举办的社交活动。"一名女生回答道。"感觉就像跟老婆要钱花。"一名男生回答道。

提问中使用比喻

如果想让对方在回答中使用比喻，尝试先在自己的提问和评论中也使用比喻。

问：长官大人，您目前的处境可以说是朝不保夕，周围都是毫不留情的批评声，您肯定会感到孤独，像是坐在一座孤岛上的冰山上，而周围是汹涌的波涛。

答：不，更像是坐在汽油桶上点燃一支香烟。

105 上面的话可以做新闻标题，它能否吸引读者，取决于长官所处困境的严重程度。你的提问很有趣。如果长官的回答是："是的，这个比喻不错——坐在冰山上。"你就不能在报道中引用他的话了，因为这话本不出自他口。于是你还得继续在提问中使用比喻，等待对方回答中比喻的出现。(记住：坐在汽油桶上是暗喻，而好像坐在汽油桶上则是明喻。)

还可以用其他方法来获取比较生动的回答。"能不能用一句得克萨斯州的古老谚语来概括这一幕？……能评价一下这件事吗？你准备怎么向9岁的女儿解释这件事？……你所描述的一切听起来像是复杂的强手棋游戏——你是赢家还是输家?"不要忘记，从事商业活动的人们对一些运动类的比喻感到很亲切："这是端线外侧迂回进攻还是近距离传球？你怎么称呼它？……你希望下次打球时发生什么事?"还有一些军事术语："你是说全速前进的鱼雷?"

引经据典

与马克·吐温（Mark Twain）共度良宵，或者一本格言书，能够为我们提供很多引语。二者的作用体现在两个方面。第一，在与被访者的谈话中，你能识别出可供引用的话——它们与你研究过的经典引语非常相似，因此值得在你的报道中提及。第二，借用一些经典的言论，使你的提问更加有趣，从而可以展开具有引用价值的讨论。请看下面的采访：

问：议员，媒体对您的工作产生争议是有说法的。借用奥斯卡·王尔德（Oscar

Wilde）在《道连·格雷》（*Dorian Gray*）中的一句话："比被人议论更糟糕的事只有一件，那就是没人议论你。"您对此事的看法如何？

答：是的，被人议论的好处之一就是，有机会对这些议论做出反馈。有机会把自己的观点向公众表达，这并不是一件坏事。

王尔德的这句话已经被我引用了 100 次了，尤其是对那些一夜间身败名裂的人。它的效果总是很显著，尤其在告知被访者一夜成名的好处时，作用更为突出。采访者应该善于收集在不同场合使用的经典引言，例如莎士比亚的"整个世界就是一座舞台"，在某些夸张做作的政治活动中，提问时引用这句话，效果明显。

关注重要观点出现之前的暗示

经验丰富的被访者在表达自己的观点时，通常不会害羞。无论在演讲中，还是在采访中，他们表达自己的观点前通常会说出一些暗示性的话。"我的看法是……"或者"根据这么多年的从政经验，我认为……"或者"以下就是我对这件事的态度……"一旦听到这些暗示，赶快去作记录准备。

利用沉默 106

前面曾经提过，沉默是采访者的朋友。设想这样的一个场面：被访者就一复杂问题已经谈了好几分钟，她停下来，看到你还满怀期待地等待着什么。她不能确定自己的观点是否具有说服力，于是就想换种说法来表达同样的观点。通常来讲，答案越简短，越切中要害，效果就越佳。"换句话说……"她开始说了——简明的总结，或者更加生动的比喻会紧随其后。

利用反面观点

通常，采访者要表现得谦卑一些，但也不可走极端。否则采访会变得枯燥难耐，尤其是电视采访。善于利用反面观点并不意味着故意与被访者过不去。采访者可以适当在提问中提及某人的反面观点。"议员，您的反对者似乎对您的观点并不认可。例如议员克拉格赫在今早报纸的发言中，提到……"善于利用反面观点对你的采访帮助很大，那种不提一点反面意见和吹嘘夸大的采访伎俩早该被放弃了。

表现出对某个引语的欣赏

可以夸张一点："说得真好，议员！"有人认为被访者可能已经厌倦了这种夸奖，尤其是那些经常接受采访的事业有成之人。事实刚好相反。采访者如果能把自己的赞美之情适当地表达出来，被访者会受到莫大的鼓舞，从而变得侃侃而谈。"这就是她想要的！"他会这样想。于是，你就会有更多的收获。

要鼓励被访者说话随意些，不要太正式，太拘泥于形式。被访者通常会从你的利益出发，来整理自己的语言——曾经做过流浪汉的人不会讲述自己"跑到'繁华街道'上骗吃骗喝"的经历，因为他们害怕你不理解，或者不喜欢这样的街头粗话。所以，要做出对这些粗话很感兴趣的样子，并且解释一下为什么要在报道中引用它们。提问时，自己也尝试着使用一下这样的街头语言。也许正是你随意的提问方式才鼓励对方讲出“骗吃骗喝”这样的粗话来。

刺激对方讲出一些逸事

什么是逸事？逸事通常是一些短故事，它以事实为基础，帮助阐述你要表达的观点。安·科里在采访中把咖啡打翻了（第1章），结果却获得了更多的坦诚回答。娜拉·维拉格兰在去琼·贝兹家的路上从台阶上摔了下来，结果采访进行得比预期设想的要好许多——这只是两个赤脚女人在聊天吗？作家们发现，这些故事能够帮助分析生活中许多出乎意料的结局，而这些结局通常是令人难以置信的。如果有人试图让你相信，从一连串楼梯上跌下来能帮助获得采访中的真诚，你会相信吗？估计不太可能。但如果他说这是个真实的故事，你就会信了。人们可以拿它和自己生活中的类似事件作比较，随后得出结论，在当时的环境下，发生这一切是完全可能的。

纪实文学作家通常通过一些趣闻逸事来阐明自己的观点，这样做有三个目的。

107 1. 作品的可信度更高。

2. 作品读起来更有趣；既传达了信息，又愉悦了读者。

3. 作品与读者更为接近。读者从逸事中解读人物的性格和故事情节，并拿它们和自己的经历作比较。

学生记者们发现，收集逸事是采访中最困难的环节。他们希望从被访者那里获得现成的材料，不用加工润色就可以写成一篇报道，放到杂志上去发表。这样的好事不会轻易发生。普通人只会谈论自己的经历，而小说作家却能把这些逸事汇编在一起。能够成为小说家的人并不多；作家应该是小说家。

安·科里在讲述自己泼咖啡的故事时，并没把它当成一件逸事。她仅仅想通过这个故事说明，在洒了咖啡之后不久，她的采访发生了转折。小说家询问了这个故事中的一些细节，然后把它们编成了一段逸事。如何提高从采访中获得逸事的能力？以下的建议可供参考。

学会识别逸事

人类的任何活动都有可能成为非虚构创作的逸事素材。“布兰克教授走进拥挤的教室，走向讲台，打开星期四的课堂上要用的讲义。”

这是逸事吗？从某种程度上讲，是。因为它描述了一系列的动作。但作者想表明的观点是什么呢？现在还看不出来。这取决于接下来要发生的事。几分钟后，布兰克教授摔倒在地上，一把饰有宝石的匕首插在心脏的部位。此时，这篇报道的意义就明确了。前面的那些小片段只是这段离奇的课堂画面里的一个正常开端。学生目击者在回答记者的提问“被刺之前，教授做过什么事”时，做了前面的那段描述。作家在报道中引用了学生们的这段描述，为一幕暴力事件提供了一个正常的开端。

所以，小说家必须要善于从破碎的现实画面中收集轶闻。有人说，布兰克教授的坏脾气总是被学生们写进写作老师布置的描写人物性格的作文中——布兰克教授的性情急躁，不能容忍学生们提出的傻问题。还有人说：“他的脾气暴躁——我总是看到他大发雷霆，控制不了自己的情绪！”无须引用学生们的这些话，讲个“从前”的故事就足够了：

有一次，布兰克气急败坏地冲着教室的玻璃大喊：“救命！救命！我被一群白痴抓住了！”结果把从下面经过的人吓着了。

要怎样提问才能获取这样的信息？其实这很简单。“能举个例子吗？”或者在提问时挑战对方：“我不相信——他最生气的时候做过什么事？”

讲一些自己经历过的故事

采访者要善于挑开话端，这样对方才会为你提供具体的一些事例。例如：“我记得琼斯教授在
108 生学生的气时，用脚踢教室里的垃圾筐。”这对你的采访对象来说是个挑战，他也会努力回忆，布兰克身上有类似的事情发生吗？于是他很快就会想到“大喊白痴”的故事，然后把它讲出来。

不必为了逸事而提问，这样做的用处不大。可以做个实验。实验中，你让对方用亲身经历的一个幽默的故事来阐明“在谈话中犯点错误会促进双方的坦诚”的道理。对方肯定想不出这样的经历。因为，首先，你的要求太抽象了，意思表达得也不够清晰。其次，“幽默的故事”的要求使那些不擅长讲故事的人越发不敢去讲了。

可以引用第 1 章谈到的“泼咖啡”的故事来阐明这个道理。先把它讲出来，让采访对象去想类似的经历。“泼咖啡”的故事很具代表性，适用于所有与人相关的事务，肯定能引出与其相似的故事。一个学生讲述了在农场中长大的一位妇女的故事。这名妇女的失态反倒成就了她持续了 40 年的姻缘。她解释说，本来她对一个男孩子感兴趣，但对方对她并不感兴趣。有一天，他走错了路，误进了她的房子，当时她刚刚打扫完马厩，身上散发出“马粪的味道”。她为此伤心绝望，而他却迷恋上了她。原来这名男孩子喜欢马，与浑身散发着马粪味道的年轻女子的偶然相遇，建立了他与其终生的姻缘。

如果不擅长讲故事，该怎么办？讲故事也要适可而止。因为如果你的故事讲得太好，会吓着对方的。但是从哪儿去弄这么多的故事呢？经验丰富的记者的故事来源往往是先前的采访。还有些记者从出版的文献中剪切和编辑一些故事出来。

寻找具体的事例

如果采访的话题太泛，就会有抽象和枯燥的感觉产生。一篇报道需要的是具体的事例。所以要主动在谈话中去寻找这些事例。请看下面记者与消防队长的一段对话：

问：您对自己工作的认识很客观——但我想知道，在火灾现场，您有没有感到过害怕？

答：当然了，很多时候都有这种感觉。

问：回忆起来，最害怕的是哪次？

答：我想——应该是那次——有人说，有个小女孩被困在公寓楼的三层，我们得进去找她。

问：能不能说得具体点儿……

答：你不需要这个细节，因为小女孩不在那儿——后来，有人在一个街区以外的地方找到了她，她正在那儿瞎逛呢。

问：但当时您并不知道她不在楼里，是吧？

答：是的。

问：您真切地感到了恐惧吗？

答：是的——时间正在一分一分地逝去， 109
我们在浓烟中摸索着前进，越找不到她，恐惧感就越强烈。

问：我需要您的这个故事……

理想的情况是——才刚刚开始寻找，令人兴奋的一例就出现了，紧随其后的就是细节的描述。但这毕竟是理想的情况。在现实的采访进程中，被访者在面对具体举例的要求时，记忆通常会变得很模糊。具体的事例就摆在那里，但有时对方不能马上满足我们的要求。他们的大脑需要一些关键词的提示。而采访者可以提供这些提示。

问：我经历过的恐怖事件有很多，但一时间都想不起来了。

答：这些恐怖的时刻可能发生在某种特定的环境下，例如，大楼要倒了，什么人被困在里面了，或者有什么东西即将爆炸——

问：被困在里面！是的，我想起来了……

追问具体的细节

故事再简单，也需要细节的描述。有些采访对象在提供细节时得心应手，因为他们已经把这些逸事的细节都排练了好多遍了。当然了，他们有时也会把真相做某种程度的延伸。但大多数的采访对象会把这些事情忘得一干二净，因为他们从没有机会把自己的经历编成一段故事。记忆是会衰退的。经验丰富的记者通常会从自己的记忆中或者先前的采访中提取一些。有些简报也描述了一些骇人的场景，你可以就此去提问。消防队长的同事、家庭成员和朋友也会提到消防队长想不到的一些事件或细节。不管用什么方式，都要尽力去获取细节的片段，只有这样，才能把报道写得更加生动。

收集细节时需要耐心。“接下来发生了什么？……她说了些什么？……您说了些什么？……这一切是在哪儿发生的？……当你们站在人行道上谈话时，天气怎么样——炎热，下雨，下雪，还是别的什么？……您当时穿了什么样的衣服？”很明显，采访者的经验越丰富，就越知道什么样的提问能够帮助找到细节。

当然了，有些报道对细节的要求并不是很高；而有些报道，例如穿过烟道寻找被困的孩子，则需要一些形象的细节来描述当时的紧张情绪。

用第三只耳朵来听

要善于抓住被访者只说了一半的话，因为它们往往是丰富的消息源。只有经历了某些戏剧化的场面，我们才能加强自己的信念，从这些经历中去寻找故事。设想，就儿童离家出走问题，你正在采访一名社会工作者。“有时，”她说，“离家出走是儿童作出的最明智、最成熟的一项决定。”
110 这个观点听起来很令人震惊，而且还有些自相矛盾。社会工作者持此观点的依据是什么？你要亲自去寻找这些依据。你了解到有些儿童的家庭状况——虐待型的父母，酗酒，吸毒，等等——如此悲惨，就连头脑正常的大人们也会作出与孩子们一样的决定。现在，让社会工作者尽力去回想最恶劣的事例。妈妈去世了，10岁的小女孩承担起料理家务的全部责任，而酗酒的父亲对她进行着接连不断的身体虐待。如果能在报道中对这件事做全面的描述（这也可能是真实的故事），读者也会作出与孩子一样的决定。

切身感受事件

正如第11章所讨论的那样，新闻观察在寻找逸事上有其独特的方法。例如，某位著名的演员缺乏安全感，不知道午饭该点些什么。你可以亲自陪他去吃饭，以弄清原因。军校的学员在野外露营时会不会跟军官开玩笑？在混乱中坐下来，倾听他们的谈话。

倾听并表达自己的认同

这和引语的倾听一样——知道要听的是什么，听到时表现出你的喜悦：“这故事太棒了！”

第13章

电话采访、采访记录与采访录音

问：您好，这里是本地区的计算机中心，我们正在社区内进行公众舆论调查。我想问您几个问题……

答：您好，这里是留言机，吉姆和沙莉不在家，听到铃声之后请留言……

依我的经验，电话采访、做采访录音和采访记录这三种方式是解决职业记者在大学课堂及在办公室里遇到的难题的最好方式。有些学生记者声称他们对电话采访怕得要命。同样，有些报社记者不敢使用录音机。而做采访笔记也一直是记者们烦心的问题。

电话采访

近期的一项调查（Mann，1991；Norris，1987）表明，记者和被访者都比较喜欢面对面的采访。甚至还有证据表明，报社编辑对经电话采访而撰写的文章的检查和修改要更加严格和仔细一些，而对通过面对面的采访而撰写的文章就不会采取这样的举措（Norris，1987）。

尽管如此，电话仍然是大多数报社记者最常使用的采访工具。这项研究是由俄勒冈大学的提

姆·诺里斯（Tim Norris）开展的，研究的对象是
112 丹佛（Denver）、明尼阿波利斯（Minneapolis）、奥马哈（Omaha）和密尔沃基（Milwaukee）等地的 19 位日报记者所进行过的 662 次采访。其中三分之二的采访是通过电话进行的。大多数记者说，他们本打算去面对面采访，但由于种种原因——大多是因为没有时间，或者期望能采访到更多的对象，他们改用了电话。在被调研的四类报刊文章中，只有名人传记的采访需要面对面来进行。其余的三种类型，如现场的新闻报道（电话采访占了其中的 65%）、独家新闻报道（占 74%）、背景调查或者公众兴趣调查（占 78%）则基本都通过电话来进行。

电话采访有诸多优点，比如耗时短（81%不超过 30 分钟）。如果记者们希望在感情上与采访主题或被采访人保持一定距离，那么电话能起到一定的作用。但是，如果记者感觉被访者对这次采访可能存在敌意，他们就更倾向于选择面对面的采访。实际上，在我们深入剖析的 230 次采访中，只有七分之一存在着潜在敌意。

显然，记者必须要掌握电话采访的技巧，以获得最佳的采访效果。在官员们与媒体进行的力量斗争中，电话提供了很大的便利。在这种可怕的斗争中，电话起到了平衡心理的作用。有证据显示：胆小的人在电话里讲话时，声音会变得铿锵有力；而勇于挑战、意志坚强的人在电话中则表现得不如在面对面的采访中那么有信心。打电话的人当然了解自己此次通话的目的；但对方在听到电话铃响时，并不知道电话是谁打来的，也不知道是因何原因打来的，因而拿起话筒时总有些惴惴不安（Robbins，1992）。但目前这一问题已经得到了解决，很多官员和媒体的一些固定采访对象都安装了可视电话，这样就可以有选择地接听媒体的电话。

记者应该如何进行电话采访？可以按照前几章提到的建议去做。要有明确的采访目的，必要时做些访前的调查工作，然后再打电话。电话接通后最初的几秒钟决定着整个采访的成功与否。在这几秒中，你要用动听的声音介绍自己，阐明你的目的，并像钓鱼那样投下鱼饵，钓起被采访者的注意力和兴趣。如果一切顺利的话，就可以开始第一个问题的提问。下面举一个简单的例子，切斯特·布里特灵顿（Chester Bridlington）亲眼目睹了他家附近的一个化工厂的爆炸经过。那家工厂被烧成了平地。你已向消防队员了解过了，但他们对大火的起因都说不清楚。你希望能够听到布里特灵顿的解释，也就是说，你的电话采访的目的十分简单。

答：喂？

问：是布里特灵顿先生吗？

答：我是。

问：晚上好。我叫拉里·阿申布伦纳（Larry Ashenbrenner），我是 KMTR 频道 16 点新闻的记者。我们正在进行有关今晚化学工厂失火事件的报道。了解到您看到了引起大火的这次爆炸的全过程。是吗？

答：噢，我确实看到了不少。 113

问：布里特灵顿先生，很高兴能与您通话。能不能帮忙完成我们的报道任务——向我们描述一下您看到的事情，好吗？我还要将您说的话录下来。

答：啊，那简直无法用语言来形容——就像地狱的大门一下子被冲开，接着，那家工厂就成了一片火海。

问：您最先注意到的是什么？

答：先是听到一声巨响，实际上，就是“轰隆”一声响！

问：是爆炸声吗？

答：我的意思是，我听到了两声。我听到“轰隆、轰隆”两声巨响，我抬头望去，只见一道火焰像闪电一样直冲云霄，足有 100 英尺。

问：当时您在什么位置？

答：我正在街上遛狗，就站在大概一两个街区以外……

这次电话采访达到了理想的效果，因为目击者愿意提供帮助，尽管他说的话语法不通，尽管你可能要在报道中修改语法——或许也不用做修

改，因为把熊熊燃烧的大火的场面配上电话的录音就已经很精彩了。

许多缺乏经验的采访对象都喜欢接受采访，正因如此，在上述例子中，无须借助你的个人魅力，也无须收集有说服力的论据，采访就可以继续下去。涉世不深的受访者会对接踵而来的采访感到筋疲力尽，经常发出这样的抱怨——“哦，不，又是一个该死的记者!”——在这种情况下，魅力或者奉承就会起到作用：“布里特灵顿先生，您可能还没意识到，您现在可是里弗城（River City）的名人了，危急情况下您能迅速拨打911，您的举动可能拯救了整个城市，使其免于被焚烧成平地，这也正是我们新闻媒体向您致意的原因……”（说这番话时，语调要诙谐一点儿。奉承话听起来肉麻，但确实有效）

对于这种常规型的新闻采访，电话是最有用的。特写作家也发现了打电话的妙处，通过电话，他们可以收集更广泛的信息。有时候，决定是否使用电话时，要权衡利弊：你是选择花一上午的时间穿过拥挤的城市去进行面对面的一次采访，还是宁愿原地不动而用电话采访12个不同性格的人？12个电话采访远比一次面对面采访获得的信息要多。

《圣何塞信使新闻》的著名记者娜拉·维拉格兰做过的采访中，四分之三都通过电话进行。“电话里我们都有一种亲密的感觉，就像是在做爱，他们的嘴唇就在我的耳边，我们亲密地交谈，旁若无人。”

忙碌的政府官员们——尽管他们声称喜欢面对面的采访——也发现，打电话效率更高，更节省时间。一旦他们与记者熟悉了，感触就会更深。
114 对于记者而言，电话采访意味着可以着便装工作；可以将笔记、剪报和其他的参考资料摊满书桌。有些记者打电话时使用耳机，避免了需用肩膀夹住话筒的麻烦。大型的耳机还能阻断旁边的噪声，使你接电话时听得更清楚。有些记者将办公桌上的电话配备上小型的盒式录音机，并利用一种无线电收发装置将录音机与电话线接到一起。

一些国家级的杂志和报纸的记者，把通过拨打长途电话进行采访演变成了一门艺术。事务繁忙的总经理们通常对长途电话都很重视。华盛顿的一名记者发现，在电话里告知自己身居何处会起到意想不到的效果。“我是杰克·马格雷尔（Jack Magarrell），我现在是从华盛顿特区打来电话……”“特区”两个字促使秘书迅速将电话接到总经理的办公室。

有人会问，通过电话也可以了解到栩栩如生的细节吗？谁又说过不能呢？迈克尔·特尔（Michael Thoele）曾从位于俄勒冈州的报社办公室打电话给阿拉斯加的一位居民，让他“向窗外看，然后把看到的东西说出来”，从而得到了阿拉斯加冬日里冰雪覆盖街道的精彩画面。《今日美国报》（*USA Today*）的作家卡罗尔·卡斯特纳达（Carol Castenada）建议给被访者的朋友和熟人打电话，通过他们对某人的描述而获得第一手材料。“他们会告诉你令人难以置信的事情。”（Crowe，1993）

在采访敏感问题时，电话采访也很有效。话筒是一件没有感情的工具，恰恰因为在打电话时，我们看不到对方的反应，所以人们在面对话筒时，往往没有威胁感。正是电话的这一缺陷——冷漠，使它在适当场合反而更能发挥作用。

下面的这个事例可以论证这个观点。在檀香山，一名男子给数十名女士打电话，诈称自己是一名医生，正在从事性体位的研究。他让对方谈论自己性体验的细节，得到的总是详细的描述。事后一些人产生怀疑，打电话给医学会，才知道那人原来是个骗子。这些女士解释说，她们是被一个“精明的采访者”在电话中“热情的个人魅力”所迷惑了。

既然坏人可以利用电话干非法勾当，那么正直之士也可以用它来服务于公众。下面的电话礼仪会对你有所帮助：

1. 采访目的要简明扼要、容易理解，采访时要切中要点。越来越多的商品推销电话和诈骗电话，已使人们对接听电话变得格外小心谨慎。要明确你是在进行电话采访，也就是说，你首先要面对的是一台机器，或者说，是一个机器助手。

2. 说一些讨人喜欢或奉承的话——这就是诱饵。比如：“您好，科斯塔斯（Costas）女士，我是《明星论坛报》（*Star-Tribune*）商务版的撰稿人玛丽·琼斯（Mary Jones）。我正在写一篇关于商界成功女士的特写，您的朋友雪莉·兰卡斯特（Shirley Lancaster）告诉了我您的名字，说您是我们这个社区里最成功的女士。还说您是个了不起的改革家。您愿意在电话里与我聊几分钟吗?”

115 3．说话的声音要愉快、亲切、友好。如果想与对方建立融洽的关系，这是唯一的办法。

4．如果你估计采访的时间不会太短，必须提前说明——“大概会占用您 15 分钟或 25 分钟的时间”。陈述完你的采访意图并设置好引起对方兴趣的诱饵之后，要问：“现在谈话方便吗?”因为你并不知道对方当时在做什么。除非紧急采访，否则最好用电话提前预约，而不要让你的采访对象一边接受你的采访，一边牵挂满屋子的客人或马上要举行的会议。

5．打破僵局的话应该是简短的：“波士顿的天气如何？是像报纸上说的那样下雪吗?”只有气氛融洽了，对方才会与你聊些知心话。东部地区的人行为古板，似乎对闲聊很反感。而西部、中西部和南方人则喜欢在开始时聊些私人的趣事。

6．通话过程中，不要不加解释就长时间保持沉默。需要记录时可直接说明：“请等我一会儿，我要把您的话记录下来……”

7．倾听的同时，要提示性地发出一些如“啊哈、嗯”之类的声音（电视现场采访除外）。

8．当就敏感话题采访时，要提供一些能够验证你身份的材料，还可以提一些彼此都认识、能够保证你的可靠性的熟人的名字。“是您以前的同事吉姆·琼斯（Jim Jones）建议我打电话找您的。”同样，结束采访时，也可以让对方说出一些会对你的采访有所帮助的人的名字。利用好采访对象的名字，它能够帮助你成功地采访事件的相关人士。

9．谨慎对待引用和拼写，因为在编辑部喧嚣的环境里我们很难听得十分清楚。让对方把名字的每个字母都说清楚，如 B——波士顿（Boston）中的 B，P——波特兰（Portland）中的 P，等等，因为电话里 B 和 P 很容易听混，F 与 S 也是一样。名字是叫福尔克（Faulk）还是索尔克（Saulk）？采访对象不会因你的字斟句酌而抱怨。

10．彬彬有礼的仪态很重要。态度要友好。要认真倾听。

11．给采访对象写封感谢信，至少在某些非常规的采访结束后要这样去做。记者很少写感谢信，而一旦你这样去做了，人们会感到很惊讶。他们会因此而谈论你，当然是正面的谈论。否则，会有恶劣的后果产生：媒体失礼（不幸的是，此种现象时有发生）的消息将不胫而走。

做采访记录

人的大脑不能同时做所有的事情。倾听，思考接下来要问的问题，避免采访偏离正题，并做记录，所有这一切都应该是同时进行的。正在接受采访的机构首脑说，她在决定采取某次行动时，通常要具备三个理由。你尽可能快地去做记录，但是记录下第一个原因的同时，却错过了第二个，因为你的注意力还集中在第一个原因上。或者你
116 努力去听第二点原因，而把第一个原因忘掉了大半。于是在她开始谈第三个原因的时候，你不得不尴尬地让她再重复一遍第二个原因。这样的事情听起来并不觉得陌生吧?

如何解决这些问题呢？这可不是一件易事。首先要明确你的采访需求。如果想要得到所有的字句，不如用录音机。做记录最适合于常规的新闻报道，或者多重采访项目，因为你只需用到所有谈话中的一小部分内容。有许多采访者经验不足，他们努力记录下对方所说的每一个字，而倾听时的注意力就分散了。

对这个问题，记者们一直在寻找着解决办法。一些经验丰富的记者在大本的记录簿上记下了许多东西；而某些记者却只是随手写几句，例如在旧信封的背面。他们的记录上只有提示性的关键词——他们主要在听，结束谈话之后，马上依靠短期记忆来填充具体的细节。还有些记者一字不差地记录下引语和数字，而其他的内容则靠记忆力和关键词来完成。

几点建议：

精心组织采访记录

第 10 章讨论听的问题时，我曾建议，听的时候要有条理，先在头脑中形成要点纲要，然后再用证据去支持。优秀的笔记会反映出这一点。办法之一是用速记本的一面记录要点，用另一面记录论据资料，包括：观察、引用、逸事、事实和数据。

控制你的采访，使其更适于被记录下来

如果你希望获得要点和论据，就要学会用大致同样的办法来收集信息。设想以下是与一位政客的谈话。

> 问：您对这个地区的主要经济问题怎么看？
> 答：州长是主要问题。
> 问：为什么这样讲？
> 答：州长三年来一直在敷衍了事，对本地区或州内其他任何地区经济的发展，到现在还没拿出一项提案。
> 问：对于发展经济您有什么具体的想法吗？
> 答：当然有啦！有好几打！
> 问：太好了！您能否谈几点，从最重要的谈起？

记者的最后一个问题已经表达得很清楚，因此你做的记录不仅会包括要点（州长不采取行动），而且还有论据（该政客的对策），并且全都按照重要的程度依次排列。根据这样的记录去写报道，相对容易了许多。

一些记者喜欢先认真地听，在头脑中记清楚， 117
然后再记录下来。这同样不失为采访的一种方式，但前提是采访对象理解你的做法。因此，你可以说："请看看我听得对不对。"重复一遍你对于要点的理解。如果正确无误，再说："让我先记录下来，然后再继续，好吗？"

利用速记法

当必须要逐字记录时，可以用速记法。有的记者正规学习过速记或速写。大多数记者至少也总结出了一套缩写系统及常用词的代替符号。如一个记者用"Gt7 qts w 4 w > ez wn u no hw"来表示"Getting quotes word for word is easy when you know how"（如果你知道方法，逐字记录引语并不难）。

训练记忆力

作家肯·摩尔（Ken Moore）为《体育画报》（*Sports Illustrated*）杂志做赛跑专题采访。他常在运动员进行跑步训练时采访他们，并跟着他们一起跑，那时是无法记录的。摩尔极少使用录音机——他说，使用录音机会影响到谈话的效果，但是他会用脑子记住最有意义的谈话，事后再记下来。我们都可以靠记忆力来工作。在采访中将有引证价值的言语重复上一两次，甚至做进一步的探讨，这些都可以加深记忆。

用电脑做记录

许多记者坐久了编辑部，养成了直接用电脑做记录的习惯，尤其是在办公室进行电话采访时。近年来，记者们开始直接使用手提电脑在新闻现场做记录。

然而，电脑并不是解决记录问题的最好方法。它会影响交谈双方的融洽关系，特别是没有经验的采访对象。如果采访对象经验丰富，对记者的采访敷衍搪塞（比如警察局里坐办公室的警官），那么用电脑来记录是最奏效的。檀香山一所学校的校长接受记者电话采访时，被“咔哒咔哒”的打字声搞得很烦。“让我烦躁的并不完全是敲击键盘的声音，”他解释道，“这种声音意味着，我们的谈话失去了美好的意义。你的倾听只是一种机械性的行为，是一种直线运动，而非全身心的投入。即便是打个饱嗝，那该死的打字机也会动起来。”

使采访对象适应你做采访记录

在采访过程中，你会发现，某些采访对象对你做采访记录有抵触情绪。这里有三点建议：(1) 使记录成为采访的一个既定程序。在谈话的僵局被打破之后，询问一些常规性的问题，如：姓名、年龄、拼写方法、地址等，并将其记录下来。这种经历不会比在驾照领取处提供个人信息时更糟糕。(2) 认真倾听，重复你对对方谈话内容的理解，然后做记录，就像前文提到的那样。(3) 恰如其分地恭维对方，让对方愉快地感觉到，你对记录下来的内容是多么感兴趣。

使用录音机 118

随着广电行业的发展，大多数采访对象已经习惯了在采访中被录音。许多被采访者——尤其是一些名人和政府官员，更愿意记者使用录音机，因为他们相信录音机可以使记者们在引用他们所说的话时少犯错误。

受此影响的主要是报纸媒体：是用录音机录下谈话内容，还是仅做些笔记，这仍然是个有争议的问题。檀香山的一位老报社记者，在从事记者工作 30 年后，第一次尝试着使用录音机，并且有两个发现。首先，他被录音机迷住了。“采访结束后，我还能继续倾听采访的内容！”他喊道。其次，他痛苦地了解到，他的采访风格的确存在着一些缺陷。“我居然说得那么多。我太没有耐心，我总是打断对方刚要说的话。”

当某些重要的采访内容被丢失时，录音机可以起到挽救的作用。还记得几年前《今日美国报》的记者李・迈克尔・卡兹（Lee Michael Katz）对国务卿詹姆斯・贝克（James Baker）进行电话采访的事吗？当采访已经进行到 80%的时候，报社的计算机系统出现了故障，打印出来的文字突然从屏幕上消失了。是录音机及时地挽救了这一切（Crowe，1993）。

当然，录音机不能解决采访中所有的录音问题。为写这本书，我们采访了许多报社的记者，他们根据自己的亲身体验，列举了使用录音机问题正反两方面的意见。首先是赞成意见：

- 录音机可以很好地弥补做笔录时漏掉的重要信息。
- 记者能够逐字逐句地引用被访者的原话。
- 没有做笔记来分心，倾听时会更仔细。有时候在反复倾听的过程中，能找出一些线索，弄清楚对方表达不够充分的一些观点。
- 录音带能够保留采访初期谈到的内容。因为记者们在采访刚开始时还不能很好地把握采访主题，经常意识不到这时谈话内容的重要性，所以忽略了及时记录。

◈ 在报道引起法律纠纷，或在有人指责报道引用不实的情况下，录音带可以被当作证据使用。
◈ 如果采访主题比较敏感——例如为写名人传记而进行的采访——可以反复听录音，以捕捉采访时容易忽略的、不易被察觉的采访对象的个性魅力。
◈ 倾听自己在录音带里的声音，肯定会发现一些不足之处，以便在日后的采访中引以为戒。

反对意见：

◈ 对于急需的稿件，录音机发挥不了作用。——连打电话的时间都没有了，更不要说去听什么谈话录音了。
119 ◈ 采访的内容没有多大利用价值——可能在一打的采访中你只打算使用一两句话，那么录音机同样发挥不了作用。
◈ 容易出现机械故障。
◈ 录音机会吓着采访对象，因此会影响到采访的融洽气氛。
◈ 整理录音带的内容要花费很多时间。
◈ 如果把握不好，根据采访录音写出的报道的风格会与谈话本身的风格很相像，不正式，闲聊的色彩较浓。虽然随意的形式增加了报道的真诚度，但是文章的材料组织显得很凌乱。
◈ 大多数的新闻采访都是常规性的，没有必要再去听录音。

以上的反对意见中蕴涵着三个需要被澄清的观念。第一，在一个好记者的手中，录音机不会吓着任何人。正如刚刚提到过的，有经验的采访对象更喜欢用录音机，而缺乏经验的采访对象往往才需要记者的提示。如果你被录音机弄得浑身不自在，采访对象也会有同样的感觉。

第二，录音机能够被用来完成紧急的采访任务。日常的一些采访，尤其是电话采访中，记者在使用录音机的同时，还像平常一样做笔记。当一个复杂的句子说得太快无法记录时，他们就记下录音机电子计时器上的数字，采访过后再播放录音带上所记录的那一刻，以便补记上该句。

第三个说法是关于机械故障问题的。的确，录音机经常出毛病。但那要怪你自己，而不是机器。为了避免机器故障的发生，可以按照下面说的去做。买一台质量好的录音机。保持电池的电量充足，并随身携带备用电池。每次使用之前要检查一下。不要在饭店、酒吧、汽车、飞机、工厂等地使用录音机（因为噪声太大）。尽量选择没有电磁波干扰的地方进行采访；电话线路容易受此影响，录音机也容易出现故障。充电电池有时候很讨厌——突然断电，这反而不如一般电池，因为一般电池的电量是慢慢耗尽的；并且充电电池在机器不经常使用时，电量更容易消耗。不要将录音机借给他人——他们曾经不小心让录音机从五层的窗户掉下来，但忘记了告诉你。

使用什么样的录音机

用于新闻采访的录音机大多与平装书的大小差不多。这种录音机使用标准的盒式录音带，使用AA型电池或一组电池。最好的录音机配有电量显示器、嵌入式话筒、远距离话筒插孔、耳机插孔、自动倒带装置，以及与汽车的里程表类似的电子计时器等。所有的录音机都通过一个小型的扬声器来播放录音带。

新闻记者对微型录音机越来越感兴趣。这种微型录音机还不如一个烟盒大。它使用比人的拇指还小的微型磁带（1厘米×1.5厘米），磁带每面可录制长达45分钟的内容。还有一些可以半速
录音的录音机，这样录音带的每面就可以录制两个 120
45分钟——两面可以录制3个小时的内容。但这种录音机放音时的清晰度不好，只是它的轻便小巧使

其便于放在皮夹或口袋里。这两种微型录音机和袖珍录音机的价格从 25 美元到 200 美元不等。

充分利用录音机

记者们经常在讲演会或新闻发布会上使用录音机，以弥补采访笔记的不足。录音机特别适用于机场大厅中的仓促采访，因为你没有时间坐下来拿出笔和本子。你准备采访的名人也许正迈着轻快的步子前去赴约或登机，或者正在街上溜达。与他们交谈时不可能去做笔记，但是录音机却能使谈话保留下来。

对面对面的采访进行录音时还要注意某些礼仪。一定要解释清楚录音的原因，并且获得对方的同意。如果让受访者在做笔记和录音两者之间进行选择的话，大多数会选择录音，尤其是当你向他们讲明，这样做可以省去记录的麻烦，同时还可以提高谈话速度，并且能够更加全神贯注地倾听时。“这样，我们就能像真正的朋友那样交谈了。”

大多数人的疑虑集中在两点上：（1）如果他们不想让自己的话被录下来，该怎么办呢——能关掉录音机吗？有些记者会这样做。还有一些人说，不管录不录音，只要对方能够答应不把自己讲述的内容公开发表就行。但还是有些记者拒绝进行不带录音的采访。（2）采访结束后，录音带的处理工作。录音带的内容在你下次使用时会被自动抹掉。最好把容易引起法律纠纷的报道录音保存下来。有时候，如果一盘磁带的内容有重要的历史意义，可以把它送到图书馆或博物馆，做历史收藏。而在大多数情况下，受访者只是想让记者做出承诺，他在磁带中所讲的一切不会被拿去在广播电台播放，也不会成为家庭聚会时人们的笑柄。

采访时，如果把录音机直接放在记者和受访者之间，会影响到和谐氛围的形成。把录音机放到别处，放到你们的视线之外。按下录音键后，就不要再去管它；控制自己想去察看它的工作情况的冲动。用你的好奇心和个人魅力，把采访对象的注意力集中在谈话上。马上，你们都会忘掉录音机的存在。

一边录音一边记录

录音的同时做大量的笔记否定了不做笔记就能听得更好的说法。然而，适当的记录确实有益无害。第一，做笔记能够为你提供一些书面上的启示；记录展现的往往都是一些要点内容。第二，简单地记录下采访中已经谈到的要点，使采访不偏离主题。还可以在纸上草草写下一会儿准备提问的问题或者可能会忘记的要点。第三，采访录音会使谈话太过随意，聊天的味道较浓。如果同时配合着做采访笔记，可能就不会出现这样的问题了。例如，在一次录音采访中，某州长说道：“我有三点理由来否决这项立法。”而你们东拉西扯地在第一点理由上花了那么多的时间，却将第二点和第三点理由忘在了脑后。如果做了采访笔记，就不会这样了。你在本子上写下“三个否决理由”，肯定就不会漏掉其中的任何一点了。

采访结束以后，记者们回到办公室，还要花大量的时间来扒词。大多数记者不愿意做扒词的 121
工作。这项工作必须要通过回放采访录音来做。有些记者的打字速度很快，完全能跟上正常谈话的速度，但他们却往往忽略了问题，而把注意力全部集中在有价值的回答上。

录音的道德标准和法律含义

州与州之间的法律有所不同。联邦窃听法规定，电话采访时，只要谈话双方中的一方知晓，就可以对谈话进行录音。这就意味着在州际间的电话采访中，只要记者一方知晓要对谈话进行录音的情况就足够了。在美国的 40 个州当中，有的州根本就没有相关的法规，而有的州的法规与联邦窃听法非常相似。但是，有 10 个州的法律禁止未征得双方同意就录音的行为。这 10 个州包括：加利福尼亚州、佛罗里达州、伊利诺伊州、马里兰州、马萨诸塞州、蒙大拿州、新罕布什尔州、俄勒冈州、宾夕法尼亚州和华盛顿州（Middleton and Chamberlin，1994）。在俄勒冈州，未经同意，面对面采访的秘密录音是违法的，但是电话采访的秘密录音却是合法的。一些记者争辩说，他们看不出用速记法做逐字逐句地记录与用录音带进行同样的记录有何区别，因此他们认为，从道德上讲，没有必要告诉受访者他们的谈话正在被录音。

在与出版道德相关的大多数法律问题上，事情不是像黑与白那样容易分辨。记者们宁可谨小慎微。也就是说，你要明白地告诉采访对象，你正在话筒的另一端对你们的谈话进行录音。坦诚相告可能会妨碍电话采访，但这样的情况我从未遇到过。

第 14 章

特殊问题

问：参议员，听说您曾经与马菲亚岛（Mafia ）的黑手党头目和跳舞女郎一起乘游艇去巴巴多斯（Barbados）旅游过—— 122

答：我早就把这件事忘掉了，什么也记不清了！

怎样才能采访到工作忙碌的经理人和名人？即使他们同意接受你的采访，也会有其他的问题接踵而来——态度充满敌意，讲话闪烁其词，经常记忆不佳，甚至有时还表现出想操纵整个采访的企图。如何辨别你的采访对象正在说谎？怎样对付令人心烦的被访者？怎样提出令被访者尴尬的问题？

20 年来，我和采访课上的学生们一直在找寻这些问题的答案。我们与采访者和被访者分别进行谈话，一共收集记录下约 900 次的对话内容。我的学生们不仅采访了记者，还采访了一些经常会用到采访技巧的专业人士，如医生、律师、警官、心理医生、人类学家、社会福利工作者及小说家等。被访者的范围很广泛，从警察、教练到犯罪受害人、选美皇后，一一不等。

根据这些采访调查，我们得出了在这一章中将要讨论的某些特殊问题的解决办法。当然，我们的办法不可能解决所有的问题。但是有时候这些方法确实有其独到之处。比如其中的一个被用来发现事实真相。俄勒冈大学学生联谊会的会员本・帕默（Ben Palmer），因在 Sigma Phi Epsilon 别墅的火海里救出了另一名失去知觉的会员而成为英雄。令本感到庆幸的是，一天之后，直到事情已经平息下来，新闻媒体才知道了他的英雄举动。于是记者们开始陆续到达。“他们想要了解事实真相，”本・帕默对学生记者马克・戈尔茨坦（Mark Goldstein）说，“但那只有在轻松的气氛下才能说清楚。”

他说得太对了。从另外的角度来看，采访的环境不同，采访中所获取的事实真相的程度也会有所差异。我们通常把采访环境分为“绿色的”、“黄色的”和“红色的”几种不同情况。所谓“绿色”采

访是指采访双方情绪快乐（或不带任何不佳情绪），事实真相会自然而然地随着谈话的进程而表露出
123 来。大多数的采访都属于这一类。在“黄色”采访中，我们应该警惕采访对象不安的情绪，它们很可能会使事实真相蒙上浓重的感情色彩。而“红色”采访则表示采访处于一种十分不稳定的状况，危机随时可能发生，采访对象指责与敌对的情绪随时都可能爆发出来。我们对采访对象在这种“红色”采访中发表的见解应该有保留地采纳，既不能将其作为报纸、刊物的头条新闻，也不能把它在电视节目中反复插播。

在经过采访调查形成的众多报告中，还有两点需要补充说明。第一点是关于采访的“黄金规则”，即如果你是被访者，你希望被如何对待？用你希望被对待的方式来对待你的采访对象。这条规则受到了许多采访对象和记者的青睐。俄勒冈的记者埃里克·莫滕松（Eric Mortenson）在接受学生记者黛比·莱尔（Debbie Lair）的采访时就曾这样说过：“你知道是什么促使交谈顺利进行吗？那就是要把被访者看成是真正的人，而不是可以从中获取信息的物体。新闻出版界有一条规则：如果对方不同意，我们不能强迫任何人接受采访。我在采访时，总会让他们有受到尊重的感觉。而这一点，说实话，许多记者都做不到。但这样做的效果的确很显著。人们总是愿意告诉我关于自己的一切。”

第二点是关于记者们称之为“记者工作有趣一面”，即结识新朋友。大多数记者和被访者都认为，采访的过程实际上是一种愉快而有意义的体验。

应对采访问题还有许多独到的方法，以下的几点建议能帮助解决一些比较典型的采访问题。

难以约见的采访对象

在去采访某位名人先生或名人女士之前，首先要检查一下自己作为一名记者的声誉如何。在公众眼中，你是个诚实、勤奋、开明、把公众利益和利他主义作为工作目标的记者，还是个缺少同情心、愚不可及、滥用记者权利的记者呢？你的记者声誉的好坏决定了采访工作进展得顺利与否。同样，你所代表的媒体的声誉也至关重要。在华盛顿，人们对身份地位的重视程度超过了任何一个地方。一位曾经做过联邦政府报道的女记者，在一项调查中承认，记者所属的刊物的名声是政府官员决定是否回电话首先要考虑的问题。正如有人所说：“在《纽约时报》工作的记者，哪怕是个公认的白痴，他的采访要求也能随时随地得到回复。”（Lynch，1993）

如果把注意力从媒体的声誉上移开，你会发现下面的建议能帮助你成功地约见那些难以约见的采访对象。

1. 对自己的采访计划要充满热情——这具有很强的感染力。

2. 不屈不挠。《圣何塞信使新闻》的娱乐记者娜拉·维拉格兰曾经这样说过：“如果前门被锁了，试着去敲后门。如果后门也被锁了，试着从窗户进去。”对娱乐界名人而言，“前门”指公关人员，“后门”指银屏演员联合会（Screen Actors Guild）及演员经纪人。而“窗户”则表示朋友、商业合伙人，或者是演员的亲属。娜拉就经常给名人的母亲打电话。“她们喜欢谈论自己的孩子，你可以让她们回忆名人们童年的一些事情，因为这是名人采访中肯定要问到的问题。”有时候，名人接受采访的目的只是想听一听妈妈是怎么说他们的（Villagrán interview，1994）。

3. 乐观。把不能成功约见采访对象看作预料 124
之中的事。

4. 先让采访中介对你的采访目的产生兴趣，再由他们来安排采访。如果某个顾问赞同你的关于“瘾君子”戒毒的报道计划，他就会帮忙咨询那些曾经接受过戒毒治疗的人，问他们是否愿意接受你的采访。

5. 写信提出你的采访计划。随信附上可能让采访对象感兴趣的过去的一些采访片段。如果可能的话，使用电子邮件的形式。写信一定要频繁。

6. 举上一个或更多的既能引起对方兴趣，又能张扬自我的例子。

7. 打电话核实从其他被访者那里获得的信息。华盛顿记者利萨・麦考马克（Lisa McCormack）曾打电话给房地产经纪人马歇尔・科因（Marshall Coyne），核实他曾经说过的一句话，马歇尔粗鲁地回答道："他妈的，你是第一个打电话来核实一句话的记者——我喜欢你！"这样做能使约见采访的前景看好。

8. 努力获得采访对象的助手、秘书、助理及配偶的同情。向他们解释这篇文章对他们老板的重要性："文章会提及公司的每一个人，我想，老板肯定不愿意被漏掉吧。"

9. 在公开演讲或新闻发布会之后，寻找机会与采访对象进行非正式的交谈，比如在颠簸的小路上。在安静的闲聊中，先谈一些对方感兴趣的话题，然后再开始你的采访。

10. 对于那些过于繁忙的采访对象，主动开车送他们去飞机场，或送他们前去赴约。

11. 让采访始终围绕着采访对象喜欢谈论的话题进行。名人萨利（Sally）女士不愿意谈论自己的感情纠葛，却热衷于谈论她为犯罪受害人所做的一切工作。

12. 厚脸皮地奉承被访者。"是的，我知道您很忙……要知道忙人总是最重要的……否则，我就不会前来采访您了。"

13. 面对卷入公共危机的、不情愿接受采访的人，坦诚地告诉他们，他们拥有选择权。这些危机的具体细节迟早会被公开的。某些经纪人欲盖弥彰，结果把一桩小小的难堪事件扩大成为人们长时间议论的丑闻。官僚和经理人们因为害怕引起公众关注而拒绝回答记者的提问，其实这样做才是最危险的。彻底公开事情的真相可能会招来公众的关注，但这只是短暂的关注，人们很快就会把它遗忘。如此向采访对象解释公开私生活的重要意义会使你大获全胜，相反，威胁和欺诈只能让你一败涂地。

询问敏感性问题

"敏感性问题"是指与企业或公共事务相关的、可能引起尴尬或批评的问题，或者指涉及某人私生活的一些不愉快事件的问题。

125 ### 令人尴尬的问题

这个问题实际上比大多数新手记者想象的要容易和简单。从事调查性报道的记者根本不敢奢望，简单的交谈就能迫使那些骗人的政治家或干非法勾当的企业经理说出事实真相。他们更倾向于在暗地里做一些工作，例如搜集文献和采访其他人士。他们首先准备好对沙迪先生（Mr. Shady）不利的事例，然后在"对抗性的采访"中，提及这些证据，让他一一加以证实、否认、解释，他们甚至还有可能从中获得新的信息。有经验的记者尽量避免争吵、愤怒的指责和不友好的行为（电视娱乐性采访除外）。令人吃惊的是，有时，某些被访者会主动承认自己的过错，似乎还以此为荣。记者因此而赞同精神分析学家西奥多・赖克（Theodor Reik）提出的"供认冲动"（compulsion to confess）理论："很显然，在罪犯的内心深处有两股力量在较量。一股力量试图将所有的犯罪痕迹清除干净，而另一股力量则想向整个世界宣告自己的犯罪行为。"（Reik，1959）

私人问题

作为整篇报道的一部分，除非这类敏感性问题具有一定的合理性，否则不要轻易去触及它们。记者要写一篇关于艾滋病的报道文章，如果不请一些艾滋病患者站出来，谈论一下导致这种致命疾病的吸毒行为和性行为，你的文章会平淡无奇。在报道早老性痴呆症时，也需要一些案例记录，显示家人在照料这类病人时所遭受的痛苦。

几点建议：

1. 提问时要有好的借口。向被访者解释清楚，你希望读者能够从他的经历中得到教训——你的目的是教育公众，而不是利用他的隐私。如果你的话很有说服力，对方肯定会向你敞开心扉。

2. 不要采用施压战术。让对方自己决定要把什么讲给你听。大多数被访者都很坦率，因为他们发现，这是一种很好的心理疗法，尤其是当他们感受到你的利他主义目的和不加任何评判的态度时。

3. 用迂回的方法，逐步进入敏感地带。如果想要询问对方的吸毒体验，不妨先谈谈其他人的类似行为。被访者在想说明某些观点时，通常会自愿地使用自己的切身感受作为例证。

4. 认真倾听，及时捕捉线索和不明朗的感情因素。有时候，人们想把自己的故事告诉你，但又不能确定你是否感兴趣。同时你也想问一些问题，但又害怕引起不快，因而正在犹豫。在这种情况下，就需要一些暗示来打破僵局，这就像在关系不是很明朗的恋爱初期，男女双方通常会通过下面的方式来刺探对方的感情。他们先给出一些暗示，然后观察接下来发生的事情，以此来判断形势。接受采访的艾滋病患者可能会不露声色地提到他童年时的一个“小问题”。你最好追问“是什么小问题”，因为这个问题可能就是报道的关键环节，如果不注意倾听就会被忽略，而你的采访对象正准备把这事坦诚相告呢。

126 

采访的精确性

刚刚从事记者职业的人经常对采访表现出过分的担心——担心如何建立融洽关系，担心怎样避免提出愚蠢问题，等等——因而忽略了一些小的细节问题。结果造成报道的不准确——姓名拼写错误、称谓错误、误解要点、细节含糊、引用处理不当等。

大多数错误形成于采访的过程中，它们体现了采访中常见的一些问题。正如上文提到的，口头交流充满了危险。说者言不由衷，听者不能正确领会说者的意思。许多细枝末节的问题常被记者忽视，没有及时加以核实和追究。以下就是问题所在：

1. 姓名、地址、年龄、称谓。如果这些细节问题的来源不可靠，必须当场问清楚，越早越好。只需说：“请等一下，我得检查一下您的名字的拼写。”根本不需要道歉。目前，一些外来名字的拼写一定要注意，如 Jon 不要写成 John，Janee 不要写成 Janie，Tari 不要写成 Terry。

2. 要点。按照前面的建议，在采访的进程中要不断重复自己对要点的理解。

3. 引语。除非你能确定将要在报道中被逐字引用的引语的准确性，否则就要重复朗读，让采访对象加以核实。

4. 上下文。报道中的错误多半是因为采访者不理解（更糟糕的是忽略了）被访者在上下文中所发表的观点而产生。你的报道引用了名人萨利的话，说她憎恨她的母亲，但事实上，萨利是这么说的：“我与母亲的关系可以被描写成爱恨交加，这很正常，当她想控制我的生活，或想纠正她眼中的我的性格缺陷时，我憎恨她；但是我们之间也有爱，尤其是当她把亲手烤制的燕麦饼给我送来，并附上纸条说我很特别时……”

5. 查证。采访中的错误时有发生，因为被访者对事实的掌握有时也会有所偏差。所以一旦最初的采访对象表现出不很确定的样子，就要从别处再去询问一些观点和态度。

6. 根据的假设。新手记者倾向于做假设，而不是问问题。一名强行着陆的飞行员告诉一群大学生实习记者，他的飞机引擎在仪表导航降落的时候就已经起火了，"正当我与内部指向标取得联系时"。这些年轻的记者把内部指向标报道成了能够被眼睛看到的东西——"起火发生在他刚刚看到内部指向标时"。他们认为那是一种看得见的飞机跑道标灯，而实际上它是一种无线电信标。这样的问题不仅仅发生在新手身上。1980 年华盛顿的圣·海伦斯（St. Helens）火山爆发时，东海岸竟然有那么多的媒体报道说，圣·海伦斯火山位于俄勒冈州。纽约的一名编辑不好意思地解释道："大家对这座火山太熟悉了，以至于认为不需要再去费力核实它的地点了。"

如何面对被访者的敌意 127

采访者要找出采访对象怀有敌意的原因，努力去解决存在的问题，将采访进行下去。俄勒冈的体育记者罗恩·贝拉米（Ron Bellamy）采访棒球明星雷吉·杰克逊（Reggie Jackson）时，在开始整整 20 分钟的时间里，几乎是一无所获。最后，看到采访不能再继续下去了，贝拉米问杰克逊是否对采访有什么看法。这一问不要紧，杰克逊竟然破口大骂，说以前采访过他的一名记者曾经把自己的偏见写进了报道。贝拉米无话可说，只好静静地听着。但令人吃惊的是，采访居然又重新开始了。而且，杰克逊在发泄完愤怒之后，谈话反倒变得更加坦诚了。

敌意还可能源于某些个人问题，比如，早上刚刚与同事吵过一架，或者对使自己成为新闻人物的事件本身的焦虑。如果了解了症结所在，就可以对症下药，或者干脆置之不理。因对媒体的医学报道不满，一名医生大发牢骚，曾因医学报道而获奖的一名记者回答道："如果您不责备我作为记者曾经犯过的报道错误，我就不会责怪您作为医师曾经犯下的医学错误。"医生对此表示认同，采访最终相当成功。

他们是否在讲真话

这本教材一直在介绍，只有面对充满耐心而且不加任何评判的倾听者时，被访者才会讲真话。但是，也不妨试试下面推荐的"真话检测法"。

1. 准备工作。做好充分的访前准备可以解决许多问题。它能使被访者意识到，你并不是花言巧语就能欺骗得了的。通过你的提问，被访者很快就能了解你的知识水平。告诉对方你已经咨询过了或者准备去咨询哪些消息源，已经阅读了什么样的文献资料，这些都会对你有所帮助。你的提问要显示出你是有备而来的。比如："您母亲告诉我，您的童年生活不太幸福。"被采访的大人物不可能否认母亲说过的话，也不可能否认母亲提到过的事。有时面对可疑的陈述，你也可以直接提出质询："您所讲的与我刚刚在《华尔街日报》上读到的不相符——难道是我的记忆在与我开玩笑吗？"后半句话缓和了采访对象的对抗情绪，同时也让他知道，你不但会再次查阅那期报纸，而且在下面的采访中会更加谨慎自己的言论。

2. 消息来源。"是谁告诉您的？""您从哪里得到的这个消息？"这种略带冒犯之意的刨根问底会让说谎者感到心慌，但也可以使直言不讳者对你产生亲切感。

3. 查证。如果对被访者的某些说法有些质疑，尽量找到（或询问）其他人，或者查找书面证据来核实它们。

4. 貌似真实。人性中判断的成分会帮助我们辨别被访者话中的真实成分，对于听起来就不真实的内容，一定要探查个究竟。

5. 时间顺序。侦探们都知道，如果多次就同 128

样的事情对说谎者进行盘问，他们很难每一次都把事情发生的顺序说得与上一次完全一致。

使模糊的记忆渐渐清晰

心理学研究表明，人们最容易记住的往往是最先发生的事情、最后发生的事情以及不同寻常的事情。因此你记住了第一次乘飞机旅行的经历，记住了最近刚刚发生过的或许是很糟糕的一件事情。而人们对于“你感到最恐怖的事情是什么”这样的问题，总能轻而易举地回答出来，原因也在于此。记忆也会通过联想来发挥作用——你记住了某个笑话，因为你听别人讲过类似的一个笑话。因此，人们要记起很久以前的经历，需要一些相关的提示。

如果想跟采访对象谈论过去的事情，先给他一些提示。可以提及当时的新闻热点话题。“那是1995年——也就是O.J.辛普森（O.J.Simpson）被审判的那一年。还有印象吗？——就在那年，共和党40年来第一次掌控了议会。”还可以提及一些私人的话题：“那年您的女儿结婚，同年您去加勒比海观光。”

认真准备也会有所帮助。采访时带上手头的简报、信件和其他文件，在采访开始前，给采访对象一次机会，让他们看材料，回顾往事。有时候，在采访的前几天，可以给被访者发去一些资料。回忆往事需要时间，即便是那些非常配合采访的人，一时半会儿也难以想起所有的旧事。

可以研究一下警察询问目击者的方法，你会从中大受启发。侦探让目击者回忆细节时，常让他们在开始讲述之前描述一下当时的景色——天气如何、什么时间、照明情况等等类似的情形。这些都可以给他们一些提示，以便进行更好的回忆。有人建议，在目击人叙述时，警察最好不要打断他们的话，等他们叙述完毕再提出具体的问题；按照逆向的时间顺序提问，即从他描述的事情的结尾处，而不是开始处开始提问。综合使用这些采访技巧，相对那些传统方法而言，它们能让记者获得更多的事实。（《纽约时报》，1988-11-15）

托词回避的被访者

托词回避已经成为一种艺术形式，经常被采用的有如下几种：

1. 转移法。被访者巧妙地使用一些过渡语，将令他窘迫的问题转移到较为安全的话题上去。你就公司的污染问题提问，而他却连声怒骂议会的无所作为。

2. 追问记者的采访动机。“你问这样的问题是不是有什么想法？为什么不说出来，我们一起讨论？”

3. 使用幽默。幽默的言论或笑话经常会使谈 129
话偏离正题。

4. 恐吓。被访者会使用各种手段来威吓你，比如贬低你的提问。（“目前的工业如此萧条，你竟然还敢提到污染的问题？”）其他的恐吓手段包括：粗暴、傲慢的举止，喋喋不休的言语，甚至含沙射影地向异性采访者提到性的话题。

5. 故意让采访变得抽象而高深。被访者故意把你领进语义学的误区——“你怎样给污染下定义？对于美国的公众来说，它到底意味着什么？可接受的污染物标准是什么？”

6. 假装记不清楚了。

如何解决这些问题呢？首先，采访前的准备一定要充分，提防采访的跑题。其次，认真倾听被访者的回答。如果对回答不满意，就再问一次。有必要的话，可以多次追问；或者直截了当地质问被访者为什么不回答刚才的问题。特别是在广电采访中，一旦发现被访者在有意拖延时间或者转移话题，要毫不犹豫地打断他们。

然而，出现问题时也不要总是把责任都推到对方身上。检查一下采访过程，看看是不是自己的好斗或者欺骗才造成了采访对象自卫性的闪烁其词。

不可以公开的言论

记者采访当选的官员时要遵循一项协议，而这份协议的大部分内容都来自于在首都华盛顿供职的记者们的采访经验。

不可以公开的言论

所谓“不可以公开”的言论，官方的定义是指不可以被发表的言论，指那些可以增强记者对新闻事件的理解力的背景资料，也可能是官员们不愿过早披露的未来事件。一位警长在回答关于毒品法的问题时，私下里向记者透露了警方将要查抄一家可疑的毒品生产厂的行动。记者对此事穷追不舍，逼得警长别无他法，只好声明该次搜捕行动不可以被公开，让记者为他保密。

对不可以公开的请求，记者完全可以不答应，除非有特殊情况（刚才提到的警方突击搜捕毒品事件就是很好的例子）。有些记者告诉采访对象，如果他们认为所说的内容不能公开发表，就不要说出来。

不注明出处

根据华盛顿协议，所谓“不注明出处”的言论指的是可以公开发表但不能注明是出自何人之口的言论。华盛顿官方常用“内部参考”（on background，deep background）来表示类似的意思。一些新闻专栏中经常出现“来自国会的消息称”这样不指明采访对象姓名的文字。尽管长久以来，人们一直把新闻报道的出处来源看成是检验该报道是否有价值的标准，但是现在也有了折中的办法：记者引用材料时要么注明出处不明，要么就什么都不要提。

有人会利用这一点来实现自己的某些个人目 130
的。一个自称是“州长身边的人”的新闻源宣布，一项关于学校税收改革的议案即将出台。实际上，新闻源就是州长本人。她在试探舆论的反应。如果公众持否定态度，她就可以在不暴露自己身份的情况下放弃该议案。

还有一个例子，就是“小人物大声疾呼”的情况。一个职位低微的官员受不了所就职的机构存在的诸多问题，在匿名的状态下，向媒体披露了足以毁灭该机构的信息。

可公开的言论

为了调查某件事，你以记者的身份联系某个采访对象，并提出一些问题，那么采访对象的回答应该是可以被公开的，这就是可公开的言论。有经验的被访者都知道这一点。偶尔，你会碰到这样的事情：经验欠缺的被访者回答你的提问时兴高采烈、滔滔不绝，泄露了一大堆问题，然后说：“当然，你应该知道这些是不能公开的——我不想在报纸上看到它们。”于是你就陷入了尴尬的境地——你只好与他协商，解释你的采访程序，尽量抓住他所说过的话。对于初次接受采访的人，最好在谈话一开始就向他解释清楚，你计划把他的回答写到报道中去。

新闻发布会

新闻发布会是传播信息的重要手段，当官员和名人们抽不出更多的时间去接受记者的个别采访时，他们通常会使用这样的方式来发布信息。当然，它不能为那些采访技巧高超的记者提供施展才能的舞台。因为在新闻发布会上，记者没有机会与新闻发言人建立融洽的关系。敌意、紧张、戏谑贯穿于整个过程，新闻发言人始终处于主动地位。而构成优秀采访的要素之一——追问，在这样的场合是不可能得到实现的。

有备而来的记者们会感觉受到了愚弄，因为被访者为他们敏锐而有见地的提问所提供的答案，往往却被其他媒体抢先报道出来。报社的记者在新闻发布会上表现得尤其被动，因为他们认为新闻发布会本身更适合于广电媒体。

俄勒冈的作家迈克尔·特尔说，在他从事新闻报道工作的 25 年来，只在新闻发布会上问过一个问题。当时有一名记者向那个地方检察官问了一个问题，这个问题差点把特尔苦心钻研、想获得独家新闻的那条不太成熟的信息给公布出来。为了不让在座的所有新闻界的同仁无意间发现他的“金矿”，他赶紧问了一个毫不相干的问题，以引开大家的注意力。

你会怎么写我？

被访者有时会担心他们在报道中的形象。而一个负责任的记者在采访刚开始的时候，根本就不可能准确地说出他的文章将是什么样。此时比
131 较合适的回答是：“我不知道。”然而，随着采访的进展，训练有素的记者往往通过他们的提问，巧妙地告诉对方他将怎样组织自己的文章。这时被访者会欣然接受，因为所有的评论及问题都已经在采访过程中涉及了，他并不感到吃惊。以名人萨利“我恨我母亲”的话为例。她说这话的时候，有些记者并未表现出过多的关注，可事后却把它写进抢眼的标题后的导语里面，这令萨利感到十分震惊。她说，她真正的意思并非如此。她只是随口一说，而且当时还是有上下文的。她并不希望自己的这句话被写进报道。她甚至有种被人出卖的感觉。

优秀的采访者会对采访对象的话做深度挖掘。她真的这么想吗？如果是真的，仇恨因何而起？通过这样的提问，采访者表现出了想将这一点写进文章的兴趣。如果萨利有异议的话，当场就会提出来。的确，这样一来，这句引人注目的话就不能拿来引用了，但是如果没有采访对象的同意作后盾，引用它又有什么意义呢？

在文章发表之前，先让采访对象读一下你的原稿如何？大多数电台和报社都反对这样的做法。首先，截稿的最后期限不允许你这样做；许多新闻报道根本就没为 6 点钟的新闻或者家庭版制定最后的期限。其次，记者也不愿意与对报道中的每一个字都吹毛求疵的过度敏感的采访对象发生争执。

而刊登在杂志上的报道因为不急于出版，所以有可能让采访对象先睹为快。许多杂志专门聘有负责核实工作的调查部门。事实核查员日常的工作就是给采访对象打电话，核实事实和引语。

枯燥乏味的采访对象

如果发现采访对象很乏味，该怎么办？首先要检讨自己——可能你自己就是个乏味的人。作家迈克尔·特尔回忆了过去的一件事。他所在的报社指定他去采访一名在“红十字会”工作的女士。当时他只有 24 岁，在新闻写作方面是新手，在生活阅历上也尚幼稚。他不知道该问些什么样的问题。结果，枯燥的采访导致了枯燥乏味的文章。25 年之后，他希望能够重新进行那次采访。他想象中的谈话应该很迷人：他要询问“红十字会”在自然灾害发生时所起的作用，比如发生洪水时，因为他曾经做过水灾报道，他了解情况。他还会询问他们在工作中遇到的困难，比如招募志愿者，让他们参加志愿活动时有多么困难，因为他知道能不能招到志愿者是一个主要问题。25 年的记者生涯使他有了足够的自信，他相信自己能够从谈话中发掘出一篇优秀的报道。

曾经有一位编辑说过，每个人的心中都埋藏着很多伟大的故事。我们缺少的不是故事，而是发掘故事的好记者。

132

无准备的“战役”

有时，记者不得不进行一些准备不充分或根本无准备的采访。有人把它看作是一种挑战，并喜欢这样的挑战。曾经有记者说：这就像玩“20 个问题的游戏”（twenty questions）。哪怕你真的一点准备都没有，也不要把它想象得过于复杂。你只需像橄榄球比赛中四分位队员那样，阻挡 10 码进攻（球员必须在对方四次阻挡内向前推进 10 码才有进球机会）。你要踢悬空球。也就是说，鼓励你的采访对象传球。而你只是在等待。在倾听的同时，（1）捕捉线索，给自己定位，设想你的文章该怎么写；（2）搜肠刮肚，准备进一步提问。采访开始时，可以有意地说些什么，以激发采访对象谈话的欲望。你所说的并不一定要一鸣惊人。像“参议员，您为什么要来到里弗城”这种普普通通的问题即可。该提些什么样的问题，记者们对此是心中无准备的，例如：

- 目前您工作生活中的主要问题（趋势、变化）是什么？
- 您是什么时候、因为什么才开始对……（填空）产生兴趣的？
- 最近您都在忙些什么？
- 您希望看到什么样的变化？
- 您的事业前景如何？

GOSS 的提问模式在这样的采访中很有效，即：想象中的目标是什么（goal）？有哪些障碍（obstacles）？如何解决（solutions）？从哪里着手（start）？

第15章 电子辅助采访

133 问：先生，您对这个世界有什么看法？

答：$E=MC^2$。

1994年的加利福尼亚州大地震使洛杉矶以北的诺斯里奇（Northridge）地区遭受了沉重的打击。地震发生后不久，世界各地的人们都开始打电话问候住在那里的亲戚朋友的安危。北加利福尼亚《三谷先驱报》（*Tri-Valley Herald*）的记者黛博拉·克罗（Deborah Crowe），发明了一种新的联系方式与亲历地震的人进行联系。《三谷先驱报》是位于震中以北400英里的旧金山湾东岸的一份有25 000份发行量的晨报。作为记者，克罗需要的是目击者对地震的描述，尤其是那些与家乡有联系的诺斯里奇当地居民的描述。于是她求助于计算机，接通了计算机的通讯网络。地震灾区也有几个居民与网络有连接，所以克罗不用离开办公室，就得到了目击者对地震的描述和评论——而这项任务永远无法通过电话来完成。当时的长话线路很忙，而且就像她所说："也不知道该给谁打电话。"但她在几个"电子公告牌"上粘贴了一些征召采访对象的帖子后，就有人主动与她联系了。据悉，当天在计算机网络上工作的记者并不止她一个人。

接下来要介绍的是这种新的采访工具。高科技领域的变革已经使通过电子邮件进行交流成为可能。而这种交流方式将在不久的将来彻底改变记者收集信息的方式。目前，一个被称作国际互联网的全世界范围内的计算机连接已经使其成为现实。

试想在全世界的各个角落都可以收发信息，甚至对消息源进行"电子采访"的情形。

试想当你需要一位专家对时局发表评论的时候，通过网上查询就能很快找到这位专家。

134 试想世界各地的人们在网上聚集在一起，讨论的话题可以是第二次世界大战期间纳粹屠杀犹太人的秘史，也可以是电视台的《星际旅行》（*Star Trek*）节目，至少有2万人参加了这次公开的讨论，它的全部内容你都可以听到。看看哪些内容可以做你的报道素材。只需去听，记者们的手指可以触到全美的脉搏——甚至全世界的脉搏。

记者在从事采访工作时，可以从互联网上寻求帮助，这主要有三种方式：（1）电子采访；（2）通过网上的某些新闻团体，如网上公告牌等，来交流信息；（3）从网上的消息源那里获得采访的背景资料。

通过收发电子邮件进行的采访

电子采访是书面信息的交换过程。它只是对谈话采访的补充，并不能替代谈话采访。然而，它拓宽了采访的范围，例如，通过收发电子邮件，你可以采访那些语言表达和听力都不太好的人，或者那些不容易联系上的人物（繁忙的政府官员，他们的秘书不让你的电话打进去），还有那些擅长书面表达的人，虽然他们的口头表达能力一塌糊涂，还包括那些居住在遥远偏僻地方的人。

看看下面的这个例子。南极洲堪称地球上偏僻、荒凉、干燥和寒冷之最。1994 年 7 月，正值南极大陆的隆冬季节，在美国的阿蒙森-斯科特（Amundsen-Scott）南极考察站里，21 名男士和 6 名女士已经与世隔绝地生活了 9 个月。科学家们在那儿搭建了望远镜，充分利用当地干燥的空气和 24 小时的黑暗来进行天体观察。那个冬天，记者联系了几个人，其中有芝加哥大学的教授、天体物理学家希恩·阮（Hien Nguyen），他曾经把自己研制的红外线望远镜聚焦在木星上，观测到四颗彗星碎片在太空中相遇从而引发的一系列大碰撞的现象。与南极进行电话联系很困难，也很昂贵，但发电子邮件却很方便。被访者很快就在网上对记者提出的问题做出了非正式的答复。

关于南极的采访涉及了很多话题。曾经向联邦政府递交重建南极站建议书的华盛顿记者金·麦克唐纳（Kim McDonald），给驻守在南极站的几位科学家发去了电子邮件。在电子邮件中，他提出了一些问题，例如：在恶劣的气候条件下，你们最需要的是什么？

回答是“卫生间”！南极站的卫生间 24 小时都有人使用。希恩·阮一直在望远镜前工作，离他最近的卫生间也要在大约一英里以外的地方。“能想象出这有多么不方便吗？”但阮在这样的环境中仍然泰然自若：“当初来的时候，大家就没奢望着过什么舒适的生活。”

教授的话被引述在麦克唐纳的《高等教育记事报》（*Chronicle of Higher Education*）中，听起来很不正式，但很乐观，于是我决定亲自与他联系。我想弄清楚的是：一位工作繁忙的科学家怎样应对媒体对自己的关注。我找到了他的电子邮箱的地址，在回自己在麦金托什（Macintosh）的家的路上，我给他发了一封邮件。我讲述了自己的身份和目的，并提了三个问题。

- 与传统的采访形式相比，您认为回复记者 135
的电子邮件采访是更容易一些，还是更繁琐一些？
- 从个人的角度来讲，您认为值得花那么多的时间和精力去回复记者的采访吗？
- 依照您的个人经验，电子邮件采访和传统采访的区别在哪里？

给一个从未谋面的人写信，我感到有些畏怯。我点击“发送”，看着讯息从电脑显示屏上消失，飞往远在 10 000 英里外的目的地。

第二天，他就给了答复。他在答复中表现得很健谈，就新闻采访提出了自己的许多见解——从被访者的角度谈了一些感受——最后我在文章中引用了他的表述。

首先，他说，电子邮件采访并不会给自己增加负担——虽说每天要工作很多小时。仅仅是从工作中拿出一些时间“和你们聊聊天。能被采访简直是一项特权”！其次，他发现被人采访很有趣，而且很值得为此花时间。他还称赞了媒体。“他们在引述我的回答时，措辞很准确，对这点我很满意。我所从事的工作是与科学或事实打交道，回答起来相对直接一些，表面看来没什么风险。”对第三个问题的回答中，个人的味道比较浓——显示出书面答复也能为你提供一些逸闻。他写道：

> 我是越南人。在东亚，有句谚语：**“君子慎于言。”**（*Bend your tongue seven times before speaking*）结果亚洲人在回答问题时很被动，先要想很长时间。当你问他们问题时，不管这个问题多么容易，你得到的经常是害羞的微笑……我一直对电视上所有年龄段的美国人在回答问题时的快速和准确感到震惊。美国人似乎天生就具备在公共场合讲话的能力。我一直想学着这样去做……但英语不是我的母语。电子邮件采访为我提供了机会，我可以按照自己的节奏，使用正确的语法来回答问题。我并不想对答案做过多的润色加工，因为害怕陷入做事力求完美，但没有实际意义的东方式的思维定式之中。以前我曾经面对面地接受过芝加哥大学的新闻媒体的采访，越南的全国性报纸也采访过我。这些采访都顺利得出人意料。能用自己的切身经历来回答他们的问题，我感到很高兴。

如果这是面对面的采访，优秀的记者肯定会抓住最后这句话，就此追问下去。“什么样的经历啊?”于是我在网上又发去了一个问题。“我一时间想不起这些故事了。”他答道。这太令人失望了。但是，他在发给我的邮件中，写了这样的一个故事。

> 在彗星碎片相互撞击的那周，《芝加哥论坛报》(*Chicago Tribune*）的记者以“电子聊天”的形式采访了我。他问我，我的父母对
> 136 我待在南极怎么想。我告诉他我的父母（现仍待在越南；去年12月，我13年里第一次回了一趟家）根本就不知道南极洲在哪——他们对它的全部了解就是“那里很冷”（从我给他们的照片中得知的）。我的父亲很关心这里的气候。他还建议说：“这个工作结束后，就换个工作吧，儿子!”这位记者可算从中有所收获，他在随后的报道中引用了我父亲的原话！

我在这里讲述这次电子邮件的采访经历，是想为本书提供一个成功的采访范例。我们至少能从中学到四样东西：

- 解释完采访目的之后，直接把自己的需求告诉对方。
- 一定要注意到采访中的文化差异。有亚洲背景的被访者如果在回答问题时不够直接，不必为此感到惊讶。
- 如果被访者说“我什么都记不起来了”，千万别信他的话。
- 通常，亚裔科学家所使用的书面语言都很不正式。

当然，电子采访这种采访方式并不完美。请看下面列出的这些缺陷：

- 书面的东西往往太正式——即便是有关南极这个愉快的话题也是如此。被访者经常为了自己的身份，而把能够体现个性的语言删除。
- 可能马上就能得到回复，但也有可能要等上几天、几个星期，甚至永远等下去。
- 不能对对方的回答进行追问。
- 难以产生只有面对面的交流才能产生的融洽关系——比如笑声、正常谈话中的给予或者付出。
- 作为采访者，你很难控制住谈话的进程。被访者能够轻易地避开你的提问。
- 看不到你的采访对象，也听不到他的声音，甚至不知道对方的性别。当然更看不到一些非语言的但能传达感情的举止神态，例如：微笑、皱眉、大笑。
- 采访者无法回之以微笑、点头，还有肯定对方的一些其他动作，来帮助营造和谐的采访氛围。
- 这类采访只适用于那些书面表达能力较强，能够提供一些可被引用的文字的被访者。

◈ 不能确定对方的身份。“网上的骗子”——电脑专家这样称呼他们——经常使用假身份。有经验的记者会在收到邮件后打电话验证对方的话。

◈ 能够在互联网上自由漫游的人往往不是普通人。喜欢采访“街头人物”的记者应该意识到，这群电脑精通者提出的观点根本就不具代表性，他们代表不了普通人。

137 可以通过网上“聊天”的方法来弥补电子邮件采访的不足——太过死板和正式——用计算机语言进行“实时谈话”。谈话双方在同一时间都在网上，这样一来，记者就可以随时追问，要求对方马上回答。这种方法就不那么正式了，比较接近传统的采访方式。

尽管有以上所列的种种弊端，电子邮件采访还是能够实现采访目的。有时，你会在网上遇到一些在正常情况下见不到的有趣的人。

华盛顿记者大卫·威尔逊（David Wilson）正在写一篇有关计算机黑客的报道，他采访了一个把自己称为“职业杀手”（hitman）的年轻人。黑客在电脑领域等同于无票出席会议的人，因此有时也被称做“网上的不速之客”。他们在未被授权的情况下非法进入私人的电脑系统。一旦通过电子安全门进入了私人网络，他们就可以偷看个人的文档资料，甚至可以改写成绩单上的记录。威尔逊在互联网上一个黑暗的电子通路上遇到了“职业杀手”，对他进行了采访。“职业杀手”把自己描述成一个 16 岁的高中男孩，他将自己的计算机非法连接在东部某大学的一台计算机上。“当时我还不够成熟，”“职业杀手”写道，“我厌恶这个世界。我认为黑客的任务就是毁坏一切可以看到的东西，造成大范围的破坏。而现在我做黑客，仅仅是为了学习成绩。”这段话被刊登在《高等教育记事报》上的一篇报道里，引起了学籍管理者们对计算机安全问题的关注。

国际互联网对采访的帮助

记者们经常使用互联网来拓展报道思路、寻求帮助。1994 年加利福尼亚州地震中，记者黛博拉·克罗通过互联网联系目击者，获得有关地震的情况。这只是其中的一个例子。为了更好地在采访中使用互联网，我们必须要掌握更多的相关知识。

国际互联网把各所大学、各种组织、政府机构和商业团体控制的当地的计算机网络广泛地连接在一起。它始于 20 世纪 60 年代末，当时被称为“ARPA 网”，主要在军事通信领域里应用，是冷战期间美国为发展通信网络所做的一项实验。该网络在遇袭后仍能正常工作（Kroll，1992；Shirkey，1994）。随后，很多组织开始发展本地的计算机网络，它们在加入 ARPA 网后就可以进入其他地方的网络。国家科学基金会（The National Science Foundation）还发展了自己的专业网络，设立了五个超级计算机中心，科学家为了研究的需要，可以随意进入。

慢慢地，这些机构开始连接在一起，许多机构还把科研资料和数据库放到这道“电子大餐”里。计算机专家道格·梅茨勒（Doug Metzler）建议，把因特网想象成为一连串的圣诞节彩灯。某人家里的一串彩灯——上面的每个灯泡代表着一台计算机——被连线（或通过电缆或无线微波连线）到别人家里的灯上，连到整个社区的灯上，然后 138 再到另一个社区，依此类推，到达整个世界。每个灯泡（计算机）都能和另外的任何一台计算机“聊天”，可以以个人的形式，也可以以组织的形式。

据估计，网上共有 23 000 个“新闻团体”或者“联合会”。它们就像公告牌一样，成员可以粘贴新闻、通告和一些个人观点，其他成员可以对此做出答复。粘贴的内容囊括了所有你能想象得到的兴趣领域：政治、艺术、科学，还有一些异类群体，例如电视剧《星际旅行》或者《梅尔罗斯地方》(*Melrose Place*) 的爱好者。网上的内容通常很具体。“历史”下面就有 40 个分类，包括纳粹对犹太人大屠杀的历史，种族和移民的历史，反闪族人的历史。一些组织掌握着对网络的控制权，随时删除一些不相关的信息，但网上大部分信息的传播都是完全自由、不加约束的。记者们根据自己的报道领域，也结成了许多团体，有从事调查新闻报道的记者团体，从事文学性新闻报道的记者团体，报纸资料员的团体，甚至还有所谓的“计算机辅助报道”的团体。

记者们经常在网上向其他新闻团体粘贴告示，为新闻报道寻求帮助。下面的例子很典型，是发给网上的新闻团体看的：

> 我想就联邦政府把土地租给私人牟利的事实写一篇报道，现在寻找可做头条的新闻线索——过去的报道、专家的发言，等等；那些被租来采矿、供私人度假、农耕或者放牧的土地也都在我们的寻找范围之内。
>
> 吉姆·霍普金斯 (Jim Hopkins)
>
> 《爱达荷政治家报》(*The Idaho Stateman*)

霍普金斯记得总共收到了三四个答复，其中一个来自密苏里州的新闻调查记者和编辑办公室。它邮寄过来其他媒体做过的一些相关报道的概要。霍普金斯索要了其中两篇的全文，因为他发现这两篇对自己的报道会有所帮助。

霍普金斯说，记者在网上发布的采集信息的帖子中，只有两成能够得到回复。但如果不能通过其他方式发现新闻源的话，这种方式也会给你带来丰厚的回报。在有关爱达荷州富有家族的报道中，霍普金斯需要房地产策划领域里的一名专家——最好不是本州的人。他查询了由 800 所高校的信息办公室联合组成的“教授网” (ProfNet)，找到了许多专家，霍普金斯从中挑选了三名来做电话采访。

还有一次，霍普金斯在网上与十几岁的年轻人谈论自杀的问题。他到网上的一个由年轻人组成的论坛里，称自己是专门从事年轻人自杀报道的记者。有几个人接受了他的邀请，与他共同走进了一个“电子聊天室”。所有这些人都在同一时间上网，他们分散在密歇根、亚拉巴马、新泽西和爱达荷这样的几个州里。这些年轻人坦诚地谈论了父母虐待、失恋和学业表现的优劣等因素给自己带来的各种压力。他们都知道，身边的一些朋友曾经起过自杀的念头。霍普金斯把这次讨论的全过程写成了一篇题为《政治家》(*Statesman*) 的文章 (Hopkins, 1995)。

记者黛博拉·克罗从网上得到的目击者对加利福尼亚大地震的描述，进一步证实了上网这种信息采集方法的多重功能。地震发生的那天刚好 139
是她的休息日，但她主动使用计算机从灾区获取“有地方特色”的消息。在离家之前，她使用便携式电脑向南加州已有的两个配合通信和救援工作的组织提出了采访问题。表明自己的记者身份后，她要求对方描述地震现场的情景，她的提问有：地震发生时你在干什么？你当时的感觉怎样？能描述一下现场吗？等等。

她最迟要在晚上 7 点钟以前完成报道，但她发现采访对象的答复慢得让人心痛；大部分内容都在报道的最后期限之后到达，而有些信息很适合在当晚的地震报道中使用。晚到的信息被放在第二天有关网络组织协助救灾工作的地震辅助报道之中。克罗在地震中所做的一切代表了新的计算机技术在新闻采访领域里的应用，她曾经在记者工作室里对自己的这段经历做过陈述 (Crowe interview, 1995)。

随着因特网在全世界的普及，横跨全球的采访变得和跨州采访一样容易。为了报道德国人在迈阿密 (Miami) 旅游时所遇到的危险，一本杂志的自由撰稿人定期从柏林 (Berlin) 向美国的记者发出求助信息。为了芬兰大学的一个学术项目，记者海基·库蒂 (Heikki Kuutti) 从芬兰发邮件到美国，征询对方对调查性报道的见解。他一共收到了 19 个答复，并在 1995 年的专题论文中引用了其中的一些。

尽管因特网具有某种神奇的色彩，我们也不该被它吓倒。在报纸上发告示也能收到同样的效果。“把发生在你身上的最浪漫的故事讲给我们听。”为了一篇情人节的特写，报纸上刊登了这样的一则告示。但网上工作的记者们发现，参与者们格外健谈——本来这就是他们上网的原因。网上的信息属于整个世界，即使最具地方特色的媒体，在引述生活在遥远地方的人们的话时，也会加重自己的世界色彩。

记者在向网上的各种新闻团体征询信息时，应该坦诚地解释自己的身份和意图，并向对方亮出自己的采访证件。新闻团体收到的请求有时很令人怀疑。最近有人向一些犯罪受害人提出问题：“作为受害者或者丧失了亲人的受害者家属，您有什么样的感觉?”由于记者没有提供身份证明，他收到了这样的答复：“你连自己的身份都没说明白，许多人在读到你的帖子时，还以为你是个喜欢拿别人的痛苦来享乐的变态狂。”

收集新闻线索

记者可以借助因特网来监听不同用户群体间进行的讨论。“Usenet 是一个可以经常光顾的好地方，”华盛顿记者威尔逊说，“就像坐在酒吧里，倾听别人的 2 万次谈话……记者在这里不但可以获
140 取信息，还可以核实从别处得来的信息。你可以在网上给某个新闻团体发个帖子，说你听说‘什么什么’正在发生，问是不是有人能核实这个消息。十有八九会有人站出来核实它，有时他就是目击者——当然也会有人出来否定它。”（Wilson interview，1994）

以收集信息为主要目的的网络媒体发出的大部分新闻通常只适合在因特网上刊登。精通网络技术的记者们发现，关于网络的负面作用，大有文章可做，例如网络检查、淫秽内容、政府控制、网上广告，甚至各种网上骗局，包括网络爱情。

《华盛顿邮报》的记者约翰·施瓦兹（John Schwartz）遇到过这样的一件事——通过电子邮件表达爱情，最终出了岔子的故事：

> 像所有复杂的故事一样，它的开端很简单。
>
> 像往常一样，两位女人正在比较上个月收到的爱情帖子的数量。或许唯一的不同就是，她们开始在网上聊天了。也就是说，她们正在通过计算机和调制解调器在一个来自加利福尼亚的被称作 WELL（整个地球的电子链接）的服务器上交流。
>
> 但她们很快就意识到，她们在为同一个男人伤心——这名男子通过电子邮件与她们俩同时谈恋爱……
>
> （《华盛顿邮报》，1993 年 7 月 11 日）

这名男子至少与四位女士——或者更多一些，在同时谈恋爱。结果其中一位女士通过帖子揭了对方的老底儿。一个“精通网上骗术的家伙”正在逍遥法外，她说，“该先生”的行为比“考虑不周、举止放荡的某个家伙思量着能够捕获多少网络感情”还要阴险——“毕竟后者在欺骗和伤害对方时还要有所顾忌”。

记者施瓦兹把这一切看成是信息社会发展进程中的里程碑，毕竟目前对道德的底线还没有具体的限定。施瓦兹在网上监听了与该事件相关的 1 000多个言词尖刻的帖子，然后把整个故事整合在一起。施瓦兹通过收发电子邮件，与该事件的许多参与者进行了讨论，包括“骗子先生”本人。WELL 遵循的原则是：未经许可，网上的消息不可以再次被发送或者刊登，这项原则被称为“对自己的话语享有拥有权”（YOYOW：You Own Your Own Words）。施瓦兹在引用每个帖子上的话时都征得了对方的同意，“骗子先生”也在匿名的状态下接受了记者的电话采访。

他告诉施瓦兹，这段经历对他的伤害很大。他原本认为，现实中的女人只有在生男人的气时，才会从他这里寻找安慰；他以为网上的忠实与现实生活中的忠实会全然不同。“但我错了，”他承认道，“网上的世界和真实的世界没什么两样。”

(Schuartz interview，1994)

记者面对的另一个问题是：引用网上媒体发布的公告时，该怎样把握自由的尺度，尤其当你知道作者身份的时候？如果一条消息已经被成百上千的人读过了，很显然它就是“公共的”了——就像公共场所的肥皂盒——引用它还会招
141 来麻烦吗？怎样才能确定消息源的身份？遗憾的是，目前这些规定仍然在制定之中。

1994 年，纽约的一位专利代理人发现，自己有关英特尔奔腾处理器电脑芯片的发言竟被一家报纸引用。英特尔公司一直在承诺说，任何用户使用的电脑芯片一旦出了问题，公司会主动为用户更换。卡尔·奥佩达尔（Carl Oppedahl）在网上的一家媒体上发了帖子，说公司应该尽早实现自己的承诺。“很明显，英特尔是在吹牛。”他说。

《旧金山考察家报》（*San Francisco Examiner*）的一位记者曾经报道过英特尔公司的这个承诺。他在网上众多的邮件反馈中，看到了这条信息，于是在一篇新闻报道中引述了它。但这位记者在报道中没有透露卡尔的真实身份：“在网上有些人经常使用化名，验证他们的身份是不可能的。”过后又有一家报纸引用了这段话，但没有隐瞒卡尔的身份。“这样的新闻报道太草率了。”专利代理人说。而他在随后发的电子邮件中，认可了《旧金山考察家报》的处理方法，称它“处理得很得体”。该条新闻的标题是“英特尔的决定在网上得到了认可”。记者在报道中解释道，所有的引述文字都来自网上的同一家媒体。专利代理人说，《旧金山考察家报》的记者正在做互联网的相关报道；他还说：“这名记者没有欺骗读者，因为他并没有说这些引言都是通过真实的采访而得到的。”

奥佩达尔解释说：“引用网上的发言需要遵守的基本原则正在制定之中。从我的角度来说，这名记者处理得不错。发表在网上论坛中的文章并不一定就是某人真实所写，在今后的许多年里，这将成为一个常识。所以在这段期间，发布这样的声明显得尤为重要。”

即使是在很确定的情况下，新闻伦理学对此也颇有争议。《华盛顿邮报》的记者约翰·施瓦兹曾经一度成了争议的中心。

1993 年，耶鲁大学的计算机科学家大卫·格勒尔特（David Gelernter）被隐藏在邮包中的一颗炸弹严重炸伤——这是一系列的校园爆炸案之一。在康复的过程中，他给同事们发邮件汇报自己的恢复情况。有人转发了他的帖子，于是它开始在网上的媒体间广泛流传。施瓦兹在网上发现了这个帖子。他努力与格勒尔特联系，但没能成功，但他的确向耶鲁大学的科学院做过确认，这条消息的确是格勒尔特发的。

引用了格勒尔特原话的文章一见报，网上便充满了尖酸刻薄的批判，很多人对报纸从网上引用原话的道德问题提出质疑。施瓦兹觉得自己遭到了恶毒的攻击（“flame”，一个计算机术语，意思是遭到恶毒语言的攻击）。

从那以后，施瓦兹和格勒尔特之间开始了友好的交流。施瓦兹提议，格勒尔特也认可，他们通过互发电子邮件来沟通。“我非常尊敬约翰·施瓦兹，即使当很多人质疑报纸的伦理问题时（我想有人提出这个问题），我也认为问题不在他身上，对此负责任的应该是那个转发我的消息的人，本
来这条消息是发给我在耶鲁大学科学院的同事 142
们的。”

正在发生的和即将发生的一些案例或许能够帮助建立更加严格的网上问题的监管条例。在假身份也司空见惯的报业领域，报社的编辑在核实信件署名的真实性时所使用的验证程序，同样也适用于网上信息的核查。

从网上查阅资料

国际互联网为我们提供了丰富的数据库宝藏，从中可以获得每日的科研成果、政府报告的最新

消息。白宫档案的副本都在网上，用户可以免费使用。总统新闻发布会和接受采访的全部内容都在上面，甚至还包括克林顿总统进行每天的 8 分钟慢跑时与记者谈话的全部记录。

这本书无法容下网上资料宝库的全部内容。但是它会告诉你如何进入资料库，如何发现有价值的资料。许多的政府资料都是免费的，当然有些要收点费。还可获得一些个人资料，有些免费，有些收费。

资料库里都有些什么呢？有关美国国会全部活动的材料都在那里，可以通过关键词查询；还有法院的一些资料（包括美国最高法院），有州议会的资料，州、联邦机构的文件；你还能找到一些有关气候或天气的数据、洪水、地震监测、犯罪记录、人口统计、国家航空和宇宙航行局（National Aeronautics and Space Administration，NASA）的太空报告和数据、历史档案、美国统计局的报告——还有数不清的其他资料。你还能下载一些数据，例如犯罪记录，并把它们发给相关机构去做数据分析。

在圣路易斯，《圣路易斯邮讯报》（*Post-Dispatch*）保存了 12 万条对当地饭店卫生状况的评价记录。分析一下这些记录，就可以找到该地区“卫生条件最差的饭店”。通过分析发生在明尼苏达州圣保罗城的公交车上的案件，《圣保罗先锋记者报》（*Saint Paul Pioneer Press*）以具体数字的形式，把最危险的公交车路线呈现在读者面前。(Browning interview，1995)

网上的数据库可以随时进行更新，所以最新通过的州法案也能被记录在案—— 不像书籍，出版后就过了时。互联网使得人们与全世界的图书馆和博物馆，包括国会图书馆的连接都成为可能。而且除了文字资料之外，某些数据库在经过一些机构（例如 the Smithsonian）的数字化处理之后，还可以形成一些音像资料。

有些报纸还在网上征订了某项商业服务，例如：联邦飞行管理委员会（Federal Aviation Administration）在飞机的飞行出问题时所做的及时报告。通过这样的渠道，报纸就能够持续地在第一时间获得出事航班的最新消息。

因特网上的资料的范围之广，超出了人们的 143
想象范围。但“信息超高速公路”这个词最好不要拿来使用。在互联网上，各个路径、通道和死胡同复杂地交织在一起，未经训练的人很难在里面周旋。多年来，各种软件工具一直在开发之中，以帮助用户能够在网上漫游，发现有用的信息。发展最快的是一个被称做万维网（The World Wide Web，简称 WWW）的信息处理系统。万维网是范围很广的主题链接。试想查阅“太空旅行”这个词，百科全书会让你“参阅阿波罗（Apollo）”或者“参阅宇航员”。进入万维网也需要遵循点击主题词的原则，例如：点击“见宇航员”，随后进入这个主题。你还可以从“宇航员”进入其他的相关主题，这就是“网”的含义。用户需要先在计算机上安装 Netscape Navigation 和 Mosaic 等软件，才能进入万维网。进入了网络的用户能够浏览图片、文字和视听融合在一起的多媒体网页。

在获取信息的过程中，你可以从一个网站跳到另一个网站，例如：在国家航空和宇宙航行局网站查阅有关阿波罗行动的具体情况，在另一个网站查阅哈维·马德学院（Harvey Mudd College）的资料，这所大学是美国为数不多的设立了太空旅行学专业的学校之一。

本章仅仅对电子通讯技术在新闻采访领域中的应用做了粗略的介绍。在未来的新闻采访领域里，这样的交流方式会越来越重要——不会上网的记者在新闻竞争中会处于劣势。电子通讯技术为新闻采访开拓了新的视野，也为联系一些不常接触传统媒体的人提供了便利。例如：一名记者通过电子邮件采访了几位残疾人——计算机是他们日常生活中的主要沟通工具。记者发现这几位残疾人的言辞非常尖刻——仿佛憋了那么久，突然爆发了，而且自认为说出的话肯定会有人听。在未来的几年里，国际互联网会继续呈发展态势，并能扩展至新的、不可预测的领域。而它在收集信息上的用途也会随之拓宽。

第16章

广播电视采访

144 问：蔡司（Zeiss）博士，您眼中的世界是什么样的？

答：根据现有的一切证据，我想它应该是圆的，当然不可能圆得那么标准。

问：对不起，先生，我得跟您辩论辩论了。我不同意您的看法。

本书提出的一些原则基本上都适用于广电采访——至少适用于那些以收集信息为目的的广电采访，如新闻报道。对那些单纯逗观众发笑的采访，这些原则可能并不适用。本书的重点是那些以收集信息为目的的采访。但是，目前越来越多的广电采访也开始注重娱乐性了。通常来讲，采访中的娱乐成分越多，采访所提供的信息就越少；而娱乐成分越少，提供的信息就越多。而娱乐媒体应该在不忽视愉快原则的同时，多提供些信息。

但这并不意味着广电采访可以被降格为纯粹的娱乐节目。我们从特德·科佩尔（Ted Koppel）、芭芭拉·沃尔特斯（Barbara Walters）、比尔·莫耶斯（Bill Moyers）、拉里·金（Larry King）、大卫·弗罗斯特（David Frost）、查里·罗斯（Charlie Rose）等人所作的采访中，以及像《会见新闻界》这样的电视节目中，都能收获大量的信息。这就纠正了“广电采访即纯粹的娱乐节目”这一说法。然而随着谈话节目、通俗的电视节目，以及脱口秀节目主持人的活泼但有些浅薄的谈话风格的快速普及，越来越多的广电采访开始侧重于娱乐性。

目前来讲，广电采访的范围很广，但其中的大部分——尤其是纯粹娱乐性的采访——都不在本书所谈及的范围之内。这里你学不到如何在现场通过与《男人不坏女人不爱》（*Women Who Love Bad Men*）或《一旦减了肥，就会被朋友们抛弃的人》（*People Whose Friends Desert Them When They Lose Weight*）（1995年谈话节目的名称）的对话，让观众发出笑声或挤出泪水的方法。另外，有些采访在突出
145 娱乐性的同时，也鼓励了一些有道德争议的采访方法：如暗访或偷拍，提问时啰啰嗦嗦，或者指责对方。

把以上的采访类型排除掉后，剩下的就是以收集信息为目的的采访了。正如广电界的专业人士所实践的那样，即便是这样的采访也包含着一些娱乐因素。因为就连印刷媒体的记者，也会努力通过提问和仔细倾听去寻找一些比较形象的言论或被访者经历中的趣闻逸事，以达到为读者提供信息和娱乐两种服务的目的。

那么，从广义上来讲，广电采访可以被分为娱乐采访和新闻或信息采访。如何判断两者的区别呢？被访者要学会调查向他提出采访要求的是新闻部还是娱乐部（即通俗电视节目部）。严肃的采访对象通常会接受新闻采访而拒绝娱乐采访，甚至在有人提供采访费用的情况下，也会拒绝接受这样的采访。

广播电视采访有哪些不同

下面来讨论一下报纸采访和广电采访在具体操作方法上的不同。

报社记者认为，采访的过程与采矿的过程相似，为了开采出一盎司的黄金，要准备数吨的对话材料。而广电采访则倾向于淘出发光的东西。发光在这里意味着简短和充满刺激，通常通过采访一些名人和新闻制造者来获得，这类采访并不深入，只停留在事件的表层。广电采访与其他采访的区别还有：

1. 广电采访就像演戏——灯光、摄影、表演——先别管话题是什么，单单采访本身就够上一条新闻了。电视新闻记者不像只需一个记事簿、一支笔就能完成采访任务的报社记者，他们的一言一行都会受到关注。电视上的采访者通常比被采访者更有名气［丹・拉瑟（Dan Rather）出现在受灾现场这件事，就可以做地方媒体的头版头条］。电视摄像机、名人记者以及卫星转播车的出现，经常会改变某一新闻事件的性质。

2. 现场采访需要有现场背景。例如在采访消防队长时，可以把被炸毁的建筑物作为采访的背景。

3. 掌握了采访技巧的采访者，在通过丰富多彩的对话交流来获取信息的过程中，会尽量保持谈话氛围的活跃。这是广电采访的一个目标。而目标能否实现则取决于记者的提问，通常记者提出的问题要具有启迪性，但也不要过于刺激，这样会使胆小的采访对象感到不知所措。

4. 谈话应尽快涉及事件的实质问题。敏感的问题应尽早提出来。

5. 采访的目的要单一，可以使被访者在 4 至 6 分钟之内就能意识到。

6. 广电采访对采访对象的选择性很强，因为观众喜欢讨人喜欢、口齿伶俐、有个人魅力的人来做采访对象。

7. 采访对象也面临着自我选择的问题。对舞 146
台的恐惧会导致一些潜在的采访对象主动退出，尤其当他们面对漂亮而声音动听的采访者时。

8. 广电采访对被访者的表演能力也有一定的要求。总有一些被访者会在采访开始之前预测记者的提问，并把答案排演一遍。一些老道的被访者非常懂得利用言语的攻势，这样留给记者进行深度提问的时间就少了。

有一则经典的故事描述了采访中的“表演”成分。在一次采访中，英国广播公司（BBC）的一名年轻记者提醒被采访的住房部长说，他在摄像机开始工作后，会问一些比较尖锐的问题。在友好地谈了几分钟后，摄像机开始转动，第一个尖锐的问题提出来了。该部长立刻勃然大怒，对记者和政治上的异己者均予以抨击，使得记者目瞪口呆，无言以对。而当摄像机停拍后，这位部长又友好地微笑起来，并问记者他表现得如何（Tyrrell，1972）。

这已经是数十年前的事了，时代是不是变了呢？但几十年来，我们仍在亲眼目睹类似的“表演”。如在1988年，当时还是总统候选人的乔治·布什（George Bush）与哥伦比亚广播公司（CBS）的记者丹·拉瑟之间的冲突。这是一场现场直播的采访，其间拉瑟就布什与伊朗反政府武装之间的交易提出了一些问题，布什对此感到很愤怒，声称拉瑟是在故意给他设置陷阱，因为他在采访之前曾向布什许诺说，本次采访将主要讨论布什参加竞选的原因。拉瑟曾经由于愤怒而离开了节目的录制现场，布什对此进行了强烈的谴责。我们也曾经看到过类似的场面，不知是不是故意，一些新闻人物，例如奥运会滑冰运动员托尼·哈丁（Tony Harding）和微软公司的总裁、亿万富翁比尔·盖茨，在接受哥伦比亚广播公司的另一位主播兼记者——宗毓华[1]（Connie Chung）的采访时，都曾突然走出录制现场。

广播采访与报纸采访的最后一个明显区别就是：广播采访就像客厅里的谈话——正式、做作、不自然——但却充满了活力。而报纸采访就像厨房、家里或车间里的讨论，通常篇幅较长、亲切而又坦诚。当然，这对于不属于常规新闻报道的报纸或杂志的特写文章及纪实性文学的采访同样适用。有了充足的时间，又不必去“表演”，即使是名人也会很放松，表现自如。经验丰富而又感觉敏锐的广播电视记者完全可以在摄像机前表现得很坦诚，但是考虑到广播电视采访在时间上的要求，很少有记者能够这样去做。因此，广播电视采访不可能达到像《花花公子》（*Playboy*）所做的采访那样的深度，毕竟后者所涉及的采访有时需要花费数周或数月的时间来分期进行。1976年，《花花公子》的记者罗伯特·希尔（Robert scheer）采访了吉米·卡特（Jimmy Carter）。采访共分五次进行，一直到吉米·卡特承认了自己的内心中“对女色的欲望”。这次采访的名声不佳。广播电视采访中不可能产生这种类型的坦诚。

然而，报纸采访和广播电视采访的确有许多相似之处。例如两者都要求明确的采访目的和深入的访前准备，同时还要求和谐的谈话氛围和专心的、不带个人评判的倾听。

147 

广播电视采访的三种形式

广电采访主要有三种不同的形式：新闻采访、演播室采访以及运用多重采访手段的纪录片采访。

新闻采访

地方电视台90秒钟的新闻节目多半来自地方台记者和摄像的现场采访。摄制组人员到达新闻事件的现场后，采访通常分两个阶段进行：摄像机开机前的询问和开机后的简短采访。

“表演”来自摄像机开机之后。记者设计一些问题，让对方就某个话题发表自己的真知灼见，以便在电视节目中反复插播。如果面对的受访者比较有经验，而且自身的报道目的也很简单明确，记者就完全可以略过第一个阶段。摄像机从采访的最初就开始工作，记者努力刺激对方做出比较随意的即兴回答。摄像机经常会拍到记者重复问题或倾听的镜头。随后，再由电视台的技术人员对整个谈话进行剪辑处理。

① 宗毓华，1947年生于美国华盛顿，祖籍江苏省苏州市，1969年毕业于马里兰大学新闻系，随后进入电视台开始了她的电视生涯，并成为第一位进入美国三大电视网的亚裔人。1971年进入哥伦比亚广播公司后，曾担任华盛顿地区国会新闻记者，1974年当选为该年度全美十大杰出妇女之一，1982年担任美国广播公司（ABC）新闻节目主持人，成为全美引人注目的电视广播明星。2002年1月22日宗毓华跳槽到美国有线新闻网（CNN），成为全球身价最高的亚裔女主播。

演播室采访

正如在查里·罗斯和拉里·金主持的《早安，美国》及类似的节目中所看到的那样，受访者（嘉宾）来到演播室接受采访。采访持续的时间从几分钟到一个小时不等。演播室的场面非常复杂。主持人不但要处理好谈话——保持目光的交流、倾听、想出新问题——还要留意工作人员所做的时间提示，同时面对灼热的红色灯光，它会告诉你哪台摄像机正在工作。这种忙乱的场面使得许多第一次作采访的记者感到困惑。一位专业人士在回忆自己所做的第一次电视采访时说：“我的心思都放在了倾听工作人员的时间提示上，想着该面对哪台摄像机，以至于忘了听对方的回答。在不知道采访对象的谈话内容的情况下，是很难接着往下问问题的。”（Laine，1976）

然而，从事广播电视的某些专业人士，例如美国广播公司（ABC）的《晚间热线》（*Nightline*）节目主持人特德·科佩尔，在处理采访时总能得心应手。他不但要处理好一些技术上的问题，而且还要经常面对一些坐在遥远的演播室里的、观点截然不同的嘉宾。在保持冷静的同时，还要一刻不停地倾听被访者的言论，以便做进一步的提问。科佩尔在接受《新闻周刊》（*Newsweek*）的采访时说，关键是：“我肯去倾听。而大多数人都做不到这一点。有意义的话说出来了——呼！——又一闪即逝。”根据科佩尔的观点，现场采访意味着在讨论的同时还要进行现场的编辑。“直播时进行编辑相当难。”他对《哥伦比亚新闻评论》（*Columbia Journalism Review*，1995，1月—2月号）的一位记者说。这就意味着要分辨出哪些话有意义，哪些话无意义，哪些是新的话题，哪些是老掉牙的话题——倾听的时候要把这一切都考虑周全，同时还要思考要提什么样的新问题，而且要做得天衣无缝，以达到广播电视业界所要求的水平。

电台的采访也需要倾听和编辑。促成一次优秀采访的关键“不是所提问题的质量，而是记者对回答的关注程度”。国家公共电台（National 148
Public Radio）的首席记者苏珊·施坦贝格（Susan Stamberg）这样说道。电台采访通常通过电话进行。无论采访对象身处何方，电话采访都可以触及他们的生活。这样就可以脱离演播室里的装腔作势，双方能够进行比较亲密的谈话。电话通常不会像麦克风那样使人感到紧张不安。

运用多重采访手段的纪录片采访

电视台将数个采访合并在一起，通常用一些描述性的场景将它们拼接起来。有的是新闻纪录片，如关于洪水、地震或耸人听闻的谋杀案件的专题报道。专题报道通常会播出事件发生的现场画面，其中穿插一些对受难者及权威人士的采访画面。

评论家说，大型纪录片正在走向消亡，至少在商业电视台的节目中，很少能够看到它们；而在广播电视网所提供的节目中，更不容易发现这类节目。相反，它们更容易出现在一些公益的广播节目中，最近就有肯·伯恩在 1994 年所做的棒球纪录片和他在更早的时候制作的关于内战的系列片的播出。纪录片通常把焦点放在过去的名人身上。1995 年，公共广播公司（PBS）制作了一部关于已故歌星宾·克罗斯比（Bing Crosby）的纪录片。片中自始至终以他的吟唱为背景，穿插了对一些人的采访，这些人要么了解他［如歌手罗斯玛丽·克卢尼（Rosemary Clooney）］，要么研究过他的生平。

与公共广播公司不同，一些“电视杂志”类的节目，如美国广播公司（ABC）的《黄金直播》（*Prime Time Live*）和哥伦比亚广播公司的《60 分钟》（*Sixty Minutes*），由于时间有限，就把一些纪录片的片长压缩至仅仅几分钟、10 分钟或 20 分钟，15 分钟的时间范围之内被认为最好。

广播电视采访的提问

5 分钟之前，责任编辑安排你在 20 分钟之后采访福格·菲尼亚斯（Fogg Phineas）议员，采访的主题是：由于福格的强烈反对，总统宣布已经撤销了对约翰·多伊（John Doe）的任命（原本任命他为驻巴拿马的大使），福格议员对此事想法如何。

1. 接到采访任务之后，马上到电视台的图书馆（或者全国性的电子数据库，例如 Nexis）查找有关这个话题的资料，追溯福格对这个任命的长达一年的反对历史。带着这些文件资料和摄像人员一起出发。趁他开车的时候，抓紧时间研究一下这些文献资料，并初步设计一些提问。如果可能的话，可以在摄像人员身上先做一下试验。

2. 已经与议员定好了采访的背景，如在国会大厦的台阶上，这里看起来虽无新意，但总比办公室强。

3. 与议员（在广播电视的术语中，他是“谈话主体”）会面。利用摄像人员架设摄像机的时间，简单地做些“清嗓子”的工作——谈谈天气、政治以及与采访相关的背景问题，但不要谈及将要采访的话题，把它留到摄像机开始工作之后再
149 问。这种情况不需要记者在摄像机开始工作之前就进行采访，因为他的文件夹里已经装了一些背景资料，而且这位媒体经验颇为丰富的议员也不需要进行热身练习。

4. 摄像机开始工作后，在条件允许的情况下，就可以转到采访的主题上来了。先问一个简单明了又能体现采访目的的问题，如：“福格议员，总统已经宣布取消对多伊的任命了，您对此有何看法？”

5. 仔细倾听他的回答，看能不能就他的回答提出新的问题。如果不能的话，就把做文献调查时已经准备好的问题拿出来问。比如：“议员先生，有报道说，您反对多伊，主要是因为他支持《巴拿马运河条约》（Panama Canal Treaty）——这样的分析正确吗？”

6. 仔细倾听他的回答，看能不能使你想起新的问题。如果不能，就试着让对方把自己说过的话总结一下，说不定还可以把这段话放在电视节目中反复插播呢。此时的提问可以侧重于当前的形势，也可以侧重于未来，如：“此事会在政治上对您造成影响吗？”或者：“以后会怎样呢？”还可以是：“您认为此职位的合适人选是谁？您准备向总统推荐谁呢？”

7. 接下来就该结束采访了。收场时可以问这样的问题：“您还有什么需要补充的吗？”同时还要说：“谢谢您肯花时间接受我的采访。”通常，被访者在采访结束时所表达的观点都很重要，它们可以以原话的形式直接出现在稍后的报道中，也可以做另一篇报道的素材，或者为现有的报道提供新的视角，所以一定要认真倾听。

有经验的广电采访记者认为，采访的过程并不复杂，处理好全过程需要的是经验的积累和适应。但是也有一些事项需要注意一下。

目的明确

无论如何，不要让采访偏离预定的话题，尤其是在能说会道的政客和事务繁忙的名人做采访对象时，他们总是想让采访按照自己的目的进行。因此，采访的目的一定要明确，最好准备好四五个问题，不要太复杂，以适应 5 分钟的节目编排。

访前准备

准备工作做充分了，就有可能现场想出新的问题——以前没有人问到过的问题。因为在处理新问题之前，必须要知道老问题是什么。准备工作和好奇心联合在一起，就可能产生新的提问领域。国家公共电台（National Public Radio）的记者苏珊·施坦贝格经常会提出一些充满好奇心的问题。一个经典的例子就是，有一次她问交响乐指挥家塞吉·奥萨娃（Seiji Osawa）："难道你的胳膊不感到累吗？"（对方回答说："累。"）

当对话中出现某些观众不太好理解的背景性知识时，如果记者的访前准备做得很充足，就可以提供些可靠的资料、评论对方的回答、当场设计一些追问，从而使观众能从中有所收获。对于对方提到的事情不能置之不理，应该向观众解释明白这是怎么回事。例如，"您所说的'克林特（Clint）'，应该是演员克林特·伊斯特伍德（Clint Eastwood）吧，他在某某剧中和您演对手戏……"

如果观众提前也有所准备，无疑采访会进行得更加顺利。正如美国广播公司的主播芭芭拉·沃尔特在制作采访特别节目时，经常利用准 150
备好的内容中的一小部分——剪切镜头或者剧照——来介绍嘉宾。女演员德布拉·温格（Debra Winger）在电影《军官和绅士》（*An Officer and a Gentleman*）中，有一段做爱的戏，芭芭拉·沃尔特在询问她对这段戏的看法时，把这段电影剪辑拿来使用，帮助观众理解这个问题。温格的回答很具讽刺意味——观众认为她在这段戏中表现出了强烈的激情，其实不然，在表面的激情背后，隐藏着她对男演员的极大厌恶。

广电采访中不要问琐碎的问题，像"您在哪里出生的？您在哪儿上的大学？"这些问题，如果不能在文献调查时就了解清楚，那么在现场采访开始之前，就应向嘉宾了解清楚，并在介绍嘉宾时把这些信息包括进去："今晚的嘉宾在辛辛那提州长大，他以优异的成绩毕业于普林斯顿大学……"

打破僵局

广电采访中表演的成分对打破僵局的谈话技巧的要求更高一些。那些没有经验的采访对象总是对采访小心有加，有的甚至会半开玩笑地询问将要进行的采访是不是一次"迈克·华莱士式"（Mike Wallace-type）的审讯。聪明的电视记者很快就会判断出采访对象对采访的感觉，如果采访对象感到很紧张，会明显地做出一些僵硬的动作，同时目光缺乏交流，手心冒汗，有的还不合时宜地穿了过多的衣服。这类采访对象需要的不仅是打破僵局的话，而且需要大量温暖的、人性化的鼓励——不要去想摄像机的事，我们只是随便谈谈。

提问时的措辞（问题的表述）

所有的采访都要求提出的问题简洁明了，广电采访尤其如此。做到这一点也不难：让嘉宾多说话。但如果碰上那种喋喋不休，尤其是表达成问题的采访对象，采访记者就不好办了。当然了，简单的问题、认真的倾听和积极的回应会增强嘉宾的表达能力。有必要的话，先把问题的背景描述一下，如："福格议员，明天参议院将投票表决总统对法官罗伊在高级法院的任命，您打算怎样投票？为什么？谈一谈好吗？"

最好的问题往往是在谈话过程中自然形成的，事先没有想到要去问的问题往往是最好的问题。在广电采访中，随机应变的谈话比起一问一答的直线型对话更有价值。通常最好的问题就是："为什么？……您为什么这么说？"尤其当谈到令人吃惊的事情时，这样的问题更为有效，如名人萨利宣布她将不再与任何男人来往时。

对于胆小或神经紧张的采访对象来说，开场的几个问题要柔和一些：能给人以自信，而且易于回答。如："卡克斯顿州长，您的增加公园占地面积的运动得到了媒体和公众的广泛支持。人们为什么会喜欢您的想法？您想过这个问题吗？"一旦州长放松下来，就可以问一些棘手的问题了。但如果嘉宾在回答第一个问题时就结结巴巴，这种尴尬的氛围可能会影响到整个采访的进程。有些记者喜欢把第一个问题放在直播开始前提出，这就给了嘉宾一些机会，通过思考第一个问题，来摆脱采访开始前的紧张情绪，从而平静下来。但也要避免那些冗长的回答，告诉嘉宾他的回答要简明扼要。

然而，由于害怕谈话会丧失即兴的成分，大 151
多数记者不喜欢在直播之前就告诉被访者要问什么样的问题。因为如果嘉宾提前知道了问题，就会提前准备答案。这样一来，谈话就不自然了。尤其是面对那些表达能力较强的嘉宾，出人意料的提问往往会使接下来的对话生动活泼。

提问的组织

短时间的广电采访通常只包括三到四个问题，所以很快就会问到关键问题。这也就意味着提问敏感问题时，语言不会太委婉。例如，采访一位卷入一桩广为人知的性骚扰丑闻事件的参议员，在你要问的四个问题中，敏感问题不应迟于第二个问题提出，还有可能被当成第一个问题提出。既然观众希望听到，参议员也做好了准备，为什么还要拖延呢？拖延会使观众感到失望，嘉宾感到焦虑。如果采访的时间较长，有 10 或 12 个问题要问，那么就可以把关键问题拖到第 4 或第 5 个问题来问。有的记者喜欢故弄玄虚，告诉观众说，在后面的节目中我们将触及一些核心的问题，以吊起人们的胃口。如："后面大家将听到福格参议员对婚姻忠诚问题的看法。"

“普通”的采访对象

上文我们谈到了采访对象的挑选问题——能说会道且长相漂亮的人适合做采访对象。然而许
152 多经验丰富的记者更喜欢选择那些有着特殊经历或亲眼目睹某个特殊事件发生的普通人来做采访对象，这些人所经历的采访不多，不会对采访感到厌烦。而恰恰是这些普通人，能够为你的提问提供发自内心的人性化的回答。曾在全国广播公司担任新闻通讯记者的吉姆·厄普舍（Jim Upshaw）说：“这是一种毫不做作的，甚至是勇敢的，通常是毫无掩饰的感情流露。”当这些普通人准备表露真情时，悟性强的记者往往能够感觉出来。如果碰巧当时摄像机没在工作，最好先停一下或换个话题。等摄像机开动后，再让受访者重新回到那个激情时刻，此时他的激情往往还未消逝。

后来成为大学教授的厄普舍建议，广电采访时永远不要问“你对……的感受如何”这样的问题。“提问时，可以使用一些更富艺术性的，而且更能揭示问题实质的方法。”例如：

要求对方做总结：“谈谈您对这件事的个人看法。”

要求对方谈论接下来要发生的事：“继续讲下去好吗？接下来发生了什么？”

要求对方讲出令人顿悟的经验：“对那些同样也失去了孩子的母亲们，您想说些什么？”

要求对方做反思性的评论（以引起对方共鸣）：“想象一下吧，湖边的一次浪漫野餐竟然是这样！”

作为记者，一定要做到带着理解和同情倾听对方的回答。记者还应问一些被访者从未听过的富有新意的问题。独特的问题会引发独特的答案。如果发现采访对象不能像在正常情况下那样流利地回答你的提问，而是停下来思考了片刻，那么就要注意了，富有新意的回答可能就要出现了。

第17章

特定新闻领域的采访

153 问：早上好，中士。有什么新闻吗？

答：曾经有一度，我对女人很感兴趣，还抽过大麻，竟然不知道“土豆”怎么拼写。但为什么不能把这段不光彩的过去公布于众呢？

自从1907年约翰·L·吉文（John L. Given）创作的一本名为《打造一家报纸》（*Making a Newspaper*）的书出版以来，情况就发生了变化。吉文在书中解释了报纸媒体收集信息的方法。他说，并不是所有的人、所有的事都值得报道。记者会被派往“某些场所，那里一旦有什么人的生活脱离了正轨，或者有什么值得谈论的事情发生，就会被报道出来”。

这样的场所包括警察总部、县政府、消防站、法庭、城市议政厅、州议会大楼、总督办公室、白宫，还有国会山。1907年以来，社会和科技都发生了巨大的变革，但这并不重要，因为基本的原则没有变。报纸、广播、杂志——一旦获知有值得报道的事件发生，或者了解到普通人的生活偏离了正轨，就会进行相关领域的采访报道。例如，我们从消防部门获知，有人的住宅着火了。这是不是新闻呢？这要看这个事件能不能反映人的本性。人们会对哪些话题感兴趣呢？檀香山一家报社的记者鲍勃·克劳斯（Bob Krauss）曾经问过这样的问题：你在回家的路上经过了10所住宅，其中的一所着火了。你会选择哪所房子来谈论呢？

尽管原则没有发生变化，但时代变了。政府机关永远是新闻报道所关注的领域，但社会和政治的变迁又为新闻报道添加了新的领域，例如计算机技术、环境、家庭健康、生活方式。每个领域都有自己独
154 特的消息来源。经常有重叠报道的情况发生。例如：哪些记者会去报道传染性肝炎爆发的情况呢？——是从事家庭健康报道的记者，还是专门跑县政府的健康和卫生部门的记者？

不管谁会去报道这件事，特定新闻领域的采访都意味着要与新闻源保持接触。这些新闻源可能是政

府官员，也可能是某个领域的专家（例如学者），还有可能是思想家、没有作品的空想家，甚至可能是秘书或办事员——或者是与事件有直接接触的保安。聪明的记者应该不会错过任何一个有可能接触新闻事件的人。

问：长官，今天有什么新闻吗？
答：都是老一套，没什么新鲜的。

不同采访领域的采访方式

特定领域的采访程序与正常的采访程序有什么不同吗？如果我们遵循基本的采访原则，首先把采访对象当作人，其次再当作信息源来处理的
155 话，答案应该是否定的。特定领域的采访往往要求记者与新闻源进行长期的合作，而不是一次性的接触。过河拆桥的伎俩——通过欺骗和歪曲事实离间采访对象的不准确的报道方式——可能当时见效，但不能长久。因为记者与被访者之间不是固定的一夫一妻式的关系。从事特定领域采访的记者必须要适应不同类型的人物，从政治和社会信条的鼓吹者，到玩弄权术的政治家。而这些人并不把你看作真诚和可爱的采访者。例如：玩弄权术的政治家会在你身上使用一些计谋，迫使你不得不警惕他们的阴谋诡计，然后他们就会出来指责你不择手段，从而摆脱自己的罪名。此外，你还会遇到对细节含糊其辞的人，自以为是的狂

热者，自我中心主义者，还有一些急于告诉你什么是新闻、什么不是新闻的未来的编辑们。

应该以坦荡的心情面对这一切。就当是现实生活为你上了一课。说不定今后写小说时，还可以把这些具有鲜明个性特点的人物写进去。例如：预先想象一下莱恩塞罗斯女士与布法罗先生在县政府的办公室里对质时的激烈场面，那种通常在采访结束的数月之后才会慢慢爬上很多记者心间的怀疑和悲观情绪就会消失。当然了，当记者在某一特定领域采访时，肯定会遇到许多兢兢业业、辛勤工作的好人，但这些人不会像热心人那样主动站出来说话。因为一般来讲，热心的人做事比较程式化，他们看问题的视野既不宽阔，与记者交流时又不够幽默。

在采访进行的同时，双方都会对对方的人品形成自己的判断。第一次与被访者——通常不是一个——会面时所建立的和谐和信任非常重要，它会影响到你未来的采访。消息会传来传去。某个采访地点，如县政府大楼，楼里就是一个小社会，里面的人们经常交换想法、谈论各自的经历、聊天。“负责采访县政府的记者”也会加入进来。时间一长，记者的采访手段就暴露在众人面前。“他总是鬼鬼祟祟的——你可得把他盯紧了。”或者，“她看上去很开朗，也很真诚。”

如果记者的采访手段不太磊落，机构自有对付的办法。例如，在檀香山，一名专门采访警界消息的记者需要查阅一些非官方的资料。有个警官回忆说：“有一天我们在一份档案中夹杂了许多废纸，包括一例伪造的谋杀案。他拿到这个文件时非常兴奋。于是等到他把报道写完，我们就给编辑打电话，说这一切都是假的，并把这样做的原因告诉了他。以后，这位记者就不再烦扰我们了。”

特定新闻领域的采访与一次性采访的不同之处还在于：首先要知道什么是新闻——先要给新闻下个定义，才能发现新闻。执行采访任务是一回事——采访州长，看看她是不是有否决教育法案的计划——而和州长聊天则是另外一回事，她在谈话中说：“如果不是为了防范家庭暴力事件，我们可能会在本州的城市和农村削减20%的警力。”

这是新闻吗？或许是。要不要接着问下去？当然了。但提些什么样的问题呢？可以这样开始你的提问：“这听起来很有趣——您这话怎么讲?”
于是有关新的话题的采访又开始了。记者对此话 156
题要穷追不舍，直到挖掘出来的事实能够满足（或者不满足）他对新闻的定义。

媒体不同，对新闻的界定也明显不同。小城市中的谋杀案可能是条大新闻，而在大城市里这可能不值一提，除非它牵扯到名人或者特殊的背景。有许多关于报道的文章对新闻的定义都做了细节上的界定。以下是一条简化了的新闻的定义，阐述了与新闻源打交道时所使用的采访技巧。

根据这条定义，新闻所报道的事件应该具备明显的新闻特征，例如火灾、某人被捕、死亡、暴乱、一项议案被发至下议院、选举投票、演讲、名人名言。特定领域的新闻观察要求记者能够准确识别出可能发生新闻的地方。在这方面，有些记者表现得比较突出。沃尔特·李普曼（Walter Lippmann）在他的经典著作《公共舆论》（*Public Opinion*，1922）一书中指出，如果某个建筑已经被列入了危房的名单中，记者根本就不必等到它倒塌后再进行报道。这个道理显而易见，但在实际操作中却不尽如人意。在一个虚构的故事中，一名新手记者被派去采访新船入水的新闻，结果却空手而归。他对编辑说：“中途出了点故障，船在半路被困住了，希望明天能够入水成功。”这名记者根本就没有意识到，船未能按预期入水成功这件事本身就是一条新闻。

通常在重大的新闻事件发生之后，还有一些事件尾随发生，这就扩展了新闻的定义。例如：记者不去报道一次谋杀案，反而却使用计算机来识别和分析犯罪趋势。从人口统计学的角度来研究，哪些人比较容易成为犯罪受害者？哪些儿童在长大后容易做出暴力犯罪的行为？又如：报道小组不去报道市政议会在地区邮政编码问题上发生的口角，而是从历史、哲学和政治体制的运行上做探讨，以阻止（或不能阻止）把生产沥青的工厂建在居民区的附近。依照今天的标准，这些都是新闻。

尽管采访的方法多种多样，但记者们必须要遵循一些通用的原则，例如：与新闻热点保持联系，在发展新闻源上狠下工夫，在事件或发展趋势的定位、具体化、识别和评价上多多留意。

特定领域新闻采访的基本原则

对于年轻的记者来说，最令人胆怯的莫过于第一次在政府部门——例如市政大厅或县级法院里采访。你会发现那里的人说的都是行话。垃圾坑变成了垃圾掩埋场，倒垃圾变成了固体废物处理。大大小小的会议和听证会上充斥着各种行业术语，如“一读”和“二读”、宣布紧急状态、被告的违法行为、信贷资金、股本的转让、发还扣押物命令、书面训令、调取案卷令状、立法机关的听证会、改进地震预报系统，等等。这些术语的含义是什么？怎样才能使它们成为新闻？

157 无论是何种领域的采访，什么样的政治、社会和经济事件值得一报，记者都要做到心中有数。GOSS［目标（goals），障碍（obstacle），解决方法（solutions），开始（start）］这种首字母的缩写形式在这里很适用。因为所有的机构都有一定的目标。在这些机构实现自己的目标的过程中，记者要努力发现一些重要的事件，或影响进程的主要障碍。其中可供报道的事件包括年度报告、劳资纠纷、政坛争论、政府官员的演讲、新的预算或税收增长的公布。

并不只有事件的进程才值得一报。例如，你所在的城市建立了一套新的犯罪防御系统。这套系统主要在夜间使用，重点是那些抢劫和暴力行为的高发地带。这套系统目前是否生效了呢？抢劫率降低了吗？如果答案是肯定的，当然要报道一下了。如果答案是否定的，就更值得报道了：尽管雇佣了一批精英警官，抢劫和暴力事件的发生率还和以前一样高——这个富有嘲讽意味的事实的新闻价值很高。

应该在哪些地方设立新闻观察站呢？选择哪里，记者才能够直接目击事件现场？拿一家服务于美国中型城市的报纸为例，记者的采访领域主要有以下几大类：

1. 紧急服务。警察局和消防部门、医院、验尸、救护车服务、监狱、海岸警卫。

2. 法院。州、联邦、地方法庭，受理诉讼的法庭，受理少年犯罪、遗嘱和破产业务的法院。

3. 市政服务。市政大厅、市议会、市政机构，如工程处、计划处、区域处、市民服务处，等等。

4. 县政府。税收、福利、健康和卫生、选举、环境保护、住房。州法院也在县政府大楼中有一席之地。

5. 州政府。州长、立法机构、作为州政府所在地的城市提供的全州范围的服务、高速公路、州警察局、机动车辆，等等。

6. 联邦。邮局、移民服务、内部税收、农业部门、法律执行机构——它们中许多在主要城市中都有分支机构。

7. 商业。商业会所、商业和行业组织、地方上的主要工业、公共设施、商业团体。

8. 环境。监管者组织、政府机构、研究实验室。

9. 体育。职业体育运动、学校间的体育运动、户外运动、全民性的运动项目（高尔夫、网球、爬山、跑步、航海，等等）。

10. 政治。政治团体、政治领袖和候选人、办公室的领导。

11. 教育。学校董事会、学生活动、大学和学院、教育管理机构。

12. 社会福利。公益组织、年轻人机构、社会改良团体、政府的福利机构。 158

13. 农业。农场管理机构、农庄和其他农业组织、农业科研机构。

14. 运输。机场、铁路、码头区、高速公路、旅游局、宾馆、航空公司。

15. 娱乐。电影、剧院、音乐会、书籍、民间事件。

16. 医药卫生和科学技术。研究机构、博物馆、档案馆、医药团体、医院、大学的科研机构。

媒体的规模不同，记者采访的领域也会有所

不同。就职于大报的记者仅仅能够就其中的一个领域进行采访；而小报和小型电视台拥有的员工少，通常一个记者要采访很多领域。

针对不同的新闻领域组成专门的“新闻采访小组”，这是一种比较新的采访观念。1994 年，波特兰的《俄勒冈人》在采访领域做出了一系列的先锋改革。由 8 人组成了“公众生活组”，专门负责采访政治和政府的消息；还有一些采访小组负责传统的新闻采访（经济、教育、体育）；其他一些采访小组的采访领域则超出正常的报道范畴。一个被命名为“生活在 20 世纪 90 年代”的采访小组的采访领域触及了精神世界、社会关系、宠物和爱好、流行文化等领域；甚至还有一个被称作“文化分界线”（采访人们在一些有争议的问题上所持的不同观点，例如同性恋问题）的采访小组。传统的警界新闻采访则落在了“案件、正义和公共安全”报道组的肩上。

怎样开始某一领域的新闻采访

假定你被指派到县法院，报道县政府和州法院判决的消息。怎么开始自己的工作呢？如果幸运的话，有经验的记者会给你指指路，告诉你哪里才能找到法庭的文件和诉状这样的公共文献，并把你介绍给一些重要人物。但很多记者都是自己学来的，通常是一猛子扎进去，而实际上，水并不像你想象的那么凉。

一旦人们发现你的动机是可敬的，其中那些富有同情心或喜欢提供帮助的人就会主动向你提供援助。总有一些人对公共事件比较感兴趣——他们会告诉你 6 点钟的整点新闻中该报什么，不该报什么，似乎他们手中掌握着决策的大权。

公共生活中的大多数人的行为都会受到某些崇高信条的影响。大约有 2/3 的人急于，至少希望配合媒体记者的采访。因为他们也有自己的需要，最为突出的就是让公众认可他们的工作。例如：高速公路上的官员想让公众了解他们有什么样的修理业务；健康署的官员想提醒大家警惕流感、肝炎，还有一些性传播疾病，例如疱疹、艾滋病；县里的行政官员希望预算案能够顺利通过；政府机构的候选人有时会穷其所能来吸引媒体的关注，159
因为他们相信自己未来的仕途生涯完全依赖于此。

记者初次涉足某一领域的采访时，与被访者之间的关系是双赢的。对方会不断地试探你的报道思路。他们会向你透露消息，提供建议。一些准新闻类事件，如各种典礼、新闻发布会、游行、还有视察——都是为你筹划的，你在从中获利的同时，也不得不把这些事件公之于众。

采访某一新的领域需要遵循的基本步骤

以下是新手记者在某一特定领域开始采访时需要遵循的一些基本步骤：

1. 要给新闻下一个有意义的定义——什么是新闻？新闻发生时，怎样才能把它识别出来？

2. 发现能为你的新闻和特写提供信息的部门、机构，甚至包括一些非正式的消息来源。在你的记事簿上记下它们的电话号码，并随时准备添加新的信息。于是你的记事簿上记满了所有重要信息源的电话号码，从公司总裁到秘书和门卫。这些人所有的电话号码都被记录在案，包括住宅电话、分机电话、留言电话、传真电话、电子邮箱的地址。

3. 阅读。尽你所能，为采访做好准备。不但要阅读以前发表的文章的剪报，而且要阅读专业的文献。采访教育新闻必须要阅读《每周教育》（*Education Week*）；采访警界新闻必须阅读《法律与秩序》（*Law and Order*）。还要阅读来自不同办公地点的公开文献：备忘录、年度报告、论文集、演讲的副本，等等。同时还要留意公告牌上的信息。

4. 明确采访的主题和采访的目的——机构正在努力做成什么事？如果成功了，值得报道的是什么？如果失败了，值得报道的又是什么？

5. 准备一个本子，写上自己的“未来计划”——所有的采访预约都在上面；而且一有了采访的想法，就把它们记下来。让采访对象来敲定你的时间表，这样还有助于产生新的报道思路。当然他们要先查询自己的时间表，才能定下你的采访时间。

6. 和未来的采访对象一个个地见面。留下名片；解释采访任务；告诉对方自己需要什么样的新闻——并解释它们的重要性；商量好见面的日期——一天一次，一周一次，还是别的什么方式；谈谈 goss——目标，障碍，解决方法，开始。可以和采访对象一起来挖掘一些可以成为新闻的事件。

7. 继续与采访对象进行定期接触。

8. 在没有准备的情况下，不要去跟采访对象见面。每次见面都要有问题可问，哪怕是假定的问题。例如：中心大街上的桥什么时候开始施工？我注意到 Clark 大街天桥上的水泥有些裂缝——这要不要引起注意？我在《每周教育》上读到田纳西州的一个县城停止了学校的公交服务，原因是有 80 万美元的预算赤字——难道预算的亏空会影响到公共交通吗？

160 9. 让可能会成为你的采访对象的人了解新闻界的真实情况。并不是每篇报道都对被访的人物和机构有利。总有一天，关于某个事件的报道会引起不快。提前预料到会有不快发生，并且讨论讨论，能够帮助缓解双方的敌对情绪，尤其是当你许诺自己会以开放的思维和公正的态度来进行采访时——这些品质会在接下来的行为中得到印证。

有时，记者和采访对象之间还要进行一定的讨价还价。如果报道对被访者有利，记者获得内幕消息、独家采访的机会就会增高。然而，所有有经验的机构领导都知道，在被于己不利的报道“灼伤”之后，不要拒绝与媒体合作，因为这会招来更多于己不利的报道——记者还会去采访其他的消息源。所以记者与官员之间的关系保持着一种权利上的微妙平衡。

有时记者为了能从顽固的政府官员那里获取信息，不得不使用一些手段。他们发现，适度地借用一下媒体的力量是很明智的行为，虽说本着诚实公开的原则与被访者打交道的记者很少使用权谋。一方面，你能为自己的采访发现更多的消息源。一旦从 12 个不同的消息源处获取的信息足够组合成一篇报道时，再试着去采访一下最不情愿接受采访的那名官员。或许她会接受你的采访，因为她想弄清你对该事件的了解程度。或许她会因为你所掌握的信息中搀杂有偏见的成分而感到焦虑或者愤怒。于是她不得不重新考虑要为你的报道提供一些信息。如果你能够控制住自己在胜利时洋洋得意的情绪，领悟力强的官员就能够很好地与你配合——即使是在心不在焉的情况下。不要过早地宣称自己的胜利；被访者在胁迫之下所发表的言论肯定不会是真诚的。至少你要给对方开口说话的机会。

对某些官员来说，开窍并不是件容易的事。对记者也是这样。处理不好的话，记者收集到的信息会过于负面化，并令人不快。这种情形会一直持续下去，即使最终能够发现事实的真相。

新闻的三个来源

成系统的特定领域的新闻采访就像一件三条腿的家具。第一条腿是新闻发布会、会议、文献和非正式的提议——总之，是一些资料性的文献；第二条腿是突出记者作用的各类报道：采访、对内部消息的追踪和对问题的深度探究。

第三条腿经常遭到忽略——它就是记者与消息源之间的相互沟通。通过这种方式而产生的双方对事件的知晓程度，单独的一方根本就无法达到。这通常在非正式的场合中发生。有些记者把它称作“喝咖啡式”的采访。曾经有一名记者承认，为了自己的新闻，他跟被访者进行了非正式的谈话，竟然在一天之内喝掉了10到15杯咖啡。

这对双方都有利。夏威夷州立法机关的一名工作人员解释说：“我与记者见面的时间和地点都
161 很随意。在工作休息的间隔里，或者大厅里，还有会议的休息期间，经常有记者走过来询问这项议案或那个问题中有哪些内幕消息。我想这很好，因为在新闻发布会上，有些事件不宜被公开，这样做会伤害到某些人的感情，所以这就要靠记者亲自出来寻找了。只有这样，公众才能了解真实的新闻事件。”通过这种方式，可以产生一些含金量较高的报道。因为某些事情，如果被访者不愿主动说出来，记者们就永远也不会知道；但是记者与被访者之间非正式的接触，会自然地促成新闻事实的出现。

非正式的交流还可以在电话中进行，但前提是记者与采访对象彼此已经很熟悉了。一位报社记者电话联系了一名在县法院负责处理社区关系的工作人员。他们的谈话——被记者描述成“一次钓鱼活动”，产生了两个对报道有用的观点。这些想法来得非常自然，记者决定把能记起的谈话内容都写下来，以告诉大家非正式的谈话是怎样产生新闻的——同时也要展现一下非正式谈话的特点。

问：有什么新闻吗？
答：新闻？都是一些旧东西。
问：哈哈！所有人都这样说。你听说过这样的一个故事吗？一名记者给法院打电话，问对方正在做什么。法官的回答是：“什么都没做。”然后就挂了电话。法官没有错。因为法院着火了，大家正忙着撤离法院的大楼，所以他们都站在那儿，没有做任何事。
答：是的。我见过这一幕。我还闻到了烟味。
问：什么？
答：不，我在开玩笑。你们记者都有些神经质！告诉你一件不会发生的事吧，那就是下个星期的理事会被取消了。
问：这是怎么回事？
答：所有人都要去城外开一个会。
问：你也去吗？还要发言吗？
答：难道没人教育你不要同时问两个问题吗？第一个问题的答案是“是”；第二个问题的答案是“不是”。我要去，但我不会发言。我要去参加其中的一次研讨会，是关于怎样消除人与人之间的信任危机的。
问：这没必要吧。大家都知道你很诚实。
答：但我对丈夫、孩子和朋友撒过谎——
问：但这只是因为你掌握着那么多本州的情况，如果人们知道了——
答：其实不是这样的。
问：那么谁要在大会上发言呢？每个人都要发言吗？我是不是又同时问了两个问题？
答：是三个问题。固态垃圾部的一名工 162
作人员——他要谈的是“固态垃圾和能源制造”。也就是说，通过燃烧垃圾来供电。
问：我知道。他是赞成还是反对？
答：我希望是赞成。
问：这很有新闻价值。我要给他打个电话，弄清他的发言内容。还有谁和你一起去参加这次意义不大的——嗯，旅行？
答：（提供了一些具体的东西。谈话转移到另一个部门，青年部）
问：我都要放弃这个部门了。几年前，当我在另一个县城工作时，那里的年轻人为我提供了很多报道素材。

而在这里，简直是一无所获。

答：这里的人保护意识很强。

问：总有一天，他们会发现自己更需要公众的支持。

答：这使我想起了法院着火的事——

问：不——

答：似乎青年部对公益的事情比较感兴趣。一些官员经常外出，找一些家长谈论青少年的问题——主要是当今的年轻人比较关心的话题，例如吸毒、酗酒等等，并就此展开了一些教育项目。或许这里面有值得报道的东西。

问：但愿如此。我会去调查的。

以上的对话听起来是不是太随意了？诚实的女人和神经质的记者之间的挑逗是不是私人化的味道比较浓？这场谈话好像是私人间进行的，而不是为了公事。但它的重要性却不容忽视。谈话双方显然很喜欢这种非正式的谈话方式；但随着谈话的进展，他们又开始对一些暗示和提示表现出很大的关注，因为这些才是手边的正事呢——钓新闻。

钓新闻？这样的比喻听起来是对信息收集过程的界定。采访特定的新闻领域就像是在鲑鱼成长的整条河里撒下一张大网，而采集信息就像是坐在漏水的划艇里用手钓鱼。这样的比喻有点走极端，但里面确实蕴藏着真理。例如，采访法院的记者撒上一张大网，网住法院里的所有文件，然后再从中挑选出有新闻价值的东西。而如果记者与新闻源之间的定期交流不能得以实现，记者的确就要像捕鱼那样，尽力去采集信息了。

事态不明情况下的提问

如果记者对自己的采访领域很了解，通常不会问那些没有把握的问题。虽然免不了要在一些
163 内幕消息的打听和追问上花费大量的时间和精力，但是能够扩展视野的问题恰恰是一些大众化的问题。以下这些问题适宜在事态不太明朗的情况下提出：

1. 您目前最关心的是什么？

2. 您正在做什么项目？

3. 公众会关心什么样的问题？您会告诉他们什么？

4. 为了达到自己的目的，您希望报社（或电视台）策划什么样的报道？

5. 您所在的领域有些什么新的发展动向？您所在的部门采取了什么样的措施来适应形势的发展？

6. 能为您所在的部门设计一个今后的 5 年或 10 年的发展计划吗？

7. 如果资金更充足的话，您准备发展什么新的项目？

8. 您是否问过自己这样的问题——“我们这个部门将来要做哪些事？障碍是什么？”

9. 您正在进行的研究项目有哪些？

10. 目前或将来会有什么人事变动吗？

11. 您所在的部门近来都聘用了哪些专家和顾问？这样做的目的是什么？

12. 正在买的设备有哪些？为什么要买这些设备？

13. 您有没有在数字上觉察到了一些显著的动向？

14. 外界的力量（经济的、政治的、法律的）对您的部门有哪些影响？

15. 正在准备一些什么样的报告或者备忘录？为谁准备？为什么准备？

16. 您或您所在部门的工作人员近期有外出旅游的计划吗？近几个星期有什么会议和演讲吗？

17. 您所在的部门中哪些人的工作最有趣？哪些人对于人性有着不同寻常的见解？谁已经实现

了自己的辉煌目标？

18. 如果像您说的那样，您所在的部门没什么有新闻价值的事情发生，那么相关的组织（或者纳税人）为什么不把它取消掉呢？因为这样可以节省开支。

第 18 个问题显得有点唐突，在了解被访者的前提下，可以尝试着使用。我用过几次，效果显著。几天后见到了机构的负责人，他为我的报道提供的想法竟然不少于 20 个。其中一半的想法都很好，非常吸引我，最终还有一些见了报。“你的提问能刺激我的思考，”这位负责人说，“其实我们一直都在思考着自己存在的道理。这些思考可以用来回答你的一部分问题。”经验之谈：不要害怕提出挑战性的问题。

第18章

多重采访项目

问：议员先生，还有哪些人能跟我谈谈您的提议？ 164

答：除我之外别无他人！要谈就和我谈；除我之外，不要相信任何人！

“使用三角学原理来挖掘事实的真相”——态度认真的记者经常会这样说。它的意思是说，记者为新闻事件寻找事实依据时，至少应该采访三个熟识该新闻事件的消息源。但如果他们拒绝接受采访，该怎么办呢？所以记者得形成一套属于自己的领悟事实的方法，努力去识别“真相”——即简单的客观的现实。记者就像是一名将要作出判决的陪审团成员，他通常要面临两种抉择。一种是把所有消息源的言论作一平衡，从而产生一些中性的事实；另一种是把报道的重心放在某个消息源为你提供的信息上，这样所产生的事实就会有一定的倾向性。对记者而言，无论是哪种方式，操作起来都很难。

三角学原理在采访中的应用，对记者来说是一大挑战。因为在报道中引用一些异己观点并不是一件难事，但前提是这个异己的观点的提供者只有一人。然而在面对一打见解不一的采访对象时——他们的观点有些是你所认同的，而有些则不然。在这种情况下，理解事实就有些困难了。这就要求记者先要净化一下自己的心灵。在投入某个采访计划的时候，一定不要把个人的偏见带进来，确保一切观点都从事实中产生。而一旦从多个角度来考虑问题，再简单的事情也要变复杂。这样做实在不容易，但很富挑战性，也很刺激。

下面我来举一个个人例子。我从小就喜欢看飞机起飞的过程。在檀香山工作时，我决定就飞机起飞写一篇报道——描述飞往旧金山的180号航班起飞的过程。我先找飞行员谈了谈。这位飞行员给我讲述了具体的起飞过程：向前移动节气阀，启动波音747的四个发动机——启用174 000磅的助力——使飞机沿跑道行驶，在接近空速的一刹那，使飞机飞离跑道。起飞后向右转，避免在集合气流上空飞翔。按照航 165
空地图上所显示的飞行路线飞行。如果幸运的话，始飞控制系统（departure control）会为你提供比较近的航线。这样一看，飞机起飞似乎是件很容易的事，但一个人看问题的视角毕竟有限。

再找其他人谈谈——从多个角度来解读事实——这要比想象的难多了。从某种程度上讲，在 11 个月之前，当有乘客开始订票时，起飞的过程就开始了。应该把那个时刻定为故事的开端。订机票的人数超过了飞机上的座位数，后来因为有人没有乘坐，问题才得以解决。机上的服务人员在飞行前还召开了一次会议，选其中的一人做“组长”。虽然他们都很忙，但还是停下来回答了我的问题，有些人还准备了丰富的个人经历（许多人都已经在飞机上工作了 20 多年了）。他们提到，夏威夷航班怎么能与其他航班作比较呢？拿他们的话来说，夏威夷航班是“末日航班”（doomsday flight），因为乘客中经常有人生病，而且飞机一旦出现故障，也没有合适的地方进行紧急降落。当然了，他们说这些话时，并没有当真。他们还提到，在旧金山——檀香山的航线上工作比在纽约——拉丁美洲的航线上工作显得有身份。飞往夏威夷的乘客通常都很快乐。相对而言，从芝加哥飞往华盛顿，或者从纽约飞往棕榈滩的乘客是最不快乐的。他们也搞不懂，为什么单单这些航线上的乘客这么严肃。

180 次航班的乘客开始做登机检查了。机场的工作人员禁止一名来自洛杉矶的年轻女士登机，因为她的穿着很不得体——一件完全透明的沙滩服——很明显，里面没有穿内衣。正在这时，一条狗从旅行笼子里挣脱了出来。所有的工作人员都在走廊里帮忙追这条狗，于是就把这位女士的事给忘了。

现在，乘客都已经上了飞机，空服组长突然向机长宣布：“飞机凹陷处亮了四个红灯！”麻烦来了。这证明飞机腹部深处的通风系统出了故障。而凹陷处是用来储存飞机飞行中的燃料的。机务人员都在那里忙着，所以目前飞机还不能起飞。要叫人来修理。机长还有一个担忧，那就是——如果飞机不能按时起飞，就只能选择不太好的飞行纬度和路线前往旧金山。这样一来，飞行的时间就会多出两分钟，需要更多的飞行燃料，所以不得不重新设置飞机上的两套电脑导航系统。

总之，共有 23 位人士为此次采访做出了贡献，他们中有机械师、空中交通管制，还有乘务员。最终，180 号航班正点起飞，狗和穿着暴露的女士都在上面——通风道也被修好了。然而，由于起飞的延误，机长没有得到他喜欢的飞行纬度和路线。机场的工作人员说这是规定。这次多角度的采访经历帮我了解了现代飞行的真实情况——如何让一架大型的飞机在天上飞，这的确比我想象的要复杂得多。这次采访还为我提供了一次很好的学习机会。从中得到的主要经验是：多重采访项目其实很有趣。

166 《西雅图时报》（*The Seattle Times*）的财经记者彼得·赖尼尔森（Peter Rinearson）曾经做过类似的多角度的采访，写出的报道还获了奖。他的有关飞机起飞的报道共由 7 个系列组成。赖尼尔森负责报道飞机制造商推广另一种商业喷气式客机——波音 757 飞机的情况。他原本计划在三或四周内完成这项报道任务，结果却用了 6 个月的时间，每周工作 70 个小时，总共采访了 325 个人，对其中 70 至 80 人的采访进行了具体的录音，后被转化成文字的部分就有2 000页左右。

考虑到这次采访任务的复杂性，赖尼尔森在自己的计算机上建立了数据库，对各种信息进行追踪。他似乎很擅长抓住细节性的东西。在一个阳光明媚的日子里，发生在迈阿密国际机场附近的一件事促成了波音 757 的诞生。当时由于道路不平，车身轻轻地摇晃，坐在后排座位上的两名男子相互握手——随后波音 757 就诞生了。连小说家都不会把这个富有象征意义的场景写进小说——因为文学评论家会认为这是精心策划出来的。但赖尼尔森这样去做了。这个系列报道的题目是《让它飞翔》（Making it Fly），读起来像篇小说。它获得了数个写作奖项，包括普利策的新闻特写奖。

对采访广度的要求并不是普遍的。但当今的某些纪实文学作品，例如获普利策奖的书籍、杂志和报纸的报道文章，都应用了多角度的采访和观察的方法。例如，J·道格拉斯·贝兹（J. Douglas Bates）在他的《普利策奖》（*The Pulitzer Prize*）一书中，描述了竞争 1990 年普利策“最具地方特色的报道”（local specialized reporting）奖项的三名记者。书中的描写非常吸引人，展现了这三名记者在困难和充满敌意的采访对象面前永不放弃的斗争精神。正是他们的报道，促成了某些领域里的改进。新墨西哥的记者塔玛·施蒂贝尔（Tamar Stieber）在药物与血液疾病之间的关系方面做了调查研究，而在调研的开端，她所采访的人都充满了敌意，采访因而进展得很不顺利。如果是缺乏执著和韧性的记者，早就放弃不干了。然而，她执著于此，并促使政府采取了相应的禁止假药的行动，而她的报道也因此获得了普利策奖。(Bates，1991)

多重采访项目的实质

从定义上看，多重采访是一种采访努力，它要求有一系列具体的采访行为发生。无论报道是简单还是复杂，提供消息的肯定不止一个人。采访警界消息的记者为了给读者提供更加生动的描述，一定要与银行抢劫案的所有目击者都取得联系；而如果记者想写一篇有关艾滋病的报道，则要采访很多人，从研究人员到艾滋病患者。对报社记者的一项调查表明，记者只有通过多次采访——最多的有 100 次，包括许多电话采访，才能写出令人满意的作品。(Norris，1987)

系列采访有别于特定领域的采访和一次性的采访。采访者不必低三下四地有求于那些不肯合
167 作的、控制欲望较强的采访对象。如果某个采访对象拒绝告诉你实情，也不必着急，再去找别的采访对象。即使人物传记的主角人物不肯配合，报道项目仍可进行。盖伊·塔利斯要为《老爷》(*Esquire*)杂志写一篇有关弗兰克·西纳特拉(Frank Sinatra)的报道，采访时就经历了这样的事。西纳特拉拒绝了他的采访要求，于是他就去采访西纳特拉身边的人，并出现在西纳特拉及其随从露面的公共场合。有许多名词被用来界定这样的新闻活动——全面报道(comprehensive reporting)、深度报道、饱和报道(saturation reporting)、文学性报道，等等。

多重采访把许多独立的采访活动融合在一起。而这些采访活动本身也存在内在的联系。记者在初期的采访中往往能有所收获，可适用于后期的采访。而新近了解的一些事实，比如在第 17 次采访中接触到的事实，可能会对随后的采访提出挑战，甚至会对先前的采访提出挑战，使你不得不回过头来，重新采访先前的采访对象。

多重采访项目的特殊要求

开始你的多重采访项目时，一定要留意一些注意事项：

注重声誉

在彼此都相互了解的社区里，作为记者，你的出现也为社区内的人们提供了谈资。第一次采访结束之后，你的名声就变得比你本人还重要了。这决定了以后采访的难易程度——一切都取决于人家对你的第一印象。

坚信公正、全面、不带个人判断的倾听原则的记者完全没有必要对采访感到害怕。但不能遵从这些原则的记者，会发现交流中缺少感情共鸣的成分。后期的采访对象也会对你设防。如果事态一直这样发展下去，对你就不利了，最终的结果可能就是采访无法再进行下去了。

如何解决这个问题呢？答案是谨慎一些。小心不要让自己成为别人说闲话的主题；不要把前面的采访中被访者讲给你的话讲给后面采访中的

被访者听；不要轻易表明自己的立场，尤其是当面对工人、“旋转”俱乐部成员，或者匿名的酗酒组织这样的权力派系集团时。每个集团都会努力说服你接受自己集团的观点；最后，要弄清楚怎么使用别人为你提供的信息。引用他们的话吗？直接说出他们的姓名吗？如果这样去做，这些人就再也不会随意、真诚地与你谈话了，尤其是在面对涉及个人隐私的一些问题时。当然了，可能有部分人对所有的事件都能做到坦诚相谈，但他们也有权利知道你遵守什么样的采访规则。

与关键人物的合作

每个团体都有它的领袖人物，他们可以是正式的官员，也可以是民间人物。例如，你正在做的报道是有关私人侦探的：电影和电视上有许多相关的描述，而侦探们在现实生活中是什么样呢？可以把自己的报道思路讲给警察局局长或者探长听，赢得他们的认同。但不知道要不要找“大个
168 子吉姆”（Big Jim）谈一谈。大个子吉姆是个民间的意见领袖。几乎所有的侦探都从他那里获取案件的线索。如果大个子吉姆认可了你的报道计划，你就可以接着往下进行了。聪明的记者首先采访的人物就是大个子吉姆，希望自己的采访计划能够得到他的认可。

为什么“大个子吉姆”能够操控一群人的意见呢？这个问题很有趣。智慧、个性、技能、勇气、天生的领袖气质，还有交际能力——所有这一切使得某些人具备了意见领袖的素质。这些人能够帮助实现你的报道计划，也能使你的报道计划落空。

意见领袖身材的高矮胖瘦与他们的领袖地位无关。社会学家以利亚·安德森（Elijah Anderson）曾经花了三年的时间，在芝加哥南部的一个犹太人居住区的一个命名为“杰利家”的酒吧里进行调研活动。他的调研一直进展得不够顺利，直到见到了在“杰利家”附近定期巡视的一位名叫赫曼（Herman）的门卫。赫曼先生身材瘦小、棕色皮肤；他是本街先前的妓院老板，是个活跃人物，同时还是一名吸毒者。他把安德森介绍给自己的朋友时，称安德森是“一只得到博士学位的猫”。而正是赫曼的帮助，安德森的调研活动才得以顺利完成（Anderson，1978）。

收集只言片语

某个被访者不肯讲出的事实，可以从别处获得。这就使你能够在不给自己和采访对象施压的情况下，足够放松地进行采访，并且充分享受采访的全过程。这样一来，双方的谈话就会变得很坦诚，提供的信息量也很充足。一定要注意倾听那些看似与主题无关的只言片语，它们往往能够提供一些附加性的信息。例如，在描写班机如何起飞的报道中，可以夹杂进一些颇富人情味的小事件，例如逃跑的狗，直接从海滩赶来的穿着暴露的乘客。这些小事在性情随意的读者眼中是格外有趣的。所以在采访中要意识到它们的重要性，并认真倾听。

这些小事通常具有重要的象征意义。例如彼得·赖尼尔森的有关波音 757 发展的报道。根据早期刊登在《西雅图时报》上的一篇文章，这个项目起始于坐在颠簸的车中后排座位上的两个男人之间的握手。握手的两个人是东方航空公司（Eastern Airlines）的总裁弗兰克·伯尔曼（Frank Borman）和波音商务航空公司的总裁 E. H.（特克斯）布利翁［E. H.（Tex）Boullioun］。记者罗伊·彼得·克拉克（Roy Peter Clark）后来采访了赖尼尔森，问他是如何获得该条消息的，因为克拉克知道，事情发生的时候，赖尼尔森并不在场。赖尼尔森回答道：

> 我就此事采访了伯尔曼——以下是他回答的原话——“我们本来想在车行驶的过程中轻松下来。”（当时我和他一起坐在车里）我问：“是接送旅客的客车吗”？伯尔曼轻声笑道：“不，东方航空公司没有接送旅客的车。好像是辆私家车，要不就是租来的，我也不知道。后排座位坐了三个人。我坐在这边，特克斯坐在那边。车上很拥挤，周围还有其他的人，但我相信我们握手的时候没有人看见。”我问：“车只开了很短的一段距离吧？”他说：“大约只有4 分钟的路程，从我的办公室到终点。”伯尔曼
> 169 还记得当时的路线。“那天的天气还不错吧？”“阳光明媚的好天气。我记得握手时，车刚好开到办公室和终点之间。”
>
> 我并不认为这个时候就可以着手写作了。我想更进一步地了解当时的情况。我和布利翁之间还有一段非常具体的谈话，其间布利翁回忆了他与伯尔曼的交谈内容。我把它敲了下来，竟然用了 200 页的打印纸。（Clark，1984）

正如赖尼尔森所言，这样的细节采访可能是件枯燥乏味的事情。毕竟，根据采访内容来重塑事件发生时的现场并不太容易。而赖尼尔森在掌握了足够细节的情况下，把东方航空公司决定购买新飞机时的场面又呈现在了读者的面前。当他们共同坐在后排座位上的时候，伯尔曼告诉布利翁他喜欢这种飞机的设计，而且希望能在上面下点赌注。赖尼尔森的报道抓住了这个时刻：

> 布利翁回忆道：“突然间，伯尔曼想到，东方航空公司需要的恰好是能够容下 175 人的飞机，于是他说：‘如果你能造出这样的飞机来，我们肯定会买。’”
>
> 布利翁回答道：“我们已经生产出这样的飞机了。”
>
> 于是，伴随着两人的握手——此时车在路上颠簸着——波音 757 诞生了。
>
> （《西雅图时报》，1983－06－19）

非正式的新闻观察和新闻采访的应用

有些记者并不想通过正式的采访来采集信息，因为他们相信，非正式的采访得到的信息更加真实。这有点像参与式的新闻观察。如果在起飞前，与机长一起踏上飞机，就会亲眼目睹事件发生时的场面：“凹陷处的四个红灯都亮了！”

杂志作家似乎在收集非正式的信息上更在行些。这是因为杂志经常要处理的是日常生活中的喜怒哀乐，而不是什么公共事件。《读者文摘》（*Reader's Digest*）上曾经刊登过一篇关于“直觉”的文章，而作者在为该话题收集素材时选择了正常的社交场合。与他交谈过的所有人都有过类似的经历，甚至还能讲出一些有趣的逸事。他们都没有意识到自己正在接受采访。从与他们的交谈中，作者收集到了大量的信息，虽然最后并没有在报道中提到他们的名字。

不要害怕在这样的场合表明自己的身份。因为有些杂志记者经常向旁人宣布自己目前的写作计划。什么主题都有——离婚、孩子、寡居，等等。这些话被传播出去后，就会有人主动来提供信息，讲述一些个人的经历，发表一些个人的观点。与此同时，记者们就可以通过倾听来获得有关报道的一些想法了。《纽约》杂志（*New York*）的前任编辑爱德华·科斯纳（Edward Kosner）回忆起自己参加一次聚会时的场景，当时穿着优雅 170
的纽约人都在谈论蟑螂的事，结果该杂志做了一篇有关蟑螂的报道。

有些杂志擅长于报道世俗的事件，例如准备柴米油盐，购置新居和抚养孩子。杂志作家经常把自己的生活经历当成写作素材。其实这也是一项多层次的采访计划。我花了 8 年的时间，通过观察自己孩子的行为并与其谈话，来为一篇有关儿童护理的报道收集资料。通过观察，我获得了一些有价值的见解：大多数孩子都要比父母想象的坚强——无论从心理上，还是从身体上。我的不

到9岁的儿子努力去征服一座1万英尺的高山——最终胜利了，我亲眼目睹了他的爬山过程，从而得出了这样的结论。我写了一篇文章，题目是《上山的男孩——下山的男人》(A boy went up the mountain—a man came down) [《父母》杂志 (*Parent*)，1973 (4)]。我在文章中指出，父母不应该阻止孩子们去经历困难，因为这些困难有助于他们走向成熟。随后我又发表了一篇关于管理人员如何应付媒体采访的文章，里面谈到了媒体喜欢问到的“十个最危险的问题”。[Hemisphere, 1994 (3)] 有人问我花了多长时间写成了这篇文章，我的回答是30年。

信息的交换

随着对采访主题了解程度的加深，记者本人也会成为这个领域的专家。最终你会发现，人们接受采访的主要原因竟然是想了解你所了解的东西。如果你能做到坦诚相谈，他们也会回报以坦诚。在保证互相忠诚的原则下，这似乎是个公平的交易。在这样的情况下，被访者的提问也会刺激你谈论更多你知道的东西。你在把握好谈话的节奏的同时，可以充分发挥自己在谈话上的优势。这样一来，你所获得的信息就足够发展自己的假设了。也就是说，通过一些素材，来验证自己的一些想法，像下面与侦探的这段谈话中提到的问题：

> 问：我想征求一下您对我的某些想法的意见，您不介意吧？
>
> 答：当然不介意。
>
> 问：在采访了案件调查部门的一些工作人员之后，我得出了一些结论，我想知道您对这些结论的看法。首先，侦探工作根本就不像我们在电视上看到的那样——没有令人兴奋的突然开枪，也没有捉拿案犯时的搏杀——事实上，它更像学者和教授所做的研究工作，对事件追根溯源，进行采访。有人把这项枯燥的工作描述成做家务——周而复始的单调和辛劳，就像把胳膊浸在肥皂泡里，偶尔会带给你几分钟的兴奋。您对我的这些想法又是怎么看的呢？

以上是创造性提问的一个典型范例——用一个假设性的框架来解释你已经发现的事实和得出的结论。提出一些概念性的问题是可行的，尤其是当被访者对问题的了解很全面时。他们可能会不同
意你的观点，但是你们可以继续讨论。结果可能 171
是一方被另一方说服，当然也有双方都不能说服对方的情况发生。用这样的方法来考验你的观点，得出的结论会更具说服力。如果你的观点严密得无懈可击，这当然很好；反之——如果对方能找到它的漏洞的话——你就不好马上得出最后的结论了；还需再做进一步的调查——这意味着还要进行一些采访。

第19章 人物采访

问：名人女士——我能称呼您萨利吗？——您总是这么富有活力，能告诉我您保持活力的秘 172
方吗？

答：（大笑）你在开玩笑吗？我也不知道。

一提起人物采访，你会首先想到一些名人——电影明星、政治领袖、著名的运动员；你还会联想到一些过着不平凡生活的或有着英雄事迹的无名人士——攀登高山的残疾人、从汹涌的河流中救起孩子的中学游泳冠军。但是你是否考虑过这样的一个事实：这样的采访是不是人物采访？

人物采访大致有两类。一位观察家把典型的国家级杂志的内容归为第一类人物采访，称其为“大人物小事情”——名人形象；而将另一类反映普通人情世故的采访文章归为第二类人物采访，称其为“小人物大事情”——无名英雄（Hubbard，1982）。

但是因为所有的采访都涉及人，所以所有的采访都夹杂有人物采访的特色。然而，太多的作家因对采访内容的不恰当的挑选和删略而使刻画的人物支离破碎。举个例子：

一次，我专门安排了一次杂志写作课，课上就“初学写作的人为什么不成功”的话题现场采访了一些编辑。在几个星期内，共有6位编辑亲自或通过电话来到了课堂上，其中包括《信使世界报》（*Runner's World*）和《女性》（*Ms.*）杂志的前任编辑。

这些编辑对于生手们拙劣的作品进行了刻薄的评价：“你们简直不能相信我们收到的是什么样的垃圾文章。”甚至还有一位编辑为了证明他们的遭遇，在课堂上拆开了一沓咨询信件（询问怎样写文章的），并当场朗读。

大多数学生在这次课堂采访的基础上，写出了很好的文章。其中有代表性的文章开头是这样写的： 173

初学杂志文章写作的人所犯的最大错误是什么？编辑们一致认为，就是他们一方面希望自己的文章被杂志选中刊登，另一方面又不肯认真阅读这些杂志。一位编辑在接受本篇文章的采访时感叹道："你们简直不能相信我们收到的是什么样的垃圾文章。"

其中卡米尔（Camille）的文章值得一提。卡米尔·多马龙（Camille Domaloan）在她的文章开头不仅戏剧性地表现出一个生手所犯的错误，而且形象地刻画了人物：

"……能把您性格中最有趣的成分讲给我听吗？"

《俄勒冈人西北杂志》(*Oregonian's Northwest Magazine*）的编辑杰克·哈特（Jack Hart）此刻正坐在俄勒冈大学（University of Oregon）一间杂志写作课的教室里。今天，他是作为一名编辑被邀请到这里为我们上课的，他讲课时引用了反面的例子——初学杂志写作者写来的咨询信。他从一大堆来信中挑选了一封，大声读了起来。

亲爱的哈特先生：许多人去圣胡安岛（San Juan Island）的目的只有一个——去看活的鲸鱼……

"够了，"哈特先生对全班同学说，"光是这个句子就足够让人扫兴了。'许多人'，那是最为
174 抽象的一个修饰语；它显然是我们可以使用的关于人类的最为抽象的名词了。一看就知道，这不
是一个专业作家；这个人根本不知道如何使用具体数字来建立某种意象。"

仅凭咨询信中的一个句子，就使编辑丧失了信心。哈特还在继续大声批评这封信，看来这封信的内容肯定要被枪毙了。

我们通常能够在 5 月至 9 月间看到它们。

“这里的它们[①]到底指的是人还是鲸鱼？从第二个句子里，我们只能模糊地了解到某个事物被代词所代替了。”哈特说。

如果不能保证在这里看到鲸鱼，你还可以去星期五海港（Friday Harbor）参观鲸鱼博物馆。

“你们看，第三个句子居然由第三人称变成了第二人称，简直令人无可奈何。”

因为这家博物馆非常独一无二……

“独一无二这个词前还需再加修饰吗？能用有一点或者非常来修饰独一无二吗？”

哈特耸了耸肩，将信放到了一边。他承认博物馆可以作西北部旅游报道的素材。“但是，”他说道，“我不想再和这个作者一起胡说八道了，我也不想再继续读下去了。也许有一天，会有个优秀的作家从某个地方打来电话，询问鲸鱼博物馆的事——把这个报道任务留给他来完成吧。”

总之，编辑只读了信的开头的三句半话，就把它给“枪毙”了。

这段描述捕捉住了人物活动——一个严厉的编辑对作品的质量进行的冷酷无情的批判。令人啼笑皆非的是，该编辑居然承认这篇文章的主题是好的——只是写作方面难尽人意。这里蕴藏着一个教训，姑且把它叫做“三句半”定律吧：无论多长的文章，赢得编辑好感的关键就在篇首的三个半句子。

采访者还要从中吸取一个同样重要的教训，那就是不能再把人物采访孤立于其他采访之外。报社的编辑们迫切地希望他们的作品“贴近我们的读者”，即使是日常的新闻报道也力争反映出人们生活的某一侧面。

对于采访者来说，戏剧性刻画人物的关键在于观察和倾听——带着目的去倾听。当时我的所有学生都在场，都从头到尾听了这节课，但只有卡米尔听出了其中的戏剧效果，也只有卡米尔力图去表现人物活动——是表现而不是单纯地讲述编辑对作者的要求。在讽刺和戏剧冲突出现的瞬间能够将其捕获并能接下来做进一步挖掘的采访者，较之倾听时没有特定目的的采访者而言，往往能够获得更有价值的材料。

总之，人物采访渗透到了各类新闻媒体之中，从一本书那么厚的传记到短篇随笔都可以看到它的踪迹。活生生的人物形象总比抽象的概念更能吸引大量观众，更能产生社会影响力。人物特写不一定总是以名人为基本素材。越来越多的记者把目光投向了社会底层人物——儿童性骚扰者、家庭暴力实施者、 175
持枪抢劫者，等等。记者们在寻求这些暴力行为的解决办法的同时，也更好地理解了这些小人物。

人物采访的分类

上文已经提到过，人物采访的两个基本范畴是“人物”（名人）和“人情世故”（普通百姓）。

下面举例来说明。

① 英语中不管是动物还是人，都使用同一个“他们”（they）的表达方式。

人物类

就名人而言，谁也比不过女歌手惠特尼·休斯顿的名气大，她创下了6 600 万张的唱片销售纪录。但这也只是林恩·诺门特（Lynn Norment）笔下的一篇人物传记中不值一提的小事。这篇发表在《黑檀》杂志 1995 年 5 月号上的文章题为《惠特尼和锡西》（Whitney and Cissy）。锡西是惠特尼的母亲。这篇文章以母亲的讲述为主线，除了偶尔提及某些名人之外，通篇记录的都是平凡琐事。惠特尼小时候是个什么样的孩子？很害羞。在公立学校的时候，孩子们总是取笑她好看的衣服和“漂亮的头发”。六年级时她转学到了私立学校，情况由此发生了好转。“我不需要与任何人打架，也没有任何人想与我打架。我厌恶躲躲藏藏。”到了青春期，她有了一点反抗意识，也因此挨了第一次也是唯一的一次“结结实实的痛打”。她妈妈说：“那次是因为她要做她想做的事情。”惠特尼不喜欢洗碗、做家务，她喜欢像别的女孩子那样穿长筒袜。

现在，惠特尼自己也当上了母亲［她的女儿名叫鲍比·克里斯蒂娜（Bobbi Kristina），采访时已经两岁］，女儿“像她父亲一样开朗”，每次保姆送女儿回家晚了，惠特尼都会担心。

总而言之，平凡百姓喜欢读平凡的家庭琐事，因为正是这些家庭琐事体现出名人与我们之间并没有太多的不同。就像害羞的人会对某位名人小时候也很害羞的事情感兴趣一样。

人情世故类

这会激发我们的好奇心，从而使我们为了发现发生在普通人身上的不普通的事件，去阅读一些报纸和杂志。你经常能在一些重要的灾难性报道中找到这样的故事。1995 年，俄克拉何马联邦大楼发生毁灭性爆炸时，我们曾读到过冒死救助的英雄行为，也读到过幸存者的困苦境况，还读到过爆炸对受害者家属的严重影响。我们也曾经听到过一个叫做兰迪·莱杰（Randy Ledger）的维修工的故事。他因受伤过重，躺在医院里的头几天都不能开口讲话。根据美联社（Associated Press）的一篇报道（1995 年 4 月 21 日），“但是，他有故事，他要讲出来”。于是他的讲述被转化成了文字。他在该篇报道中表达了对护士的“和善行为”的感谢，并让他的父母住在他的公寓里（“当然了！打扫干净就行了！”）。最令人感动的是，他说道：“我急着为我所做的一切请求原谅。耶稣原谅了那些把他钉在十字架上的人。我甚至在努力原谅那些带给孩子们灾难的人，虽然这不太容易做到。”

这种对小人物典型的纪实描写正是时下流行的《读者文摘》的风格，即“真实生活中的戏剧成分”。这本杂志经常披露一些富有戏剧性的事件，例如一次人质危机事件中遭绑架的两名人质，一名是妇女，另一名是县副治安官。他们都是小人物，当时所处的境况也非常危急，但最终他们都表现出英勇壮烈的一面。［见 1995 年 1 月迈克尔·鲍克（Michael Bowker）的《“不许动！我这有炸弹！”》（“*Don't Move! I've Got a Bomb!*”）一文］

然而人情世故类的人物特写也不仅仅局限于惊天动地的事件。1995 年，《波士顿环球报》 176
（*Boston Globe*）上发表了一篇关于几个青少年如何克服困难的特写。文章中引用了其中一个名叫吉娜·格兰特（Gina Grant）的女孩的话：“成功的秘诀就是忘记过去。”之后，她因在入学申请表中隐瞒了几年前曾经杀死自己母亲的事情而被哈佛大学拒之门外这件事而变得声名狼藉。也正是因为这件事，《每周人物》（*People Weekly*）在一篇特写中对她进行了专门报道。

《每周人物》擅长于报道与名人有关的事件。被誉为“世界上最性感的男人”的演员布拉德·皮特（Brad Pitt）曾做过该刊物 1995 年 1 月 30 日一期的封面人物，名噪一时。但是《每周人物》的成功在很大程度上应归功于鲜为人知的小人物，例如年龄只有 10 岁的丹·希歇曼（Dan Hirchman)。他4岁时开始打合约式桥牌，6年之后就成为美国合约桥牌联合会（American Contract Bridge League）58年历史上最年轻的桥牌高手。虽然桥牌冠军这样的成就十分显著，但是人们谈论更多的还是关于他的一些小事情——他喜欢吃奥利奥奶油夹心巧克力饼干，不喜欢上学（“太烦人了!”），失败的时候从不哭泣。

一位老资格的记者意识到了从小人物的身上能够得到更多的回报。撰稿人兼记者斯塔兹·特克尔（Studs Terkel）说，他的录音机“能被用来捕捉名人的声音，而这些名人在回答记者的提问时总是按照既定的程序将现成的答案随口说出，我在旁边还必须装模作样地对其中的某个答案表示惊讶。它还可以被用来记录平凡人的想法——在正在建设中的公共住宅的台阶上，木结构的平房里，备有家具的公寓里，停着的汽车里……我经常会感到发自内心的惊讶”（*Working*，1974）。

人物采访的用途

采访对象一旦上了电视，无论讨论的主题是什么，都会成为名人。也难怪美国公众多年来已经形成了这样的印象：有感召力的约翰·F·肯尼迪（John F. Kennedy），坦率的吉米·卡特（Jimmy Carter），能说会道的罗纳德·里根（Ronald Reagan），才思敏捷的比尔·克林顿（Bill Clinton）。

在报纸、杂志等印刷媒体中，生动刻画人物形象变得越来越难。要用文字把电视屏幕上一目了然的人物特点形象地描画出来，主要依赖于作者出众的写作才华。不过印刷媒体也有着不可比拟的优势，它们通常以篇幅长、细节具体而见长。印刷媒体要善于抓住特定读者最感兴趣的事物的特点。在专门性的杂志中，采访某位著名女士时，媒体不同，采访的重点也会有所不同。《女性》杂志会将采访定位在女权问题上，《职业女性》（*Working Woman*）会定位在管理问题上，而《户外》（*Outside*）杂志则主要针对户外活动问题进行采访。而如果要想把上述的一切都包括进去，就只好写一本人物传记了。

以下是出现在印刷媒体上的一些比较典型的人物采访类型：

1. 一问一答式的对话，例如《美国新闻与世界报道》或《花花公子》的采访。

2. 补充报道和速写。杂志和报纸往往展现了被卷入公共事件的普通人的生活状态。当涉及忙碌的机场安全问题时，就要采访机场调度——在 177
主体报道的旁边补充一篇短小的人物采访文章，从而使问题更趋私人化、戏剧化。

3. 专题采访。采访以及采访文章主要集中在某一单一的问题或主题上。对歌手惠特尼·休斯顿的采访就集中在一个比较狭窄的主题上——母爱。文中所有的回答、例子和逸事都展现了这个特定主题之内的人物形象。

4. 案例史。有时候采访范围狭窄、主题单一会使采访只集中于一个事件或一系列事件上。此时就要通过把人物活动戏剧化来表现人物的特征。有代表性的是曾刊登在《妇女家庭杂志》（*Ladies' Home Journal*）上的长篇特写《这场婚姻能被挽救吗?》（Can This Marriage Be Saved?）一文。这篇文章通过对婚姻纷争的讨论，使读者深刻地了解了人物特征。

5. “嘉宾独白”型采访。就像歌手站在乐队前演唱一样，“嘉宾独白”型采访的重点被放在了某个具体的事例上——比如请来某个贫困单亲家庭，由此引出一场对贫穷问题的广泛讨论。随后在报道中使用一些统计数字、调查研究，还有社会工作者和学者的言论，来描述家庭成员之间的冲突。这样的采访计划能否成功，取决于挑选出来的采访对象是否能言善辩，是否有感染力。

6. 人物传记。《纽约客》（*The New Yorker*）是写人物传记的先驱。从20世纪20年代起，该杂志的撰稿人就已经不再满足于单纯记录名人的言论，而开始进行广泛深入的调查，在调查的基础之上刻画人物形象。采访对象不仅仅局限于名人，还包括其家庭成员、朋友、敌人、商业伙伴、下属——能为完整刻画人物形象发表见解和提供具体逸事的所有人。这样写成的采访文章既易懂又可信，并且因为包含了人物性格的阴暗面，使人物形象更加逼真。大多数的人物传记都要么公开、要么含蓄地围绕着一个主题，即人物中心性格进行论述：她这人野心很大，又很残忍；他这人没有安全感，总想控制周围人的生活；她看起来乐观开朗，其实私下里却很忧郁，等等。

人物处理时需要注意的几个问题

如果只是想通过人物采访来了解一个人的日常生活情况，比如出生年月、学历程度、就业历史、生活习惯、业余爱好等，那是非常简单的事。但是要想写出出色的人物采访文章，除了这些日常情况之外，你还要了解额外的两项内容。

首先，你必须努力去了解采访对象是什么样的人，即他的主要性格特点是什么。假如采访对象对于你的提问回答得很具体，非常有参考价值，那么这个问题并不难解决。但是事实往往不是这样。例如采访名人萨利就不会有太多的收获，因为她的生活内容过于琐碎，就像巨型拼图玩具里奇形怪状的碎片，记者就是费九牛二虎之力，也很难将它们拼凑在一起。

178 并且和其他采访对象一样，名人萨利也会感到紧张慌乱，因为你有可能是第一个问她那些问题的人。这时你要时时与她交换意见，以达成某些共识。否则，你将一无所获。已故法国小说家、传记作家安德烈·莫鲁瓦（Andre Maurois）对人物描写的复杂性做过最好的概括：“一个传记作家在撰写一个人的历史时，遇到的大多是一大堆杂乱无序的写作素材，组成素材的这一组组事件互不相干、漫无边际，使人无从谈起；除非碰巧这个人本身的生活线索清晰、事件突出，而这种情形却非常少见。”（Whitman，1970）

人物采访要处理好的第二个问题是，一旦你把那些杂乱无章的素材理出了头绪，就需要把重点放在人物性格的刻画上。你要描写人物活动，你笔下的主人公应该是一个能呼吸、会思考、会做事的活生生的人，否则，你的文章会显得平淡呆板，毫无生气。

要对人物的活动保持敏锐的观察——例如评论投稿者的咨询信的那名严厉的编辑——这样做会对人物刻画有所帮助。同样，采访时要做到认真负责，这样才能从采访对象处获取相关的逸事、行为陈述和一些具体事例，它们会对你的报道大有帮助。

可以这样说，努力刻画人物的方式与演员扮演角色的方式大体上是一致的。根据斯坦尼斯拉夫斯基方法（Stanislavsky Method），一场好戏的基础是对人物角色的三方面理解：

- 我是谁？我因何来到这儿？
- 我来自何方？我是怎样来的？
- 我要去哪里？

你在采访中要仔细观察，寻找上述问题的答案，并用例子加以阐述说明。

如何进行人物采访

实际上，这本书中介绍的所有方法都适用于人物采访。是否需要做准备工作？当然啦！尽你所能，去发现并研究关于采访对象的一切材料。需要认真倾听吗？是的，并且要用你的“第三只耳朵”去听，听出采访对象内心深处的声音，了解只被表达了一半的想法。需要观察吗？毫无疑问。细心观察任何有意义的事物，尤其是那些暗示。一位专门从事人物报道的作家认为，重要的是要搜寻采访对象认为有幽默感的事情，要特别记录下讲过的笑话和办公室公告栏里的漫画。另一个作家认为，人们的奇思妙想可以揭示出他们的性格特点，他在该方面曾做过很多研究。

那么采访目的呢？这是最重要的了。没有强烈的目的感，许多人物采访就像在暗处放枪——随意提几个问题，任意寻找某条主线（经常是草率决定的），并沿着这条主线将收集来的五花八门的信息贯穿起来。

179 下面补充介绍一些原则，也许能够帮助记者在人物采访中准确地把握人物性格。

1. 参照传记作家的建议：要善于发现最高尚的人身上的阴暗面、最卑鄙的人身上的闪光点。

2. 要舍得花费时间。一篇完整的人物传记的信息采集和写作工作不可能在很短的时间内完成。凯瑟琳·德林克·鲍恩（Catherine Drinker Bowen）在她的《一个传记作家的冒险》（Adventures of a Biographer）一文中提到，记者要像被邀请跳华尔兹舞的女士那样表现自己：“不管对方的舞步有多复杂，她必须要流畅地去配合。稍微加以机智的点拨，你们的谈话就会顺利地进行下去，而强迫和缺乏耐心是绝对行不通的。”

3. 善于观察。花一定的时间与你的采访对象一起去观察一些比较典型的事件。

4. 追踪事件的根源。采访某人的生活经历时，可以用下面的问题来作为提问的开端。这个曾环绕世界航行的著名航海家是什么时候开始对帆船产生兴趣的？那名政客是什么时候开始关注公共事务的？回答这样的问题时，人们往往会谈到一些令人感兴趣的逸事。而采访的开端先询问对方的童年生活，往往很具启发性。

5. 采访人生的十字路口发生的事件。人们总要根据生活中的具体情况作出一些或大或小的决策，而其中的某项决策可能会带来戏剧性的转折。臭名昭著的罪犯下决心抢劫第一家银行时是不是也犹豫了一下？公司经理在决定采取有可能危及公司前程的冒险行动时是否也曾考虑再三——应采取什么样的步骤？会出现什么样的反对意见？是否经过了无数个不眠之夜才下定了决心？对这些细节问题进行具体的描述能够帮助产生悬念，从而更好地刻画人物性格。即使是很简单的决定——比如午饭吃什么——也可以表现出名人的性格特点，至少可以看出她是否优柔寡断。

6. 采访对方的感受和领悟。实践出真知——这是真理，没有例外。因此人物采访应在任何可能的时候，努力去揭示一些经验教训。像“你从失业（考试不及格或其他什么事）这件事中得到了什么教训”这样的问题常常能帮助我们获得有价值的真知灼见。

可用于人物采访的 20 个提问

如何鼓励采访对象坦诚地谈话，几乎所有的采访者都有自己喜欢的一套方法和一些特殊问题。斯塔兹·特克尔喜欢用“窗户何时被打开的”这样的问题来开始谈话，而他真正的采访目的则是与采访对象就他们的信仰问题展开哲学讨论。“您的信仰的产生有没有受到特定时期、特定人物、特定事件或一系列事件的影响？”（Brian，1973）

上述的例子说明了一个关于人性的不言而喻的道理：人们所持有的信念会指导自己的行为。采访人必须要追溯信念产生的原因。正如特克尔所建议的，信念的产生通常有一个或两个途径——由于某个爆炸性事件或痛苦经历偶然产生，或者是由于众多小事情的积累而产生，就像海浪每次冲击岸边会留下一粒沙子，沙子一粒一粒地堆积下来，最终形成了海滩。

180 加利福尼亚的自由撰稿人苏珊·基辛尔（Susan Kissir）经常采访娱乐界名人，她准备了一系列的备用问题。

> 哪个词能最恰当地描述你的性格？理查德·西蒙斯（Richard Simmons）："异想天开。"艾伦·金（Alan King）："争强好胜。"史蒂夫·古滕贝格（Steve Guttenberg）："危险。"基辛尔马上追问："哦，是吗？为什么？"古滕贝格回答说："因为我预料不到未来会发生什么——所以危险。"
>
> 你最大的缺点是什么？古滕贝格："我的'不'字说得不够多。"
>
> 你认为自己的哪些地方会令公众感到惊喜？女演员安妮·波茨（Annie Potts）："我在现实生活中缺乏魅力。"
>
> 你最害怕什么？理查德·西蒙斯："天堂里没有体育馆。"

判断这些问题所产生的影响时，可以先想象自己的答案。如果自己也能够风趣地回答所有的问题，就可以预料到别人的答案了。

开始时，我的一个学生批评这样的"备用问题"，认为它们过于简单、无聊。可后来他也承认，在采访某消防署署长时，如果不是因为及时地提了这样的一个备用问题，那次采访就会无功而返。他当时的问题是："在大火中你曾感到害怕吗？"署长回答说，当然害怕了，而且不止一次感到害怕。他还讲述了几个富有戏剧性的故事来说明他的恐惧，这让该学生喜出望外（而且惊讶万分）。

对于以下的问题你会给出什么样的答案呢？

1. 生活中（或在目前的讨论中），你什么时候最快乐？什么时候最沮丧？

2. 什么样的事情、境况等等会令你感到生气、悲伤、高兴或害怕？

3. 什么让你大笑或者大哭？

4. 你还记得童年时发生的大事吗？什么样的童年经历造就了今天的你——你的成功、你的失败、你的信仰、你的观念、你的个性、你的特点？

5. 你最好的性格特点是什么？

6. 你最大的缺点是什么？能否列个单子出来。（一次一个妇女接受采访之后写下了她的"十大缺点"，并将它们寄给了我。在信的开头，她写道："你知道，我太爱唠叨。而你最大的缺点就是太热衷于听别人唠叨。"）

7. 你所拥有的物质财产都有哪些？这些财产对于你的意义是什么？如果你家着了火，你会尽力挽救什么？（采访对象经常会提到的是过去的情书、旧照片、计算机软盘。）

8. 你经常阅读什么（你书架上摆放的是书还是杂志）？

9. 谁是你心目中的英雄？你"最景仰的十大 181
人物"都是谁？为什么？

10. 你工作和生活上最主要的目标是什么？存在哪些主要问题？你目前正努力解决的是什么？

11. 你经常接触什么样的人？——包括你的配偶、其他重要的家人、朋友、同事、下属，等等。

12. 你常去哪里，以及怎样度过你的闲暇时间？

13. 在事业上以及在生活中，什么样的问题、观念、哲学思想对你最重要？你愿意为何而战？为何而死？为什么？你采取了（或即将采取）什么行动来维护你的信仰？

14. 你的一天一般怎样度过？

15. 你的梦想或幻想是什么？

16. 你如何处理一些常见问题？如果有人侮辱你，你是奋起还击，还是视而不见？抑或有别的解决办法？在出席没有一个熟人的宴会时，该怎样表现？在自助食堂前排队时，如果有人挤到你的前面，你会怎样做？

17. 你的生活中最重要的里程碑是什么？（采访对象的回答一般会涉及婚姻、孩子的出生、离婚、职位的变迁、工作的变化等方面内容，但是最好提一些特殊的其他问题，如意想不到的事件、偶然的机会、鼓舞人心的老师，等等。）

18. 在生活中你感到最遗憾的事情是什么？最自豪的事情是什么？

19. 如果让你自己来概述一下自己的性格特点，你准备说什么？

20. 你希望别人记住你什么？

记住采访者

这是我们要谈的关于人物采访的最后一点。作为记者，应该如何让别人对自己记忆深刻呢？如果让你竖一张广告牌，在上面写上优秀记者的首要品质，你准备写些什么呢？

一些调查证据表明，优秀记者的良好品质包括：热情、支持、不带个人判断、理解、宽容。一项研究发现，优秀记者的特征与牧师和会计非常接近——而与医生和经理大相径庭。这很有道理——牧师代表着宽容和理解，会计代表着精确和细致，而医生和经理则是独裁主义的象征。另一项社会调查研究表明，采访对象很难记住在几个星期前采访过自己的人。这对于那些以自我为中心的记者来说，可不是好消息。

总之，如果不能把“令人难忘的”写到广告牌上，至少应该写上“热情”、“精确”等内容。而我会在自己的广告牌上写上“急于倾听的人”。

第20章

采访的伦理道德问题

182 问：把你的真实情况讲给我听，这里就你我两个人，在我耳边悄悄说——我不会告诉别人。

答：谢谢。但我一旦做好充分的准备，往往会选择在楼顶上大声讲出事实。这样就不会有人注意到我了。

采访对象享有什么样的权利呢？记者在采访开始的时候，不会发出“米兰达警告”，也不会用下面的话来安慰被访者：“你有权利保持沉默，如果放弃这个权利的话，你所说的每句话都有可能，而且必将被用来做于你不利的报道素材。”

只是在最近几年，采访的伦理问题才成为公众讨论的话题。报社记者的采访一直在私下里进行，而最终的报道却见诸报端。电视新闻和谈话节目的增长使公众能够亲眼目睹采访的全过程。于是，在1995年，公众亲眼目睹了哥伦比亚广播公司（CBS）的知名主持人兼记者宗毓华诱骗白宫发言人纽特·金格里奇（Newt Gingrich）的母亲向观众讲出她那一夜成名的儿子对第一夫人希拉里（Hillary Clinton）的看法的全过程：“您可以小声地告诉我——这里只有我们两个人。”

很多观众都目睹了接下来发生的事——纽特的母亲使用了脏话——随后很多人开始质疑这次采访的伦理问题，当然也包括所有采访的伦理问题。“这里只有我们两个人”意味着什么？是“不会被公开”的代名词吗？宗毓华从采访录音中把那些大胆的谈话都编成了新闻，这样做是不是背叛了被访者对她的信任——一种所谓“契约式的承诺”？会不会有人声称正是这条重要的新闻影响到了公共政策的进程？其实我们并没有这样的想法，只不过是想娱乐一下。

众所周知，20世纪90年代，采访时对娱乐的重视超过了对信息的需要。无论是报纸还是电视上的小报新闻，都对名人们的不谨慎言行表现出前所未有的关注。不久，甚至连正统的新闻媒体也开始追逐那
183 些充满流言蜚语的小道消息。同时，采访的语调也变得更加夸张——啰嗦的和诱人上钩的问题，往往会

导致对方做出防卫性的、情绪化的和急躁的回答。而这就是娱乐。还可以进行暗中的采访或者使用偷拍的伎俩。斯卡特·东尼娅·哈丁（Skater Tonya Harding）断言，一家广播公司曾经窃听过她与不和她住在一起的母亲的谈话内容——他们在母亲的身上装了个微型话筒，把哈丁说的每句话都监听了下来，虽然这些话并没有被媒体引用（*TV Guide*，1995-04-29）。

“作为一名记者，我首先要提醒你，你所说出的每句话都有可能被用来写出于你不利的报道。”

现在事情变得更加糟糕。看看下面这个极端的例子。作为受害者而在新闻中出名的纽约模特玛勒·汉森，一天晚上与男朋友一起去了纽约的一家俱乐部。他们在谈话时吵了起来。后来她吃惊地发现，自己整晚的所作所为都出现在一家周报的报道中。很明显，一名窃听者利用汉森的名气发财，把报道卖给了这家小报（对汉森的采访，1991）。这显然是低质量的新闻。而汉森又一次成为受害者，罪魁祸首竟然是媒体。

正统的媒体也会使用这样的伎俩吗？许多报纸和电视台的确有自己的道德准则。对其中 304 家进行的调查表明，49%的电视新闻运作机构和 44%的报社都为记者规定了一些书面的准则。它们普遍谴责欺骗性的伎俩，例如窃听。（Black，1995）

根据职业记者协会（Society of Professional Journalists）的定义，这些规则在三条原则上达成共识： 184

- 挖掘和报道事实。
- 不受外界压力，行为独立。
- 把对相关者的伤害减少至最低限度。

有些原则也适用于与采访有间接关系的出版政策。例如，为了把伤害减至最低，大多数媒体都不会报道强奸案件受害者的姓名，也不会刊登血肉模糊的案发现场或事故现场的照片。在常规的罪案中，对于侵犯家庭隐私的报道也会反复思量，虽然在报道与名人相关的耸人听闻的事件时，这条原则往往被忽略了。尽管如此，它们可能还是会平衡个人伤害与公众利益之间的关系，例如对少年自杀或者暴力犯罪所做的细节性的描述是为了使公众能够很好地了解暴力行为。考虑到道德问题而作出的决定通常代表了公众利益和个人伤害之间微妙的平衡。

不受外界的压力独立行事的意思是避免利益冲突，例如记者手中有一些“商业区综合办公大楼”（downtown office complex）的股票，于是就写报道鼓吹城市发展所取得的成绩；或者记者定期地为某个组织写一些报道，因为他曾经从那里收到过价值昂贵的礼物。同时这还意味着不在经济压力面前低头，比如有人威胁，一旦公司的劳资争端被曝光，就会撤回广告。

这一切都使得“挖掘事实真相”成为与采访最为直接相关的原则。大部分问题都属于以下四类范畴：

- 欺骗。
- 背叛。
- 歪曲。
- 侵犯个人的隐私。

欺　骗

欺骗意味着伪装自己的真实意图而获得信息。有人把“挖掘真相”这个难以捉摸的词界定为媒体行业高尚的目标。但在挖掘事实真相时到底应该走多远？窃听名人的谈话？从卧室窗户向里窥视？在官员的垃圾里搜寻揭发事实的材料？假扮成法医的助手，接近不允许记者出入的犯罪现场？从管理者的文件中偷走一些材料？在卡车停下时，假扮成侍者，在卡车司机没有戒备的状态下观察他们的行为？你会在报道中公正地引用人们不赞成公共消费的言词吗？

这些问题很有趣。看看下面这个经典的案例。作家威廉·里弗斯（William Rivers）在《舆论制造者》（*The Opinion Makers*）一书中，描述了一
185 位新当选的政府官员拒绝向媒体谈论他的见解。有一天一名记者碰巧在酒吧里见到他，开始与他谈话。谈话不久，这位官员开始坦诚地表白自己对当前一些问题的看法，还有对未来的展望。这位记者在谈话的结尾透露了他的身份。文章见报后，记者承认他的道德问题应该受到质疑，但坚持说，有关官员在酒吧与偶尔结识的人的谈话的所有新闻都不该逃脱媒体的报道范围。

采访目的能证明采访手段的合理性吗？官员有接受媒体采访的责任吗？当然两种意见都有道理——新闻伦理是建筑在流动的沙粒上的房子。在这样的讨论中经常被问到的关键问题就是：获取信息有没有其他的方式？冷静的交谈或许能说服那些本不愿接受采访的官员坦诚地表达自己的想法，最好不要采用欺骗的手段来获取信息。但在一些人眼里，这一切都显得那么苍白。

在20世纪90年代，偷拍式的采访越来越多地被电视记者所使用，而越来越多的报纸却正在逐步放弃使用这种方法。1979年，《芝加哥太阳报》（*Chicago Sun-Times*）因刊登了一系列反映卫生视察员在“米拉格”（Mirage）酒店接受贿赂的报道，而成为普利策奖的候选人。这家酒店是《太

阳时报》开的，报社在酒店的暗处安装了摄像机，专门抓拍卫生视察员接受贿赂时的镜头。但是普利策奖的顾问团对欺骗背后的道德问题提出了质疑，不同意把奖项颁给《太阳时报》（Goodwin-Smith，1994）。

媒体所遵循的道德原则是怎样看待欺骗的呢？"匿名采访削弱了我们与公众之间原本互相信任的关系。……采访时使用诱导甚至犯罪的方式是不可宽恕的。"（*Philadelphisa Inquirer*）"除非条件极为特殊，否则人们有权知道自己正在跟记者谈话。"（*Beaumont Enterprise*，Texas）"应该让我们的采访对象了解到自己正在对媒体讲话的事实，而且自己所说的一切都有可能被发表出来。我们应该重点关注那些情绪化、无知的被访者，不擅长与媒体打交道的人，或者理解不了话的深层含义的人。"（*Grand Forks Herald*，North Dakota）

职业记者协会提出了一条原则，那就是阻止偷拍和匿名采访，除非这种曝光"有十分重要的意义……与公众的利益息息相关"；而且除此之外，别无他法——牵扯到事件中的记者愿意公开这种欺骗，并且愿意说明这样做的原因（Black，1995）。

背　叛

背叛在这里的意思是把别人讲给你的秘密公开，或者食言。近几年讨论的焦点一直集中在这样的一些记者身上——他们看似真诚，经常用目光的接触和微笑点头来抚慰被访者，并且似乎对被访者的每句话都感兴趣——但最终写出来的报
186 道对被访者来说却完全是负面的，还经常把对方在热情和谐的采访氛围下所做的自我表白的原话进行引用。《纽约》杂志的作家珍妮特·马尔科姆（Janet Malcolm）写了一篇文章。文章由两部分组成，一经发表就引起了公众对这件事的关注（随后以书的形式出版）。文章的标题是《记者和杀人犯》（The Journalist and the Murderer），开头的语言就很尖刻：

> 所有记者，只要没有傻到或自以为是到意识不到正在发生的事情，就应该知道自己所做的一切在道德上是无人为他辩护的。他们装出一副值得信赖的样子，猎捕别人的虚荣心、无知或者孤独。而一旦获得了对方的信赖，就会背叛对方，竟然不受任何良心的谴责。（1989 年 3 月 13 日）

马尔科姆的文章描述了作家乔·麦金尼斯（Joe McGinniss）和杰弗里·麦克唐纳（Jeffrey MacDonald）的故事。麦克唐纳先前是一位医生，被起诉谋杀他的妻子和两个年幼的孩子，陪审团最后宣判他有罪。

这位记者和采访对象做了朋友——花了几个月的时间和麦克唐纳在一起，每天都出席他的庭审。记者还向麦克唐纳保证，相信他的无辜。甚至还在麦克唐纳被定罪以后，给狱中的他寄去了信件，表示支持。结果却在书里把麦克唐纳描写成了心理变态的杀人犯。

这是不是背叛呢？麦克唐纳当然这样认为。记者提出要为他支付法律诉讼费，所以作为回报，他与这名记者签署了互相忠诚于对方的协议书，并且在谋杀案的审判过程中全力与他合作。麦克唐纳在狱中起诉马尔科姆，要求得到 1 500 万美元的赔偿，陪审团以 5∶1 的比例支持他，结果这位记者以 32.5 万美元的代价求得了庭外和解。

这件事促进了全国范围的对新闻伦理道德的研究，最终哥伦比亚广播公司的前任总裁弗雷德·弗兰德利（Fred Friendly）在《纽约时报书评》（1990 年 2 月 15 日）上评论了马尔科姆的作品。马尔科姆关于新闻背叛的观点"构成了由野蛮投球组成的一局"，弗兰德利说。但同时他也认为，这件事也有一些正面影响，那就是引起了公众的关注。“书评上的评论性文章，不管有没有被夸张的成分，都应该促使从事新闻工作的人重新检验自己的方法和态度。”他建议记者应该认真地向被访者解释采访的原则，尤其是对那些没有经验的被访者。这些人，被一夜出名的光环所笼罩，根本就意识不到前方正有陷阱在等待着他们。

歪曲

歪曲意味着错误阐述被访者的观点，有时是故意的，但更多时候是由偷懒和不全面报道造成的。充分的准备、认真的倾听、对细节的格外关注能够帮助消除误解，避免歪曲。

歪曲事实最简单的方法就是错误引用。新闻界和学术界长期争论的一个焦点就是引号的意思。请看下面州长在回答记者提出的有关犯罪的问题
187 时的谈话：“我很高兴你能提出有关犯罪的问题，因为，嗯，我认为要修建更多的监狱，否则我们，嗯，嗯，啊，当我们，我的意思是，我们要修建更多的监狱，否则我们会在大街上发现更多的尸体，血肉模糊的尸体，而这些人都是无辜的受害者。”

去除掉以上回答中的那些表达不清的成分，我们得到的就是：“要么多修建些监狱，要么就会从大街上发现更多的尸体，血肉模糊的尸体，而这些人都是无辜的受害者。”

有些人认为后者其实是州长真正想表明的意思，经过编辑，更加明了化了。同时它的基本意思也没有改变——甚至还增强了，而简洁的语言是这种明了的基础。

还有些人认为引语必须是原话，一个字都不能更改，或者不应该使用引号。他们还说，如果州长的即兴讲话原本就结结巴巴的，新闻报道应该把这一切充分地表现出来。

这个反驳不错。但我们要对读者负责，这意味着要使读者快速了解州长讲话的内容。如果读者不能一遍读懂经过编辑取舍的州长发言，那我们的工作就失败了。总之，众说纷纭，类似这样的争论无休无止。

持中间态度的人认为，直接引用州长讲话时的语法和结构是有必要的，但一定要把原文读给州长听，征求他的同意。这样做其实遵循了一条严格的采访原则：使用谈话者的原话，意思上不要更改。在删除一些无意义的废话时一定要小心。如果原话被改动得太多，不能直接引用，就要考虑对它进行意译——也就是说，用自己的语言来表达州长的意思。

实际操作中会有各种变化。按照惯例，杂志编辑在核实事实时，会把引言的部分读给被访者听。而每日都要发行的媒体就会感到为难了。在各种杂志和书籍里，被直接引用的话往往都经过了重新组织和压缩。例如《花花公子》总是在结束“花花公子”采访之后，把采访的内容进行重新编辑。作家斯塔兹·特克尔也说，他把大约 100 页的采访记录压缩成了 15 页，在此基础上，写了一本有关口头采访历史的书。特克尔把这个过程描述成从金属矿中提炼纯金。电视台也总是把政治人物讲话中的三言两语编辑出来，反复在节目中插播。作家约翰·胡尔滕（John Hulteng）在他有关媒体道德的书中引述了自己接受广播公司采访的经历。长达 6 分钟的采访中，最终只有 15 秒的片段被播放了出来——只有一个提问，一个回答。但那个回答是针对较早的一个提问的，根本就不是被播出来的那个提问。于是胡尔滕总结道：“这些都是电视新闻与生俱来的特征，结果只会导致事实的歪曲。”（Hulteng，1976）

这样的歪曲并非故意——只是把复杂的现实过于简单化了。公共事件的复杂性通常会对简单描述的可能性提出挑战，毕竟 7 秒钟的新闻插播与冷却一个 90 秒内仓促烤制出来的微型蛋糕没什么两样。还有一些歪曲是由于采访不深入而造成的，

这通常是没有经验的记者干的事。有些记者在采访时思想封闭，带着某种成见，总想用问题来压制对方。如果记者在提问时就抱着错误的成见，这只会导致事实的歪曲。

188 挑选采访对象也是典型的一种新闻歪曲。针对总统（民主党人）刚刚宣读完的令人震惊的政策文件进行采访时，你会让哪位共和党人来回答问题？如果选择言辞犀利的议员，会不会产生某种预期的刀光剑影呢？如果选择善于平衡的议员来回答问题，会不会又有些啰啰嗦嗦呢？难道犀利言辞不比单调言词赋予新闻广播以更强的活力吗？不幸的是，引用犀利言词会产生很浓的火药味，也许会造成歪曲。总统比尔·克林顿 1994 年接受美国广播公司（ABC）的记者彼得·詹宁斯（Peter Jennings）的采访时说道："人们喜欢在负面和火药味很浓的语境下解读自己得到的新闻。"

记者自身热情与否也会影响到双方在谈话中的交流。我曾经以被访者的身份接受过一次采访。在为本书的第一版写作时，我选择在夏威夷度过安息日。一名大学生就我的逗留采访了我，下面是采访的内容：

> 问：您为什么要选择夏威夷？
>
> 答：这里的晨报《广告商》（*The Advertiser*）为我提供了一次工作的机会，使我能够亲自接触工作状态下的记者，采访他们如何为自己的报道进行采访。同时我还有机会自己进行一些采访，为报社写一些报道——实地验证我对采访的看法。

另有一位合众国际社（UPI）的有经验的记者用另一种方法接近同样的主题：

> 问：夏威夷！（咯咯地笑）神圣的烟雾！您肯定是拉到了某根绳子，让它把您带到了夏威夷，并在那呆了 9 个月！
>
> 答：这里面有个有趣的故事。1967 年的冬天，我是在芝加哥过的安息日——那是个可怕的冬天，1 月份的暴风雪是有历史记录以来最大的一场。我妻子不喜欢中西部的冬天。她坚持下一个安息日要在温暖的气候中度过。所以我找了份 9 个月的报社工作，这样我就可以写本关于新闻采访的书了。我只向南方的报纸求职，从迈阿密到檀香山，檀香山的报纸说：你来吧！

第一个记者的提问很直接，回答也很直接。第二个记者的提问很具挑战性，对方在回答中还提起了一段逸事——更加坦诚、更加有趣的回答。

按照惯例，记者是如何控制采访的进程的呢？记者的偏见不但会影响到自己的提问，更重要的是，还会影响到对被访者的回答的反应。采访者的皱眉和走神，会使被访者在政治上做出激进的回答，而采访者的微笑和点头，则会使被访者做出保守的回答。而采访者所有的这些反应都会使被访者在表达自己的政治观点时感到不自信。

如何避免歪曲事实的情况？这不是件易事——于对方有利的偏见（例如，你赞同市长修
建新公园的提议）和不利的偏见都能产生歪曲。 189
人物采访时，记者为了能从新颖、独特的角度来展现人物的性格，有时也会造成歪曲。这类歪曲更为严重，因为采访者和被访者的个性都在其中得到了体现。这在特写、纪录片和人物传记里体现得较为明显。

因此，我们不可能去谴责所有的歪曲，正像一个人不可能谴责经典的印象派的绘画——它代表着艺术家个人的想法，不以折射现实为目的。同样，懂得提问技巧的采访者所做的采访往往能够产生普通的询问无法达到的坦诚，甚至还能获得一种艺术的效果——采访者和被访者之间的个人交流。

坦诚地讲，新闻本身就是印象主义的现实。新闻的定义本身就表现了对不同寻常的、戏剧性的事件的偏好与对常规事件的脱离。新闻的这种属性曾经受到大卫·拉斯特（David Rust）的关注，他在艾奥瓦州中了 300 万美元的头奖。他非常愿意接受记者的采访要求，因为作为一名社会工作者，他希望能够公开本州的社会福利项目，从而赢得更多的社会支持。但没想到媒体对他的计划并不感兴趣。结果还是一家电视台发现了一个很有意思

的小插曲。拉斯特的一个孩子跟他要五毛钱吃中饭，而百万富翁拉斯特发现自己没有现金。这件事发生时，刚好电视台的工作人员都在场。“猜猜那晚的新闻会报道些什么？”拉斯特说（对拉斯特的采访，1990）。

侵犯个人隐私

一旦某个耸人听闻的事件涉及了一些名人，媒体的“群狼战术”（wolf pack）行为实在是令人悲哀的一幕。记者和摄像们又喊又叫，推推搡搡，不仅仅歪曲了正在被报道的事件的真实性，连他们的出现本身也是一个新闻事件。

有些记者的进攻性太强了。模特玛勒·汉森回忆道，医生刚刚把她脸上的刀口缝好，电视台的记者们就已经站在她的床边问问题了（对汉森的采访，1991）。

“名人女士，请您转过身来，公众有权了解有关您文身的传闻的真实性。”

记者们还喜欢问些不痛不痒的问题。1987 年，得克萨斯州米德兰地区的落井婴儿杰西卡·麦克卢尔（Jessica McClure）的母亲锡西·麦克卢尔（Cissy MaClure）永远也不会忘记记者把麦克风杵到她的脸上，然后问："婴儿掉到井里时，您有什么感受？"她已记不起自己当时是怎么回答这个问题的，但她还记得自己当时的想法："我想拿那个问题反过来问记者：'如果您的孩子掉到井里了，您会有什么感受呢？'"（对麦克卢尔的采访，1991）

一旦普通老百姓也被媒体的具有杀伤力的好奇心包围了，侵犯个人隐私就显得尤为严重。因为起码要过好几个星期，甚至好几个月，这些人才能从公众的视野里消失。而在此期间，他们不得不去应付无数个采访的要求，这既费时间，又是无用的重复。印第安纳州的新闻学教授卡罗琳·道（Caroline Dow），为了自己与丈夫所做的
190 研究项目经常去做实地采访，而正是这件事迫使她改变了自己的授课方式。她发现记者对采访的准备通常很不充分。他们问的都是老掉牙的问题。现在她要求自己的学生在采访有经验的采访对象时，要准备一些新鲜的问题（对道的采访，1991）。

如果让名人们自己来选择的话，新出名的人喜欢一对一的提问和回答，而不喜欢新闻发布会，
191 或者大街上或大厅里的即兴采访，让他们接受所有的采访是不可能的。但是，以报道全面和准确而著称的记者，如果接近采访对象的方法很独特的话，往往会取得成功。

看看梅利莎·拉思本·科尔曼（Melissa Rathbun Coleman）所经受的媒体考验。1991 年，她成为第一个被俘虏的服役女兵。海湾战争期间，她在伊拉克军队的监狱中度过了她的 21 岁生日。

她一夜之间成了名人。科尔曼被释放的那天，《生活》杂志把这名面带微笑的瘦小女兵接受诺曼·施瓦茨科普夫（Norman Schwarzkopf）将军的非军方拥抱时的照片当作特写照片刊登在了封面上。媒体全力出动，在报道中引用了她所说的每一句话，包括她抱怨自己是唯一一个长胖的战犯的话——"我胖了一磅；而其他人都瘦了。"

这一切发生时，内向的梅利莎·科尔曼还没有开始全方位地审视自己的出名和出名对自己造成的影响。她偶遇施展群狼战术的媒体时，厌恶对方吵吵嚷嚷地提出的那些问题。"梅利莎，你有什么感受吗？……你遭到人身攻击了吗？……你没有被强奸吧？……你没有尝试着逃跑吗？……你害怕吗？"甚至当她和丈夫沿着军队医院的大厅前行的时候，也有记者跟着她，盯她的梢。

科尔曼尽力回避记者们的提问。但在几个月后的一次电话采访中，她主动回答了这样的一个问题："你还害怕吗？""嗯，是这样的，"她一边回答，一边组织着自己的思路，"战争中，你被敌军俘虏，作为一个女兵，而且在异国他乡孤身一人，你会害怕吗？我想会的。"（对科尔曼的采访，1991）

这个回答太完美了——但如果是面对"狼群"的提问，这样的回答并不会让她感到惬意——这就说明了为什么通过手提式扩音器获取的新闻无法提供事实真相。回国后，在得克萨斯州的布利斯堡（Fort Bliss）逗留期间，科尔曼共收到了 125 个采访请求，其中包括来自菲尔·多纳修（Phil Donahue）、萨利·杰西·拉斐尔（Sally Jessy Raphael）和莫里·波维奇（Maury Povich）的采访要求。她拒绝了所有的采访要求，同时也拒绝参加名人的谈话节目。

随后地方上的《埃尔帕索时报》（*El Paso Times*）的记者大卫·谢泼德（David Sheppard）也发来了采访请求，表明了自己想按照时间顺序报道科尔曼的经历的愿望。科尔曼被要求回忆被俘虏和囚禁时的痛苦和恐惧。

而科尔曼接受了这个采访请求。

这听起来多么具有讽刺意味——宁可回忆战争中的恐惧细节，也不愿意当场回答"狼群"的提问。科尔曼说，自己之所以同意接受谢泼德的采访是因为军队公共情报处的一名官员称谢泼德的报道不但全面而且准确，同时作为记者的声誉也不错；此外，科尔曼还发现对方"真的很招人喜欢——一开始他就把写作的想法和一切都告诉了我。"

记者谢泼德后来提到，他当时就认为，科尔曼其实很想讲述自己的经历，但苦于找不到合适
的记者。谢泼德采访时的指导思想是："梅利莎是 192
个'真实的人'。采访真实的人时，要设身处地地为他们着想，要使用能让对方接受的方式来进行

采访，首先把自己假想成采访对象，试验一下。”（对谢泼德的采访，1994）谢泼德还解释道：“不真实的人——比如野心勃勃的政客和官僚，可能喜欢进攻性的采访策略，但与真实的人谈话则需要真诚和认真的倾听。”

谢泼德坚持采访在非正式的环境下进行。于是他们选中了科尔曼和她的丈夫迈克尔居住的公寓。他们先是不太正式地谈了一小会儿战争中的纪念品（她把她的黄色伊拉克监狱服拿给他看）；他们还谈了在长达一个月的囚禁生活中，赋予科尔曼勇气和力量的宗教信仰；然后谈话就集中在了她的囚禁生活上。谢泼德按照预先准备好的采访提纲，一步步进行细节的挖掘。他甚至让科尔曼回忆起了曾经让她的大脑一片空白的一段经历。科尔曼告诉了记者自己身体受伤的准确位置——胳膊和一条腿上的皮肉伤——她甚至都没把这个情况告诉她的父母。

直到谢泼德询问科尔曼，虏获她的伊拉克士兵是不是对她有过身体上的伤害时，采访才出现了比较危急的时刻。根据谢泼德的记录，当时科尔曼只是犹豫了一会儿，然后表明自己没有受到过虐待。

科尔曼一直在抱怨媒体侵犯她的个人隐私。“我宁愿回到伊拉克的监狱中，也不愿意被囚禁在媒体为我设置的监狱里。”她曾经这样说道。但她对谢泼德的揭露事实真相的报道没有丝毫的怨言。“这篇报道非常好。”她说。

采访对象的“权利法案”

采访对象拥有什么样的权利法案呢？曾经有一个组织草拟了一份值得关注的文件。在美国公共卫生部部长（U. S. Surgeon General）把便利店定性为向少数民族非法交易烟草制品的源头之后，全国便利店协会（NACS）发现它的会员店都曾经遭遇过充满敌意的采访和偷拍。于是全国便利店协会草拟了一份包含9个要点的《媒体消息源的权利法案》（Bill of Rights as a Media Source）。法案指出，媒体消息源享有以下的权利：

1. 提前了解采访的主题。
2. 了解记者的报道角度和对采访的使用方案。
3. 了解是否还有其他人接受了采访。
4. 记者要再三阐明自己的要点。
5. 控制采访的环境。
6. 采访程序要秩序化，包括“暗中”的采访。
7. 一旦发现错误的言论，立即打断，并拥有同样充足的时间对记者的指责进行回应。
8. 拒绝提供纯独家的信息。
9. 如果记者的提问主观臆断的话，有权保持沉默。

还可以再加上一条“有权保持沉默的阶段”。 193
这条没有在上面出现，表明大多数有远见的被访者不再认为对媒体设防是一个明智的选择。

总　结

新闻报道追求的目标是道德上的完美，记者应该做到开放真诚地表达自己的意图；同时被访者也会回报以同样的真诚。

但新闻报道中存在的既不理想化又不完美的事实，并不能阻止记者以理想化的前提开始他们的采访：采访者的开放和真诚会引发被访者的真诚。对采访方法的过度使用现象不可能马上消失，或许永远也不会消失。由于对此的争论主要围绕着使用采访技巧时的道德问题展开，或许我们可以为退休教授迪安·F·雷（Dean F. Rea）提出的某些新闻报道原则而奋斗。这位教授曾经在蒙大拿、俄勒冈和加利福尼亚的几所大学里讲授新闻学课程。雷教授提倡一套被称为“事实”（FACT）的报道方法，FACT 是公正（Fairness）、准确（Accuracy）、全面（Completeness）和适度（Temperance）的首字母大写的组合。

- “公正”意味着必须诚实和率直，不沉湎于各种欺诈和诡计，争取获得全方位的信息；同时还要做到头脑开放和宽容。
- “准确”意味着为了保证报纸上或广播中的报道做到细节上的准确无误，不惜再多做一些工作。尽量与多个采访对象保持接触——多角度挖掘事实真相；同时避免犯低级愚蠢的错误，例如拼错某人的名字。
- “全面”意味着不但要了解新闻事件的方方面面，而且要采访，采访，再采访，直到从被访者那里再也得不到什么消息为止。
- “适度”意味着充分利用自己的自律、常识和不错的品位，避免从怪异的角度展现一些不太重要的细节。

既然媒体工作越来越多地受到公众的关注，所以我们应该沿着公开、坦诚、诚实、真诚和利他主义的正途前行，而不可走上欺骗的迷途。

第21章

通向事实真相的十个步骤

194 问：与小说相比，新闻与事实之间的距离有多远？

答：如果事实是底线的话，新闻已经到了50码的地方，接近1/3，还有7码可走。但至少球在我们的手里。

我曾经与苏珊·基辛尔（Susan Kissir）谈论过有关新闻收集的一些真知灼见。苏珊·基辛尔是我教过的一个学生，至今仍与我保持着联系。她已经开始了自由撰稿人的职业生涯。她采访过娱乐圈的一些明星，例如女演员安妮·波茨（Annie Potts），男演员丹尼·德维塔（Danny DeVito）和导演基思·戈登（Keith Gordon）。我问苏珊有没有要求这些名人谈论过对媒体采访的看法。苏珊说她一直在对此进行调查，她曾经问道："记者问过的最烦人的问题是什么？"女演员琳达·科兹沃夫斯基（Linda Kozlowski）[《鳄鱼邓迪》（*Crocodile Dundee*）]说："如果记者的提问过于私人化，我会脸红的，我会说：'我不想谈论这个问题。'"

苏珊·基辛尔曾经采访过12位名人，然后根据采访录音做了笔录。她把这些有关名人谈论自己的采访经历的笔录送了我一份。我从中看到了这样的一份笔录，当时苏珊问了一个基思·戈登喜欢回答的问题。

问（基辛尔）：您认为做导演要比做演员有成就感，这主要体现在哪些方面？

答（戈登）：哇！这个问题不错。我都有点不适应了。很少有记者会问到这样的问题。这个问题太棒了。我得好好想想怎么回答。

问：我的采访才刚刚开始，这个问题是不是有些难了？

答：但这是个好问题；我的意思是，很少有人会问到这样的问题——记者们经常问的就是："你和谁睡过觉?”而我的回答通常都是:“这和电影有什么关系?”我的意思是，你的问题很有创见。

问：谢谢。 195

在后来的谈话里，戈登讲述了采访给自己带来的另一个烦恼:“这个世界上有许多劣质的媒体，它们喜欢在采访的开始把别人对你的一些评论读给你听，然后问:‘你对这一切有何感想?’”经常接受采访的名人们的这番评论不但给新闻采访，而且最终给报纸和电视作品蒙上了一层不自在的阴影。并不是所有的采访都能发现事实——本书称其为“简单的客观现实”。我承认这个定义避开了一个这么多年一直没有定论的问题:“什么是事实?”哲学家们已经为此争论了 2 000 年，所下的各种定义也令人难以捉摸。本章试图回答一个更为简单的问题——如何才能让被访者在回答问题时更加坦诚——从而挖掘出事实的真相?在回答这个问题之前，我们先来读一些故事。

有一天，一位警官来到我们的采访课堂上，针对警察和学生之间的关系发表了自己的见解。紧接着，班上有个年轻学生说:“你可能记不起我来了。但就在我为一起抢劫案报警的那天，你去过我的公寓。我还记得当时你非常关心和同情我的遭遇，我想你肯定是把我当成了一个周末离家时不锁门的傻瓜，但是……”

这位警官笑出了声。他一下子放轻松了。接下来，他给全班同学讲述了在 20 世纪 70 年代的早期学生暴动最紧张的日子里，自己参与镇压暴动的故事。一天，校园的混战正在进行之中，作为警察，他愤怒地把手中的警棍指向一名喧嚣的学生，准备狠狠地给他一棍。他描述了当时作决定时的痛苦——打还是不打。最终，他还是慢慢地消了气，没有去打那名学生，而是放下了警棍。发生在很久以前的某一天的这段感情经历，他从来没向外人讲过，因此讲述的过程中还有些结结巴巴。

“我正在讲述事实。”他说。

这是值得纪念的一堂课，全班同学与真相之间的距离更近了一步，人与人之间的真诚战胜了虚伪的外在敷衍。而这样的气氛是如何形成的呢?如果采访者肯把被访者看作现实生活中的人——“我还记得当时你非常关心和同情我的遭遇”——被访者的回答就会变得越发坦诚。

“小心去处理”是挖掘事实的第一步。下面还有九个步骤。

第二步

报道与名人有关的事件时不要使用谎言和歪曲事实的伎俩，要把他们的真实面貌呈现在报道里。苏珊·基辛尔坚持认为，人们往往会对发生在名人身上的真实事件感兴趣；既然如此，为什么还要编造一些有关他们的故事呢?在她的采访录音稿中，我读到了许多名人对歪曲事实进行抱怨的文字。看看下面这段与电视连续剧《设计女性》(*Designing Women*)中的女演员安妮·波茨的对话。

问(基辛尔)：还有最后一个问题。从一篇文章中我了解到，你开的是一辆哈利车(Harley)。

答(波茨，愤怒地说)：这简直是在放屁。

问：天啊！这件事是怎么见报的?

答：我哪知道?这简直太离谱了。《生 196
活》给我打电话，说他们正在扩充哈利车的驾驶者队伍。我回答说:“你难道不知道吗?我对车一直持否定的态度。”他们说:“不，不，我们只是想娱乐一下。许多名人都喜欢在哈利车的车顶上拍照，因为这很像时尚展览。”于是我说:“当然了，我也会这样做的。”于是我为他们做了这件事。他们最终没有写出报道，但却把我的照片压缩至盒子大小，刊登在封面上，还配上我说的话:“我为哈利车而生活。”

问：你不是在开玩笑吧?

答：我还记得和我谈话的那个女孩，我记得当时她说："能不能说点什么，表达一下你对汽车的看法？"于是我就说："我厌恶汽车。我对汽车持否定的态度。一开始我就告诉你了。"她说："可以说说汽车为你的职业生涯所做的贡献。"我回答说——讥讽的语气——"它是我的职业的重要组成部分。"这原本是嘲讽的话，但他们把它拿去断章取义。这一切真使我感到厌恶。

问：太遗憾了。

答：不幸的是，如果这种事经常发生，被访者就会产生提防的心理。即便采访者本来很诚实，提出的问题也很有意义，你也会保持同样的警惕，因为你会想："他会把这句话从上下文里单独拿出，然后再说一些可怕的话。"……我厌恶这一切。对我而言，现在所有的媒体都像《国民问讯》（*National Enquirer*）杂志一样，善于歪曲事实真相。

安妮·波茨举了一个更为严重的例子。几名杂志记者花了三天的时间跟踪她，在随后的采访里问道："如果你被判了死刑，想在最后的晚餐上吃点什么？"波茨回答道："可能会是薯条和咸乳酪吧。"接下来又补充了一句："你听说过北卡罗来纳州被判死刑的老女人要蚯蚓幼虫吃的事吗？"而记者们却在随后发表的报道中提到，当许多人都把政治家、运动员、音乐家当作自己崇拜的偶像时，安妮·波茨却仰慕……（提到了一个因谋杀男友而被判处死刑的女人的名字）。波茨出离愤怒了。"新闻记者的这种不道德行为简直超出了我的想象范围。"（Kissir，1990）

为什么会发生这样的歪曲呢？当然，可能是女演员的记忆出了差错。1988年，《生活》杂志上的那篇文章看上去是在开明星的玩笑，但人们却信以为真——波茨的公关人员因此收到了许多职业摄影家发来的拍照请求——想拍一张波茨站在哈利-戴维森（Harley-Davidson）车顶上的照片。不管是什么样的新闻事件，一旦众多的名人都出来抱怨媒体对事实的歪曲——就像基辛尔的采访记录中提到的那样——记者就无法再去指责名人们对采访的厌烦心态了。

以前我教过的学生娜拉·维拉格兰（就是在采访民谣歌手琼·贝兹的路上摔了一跤的那个学生）认为，所有采访的最基本的目标就是挖掘事 197
实，包括名人采访在内。维拉格兰继续为《圣何塞信使新闻》提供有关娱乐圈名人的报道。她又采访了一次琼·贝兹。在与对方约采访时间时，她让一名助手提醒贝兹："我就是那个摔下楼梯的记者。"贝兹想起了此事，于是接受了这次采访。

维拉格兰进行名人采访时遵循"获取事实"的原则。这意味着尽其所能去捕捉人物真实的性格特点。"在采访的过程中，我从来不会让对方感到难堪，也不会破坏他们的情绪。因为那样一来，被访者的性格特点就反映不出来了。"

第三步

如果"难以回答的问题"就是粗鲁的、敌对的、旨在使对方感到局促不安的问题的话，那就要尽量避免提出这样的问题。记者要做的事情不是根据《宪法第一修正案》（First Amendment）所规定的权利，要求对方讲出事实，而是努力营造促使事实真相自然涌现的采访氛围。请看下面的例子。在采访琼·贝兹的过程中，娜拉·维拉格兰曾经从编辑那里得到过一些指导：如果不能在关于民谣歌手鲍勃·迪伦（Bob Dylan）——20世纪60年代与琼·贝兹恋爱过——问题上有所收获的话，就不要回来。但是贝兹的公关人员警告娜拉说，不要询问有关迪伦的问题——"她不想回答有关迪伦的问题。"该怎样处理这个难题呢？恰好维拉格兰的哥哥有一张迪伦和贝兹在一起的照片。维拉格兰借了这张照片。在采访接近尾声时，她把这张照片递给贝兹，并说："和我一起长大的哥哥有一张你和鲍勃的照片。”

“我已经很多年没见到这张照片了，”贝兹答道，“我一直很喜欢这张照片。我还记得拍照的那天，我们吵了一架，于是……”

接下来她主动谈起了迪伦。由此可见，最好的问题往往并不是以问题的形式提出的。只有当人们自愿去谈论某事时，真相才会自然地涌现。

第四步

有时，纯粹是出于好奇，我们才努力接近事实的真相。娜拉在挖掘名人的真实性格特点时，经常利用自己的好奇心去触及对方童年时的一些琐事。“小时候你是个什么样的女孩（男孩）?”对方经常会在回答中表白出自己的天性。小说家罗恩·鲁伊斯（Ron Ruiz）在《生日快乐，耶稣》（*Happy Birthday Jesus*）一书中曾经向维拉格兰讲述过墨西哥—美国血统给自己带来的终生痛苦，还有由此产生的以成功来弥补一切的愿望。

苏珊的采访也表现出了类似的好奇心。她会让对方“用一个词来描述自己”，还会问名人一些比较隐私的问题，包括孩童时代的精神创伤、不安全感和心理上的过度敏感。[女演员黛米·摩尔（Demi Moore）很骄傲自己曾经穿过那么多的破烂衣服。安妮也曾经穿着破烂的毛裤到杂货店去买东西。]

第五步

努力去接近采访对象。你想到过为以前的采访对象烤肉桂卷吃吗？这事不大，但意义不小；对方
198 肯定会表达一下自己的感激之情，或者给你写一封感谢信。在科蒂奇格罗夫（Cottage Grove）这个小镇上，俄勒冈的报社记者贾内尔·哈特曼（Janelle Hartman）开始报道消防领域的事件。两个月来，记者和消防员之间的关系一直还算真诚，但是双方之间缺少足够的热情。贾内尔只得到了一些常规性的新闻，在她所期望的坦诚上总也得不到突破。

有一天，她在停车场倒车时差点撞到了一辆停在那里的车。消防局的人笑话她，同时又看到她在这起小事故中毫发未伤，就喊道：“进来喝杯咖啡吧。”于是她接受了邀请，在消防站的会客室里与他们相见。这件事发生以后，哈特曼与消防员之间建立了融洽的关系，后者成了她最好的消息源，为她提供小镇上发生的事件的具体情况。哈特曼从此被称为“独家新闻”。她简直无法相信自己的好运气。有一次，为了表示感谢，她烤了一些肉桂卷。使她感到惊讶的是——尽管她一直认为自己是个糟糕的厨师，这次却烤得很好——消防员们把那些东西都吃掉了，还想吃：“你再给我一个肉桂卷，我就给你一条新闻。”虽然在那之后不久，哈特曼搬到了另一个城市居住，但这些消防员还继续做她的消息源。

有人说，如果记者与消息源的关系过于密切，就会在报道中夹杂自己的偏见。新闻史中就谈到过记者与采访对象谈恋爱的故事。其实这个想法太陈旧了；应该把消息源当作现实生活中的人来对待，尊重他们的坦诚和生活状态，对他们所提供的帮助表达感谢——这一切都是培养人力资本时应该注意的事项。

第六步

檀香山的律师贾尼斯·沃尔夫（Janice Wolf）曾经说过：“一定要切身感受一下官僚的生活。”贾尼斯在当了 12 年的报社记者后，转行去学法律。1986 年，在获得法学学位的前夕，她在夏威夷的

司法部谋得了行政总监的职位。该机构曾经遭受过敌对意见的攻击，历史上也有过徇私枉法、管理失误、用人不当等方面的丑闻记录。当时机构的改革正在进行之中，改革的文件已经制定出来了，而贾尼斯工作的一部分就是监控改革的进行。她认为，凭自己做过报社记者的背景和自身的悟性，机构改革肯定能够赢得夏威夷各大媒体的支持。

但是媒体似乎对此并不感兴趣，它们把更多的时间和精力都花在了猎捕和报道更多的丑闻事件上面。沃尔夫亲身经历的充满敌意的采访越来越多。“一开始我就意识到自己不喜欢通过电话与记者谈话。”她说。第一次采访是通过电话进行的，谈话中的火药味很浓。“记者似乎不太了解自己正在谈论的话题，把我和一些可怕的司法事件放在一起一并谴责。放下电话后，我的情绪很低落，感觉自己受到了不公正的待遇——显然这一切对我造成了强烈的打击。”

当天，贾尼斯偶遇州政府的一名官员，此时她遭遇了更严重的打击。这位官员名叫安迪·章（Andy Chang），是社会服务和住房部（SSH）的
199 主任。多年以前沃尔夫采访过她。沃尔夫一见到她就大喊道：“真是很抱歉，安迪！”

仅仅一次电话采访的经历就使沃尔夫有所领悟，因为直到那时她才意识到，自己以前的一些报道不但主观，而且还充满了敌意。“我的抱歉是真诚的，”沃尔夫回忆道，“我想到了以前自己对社会服务和住房部的所有报道都充满了敌意。那时我还坚信自己是正确的。但这次电话采访的经历使我突然间开始质疑自己 12 年来作为记者写过的所有的报道——我的天啊！难道我所理解的记者的采访方式就是这样吗？”

她认识到问题的根源在于记者对一些错误劣行的仇恨心理，而记者的信息收集工作也只是停留在对已有观念的肯定的层次上，再在此基础上报道这些事件。一位从事调查性新闻报道的电视台记者揭露了首席法官挪用州公款在自己的家中举行夏威夷宴会，同时还在宴会上召开法官大会。当时这件事是被当成了丑闻来报道的。后来这名记者发现，夏威夷宴会作为一个官方的运作体制，召开之前得到了法庭道德委员会的批准，首席法官对公共基金的使用也是合理合法，无可非议的。但是这名记者拒绝在以后的节目中播放这项重要的事实，因为，他告诉沃尔夫，他不同意道德委员会的决定。经历了这些事情之后，每次沃尔夫在接受采访要求之前，都心存担忧。“每次面对媒体讲话，我都很害怕。”

但偶尔也有意外发生。“如果记者不含着敌意去进行采访，获取信息可能更容易些。”她说道，“在采访中，一旦感觉到对方的同情和理解，我就会努力使自己更加坦诚，更加推心置腹——虽然有时要受点伤害。但是一旦感觉到了对方的敌意，我就会保持沉默。此时我的反应就是我没在和面前的这个家伙讲话。如果想增大信息量，或许‘强硬’的采访方式不如‘温柔’的方式见效。”（对沃尔夫的采访，1990）

三年之后，沃尔夫辞去了那个职位，她认为这个工作虽然压力很大，但工作经历却很奇特。她说，新闻媒体应该知道，公众需要的是“历史清白”的报道。记者可以对新闻事件感兴趣，但千万不可在情感上卷入其中，只有这样，公众才可以全方面地了解重大的政治和历史事件。

第七步

削减你的自大情绪，控制你的做作行为。在电视中露面的采访对象应该是特写人物。但你是否考虑过，一旦电视台的名主持与某位名人相遇，节目中事实的成分有多少，夸张的成分又有多少？例如，我们曾经看到过丹·拉瑟（Dan Rather）与乔治·布什（George Bush）、宗毓华与比尔·盖茨（Bill Gates）在晚间的电视节目中过招。

甚至微软公司的创始人，福布斯杂志（Forbes）统计出来的世界首富比尔·盖茨，在知名度和出镜率上也敌不过宗毓华。1994 年，宗毓华在哥伦比亚广播公司的《面对面》（*Eye to Eye*）节目中采访了盖茨。宗在提问时提到了别人对盖茨

的一些微词——似乎想刺激盖茨一下，以产生某种戏剧效果：“有人说你拒绝接受有犯罪前科的人做员工。”

200 宗毓华引述了一家起诉微软侵害专利权的对手公司的话：与盖茨较量不像在踢球，“应该说更像一场刃战”。宗说这话时故意拖沓，使得盖茨渐渐失去了耐心。“我从来没听到过这样的话。你说像是刃战——这太愚蠢，太幼稚了。你为什么要讲这么愚蠢的话呢？难道他没有说——这与专利诉讼案件没有关系，听起来反倒更像‘大卫对抗歌利亚① (Goliath)’类的事件……好的，我的任务已经完成了。”于是他走出了采访现场。

为什么要把“戏剧性”定为电视采访的目标呢？“戏剧性”到底在多大程度上等同于事实？现实生活中的比尔·盖茨到底是什么样的呢？史密森学会曾经制作过一期录播的采访节目。节目中，比尔·盖茨性格的真实一面被展现得淋漓尽致。盖茨提到了自己从孩提时起就迷恋计算机。说这些话时，盖茨把早期用过的一些个人计算机摆在了面前的桌子上。此时屏幕上的盖茨饱含着孩童式的热情重温着过去的岁月。这次采访中的所有问题都由一名匿名的记者站在摄像机镜头之外提出。这样的采访简单、优雅——同时又具有历史纪念意义。如果电视台的名主持都肯站在摄像机的镜头之外提问，事实的真相会不会就离我们很近了呢？出现在荧屏上的名人最好一次只有一个。

第八步

提问时要表达利他主义和民主的意图。本书前面的一些章节讲到了“利他”这个词——意思是为他人的幸福着想。“民主的意图”的意思是说，建立在自由媒体提供的信息基础之上的对公共事物的公开讨论能够引导我们走向一个完善的自制体制——真理和谬论在公开的论坛中进行较量——约翰·弥尔顿（John Milton）的话。而在这种自由和公开的碰撞中，谁说真理会被击败呢？

然而，近年来，美国的媒体一直因为威胁到了民主而遭受攻击。詹姆斯·法洛斯（James Fallows）在他的《打破新闻的神话：媒体是如何削弱美国民主的》（*Breaking the News: How the Media Undermine American Democracy*）一书中把这点给夸大了。作为《大西洋月报》（*Atlantic Monthly*）的编辑，法洛斯说媒体已经不能再扮演民主进程中的必要工具的角色了。以下的这些评价削弱了媒体的作用：“只报道冲突和奇闻；可以捧红一个名人，也可以摧毁一个名人；用大量的篇幅再现危机或揭露问题，而一旦又有新的事件发生，就会丢弃以前的报道。”（Fallows，1996）

如何解决这些问题？起决定作用的是编辑，而不是根据编辑的需求发稿的记者。如果编辑需要的是一些闲话或者女人之间的争斗，记者的采访提问就会朝着这个方向努力。但是报纸的编辑——当然不止是一个人——通常花大量的时间来思考问题，编辑维吉尼亚·爱德华兹（Virginia Edwards）曾经说过：“什么样的报道才能帮助我
们的读者履行其专家和公民的双重身份？”爱德华 201
兹经营着一家面向教育家和学校管理人员的专业周刊《每周教育》（*Education Week*）。这项原则是否同样也适用于主流媒体？爱德华兹说，作为肯塔基州（Kentucky）路易斯维尔（Louisville）《信使杂志》（*The Courier Journal*）的地方编辑和教育作家，她从中学到了很多东西。

对记者而言，这为挖掘信息的工作树立了一个标准——正面的和建设性的态度。要保证挖掘到的信息公民能够充分利用，不能只是不痛不痒，笑过就完。

① 《圣经》中被大卫杀死的非利士巨人。

第九步

如果记者能够系统地把握社会的变化趋势，事实就会顺畅地涌现出来。因此会议室、办公室、州议院的咖啡厅、员工的游乐厅、别墅区门前的台阶，还有“普通人”起居室里的谈话内容都值得记者去关注。任何地方都会涌现出可以作为公共谈资的观点和想法。

前来听课的学生们提出的各种见解和想法不断地让我感到震惊。一位倡导和平的女士报名参加了 ROTC——校园里的军官训练项目。这听起来有些自相矛盾：一位和平的鼓吹者却接受军官的训练。另一名学生，学校女生会的会长，组织了一些大学生联谊会，旨在阻止向未成年的学生提供含酒精的饮料。这些尝试是多么大胆啊！还有一个人，主动放弃了 27 个高收入的公司职位，因为他觉得这种追求物质享乐的生活没有任何意义。现在他又重返校园，虽然贫困潦倒，但正在努力实现自己梦想已久的作家梦。一名年轻女性自愿服务于校园强奸求救的电话热线，她告诉我们（在一次课堂采访上），打给求救中心的电话讲述的并不是近期遇到的袭击，而是发生在几个星期，几个月，甚至几年前的强奸事件。受害者往往在事情过去很久后才感觉到精神上的创伤，于是她们打来电话。我们感到很震惊，因为我们根本就不了解这一切。

为什么没人做这方面的报道呢？因为：(1) 他们根本就不知道这类事；(2) 他们没有意识到这类事情的意义。这类事似乎只是人们闲来无事时的谈资。

只有小部分的记者掌握了让人们出来接受采访的诀窍。一个是弗兰克·艾伦（Frank Allen），蒙大拿大学新闻学院的主任。在《华尔街日报》做记者的时候，他做过所谓的“新闻监控”的工作，后来把自己从中得到的经验都传授给了学生。他喜欢和各类人物谈话。他和往返于火车、公共汽车的人，和机场、自助食堂里的雇员谈过话，还和职业棒球小联赛中遇到的小球员的家长们聊天。在接待会议的旅馆作入住登记时，他会向旅馆的服务生或者电梯间的工作人员提出一些友好的问题：“你为什么选择在这里工作？”弗兰克·艾伦的性格很安静，但很爱交际，所有的采访都以柔和的提问方式开始，因此采访中涌现的很多观点都为新闻和特写报道提供了很好的素材。

艾伦的这些方法并非独家专有。在檀香山，202
《明星公告》(*Star Bulletin*) 的一名名叫海伦·奥尔顿（Helen Altonn）的老记者把这称为“就是聊聊天”。“州长的办公室和大部分部门的办公室里都有一个咖啡壶，”她解释道，“先与这些官员们建立联系，熟了之后，就可以直接走进去说：‘嗨。’然后就在一起喝点咖啡，再聊聊天。这种聊天往往能为新闻报道提供优秀的素材。你会发现自己不断地说：‘这真有趣……我竟然不知道！……可以把这写成一篇报道……能不能说得再具体些。’”

这种老式的新闻监控方式的确为优秀的报道提供了很多素材，但这门古老的艺术已经渐渐地失去了昔日的光辉。今天的记者似乎更以完成报道任务为中心；只有需要在报道中引用州长的发言时，记者才会出去采访州长。

古老的艺术失去了昔日的光辉？也许这样的评论有点儿大惊小怪，希望如此。当今的记者与社会的接触越来越少，从而使得编辑们对现实的看法也日趋狭隘，结果造成新闻发布会和新闻编辑室成为新闻的主要来源渠道。无论是新闻发布会，还是新闻编辑室，都包含着记者和编辑的个人偏见，而在记者与消息源的非正式交流中，往往蕴涵着更多的事实。

第十步：最终的解决办法

如果采访对象反过来向你发问：你准备怎样回答？考虑一下这个问题，因为这种事随时可能发生。演员埃里克·斯科兹（Eric Scoltz）曾经向苏珊·基辛尔发问：“我从来没问过你什么私人的问题，难道你不觉得奇怪吗?”而基辛尔对丹尼·德维塔的采访则完全不同。

问(基辛尔)：如果让你用一个词来描述自己，会是什么呢?
答(德维塔)：(在长时间沉默后)这太难了。我不知道。你呢?
问：被动的。
答：你在说我吗?
问：不，我在说我自己。我还不太了解你——
答：你说你是被动的吗?
问：是的。
答：是什么让你感到被动?
问：抱负。
答：是上进的渴望吗?
问：或者说是激情。我也说不清楚。
答：你有男朋友吗?
问：哦，有，四个。
答：四个男朋友！你真是个被动的性爱狂！(大声笑)
问：不，不要这样——
答：四个男人！你怎么平衡与他们的关系?
问：我准备全部放弃——不要再这样问 203
了，丹尼。我是记者！
答：不，我只是想了解一下——这太有趣了。四个男人?
问：我正在和其中的两个断绝关系。这事有点复杂。
答：你有没有和其中的一个同居——没有，那你只是喜欢平衡他们之间的关系?
问：不。这只是——
答：他们彼此知道吗?

“关于我的情况就这些——还是谈谈你吧！”

问：不知道。听着，事情并不像听起来的那样。

答：你有四个男人。可以说，就是那些男人让你感到被动的！（笑）

204 问：不是，不是他们。我很讨厌他们。我并不在意有没有过男朋友。

答：真的吗？

问：我感到被动是因为我有采访欲望，我很想采访一下你这样的人，然后写篇关于你的报道。

答：真的吗？这太棒了。

问：好的，我们还是谈谈你吧，丹尼……

丹尼·德维塔在接下来的采访中，公开了自己的一些隐私：他说，如果自己不当演员，可能会当个园艺家。当自己还是个坐在黑暗中吃爆米花的小孩时，就喜欢看电影，并且经常指着屏幕上自己喜欢的角色，自言自语道："我也能演好这个角色！"他喜欢在公共场所被人认出来，握手，签名，但他的孩子们不喜欢这样，尤其是当他们与父亲在一起时。他从来没用一个词来描述过自己。

这段对话揭示出了一些趣闻，但这只是表面现象，更重要的是它表现出了努力接近事实的采访特点。它揭示了并且戏剧化了丹尼·德维塔在现实生活中充满活力的、善变的和爱嘲弄人的性格特点。同时还产生了一个附加的效果，它把一幅有关苏珊·基辛尔的生动的素描图呈现在读者面前。在屈从于德维塔的任性的同时，基辛尔努力把握住了对采访的控制。毕竟，记者与被访者之间的交易应该是公平的，只有这样，事实的真相才会凸显出来。

附录 A

采访练习

任何一个使用本书的班级或专门研讨小组都会发现，采访实践是最好的学习方式。本附录包括 10 个 205
采访练习，专为课堂练习或小组讨论设计。这是 25 年来，我们在俄勒冈大学和美国、加拿大、新西兰等许多地区的研讨会上进行采访教学时用过的最好的实践练习。

当一个班或者一个研讨小组被分成两人一组的采访小组之后，学生们往往能够从中有所收获——采访者被指定就某一特定话题去进行采访，采访可以在几分钟内完成。这种采访本身就是一种经验，但是当全体人员重新集中起来，针对本次采访进行讨论、总结经验时，最大的收获就产生了。负责讨论的组长应该提出一些问题。例如：被访者是否觉得很愉快？（是的，当然了！他们有了一次倾诉的机会，而且在谈论自己时感到很放松）采访者是否明确了自己的采访目的？（通常没有）被访者最喜欢采访的哪个部分？（一般是有机会谈论自己）最不喜欢的呢？（一般是采访的内容或者目的不是很明确）被访者是否从中有所收获，以供自己主持采访时派上用场？他们为采访者提出一些建议了吗？（是的。他们的建议通常是针对一些非语言的因素，例如皱眉过多，坐姿懒散，忙于记笔记，缺少目光的交流）

本章中提到的这些采访练习一般在 20 个人的小组中使用效果最佳。班里一半的同学充当采访记者，另一半充当被访者。这些采访都很简短，一般不超过 10 分钟。这是我们的采访研讨会总结出来的最成功的采访方式。成功之处在于它们总是将那些采访中常见的错误用学生们易于感受得到的喜剧形式表现
出来。 206

研讨会在遵循以下五个原则的基础上效果最佳：

1. 采访必须要“真实”——角色扮演的成分应该被控制在最低限度。学生们不应将自己设想成州长或郡长，因为大多数学生经历有限，不足以使他们能够像州长或郡长那样去思考、谈话或表现。这些练习的参与者们不应该去表演他人而应该表现自己，而且所提问的问题也应该能刺激被访者提供真

实的而不是假想的信息。然而那些需要被访者闪烁其词、保持缄默，甚至有点敌意的练习似乎能为我们提供很好的学习经验。如果只是要求被访者简要地回答问题，而不是自愿提供任何信息的话（顺便说，这对于大多数人来说是一件难事），那么，对于采访记者来说，就不得不更多地运用他的采访技巧而不是毫不费力地被动地接受信息。

2. 一定不要在被访者在场的情况下布置采访任务，以避免对方对采访不必要的干预。同样，为采访所做的课堂准备工作也要在被访者不在教室时进行。

3. 采访结束后进行课堂或小组讨论时，气氛要好，即便是最胆小的学生也会在心理上感到安全；要避免苛刻的批评和讽刺挖苦。我发现很多大学生都能很好地处理表扬与批评之间的界限，前者华而不实，后者难免出于恶意或者会造成伤害。优秀的学生在表扬对方时往往表现得很真诚，但在提帮助对方改进的建设性的意见时却表现得很谨慎。

4. 每一位参与者都应该填写一份关于自己情况的问卷表，以便采访记者做访前准备时使用。问卷表中的事项应该包括：

(1) 姓名、地址、年龄、籍贯、职业（如果不是学生的话）；

(2) 列出最喜欢的运动项目和爱好；

(3) 说出去过的非常有趣的一个地方；

(4) 说出对未来的打算；

(5) 列出一两个自己认为可以发表的“幻想”；

(6) 列出一项自己喜爱的儿时活动；

(7) 说出自己经历过的最害怕或最烦恼的一件事；

(8) 列出自己最擅长的一两个话题（如对老式汽车的专业知识、鬼故事、用虫饵钓鱼，或者塞缪尔·约翰逊的作品等）；

(9) 说出一项有趣的关于自己的事实，对此很少有人知道；

(10) 说出发生在自己身上的最棒的一件事。

这张小小的问卷表有着超凡的能力，它可以刺激人们公开自己性格的方方面面——那些最好的朋友也不了解的方面。尤其是当被访者回答问题（5）到（10）时，更能体现这些方面。填写这份问卷表
207 的人必须提前被告知他的回答将会被公布于众，甚至会被拿到班上来讨论。但他们仍然继续说出自己非凡的梦想和幻想，好的和坏的经历。似乎大多数人的真实性格并不是埋藏得很深，它们随时等着有人去发现。

5. 应该再准备一份采访结束后的问卷表，以便使每位被访者对以下几个方面进行评论，并提出改进的意见。被访者填完问卷表后，再把它们直接交回到采访者手中。

(1) 你是否清楚地了解本次采访的目的？

(2) 采访者的提问是否表达得简洁明了？

(3) 所问的问题与采访的目的相关吗？

(4) 采访者听得认真吗？

(5) 是否营造了和谐的采访氛围？（回答问题时能否轻松地做到诚实和坦诚？还是带有戒心？）

(6) 有没有什么个人的或非语言的行为使你感到愉快或讨厌？（如目光的交流、身体的姿势、说话过多、插话、忙于记笔记等）

(7) 能否提出什么建设性的意见，以便改进采访者的采访技巧？

课堂或研讨会上的采访练习

练习 1

采访记者让他们的采访对象列举出他们所拥有的一些特定物品，并说出他们最珍视哪些东西——衣服、饰品、珠宝、电脑、汽车、《生态学》的老版本——所有可以阐释自己性格的东西。**目的：**鼓励采访记者找出能帮助阐释人物特征或品质的具体细节。**建议：**这是我们多年来使用过的比较成功的练习之一，前提是要向采访者简单明确地交代采访的目的。我通常把这个练习放在人物特写的采访中——作者通常要写一段"简短"的文字，通过一个人拥有的物品来描述他的性格特点，先提出人物的特点，然后再用一系列的个人物品来做论据支撑。例如："珍妮说她喜欢读侦探小说，所以她最珍爱的物品就是亚瑟·柯南道尔（Arthur Conan Doyle）的全套《福尔摩斯探案集》（*Sherlock Holmes*），以及其他 30 卷有关福尔摩斯的书，从福尔摩斯喜欢玩的游戏到人人都翻阅的《福尔摩斯的食谱》（*Sherlock Holmes Cookbook*），也许你翻开这本食谱的某一页，会找到一道名叫'沃伯顿上校（Colonel Warburton）的疯狂……'的肉馅饼的制作方法。"

这个练习为如何接近并阐述某个话题提供了一些有趣的挑战。它与所有的练习一样，采访者做笔记并根据采访内容写一段话，而被访者则在 208
采访结束后填写一份问卷表。

练习 2

同练习 1，只是采访者问的是关于"英雄"的话题：被访者最敬佩的人是谁，为什么。答案可以是任何人，包括在世或者已故的名人，还可以是默默无闻的人，如朋友、老师或亲戚。另外还可以问"最不尊敬的人是谁"或者尝试问一个芭芭拉·沃尔特斯式的问题，如："假如你醒来时正躺在医院里，你希望躺在你旁边的人是谁，为什么？"

练习 3

就被访者持强硬态度的某个话题提问，让他用一句话来概括自己的观点，这句话不但能揭示出他的性格，而且还能够做生动的引语使用。**目的：**鼓励记者找到通过引用被访者的话来展现其性格的方法。**建议：**利用背景性的问卷调查来查找线索，作好准备。采访者可以尝试着使用一些刺激性的问题，也可以保持沉默。详细建议请参照第 12 章（引语采访）。

练习 4

同练习 3，只是记者要试图找出一个特例或趣闻逸事，以便进一步描述被访者的强硬态度。**目的：**鼓励记者去发展获得趣闻逸事的技巧。**建议：**见第 12 章（趣闻逸事采访）。

练习 5

就敏感的话题提问，如一次可怕或窘困的经历或私下里的幻想。**目的：**学会处理人们的情感。**建议：**在处理敏感问题时，要充分发挥耳朵的功能。先参阅一下前面提到的被访者填写的背景卡片。大多数被访者都能自如地对此进行讨论，否则他们就不会将这些情况列在卡片中了。热情和谐的采访氛围对此会有所帮助。见第 14 章关于“敏感问题”的论述。

练习 6

和被访者一起探讨个人背景卡片上列出的“专业知识”。**目的：**记者经常会被带进他们不太了解的知识领域，这就强迫他们就背景知识提问，问一些过滤性的问题，来了解情况。**建议：**这看起来难，实际上并不难。当面对自己喜欢的话题时，大多数被访者愿意担当老师的角色，尤其是当他们有一个好“学生”时。

一般性的采访任务

课堂或研讨会之外所做的采访通常更广泛一些，挑战性更强。这类采访，如果能够真实一些，假想的成分少一点，效果会更好。纯粹假想出来的采访无论从采访者那里，还是从被访者那里，都得不到足够的重视。所以我们采访课堂上所进
209 行的大多数采访的实践性都很强。通常是班上的同学为某个综合的报道项目做一些跑腿性的工作。例如，有一个班的同学曾经替一位作家对一些毕业班的同学进行了采访。这位作家正准备报道一下经济萧条时期大学毕业生找工作难的情况。还有一次，他们为了报纸上的一篇特写文章，采访了社区内的一些女商人。他们还采访了一些教授，话题从学生迟交论文的各种借口到获奖教师的教学方法。他们还进行了人物专访，为某份日报的人物传记提供稿件。

进行这类采访的每一个学生都应该准备一份“档案”，也就是那些还没有完全整理好的笔记，类似于杂志记者提供的那些，这些“档案”将与其他一些档案综合在一起，以便写出关于某一事件的综合报道。这种资料并不是一篇写完了的报道，而只是关于某一特定细节、事实、数字、引语、例子、趣事的笔记。参见 226 页附录 B：一个学生写的“档案”。

下面是广泛采访的一些标准：

练习 7

采访一位在职的记者，问问他（她）所使用的采访方法有哪些。（或者采访其他一些经常使用采访手段的人，如社会工作者、医生、护士、律师、招聘人员、警方侦探）**目的：**学生们会从专业人士的采访方法中获取一些采访知识。从其中挑选最好的资料，复印后发给全班，这样做不但使得该项采访任务拥有了明确的目标，而且还使之更易于被安排和操作。

练习 8

采访一位刚刚被媒体采访过的人物。**目的：**了解被采访的感受。**建议：**通过看电视上的采访节目或通过看地方报纸上的剪报来确定采访对象。跟采访记者所作的采访一样，这个任务也有一个实际目的：获得的信息可以与全班共享。被访者经常就被采访的感受发表一些有用的见解。最好的文章或文章的节选可以复印给全班看。同学们应尽力扩大采访对象的范围——从常常在媒体中发表演说的官员到一辈子可能只有一次被媒体采访经历的普通市民。

练习 9

就过去发生的某个事件采访一个人，比如参加过第二次世界大战或越南战争的老兵，或在洪水或飓风中幸免于难的人。**目的：**发展刺激被访者记忆的采访技巧；获得采访经验。**建议：**一旦受到刺激，大多数人都喜欢谈论过去。请参阅斯塔兹·特克尔（Studs Terkel）的《艰难时代》（*Hard Times*）（关于 20 世纪 30 年代经济萧条时期的回忆录）或《美好的战争》（*The Good War*）（关于第二次世界大战的回忆录）。

练习 10

“现场目击采访”需要跟踪采访正在执行任务
210 的被访者，赢得他或她的同意。如正在比赛现场的教练或运动员，审判中的法官或辩护律师、警官或警方调度员，正在授课的性格活泼的老师。**目的：**训练叙事文及描写文中使用的观察能力和写作技巧。**建议：**选择不会因为你的在场而受到打扰或有所改变的被访者。既然不能介入正在发生的事情，所以就要把注意力都集中在问题上。参见第 11 章关于新闻观察的论述。

丰富的采访练习

以下还有许多可行的练习。例如：问被访者曾经参观过哪些名胜古迹，对未来有何打算，有关童年的记忆，或背景调查中提及的专长。新闻写作课也为我们提供了很多机会。有一项练习要求采访者和被访者两两结成一组。先发给每位被访者一份模拟的警方报告，让他们对此进行研究和理解；而每位采访者必须在不看那篇报道的情况下，通过提问的方式为自己的新闻报道获取足够的信息。如果被访者被要求装扮成一位守口如瓶的公共信息官员——“只对某些特定问题做出回答，不得主动提供信息”——那么为了获得更多的信息，采访者不得不做出更大的努力。

另一个有趣的练习是由四五个班级成员组成一个“立法委员会”，该“委员会”有权作出决定，比如老师是否应该出题进行一次期中考试以替代一项困难的写作任务。该“委员会”在暗中简明扼要地（不超过 5 分钟）商议某个问题，但要对商议过程进行录音。作完决定以后，要求其他的学生通过采访一个或几个参与商议此事件的“委员会”成员，获得有关商议的具体情况。询问委员会作此决定的细节问题，以及都有谁说了什么话。在学生完成了关于此决议的新闻报道之后，再听一听录音磁带。通过采访见证者获得的报道与磁带中所揭示的实际讨论之间经常存在着颇富戏剧性的差异，记者们通常会发现，采访中获得的信息只是整个事件的一部分。他们有时还会了解到，见证者并不能确切地回忆起某些具体的细节。因此对所有与此相关的人员，包括委员会的成员来说，这的确是一堂有意义的课。

附录B

采访报告示例

211 采访报告，或称其为“档案”，实质上是一组经过部分整理的采访谈话的记录。报告应该引用大量的能够体现采访的核心内容的评论、原话及逸事，对采访对象进行简洁扼要的描述。下面的这份报告记录了俄勒冈大学的一名学生在一节采访课上采访某地方报纸专栏作家的全过程 。（注：这份报告曾出现在《创造性的采访》1989 年第二版中。自那之后，没有哪个学生写出的采访报告可以与之相媲美。自这份报告发表以来，一直就职于《记录卫士报》的比绍夫声称，在新闻采访领域，这是他迄今为止所读过的最出色、最有见地的采访报告。）

采访对象

唐·比绍夫，俄勒冈州尤金市《记录卫士报》的专栏作家。

采访人

海达·赫伊兰（Hedda Hoiland）

采访主题

“报纸新闻界的真实状况——侧重于采访的技巧问题”

采访背景

212 采访对象 51 岁，在位于伊利诺伊州埃文斯顿（Evanston）的西北大学获得新闻学学士和硕士学位。他曾在他的家乡弗吉尼亚州里士满（Richmond）的一家报社工作过。在《记录卫士报》工作已有 28 年之久。其间当过 15 年的一般记者，7 年的社论作家和 6 年的专栏作家。他的专栏以轻松愉快而著称，通常以特写的方式来展现社会热点问题。比绍夫努力遵循的一个原则就是：“杜绝枯燥！”

特写报道生涯的开端

早在 20 世纪 60 年代初期，唐·比绍夫刚刚开始在报社当记者，他的编辑唐那·博纳姆（Donn Bonham）曾经建议他在万圣节前夜化装成兔子，玩恶作剧的游戏，然后根据这次经历写一篇特别报道。于是比绍夫租了一套超大号的兔子服，又从超市借了一个装土豆的袋子，然后出发了。随行的还有一位摄影师。

他们来到了一所房子前，一位老人来开门。“当时我说了句‘抢劫了’。这位老人只叫了声‘不好了’，就将门关上了，而且还关了房里的灯。”比绍夫回忆道，“我一直在原地站着，看见屋里的灯忽开忽灭，听到他对他的妻子说：‘外面有个成年人化装成兔子的模样。’”

夫妇俩走到另一个房间，这次老妇人打开了门，随即尖叫着把门撞上。“我们透过窗户看见她飞奔到隔壁的房间抓起了电话话筒。”比绍夫回想起当时摄影师感到有些害怕，对他说：“嘿，咱们快离开这儿吧，她在打电话叫警察呢。”比绍夫则认为应当留下来，看看接下来会发生什么事情。五分钟后两名警察赶来了，问他们要干什么。

“我向他们解释说我们是《记录卫士报》的记者，正在写一篇关于万圣节的专题报道。他让我们出示身份证，于是我将手探进兔子服里掏出了皮夹，摄影师趁机拍下了这幅警察正在检查‘兔子’身份证的精彩照片。”

虽说事情已经过去了 25 年，但比绍夫仍对当时的情景记忆犹新，他说：“那段时间我可以说是无所不做。”他承认自己从没想到过要化装成兔子去历险，那是编辑博纳姆突发的奇思妙想。不过他承认自己喜欢专题写作。在博纳姆疯狂想法的激励下，他为此做了大量的工作。

“尽管是老生常谈，但我还是要说，我一直喜欢与形形色色的人打交道，而且正是这些人激发了我的写作兴趣。我曾对别人说过，专题写作是世界上最伟大的职业，因为它能不断地让你补充知识。每次当我就采访对象感兴趣的话题进行沟通时，我都能或多或少地学到一些知识。”正因为掌握了渊博深奥的知识，比绍夫才经常坐在家里收看《琐事追击》（*Trivial Pursuit*）节目，并常常获胜。

比绍夫用“倒在森林中的大树”理论来解释特写。如果大树倒下了却没有一个人听见，那么它倒下去时发出声音了吗？“对我来说，一篇没有人读的特写就好像是倒在森林中的大树。如果没有人愿意读它，那么一切都等于零。就像事情从未发生过。所以我总是尽可能地增加我的特写的趣味性。”

关于专栏的创意 213

比绍夫说自己设计专栏时经常感到力不从心；而专栏的创意大部分源自读者、其他编辑部成员和编辑的建议。比绍夫认为，幽默是十分重要的构思源泉。“要能够发现生活在本质上有多么荒谬，并且要寻找其荒谬之处。还要能够对荒谬的生活一笑置之。”

有一次，他的前任编辑博纳姆给了他一张面值 500 美元的钞票，让他试着用这张钞票去小店铺买一件小商品。比绍夫去了一家小杂货店，看中了一个价值 35 美分的棒球，把 500 美元的钞票递给了杂货店主。

“他看看我，然后大发雷霆。‘你真的以为我们这样一个破商店能找开 500 美元的钞票吗？’他气得直喘粗气，‘你干吗不把它拿到银行去？’”

“但是银行不卖棒球。”比绍夫记得当时自己这样回答道。最终他没能买成那个棒球，他打了退堂鼓。

“穷尽你的想象力，去想出一件最荒唐的事情，然后去做，观察人们的反应如何。如今回忆起来，令我深感遗憾的一件事就是，我们太把自己当回事了，以至于处理起事情来过于严肃，没能写出足够的为百姓提供娱乐消遣的文章来。”

在社会上众多的荒唐事中，比绍夫经常关注的是官僚机构的红头文件。“官僚们过于重视他们自己，以至于忘记了自己首先是作为普通人而存在的。”

比绍夫的专栏作品的影响

自己的专栏能否给社会带来深刻的影响，比绍夫对此没有足够的把握。他说，在他担任主编的7年中，曾多次写文章提出关于市政大会应该做什么或不应该做什么的建议，但只有一次市政大会采纳了他的建议。“作为专栏作家，我‘击球得分’的能力不过如此。”

但是，比绍夫的专栏文章确实有一定的社会影响力。有一次他写了一篇关于一家小旅馆的报道。这个小旅馆位于尤金市西部的一个叫做诺蒂（Noti）的社区之内。比绍夫参观旅馆时发现到处都贴着标语——“不提供鞋”、“不提供衬衫”、“不提供服务”，有一幅标语还在醒目的“不”旁边草草地写上了“黑鬼”两个字。“种族隔离政策万岁”的标语更是随处可见。

于是比绍夫就发生在这家小旅馆的事写了一篇专栏文章。这篇文章最终导致了该州的劳工专员以违犯了州公民权利法的罪名起诉了旅馆的老板。后来老板被判罚款5 000美元，但在此之前他就卖掉旅馆溜走了。比绍夫说，从那以后，没有人再见到过这家旅馆的老板，但是比绍夫偶尔会收到写给“狗屁唐”的明信片。其中一张明信片的上面印有一个飞镖盘，在飞镖盘的中央有一张比绍夫的照片，照片上插满飞镖。

比绍夫的专栏还督促县政府制定了多项法令条例，并且对地方学校增设公民权利课的教育计划的制订也产生了一定的影响。但比绍夫说，那些事情只是凤毛麟角。他的专栏还是以娱乐为宗旨的。

214 

关于写作

一篇好的专栏文章，其结构要围绕着三个方面展开：首先导言部分要起到吸引读者的作用。第二部分要让读者能够了解一些具体的、实质性的内容。最后的结尾应当让读者感到出乎预料。

比绍夫说，对专题写作感兴趣的年轻人应该首先学做出色的新闻记者。要认真钻研业务。“专栏写作没什么了不起，只不过是将新闻写作在写法上稍加处理，但是首先必须要学会如何处理事实。”

他认为，新闻报道也可以被专题化处理，这样做会收到良好的效果。比如《时代》杂志上的文章，在开头一段先描述新闻事件中最富戏剧性的那一幕，以此来吸引读者，然后再在接下来的第二段、第三段陈述具体的事情。

采访

恰当的引用能够为报道增光添色。比绍夫说：“要让人们亲口讲述自己的故事。”当他为了某一期专栏去采访某人时，总是设身处地地为对方着想。“我总是设想，如果有人从报社打来电话对我说‘我想写写你’，随即就开始提一连串的问题，要我回答，我的感受会怎样。我想我会变成妄想狂的。”

因此，比绍夫在采访时总是尽量让对方感觉放松，他会说：“我们还是从头开始聊吧，我将与你一起度过这段时间，到适当的时候我会提问。”结束采访时，他也尽量提一些问题，例如：“我应该知道的事情都聊了吗?”或：“我们没有忽略什么吧?”

“经我这样一问，对方经常会想起一些事情，有时候这些事情会成为那次采访最有价值的内容。”比绍夫还告诉采访对象，如果他们有了新的想法，又想起了什么，或者想换个方式来表达，欢迎他们给自己打电话或者写信。“并不是所有的人都能在采访现场即刻做出精彩的表现。”

有时比绍夫不得不去采访一些与自己的观点有强烈分歧的人。在大多数情况下，他会把自己的分歧如实告之。如果他感觉到对方对自己存有敌意，他会说：“看，如果你不说出来，情况会更糟。我想让你对自己的行为做出充分和合理的解释。如果有道理的话，我们再表示赞同或反对也不迟。”

比绍夫解释说：“我希望能够在人们的心目中树立一个公正的形象，要让他们感觉到我有可能会改变立场，至少也要让他们知道，我可以把他们的立场如实地刊登出来。”

有时，比绍夫也怀疑采访对象没有讲真话。于是他就变换一下提问的方式，反复验证对方回答的真实性。事后将采访内容再次逐一核对，查找漏洞。如果最终还是发现采访对象一直在说谎，他就会给那人打电话，直接与他或她对证。

215 比绍夫经常使用录音机进行采访。他甚至担心没有录音机，自己就活不了了。但录音的同时他也做记录，以避免一些意外情况的发生——曾经有一次，他用录音机采访某政党的一位候选人，事后才发现自己把录音机的电池安装反了。比绍夫把录音机称为“专栏作家的奢侈品”，急于赶稿的记者是不可能用它来完成采访任务的。

电话采访中，比绍夫习惯一边与采访对象交谈，一边直接在电脑上做记录。在进行电话采访之前，他预先在电脑上写下可以想到的所有问题。采访即将结束时，他也找机会将所有的问题浏览一遍。

这种预先列出采访问题的方法还能提醒他去问一些非常关键的问题，例如采访对象的年龄以及名字的拼写等。比绍夫承认自己很难将名字拼写正确，为此前任城市版的编辑还专门为他设计了一套系统。

“文章写完之后，我把它隔行打印出来，浏览时挨个勾画出专用名称，并且在我已经核对过的上面标上标号。”这样一来，问题就解决了，他从编辑手中拿回的文章不再被涂改得一塌糊涂。他认为这个程序会对新闻学专业的学生大有帮助。

比绍夫对电话采访得心应手。这很有可能，因为他在西北大学读研时期，就在芝加哥社会新闻局工作。那时新闻局的规模还很小，为当时在芝加哥发行的四家报纸拥有。该局当时只发表警界新闻，四名记者必须跑遍整个城市搜集新闻。他们会亲临主要的警察局进行采访，而对一些下属的警区，则用电话采访。他们每次只能领到价值一元五角的硬币，而当时打一个电话就是一角钱。比绍夫说：“我们最先学到的窍门是说服办公室的警官让我们使用那里的免费电话，这样就可以省下手里可怜的几枚硬币了。”

比绍夫说，通过电话来接近采访对象有时很不自然。“我对自己是一名记者，必须打电话打扰别人而感到抱歉。”但是如果不用电话，许多采访任务是无法完成的，所以不久比绍夫的这些顾忌就自然而然地消失了。它们消失得非常彻底，比绍夫不由得回忆起过去的一件不光彩的事来。他说，他在社会新闻局工作的那段时期，盛行一个谣传：人人都厌恶记者，没有人愿意与他们交谈。因此记者极少说明自己的真实身份，相反却假扮成官员或警官。“我那时常用的身份是‘35 警区的费希尔（Fischer）警官’。”

为了自己的警界新闻，比绍夫常给犯罪受害人打电话了解具体情况。“有一次，我给一个犯罪受害人打电话，我们正在通话时，我听到话筒里传来了门铃声。然后我听到话筒的那头在交谈，接着一个男人的声音从话筒里传了过来：‘你是谁?’我回答说：‘我是 35 警区的费希尔警官。’他说：‘我是 35 警区的斯隆警官——我们那儿根本没有什么费希尔警官。’我慌忙放下了电话。”

“其实当时我们知道那样做是非常不道德的， 216
但是我们的前辈说服了我们，他们认为那是唯一的办法。我们的上司对此也采取默许的态度。他们唯一关心的是我们是否得到了新闻。放在今天，我绝对不会再去做那样的事情，我工作的报社也经常开除那些敢去尝试的人。”

但是，比绍夫还是把自己在芝加哥工作时的那段经历称作“世界上最伟大的经历，尽管当时我一点也不喜欢它”。

参考文献

Abel, Elie. *Leaking: Who Does It? Who Benefits? At What Cost?* New York: Priority, 1987.

Adler, Ronald B., Lawrence B. Rosenfeld, and Neil Towne. *Interplay: The Process of Interpersonal Communication*. New York: Holt, Rinehart and Winston, 1980.

Anderson, Elijah. *A Place on the Corner*. Chicago: U of Chicago P, 1978.

Anderson, Nels. *The Hobo: The Society of the Homeless Man*. Chicago: U of Chicago P, 1923.

Babbie, Earl. *The Practice of Social Research*. 6th ed. Belmont, CA: Wadsworth, 1992.

Barkalow, Capt. Carol, and Andrea Raab. *In the Men's House*. New York: Poseidon, 1990.

Bates, J. Douglas. *The Pulitzer Prize*. New York: Birch Lane, 1992.

Belknap, Nuel D., and Thomas B. Steel. *The Logic of Questions and Answers*. New Haven, CT: Yale UP, 1975.

Belsey, Andrew, and Ruth Chadwick, eds. *Ethical Issues in Journalism and the Media*. London: Routledge, 1992.

Benjamin, Alfred D. *The Helping Interview*. 4th ed. Boston: Houghton Mifflin, 1987.

Berner, R. Thomas. "Literary Newswriting: The Death of an Oxymoron." *Journalism Monographs*, No. 99, October 1986.

Biagi, Shirley. *Interviews That Work*. 2nd ed. Belmont, CA: Wadsworth, 1992.

Borden, Sandra L. "Empathic Listening: The Interviewer's Betrayal." *Journal of Mass Media Ethics* 8.4 (1993): 219–226.

Bostrom, Robert N. *Listening Behavior*. New York: Guilford, 1992.

Bowen, Catherine Drinker. *Adventures of a Biographer*. Boston: Little, Brown, 1959.

Brady, John. *The Craft of Interviewing*. New York: Random House, 1977.

Breakwell, Glynis M. *Interviewing*. London: Routledge, 1990.

Brenner, Michael, Jennifer Brown, and David Carter. *The Research Interview: Uses and Approaches*. London: Academic Press, 1985.

Brian, Denis. *Murderers and Other Friendly People*. New York: McGraw-Hill, 1973.

Briggs, Charles L. *Learning How to Ask*. New York: Cambridge UP, 1986.

Broughton, Irv. *The Art of Interviewing for Television, Radio and Film*. Blue Ridge, PA: TAB Books, 1981.

Buckley, William F., Jr. *On the Firing Line: The Public Life of Our Public Figures*. New York: Random House, 1989.

Buckwalter, Art. *Interviews and Interrogations*. Stoneham, MA: Butterworth, 1983.

Burger, Chester. "How to Meet the Press." *Articulate Executive*. Boston: Harvard Business Review P, 1993.

Carnegie, Dale. *How to Win Friends and Influence People*. New York: Simon and Schuster, 1936.

Cerotsky, Barbara. "Nonverbal Communication in the Journalistic Interview." Master's Thesis. U of Oregon, 1989.

Chang, Peter. "Effects of Interviewer Questions and Response Type on Compliance." *Journal of Counseling Psychology* 41.1 (1994): 74–82.

Cheney, Theodore A. Rees. *Writing Creative Nonfiction*. Berkeley, CA: Ten Speed Press, 1991.

Christians, Clifford G., Kim B. Rotzoll, and Mark Fackler. *Media Ethics*. 3rd ed. New York: Longman, 1991.

Clark, Roy Peter, ed. *Best Newspaper Writing 1984*. St. Petersburg, FL: Poynter Institute for Media Studies, 1984.

Cochran, Wendell. "E-Mail: Land of 1000 Sources." *American Journalism Review* 15.4 (1993): 11–12.

Cohen, Akiba A. *The Television News Interview*. Beverly Hills, CA: Sage, 1987.

Cook, Timothy E. *Making Laws & Making News*. Washington, D.C.: Brookings Institution, 1984.

Cormier, William H., and Sherilyn N. Cormier. *Interviewing Strategies for Helpers*. 3rd ed. Monterey, CA: Brooks-Cole, 1991.

Corry, John. *My Times: Adventures in the News Trade*. New York: Putnam, 1994.

Crowe, Adell. "Winning at Phone Tag." *Second Takes*, published by *The Oregonian*, Portland, December 1993.

Dexter, Lewis A. *Elite and Specialized Interviewing*. Evanston: Northwestern UP, 1970.

DiBella, Suzan, M., Anthony J. Ferri, and Allan B. Padderud. "Scientists' Reasons for Mass Media Interviews." *Journalism Quarterly* 68.4 (1991): 741–749. Winter 1991.

Dillon, James T. *The Practice of Questioning*. London: Routledge, 1990.

Donaldson, Sam. *Hold On, Mr. President!* New York: Random House, 1987.

Dowling, Colette. *The Cinderella Complex*. New York: Summit Books, 1981.

Downs, Cal W., G. Paul Smeyak, and Ernest Martin. *Professional Interviewing*. New York: Harper & Row, 1990.

Driscoll, Dawn-Marie, and Carol R. Goldberg. *Members of the Club*. New York: The Free Press, 1993.

Epstein, Laura. *Talking and Listening*. St. Louis: Times Mirror/Mosby College, 1985.

Fallows, James. *Breaking the News: How the Media Undermine American Democracy*. New York: Pantheon, 1996.

Fisher, Anne B. *Wall Street Women*. New York: Knopf, 1990.

Franklin, Jon. *Writing for Story*. New York: Atheneum, 1986.

Friedman, Howard S. "The Modification of Word Meaning by Nonverbal Cues." *Nonverbal Communication Today: Current Research*. Ed. Mary Ritchie Key. Berlin: Moulton, 1982. 57–67.

Garrett, Annette. *Interviewing: Its Principles and Methods*. Rev. by Margaret M. Mangold and Elinor P. Zaki. 3rd ed. New York: Family Service Association, 1982.

Getzels, J.W. "The Question–Answer Process." *Public Opinion Quarterly* 18 (1954): 80–91.

Gibson, Rhonda. "The Importance of Quotation in News Reports on Issue Perception." *Journalism Quarterly* 70.4 (1993): 793–800.

Gilleland, LaRue W. "Gilleland's GOSS Formula." *Journalism Educator* 26 (1971): 19–20. See also *Editor & Publisher* 18 Sept. 1971: 54.

Given, John L. *Making a Newspaper*. New York: Henry Holt, 1907.

Goldstein, Tom. *The News at Any Cost*. New York: Simon & Schuster, 1985.

Goodwin, Gene, and Ron F. Smith. *Groping for Ethics in Journalism*. 3rd ed. Ames: Iowa State UP, 1994.

Gorden, Raymond L. *Basic Interviewing Skills*. Itasca, IL: Peacock Publications, 1992.

Gottlieb, Marvin. *Interview*. New York: Longman, 1986.

Graesser, Arthur, and John Black, eds. *The Psychology of Questions*. Hillsdale, NJ: Erlbaum, 1985.

Hall, Edward T. *The Hidden Dimension*. Garden City, NY: Doubleday, 1966.

———. *The Silent Language*. Garden City, NY: Doubleday, 1959.

Harper, Robert G., Arthur N. Wiens, and Joseph D. Matarazzo. *Nonverbal Communication: The State of the Art*. New York: Wiley, 1978.

Harragan, Betty Lehan. *Games Mother Never Taught You*. New York: Rawson, 1977.

———. *Knowing the Score: Play-by-Play Directions for Women on the Job*. New York: St. Martin's, 1983.

Harrigan, Jenni A., Thomas E. Oxman, and Robert Rosenthal. "Rapport Expressed through Nonverbal Behavior." *Journal of Nonverbal Behavior* 9.2 (1985): 95–110. Summer 1985.

Heim, Pat, and Susan K. Golant. *Hardball for Women*. New York: Plume, 1992.

Hennig, Margaret, and Anne Jardim. *The Managerial Woman*. Garden City, NY: Doubleday, 1977.

Hentoff, Nat, et al. "The Art of the Interview." *(More)*, July 1975: 11.

Hilton, Jack. *How to Meet the Press*. New York: Dodd, Mead, 1987.

Hilton, Jack, and Mary Knoblauch. *On Television! A Survival Guide for Media Interviews*. New York: Amacon, 1980.

Hirsch, Robert. O. *Listening: A Way to Process Information Aurally*. Dubuque, IA: Gorsuch Scarisbrick, 1979.

Hopper, Robert. *Telephone Conversation*. Bloomington: Indiana UP, 1992.

Hubbard, J.T.W. *Magazine Editing*. Englewood Cliffs, NJ: Prentice-Hall, 1982.

Huber, Jack, and Dean Diggins. *Interviewing America's Top Interviewers*. New York: Birch Lane, 1991.

Hulteng, John L. *The Messenger's Motives*. Englewood Cliffs, NJ: Prentice-Hall, 1976.

Hunt, Gary T., and William F. Eadie. *Interviewing*. New York: Holt, Rinehart and Winston, 1987.

Inbau, Fred E., and John E. Reid. *Criminal Interrogation and Confessions*. 4th ed. Baltimore: Williams & Wilkins, 1986.

Jensen, Marlene. *Women Who Want to Be Boss*. Garden City, NY: Doubleday, 1987.

Kahn, Robert L., and Charles F. Cannell. 1957. *The Dynamics of Interviewing: Theory, Technique and Cases*. Malabor, FL: Krieger, 1979.

Kaiser, Artur. *Questioning Techniques*. San Bernardino, CA: Borge, 1985.

Keir, Gerry, Maxwell McCombs, and Donald L. Shaw. *Advanced Reporting*. New York: Longman, 1986.

Kestler, Jeffrey L. *Questioning Techniques and Tactics*. 2nd ed. Colorado Springs: Shepards/McGraw-Hill, 1992.

Killenberg, George, and Rob Anderson. *Before the Story*. New York: St. Martin's, 1989.

King, Larry. *Tell It to the King*. New York: Putnam, 1989.

King, Larry, and Bill Gilbert. *How to Talk to Anyone Anytime, Anywhere*. New York: Crown 1994.

Kissir, Susan. "Annie Potts Speaks Her Mind." *Spotlight on Video* June 1990: 8–12.

Klick, R. E., and W. Nuessel. "Congruence Between the Indicative and Communicative Functions of Eye Contact in Interpersonal Relations." *British Journal of Social and Clinical Psychology* 7 (1968): 241–246.

Knapp, Mark L. *Essentials of Nonverbal Communication*. New York: Holt, Rinehart and Winston, 1980.

———. *Interpersonal Communication and Human Relations*. Boston: Allyn & Bacon, 1984.

Kroeger, Brooke. *Nellie Bly: Daredevil, Reporter, Feminist*. New York: Times Books, 1994.

Kroll, Ed. *The Whole Internet*. Sebastopol, CA: O'Reilly & Associates, 1992.

Lahrer, Adrienne. "Between Quotation Marks." *Journalism Quarterly* 66.4 (1989): 902+. Winter 1989.

Laine, Margaret. "Broadcast Interviewing Handbook." Research paper, School of Journalism, U of Oregon, 1976.

Lee, Irving J. *How to Talk with People*. New York: Harper & Brothers, 1952.

Lesher, Stephan. *Media Unbound*. Boston: Houghton Mifflin, 1982.

Lippmann, Walter. *Public Opinion*. New York: Macmillan, 1922.

Loftus, Elizabeth F., and James M. Doyle. *Eyewitness Testimony*. New York: Kluwer Law Books, 1987.

Lynch, Dianne. "Washington's Newswomen and Their News Sources." *Newspaper Research Journal* 14.3–4 (1993): 82–91. Summer–Fall 1993.

MacHovec, Frank J. *Interview and Interrogation*. Springfield, IL: Charles C. Thomas, 1989.

Mackoff, Barbara. *What Mona Lisa Knew*. Los Angeles: Lowell House, 1990.

Magee, Bryan. *The Television Interviewer*. London: MacDonald, 1966.

Maharidge, Dale, and Michael Williamson. *Journey to Nowhere*. Garden City, NY: Doubleday, 1985.

———. *The Last Great American Hobo*. Rocklin, CA: Prima, 1993.
Malandro, Loretta, and Larry Barker. *Nonverbal Communication*. 2nd ed. New York: McGraw-Hill, 1989.
Malcolm, Janet. *The Journalist and the Murderer*. New York: Knopf, 1990.
Maltz, Daniel N., and Ruth A. Borker. "A Cultural Approach to Male–Female Miscommunication." *Language and Social Identity*. Ed. John J. Gumperz. Cambridge: Cambridge UP, 1982.
Mann, Merlin. "Journalistic Interviewing: Evaluation of Interview Effectiveness by Interviewers and Respondents." Ph.D. dissertation, U of Missouri, 1991.
Mayberry, D. L. *Tell Me About Yourself: How to Interview Anyone From Your Friends to Famous People*. Minneapolis: Lerner 1985.
Mayo, Clara, and Nancy M. Henley, eds. *Gender and Nonverbal Behavior*. New York: Springer-Verlag, 1981.
Mead, Margaret. *Coming of Age in Samoa*. 1928. New York: Morrow, 1983.
Medley, H. Anthony. *Sweaty Palms: The Neglected Art of Being Interviewed*. Rev. ed. Berkeley: Ten Speed, 1992.
Mehrabian, Albert. *Nonverbal Communication*. Chicago: Aldine-Atherton, 1972.
———. *Silent Messages*. 2nd ed. Belmont, CA: Wadsworth, 1981.
Middleton, Kent R., and Bill F. Chamberlin. *The Law of Public Communication*. 3rd ed. New York: Longman, 1994.
Millar, Rob, Valerie Crute, and Owen Hargie. *Professional Interviewing*. London: Routledge, 1992.
Milwid, Beth. *What You Get When You Go for It*. New York: Dodd, Mead, 1987.
Mincer, Richard and Deanne Mincer. *The Talk Show Book*. New York: Facts on File Publications, 1982.
Mischler, Elliot. *Research Interviewing*. Cambridge: Harvard UP, 1986.
Moore, William T. *Dateline Chicago*. New York: Taplinger, 1973.
Morris, Jim R. "Newsmen's Interview Techniques and Attitudes toward Interviewing." *Journalism Quarterly* 50 (1973): 539–42; 548.
Morrison, Ann M., Randall P. White, and Ellen Van Velsor. *Breaking the Glass Ceiling*. Reading, MA: Addison-Wesley, 1987.
Nichols, Ralph G., and Leonard A. Stevens. *Are You Listening?* New York: McGraw-Hill, 1957.
Norris, Timothy M. "Face-to-Voice: A Survey of Face-to-Face and Telephone Interviewing in Daily News Work." Master's Thesis, U of Oregon, 1987.
Patterson, Miles L. "Nonverbal Exchange: Past, Present, and Future." *Journal of Nonverbal Behavior* 8.4 (1984): 350–359. Summer 1984.
———. *Nonverbal Behavior*. New York: Springer-Verlag, 1983.
Paul, Nora. *Computer Assisted Research*. 2nd ed. St. Petersburg, FL: Poynter Institute for Media Studies, 1994.
Plimpton, George. *Open Net*. New York: W. W. Norton, 1986.
———. *Out of My League*. New York: Harper & Brothers, 1961.
———. *Paper Lion*. New York: Harper & Row, 1966.
———. *Shadow Box*. New York: Putnam, 1977.
Poyatos, Fernando. *Paralanguage*. Philadelphia: Benjamins, 1993.
Rankin, Paul T. "The Measurement of the Ability to Understand Spoken Language." Ph.D. dissertation, U of Michigan, 1926.
Reik, Theodor. *The Compulsion to Confess*. New York: Farrar, Straus and Cudahy, 1959.
———. *Listening with the Third Ear*. New York: Farrar, Straus, 1952.
Rice, Stuart A. "Contagious Bias in the Interview." *American Journal of Sociology* 35 (1929): 420–23.
Riley, Sam G., and Joel M. Wiessler. "Privacy: The Reporter and Telephone and Tape Recorder." *Journalism Quarterly* 51 (1974): 511–15.
Ritz, David. "Inside Interviewing." *The Writer* Mar. 1993: 15–17.
Rivers, William. *The Adversaries*. Boston: Beacon Press, 1970.
Rivers, William L., and Wilbur Schramm. *Responsibility in Mass Communications*. New York: Harper & Row, 1969.
Rogers, Carl R. *A Way of Being*. Boston: Houghton Mifflin, 1980.
———. *Client-Centered Therapy*. Boston: Houghton Mifflin, 1951.

———. *Counseling and Psychotherapy*. Boston: Houghton Mifflin, 1942.

Rogers, Carl R., and F. J. Roethlisberger. "Barriers and Gateways to Communication." *Harvard Business Review* July–Aug. 1952: 46.

Rosensteil, Tom. "Yakety-Yak: The Lost Art of Interviewing." *Columbia Journalism Review* Jan.–Feb. 1995.

Roshco, Bernard. *Newsmaking*. Chicago: U of Chicago P, 1979.

Rowe, Chip. "Talking to Ourselves." *American Journalism Review* 16.2 (1994): 44–48. Mar. 1994.

Royal, Robert. F., and Steven R. Schutt. *The Gentle Art of Interviewing and Interrogation*. Englewood Cliffs, NJ: Prentice-Hall, 1976.

Sabato, Larry J. *Feeding Frenzy*. New York: The Free Press, 1991.

Scanlan, Christopher, ed. *How I Wrote the Story*. 2nd ed. Providence, RI: The Providence Journal, 1986.

Schudson Michael. *The Power of News*. Cambridge: Harvard UP, 1995.

Shirky, Clay. *The Internet by E-Mail*. Emeryville, CA: Ziff-Davis, 1994.

Sigal, Leon V. *Reporters and Officials*. Lexington, Mass.: Heath, 1973.

Sincoff, Michael Z., and Robert S. Goyer. *Interviewing*. New York: Macmillan, 1984.

Slavens, Thomas P., ed. *Informational Interviews and Questions*. Metuchen, NJ: Scarecrow Press, 1978.

Spradley, James P. *Participant Observation*. New York: Holt, Rinehart and Winston, 1980.

———. *The Ethnographic Interview*. New York: Harper & Row, 1979.

Stauffer, Dennis. *Mediasmart: How to Handle a Reporter*. Minneapolis: MinneApple Press, 1994.

Stavitsky, Alan G. *Independence and Integrity: A Guidebook for Public Radio Journalism*. Washington: National Public Radio, 1995.

Steele, Bob. "Doing Ethics: How a Minneapolis Journalist Turned a Difficult Situation into a Human Triumph." *Quill* Nov.–Dec. 1992: 28–30.

Steil, Lyman K., L. Barker, and K. Watson. *Effective Listening*. Reading, MA: Addison-Wesley, 1983.

Stempel, Guido H. III, and Bruce H. Westley, eds. *Research Methods in Mass Communications*. 2nd ed. Englewood Cliffs, NJ: Prentice-Hall, 1989.

Stewart, Charles J., and William B. Cash. *Interviewing Principles and Practices*. 7th ed. Madison, WI: Brown & Benchmark, 1994.

Sudman, Seymour, and Norman. M. Bradburn. *Asking Questions*. San Francisco: Jossey-Bass, 1982.

Tannen, Deborah. *Talking from 9 to 5*. New York: Morrow, 1994.

———. *You Just Don't Understand*. New York: Morrow, 1990.

Terkel, Studs. *Division Street: America*. New York: Pantheon, 1967.

———. *Working*. New York: Pantheon, 1974.

Tolor, Alexander, ed. *Effective Interviewing*. Springfield, IL: Charles C. Thomas, 1985.

Tyrrell, Robert. *The Work of the Television Journalist*. New York: Hastings House, 1972.

Vargas, Marjorie Fink. *Louder Than Words*. Ames: Iowa State UP, 1986.

Wallace, Mike, and Gary Paul Gates. *Close Encounters*. New York: Morrow, 1984.

Walters, Barbara. *How to Talk with Practically Anybody about Practically Anything*. New York: Doubleday, 1970.

Wax, Rosalie H. *Doing Fieldwork*. Chicago: U of Chicago, 1971.

Weaver, Carl H. *Human Listening: Process and Behavior*. Indianapolis: Bobbs-Merrill, 1972.

Webb, Eugene J., and Jerry R. Salancik. *The Interview, or The Only Wheel in Town*. Journalism Monograph No. 2. Columbia, SC: Association for Education in Journalism and Mass Communication, 1966.

Webb, Eugene J., Donald T. Campbell, Richard D. Schwartz, Lee Sechrest, and Janet Belew Grove. *Unobtrusive Measures*. Boston: Houghton-Mifflin, 1981.

Weiser, A. "How Not to Answer a Question." *Papers from the 11th Regional Meeting of the Chicago Linguistic Society*. Eds. R. E. Grossman, L. J. San, and T. J. Vance. Chicago: Chicago Linguistic Society, 1975.

Werner, Elyse K. "A Study of Communication Time." Master's Thesis, U of Maryland, 1975.

Whitman, Alden. *The Obituary Book*. New York: Stein and Day, 1970.
Whyte, William Foote. *Learning from the Field*. Beverly Hills, CA: Sage, 1984.
———. *Street Corner Society*. Chicago: U of Chicago, 1943.
Wicks, Robert J., and Ernest H. Josephs Jr. *Techniques of Interviewing for Law Enforcement and Corrections Personnel*. Springfield, IL: Charles C. Thomas, 1972.
Wiemann, John, and Randall Harrison, eds. *Nonverbal Interaction*. Beverly Hills, CA: Sage, 1983.
Wilkens, Joanne. *Her Own Business*. New York: McGraw-Hill, 1987.
Wineberg, Steve. *Trade Secrets of Washington Journalists*. Washington, D.C.: Acropolis, 1981.
Wolvin, Andrew D., and Carolyn G. Coakley. *Listening*. 4th ed. Madison, WI: Brown & Benchmark, 1993.
Wood, John. "A Conversation with the Playboy Interviewer." *Writer's Digest* Oct. 1991. 28–32.
Zunin, Leonard, and Natalie B. Zunin. *Contact: The First Four Minutes*. Los Angeles: Nash, 1972.

书中提到的采访

艾伦，弗兰克（Allen，Frank），新闻学院院长，1995 年 4 月 14 日

奥尔顿，海伦（Altonn，Helen），记者，1995 年 4 月 26 日

贝利，梅尔文（Belli，Melvin），律师，1991 年 11 月 2 日

伯朗宁，丹（Brouning，Dan），编辑，1995 年 1 月 18 日

科尔曼，梅利莎（Coleman，Melissa），士兵，1991 年 12 月 2 日

克罗，黛博拉（Crowe，Deborah），记者，1995 年 1 月 24 日

道，卡罗琳（Dow，Caroline），教授，1991 年 6 月 8 日

唐斯，黛安（Downs，Diane），罪犯，1991 年 9 月 27 日

福尔贝斯，史蒂夫（Forbes，Steve），军医，1990 年 9 月 13 日

富兰克林，乔恩（Franklin，Jon），教授，1995 年 4 月 11 日

格伦德尔，阿尼塔（Grunder，Anita），地质学家，1991 年 2 月 11 日

吉博特，杰姬（Guibord，Jackie），警官，1991 年 4 月 1 日

汉森，玛勒（Hanson，Marla），模特，1991 年 5 月 2 日

哈特曼，贾内尔（Hartman，Janelle），记者，1994 年 6 月 8 日

霍夫曼，萨姆（Hoffman，Tham），护士，1991 年 3 月 11 日

霍普金斯，吉姆（Hopkins，Jim），记者，1995 年 1 月 10 日

莱斯利，梅洛迪·沃德（Leslie，Melody Ward），作家，1996 年 10 月 9 日

凯西，肯（Kesey，Ken），作家，1991 年 6 月 30 日

凯沃尔基安，杰克（Kevorkian，Jack），医生，1991 年 6 月 19 日

基辛尔，苏珊（Kissir，Susan），作家，1990 年 10 月 15 日

麦克卢尔，锡西（McClure，Cissy），杰西卡·麦克卢尔（Jessica McClure）的母亲，得克萨斯井援事件，1990 年 9 月 25 日

麦克唐纳，金（McDonald，Kim），记者，1994 年 8 月 26 日

米利肯，史蒂夫（Millikin，Steve），Tailhook 协会的发言人，1993 年 1 月 29 日

阮，希恩（Nguyen，Hien），天体物理学家，1994 年 8 月 26 日和 1994 年 9 月 7 日

奥尔森，格雷琴（Olson，Gretchen），作家，1995 年 1 月 21 日

内斯本，琼（Rathbun，Joan）和利奥（Leo），梅利莎·科尔曼（Melissa Coleman）的父母，1991年9月5日

拉斯特，大卫（Rust，David），彩票中奖者，1990年10月30日

施瓦兹，约翰（Schwartz，John），记者，1995年1月4日

谢泼德，大卫（Sheppard，David），记者，1994年9月8日

斯塔夫斯基（Stavitsky，Al），教授，1995年1月9日

维拉格兰，娜拉（Villagrán，Nora），特写作家，1994年5月19日

厄普舍，吉姆（Upshaw，Jim），教授，1995年1月24日

沃达，帕蒂（Voda，Patti），护士，1990年3月11日

韦尔斯，丹尼斯（Wells，Denise），乡村音乐迷，1990年9月4日

威尔逊，大卫（Wilson，David），记者，1994年8月26日

沃尔夫，贾尼斯（Wolf，Janice），律师，1990年7月6日

索　　引

（所注页码为英文原书页码，即本书边码）

译后记

作为新闻与传播学的一部经典教材，《创造性的采访》（第三版）中译本终于面世了，笔者几个月来的诸多辛苦终于化作收获的喜悦。面对桌上厚厚的一摞书稿，感慨颇多。翻译是一门严谨的学问，“信、达、雅”是我辈不懈的追求，因此，在该书的翻译过程中，笔者处处小心，反复查阅各类词典，反复体会原文，反复斟酌译稿，力求将肯·梅茨勒教授的心得准确地传达给读者，期望对读者有所助益。

我非常感谢中国人民大学出版社的相关工作人员，正是他们给了我这个机会，使我得以接触这部经典的教材，并完成其翻译工作。

还要感谢我的丈夫曹永胜先生，他有在国内知名媒体多年工作的经历，对新闻采访有着丰富的切身体验。他在本书的翻译过程中提出了很多真知灼见，弥补了笔者在采访实践上的欠缺。

最后还要感谢现就读于北京师范大学外文学院的李立群和于颜华女士，她们对笔者在原文的理解上给予了很大的帮助，还提供了部分章节的初译稿，并与笔者一起探讨修改，其间提出了很多有价值的建议。在她们的点拨之下，不少原本很生涩的译文变得自然而流畅。

笔者感到遗憾的是，本书的译文远未臻完美境界。在此希望读者诸君不吝赐教。而我也将努力进取，争取以更多更好的译作回报读者。

李丽颖

2004年3月

新闻与传播学译丛·国外经典教材系列

- 大众传播效果研究的里程碑（第3版）
- 大众传媒革命
- 大众传播动力学：转型中的媒介（第12版）
- 大众传播概论：媒介素养与文化（第8版）
- 美国新闻史：大众传播媒介解释史（第9版）
- 跨文化传播（第6版）
- 大众传媒法（第13版）
- 媒介伦理学：问题与案例（第8版）
- 媒介伦理：案例与道德推理（第9版）
- 全能记者必备：新闻采集、写作和编辑的基本技能（第7版）
- **创造性的采访（第3版）**
- 新闻写作与报道训练教程（第6版）
- 当代媒体新闻写作与报道（第7版）
- 精确新闻报道：记者应掌握的社会科学研究方法（第4版）
- 新闻价值
- 国际新闻报道：前线与时限
- 编辑的艺术（第8版）
- 创造性的编辑（第3版）
- 克莱普纳广告教程（第15版）
- 广告调查：理论与实务（第2版）
- 传播！（第11版）
- 传播理论导引：分析与应用（第2版）
- 传播学
- 媒介效果研究概论（第4版）
- 传播研究方法导论（第3版）
- 人际传播教程（第12版）
- 广播电视管理（第3版）
- 美国电视史
- 视频基础（第6版）
- 电视现场制作与报道（第5版）
- 娱乐产业经济学：财务分析指南（第8版 最新版）
- 媒介心理学：记者思维模式与新闻文本生成

Authorized translation from the English language edition, entitled Creative Interviewing: The Writer's Guide to Gathering Information by Asking Questions, 3e, 9780205262588 by Ken Metzler by Pearson Education, Inc., Copyright © 1997 by Allyn & Bacon.

图书在版编目（CIP）数据

创造性的采访．第3版/（美）梅茨勒著．李丽颖译．
北京：中国人民大学出版社，2010
（新闻与传播学译丛．国外经典教材系列）
ISBN 978-7-300-11694-5

Ⅰ．①创…
Ⅱ．①梅…②李…
Ⅲ．①新闻采访-教材
Ⅳ．①G212.1

中国版本图书馆CIP数据核字（2010）第022347号

新闻与传播学译丛·国外经典教材系列
创造性的采访
（第三版）
[美] 肯·梅茨勒 著
李丽颖 译
Chuangzaoxing De Caifang

出版发行	中国人民大学出版社		
社　　址	北京中关村大街31号	**邮政编码**	100080
电　　话	010－62511242（总编室）		010－62511770（质管部）
	010－82501766（邮购部）		010－62514148（门市部）
	010－62515195（发行公司）		010－62515275（盗版举报）
网　　址	http://www.crup.com.cn		
经　　销	新华书店		
印　　刷	涿州市星河印刷有限公司		
规　　格	215 mm×275 mm　16开本	**版　　次**	2010年3月第1版
印　　张	13.75 插页2	**印　　次**	2023年3月第8次印刷
字　　数	363 000	**定　　价**	49.80元

尊敬的老师：

您好！

为了确保您及时有效地申请培生整体教学资源，请您务必完整填写如下表格，加盖学院的公章后传真给我们，我们将会在 2～3 个工作日内为您处理。

请填写所需教辅的开课信息：

采用教材			□ 中文版　□ 英文版　□ 双语版
作　者		出版社	
版　次		ISBN	
课程时间	始于　　年　月　日	学生人数	
	止于　　年　月　日	学生年级	□ 专科　□ 本科 1/2 年级 □ 研究生　□ 本科 3/4 年级

请填写您的个人信息：

学　校			
院系/专业			
姓　名		职　称	□ 助教 □ 讲师 □ 副教授 □ 教授
通信地址/邮编			
手　机		电　话	
传　真			
official email（必填） （eg：×××@ruc. edu. cn）		email （eg：×××@163. com）	
是否愿意接受我们定期的新书讯息通知：　□ 是　□ 否			

系/院主任：________________（签字）

（系 / 院办公室章）

____年____月____日

资源介绍：

教材、常规教辅（PPT、教师手册、题库等）资源：请访问 www. pearsonhighered. com/educator；（免费）

MyLabs/Mastering 系列在线平台：适合老师和学生共同使用；访问需要 Access Code；（付费）

100013　北京市东城区北三环东路 36 号环球贸易中心 D 座 1208 室

电话：(8610) 57355003　　传真：(8610) 58257961

Please send this form to：郭笑男（Amy）copub. hed@pearson. com/Tel：5735 5086

出教材学术精品　育人文社科英才

中国人民大学出版社读者信息反馈表

尊敬的读者：

感谢您购买和使用中国人民大学出版社的________一书，我们希望通过这张小小的反馈卡来获得您更多的建议和意见，以改进我们的工作，加强我们双方的沟通和联系。我们期待着能为更多的读者提供更多的好书。

请您填妥下表后，寄回或传真回复我们，对您的支持我们不胜感激！

1. 您是从何种途径得知本书的：

   ❑书店　❑网上　❑报刊　❑朋友推荐

2. 您为什么决定购买本书：

   ❑工作需要　❑学习参考　❑对本书主题感兴趣

   ❑随便翻翻

3. 您对本书内容的评价是：

   ❑很好　❑好　❑一般　❑差　❑很差

4. 您在阅读本书的过程中有没有发现明显的专业及编校错误，如果有，它们是：________

5. 您对哪些专业的图书信息比较感兴趣：________

6. 如果方便，请提供您的个人信息，以便于我们和您联系（您的个人资料我们将严格保密）：

   您供职的单位：________

   您教授的课程（教师填写）：________

   您的通信地址：________

   您的电子邮箱：________

请联系我们：

电话：62515637　62514160

传真：62514160

E-mail：gonghx@crup.com.cn

通讯地址：北京市海淀区中关村大街31号　100080

中国人民大学出版社人文出版分社

中国人民大学出版社　管理分社

教师教学服务说明

中国人民大学出版社管理分社以出版工商管理和公共管理类精品图书为宗旨。为更好地服务一线教师，我们着力建设了一批数字化、立体化的网络教学资源。教师可以通过以下方式获得免费下载教学资源的权限：

- ★ 在中国人民大学出版社网站 www.crup.com.cn 进行注册，注册后进入“会员中心”，在左侧点击“我的教师认证”，填写相关信息，提交后等待审核。我们将在一个工作日内为您开通相关资源的下载权限。

- ★ 如您急需教学资源或需要其他帮助，请加入教师 QQ 群或在工作时间与我们联络。

中国人民大学出版社　管理分社

教师 QQ 群：648333426（工商管理）　114970332（财会）　648117133（公共管理）
教师群仅限教师加入，入群请备注（学校+姓名）

联系电话：010-62515735，62515987，62515782，82501048，62514760

电子邮箱：glcbfs@crup.com.cn

通讯地址：北京市海淀区中关村大街甲 59 号文化大厦 1501 室（100872）

管理书社

人大社财会

公共管理与政治学悦读坊

尊敬的老师：

您好！

为了确保您及时有效地申请培生整体教学资源，请您务必完整填写如下表格，加盖学院的公章后以电子扫描件等形式发我们，我们将会在2～3个工作日内为您处理。

请填写所需教辅的信息：

采用教材			□ 中文版　□ 英文版　□ 双语版
作　者		出版社	
版　次		ISBN	
课程时间	始于　　年　月　日	学生人数	
	止于　　年　月　日	学生年级	□ 专科　□ 本科 1/2 年级 □ 研究生　□ 本科 3/4 年级

请填写您的个人信息：

学　校			
院系/专业			
姓　名		职　称	□ 助教 □ 讲师 □ 副教授 □ 教授
通信地址/邮编			
手　机		电　话	
传　真			
official email（必填） （eg：×××@ruc. edu. cn）		email （eg：×××@163. com）	
是否愿意接受我们定期的新书讯息通知：　□ 是　□ 否			

系/院主任：＿＿＿＿＿＿（签字）

（系 / 院办公室章）

＿＿年＿＿月＿＿日

资源介绍：

——教材、常规教辅资源（PPT、教师手册、题库等）：请访问 www. pearsonhighered. com/educator。（免费）

——MyLabs/Mastering 系列在线平台：适合老师和学生共同使用；访问需要 Access Code。（付费）

地址：北京市东城区北三环东路 36 号环球贸易中心 D 座 1208 室（100013）

Please send this form to：copub. hed@pearson. com

Website：www. pearson. com

图书在版编目（CIP）数据

商务与经济统计学：第14版 /（美）詹姆斯·麦克拉夫，（美）乔治·本森，（美）特里·辛西奇著；周平译. -- 北京：中国人民大学出版社，2024.5
（工商管理经典译丛）
ISBN 978-7-300-32621-4

Ⅰ. ①商… Ⅱ. ①詹… ②乔… ③特… ④周… Ⅲ. ①商业统计②经济统计 Ⅳ. ① F712.3 ② F222

中国国家版本馆 CIP 数据核字（2024）第 055136 号

工商管理经典译丛
商务与经济统计学（第14版）
詹姆斯·麦克拉夫
［美］乔治·本森　著
特里·辛西奇
周　平　译
Shangwu yu Jingji Tongjixue

出版发行	中国人民大学出版社		
社　址	北京中关村大街31号	邮政编码	100080
电　话	010-62511242（总编室）		010-62511770（质管部）
	010-82501766（邮购部）		010-62514148（门市部）
	010-62515195（发行公司）		010-62515275（盗版举报）
网　址	http://www.crup.com.cn		
经　销	新华书店		
印　刷	涿州市星河印刷有限公司		
开　本	890mm × 1240mm　1/16	版　次	2024年5月第1版
印　张	33 插页 2	印　次	2024年5月第1次印刷
字　数	943 000	定　价	95.00元

U0601989

内容简介

本书原著是国际公认的优秀的商务与经济统计学图书，是强调统计推断的入门教程，介绍了统计推断、数据收集和分析在现实商务活动中的运用，涵盖了在统计报告评估和决策支持时所必需的数据收集和分析的方法。书中收录了大量源自真实商业环境的案例和练习题，为读者提供了直观处理真实数据和应用统计学原理的机会。

本书强调统计思维的建立、可靠性的评估以及基于数据的统计推断的价值，是一本实用性强、有助于做出科学决策的经典读物。

著译者简介

詹姆斯·麦克拉夫（James T. McClave）

统计学博士。在佛罗里达大学从事教学工作 20 年，教过统计学的所有课程。后于 1977 年创建信息技术有限公司（Info Tech, Inc.），以应用统计学的理论来解决现实世界的问题。现任公司总裁兼首席执行官，佛罗里达大学统计学兼职教授。

周　平

中国人民大学统计学博士，加拿大滑铁卢大学数学学院国家公派访问学者，现任教于北京信息科技大学统计系。研究方向为金融统计和数据挖掘。

工商管理经典译丛 BUSINESS ADMINISTRATION CLASSICS

STATISTICS FOR BUSINESS AND ECONOMICS

FOURTEENTH EDITION

商务与经济统计学

詹姆斯·麦克拉夫（James T. McClave）
［美］ 乔治·本森（P. George Benson） 著
特里·辛西奇（Terry Sincich）
周 平 译

中国人民大学出版社
·北京·

工商管理经典译丛

出版说明

随着中国改革开放的深入发展，中国经济高速增长，为中国企业带来了勃勃生机，也为中国管理人才提供了成长和一显身手的广阔天地。时代呼唤能够在国际市场上搏击的中国企业家，时代呼唤谙熟国际市场规则的职业经理人。中国的工商管理教育事业也迎来了快速发展的良机。中国人民大学出版社正是为了适应这样一种时代的需要，从1997年开始就组织策划“工商管理经典译丛”，这是国内第一套与国际管理教育全面接轨的引进版工商管理类丛书，该套丛书凝聚着100多位管理学专家学者的心血，一经推出，立即受到了国内管理学界和企业界读者们的一致好评和普遍欢迎，并持续畅销数年。全国人民代表大会常务委员会副委员长、国家自然科学基金会管理科学部主任成思危先生，以及全国MBA教育指导委员会的专家们，都对这套丛书给予了很高的评价，认为这套译丛为中国工商管理教育事业做了开创性的工作，为国内管理专业教学首次系统地引进了优秀的范本，并为广大管理专业教师提高教材甄选和编写水平发挥了很大的作用。其中《人力资源管理》（第六版）获第十二届“中国图书奖”；《管理学》（第四版）获全国优秀畅销书奖。

进入21世纪后，随着经济全球化和信息化的发展，国际MBA教育在课程体系上进行了重大的改革，从20世纪80年代以行为科学为基础，注重营销管理、运营管理、财务管理到战略管理等方面的研究，到开始重视沟通、创业、公共关系和商业伦理等人文类内容，并且增加了基于网络的电子商务、技术管理、业务流程重组和统计学等技术类内容。另外，管理教育的国际化趋势也越来越明显，主要表现在师资的国际化、生源的国际化和教材的国际化方面。近年来，随着我国MBA和工商管理教育事业的快速发展，国内管理类引进版图书的品种越来越多，出版和更新的周期也在明显加快。为此，我们这套“工商管理经典译丛”也适时更新版本，增加新的内容，同时还将陆续推出新的系列和配套参考书，以顺应国际管理教育发展的大趋势。

本译丛选入的书目，都是世界著名的权威出版机构畅销全球的工商管理图书，被世界各国和地区的著名大学商学院和管理学院所普遍选用，是国际工商管理教育界最具影响力的教学用书。本丛书的作者，皆为管理学界享有盛誉的著名教授，他们的这些著作，经过了世界各地数千所大学和管理学院教学实践的检验，被证明是论述精辟、视野开阔、资料丰富、通俗易懂，又具有生动性、启发性和可操作性的经典之作。本译丛的译者，大多是国内各著名大学的优秀中青年学术骨干，他们不仅在长期的教学研究和社会实践中积累了丰富的经验，而且具有较高的翻译水平。

本丛书的引进和运作过程，从市场调研与选题策划、每本书的推荐与论证、对译者翻译水平的考察与甄选、翻译规程与交稿要求的制定、对翻译质量的严格把关和控制，到版式、封面和插图的设计等各方面，都坚持高水平和高标准的原则，力图奉献给读者一套译文准确、文字流畅、从内容到形式都保持原著风格的工商管理精品图书。

本丛书参考了国际上通行的MBA和工商管理专业核心课程的设置，充分兼顾了我国管理各专业现行通开课与专业课程设置，以及企业管理培训的要求，故适应面较广，既可用于管理各专业不同层次的教学参考，又可供各类管理人员培训和自学使用。

为了本丛书的出版，我们成立了由中国人民大学、北京大学、中国社会科学院等单位专家学者组成的编辑委员会，这些专家学者给了我们强有力的支持，使本丛书得以在管理学界和企业界产生较大的影响。许多我国留美学者和国内管理学界著名专家教授，参与了原著的推荐、论证和翻译工作，原我社编辑闻洁女士在这套书的总体策划中付出了很多心血。在此，谨向他们致以崇高的敬意并表示衷心的感谢。

愿这套丛书为我国MBA和工商管理教育事业的发展，为中国企业管理水平的不断提升继续做出应有的贡献。

中国人民大学出版社

译者序

《商务与经济统计学》作为一本经典的统计学入门教学用书，以其独特的风格深受广大读者喜欢。该书出版至今已经是第 14 版，其经典与珍贵显而易见！

第 14 版更新了实际数据，新增了案例、练习题，同时延续了以往的写作风格，避免了烦琐的数学推导，采用深入浅出、循序渐进的方法系统介绍统计学的知识。本书介绍了统计学的基本理论、模型、方法和经典案例；紧跟时代发展，采用了最新的商业案例和商业研究成果。此外，本书还介绍了统计学发展史上做出杰出贡献的诸多统计学家。这些内容有助于读者了解统计学的发展历程，理解统计学的思想和原理，正确掌握统计分析方法。

本书可以作为研究生、MBA 和本科生的教学用书，也可供从事商业和经济数据分析的各类人员参考。在翻译过程中，我体会到本书在内容编排、案例选取等方面的独特性、新颖性和时效性，深切感受到这本经典教学用书的独特魅力。本书非常值得一读，读者可根据时间和需要，有选择地学习有关内容。

《商务与经济统计学》上一个中文译本是第 12 版，由易丹辉老师和李扬老师翻译。第 14 版的翻译参考了第 12 版的译本。在第 14 版的翻译过程中，易老师对翻译工作提出了非常有价值的建议。在此，首先要感谢易丹辉老师和李扬老师。同时也感谢参与翻译第 12 版的宋年彬、程豪、郭春燕、佟宇龙、尤丽、霍剑、黄冠德和曾宪斌。

本书翻译分工如下：周平负责翻译第 1~11 章和第 12 章的部分章节，同时负责全书的框架安排、润色与统稿；廖俊俨同学参与了练习题以及第 12 章 12.1 节至 12.6 节的初稿翻译；吴符林同学参与了第 12 章 12.11 节和 12.12 节的初稿翻译。

本书的案例涉及营销、经济、法律、工程、科技、医学和体育等诸多领域，其中涉及许多专业词汇，因此翻译本书挑战性不小。由于译者的水平、时间和精力有限，译文可能难以完全反映原著的全部风貌，问题与错误也在所难免。对此，敬请读者谅解，也谨请有心的读者予以指正。

周 平

前 言

《商务与经济统计学》(第 14 版) 是一本强调统计推断的入门教学用书，广泛涵盖了在统计报告评估和决策支持时所需的数据收集和分析方法。与上一版本一样，本书强调统计思维的建立、可靠性的评估以及基于数据的统计推断对数据购买者或数据生产者的价值。这里我们假设读者已经拥有基础代数的知识背景。

本书与美国统计协会（ASA）支持的 MSMESB 会议的宗旨“促进统计学在商学院中更加有效地运用”和《统计教学评估和规章的指南》(GAISE) 的项目要求保持一致：

- 强调统计知识的学习和统计思维的培养；
- 分析应用中使用真实数据；
- 使用计算机技术来辅助概念的理解和数据分析；
- 培养课堂上主动学习的能力；
- 重视概念的理解，而非仅仅是统计理论的学习；
- 突出概率的直观概念。

新增的内容

- 基于当代商务相关研究和真实数据新增并且更新了练习题，可培养读者的批判性思维。
- 更新了专栏“实践中的统计”的案例，而且采用来自最新的商业研究的真实数据。
- 继续强调道德规范。书中添加了专栏，以强调在收集、分析和解释统计数据时道德行为的重要性。

特色优势

我们继承了该书区别于其他商务与经济统计入门书籍的教学特点，以帮助学生形成统计学的概观，领会统计学在商务应用和现实生活中的联系。这些特色具体如下：

将案例作为教学手段 几乎所有的新知识都是通过基于数据的应用案例来阐述的。我们相信学生在阅读案例后将能更好地理解定义、推论和理论。书中所有的案例都包含三个组成部分：

“问题”、“解答”和“回顾”。逐步分析的过程能帮助学生找到解决问题的方法并提高解决实际问题的能力。“回顾”中常常提供解决问题的线索，并启发学生对案例中的概念或过程进行更深入的思考。

“实践中的统计”专栏中的案例 每一章的开始，会提出一个当前颇有争议的热门商业案例，并给出相应的研究问题以及数据。在“回顾实践中的统计”专栏中再给出一个简短适当的演示分析。这部分内容旨在引导学生批判性地评价案例的结果，思考其中包含的统计问题。

“综合案例”专栏中的案例 五个拓展性的真实商业案例可以作为对之前材料的一个很好的总结和回顾。这些案例通常涵盖 2~3 章的知识点，要求学生融会贯通并应用这些章节的方法解决案例中的问题。

使用统计软件探索数据 所有的统计分析方法都通过使用三个基于 Windows 的重要统计软件的输出结果进行演示：Excel/XLSTAT、StatCrunch 和 Minitab。使学生尽早接触计算机及统计软件，有助于其融入当今高科技商务世界。

“人物介绍”专栏 简要介绍了一些著名的统计学家及其成就。通过阅读这些背景资料，学生能够以欣赏的眼光看待统计学家的贡献和统计学的原理。

灵活的教学选择

教师可根据实际情况，灵活选择授课范围。下面给出概率和回归这两部分的一些建议：

概率论与计数规则 统计学介绍性课程最令人头痛的地方之一就是概率论的学习，因为教师必须明确授课难度，而学生会发现这是较难理解的知识点。我们认为导致这种困境的部分原因在于大多数入门教程将概率论和计数规则混在一起介绍。因此，我们没有在第 3 章的主体部分介绍计数规则，教师可自行调整授课范围和难度。

多元回归和建模 在解决应用问题时，这是最有用的统计工具之一。本书围绕回归模型的建立而展开，内容具备可理解性、有用性和相比于其他入门教材的全面性。本书通过两章讨论从回归分析中得到的主要推论，展示如何使用统计软件得到分析结果，以及如何选择用于分析的多元回归模型。教师可以选择只讲授简单线性回归章节（第 11 章），或者挑选简单线性回归和多元线性回归的部分章节（不包括第 12 章中建模的选学部分），或者讲解全部内容，包括模型的建立和诊断。对回归分析的翔实介绍可以帮助学生将统计与现实商务问题更紧密地联系起来。

脚注的作用 本书是为没有微积分基础的学生编撰的，脚注中注明了在各种推导中用到的微积分知识。这些脚注不仅可以提示学生统计分析方法背后的理论基础，还为讲授这些数学知识和理论时确定难度水平提供了便利。

目录

CONTENTS

第 1 章 统计、数据和统计思维

我们将要学习：

- 统计领域
- 统计在商业领域的应用
- 统计语言和所有统计问题的基本要素
- 总体和样本数据的区别
- 描述性统计和推断性统计的区别
- 一个过程的基本要素
- 数据类型和数据收集的方法
- 通过统计进行批判性思考如何有助于我们提高定量素养

实践中的统计

电视节目《20/20》的调查和研究：事实还是假新闻?

几年前，深受欢迎的 ABC 电视节目《20/20》播出了一则题为《事实还是虚构？——揭露所谓调查》的报道。节目的主题是我们现在所说的“假新闻”或“另类事实”，即媒体（报纸、杂志、电视节目、推特、Instagram 等）经常大肆宣传的虚假信息。节目中介绍了一些误导性（并且可能是不道德的）的调查，这些调查由有特定目的的企业或特殊利益集团实施。表 SIA1-1 列出了其中一些，以及最近在产品广告中使用的误导性研究。

表 SIA1-1 “假新闻”示例

假新闻 (来源)	实际研究信息 / 缺陷
1. 吃燕麦麸是一种便宜而简单的降低胆固醇的方法。(桂格燕麦)	饮食必须只包括燕麦麸，才可以降低人体的胆固醇水平。

续表

假新闻（来源）	实际研究信息 / 缺陷
2. 美国 12 岁以下儿童中有 1/4 正面临饥饿或有这种风险。（食品研究和行动中心（Food Research and Action））	基于对以下问题的回答："你曾经减少过饭量吗？""你曾经吃的比你觉得应该吃的要少吗？""你是否曾经因为没钱买食物而依靠有限的食物来养活你的孩子？"
3. CEO 的高尔夫球差点数和公司的股票表现之间有很强的相关性：CEO 的差点数越低（即高尔夫球手的水平越高），股票的表现就越好。（《纽约时报》，1998 年 5 月 31 日）	对美国最大的 300 家公司的首席执行官实施的调查，只有 51 人透露了他们的高尔夫球差点数，几位顶级首席执行官的数据被排除在分析之外。
4. 在联邦政府的医疗改革法案通过之前，预计 30% 的雇主将"肯定"或"可能"停止提供医疗保险。（麦肯锡公司调查部，2011 年 2 月）	对美国 1 329 家私营部门雇主进行的在线调查。受访者被问了一些诱导性的问题，导致人们认为停止提供医疗保险是合乎逻辑的。
5. 在一则广告中，"超过 80% 的受访牙医向患者推荐使用高露洁牙膏"。（高露洁 - 棕榄公司，2007 年 1 月）	该调查允许每位牙医推荐一种以上的牙膏。广告标准管理局（Advertising Standards Authority）以误导性广告（暗示 80% 的牙医推荐高露洁牙膏胜过所有其他品牌）对高露洁处以罚款，并禁播了该广告。
6. 家乐氏（Kellogg' s）全麦麦片的一则广告声称，这种麦片"经临床证明可以将孩子的注意力提高近 20%"。（家乐氏公司，2009 年）	在研究中，只有一半的孩子注意力有所改善，只有 1/7 的孩子改善了 18% 或以上，只有 1/9 的孩子改善了 20% 或以上；将吃全麦麦片的孩子与早餐只喝水的孩子进行比较。（家乐氏公司同意支付 400 万美元来解决针对虚假广告的诉讼。）
7. 根据一项委托进行的研究，沃尔玛的广告称，它"导致消费者价格整体下降 3.1%"，并且"每年为顾客节省 700 多美元"。（《全球洞察力》(*Global Insight*)，2005 年）	经济政策研究所（Economic Policy Institute）指出，《全球洞察力》的研究是基于零售商对消费者价格指数（CPI）的影响，但 CPI 中有 60% 的商品是服务，而不是可以在沃尔玛购买到的商品。（沃尔玛被迫撤回了这则具有误导性的广告。）
8. 在有线电视提供商康卡斯特委托进行的一项调查中，受访者被要求决定哪家有线电视提供商（康卡斯特或 DIRECTV）提供更多高清频道。受访者看到了 DIRECTV（列表 #387）和康卡斯特（列表 #429）的频道列表。（全国广告部（National Advertising Division，NAD）案例报告第 5208 号，2010 年 8 月 25 日）	商业改善委员会（Council of Better Business Bureaus）拒绝了这项调查。因为他们发现较高的列表编号（#429）"作为一个微妙但有效的线索"表明康卡斯特的列表包含更多频道。
9. 美国国家公共电台（NRP）报道了最近的一项研究，该研究发现，每天在智能手机上花费 5 小时或以上的青少年有自杀 / 抑郁倾向的可能性高出 71%。（《变态心理学杂志》(*Journal of Abnormal Psychology*)，2019 年 3 月）	数据是基于青少年对智能手机的感知。研究表明，感知使用与应用程序测量的实际使用关系不大。此外，对成瘾或自杀风险的测量也是基于不可靠的量表。

关于实践中的统计，我们考虑了由玛氏公司赞助并发表在《自然神经科学》(*Nature Neuroscience*) 杂志（2014 年 12 月）上的研究。哥伦比亚大学的研究人员想知道服用可可补充剂是否会改善随着年龄增长而退化的大脑区域，该区域与年龄增长导致的记忆力丧失有关。他们得出结论，可可补充剂确实可以提高老年人的认知能力。其他类似的研究声称巧克力会降低患心血管疾病的风险并有助于减轻体重。这些结果被《纽约时报》等媒体报道，标题是《提高记忆力，考虑巧克力！》、《巧克力爱好者的好消息：吃得越多，患心脏病的风险越小》或者《巧克力对你有好处》。这些报道的"事实"可能增加了消费者对巧克力的需求。在糖果销量整体下滑的情况下，美国的巧克力零售额却从 2007 年的 142 亿美元上升至 2017 年的 189 亿美元。

批判性思考者可能会质疑巧克力是一种健康食品。其中一个名为 Vox Media 的组织（2017 年 11 月 7 日）对此进行了调查。首先，Vox Media 发现像玛氏这样的巧克力公司"已经花费了数百万美元用于支持对可可的科学研究和科研项目。而且，在最近玛氏赞助的 100 项关于可可、巧克力和健康的研究中，有 98 项结论在某种程度上有利于糖果制造商"。根据 Vox Media 的说法，这种异常高的百分比"引发了对研

究质量的质疑，因为玛氏和其他巧克力制造商可以利用这些研究来推销它们的产品”。这一发现促使 Vox Media 批判性地分析《自然神经科学》的这项巧克力研究。

在这项研究中，研究人员将 37 人随机分配成四组。第 1 组中的每个受试者每天服用高剂量（900 毫克）的可可黄烷醇补充剂，且每周进行四次每次一小时的有氧运动。第 2 组的受试者接受了相同高剂量的可可黄烷醇补充剂，但不进行有氧运动。第 3 组受试者接受低剂量（10 毫克）的可可黄烷醇补充剂，并要求每周进行四次每次一小时的有氧运动。最后，第 4 组接受了低剂量的可可黄烷醇补充剂，但不进行有氧运动（见图 SIA1-1）。3 个月后，研究人员测试了可可黄烷醇补充剂是否能阻止由相应大脑区域功能退化导致的认知能力的下降。他们用磁共振成像仪测量脑电波并使用对象识别任务来测试记忆和反应时间。研究人员还测试了运动对记忆是否有任何影响。

第1组:高剂量/有氧运动 （8人）	第2组:高剂量/无有氧运动 （11人）
第3组:低剂量/有氧运动 （9人）	第4组:低剂量/无有氧运动 （9人）

图 SIA1-1　巧克力研究示意图

研究人员报告说，有氧运动对大脑功能没有影响，但可可黄烷醇却有影响。与低剂量组相比，接受高剂量可可黄烷醇补充剂的受试者在认知能力方面表现出更大幅度的改善。然而，正如 Vox Media 报道的那样，研究人员得出的结论超出了研究范围。例如，研究人员声称，他们在高剂量组中看到的结果表明，可可黄烷醇补充剂可以将年龄增长导致的记忆衰退延迟 30 年。Vox Media 还指出该研究存在样本量小的问题和设计问题。

牛津大学循证医学中心的医生兼研究员亨利・德赖斯代尔（Henry Drysdale）详细阐述了设计问题。首先，他警告说，为了在三个月内提高记忆力而食用可可黄烷醇补充剂与现实世界中年龄增长导致的记忆力减退无关。其次，他指出需要更多（超过 37 人）的受试者，并进行数年的试验。最后，他评论了研究变量：“与其利用磁共振成像仪仅跟踪受试者的脑电波（这不是认知能力的衡量标准），或者使用对象识别任务来测试记忆，你更需要衡量那些关系到人们生活的结果，比如，那些服用可可黄烷醇补充剂的人能否比不服用的人更清楚地记得他们那天早上做了什么，或者他们下周有医生预约。”

最终，Vox Media 表示，“该试验仅证明可可黄烷醇补充剂似乎可以在数周内增强大脑功能，该结论仅基于认知功能的特定（且未广泛使用）测试。这远不能证明可可是一种记忆增强剂”。

我们回到《20/20》电视节目，该节目以对《受污染的真相：美国对事实的操纵》（*Tainted Truth: The Manipulation of Fact in America*）一书的作者辛西娅・克罗森（Cynthia Crossen）的采访结束，揭露了误导性和有偏见的调查。

在“假新闻”这个词被创造出来之前大约 20 年，克罗森警告说，“如果每个人都在滥用数字并用数字恐吓我们，让我们做某事，不管那件事多么好，我们已经失去了数字的力量。现在，我们从研究中知道了某些事情。例如，我们知道吸烟会对人的肺部和心脏造成伤害，正因为我们知道这一点，许多人的生命得以延长或得以挽救。我们有可能难以依靠信息的力量来帮助我们做出决定，这正是我所担心的。”

在以下“回顾实践中的统计”部分中，我们讨论了本章涉及的与误导性调查和研究相关的几个关键统计概念。

回顾实践中的统计

确定总体、样本和推断。

确定数据收集方法和数据类型。

批判性地评估统计研究的伦理。

1.1 统计科学

统计对你而言意味着什么？是让你想起平均击球分、盖洛普民意测验、失业数据或对事实的数字扭曲（用统计数据撒谎）？或者它只是你必须完成的大学必修课？我们希望可以让你相信，统计是一门有意义、有用的科学。它在商业、政府、物理、社会科学等领域得到广泛应用。我们还想表明，统计只有在被误用时才会说谎。最后，我们希望展示统计在批判性思维中发挥的关键作用——不论是在学习与工作中，还是在日常生活中。我们的目的就是要让你明白，如果你投入了时间、精力来好好学习这门课程，它就会让你受益匪浅。

尽管可以用多种方式定义该术语，但“统计”的广义定义是收集、分类、分析和解释信息的科学。专业统计学家接受过统计科学方面的培训，也就是说，他们接受过以**数据**（data）形式收集信息、评估信息并从中得出结论的培训。此外，统计学家确定哪些信息与给定问题相关，以及通过研究得出的结论是否可信。

统计（statistics）是数据科学。它涉及收集、分类、汇总、组织、分析和解释数字与分类信息。

在下一节中，你会看到在商业和政府领域中应用统计来进行决策和推断的几个实例。

人物介绍

佛洛伦斯·南丁格尔（1820—1910）——热情的统计学家

在维多利亚时代的英国，“神灯女郎”肩负着改善克里米亚战争期间英军野战医院恶劣条件的使命。今天，大多数历史学家认为佛洛伦斯·南丁格尔（Florence Nightingale）是护理行业的奠基人。为了让英国国会议员相信为战地士兵提供护理和医疗服务的必要性，南丁格尔从军队档案中收集了大量数据。通过一系列引人注目的图表（包括第一张“饼状图”），她证明，战争中的大多数死亡是在战场外感染的疾病或战后长期未治疗的伤口造成的。南丁格尔的同情心和自我牺牲的精神，加上她收集、整理和呈现大量数据的能力，使一些人称她为“热情的统计学家”。

1.2 商业中的统计应用类型

对大多数人来说，统计意味着“数字描述”。月度失业数据、创业公司的倒闭率、特定行业的女性高管比例，都是针对某种现象收集的大量数据的统计描述。通常，这些数据一般都是从我们希望刻画的全部数据中收集得到的，这个过程就是抽样。你可能会收集视频流服务公司客户样本的年龄，以估计公司所有客户的平均年龄。然后你可以根据你的估计来将公司的广告定位到合适的年龄群体。请注意，统计涉及两个不同的过程：（1）描述数据集；（2）基于抽样得出关于数据集的结论（做出估计、决策、预测等）。因此，统计学的应用可以分为两大领域：描述性统计和推断性统计。

描述性统计（descriptive statistics）利用数字和图表的方法来探索数据，即寻找数据集中的模式，总结数据集中的信息，并以恰当的形式为用户呈现信息。

推断性统计（inferential statistics）利用样本数据对更大的数据集进行估计、决策、预测或其他概括。

在后面的章节中我们会介绍描述性统计和推断性统计，本书重点关注**推断** (inference) 方面的问题。下面让我们通过一些商业案例说明统计的作用。

案例 1.1 最畅销的女童子军饼干

自 1917 年以来，美国女童子军（Girl Scouts of America）一直在销售盒装饼干。2017 年，有 12 个品种在售：Thin Mints、Samoas、Lemonades、Tagalongs、Do-si-dos、Trefoils、Savannah Smiles、Thanks-A-Lot、Dulce de Leche、Cranberry Citrus Crisps、Chocolate Chip 和 Thank U Berry Much。2017 年售出的约 1.5 亿盒女童子军饼干中的每一盒都按品种分类，汇总结果如图 1–1 所示。从图中可以清楚地看到，最畅销的种类是 Thin Mints（25%），其次是 Samoas（19%）和 Tagalongs（13%）。由于图 1–1 描述了所售女童子军饼干盒的类别，因此该图是描述性统计的示例。

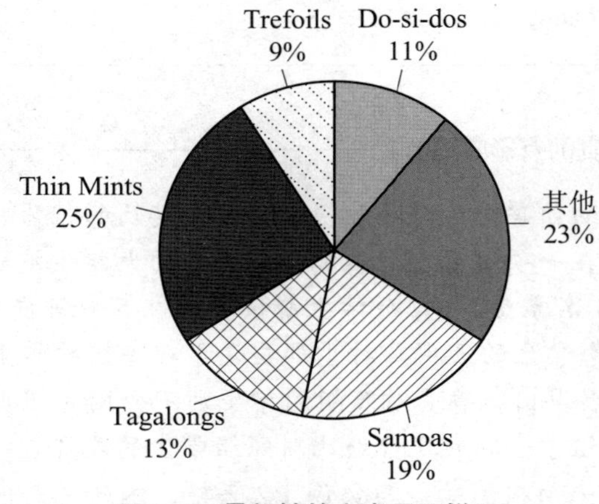

图 1–1 最畅销的女童子军饼干

资料来源：www.girlscouts.org.

案例 1.2 高管薪酬与普通员工薪酬

公司支付给首席执行官（CEO）的薪酬与支付给普通员工的薪酬之间的差距有多大？为了回答这个问题，24/7 Wall Street 使用 Payscale 网站提供的福利和薪酬信息中的数据，审查了 168 家美国大公司的 CEO 年基本薪酬与普通员工薪酬的比率。该信息用于计算每家公司 CEO 薪酬与普通员工薪酬的比率。① 本次研究的 168 家样本公司中比率最高的 10 家公司的数据如表 1–1 所示。对 168 家公司的数据分析显示，CEO 薪酬与普通员工薪酬的"平均"比率为 205。② 换句话说，平均而言，样本公司中 CEO 的收入是普通员工收入的 205 倍左右。有了这些样本信息，经济学家可能会推断出所有美国公司的 CEO 薪酬与普通员工薪酬的平均比率为 205。因此，这项研究是推断性统计的一个例子。

表 1–1 CEO 薪酬与普通员工薪酬的比率

公司	CEO	CEO 基本薪酬（美元）	CEO 总薪酬（美元）	普通员工薪酬（美元）	比率
1. CVS Health	拉里・默洛	12 105 481	22 855 374	27 900	434
2. 哥伦比亚广播公司	莱斯利・穆恩维斯	23 652 883	56 352 801	59 900	395
3. 迪士尼	罗伯特・艾格	26 208 003	43 490 567	71 400	367
4. TGX Comp	卡罗・梅罗维茨	7 330 584	17 962 232	22 400	327
5. 21 世纪福克斯	鲁珀特・默多克	17 047 636	22 192 923	54 800	311

① 该比率根据每家公司普通员工薪酬的中位数计算得出。第 2 章给出了中位数的正式定义。这里将中位数视为普通员工的薪酬，即所有员工薪酬的中间数。

② 第 2 章给出了平均值的正式定义。与中位数一样，将平均值视为代表中间薪酬的另一种方式。

续表

公司	CEO	CEO 基本薪酬（美元）	CEO 总薪酬（美元）	普通员工薪酬（美元）	比率
6. 康卡斯特	布莱恩·罗伯茨	16 819 942	27 520 744	55 800	301
7. L Brands	莱斯利·韦克斯纳	9 665 925	26 669 306	33 900	285
8. 霍尼韦尔	戴维·科特	22 767 851	33 105 851	81 600	279
9. 百事公司	卢英德	15 937 828	22 189 307	61 500	259
10. 永利度假集团	史蒂夫·韦恩	11 930 391	20 680 391	50 100	238

资料来源：24/7 Wall Street, *USA Today*, Oct. 15, 2018.

案例 1.3 工作场所中的粗鲁行为真的有影响吗？

许多研究表明，工作场所中的粗鲁行为会导致报复和适得其反的行为。然而，关于粗鲁行为如何影响受害者的绩效表现的研究很少。在一项研究中，参加管理课程的大学生被随机分配到两个实验组之一：粗鲁组（45 名学生）和对照组（53 名学生）。每个学生都被要求在 5 分钟内尽可能多地写下一块砖的用途，这个值（用途总数）用来衡量每个学生的表现。对于那些处于粗鲁组的学生，协调员通过斥责学生不负责任和不专业（由于组员迟到）来表现出粗鲁。对照组的学生则不会因为组员迟到而受到任何评价。正如你可能预期的，研究人员发现粗鲁组学生的表现普遍比对照组学生的表现差。因此，他们得出结论，工作场所中的粗鲁行为会给工作绩效带来消极影响。与案例 1.2 一样，本研究是使用推断性统计的一个例子。研究人员使用在模拟工作环境中收集的 98 名大学生的数据来推断在工作中受到粗鲁对待的所有员工的绩效水平。

这些案例分别为统计应用于商业、经济和管理领域的三个真实例子。请注意，每个案例都涉及数据分析，目的是描述数据集（案例 1.1）或对数据集进行推断（案例 1.2 和案例 1.3）。

资料来源：*Academy of Management Journal*, October 2007.

1.3 统计的基本要素

统计方法对于研究、分析和了解试验单元的总体特别有用。

> **试验（或观察）单元**（experimental（or observational）unit）是我们收集数据的对象（例如，人、物体、交易或事件）。
>
> **总体**（population）是我们有兴趣研究的全体单元（通常是人、物体、交易或事件）。

例如，总体可能包括：（1）美国所有就业工人；（2）加利福尼亚州的所有登记选民；（3）所有购买过特定品牌手机的人；（4）某一装配线去年生产的所有汽车；（5）美国联合航空公司（United Airlines）维修设施的全部备件的库存；（6）某一年麦当劳餐厅免下车窗口的总销售额；（7）假日期间州际公路某一路段上发生的所有事故的集合。请注意，前三个总体示例（1）至（3）是人的集合（组），接下来的两个总体（4）和（5）是物体集合，接下来的（6）是一组交易，最后一个总体（7）是一组事件。另请注意，每个集合都包含我们所关注的总体的所有试验单元。

在研究总体时，我们关注总体中试验单元的一个或多个特征或属性。我们称这样的特征为变量。例如，我们可能关注美国当前失业人员的年龄、性别、收入和 / 或受教育年限等变量。

变量（variable）是单个试验（或观察）单元的特征或属性。

名称变量源自这样一个事实，即任何特定特征都可能因总体中的试验单元而有所不同。

在研究一个特定的变量时，能够获得它的数值表示是很有帮助的。然而，通常情况下，数值表示并不容易获得。因此，测量过程在统计研究中起着重要的支持作用。**测量**（measurement）是我们为各个总体单元的变量赋值的过程。例如，我们可以通过要求消费者按照 1~10 的等级对产品的口味进行评分来衡量其对食物的偏好。或者我们可以通过简单地询问每个工人“你多大了？”来衡量劳动力年龄。在其他情况下，测量涉及使用计时器、天平和卡尺等仪器。

如果我们想要研究的总体很小，则可以测量总体中所有个体在变量上的取值。例如，如果你要衡量去年密歇根大学所有 MBA 毕业生的起薪，那么至少获得每人的薪水是可能的。当我们测量总体中所有试验单元在变量上的取值时，测量结果称为**总体普查**（census）。然而，通常情况下，大多数应用中所关注的总体要大得多，可能涉及数千甚至无限数量的单元。总体的例子包括前面列出的 7 个，以及一家《财富》500 强公司去年开具的所有发票、新款 iPad 的所有潜在买家以及纽约证券交易所上市公司的所有股东。 对于这些总体，进行总体普查会非常耗时且 / 或昂贵。一个合理的方案是选择总体的一个子集（或部分）并对其进行研究。

样本（sample）是总体的一个子集。

例如，假设一家公司正在接受发票错误审计。审计员可以选择并检查仅包含 100 张发票的样本，而不是检查公司在给定年份产生的 15 472 张发票（见图 1−2）。如果审计员关注变量“发票错误状态”，他会记录（测量）样本中每张发票的状态（错误或无错误）。

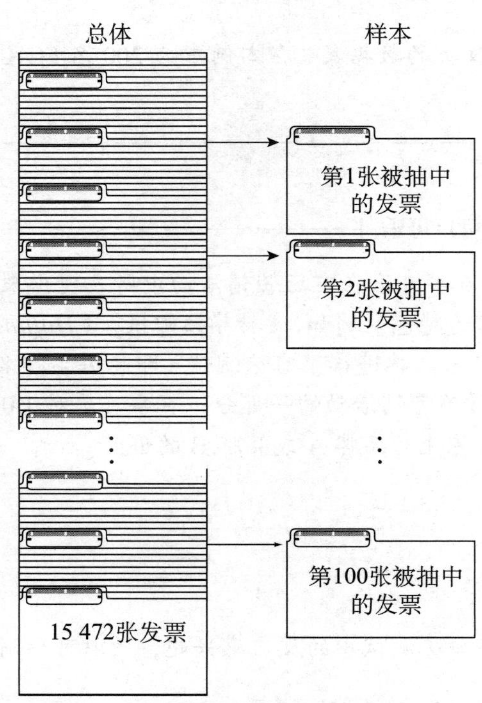

图 1−2　某公司在给定年份的所有发票的一个样本

在对样本（或总体）中每个试验单元感兴趣的变量进行测量后，可以通过描述性或推断性统计方法分析数据。例如，审计员可能只关注描述 100 张发票样本中的错误率。然而，更有可能的

是，他希望使用样本中的信息来推断 15 472 张发票的总体情况。

统计推断（statistical inference）是基于样本中包含的信息对总体的估计或预测或某种其他概括。

也就是说，我们使用样本中包含的信息来了解更大的总体。[1]因此，通过 100 张发票的样本，审计员可以估计出 15 472 张发票中有错误的发票总数。审计员对公司发票质量的推断可用于决定是否调整公司的结算操作。

例 1.1 统计的基本要素——有线电视新闻观众的年龄

问题 根据尼尔森（Nielsen）最近对有线电视新闻观众的调查，美国有线电视新闻网（CNN）观众的平均年龄为 60 岁。假定竞争对手福克斯（FOX）的主管假设 FOX 观众的平均年龄大于 60 岁。为了检验她的假设，她抽取了 200 名 FOX 观众并确定了每个观众的年龄。

a. 描述总体。

b. 描述感兴趣的变量。

c. 描述样本。

d. 描述推断。

解答 a. 总体是主管感兴趣的单元集合，即所有的 FOX 观众。

b. 每个观众的年龄（以岁为单位）是感兴趣的变量。

c. 样本必须是总体的一个子集。在这个例子中，它是主管抽取的 200 名 FOX 观众。

d. 感兴趣的推断涉及将 200 名观众样本中包含的信息推广到所有 FOX 观众。特别是，该主管想要估计观众的平均年龄以确定它是否超过 60 岁。她可以通过计算样本观众的平均年龄并使用样本平均值估计总体平均值来实现这一点。

回顾 诊断统计问题的关键是将收集的数据集（在本例中为 200 名 FOX 观众的年龄）确定为总体或样本。

例 1.2 统计的基本要素——百事可乐与可口可乐

问题 “可乐大战”是可口可乐和百事可乐在市场营销活动中所表现出来的激烈竞争的通俗说法。它们的活动以基于口味测试的消费者偏好为特色。例如，《赫芬顿邮报》（*Huffington Post*，2013 年 11 月）对包括可口可乐和百事可乐在内的 9 个可乐品牌进行了盲味测试（即隐去品牌名称的味觉测试）。（百事可乐排名第一，可口可乐排名第五。）假设作为营销活动的一部分，百事可乐对 1 000 名可乐消费者进行了 2 个品牌的盲味测试。每个消费者都被要求陈述对品牌 A 或品牌 B 的偏好。

a. 描述总体。

b. 描述关注的变量。

c. 描述样本。

d. 描述推断。

解答 a. 因为我们对可乐消费者在口味测试中的反应感兴趣，所以可乐消费者是试验单元。因此，关注的总体是所有可乐消费者的集合。

① 术语总体和样本通常用于指代测量集本身以及测量的单元。当测量一个感兴趣的变量时，这种用法几乎不会造成混淆。当术语含糊不清时，我们会将观测值（也可译作测量值）分别称为总体数据集和样本数据集。

b. 百事可乐要测量的特征是消费者在盲测条件下表现出来的可乐偏好，因此可乐偏好是关注的变量。

c. 样本是从所有可乐消费者中选出的 1 000 名可乐消费者。

d. 关注的推断是将样本中 1 000 名消费者对可乐品牌的偏好推广到所有可乐消费者总体。特别是，样本中消费者的偏好可用于估计所有可乐消费者偏爱各个品牌的百分比。

回顾 在确定统计应用是推断性还是描述性的时，我们评估百事公司是仅关注 1 000 名样本消费者的反应（描述性统计），还是关注整个消费者总体的反应（推断性统计）。

前面的定义和例题确定了推断性统计的五个基本要素中的四个：总体、关注的一个或多个变量、样本以及推断。但是做出推断只是目的之一。我们还需要知道它的**可靠性**（reliability），即推断的好坏。确保关于总体的推断一定正确的唯一方法是将整个总体纳入我们的样本中。然而，由于资源限制（例如，时间和 / 或金钱不足），我们通常无法对整个总体进行研究，因此我们的推断仅基于总体的一部分（样本）。只要有可能，确定并报告每项推断的可靠性很重要。因此，可靠性是推断性统计的第五个要素。

关于推断的可靠性度量将统计科学与算命区分开来。看手相的人，就像统计学家一样，可以检查样本（你的手）并对总体（你的生活）做出推断。然而，与统计推断不同，看手相之人的推断不包括可靠性度量。

假设像例 1.1 中的电视台主管一样，我们关注估计误差（即电视观众总体的平均年龄与电视观众样本的平均年龄之间的差异）。使用统计方法，我们可以确定估计误差的范围。这个范围是估计误差（样本的平均年龄与总体的平均年龄的差距）不太可能超过的数值。我们将在后面的章节中看到，这个范围是对推断的不确定性的度量。对统计推断可靠性的讨论将贯穿本书。现在，我们只希望读者明白，如果不进行可靠性的度量，则推断是不完整的。

可靠性度量（measure of reliability）是关于与统计推断相关的不确定性程度的陈述（通常是量化的）。

让我们总结一下描述性统计和推断性统计的基本要素，并举例说明可靠性度量。

描述性统计的四要素

1. 关注的总体或样本
2. 待考察的一个或多个变量（总体或试验单元的特征）
3. 表格、图形或数值汇总工具
4. 识别数据中的模式

推断性统计的五要素

1. 关注的总体
2. 待考察的一个或多个变量（总体或试验单元的特征）
3. 总体单元的样本
4. 根据样本所含信息推断总体
5. 推断的可靠性度量

例 1.3 推断的可靠性——百事可乐与可口可乐

问题 参考例 1.2，其中揭示了 1 000 名消费者在口味测试中关于可乐口味的偏好。由此，可以推断百事可乐瓶装市场营销区域内所有可乐消费者的偏好，描述如何度量该推断的可靠性。

解答 当使用 1 000 名消费者的偏好来估计该地区所有消费者的偏好时，该估计将不会完全反映总体的偏好。比如，如果口味测试显示 1 000 名消费者中有 56% 选择了百事可乐，这并不意味着（也不可

能表明）该地区所有可乐饮用者中恰好有 56% 的人喜欢百事可乐。然而，我们可以使用可靠的统计推断（将在本书后面介绍）来确保我们从样本中得到的关于喜欢百事可乐的消费者比例的估计值几乎肯定在真实值的指定范围内。例如，这样的推断使我们相信，基于样本估计消费者对百事可乐的偏好几乎肯定在总体实际偏好的 5% 以内。这意味着对百事可乐的实际偏好在 51%（（56−5）%）~61%（（56+5）%），即（56±5）%。该区间代表了推断的可靠性。

回顾 区间 56±5 称为置信区间，因为我们“确信”在口味测试中喜欢百事可乐的消费者的真实百分比落在（51，61）范围内。在第 6 章中，我们会学习如何评估区间的置信度（例如，90% 或 95% 的置信度）。

回顾实践中的统计

确定总体、样本和推断

想想《纽约时报》报道的关于 CEO 的高尔夫球差点数与公司股票表现之间关系的研究。该报通过《高尔夫文摘》(*Golf Digest*) 对全美排名前 300 的大公司的 CEO 进行调查，来获得他们的高尔夫球差点数。(高尔夫球差点是一个数字“指数”，可用于比较高尔夫球手的技能；差点数越低，表明高尔夫球手技能越好。) 共有 51 名 CEO 报告了差点数，《纽约时报》又确定了这 51 名 CEO 所在公司的股票在最近 3 年的业绩（以收益率进行衡量，最小取 0，最大取 100）。因此，研究的试验单元是公司 CEO，测量的两个变量是高尔夫球差点数和股票业绩指数。此外，51 位 CEO 的数据代表了从美国所有公司 CEO 总体中抽取的样本。(这些数据可以从 GOLFCEO 文件中获得。)

《纽约时报》发现了 CEO 的高尔夫球差点数与公司股票表现之间的“统计相关性”（第 11 章中讨论的一种方法）。因此，该报推断，CEO 的高尔夫球水平越高，其公司的股票表现就越好。

➡ 1.4 过程（选学）

1.2 节和 1.3 节侧重于使用统计方法来分析和了解总体，总体是现有单元的集合。统计方法对于分析和推断过程同样有用。

> **过程**（process）是将输入转化为输出的一系列动作或操作。随着时间的推移，一个过程生产或产生输出。

企业最关注的过程是生产或制造过程。制造过程使用人和机器执行的一系列操作将输入（例如原材料和零件）转换为输出（成品）。示例包括用于生产印有文字的纸张的过程、汽车装配线生产一辆汽车的过程和炼油厂提炼石油的过程。

图 1-3 给出了过程及其输入和输出的一般描述。在制造业中，图中的过程（即转化过程）可以是对整个生产过程的描述，也可以是对存在于整个生产中的许多过程之一（有时称为子过程）的描述。因此，图中显示的输出可能是将要运送给外部客户的成品，或者仅仅是整个流程的其中一个步骤或子过程的输出。在后一种情况下，输出成为下一个子过程的输入。例如，图 1-4 可以表示整个汽车组装过程，其输出是完全组装好的汽车，准备运送给经销商。或者，它可以描述挡风玻璃装配子过程，输出部分是装有挡风玻璃的汽车，汽车将“装运”到装配线中的下一个子过程。

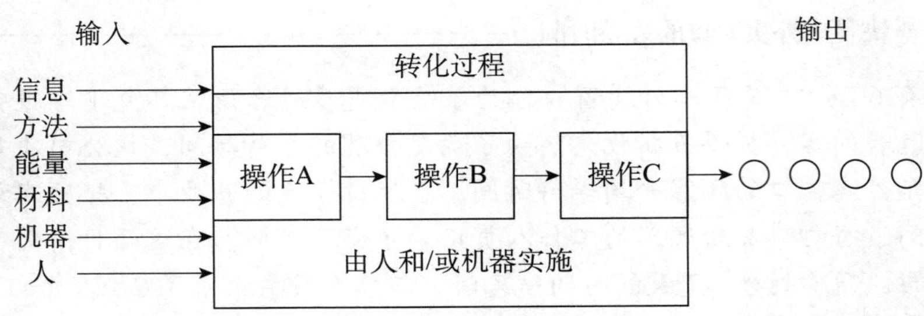

图 1-3 制造过程的图形描述

除了实物产品和服务，企业和其他组织还会随时间生成可用于评估组织绩效的数据流。例如，每周销售额、季度利润和年度收益。可以将美国经济（一个复杂的组织）视为生成数据流，其中包括国内生产总值（GDP）、股票价格和消费者价格指数。统计学家和其他分析师将这些数据流概念化为由过程生成的。然而，通常情况下，产生特定数据的一系列操作或行为要么是未知的，要么过于复杂（或两者兼而有之）以至于这些过程被视为黑箱。

操作或行为未知或不明确的过程称为**黑箱**（black box）。

通常，当一个过程被视为黑箱时，它的输入也不明确。关注点都放在过程的输出上。黑箱过程如图 1-4 所示。

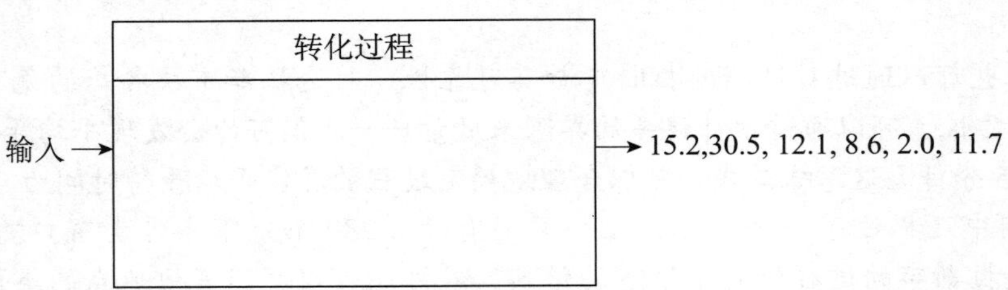

图 1-4 具有数值输出的黑箱过程

在研究过程时，我们通常关注输出的一个或多个特征或属性。例如，我们可能关注产品的重量或长度，甚至是生产时间。与总体单元的特征一样，我们称这些特征为变量。在研究过程时，如果输出已经是数字形式（即数字流），则由数字（例如销售额、GDP 或股票价格）表示的特征或属性通常是所关注的变量。如果输出不是数字，我们使用测量过程对变量赋值。[①] 例如，在汽车组装过程中，如果关注的变量是汽车完全组装好之后的重量，那么测量过程将使用大磅秤为每辆汽车赋一个重量数值。

与分析总体一样，我们使用样本数据来分析和推断过程（估计、预测或其他概括）。但是在处理过程时，样本的概念有不同的定义。回想一下，总体是一组现有单元，样本是这些单元的子集。然而，分析过程时，现有单元的概念不再适用。随着时间的推移，过程会生成或创建它们的输出——一个单元接一个单元。例如，一条特定的汽车装配线每 4 分钟生产一辆完整的汽车。我们给出过程中样本的定义。

过程产生的任何一组输出（对象或数字）称为**样本**（sample）。

因此，装配线接下来生产的 10 辆汽车构成了过程的样本，接下来的 100 辆汽车或今天生产的每 5 辆汽车也是如此。

① 一个输出已经是数字形式的过程必然包括一个测量过程作为它的子过程之一。

例 1.4 过程的关键要素——快餐店外卖窗口的等待时间

问题 某快餐连锁店有 6 289 个免下车外卖窗口。为了吸引更多顾客使用其免下车服务，该公司正在考虑为等待时间超过一定时长的客户提供五折优惠。为了确定合理的等待时间，该公司决定估算在得克萨斯州达拉斯市的一个免下车外卖窗口的顾客平均等待时间。在连续 7 天的营业中，接顾客订单的工作人员记录了每笔订单的下单时间，将订单交给顾客的工作人员记录了交货时间。在这两种情况下，工作人员使用同步数字时钟来报告时间，精确到秒。7 天的时间结束时，工作人员共记录了 2 109 个订单的时间。

a. 描述达拉斯市的快餐店所关注的过程。

b. 描述所关注的变量。

c. 描述样本。

d. 描述所关注的推断。

e. 描述如何度量推断的可靠性。

解答 a. 我们关注的是位于得克萨斯州达拉斯市的一家快餐店的免下车外卖窗口。这是一个过程，因为它随着时间的推移“生产”或“生成”食物，即在这段时间里服务顾客。

b. 公司监测的变量是顾客等待时间，即顾客下单后等待收餐的时间。由于该研究仅关注过程的输出（产生输出的时间）而不是过程的内部操作（为顾客制作餐点所需完成的任务），因此该过程被视为黑箱。

c. 抽样方案是在某 7 天营业中的每个订单。样本是在 7 天内处理的 2 109 个订单。

d. 该公司直接关注的是达拉斯市的免下车外卖窗口。为此，计划使用样本中的等待时间对免下车外卖窗口这一过程进行统计推断。特别是，可能会使用样本的平均等待时间来估计达拉斯市所有免下车外卖窗口的平均等待时间。

e. 与总体推断类似，也可以通过对过程的推断度量其可靠性。对达拉斯市快餐店的免下车外卖窗口的平均等待时间的估计的可靠性，可以通过估计误差的界限来度量——我们可能会发现平均等待时间为 4.2 分钟，估计误差的界限为 0.5 分钟。这意味着我们可以合理地确定过程的真实平均等待时间为 3.7~4.7 分钟。

回顾 请注意，此例中还描述了一个总体：该公司现有的 6 289 个免下车外卖窗口。在最后的分析中，该公司将利用其在达拉斯市的过程研究中了解的信息，或许还可以利用其他地点的类似研究来推断本公司所有外卖窗口的平均等待时间。

请注意，过程已经生成的输出可以视为总体。假设一个软饮料罐装过程昨天生产了 2 000 打饮料，并全部存放于仓库中。如果我们有兴趣了解这 2 000 打饮料的信息（例如纸板包装有缺陷的百分比），我们可以将这 2 000 打饮料视为一个总体。我们可以从仓库的总体中抽取样本，测量所关注的变量，并使用样本数据对 2 000 打饮料进行统计推断，如 1.2 节和 1.3 节所述。

在这一节中，我们简要介绍了过程以及使用统计方法分析和了解过程。

➡ 1.5 数据类型

你已经了解到统计学是数据科学，而数据是通过测量样本（或总体）中单元的一个或多个变量的取值获得的。所有数据（即我们测量的变量）都可以归为两种一般类型之一：定量的和定性的。

定量数据是通过自然数值尺度测得的数据。① 以下是定量数据的例子：

---

① 定量数据可以细分为定距数据或定比数据。对于定比数据，原点（即值 0）是一个有意义的数字。但是原点对定距数据没有意义。因此，我们可以对定距数据进行加、减，但不能进行乘、除。在正文列出的四个定量数据中，1 和 3 是定距数据，而 2 和 4 是定比数据。

1. 由 20 片耐热塑料组成的样本中，每一块开始熔化的温度（摄氏度）。
2. 50 个州中每个州的当前失业率（以百分比衡量）。
3. 150 名 MBA 申请者的 GMAT 成绩，GMAT 是在全美范围内实施的美国管理学研究生入学考试。
4. 75 家制造企业样本中女性高管的比例。

定量数据（quantitative data）是以自然数值尺度记录的测量结果。

相比之下，定性数据无法通过自然数值尺度进行测量，它们只能分类。① 定性数据的例子如下：

1. 50 名 CEO 的党派关系（民主党、共和党或无党派）。
2. 英特尔生产的 100 颗电脑芯片的缺陷状态（是否有缺陷）。
3. 30 名商务旅客租用的汽车尺寸（超小型、紧凑型、中型或大型）。
4. 10 名测试者按照口味喜好程度对四种品牌的烧烤酱进行排序（最佳、最差等）。

通常，我们将任意数值分配给定性数据，以便于计算机录入和分析。但这些分配的数值只是代码，它们不能进行有意义的加、减、乘或除。例如，我们可以令民主党 = 1，共和党 = 2，无党派 = 3。同样，口味测试者可以对烧烤酱从 1（最好）到 4（最差）进行排序。这些只是为类别任意选择的数字代码，除此之外没有任何用处。

定性数据（qualitative data）是不能用自然数值尺度测量的测量结果，它们仅仅能被分成不同的类别。

例 1.5 数据类型——一条被化工厂污染的河流的研究

问题 化工厂和制造厂有时会将 DDT 等有毒废弃物排放到附近的河流和溪流中。这些有毒物质会对河流和河岸上的动植物产生不利影响。美国陆军工程兵部队（U.S. Army Corps of Engineers）对田纳西河（位于亚拉巴马州）及其三个支流的鱼类进行了研究。这三个支流为弗林特河、莱姆斯通河和斯普林河。总共捕获了 144 条鱼，并针对每条鱼测量了以下变量：

1. 鱼来自的河流
2. 物种（斑点叉尾鮰鱼、大口鲈鱼或小口水牛鱼）
3. 长度（厘米）
4. 重量（克）
5. DDT 浓度（以百万分之一为单位）

这些数据保存在 DDT 文件中。请确定这 5 个变量是定性变量还是定量变量。

解答 变量长度、重量和 DDT 浓度是定量变量，因为每个变量都是用数值尺度测量的：长度以厘米为单位，重量以克为单位，DDT 浓度以百万分之一为单位。相比之下，鱼来自的河流和物种无法定量测量，它们只能分类（例如，斑点叉尾鮰鱼、大口鲈鱼或小口水牛鱼等种类）。因此，鱼来自的河流和物种这两个变量是定性变量。

回顾 因为要基于数据类型（定量或定性）选择适宜的统计方法来描述、报告和分析数据，所以你必须了解数据在本质上是定量的还是定性的。

我们在本书的其余章节中展示了许多用于分析定量数据和定性数据的有用方法。但首先，我们讨论一些关于数据收集的重要思想。

① 定性数据可细分为定类数据和定序数据。定序数据可以排序，定类数据不能排序。在正文列出的四个定性数据中，1 和 2 是定类数据，3 和 4 是定序数据。

➡ 1.6 收集数据：抽样及相关问题

一旦确定了你所面临问题的数据类型（定量或定性），你就需要收集数据。通常，你可以通过三种不同的方式获取数据：

1. 已经公开的资料。
2. 试验设计。
3. 来自观察性研究的数据（例如调查）。

有时，你所关注的数据已经被收集，并且可以在**公开的资料**（published source）中找到，例如图书、期刊、报纸或网站。

例如，你可能想要查看并汇总美国50个州的失业率（有劳动能力但没有被雇用的人群的比例）。第一种收集数据的方法是，在图书馆从美国政府每年出版的《美国统计摘要》（*Statistical Abstract of the United States*）中找到你想要的数据（以及许多其他数据库）。如果关注的是每个月新增房屋贷款的申请数量，可以在另一份政府出版物《当代商业调查》（*Survey of Current Business*）中找到该数据。已经公开的资料中的数据源还包括《华尔街日报》（*Wall Street Journal*）（财务数据）和埃利亚斯体育局（Elias Sports Bureau）（体育信息）等。[①] 互联网提供了一种媒介，通过它可以从已经公开的资料中轻松获得数据。

第二种收集数据的方法涉及进行试验设计，在这种方法中研究者在试验中对研究的单元（人、物体或事件）施加严格控制。例如，一项经常被引用的医学研究调查了阿司匹林在预防心脏病方面的潜在作用。志愿者被分为两组——实验组和对照组。实验组成员每天服用一片阿司匹林片剂，持续一年，而对照组成员服用一种看起来像阿司匹林片剂的不含阿司匹林的安慰剂（无药物）。研究者而非被调查者控制着谁接受阿司匹林（实验组）和谁接受安慰剂。正如你将在第9章中了解到的那样，与非对照研究相比，设计得当的试验可以让你从数据中提取更多信息。

第三种收集数据的方法是进行观察性研究。在观察性研究中，研究人员在自然环境中观察试验单元并记录感兴趣的变量。例如，公司的心理研究人员可能会观察并记录装配线工人的“A类”行为水平。同样，金融研究人员可能会观察并记录即将被其他公司收购的公司在被收购前一天的收盘价，并将其与宣布被收购当天的收盘价进行比较。与试验设计不同，在观察性研究中研究人员不会试图对试验单元进行任何控制。

最常见的观察性研究是**调查**（survey）。在调查中，研究人员抽取一组人作为样本，向他们提出一个或多个问题，然后记录他们的回答。最常见的调查类型可能是政治民意调查，由许多机构（例如Harris、Gallup、Roper和CNN）中的任何一个组织进行，旨在预测政治选举的结果。另一个常见的调查是尼尔森调查，它向主要电视网络运营商提供收视率最高的电视节目的有关信息。调查可以通过邮件、电话调查或面对面访谈的方式进行。尽管面对面访谈比邮件或电话调查更昂贵，但在必须收集复杂信息时，它们可能是必不可少的。

试验设计（designed experiment）是一种数据收集方法，研究人员可以完全控制样本试验单元的特征。这些试验通常涉及一组试验单元，试验单元将被分成实验组和对照组。

观察性研究（observational study）是一种数据收集方法，在自然环境中观察抽取的试验单元。不会尝试控制抽取的试验单元的特征。（例如民意调查和调查。）

---

① 对于已公布的数据，我们通常会将其分为一手资料和二手资料。如果公布者是数据的原始收集者，则数据是一手资料。否则，数据是二手资料。

无论采用何种数据收集方法，数据很可能是来自某些总体的样本。 如果我们想进行统计推断，就必须获得有代表性的样本。

有代表性的样本（representative sample）呈现总体的典型特征。

例如，考虑在总统选举年进行的政治民意调查。假设民意调查机构想要估计全美 1.45 亿登记选民中支持现任总统的百分比。若以现任总统所在州的选民数据作为样本，民意调查机构据此估计总体支持率显然是不明智的。这样的估计一般会存在较大的偏差，因此结果不可信。

获取有代表性的样本的最常见方法是简单随机抽样。简单随机抽样保证了总体中每个拥有所需样本量的子集都有相同的概率被抽中。如果民意调查者想从总体 1.45 亿选民中抽取 1 500 人进行调查，由 1 500 名选民构成的每个子集被抽中的概率相等，这样就得到一个简单随机样本。

简单随机样本（simple random sample）是指在一个总体中所有样本量为 n 的样本有相同的概率被抽中时，所抽取的其中某一个样本。

抽取简单随机样本的过程通常依赖于**随机数生成器**（random number generator）。随机数生成器在统计表格、网站[①]和大部分统计软件包中可以找到。Excel/XLSTAT、Minitab 和 StatCrunch 统计软件包都有易于使用的随机数生成器，可生成随机样本。接下来的两个例子说明了该过程。

例 1.6　生成一个简单随机样本——为可行性研究选择家庭

问题　假定你希望评估建造一所高中学校的可行性。作为研究的一部分，你将希望了解周边居民的看法。拟建高中学校的周围共有 711 个家庭。使用一个随机数生成器，从周边居民中随机抽取 20 个家庭作为简单随机样本。

解答　在这项研究中，总体是拟建高中学校周围的 711 个家庭。为了确保从 711 个家庭中等可能地抽取 20 个样本（即简单随机样本），首先对所有家庭从 1 到 711 赋值。赋值结果保存在 Excel 表格中。应用随机数生成器 Excel/XLSTAT，不放回地抽取 20 个家庭。图 1-5 展示了输出结果。可以看到，抽取的 7，12，15，…，704 是包含在样本中的家庭。

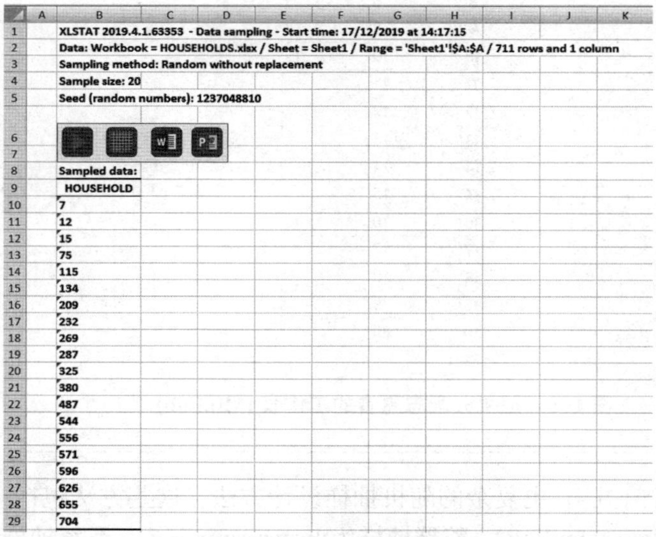

	A	B
1		XLSTAT 2019.4.1.63353 - Data sampling - Start time: 17/12/2019 at 14:17:15
2		Data: Workbook = HOUSEHOLDS.xlsx / Sheet = Sheet1 / Range = 'Sheet1'!$A:$A / 711 rows and 1 column
3		Sampling method: Random without replacement
4		Sample size: 20
5		Seed (random numbers): 1237048810
6		
7		
8		Sampled data:
9		HOUSEHOLD
10		7
11		12
12		15
13		75
14		115
15		134
16		209
17		232
18		269
19		287
20		325
21		380
22		487
23		544
24		556
25		571
26		596
27		626
28		655
29		704

图 1-5　随机抽取的 20 个家庭 (XLSTAT)

① www.randomizer.org 提供了许多免费的在线随机数生成器。

回顾 可以证明（证明略）从 711 个家庭中可随机抽取 3×10^{38} 个样本量为 20 的样本。随机数生成器保证每个样本被抽中的概率相等（在某种程度上近似）。

要想通过试验设计很好地完成研究，随机选择和随机化将起到非常关键的作用。下面的例子也是一个随机化的基本应用。

例 1.7 试验设计中的随机化——临床试验

问题 在医学领域，以人类为研究对象的试验设计叫作临床试验。最近的一项临床试验研究阿司匹林在预防心脏病方面的潜在作用。志愿者被随机地分成两个组——实验组和对照组。实验组中的志愿者在一年中每天服用一片阿司匹林。对照组的志愿者则服用一种不含阿司匹林的安慰剂，安慰剂看起来与阿司匹林片剂相同。由于志愿者不知道自己属于实验组还是对照组，因此这个临床试验称为盲检试验。假定 20 位志愿者自愿参与研究。使用一个随机数生成器随机地将一半的志愿者分配到实验组，将另一半分配到对照组。

解答 本质上，我们想要从 20 位志愿者中随机选择 10 个样本。前 10 个被分配到实验组，其余的被分配到对照组。(当然，也可以随机地将每位志愿者依次分配到实验组或对照组。然而，这种方法不能保证每个组有 10 位志愿者。)

采用 Minitab 随机抽样程序，结果如图 1-6 所示。对志愿者从 1 到 20 赋值，可以看到志愿者 1，9，20，12，3，13，4，5，14，15 被分配接受阿司匹林（实验组）。其余志愿者被分配接受安慰剂（对照组）。

↓	C1	C2
	Physician	Treatment
1	1	1
2	2	9
3	3	20
4	4	12
5	5	3
6	6	13
7	7	4
8	8	5
9	9	14
10	10	15
11	11	
12	12	
13	13	
14	14	
15	15	
16	16	
17	17	
18	18	
19	19	
20	20	
21		

图 1-6 随机分配志愿者的工作表 (Minitab)

除了简单随机抽样，还有更复杂的随机抽样设计方法。这些方法包括（但不仅限于）**分层随机抽样**（stratified random sampling）、**整群抽样**（cluster sampling）、**系统抽样**（systematic sampling）和**随机响应抽样**（randomized response sampling）。下面简要介绍每种方法。(这些抽样方法的使用详情见本章末的参考文献。)

当与总体相关的试验单元可以分为两组或更多单元组（称为层）时，通常使用分层随机抽样。其中试验单元的特征在层内差异小，在层间差异大。分层随机抽样首先从每个层获得试验单元的随机样本，然后将各层获得的试验单元组合起来形成完整的样本。例如，如果你正在评估选民对一个两极分化问题的意见，例如政府提供的健康医疗，你可能希望根据政党派别（共和党和民主党）对选民进行分层，确保在你的研究中共和党和民主党均有有代表性的样本（与选民总体中共和党和民主党的人数成比例）。

有时，首先以自然群作为抽样单位，从中抽取部分群，然后对抽中的各个群中所包含的所有试验单元收集数据是简便且合理的方法。这就涉及整群抽样方法。例如，假定一家大型高级连锁饭店的市场营销人员想要研究顾客是否喜欢新菜品。该营销人员不是从所有的顾客中收集一个简单随机样本（操作难度大而且成本高昂），而是随机从 150 个饭店（群）中抽取 10 个作为样本，然后采访在某一个晚上在抽中的饭店中用餐的所有顾客。

系统抽样是指从所有的试验单元中每隔 k 个抽取 1 个试验单元。例如，从逛商场的每隔 5 个人中抽取 1 个人进行访问；制造工厂的一位质量控制工程师从装配线上的每隔 10 件产品中选择 1 件进行检查。

当受访者很容易给出不真实的答案时，随机响应抽样这种方法就变得尤为重要。例如，假定样本中每一个雇员被问及是否曾经逃税漏税。一个违规者可能撒谎，因此导致对逃税漏税行为的估计有偏。为了避开这一敏感性问题，每个人会被问到两个问题，一个是涉及调查目的的问题，另一个是无伤大雅的问题，例如：

1. 你曾经在联邦所得税问题上违规吗?

2. 你早上喝咖啡了吗?

雇员通过掷硬币来随机地选择想要回答的问题，而且，采访者不知道受访者回答的是哪个问题。随机响应抽样通过这种方式获得受访者对于敏感问题的真实回复，然后利用一些复杂的统计方法对回复“是”的百分比进行估计。

无论使用哪种抽样方法收集数据，要注意避免选择性偏差。当总体中一些试验单元出现的可能性比其他单元小时，就会出现选择性偏差。这样的样本不能代表总体。下面考虑一项采用电话访问或邮件方式开展的民意调查。在收集到电话号码或邮件地址的一个随机样本后，通过电话或邮件对样本中的每个人进行调查。遗憾的是，这些调查方式经常由于无响应而导致选择性偏差。在电话铃响时，一些人可能不在家，一些人可能拒绝回答问题或通过邮件回复问卷。因此，对于无响应者，无法在样本中获得数据。如果无响应者和响应者对问题的看法有很大不同，则存在无响应偏差。例如，选择回复教育委员会问题的受访者可能在调查结果上是利益相关者——比如，有学龄儿童的家长，职业处于危险境遇的学校老师，或者纳税受到实质影响的公民。其他没有相关利益的受访者可能对这个问题有其他看法，但没有时间回复。

> 当总体中的试验单元子集很少或根本没有机会被选为样本时，就会产生**选择性偏差**（selection bias）。

> 一个试验单元样本，收集了其中一些单元产生的数据（即响应者），没有收集其他单元（即无响应者）的数据。**无响应偏差**（nonresponse bias）是一种选择性偏差，当响应者数据与无响应者的潜在数据不同时会导致这种选择性偏差。

最终，即使你选择的样本能够代表总体，收集来的数据也存在测量误差。也就是说，（定性或定量）数据的数值可能不够准确。在抽样调查（比如民意调查）中，经常由于问题不够清晰或者表述有引导性而造成测量误差。考虑这样一个调查问题：“去年你多长时间换一次汽车的机油？”调查者是想知道你自己多久换一次机油还是多久到服务站换一次机油？这个模糊不清的问

题可能导致不准确的回复。再考虑这样一个问题："一项新的健康计划是否比旧的计划提供更好的医疗服务，至少费用更低？"问题的措辞可能会引导受访者认为新计划更好或给出一个"是"的回复——调查者更想听到的回答。一个更好、更中立的表述方式是："哪项健康计划会提供更好的医疗服务，至少费用更低，是新计划还是旧计划？"

测量误差（measurement error）是指测量数据的不准确性。在调查中，误差可能是由问题模棱两可、引导性问题以及调查者对受访者的影响所致。

通过两个抽样研究的实际例子，我们总结一下本节。

例 1.8 数据收集方法——在线购物者调查

问题 在线购物者最常用的设备是什么？为了得到这一问题的答案，移动视频广告网络 AdColony 在 2019 年针对 Mobile Marketer 在全国范围调查了 1 000 名美国在线购物者。结果发现，最受欢迎的设备是智能手机，有 56% 的在线购物者使用。其他结果：28% 的在线购物者使用台式电脑或笔记本电脑，16% 的在线购物者使用平板电脑。

a. 确定数据收集方法。

b. 确定目标总体。

c. 样本是否有代表性？

解答 a. 数据收集方法是调查：1 000 名在线购物者参与了这项研究。

b. 据推测，移动营销人员（委托调查的人）对美国所有在线购物者使用的设备感兴趣。因此，目标人群是使用互联网进行在线购物的所有消费者。

c. 因为这 1 000 名受访者显然构成了目标人群的一个子集，所以他们确实构成了一个样本。样本是否具有代表性尚不清楚，因为 Mobile Marketer 没有提供有关如何选择 1 000 名在线购物者的详细信息。如果受访者是使用随机数字电话拨号产生的，则样本很可能具有代表性，因为它是随机样本。然而，如果将调查问卷提供给任何上网的人，那么受访者是自选的（即每个看到调查问卷的互联网用户选择是否回答）。这样的调查通常会存在无响应偏差。许多选择不回答（或从未看过调查问卷）的互联网用户可能会以不同的方式回答问题，从而导致较低（或较高）的样本百分比。

回顾 由于潜在的无响应偏差，基于自我选择的调查样本进行的推断不太可信。

例 1.9 数据收集方法和有代表性的样本

问题 商场里常常可以看到"过去 100 美元，现在 80 美元"之类的降价促销广告。这种促销是通过比较零售商过去的售价与现在更有竞争力的价格来吸引消费者。《消费者研究杂志》（*Journal of Consumer Research*）想知道不同商店的价格比较是否会比同一商店内的价格比较更有吸引力。假设从某一指定市场上随机挑选 50 名消费者参与该调查。研究者随机挑选其中的 25 人去看店内的价格比较促销广告（"过去 100 美元，现在 80 美元"），另外 25 人则去看商店之间的价格比较广告（"其他店 100 美元，本店 80 美元"）。然后采用 10 分量表的形式，让消费者对促销活动的心动程度打分（其中，1 分表示非常不想购买，10 分表示非常想购买），然后比较两组人员的打分结果。

a. 确定数据收集方法。

b. 样本是否有代表性？

解答 a. 消费者是这里的试验个体。由于研究者控制试验个体的分组情况——"店内比较广告"还是"不同商店之间的比较广告"，因此，这里使用了试验设计的方法收集数据。

b. 50 名消费者是从指定的商场随机挑选的。如果目标总体是该商场的所有消费者，则该样本是有代表性的。但是，该样本的信息不能用于推断其他商场的情况。

回顾 通过在试验设计中采用随机化的方法，研究者消除了可能存在的各种偏差，包括自我选择的偏差。

回顾实践中的统计

确定数据收集方法和数据类型

首先，参考《自然神经科学》关于巧克力的研究。回想一下，研究人员将 37 人随机分成四组：（1）高剂量可可黄烷醇补充剂 / 有氧运动；（2）高剂量可可黄烷醇补充剂 / 无有氧运动；（3）低剂量可可黄烷醇补充剂 / 有氧运动；（4）低剂量可可黄烷醇补充剂 / 无有氧运动（见图 SIA1-1）。3 个月后，研究人员测量了（在其他变量中）每个受试者对对象识别任务的反应时间（以秒为单位）。显然，所采用的数据收集方法是试验设计——试验单元（受试者）被随机分配到组中。这些组由两个变量组成：可可黄烷醇补充剂的剂量（高或低）和有氧运动（有或无）。因此，这两个分类变量本质上是定性的。以秒为单位测量的反应时间变量是定量的。

现在，让我们考虑《纽约时报》关于 CEO 的高尔夫球差点数与公司股票表现之间关系的研究。回想一下，该报纸收集了有关公司 CEO 高尔夫球差点数的信息，这些信息是通过《高尔夫文摘》针对 300 名公司高管的调查获得的。因此，数据收集方法是调查。除了高尔夫球差点数（一种比较高尔夫球手技能的数字“指数”），《纽约时报》还以百分制衡量了 CEO 所在公司 3 年内的股票市场表现。因为这两个变量——高尔夫球差点数和股票表现——本质上是数值，所以它们是定量数据。

1.7 业务分析：批判性思维与统计

《世界大战》（*The War of the Worlds*）和《时间机器》（*The Time Machine*）等经典科幻小说的作者威尔斯（H. G. Wells）曾说过：“终有一天，对于高效的公民来说，统计思维与读写能力一样必不可少。”威尔斯在 100 多年前的预言，如今变成了现实。

人物介绍

威尔斯（1866—1946）——作家和小说家

出生于英国的作家威尔斯在 1895 年出版了他的第一部小说《时间机器》。该书是英国讽刺文学作品，它提醒着人们：发展是不可阻挡的。除了是一名著名的科幻小说家以外，威尔斯还是一名记者、社会学家、历史学家和心理学家。威尔斯对统计思维的预测只是他对这个世界所做的众多观察之一。下面是威尔斯其他一些有名的言论：

“广告就是合法地撒谎。”

“粗糙的分类和错误的一概而论都是有组织的生活的祸端。”

“今日的危机只是明天的玩笑。”

“愚蠢的人做研究者，聪明的人利用研究者。”

“衡量成功唯一真实的标准是，我们可能会做什么和我们实际已经做了什么之间的比较，以及我们已经取得什么和我们为别人做了什么之间的比较。”

在过去十年内，与科学现象、商业运作和政府活动（例如，营销、质量控制、统计审计、预测等）相关的数据收集增长显著。这种增长部分归因于现在能够以高速率捕获大量数据的技术，例如信息传感移动设备、相机、射频识别（RFID）阅读器和无线传感器网络。事实上，**“大数据”**（big data）一词现在被普遍用来描述这种丰富的信息。

随着大数据的出现，产生了对分析方法的需求——业务分析，最终得到良好的业务决策。成功应用业务分析的关键是**定量素养**（quantitative literacy，即明智地评估数据的能力）。无论感兴趣的数据“大”与否，我们每个人都必须培养运用理性思维来解读和理解数据含义的能力。业务分析和定量素养可以帮助你根据数据做出明智的决策、推断和归纳；也就是说，它可以帮助你使用统计数据进行批判性思考。我们将这种技能称为统计思维。

业务分析（business analytics）是指从数据中提取有用信息以做出更好的商业决策的方法（例如，统计方法）。

统计思维（statistical thinking）涉及运用理性思维和统计科学来批判性地评估数据和推断。思维过程的基础是总体和过程数据存在变异性。

为了深入了解统计在业务分析中的作用，我们举了两个误导性或错误调查的例子。

例 1.10 有偏样本——关于摩托车头盔的立法

问题 《纽约时报》刊登了一篇文章，就是否应该立法要求摩托车车手佩戴头盔这一问题进行了讨论。文章中，一个关注哈雷机车车手的杂志编辑用一项研究结果来说明他对这一问题的看法。这项研究表明，没有立法的9个州的摩托车车手的事故死亡率低于已经立法的其他州（这9个州每万名摩托车车手中有3.05人死亡，而其他州为3.38人）。调查发现，在一次2 500名车手参加的拉力赛中，有98%的受访者反对要求佩戴头盔的立法。基于以上信息，你认为不佩戴头盔对摩托车车手来说是否安全？你还希望得到哪些统计信息？

解答 你可以运用统计思维帮助自己准确地评估这项研究。例如，在评估“98%”这一数据的有效性时，你需要知道这些数据是如何收集的。如果这项调查是有组织、有目的地实施的，那么2 500名车手的样本很有可能并不是在目标人群——所有摩托车车手中随机挑选的，而是“自选”的。（记住，他们全都是参加了同一拉力赛的车手，该拉力赛可能倾向于反对就佩戴头盔立法。）如果受访者对该立法有强烈的看法（强烈的反对倾向），那么数据结果就可能存在严重偏差。同时，如果样本中的偏差是蓄意的，那么数据的调查员可能被指控实施了**不道德的统计行为**（unethical statistical pratice）。

关于这项调查，你可能需要更多的信息。这一数据可以从出版物上找到吗？这项调查包括全美50个州还是只包括特定的几个州？也就是说，你看到的是样本数据还是总体数据？该立法在不同的州会有区别吗？如果有区别，如何比较死亡率？

回顾 因为这些问题，美国统计协会（American Statistical Association）进行了一项科学合理、符合统计学原则的研究。该研究表明，在加利福尼亚州通过佩戴头盔的法律之后，摩托车车手的事故死亡率大大降低了。

统计中的道德观

故意选择有偏样本以支持一个特定的观点被认为是不道德的做法。

例 1.11 操控性的或者表述模糊的调查问题——卫星广播调查

问题 脱口秀节目主持人霍华德·斯特恩（Howard Stern）将他颇有争议的一档广播节目从免费的无线广播（AM/FM）转移到了天狼星 XM 卫星广播，业内认为这一调整是为了增加卫星广播节目的订购量。为此，无线广播服务提供商 American Media Services 在全美范围内通过随机拨号的方式对 1 008 人进行了电话调查。这项调查的目的是了解美国人对订购卫星广播节目究竟有多大兴趣。在介绍完斯特恩的广播节目后，调查人员对受访者提出了一个问题："你会因为霍华德·斯特恩的加盟而订购卫星广播节目吗？"调查结果显示，86% 的受访者不会因为斯特恩的加盟而订购卫星广播节目。因此，American Media Services 得出结论："霍华德·斯特恩并没有那么大的影响力""只有少数美国人愿意订购卫星广播节目"，并将这些作为新闻报道和网络博客的标题。你同意以上观点吗？

解答 首先，我们要知道，American Media Services 在这项调查的结果上具有既得利益，这家公司通过无线广播盈利。其次，虽然电话调查是通过随机拨号进行的，但是并没有对拨号的响应率进行说明。那些没能回应的受访者（没有在家或者拒绝回应）可能更倾向于使用移动电话而非固定电话。那么，他们可能更倾向于接受卫星广播这样的前沿电子科技。最后，调查中提出的问题本身是有歧义的。这些受访者是对卫星广播节目还是对霍华德·斯特恩持负面态度？还是对二者都不喜欢？如果没有斯特恩的节目，他们会不会更倾向于订购卫星广播节目？

对于一个具有批判性思维的人来说，这项调查的结果并不明确。

回顾 从卫星广播服务提供商的角度检验这一调查结果，有 14% 的受访者表示他们会订购卫星广播节目。由此推断，美国全部成年人中大约有 5 000 万人会订购卫星广播节目，尽管只有"少数美国人"，但对于 American Media Services 来说也算是佳音了。

与许多统计研究相同，关于摩托车头盔的研究和关于卫星广播节目的研究都是基于调查结果。但是许多调查都存在使用非随机样本的问题，使得调查受到许多潜在误差（如选择性偏差、无响应偏差和测量误差）的影响。如果调查者意识到这些问题却继续使用样本信息去推断总体，则是不道德的。

如前所述，业务分析在很大程度上依赖于统计思维来帮助公司做出更好的业务决策。图 1-7 显示了统计在管理者使用业务分析时所起的作用。每个管理决策问题都始于现实世界的问题。将

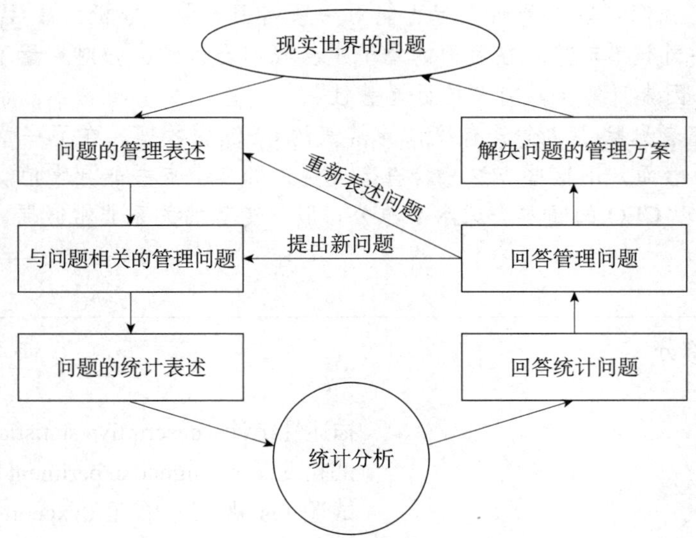

图 1-7 流程图：统计在业务分析中的作用

资料来源：From *The American Statistician* by George Benson. Copyright © by George Benson. Used by permission of George Benson.

此问题用管理术语来表述，就得到管理问题。在接下来的一系列步骤中（按流程图逆时针方向进行），统计起到了重要作用。管理问题被转换为统计问题，收集并分析样本数据，回答统计问题。该过程的下一步是使用统计问题的答案来得出管理问题的答案。该答案可能会建议重新表述最初的管理问题，提出新的管理问题，或者使管理问题得以解决。

决策过程最困难的步骤之一——需要管理者和统计学家通力合作——是将管理问题转化为统计术语（例如，转化为关于总体的问题）。其中最关键的一点是，统计问题的答案需要为管理者提供所需的信息。因此，就像在下国际象棋一样，你在提出统计问题时必须考虑到最终结果，即管理问题的解决方案。

在本书后面的章节中，你将熟悉对于在统计和统计思维方面打下坚实基础必不可少的业务分析工具。

回顾实践中的统计

批判性地评估统计研究的伦理

《纽约时报》曾报道 CEO 的高尔夫球差点数与其公司股票业绩有很强的相关关系：CEO 的高尔夫球水平越高，其公司股票走势越好。为了正确评价该研究，让我们一起来看下列事实：

1.《高尔夫文摘》向全美排名前 300 的大公司的 CEO 发放了调查问卷，但只有 74 名 CEO 参与了调查。在这 74 人中，又只有 51 名 CEO 所在公司的股票业绩可以收集到资料（其他 23 位 CEO 所在公司的股票业绩不在该报使用的股票业绩数据库中）。

2. 进行该调查的《纽约时报》记者声称：“在考察了所有可能影响公司股票走势的因素后，我发现 CEO 的高尔夫球水平与之有很强的相关关系。”

3. 据《纽约时报》称，研究者科学地剔除了一些 CEO 的数据，因为它们为异常值。但实际上，研究者是在最后的分析中删除了与趋势线不符的 7 个样本。

上面这些观察会让一个思考者怀疑《纽约时报》的研究者所作的推断。首先，其所分析的 CEO 并非从美国所有 CEO 中随机挑选，而是自我选择——只有那些愿意参加高尔夫球水平调查的 CEO 的资料被分析（准确地说，不是所有参与了该调查的 CEO 的数据均被分析，而是仅限于其所在公司的股票走势在《高尔夫文摘》上公布的那部分 CEO）。因此，该研究可能存在严重的选择性偏差和无响应偏差。

其次，基于第二个事实，我们可以看到研究者可能对一系列因素做了分析，最后发现只有 CEO 的高尔夫球水平会较显著地影响公司股票走势。在后面的章节中，我们会讲到，当对大量不相关的变量进行统计检验时，其中的一个或多个因素可能会具有“统计显著性”。

最后，我们还讲到，研究者剔除了 7 个具有统计异常值的 CEO 的数据。在下一章中，我们会介绍发现异常值的方法及处理方法。然而，用这些方法来检查会发现，那 7 个点并非异常值。实际上，如果将这 7 个点纳入分析范围，将会发现 CEO 的高尔夫球水平与公司股票走势的关系非常微弱。

关键术语

说明：带 * 的术语来自选学部分。

* 黑箱（black box）
大数据（big data）
业务分析（business analytics）
总体普查（census）
整群抽样（cluster sampling）
描述性统计（descriptive statistics）
试验设计（designed experiment）
试验（或观察）单元（experimental (or observational) unit）
推断（inference）

推断性统计（inferential statistics）
测量（measurement）
测量误差（measurement error）
可靠性度量（measure of reliability）
无响应偏差（nonresponse bias）
观察性研究（observational study）
总体（population）
* 过程（process）
公开的资料（published source）
定性数据（qualitative data）
定量数据（quantitative data）
定量素养（quantitative literacy）
随机响应抽样（randomized response sampling）
随机数生成器（random number generator）
可靠性（reliability）
有代表性的样本（representative sample）
样本（sample）
选择性偏差（selection bias）
简单随机样本（simple random sample）
统计推断（statistical inference）
统计思维（statistical thinking）
统计（statistics）
分层随机抽样（stratified random sampling）
调查（survey）
系统抽样（systematic sampling）
不道德的统计行为（unethical statistical practice）
变量（variable）

关键知识点

统计应用的类型：

描述性统计

1. 确定总体和样本（试验单元的收集）
2. 确定变量
3. 收集数据
4. 描述数据

推断性统计

1. 确定总体（所有试验单元的收集）
2. 确定变量
3. 收集样本数据（总体的子集）
4. 根据样本对总体进行推断
5. 推断的可靠性度量

数据类型：

1. 定量数据（数值）
2. 定性数据（分类）

数据收集的方法：

1. 观察性研究（如调查）
2. 公开的资料
3. 试验设计

随机样本的类型：

1. 简单随机样本
2. 分层随机样本
3. 整群样本
4. 系统样本
5. 随机响应样本

非随机样本的问题：

1. 选择性偏差
2. 无响应偏差
3. 测量误差

练习题

1. 风力涡轮机数据库。风力涡轮机利用来自转子叶片的空气动力将风能转化为电能。2019 年，风力发电占美国总发电量的 5%。美国地质调查局（US Geological Survey）创建了一个数据库，其中包含该国超过 53 700 台风力涡轮机。下面列出了数据库中每个风力涡轮机测量的几个变量。确定为每个变量记录的数据的类型（定量或定性）。
   a. 发电量（以千瓦为单位）
   b. 轮毂高度（以米为单位）
   c. 转子直径（以米为单位）
   d. 位置（州 / 县）
   e. 项目中的涡轮机数量

   注：一个项目由多个风力涡轮机组成，形成一个系统。

2. 民意调查。民意测验专家经常根据民意测验结果确定现任总统的受欢迎程度。假设明天要进行一项民意调查，通过电话随机拨号，随机抽取 2 000 人进行电话调查，询问他们对现任总统所做工作的

意见。

a. 相关的总体是什么?

b. 关注的变量是什么? 是定量的还是定性的?

c. 样本是什么?

d. 民意测验专家关注的推断是什么?

e. 数据收集方法是什么?

f. 样本有代表性吗?

3. 网络安全调查。信息系统组织(ISACA)对全球公司的网络安全进行年度调查。ISACA 通过电子邮件(SurveyMonkey)向所有持有 ISACA 认证信息安全经理的专业人员发放调查问卷。超过 1 500 名专业人士参加了 2019 年的网络安全调查。每个人都被问及他们预计来年是否会经历针对他们公司的网络攻击(例如,恶意软件、黑客攻击或网络钓鱼攻击)。大约 80% 的受访者预计在这一年中会遭受网络攻击(《网络安全状况》(*State of Cybersecurity*) 2019 年:第 2 部分,ISACA 和 RSA 会议调查)。

a. 确定 ISACA 感兴趣的人群。

b. 确定 ISACA 使用的数据收集方法,使用的方法是否存在任何潜在的偏差?

c. 描述 ISACA 调查中测量的变量,它是定量的还是定性的?

d. 从研究结果中可以得出什么推断?

4. 高速公路桥的检测。美国联邦公路局(Federal Highway Administration,FHWA)定期对美国境内所有的高速公路桥进行结构检测。检测数据会被录入国家桥梁档案数据库(National Bridge Inventory,NBI)。下面列出了该数据库中近 100 个变量中的几个。请判断每个变量是定量的还是定性的。

a. 最大跨度的长度(英尺)

b. 车道的数量

c. 收费桥(是或否)

d. 平均日交通量

e. 分道设施条件(好、一般或差)

f. 旁道或弯道(英里)

g. 线路类型(州际、全美、州、县或市)

5. 有结构缺陷的高速公路桥。参考练习题 4。2009 年 NBI 数据的分析结果可通过网络查询。根据 FHWA 的检测结果,美国的 608 272 座高速公路桥被按照有结构缺陷、功能过时或者安全分类。大约 13.5% 的桥被认定为有结构缺陷,3.5% 的桥被认定为功能过时。

a. 哪个变量是研究者感兴趣的?

b. 变量是定量的还是定性的?

c. 该数据集分析的是总体还是样本? 请解释。

d. NBI 是如何获得数据的?

6. 会计学和马基雅维利主义。《会计学行为研究》(*Behavior Research in Accounting*,2008 年 1 月)发表了一篇有关会计师马基雅维利主义特质的研究文章。马基雅维利主义描述的负面特质包括操纵、狡猾、奸诈、欺骗和不良的信仰。一项问卷调查从美国西南部的一所大学随机抽取了 700 名会计专业的毕业生,然而,部分问卷无回应、答案不完整,只有 198 份问卷可以用来分析。测量的变量包括年龄、性别、受教育水平、收入、工作满意度得分和马基雅维利比率得分。这项研究发现在会计行业中未要求通过马基雅维利行为获得成功。

a. 研究者感兴趣的总体是什么?

b. 每个被测量的变量是哪种类型的数据(定量或定性)?

c. 界定样本。

d. 界定使用的数据收集方法。

e. 研究者做出哪些推断?

f. 无回应可能会对推断产生哪些影响?

7. 随机数字拨号。为了确定广告宣传活动的有效性,企业通常会采用随机数字拨号的方式通过电话采访顾客。利用这种方法,一个随机数生成器产生电话号码的一个样本,每个数字都是从 0,1,2,…,9 中随机选择的。利用这个程序产生 5 个 7 位数,而且前三位是 373(区号)。

8. 当前人口调查。美国劳动力中每个人的就业状况(就业或失业)是经济学家、商人和社会学家感兴趣的一组数据。为了获得有关劳动力就业状况的信息,美国联邦统计局进行了当前人口调查。每个月,调查员都会走访美国 1.28 亿户家庭中的约 6 万户,询问 15 岁或以上的居民的就业状况。他们的回答使人口普查局能够估计劳动力中失业人口的百分比(失业率)。

a. 定义美国联邦统计局感兴趣的总体。

b. 该调查测量什么变量? 它是定量的还是定性的?

c. 美国联邦统计局感兴趣的问题是描述性的还是推断性的?

d. 为了监测失业率,必须定义失业者。不同的经济学家甚至不同的国家对它有不同的定义。确定你自己对“失业者”的定义。你的定义应该回答这样的

问题：暑假学生是失业者吗？暑期不用教学的大学教授是失业者吗？什么年龄的人被认为有资格成为劳动力？失业但没有积极寻找工作的人是否失业？

9. 监测软饮料的生产。可口可乐和怡泉饮料有限公司（Coca-Cola and Schweppes Beverages Limited，CCSB）的韦克菲尔德工厂每分钟可以生产 4 000 罐饮料。其自动化过程包括测量并分配原材料、生产糖浆、灌注二氧化碳以及灌装饮料。为了监测灌注二氧化碳的过程，每 15 分钟从生产线上抽取 5 个已灌注好的易拉罐，检查每罐饮料的二氧化碳含量是否达到了标准。

    a. 描述研究的过程。

    b. 描述所关注的变量。

    c. 描述样本。

    d. 描述所关注的推断。

    e. 糖度是衡量含糖浓度的单位。如果一名技术人员要测量储存于韦克菲尔德工厂附近一家仓库中所有 240 000 罐饮料的含糖浓度，则这名技术人员测量的是一个总体还是过程呢？为什么？

10. 抽取电视市场用于法院判决。最近法院判决了一起卫星电视用户的索赔案，这些用户与当地电视台有非法接触。被告人（卫星电视公司）想要抽取一个全国性的电视市场，确定与当地电视台有非法接触的样本市场的比例。为了完成这项调查，被告的专业鉴定师画了一个矩形网格，以每隔 0.2 度的经度和纬度为基准，用水平线和垂直线分隔美国大陆。这样一共画了 500 行和 1 000 列，得到 500 × 1 000=500 000 个交叉点。计划随机抽取 900 个交叉点，生成样本的每个交叉点处的电视市场。请解释如何用随机数生成器获得 900 个样本交叉点。制订至少两项计划：一项是在选择前从 1 到 500 000 列举交叉点，另一项是选择每个样本交叉点的行和列（从 500 行和 1 000 列中选择）。

参考文献

1. Careers in *Statistics*, American Statistical Association, 2011 (www.amstat.org).
2. Cochran, W. G. *Sampling Techniques*, 3rd ed. New York: Wiley, 1977.
3. Deming, W. E. *Sample Design in Business Research*. New York: Wiley, 1963.
4. Dillman, D. A., Smyth, J. D., and Christian, L. M. *Internet, Mail, and Mixed-Mode Surveys: The Tailored Design Method*. New York: Wiley, 2008.
5. *Ethical Guidelines for Statistical Practice*, American Statistical Association, 1999 (www.amstat.org).
6. Hahn, G. J. and Doganaksoy, N. *The Role of Statistics in Business and Industry*. New York: Wiley, 2008.
7. Huff, D. *How to Lie with Statistics*. New York: Norton, 1982 (paperback 1993).
8. Hoerl, R. and Snee, R. *Statistical Thinking: Improving Business Performance*. Boston: Duxbury, 2002.
9. Kish, L. *Survey Sampling*. New York: Wiley, 1965 (paperback, 1995).
10. Peck, R., Casella, G., Cobb, G., Hoerl, R., Nolan, D., Starbuck, R., and Stern, H. *Statistics: A Guide to the Unknown*, 4th ed. Cengage Learning, 2005.
11. Scheaffer, R., Mendenhall, W., and Ott, R. L. *Elementary Survey Sampling*, 6th ed. Boston: Duxbury, 2005.
12. *What Is a Survey?* American Statistical Association (F. Scheuren, editor), 2nd ed., 2005 (www.amstat.org).

第2章 数据集的描述方法

我们将要学习：

- 利用图形描述定性数据
- 利用图形描述定量数据
- 利用数值度量描述定量数据
- 利用图形描述两个定量变量之间的关系
- 对利用描述性方法扭曲事实进行检验

实践中的统计

金钱能买到真爱吗？

“每天都有上百万购物者通过网购和到实体店购物的方式采购心仪的礼物。美国人在 12 月份这一个月里在零售商店的花费超过 300 亿美元。虽然他们费尽心思选择礼物，但是仍然担心所买的礼物不能取悦对方。”①

说出这段话的是斯坦福大学商务研究院的研究人员弗朗西斯·弗林（Francis J. Flynn）和加布丽埃勒·亚当斯（Gabrielle S. Adams），他们在《实验社会心理学杂志》（*Journal of Experimental Social Psychology*，2009 年第 45 期）上发表了《金钱无法买到真爱：礼物价格与感激之情之间的不对称信念》一文。这些研究人员调查了礼物价格与收礼者对礼物的欣赏程度之间的关系。送礼者在一件礼物上花费很多钱，一般是为了表达对收礼者的强烈爱意。研究人员认为，这些送礼者会期望收礼者表现出强烈的感激之情。然而，他们并不指望收礼者对于价格更高的礼物表现出更强烈的感激。也就是说，“礼物价格与感激水平之间的关系对于送礼者而言要比收礼者更强”。

---

① 资料来源：Republished with permission of Elsevier, from Money can’t buy love: Asymmetric beliefs about gift price and feelings of appreciation in *Journal of Experimental Social Psychology*, Francis J. Flynn and Gabrielle S. Adams, Volume 45, no. 02, pp. 404–409, 2009; permission conveyed through Copyright Clearance Center, Inc.

为了检验这一结论，研究人员对一个由来自全美 237 名成年人组成的代表样本进行了试验研究。每个人在完成一次网上调查后，会得到一张来自网上主要零售商的 5 美元代金券。这项调查会问到一些与被调查者收到或送出生日礼物有关的问题。被调查者会被随机分配扮演送礼者或者收礼者的角色。（换句话说，送礼者会被问及他们最近送出的生日礼物，收礼者则会被问及他们最近收到的生日礼物。）如果礼物是现金或者购物卡、代金券类，则不纳入此次研究。研究者收集到包含参与者下列个人信息的数据：

1. 角色（送礼者或收礼者）；

2. 性别（男性或女性）；

3. 礼物价格（以美元为单位）；

4. 欣赏程度（采用 7 分制回答下面的问题："你或者收礼者对这件礼物的欣赏程度如何？" 其中，1= "完全没有"，2= "一点"，3= "多一点"，4= "有些"，5= "一般"，6= "很多"，7= "非常多"）；

5. 感激之情（采用 7 分制回答下面的问题："你或者收礼者对这件礼物的感激程度如何？" 其中，1= "完全没有"，2= "一点"，3= "多一点"，4= "有些"，5= "一般"，6= "很多"，7= "非常多"）；

6. 欣赏和感激的整体水平（上述两种 7 分制得分之和，可能的取值为 2，3，4，…，13，14）。

这些数据被保存在 BUYLOV 文件中。

斯坦福大学的研究人员通过分析这些数据得出结论："送礼者和收礼者对礼物价格与欣赏程度之间的关系的看法是不一致的。送礼者希望收礼者欣赏更昂贵的礼物，但是收礼者并不将他们的感激之情建立在礼物价格的基础上。"

在本章的"回顾实践中的统计"专栏中，我们会用图形描述和数值描述方法表示 BUYLOV 中的数据，以展示斯坦福大学研究人员得出的结论。

回顾实践中的统计

饼状图和条形图的解释。

直方图的解释。

数值描述性度量的解释。

异常值的检测。

散点图的解释。

假设你现在想根据 400 名 MBA 学生的 GMAT 分数评价他们的管理能力，那么你该如何描述这 400 个分值呢？这组数据的特征包括一些典型的或者经常出现的 GMAT 分值、这组数据的变异性、最高和最低分值、数据的分布"形状"以及这组数据中是否包含不正常的数值等。通过"目测"数据得到这些信息是很难的，而这 400 个分值确实可以为我们提供许多信息。无疑，我们需要通过一些正式的方法总结和刻画一个数据集所反映的信息。描述数据集的方法对于统计推断也是重要的，因为大部分数据集是大型数据库。因此，我们需要一种描述数据子样本的方法，通过分析抽取的子样本可以推断数据总体的特征。

在本章，我们给出了两种描述数据的方法：一种是图形描述方法，另一种是数值描述方法。这两种方法在统计学中非常重要。2.1 节将介绍描述定性数据的图形和数值方法，2.2 节、2.7 节、2.8 节和 2.9 节（选学）将介绍描述定量数据的图形方法，2.3 节至 2.6 节将展示定量数据的数值描述方法。本章的最后部分是误用描述方法的例子。

➡ 2.1 定性数据的描述

回顾 24/7 Wall Street 对高管薪酬的研究（参见 1.2 节中的案例 1.2）。《纽约时报》（2019 年 5 月 24 日）报道了 Equilar Institute 的一项类似研究。除了薪酬信息外，还收集了 CEO 的个人数据，包括受教育水平。大多数 CEO 是否拥有高级学位，例如硕士或博士学位？为了回答这个问题，表 2-1 给出了 2018 年薪酬最高的 50 位 CEO 各自获得的最高学位（学士、MBA、文理硕士、法学硕士、博士或无大学学历）。

表 2-1　薪酬最高的 50 位 CEO 的数据

排名	CEO（公司）	总薪酬（百万美元）	学位	年龄
1	埃隆・马斯克（特斯拉）	2 284.04	学士	48
2	大卫・扎斯拉夫斯基（探索）	129.50	法学硕士	60
3	尼科什・阿罗拉（Palo Alto Networks）	125.07	学士	51
4	马克・赫德（甲骨文）	108.30	学士	62
5	萨夫・卡茨（甲骨文）	108.28	法学硕士	50
6	约翰・勒格雷（T-Mobile US）	66.54	MBA	61
7	罗伯特・艾格（迪士尼）	65.65	学士	68
8	詹姆斯・贺普曼（PTC）	49.97	学士	54
9	傅懿德（雅诗兰黛）	48.16	学士	61
10	维韦克・沙阿（j2 Global）	45.06	学士	45
11	理查德・汉德勒（杰富瑞金融集团）	44.67	MBA	58
12	詹姆斯・默多克（21 世纪福克斯）	44.42	无大学学历	47
13	史蒂芬・迈克米伦（豪洛捷）	42.04	学士	54
14	约瑟夫・霍根（艾利科技）	41.76	MBA	61
15	保罗・萨维尔（NVR）	39.13	MBA	63
16	丹尼尔・舒尔曼（PayPal）	37.76	MBA	61
17	里德・黑斯廷斯（网飞）	36.08	文理硕士	59
18	杰夫・斯托里（CenturyLink）	35.66	文理硕士	59
19	布莱恩・尼古（Chipotle Mex Grill）	33.52	MBA	44
20	罗伯特・科迪克（Activision Blizzard）	30.84	学士	55
21	杰米・戴蒙（摩根大通）	30.02	MBA	63
22	霍华德・卢特尼克（BGC Partners）	29.69	学士	58
23	布莱恩・罗伯茨（康卡斯特）	29.33	学士	60
24	山塔努・纳拉延（Adobe）	28.40	MBA	56
25	马克・贝尼奥夫（salesforce.com）	28.39	学士	55
26	阿米德・穆加达姆（Prologis）	28.20	MBA	63
27	理查德・托宾（Dover）	27.93	MBA	55
28	罗伯特・格林伯格（斯凯奇）	27.36	学士	78
29	约瑟夫・兰尼洛（哥伦比亚广播公司）	27.36	MBA	53

续表

排名	CEO（公司）	总薪酬（百万美元）	学位	年龄
30	洛莉·阿伯（Williams-Sonoma）	27.25	学士	51
31	詹姆斯·戈尔曼（摩根士丹利）	26.55	MBA	61
32	劳伦斯·芬克（贝莱德集团）	26.54	MBA	67
33	伦纳德·施莱费尔（再生元制药）	26.52	博士	67
34	迈克尔·奈多夫（Centene）	26.12	文理硕士	76
35	萨蒂亚·纳德拉（微软）	25.84	MBA	52
36	兰德尔·斯蒂芬森（AT&T）	25.60	文理硕士	59
37	克里斯·库巴西克（L3 Technologies ）	25.51	学士	48
38	杰伊·布雷（Mr. Cooper Group）	25.12	学士	52
39	詹姆斯·克拉基奥洛（Ameriprise Financial）	24.82	MBA	61
40	迈克尔·科尔巴（花旗集团）	24.18	学士	59
41	谢尔登·阿德尔森（Las Vegas Sands ）	24.01	无大学学历	86
42	约翰·雷恩（宏盟集团）	23.95	MBA	67
43	阿兰·米列尔（Universal Health）	23.55	MBA	82
44	罗纳德·图托（Tutor Perini）	23.49	学士	78
45	凯文·斯坦（TransDigm Group）	23.47	博士	52
46	约翰·维森廷（施乐）	23.46	学士	54
47	丹尼斯·米伦伯格（波音公司）	23.39	文理硕士	54
48	迈尔斯·怀特（雅培公司）	22.87	MBA	63
49	罗伯特·劳勒（Chesapeake Energy）	22.75	MBA	51
50	巴里·科特尔（Scientific Games）	22.61	MBA	57

这项研究感兴趣的变量为 CEO 获得的最高学位，它在本质上是定性的。定性数据是非数值的。因此，定性变量的值只能分为类别。可能的学位类型（学士、MBA、文理硕士、法学硕士、博士或者无大学学历）代表该定性变量的类别。我们可以通过两种方式对此类数据进行数值总结：（1）通过计算类别频数——数据集中属于每个类别的观察值的数量；（2）通过计算类别相对频数——落入每个类别的观察总数的比例。

类别（class）是指定性数据可以被分成几个种类之一。

类别频数（class frequency）是指属于某个类别的观察值的数量。

类别相对频数（class relative frequency）是指类别频数除以数据集观察总数，即

$$\text{类别相对频数} = \frac{\text{类别频数}}{n}$$

观察表 2-1，我们发现薪酬最高的 50 位 CEO 中有 2 位无大学学历，19 位获得了学士学位，20 位获得了 MBA 学位，5 位获得了硕士学位，2 位获得了博士学位，2 位获得了法学硕士学位。这些数字（2，19，20，5，2 和 2）代表六个类别的类别频数，并显示在使用 StatCrunch 生成的汇总表（见图 2-1）中。

类别百分比（class percentage）是指类别相对频数乘以 100%，即

类别百分比 = 类别相对频数 ×100%

Options

Frequency table results for Degree:
Count = 50

Degree	Frequency	Relative Frequency
Bachelor's	19	0.38
Law	2	0.04
MBA	20	0.4
Master's	5	0.1
None	2	0.04
PhD	2	0.04

图 2-1 薪酬最高的 50 位 CEO 的学位汇总表 (StatCrunch)

图 2-1 还给出了每个类别的相对频数。我们知道，可以通过用类别频数除以数据集中的观察总数来计算相对频数。因此，各类别的相对频数为：

学士：19/50 = 0.38

法学硕士：2/50 = 0.04

MBA：20/50 = 0.40

文理硕士：5/50 = 0.10

无大学学历：2/50 = 0.04

博士：2/50 = 0.04

图 2-1 的 StatCrunch 汇总表在最右侧列出了相对频数。如果我们将法学硕士、MBA、文理硕士和博士学位的相对频数相加，则得到 0.04 + 0.40 + 0.10 + 0.04 =0.58。因此，薪酬最高的 50 位 CEO 中有 58% 至少获得了硕士学位（MBA、文理硕士、法学硕士或博士）。

尽管图 2-1 中的汇总表充分描述了表 2-1 中的数据，但我们通常还需要用图形表示。图 2-2 和图 2-3 显示了两种使用较为广泛的描述定性数据的图形方法——条形图和饼状图。图 2-2 是用 StatCrunch 软件绘制的“获得的最高学位”的条形图。请注意，每个类别上的矩形或“条形”的高度等于类别频数。（或者，条形高度可以与类别相对频数成比例。）与此相对应的是，图 2-3（使用 Minitab 软件创建）在饼状图中显示了六种类型的相对频数（以百分比表示）。请注意，饼状图其实是一个圆（360°），分配给每个类别的“饼状图切片”的大小（角度）与类别相对频数成正比。例如，分配给 MBA 学位的切片是 360° 的 40%，即 0.40 × 360° = 144°。

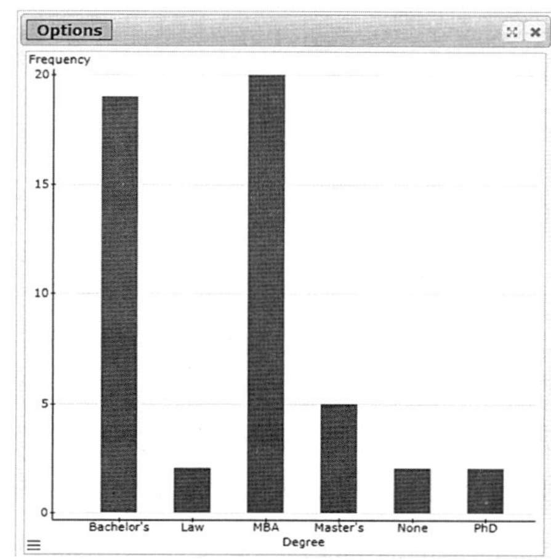

图 2-2 薪酬最高的 50 位 CEO 的学位条形图 (StatCrunch)

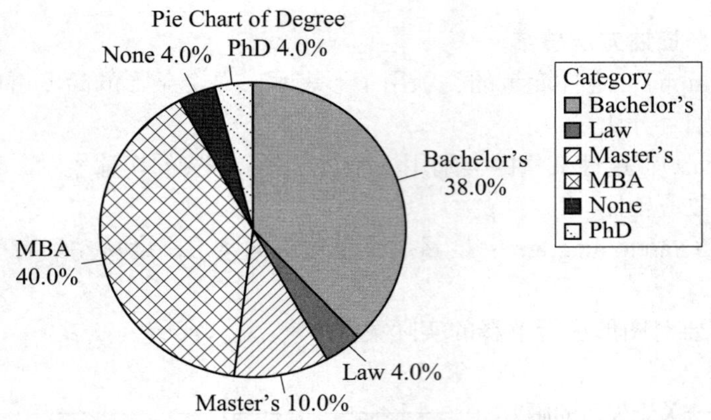

图 2-3 薪酬最高的 50 位 CEO 的学位饼状图 (Minitab)

在离开表 2-1 中的数据集之前，请考虑使用 Minitab 生成的条形图（见图 2-4）。请注意，CEO 学位类别的条形图从横轴的左端到右端，按条形高度降序排列，即最高的条形图（MBA）位于最左侧，最矮的条形图位于最右侧。条形图中条形的这种重新排列称为帕累托条形图。帕累托条形图（以意大利经济学家维尔弗雷多·帕累托（Vilfredo Pareto）的名字命名）的目标是轻而易举地找出“最重要”的类别（频数最高的类别）。在 2018 年薪酬最高的 50 位 CEO 中，MBA 学位最常见（40%），法学硕士、博士学位或无大学学历最不常见（4%）。

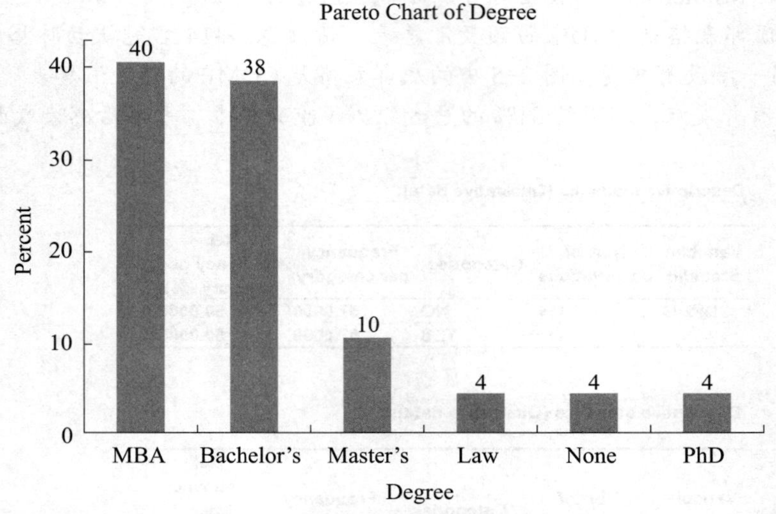

图 2-4 薪酬最高的 50 位 CEO 的学位帕累托条形图 (Minitab)

人物介绍

维尔弗雷多·帕累托（1848—1923）——帕累托原理

维尔弗雷多·帕累托出生于巴黎的一个意大利贵族家庭，在都灵大学学习工程学和数学。父母去世后，帕累托辞掉了工程师一职，开始对意大利政府经济政策中的不当之处进行评价和谴责。1896 年，他在瑞士的洛桑大学发表了第一篇论文《政治经济学讲义》(Cours d'economie politique)。在这篇论文中，帕累托通过推导复杂的数学公式证明社会的财富收入并不是随机分配的，整个社会在所有历史阶段的模式是一致的。在本质上，帕累托说明了社会总财富的 80% 掌握在 20% 的家庭中。“至关重要的少数和微不足道的大多数”这条著名的法则在经济学中被称为帕累托原理。

定性数据的图形描述方法总结

条形图（bar graph）：定性变量的类别用条形表示，每个条形的高度可以是类别频数、类别相对频数或者类别百分比。

饼状图（pie chart）：定性变量的类别用一个饼状图（圆）的切片表示。每个饼状图切片的大小与类别相对频数成正比。

帕累托条形图（Pareto diagram）：变量的类别对应的条形高度从左到右按降序排列。

让我们看一个需要对图形进行解释的实际案例。

例 2.1 图示和汇总定性数据——关于失血的研究

问题 在佛罗里达州西南部，一个由心脏科医生组成的小组一直在研发一种新药，以减少冠状动脉搭桥手术过程中的失血量。BLOOD 文件中保存了 114 名冠状动脉搭桥患者的失血数据（其中一些患者接受了一定剂量的药物，另一些则没有）。尽管这种药物在减少失血量方面确实有一定作用，但是医生比较关心这种药物可能产生的副作用和引起的并发症。所以这组数据不仅包含了定性变量 DRUG（显示患者是否服用这种药物），而且有定性变量 COMP（详细说明患者所患并发症的类型）。由医生记录的 COMP 有四种类型：（1）重新手术；（2）手术后感染；（3）两者都有；（4）两者都没有。

a. 使用 XLSTAT 生成的图 2-5 显示了两个定性变量 DRUG 和 COMP 的汇总表，试对其进行解释。

b. 解释图 2-6 中所示的 Minitab 输出和图 2-7 中所示的 XLSTAT 输出。

解答 a. 图 2-5 中的顶部表格是 DRUG 的频数汇总表。请注意，114 名冠状动脉搭桥患者中有一半（57 名）接受了该药物，另一半没有接受。图 2-5 中的底部表格是 COMP 的频数汇总表。我们看到 114 名患者中约有 69% 的患者没有并发症，剩下约 31% 的患者经历了重新手术、手术后感染或两者都有。

Descriptive statistics (Qualitative data):

Variable\Statistic	Nbr. of observations	Categories	Frequency per category	Rel. frequency per category (%)
DRUG	114	NO	57.0000	50.0000
		YES	57.0000	50.0000

Descriptive statistics (Qualitative data):

Variable\Statistic	Nbr. of observations	Categories	Frequency per category	Rel. frequency per category (%)
COMP	114	BOTH	6.0000	5.2632
		INFECT	15.0000	13.1579
		NONE	79.0000	69.2982
		REDO	14.0000	12.2807

图 2-5 DRUG 和 COMP 的 XLSTAT 汇总表

b. 图 2-6 是用 Minitab 绘制的条形图。左边的四个条形代表未接受药物治疗的 57 名患者的 COMP 频数；右边的四个条形代表 57 名确实接受药物治疗的患者的 COMP 频数。该图清楚地表明，未服用药物的患者并发症较少。确切的百分比显示在图 2-7 的 XLSTAT 汇总表中。大约 56% 的接受药物治疗的患者没有出现并发症，而在没有接受药物治疗的患者中，这一比例约为 83%。

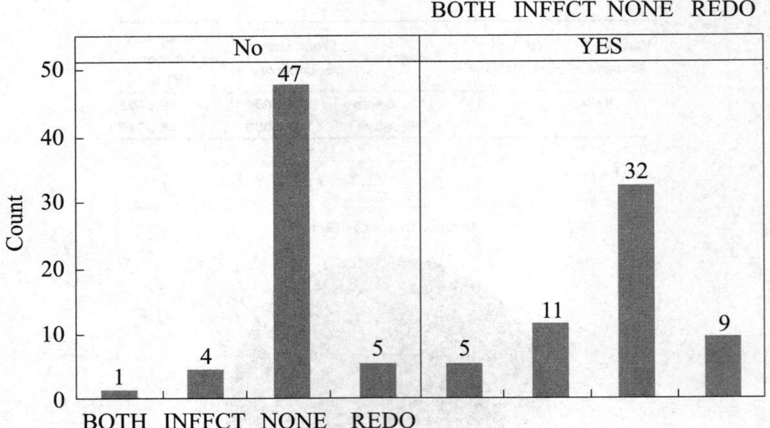

图 2-6 以 DRUG 为分组变量的并列条形图 (Minitab)

Descriptive statistics (Qualitative data):

Variable\Statistic	Nbr. of observations	Categories	Frequency per category	Rel. frequency per category (%)
COMP | NO	57	BOTH	1.0000	1.7544
		INFECT	4.0000	7.0175
		NONE	47.0000	82.4561
		REDO	5.0000	8.7719
COMP | YES	57	BOTH	5.0000	8.7719
		INFECT	11.0000	19.2982
		NONE	32.0000	56.1404
		REDO	9.0000	15.7895

图 2-7 以 DRUG 为分组变量的 COMP 的汇总表 (XLSTAT)

回顾 虽然这些结果表明该药物可能有效减少失血量，但图 2-6 和图 2-7 暗示服用该药物的患者可能有更高的并发症风险。但在使用这些信息做出有关该药物的决定之前，医生还需提供此推断的可靠性度量，也就是说，医生想知道在这 114 名患者样本中观察到的并发症发生率的差异性在所有冠状动脉搭桥患者中是否也同样存在。

回顾实践中的统计

饼状图和条形图的解释

在《实验社会心理学杂志》(2009 年第 45 期) 关于金钱是否可以买到真爱的研究中，斯坦福大学的研究人员测量了 237 名成年人的几个定性（分类）变量：性别（男性或女性）、角色（送礼者或收礼者）、对礼物的欣赏程度（7 分制测量），以及对礼物的感激之情（7 分制测量）。我们将最后列出的两个变量归类为定性变量，因为数值代表不同的响应类别（例如，1 =“完全没有”，2 =“一点”，3 =“多一点”，4 =“有些”，5 =“一般”，6 =“很多”，7 =“非常多”）描述了一个人对赠送或接受礼物的感受。饼状图和条形图可用于总结和描述这些变量。数据保存在 BUYLOV 文件中。我们使用 XLSTAT 和 Minitab 为其中两个变量创建饼状图：角色（图 SIA2-1）和感激之情（图 SIA2-2）。

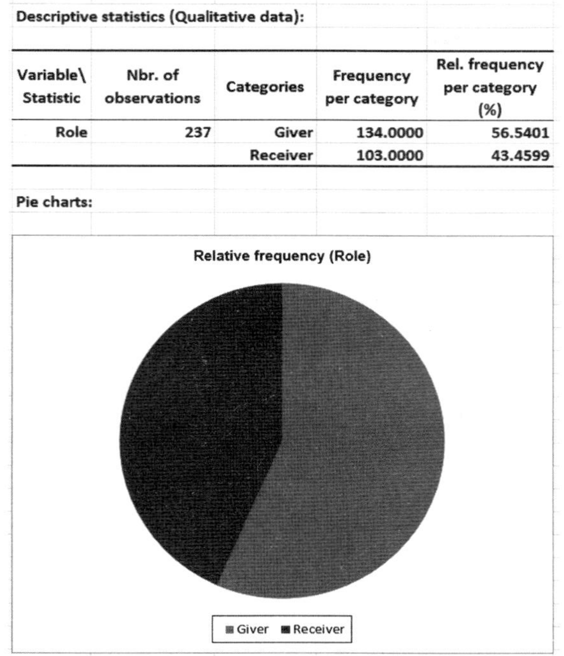
Descriptive statistics (Qualitative data):

Variable\Statistic	Nbr. of observations	Categories	Frequency per category	Rel. frequency per category (%)
Role	237	Giver	134.0000	56.5401
		Receiver	103.0000	43.4599

Pie charts:

图 SIA2-1 角色饼状图 (XLSTAT)

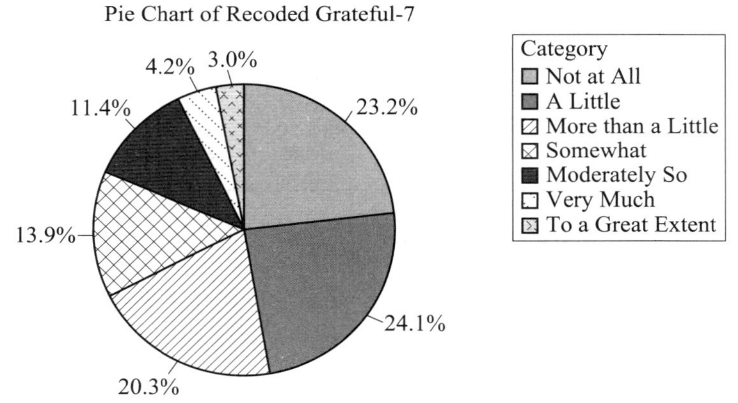

图 SIA2-2 感激之情饼状图 (Minitab)

首先，请注意图 SIA2-1，在 237 名成年人中，约 56.5% 是送礼者，约 43.5% 是收礼者。接下来，从图 SIA2-2 可以看出，23.2% 的成年人对感激之情回答“完全没有”，而回答“非常多”的成年人只有 3%。

该研究关注的是送礼者和收礼者对礼物的感激之情是否存在差异。我们可以通过绘制感激之情变量的条形图来深入了解这个问题，一张图绘制送礼者的感激之情，另一张图绘制收礼者的感激之情。这些条形图如图 SIA2-3 所示。你可以看到，大约 32% 的送礼者回答“完全没有”（上图），而大约有 12% 的收礼者（下图）这样回答。同样，6.7% 的送礼者回答“有些”，而这样回答的收礼者有 23.3%。1.5% 的送礼者回答“非常多”，而收礼者中只有 4.9% 的人这样回答。因此，送礼者和收礼者的反应确实不同，与送礼者相比，收礼者更有可能表达对礼物的感激之情。

注意：这些图表反映的信息应仅限于描述由参与研究的 237 名成年人所构成的样本。如果有人对推断所有送礼者和收礼者的总体感兴趣（就像斯坦福大学的研究人员那样），则需要针对数据应用推断性统计方法。这些方法是后面章节的主题。

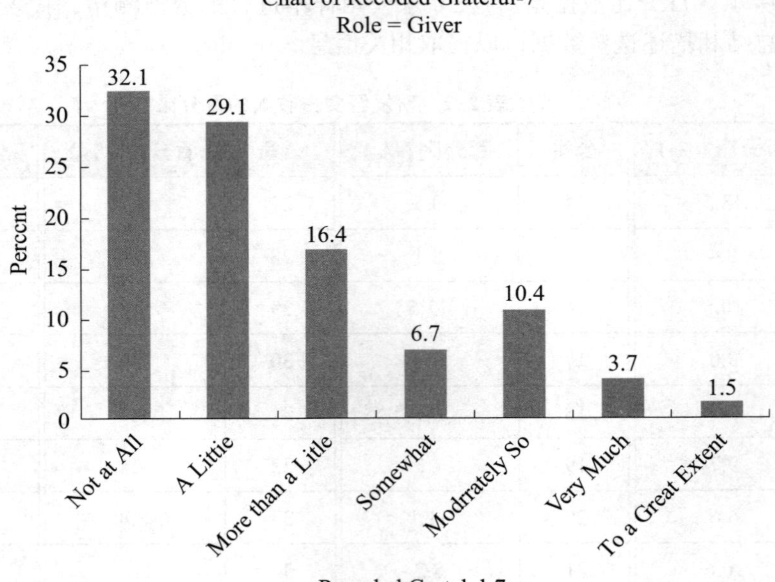

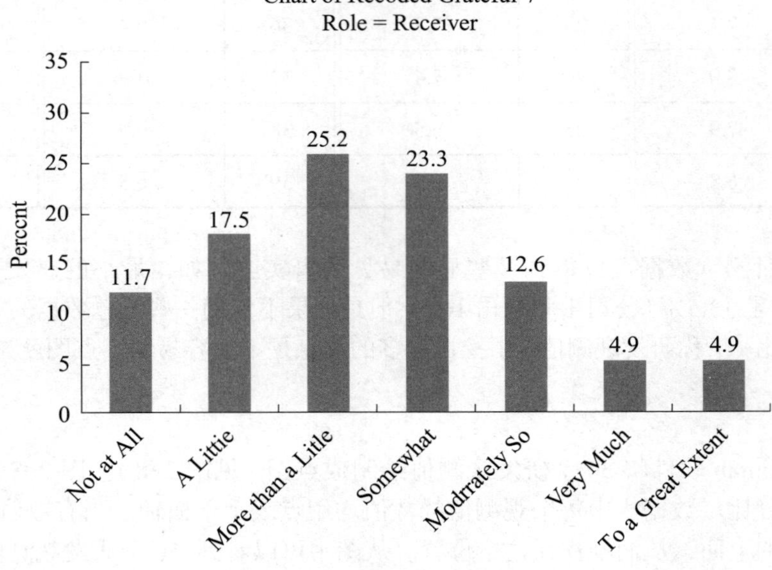

图 SIA2-3　分角色的感激之情条形图 (Minitab)

2.2　描述定量数据的图形方法

回顾 1.5 节，定量数据集由记录在有意义的数值尺度上的数据组成。要想描述、汇总和检测这组数据的内在规律，我们可以使用三种图形方法：点图、茎叶图和直方图。因为几乎所有的统计软件包都能够创建这些图形，所以我们将重点放在结果的解释而不是如何构建它们上。

例如，假设一位财务分析师对计算机硬件和软件公司在研发（R&D）上支出的费用感兴趣。她从高科技公司中抽取了 50 家，并计算了每家公司上一年的研发经费占其总收入的百分比。结

果如表 2-2 所示。百分比数据是对这 50 家公司样本进行的数值测量，代表定量数据。分析师的最初目标是总结和描述这些数据，以提取相关信息。

表 2-2　研发经费占收入的百分比

公司	百分比（%）	公司	百分比（%）	公司	百分比（%）	公司	百分比（%）
1	13.5	14	9.5	27	8.2	40	7.5
2	8.4	15	8.1	28	6.9	41	7.1
3	10.5	16	13.5	29	7.2	42	13.2
4	9.0	17	9.9	30	8.2	43	7.7
5	9.2	18	6.9	31	9.6	44	5.9
6	9.7	19	7.5	32	7.2	45	5.2
7	6.6	20	11.1	33	8.8	46	5.6
8	10.6	21	8.2	34	11.3	47	11.7
9	10.1	22	8.0	35	8.5	48	6.0
10	7.1	23	7.7	36	9.4	49	7.8
11	8.0	24	7.4	37	10.5	50	6.5
12	7.9	25	6.5	38	6.9		
13	6.8	26	9.5	39	6.5		

通过“目测”数据可以得到一些显而易见的事实。例如，最小的研发百分比是 5.2%（公司 45），最大的是 13.5%（公司 1 和公司 16）。但是如果不借助一些汇总数据的方法，要想从 50 个研发经费百分比（下称研发观测值）中挖掘更多的信息是不太容易的。点图就是这样一种汇总方法。

点图

利用 Minitab 软件将 50 个研发观测值绘制成点图（见图 2-8）。图 2-8 的横轴是定量变量的刻度——百分比。数据集中每个观测值的数值均用点表示于横轴。当有数值重复时，一个点会放在另一个点的上面，从而堆积在这个位置。从图中可以看到，50 个研发观测值中有 45 个[①]（90%）介于 6%~12%，其中大多数位于 7%~9%。

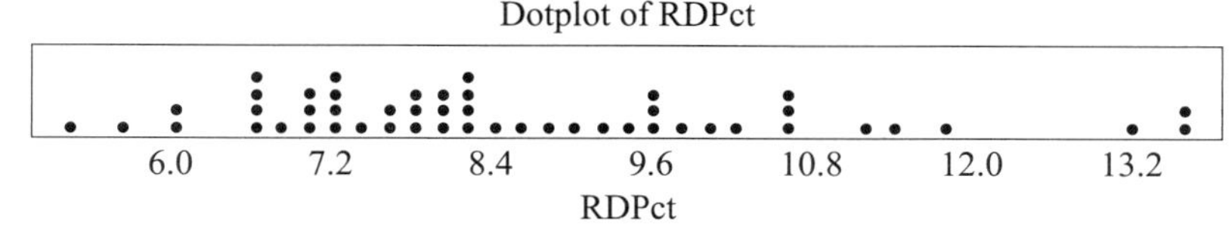

图 2-8　50 个研发观测值的点图 (Minitab)

茎叶图

利用 XLSTAT 软件，对于同样的数据可采用另一种图形方法——茎叶图（见图 2-9）来表

① 原书将 5.9 计入 6.0。——译者

示。在图 2-9 中，“茎”表示观测值（百分比）的小数点之前的部分即整数部分，小数点后边的部分即小数部分则构成“叶”。

Stem-and-leaf plot (RDPct):	
Unit:	1
5	2 6 9
6	0 5 5 5 5 6 8 9 9 9
7	1 1 2 2 4 5 5 7 7 8 9
8	0 0 1 2 2 2 2 4 5 8
9	0 2 4 5 5 6 7 9
10	1 5 5 6
11	1 3 7
12	
13	2 5 5

图 2-9　50 个研发观测值的茎叶图 (XLSTAT)

这组数据的茎从最小值（5）到最大值（13）罗列在图 2-9 的第一列。每个观察值的叶则被记录在这个观测值对应的茎的行中。例如，表 2-2 中第一个观测值（13.5）的叶 5 放在茎 13 对应的行中。类似地，第二个观测值（8.4）的叶 4 记录在茎 8 对应的行中，第三个观测值（10.5）的叶 5 则记录在茎 10 对应的行中（前面列举的三个观测值的叶在图 2-9 中用阴影表示）。通常，每行中的叶会按顺序排列，如图 2-9 所示。

茎叶图呈现了这组数据的另一种汇总方法。从图中可以看到，所抽取的公司大部分（50 家中有 37 家）将 6.0%~9.9% 的收入花费在研发上，其中 11 家公司的研发经费占 7.0%~7.9%。在样本中剩下的其他公司中，有 3 家公司用于研发的经费占比比较高——超过 13%。

可以通过调整茎叶的定义改变图形的描述。例如，假设我们定义茎为研发百分比数据的十位数，而不是个位数和十位数。在这种定义下，测量值 13.5 和 8.4 对应的茎和叶将变为：

茎	叶
1	3

茎	叶
0	8

可以看到小数部分已经被去掉。通常，叶部分只显示一位数。

观察数据，你会明白我们为什么没有按照这种方式定义，因为所有观测数据都小于等于 13.5，导致所有的叶像显示的那样只落入茎“1”和“0”对应的行中。只用几个茎构造的图形提供的信息必然不如图 2-9 那么丰富。

直方图

图 2-10 显示了用 Minitab 软件得到的 50 个研发观测值的**直方图**（histogram）。图 2-10 中的横轴给出了每家公司研发经费的百分比，横轴被划分为**类别区间**（class interval），从（5.0，6.0）开始以间隔 1 进行等距离划分，直到（13.0，14.0）结束。竖轴是 50 个研发观测值落在每个区间内的数目（或称为频数）。可以看到区间（7.0，8.0）（例如，这一组具有最高的条形）包含最高的频数——11 个研发百分比观测值；随着研发经费百分比变小或变大，剩余的区间往往包含较少数量的测量值。

直方图可以用来表示频数或者相对频数落入每个类别区间的数量。50 个研发观测值的类别区间、类别频数和类别相对频数显示在表 2-3 中。[1] 通过将区间（6.0，7.0），（7.0，8.0），

① 与许多统计软件包一样，Minitab 会将位于类别区间边缘的观测值划入后边的类别区间中。例如，研发观测值为 8.0 位于区间（7.0，8.0）和区间（8.0，9.0）的边界上，那么它就被划入区间（8.0，9.0）中。表 2-3 的频数反映了这种惯例。

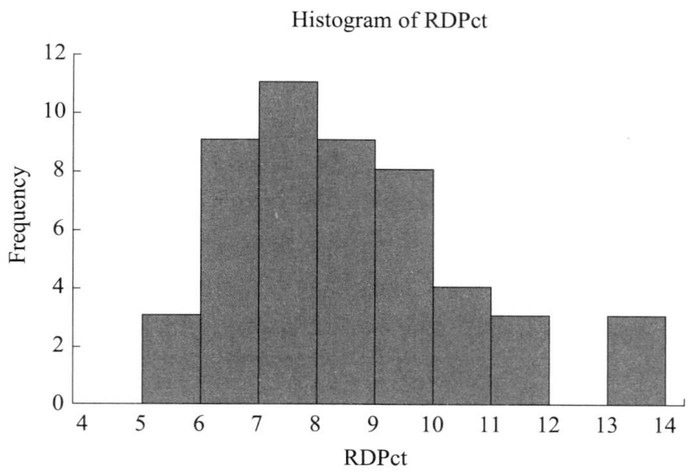

图 2-10 50 个研发观测值的直方图 (Minitab)

（8.0，9.0），（9.0，10.0）和（10.0，11.0）的相对频数相加，我们发现，0.18+0.22+0.18+0.16+0.08=0.82（或者 82%），即 82% 的研发经费百分比介于 6.0%~11.0%。类似地，我们将最后两个区间（12.0，13.0）和（13.0，14.0）的类别相对频数相加，我们发现 6% 的公司将 12% 以上的收入用于研发。通过对直方图的进一步研究，可以得出许多其他的结论。注意所有类别频数之和总是等于样本量 n。

表 2-3 50 个研发观测值对应的类别区间、类别频数与类别相对频数

类别	类别区间	类别频数	类别相对频数
1	5.0~6.0	3	3/50=0.06
2	6.0~7.0	9	9/50=0.18
3	7.0~8.0	11	11/50=0.22
4	8.0~9.0	9	9/50=0.18
5	9.0~10.0	8	8/50=0.16
6	10.0~11.0	4	4/50=0.08
7	11.0~12.0	3	3/50=0.06
8	12.0~13.0	0	0/50=0.00
9	13.0~14.0	3	3/50=0.06
合计		50	1.00

人物介绍

约翰·图基 (1915—2000)——统计界的毕加索

就像传奇的画家巴勃罗·毕加索在一生中精通并改革了多种艺术形式那样，约翰·图基 (John Tukey) 在统计学的许多领域做出的贡献得到了大家的认可。图基出生在美国马萨诸塞州，小时候一直在家里接受教育，后来获得布朗大学化学学士和硕士学位，在美国普林斯顿大学取得数学博士学位。图基在 20 世纪 60 年代和 70 年代早期曾在贝尔电话试验室（Bell Telephone Laboratories）工作，其间提出了“探索数据分析”——一套能够汇总和演示大量数据的图形描述方法。包括茎叶图和箱线图在内的许多工具已经成为现代统计软件包的标准功能。(实际上，图基为计算机程序发明了软件（software）一词。)

当我们解释一幅直方图时要考虑两个重要的事实。一是，在直方图下落入横轴上特定区间内的总区域的比例等于落在该区间内观测值的相对频率。例如，图 2-10 在类别区间（7.0，8.0）的相对频数为 0.22。因此，该区间上的矩形占直方图下总区域的 22%。

二是，你可以想象一个非常大的数据集（比如总体）的相对频数直方图的分布。随着数据集中的数据不断增加，你可以通过减小类别区间的宽度获得更好的数据描述。当类别区间变得充分小时，相对频数直方图将会（出于实践目的）显示为一条光滑的曲线（见图 2-11）。关于如何在较小数据集中选择直方图区间个数的建议在图 2-11 中给出。

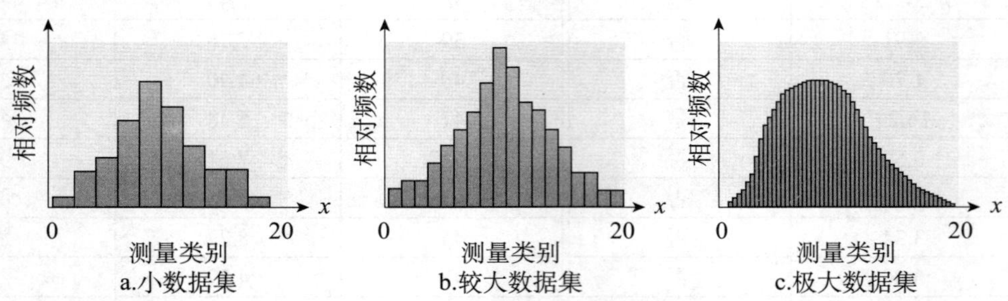

图 2-11　数据集大小对直方图形状的影响

直方图可提供数据集（特别是极大数据集）的直观描述，但无法让我们识别单个观测值。相反，每一个原始数据在点图和茎叶图中可以清楚地判断出来。茎叶图以升序方式显示数据的排列，因此比较容易定位单个观测值。例如，在图 2-9 中，我们能够容易地看出 3 个研发观测值等于 8.2，但是在图 2-10 直方图中却看不到这一事实。然而，茎叶图在大量数据的情况下不能无限扩大。大量的茎和叶将造成纵向和横向层面的展示变得杂乱，图形削弱了视觉显示上的有用性。

判断直方图中的组别个数

数据集的观测个数	类别个数
少于 25	5~6
25~50	7~14
超过 50	15~20

例 2.2　定量变量的绘图——丢失的订单

问题　一家工业轮胎制造商怀疑，由于该公司花费很长时间为潜在客户制定报价，因此正在丢失有利可图的订单。为了调查这种可能性，制造商从上一年所有报价中随机选择了 50 个报价请求，并确定了每个报价的处理时间。处理时间显示在表 2-4 中，每个报价根据订单是否“丢失”(即客户在收到报价后是否下订单）进行分类。

表 2-4　报价的处理时间　　单位：天

请求编号	处理时间	是否丢失	请求编号	处理时间	是否丢失
1	2.36	否	8	2.00	否
2	5.73	否	9	4.69	否
3	6.60	否	10	1.91	否
4	10.05	是	11	6.75	是
5	5.13	否	12	3.92	否
6	1.88	否	13	3.46	否
7	2.52	否	14	2.64	否

续表

请求编号	处理时间	是否丢失	请求编号	处理时间	是否丢失
15	3.63	否	33	13.42	是
16	3.44	否	34	3.24	否
17	9.49	是	35	3.37	否
18	4.90	否	36	14.06	是
19	7.45	否	37	5.10	否
20	20.23	是	38	6.44	否
21	3.91	否	39	7.76	否
22	1.70	否	40	4.40	否
23	16.29	是	41	5.48	否
24	5.52	否	42	7.51	否
25	1.44	否	43	6.18	否
26	3.34	否	44	8.22	是
27	6.00	否	45	4.37	否
28	5.92	否	46	2.93	否
29	7.28	是	47	9.95	是
30	1.25	否	48	4.46	否
31	4.01	否	49	14.32	是
32	7.59	否	50	9.01	否

a. 利用统计软件为这组数据绘制频数直方图，然后将丢失的订单对应的直方图涂上阴影。解释所得到的结果。

b. 使用统计软件为这组数据绘制茎叶图，然后将丢失的订单对应的每一个叶涂上阴影。解释所得到的结果。

解答 a. 我们使用 Minitab 生成了图 2-12 中的频数直方图。请注意，数据被分为 20 个类。分组区间为（1.0，2.0），（2.0，3.0），…，（20.0，21.0）。该直方图清楚地表明，多数观测值聚集在分布的下端（为 1~8 天），而相对少的观测值位于分布的上端（超过 12 天）。频数直方图中表示失去订单的阴影区域显示出它们位于分布的右尾。

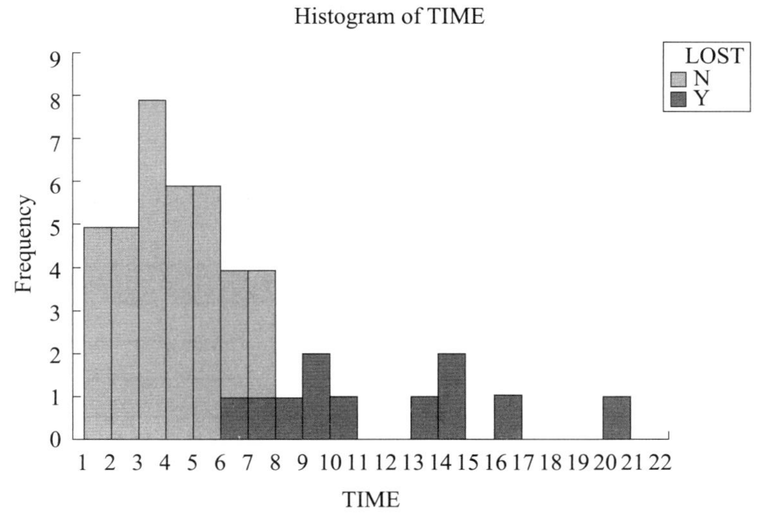

图 2-12 报价处理时间的频数直方图 (Minitab)

b. 我们使用 StatCrunch 绘制茎叶图（见图 2-13）。注意，图中的茎（输出图形的第一列）由所有整数的天组成（小数点前边的数字）。叶（输出图形的第二列）是每一个测量值的第 10 个分位数（小数点后的第一个数字）。这样，在茎 20 中叶 2（输出结果的最后一行）代表 20.23 天。与直方图一样，茎叶图在分布的上尾部分显示了做阴影处理的“丢失”订单。

Variable: TIME

Decimal point is at the colon.
Leaf unit = 0.1

```
 1 : 34799
 2 : 04569
 3 : 23445699
 4 : 044579
 5 : 115579
 6 : 02468
 7 : 35568
 8 : 2
 9 : 05
10 : 01
11 :
12 :
13 : 4
14 : 13
15 :
16 : 3
17 :
18 :
19 :
20 : 2
```

图 2-13　报价处理时间的茎叶图 (StatCrunch)

回顾　通常，对于不是特别多（如少于 100 个观测值）的数据，茎叶图可以比直方图提供更多的详细信息。例如，图 2-13 中清楚地表明丢失的订单往往有较长的处理时间（如图 2-12 中的直方图），并且精确显示了丢失的订单所对应的处理时间。直方图在描述大量数据时更加有效，此时整个数据的分布形态比识别出个别数据更加重要。然而，两种图形所呈现的信息都是清楚的：对面向客户的报价时间加以限制可以减少订单的丢失。

大多数统计软件包能够绘制直方图、茎叶图和点图。这三种图形都是描述数据的有用工具。我们建议读者在可能的情况下绘制所有的图形并加以比较。你会发现，直方图通常对很大的数据集非常有用，茎叶图和点图可以为较小的数据集提供有用的信息。

定量数据图形描述总结

点图（dot plot）：定量测量得到的每一个数值型数据在图中都用同一水平刻度上的点来表示。当存在重复数据时，相应的点放在另一个点的竖直上方。

茎叶图（steam-and-leaf display）：所有测量得到的数值被分割为茎和叶两部分。茎在一列中单独列出，数据集中的每一个测量数据的叶放在相应的茎那一行中。具有相同茎值的观测数据的叶以升序的方式横向罗列。

直方图（histogram）：所有可能的测量数据被划分为类别区间，每个区间的宽度相同。这些区间构成横轴的刻度，相应的每一组区间中观测值的频数或相对频数也被确定下来。每一个类别区间上放置一个竖条，它的高度等于类别频数或类别相对频数。

回顾实践中的统计

直方图的解释

在《实验社会心理学杂志》(2009 年第 45 期) 对金钱能否买到真爱的研究中，研究者随机将参与者分为送礼者或收礼者。(我们记得，送礼者会被问及他们最近送出的生日礼物，而收礼者会被问及他们最近收到的生日礼物。) 针对这 237 名参与者测量了两个定量变量：礼物价格 (单位：美元) 和对礼物的整体欣赏程度 (两个 7 分制得分之和，值越大意味着欣赏程度越高)。这项研究的目标之一是分析送礼者和收礼者报告的礼物价格和对礼物的欣赏程度是否存在差异。我们可以通过为定量变量绘制并排的直方图来以图形方式探索这一现象，一个直方图用于送礼者，另一个直方图用于收礼者。这些直方图是利用 Minitab 基于 BUYLOV 文件中的数据绘制而成，如图 SIA2-4a 和图 SIA2-4b 所示。

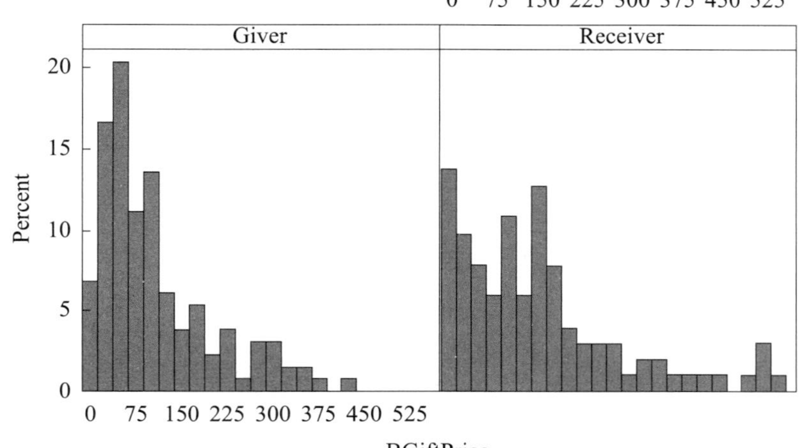

图 SIA2-4a 生日礼物价格的并列直方图

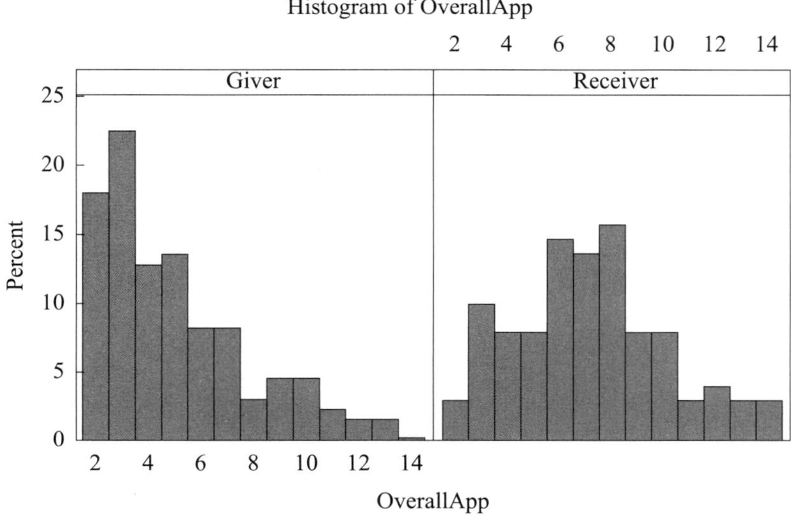

图 SIA2-4b 整体欣赏程度的并列直方图

首先，观察生日礼物价格的直方图 (图 SIA2-4a)。收礼者报告的价格往往高于送礼者报告的价格。

例如，收礼者报告的价格在300美元以上的生日礼物要比送礼者多，送礼者报告的价格在100美元以下的生日礼物比收礼者多。

其次，观察整体欣赏程度的直方图（图SIA2-4b）。对于送礼者，欣赏程度得分的直方图集中在5分附近，而收礼者的直方图集中点更高，大约为8分。从图中你也可以看到，大约65%的送礼者报告的欣赏程度分值低于6，而收礼者的这一比例大约为28%。就像前面“实践中的统计”专栏中给出的条形图一样，它显示出送礼者和收礼者的回应不同，收礼者比送礼者更有可能对礼物表现出更大程度的欣赏。在后面的章节中，我们将学习如何给这种推断附加一种可靠性度量。

2.3 集中趋势的数值度量

当我们说到数据集时，通常指一个样本或者一个总体。如果统计推断是我们的目标，那么我们最终希望利用样本的**数值描述性度量**（numerical descriptive measure）推断总体相应的度量。

就像你将要看到的，可以用很多数值度量方法定量地描述数据集。大多数这些方法度量以下两个数据特征之一：

1. 数据的**集中趋势**（central tendency）：也就是度量数据聚集的趋势或某些数值的中心（见图2-14a）。

2. 数据的**变异性**（variability）：也就是度量数据的离散度（见图2-14b）。

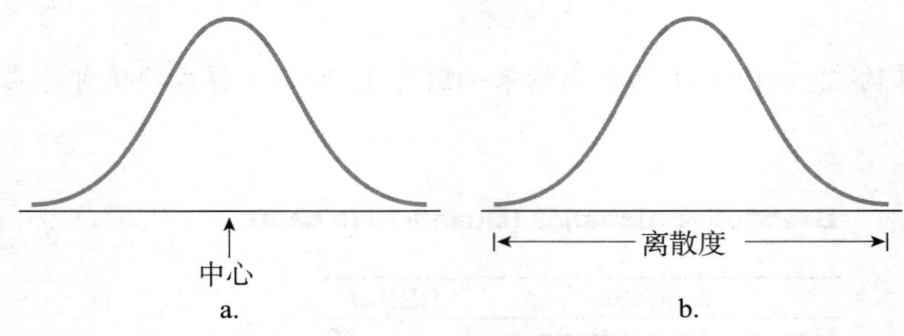

图2-14　数值描述性度量

在这部分，我们着重讨论**集中趋势的度量**（measure of central tendency）。之后，我们将讨论变异性的度量。对于定量数据集，最常用、最容易理解的集中趋势的度量是数据集的算术平均数（或简称均值）。

> 一组定量数据集的**均值**（mean）是所有观测值的加总除以这个数据集中所有观测值的个数。

一般地，均值是数据集的平均值，常用来表示一个“典型”值。我们用$\bar{x}$表示观测值的**样本均值**（mean of a sample），它的计算公式如下。

样本均值的计算公式

$$\bar{x} = \frac{\sum_{i=1}^{n} x_i}{n}$$

注意：$\sum_{i=1}^{n} x_i = (x_1 + x_2 + \cdots + x_n)$。

例 2.3 计算样本均值

问题 计算下列五个样本观测值的均值：5，3，8，5，6。

解答 利用样本均值的定义和求和符号，我们发现：

$$\bar{x}=\frac{\sum_{i=1}^{5}x_i}{5}=\frac{5+3+8+5+6}{5}=\frac{27}{5}=5.4$$

因此，样本均值为 5.4。

回顾 在计算时，没有明确的规则要求四舍五入，因为样本均值$\bar{x}$被定义为所有观测值的加总除以 n，也就是说，它确实是个分数。当使用它是为了描述时，为了方便，通常把计算值四舍五入为与原来的观测值的位数一样的有效数字。然而，当使用它是为了其他计算时，可能有必要保留更多的有效数字。

例 2.4 在输出结果中寻找均值——研发经费

问题 利用表 2-2 中 50 家公司的研发观测值数据计算样本均值。

解答 这 50 家公司的平均研发经费百分比是：

$$\bar{x}=\frac{\sum_{i=1}^{50}x_i}{50}$$

我们采用 XLSTAT 计算均值。XLSTAT 的输出结果如图 2-15 所示。样本均值部分在输出结果以阴影显示，$\bar{x}$ =8.492。

Descriptive statistics (Quantitative data):

Statistic	RDPct
Nbr. of observations	50
Minimum	5.2000
Maximum	13.5000
Range	8.3000
1st Quartile	7.1000
Median	8.0500
3rd Quartile	9.5750
Mean	8.4920
Variance (n-1)	3.9228
Standard deviation (n-1)	1.9806

图 2-15 50 个研发观测值的数值描述性度量 (XLSTAT)

回顾 根据这些信息，可以发现聚集在$\bar{x}$ =8.492 附近的研发观测值的分布。利用相对频数直方图（见图 2-10）证实那些观测值确实落在分布的中心附近。

样本均值$\bar{x}$在基于样本信息进行的总体推断中起着重要作用。为此，我们需要使用不同的符号表示总体均值——总体中所有观测值的均值。我们利用希腊字母 μ 表示总体均值。

样本均值和总体均值的符号

在本书中，我们采用一般的用法，即利用希腊字母代表总体的数值描述性度量，罗马字母代表对应的样本描述性度量。均值的表示符号是：

$\bar{x}$ = 样本均值

μ = 总体均值[①]

我们经常会利用样本均值 $\bar{x}$ 估计（推断）总体均值 μ。例如，在由所有美国公司构成的总体中，研发经费在收入中所占百分比的均值等于某个值 μ。由 50 家公司构成的样本产生的百分比均值为 $\bar{x}$ =8.492。通常情况下，如果我们无法得到全部总体的观测值，就会将 $\bar{x}$ 作为 μ 的估计值或近似值。那么，我们需要知道这种推断的可靠性——我们期望 $\bar{x}$ 对于 μ 的估计有多准确。在第 6 章，我们会发现这种准确性依赖于两个因素：

1. 样本的大小。样本越大，估计将越准确。

2. 数据的变异性或离散度。当其他因素都保持不变时，数据的变异性越大，估计的准确性越差。

对集中趋势的另一种重要度量是中位数。

定量数据集的**中位数**（median）是在以升序（或降序）排列观测值后，处于中间的数值。

中位数大多用来描述大型数据集。如果相对频数直方图（见图 2-16）可以刻画这个数据集，中位数是 x 轴上的一点，它将直方图下的区域分成两半，一半在中位数的左侧，一半在右侧。（注意：在 2.2 节，我们看到在横轴特定区间上的相对频数与这个区间在直方图下的面积成比例。）我们用 m 表示样本中位数。与总体均值一样，我们使用希腊字母 η 表示总体中位数。

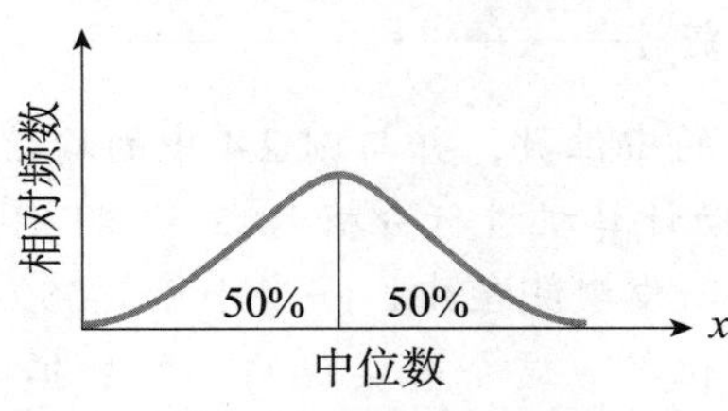

图 2-16　中位数的位置

计算样本中位数 m

将 n 个观测值从小到大排列：

1. 如果 n 是奇数，m 就是中间的数值。

2. 如果 n 是偶数，m 就是中间两个数的平均数。

样本和总体中位数的符号

m = 样本中位数

η = 总体中位数[②]

---

① 总体均值 μ 的计算公式为 $\mu = \frac{\sum_{i=1}^{N} x_i}{N}$，其中，$N$ 代表总体大小。

② 总体中位数 η 的计算与样本中位数类似，但是需要将总体中的 N 个观测值从小到大加以排列。

例 2.5 计算中位数

问题 考虑下列样本：n=7，观测值为 5，7，4，5，20，6，2。

a. 计算样本的中位数 m。

b. 去掉最后一个观测值（2），计算余下观测值的中位数（n=6）。

解答 a. 将样本中的 7 个观测值以升序排列：2，4，5，5，6，7，20。因为观测值的个数为奇数，所以中位数是中间的观测值。这样，样本的中位数 m=5（序列中的第二个 5）。

b. 在把 2 从观测值集合中去掉以后，以升序排列样本观测值如下：4，5，5，6，7，20。此时观测值的个数为偶数，因此对于中间的两个观测值进行平均，中位数 m=(5+6)/2=5.5。

回顾 当样本大小 n 为偶数且两个中间数不相同（如 b 部分）时，正好有一半的观测值小于计算出来的中位数 m。然而，当 n 是奇数（如 a 部分）时，小于 m 的观测值所占的百分比近似等于 50%。n 越大，这种近似越准确。

在某些情形下，中位数相对于均值可以更好地测度集中趋势。尤其是中位数相对于均值更不容易受很大或很小观测值的影响。例如，考虑例 2.5 中的问题 a，几乎所有的观测值均聚集在 x=5 附近，除了相对较大的观测值 x=20，它虽然没有影响中位数 5，但使得均值 $\bar{x}$ =7 位于大多数观测值的右侧。

说明中位数能比均值更好地描述集中趋势的另一个例子是，考虑专业运动员（例如美国职业篮球联赛的球员）的薪酬。薪酬很高的几个球员（例如勒布朗·詹姆斯（LaBron James））的出现，对均值的影响将大于对中位数的影响。因此，中位数会更准确地描述美职篮的典型薪酬的状况。而均值可能会超过样本中的大多数观测值（薪酬），从而误导集中趋势的测度。

例 2.6 在输出结果中寻找中位数——研发经费

问题 计算表 2-2 中 50 个研发观测值的中位数，并与例 2.4 中的均值进行比较。

解答 对于这个大的数据集，我们借助计算机进行分析。在 XLSTAT 的输出结果中（见图 2-15），中位数是 8.05。这个值意味着在数据集 50 个研发观测值中，一半小于 8.05，另一半大于 8.05。

注意这组数据的均值（8.492）大于中位数。这个事实说明这组数据向右呈偏态，也就是说，与左尾相比，有更多的极端观测值位于分布的右尾（回顾图 2-10 中的直方图）。

回顾 一般来说，极端值（更大或更小）对均值的影响要大于中位数，因为这些数据被用于均值的计算。另外，中位数不会直接受到极端值的影响，因为只有中间的观测值（或中间的两个观测值）被用于中位数的计算。因此，如果观测值被拉向分布的一端（如研发观测值数据），均值将会比中位数更倾向于朝尾部移动。

如果分布的一个尾部比另一个尾部具有更多的极端观测值，则数据集被认为呈**偏态**（skewness）分布。

均值和中位数的比较为我们提供了检验数据集有偏的一般方法，如下框所示。对于右偏数据集，分布的右尾（取值较大的一端）有更加极端的观测值。这些量少但数值很大的观测值会使均值远离中位数偏向右边，也就是说，右偏数据集通常会表现出均值大于中位数。相反，对于左偏数据集，分布的左尾（取值较小的一端）有更加极端的观测值。这些量少且数值很小的观测值会使均值远离中位数偏向左边，因此，左偏数据集通常意味着均值小于中位数。

通过比较均值和中位数检验有偏

如果数据集向右偏，那么一般中位数小于均值。

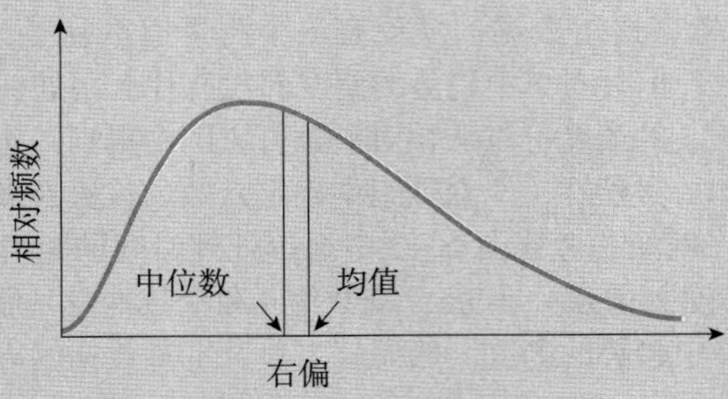

如果数据集是对称的，那么中位数等于均值。

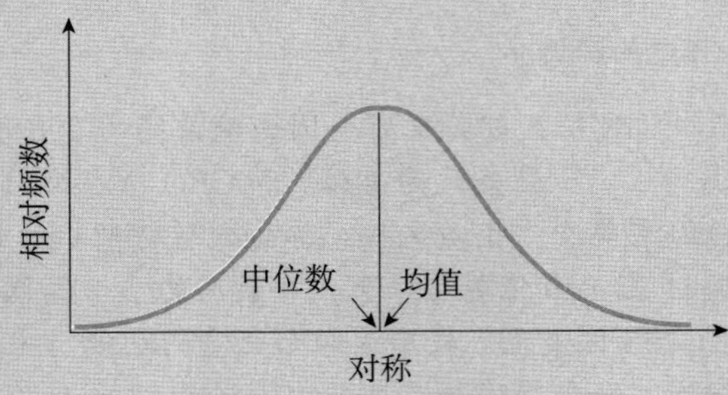

如果数据集向左偏，那么一般均值（在左边）小于中位数。

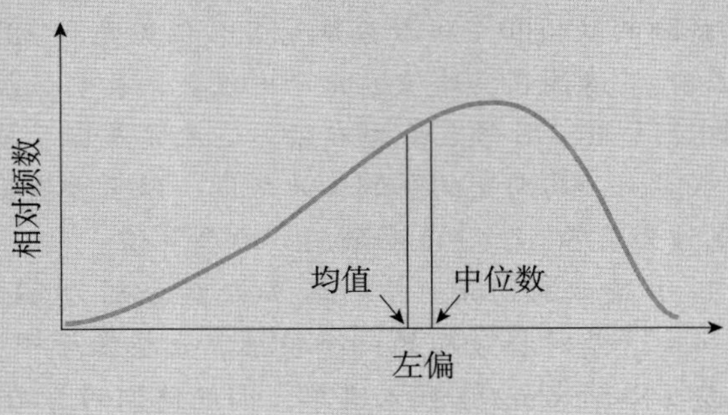

集中趋势的第三种度量是一组观测值的众数。

众数（mode）是数据集中出现最频繁的观测值。

例 2.7　计算众数

问题　10 个口味测试者对于一种新的烧烤酱进行 10 分制的打分评价，其中，1= 糟糕的，10= 味道鲜美的。寻找下面 10 个分数的众数：8，7，9，6，8，10，9，9，5，7。

解答　因为 9 出现得最多，这 10 个分数的众数是 9。

回顾　注意该数据集本质上是定性的（例如“糟糕的”“味道鲜美的”）。众数对于描述定性数据尤其有用。众数组是最经常发生的类型（或类别）。

因为众数强调了数据的集中趋势，所以它被用于定位定量数据集中大量数据聚集的区域。

服装零售商对潜在客户的领围和袖长的众数感兴趣。美国劳工部感兴趣的是劳动者收入的众数组。

对于一些定量数据集，众数可能没有什么意义。例如，考虑 50 家公司的研发经费占收入的百分比（见表 2–2）。再次考察这组数据，发现有三个测量值重复了三次：6.5%，6.9%，8.2%。这样，样本中出现三个众数，但其对集中趋势的测度却没有什么用处。

对于定量数据，更有意义的测度可以从相对频数直方图中得到。包含最大相对频数的分组区间称为**众数组**（modal class）。虽然在一个众数组中确定众数的位置有多种方式，但最简单的是将众数定义为众数组的中点。例如，考察图 2–12 中报价处理时间的相对频数直方图。你会看到众数组是区间（3.0，4.0），众数（中点）是 3.5。众数组（和众数本身）是数据最为集中的区域，从这个意义上说，它是一个集中趋势的测度。然而，当涉及定量数据的应用时，均值和中位数会比众数提供更多的描述信息。

例 2.8 比较均值、中位数和众数——CEO 的薪酬

问题 每年 Equilar Institute 和《纽约时报》都会发布美国薪酬最高的 200 位 CEO 的薪酬清单。2019 年前 50 位 CEO 的数据包括 CEO 总薪酬（以十亿美元为单位）和 CEO 所在公司普通员工的薪酬（以千美元为单位）的定量变量，保存在 CEO50 文件中。查看文件，你会发现特斯拉的 CEO 埃隆 · 马斯克（Elon Musk）是收入最高的 CEO，其收入超过 22 840 亿美元。下一个最高的——远低于马斯克——是大卫 · 扎斯拉夫斯基（David Zaslav），收入达 1 295 亿美元。找出这两个变量的均值、中位数和众数。哪种集中趋势的度量能更好地描述 CEO 年薪的分布？如何描述普通员工的薪酬呢？

解答 使用 StatCrunch 得出了两个变量的集中趋势的度量。均值、中位数和众数列于 StatCrunch 输出结果的顶部（见图 2–17a）。CEO 薪酬的均值和中位数分别为 838 亿美元和 283 亿美元。（因为数据集中没有重复的薪酬值，所以没有报告众数。）请注意，均值远大于中位数，表明数据高度右偏。图 2–17b（上侧）是使用 Minitab 绘制的 CEO 薪酬直方图，图形显示为右偏。这主要是由于埃隆 · 马斯克在 2019 年的薪酬异常高，达到 22 840 亿美元。事实上，马斯克的薪酬如此之高，以至于没有显示在直方图中。因此，我们可能希望使用中位数 283 亿美元作为前 50 名 CEO 薪酬的“典型”值。

对于普通员工的薪酬，图 2–17a 中显示的均值、中位数和众数分别为 84 300 美元、79 400 美元和 89 900 美元。均值和中位数几乎相同，这是对称分布的一个特性。众数源于甲骨文公司将两位 CEO（马克 · 赫德（Mark Hurd）和萨夫 · 卡茨（Safra Catz））列入名单，因此他们的员工薪酬价值相同（89 900 美元）。因此，对于这个数据集，众数的意义不大。从图 2–17b 中的直方图（下侧）可以看出，员工的薪酬分布几乎是对称的，以 75 000 美元为中心的众数组包括均值和中位数。因此，可以使用均值或中位数来描述普通员工薪酬分布的“中心”位置。

回顾 选择使用哪种集中趋势度量将取决于所分析的数据集的属性和应用。因此，了解均值、中位数和众数的计算方式至关重要。

Summary statistics:

Column ◆	n ◆	Mean ◆	Median ◆	Mode ◆
CEO Pay ($ billions)	50	83.814913	28.296623	No mode
Worker Pay ($ thousands)	50	84.3027	79.3735	89.887

图 2–17a CEO 薪酬和员工薪酬的描述性统计 (StatCrunch)

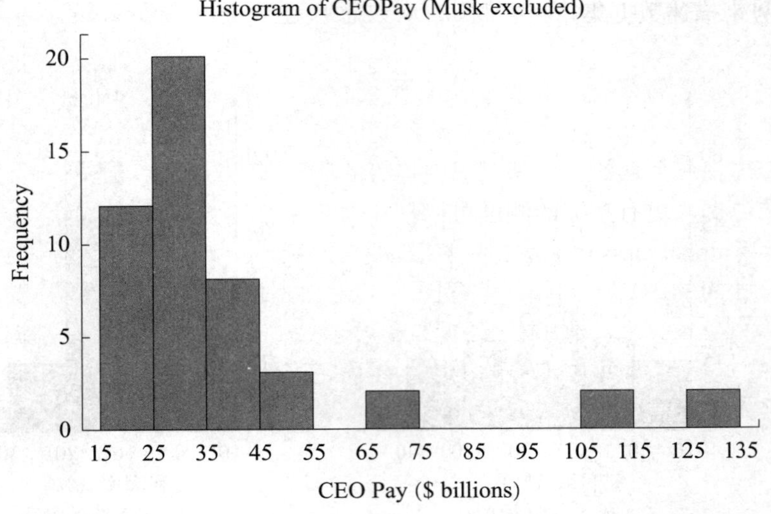

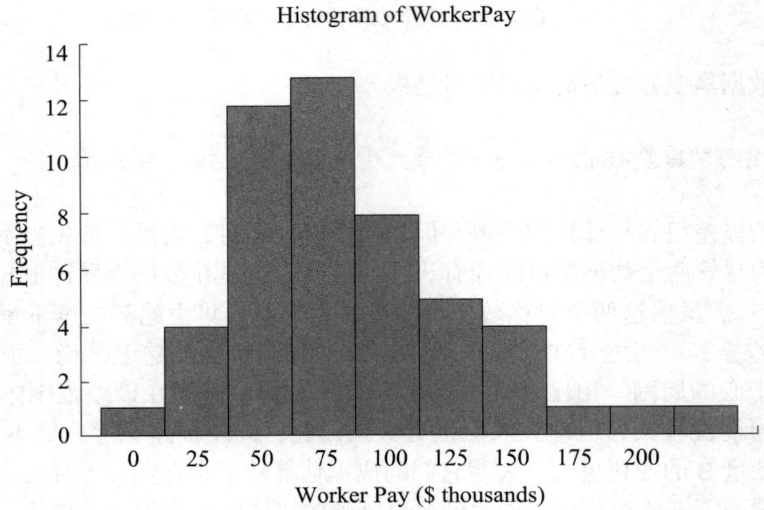

图 2-17b CEO 薪酬和员工薪酬的直方图 (Minitab)

2.4 变异性的数值度量

集中趋势的度量仅仅描述了数据集的一方面。如果没有度量数据集的**变异性 / 离散度**（variability/spread），这种描述是不完整的。了解数据的变异性及其中心可以帮助我们使数据集的形状及其极值可视化。

例如，假设我们要比较一家大型建筑公司的 100 项建筑工程中每项工程的利润率（利润占总标价的百分比），其中每项工程有两个成本估计量。于是得到两个关于这 100 项工程观测值的数据集，它们的直方图如图 2-18 所示。如果仔细观察，你会注意到这两个数据集是完全对称的，它们有相同的众数、中位数和均值。但是成本估计量 A（见图 2-18a）的利润率在所有测量组中几乎具有相同的相对频数，成本估计量 B（见图 2-18b）的利润率则聚集在分布的中心。因此，成本估计量 B 的利润率的变异性将小于成本估计量 A。因此，你会明白我们需要通过度量变异

性和集中趋势来描述数据集。

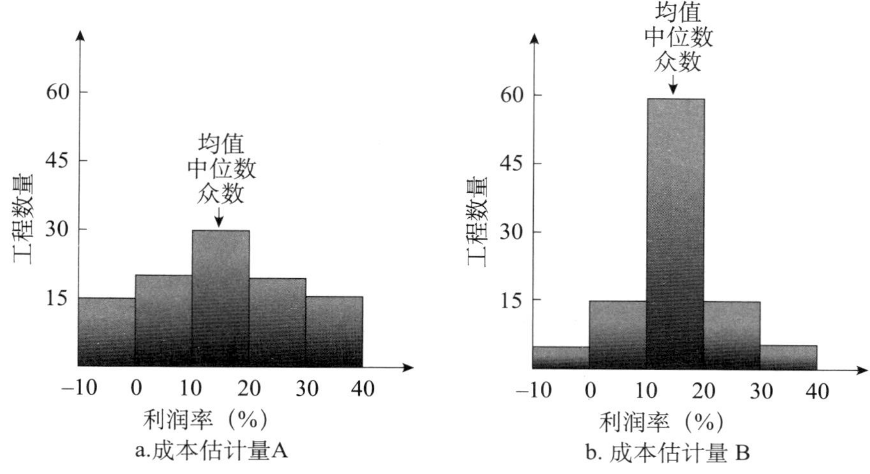

图 2-18 两个成本估计量的利润率直方图

对定量数据集变异性最简单的度量是极差。

> 一个定量数据集的**极差**（range）等于它的最大观测值减去它的最小观测值。

数据集的极差很容易计算和理解。但当数据集很大时，它是一种相当不敏感的数据变异性度量。这是因为尽管两个数据集可能拥有相同的极差，但是在数据变异性上却大不相同。这种现象如图 2-18 所示。虽然这两个对称数据集的极差相等，且集中趋势的度量也相同，但是这两个数据集有明显差异。不同之处在于成本估计量 B 的利润率更加趋于平稳，也就是说，堆积或集中在数据集的中心的周围。相比之下，成本估计量 A 的利润率在极差范围内更为分散，显示出现高利润率的可能性较大，但损失风险也更大。因此，即使极差相等，成本估计量 A 的利润率记录比成本估计量 B 的变化更大，表明它们的成本估算特征存在明显差异。

让我们看一下，能否找到一种比极差更灵敏的描述数据变异性的方法。考虑两个样本，如表 2-5 所示，每个样本有 5 个观测值。（为方便起见，对这些数据进行排序。）

表 2-5 两个假设的数据集

	样本 1	样本 2
观测值	1，2，3，4，5	2，3，3，3，4
均值	$\bar{x}=\frac{1+2+3+4+5}{5}=\frac{15}{5}=3$	$\bar{x}=\frac{2+3+3+3+4}{5}=\frac{15}{5}=3$
观测值与$\bar{x}$的偏差	(1−3)，(2−3)，(3−3)，(4−3)，(5−3) 或 −2，−1，0，1，2	(2−3)，(3−3)，(3−3)，(3−3)，(4−3) 或 −1，0，0，0，1

注意这两个样本的均值都是 3，并且我们已计算出每个观测值与均值之间的距离和方向或者偏差，那么，这些偏差中包含了什么信息呢？如果它们在数量上趋于较大，如样本 1 所示，那么数据就是向外分散的，或者说有较大的变异性（如图 2-19a 所示）。如果大部分偏差都较小，如样本 2 所示，那么数据是集中在均值$\bar{x}$附近的，因此也不会表现出太大的变异性（如图 2-19b 所示）。你可以看到，这些偏差提供了样本观测值变异性的信息。

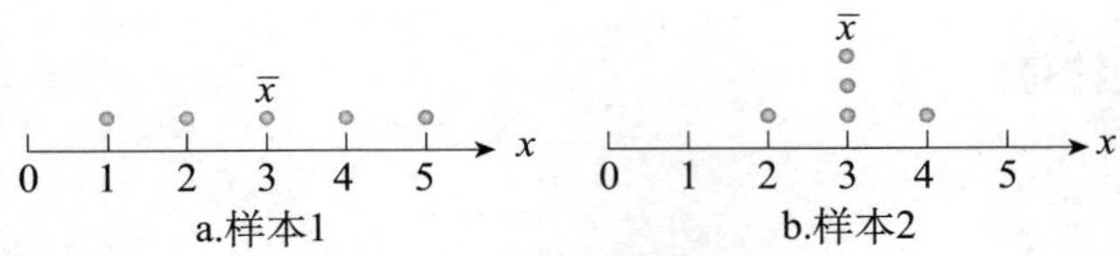

图 2-19　两个数据集的点图

下一步是要将这些有关偏差的信息精简为变异性的数值度量。对距离 $\bar{x}$ 的偏差取平均值是不可取的，因为负偏差与正偏差能相互抵消，也就是说，偏差之和（平均偏差也是一样）总是等于零。

这时，有两种方法可用于处理正负偏差相互抵消的情况。第一种方法是，将所有的偏差值都视为正的，而忽视负偏差值的符号。我们不能沿着这一思路继续思考，因为这种变异性度量的结果（即偏差绝对值的均值）分析难度很大，已经超出本书的范围。第二种消除偏差的负号的方法是进行平方处理。对偏差进行平方处理后计算的数值，将为我们提供对数据集变异性更为有意义的描述，同时也会降低推断分析的难度。

为在数据集中使用偏差平方计算，我们首先计算样本**方差**（variance）。

一个含有 n 个观测值的样本的**样本方差**（sample variance）等于距离均值的偏差平方和除以 $(n-1)$。用符号 s^2 来表示样本方差。

样本方差的计算公式如下：

$$s^2=\frac{\sum_{i=1}^{n}(x_i-\bar{x})^2}{n-1}$$

注意，计算 s^2 的一个简便公式是：

$$s^2=\frac{\sum_{i=1}^{n}x_i^2-\frac{\left(\sum_{i=1}^{n}x_i\right)^2}{n}}{n-1}$$

参考表 2-5 中的两个样本，可以计算样本 1 的方差：

$$s^2=\frac{(1-3)^2+(2-3)^2+(3-3)^2+(4-3)^2+(5-3)^2}{5-1}$$

$$=\frac{4+1+0+1+4}{4}=2.5$$

在寻找数值变异性的有意义测度的第二步中，将要计算数据集的**标准差**（standard deviation）。

样本标准差（sample standard deviation）s 被定义为样本方差 s^2 的正平方根，即 $s=\sqrt{s^2}$。

总体方差用符号 σ^2 表示，它是总体中所有观测值与总体均值 μ 之差的平方和的均值，并且 σ 值就是总体方差的平方根。因为我们很少有机会（如果有的话）得到总体数据，所以无法计算 σ^2 和 σ，只能用它们各自的符号代表这两个量。[①]

① 总体方差的计算公式为$\sigma^2=\frac{\sum_{i=1}^{N}(x_i-\mu)^2}{N}$，其中，$N$ 表示总体大小。

方差与标准差的符号

s^2 = 样本方差

s = 样本标准差

σ^2 = 总体方差

σ = 总体标准差

注意，与方差不同的是，标准差使用的是原始的测量单位。例如，如果原始的观测值是以美元为单位的，那么方差将表示“美元的平方”这样一个特殊的单位，但是标准差仍以美元为单位表示。因此，你可以将 s 想象成某个观测值 x 到均值 $\bar{x}$ 之间的“典型”距离。

你现在也许想知道，为什么我们在计算样本方差时要除以 $n-1$ 而不是 n。使用 n 是不是更合理呢？毕竟样本方差计算的是与均值之差平方后的一个平均数，使用 n 不是更合理吗？问题就在于，使用了 n 之后将会低估总体方差 σ^2。因此，我们在分母中使用 $n-1$ 来对这一倾向进行适当的修正。[①] 因为简单的统计量（如 s^2 等）主要用于估计总体未知参数（如 σ^2 等），所以在样本方差的定义中，用 $n-1$ 比用 n 要好。

例 2.9 变异性的计算

问题 计算下列样本的方差和标准差：2，3，3，3，4。

解答 如果你利用前面介绍的公式计算 s 和 s^2 的值，那么首先需要计算 $\bar{x}$。从下面的表中我们看到 $\sum x=15$，因此 $\bar{x}=\frac{\sum x}{n}=\frac{15}{5}=3$。然后，对于每个观测值计算（$x-\bar{x}$）和（$x-\bar{x}$）^{2}，如图 2-20 所示。

	A	B	C	D	E
1		X	(X-XBAR)	(X-XBAR)^2	
2		2	-1	1	
3		3	0	0	
4		3	0	0	
5		3	0	0	
6		4	1	1	
7					
8	Sum	15	0	2	
9					
10			Variance	0.5	
11					
12			Std. Dev.	0.71	
13					

图 2-20 方差计算的 Excel 电子表格

然后我们得到[②]：

$$s^2=\frac{\sum_{i=1}^{n}(x-\bar{x})^2}{n-1}=\frac{2}{5-1}=\frac{2}{4}=0.5$$

$$s=\sqrt{0.5}=0.71$$

回顾 随着样本大小 n 的增加，这些计算将变得非常冗长。就像下面的例子那样，我们可以使用计算机得到 s^2 和 s 的值。

---

① 这里的适当意味着利用 $n-1$ 作为除数的 s^2 是 σ^2 的一个无偏估计量。我们将在第 5 章定义和讨论估计量的无偏性。

② 当计算 s^2 时，你会保留几位小数？尽管这里没有使用四舍五入的原则，你在 s^2 的结果中保留的位数应该是 s 保留位数的两倍，这样是比较合理的。例如，如果你想将 s 计算到最近的百分位（保留两位小数），你应将 s^2 计算到最近的万分位（保留四位小数）。

| 例 2.10 从输出结果中寻找变异性的度量——研发经费 |

问题 表 2-2 是 50 家公司用于研发的费用占收入的百分比，使用计算机得出其样本方差 s^2 和样本标准差 s。

解答 描述研发经费百分比数据的 XLSTAT 输出结果已经被复制，如图 2-21 所示。在输出结果中，方差和标准差部分做了阴影处理，分别是 s^2=3.922 8 和 s=1.980 6。s=1.98 代表某个研发经费百分比数值到样本均值 $\bar{x}$ =8.49% 的一种典型距离。我们在下一节对 s 进行更详细的解释。

Descriptive statistics (Quantitative data):

Statistic	RDPct
Minimum	5.2000
Maximum	13.5000
Range	8.3000
1st Quartile	7.1000
Median	8.0500
3rd Quartile	9.5750
Mean	8.4920
Variance (n-1)	3.9228
Standard deviation (n-1)	1.9806

图 2-21 50 个研发经费百分比的数值描述性度量截图 (XLSTAT)

你现在已经了解到，标准差可以度量一个数据集的变异性。标准差越大，数据的变异性越大。标准差越小，数据的变异性越小。但是，我们应该如何在实践中解释标准差并利用它做出推断呢？此即 2.5 节的主题。

2.5 利用均值和标准差描述数据

我们已经看到，如果比较来自同一个总体的两个样本的变异性，具有较大标准差的样本的变异性更大。因此，我们已经知道如何从相对或比较的角度解释标准差，但是还没有解释它是怎样为单独一个样本提供变异性度量的。

为了了解标准差是怎样为一个数据集提供**变异性度量**（measure of variability）的，考虑一个特殊的数据集，并回答下列问题：有多少观测值是在均值的 1 个标准差的范围内呢？有多少观测值是在 2 个标准差的范围内呢？对于一个特殊的数据集，我们能够通过计算每一个区间内观测值的个数回答这些问题。然而，如果我们的兴趣在于得到这些问题的一般答案，就比较困难了。

法则 2.1 和法则 2.2 给出了两个集合，它们分别回答了有多少观测值落在离均值 1 个、2 个和 3 个标准差的范围内的问题。第一个法则是根据俄罗斯数学家切比雪夫（P. L. Chebyshev）的一个定理得到的，它可以应用到任何数据集中。第二个法则是根据多年的经验积累被证明的，可以应用到**土墩形分布**（mound-shaped distribution）或**对称分布**（symmetric distribution）的数据集中（数据的均值、中位数和众数几乎是相同的）。然而，法则 2.2 中给定区间的百分比提供了非常好的近似值，即使当数据的分布有略微的偏斜或不对称时也是如此。注意，这两个法则可以应用到总体数据集或样本数据集中。

法则 2.1 利用均值和标准差描述数据：切比雪夫法则

切比雪夫法则（Chebyshev's Rule）可以应用于任何数据集，无论这个数据集的频数分布是什么形状。

a. 对于观测值落入均值的 1 个标准差（也就是位于区间（$\bar{x}-s$，$\bar{x}+s$）内的样本和位于（$\mu-\sigma$，$\mu+\sigma$）内的总体）的比例，这一法则没有提供任何有用的信息。

b. 至少有 3/4 的观测值落入均值的 2 个标准差的范围内（也就是位于区间（$\bar{x}-2s$，$\bar{x}+2s$）内的样本和位于（$\mu-2\sigma$，$\mu+2\sigma$）内的总体）。

c. 至少有 8/9 的观测值落入均值的 3 个标准差的范围内（也就是位于区间（$\bar{x}-3s$，$\bar{x}+3s$）内的样本和位于（$\mu-3\sigma$，$\mu+3\sigma$）内的总体）。

d. 一般来说，对于任何大于 1 的数 k，至少有（$1-1/k^2$）的观测值落入均值的 k 个标准差的范围内（也就是位于区间（$\bar{x}-ks$，$\bar{x}+ks$）内的样本和位于（$\mu-k\sigma$，$\mu+k\sigma$）内的总体）。

法则 2.2 利用均值和标准差描述数据：经验法则

经验法则（Empirical Rule）是一个基于经验得到的法则，适用于频数分布呈土墩形并且对称的数据集，如下图所示。

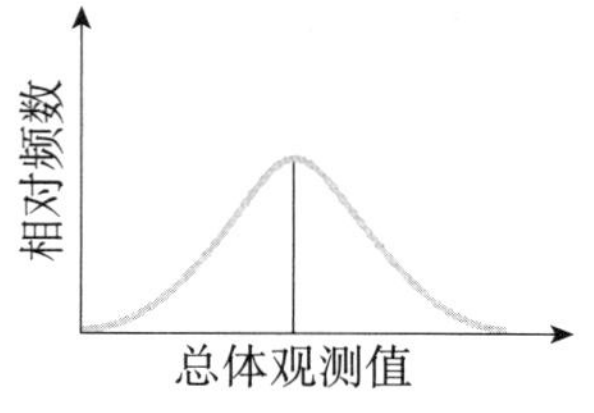

a. 大约有 68% 的观测值将会落入均值的 1 个标准差的范围内（也就是位于区间（$\bar{x}-s$，$\bar{x}+s$）内的样本和位于（$\mu-\sigma$，$\mu+\sigma$）内的总体）。

b. 大约有 95% 的观测值将会落入均值的 2 个标准差的范围内（也就是位于区间（$\bar{x}-2s$，$\bar{x}+2s$）内的样本和位于（$\mu-2\sigma$，$\mu+2\sigma$）内的总体）。

c. 大约有 99.7% 的观测值将会落入均值的 3 个标准差的范围内（也就是位于区间（$\bar{x}-3s$，$\bar{x}+3s$）内的样本和位于（$\mu-3\sigma$，$\mu+3\sigma$）内的总体）。

人物介绍

切比雪夫（1821—1894）——出色的俄罗斯数学家

切比雪夫在莫斯科大学学习数学，并最终获得硕士学位。切比雪夫毕业后进入圣彼得堡大学，成为著名的圣彼得堡数学学院的一名教授。就是在这里，切比雪夫证明了他的著名定理：关于一个观测值落入均值的 k 个标准差范围内的概率（见法则 2.1）。流利的法语使他得到国际概率论界的认可。实际上，切比雪夫曾经反对被称为“出色的俄罗斯数学家”，他说自己应该是一名“世界数学家”。一名学生回忆道，切比雪夫是一位“优秀的演讲者”，他“讲课时反应迅速”，“只要一听到下课铃响，他立即扔掉粉笔，蹒跚着离开教室”。

例 2.11 标准差的解释——研发经费

问题 50 家公司用于研发的费用占收入的百分比在表 2-6 中再次列出来。我们之前已经得到这些数

据的均值和标准差（大约）分别是 8.49 和 1.98（见图 2-21）。计算落在 $\overline{x}\pm s$，$\overline{x}\pm 2s$ 和 $\overline{x}\pm 3s$ 之内的观测值的比例，并将结果与法则 2.1 和法则 2.2 中的预测值进行比较。

表 2-6　50 家公司的研发经费百分比

13.5	9.5	8.2	6.5	8.4	8.1	6.9	7.5	10.5	13.5
7.2	7.1	9.0	9.9	8.2	13.2	9.2	6.9	9.6	7.7
9.7	7.5	7.2	5.9	6.6	11.1	8.8	5.2	10.6	8.2
11.3	5.6	10.1	8.0	8.5	11.7	7.1	7.7	9.4	6.0
8.0	7.4	10.5	7.8	7.9	6.5	6.9	6.5	6.8	9.5

解答　我们先从下列区间开始：

$$(\overline{x}-s,\ \overline{x}+s)=(8.49-1.98, 8.49+1.98)=(6.51, 10.47)$$

观察观测值可知，50 个观测值中有 34 个（或者说 68%）落在均值的 1 个标准差的范围内。

所关注的下一个区间是：

$$(\overline{x}-2s,\ \overline{x}+2s)=(8.49-3.96, 8.49+3.96)=(4.53, 12.45)$$

它包含了 50 个观测值中的 47 个（或者说 94%）。

最后，在 $\overline{x}$ 附近 3 个标准差的区间是：

$$(\overline{x}-3s,\ \overline{x}+3s)=(8.49-5.94, 8.49+5.94)=(2.55, 14.43)$$

它包含了所有（或者说 100%）的观测值。

尽管数据的分布事实上是向右偏的（见图 2-10），在 1 个、2 个和 3 个标准差范围内的百分比（68%，94% 和 100%）还是非常接近于经验法则（法则 2.2）所给出的 68%，95% 和 99.7% 的。

回顾　你会发现，除非分布极其偏斜，否则土墩形分布的近似值将是相当精确的。当然，无论数据的分布形状怎样，切比雪夫法则（法则 2.1）都保证了至少有 75% 和 89% 的观测值分别落在均值的 2 个和 3 个标准差范围内。

例 2.12　检验 s 的计算——研发经费

问题　切比雪夫法则和经验法则在检验标准差的计算中是很有用的。例如，假设我们计算得到关于研发经费百分比（见表 2-6）的标准差是 3.92。数据中是否有些线索让我们能够判断这个数值是否合理？

解答　在表 2-6 中，研发经费百分比的极差是 13.5−5.2=8.3。由切比雪夫法则和经验法则我们知道，大部分的观测值（如果数据分布是呈土墩形的，大约有 95% 的数据）将分布在均值的 2 个标准差范围之内。并且，不管数据分布的形状和观测值的数量如何，几乎所有的数据都会落到均值的 3 个标准差范围内。因此，我们期望观测值的极差在 4（即 $\pm 2s$）到 6（即 $\pm 3s$）个标准差的长度之间（见图 2-22）。

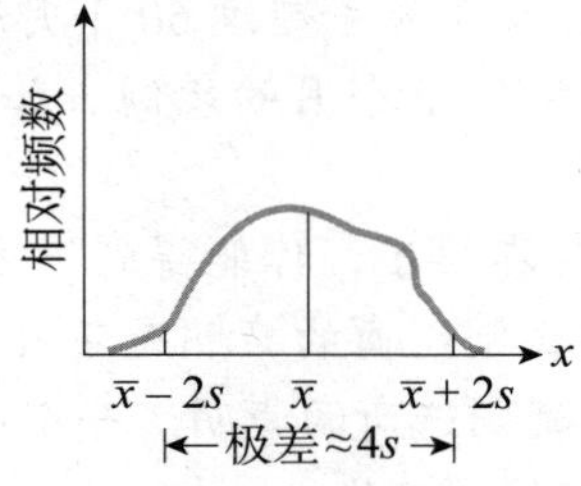

图 2-22　极差和标准差之间的关系

对于研发经费的数据集来说，这意味着 s 应该落在极差/6=8.3/6=1.38 至极差/4=8.3/4=2.08 之间。

特别地，标准差不应比极差的 1/4 大很多，尤其是对于这个有 50 个观测值的数据集。因此，我们有理由相信，3.92 的计算值太大了。经检验发现，3.92 是方差 s^2 而不是标准差 s 的值（见例 2.10）。我们忘记了取平方根（这是一个很普遍的错误）；更正的值是 s=1.98。注意，这个值在极差的 1/6~1/4。

回顾 在一些例子和练习中，我们有时会用 $s\approx$极差/4 来得到一个粗略的、通常较保守的较大值，近似于 s。尽管如此，我们仍然强调，当能够计算 s 的精确值时，这种算法不能代替精确值。

在下一个例子中，我们将利用切比雪夫法则和经验法则的概念建立统计推断的基础。

例 2.13 进行统计推断——汽车电池保修期

问题 一个汽车电池制造商声称它的 A 级电池的平均寿命是 60 个月。然而这种品牌产品的保修期只有 36 个月。假设已知寿命长度的标准差为 10 个月，并且寿命长度数据的频数分布呈土墩形。

a. 假定该制造商的声明是真实的，那么它的 A 级电池能维持超过 50 个月的百分比大约是多少？

b. 假定该制造商的声明是真实的，那么它的 A 级电池的寿命不足 40 个月的百分比大约是多少？

c. 假如你的电池能持续使用 37 个月，你能从制造商的声明中推断出什么？

解答 假定寿命长度服从均值为 60 个月、标准差为 10 个月的土墩形对称分布，如图 2-23 所示。注意，我们可以利用土墩形分布中均值（近似）对称这一事实，因此经验法则给出的百分比数据将均等地分布于均值的两边。

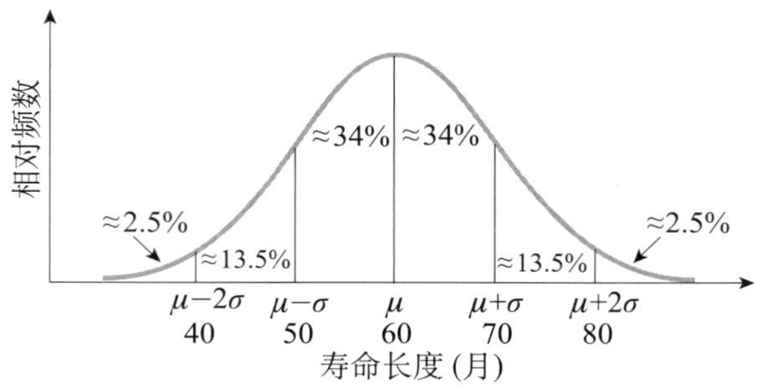

图 2-23 电池寿命分布图：假设制造商的声明是真实的

例如，因为大约有 68% 的观测值将落在均值的 1 个标准差的范围内，所以分布的对称性就意味着大约有（1/2）×68%=34% 的观测值将分别落在均值两边各 1 个标准差的范围内。这一概念如图 2-23 所示。该图同时展现了各有约 2.5% 的观测值落在均值两边各 2 个标准差的范围之外。这个结果是从如下事实中得到的：如果有近 95% 的观测值落在均值的 2 个标准差的范围内，那么大约有 5% 是落在 2 个标准差范围之外的；如果分布是近似对称的，那么在均值的两边各有大约 2.5% 的观测值落在 2 个标准差的范围之外。

a. 从图 2-23 中很容易看出，电池寿命超过 50 个月的百分比大约是 34%（50~60 个月）再加上 50%（超过 60 个月）。因此，大约有 84% 的电池使用寿命超过 50 个月。

b. 从图 2-23 中也容易找出电池寿命不足 40 个月的比例。如果制造商的声明是真实的，大约 2.5% 的电池在不到 40 个月时就坏掉了。

c. 如果很不幸，你的电池在 37 个月时坏掉了，你能得到下述两个推断中的一个：要么你的电池属于 40 个月之前就坏掉的 2.5% 中的一个，要么制造商的声明是不真实的。因为电池在 40 个月之前坏掉的概率是如此之小，所以你有充分的理由去怀疑制造商的声明。一个小于 60 个月的均值或者一个比 10 个月更大的标准差都会增加电池在 40 个月之前坏掉的可能性。①

① 认为分布是土墩形和对称的假设也可能是不对的。然而，如果分布是右偏的，寿命长度的分布通常是这样，那么小于均值且距离均值大于 2 个标准差的观测值所占的比例将比 2.5% 更小。

回顾 图 2-23 中给出的近似值更依赖于分布的土墩形假设，而不是根据经验法则（法则 2.2）给出的内容，因为图 2-23 中的近似值依赖于土墩形分布的（近似）对称性。在例 2.11 中我们看到，即使在偏态分布中，经验法则也能够产生很好的近似值。对于图 2-23 中的近似值情况并非如此，分布必须是土墩形的和近似对称的。

例 2.13 是我们建立统计推断过程的初始范例。在这里，你应该意识到，我们将使用样本信息（在例 2.13 中，你的电池是在 37 个月后坏掉的）来推断出关于总体的信息（在例 2.13 中，制造商关于所有电池的总体寿命长度的声明）。在此基础上，我们将继续这样的推断。

回顾实践中的统计

数值描述性度量的解释

回顾《实验社会心理学杂志》(2009 年第 45 期）对金钱能否买到真爱的研究，在该研究中，参与者被分成两组——送礼者和收礼者。前文提到研究者调查了送礼者和收礼者在对待所报告的生日礼物价格和整体欣赏程度上存在差异。Minitab 对 BUYLOV 数据的数值描述统计量的输出结果如图 SIA2-5 所示，其中对均值和标准差做阴影处理。

Statistics

Variable	Role	N	Mean	StDev	Variance	Minimum	Median	Maximum
BGiftPrice	Giver	134	105.84	93.47	8736.78	2.00	75.50	431.00
	Receiver	103	149.0	134.5	18083.8	1.0	133.0	548.0
OverallApp	Giver	134	4.985	2.775	7.699	2.000	4.000	13.000
	Receiver	103	7.165	2.928	8.571	2.000	7.000	14.000

图 SIA2-5 以角色分组的礼物价格和欣赏程度的描述性统计 (Minitab)

首先，我们把重点放在定量变量——生日礼物的价格上。送礼者的礼物价格的样本均值是 105.84 美元，而收礼者的为 149 美元。我们的解释是收礼者报告的礼物平均价格比送礼者高——两者有约 43 美元的差异。

为了解释礼物价格标准差（送礼者的为 93.47，收礼者的为 134.5)，我们代入式子 $\bar{x}\pm 2s$ 得到下列区间：

送礼者：$\bar{x}\pm 2s$=105.84 ± 2 × 93.47=105.84 ± 186.94=（−81.1，292.78）

收礼者：$\bar{x}\pm 2s$=149.00 ± 2 × 134.50=149 ± 269=（−120，418）

因为礼物价格不会出现负值，所以送礼者和收礼者的两个区间分别确定为（0，293）和（0，418）。既然礼物价格的分布并非对称的土墩形（见图 SIA2-4a)，那么，我们可以使用切比雪夫法则（法则 2.1)。这样，我们得到在研究中送礼者所报告的礼物价格有至少 75% 落在 0~293 美元，至少 75% 的收礼者所报告的礼物价格落在 0~418 美元。你可以看到送礼者的区间上限小于收礼者。因此，我们可以推断收礼者所报告的价格倾向于比送礼者所报告的价格高。而且，如果能够观测到一件礼物的价格为 400 美元，那么它更可能来自收礼者。

对于整体欣赏程度变量进行类似的分析得到下列区间：

送礼者：$\bar{x}\pm 2s$=4.985 ± 2 × 2.775=4.985 ± 5.55=（−0.565，10.535）

收礼者：$\bar{x}\pm 2s$=7.165 ± 2 × 2.928=7.165 ± 5.856=（1.309，13.021）

既然整体欣赏程度不能取小于 2 的数值，而且应是整数，那么我们将送礼者和收礼者的两个区间分别

确定为（2，10）和（2，13）。利用切比雪夫法则，我们得到在研究中至少有 75% 的送礼者所报告的整体欣赏程度位于 2~10 分，至少有 75% 的收礼者所报告的整体欣赏程度位于 2~13 分。而且，送礼者区间的上限小于收礼者。这样，我们推断出收礼者所报告的整体欣赏程度比送礼者高。

那么，这种信息如何有助于研究者确定送礼者和收礼者的均值之间是否存在“显著”的差异呢？在第 6 章和第 7 章，我们介绍的推断方法将会回答这个问题并提供这种推断的可靠性度量。

2.6 相对位置的数值度量

我们已经了解了用集中趋势和变异性度量描述定量数据集（要么是一个样本，要么是一个总体）的一般特性。除此之外，也许我们会对描述某个特定观测值在数据集中的相对位置感兴趣。描述一个观测值相对于其他数据的关系的度量称为**相对位置的度量**（measure of relative standing）。

对某个观测值的相对位置的一种度量是它的**百分位排名**（percentile ranking），或者是**百分位得分**（percentile score）。例如，如果石油公司 A 称，其年销售额在行业中处于第 90 个百分位点，这意味着 90% 的石油公司的年销售额低于 A 公司，只有 10% 的石油公司的年销售额超过 A 公司，如图 2-24 所示。同样，如果石油公司 A 的年销售额位于第 50 个百分位点（数据集的中位数），则 50% 的石油公司的年销售额比它低，50% 的石油公司的年销售额比它高。

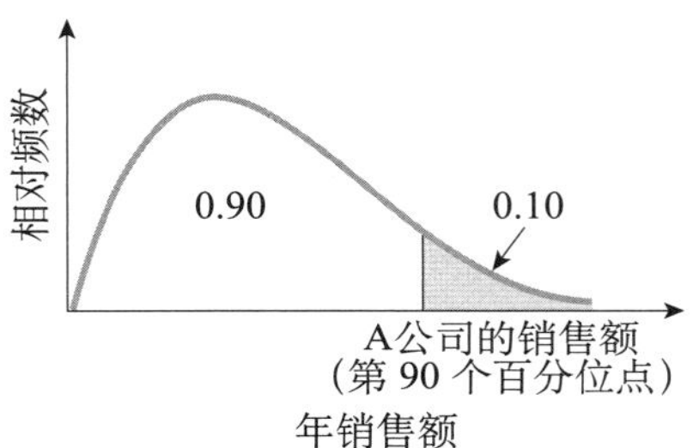

图 2-24 石油公司年销量的第 90 个百分位点

百分位排名仅仅对大型数据集有实际意义。寻找它们的过程类似于寻找中位数：将观测值按顺序排列，并选用一种规则确定每个百分位点的位置。因为我们主要对解释观测值的百分位排名感兴趣（而不是在数据集中找到特定的百分位点），我们定义数据集中的第 p 个百分位点。

> 对于任意有 n 个观测值的数据集（按升序或降序排列），**第 p 个百分位点**（pth percentile）是一个数值，有 p% 的观测值小于第 p 个百分位点，而有（100−p）% 的观测值大于它。

例 2.14 找出并解释百分位点——研发经费

问题 请参阅表 2-6 中列出的 50 家公司的研发经费百分比。XLSTAT 描述性统计输出结果的一部分如图 2-25 所示。在输出结果中找到第 10 个百分位点和第 95 个百分位点并解释这些值。

解答 如图 2-25 所示，第 10 个百分位点和第 95 个百分位点都在 XLSTAT 输出结果中以阴影显示。它们的值分别为 6.5 和 13.2。我们的解释是：在 50 家公司的研发经费百分比中，有 10% 的公司小于 6.5，同时有 95% 的公司研发经费百分比小于 13.2。

回顾 这种计算小型数据集百分位点的方法随使用软件的变化而变化。随着数据集规模的扩大，这些百分位点的值将集中到一个单一的数字上。

Summary statistics:

Variable	Observations	Minimum	Maximum	Mean	Std. deviation
RDPct	50	5.2000	13.5000	8.4920	1.9806

Percentile table (Empirical distribution function):

Percentile	Value
Maximum 100%	13.5000
99%	13.5000
95%	13.2000
90%	11.1000
3rd Quartile 75%	9.6000
Median 50%	8.0000
1st Quartile 25%	7.1000
10%	6.5000
5%	5.9000
1%	5.6000
Minimum 0%	5.2000

图 2-25　50 个研发经费百分比的百分位点 (XLSTAT)

将数据集划分为四个类别的百分位数称为**四分位数**（quartile），每个类别恰好包含 25% 的观测值。下四分位数（Q_L）是第 25 个百分位数，中间四分位数（Q_M）是中位数或第 50 个百分位数，上四分位数（Q_U）是第 75 个百分位数，如图 2-26 所示。因此，在例 2.14 中，我们有（来自 XLSTAT 输出结果，图 2-25），$Q_L = 7.1$，$Q_M = 8$ 和 $Q_U = 9.6$。四分位数将有助于找到一个数据集中的异常观测值（见 2.7 节）。

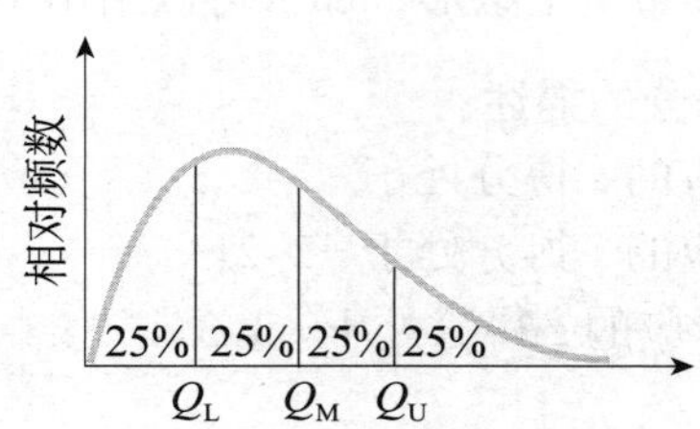

图 2-26　一个数据集的四分位数

下四分位数（lower quartile，Q_L）是一个数据集中的第 25 个百分位数。**中间四分位数**（middle quartile，Q_M）是中位数或者第 50 个百分位数。**上四分位数**（upper quartile，Q_U）是第 75 个百分位数。

另一个广泛使用的相对位置的度量是 **z 得分**（*z*-score）。正如你在下面 *z* 得分的计算公式中看到的，*z* 得分使用了数据集的均值和标准差来确定一个观测值的相对位置。注意，用观测值 *x* 减去 $\bar{x}$（或 μ），然后将结果除以 *s*（或 σ），最后得到的结果就是 *z* 得分。它描述了一个给定的观测值 *x* 与均值之间的距离，该距离是以标准差来表示的。

对于观测值 *x* 的**样本 z 得分**（sample *z*-score）是：

$$z = \frac{x - \bar{x}}{s}$$

对于观测值 *x* 的**总体 z 得分**（population *z*-score）是：

$$z = \frac{x - \mu}{\sigma}$$

例 2.15 求出一个 z 得分——GMAT 成绩

问题 选择参加 GMAT 考试的 2 000 名学生作为一个随机样本。在这个样本中，GMAT 得分的均值是 $\bar{x}$ =540 分，标准差是 s=100 分。卡拉·史密斯（Kara Smith）是样本中的一个学生，其 GMAT 得分是 x=440 分。史密斯的样本 z 得分是多少？

解答 首先，注意史密斯的 GMAT 得分低于 2 000 名学生的平均得分（见图 2-27）。

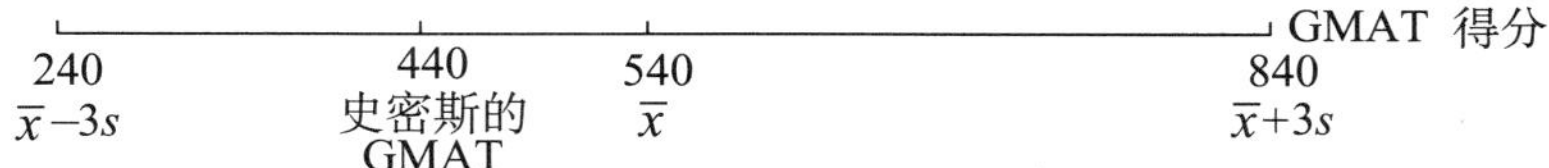

图 2-27 考生样本的 GMAT 分数

下面我们计算

$$z=\frac{x-\bar{x}}{s}=\frac{440-540}{100}=-\frac{100}{100}=-1.0$$

这个 z 得分意味着史密斯的 GMAT 得分比 GMAT 得分的样本均值低 1 个标准差，简言之，该考生样本的 z 得分是 −1.0。

回顾 z 得分的数值反映了观测值的相对位置。一个较大的正的 z 值暗示这个观测值比几乎所有的其他观测值都要大，而一个较大的（在数量上）负的 z 值暗示这个观测值比几乎所有的其他观测值都要小。如果一个 z 值是 0 或接近 0，这个观测值将位于或紧挨着样本或总体的均值。

如果我们知道观测值的频数分布呈土墩形，那么可以给出下面关于 z 得分的解释。

对于土墩形数据分布的 z 得分的描述：

1. 大约有 68% 的观测值对应的 z 得分处于 −1~1。
2. 大约有 95% 的观测值对应的 z 得分处于 −2~2。
3. 大约有 99.7% 的观测值对应的 z 得分处于 −3~3。

注意，对 z 得分的解释与针对土墩形分布的经验法则（法则 2.2）是一致的。观测值落在（$\mu-\sigma$）到（$\mu+\sigma$）的区间内等同于观测值的 z 值是在 −1 到 1 之间，因为所有在（$\mu-\sigma$）到（$\mu+\sigma$）之间的观测值都是在 μ 的 1 个标准差范围内。这些 z 得分如图 2-28 所示。

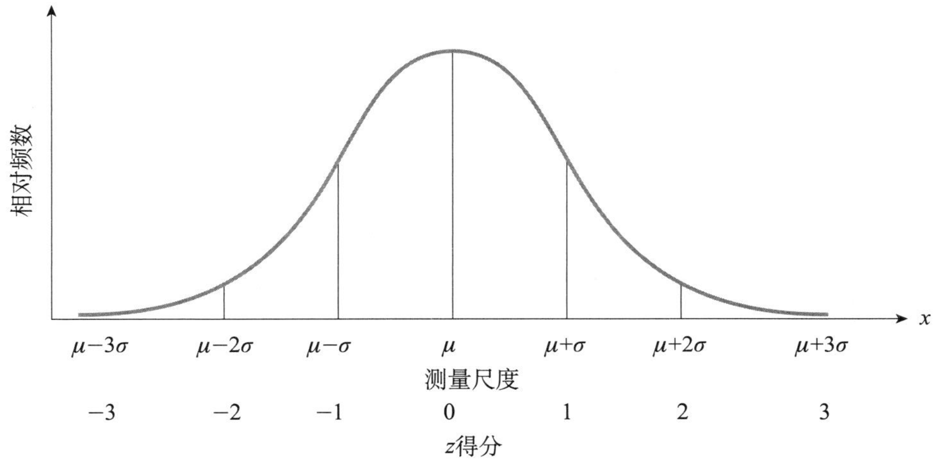

图 2-28 土墩形分布的总体 z 得分

2.7 异常值的检测方法：箱线图和 z 得分

有时，识别一个数据集中不协调或者不寻常的观测值是很重要的。那些比我们想描述的数值大或小得不寻常的观测值称为异常值。

出现异常值通常有以下原因。第一，异常值的观测值可能是无效的。例如，用于产生观测值的试验程序也许会出现故障，试验者或许错误地记录了观测值，或者数据在计算机中被错误地编码。第二，异常值可能是错误划分观测值的结果，也就是说，观测值所属的总体与样本中其他数据所属的总体不同。第三，异常值的观测值可能被正确地记录，并且与其他样本数据出自同一个总体，但它描述的是一个稀有（偶然）事件。当样本数据的相对频数分布极其偏斜时，这种异常值经常出现，因为这样的分布具有以下趋势：可能会包含相对于其他数据极大或极小的观测值。

在数据集中，比其他数值大或小得不寻常的观测值（或测量值）称为**异常值**（outlier）。异常值一般归因于以下原因之一：

1. 观测值被错误地观测、记录或录入计算机。
2. 观测值来自不同的总体。
3. 观测值是正确的，但描述的是一个稀有（偶然）事件。

有两种有用的方法可用于检测异常值：一种是图形方法，即**箱线图**（box plot）；另一种是数值方法，即 *z* 得分。箱线图是基于数据集的四分位数（见 2.6 节的定义）建立的。特别地，箱线图是基于四分位差即上下四分位数之间的距离建立的。

四分位差（interquartile range，IQR）是指上下四分位数之间的距离：

$$IQR=Q_U-Q_L$$

对于 50 家公司研发经费占收入的百分比（见表 2-2），利用 Minitab 得到箱线图，并加以注解（如图 2-29 所示[①]）。请注意，绘制了一个矩形（框），矩形的顶部和底部（节点）分别绘制在四分位数 Q_U 和 Q_L 处。Q_L 代表第 25 个百分位数，Q_U 代表第 75 个百分位数。根据定义，观测值的“中间”50%——在 Q_U 和 Q_L 之间——落在箱子内部。对于这些研发经费数据，相应的四分位数分别是 7.1 和 9.6（参见图 2-25）。因此

$$IQR = 9.6 - 7.1 = 2.5$$

箱子内的水平线表示中位数为 8。

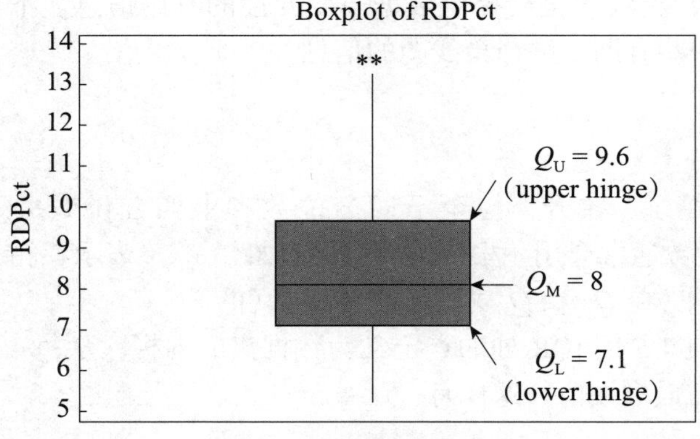

图 2-29 50 个研发经费百分比的箱线图 (Minitab)

① 尽管可以手绘箱线图，但是需要计算的细节还是比较适合用计算机完成。在本节我们用计算机软件生成了箱线图。

为了解释箱线图的“尾部”，这里使用两个极限集，分别被称为**内栏**（inner fence）和**外栏**（outer fence）。这两个“栅栏”不是真的出现在箱线图中。内栏位于距矩形边界 1.5 倍 IQR 的位置。从矩形边界发射出去的垂直线叫**胡须**（whisker）。这两根胡须在内栏之内一直延伸至最极端的观测值处。例如，在研发经费百分比箱线图下端（下部）的内栏是：

$$
\begin{aligned}
\text{下内栏} &= \text{下节点} - 1.5 \times \text{IQR} \\
&= 7.1 - 1.5 \times 2.5 \\
&= 7.1 - 3.75 = 3.35
\end{aligned}
$$

该数据集中的最小观测值是 5.2，正好落在内栏之内。因此，下端的胡须一直延伸至 5.2。同样，上端的胡须一直延伸至上端的内栏，其中

$$
\begin{aligned}
\text{上内栏} &= \text{上节点} + 1.5 \times \text{IQR} \\
&= 9.6 + 1.5 \times 2.5 \\
&= 9.6 + 3.75 = 13.35
\end{aligned}
$$

在栅栏内最大的观测值就是数据集的第三大观测值，为 13.2。注意，较长的上端的胡须暗示该研发经费数据的分布呈右偏。

超过内栏的值被认为是**可疑的异常值**（suspect outlier），因为它们代表相对稀有事件发生的极值。事实上，对于土墩形分布，我们期望有少于 1% 的观测值落在内栏之外。50 个研发经费观测值中有 2 个都是 13.5，落在了上内栏之外。这些潜在的异常值用星号（*）在 13.5 处表示出来。

另外一对想象中的栅栏——外栏——在距箱子两边 3 倍 IQR 远的位置。落在外栏之外的观测值用 0（零点）表示，是需要特别分析的非常极端的观测值。因为对于来源于土墩形分布的观测值，我们期望有少于 1% 的 1%（0.01% 或者 0.000 1）的观测值落在外栏之外。这些观测值就被称为**高度可疑的异常值**（highly suspect outlier）。在研发经费百分比的箱线图（见图 2-29）中没有用 0 代表的观测值，因此也就没有异常值。

回顾一下，异常值是脱离样本中其他数据的极端观测值，可能是不完美的：它们可能是错误记录的观测值，或者与样本其他数据所属的总体不同，或者至少是相同总体中不寻常的观测值。例如，研发经费观测值中的 2 个 13.5（用星号标记的值）可能会被认为是异常值。当我们分析这些观测值时，发现它们被正确记录。然而，这表明它们代表相对年轻和快速发展的公司。因此，对异常值的分析可能会揭示出与高科技公司研发支出有关的重要因素：它们的年限和成长率。异常值分析通常会揭示这种有用信息，因此在统计推断过程中有着重要的作用。

除了检测异常值外，箱线图也会提供数据集变异性的有用信息。下面汇总了箱线图的元素（和术语），同时提供了一些有助于解释箱线图的信息。

箱线图的各个部分①

1. 将一个矩形（箱子）拉开，拉至下四分位数和上四分位数（Q_L 和 Q_U）结束（**节点**（hinge））。数据的中位数通常会用一根线或符号（例如“+”）表示在箱子中。（注：恰好 50% 的观测值将落在箱子内（在 Q_L 和 Q_U 之间）。）

2. 将距离每个节点 1.5 倍 IQR 处的点定义为数据集的内栏。从每个节点拉出的线（胡须）延伸到每一边内栏中的最极端值。这样有：

---

① 箱线图的创始人约翰·图基最初在式中分别使用常数 1 和 2 来表示内栏和外栏。通过重复和经验，图基使用常数 1.5 和 3 修改了公式。

下内栏 = $Q_L - 1.5 \times IQR$

上内栏 = $Q_U + 1.5 \times IQR$

（注：95%~99% 的观测值将落在上下内栏之间。）

3. 另外一对栅栏——外栏——在距离节点 3 倍 IQR 的位置。落在内栏和外栏之间的观测值用符号（通常是“*”）表示，而另一个符号（通常是“0”）用于标记落在外栏之外的观测值。外栏一般不会显示，除非有一个或多个观测值落在外栏之外。

下外栏 = $Q_L - 3 \times IQR$

上外栏 = $Q_U + 3 \times IQR$

（注：几乎所有观测值都落在上下外栏之间。）

4. 用来表示中位数和极端数据点（在栅栏之外的点）的符号会因构造箱线图所使用的软件不同而有所变化。（如果你手绘箱线图，可以使用你自己的符号。）你应该参考程序文件以确定使用哪一种符号。

解释箱线图的辅助信息

1. 箱子内部的线（中位数）代表数据分布的“中心”位置。

2. 检查箱子的长度。IQR 是样本变异性的测量，对于比较两个样本非常有用（见例 2.17）。

3. 观察并比较胡须的长度。如果有一边明显较长，那么数据的分布倾向于朝更长胡须的方向偏斜。

4. 分析那些在栅栏外的观测值。只有不到 5% 的观测值会落在内栏之外，即使对于非常偏斜的分布也是如此。在外栏之外的观测值可能是异常值，对它们的解释如下：

a. 这个观测值是不正确的。可能是在观测、记录或输入计算机时出现了错误。

b. 这个观测值与其他样本不属于同一个总体（见例 2.17）。

c. 测量结果是正确的，并且被认为是与其他数据来自同一总体的罕见观测结果。通常，只有在仔细排除所有其他解释后，我们才会接受这种解释。

例 2.16 箱线图的解释——丢失的订单

问题 在例 2.2 中，我们分析了对工业轮胎报价进行处理的 50 个时间数据（见表 2–4 中），以确定获得订单的成败是否与处理报价的总时间有关。使用一种统计软件为这 50 个处理时间数据画出箱线图。这个箱线图揭示了关于数据的什么信息呢？识别数据集中的异常值。

解答 Minitab 绘制的这组数据的箱线图如图 2–30 所示。注意，上部的胡须比下部的要长，说明数据是向右偏斜的。然而，箱线图突出显示的有关数据的最重要特点是：有四个观测值（用星号标示）在上内栏之外。因此，分布极度向右偏斜，这几个观测值——或者说是异常值——需要我们在分析时格外注意。查看数据发现这四个异常值对应的处理时间分别是 14.06 天、14.32 天、16.29 天和 20.23 天。

回顾 在从数据集中剔除异常值之前，好的分析将有助于找出导致异常值出现的原因。在下一个例子中，我们将为这些处理时间的异常值提供一些解释。

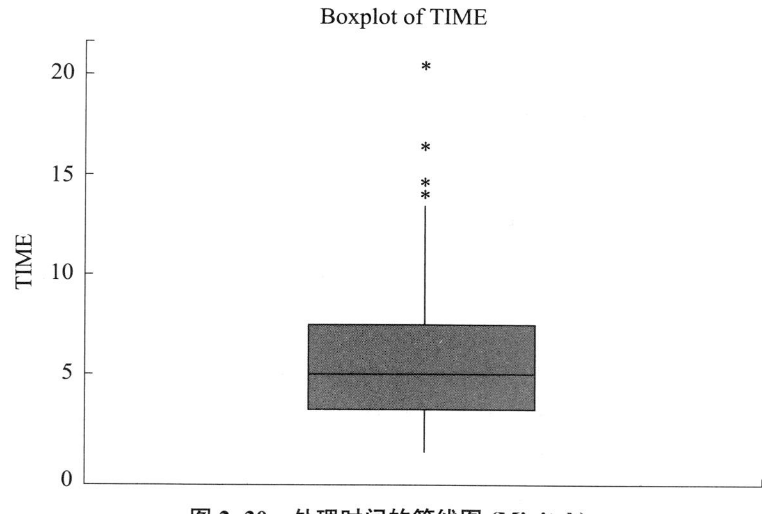

图 2-30 处理时间的箱线图 (Minitab)

例 2.17 箱线图的比较——丢失的订单

问题 参考例 2.16。关于 50 个处理时间数据的箱线图（见图 2-30）并不能明确地揭示订单丢失与否对应的处理时间的差异。由 StatCrunch 生成包含 39 个获得订单和 11 个失去订单的箱线图，如图 2-31 所示。试解释它们。

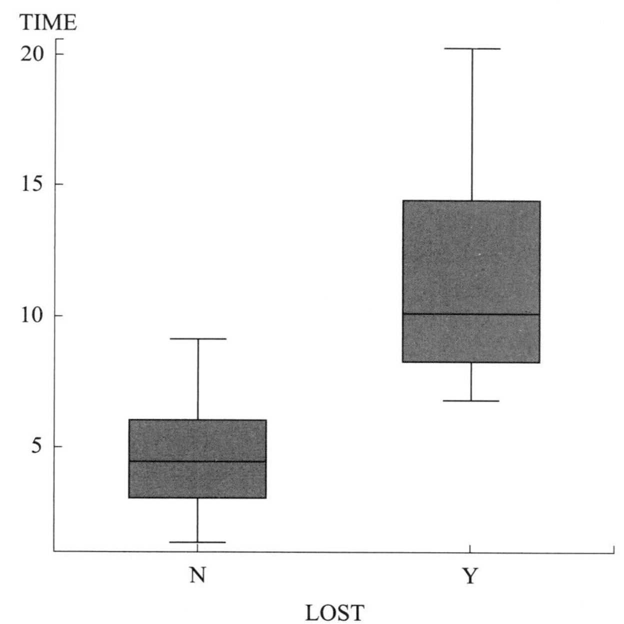

图 2-31 获得订单和失去订单的处理时间的箱线图 (StatCrunch)

解答 将数据集分为获得订单和失去订单两部分，消除了内栏之外的所有观测值（见图 2-31）。而且，由 StatCrunch 绘制的箱线图显示，分布的偏斜度降低了，就像上部的胡须比下部的略长的事实所证明的那样。箱线图同时也暗示了失去订单对应的处理时间往往超过获得订单对应的处理时间。对于组合的箱线图中的异常值（见图 2-30）的一个合理解释是：它们来自与大部分处理时间不同的总体。换言之，处理

时间的样本来自两个总体——一个对应失去的订单，另一个是对应获得的订单。

回顾 这个箱线图支持这样的结论：报价处理时间与交易成功与否是有关系的。然而，箱线图视觉上的不同是否可以推广到这两个样本对应的总体，则是统计推断的问题，而不属于图形描述的范畴。我们将在第 8 章的统计推断方法中讨论如何使用样本比较两个总体。

下面的例子将阐明怎样利用 z 得分检测异常值并做出推断。

例 2.18 利用 z 得分进行推断——工资歧视

问题 假设某银行的一位女性雇员认为自己因受到性别歧视而工资较低。为了证实自己的想法，她收集了银行中其他男性雇员的工资信息。她发现，他们的工资均值是 64 000 美元，标准差是 2 000 美元。自己的工资是 57 000 美元。这些信息能支持她受到性别歧视的看法吗？

解答 分析过程如下：首先，我们计算该女性的工资相对于她的男性同事工资的 z 得分。

$$z=\frac{57\,000-64\,000}{2\,000}=-3.5$$

这表明，该女性的工资比男性工资的分布均值低 3.5 个标准差。而且，如果一个检测表明男性工资数据的频数分布呈土墩形，我们可以推断，在这个分布中很少有工资的 z 得分低于 −3，如图 2−32 所示。显然，一个 −3.5 的 z 得分代表了一个异常值。要么该女性的工资来自与男性工资分布不同的分布，要么来自与男性工资分布一致的分布，但这是分布中一个非常不寻常（极不可能）的观测值。

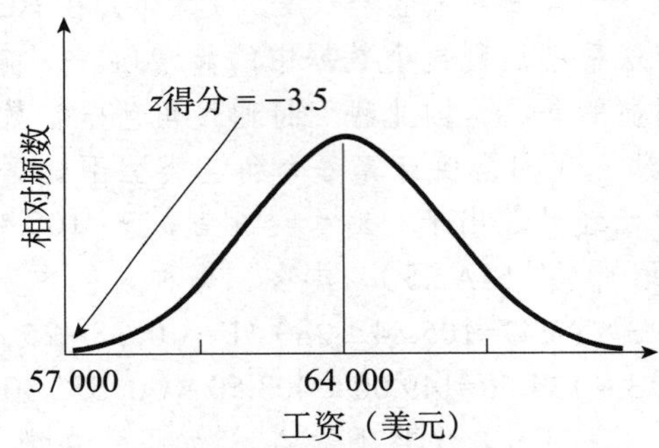

图 2−32 男性工资的分布

回顾 你认为哪一种情形会更有可能呢？统计思维将引导我们得出这样的结论，即该银行女性雇员的工资不是来自男性工资分布，从而支持了她认为自己受到性别歧视的看法。在推断性别歧视是造成低工资的原因前，应该仔细调查，收集更多的信息。我们需要对该女性收集数据的方法以及她的工作能力有更多的了解。也许其他的因素（如受雇时间的长短等）也应在分析中加以考虑。

例 2.17 和例 2.18 证明了一种统计推断的方法，该方法可以称为**小概率事件方法**（rare-event approach）。一位试验者假定总体服从某一特定的分布，而样本观测值是从该总体中抽取的。如果试验者发现样本不可能来自所假设的分布，那么这个假设就被认为是错误的。因此，在例 2.18 中，该女性认为她的工资反映了性别歧视。她假设如果不存在性别歧视，她的工资应该是男同事工资分布中的一个观测值。然而，样本（这里指她的工资）不太可能来自男性工资的频数分布，因此她拒绝了假设，并得到了她的工资分布不同于男性工资分布的结论。

这种利用小概率事件进行推断的方法在以后的章节会更深入地讨论。这种方法的正确应用需要概率论的知识，也就是我们下一章要讲的内容。

我们归纳检测异常值的一些经验法则来结束这一节的内容。

检测异常值的经验法则[①]

箱线图：落在内栏和外栏之间的观测值被认为是可疑的异常值。落在外栏之外的观测值被认为是高度可疑的异常值。

可疑的异常值	高度可疑的异常值
在 $Q_L-1.5\times IQR$ 与 $Q_L-3\times IQR$ 之间 或 在 $Q_U+1.5\times IQR$ 与 $Q_U+3\times IQR$ 之间	在 $Q_L-3\times IQR$ 之下 或 在 $Q_U+3\times IQR$ 之上

z 得分：z 得分的绝对值大于 3 的观测值被认为是异常值。(对于一些高度偏斜的数据集，z 得分的绝对值大于 2 的观测值可能是异常值。)

可能的异常值	异常值
$\|z\|>2$	$\|z\|>3$

回顾实践中的统计

异常值的检测

回顾《实验社会心理学杂志》(2009 年第 45 期) 对金钱能否买到真爱的研究，在研究中，研究者测量了 237 名参与者每个人的定量变量——生日礼物价格 (美元)。那么在 BUYLOV 数据中有异常的价格吗？我们将使用 z 得分和箱线图两种方法帮助识别这个数据中的异常值。从前面的分析中我们知道，送礼者和收礼者报告的价格在分布上存在明显的差异，因此我们将通过角色分析数据。

z 得分方法：要使用 z 得分方法，我们需要计算每个角色类型下数据的均值和标准差。这些数值在前面的“回顾实践中的统计”专栏中已经计算出来。对于送礼者，$\bar{x}=105.84$ 美元，$s=93.47$ 美元；对于收礼者，$\bar{x}=149.00$ 美元，$s=134.50$ 美元 (见图 SIA2.5)。那么，每种角色的 3 倍标准差区间计算如下：

送礼者：$\bar{x}\pm 3s=105.84\pm 3\times 93.47=105.84\pm 280.41=(0, 386.25)$

收礼者：$\bar{x}\pm 3s=149.00\pm 3\times 134.50=149.00\pm 403.50=(0, 552.50)$

(注意：由于价格不能是负值，我们用 0 代替下端点。) 如果你在数据集中查看送礼者所报告的礼物价格，你会发现只有一个值 (431 美元) 落在 3 倍标准差范围之外。收礼者所报告的价格中则没有值落在 3 倍标准差范围之外。因此，如果我们采用 z 得分方法，那么在礼物价格数据中只有一个高度可疑的异常值。

箱线图方法：这组数据的箱线图如图 SIA2-6 所示。尽管每个角色类型的箱线图中都显示出几个可疑的异常值 (用星号标示)，但是并没有高度可疑的异常值 (零点)。也就是说，没有礼物价格落在箱线图外栏的外面。

尽管箱线图方法没有检测到高度可疑的异常值，但是 z 得分方法确实检测出一个高度可疑的异常值——一个生日礼物送出者所报告的价格 431 美元。研究者将会进一步调查，以确定是否将这个观测值纳入关于送礼者总体推断的任何分析中。这个异常值是一个合理的值 (这样的情形将会保留在分析的数据集中)，还是一个异常值 (即它所对应的送礼者不属于我们感兴趣的总体——例如，这个人错将他的结婚礼物当作生日礼物来报告价格，在这种情形下，应该在分析之前将异常值从数据集中剔除)？

① z 得分和箱线图均设定了经验法则的界限，超过这个值的观测值被认为是异常值。通常，这两种方法会产生相同的结果。然而，数据集中出现的一个或多个异常值会增大 s 的计算值。因此，一个偏离正常的观测值将会有一个绝对值大于 3 的 z 得分是不太可能的。相反，用来计算箱线图区间的百分位值不会受到出现的异常值的影响。

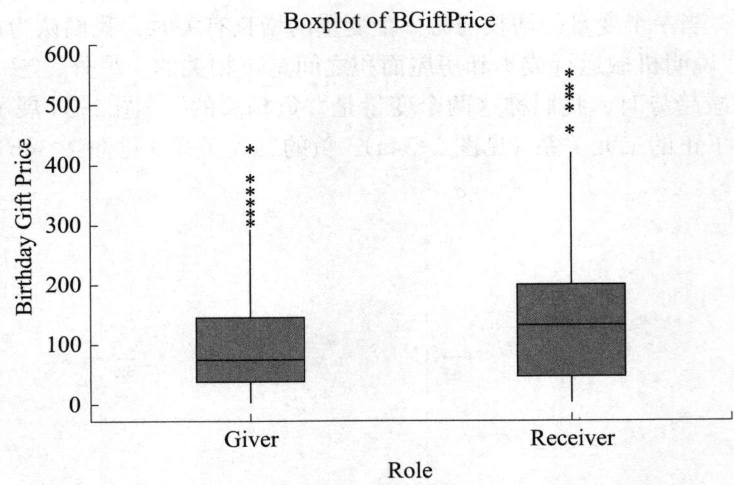

图 SIA2-6　每种角色的生日礼物价格的箱线图 (Minitab)

2.8　二元关系的图形描述（选学）

人们通常认为犯罪率和失业率是“高度相关的”，国内生产总值（GDP）和通货膨胀率也被认为是“有关系的”。甚至有人认为道琼斯工业平均指数（Dow Jones Industrial Average）与时髦裙子的长度也是“关联的”。相关的、有关系的和关联的这些词意味着两个变量间的关系——在上述例子中是两个定量变量的关系。

描述两个定量变量之间的关系——称为**二元关系**（bivariate relationship）——的一种方法是绘制**散点图**（scatterplot）。散点图是一个二维图形，其中一个变量的值沿纵轴建立，另一个变量的值沿横轴建立。例如，图 2-33 描述了 26 个工厂仓库建筑样本的机械运行（供暖、通风、水暖设备）成本和房屋面积大小之间的关系。同时，这个散点图也暗示了机械运行成本随房屋面积增加而增长的大体趋势。

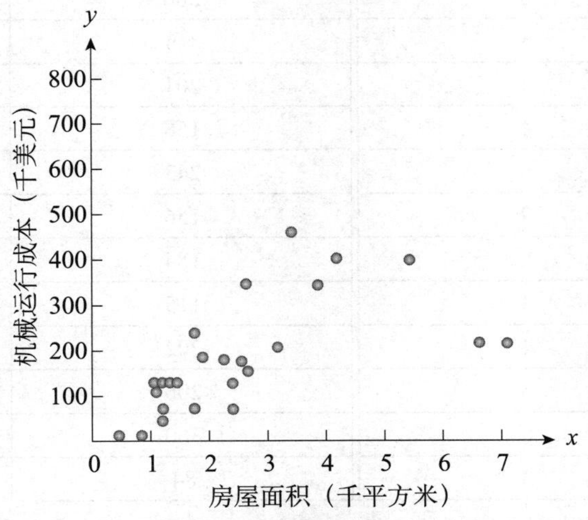

图 2-33　机械运行成本和房屋面积之间的散点图

一般来说，当一个变量的增长与另一个变量的增长有关时，我们认为这两个变量是“正相关的”。[①] 图2–33说明机械运行成本和房屋面积之间是正相关的。另外，当一个变量随着另一个变量的增长呈递减趋势时，我们称这两个变量是“负相关的”。图2–34展示的是几个假设的散点图，分别描绘了正的二元关系（见图2–34a）、负的二元关系（见图2–34b）和相互独立的二元关系（见图2–34c）。

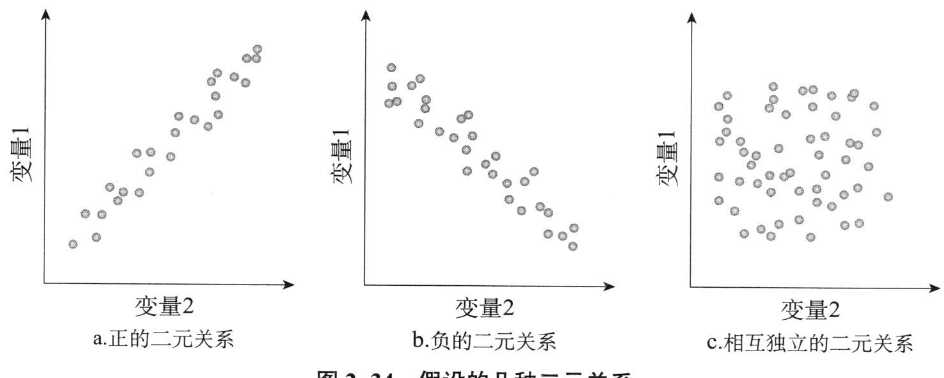

图 2–34　假设的几种二元关系

例 2.19　利用图形描述二元数据——住院时间

问题　用于医院病人的每一种医疗用品称为一种因素。例如，这些因素可能是静脉注射器、静脉注射液、针头、剃须工具、便盆、尿布、敷料剂、药物，甚至手推车。在Bayonet Point医院（位于佛罗里达州圣彼得堡）的冠状动脉疾病治疗部，最近调查了涉及每个病人使用的因素数量和住院时间（以天计）之间的关系。表2–7列出了50名冠状动脉病人的这两个变量的数据。利用散点图描述因素数量和住院时间这两个变量之间的关系。

表 2–7　病人因素数量和住院时间的数据

因素数量（个）	住院时间（天）	因素数量（个）	住院时间（天）
231	9	354	11
323	7	142	7
113	8	286	9
208	5	341	10
162	4	201	5
117	4	158	11
159	6	243	6
169	9	156	6
55	6	184	7
77	3	115	4
103	4	202	6
147	6	206	5
230	6	360	6
78	3	84	3

① 相关性的正式定义将在第11章给出，我们将用相关性度量两个变量间的线性（或直线）强度。

续表

因素数量（个）	住院时间（天）	因素数量（个）	住院时间（天）
525	9	331	9
121	7	302	7
248	5	60	2
233	8	110	2
260	4	131	5
224	7	364	4
472	12	180	7
220	8	134	6
383	6	401	15
301	9	155	4
262	7	338	8

资料来源：Based on Bayonet Point Hospital, Coronary Care Unit.

解答 借助统计软件包而不是手动绘制散点图。利用 XLSTAT 将表 2-7 中的数据绘制成散点图，纵轴表示住院时间（LOS），横轴表示因素数量（FACTORS），如图 2-35 所示。

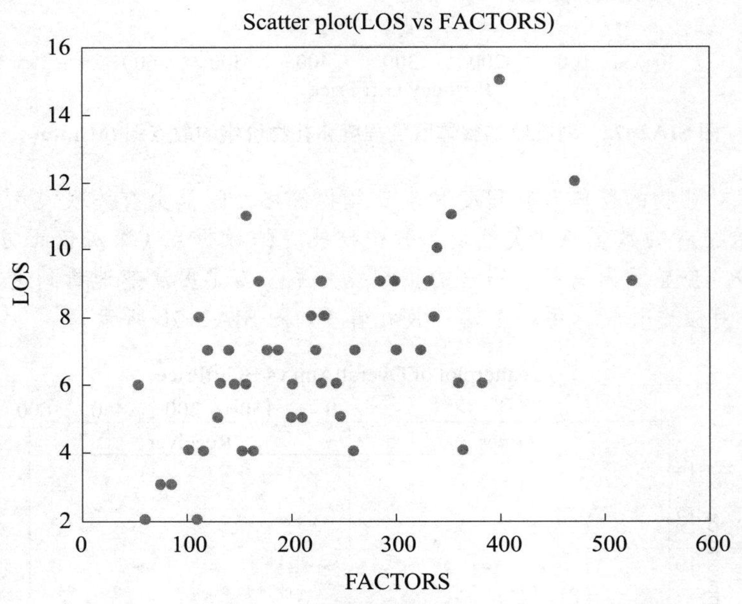

图 2-35 基于表 2-7 中的数据利用 XLSTAT 绘制的散点图

虽然图中的点相当分散，但是仍然可以清楚地看到增长的趋势。说明病人的住院时间和看护病人所使用的因素数量是正相关的。

回顾 如果医院管理者相信图 2-35 中显示的样本趋势能够准确反映总体的趋势，那么他们就可以利用这些信息来提高对未来病人住院时间的预测能力。

散点图是一个简单但在描述二元关系时功能强大的工具。然而，必须记住它只是一个图形。根据基于样本数据建立的散点图推断总体二元关系，其结论的可靠性是无法度量的。关于二元关系的统计推断工具将在第 11 章讲解。

回顾实践中的统计

散点图的解释

再次参考《实验社会心理学杂志》(2009年第45期)对金钱能否买到真爱的研究。斯坦福大学的研究者感兴趣的两个定量变量是生日礼物价格(美元)和对礼物的整体欣赏程度(2~14分的分值)。为了考察这两个变量之间可能存在的关系,我们对收集的关于237名参与者的数据建立散点图。图SIA2-7a给出了用Minitab绘制的散点图。

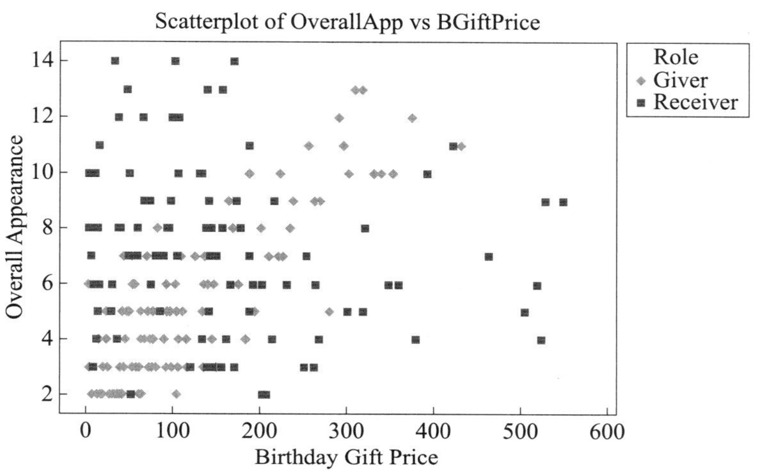

图 SIA2-7a 对礼物的整体欣赏程度和礼物价格的散点图 (Minitab)

乍一看,图中显示对礼物的整体欣赏程度和生日礼物价格之间很少有关联或几乎没有关联。然而,如果仔细看,你会发现送礼者的数据点(灰色菱形)和收礼者的数据点(深灰色正方形)使用的符号不同。如果只专注于灰色菱形,会显示出一种相当强的正相关关系。为了更清楚地看到这个趋势,由数据我们得到并列的散点图,一个对应送礼者,另一个对应收礼者(如图SIA2-7b所示)。

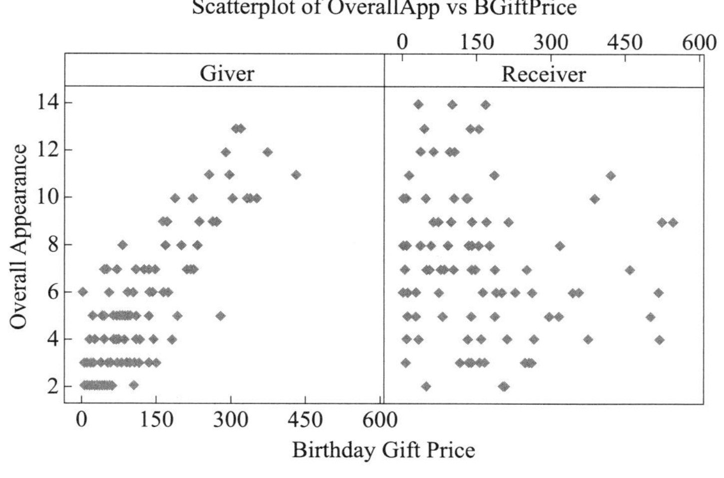

图 SIA2-7b 并列散点图 (Minitab)

图SIA2-7b中的左图显示送礼者的整体欣赏程度和生日礼物价格之间有很强的正相关关系。随着生日礼物价格的提高,送礼者期望对礼物的整体欣赏程度也有所提升。相反,图SIA2-7b中的右图显示收礼者对礼物的整体欣赏程度和生日礼物价格之间很少有关系或几乎没有关系。这类分析使得斯坦福大学的研

究者得出结论："对于生日礼物价格和收礼者对礼物的整体欣赏程度之间的关联，送礼者和收礼者的看法是不同的。送礼者希望收礼者会欣赏价格更高的礼物，但是收礼者并没有把这种欣赏之意建立在礼物价格之上。"

在第 11 章，我们将介绍如何给这些结论附加一个可靠性度量。

2.9 时间序列图（选学）

前文关注的是描述一个样本或数据总体所包含的信息。通常，这些数据本质上被认为是在同一时间点产生的。因此，截止到目前时间还没有作为一个因子出现在任何图形方法中。

管理者感兴趣的数据往往随时间的推移产生并得到监控，例如公司普通股每天的收盘价格、公司每周的销售量和季度利润，以及公司生产的产品的重量和长度。

随着时间的推移产生并得到监控的数据称为**时间序列数据**（time series data）。

在 1.4 节讲到，一个过程是指一系列行动或者操作，随着时间的推移可以得到输出。因此，由一个过程（例如生产过程）得到的一系列的观测值即为时间序列数据。一般来说，任何随时间推移产生的数据序列均可以看成是由一个过程产生的。

当观测值是随着时间推移而产生的时，记录与每个观测值有关的数值和时间或时期很重要。根据这些信息建立的**时间序列图**（time series plot）——有时也称**运行图**（run chart）——可以描述时间序列数据并且分析产生数据的过程。时间序列图事实上只不过是一个散点图，它以观测值为纵轴，以观测值发生的时间或者次序为横轴。通常会用直线将图中的点连接起来，以便更容易地观察观测值随时间的变化而发生的变动。例如，图 2-36 是某公司月销售量（每个月销售的单位数）的时间序列图。图 2-37 是 30 个一加仑[①] 油漆罐（利用同一个灌装头连续装满）的重量对应的时间序列图。注意，这里是根据重量与灌装次序而不是时间构建的图。当监控生产过程时，记录每个观测值的产生次序要比记录产生的确切时间更为方便。

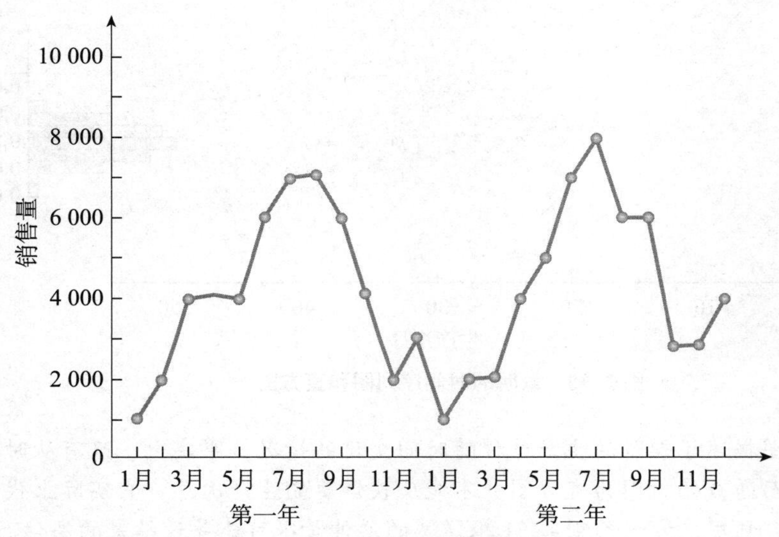

图 2-36 某公司月销售量的时间序列图

① 一加仑（英）≈ 4.55 升。——译者

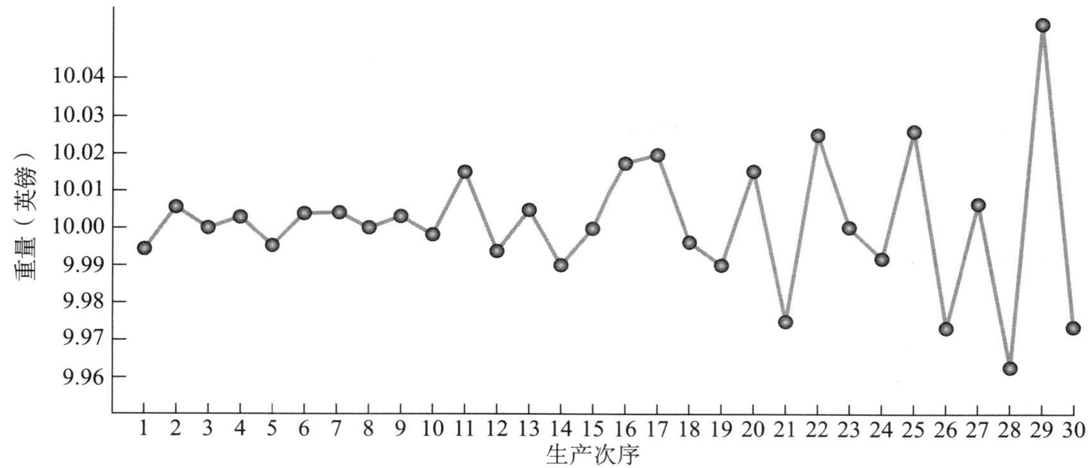

图 2-37 油漆罐重量的时间序列图

时间序列图揭示了所监控的变量的运动（趋势）和变化（变动）。请注意夏季的销售趋势如何上升，以及油漆罐重量的变化如何随时间增加。这种信息无法通过茎叶图和直方图反映出来，下面的例子进一步解释了这一点。

例 2.20 时间序列图和直方图——戴明的例子

问题 爱德华兹·戴明（W. Edwards Deming）是美国最著名的统计学家之一。第二次世界大战之后，他在日本教授如何通过监控和不断改进生产过程提高产品质量，也因为在这方面做出的贡献而闻名。在《转危为安》（*Out of the Crisis*，1986）一书中，戴明就曾反对机械地利用直方图从数据中提取信息。作为论据，他提供了下面的例子。

对 50 根相机弹簧按生产次序进行检测。在 20 克的拉力下测量每一根弹簧的延伸量，根据这些数据建立时间序列图和直方图，见图 2-38（引自戴明的书）。如果你不得不预测下一根即将生产出来的弹簧（例如第 51 根弹簧）的延伸量，而只能使用其中的一幅图指导你的预测，你会使用哪一幅图呢？为什么？

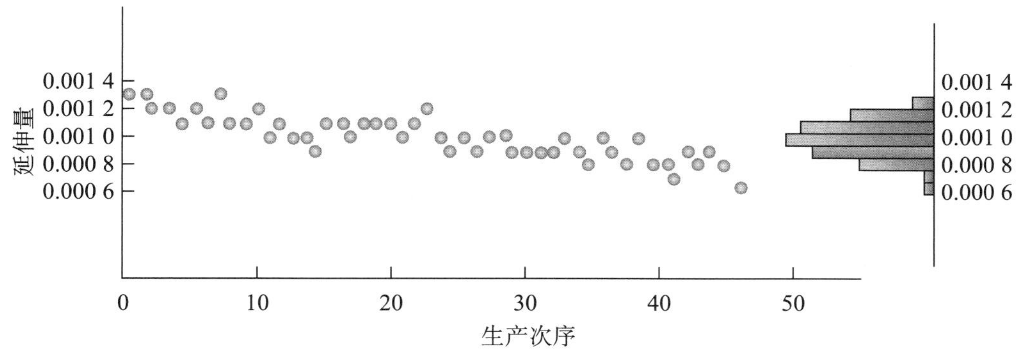

图 2-38 戴明的时间序列图和直方图

解答 只有时间序列图描述了弹簧的生产过程随时间变化的情况。事实上，只有从时间序列图中才能看到延伸量是随时间推移而递减的。因为直方图并不能反映弹簧的生产次序，它实际上代表了在同一时间生产的全部产品的观测值。利用直方图预测第 51 根弹簧的延伸量很可能导致结果的高估。

回顾 我们从戴明的例子中得出的结论是：要表示和分析在过程中随时间推移产生的数据，主要的图形工具是时间序列图，而不是直方图。

2.10 描述性方法对事实的扭曲

一幅图可能胜过千言万语，但是也可能扭曲事实。事实上，无论是无意识的还是不道德的统计行为造成的，统计图（例如直方图、条形图、时间序列图等）都很容易被曲解。为此，我们在这部分先提及在解释图形时需要注意的一些陷阱，然后讨论使用数值描述方法时是如何扭曲事实的。

图形的曲解

改变一个图形所传递的信息，常用的方法是改变纵轴刻度、横轴刻度或同时改变纵轴和横轴的刻度。例如，表 2-8 汇总了过去 5 年内欧洲水域的大型船舶发生碰撞的数据。图 2-39 是一个用 StatCrunch 绘制的条形图，描绘了三种地点发生碰撞的频数。该图显示“在港口”发生的碰撞要比“在海上”或“在限制水域”发生的碰撞更为频繁。

表 2-8 大型船舶碰撞的地点

地点	大型船舶碰撞次数
在海上	376
在限制水域	273
在港口	478
合计	1 127

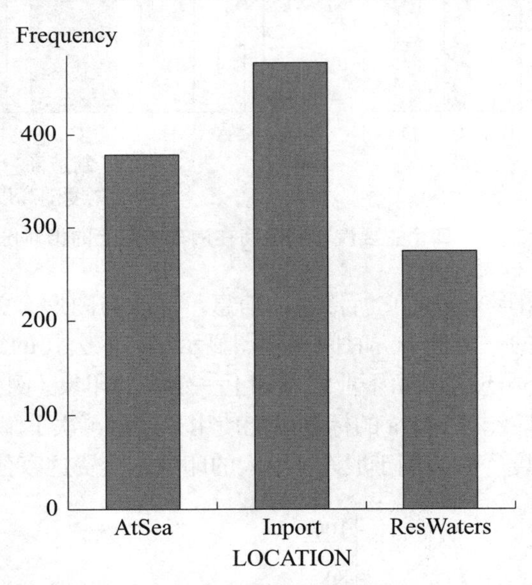

图 2-39 大型船舶碰撞地点的条形图 (StatCrunch)

假设你想利用同样的数据夸大“在港口”的碰撞次数和“在限制水域”的碰撞次数之间的差异。一种方法是加大纵轴连续单位之间的距离，也就是说，拉伸纵轴作图，使得每英寸只有几个单位。拉伸的标志是纵轴变长，但是这经常会由于纵轴从原点 0 以上的某个值开始而被隐藏。由 Minitab 得到的图如图 2-40 所示。从 250 次碰撞（而不是 0）开始绘制条形图，显然“在港口”的碰撞次数是“在限制水域”的碰撞次数的许多倍。

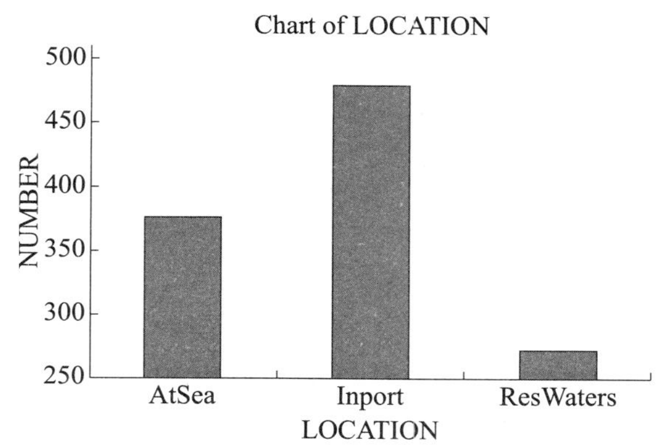

图 2-40 纵轴拉伸后的大型船舶碰撞地点的条形图 (Minitab)

得到视觉上失真的条形图的另一种方法是使得条形的宽度与其高度成比例。例如，观察图 2-41a 的条形图，描述了四个主要的汽车制造商在一年内的总销售量中所占的百分比。现在假设宽度和高度均随着市场份额的增加而增加，这种改变见图 2-41b。读者可能倾向于将条形的面积和每个制造商的相对市场份额画等号，但事实上，真正的相对市场份额仅仅与条形的高度成比例。

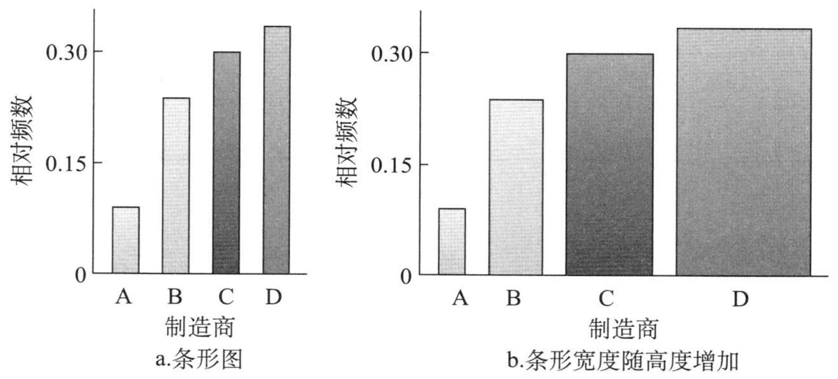

图 2-41 四个主要汽车制造商在汽车市场上的相对份额

有时我们不需要利用图形来扭曲它所传递的信息。修改与图形有关的文字描述可以改变受众的理解。图 2-42 就是这样的一个例子。时间序列图显示了一家公司的年产量水平。这两幅图的唯一不同之处是标题。如果公司想给人留下业绩不如上一年好的印象（例如，极力向政府证明它不应该被起诉具有垄断行为），那么图 2-42a 的标题可能使用“产量再次下降”。相反，图 2-42b 的标题“2020 年：产量第二好的年度”则适用于股东（给人的印象是投资这家公司是一个明智的选择）。

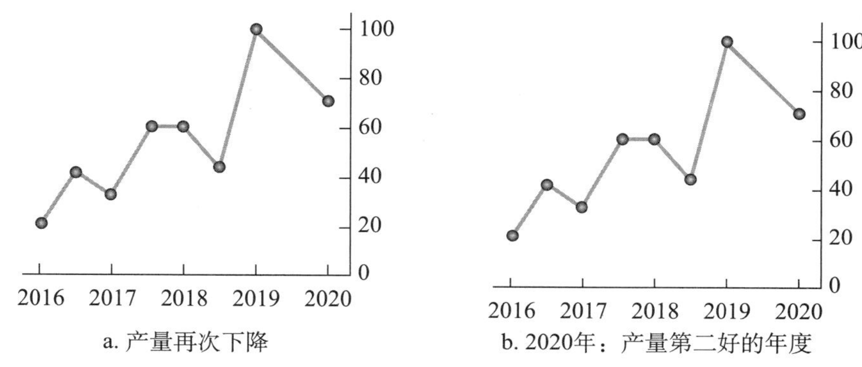

图 2-42 改变文字描述从而改变受众的理解

尽管我们只讨论了几个改变图形从而传递误导性信息的现象，但教训是深刻的。应以批判的眼光审视所有数据的图形描述；特别要检查坐标轴和每个坐标轴上单位的大小；忽略视觉上的变化，专注于图形或图表显示的实际数值变化。

易引起误解的数值描述性统计

使用数值描述方法也会扭曲数据所传递的信息，如例 2.21 所示。

例 2.21　引起误解的描述性统计——你的平均薪酬

问题　假设你正考虑去一家小型律师事务所工作——这家事务所目前有一名资历较老的员工和三名资历较浅的员工。你询问加入这家事务所后可能得到的薪酬。遗憾的是，你得到两个答复：

答复 A：资历较老的员工告诉你“一般员工”的薪酬为 107 500 美元。

答复 B：其中一名资历较浅的员工后来告诉你“一般员工”的薪酬为 95 000 美元。

你会相信哪个答复呢？

解答　令人产生困惑的原因是“一般员工”没有定义清楚。假设这四个人的薪酬情况是：三名资历较浅的员工每人的薪酬是 95 000 美元，而资历较老的员工的薪酬是 145 000 美元。因此

$$\text{均值}=\frac{3\times 95\,000+145\,000}{4}=\frac{430\,000}{4}=107\,500\text{（美元）}$$

$$\text{中位数}=95\,000\text{（美元）}$$

现在，你会明白这两个答复是怎样得来的。资历较老的员工说的是四个薪酬的平均值，而资历较浅的员工告诉你的是中位数。因为没有一个人说明是用什么来测量集中趋势的，这使你得到的信息被扭曲了。

回顾　基于我们前面对于均值和中位数的讨论，也许中位数是描述员工“平均”薪酬的最好的度量。

当仅报告集中趋势的度量时，会发生另一种信息失真。只有在集中趋势的度量和变异性的度量都具备时，我们才能准确了解数据集。

假设你想购买一辆新车，并且正试图决定购买两种车型中的哪一款。考虑到节能和经济性都是重要因素，你决定购买 A 款车，因为它在城市中的 EPA 里程评级为 32 英里 / 加仑，而 B 款车在城市中的 EPA 里程评级仅为 30 英里 / 加仑。

然而，你可能决定得太草率了。那么这个评级有多大变异性呢？作为一个极端的例子，假定更为深入的调查发现 A 款车的标准差是 5 英里 / 加仑，而 B 款车的标准差只有 1 英里 / 加仑。如果里程呈土墩形分布，就会如图 2-43 所示。请注意，A 款车有较大的变异性，意味着购买 A 款车会有更大的风险，也就是说，如果你买 A 款车，该车的里程评级与 32 英里 / 加仑的 EPA 评级会有很大的差异，而 B 款车的里程评级与 30 英里 / 加仑的差异不大。

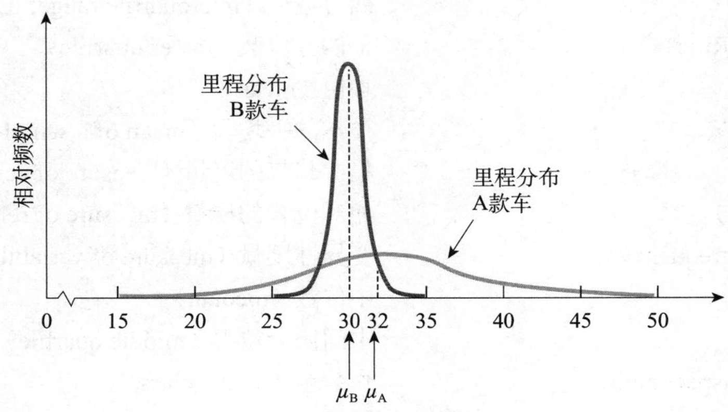

图 2-43　两款车的里程分布

在这部分，我们以另一个由于数值描述方法导致事实扭曲的例子作为结束。

例 2.22 更多的令人误解的描述性统计——儿童犯罪

问题 《美国的失学儿童》(Children out of School in America)是一份关于学龄儿童犯罪的报告，是由儿童保护基金会(Children's Defense Fund，CDF)——政府发起的一个组织——准备的。考虑下面由 CDF 在调研中得到的三个报告结果。

• 报告结果 1：缅因州波特兰市的 Bayside East Housing 项目发现，16~17 岁的少年中有 25% 的人失学。事实是：只调查了 8 个孩子，其中有 2 人失学。

• 报告结果 2：在普查册上所有多次辍学的中学生中，22 名来自南卡罗来纳州的哥伦比亚，其中有 33% 的人辍学两次，67% 的人辍学三次以上。事实是：CDF 发现在整个普查册上只有 3 个孩子已经辍学，其中 1 人辍学两次，另外 2 人辍学三次以上。

• 报告结果 3：波特兰市的 Bayside East Housing 项目发现，在至少辍学一次的所有中学生中有 50% 已经辍学三次以上。事实是：调查发现当地有 2 名中学生已经辍学，其中 1 人已经辍学三次或三次以上。

识别 CDF 报告中可能存在的对事实的扭曲。

解答 在这些例子中，令人产生误解的是报告中的百分比(也就是相对频数)，而不是数值本身。毫无疑问，从以上例子中得出的任何推断都是不可靠的。(在第 6 章我们会讨论如何度量估计的百分比的可靠性。)总之，这份报告要么只提数值而不是百分比，要么采取更好的做法，即说明调查的数量太少而不能按区域进行报告。

回顾 如果合并几个地区，这些数值(百分比)将会更有意义。

统计中的道德观

为了误导目标受众而利用数值描述性统计进行有目的的报告，被认为是不道德的统计行为。

关键术语

说明：带 * 的术语来自选学部分。

条形图(bar graph)
* 二元关系(bivariate relationship)
箱线图(box plot)
集中趋势(central tendency)
切比雪夫法则(Chebyshev's Rule)
类别(class)
类别频数(class frequency)
类别区间(class interval)
类别百分比(class percentage)
类别相对频数(class relative frequency)
点图(dot plot)
经验法则(Empirical Rule)
高度可疑的异常值(highly suspect outlier)
节点(hinge)
直方图(histogram)
内栏(inner fence)
四分位差(interquartile range, IQR)
下四分位数(lower quartile)
均值(mean)
样本的平均值(mean of a sample)
集中趋势的度量(measure of central tendency)
相对位置的度量(measure of relative standing)
变异性度量(measure of variability)
中位数(median)
中间四分位数(middle quartile)
众数组(modal class)

众数（mode）
土墩形分布（mound-shaped distribution）
数值描述性度量（numerical descriptive measure）
外栏（outer fence）
异常值（outlier）
帕累托条形图（Pareto diagram）
百分位排名 / 得分（percentile ranking/score）
饼状图（pie chart）
总体 z 得分（population z score）
第 p 个百分位点（pth percentile）
四分位数（quartile）
极差（range）
小概率事件方法（rare-event approach）
* 运行图（run chart）
样本标准差（sample standard deviation）
样本方差（sample variance）
样本 z 得分（sample z-score）
* 散点图（scatterplot）
偏态（skewness）
离散度（spread）
标准差（standard deviation）
茎叶图（stem-and-leaf display）
可疑的异常值（suspect outlier）
对称分布（symmetric distribution）
* 时间序列数据（time series data）
* 时间序列图（time series plot）
上四分位数（upper quartile）
变异性（variability）
方差（variance）
胡须（whisker）
z 得分（z-score）

关键符号

	样本	总体
均值	$\bar{x}$	μ
方差	s^2	σ^2
标准差	s	σ
中位数	m 或 Q_M	η
下四分位数	Q_L	
上四分位数	Q_U	
四分位差	IQR	

关键知识点

描述定性数据：

1. 识别种类类别
2. 确定类别频数
3. 类别相对频数 = 类别频数 /n
4. 对相对频数作图

饼状图：

条形图：

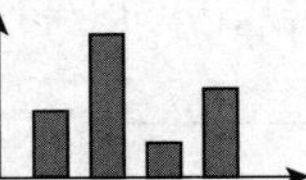

帕累托条形图：

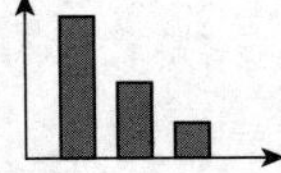

用图形描述定量数据：

单个变量

1. 识别类别区间
2. 确定类别区间频数
3. 类别区间相对频数 = 类别区间频数 /n
4. 对类别区间相对频数作图

点图：

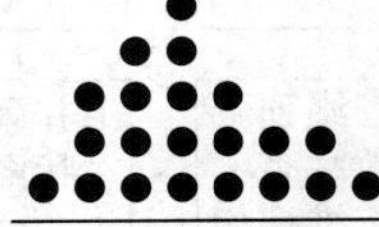

茎叶图：

1 | 3
2 | 2489
3 | 126678
4 | 37
5 | 2

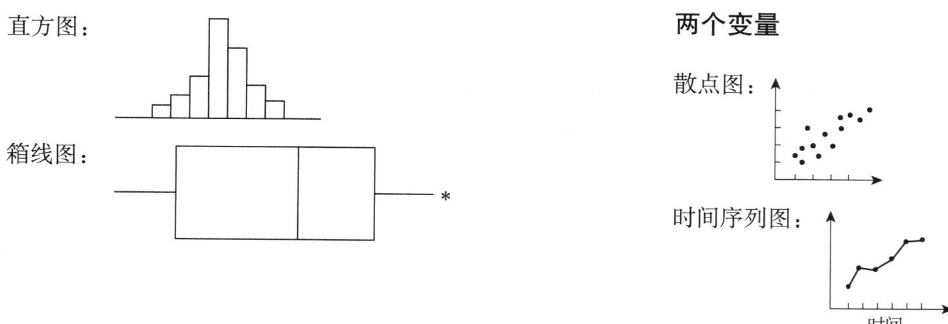

定量数据的数值描述

集中趋势

均值：$\bar{x}=(\sum x_i)/n$

中位数：数据按顺序排列，位于中间位置的数值

众数：最经常出现的数值

变异性

极差：最大值和最小值之间的差

方差：

$$s^2=\frac{\sum(x_i-\bar{x})^2}{n-1}=\frac{\sum x_i^2-\frac{(\sum x_i)^2}{n}}{n-1}$$

标准差：$s=\sqrt{s^2}$

四分位差：$\text{IQR}=Q_\text{U}-Q_\text{L}$

相对位置

百分位得分：落在x得分下面的数值所占的百分比

z得分：$z=(x-\bar{x})/s=(x-\mu)/\sigma$

描述定量数据的法则

区间	切比雪夫法则	经验法则
$\bar{x}\pm s$	至少 0%	≈ 68%
$\bar{x}\pm 2s$	至少 75%	≈ 95%
$\bar{x}\pm 3s$	至少 89%	≈ 100%

检测定量数据异常值的法则

方法	可疑	高度可疑
箱线图	在内外栏之间的值	在外栏之外的值
z 得分	$2<\|z\|<3$	$\|z\|>3$

数据描述方法选择指南

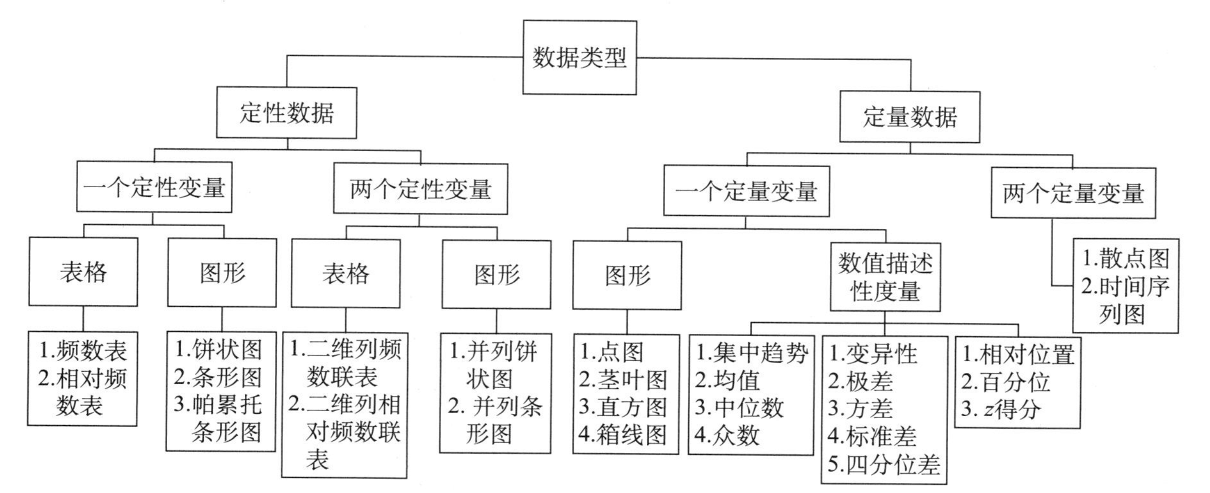

练习题

1. 邮轮卫生检查。为了尽量减小胃肠道疾病暴发的可能性，抵达美国港口的所有客运邮轮都要接受未提前通知的卫生检查。美国疾病控制与预防中心以百分制对邮轮进行评级。86 分或更高的分数表明该邮轮符合可接受的卫生标准。211 艘邮轮的最新（截至 2019 年 3 月）卫生评分保存在一个数据集中。数据集中的前 5 个和最后 5 个观测值如表所示。

邮轮	航线	得分
Adonia	P&O Cruises	98
Adventure of the Seas	Royal Caribbean International	90
AIDAaura	Aida Cruises	86
AIDABella	Aida Cruises	98
AIDAdiva	Aida Cruises	99
…	…	…
Wind Spirit	Wind Star Sail Cruises	97
Wind Surf	Wind Star Sail Cruises	95
World Odyssey	CMI Ship Mgmt	89
Zaandam	Holland America Line	99
Zuiderdam	Holland America Line	97

资料来源：Data from U.S. Department of Health and Human Services, Centers for Disease Control and Prevention/National Center for Environmental Health and Agency for Toxic Substances and Disease Registry, March 2019.

a. 绘制该数据集的茎叶图和直方图。

b. 使用图形来估计达到可接受的卫生标准的邮轮的比例。你用的是哪个图？

c. 在图中确定得分为 79（名为 Silver Wind 和 Safari Endeavour 的邮轮）所处的位置。你使用的是哪个图？

2. 说明如何比较下列分布的均值和中位数：

a. 左偏

b. 右偏

c. 对称

3. 计算下列样本的极差、方差和标准差：

a. 4,2,1,0,1

b. 1,6,2,2,3,0,3

c. 8,−2,1,3,5,4,4,1,3,3

d. 0,2,0,0,−1,1,−2,1,0,−1,1,−1,0,−3,−2,−1,0,1

4. 以下是拥有 25 个观测值的一个样本：

7	6	6	11	8	9	11	9	10	8	7	7	
5	9	10	7	7	7	7	9	12	10	10	8	6

a. 对于这个样本，计算$\bar{x}$，s^2 和 s。

b. 计算在$\bar{x}\pm s$，$\bar{x}\pm 2s$ 和$\bar{x}\pm 3s$ 中的观测值的数量，以占观测值总体的百分比来表示。

c. 将 b 中得到的结果与经验法则及切比雪夫法则给出的结论进行比较。

d. 计算极差并利用它得到 s 的近似值。这个结果与 a 中得到的精确值是否接近？

5. 给出一个最大值是 760 和最小值是 135 的数据集，你估计它的标准差将是多少？说明你用于估算这个标准差的逻辑。假设它的标准差是 25，是否可接受？请解释。

6. 计算下面 x 值对应的 z 得分：

a. $x=40, s=5, \bar{x}=30$

b. $x=90, \mu=89, \sigma=2$

c. $\mu=50, \sigma=5, x=50$

d. $s=4, x=20, \bar{x}=30$

e. 在 a~d 中，z 得分可以确定 x 在样本或总体中的位置吗？

f. 在 a~d 中，x 值落在均值的上面还是下面？距离均值多少个标准差？

7. 给出数据集中分别有百分之多少的观测值落在下列百分位点的上方和下方：

a. 第 75 个百分位点

b. 第 50 个百分位点

c. 第 20 个百分位点

d. 第 84 个百分位点

8. 考虑下面的水平箱线图。

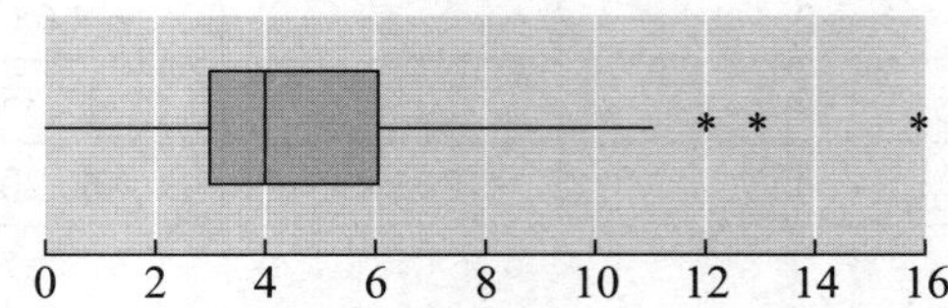

a. 数据集的中位数是多少（近似的）？

b. 数据集的上、下四分位数是多少（近似的）？

c. 数据集的四分位差是多少（近似的）？

d. 这个数据集是左偏还是右偏，或者是对称的？

e. 在这个数据集中，位于中位数右边的观测值占百分之多少？位于上四分位数左边的观测值占百分之多少？

f. 确定数据集中所有的异常值。

9. 误导性图表。考虑下图，类似于科技博客 Silicon Alley Insider 制作的图片。该图显示 Craigslist 年收入的增长趋势与报纸分类广告销售的下降趋势。

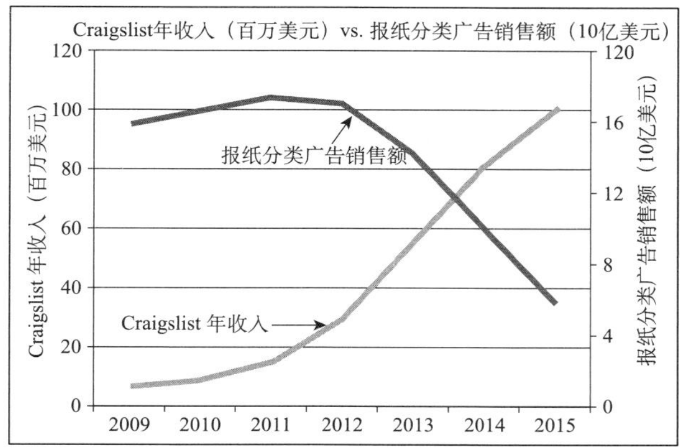

a. 为什么此图会产生误导?（提示：关注两个垂直轴上的度量单位。）

b. 重新绘制图形，对 Craigslist 年收入和报纸分类广告销售额使用相同的度量单位。从新绘制的图形中可以得出什么结论?

10. 新车碰撞测试。美国国家公路交通安全管理局（NHTSA）对新车型进行碰撞测试，以确定它们在正面碰撞中如何保护驾驶员和前座乘客。NHTSA 为正面碰撞测试开发了一个“星级”评分系统，评分范围从一颗星（*）到五颗星（*****）。评级中的星越多，正面碰撞中的碰撞保护就越好。98 辆汽车（最近年份的车型）的 NHTSA 碰撞测试结果存储在随附的数据文件中。

a. 下面显示了 Minitab 输出汇总的 98 辆汽车的驾驶员端星级评级。使用输出结果中的信息绘制饼状图，并对图形予以解释。

驾驶员端星级评价	计数	百分比
2	4	4.08
3	17	17.35
4	59	60.20
5	18	18.37
N=	98	

续表

b. NHTSA 记录的一个定量变量是驾驶员头部受伤的严重程度（以 0~1 500 的等级衡量）。下面的 Minitab 输出结果显示了 98 位驾驶员头部受伤评级的均值和标准差。对均值进行解释说明。

Variable	N	Mean	StDev	Minimum	Q1	Median	Q3	Maximum
DRIVHEAD	98	603.7	185.4	216.0	475.0	605.0	724.3	1 240.0

c. 使用均值和标准差来说明大多数头部受伤等级的位置。

d. 计算出驾驶员头部受伤等级 408 的 z 得分，并解释结果。

11. 油田管道的表面粗糙度。为了防止油田管道被腐蚀，需要在其内部涂层。路易斯安那大学拉斐特分校的研究人员调查了涂层对于油田管道表面粗糙度的影响（《防腐蚀的方法与材料》（*Anti-corrosion Methods and Materials*，2003 年第 50 期）。用一种扫描探测器来测量管道内部涂层的 20 个样本段的表面粗糙度，数据（以微米计）如下表所示。

1.72	2.50	2.16	2.13	1.06	2.24	2.31	2.03	1.09	1.40
2.57	2.64	1.26	2.05	1.19	2.13	1.27	1.51	2.41	1.95

资料来源：F. Farshed, & T. Pesacreta, “Coated Pipe Interior Surface Roughness as Measured by Three Scanning Probe Instruments,” *Anti-corrosion Methods and Materials*, Vol. 50, No. 1, 2003 (Table III).

a. 计算并解释样本的均值。

b. 计算并解释样本的中位数。

c. 哪种集中趋势的测度——均值或中位数——能够最好地描述样本段的表面粗糙度？请解释。

参考文献

1. De Feo, J.A. & Gryna, F.M. *Juran's Quality Management and Data Analysis*, 6th ed. New York: McGraw-Hill Education, 2015.
2. Deming, W. E. *Out of the Crisis*. Cambridge, Mass.: M.I.T. Center for Advanced Engineering Study, 1986.
3. Gitlow, H., Oppenheim, A., Oppenheim, R., and Levine, D. *Quality Management*, 3rd ed. Homewood, Ill.: Irwin, 2004.
4. Huff, D. *How to Lie with Statistics*. New York: Norton, 1954.
5. Ishikawa, K. *Guide to Quality Control*, 2nd ed. Asian Productivity Organization, 1991.

6. Tufte, E. R. *Beautiful Evidence*. Cheshire, Conn.: Graphics Press, 2006.
7. Tufte, E. R. *Envisioning Information*. 2nd ed. Cheshire, Conn.: Graphics Press, 1990.
8. Tufte, E. R. *Visual Display of Quantiative Information*. 2nd Cheshire, Conn.: Graphics Press, 2001.
9. Tufte, E. R. *Visual and Statistical Thinking*, Cheshire, Conn.: Graphics Press, 1997.
10. Tukey, J. *Exploratory Data Analysis*. Reading, Mass.: Addison-Wesley, 1977.
11. Peck, R., et al. *Statistics: A Guide to the Unknown*, 4th ed. Boston: Brooks/Cole, 2006.

综合案例一（覆盖第 1 章和第 2 章的案例）

肯塔基州的牛奶案例（一）

许多产品和服务是由政府、城市、州和企业通过投标购买的，报价最低者可以赢得合同。这种方式在竞争性市场上运行良好，但是如果市场是非竞争性的或存在商家相互串通的行为，则可能导致增加采购成本。

一项调查始于对佛罗里达州学校牛奶市场的投标进行统计分析，最终从合谋操纵该市场投标的乳制品企业追回 3 300 万美元。这项调查迅速蔓延到其他州，迄今为止，在其他 20 个州，乳制品企业因操纵学校牛奶投标而支付的和解金和罚款超过 1 亿美元。这个案例是关于肯塔基州一个操纵学校牛奶投标的调查研究。

每年，肯塔基州都会邀请乳制品公司投标，为其学区供应半品脱[①]的盒装液态奶产品。 产品包括全脂纯牛奶、低脂纯牛奶和低脂巧克力牛奶。 在肯塔基州北部的 13 个学区，供应商（乳制品公司）被指控“操纵价格”，即密谋分配学区，以便预先确定“赢家”。由于这些地区位于布恩、坎贝尔和肯顿县，因此它们所代表的地理市场被称为“三县”市场。 在 9 年的时间内，两家乳制品公司——Meyer Dairy 和 Trauth Dairy——是三县市场学区牛奶合同的唯一投标人。因此，这两家公司获得了市场上所有的牛奶合同。（相比之下，大量不同的乳制品公司赢得了肯塔基州北部市场其余地区学区（称为“周边”市场）的牛奶合同。）肯塔基州指控 Meyer Dairy 和 Trauth Dairy 密谋分配三县市场。 迄今为止，其中一家乳制品公司（Meyer Dairy）已认罪，而另一家乳制品公司（Trauth Dairy）则坚称自己是无辜的。

肯塔基州保留了一个数据库，它保存了所有乳制品公司为获得牛奶合同的竞标报价。其中一些数据可以供你用来分析，以确定三县市场上是否真的存在投标串通的经验性证据。这些数据保存在“ MILK”文档里，下面将详细描述，同时提供一些有关数据的背景资料和涉及串通投标的经济学原理。运用这些信息来指导你的分析。准备一份反映你的分析结果的专业文件，并给出你对串通投标的观点。

背景资料

恶意串通的市场环境

市场的某些经济特征创造了会造成恶意串通的环境。这些基本特征包括以下内容：

1. 卖家少，集中度高。 只有少数乳制品公司控制了市场上所有或几乎所有的牛奶业务。

2. 产品同质化。 从购买者（即学区）的角度来看，出售的产品本质上是相同的。

3. 需求缺乏弹性。 需求对价格相对不敏感。（注：学区所需的牛奶数量主要取决于入学人数，而不是价格。）

4. 费用相似。竞标牛奶合同的乳制品公司面临着类似的成本条件。（注：大约 60% 的乳制品生产成本是原奶，这是联邦监管的。Meyer Dairy 和 Trauth Dairy 是规模相似的乳制品公司，并且都从同一供应商处购买原奶。）

尽管这些市场结构特征营造了一个使恶意串通行为更容易发生的环境，但它们并不能表明恶意串通行为的存在。对实际投标价格的分析可以提供有关市场竞争程度的额外信息。

---

① 1 品脱（英）≈ 5.68 分升。——译者

变量	类型	描述
YEAR	定量变量	签订牛奶合同的年份
MARKET	定性变量	肯塔基州北部（三县或者周围）
WINNER	定性变量	中标乳制品公司的名称
WWBID	定量变量	全脂纯牛奶的中标价格（美元 / 半品脱）
WWQTY	定量变量	全脂纯牛奶的购买数量（半品脱数）
LFWBID	定量变量	低脂纯牛奶的中标价格（美元 / 半品脱）
LFWQTY	定量变量	低脂纯牛奶的购买数量（半品脱数）
LFCBID	定量变量	低脂巧克力牛奶的中标价格（美元 / 半品脱）
LFCQTY	定量变量	低脂巧克力牛奶的购买数量（半品脱数）
DISTRICT	定性变量	学区数量
KYFMO	定量变量	牛奶的最低毛成本（美元 / 半品脱）
MILESM	定量变量	Meyer Dairy 处理厂到学区的距离（英里）
MLEST	定量变量	Trauth Dairy 处理厂到学区的距离（英里）
LETDATE	定性变量	供奶合同开始生效的日期（月 / 日 / 年）

恶意串通的投标模式

对密封投标模式的分析揭示了服务于市场的供应商之间的竞争程度或缺乏竞争的程度。考虑下列竞价分析：

1. 市场份额。乳制品的市场份额是乳制品在给定学年内供应的半品脱牛奶数量除以供应给整个市场的半品脱牛奶总数。潜在恶意串通行为的一个迹象是，随着时间的推移，被调查的奶制品市场份额稳定，几乎相等。

2. 再次中标率。市场分配是串通投标的一种常见串通行为。具有代表性的是，同一个乳制品公司年复一年地控制着同一个学区。在一个给定的学年里，有些学区中赢得合同的供应商也是上一年合同的供应商，这样的学区所占的百分比即为该市场的再次中标率。再次中标率超过 70% 被认为是恶意串通行为的一种迹象。

3. 报价水平及离散度。在密封投标的竞争市场，供应商不分享它们的报价信息。因此，与串通市场相比，在竞争市场的投标中观察到更多的离散度或变异性。在串通市场中，供应商就它们的投标进行交流，并倾向于提交彼此接近的投标，以试图使投标显得具有竞争力。此外，在竞争市场，出价差异往往与出价水平成正比：当以相对较高的水平提交出价时，与以边际成本或接近边际成本提交出价时相比，出价之间的变异性更大。同一地理区域的乳制品公司的情况与此相近。

4. 价格与成本 / 距离。在竞争市场中，投标价格预计会随着时间的推移随成本发生相应变化。因此，如果市场是竞争性的，牛奶的投标价格应该与原奶成本高度相关。缺乏这种关系是串通的一种迹象。同样，在竞争市场中，投标价格应与产品加工地到学校的运输距离相关（由于运输成本）。

5. 竞价顺序。学校牛奶合同的投标在春季和夏季进行，通常是在一个学年结束和下一个学年开始之前。当顺次检验竞争市场上的投标时，预计投标价格会随着投标季节的推进而下降。（这种现象可归因于投标季节中发生的学习过程，会相应调整出价。）乳制品公司可能在季节之初提交相对较高的出价以“测试市场”，并相信如果早期因报价高而失去订单，之后还可以获得大量订单。但是，随着季节的推进，在

季节初期没有赢得多少订单的乳制品公司可能会在竞标中变得更加激进，从而压低价格水平。在一个只有一家乳制品公司年年中标的市场上，连续报价不变或略微上涨的价格模式被认为是串通行为的一种迹象。

6. 平均中标价格的比较。考虑两个类似的市场，一个市场的竞价可能是被操纵的，另一个是由竞争决定的。理论上讲，由于每年都有串通行为发生，“被操纵”的市场上的平均中标价格将会显著高于竞争市场上的平均中标价格。

第 3 章 概 率

我们将要学习：

- 用概率度量不确定性
- 介绍计算概率的基本法则
- 用概率度量推断的可靠性
- 提出一个改进的规则来计算概率

实践中的统计

乐透彩票

“欢迎来到乐透彩票的精彩世界。”由此开始了《乐透高手》（*Lottery Buster*）的第一期，这是一份针对彩票游戏玩家的月刊。乐透彩票在美国 44 个州设有州内彩票，并有 2 种州际彩票——百万富翁（Mega Millions）和强力球（Powerball）。《乐透高手》提供目前在美国运营的彩票的有关有趣事实和数据，更重要的是，它还提供有关如何提高玩家中奖概率的秘诀。

1963 年，新罕布什尔州是现代第一个将州彩票作为增加税收的替代方案的州。(在此之前，由于腐败的原因，美国自 1895 年起禁止发行彩票。) 从那时起，彩票变得非常流行，原因有两点：（1）他们用 1 美元的投资来吸引你赢取数百万美元的机会；（2）如果你没中奖，至少你相信自己的钱会用在一个好的事业上。许多州的彩票，例如佛罗里达州的彩票，指定将很大比例的彩票收入用于资助州教育。

州内彩票的流行使得“专家”和“数学奇才”(如《乐透高手》的编辑）如雨后春笋般涌现。他们提供关于如何赢得彩票的建议——当然是收费的！许多人通过计算机软件产品提供有保证的获胜“系统”，这些软件产品的名称形形色色而且听上去很诱人，例如 Lotto Wizard、Lottorobics、Win4d 和 Lotto-luck。

例如，大多数知识丰富的彩票玩家都会认为中奖彩票的“黄金法则”或“第一条规则”是游戏选择。州内彩票通常提供三种类型的玩法：即时开奖（刮刮乐或在线开奖）、每日数字（选 3 或选 4）和每周选 6。

即时开奖的一个玩法涉及用硬币边缘刮掉彩票上薄薄的不透明覆盖物，以确定你是赢了还是输了。一张彩票的成本从50美分到5美元不等，赢取的金额也不等。在大多数州中奖金额是1~100 000美元，有的州高达100万美元。《乐透高手》建议不要玩这种即时开奖游戏，因为它是“纯粹的机会游戏，你只能靠运气获胜。没有任何技巧可以应用于这个游戏”。

每日数字游戏允许你花1美元买一张彩票，选择一个三位数或四位数的号码。每晚都会抽出中奖号码。如果你的数字与中奖号码一致，你会赢得一大笔钱，通常是10万美元。你确实对每日数字游戏有一定的控制权（因为你选择了彩票的号码），因此，有一些策略可以增加你获胜的机会。但是，与即时开奖游戏一样，每日数字游戏不可跨州购买。

每周选6的玩法是你从一系列数（1~N）中选取6个数字。这里的N取决于发行彩票的州。例如佛罗里达州现在的乐透彩票是从1~53中选取6个数字。买一张彩票需要花1美元，如果你选的6个数字和中奖号码一致，则奖金为700万美元或者更多，具体取决于彩票的销售量。（到目前为止，佛罗里达州一周内最大的一笔中奖金额超过2亿美元。州际彩票的最高奖金是强力球的15 860亿美元。）除了大奖外，你还可以通过分别匹配抽出的6个号码中的5个、4个和3个来赢得二等奖、三等奖和四等奖。即使你不是该州的居民，也可以玩该州的乐透游戏。

在本章中，“回顾实践中的统计”专栏中所提到的例子将演示如何使用概率的基本概念来计算州内彩票中奖的概率，并评估彩票“专家”建议的策略的有效性。

回顾实践中的统计

计算和理解彩票中奖的概率。

滚动下注中奖的概率。

赢得现金的概率（选3或选4）。

前面的章节已经介绍过，统计学的一个分支是基于样本信息对总体进行决策。如果你了解总体和样本之间的关系，你就会明白如何更容易地做出统计决策——如果我们把从样本到总体进行推断的统计过程颠倒一下，总体和样本之间的关系就会变得更加清晰。在本章，我们假定总体是已知的，然后计算从总体中获得各种样本的机会。由此我们可以看出，实际上概率论与统计学是相反的——在概率论中，我们用总体的信息来推断样本可能性。

概率在进行推断时起着重要的作用。例如，假设你有机会投资一家石油勘探公司。过去的记录显示，在之前的10次石油钻探中（公司经验的样本），所有10次都失败了。你得出什么结论？你会认为这家公司打出一口喷油井的概率大于50%吗？你应该投资这家公司吗？很有可能，你会坚决地回答“不”。因为如果这家公司当时的勘探能力能保证一次打出喷油井的概率为50%，那么10次钻探打出10口枯井几乎是不可能的。

或者假设你在玩扑克牌，你的对手向你保证是一副洗好的牌。在连续三场牌局中，你右边的玩家的五张牌中有四张A。根据这三场牌局组成的样本，你是否认为这些牌洗得很好？同样，你的答案很可能是“否”。因为如果牌洗得很好，三场牌局都拿到四张A的可能性就会很小。

注意，在对石油勘探公司的潜在成功和你是否认为牌洗得很好的判断中，都涉及了解特定样本出现的机会，或者说出现的概率。这两种情形都是经过人为设计的，所以你可以很容易地得出“样本出现的概率很小”的结论。遗憾的是，许多观察到的样本出现的概率无法那么容易直观地评估。对于这些情况，我们需要概率论的帮助。

3.1 事件、样本空间和概率

让我们从容易描述的简单例子开始概率的学习。借助简单的例子，我们可以引入一些重要的定义。这些定义有助于我们更容易地确定概率的概念。

假设抛掷一枚硬币，记录正面朝上的情况。我们看见和记录的结果称为一个观测值，或者一次测量值。获得一个观测值的过程称为试验。提到试验，你可能会联想到用到试管、显微镜和其他实验器材的自然科学实验，但我们定义的试验的范畴更广。统计学的试验可以包括记录一个互联网用户对不同网站浏览器的偏好，记录道琼斯工业指数每天的变化，记录一家商业公司每周的销售额，或者计算会计分类账页面上的错误数量。关键是统计试验几乎可以是任何观测行为，只要观测结果是不确定的。

> **试验**（experiment）是一种观察行为或过程，它会导致无法准确预测的唯一结果。

考虑另一个简单的试验。这个试验是掷一个骰子并且观察朝上那面的数字。该试验的六个基本可能结果如下：

1. 观测到 1
2. 观测到 2
3. 观测到 3
4. 观测到 4
5. 观测到 5
6. 观测到 6

注意，如果这个试验只进行一次，你可以观测并且只能观测到这六个基本结果中的一个，并且这个结果不能被确切地预测。此外，这些可能的结果不能被分解为更基本的结果。因为观察一个试验的结果近似于从总体中选择一个样本，所以一个试验中可能的基本结果被称为样本点。[①]

> **样本点**（sample point）是试验的最基本结果。

例 3.1 列出一个掷硬币试验的样本点

问题 同时掷两枚硬币并且记录朝上的一面，列出这个试验所有的样本点。

解答 尽管这是一个看起来微不足道的试验，但是我们在列出样本点的时候也必须小心。乍看之下，我们也许会认为是三个基本结果：两个都是正面、两个都是反面，或者是一正一反。但是仔细考虑最后一种情况，观测到一正一反又可以分解为两个结果：硬币 1 是正面、硬币 2 是反面，以及硬币 1 是反面、硬币 2 是正面。

树形图是描述这个问题的有用工具。图 3-1 展示了这个试验的**树形图**（tree diagram）。在“树”的最上层有两个分支，分别表示第一次掷硬币的两个结果（H 或 T）。每个结果又有两个分支，分别表示第二次掷硬币的两个结果（H 或 T）。

① 也可称之为简单事件。

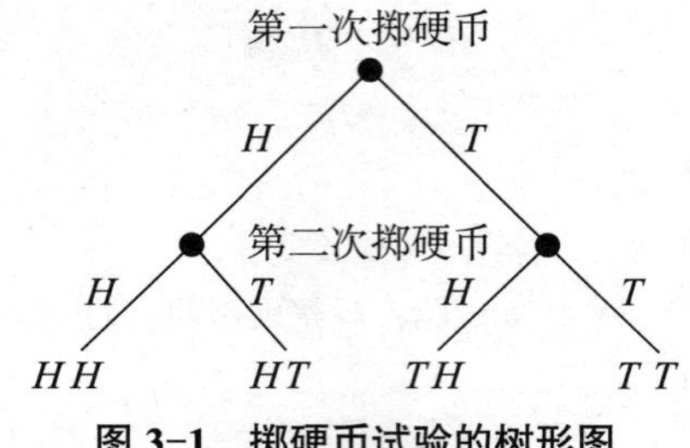

图 3-1 掷硬币试验的树形图

所以，两次掷硬币之后，我们有四个样本点：

1. 观测到 *HH*
2. 观测到 *HT*
3. 观测到 *TH*
4. 观测到 *TT*

这里第一个 *H* 表示硬币 1 是正面，第二个 *H* 表示硬币 2 是正面，等等。

回顾 就算硬币看上去是一样的，但事实上是两枚截然不同的硬币。所以样本点必须考虑到这个区别。

我们通常希望得到一个试验所有样本点的集合。这个集合被称为试验的样本空间。例如在抛掷骰子试验中的样本空间里有六个样本点。关于这个试验的样本空间的进一步讨论见表 3-1。

试验的**样本空间**（sample space）是其所有样本点的集合。

表 3-1 试验和样本空间

试验：观察硬币朝上的一面
样本空间：1. 观测到正面
2. 观测到反面
这个样本空间可以用集合表示法写成包含两个样本点的集合，记为 S：$\{H, T\}$，其中 H 代表观测到正面的样本点，T 代表观测到反面的样本点。
试验：观察骰子朝上的一面
样本空间：1. 观测到 1
2. 观测到 2
3. 观测到 3
4. 观测到 4
5. 观测到 5
6. 观测到 6
这个样本空间可以用集合表示法写成包含六个样本点的集合，记为 S：$\{1, 2, 3, 4, 5, 6\}$。
试验：观察两枚硬币朝上的一面
样本空间：1. 观测到 *HH*
2. 观测到 *HT*
3. 观测到 *TH*
4. 观测到 *TT*
这个样本空间可以用集合表示法写成包含四个样本点的集合，记为 S：$\{HH, HT, TH, TT\}$。

正如图形在描述数据集方面很有用一样，用于呈现样本空间的图形方法通常也很有用。图 3-2 显示了表 3-1 中的试验。在每个图中，样本空间被表示为一个封闭的图形，记为 S，包含所有可能的样本点。每个样本点由一个实心点（即“点”）表示并加以注明。这种图形表示称为**维恩图**（Venn diagram）。

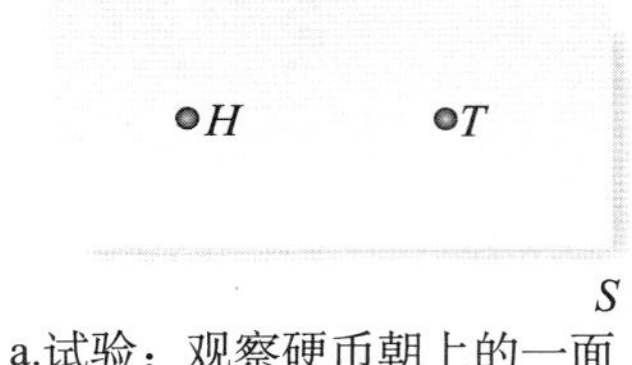

a.试验：观察硬币朝上的一面

1 2 3
4 5 6
S

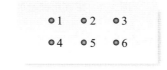

b.试验：观察骰子朝上的一面

HH HT
TH TT
S

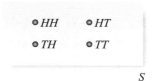

c.试验：观察两枚硬币朝上的一面

图 3-2　表 3-1 中三个试验的维恩图

人物介绍

约翰·维恩（1834—1923）——英国逻辑学家

约翰·维恩（John Venn）生于英国的赫尔，因用图（维恩图）来表示交集和并集而闻名。在剑桥大学伦理学系讲学期间，维恩撰写了《机会的逻辑》（*The Logic of Chance*）以及其他两篇逻辑学方面的论文，被视为维恩为概率和统计领域所作的最重要的贡献，他提出了一个事件的概率就是长期内该事件出现的比例这一观点。维恩不仅是一位出色的数学家，也是历史学家、哲学家、牧师，甚至还是一位熟练的机械设计师，他设计的掷板球机器曾经击败澳大利亚板球队的头号球星。

现在我们知道，一次试验只能得到一个基本结果，这个基本结果又称为一个样本点，并且样本空间是所有可能样本点的集合。我们准备讨论样本点的概率。你一定已经使用过“概率”这个术语并且对它的含义有一些直观的了解。“概率”一词在使用时一般和“机会”“**几率**”（odds）等概念的含义相同。例如，如果抛掷一枚均匀的硬币，我们可以说观测到正面朝上和反面朝上这两个样本点出现的机会是一样的。所以我们可以说：“观察到正面朝上的概率是 50%”，或者“观察到正面朝上、反面朝上的几率是 50 ： 50”。这两种说法其实都是基于非正式的概率知识得出的。我们将使用这种非正式的概念探讨概率，并且在后面的学习中加以巩固。

样本点的概率是一个介于 0~1 的数（包括 0 和 1），它刻画了在所进行的试验中某一种结果发生的可能性。这个数常常被认为是在一系列大量重复的试验中一个样本点出现的相对频数。[①] 例如，当我们考虑抛掷硬币试验中两个样本点（掷到正面朝上和掷到反面朝上）的概率时，我们可能会推断：如果我们反复多次抛掷一枚均匀的硬币，样本点“观测到正面朝上”和“观测到反面朝上”的相对频数都会等于 0.5。

① 这个结论来自概率论中的**大数定理**（Law of Large Numbers）。简言之，当一个试验反复多次进行时，一个结果出现的相对频数会逐步逼近这个结果出现的理论概率。

我们的推断在图 3-3 中得到了证实。图中绘制了（通过计算机）模拟抛硬币 N 次时正面朝上的相对频数，其中 N 最少取 25 次，最多取 1 500 次。可以看到当 N 很大时（即 N=1 500），相对频数趋近于 0.5。因此，抛硬币试验中每个样本点的概率为 0.5。

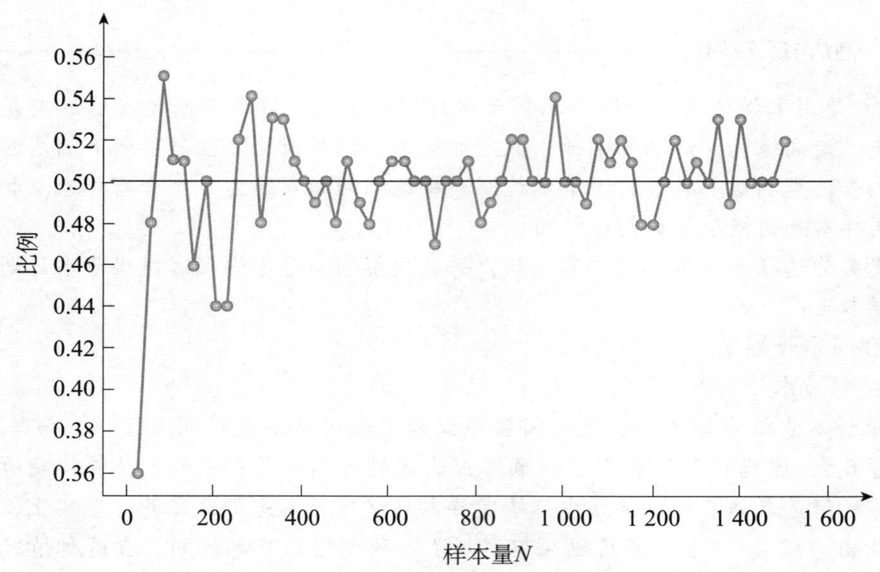

图 3-3 N 次掷硬币试验中正面朝上的比例

在一些试验中，我们可能只有很少甚至没有关于样本点出现的相对频数的信息，因此，必须用关于这类试验的比较普遍的信息来给样本点指定一个概率。例如，如果试验是投资一项有风险的项目并观察它是成功还是失败，样本空间如图 3-4 所示。

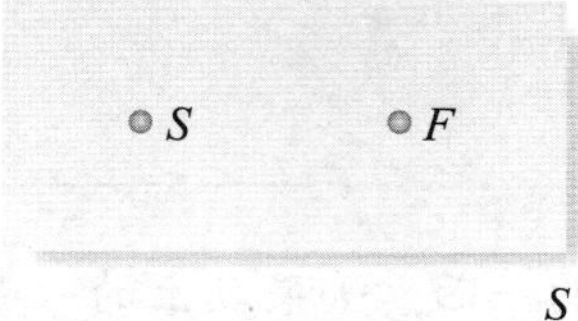

图 3-4 试验：投资一项有风险的项目并观察它是成功 (*S*) 还是失败 (*F*)

我们不大可能通过一系列重复的试验来获得这个试验的样本点的概率，因为独特的因素决定了这种试验的结果。相反，我们可能会考虑管理风险投资的人员、当时的总体经济状况、类似风险投资的成功率以及其他相关信息等。如果我们最终认为这笔业务有 80% 的机会成功，就可以把这个样本点成功的概率定为 0.8。这个概率可以解释为我们对此项风险业务的信心程度；也就是说，它是一个主观概率。但是请注意，此类概率应基于严格评估的专业信息得到。否则，根据这些概率以及相关计算结果做出的决策就可能会误导我们。（注：有关概率的主观评估的详细讨论，请参见 Winkler (1972) 或 Lindley (1985)。）

无论你如何为样本点指定概率，所给的概率必须服从两条准则。

样本点概率准则（probability rules of sample points）

令 P_i 代表样本点 i 的概率，则

1. 所有样本点的概率必须在 0~1（即 $0 \leqslant P_i \leqslant 1$）。
2. 一个样本空间里所有样本点的概率之和必须为 1（即 $\sum P_i = 1$）。

对于某些试验来说，给出样本点的概率是很容易的。例如，掷一枚均匀的硬币并观测其朝上的那面，我们一般认为观测到正面和观测到反面这两个样本点各自的概率为 1/2。但是在很多试验中，样本点的概率是很难给定的。

例 3.2 样本点概率——酒店节水计划

问题 “走向绿色”是用来描述酒店和汽车旅馆节水计划的术语。许多酒店现在通过重复使用毛巾和床单，为客人提供参与“走向绿色”计划的选择。假定你从加利福尼亚州奥兰治县所有酒店的目录中随机选择一家酒店，并且调查这家酒店是否参与了节水计划。将这个问题表述为一个含有样本点和样本空间的试验的形式，并且说明样本点的概率是如何给定的。

解答 试验可以定义为选择奥兰治县的一家酒店，并且观察酒店是否向顾客提供节水计划。这个试验的样本空间中有两个样本点：

C：{ 酒店提供节水计划 }

N：{ 酒店不提供节水计划 }

当我们尝试为两个样本点给定概率时，这与掷硬币试验之间的区别就很明显了。应该给样本点 C 多大的概率？如果你回答 0.5，你就假定了事件 C 和事件 N 出现的可能性是相同的，就像掷硬币试验中掷到硬币的正面和反面一样。但是在酒店节水计划中，给定样本点概率并不是那么容易。事实上，奥兰治县水务局最近的一份报告指出，该县 70% 的酒店现在都参与了某种类型的节水计划。在这种情况下，将样本点 C 的概率近似为 0.7，将样本点 N 的概率近似为 0.3 可能是合理的。

回顾 在这里，我们看到样本点的出现不一定总是等可能的，所以为其给定概率可能很复杂。在一些反映实际应用的试验里（与掷硬币和掷骰子截然不同的试验）尤为如此。

尽管单个样本点的概率是一个很吸引人的问题，但一般而言，样本点集合的概率问题更为重要。例 3.3 对此有深入的阐述。

例 3.3 样本点集合的概率——掷骰子试验

问题 掷一个均匀的骰子，观测其朝上的一面。如果朝上的一面是偶数，你就赢 1 美元，反之，就输 1 美元。你赢的概率有多大？

解答 回想前面有六个样本点的掷骰子试验的样本空间：

S：{1,2,3,4,5,6}

因为骰子是均匀的，我们为这个样本空间里的每个样本点给定概率 1/6。如果出现 2，4，6 中的一个样本点，一个偶数就会出现。像这样的样本点集合被称为事件，我们用 A 表示。因为事件 A 包含三个样本点，每个的概率都是 1/6，并且没有样本点能够同时出现，由此我们可以推知 A 的概率是 A 中所有样本点概率之和。因此，A 的概率（也就是你赢 1 美元的概率）为 1/6+1/6+1/6=1/2。

回顾 基于我们对概率的理解，$P(A)$=1/2 意味着，从长期来看，你会有一半的时间赢 1 美元，有一半的时间输 1 美元。

图 3-5 是维恩图，表示了掷骰子试验的样本空间和事件 A——掷到偶数。事件 A 用样本空间 S 中一个封闭的圆形表示，这个封闭的圆形包含组成事件 A 的所有样本点。

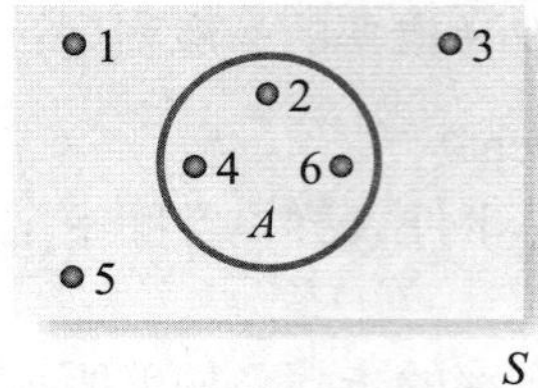

图 3-5 掷骰子试验中的事件 A：掷到偶数

为了确定哪些样本点属于事件 A 的集合，需要测试样本空间 S 中的每一个样本点。如果事件 A 发生，则样本点是在事件 A 中。例如，当掷骰子掷到 2 时，事件 A 就会发生。同理，掷到 4 和掷到 6 都在事件 A 中。

总而言之，我们已经演示了事件可以用文字来定义，也可以定义为一组特定的样本点。这使我们得出事件的一般定义：

> **事件**（event）是样本点的特定集合。此外，**基本事件**（simple event）仅包含单个样本点，而**复合事件**[①]（compound event）通常包含两个或多个样本点。

例 3.4 复合事件的概率——有缺陷的智能手机

问题 考虑一个试验，在该试验中，在制造过程中从装配线上随机选择了两部智能手机。确定每一部的缺陷状态——缺陷（D）或非缺陷（N）。试验的样本点（结果）列于下表中，其中 DD 表示第一部手机有缺陷且第二部有缺陷的事件，ND 表示第一部手机无缺陷且第二部有缺陷的事件，依此类推。假设与样本点相应的正确概率如表所示。（注：样本点给定的概率均满足要求。）考虑事件

A = { 恰好观察到一部手机有缺陷 }

B = { 观察到至少一部手机有缺陷 }

计算 A 的概率和 B 的概率。

样本点	概率
DD	0.010
DN	0.045
ND	0.045
NN	0.900
合计	1.000

解答 事件 A 包含样本点 DN 和 ND，因此，A 是复合事件。由于两个或多个样本点不能同时发生，我们可以通过将两个样本点的概率相加来轻松计算出事件 A 的概率。因此，恰好观察到一部手机有缺陷（事件 A）的概率，用符号 $P(A)$ 表示，是

$$P(A)=P(\text{观测到 } DN)+P(\text{观测到 } ND)=0.045+0.045=0.09$$

同样，因为 B 代表至少一部手机有缺陷，它包含样本点：DN，ND 和 DD。因此，$P(B) = 0.045 + 0 .045 + 0.01 = 0.10$。

回顾 同样，解释这些概率应该从长远的角度进行。例如，$P(B) = 0.10$ 意味着，如果我们从装配线上随机选择两部智能手机（可以视为一对）无数次，我们会观察到在 10% 的对中至少一部手机有缺陷。

① 一些复合事件只包含一个样本点（正如我们在 3.2 节中演示的那样）。但是，这些复合事件是至少两个其他事件的组合。

前面的例子给我们展示了找到事件 *A* 概率的一般程序：

> **事件的概率**（probability of an event）
> 事件 *A* 概率的计算方法为：加总事件 *A* 样本空间中全部样本点的概率。

所以我们可以总结计算任何事件概率的步骤，如下所示。

> **计算事件概率的步骤**
> 步骤 1　定义试验，即描述获得一个观测值的过程以及被记录的观测值类型。
> 步骤 2　列出样本点。
> 步骤 3　为样本点给定概率。
> 步骤 4　确定感兴趣的事件中包含的样本点集合。
> 步骤 5　对样本点概率求和得到事件的概率。

| 例 3.5　遵循五个步骤来计算概率——多样性训练 |

问题　员工的多样性训练是美国商界的一股新潮流。《今日美国》（*USA Today*）报道了美国企业将多样性训练纳入战略计划的主要原因。这些原因总结在表 3-2 中。假设从所有采用多样性训练的美国企业里随机抽取某一企业，并且它的主要原因是确定的。

表 3-2　多样性训练的主要原因

原因	百分比（%）
遵守个性化政策（*CPP*）	7
提高生产率（*IP*）	47
保持竞争力（*SC*）	38
增强社会责任感（*SR*）	4
其他（*O*）	4
合计	100

a. 定义生成表 3-2 中数据的试验并列出样本点。
b. 为样本点给定概率。
c. 多样性训练的主要原因与业务（竞争或生产力）相关的概率是多少？
d. 增强社会责任感不是多样性训练的主要原因的可能性有多大？

解答　a. 试验旨在确定某美国企业对员工进行多样性训练的主要原因。样本点（试验的最简单结果）是表 3-2 中列出的五个响应类别。这些样本点如图 3-6 中的维恩图所示。

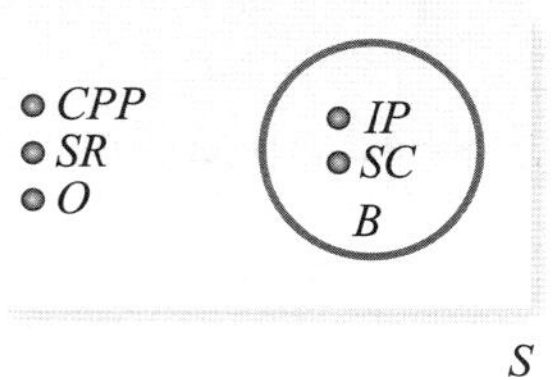

图 3-6　多样性训练调查的维恩图

b. 如果像例 3.1 那样，我们可能会在这里也赋予相等的概率，则每个响应类别的概率将为 1/5 或者 0.2。但是，通过查看表 3-2，你可以看到这里采用等概率并不合理，因为五个类别的响应百分比都不相

同。所以给定概率的更合理方法是以每个类别中的响应百分比作为概率，如表 3–3 所示。[①]

表 3–3 多样性训练调查的样本点概率

样本点	概率
CPP	0.07
IP	0.47
SC	0.38
SR	0.04
O	0.04

c. 以 B 表示多样性训练的主要原因与业务相关这一事件。B 不是一个样本点，因为它包含不止一个响应类别（样本点）。事实上，如图 3–6 所示，B 包含两个样本点，即 IP 和 SC。B 的概率被定义为 B 中样本点概率之和。

$$P(B)=P(IP)+P(SC)=0.47+0.38=0.85$$

d. 以 NSR 表示企业进行多样性训练的主要原因不是由于增强社会责任感这一事件。则 NSR 包含除了 SR 之外的所有样本点，其概率为相应样本点概率之和。

$$P(NSR)=P(CPP)+P(IP)+P(SC)+P(0)$$
$$=0.07+0.47+0.38+0.04=0.96$$

回顾 解决此问题的关键是遵循前述方框中的步骤。我们在 a 中定义试验（步骤 1），列出样本点（步骤 2）。在 b 中为样本点给定概率（步骤 3）。在 c 和 d 中，我们识别了事件中的样本点集合（步骤 4）并且用加总的方法得到了它们的概率（步骤 5）。

例 3.6 另一个复合事件的概率——成功的风险投资项目

问题 你有资金投资四个风险项目中的两个，每个项目大约需要投入相同的资金。你不知道的是，这四个风险项目中有两个会失败，有两个会成功。你研究了这四个项目，因为你认为你的研究会使得你选中成功项目的概率增加，大于随机挑选的概率。你最终选择了两个项目。如果你完全不使用研究得到的信息，而是随机挑选两个风险项目，则至少选到一个成功项目的概率是多少？

解答 步骤 1：用 S_1 和 S_2 表示两个成功的项目，F_1 和 F_2 表示两个失败的项目。这个试验是从四个风险项目中随机选出两个，每对可能的项目组合都代表了一个样本点。

步骤 2：样本空间由六个样本点组成：

1.(S_1,S_2)

2.(S_1,F_1)

3.(S_1,F_2)

4.(S_2,F_1)

5.(S_2,F_2)

6.(F_1,F_2)

步骤 3：接下来，为样本点给定概率。如果我们假设任何一对项目被选中的可能性与其他任何一对的可能性相同，则每个样本点的概率为 1/6。

步骤 4：至少选到一个成功项目的事件包括除了样本点（F_1,F_2）以外的所有样本点。

步骤 5：现在，我们发现：

---

① 响应百分比是基于美国企业样本；给定的概率是对真实总体响应百分比的估计。你将在第 6 章中学习如何度量概率估计的可靠性。

$$P\{\text{至少选到一个成功项目}\}=P(S_1,S_2)+P(S_1,F_1)+P(S_1,F_2)+P(S_2,F_1)+P(S_2,F_2)$$
$$=1/6+1/6+1/6+1/6+1/6=5/6$$

所以，在随机选取的情况下，至少选到一个成功项目的概率是 5/6。

前面的例子有一个共同点，样本空间中的样本点很少，因此能很容易地找到并且列出样本点。如果样本点有成千上万个，我们该如何处理这些问题呢？例如，假设我们想从 1 000 个风险项目中选出 5 个，然后每个由 5 个不同的风险项目组成的组将代表一个样本点。你如何确定此试验中样本点的个数呢？

确定复杂试验的样本点数量的一种方法是建立一个计数系统。 从一个简单的试验开始。例如，看看你是否可以建立一个系统来计算从 4 个风险项目中选出 2 个项目的方法的数量（这正是例 3.6 中所做的）。如果 4 个风险项目用符号 V_1，V_2，V_3 和 V_4 表示，则样本点可以按以下模式列出：

(V_1,V_2) (V_2,V_3) (V_3,V_4)
(V_1,V_3) (V_2,V_4)
(V_1,V_4)

用这种形式来看更复杂的情况，例如从 5 个风险项目中选出 3 个项目。列出样本点并展示其表现形式。最后，看看你能否简化这种形式。也许你可以编写一个计算机程序来生成和计算从 1 000 个风险项目中选出 5 个项目的样本点数量。

确定试验样本点数量的第二种方法是使用**组合数学**（combinatorial mathematics）。这个数学分支关注的是针对给定情况制定计数法则。例如，有一个简单的法则可以计算从 1 000 个风险项目中选出 5 个项目，有多少种不同的取法。 此法则称为组合法则。

组合法则（Combinations Rule）

从 N 个元素中选取 n 个形成了一个样本。这样可以得到$\binom{N}{n}$个不同的样本，则

$$\binom{N}{n}=\frac{N!}{n!(N-n)!}$$

其中，! 代表 $n!=n(n-1)(n-2)\cdots 3\times 2\times 1$。

例如，$5!=5\times 4\times 3\times 2\times 1$。（注意：0! 被定义为等于 1。）

例 3.7 使用组合法则——从 4 个风险项目中选择 2 个项目

问题 在例 3.6 中，我们需要从 4 个风险项目中选出 2 个来进行投资。用组合法则确定有多少种不同的选择方案。

解答 在这个例子中，N=4，n=2，并且

$$\binom{4}{2}=\frac{4!}{2!2!}=\frac{4\times 3\times 2\times 1}{(2\times 1)(2\times 1)}=\frac{4\times 3}{2\times 1}=\frac{12}{2}=6$$

回顾 你能看到这个结果与例 3.6 中得到的样本点的数量相同。

例 3.8 使用组合法则——从 20 个风险项目中选择 5 个项目

问题 假如你计划将资金等额投资到 5 个商业风险项目中。如果你有 20 个项目可供选择，能有多少

种不同的投资组合方案？

解答 在这个例子中，N=20 并且 n=5，则从 20 个风险项目中选出 5 个项目的不同组合数为：

$$\binom{20}{5}=\frac{20!}{5!(20-5)!}=\frac{20!}{5!15!}$$
$$=\frac{20\times19\times18\times\cdots\times3\times2\times1}{(5\times4\times3\times2\times1)\times(15\times14\times13\times\cdots\times3\times2\times1)}=\frac{20\times19\times18\times17\times16}{5\times4\times3\times2\times1}$$
$$=15\,504$$

回顾 你可以看到，就算不是一件无法完成的任务，尝试列出这个试验中的所有样本点也是一项极其烦琐且耗时的工作。

组合法则仅仅是组合数学家提出的大量计数法则之一。这种计数法则适用的试验条件是，从 N 个元素中选取 n 个，并且在每次选取一个元素前都不放回之前已选的所有元素。

回顾实践中的统计

计算和理解彩票中奖的概率

在佛罗里达州的彩票游戏中，有一种叫作“每周选 6”。你从 1~53 中选出 6 个数，我们可以运用组合法则来确定从 53 个数中选出 6 个数的组合总数（即样本点总数或者所有可能的中奖彩票组合）。此处 N=53，n=6，所以我们有：

$$\binom{N}{n}=\frac{N!}{n!(N-n)!}=\frac{53!}{6!47!}$$
$$=\frac{53\times52\times51\times50\times49\times48\times47!}{6\times5\times4\times3\times2\times1\times47!}$$
$$=22\,957\,480$$

因为彩票摇奖的球是随机选定的，所以这 22 957 480 种组合是等可能出现的。因此中奖的概率为：

P（“每周选 6”彩票中奖）=1/22 957 480=0.000 000 043 56

这个概率一般以如下方式表述：买一张彩票中奖的概率为 1/22 957 480，或者大约为 2 300 万分之一。从现实的角度来看，这个概率就是 0，意味着如果你只买一张彩票，几乎不可能中奖。然而，几乎每周都有中奖者。这种明显的矛盾可以用下面的类比来解释。

假设有一队前后相连的小货车，从纽约一直延伸到加利福尼亚州的洛杉矶。考虑这两个城市之间的距离和标准货车的长度，这队货车大约会有 2 300 万辆。如果彩票官员随机选择一辆货车并且将 1 000 万美元放在这辆车的车厢里，现在你花 1 美元，从所有货车中选择一辆（并且只能选择一辆）来查看它的车厢。你觉得你有可能找到那辆放了 1 000 万美元的货车吗？几乎可以确定，不可能。但是，假如允许任何人花 1 美元去选择货车，并且有 5 000 万人这么做，肯定会有某个人找到那辆装有 1 000 万美元的货车，但是那个人基本上不可能是你。（这个例子阐述了统计学中的大数定理。）

3.2 事件的并和交

一个事件通常可以看作是两个或多个事件的组合。此类事件称为复合事件，可以按照此处定义和说明的两种方式形成（组合）。

A 和 *B* 两个事件的**并**（union）是指在一次试验中，*A* 出现，或者 *B* 出现，或者两者一起出现的事件。我们把 *A* 和 *B* 两个事件的并用符号 $A \cup B$ 表示。$A \cup B$ 包含所有属于 *A* 或者属于 *B*，或者同时属于两者的样本点（见图 3-7a）。

A 和 *B* 两个事件的**交**（intersection）是指在一次试验中，*A* 和 *B* 同时出现的事件。我们把 *A* 和 *B* 两个事件的交用符号 $A \cap B$ 表示。$A \cap B$ 包含所有属于 *A* 同时又属于 *B* 的样本点（见图 3-7b）。

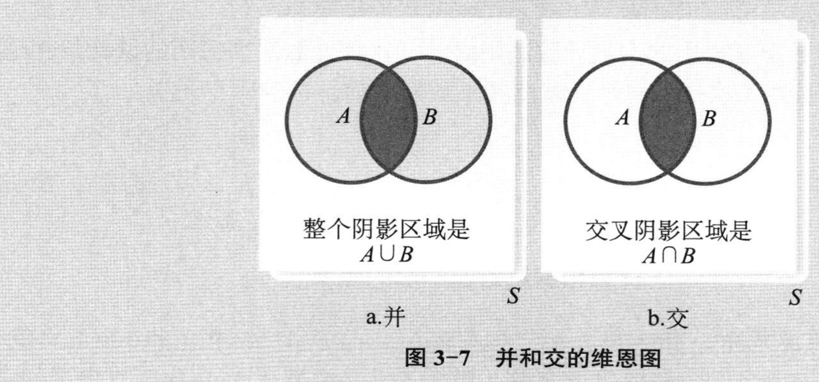

图 3-7 并和交的维恩图

例 3.9 并集和交集的概率——掷骰子试验

问题 考察一个掷骰子试验，定义如下事件：

A：{掷到偶数}

B：{掷到的点数小于等于 3}

a. 描述试验中的 $A \cup B$。

b. 描述试验中的 $A \cap B$。

c. 假定骰子是均匀的，计算 $P(A \cup B)$ 和 $P(A \cap B)$。

解答 画出如图 3-8 所示的维恩图。

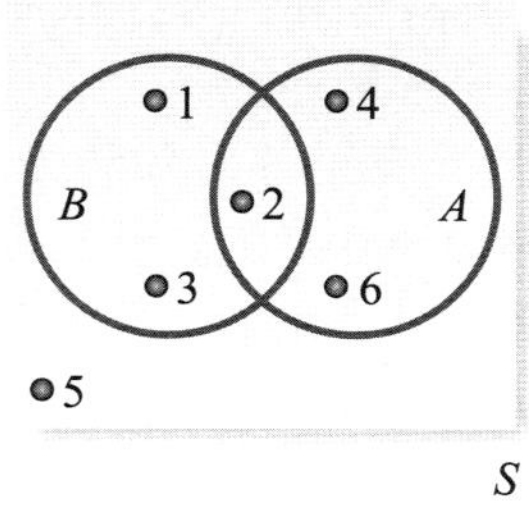

图 3-8 掷骰子试验的维恩图

a. 事件 *A* 和事件 *B* 的并即为我们掷到偶数或者掷到的点数小于等于 3，或者两种情况同时出现的事件。所以 $A \cup B$ 这个事件的样本点即为或者事件 *A* 发生，或者事件 *B* 发生以及两者同时发生的样本点。搜索样本空间中所有的样本点，我们找到事件 *A* 和事件 *B* 并的样本点集合：

$A \cup B=\{1,2,3,4,6\}$

b. 事件 A 和事件 B 的交即为我们掷到偶数和掷到的点数小于等于 3 同时发生的事件。搜索事件 A 和事件 B 同时发生的样本点，我们可以找到事件 A 和事件 B 的交仅有一个样本点：

$A \cap B=\{2\}$

也就是说，A 和 B 的交的样本点是 2。

c. 回顾事件的概率是组成事件的样本点的概率之和，我们有：

$$P(A \cup B)=P(1)+P(2)+P(3)+P(4)+P(6)$$
$$=\frac{1}{6}+\frac{1}{6}+\frac{1}{6}+\frac{1}{6}+\frac{1}{6}=\frac{5}{6}$$
$$P(A \cap B)=P(2)=\frac{1}{6}$$

回顾 因为 6 个样本点是等可能出现的，所以 c 中的概率是感兴趣的事件中样本点的个数除以 6。

可以为两个以上的事件定义并和交。例如，$A \cup B \cup C$ 表示 A，B，C 三个事件的并。如果事件 A，B，C 中任意一个（或多个）事件发生，则包含 A，B，C 的所有样本点的事件发生。类似地，$A \cap B \cap C$ 表示 A，B，C 三个事件同时发生。因此，$A \cap B \cap C$ 是三个事件的所有共同样本点的集合。

例 3.10 在二维列联表中查找概率——收入与年龄

问题 许多公司采用直接的营销战略来促销其产品。一种具有代表性的战略是向许多家庭发送邮件。邮件的回复率被严格记录以确定回复者的人群特点。通过研究回复的特点，公司可以更好地针对那些最可能购买其产品的人群发送广告邮件。

假设一种指导发送邮件的工具正在分析最近发邮件的情况。回复的概率被认为与收入和年龄有关。表 3-4 按收入和年龄分类给出了回复者的比例。因为该表用了两个变量（收入和年龄）来进行划分，所以这种表被称为**二维列联表**（two-way table）。定义下列事件：

A：{ 一个回复者的收入超过 50 000 美元 }

B：{ 一个回复者的年龄不小于 30 岁 }

a. 找出 $P(A)$ 和 $P(B)$。

b. 找出 $P(A \cup B)$。

c. 找出 $P(A \cap B)$。

表 3-4 年龄与收入分类中回复者比例的二维列联表

年龄	收入（美元）		
	<25 000	25 000~50 000	>50 000
<30 岁	5%	12%	10%
30~50 岁	14%	22%	16%
>50 岁	Ⓑ 8%	10%	3%
			Ⓐ

解答 按照下列步骤来计算事件的概率。首要目标是找出回复者收入和年龄的分布特点。为此，我们需要进行一个试验，从所有回复者中选取一个回复者并且观察其收入和年龄情况，故样本点有九种不同的划分：

E_1：{<30 岁，<25 000 美元 }

E_2：{30~50 岁，<25 000 美元 }

E_3：{>50 岁，<25 000 美元 }

E_4：{<30 岁，25 000~50 000 美元 }

E_5：{30~50 岁，25 000~50 000 美元} E_8：{30~50 岁，>50 000 美元}
E_6：{>50 岁，25 000~50 000 美元} E_9：{>50 岁，>50 000 美元}
E_7：{<30 年，>50 000 美元}

接下来，我们为样本点赋予概率值。如果我们随机选取一个回复者，则他具有某一特定年龄和收入特点的概率就等于这类回复者在所有分类中所占的比例。这个比例在表 3-4 中已经给出，因此

$P(E_1)$= 年龄与收入分类中回复者的相对频数 {<30 岁，<25 000 美元}=0.05

$P(E_2)=0.14$

$P(E_3)=0.08$

$P(E_4)=0.12$

$P(E_5)=0.22$

$P(E_6)=0.10$

$P(E_7)=0.10$

$P(E_8)=0.16$

$P(E_9)=0.03$

你可以证明，所有样本点的概率之和为 1。

a. 为了求出 $P(A)$，我们首先确定事件 A 中包含的样本点的集合。由于 A 被定义为 {>50 000 美元}，我们从表 3-4 中可以看到 A 包含 3 个样本点（见表的最后一列），也就是说，事件 A 包含的收入分类 {>50 000 美元} 在所有的年龄分类中都成立。事件 A 的概率是 A 中样本点概率之和：

$$P(A)=P(E_7)+P(E_8)+P(E_9)=0.10+0.16+0.03=0.29$$

同样，B：{≥30 岁} 包含表 3-4 第二行和第三行中的 6 个样本点（见浅灰色区域）：

$$P(B)=P(E_2)+P(E_3)+P(E_5)+P(E_6)+P(E_8)+P(E_9)$$
$$=0.14+0.08+0.22+0.10+0.16+0.03=0.73$$

b. 事件 A 和事件 B 的并——$A \cup B$，包含属于 A 或属于 B 或者同时属于 A 和 B 的全部样本点，即 A 和 B 的并包含收入超过 50 000 美元或者年龄不小于 30 岁的所有回复者。在表 3-4 中就是第三列与后两行中的所有样本点，因此

$$P(A \cup B)=0.10+0.14+0.22+0.16+0.08+0.10+0.03=0.83$$

c. 事件 A 和事件 B 的交——$A \cap B$，包含既属于 A 又属于 B 的全部样本点，即 A 和 B 的交包含收入超过 50 000 美元并且年龄不小于 30 岁的所有回复者。在表 3-4 中就是在第三列并且在后两行中的所有样本点，因此

$$P(A \cap B)=0.16+0.03=0.19$$

回顾 对于问题 b 和问题 c，求解概率的关键是找出包含感兴趣事件的样本点。在像表 3-4 这样的二维列联表中，全部样本点的个数等于列联表的行数乘以列数。

3.3 互补事件

计算事件概率的一个重要的概念是**互补事件**（complementary event）。

> 事件 A 的**补集**（complement）是指事件 A 没有发生的情形，即互补事件中包含了所有不在事件 A 中的样本点。我们用 A^C 来表示 A 的补集。

事件 A 是一个样本点的集合，则 A^C 是那些不在 A 中的样本点的集合。图 3-9 表述了这一观点。注意从图中可以看到 S 中所有的样本点要么在 A 中要么在 A^C 中，并且没有样本点既在 A 中

又在 A^C 中。这就让我们得到如下结论：一个事件和其互补事件的概率之和一定是 1。

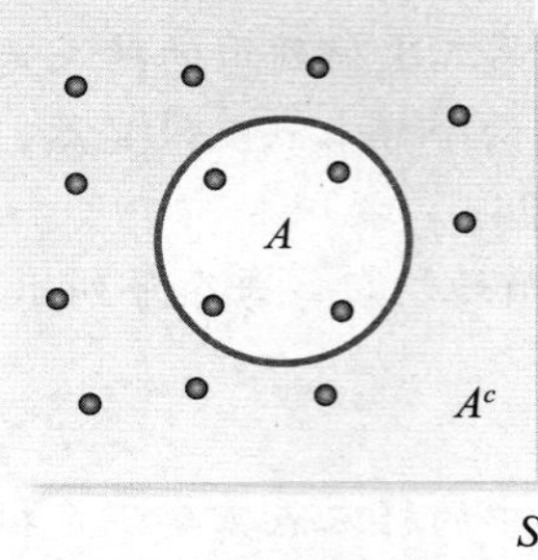

图 3-9 互补事件的维恩图

互补事件法则（rule of complements）
互补事件的概率之和为 1，即 $P(A)+P(A^C)=1$。

在许多概率问题中，计算感兴趣事件的互补事件的概率要比计算感兴趣事件本身的概率容易。因为

$$P(A)+P(A^C)=1$$

故可以通过下式得到 $P(A)$。

$$P(A)=1-P(A^C)$$

例 3.11 互补事件的概率——掷硬币试验

问题 在掷硬币（质地均匀）试验中，事件 A：{至少掷到一枚硬币正面朝上}。

a. 如果掷两枚硬币，请计算 $P(A)$。

b. 如果掷十枚硬币，请计算 $P(A)$。

解答

a. 当掷两枚硬币时，我们知道事件 A：{至少掷到一枚硬币正面朝上}包含样本点：

A：$\{HH,HT,TH\}$

A 的互补事件被定义为 A 不发生的事件，所以

A^C：{没有硬币正面朝上}$=\{TT\}$

图 3-10 描述了这种互补事件的关系。假设硬币是均匀的，则有

$$P(A^C)=P(TT)=1/4$$

$$P(A)=1-P(A^C)=1-1/4=3/4$$

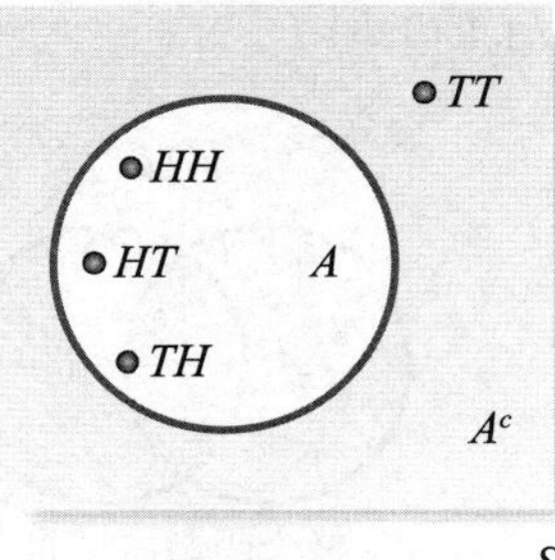

图 3-10 掷两枚硬币试验中的互补事件

b. 我们遵循计算事件概率的五个步骤来解决这个问题（见 3.1 节）。

第1步：定义试验。该试验记录了10次掷硬币的结果。

第2步：列举样本点。一个样本点是由10次掷硬币结果组成的特殊序列。因此，*HHTTTHTHTT* 是一个样本点，表示第一次掷硬币的结果是正面，第二次掷硬币的结果是正面，第三次掷硬币的结果是反面，等等。*HTHHHTTTTT* 和 *THHTHTHTTH* 是另外两个样本点。很显然，样本点的数量很大，难以一一列举。通过计算可知，该试验的样本点数量为 2^{10}=1 024。

第3步：计算概率。因为每次投掷的硬币质地均匀，每个序列出现的机会均等，所以所有样本点都是等可能出现的。因此

P(每个样本点)=1/1 024

第4步：确定事件 A 中的样本点。事件 A 中的样本点需要满足掷10次硬币至少有1次正面朝上。然而，如果我们考虑 A 的补集，记为：

A^C={10次掷硬币中没有正面朝上}.

则 A^C 只包含一个样本点：

$A^C=\{TTTTTTTTTT\}$

$P(A^C)=1/1\ 024$

第5步：利用补集的关系计算 $P(A)$：

$P(A)=1-P(A^C)=1-1/1\ 024=1\ 023/1\ 024=0.999$

回顾 注意，在a中我们可以通过加总 A 中的样本点 HH，HT 和 TH 的概率来求解 $P(A)$。但是通过求解 A^C 的概率并且运用互补事件法则来求解显然要简单一些。

展望 在b中，因为 $P(A)=0.999$，我们基本确定，掷10次硬币至少会观测到1次正面朝上。

3.4 加法法则和互斥事件

在3.2节中我们了解了如何确定并集中的样本点，以及加总这些样本点的概率来计算并集的概率。另一种求解两个事件的并的概率的方法是使用概率的加法法则。

两个事件的并往往包含许多样本点，因为两个事件分别发生或者同时发生时就得到它们的并。通过研究图3-11所示的维恩图可以看到，事件 A 和事件 B 的并的概率可以通过加总 $P(A)$ 和 $P(B)$ 并且减去 $A \cap B$ 对应的概率得到。我们必须减去 $P(A \cap B)$，因为 $A \cap B$ 中的样本点概率被计算了两次——一次在 $P(A)$ 中，一次在 $P(B)$ 中。下面给出了计算两个事件的并的概率的公式。

概率的加法法则（additive rule of probability）

事件 A 和事件 B 的并的概率等于 A 和 B 概率之和减去 A 交 B 的概率，即

$$P(A \cup B)=P(A)+P(B)-P(A \cap B)$$

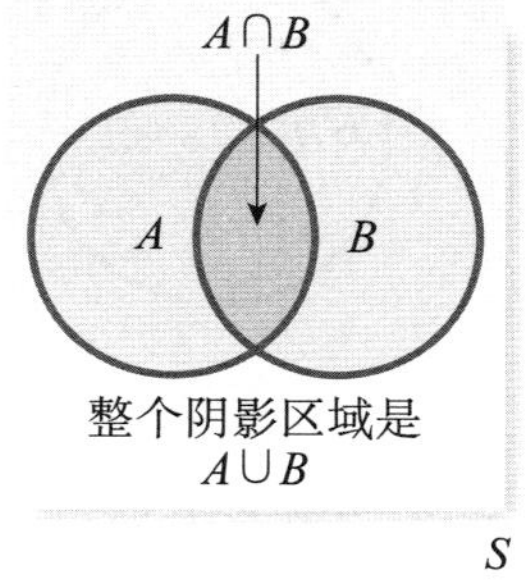

图3-11 并集的维恩图

例 3.12 应用加法法则——入院研究

问题 医院的记录表明：12% 的病人接受了外科治疗，16% 的病人接受了妇产科治疗，2% 的病人同时接受了两种治疗。如果一个新的病人进入医院，那么她接受外科治疗或者妇产科治疗，或者同时接受两种治疗的概率是多少？使用加法法则来解决这个问题。

解答 考虑下列事件：

A：{ 一个病人入院接受外科治疗 }

B：{ 一个病人入院接受妇产科治疗 }

则由已有的信息可知：

$P(A)=0.12$

$P(B)=0.16$

病人同时接受妇产科治疗和外科治疗的概率为：

$P(A\cap B)=0.02$

病人进入医院后，接受外科治疗或者妇产科治疗，或者同时接受两种治疗这一事件是 A 和 B 的并，即 $A\cup B$。$A\cup B$ 的概率可以运用加法法则得到：

$$P(A\cup B)=P(A)+P(B)-P(A\cap B)=0.12+0.16-0.02=0.26$$

因此，有 26% 的病人进入医院接受外科治疗或者妇产科治疗，或者同时接受两种治疗。

回顾 从给出的信息来看，不可能列出所有样本点并给出概率值。因此，我们不能通过计算事件概率的五个步骤计算概率，而必须使用加法法则。

事件 A 和事件 B 中存在的一种特殊的情况是 $A\cap B$ 没有样本点，在这种情况下我们称 A 和 B 为互斥事件。

> 如果 $A\cap B$ 中没有样本点，即事件 A 和事件 B 没有相同的样本点，则称 A 和 B 是**互斥事件**（mutually exclusive events）。

图 3-12 展示了两个互斥事件的维恩图。事件 A 和事件 B 没有共同的样本点，也即 A 和 B 不会同时发生，或者说 $P(A\cap B)=0$。

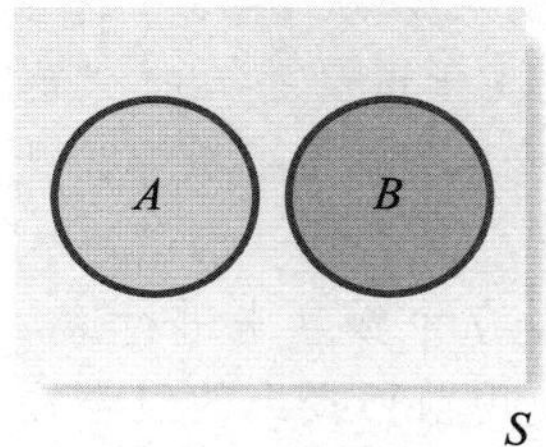

图 3-12 互斥事件的维恩图

两个互斥事件并的概率

如果事件 A 和事件 B 是互斥的，则 A 和 B 的并的概率等于 A 和 B 的概率之和，即 $P(A\cup B)=P(A)+P(B)$。

注意：上述公式在事件不是互斥的情况下是不成立的。在事件不是互斥的情况下，你需要运用概率的加法法则。

例 3.13 两个互斥事件的并——掷硬币试验

问题 求解掷两枚均匀的硬币时，掷到至少一枚硬币正面朝上的概率。

解答 定义事件

A：{至少一枚硬币正面朝上}

B：{恰好一枚硬币正面朝上}

C：{恰好两枚硬币正面朝上}

我们注意到：

$A=B \cup C$

并且 $B \cap C$ 中没有样本点（见图 3-13）。因为 B 和 C 是互斥的，所以

$$P(A)=P(B \cup C)=P(B)+P(C)$$
$$=1/2+1/4=3/4$$

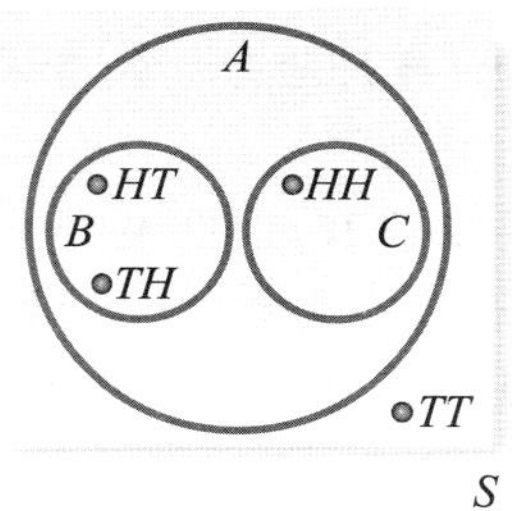

图 3-13 掷硬币试验的维恩图

回顾 尽管这个例子非常简单，但它告诉我们用“至少”或者“至多”这样的词来描述互斥事件是非常有用的。这个练习使我们掌握了将互斥事件的概率相加来求解概率的方法。

回顾实践中的统计

滚动下注中奖的概率

请参阅佛罗里达州的每周选 6 乐透游戏，你可以从 1~53 中选出 6 个数字。在 3.1 节中，我们了解到单张彩票中奖的概率仅为大约 2 300 万分之一。《乐透高手》的“专家”推荐了许多提高彩票中奖概率的策略。一种策略是采用滚动下注的方式，你选择 6 个以上的数字，比如 7 个，然后对从 7 个数字中选出来的 6 个数字的所有组合下注。

假设你选择 2，7，18，23，30，32 和 51 这 7 个数字来进行滚动下注。表 SIA3-1 中列出了所有可能的组合。你可以看到有 7 种不同的组合方式（使用前面提到的组合法则进行计算，其中 $N=7$，$n=6$）。所以我们根据数字的不同组合来买 7 张彩票（花费 7 美元）进行滚动下注。

表 SIA3-1 选择 2，7，18，23，30，32 和 51 滚动下注

彩票 1	2	7	18	23	30	32
彩票 2	2	7	18	23	30	51
彩票 3	2	7	18	23	32	51
彩票 4	2	7	18	30	32	51
彩票 5	2	7	23	30	32	51
彩票 6	2	18	23	30	32	51
彩票 7	7	18	23	30	32	51

为了验证这个策略是否真的能提高中奖的概率，我们需要计算 7 种组合中的一种的中奖概率，也就是说，我们要计算彩票 1、彩票 2、彩票 3、彩票 4、彩票 5、彩票 6 或者彩票 7 的中奖概率。注意，在描述概率时我们用了“或者”这个词，也就是 7 个事件的并。令 T1 为彩票 1 中奖，依此类推得到 T2，T3，…，T7，我们有：

P（T1 或者 T2 或者 T3 或者 T4 或者 T5 或者 T6 或者 T7）

回顾 3.1 节提到，全部彩票有 22 957 480 种不同的组合方式，这些方式都是互斥的并且等可能出现。所以 7 个事件的并就是各事件概率之和，由于每一个事件的概率为 1/22 957 480，因此

P（用 7 个数字赢得乐透彩票）=P（T1 或者 T2 或者 T3 或者 T4 或者 T5 或者 T6 或者 T7）

=7/22 957 480=0.000 000 3

从概率的角度讲，采用滚动下注中奖的机会为 3/（1 000 万），“彩票专家”是正确的，我们中奖的机会的确增加了（与之前的相比）。但是中奖的概率依然接近 0。我们会怀疑花 7 美元来提高中奖的概率到底值不值。事实上可以证明，如果想采用滚动下注的方法把每周选 6 彩票中奖的概率提高到 1/100（即 0.01），你需要选 26 个数字来进行滚动下注，这会产生 230 230 种不同的组合，将花掉 230 230 美元！

3.5 条件概率

我们讨论的事件的概率都是通过大量重复试验得到事件的相对频数而获得的。这种概率被称为**非条件概率**（unconditional probability），因为在这里除了定义试验之外，我们没有假设特别的条件。

但是，我们往往了解更多的信息，这些信息可能会影响到试验的结果。所以我们需要改变感兴趣事件的概率。这种反映额外信息的概率被称为事件的**条件概率**（conditional probability）。例如，我们已经知道掷一个均匀的骰子掷到偶数（事件 A）的概率是 1/2。但是假如我们了解到用某种特殊的投掷方法掷该骰子，掷到的点数小于或者等于 3（事件 B），那么掷到偶数的概率还是 1/2 吗？不可能。因为假若 B 发生，它会把原来 6 个样本点的样本空间缩减到 3 个（显然被包含在事件 B 中）。这个减小的样本空间如图 3-14 所示。

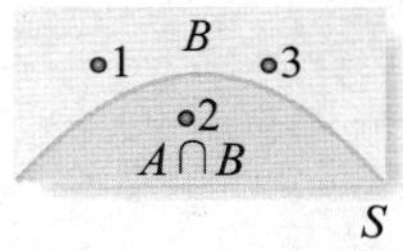

图 3-14　事件 B 发生时掷骰子试验缩减的样本空间

由于掷骰子试验中样本点是等可能出现的，因此在缩减的样本空间里这 3 个样本点都被赋予了相等的条件概率 1/3。因为缩减的样本空间中唯一的偶数是 2 并且骰子是均匀的，所以我们说在事件 B 发生的条件下事件 A 发生的概率为 1/3。我们用符号 $P(A|B)$ 来表示已知事件 B 发生条件下事件 A 发生的概率，在这个掷骰子试验中，$P(A|B)=1/3$。

为了获得已知事件 B 发生条件下事件 A 发生的概率，我们采取如下步骤：用 A 落入缩减的样本空间 B 中那部分的概率，即 $P(A \cap B)$，除以全部缩减样本空间的概率，即 $P(B)$。因此，定义掷骰子试验中的事件 A：{ 掷到偶数 }，事件 B：{ 掷到一个小于等于 3 的点数 }，我们有：

$$P(A|B)=\frac{P(A\cap B)}{P(B)}=\frac{P(2)}{P(1)+P(2)+P(3)}=\frac{1/6}{3/6}=\frac{1}{3}$$

求 $P(A|B)$ 的公式如下：

条件概率公式

将事件 A 和事件 B 同时发生的概率除以事件 B 发生的概率，可以求得已知事件 B 发生条件下事件 A 发生的概率，即

$$P(A|B)=\frac{P(A\cap B)}{P(B)}\text{（我们假定 }P(B)\neq 0\text{）}$$

这个公式把（$A\cap B$）的概率值从原来在完整样本空间 S 中的概率值调整为缩减的样本空间 B 中的条件概率值。如果样本点在完整的样本空间中出现的概率是相等的，则像掷骰子试验中那样，该公式在缩减的样本空间中依然会给予样本点相等的概率值。相反，如果样本点有不同的概率值，则该公式会基于完整样本空间中的概率按比例地给出条件概率。下面的例子说明了这一点。

例 3.14 条件概率公式——在高尔夫球场作弊的高管

问题 一家大型连锁酒店为了针对入住酒店的商务旅客制订计划，对打高尔夫球的经理进行了一项研究。研究表明 55% 的经理承认他们在打高尔夫球时作弊，此外，20% 的高管承认他们曾经在打高尔夫球时作弊并且在洽谈业务时说谎。若已知一个经理在打高尔夫球时作过弊，那么他在洽谈业务时说过谎的概率是多大？

解答 A={ 经理在打高尔夫球时作过弊 }

B={ 经理在洽谈业务时说过谎 }

通过研究我们了解到 55% 的经理曾经在打高尔夫球时作弊，所以 $P(A)$=0.55。而经理既在打高尔夫球时作过弊（事件 A），又在洽谈业务时说过谎（事件 B）可以用 $A\cap B$ 表示。从研究中可以看到 $P(A\cap B)$=0.20。我们想了解当已知一个经理在打高尔夫球时作过弊（事件 A）的情况下，他在洽谈业务时说过谎的概率，即我们想知道条件概率 $P(B|A)$，运用前面的条件概率公式，我们有：

$$P(B\mid A)=\frac{P(A\cap B)}{P(A)}=\frac{0.20}{0.55}=0.364$$

因此，当已知一个经理打高尔夫球时作过弊时，他也在洽谈业务时说过谎的概率为 0.364。

回顾 正确运用公式的关键是用概率的形式描述感兴趣事件的信息。“在打高尔夫球时作过弊并且在洽谈业务时说过谎”中的“并且”表示 A 和 B 两个事件的交。“已知一个经理打高尔夫球时作过弊”中的“已知”表示事件 A 是一个已经给定的事件。

例 3.15 应用条件概率公式——消费者购买意愿二维列联表

问题 假设你对销售一种大型挖掘机械装备的概率感兴趣。你联系了一个潜在客户。令 F 为客户有经济实力（或者信用水平）来购买该产品的事件，F^C 为 F 的互补事件（即客户没有经济实力来购买该产品）。同样，令 B 为客户愿意购买该产品的事件，B^C 为互补事件。于是这个试验的四个样本点在图 3-15 中列出，概率在表 3-5 中给出。在已知客户有经济实力购买产品的条件下，使用样本点概率来求解客户购买产品的概率。

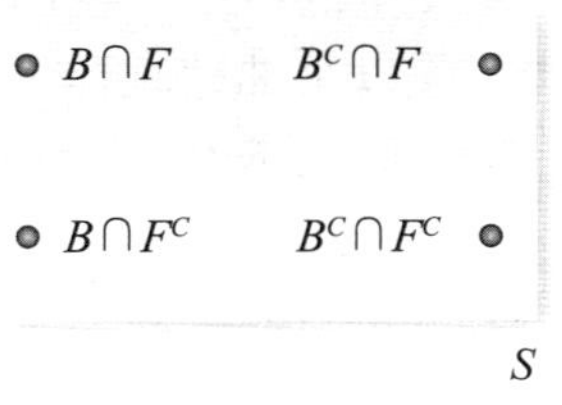

$B\cap F$　　$B^C\cap F$

$B\cap F^C$　　$B^C\cap F^C$

S

图 3-15 联系过的潜在客户的样本空间

表 3-5 愿意购买并且有经济实力的客户的概率

		购买意愿	
		购买，B	不购买，B^C
经济实力	有，F	0.2	0.1
	没有，F^C	0.4	0.3

解答 假若你将客户看成是一个大的集合，然后从该集合中随机抽取一个人。这个人购买产品的概率是多少？如果要购买产品，客户必须有经济实力并且愿意购买，所以这个概率对应于表 3-5 中的 {购买，B} 和 {有经济实力，F}，或者 $P(B\cap F)=0.2$。这就是事件 $B\cap F$ 的非条件概率。

相应地，假若你已经知道选取的客户有经济实力购买产品。现在你在已知客户有经济实力购买的条件下求这个客户购买产品的概率。这个概率就是已知 F 发生时 B 的条件概率，用符号 $P(B|F)$ 表示。这个条件概率仅考虑缩减的样本空间里的样本点 $B\cap F$ 和 $B^C\cap F$，即样本点表示客户有经济实力购买（图 3-16 中的阴影部分就是这个子空间）。根据我们对条件概率的定义，有：

$$P(B\,|\,F)=\frac{P(B\cap F)}{P(F)}$$

式中，$P(F)$ 是对应于 $B\cap F$ 和 $B^C\cap F$ 这两个事件样本点的概率之和。因此

$$P(F)=P(B\cap F)+P(B^C\cap F)=0.2+0.1=0.3$$

同时，已知客户有经济实力购买，客户会购买的条件概率是：

$$P(B\,|\,F)=\frac{P(B\cap F)}{P(F)}=\frac{0.2}{0.3}=0.667$$

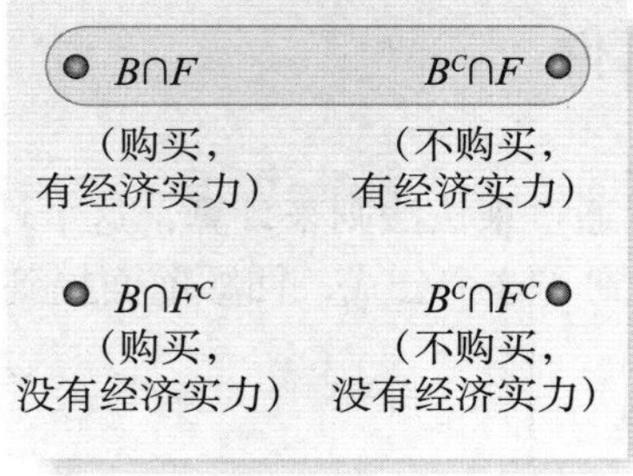

图 3-16 包含样本点的子空间（阴影部分）意味经济实力的前景

正如我们看到的，在已知客户有经济实力购买的条件下，客户会购买的概率大于客户会购买的无条件概率。

回顾 注意，条件概率公式是给事件 $B\cap F$ 在缩减的概率空间中赋予概率值。它与在完整的样本空间中事件的概率成比例。注意，在完整样本空间 S 中的两个样本点（$B\cap F$）和（$B^C\cap F$）的概率分别为 0.2 和 0.1。在缩减的样本空间 F 中，条件概率公式给两者的条件概率为 2/3 和 1/3（用条件概率公式计算），所以条件概率依然保持了两个样本点 2 : 1 的关系。

例 3.16 应用条件概率公式——消费者投诉二维列联表

问题 美国联邦贸易委员会（Federal Trade Commission，FTC）对消费者投诉的调查引起了制造商对其产品质量的极大关注。一个厨房电器生产商对消费者的大量投诉进行了调查，发现这些投诉可以划分为六类，如表 3-6 所示。如果接到一个消费者的投诉，已知这个产品还在保修期内，求投诉源于外观缺陷的概率。

表 3-6 产品投诉的分布

	投诉的原因			
	电气故障	机械故障	外观缺陷	合计
保修期内	18%	13%	32%	63%
超过保修期	12%	22%	3%	37%
合计	30%	35%	35%	100%

解答 令 A 代表事件由于外观缺陷投诉，令 B 代表投诉在保修期内。根据表 3-6，你可以看到（18+13+32）%=63% 的投诉发生在保修期内，所以 $P(B)=0.63$。那么，投诉由于外观缺陷且在保修期内（事件 $A\cap B$）的比例是 32%，即 $P(A\cap B)=0.32$。

用上述概率值可以计算出条件概率 $P(A|B)$，已知这个产品还在保修期内，投诉源于外观缺陷的概率为：

$$P(A\mid B)=\frac{P(A\cap B)}{P(B)}=\frac{0.32}{0.63}=0.51$$

由此可见，在保修期内有一半以上的投诉是由刮痕、凹痕或其他外观缺陷引起的。

回顾 注意，结果 $\frac{0.32}{0.63}$ 是事件 A 的比例（0.32）除以已知事件 B 的比例（0.63），即已知事件 B 的条件下事件 A 发生的概率。

3.6 乘法法则和独立事件

两个事件的交的概率可以通过乘法法则来计算，这个计算用到了上一节介绍的条件概率。事实上，我们在 3.5 节已经接触到了这个公式，回顾前面提到的给定事件 B 求事件 A 的条件概率的公式：

$$P(A|B)=\frac{P(A\cap B)}{P(B)}$$

在公式的两端同时乘以 $P(B)$，我们就得到事件 A 和事件 B 的交的概率公式，这个公式被称为概率的乘法法则。

概率的乘法法则（multiplicative rule of probability）

$$P(A\cap B)=P(A)P(B|A) \quad 或 \quad P(A\cap B)=P(B)P(A|B)$$

例 3.17 应用乘法法则——小麦期货

问题 小麦期货的投资者关注以下事件：

B：{ 美国小麦明年能够盈利 }

A：{ 明年会出现严重干旱 }

基于已有的信息，投资者相信如果发生一场严重的干旱，小麦盈利的概率为 0.01，并且有 0.05 的概率发生严重干旱，即

$P(B|A)=0.01$ 且 $P(A)=0.05$

基于给出的条件，发生严重干旱并且会盈利的概率是多少？即找出事件 A 和事件 B 的交 $P(A\cap B)$。

解答 为了计算 $P(A \cap B)$，使用乘法法则的公式，可得到：

$$P(A \cap B)=P(A)P(B|A)=0.05 \times 0.01=0.000\,5$$

发生严重干旱并且小麦会盈利的概率仅有 0.000 5，我们可以预计，这个交是一个非常稀有的事件。

回顾 乘法法则可以用两种方式表示：$P(A \cap B)=P(A) \cdot P(B|A)$ 或 $P(A \cap B)=P(B) \cdot P(A|B)$。选择包含已知概率的给定事件的公式（例如，例子中的事件 A）。

交往往只包含少量样本点。在这种情况下，交的概率很容易通过加总样本点概率的方法获得。但是当交中包含大量样本点时，乘法法则公式就显得非常重要，下面一个例子对此进行了阐述。

例 3.18 应用乘法法则——对福利工作者的研究

问题 一个镇的福利机构雇用了 10 名员工负责考察申领食物券的人。机构主管周期性地随机选择 2 名员工的记录来核查他们是否有违规行为。事实上，有 3 名员工经常有违规行为，但是主管并不知道。试求被抽到的员工都有违规行为的概率。

解答 定义下列事件：

A：{ 抽取的第一个员工有违规行为 }

B：{ 抽取的第二个员工有违规行为 }

我们想求得被抽到的两个员工都有违规行为的概率。这个事件也可以描述为：{ 第一个员工有违规行为并且第二个员工有违规行为 }。所以我们想求出 $A \cap B$ 的概率。运用乘法法则，我们有：

$$P(A \cap B)=P(A)P(B|A)$$

为了求 $P(A)$，可以将其看成从 10 名员工中抽取 1 名员工的试验。则试验的样本空间包含 10 个样本点（分别代表 10 名员工），其中 3 名有违规行为的员工用符号 I（I_1，I_2，I_3）表示，7 名没有违规行为的员工用 N（N_1，…，N_7）表示。图 3-17 是相关的维恩图。

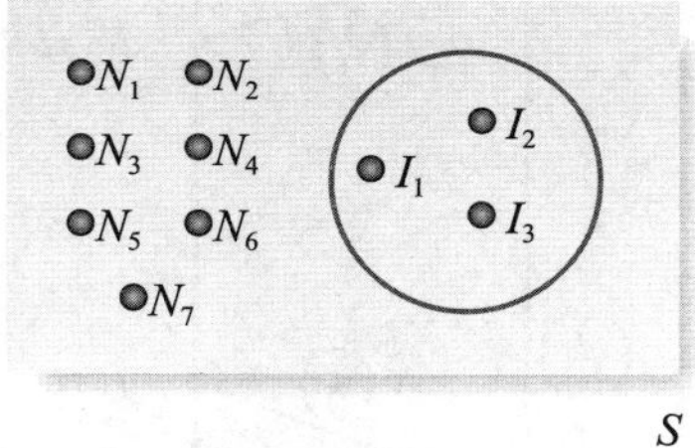

图 3-17 求 $P(A)$ 的维恩图

由于第一个员工是从 10 名员工中随机抽取的，这 10 个样本点自然应该赋予相同的概率值，因此每个样本点的概率为 1/10。事件 A 中的样本点是 $\{I_1, I_2, I_3\}$，即有违规行为的员工，所以有：

$$P(A)=P(I_1)+P(I_2)+P(I_3)$$
$$=1/10+1/10+1/10=3/10$$

在求条件概率 $P(B|A)$ 时，需要改变样本空间 S，因为我们知道事件 A 已经发生了（抽取的第一个员工有违规行为，比如 I_3）。图 3-18 是新样本空间 S' 的维恩图。由于 9 个样本点是等可能出现的，因此每个样本点的概率为 1/9。因为事件 $(B|A)$ 包含样本点 $\{I_1, I_2\}$，我们有：

$$P(B|A)=P(I_1)+P(I_2)=\frac{1}{9}+\frac{1}{9}=\frac{2}{9}$$

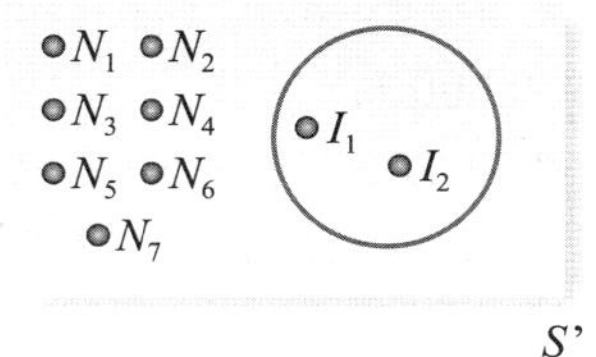

图 3-18 求 $P(B|A)$ 的维恩图

将 $P(A)=3/10$ 和 $P(B|A)=2/9$ 代入乘法法则公式，我们有：

$$P(A \cap B)=P(A)P(B|A)=(3/10)\times(2/9)=6/90=1/15$$

所以有 1/15 的机会使主管抽取的两个员工都有违规行为。

回顾 “A 和 B 都发生”中的“和”（and）与“都”（both）表明所指的是两个事件的交，这也说明我们在计算感兴趣的概率时应该将概率相乘。

样本空间的解题思路仅仅是解决例 3.18 中的问题的一种方法。另一种方法是使用树形图（例 3.1 中介绍过）。树形图有助于计算交的概率。

图 3-19 展示了例 3.18 的树形图。树的左边有两个分支。这些分支代表了抽取第一个员工的两种可能结果 N（没有违规行为）和 I（有违规行为）。括号中给出了每一个分支上的非条件概率，即对于第一个抽取的员工而言，$P(N)=7/10$，$P(I)=3/10$。（这与例 3.18 一样，是通过加总样本点概率得到的。）

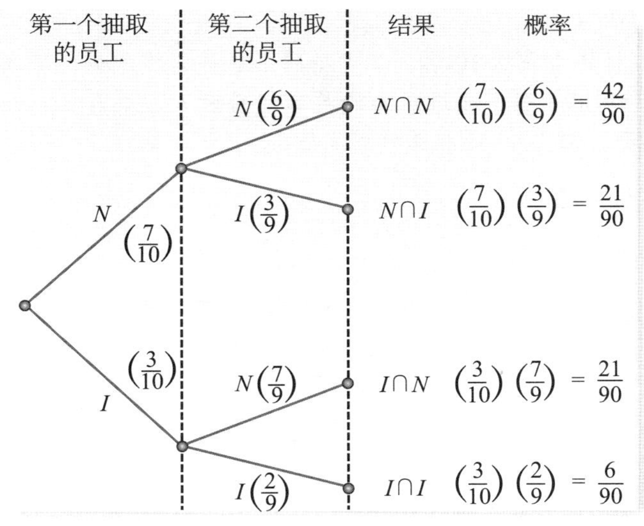

图 3-19 例 3.18 的树形图

树形图的下一层（往右移）代表了抽取第二个员工的结果。这里给出的概率是条件概率，因为已经假定第一个员工的情况已知。例如，如果第一个员工有违规行为（I），那么第二个员工也有违规行为（I）的概率是 2/9，因为在剩下的 9 个可以选择的员工中，只有 2 个人存在违规行为。这个条件概率 2/9 在图 3-19 中树枝的最底端括号中标出。

最后，试验可能的四种结果在四个树枝底部表示出来（最右侧）。这些事件是两个事件的交（第一个员工的情况和第二个员工的情况）。在图 3-19 中使用乘法法则计算各自的概率，你可以得到交 $\{I \cap I\}$（即抽取的 2 个员工都有违规行为）的概率为 6/90=1/15，这与例 3.18 中得到的结论一致。

在 3.5 节中，事件 A 的概率会由于已知事件 B 的发生而改变。但并不是所有的情况都是这样的，在一些例子中，事件 B 发生并不会改变事件 A 发生的概率。在这种情况下，我们称事件 A 和事件 B 是独立事件。

如果事件 B 发生与否不会改变事件 A 发生的概率，则称事件 A 和事件 B 是**独立事件**（independent event）。事件 A 和事件 B 是独立的，如果

$$P(A|B)=P(A)$$

当事件 A 和事件 B 是独立的时，则有：

$$P(B|A)=P(B)$$

不独立的事件被称为相依的。

例 3.19　检验独立性——掷骰子试验

问题　抛掷一枚均匀的骰子，令：

A：{ 掷到偶数 }

B：{ 掷到小于等于 4 的点数 }

事件 A 和事件 B 是独立的吗？

解答　试验的维恩图见图 3-20，我们首先计算：

$$P(A)=P(2)+P(4)+P(6)=\frac{1}{2}$$

$$P(B)=P(1)+P(2)+P(3)+P(4)=\frac{2}{3}$$

$$P(A\cap B)=P(2)+P(4)=\frac{1}{3}$$

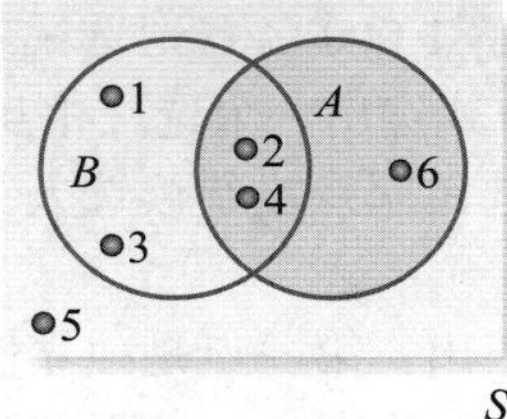

图 3-20　掷骰子试验的维恩图

现在假设事件 B 发生，在事件 B 发生的条件下事件 A 发生的条件概率是：

$$P(A|B)=\frac{P(A\cap B)}{P(B)}=\frac{1/3}{2/3}=\frac{1}{2}=P(A)$$

由于事件 B 并没有改变掷到偶数的概率，$P(A)$ 依然等于 1/2，因此事件 A 和事件 B 是独立的。

回顾　注意，如果我们计算事件 A 发生条件下事件 B 发生的条件概率，得到的结论是相同的：

$$P(B|A)=\frac{P(A\cap B)}{P(A)}=\frac{1/3}{1/2}=\frac{2}{3}=P(B)$$

人物介绍

布莱瑟 · 帕斯卡（1623—1662）——希瓦利埃难题的解决者

布莱瑟 · 帕斯卡（Blaise Pascal）是一个早熟的法国男孩，他很小就显示出过人的数学天赋。尽管他的父亲在他 15 岁之前不允许他学习数学（把家里所有的数学书全部拿走），但帕斯卡 12 岁时就独自发

现了一个三角形的内角之和等于两个直角。

帕斯卡后来成为一位卓越的数学家，同时也是一位优秀的物理学家、神学家，他发明了第一台数字计算机。许多史学家将概率论的诞生归功于1654年帕斯卡和皮埃尔·德费马（Pierre de Fermat）之间的通信。他们两个人解决了希瓦利埃难题，这个难题是他的一个朋友——巴黎的赌徒希瓦利埃·德梅雷（Chevalier de Mere）在赌博时遇到的。问题涉及确定一个人平均要掷多少次才会出现双6。（帕斯卡证明保本点是25次。）

例3.20 检验独立性——消费者对产品投诉的研究

问题 参见例3.16中关于消费者对产品投诉的研究。表3-6列出了消费者不同的投诉原因以及是否在保修期内投诉的比例。定义下列事件：

A：{由于产品外观缺陷导致投诉}

B：{投诉发生在保修期内}

A和B是独立事件吗？

解答 如果$P(A|B)=P(A)$，则事件A和事件B是独立的。我们在例3.16中计算得到$P(A|B)$为0.51，从表3-6可以看到：

$$P(A)=0.32+0.03=0.35$$

所以$P(A|B)$不等于$P(A)$，即事件A和事件B是相依的。

为了获得对独立性的直观了解，设想这样一种情况：一个事件发生与否不会改变第二个事件是否发生的概率。比如，如果一个投资者考虑对两个小公司进行投资。如果两个小公司经营的是不同的产业，以至于两者是没有联系的，则一个公司的盈利或亏损与另一个公司的盈利或亏损是独立的，即A公司亏损不会影响到B公司亏损的概率。

第二个例子是一项调查想了解1 000名登记选民在一次大选投票中愿意投票给哪一位候选人。民意测验专家试图通过一些方式选出一个选民相互独立的样本，即民意测验专家的目标是所选出的样本具有以下性质：一个选民愿意投给候选人A不会改变第二位选民投票给候选人A的概率。

关于独立性有最后三点需要指出：第一点是独立性与互斥性不同，无法用维恩图表示出来。也就是说，你不能依靠直觉来判断是否独立。一般而言，独立性只能通过计算概率来验证。

第二点是关于互斥性和独立性的关系。假如事件A和事件B是互斥的，如图3-21所示，并且两个事件的概率都是非零的，这两个事件独立吗？也就是说，如果事件B发生，会改变事件A发生的概率吗？一定会。因为如果我们假定事件B已经发生了，事件A同时发生是不可能的，即$P(A|B)=0$，所以互斥事件是**相依事件**（dependent events），$P(A) \neq P(A|B)$。

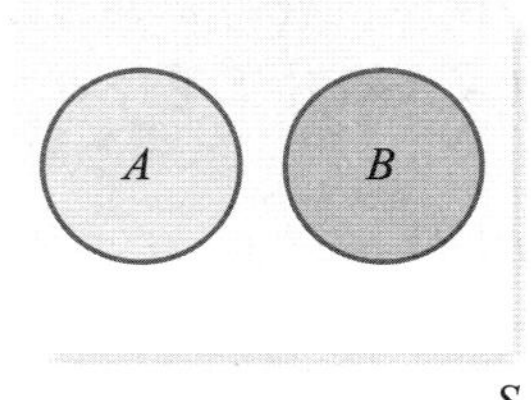

图3-21 互斥事件是相依事件

第三点是独立事件交的概率非常容易计算。从计算事件的交的概率公式中可以得到：

$$P(A \cap B)=P(A)P(B|A)$$

所以，当事件 A 和事件 B 独立时，因为 $P(B|A)=P(B)$，我们得到以下有用的定理：

两个独立事件的交的概率

如果事件 A 和事件 B 是独立的，A 和 B 的交的概率等于 A 和 B 概率的乘积，即

$$P(A \cap B)=P(A)P(B)$$

其逆命题也是成立的，如果 $P(A \cap B)=P(A)P(B)$，则事件 A 和事件 B 是独立的。

我们在例 3.19 中提到，在掷骰子试验中，如果骰子质地均匀，那么 A：{掷到偶数}和 B：{掷到小于等于 4 的点数}是独立的，所以

$$P(A \cap B)=P(A)P(B)=(1/2)\times(2/3)=1/3$$

这与我们从例子中得到的结果相同：

$$P(A \cap B)=P(2)+P(4)=2/6=1/3$$

例 3.21 多样性训练中独立事件同时发生的概率

问题 参见例 3.5，《今日美国》杂志发现，在所有开展了多样性训练的美国企业中，有 38% 表示它们开展该训练的目的是保持竞争力。

a. 抽取一个包含 2 家企业的样本，2 家企业开展多样性训练的目的都是保持竞争力的概率是多少？

b. 抽取一个包含 10 家企业的样本，10 家企业开展多样性训练的目的都是保持竞争力的概率是多少？

解答 a. 令 C_1 代表企业 1 以保持竞争力为主要目的开展多样性训练，同理定义 C_2。则两家企业都以保持竞争力为主要目的开展多样性训练是 C_1 和 C_2 的交，即 $C_1 \cap C_2$。从调查中已知 38% 的美国企业出于保持竞争力的目的开展多样性训练，我们可以合理地得出 $P(C_1)=0.38$ 和 $P(C_2)=0.38$。但是为了用乘法法则计算 $C_1 \cap C_2$ 的概率，我们必须假定两个事件是独立的。因为任何一家企业开展多样性训练的原因不大可能影响另一家企业，所以这个假设是合理的。在假设独立性的情况下，我们有：

$$P(C_1 \cap C_2)=P(C_1)P(C_2)=0.38\times 0.38=0.144\,4$$

b. 来看计算 10 家企业全部以保持竞争力为主要目的开展多样性训练的概率。首先考察 3 家企业如果全部以保持竞争力为主要目的开展多样性训练的情况。用前面采用的符号，我们将要计算 $C_1 \cap C_2 \cap C_3$ 的概率，再次使用独立性的假设，我们有：

$$\begin{aligned}P(C_1 \cap C_2 \cap C_3)&=P(C_1)P(C_2)P(C_3)\\&=0.38\times 0.38\times 0.38=0.054\,872\end{aligned}$$

同理，10 个事件的交可以用下面的方法计算：

$$\begin{aligned}P(C_1 \cap C_2 \cap C_3 \cap\cdots\cap C_{10})&=P(C_1)P(C_2)\cdots P(C_{10})\\&=0.38^{10}=0.000\,062\,8\end{aligned}$$

所以在假定事件（企业开展多样性训练的原因）之间相互独立的前提下，抽取的 10 家企业全部以保持竞争力为主要目的开展多样性训练的概率大约等于 63/（100 万）。

回顾 b 中得到的概率非常小，说明抽取的 10 家企业全部以保持竞争力为主要目的开展多样性训练几乎是不可能的。如果这个事件发生了，我们可能要重新估计在计算中使用的 0.38。如果 10 家企业都以保持竞争力为主要目的开展多样性训练，则任意一家企业把保持竞争力作为开展多样性训练的主要目的的概率应该远远超过 0.38。（这个结论是统计推断中对稀有事件的另一个应用。）

回顾实践中的统计

赢得现金的概率（选3或选4）

除了“每周选6”以外，佛罗里达州还有很多其他的彩票。现在流行的两种玩法是“选3”和“选4”。在“选3”游戏中，玩家付1美元后获得三个有顺序的数字，然后从0~9中抽取数字，如果抽取的三个数字（比如2—8—4）与中奖的三个数字一致（数字和顺序都要一样），玩家就可赢得500美元。“选4”与“选3”相同，但是玩家需要抽取四个数字（每个数字都来自0~9）。在付1美元之后，如果玩家得到的数字与中奖的数字一致，就可以赢得5 000美元。

在玩“选3”游戏时，三个箱子里分别放有标示0~9的10个乒乓球。第一个抽取的球是粉红色，第二个是蓝色，第三个是黄色。每一个球都是随机抽取的，但必须按照粉红色—蓝色—黄色的顺序。在玩“选4”游戏时，还有一个箱子，里面的球是橙色，抽取时要按照粉红色—蓝色—黄色—橙色的顺序。因为彩球的抽取是随机且独立的，在这里我们可以运用两个独立事件的交的概率法则来求“选3”和“选4”的中奖概率。由于在一个箱子里每个球被抽到的概率为1/10，因此

$$
\begin{aligned}
P(\text{“选 3” 中奖}) &= P(\text{粉红色和蓝色和黄色}) \\
&= P(\text{粉红色}) \times P(\text{蓝色}) \times P(\text{黄色}) \\
&= \frac{1}{10}\times\frac{1}{10}\times\frac{1}{10} = \frac{1}{1\,000} = 0.001
\end{aligned}
$$

$$
\begin{aligned}
P(\text{“选 4” 中奖}) &= P(\text{粉红色和蓝色和黄色和橙色}) \\
&= P(\text{粉红色}) \times P(\text{蓝色}) \times P(\text{黄色}) \times P(\text{橙色}) \\
&= \frac{1}{10}\times\frac{1}{10}\times\frac{1}{10}\times\frac{1}{10} \\
&= \frac{1}{10\,000} = 0.000\,1
\end{aligned}
$$

尽管中奖的概率比“每周选6”大了很多，但也仅有1/1 000的概率（选3）或者1/10 000的概率（选4），并且赢得的钱（500美元或者5 000美元）也少了很多。事实上可以证明，你如果玩“选3”或者“选4”游戏，平均每局要输掉50美分！

3.7 贝叶斯定理

早期使用概率进行推断的是统计方法的一个分支——**贝叶斯统计方法**（Bayesian statistical method）。其原理是由英国哲学家托马斯·贝叶斯（Thomas Bayes）在18世纪中期提出的，其中包括将一个不知道的条件概率，比如 $P(B|A)$，转化为一个已知的条件概率 $P(A|B)$。下面的例子将会阐述这种方法。

例3.22 应用贝叶斯的逻辑——入侵者检测系统

问题 无人监控系统使用高科技视频设备和微处理器来检测入侵者。一个原型系统已经被研制出来并且在兵工厂的周围投入使用。系统能探测到90%的入侵者。但是，设计工程师预计此概率会随天气状况发生变化。每次检测到入侵者时，系统都会自动记录天气状况。基于一系列对照试验，即入侵者在不同的天气状况下侵入工厂，获得了以下信息：已知在系统探测到入侵者的情况下，75%的时间是晴，20%的时间是多云，5%的时间有雨。当系统未能探测到入侵者时，60%的时间是晴，30%的时间是多云，10%的

时间是有雨。利用这些信息，计算在已知天气是有雨的情况下，系统能探测到入侵者的概率（假定工厂有入侵者）。

解答 定义 D 为入侵者被系统探测到，则 D^C 是系统没有探测到入侵者。我们的目标是计算条件概率 $P(D|\text{有雨})$。通过已知的条件可以得出下列信息：

$P(D)=0.90$　　$P(D^C)=0.10$

$P(\text{晴}|D)=0.75$　　$P(\text{晴}|D^C)=0.60$

$P(\text{多云}|D)=0.20$　　$P(\text{多云}|D^C)=0.30$

$P(\text{有雨}|D)=0.05$　　$P(\text{有雨}|D^C)=0.10$

注意 $P(D|\text{有雨})$ 并不是一个已知的条件概率，但是我们有：

$$P(\text{有雨}\cap D)=P(D)P(\text{有雨}|D)=0.90\times0.05=0.045$$

和

$$P(\text{有雨}\cap D^C)=P(D^C)P(\text{有雨}|D^C)=0.10\times0.10=0.01$$

这里使用了概率的乘法法则。这两个概率在图 3-22 中的树形图上标出。

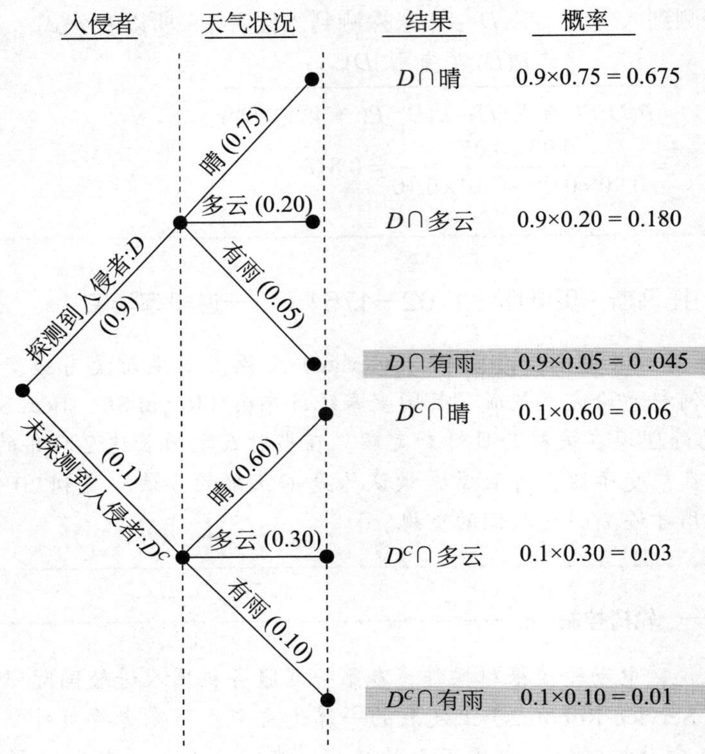

图 3-22　例 3.22 的树形图

现在，有雨这一事件是两个互斥事件（$\text{有雨}\cap D$）和（$\text{有雨}\cap D^C$）的并。所以，运用概率的加法法则，我们有：

$$P(\text{有雨})=P(\text{有雨}\cap D)+P(\text{有雨}\cap D^C)=0.045+0.01=0.055$$

现在我们运用条件概率公式可以得到：

$$P(D|\text{有雨})=\frac{P(\text{有雨}\cap D)}{P(\text{有雨})}=\frac{P(\text{有雨}\cap D)}{P(\text{有雨}\cap D)+P(\text{有雨}\cap D^C)}=\frac{0.045}{0.055}=0.818$$

所以，在有雨的情况下，系统可以探测到入侵者的概率为 0.818，这个值比设计的概率 0.9 要小。

回顾 解决这类问题的一个关键是认识到条件概率 $P(D|$ 有雨 $)$ 和条件概率 $P($ 有雨 $|D)$ 不同。

例 3.22 中使用的方法被称为贝叶斯定理，它适用于当事件 A 和许多对互斥且有穷的事件 B_1，B_2，…，B_k 同时发生的情况。求其特定条件概率的公式如下：

贝叶斯定理（Bayes's Rule）

如果有 k 个互斥且有穷的事件 B_1，B_2，…，B_k，即有 $P(B_1)+P(B_2)+\cdots+P(B_k)=1$ 和一个可以观测到的事件 A，则有：

$$P(B_i \mid A)=\frac{P(B_i \cap A)}{P(A)}$$

$$=\frac{P(B_i)P(A \mid B_i)}{P(B_1)P(A \mid B_1)+P(B_2)P(A \mid B_2)+\cdots+P(B_k)P(A \mid B_k)}$$

在例 3.22 中运用贝叶斯定理时，观测到的事件 A：{ 下雨 } 和 $k=2$ 的互斥且有穷事件是互补事件，即 D：{ 探测到入侵者 } 和 D^C：{ 未探测到入侵者 }，所以有公式：

$$P(D|\text{有雨})=\frac{P(D)P(\text{有雨}|D)}{P(D)P(\text{有雨}|D)+P(D^C)P(\text{有雨}\cap D^C)}$$

$$=\frac{0.90\times 0.05}{0.90\times 0.05+0.10\times 0.10}=0.818$$

人物介绍

托马斯·贝叶斯（1702—1761）——逆概率学家

托马斯·贝叶斯是英国长老会（English Presbyterian）大臣，他生前没有接受过任何正规数学训练，在世时没有发表过任何科学论文，就成了英国皇家统计学会（Royal Statistical Society）成员。他于 1761 年对条件概率公式的处理现在被称为贝叶斯定理。在当时及之后长达 200 年的时间里，贝叶斯方法（又被称为逆概率）一直广受争议，并且常常被认为是不正确的方法。直到 20 世纪 60 年代，贝叶斯方法在决策制定中的作用才逐渐引起人们的重视。

例 3.23 贝叶斯定理的应用——轮椅控制

问题 对许多残疾人来说，电动轮椅很难操作。在第一届服务机器人进展国际研讨会（1st International Workshop on Advances in Service Robotics）上发表的一篇论文中，研究者将贝叶斯定理应用于估计接受指令、帮助导航的“智能”自动控制器。考虑下面的情形。在一个房间的某个位置，轮椅使用者可以选择：（1）向左急转穿过房门；（2）直行到房间的另外一边；（3）向右急转停在桌旁。将这三个事件分别表示为：D(穿过房门)，S(直行)，T(停在桌旁)。这些事件的概率分别为 $P(D)=0.5$，$P(S)=0.2$，$P(T)=0.3$。轮椅安装有控制机器的操纵杆。当用户打算进门时，他有 30% 的时间将操纵杆指向正前方；当用户打算直行时，他有 40% 的时间将操纵杆指向正前方；当用户打算走到桌边时，他有 5% 的时间会将操纵杆指向正前方。如果轮椅使用者将操纵杆转向正前方，那么最可能到达哪个位置？

解答 记 J：{ 将操纵杆转向正前方 }。使用者意向的百分比可以表述为下面的条件概率：$P(J|D)=0.3$，$P(J|S)=0.4$，$P(J|T)=0.05$。由于使用者将操纵杆转向正前方，因此需要计算的概率为：$P(D|J)$，$P(S|J)$，$P(T|J)$。三个事件 D，S 和 T 代表互斥事件和有穷事件，其中，$P(D)=0.5$，$P(S)=0.2$，$P(T)=0.3$。因此，利用贝叶斯定理可得：

$P(D|J)=0.612$

$P(S|J)=0.327$

$P(T|J)=0.061$

注意，最大条件概率 $P(D|J)=0.612$。因此，如果将操纵杆转向正前方，轮椅使用者最有可能穿过房门。

关键术语

概率的加法法则（additive rule of probability）
贝叶斯统计方法（Bayesian statistical method）
贝叶斯定理（Bayes's Rule）
组合法则（Combinations Rule）
组合数学（combinatorial mathematics）
补集（complement）
互补事件（complementary event）
复合事件（compound event）
条件概率（conditional probability）
相依事件（dependent events）
事件（event）
试验（experiment）
独立事件（independent event）
交（intersection）
大数定理（Law of Large Numbers）
概率的乘法法则（multiplicative rule of probability）
互斥事件（mutually exclusive events）
几率（odds）
事件的概率（probability of an event）
样本点概率准则（probability rules of sample points）
互补事件法则（rule of complements）
样本点（sample point）
样本空间（sample space）
基本事件（simple event）
树形图（tree diagram）
二维列联表（two-way table）
非条件概率（unconditional probability）
并（union）
维恩图（Venn diagram）

关键符号

S——样本空间（所有样本点的集合）

A：{1,2}——事件 A 中样本点的集合

$P(A)$——事件 A 的概率

$A\cup B$——事件 A 和事件 B 的并（A 和 B 至少发生一个）

$A\cap B$——事件 A 和事件 B 的交（A 和 B 同时发生）

A^C——事件 A 的补集（A 不发生）

$A|B$——在给定事件 B 发生的条件下，事件 A 发生

$\binom{N}{n}$——从 N 个元素中抽取 n 个的组合数

$N!$——N 的阶乘 $=N(N-1)(N-2)\cdots 2\times 1$

关键知识点

k 个样本点 S_1，S_2，S_3，…，S_k 的概率准则：

1. $0\leqslant P(S_i)\leqslant 1$

2. $\sum P(S_i)=1$

组合法则：

从 N 个元素中抽取 n 个计数

$$\binom{N}{n}=\frac{N!}{n!(N-n)!}=\frac{N(N-1)(N-2)\cdots(N-n+1)}{n(n-1)(n-2)\cdots 2\times 1}$$

贝叶斯定理：

对于互斥事件 B_1，B_2，…，B_k，$P(B_1)+P(B_2)+\cdots+P(B_k)=1$，则

$$P(B_i|A)=\frac{P(B_i)P(A|B_i)}{P(B_1)P(A|B_1)+P(B_2)P(A|B_2)+\cdots+P(B_k)P(A|B_k)}$$

概率法则选择指南

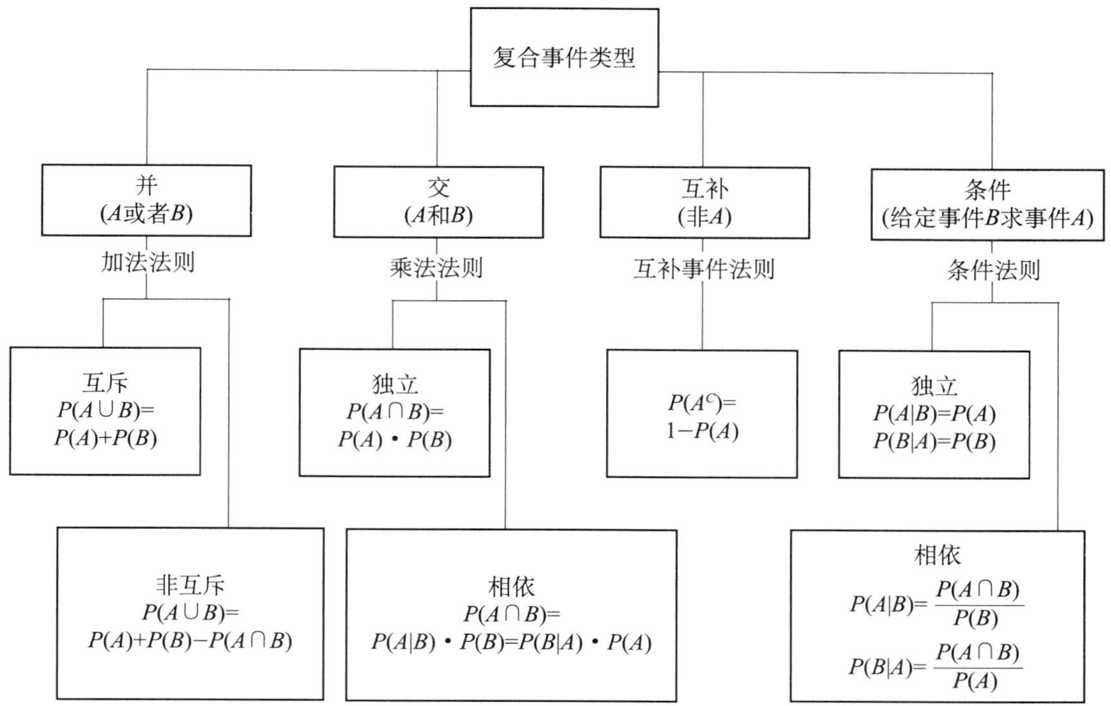

练习题

1. 一个试验的样本空间包含 5 个样本点，其概率如下，找出下列每个事件的概率：

样本点	概率
1	0.05
2	0.20
3	0.30
4	0.30
5	0.15

A：{1,2,3 中任意一个发生 }

B：{1,3,5 中任意一个发生 }

C：{4 不发生 }

2. 计算下列式子的值：

a. $\binom{9}{4}$ b. $\binom{7}{2}$ c. $\binom{4}{4}$

d. $\binom{5}{0}$ e. $\binom{6}{5}$

3. 掷两个相同的骰子，观测每个骰子的正面。

a. 运用树形图列出这个样本空间中所包含的 36 个样本点。

b. 为 a 中每个样本点给定概率值。

c. 求下列事件的概率：

A：{ 每个骰子都掷到 3}

B：{ 两个骰子点数之和为 7}

C：{ 两个骰子点数之和为偶数 }

4. 一个盒子里有 2 个蓝色球和 3 个红色球，不放回地从盒子里随机取出两个球。

a. 列出这个试验的样本点。

b. 为每个样本点给定概率值。

c. 求下列事件的概率：

A：{ 取出两个蓝色球 }

B：{ 取出一个红色球和一个蓝色球 }

C：{ 取出两个红色球 }

5. 假设 $P(A)=0.4$，$P(B)=0.7$，$P(A \cap B)=0.3$，试求出下列概率：

a. $P(B^C)$ b. $P(A^C)$ c. $P(A \cup B)$

6. 两个变量的结果分别是低、中、高和开、关。有一个试验，在试验中观察两个变量。六种可能结果的概率值在下面的二维列联表中给出：

	低	中	高
开	0.50	0.10	0.05
关	0.25	0.07	0.03

考察下列事件：

A：{ 开 }

B：{ 中或者开 }

C：{关并且低}

D：{高}

a. 计算 $P(A)$。

b. 计算 $P(B)$。

c. 计算 $P(C)$。

d. 计算 $P(D)$。

e. 计算 $P(A^C)$。

f. 计算 $P(A \cup B)$。

g. 计算 $P(A \cap C)$。

h. 考虑每一对事件（A 和 B、A 和 C、A 和 D、B 和 C、B 和 D、C 和 D）。列出互斥的事件对。证明你的选择是正确的。

7. 对于两个事件 A 和 B，$P(A)=0.4$，$P(B)=0.2$，并且 $P(A \cap B)=0.1$。

   a. 求 $P(A|B)$。

   b. 求 $P(B|A)$。

   c. A 和 B 是独立事件吗？

8. 消防员对气体检测设备的使用。 火灾烟雾中可能存在的两种致命气体是氰化氢和一氧化碳。《消防工程》（*Fire Engineering*，2013 年 3 月）报告了 Fire Smoke Coalition 对 244 名消防员进行调查的结果。该调查的目的是评估消防员在火灾现场使用气体检测设备的基本知识水平。调查显示以下内容：80% 的消防员没有检测 / 监测火灾烟雾中氰化氢的标准操作程序（SOP）；49% 的消防员没有检测 / 监测火灾烟雾中一氧化碳的标准操作程序。假设 94% 的消防员没有检测火灾烟雾中的氰化氢或一氧化碳的标准操作程序。消防员没有检测氰化氢的标准操作程序和检测火灾烟雾中一氧化碳的标准操作程序的概率是多少？

9. 假定事件 B_1 和 B_2 是互斥并且互补的事件，且有 $P(B_1)=0.75$ 和 $P(B_2)=0.25$。另一个事件 A 有 $P(A|B_1)=0.3$ 和 $P(A|B_2)=0.5$。

   a. 求 $P(B_1 \cap A)$。

   b. 求 $P(B_2 \cap A)$。

   c. 用问题 a 和问题 b 的结果求 $P(A)$。

   d. 求 $P(B_1|A)$。

   e. 求 $P(B_2|A)$。

10. 目前，有三种诊断测试可用于发现发育中胎儿的染色体异常。三者中最安全（对母亲和胎儿）且最便宜的是超声检查。圣地亚哥州立大学的两名统计学家调查了使用超声检查唐氏综合征的准确性（《机会》（*Chance*），2007 年夏季）。令 D 表示胎儿具有唐氏综合征的遗传标记，N 表示超声检查正常（即没有染色体异常的迹象）。然后，统计学家希望得到概率 $P(D|N)$。使用贝叶斯定理和以下概率（文章提供）求出所需的概率：$P(D)=1/180$，$P(D^C)=79/80$，$P(N|D)=1/2$，$P(N^C|D)=1/2$，$P(N|D^C)=1$，$P(N^C|D^C)=0$。

11. 超速与致命的车祸有关。 根据美国国家公路交通安全管理局国家统计与分析中心（NCSA）的数据，“超速是导致致命交通事故的最普遍因素之一”。超速导致致命车祸的概率是 0.3。此外，超速且错过弯道导致致命车祸的概率为 0.12。 一起车祸是由于超速引起的，车祸发生在弯道上的概率是多少？

12. 销售雅芳的机会。雅芳销售人员在第一次拜访客户时向潜在客户销售美容产品的概率为 0.4。如果销售员在第一次拜访时未能完成销售，则在第二次拜访时完成销售的概率为 0.65。销售人员拜访潜在客户的次数从不超过两次。销售人员向某一客户完成销售的概率是多少？

参考文献

1. Bennett, D. J. *Randomness*. Reprint edition, Cambridge, Mass.: Harvard University Press, 1999.
2. Epstein, R. A. *The Theory of Gambling and Statistical Logic*, rev. ed. New York: Academic Press, 1977.
3. Feller, W. *An Introduction to Probability Theory and Its Applications*, 3rd ed., Vol. 1. New York: Wiley, 1968.
4. Lindley, D. V. *Making Decisions*, 2nd ed. London: Wiley, 1991.
5. Parzen, E. *Modern Probability Theory and Its Applications*. New York: Wiley-Interscience, 1992.
6. Wackerly, D., Mendenhall, W., and Scheaffer, R. L. *Mathematical Statistics with Applications*, 7th ed. Boston: Duxbury, 2008.
7. Williams, B. *A Sampler on Sampling*. New York: Wiley, 1978.
8. Winkler, R. L. *An Introduction to Bayesian Inference and Decision*. 2nd ed. New York: Probabilistic Publishing, 2003.
9. Wright, G., & Ayton, P., eds. *Subjective Probability*. New York: Wiley, 1994.

第 4 章 随机变量与概率分布

我们将要学习：

- 随机变量的概念
- 数值数据是离散型随机变量或连续型随机变量的观测值
- 随机变量的两种重要类型及其概率模型：二项分布模型和正态模型
- 离散型随机变量和连续型随机变量的一些其他形式

实践中的统计

缉毒行动中的概率问题：可卡因真的被卖出了吗？

最近，《美国统计学家》(*The American Statistician*) 刊登了一篇关于离散型分布在某次毒品交易案件中的有趣应用的文章。事件起于美国佛罗里达州某中型城市的一次突击性扫毒行动：在行动中，警方缴获了大约 500 个铝箔包，里面装有一种白色粉末状物质，推测是可卡因。在美国，由于买卖非麻醉性可卡因外观相似物（例如惰性粉末）不是犯罪行为，所以警方亟须找到相关证据证明收缴的物质就是可卡因才能给嫌疑人定罪。于是，警局实验室就该批收缴物随机抽取了 4 包并进行化验，结果均呈阳性（表明是可卡因）。这一发现导致贩运者被定罪。

定罪后，警方决定将剩余的铝箔包（即未经检测的）用于反向诱捕行动。卧底人员在其中随机挑选了 2 包，并卖给了买家。但在最后的追捕过程中，贩毒人员成功将证物销毁。关键问题是，排除合理怀疑，被告是否真的购买了可卡因？

在法庭上，被告方的辩护律师坚持认为他的委托人不应被定罪，因为警方无法证明丢失的铝箔包中含有可卡因。然而，警方争辩说，由于原始包装中有 4 包可卡因检测呈阳性，因此在反向诱捕行动中出售的 2 包也极有可能含有可卡因。在本章中，两个“回顾实践中的统计”示例将展示如何利用概率模型解决警方在缉毒行动中面临的困境。（该案件是佛罗里达州首次在没有实际物证的情况下因持有可卡因而对嫌疑人定罪。选自《美国统计学家》，1991 年 5 月。）

回顾实践中的统计

利用二项分布模型解决可卡因缉毒问题。

利用超几何分布模型解决可卡因缉毒问题。

你可能注意到，第 3 章中的很多例子产生了定量（数值）数据。消费者价格指数、失业率、每周销售额、公司年利润等都是对现象的数值度量。于是，大部分试验的样本点都会与数值变量相对应。

为了说明上述情况，考虑第 3 章的掷硬币试验。图 4-1 的维恩图展示了掷两枚硬币得到的朝上那面（正面或反面）的样本点。一个可能的数值结果是观察到硬币正面朝上的总次数。维恩图中圆括号里的这些值（0，1 或 2）是与每个样本点相关的数值。按照概率上的专业术语，变量“掷两枚硬币时观察到正面朝上的总次数”就是随机变量。

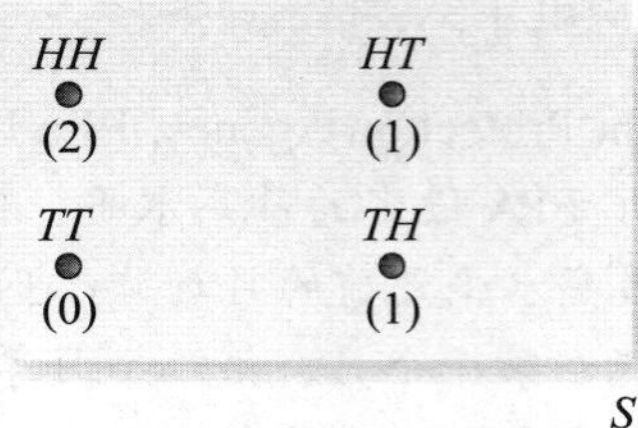

图 4-1　掷硬币试验的维恩图

> **随机变量**（random variable）是一个取值与试验的随机结果有关的数值变量，其中每个样本点有且只有一个数值。

术语随机变量比术语变量更有意义，因为形容词“随机”表示掷硬币试验可能会根据试验的随机结果：*HH*，*HT*，*TH*，*TT*，得出变量的几个可能值（0，1，2）之一。同样，如果试验是统计每天使用银行免下车窗口的客户数量，则随机变量（客户数量）每天都会发生变化，部分原因是客户是否使用免下车窗口是随机现象。因此，这个随机变量的可能值范围是从 0 到窗口在一天内可能服务的最大客户数。

我们在 4.1 节中定义了两种不同类型的随机变量，离散型随机变量和连续型随机变量。然后，在本章余下部分，我们将讨论离散型随机变量和连续型随机变量的特殊类型以及它们在商业领域的重要应用。

4.1　随机变量的两种类型

让我们回顾一下，试验样本点的概率之和必须为 1。在一个样本空间中，给所有样本点分配一个单位的概率，就给一个随机变量的所有取值赋予了一个概率值，但是现实情况并不总是如第 3 章中的例子那么简单。如果样本点可以全部列出，结果就会显而易见。但是试验的结果是无限个数值样本点，不可能全部列出来，不借助概率模型的话，给空间中的样本点分配概率是不可能的。接下来的三个例子说明了不同概率模型的选取很大程度上取决于随机变量的取值情况。

例 4.1　离散型随机变量的取值——酒的等级

问题　杂志《葡萄酒观察家》(*Wine Spectator*)的一个由 10 人组成的专家组应邀品尝一种新的白葡萄酒，并给出 0，1，2，3 的评分。把 10 位专家给出的评分加在一起就得到一个得分。求该随机变量可能的取值。

解答　由于每个样本点都是由专家给出的 10 个评分所组成的序列，例如，一个样本点是 {1，0，0，1，2，0，0，3，1，0}。把 10 个数相加得到一个得分，随机变量把一个得分分给每一个样本点，于是最低的得分就是 0（如果 10 个评分都是 0），最高的得分就是 30（如果 10 个评分都是 3）。因为 0~30 的整数都可能是得分，所以用 x 表示的随机变量可以取 31 个值。注意，上面给出的样本点的随机变量的取值为 x=8。①

回顾　随机变量的使用减少了试验中所需的信息量——从超过 100 万个样本点减少到随机变量的 31 个值。此外，这是一个离散型随机变量的例子，因为存在有限个不同的可能值。只要可以列出（或计算出）随机变量所有的可能值，那么该随机变量就是离散型随机变量。

例 4.2　离散型随机变量的取值——EPA 的一个应用

问题　假设美国环境保护署（Environment Protection Agency, EPA）每月对化工厂排放的废水中杀虫剂的含量取一次读数。如果杀虫剂的含量超过了 EPA 设定的最高水平，化工厂就需要整改，并可能被罚款。考虑随机变量 x，即化工厂排放量超过 EPA 最高水平之前的月数。x 可以取什么值？

解答　化工厂所排废水的杀虫剂含量可能在第一个月、第二个月等出现超标的情况。也可能化工厂所排废水的杀虫剂含量永远不会超过最高水平。于是，在首次超过最高水平之前的月数的可能值就是所有的正整数的集合 1，2，3，4，…。

回顾　如果我们能列出随机变量 x 的取值，即使这个列表没有尽头，我们也称这个列表是**可数的**（countable），相应的变量就是一个离散型随机变量。于是，化工厂所排废水的杀虫剂含量首次超过最高水平之前的月数是离散型随机变量。

例 4.3　连续型随机变量的取值——EPA 的另一个应用

问题　参见例 4.2。第二个感兴趣的随机变量是化工厂每月排放的废水样中检测到的杀虫剂含量 x（毫克 / 升）。该随机变量可以取什么值？

解答　与化工厂所排废水的杀虫剂含量超过 EPA 设定的最高水平之前的月数不同，这一含量的所有可能值的集合无法列出来，也就是说，它是不可数的。杀虫剂含量的可能值对应于由 0 到排放可能达到的最大值构成的区间上的点。（实践中，区间可能会小得多，比如 0~500 毫克 / 升。）

回顾　当随机变量的取值不可数，但是取值在某个区间时，我们称之为连续型随机变量。因此，化工厂所排废水中的杀虫剂含量就是连续型随机变量。

取值为可数个（有限或无限）值的随机变量被称为**离散型随机变量**（discrete random variable）。
取值为一个或多个区间中任一点的值（即无限且不可数的值）的随机变量被称为**连续型随机变量**（continuous random variable）。

① 标准的数学惯例是使用大写字母（比如 X）来表示理论上的随机变量，用小写字母（比如 x）来表示随机变量的可能值（或实际值）。于是，在例 4.1 中，随机变量 X 取值 x=0，1，2，…，30。因为这种表示法容易让入门统计学的学生感到困惑，所以我们简化了表示法，在本书中我们自始至终用 x 表示随机变量。

下面是几个离散型随机变量的例子：

1. 销售员在某周的销售额：x=0,1,2,⋯
2. 500 个人中喜欢某个产品的顾客人数：x=0,1,2,⋯,500
3. 债券发行时收到的投标数：x=0,1,2,⋯
4. 会计账簿中某一页的错误数：x=0,1,2,⋯
5. 在某个时间段内在餐馆等待就餐的顾客人数：x=0,1,2,⋯

注意，每一个离散型随机变量的例子都涉及“……的数量”。这种措辞是很常见的，因为大多数观察到的离散型随机变量是可数的。

我们用下面几个连续型随机变量的例子来结束本节：

1. 两次到医院诊室之间间隔的时间：$0\leqslant x<\infty$（无穷）
2. 对于一栋新的综合性公寓，从完工到一些公寓被租出的时间：$0\leqslant x<\infty$
3. 在一次装罐操作中装到一个 12 盎司[①] 罐子中的碳酸饮料的量：$0\leqslant x\leqslant 12$
4. 第一次成功探油的深度：$0\leqslant x\leqslant c$，其中 c 是能到达的最大深度
5. 在超市购买的食物重量：$0\leqslant x\leqslant 500$（注意：虽然理论上 x 没有上限，但是一般不超过 500 磅。）

4.2 节至 4.4 节将讨论离散型随机变量及其概率分布，4.5 节至 4.8 节将讨论连续型随机变量及其概率分布。

第一部分：离散型随机变量

4.2 离散型随机变量的概率分布

对离散型随机变量进行完整的描述，需要我们指定随机变量的可能值以及与每个值相关的概率。为了加以说明，请看例 4.4。

例 4.4 求出概率分布——掷硬币试验

问题 回顾掷两枚硬币的试验（见 4.1 节），设 x 表示观察到正面的次数。假设两枚硬币是均匀的，求出随机变量 x 每一个取值的概率。把这些值用表或图表示出来。

解答 该试验的样本空间和样本点如图 4-2 所示。注意，随机变量 x 的取值可以为 0，1，2。回顾第 3 章可知，与四个样本点对应的概率都是 1/4。然后，确定与随机变量 x 取值相关的样本点及概率值，于是有：

$$P(x=0)=P(TT)=\frac{1}{4}$$

$$P(x=1)=P(TH)+P(HT)=\frac{1}{4}+\frac{1}{4}=\frac{1}{2}$$

$$P(x=2)=P(HH)=\frac{1}{4}$$

① 1 盎司 ≈28.35 克。——译者

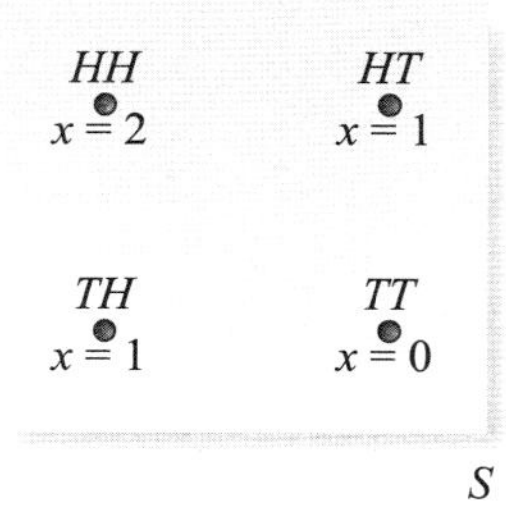

图 4-2 掷两枚硬币试验的维恩图

于是，现在我们知道，x 可以取值为（0，1，2），这些取值相应的概率是（1/4，1/2，1/4）。这完整地描述了随机变量，我们称之为**概率分布**（probability distribution），用符号 $p(x)$ 表示。[①] 表 4-1 和图 4-3 给出了掷硬币试验的概率分布。因为离散型随机变量的概率分布集中于一些点（x 的取值），图 4-3a 用在 x 轴上的垂直线的高度表示概率。在图 4-3b 中，尽管概率分布以直方图表示，但不太精确（因为概率在一个单位区间上延展）。当我们近似刻画 4.4 节中一些离散型随机变量的概率时，直方图是很有用的。

表 4-1 掷硬币试验的概率分布

x	$p(x)$
0	$\frac{1}{4}$
1	$\frac{1}{2}$
2	$\frac{1}{4}$

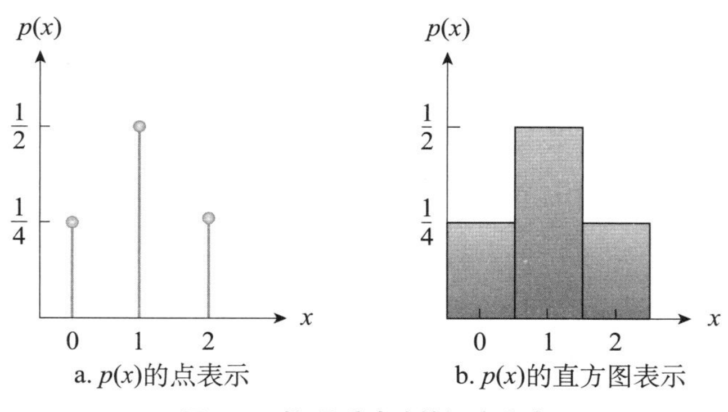

图 4-3 掷硬币试验的概率分布

回顾 我们也可以用公式来表示 x 的概率分布，但是这会不必要地将简单的例子复杂化。在本章后面部分，我们将给出一些常见离散型随机变量的概率分布。

离散型随机变量的概率分布（probability distribution of a discrete random variable）是图、表或者公式，指定了随机变量可能取每一个可能值的概率。

离散型随机变量的概率分布必须满足两个条件。

---

① 在标准的数学表示法中，随机变量取值为 x 的概率表示为 $P(X=x)=p(x)$。于是 $P(X=0)=p(0)$，$P(X=1)=p(1)$，等等。在这本入门教材里，我们采用了简单的 $p(x)$ 的形式。

离散型随机变量 x 的概率分布的要求

1. 对所有的 x, $p(x) \geq 0$。
2. $\sum p(x) = 1$。

这里 $p(x)$ 的求和是针对 x 所有可能的取值。[1]

例 4.5 概率分布图——双骰子

问题 双骰子玩法是赌博中较为流行的一种，玩家掷两个骰子来猜测结果（两个骰子正面朝上的两个点数之和）。考虑一个 5 美元的赌注，在第一次投掷时如果点数之和为 7 或者 11，则玩家赢 5 美元；如果结果是 2，3 或 12，则玩家输 5 美元（即玩家赢 −5 美元）。如果点数之和为（4，5，6，8，9，10），则玩家不赢也不输；在对掷骰子过程进行电脑模拟时，记录了掷骰子的结果 x（−5 美元、0 美元或 +5 美元）。使用 StatCrunch 绘制相对频数条形图，如图 4-4 所示。使用条形图来找到 x 的近似概率分布。

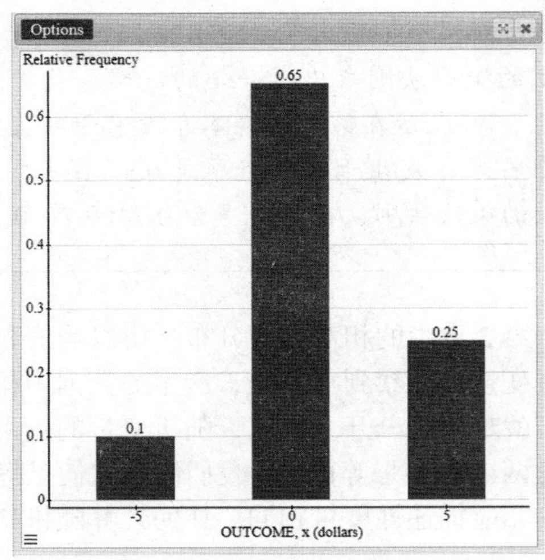

图 4-4 赌注为 5 美元的双骰子玩法分布条形图 (StatCrunch)

解答 条形图显示 x=−5 美元，x=0，x=5 美元的相对频数分别为 0.1，0.65，0.25。比如，在反复投掷两个骰子的过程中，有 25% 的点数之和为 7 或者 11（玩家赢 5 美元）。根据我们在第 3 章对概率的定义，这些相对频数是对于三种可能结果的概率估计。因此，x 的近似概率分布为 p（−5 美元）=0.1，$p(0)$=0.65 以及 p（5 美元）=0.25。注意，概率的总和为 1。

回顾 当投掷两个骰子时，总共可能会有 36 种结果（思考你能否列出这些结果或者样本点），其中，有 4 种结果的总和为 2，3 或者 12；有 24 种结果的总和为 4，5，6，8，9 或者 10；有 8 种结果的总和为 7 或者 11。利用第 3 章学过的概率理论，你可以证明 x 的实际概率分布为 p（−5 美元）=4/36=0.111 1，$p(0)$=24/36=0.666 7，p（5 美元）=8/36=0.222 2。

例 4.4 以及例 4.5 说明了怎样得到离散型随机变量的概率分布，但是在许多实际情况下，任务还是很艰巨的。幸运的是，商业领域观察到的许多试验和相关联的离散型随机变量具有同样的特点。因此，你在销售领域观察到的随机变量可能与在会计、经济和管理领域观察到的随机变量具有相同的特点。我们根据试验类型对随机变量进行分类，推导出每种不同类型的概率分布，然后当在实际情况中观察到特定类型的随机变量时使用适当的概率分布。大部分常见的离散型随机

① 若没有特殊说明，本书中求和永远是针对 x 所有可能的取值。

变量的概率分布据此可以得到。这样就简化了商业分析者寻求合适概率分布的问题，正如下例所示。

例 4.6 使用公式得到概率分布——得克萨斯州干旱

问题 干旱是一种异常干燥的气候，会给所在地区的农业造成严重影响。亚利桑那大学的研究人员使用历史年度数据来研究得克萨斯州干旱的严重程度（《水文工程杂志》(*Journal of Hydrologic Engineering*)）。研究人员发现，可以使用以下公式对 x 的分布进行建模，即在观察到干旱年之前必须抽取的连续年份数：

$$p(x)=0.3\times 0.7^{x-1}(x=1,2,3,\cdots)$$

求出干旱年出现之前必须抽取的年份数恰好为 3 年的概率。

解答 我们想求出 $x=3$ 的概率。使用公式，可得：

$$p(3)=0.3\times 0.7^{3-1}=0.3\times 0.7^{2}=0.3\times 0.49=0.147$$

因此有约 15% 的概率，在得克萨斯州干旱年出现之前必须抽样 3 年。

回顾 也可以使用第 3 章建立的概率法则求出感兴趣的概率。我们感兴趣的事件是 $N_1N_2D_3$，其中 N_1 表示在第一个样本年没有干旱发生，N_2 表示在第二个样本年没有干旱发生，D_3 表示在第三个样本年有干旱发生。研究人员发现在任何一个样本年发生干旱的概率是 0.3（因此，在任何一个样本年不发生干旱的概率是 0.7）。对独立事件使用概率的乘法法则，得到概率为 $0.7\times 0.7\times 0.3=0.147$。

因为概率分布类似于第 2 章中的相对频数分布，所以均值和标准差都是有用的描述性度量。

如果一个离散型随机变量被观察到很多次，产生的数据用相对频数分布来整理，相对频数分布与随机变量的概率分布就难以区分开。因此，随机变量的概率分布是总体相对频数分布的理论模型。在某种程度上，这两个分布是等价的（我们假设它们是等价的）。x 的概率分布具有均值 μ 和方差 σ^2，它们与总体的相应描述性度量相同。如何计算随机变量的均值？我们用一个例子来说明这个过程。

检查图 4-5 中 x（掷两枚硬币试验中观察到正面的次数）的概率分布。依靠直觉找出分布的均值。我们可以合理地认为分布的均值 μ 等于 1，过程如下：在大量试验中（如 100 000 次），1/4 的概率（或说其中 25 000 次）得到 $x=0$，1/2 的概率（或说其中 50 000 次）得到 $x=1$，1/4 的概率（或说其中 25 000 次）得到 $x=2$，因此，观察到正面的平均次数是：

$$\mu=\frac{0\times 25\,000+1\times 50\,000+2\times 25\,000}{100\,000}=0\times\frac{1}{4}+1\times\frac{1}{2}+2\times\frac{1}{4}=0+\frac{1}{2}+\frac{1}{2}=1$$

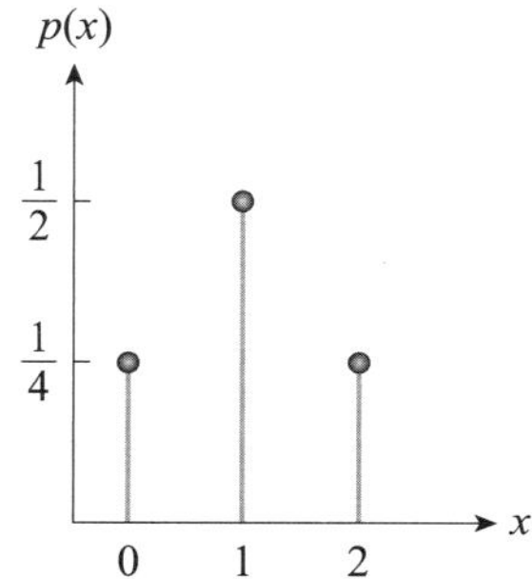

图 4-5 掷两枚硬币的概率分布

注意，为了得到随机变量 x 的总体均值，我们用 x 乘以它的概率值 $p(x)$，然后对 x 的所有可能值求和。x 的均值也称为 x 的期望值，用 $E(x)$ 表示。

离散型随机变量 x 的均值（mean of a discrete random variable x）**或期望值**（expected value）是：

$$\mu=E(x)=\sum xp(x)$$

期望是一个数学术语，因为经常使用，不必解释。特别地，随机变量的值可能从不等于它的“期望值”。期望值是概率分布的均值或集中趋势的度量。你可以把 μ 看成是重复很多次（实际上是无限次）的试验中 x 的均值，这里 x 的值出现的次数与 x 的概率成比例。

例 4.7　求期望值——在保险领域的应用

问题　假设你在保险公司工作，销售一种保额为 10 000 美元的一年期保险，其保费为 290 美元。统计表给出了根据你的客户的年龄、性别、健康状况等得到的下一年死亡的概率为 0.001。这种保单的期望收益（公司赚取的金额）是多少？

解答　该试验是观测客户在来年是否活着。两个样本点——活着与死亡的概率分别是 0.999 和 0.001。感兴趣的随机变量是收益 x，它的取值见下表：

收益 x	样本点	概率
290 美元	客户活着	0.999
−9 710 美元	客户死亡	0.001

如果客户活着，公司将获利 290 美元。如果客户死亡，收益就是负值，因为公司必须支付 10 000 美元，得到的收益为 290−10 000=−9 710（美元）。因此，期望收益是：

$$\mu=E(x)=\sum xp(x)$$
$$=290\times 0.999+(-9\ 710)\times 0.001=280\text{（美元）}$$

换句话说，如果公司向那些具有前述特征的客户卖出了大量保额为 10 000 美元的一年期保单，平均来说每份保单在下一年将获得净利润 280 美元。

回顾　注意，$E(x)$ 不等于 x 的任何值，即期望值是 280 美元，但是在保单卖出一年后 x 等于每次 290 美元或者 −9 710 美元。期望值是对集中趋势的度量——在本例中表示大量一年期保单收益的平均值——但不是 x 的一个可能值。

我们在第 2 章中了解到，集中趋势的均值和其他度量方法只揭示了数据的一部分信息。概率分布同样如此。我们还需要度量变异性。因为概率分布可以看成是总体的表示，所以我们使用总体方差来度量变异性。

总体方差 σ^2 定义为 x 与总体均值 μ 的距离的平方的均值。因为 x 是随机变量，所以平方距离 $(x-\mu)^2$ 也是随机变量。同样，使用寻找 x 的均值的思路，通过将 $(x-\mu)^2$ 的所有可能值乘以 $p(x)$，再对所有可能的 x 求和，可以得到 $(x-\mu)^2$ 的均值。[①] 计算公式为：

$$E[(x-\mu)^2]=\sum (x-\mu)^2 p(x)$$

① 可以证明 $E[(x-\mu)^2]=E(x^2)-\mu^2$，其中 $E(x^2)=\sum x^2 p(x)$。值得注意的是，在第 2 章中也有一个相似的表达式，$\sum (x-\bar{x})^2=\sum x^2-\frac{(\sum x)^2}{n}$。

这也称为与均值距离的平方的期望，即 $\sigma^2=E[(x-\mu)^2]$。x 的标准差定义为方差 σ^2 的平方根。

离散型随机变量 x 的方差（variance of a discrete random variable x）是：

$$\sigma^2=E[(x-\mu)^2]=\sum(x-\mu)^2p(x)$$

离散型随机变量的标准差（standard deviation of a discrete random variable）等于方差的平方根，即 $\sigma=\sqrt{\sigma^2}=\sqrt{\sum(x-\mu)^2p(x)}$。

知道了 x 的概率分布的均值 μ 和标准差 σ，再结合切比雪夫法则（法则 2.1）和经验法则（法则 2.2），我们就可以描述 x 值落在区间 $\mu\pm\sigma$、$\mu\pm2\sigma$ 和 $\mu\pm3\sigma$ 的可能性。下面给出了这些概率。

离散型随机变量的概率法则

设 x 是一个概率分布为 $p(x)$、均值为 μ、标准差为 σ 的离散型随机变量。根据 $p(x)$ 的形状，得到下面的概率描述：

	切比雪夫法则	经验法则
	可应用于任何概率分布（见图 4-6a）	可应用于土墩形、对称型概率分布（见图 4-6b）
$P(\mu-\sigma<x<\mu+\sigma)$	$\geqslant0$	≈0.68
$P(\mu-2\sigma<x<\mu+2\sigma)$	$\geqslant3/4$	≈0.95
$P(\mu-3\sigma<x<\mu+3\sigma)$	$\geqslant8/9$	≈1.00

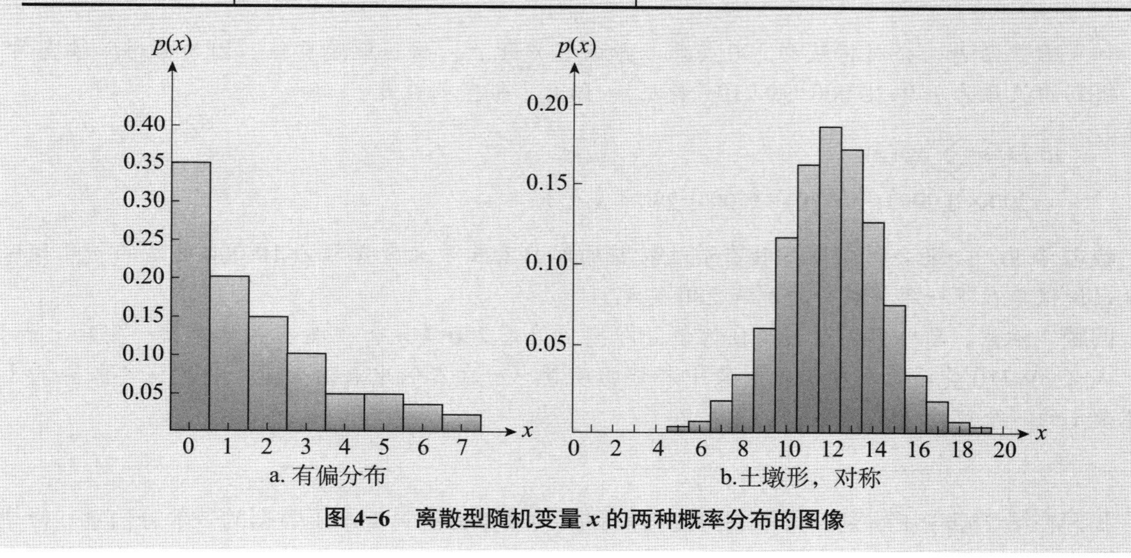

图 4-6 离散型随机变量 x 的两种概率分布的图像

例 4.8 求解 μ 和 σ——互联网企业投资

问题 假设你把一笔固定数额的资金投资于 5 个互联网企业项目，你知道有 70% 的投资项目会成功，这些项目的结果彼此独立，5 个项目中成功数目 x 的概率分布如下所示：

x	0	1	2	3	4	5
$p(x)$	0.002	0.029	0.132	0.309	0.360	0.168

a. 求出 $\mu=E(x)$，解释该结果。

b. 求出 $\sigma=\sqrt{E[(x-\mu)^2]}$，解释该结果。

c. 画出 $p(x)$，在图中找出 μ 和区间 $\mu\pm2\sigma$。使用切比雪夫法则或经验法则求出 x 落在这个区间的近似概率，并与实际概率进行比较。

d. 你能够在 5 个项目中观测到少于 2 个项目获得成功的现象吗？

解答 a. 运用公式：

$$\begin{aligned}\mu=E(x)&=\sum xp(x)\\&=0\times0.002+1\times0.029+2\times0.132+3\times0.309+4\times0.360+5\times0.168\\&=3.50\end{aligned}$$

平均而言，5 个项目中成功项目数量的均值是 3.5。请记住，只有当试验（投资 5 个互联网企业项目）重复多次时，这个期望值才有意义。

b. 计算 x 的方差：

$$\begin{aligned}\sigma^2=E[(x-\mu)^2]&=\sum(x-\mu)^2p(x)\\&=(0-3.5)^2\times0.002+(1-3.5)^2\times0.029+(2-3.5)^2\times0.132+(3-3.5)^2\times0.309+(4-3.5)^2\times0.360\\&\quad+(5-3.5)^2\times0.168\\&=1.05\end{aligned}$$

于是，标准差为：

$$\sigma=\sqrt{\sigma^2}=\sqrt{1.05}=1.02$$

该值度量了 5 个项目中成功数目 x 的概率分布的离散度。通过回答 c 和 d 可以得到更有用的解释。

c. 图 4-7 是用直方图表示的 $p(x)$ 的图形，图中显示了其均值为 μ，区间 $\mu\pm2\sigma=3.50\pm2\times1.02=3.50\pm2.04=(1.46, 5.54)$。注意，$\mu=3.5$ 确定了概率分布的中心。因为该分布是理论相对频数分布，所以是适当的土墩形分布（见图 4-7）。（根据切比雪夫法则）我们期望至少有 75% 以及（根据经验法则）可能性更大的是大约 95% 的 x 值落在区间 $\mu\pm2\sigma$ 内，即在 1.46~5.54。从图 4-7 中可以看出，x 落在区间 $\mu\pm2\sigma$ 内的实际概率为 $x=2$，$x=3$，$x=4$ 和 $x=5$ 的概率之和，其值为 $p(2)+p(3)+p(4)+p(5)=0.132+0.309+0.360+0.168=0.969$。因此，概率分布的 96.9% 位于均值的 2 倍标准差范围内。这个百分数与由切比雪夫法则和经验法则得到的值都是一致的。

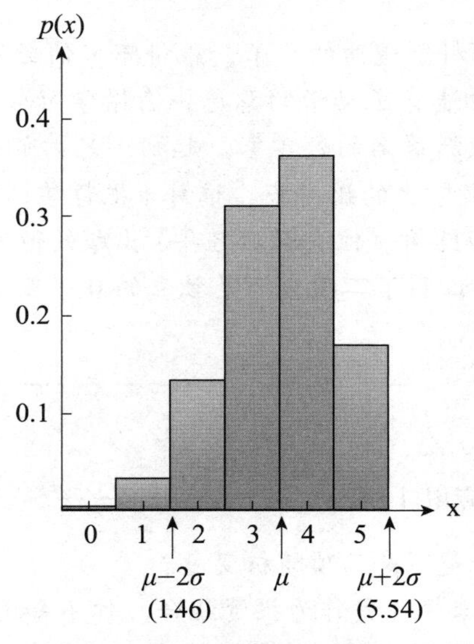

图 4-7 例 4.8 中 $p(x)$ 的图形

d. 5 个项目中成功数目少于 2 个意味着 $x=0$ 或 $x=1$。因为 x 的两个值都在区间 $\mu\pm2\sigma$ 之外，我们根据经验法则可知，这样的结果是不可能的（概率大约为 0.05）。精确的概率 $p(x\leqslant1)$ 等于 $p(0)+p(1)=0.002+0.029=0.031$。因此，在投资 5 家互联网企业的单次试验中，我们预计观测不到成功的项目数少于 2 个的现象。

4.3 二项分布

许多试验得到二分响应，即响应可能是两种结果之一，比如是—不是、通过—失败、不合格—合格或者男性—女性。这种试验的一个简单例子是掷硬币。掷 10 次硬币，每次得到的结果将是两种结果中的一种：正面或反面。最后，我们对观察到的正面次数 x 的分布感兴趣。许多其他的试验等价于有限次的掷硬币试验（平衡或不平衡），观察两种结果之一出现的次数 x。有此类特点的随机变量称为**二项随机变量**（binomial random variable）。

民意调查和消费者偏好调查（例如，CNN、盖洛普和哈里斯民意调查）经常观察二项随机变量。例如，假设从一家公司的数据库选择了 100 名顾客的样本，每名顾客被问到是喜欢公司的产品（正面）还是喜欢竞争对手的产品（反面）。假设我们对样本中喜欢公司产品的人数 x 感兴趣。抽取 100 名顾客相当于掷硬币 100 次。于是，你可以看到消费者偏好调查就是掷硬币试验在现实生活中的反映。我们已经描述过二项试验，可以通过下面的特点来识别该试验。

二项试验（binomial experiment）的特点

1. 试验进行了 n 次相同的尝试。
2. 每次试验中包含两种可能的结果，用 S 表示成功的结果，F 表示失败的结果。
3. 每次试验中成功 S 的概率都是相同的，用 p 表示，失败的概率用 q 表示。注意，$q=1-p$。
4. 各个试验是相互独立的。
5. 二项随机变量 x 是 n 次试验中 S 发生的次数。

人物介绍

雅科布・伯努利 (1654—1705)——伯努利分布

作为瑞士巴塞尔地方法官和香料制造商的儿子，雅科布・伯努利（Jacob Bernoulli）在巴塞尔大学获得了学位。但是在大学期间，他违背了父亲的意愿，偷偷学习数学。雅科布还教弟弟约翰（Johan）学习了数学，他们俩后来都成为欧洲著名的数学家。起初，兄弟俩合作解决当时的问题（例如，微积分）；但遗憾的是，他们后来成为数学上的死对头。雅科布把哲学训练和数学直觉应用到概率和机会游戏理论上，建立了大数定理。在 1713 年（他去世后 8 年）出版的他的著作《猜度术》(*Ars Conjectandi*) 中，首次提出了二项分布。雅科布证明了二项分布是独立的 0-1 变量（即现在熟知的伯努利随机变量）的和。

例 4.9 x 是二项随机变量吗——商业应用

问题 对于下面的例子，确定 x 是不是二项随机变量。

a. 你从可能的 10 种债券中随机选择 3 种作为投资组合。你不知道的是，10 种债券中有 8 种将保持其现值，另外 2 种将因评级变化而失去价值。设 x 是你选择的 3 种债券中失去价值的债券数。

b. 许多公司在大规模营销新产品之前，都会进行消费者偏好调查，以确定该产品是否有可能获得成功。假设一家公司开发了一种新型无糖苏打水，然后进行了一项口味偏好调查，其中 100 名随机选择的消费者陈述了他们对新型苏打水和两个主要销售产品的偏好。设 x 为 100 人中选择新产品而不选择另外两个产品的人数。

c. 有些调查采用的是简单随机抽样（见第 3 章）之外的抽样方法。例如，假设一个有线电视公司想做一项调查来确定该城市使用有线电视设备的家庭比例。抽样方法是随机选择街区，然后调查那个街区的所有家庭。该抽样方法就称为整群抽样。假设选择了 10 个街区，得到 124 个家庭的回答。设 x 是 124 个家庭中将使用有线电视设备的家庭数。

解答 a. 在检查二项随机变量的特点时，与特点 3（每次试验概率不变）和特点 4（独立性）有关的问题出现了。你选择的第一种债券失去价值的概率是 2/10。现在假设你选择的第一种债券是两种会失去价值的债券之一，这会使得你选择到第二种失去价值的债券的机会减少至 1/9，因为现在余下的 9 种债券里仅有一种这样的债券。你的选择是彼此相关的，因此，你选择的 3 种债券中失去价值的债券数 x 就不是二项随机变量。

b. 会得到二分响应并且使用随机抽样方法的调查是经典的二项试验的例子。在这个例子里，每个随机选择的消费者要么表明偏好新型无糖苏打水，要么表明不喜欢。100 名消费者的样本仅仅是潜在消费者总数的很小一部分，因此，从所有的实际调查目的来看，每个人的回答是彼此独立的[①]，x 是二项随机变量。

c. 该例子是一个有二分响应（有或无有线电视设备）的调查，但采用的不是简单的随机抽样方法。另外，可能不满足独立试验的二项特点。在某个街区的家庭的回答是相关的，因为同一街区的家庭倾向于有类似的收入、受教育水平和共同的兴趣。于是，如果使用整群抽样，二项模型不适合 x。

回顾 每次试验都有两个结果的随机变量不是二项随机变量，往往是因为它们不满足二项试验的特点 3 或特点 4。

例 4.10 从商品购买中推导出二项概率分布

问题 一家零售商在线销售苹果公司的 iPhone 和谷歌的 Android 手机。假设零售商在线销售的手机中有 80% 是 iPhone，20% 是 Android。

a. 使用第 3 章中给出的步骤来计算接下来四次在线购买的都是 Android 手机的概率。

b. 找出接下来四次在线购买手机中，三次是 Android 手机的概率。

c. 令 x 代表接下来四次在线购买的手机中有多少是 Android 手机。解释为什么 x 是二项随机变量。

d. 使用 a 和 b 部分的答案推导出 $p(x)$ 的公式，即二项随机变量 x 的概率分布。

解答 a. 1. 第一步是定义试验。在这里，我们有兴趣观察接下来四个（购买）客户在线购买的手机类型：iPhone (I) 或 Android (A)。

2. 接下来，我们列出与试验相关的样本点。每个样本点由四个在线客户做出的购买决定组成。例如，*IIII* 代表四个人都购买 iPhone 的样本点，而 *AIII* 代表客户 1 购买 Android 手机，而客户 2、客户 3、客户 4 购买 iPhone 的样本点。图 4-8 显示有 16 个样本点。这 16 个样本点也列在表 4-2 中。

---

① 在大多数实际的二项分布的应用中，感兴趣的总体包括有限的元素（试验），记为 N。当 N 较大而样本量 n 相对于 N 较小时，比如 $n/N \leqslant 0.05$，那么对于所有实际的目的，抽样过程满足二项试验的条件。

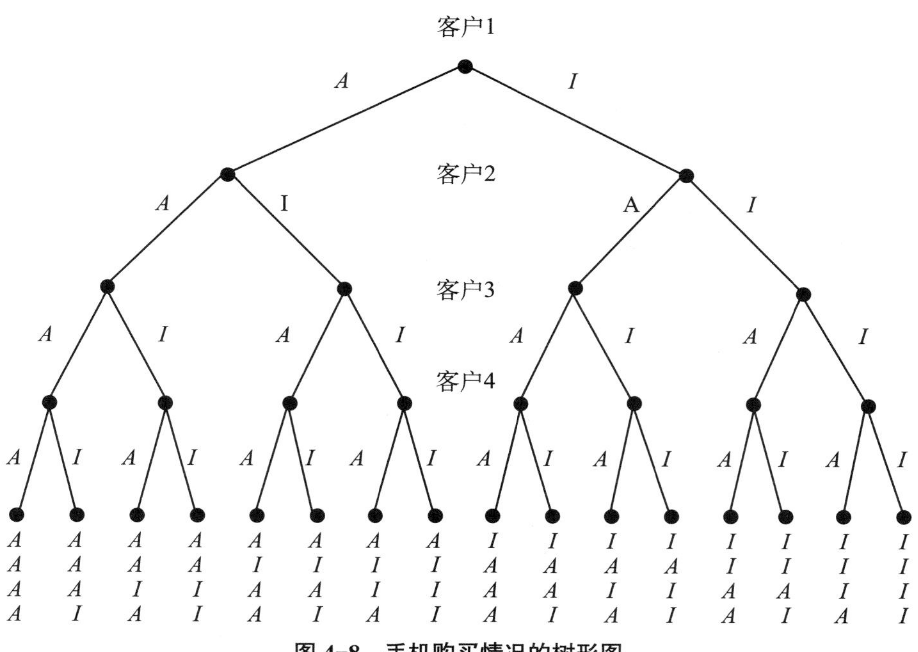

图 4-8 手机购买情况的树形图

表 4-2 例 4.10 中试验的样本点

AAAA	*IAAA*	*IIAA*	*AIII*	*IIII*
	AIAA	*IAIA*	*IAII*	
	AAIA	*IAAI*	*IIAI*	
	AAAI	*AIIA*	*IIIA*	
		AIAI		
		AAII		

3. 我们现在给样本点分配概率。请注意，每个样本点都可以看作是四个客户购买决定的交集，假设购买决定是独立做出的，则可以使用乘法法则获得每个样本点的概率，如下所示：

$P(IIII)$=P[(客户 1 选择 iPhone) ∩ (客户 2 选择 iPhone) ∩ (客户 3 选择 iPhone) ∩ (客户 4 选择 iPhone)]

=P(客户 1 选择 iPhone)×P(客户 2 选择 iPhone)×P(客户 3 选择 iPhone)×P(客户 4 选择 iPhone)

$=0.8\times0.8\times0.8\times0.8=0.8^4=0.409\ 6$

同理可得其他样本点的概率。例如：

$$P(AIII)=0.2\times0.8\times0.8\times0.8=0.2\times0.8^3=0.102\ 4$$

你可以通过把样本空间中 16 个样本点的概率相加是否等于 1 来判断推导的结果正确与否。

4. 最后，我们通过合适的样本点概率得到所要求的事件的概率。感兴趣的事件是所有四名客户购买 Android 手机。在表 4-2 中，我们发现该事件中只有一个样本点 *AAAA*。所有其他的样本点表明至少购买了一部 iPhone，于是可得：

P(所有客户购买 Android 手机)=$P(AAAA)=0.2^4=0.001\,6$

即四名客户都购买 Android 手机的概率是 0.001 6。

b. 四笔在线销售业务中有三笔是 Android 手机的事件中包括表 4–2 中第 2 列中的样本点 *IAAA*，*AIAA*，*AAIA* 和 *AAAI*。把样本点概率相加得到该事件的概率：

P(四名客户中有三名购买 Android 手机)=$P(IAAA)+P(AIAA)+P(AAIA)+P(AAAI)$

$$=0.2^3\times0.8+0.2^3\times0.8+0.2^3\times0.8+0.2^3\times0.8$$

$$=4\times0.2^3\times0.8=0.025\,6$$

注意，每个样本点的概率相等，因为每个样本点包含三个 A 和一个 I。购买顺序不影响概率，因为客户的购买决定（假定）是独立的。

c. 我们可以将试验描述为由四个相同的试验组成——四个客户的购买决定。每次试验有两种可能的结果，I 或 A，每次试验中 A 的概率 $p=0.2$ 是相同的。最后，我们假设每个顾客的购买决定独立于其他顾客，因此四次试验是独立的。那么接下来的四次购买 Android 手机的数量 x 是一个二项随机变量。

d. a 与 b 中事件的概率让我们对概率分布 $p(x)$ 的公式有所了解。首先，考虑有三次购买 Android 手机的事件，我们得到：

$$P(x=3)=(x=3\text{ 的样本点数量})\times0.2^{\text{购买 Android 手机数}}\times0.8^{\text{购买 iPhone 数}}$$

$$=4\times0.2^3\times0.8^1$$

通常，我们使用组合数学计算样本点个数，例如：

x 为 3 的样本点个数 = 在 4 次试验中选择 3 次购买 Android 手机的不同方法数

$$=\binom{4}{3}=\frac{4!}{3!(4-3)!}=\frac{4\times3\times2\times1}{(3\times2\times1)\times1}=4$$

对不同 x 值的公式可以简化如下：

因为 $P(x=3)=\binom{4}{3}\times0.2^3\times0.8^1$

所以 $p(x)=\binom{4}{x}\times0.2^x\times0.8^{4-x}$

其中，$\binom{4}{x}$计算了有 x 个 Android 手机的样本点个数，$0.2^x\times0.8^{4-x}$ 是有 x 个 Android 手机的样本点的概率。

对于一般的二项试验，每次试验成功的概率为 p，实验 n 次，那么有 x 次成功的概率是：

$$p(x)=\binom{n}{x}\cdot\underbrace{p^x(1-p)^{n-x}}$$

成功的样本点数　成功 x 次、失败 $(n-x)$ 次的概率

回顾　理论上，你可以借助本例中设定的原则来计算二项概率，列出所有的样本点，对它们的概率求和。然而，当试验的次数 n 增加时，样本点的个数会急剧增加（样本点个数是 2^n）。于是，我们更愿意用公式来计算二项概率，因为它可以避免列出所有的样本点。

二项分布[1]总结如下面的框所示。

二项概率分布（binomial probability distribution）

$$p(x)=\binom{n}{x}p^x q^{n-x}(x=0,1,2,\cdots,n)$$

式中，$p=$ 一次试验成功的概率；

$q=1-p$；

$n=$ 试验次数；

$x=n$ 次试验中成功的次数；

$n-x=n$ 次试验中失败的次数；

$\binom{n}{x}=\dfrac{n!}{x!(n-x)!}$。

正如我们在第 3 章中说明的，符号 5! 表示 $5\times4\times3\times2\times1=120$。同样，$n!=n\times(n-1)\times(n-2)\times\cdots\times3\times2\times1$。记住，$0!=1$。

例 4.11 应用二项分布——汽车制造

问题 生产汽车引擎的冲压制品的机器发生故障，产生了 10% 的次品。机器随机产生冲压制品的次品和非次品。如果接下来检验 5 个冲压制品，求出其中 3 个是次品的概率。

解答 设 x 等于 $n=5$ 次试验中的次品数，那么 x 就是一个二项随机变量，其中一个冲压制品是次品的概率 p 等于 0.1，因此 $q=1-p=1-0.1=0.9$。x 的概率分布由下式给出：

$$p(x)=\binom{n}{x}p^x q^{n-x}=\binom{5}{x}\times0.1^x\times0.9^{5-x}$$

$$=\frac{5!}{x!(5-x)!}\times0.1^x\times0.9^{5-x}\quad(x=0,1,2,3,4,5)$$

为求出在 $n=5$ 的样本中，次品数 $x=3$ 时的概率，把 $x=3$ 代入 $p(x)$ 的公式可得：

$$p(3)=\frac{5!}{3!(5-3)!}\times0.1^3\times0.9^{5-3}=\frac{5!}{3!2!}\times0.1^3\times0.9^2$$

$$=\frac{5\times4\times3\times2\times1}{(3\times2\times1)(2\times1)}\times0.1^3\times0.9^2=10\times0.1^3\times0.9^2$$

$$=0.008\ 1$$

回顾 注意，二项分布告诉我们，10 个样本点中有 3 个次品（把样本点列出来检查），每一个的概率是 $0.1^3\times0.9^2$。

下面列出了二项随机变量 x 的均值、方差和标准差。

二项随机变量 x 的均值、方差和标准差（mean，variance，standard deviation of a binomial random variable x）

均值：$\mu=np$

方差：$\sigma^2=npq$

标准差：$\sigma=\sqrt{npq}$

---

① 二项分布的叫法源于概率 $p(x)$，$x=0$，1，2，…，n，是二项展开式 $(q+p)^n$ 中的项。

正如我们在第 2 章中说明的，均值和标准差分别度量了分布的集中趋势和变异性。于是，当计算概率太烦琐时，我们能使用 μ 和 σ 获得 x 的概率分布的粗略图形。下面的例子说明了该思想。

例 4.12 求解 μ 和 σ——汽车制造的应用

问题 参见例 4.11，求出 $p(0)$，$p(1)$，$p(2)$，$p(4)$ 和 $p(5)$。画出 $p(x)$ 的图形。求出均值 μ 和标准差 σ。在图中标出 μ 和区间 $(\mu-2\sigma,\ \mu+2\sigma)$。如果重复该试验很多次，$x$ 落在区间 $(\mu-2\sigma,\ \mu+2\sigma)$ 内的比例是多少？

解答 再次设 $n=5$，$p=0.1$，$q=0.9$。由 $p(x)$ 的公式可得：

$$p(0)=\frac{5!}{0!(5-0)!}\times 0.1^0\times 0.9^{5-0}=\frac{5\times 4\times 3\times 2\times 1}{1\times(5\times 4\times 3\times 2\times 1)}\times 1\times 0.9^5=0.590\ 49$$

$$p(1)=\frac{5!}{1!(5-1)!}\times 0.1^1\times 0.9^{5-1}=5\times 0.1^1\times 0.9^4=0.328\ 05$$

$$p(2)=\frac{5!}{2!(5-2)!}\times 0.1^2\times 0.9^{5-2}=10\times 0.1^2\times 0.9^3=0.072\ 90$$

$p(3)=0.008\ 1$ （参见例 4.11）

$$p(4)=\frac{5!}{4!(5-4)!}\times 0.1^4\times 0.9^{5-4}=5\times 0.1^4\times 0.9^1=0.000\ 45$$

$$p(5)=\frac{5!}{5!(5-5)!}\times 0.1^5\times 0.9^{5-5}=0.1^5=0.000\ 01$$

如图 4-9 所示的概率直方图为 $p(x)$ 的图。

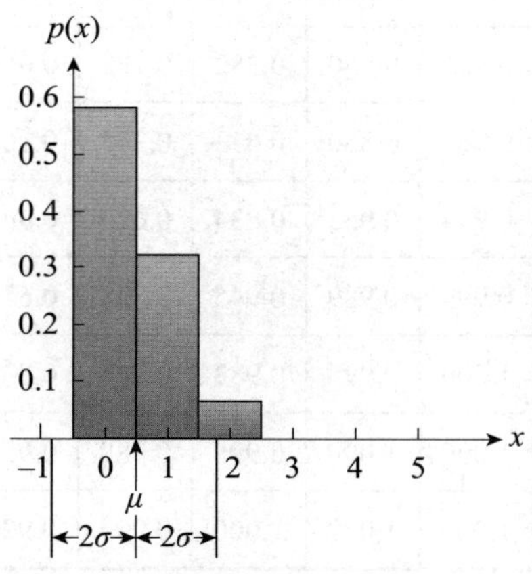

图 4-9 二项分布 ($n=5$，$p=0.1$)

为了计算 μ 和 σ，把 $n=5$，$p=0.1$ 代入下面的公式：

$$\mu=np=5\times 0.1=0.5$$

$$\sigma=\sqrt{npq}=\sqrt{5\times 0.1\times 0.9}=\sqrt{0.45}=0.67$$

为了求出区间 $(\mu-2\sigma,\ \mu+2\sigma)$，计算

$$\mu-2\sigma=0.5-2\times 0.67=-0.84$$
$$\mu+2\sigma=0.5+2\times 0.67=1.84$$

如果重复该试验很多次，x 落在区间 $(\mu-2\sigma, \mu+2\sigma)$ 内的比例是多少？从图 4-9 可以看出，所有等于 0 或 1 的观测值都落在该区间内。这些值对应的概率分别是 0.590 5 和 0.328 0。于是，你将看到 0.590 5+0.328 0=0.918 5 或大约 91.9% 的观测值落在区间 $(\mu-2\sigma, \mu+2\sigma)$ 内。

回顾 该结果再次强调了对于大多数概率分布，观测值很少会超过均值 μ 的 2 倍标准差。

利用二项分布表以及软件获取二项分布概率

当 n 较大时，计算二项概率很烦琐。对一些 n 和 p 的值，其二项概率见本书附录的表 Ⅰ。表 Ⅰ 的一部分如表 4-3 所示。$n=10$ 和 $p=0.10$ 时的二项概率分布的图见图 4-10。表 Ⅰ 实际上包括 9 张表，从表 (a) 到表 (i)，对应着 $n=5$，6，7，8，9，10，15，20，25。在每张表里，列对应着 p 的值，行对应着随机变量 x 的取值 (k)。表中的数字表示**累积二项概率**（cumulative binomial probability）$p(x\leqslant k)$ 的值。举例来说，列对应着 $p=0.10$ 和行对应着 $k=2$ 的数字是 0.93（阴影部分），表达式为：

$$P(x\leqslant 2)=P(x=0)+P(x=1)+P(x=2)=0.930$$

表 4-3 附录中表 Ⅰ 节选：$n=10$ 时的二项分布的概率

k \ p	0.01	0.05	0.10	0.20	0.30	0.40	0.50	0.60	0.70	0.80	0.90	0.95	0.99
0	0.904	0.599	0.349	0.107	0.028	0.006	0.001	0.000	0.000	0.000	0.000	0.000	0.000
1	0.996	0.914	0.736	0.376	0.149	0.046	0.011	0.002	0.000	0.000	0.000	0.000	0.000
2	1.000	0.988	0.930	0.678	0.383	0.167	0.055	0.012	0.002	0.000	0.000	0.000	0.000
3	1.000	0.999	0.987	0.879	0.650	0.382	0.172	0.055	0.011	0.001	0.000	0.000	0.000
4	1.000	1.000	0.998	0.967	0.850	0.633	0.377	0.166	0.047	0.006	0.000	0.000	0.000
5	1.000	1.000	1.000	0.994	0.953	0.834	0.623	0.367	0.150	0.033	0.002	0.000	0.000
6	1.000	1.000	1.000	0.999	0.989	0.945	0.828	0.618	0.350	0.121	0.013	0.001	0.000
7	1.000	1.000	1.000	1.000	0.998	0.988	0.945	0.833	0.617	0.322	0.070	0.012	0.000
8	1.000	1.000	1.000	1.000	1.000	0.998	0.989	0.954	0.851	0.624	0.264	0.086	0.004
9	1.000	1.000	1.000	1.000	1.000	1.000	0.999	0.994	0.972	0.893	0.651	0.401	0.096

这个概率 $n=10$ 和 $p=0.10$ 时的二项概率分布的图（见图 4-10）中也是用阴影表示的。

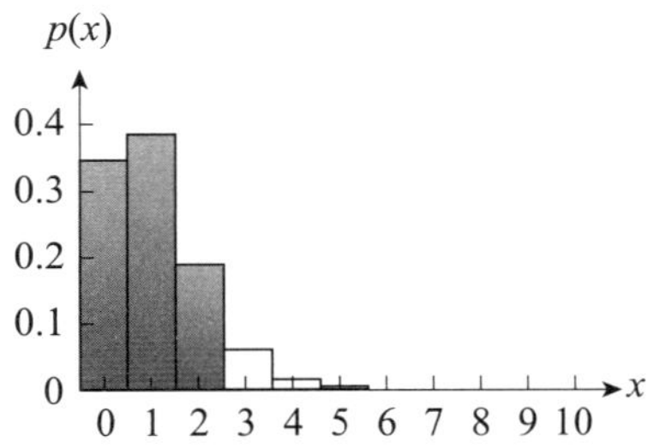

图 4-10 $n=10$ 和 $p=0.10$ 时的二项概率分布（阴影部分表示 $P(x\leqslant 2)$）

你也可以利用表 I 求出 x 等于某个给定值的概率。例如，假设你想求出 n=10 和 p=0.10 时的二项概率分布中 x=2 的概率。可用减法来求解：

$$P(x=2)=[P(x=0)+P(x=1)+P(x=2)]-[P(x=0)+P(x=1)]$$
$$=P(x\leqslant 2)-P(x\leqslant 1)=0.930-0.736=0.194$$

二项随机变量超过某一个给定值的概率可以使用表 I 和事件的互补的概念来求出。例如，为了求出当 n=10 和 p=0.10 时的二项概率分布中 x 超过 2 的概率，计算：

$$P(x>2)=1-P(x\leqslant 2)=1-0.930=0.070$$

注意，这个概率是用图 4-10 中的非阴影部分来表示的。

表 I 中所有的概率都四舍五入，保留三位小数。因此，尽管表中的二项概率没有一个恰好为 0，一些足够小的概率（小于 0.000 5）还是被四舍五入为 0.000。例如，当 n=10 和 p=0.6 时使用公式求 $P(x=0)$，我们可得：

$$P(x=0)=\binom{10}{0}\times 0.6^{0}\times 0.4^{10-0}=0.4^{10}=0.000\,104\,86$$

但是这在附录的表 I 中被四舍五入为 0.000（见表 4-3）。

类似地，表中没有数字恰好为 1.0，但是当累积概率超过 0.999 5 时，它们都被四舍五入为 1.000。行对应的 x 的最大取值为 $x=n$ 也被省略了，因为在该行中所有的累积概率（恰好）等于 1.0。例如，在表 4-3 中，当 n=10 时，不论 p 的取值是多少，$P(x\leqslant 10)$=1.0。

当然，你也可以使用统计软件来获得二项分布概率值。下面的例子更深入地说明了表 I 和统计软件的使用。

例 4.13 使用二项分布表和计算软件——求出与工会有关的概率

问题 假设对一家公司的 20 名员工进行调查，目的是确定支持工会的人数 x。假设 60% 的员工支持工会。

a. 求出 x 的均值和标准差。

b. 使用附录中的表 I 求出 $P(x\leqslant 10)$，并使用 Minitab 验证此概率。

c. 使用附录中的表 I 求出 $P(x>12)$，并使用 Minitab 验证此概率。

d. 使用附录中的表 I 求出 $P(x=12)$，并使用 Minitab 验证此概率。

e. 画出 x 的概率分布，在图上标出区间 $\mu\pm 2\sigma$。

解答 a. 受调查的员工数相对于公司员工总数是很小的，因此，我们可以把 20 名员工中支持工会的人数视为二项随机变量。p 值就是支持工会的员工比例，即 p=0.6。因此，计算均值和方差得：

$$\mu=np=20\times 0.6=12$$
$$\sigma^2=npq=20\times 0.6\times 0.4=4.8$$
$$\sigma=\sqrt{4.8}=2.19$$

b. 查看表 I 中 n=20，k=10，p=0.6，求出值 0.245，于是得：

$$P(x\leqslant 10)=0.245$$

该值与图 4-11 中显示的 Minitab 输出结果的上半部分中阴影显示的累积概率一致（精确到小数点后三位）。

c. 为求出概率

$$P(x>12)=\sum_{x=13}^{20}p(x)$$

利用关于所有概率分布的一个事实：$\sum_{\text{所有}x}p(x)=1$，因此

Cumulative Distribution Function

Binomial with n = 20 and p = 0.6

x	P(X ≤ x)
10	0.244663

Probability Density Function

Binomial with n = 20 and p = 0.6

x	P(X = x)
11	0.159738

图 4-11　例 4.13 的输出结果 (Minitab)

$$P(x>12)=1-P(x\leqslant 12)=1-\sum_{x=0}^{12}p(x)$$

找到表Ⅰ中 $k=12$，$p=0.6$ 的位置，求出值 0.584，于是得：

$$P(x>12)=1-0.584=0.416$$

d. 为求出恰好有 11 名员工支持工会，回顾表Ⅰ中各项都是累积概率，利用关系式

$$\begin{aligned}P(x=11)&=[p(0)+p(1)+\cdots+p(11)]-[p(0)+p(1)+\cdots+p(10)]\\&=P(x\leqslant 11)-P(x\leqslant 10)\end{aligned}$$

得：

$$P(x=11)=0.404-0.245=0.159$$

同样，该值与图 4-11 中显示的 Minitab 输出结果的下半部分中阴影显示的概率一致（精确到小数点后三位）。

e. 图 4-12 给出了本例 x 的概率分布。注意：

$$\mu-2\sigma=12-2\times 2.2=7.6$$
$$\mu+2\sigma=12+2\times 2.2=16.4$$

区间 (7.6，16.4) 如图 4-12 所示。x 落在该区间的概率是：

$$\begin{aligned}P(x=8,9,\cdots,16)&=P(x\leqslant 16)-P(x\leqslant 7)\\&=0.984-0.021=0.963\end{aligned}$$

这个概率值很接近经验法则给出的 0.95。因此，20 名员工中支持工会的人数为 8~16 人。

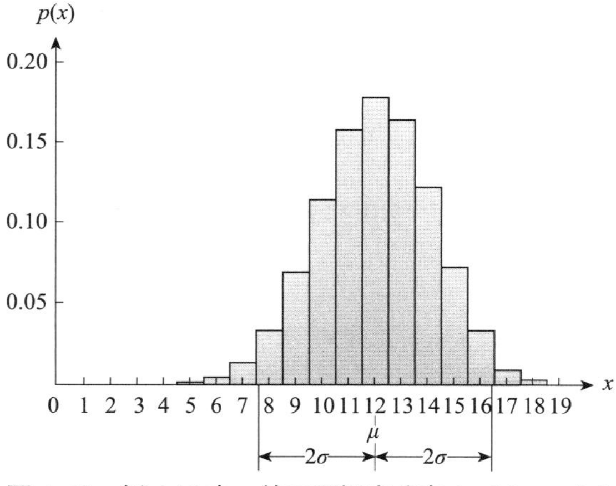

图 4-12　例 4.13 中 x 的二项概率分布 (n=20，p=0.6)

回顾实践中的统计

利用二项分布模型解决可卡因缉毒问题

再次回到我们之前提到的可卡因案件。在某次突击检查中查获类似于可卡因的白色粉末状物质 496 包。警察随机抽取 4 包，并且带至实验室进行化验，结果全部呈阳性（表明含有可卡因）。这一发现导致贩运者被定罪。接着，便衣警察从剩下的 492 包物品中随机抽取 2 包（即未经检测的），与嫌疑人进行交易并实施抓捕。但是，嫌疑人在被抓捕之前将 2 包物质成功销毁。那么现在的问题就是我们能否确定那 2 包被销毁的物质一定含有可卡因呢？

为了解决这个难题，我们假定在收缴的 496 包白色粉末状物质中，有 331 包含有可卡因，有 165 包为合法粉末状物质。（受聘为案件专家证人的统计学家表明，当 331 包含有可卡因而 165 包不含可卡因时，被告被判无罪的可能性较大。）首先，我们将计算从最初的 496 包中随机抽取 4 包，4 包可卡因检测均呈阳性的概率。然后我们会计算在诱捕行动中出售的 2 包不含可卡因的概率。最后，我们将找出这两个事件同时发生的概率（即选择的前 4 包可卡因检测呈阳性，但接下来选择的 2 包不含可卡因）。在对上述每一个事件进行概率计算时，我们将应用二项概率分布来近似求得。

令 x 代表随机从 496 包物质中抽取 n 个样本时，含有可卡因的包数。在此，我们将“如果某包物质中含有可卡因”标记为“成功”。如果 n 很小，比如 $n=2$，或 $n=4$，则 x 近似服从二项分布，“成功”的概率为 $p=331/496=0.67$。

前 4 个抽取的包含可卡因的概率（即 $P(x=4)$）可从 $n=4$ 和 $p=0.67$ 的二项式公式中计算获得：

$$P(x=4)=p(4)=\binom{4}{4}p^4(1-p)^0=\frac{4!\times 0.67^4\times 0.33^0}{4!0!}=0.67^4=0.202$$

因此，有约 20% 的可能性随机抽取的 4 包物质全部含可卡因。

假若 4 包物质全部含有可卡因，而后来抽取的 2 包物质不含有可卡因，那么利用二项分布模型有 $n=2$，$p=0.67$。由于“成功”代表包中物质为可卡因，我们可以得到：

$$P(x=0)=p(0)=\binom{2}{0}p^0(1-p)^2=\frac{2!\times 0.67^0\times 0.33^2}{0!2!}=0.33^2=0.109$$

最终，为了计算两个事件同时发生的概率，我们将利用乘法法则。令事件 A 代表首先抽出的 4 包物质经检测呈阳性，事件 B 代表随后的 2 包物质经检测呈阴性，我们要求出 A 和 B 同时发生的概率。

$$P(A\text{ 和 }B)=P(A\cap B)=P(B|A)P(A)$$

注意这个概率值为之前计算的两个概率的乘积：

$$P(A\text{ 和 }B)=0.109\times 0.201=0.022$$

因此，从结果可以看出只有接近 0.022（也就是在 100 次中只有 2 次）的概率两个事件同时发生。正常情况下，我们都会相信这种小概率事件几乎不可能发生，也就是说我们可以断言被销毁的那 2 包物质中是含有可卡因的。换句话说，我们大多数人会推断，在诱捕行动中被告犯有贩毒罪。

（**结语**：被告的几位律师认为，0.022 的概率太高了，无法“排除合理怀疑”得出有罪结论。然而，令辩方感到惊讶的是，当控方透露剩余的 490 包未用于任何诱捕行动并将从中抽取样本进行可卡因检测时，争论变得毫无意义。在统计学家的建议下，辩方要求再检测 20 包。结果所有 20 个样本的可卡因检测均呈阳性！由于这一新证据，被告被判定有罪。）

4.4 其他离散型分布：泊松分布和超几何分布

泊松随机变量

泊松分布（Poisson distribution）（以 18 世纪物理学家和数学家西蒙·泊松（Siméon Poisson）的名字命名）是一种离散型概率分布，通常用于描述在特定时间段、特定区域或给定体积内，发生的罕见事件的数量。泊松分布为随机变量提供了良好的模型，典型示例如下：

1. 制造厂每月的工业事故数。
2. 质检人员在一辆新车上发现的显而易见的表面缺陷（划痕、凹痕等）数。
3. 工厂排放的每百万单位水或空气中的毒素含量。
4. 单位时间内到超市收银台的顾客数。
5. 保险公司每天接到的身故理赔件数。
6. 公司会计记录里每 100 张发票的错误数。

人物介绍

西蒙·泊松 (1781—1840)——终身数学家

西蒙·泊松于法国大革命期间在法国长大。起初，他的父亲把他送去当学徒外科医生，但是他的手部缺乏灵活性，不适宜进行精细的操作，因此他返回家中。他最终进入法国巴黎综合理工学院学习数学。在学习的最后一年，泊松写了一篇关于方程的质量很高的论文，以至于他没参加最后的考试就毕业了。两年后，泊松被任命为大学教授。在他辉煌的职业生涯中，泊松发表了 300~400 篇数学论文。最著名的就是他在 1837 年发表的论文，其中首次提出了一种罕见事件的分布——泊松分布。(事实上，伯努利兄弟中的一位早在几年前就描述了这种分布。) 泊松一生都致力于数学，他曾经说过“生命只有两件益事：研究数学和教授数学”。

泊松随机变量（Poisson random variable）的特点

1. 试验包括在给定单位时间、面积或体积（或者重量、距离，以及任何其他的度量单位）的条件下某事件发生次数的计数。
2. 在给定单位时间、面积或体积的条件下事件发生的概率都相等。
3. 在单位时间、面积或体积的条件下事件发生的次数与其他互斥的单位里发生的次数是独立的。
4. 在单位时间、面积或体积的条件下事件发生的平均（或期望）次数用希腊字母 λ 表示。

泊松随机变量的特点通常很难用实际的例子证实。许多例子很好地满足了泊松随机变量的要求，使得泊松分布是一个好的模型。与所有例子一样，对泊松模型的适用性的实际检验是看它是否为现实提供了合理的近似，即实际数据是否支持它。

下面列出了泊松随机变量的概率分布、均值和方差。

泊松随机变量的概率分布、均值与方差（probability distribution, mean, variance of a Poisson random variable）①

$$p(x)=\frac{\lambda^x e^{-\lambda}}{x!} \quad (x=0,1,2,\cdots)$$

① 泊松分布对均值 $\lambda=np$(当 n 大、p 小时，比如 $np\leq 7$) 的二项分布也是一个较好的近似。

$\mu=\lambda$

$\sigma^2=\lambda$

其中，λ 为在给定单位时间、面积、体积的条件下事件发生的平均次数，e=2.718 28…。

使用统计软件可以更容易地计算泊松概率，例 4.14 说明了这一点。

例 4.14 求泊松概率——员工缺勤

问题 假设一家公司的员工在周一缺勤的人数 x（近似）服从泊松分布，而且，假设周一平均缺勤人数是 2.6 人。

a. 求出周一缺勤员工人数 x 的均值与标准差。

b. 使用 Minitab 求出在周一恰好有 5 人缺勤的概率。

c. 使用 Minitab 求出周一缺勤人数少于 2 人的概率。

d. 使用 Minitab 求出周一缺勤人数超过 5 人的概率。

解答 a. 泊松随机变量的均值与方差都等于 λ，因此，对于本例可设：

$\mu=\lambda=2.6$

$\sigma^2=\lambda=2.6$

于是标准差为：

$\sigma=\sqrt{2.6}=1.61$

均值度量的是分布的集中趋势，不必等于 x 的某个可能值。在本例中，缺勤人数的均值是 2.6，尽管在给定的周一不可能有 2.6 人缺勤，但是周一的平均缺勤人数是 2.6 人。同样，标准差 1.61 度量了每周缺勤人数的变异性。更有效的度量可能是使用区间 $\mu\pm2\sigma$，在本例中就是 −0.62~5.82。我们期望缺勤人数大部分时间落在该区间内，即（根据切比雪夫法则）我们期望至少有 75% 以及（根据经验法则）可能性更大的是大约 95% 的 x 值落在区间 $\mu\pm2\sigma$ 内。均值和距均值 2 倍标准差的区间如图 4-13 所示。

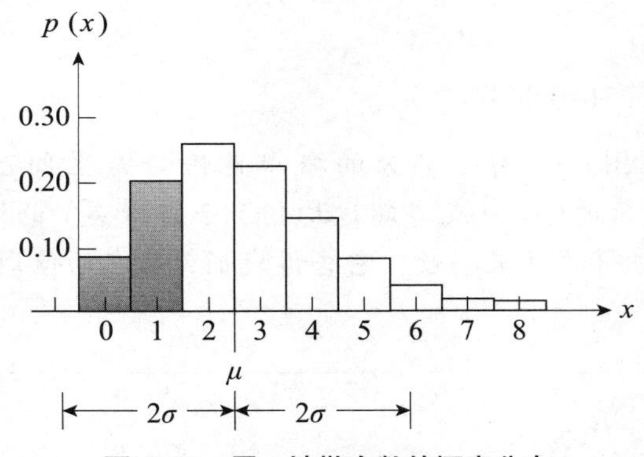

图 4-13 周一缺勤人数的概率分布

b. 由于 x 代表周一缺勤的员工人数，我们要求出 $P(x=5)$。与二项分布一样，图表和计算机软件给出 $P(x=k)$ 的泊松概率形式或者 $P(x\leqslant k)$ 的累积概率分布形式。在 Minitab 中给定 $\lambda=2.6$ 并且固定 $x=5$，我们可以得到利用 Minitab 画出的图中顶部的值（见图 4-14）：

$P(x=5)=0.073\ 5$

Probability Density Function

Poisson with mean = 2.6

x	P(X = x)
5	0.0735394

Cumulative Distribution Function

Poisson with mean = 2.6

x	P(X ≤ x)
1	0.267385

Cumulative Distribution Function

Poisson with mean = 2.6

x	P(X ≤ x)
5	0.950963

图 4-14　例 4.14 的图 (Minitab)

c. 在这里，我们想找到 $P(x<2)$。由于 x 是一个离散型数据，我们可以得到：

$$P(x<2)=P(x\leqslant 1)$$

现在这个概率是以累积概率的形式表示的，我们可以利用统计软件得到。在 Minitab 中设定 $\lambda=2.6$ 并且固定 $x=1$，同样可以得到利用 Minitab 画出的图中中间的值（见图 4-14）：

$$P(x<2)=P(x\leqslant 1)=0.267\,4$$

d. 为了求得周一缺勤人数多于 5 人的概率，我们考虑互补事件：

$$P(x>5)=1-P(x\leqslant 5)$$

我们再次确定 $\lambda=2.6$，并且将累积泊松分布的参数设为“5”，求出概率为 0.951，在图 4-14 中的下部。现在我们可以计算：

$$P(x>5)=1-P(x\leqslant 5)=1-0.951=0.049$$

回顾　值得注意的是，在图 4-13 中 d 部分的概率也恰好是区间 $\mu\pm 2\sigma$ 或者 $2.6\pm 2(1.61)=(-0.62, 5.82)$ 的面积。则周一缺勤人数超过 5 人（或者超过均值 2 个标准差）的概率只有 4.9%。这个值与我们对于土墩形分布利用经验法则所得的结果一致，它告诉我们 x 落在均值周围超过 2 个标准差的概率大约为 5%。

超几何随机变量

超几何概率分布（hypergeometric probability distribution）适用于某些可数（可列举）的数据。下面列举超几何分布的一些特征：

超几何随机变量（hypergeometric random variable）的特征

1. 从一系列 N 的集合中，随机无放回地抽取 n 个元素，在总体集合中 r 个元素被标记为 S（成功），那么 $(N-r)$ 个元素被标记为 F（失败）。

2. 超几何随机变量代表的就是在随机样本 n 中被标记为 S 的元素的个数。

注意，超几何分布和二项分布都要求结果只有两种，而它们的区别在于超几何分布的试验之间不是相互独立的，二项分布的试验则是独立的。超几何分布不具有独立性是因为本次试验抽到 S（或者 F）的概率与前一次抽取的结果有关。

为了表现试验之间的相关性，我们规定第一次抽到 S 的概率为 r/N。然后，第二次抽到 S 的概率就要取决于第一次的结果，如果第一次抽到了 S，则本次抽到的概率为 $(r-1)/(N-1)$；如果第一次抽到的是 F，那么本次抽到的概率为 $r/(N-1)$。

比如，我们要在 6 位男士和 4 位女士中随机抽取 3 位作为申请人，假设随机变量 x 代表这 3 位申请人中女士的人数。那么 x 满足超几何概率分布随机变量的特征，有 $N=10$，$n=3$。那么每次选择的结果都只有两种，要么为男士，要么为女士。另外一个随机变量服从超几何概率分布的例子是，在运来的 8 台等离子宽屏电视机中，随机挑选出 4 台，那么其中随机变量 x 代表的是这 4 个样本中存在质量问题的电视机的数量。再举一个例子，在 15 只股票中，我们随机挑选出 5 只，随机变量 x 代表这 5 只股票的发行公司中给股东支付正常股利的公司数，那么 x 就会服从超几何概率分布。

超几何概率分布总结如下：

超几何随机变量的概率分布、均值与方差（probability distribution, mean, variance of a hypergeometric random variable）：

$$p(x)=\frac{\binom{r}{x}\binom{N-r}{n-x}}{\binom{N}{n}} \quad [x=\text{Max}[0,\ n-(N-r)],\ \cdots,\ \text{Min}(r,\ n)]$$

$$\mu=\frac{nr}{N} \qquad \sigma^2=\frac{r(N-r)n(N-n)}{N^2(N-1)}$$

式中，N=总体个数；

r=总体 N 中“成功”的个数；

n=抽取的样本数；

x=抽取的样本 n 中“成功”的个数。

例 4.15 应用超几何分布——选择助教

问题 假设一位教授打算从 10 个申请人（6 名男性、4 名女性）中随机选取 3 位新助教。令 x 表示 3 位受聘者中女性的人数。

a. 求出 x 的均值以及标准差。

b. 求出受聘者中没有女性的概率。

解答 a. 由于 x 服从超几何分布，其中 $N=10$，$n=3$，并且 $r=4$，那么均值和方差为：

$$\mu=\frac{nr}{N}=\frac{3\times4}{10}=1.2$$

$$\sigma^2=\frac{r(N-r)n(N-n)}{N^2(N-1)}=\frac{4\times(10-4)\times3\times(10-3)}{10^2\times(10-1)}=0.56$$

标准差为：

$$\sigma=\sqrt{0.56}=0.75$$

b. 那么，受聘者中没有女性的概率为：

$$P(x=0)=p(0)=\frac{\binom{4}{0}\binom{10-4}{3-0}}{\binom{10}{3}}=\frac{1\times 20}{120}=\frac{1}{6}=0.166\ 7$$

我们利用统计软件验证了这个结果，见图 4–15。

Probability Density Function

Hypergeometric with N = 10, M = 4, and n = 3

x	P(X = x)
0	0.166667

图 4–15　例 4.15 的输出结果 (Minitab)

回顾　在图 4–16 中我们可以看到 x 的完整的概率分布。图给出了均值 μ=1.2 以及置信区间 $\mu\pm 2\sigma$=(−0.3，2.7)。如果这个随机变量被重复观测多次，那么大部分的 x 将会落在置信区间 $\mu\pm 2\sigma$ 内。

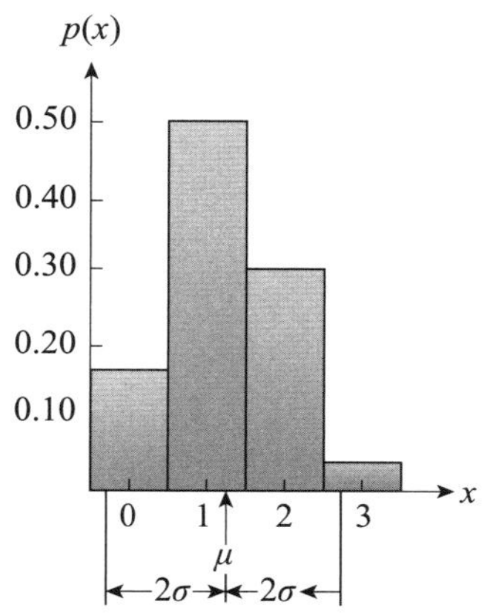

图 4–16　例 4.15 中 x 的概率分布

回顾实践中的统计

利用超几何分布模型解决可卡因缉毒问题

对于 4.3 节中解决的可卡因缉毒问题，我们也可以利用超几何分布模型来解决。事实上，与利用二项分布得到的近似概率值相比，利用超几何分布模型得到的是准确的概率。

回顾一下，我们的目标是计算从 496 包物质中随机挑选的 4 包含有可卡因，同时从剩下的 492 包物质中再随机挑选 2 包不含可卡因的概率。我们假设在原来的 496 包中有 331 包含有可卡因，有 165 包不含可卡因。由于我们实施的是无放回抽样，因此事实上我们每一次抽到含有可卡因物质的概率是不一样的。比如，我们第一次“成功”（也就是抽到含有可卡因物质）的概率是 331/496=0.667 34；如果我们前三次抽取都“成功”了，那么第四次仍“成功”的概率为 328/493=0.665 31。显然这两个概率不相同，所以二项分布模型只是 x 的一个近似分布。

为了在超几何分布模型下求出前四次随机抽取都“成功”的概率，我们首先假设分布：

N=496（总体数）

S=331（总体中含有可卡因的包数）

n=4（样本数）

x=4（样本中含有可卡因的包数）

代入方程得到：

$$P(x=4)=p(4)=\frac{\binom{331}{4}\binom{165}{0}}{\binom{496}{4}}=0.197$$

为了求得在剩下的492包物质中随机抽取2包“失败”(抽到不含可卡因物质)的概率，我们仍然利用超几何分布：

N=492（总体数）

S=327（总体中含有可卡因的包数）

n=2（样本数）

x=0（样本中含有可卡因的包数）

同样可以得到和上面类似的方程：

$$P(x=0)=p(0)=\frac{\binom{327}{0}\binom{165}{2}}{\binom{496}{2}}=0.112$$

根据乘法法则，最初抽取4包“成功”，接下来抽取2包“失败”，这两个事件同时发生的概率就是两个事件分别发生的概率的乘积：

P(前四次“成功”，后两次“失败”)=0.197×0.112=0.022 1

注意，我们利用超几何分布计算的准确概率值与4.3节计算的近似值几乎是一样的。

第二部分：连续型随机变量

➡ 4.5 连续型随机变量的概率分布

连续型随机变量（continuous random variable）x的概率分布的图形是一条与图4-17类似的光滑曲线。这条曲线是x的函数，可以用$f(x)$来表示。它还可以称为**概率密度函数**（probability density function）、**频数函数**（frequency function）或者**概率分布**（probability distribution）。

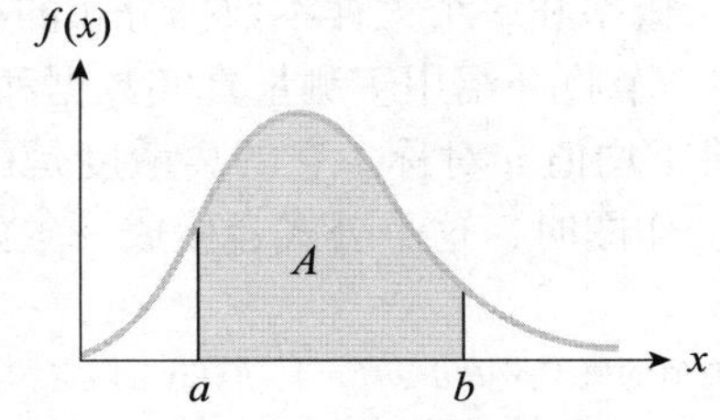

图4-17 连续型随机变量x的概率分布$f(x)$

概率分布下的面积等于 x 的概率。例如，图 4-17 中在 a 点和 b 点之间的曲线下的面积 A 就是 x 取值在 a 与 b 之间 $(a<x<b)$ 的概率。因为在某一个点（比如 $x=a$）不存在面积，（根据我们的模型）可以知道与 x 的某个特定值相关的概率等于 0，即 $P(x=a)=0$，因此 $P(a<x<b)=P(a\leqslant x\leqslant b)$。换言之，不论是否包含区间的端点，概率都是相等的。另外，因为区间上的面积表示概率，可知概率分布下的总面积，即 x 取所有值的概率之和等于 1。注意，连续型随机变量的概率分布具有不同的形状，具体取决于实际数据的相对频数分布，这是假设的模型的概率分布。

连续型随机变量 x 的概率分布可以利用一条平滑的曲线——$f(x)$ 来表示。曲线叫作密度函数或者频数函数。那么 x 落在 a 和 b 之间的概率，也就是 $P(a<x<b)$ 的值就是 a 和 b 之间的面积。

大多数概率分布下的面积是通过微积分或者数值方法得到的。[①] 因为这些方法通常涉及很难的程序，我们在附录中用表格的形式给出一些常见概率分布的面积。如果想得到 x 的两个值之间的面积，比如 $x=a$ 和 $x=b$ 之间的面积，可以通过查表得到。

对于本章出现的每一个连续型随机变量，我们将给出有均值 μ 和标准差 σ 的概率分布的公式。这两个值将有助于我们得到一个随机变量的近似的概率描述，即使你没有概率分布下面积的表。

4.6 正态分布

如图 4-18 所示，最常见的一种连续型随机变量呈**钟形分布**（bell-shaped distribution，或**钟形曲线**（bell curve）），它是一种**正态随机变量**（normal random variable），它的概率分布被称为**正态分布**（normal distribution）。

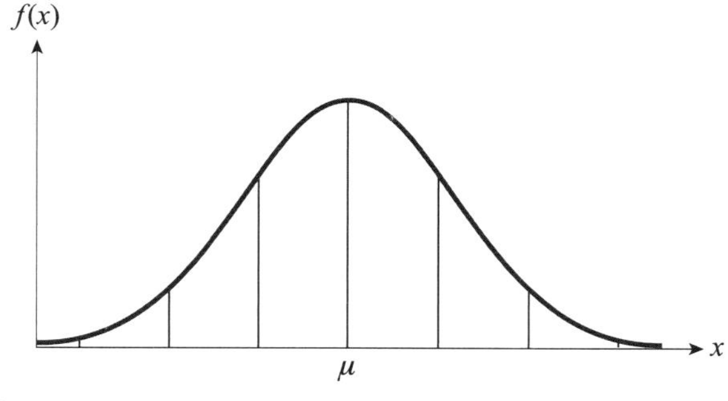

图 4-18 正态概率分布

正态分布在统计推断科学中扮演重要角色。此外，许多商业现象会生成非常近似于正态概率分布的随机变量。例如，一只特定股票的月回报率近似是一个正态随机变量，一家公司周销量的概率分布也可以用一个正态分布来近似。正态分布同样能为员工的能力倾向测验的分数分布提供准确的模型。你能通过把正态分布概率和一个大样本数据分布的相对频数相比较，来确定对已存在的总体的正态近似的合理性。4.7 节将介绍用于测量真实数据和正态假设之间的不一致的方法。

如图 4-19 所示，正态分布关于均值 μ 对称。它的离散度是由其标准差的值 σ 决定的。在下面的框中有正态概率分布的公式。作图时，这个公式会生成一条如图 4-18 所示的曲线。

① 学过微积分的学生应该知道，x 在 $a<x<b$ 中取值的概率是 $P(a<x<b)=\int_a^b f(x)\mathrm{d}x$，假定积分存在。类似于离散型概率分布，我们要求 $f(x)\geqslant 0$ 且 $\int_{-\infty}^{+\infty} f(x)\mathrm{d}x=1$。

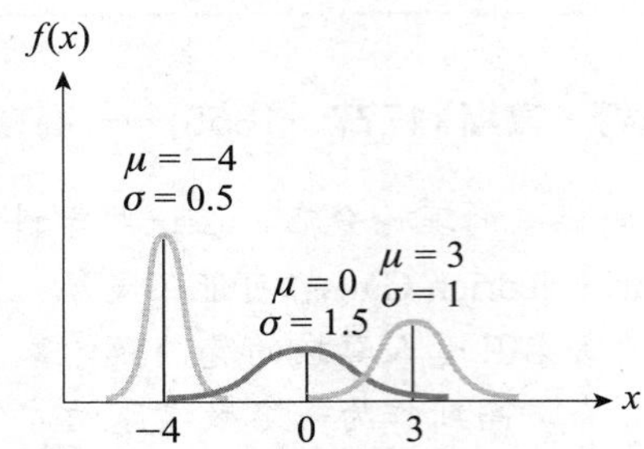

图 4-19　有不同均值和标准差的几个正态分布

注意均值 μ 和标准差 σ 都出现在这个公式中，所以没有必要在公式中将 μ 和 σ 分开。为了画出正态曲线的图，我们要先知道 μ 和 σ 的数值。计算正态概率分布下的区间的面积是一项艰巨的任务。[①] 然后，我们可以使用附录的表Ⅱ中列出的面积。虽然有无限多的正态曲线——每一条对应一对 μ 和 σ 的数值，但我们所制的一张表可用于任何正态曲线。

正态随机变量 *x* 的概率分布（probability distribution of a normal random variable *x*）

概率密度函数：

$$f(x)=\frac{1}{\sigma\sqrt{2\pi}}\mathrm{e}^{-\frac{1}{2}[(x-\mu)/\sigma]^2}$$

式中，　μ=正态随机变量的均值；

σ=标准差；

π=3.141 5…

e=2.718 28…

$P(x<a)$ 是从正态概率表中得到的。

表Ⅱ建立的基础是 μ=0 且 σ=1 的正态分布，被称为标准正态分布。正态分布的一个随机变量一般用 z 来标识。z 的概率分布的公式为：

$$f(z)=\frac{1}{\sqrt{2\pi}}\mathrm{e}^{-\frac{1}{2}z^2}$$

图 4-20 显示了一个标准正态分布的图形。

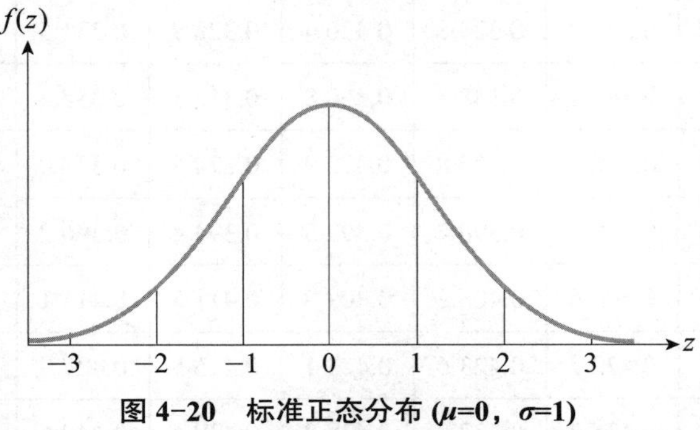

图 4-20　标准正态分布 (μ=0，σ=1)

标准正态分布（standard normal distribution）是一个 μ=0 且 σ=1 的正态分布。标准正态分布的随机变量用 z 表示，称为标准正态分布随机变量。

① 熟悉微积分的学生应该注意到，正态概率分布 $P(a<x<b)=\int_a^b f(x)\mathrm{d}x$ 不是闭合表达式。可以通过数值逼近的方法得到任何精确度的定积分的值。基于这个原因，可以制成表以便读者使用。

人物介绍

卡尔·弗里德里希·高斯 (1777—1855)——高斯分布

正态分布于 18 世纪被提出，作为学科误差的理论分布，在这些学科中，自然界的波动被认为是随机的。虽然卡尔·弗里德里希·高斯 (Carl Friedrich Gauss) 可能不是第一个发现此公式的人，但正态分布还是以他的名字命名为高斯分布。作为著名且受人尊敬的德国数学家、物理学家和天文学家，高斯在研究行星和恒星的运动时应用了正态分布。高斯作为一名数学家的才华体现在他最重要的发现之一上。年仅 22 岁的高斯用尺子和圆规构建了一个规则的 17 边形——这一壮举是自古希腊时代以来数学领域最重大的进步。除了发表近 200 篇科学论文外，高斯还发明了日光仪和原始电报设备。

由于我们最后会将所有正态随机变量转化为标准正态的，以便可以利用附录中的表Ⅱ来求出概率分布，因而学会利用表Ⅱ是非常重要的。表 4-4 是表Ⅱ的一部分。注意标准正态分布变量 z 的数值列在左列，表的主体部分给出了从 0 到 z 的面积（概率）。例 4.16 和例 4.17 解释了这张表的用处。

表 4-4 附录中表Ⅱ节选

z	0.00	0.01	0.02	0.03	0.04	0.05	0.06	0.07	0.08	0.09
0.0	0.000 0	0.004 0	0.008 0	0.012 0	0.016 0	0.019 9	0.023 9	0.027 9	0.031 9	0.035 9
0.1	0.039 8	0.043 8	0.047 8	0.051 7	0.055 7	0.059 6	0.063 6	0.067 5	0.071 4	0.075 3
0.2	0.079 3	0.083 2	0.087 1	0.091 0	0.094 8	0.098 7	0.102 6	0.106 4	0.110 3	0.114 1
0.3	0.117 9	0.121 7	0.125 5	0.129 3	0.133 1	0.136 8	0.140 6	0.144 3	0.148 0	0.151 7
0.4	0.155 4	0.159 1	0.162 8	0.166 4	0.170 0	0.173 6	0.177 2	0.180 8	0.184 4	0.187 9
0.5	0.191 5	0.195 0	0.198 5	0.201 9	0.205 4	0.208 8	0.212 3	0.215 7	0.219 0	0.222 4
0.6	0.225 7	0.229 1	0.232 4	0.235 7	0.238 9	0.242 2	0.245 4	0.248 6	0.251 7	0.254 9
0.7	0.258 0	0.261 1	0.264 2	0.267 3	0.270 4	0.273 4	0.276 4	0.279 4	0.282 3	0.285 2
0.8	0.288 1	0.291 0	0.293 9	0.296 7	0.299 5	0.302 3	0.305 1	0.307 8	0.310 6	0.313 3
0.9	0.315 9	0.318 6	0.321 2	0.323 8	0.326 4	0.328 9	0.331 5	0.334 0	0.336 5	0.338 9
1.0	0.341 3	0.343 8	0.346 1	0.348 5	0.350 8	0.353 1	0.355 4	0.357 7	0.359 9	0.362 1
1.1	0.364 3	0.366 5	0.368 6	0.370 8	0.372 9	0.374 9	0.377 0	0.379 0	0.381 0	0.383 0
1.2	0.384 9	0.386 9	0.388 8	0.390 7	0.392 5	0.394 4	0.396 2	0.398 0	0.399 7	0.401 5
1.3	0.403 2	0.404 9	0.406 6	0.408 2	0.409 9	0.411 5	0.413 1	0.414 7	0.416 2	0.417 7
1.4	0.419 2	0.420 7	0.422 2	0.423 6	0.425 1	0.426 5	0.427 9	0.429 2	0.430 6	0.431 9
1.5	0.433 2	0.434 5	0.435 7	0.437 0	0.438 2	0.439 4	0.440 6	0.441 8	0.442 9	0.444 1

例 4.16 使用标准正态分布表求 $P(-z_0<z<z_0)$

问题 求出标准正态分布随机变量 z 落在 −1.33~1.33 的概率。

解答 图 4-21 显示了标准正态分布。因为与标准正态分布随机变量有关的概率都可以描述为标准正

态分布曲线下方的面积，你通常应该画出这条曲线，然后将所要求的概率等同于面积。

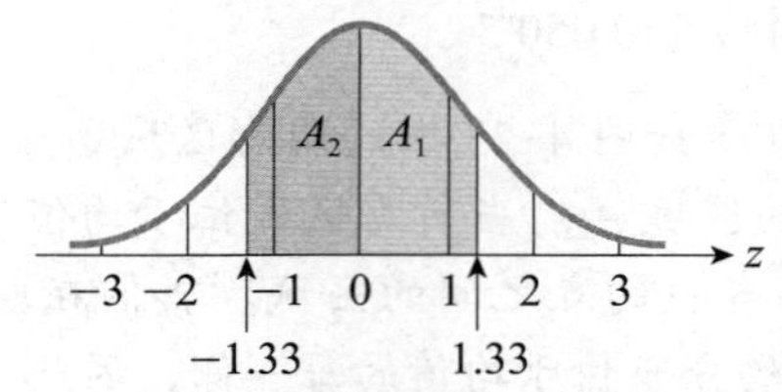

图 4–21　例 4.16 中标准正态曲线下的面积

在这个例子中，我们欲求出 z 落在 −1.33~1.33 的概率，它等同于 −1.33~1.33 的面积，即图 4–21 中的阴影部分。表Ⅱ提供了 z 为 0 到一个任意值的面积，所以，如果我们要查询 z=1.33，可以求出 z 为 0~1.33 时的面积是 0.408 2。(1.33 和 0.408 2 都在表 4-4 中列出。) 这是图 4–21 中表示为 A_1 的面积。为了求出 z 为 −1.33~0 时的区域 A_2，我们注意到正态分布的对称性意味着 z 为 0 到左边任意一个值的面积等同于它到右边对应的值的面积。因此，在这个例子中，z 为 −1.33~0 时的面积等于 z 为 0~1.33 时的面积，即

$$A_1=A_2=0.408\,2$$

z 落在 −1.33~1.33 的概率等于 A_1 和 A_2 面积的总和。

我们用概率符号归纳为：

$$P(-1.33<z<1.33)=P(-1.33<z<0)+P(0<z<1.33)$$
$$=A_1+A_2=0.408\,2+0.408\,2=0.816\,4$$

回顾　记住，含有 z 的事件中“$<$”等效于“$\leq$”，因为包含或者不包含一个点不会改变连续型随机变量事件的概率值。

| 例 4.17　使用标准正态分布表求尾部概率 |

问题　考虑一个标准正态随机变量 z，计算以下“尾部”概率：

a. $P(z>1.64)$

b. $P(z>0.67)$

c. $P(|z|>1.96)$

解答　a. 1.64 右侧的标准正态分布下的区域是图 4–22 中标记为 A_1 的阴影区域。这个“尾部”区域代表 z 超过 1.64 的期望概率。但是，当我们在表Ⅱ中查找 z=1.64 时，我们必须记住，表中给出的概率对应于 z=0 和 z=1.64 之间的区域（图 4–22 中标记为 A_2 的区域）。从表Ⅱ中，我们发现 A_2=0.449 5。为了找到 1.64 右侧的面积 A_1，我们利用两个事实：

1. 标准正态分布关于它的均值 z=0 对称。
2. 标准正态分布曲线下的整个面积等于 1。

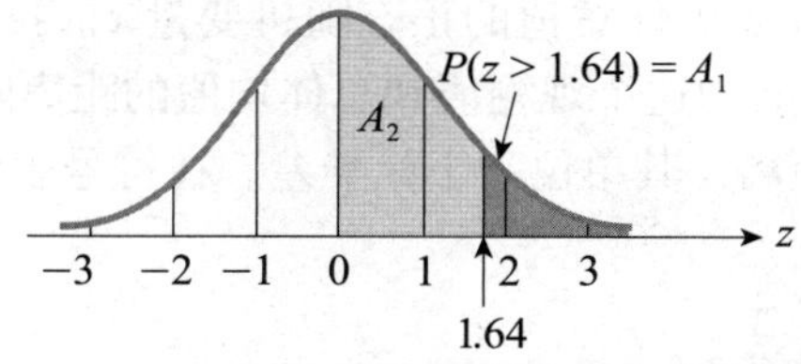

图 4–22　例 4.17a 中标准正态曲线下的面积

综上所述，这两个事实意味着 z=0 的任何一侧的面积等于 0.5。因此，图 4–22 中 z=0 右侧的面积为

$A_1+A_2=0.5$。那么

$$P(z>1.64)=A_1=0.5-A_2=0.5-0.449\ 5=0.050\ 5$$

b. 我们想要找到 $P(z<0.67)$。该概率如图 4-23 中的阴影区域所示。我们将阴影区域分为两部分：$z=0$ 和 $z=0.67$ 之间的区域 A_1 和 $z=0$ 左侧的区域 A_2。当所需区域位于均值 $z=0$ 的两侧时，我们必须始终进行这样的划分，因为表Ⅱ包含 $z=0$ 和你要查找的点之间的区域。我们在表Ⅱ中查找 $z=0.67$，发现 $A_1=0.248\ 6$。标准正态分布的对称性还意味着一半的分布位于均值的每一侧，因此 $z=0$ 左侧的面积 A_2 为 0.5。那么

$$P(z<0.67)=A_1+A_2=0.248\ 6+0.5=0.748\ 6$$

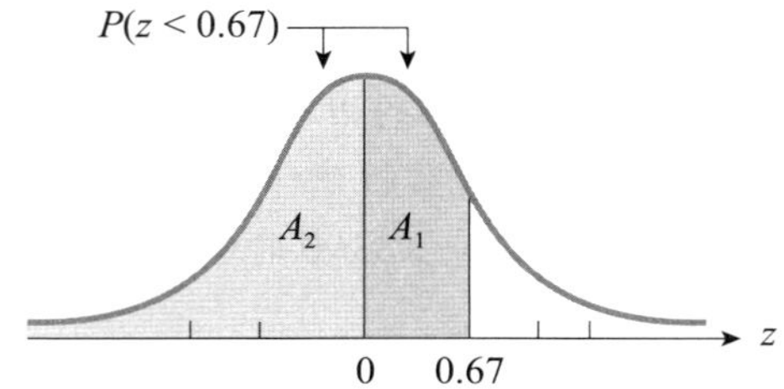

图 4-23　例 4.17b 中标准正态曲线下的面积

c. 我们想要计算

$$P(|z|>1.96)=P(z<-1.96 \text{ 或者 } z>1.96)$$

这个概率就是图 4-24 中的阴影区域。请注意，总阴影面积是两个尾部面积 A_1 和 A_2 的总和——由于正态分布的对称性，这两个面积相等。

我们查找 $z=1.96$，发现 $z=0$ 和 $z=1.96$ 之间的区域为 0.475 0。那么 1.96 右边的面积 A_2 是 $0.5-0.475\ 0=0.025\ 0$，所以

$$P(|z|>1.96)=A_1+A_2=0.025\ 0+0.025\ 0=0.05$$

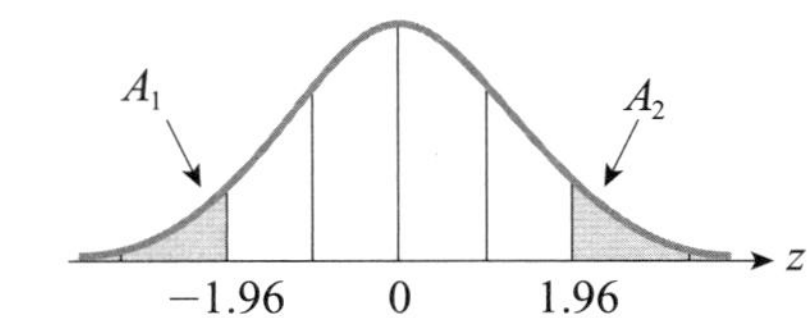

图 4-24　例 4.17c 中标准正态曲线下的面积

回顾　请注意，b 部分中的概率约为 0.75。因此，大约 75% 的时间标准正态随机变量 z 将小于 0.67。这意味着 $z=0.67$ 表示分布的大约第 75 个百分位数。

为了将表Ⅱ应用于 μ 和 σ 为任意值的正态随机变量 x，我们必须先将 x 的值转化为 z 的值。z 得分的测度在 2.7 节中被定义为这个观测值到总体均值的距离除以总体标准差。因此，z 得分给出了观测值和总均值之间的距离，其单位等于标准差。在符号表中，观测值 x 对应的 z 得分为：

$$z=(x-\mu)/\sigma$$

注意，当 $x=\mu$ 时，我们得到 $z=0$。

正态分布的一个重要性质是：如果 x 是 μ 和 σ 为任意值的正态分布，则 z 分布的均值通常为 0 且标准差为 1，即 z 是一个标准正态随机变量。

将正态分布转化为标准正态分布

如果 x 是一个正态分布随机变量，均值为 μ 且标准差为 σ，则随机变量 z 被定义为：

$$z=(x-\mu)/\sigma$$

z 服从标准正态分布。z 得分描述了 x 和 μ 之间的标准差的大小。

回顾例 4.17，$P(|z|>1.96)=0.05$。这意味着任何随机变量位于距均值 1.96 倍标准差之外的区域的概率是 5%。对比经验法则（第 2 章）：在土墩形分布中大约 5% 的观测值将落在均值的 2 倍标准差之外的区域。正态分布实际上提供了经验法则所依据的模型，无论真实数据是否来源于正态分布，诸多经验表明真实数据基本上符合这个法则。

例 4.18 求正态随机变量的概率——在手机中的应用

问题 假设一部手机待机时长为 x，服从均值为 10 小时、标准差为 1.5 小时的正态分布。找出手机待机时长在 8~12 小时的概率。

解答 图 4-25 是 $\mu=10$，$\sigma=1.5$ 的正态分布。阴影部分是所要求的手机待机时长在 8~12 小时的概率。要求出这个概率，我们应该先将这个分布转化为标准正态分布，可计算 z 得分：

$$z=(x-\mu)/\sigma$$

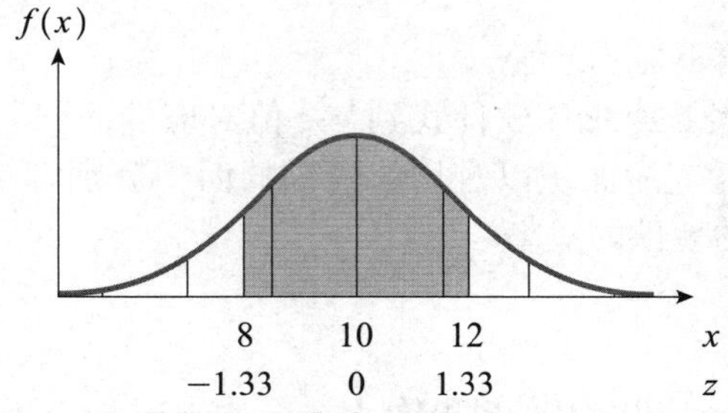

图 4-25 例 4.18 中标准正态曲线下的面积

在图 4-25 中，对应于 x 值的 z 得分在横轴 x 的下方。注意 $z=0$ 对应于 $\mu=10$ 的均值，因此 x 的值 (8~12) 对应 z 得分 (−1.33~1.33)。我们在例 4.16（图 4-21）中通过将表Ⅱ中对应于 $z=1.33$ 的面积乘以 2 得到了这个概率，即

$$P(8\leqslant x\leqslant 12)=P(-1.33\leqslant z\leqslant 1.33)=2\times 0.408\,2=0.816\,4$$

附录中的表Ⅱ提供了一个正态曲线的很好的近似概率。然而，如果手边没有正态对照表，我们就必须借助统计软件来进行计算。通常情况下，在利用统计软件计算时，需要确定正态分布的均值和方差以及你所要求的概率的关键值。比如在例 4.18 中，我们要求 $P(8\leqslant x\leqslant 12)$，其中 $\mu=10$，$\sigma=1.5$。为了利用 Minitab 的正态概率分布函数，我们输入均值 10、标准差 1.5，得到两个累积概率 $P(x\leqslant 12)$，$P(x<8)$。这两个概率值在图 4-26 的阴影部分中已经给出。那么由两者之差可以得到最终的概率：

$$P(8\leqslant x\leqslant 12)=P(x\leqslant 12)-P(x<8)=0.908\,789-0.091\,211\,2=0.817\,577\,8$$

Cumulative Distribution Function

Normal with mean = 10 and standard deviation = 1.5

x	P(X ≤ x)
12	0.908789

Cumulative Distribution Function

Normal with mean = 10 and standard deviation = 1.5

x	P(X ≤ x)
8	0.0912112

图 4-26 具有累积正态概率的 Minitab 输出

注意，这个概率与利用表Ⅱ计算得到的值基本一致。差异是表Ⅱ中给出的概率四舍五入所致。

计算对应于正态随机变量的概率时，要遵循的步骤如下面的方框所示。

求正态随机变量的概率的步骤

1. 画出正态分布并指出随机变量 x 的均值。然后把你想求的概率对应的区域用阴影表示。

2. 使用公式将阴影区域的边界从 x 值转换为标准正态随机变量的 z 值。

$$z=(x-\mu)/\sigma$$

在图上相应的 x 值下显示 z 值。

3. 使用附录中的表Ⅱ或统计软件找到与 z 值对应的面积。如有必要，使用正态分布的对称性来计算与负 z 值对应的面积以及均值两侧的面积分别等于 0.5 的事实，以将这些面积转换为你已做阴影处理的事件的概率。

例 4.19 使用正态概率进行推断——广告宣传的里程数

问题 假设一家汽车制造商推出了一款新车，其宣传的平均市内行驶里程为 27 英里 / 加仑。尽管此类广告很少报告任何变异性的度量，但假设你向这个商家索取测试的详细信息，然后你发现标准差是 3 英里 / 加仑。此信息引导你为随机变量 x（该车的市内行驶里程）建立概率模型。你认为 x 的概率分布可以近似为均值为 27、标准差为 3 的正态分布。

a. 假设你要购买这款汽车，你将买到的车其市内行驶里程数小于 20 英里 / 加伦的概率为多少？换句话说，求 $P(x<20)$。

b. 假设你购买了一辆新车，该车的市内行驶里程数确实小于 20 英里 / 加仑，你是否会认为自己的概率模型是错误的？

解答 a. 这个概率模型是关于 x 的，即市内行驶里程数，如图 4-27 所示。我们感兴趣的是求 20 左侧的面积 A，它对应于这个分布落在小于 20 处的概率。换句话说，如果这个模型是正确的，面积 A 代表期望市内行驶里程数小于 20 的那部分汽车。为了求 A，我们先计算出对应于 x=20 的 z 得分。即

$$z=(x-\mu)/\sigma=(20-27)/3=-7/3=-2.33$$

则

$$P(x<20)=P(z<-2.33)$$

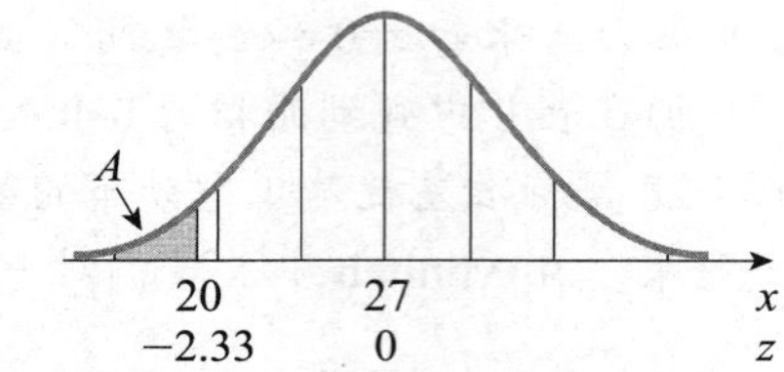

图 4-27 例 4.19 中标准正态曲线下的面积

这在图 4-27 中以阴影部分标出。因为表Ⅱ只给出了到均值右侧的面积值（而且因为正态分布是关于均值对称的），所以我们查询 2.33 求得对应面积为 0.490 1。它等于 z=0 和 z=−2.33 之间的面积，因此我们求得：

$$P(x<20)=A=0.5-0.490\,1=0.009\,9\approx0.01$$

根据这个概率模型，你只有 1% 的概率购买到这种市内行驶里程数小于 20 英里 / 加仑的汽车。

b. 现在要求你参照这个样本对你购买的汽车做出推断。你得到了市内行驶里程数小于 20 英里 / 加仑的汽车，你能推断出什么？我们认为你会认同以下两种可能性之一是事实：

1. 这个概率模型是正确的。你只是很不幸地购买了那 1% 的市内行驶里程数小于 20 英里 / 加仑的汽车中的一辆。

2. 这个概率模型是不正确的。也许正态分布的假设是不合理的，或者均值 27 被高估了，或者标准差 3 被低估了，或者出现以上错误的某种组合。无论如何，概率模型的形式值得进一步研究。

你无法确定哪种可能性是正确的，但证据指向第二种可能性。我们再次依赖我们之前介绍的统计推断的小概率事件方法。样本（在这种情况下是一个测量值）不太可能是从提议的概率模型中抽取的，从而对模型产生了严重的怀疑。我们会倾向于相信该模型在某种程度上是错误的。

回顾 在应用小概率事件方法时，计算出的概率必须很小（例如，小于或者等于 0.05），以便推断出这个事件事实上是不可能发生的。

有时你会得到一个概率，你会想要找到与概率对应的正态随机变量的值。例如，假设已知高考分数服从正态分布，某所名牌大学只会考虑录取那些分数超过考试分数分布第 90 个百分位数的申请人。要确定录取考虑的最低分数，你需要能够反向使用表Ⅱ或统计软件，如以下示例所示。

例 4.20 查找与正态概率关联的 z 值

问题 z 服从标准正态分布，求 z_0 使得：

a. $P(z>z_0)=0.10$

b. $P(-z_0<z<z_0)=0.95$

解答 a. 我们要求 z_0 的值，使得只有 10% 的概率分布超过 z_0（见图 4-28）。

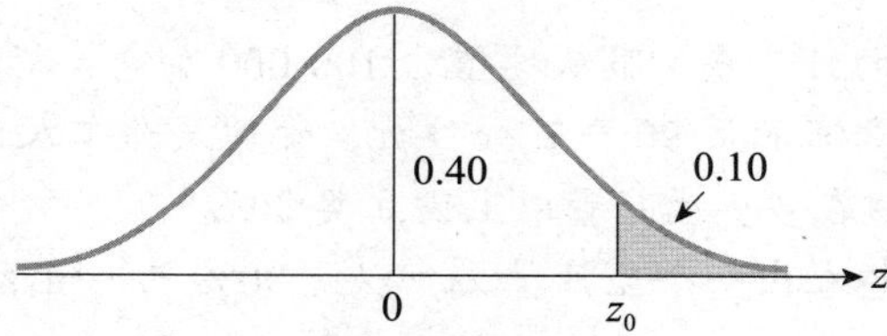

图 4-28 例 4.20a 中标准正态曲线下的面积

我们知道，整个区域的右侧部分的面积对应 z=0.5，这意味着 z_0 必须位于 0 的右侧（上方）。为了确定

该值，利用 z_0 右侧区域面积为 0.10 的事实，意味着 $z=0$ 和 z_0 之间的面积是 $0.5-0.1=0.4$。$z=0$ 和任意 z 得分之间的面积在表 Ⅱ 中可查到。因此，我们在表 Ⅱ 中查到面积为 0.400 0，求得对应的 z 得分（最接近的近似值）为 $z_0=1.28$。这意味着大于均值的 1.28 倍标准差就是正态分布的第 90 个百分位数。

我们也可以通过统计软件得到这个结果。在 Minitab 中，我们对一个随机变量使用逆累积分布函数并且指定累积概率为：

$$P(z \leqslant z_0)=0.9$$

z_0 的值为 Minitab 输出结果（见图 4–29）中的阴影部分。利用正态分布表可以发现，这和我们之前的结果是一致的。

Inverse Cumulative Distribution Function

Normal with mean = 0 and standard deviation = 1

P(X ≤ x)	x
0.9	1.28155

图 4–29　例 4.20a 的 Minitab 输出结果

b. 在这里，我们希望能从 $z=0$ 开始在正方向和负方向移动一段相等的距离 z_0，直到包含 95% 的标准正态分布。如图 4–30 所示，这意味着 $z=0$ 的任何一侧的面积都等于 $(1/2)\times 0.95=0.475$。因为 $z=0$ 和 z_0 之间的面积为 0.475，我们在表 Ⅱ 中查询 0.475 得知 $z_0=1.96$。因此，就像我们在本例 a 中逆向使用正态分布表所发现的，正态分布的 95% 落在均值的 −1.96 倍标准差和 1.96 倍标准差之间。

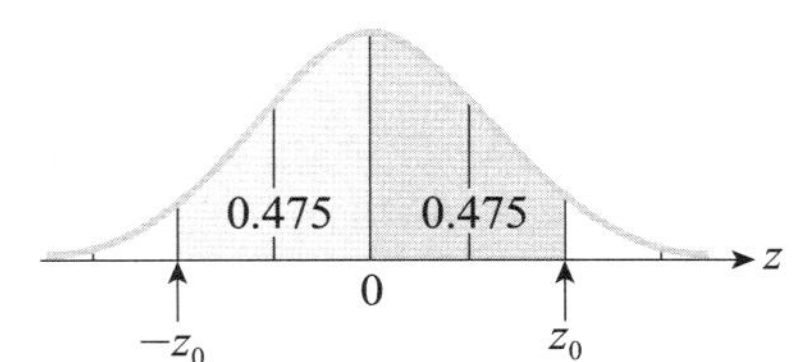

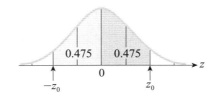

图 4–30　例 4.20b 中标准正态曲线下的面积

回顾　与前面的问题一样，在正态曲线上正确绘制感兴趣的正态概率至关重要。将 z_0 放置在 0 的左侧或右侧是关键。一定要用阴影表示涉及 z_0 的概率（面积）。如果它与感兴趣的概率不一致（即阴影区域大于 0.5 且感兴趣的概率小于 0.5），则需要将 z_0 放在 0 的另一侧。

现在你已经了解了如何找到对应于特定概率的标准正态 z 值，我们将在示例 4.21 中演示实际应用过程。

例 4.21　查找正态随机变量的值——油漆生产的应用

问题　假设一个油漆生产商的日产量 x 服从均值为 100 000 加仑、标准差为 10 000 加仑的正态分布。如果生产工人的日产量超过这个分布的第 90 个百分位数，管理层为工人设立了激励奖金，希望提高工人的生产积极性。那么，管理层应该在多少生产量以上设立奖金呢？

解答　在这个例子中，我们想求出一个生产量 x_0，以使 90% 的 x 值落在分布的 x_0 之下，只有 10% 落在 x_0 之上。即

$$P(x \leqslant x_0)=0.90$$

将 x 转化为一个标准正态随机变量，使得 μ=100 000 并且 σ=10 000，我们得到：

$$P(x \leqslant x_0)=P\left(z \leqslant \frac{x_0-\mu}{\sigma}\right)$$

$$=P\left(z \leqslant \frac{x_0-100\,000}{10000}\right)=0.90$$

在例 4.20（见图 4-28）中，我们求得标准正态分布的第 90 个百分位数是 z_0=1.28，即求得 $P(z \leqslant 1.28)$=0.90。因此，我们知道设立激励奖金的产量 x_0 对应于 z 得分 1.28，即

$$(x_0-100\,000)/10\,000=1.28$$

求解这个关于 x_0 的等式，得：

$$x_0=100\,000+1.28\times 10\,000=100\,000+12\,800=112\,800$$

图 4-31 显示了 x 值。因此，产量分布的第 90 个百分位数是 112 800 加仑。管理层应该在日产量超过这个水平时发放激励奖金——如果目标是仅向日产量前 10% 的工人发放奖金。

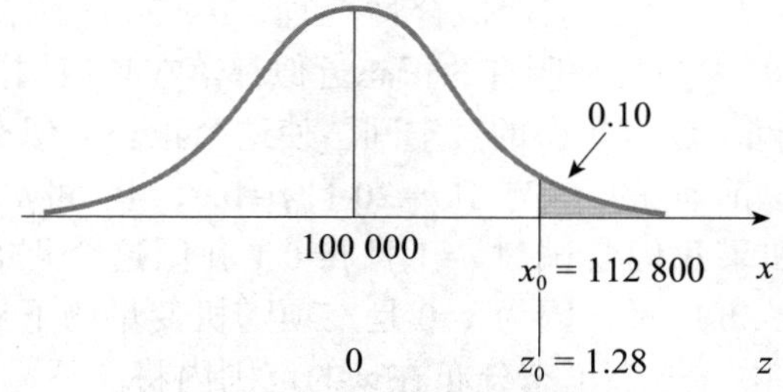

图 4-31　例 4.21 中标准正态曲线下的面积

回顾　如本例所示，在正态分布表的逆向实际应用中，先求出 z_0 的值，然后利用 z 得分公式将这个值转化为用 x 表示的公式。

我们在结束本章之前再介绍一个正态分布应用的例子。当 n 足够大时，正态分布是对于离散型二项分布（4.3 节介绍）很好的近似。为了体现这个近似是如何实现的，我们沿用例 4.13，利用二项分布模型来表示 20 名员工中支持工会的人数。我们假设公司 60% 的员工表示支持，x 的均值和标准差分别为 12，2.2。在图 4-32 中，二项分布 n=20，p=0.6，用来近似的正态分布的均值和标准差分别为 12，2.2。

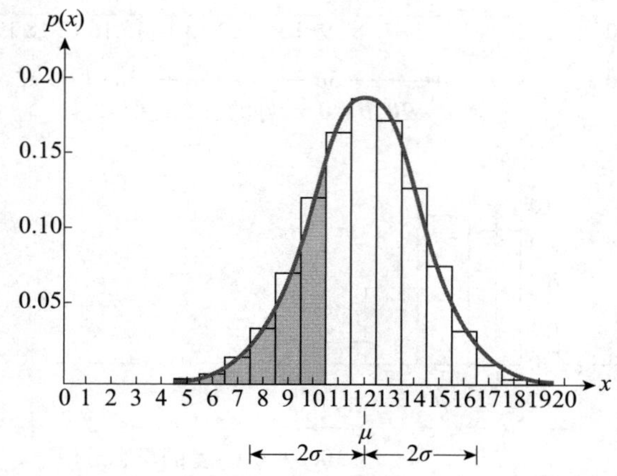

图 4-32　二项分布 (n=20，p=0.6) 与正态分布 (μ=12，σ=2.2)

在例 4.13 中，我们使用表Ⅰ来求 $x \leqslant 10$ 的概率。这个概率等于对应于 $p(0)$，$p(1)$，$p(2)$，…，$p(10)$ 的矩形所包含的区域面积总和，即 0.245。图 4–32 中的阴影部分是区域 $p(0)+p(1)+p(2)+\cdots+p(10)$ 的近似正态部分。注意阴影部分在 10.5（不是 10）的左侧，因为我们用一个连续型分布（正态的）来近似一个离散型分布（二项分布的）。我们称这种应用为**连续性校正**（correction for continuity），即我们校正这个离散型分布以使得它能被一个连续型分布近似。使用连续性校正可以计算标准正态 z 得分：

$$z=(x-\mu)/\sigma=(10.5-12)/2.2=-0.68$$

利用表Ⅱ，我们求得 $z=0$ 和 $z=0.68$ 之间的区域面积为 0.251 7。那么，$x \leqslant 10$ 的概率被 10.5 左侧的正态分布以下的区域近似，如图 4–32 所示。即

$$P(x \leqslant 10) \approx P(z \leqslant -0.68)=0.5-P(-0.68<z \leqslant 0)=0.5-0.2517=0.2483$$

这个近似与精确的二项概率 0.245 仅有极小偏差。当然，当有精确的二项概率表可用时，我们将使用精确值，而不是近似值。

正态分布不能总是为二项概率提供好的近似。下面这个很有用的经验法则可以确定当 n 足够大时近似是有效的：为了让正态近似合情合理，$\mu \pm 3\sigma$ 应该在二项随机变量 x 的范围内（如 $0\sim n$）。这个法则很奏效，因为几乎所有的正态近似都落在均值周围的 3 倍标准差范围内，所以如果 x 的值域包括这个区间，就有足够的"空间"使这个正态近似有效。

如图 4–33a 所示，前面的示例中 $n=20$ 且 $p=0.6$，区间 $\mu \pm 3\sigma=12 \pm 3 \times 2.2=(5.4,\ 18.6)$ 在 $0\sim20$ 范围内。然而，如果我们尝试对 $n=1$ 且 $p=0.1$ 利用这个正态近似，$\mu \pm 3\sigma$ 是 $1 \pm 3 \times 0.95$ 或 $(-1.85,\ 3.85)$。如图 4–33b 所示，因为 $x=0$ 是二项随机变量的下界，所以这个区间不在 x 的范围内。注意，在图 4–33b 中，这个正态分布在 x 的范围内将"不适用"，因此它不会给这个二项概率提供一个良好的近似。

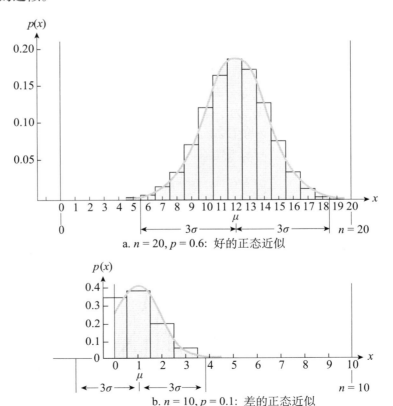

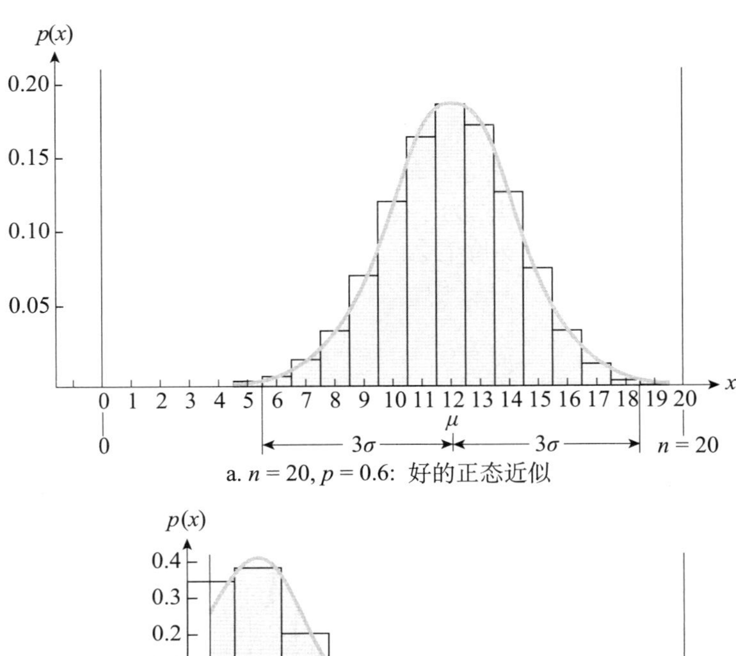

图 4–33 对二项概率的正态近似的经验法则

人物介绍

亚伯拉罕·棣莫弗(1667—1754)——赌徒的顾问

出生于法国的数学家亚伯拉罕·棣莫弗（Abraham de Moivre）21岁时搬到伦敦逃避宗教迫害。在英国，为谋生计，他起初当过数学老师，然后担任赌徒、承销商和保险经纪人的顾问。棣莫弗对概率论的主要贡献集中在他的两本书里：《机遇论》（*The Doctrine of Chances*, 1718）和《分析杂录》（*Miscellanea Analytica*, 1730）。在这些著作中，他定义了统计学的独立性，建立了正态分布概率的公式，并衍生了用正态分布曲线来近似二项分布。尽管他是一位杰出的数学家，但最后在贫穷中去世。他因为用一个数学模型预测自己的去世日期而出名。

例4.22 使用正态近似求二项概率——批量验收抽样

问题 任何批量生产的产品（例如图形计算器）都要面对的一个问题是质量控制。必须以某种方式监控或审核，以确保过程的输出符合要求。处理此问题的一种方法是批量验收抽样，即在生产过程的各个阶段对正在生产的产品进行抽样并仔细检查。然后，根据样本中的缺陷产品数量，接受或拒绝从中抽取样本的批次产品。被接受的批次可能会被转运以进行进一步处理，或者可能会被运送给客户；被拒绝的批次可能会返工或报废。例如，假设一家计算器制造商从当天生产的产品中选择200个冲压电路，x为样本中有缺陷的电路数。假设6%的缺陷率被认为是可接受的。

a. 求x的均值和标准差，假设缺陷率为6%。

b. 利用正态近似来决定200个电路样本中观察到20个或更多缺陷的概率（例如，求$x \geqslant 20$的近似概率）。

解答 a. 这个随机变量x符合二项分布，且n=200，缺陷率p=0.06。因此

$$\mu=np=200\times 0.06=12$$

$$\sigma=\sqrt{npq}=\sqrt{200\times 0.06\times 0.94}=\sqrt{11.28}=3.36$$

我们首先注意到：

$$\mu\pm 3\sigma=12\pm 3\times 3.36=12\pm 10.08=(1.92,\ 22.08)$$

这表明完全处于0~200的范围内。因此，一个正态概率分布应该为这个二项分布提供一个恰当的近似。

b. 利用互补事件法则，$P(x\geqslant 20)=1-P(x\leqslant 19)$。为了求出对应于$x\leqslant 19$的近似面积，参考图4-34。注意，我们需要将0~19所有的二项概率直方图都包含进去。因为这个事件是$x\leqslant a$的形式，所以合理的连续性校正是a+0.5=19+0.5=19.5。因此，z得分是：

$$z=\frac{(a+0.5)-\mu}{\sigma}=\frac{19.5-12}{3.36}=\frac{7.5}{3.36}=2.23$$

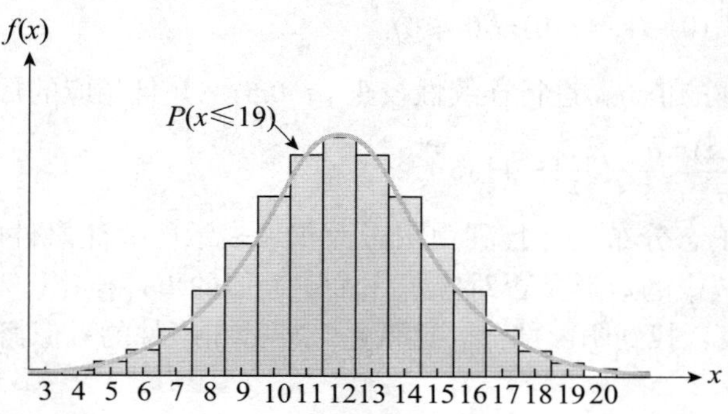

图4-34 对n=200，p=0.06的二项分布的正态近似

参照附录中的表Ⅱ，我们得出对应于 z=2.23（见图 4-35）的均值 0 右侧的面积是 0.487 1。所以面积 $A=P(z\leqslant 2.23)$ 是：

$$A=0.5+0.487\,1=0.987\,1$$

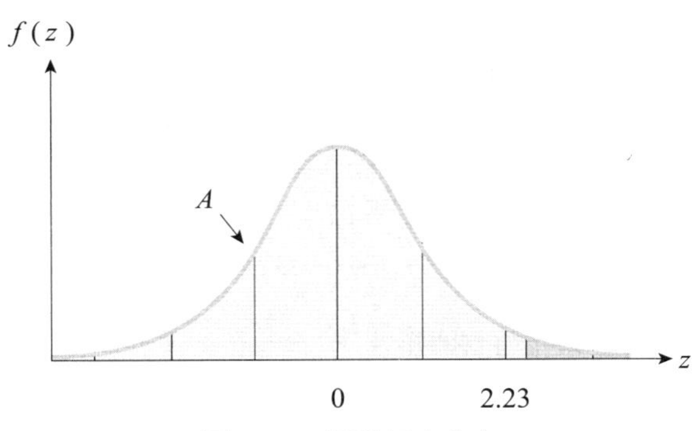

图 4-35　标准正态分布

因此，我们所寻找的对二项概率的正态近似是：

$$P(x\geqslant 20)=1-P(x\leqslant 19)\approx 1-0.987\,1=0.012\,9$$

换句话说，在 200 个电路样本中观察到 20 个或更多缺陷产品的概率非常小——如果实际上缺陷产品的真实比例是 0.06。

回顾　如果生产商观测到 $x\geqslant 20$ 的情况，可能的原因是该过程产生的缺陷产品超过可接受的 6%。此处的批量验收抽样是利用小概率事件发生率做出推断的另一个例子。

用一个正态概率来近似一个二项概率的步骤如下：

用正态分布来近似二项概率

1. 在确定二项分布的 n 和 p 之后，计算区间：

$$\mu\pm 3\sigma=np\pm 3\sqrt{npq}$$

如果区间为 0~n，正态分布将会对二项分布的大多数事件有一个合理的近似。

2. 利用 $P(x\leqslant a)$ 或者 $P(x\leqslant b)-P(x\leqslant a)$ 来近似表示二项概率分布，例如：

$$P(x<3)=P(x\leqslant 2)$$
$$P(x\geqslant 5)=1-P(x\leqslant 4)$$
$$P(7\leqslant x\leqslant 10)=P(x\leqslant 10)-P(x\leqslant 6)$$

3. 对于感兴趣的值 a，进行连续性校正 $(a+0.5)$，并且相应的标准正态 z 值为：

$$z=\frac{(a+0.5)-\mu}{\sigma}$$ （见图 4-36）

4. 画出近似正态分布，并且利用阴影面积来表示所关注事件的概率（见图 4-36）。验证你包含在阴影区域中的矩形是否对应于你希望近似的事件概率。利用附录中的表Ⅱ以及在步骤 3 中求得的 z 值，找到阴影部分。这就是二项分布事件的近似概率。

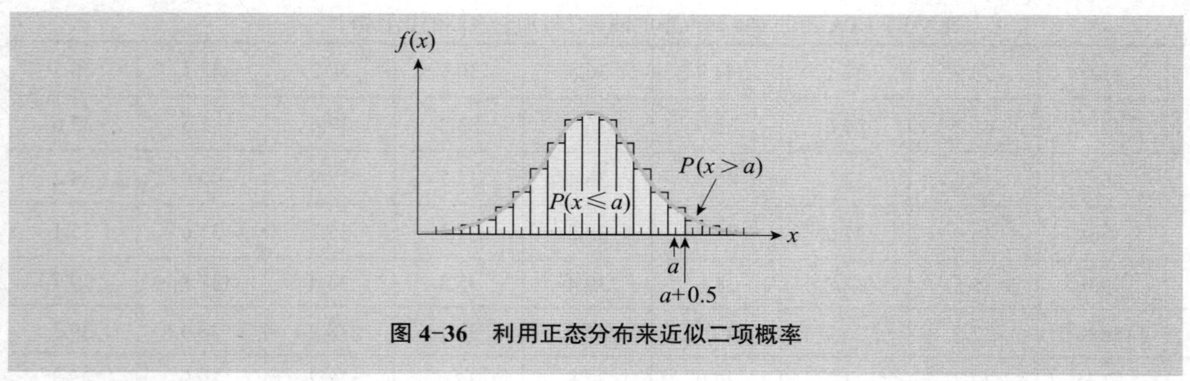

图 4-36 利用正态分布来近似二项概率

➡ 4.7 评价正态性的描述性方法

在接下来的章节中，我们将学习如何利用样本信息推断总体。这些技巧中有些建立在总体呈正态分布的基础上。最后，在我们应用这些技巧之前，必须先确定这些样本数据是否来自呈正态分布的总体模型。

一些描述性方法可用来检验它是否满足正态分布。在本节中，我们考虑四种方法，总结如下：

确定数据是否来自一个近似正态分布

1. 建立一个直方图或者茎叶图，然后注意图像的形状。如果数据近似正态分布，图像的形状会类似于正态曲线，见图 4-18（即呈土墩形并且关于均值对称）。

2. 计算区间$\bar{x}\pm s$，$\bar{x}\pm 2s$，$\bar{x}\pm 3s$，然后确定落在每个区间内的百分比。如果数据近似正态，百分比将会近似等于 68%，95%，100%。

3. 求出 IQR 和标准差 s，然后计算 IQR/s。如果数据近似正态分布，则 IQR/$s\approx$1.3。

4. 建立一个正态概率图，如果数据近似正态分布，点将会（近似）落在一条直线上。

前两种方法直接来源于 4.6 节介绍的正态分布的性质。第三种方法基于这样一个事实：对于正态分布，对应于第 25 个百分位数和第 75 个百分位数的 z 得分为 −0.67 和 0.67（见例 4.17b）。既然是 σ=1 的正态分布，则

$$\text{IQR}/\sigma=(Q_U-Q_L)/\sigma=[0.67-(-0.67)]/1=1.34$$

检验正态性的最终的描述性方法是基于一个正态概率图形。在图中，将数据库中的观测值从小到大排序，然后将其对应于期望的 z 得分（假设数据服从正态分布）在图上画出来。当数据事实上是正态分布时，就会形成一条直线。非线性图意味着数据不是正态分布。

一个基于一个数据集的**正态概率图形**（normal probability plot）是一个散点图，其中一个轴上是有序数值，另一个轴上是与数值对应的来自正态分布的 z 得分。（注意：如何计算出正态分布的 z 期望值已超出本书范围。因此，我们将依赖统计软件来生成正态概率图形。）

例 4.23 检验正态数据——EPA 估计的汽车里程数

问题 美国环境保护署（EPA）通过对所有新车型做测试来确定它们的里程数排名。100 次测试的结果如表 4-5 所示。数字和图形上的描述显示在 Minitab 和 SPSS 的输出结果中，见图 4-37a 至图 4-37c。确定里程数是不是一个正态分布。

表 4-5 **EPA 测试 100 辆汽车的油耗（每加仑汽油的里程数）**

36.3	41.0	36.9	37.1	44.9	36.8	30.0	37.2	42.1	36.7
32.7	37.3	41.2	36.6	32.9	36.5	33.2	37.4	37.5	33.6
40.5	36.5	37.6	33.9	40.2	36.4	37.7	37.7	40.0	34.2
36.2	37.9	36.0	37.9	35.9	38.2	38.3	35.7	35.6	35.1
38.5	39.0	35.5	34.8	38.6	39.4	35.3	34.4	38.8	39.7
36.3	36.8	32.5	36.4	40.5	36.6	36.1	38.2	38.4	39.3
41.0	31.8	37.3	33.1	37.0	37.6	37.0	38.7	39.0	35.8
37.0	37.2	40.7	37.4	37.1	37.8	35.9	35.6	36.7	34.5
37.1	40.3	36.7	37.0	33.9	40.1	38.0	35.2	34.8	39.5
39.9	36.9	32.9	33.8	39.8	34.0	36.8	35.0	38.1	36.9

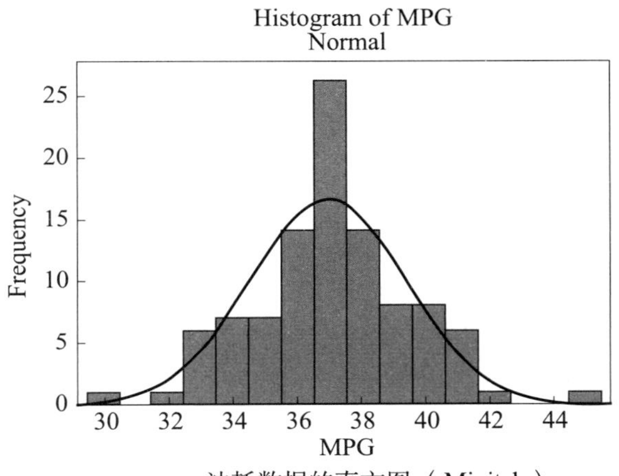

Mean 36.99
StDev 2.418
N 100

a. 油耗数据的直方图（Minitab）

Statistics

Variable	N	Mean	StDev	Minimum	Q1	Median	Q3	Maximum
MPG	100	36.994	2.418	30.000	35.625	37.000	38.375	44.900

b. 油耗数据的 Minitab 描述性统计

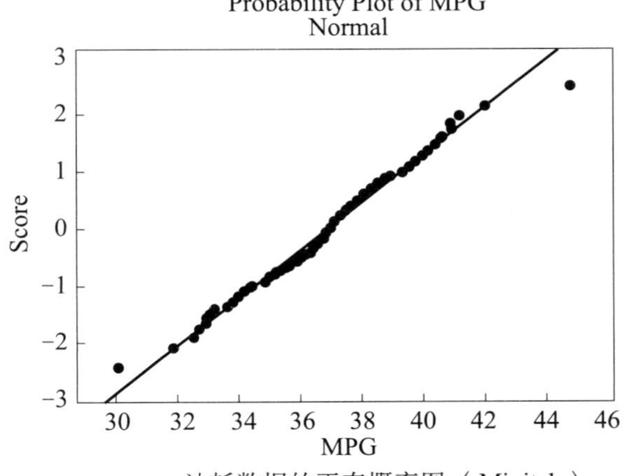

Mean 36.99
StDev 2.418
N 100
AD 0.480
P-Value 0.228

c. 油耗数据的正态概率图（Minitab）

图 4-37 每加仑汽油行驶里程数据的各种图示

解答 作为第一个检验，我们检查如图 4-37a 所示的直方图。显然，里程数落在一个近似土墩形的对称的分布上，其均值约为 37 英里 / 加仑。注意，图中特别标出了正态曲线。因此，利用检验 #1，数据近似正态分布。

利用检验 #2，我们得到$\bar{x}$ =37，s=2.4。区间$\bar{x} \pm s$，$\bar{x} \pm 2s$ 和$\bar{x} \pm 3s$ 如表 4-6 所示，这些百分比几乎很精确地符合正态分布。

表 4-6 关于 100 个 EPA 里程数的描述

区间	区间的百分比（%）
$\bar{x} \pm s$=(34.6，39.4)	68
$\bar{x} \pm 2s$=(32.2，41.8)	96
$\bar{x} \pm 3s$=(29.8，44.2)	99

检验 #3 要求我们求 IQR/s。由图 4-37b 可知，25% 是 Q_L=35.625，75% 是 Q_U=38.375。则 IQR=Q_U−Q_L=2.75，并且

$$IQR/s=2.75/2.4=1.15$$

既然值接近 1.3，我们能进一步确定数据是近似正态的。

第四种描述性方法解释了正态概率图形。图 4-37c 是一个里程数的 Minitab 正态概率图形。注意，有序的里程数（显示在横轴上）几乎落在一条直线上。因此，检验 #4 也意味着里程数可能呈正态分布。

回顾 正态检验是简单且非常有效的技术，但它们只是描述性的。当正态检验通过时，数据也可能不是正态分布。因此，我们应持谨慎态度，不能得出 100 个 EPA 里程数是正态分布的结论。我们只能说有理由相信这些数据来自一个正态分布。[①]

在第 6 章中我们会了解，一些用来分析的推断方法要求数据近似服从正态分布。如果数据明显不是正态分布，则这种方法可能无效。因此，建议在运用这些分析方法之前检验数据的正态性。

4.8 其他连续型分布：均匀分布和指数分布

均匀随机变量

如果连续型随机变量在其可能值范围内所取的每一个值出现的可能性是相同的，那么随机变量就服从**均匀概率分布**（uniform probability distribution）。例如，5 米长的电线出现短路，事故发生在这条电线的任何一厘米的概率相同。如果一名安全检查员计划在下午 4 小时（工作时间）内随机选择一个时间突击检查一个工厂的某个区域，那么这 4 小时内的每一分钟被选中并进行突击检查的可能性是相等的。

假设随机变量 x 在区间 $c \leqslant x \leqslant d$ 内取值，那么**均匀频数函数**（uniform frequency function）就有如图 4-38 所示的矩形。注意 x 的可能值包含点 c 与点 d 之间的区间内的所有点。区间内 $f(x)$

---

① 正态性的统计检验为推断的可靠性提供了一种测量方法。然而，这些检验可能对轻微偏离正态性非常敏感（即当一个分布不是完全对称和呈土墩形的时候，它们倾向于拒绝正态性假设）。如果你想更多地了解这些检验，请查阅参考文献 (Ramsey & Ramsey,1990)。

的高度是一个常数，等于$\frac{1}{d-c}$。因此，$f(x)$ 下的总面积为：

$$\text{矩形的面积} = \text{底} \times \text{高} = (d-c)\left(\frac{1}{d-c}\right) = 1$$

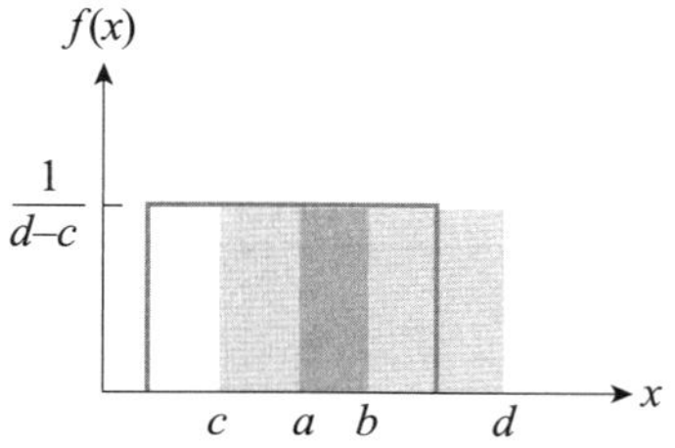

$f(x)$ $\frac{1}{d-c}$ c a b d x

图 4-38 均匀概率分布

均匀概率分布给那些在某一区间均匀分布的连续型随机变量提供了一个模型，即一个**均匀随机变量**（uniform random variable）在一个区间的取值，与在同样大小的另一个区间的取值相同。在任何数值周围没有大量数值聚集，而是均匀分布在可能值的整个区域。

均匀分布有时称为**随机分布**（randomness distribution），因为产生一个均匀随机变量的一种方法是在试验中从横轴上的点 c 与点 d 之间随机抽取一个点。如果我们重复该试验无数次，就能产生如图 4-38 所示的均匀概率分布。随机选取区间内的点也能用来产生与附录的表 I 中一样的随机数。回顾一下，随机数的选取方式是每个数以相同的概率被抽取。因此，随机数就是均匀随机变量。（在 3.7 节用随机数来抽取随机样本。）下面给出了均匀概率分布的公式、均值和标准差。

假设区间 $a<x<b$ 位于 x 的值域之内，即它落在较大区间 $c\leqslant x\leqslant d$ 之内，那么 x 取区间 $a<x<b$ 内一点的概率等于矩形在这个区间上的面积，即 $(b-a)/(d-c)$。[①]（见图 4-38 中的阴影部分。）

均匀随机变量 x 的概率分布（probability distribution for a uniform random variable x）

概率密度函数：$f(x)=\frac{1}{d-c}\quad (c\leqslant x\leqslant d)$

均值：$\mu=\frac{c+d}{2}$　标准差：$\sigma=\frac{d-c}{\sqrt{12}}$

$p(a<x<b)=(b-a)/(d-c)\quad (c\leqslant a<b\leqslant d)$

例 4.24 应用均匀分布——钢铁生产

问题 假设钢铁厂的研发部认为一台轧钢机可生产不同厚度的钢板。厚度是取值为 150~200 毫米的均匀随机变量。厚度小于 160 毫米的钢板将被废弃，因为买家不会接受此厚度。

a. 计算并解释该机器生产的钢板的厚度 x 的均值与标准差。

b. 画出 x 的概率分布，在水平轴上标出均值。并在均值周围标出 1 倍与 2 倍标准差的区间。

c. 计算该机器生产的钢板被废弃的比例。

解答 a. 为了计算 x 的均值与标准差，在均匀随机变量的公式中，将 150 毫米与 200 毫米分别代入 c 与 d。于是有：

$$\mu=\frac{c+d}{2}=\frac{150+200}{2}=175\text{（毫米）}$$

① 学过微积分的同学应该知道：$P(a<x<b)=\int_a^b f(x)\mathrm{d}x=\int_a^b \frac{1}{d-c}\mathrm{d}x=(b-a)/(d-c)$。

$$\sigma=\frac{d-c}{\sqrt{12}}=\frac{200-150}{\sqrt{12}}=14.43\text{（毫米）}$$

解释如下：所有生产的钢板的平均厚度值是 μ=175 毫米。根据切比雪夫法则（见表 2-6），我们知道在分布中至少 75% 的厚度值 x 落在区间 $\mu\pm2\sigma$=175±28.86，即 146.14~203.86 毫米。（这再次表明切比雪夫法则的准确性，因为我们知道 x 所有值落在 150~200 毫米。）

b. 均匀概率分布是：

$$f(x)=\frac{1}{d-c}=\frac{1}{200-150}=\frac{1}{50}\quad(150\leqslant x\leqslant200)$$

函数的图见图 4-39，均值与围绕均值 1 倍、2 倍标准差的区间也在横轴上标明。

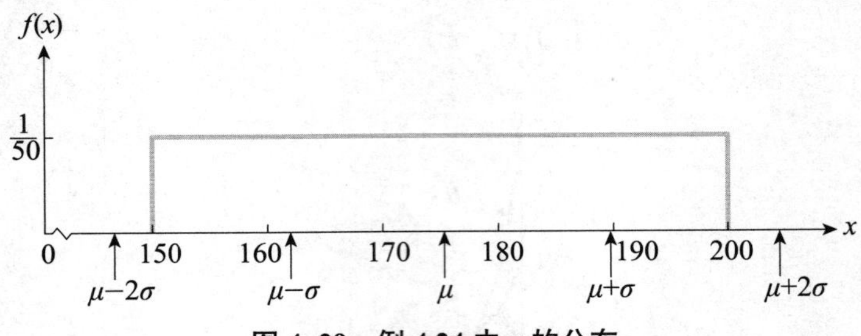

图 4-39　例 4.24 中 x 的分布

c. 为求出该机器生产的钢板被废弃的比例，我们必须求出 x（厚度）小于 160 毫米的概率。如图 4-40 所示，我们需要计算频数函数 $f(x)$ 在点 x=150 与 x=160 之间的面积。因此，在本例中，a=150，b=160。运用均匀分布的公式，有：

$$P(x<160)=P(150<x<160)=\frac{b-a}{d-c}=\frac{160-150}{200-150}=\frac{1}{5}=0.2$$

因此，20% 的钢板必须被废弃。

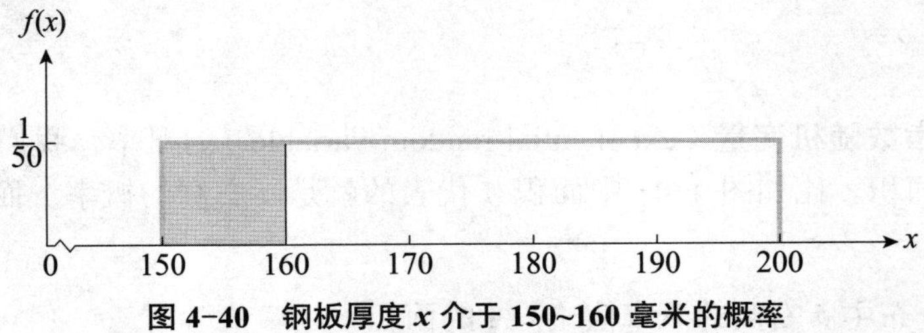

图 4-40　钢板厚度 x 介于 150~160 毫米的概率

回顾　在 c 中计算的概率就是边长为 160−150=10，高为 1/50 的面积。另一种求出钢板被废弃的比例的方法是：

$$P(x<160)=\text{边长}\times\text{高}=10\times\frac{1}{50}=\frac{1}{5}=0.2$$

此外，我们可以利用统计软件来求得概率值，Minitab 输出结果见图 4-41。

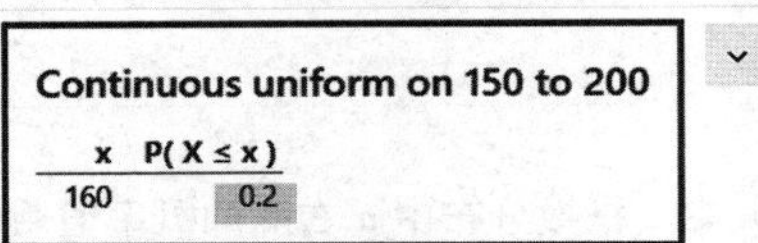

图 4-41　例 4.24 的输出结果 (Minitab)

指数随机变量

医院急救事件之间的时间长度、制造设备发生故障之间的时间长度以及灾难性事件（例如股市崩盘）之间的时间长度都是我们可能想要用概率描述的连续随机现象。像这样的随机事件发生之间的时间长度或距离通常可以用**指数概率分布**（exponential probability distribution）来描述。因此，指数分布有时也称为**等待时间分布**（waiting-time distribution）。指数概率分布的公式及其均值和标准差如下：

正态分布的形状和位置由 μ 和 σ 这两个参数决定。有别于正态分布，指数分布的形状取决于唯一参数 θ。此外，指数分布是均值和标准差相等的概率分布。参数 θ =0.5，1，2 的指数分布如图 4-42 所示。

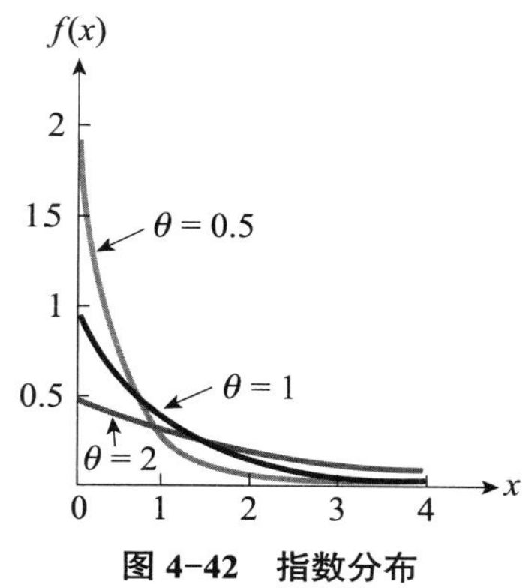

图 4-42　指数分布

指数随机变量 x 的概率分布（probability distribution of an exponential random variable x）

概率密度函数：$f(x)=\dfrac{1}{\theta}e^{-x/\theta}\quad(x>0)$

均值：$\mu=\theta$

标准差：$\sigma=\theta$

为了计算**指数随机变量**（exponential random variable）的概率，我们需要找到指数概率分布函数所对应的面积。比如图 4-43 中面积 A 代表的就是 a 右侧的概率。面积的值可以通过统计软件得到。

求指数分布中 a 右侧的概率值——A 的面积 [①]

$$A=P(x\geqslant a)=e^{-a/\theta}$$

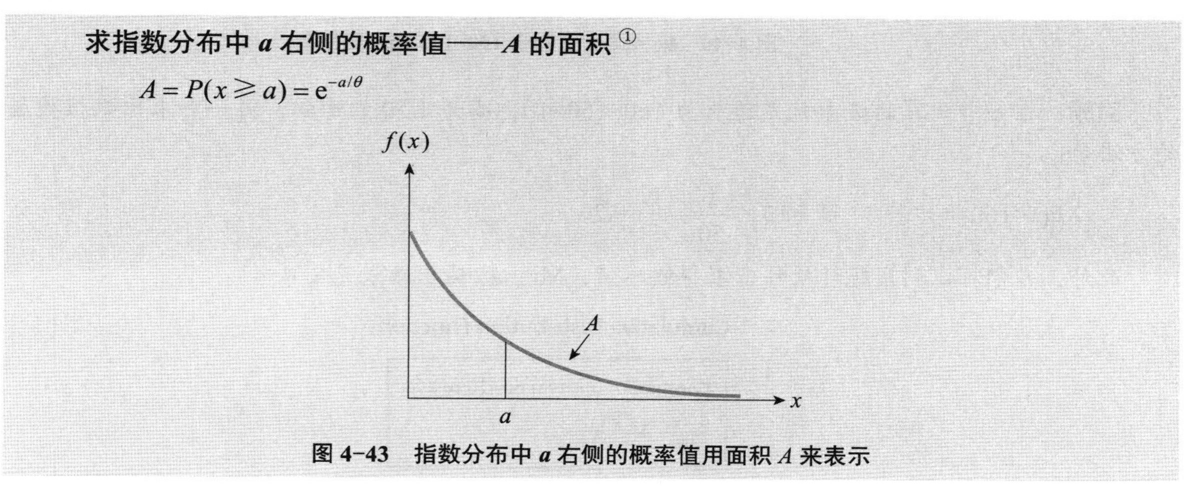

图 4-43　指数分布中 a 右侧的概率值用面积 A 来表示

① 对于有微积分知识的学生，图 4-43 中的阴影区域对应于积分 $\int_a^b \frac{1}{\theta}e^{-x/\theta}dx=-e^{-x/\theta}\Big|_a^{\infty}=e^{-a/\theta}$。

例 4.25 指数分布——医院急救事件的发生

问题 假设我们用指数分布来对某医院急救事件发生的时间间隔（小时）建模，其中指数分布的参数 $\theta=2$。那么时间间隔超过 5 小时的概率是多少？

解答 我们要求出 $a=5$ 时，其右侧的概率面积 A（见图 4-44）。我们可利用公式：

$$A=e^{-a/\theta}=e^{-(5/2)}=e^{-2.5}$$

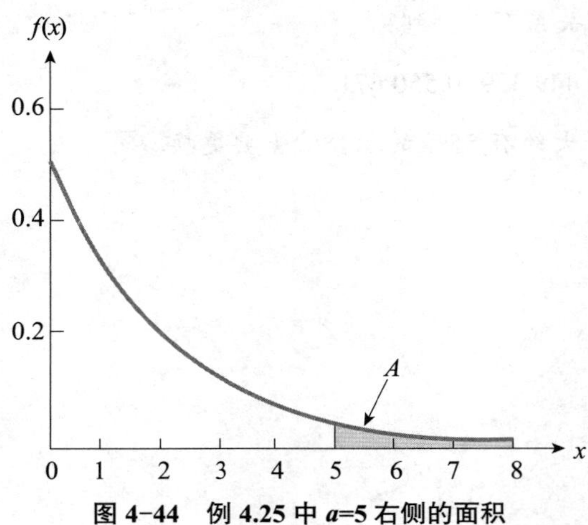

图 4-44 例 4.25 中 $a=5$ 右侧的面积

使用计算器我们可以得到：

$$A=e^{-2.5}=0.082\ 085$$

结果显示，该医院急救事件的时间间隔超过 5 小时的概率大致为 0.08。

回顾 也可以运用统计软件计算概率。我们通过 Minitab 中的指数函数，设定均值等于 2，计算累计概率 $P(x\leqslant5)$。概率值见图 4-45 中的阴影部分。运用补集事件法则有：

$$P(x>5)=1-P(x\leqslant5)=1-0.917\ 915=0.082\ 085$$

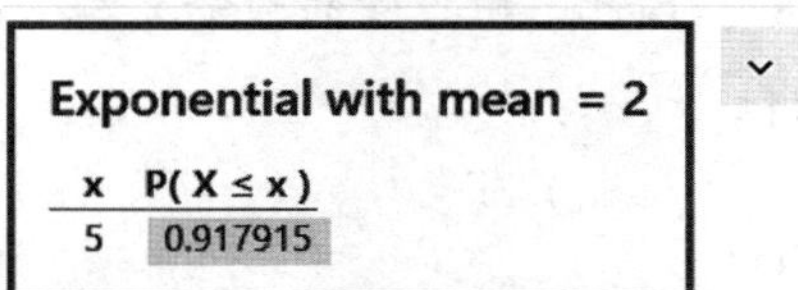

图 4-45 例 4.25 的输出结果 (Minitab)

例 4.26 指数随机变量的均值与方差——微波炉的寿命

问题 一家微波炉制造商正在尝试确定其磁控管（微波炉中最关键的部件）的保修期长度。初步测试表明，磁控管的寿命（年）x 服从指数概率分布，参数为 $\theta=6.25$。

a. 求 x 的均值和标准差。

b. 假设将保修期设定为 5 年，求当 $\theta=6.25$ 时，生产商必须更换磁控管的概率。

c. 求磁控管的使用寿命落在 $\mu\pm2\sigma$ 范围内的概率。

解答 a. 由于 $\theta=\mu=\sigma$，因此 μ 和 σ 都等于 6.25。

b. 要求得在 5 年保修期到期之前必须更换磁控管的比例，我们需要找到分布下 0~5 的区域。该区域 A 如图 4–46 所示。为了计算概率，我们回忆一下公式

$$P(x>a)=\mathrm{e}^{-a/\theta}$$

运用公式，得到

$$P(x>5)=\mathrm{e}^{-a/\theta}=\mathrm{e}^{-5/6.25}=\mathrm{e}^{-0.80}=0.449\ 329$$

为了计算概率 A，运用补集关系可以得到：

$$P(x\leqslant 5)=1-P(x>5)=1-0.449\ 329=0.550\ 671$$

因此，在 5 年的保修期内，大约有 55% 的磁控管需要更换。

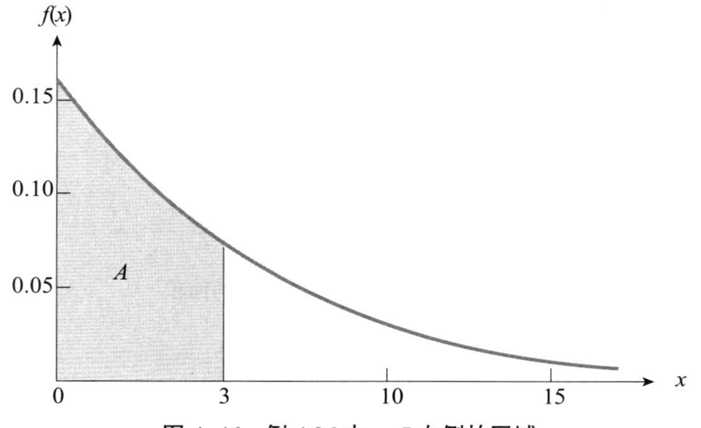

图 4–46 例 4.26 中 $\alpha=5$ 左侧的区域

c. 我们可以想象磁控管的寿命（年）x 落入区间 $\mu\pm2\sigma$ 的概率一定很大。由图 4–47 可以看出该区域的情况。由于 $\mu-2\sigma$ 小于 0，我们只需要找到 0 到 $\mu+2\sigma$（也就是 $6.25+2\times6.25=18.75$）的区域。

这个区域在图 4–47 中用 P 来表示，其大小为：

$$P=1-P(x>18.75)=1-\mathrm{e}^{-18.75/\theta}=1-\mathrm{e}^{-3}$$

使用计算器，我们得出 $\mathrm{e}^{-3}=0.049\ 787$。因此，磁控管的寿命 x 落在 $\mu\pm2\sigma$ 区间内的概率为：

$$P=1-\mathrm{e}^{-3}=1-0.049\ 787=0.950\ 213$$

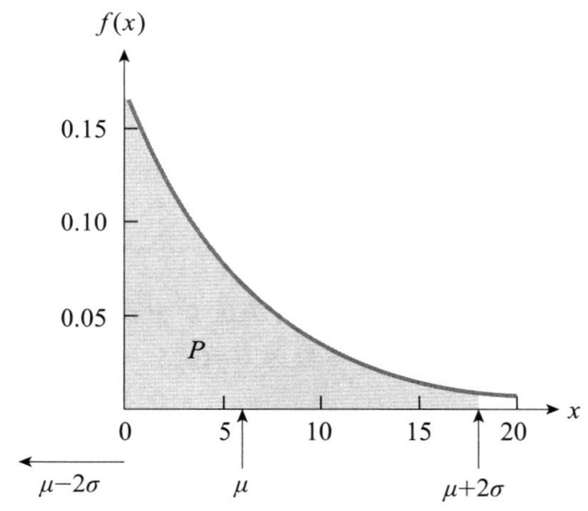

图 4–47 例 4.26 中区间 $\mu\pm2\sigma$ 表示的区域

回顾 我们可以看到，这个概率与我们利用经验法则（见表 2-7）得到的概率一致（尽管我们假设的分布有很明显的右偏，并不是土墩形）。

关键术语

钟形曲线（bell curve）
钟形分布（bell-shaped distribution）
二项试验（binomial experiment）
二项概率分布（binomial probability distribution）
二项随机变量（binomial random variable）
连续型随机变量（continuous random variable）
连续性校正（correction for continuity）
可数的（countable）
累积二项概率（cumulative binomial probability）
离散型随机变量（discrete random variable）
期望值（expected value）
指数概率分布（exponential probability distribution）
指数随机变量（exponential random variable）
频数函数（frequency function）
超几何概率分布（hypergeometric probability distribution）
超几何随机变量（hypergeometric random variable）
二项随机变量 x 的均值（mean of a binomial random variable x）
离散型随机变量 x 的均值（mean of a discrete random variable x）
超几何随机变量的均值（mean of a hypergeometric random variable）
泊松随机变量的均值（mean of a Poisson random variable）
正态分布（normal distribution）
正态概率图形（normal probability plot）
正态随机变量（normal random variable）
泊松分布（Poisson distribution）
泊松随机变量（Poisson random variable）
概率密度函数（probability density function）
概率分布（probability distribution）
离散型随机变量的概率分布（probability distribution of a discrete random variable）
指数随机变量 x 的概率分布（probability distribution of an exponential random variable x）
超几何随机变量的概率分布（probability distribution of a hypergeometric random variable）
正态随机变量 x 的概率分布（probability distribution of a normal random variable x）
泊松随机变量的概率分布（probability distribution of a Poisson random variable）
正态随机变量 x 的概率分布（probability distribution for a uniform random variable x）
随机变量（random variable）
随机分布（randomness distribution）
二项随机变量 x 的标准差（standard deviation of a binomial random variable x）
离散型随机变量的标准差（standard deviation of a discrete random variable）
标准正态分布（standard normal distribution）
均匀频数函数（uniform frequency function）
均匀概率分布（uniform probability distribution）
均匀随机变量（uniform random variable）
二项随机变量 x 的方差（variance of a binomial random variable x）
离散型随机变量 x 的方差（variance of a discrete random variable x）
超几何随机变量的方差（variance of a hypergeometric random variable）
泊松随机变量的方差（variance of a Poisson random variable）
等待时间分布（waiting-time distribution）

关键符号

$p(x)$——离散型随机变量 x 的概率分布
$f(x)$——连续型随机变量 x 的概率分布
S——二项试验中表示成功结果
F——二项试验中表示失败结果
p——二项试验中成功的概率 $P(S)$
q——二项试验中失败的概率 $P(F)=1-p$

e——正态和泊松概率分布中使用的常数，e=2.718 28⋯

π——正态概率分布中使用的常数，π=3.141 5⋯

λ——泊松分布的均值

θ——指数分布的均值

关键知识点

概率分布的性质：

离散型分布

1.$p(x)\geqslant 0$

2. $\sum_{\text{所有}x} p(x)=1$

连续型分布

1.$p(x=a)=0$

2.$P(a<x<b)$ 是曲线在 a 与 b 之间的面积

对二项分布的正态近似：

x 是二项分布 $(n,\ p)$

$P(x\leqslant a)\approx P\{z<(a+0.5)-\mu\}$

评价正态性的方法：

1. 直方图：

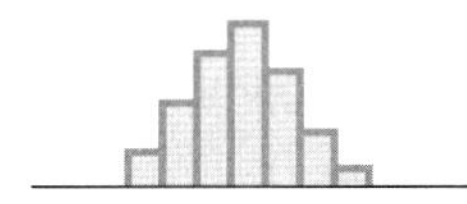

2. 茎叶图：

1	7
2	3389
3	245677
4	19
5	2

3. $(\mathrm{IQR})/S\approx 1.3$

4. 正态概率图形：

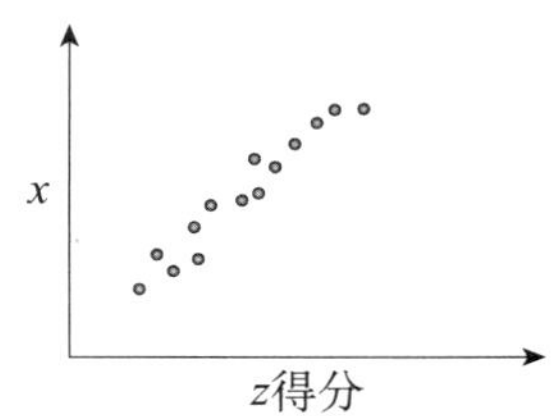

关键公式

随机变量	概率分布	均值	方差
一般离散型变量	$p(x)$ 的表、公式或图	$\sum_{\text{所有}x} xp(x)$	$\sum_{\text{所有}x}(x-\mu)^2p(x)$
二项随机变量	$p(x)=\binom{n}{x}p^xq^{n-x}$ $x=0,1,2,\cdots,n$	np	npq
泊松随机变量	$p(x)=\dfrac{\lambda^x\mathrm{e}^{-\lambda}}{x!}$ $x=0,1,2,\cdots$	λ	λ
超几何随机变量	$p(x)=\dfrac{\binom{r}{x}\binom{N-r}{n-x}}{\binom{N}{n}}$	$\dfrac{nr}{N}$	$\dfrac{r(N-r)n(N-n)}{N^2(N-1)}$
均匀随机变量	$f(x)=1/(d-c)$ $(c\leqslant x\leqslant d)$	$(c+d)/2$	$(d-c)^2/12$
正态随机变量	$f(x)=\dfrac{1}{\sigma\sqrt{2\pi}}\mathrm{e}^{-\frac{1}{2}[(x-\mu)/\sigma]^2}$	μ	σ^2

续表

随机变量	概率分布	均值	方差
指数随机变量	$f(x)=\frac{1}{\theta}e^{-x/\theta}$	θ	θ^2
标准正态随机变量	$f(z)=\frac{1}{\sqrt{2\pi}}e^{-\frac{1}{2}z^2}$ $z=(x-\mu)/\sigma$	$\mu=0$	$\sigma^2=1$

关于选择概率分布的指南

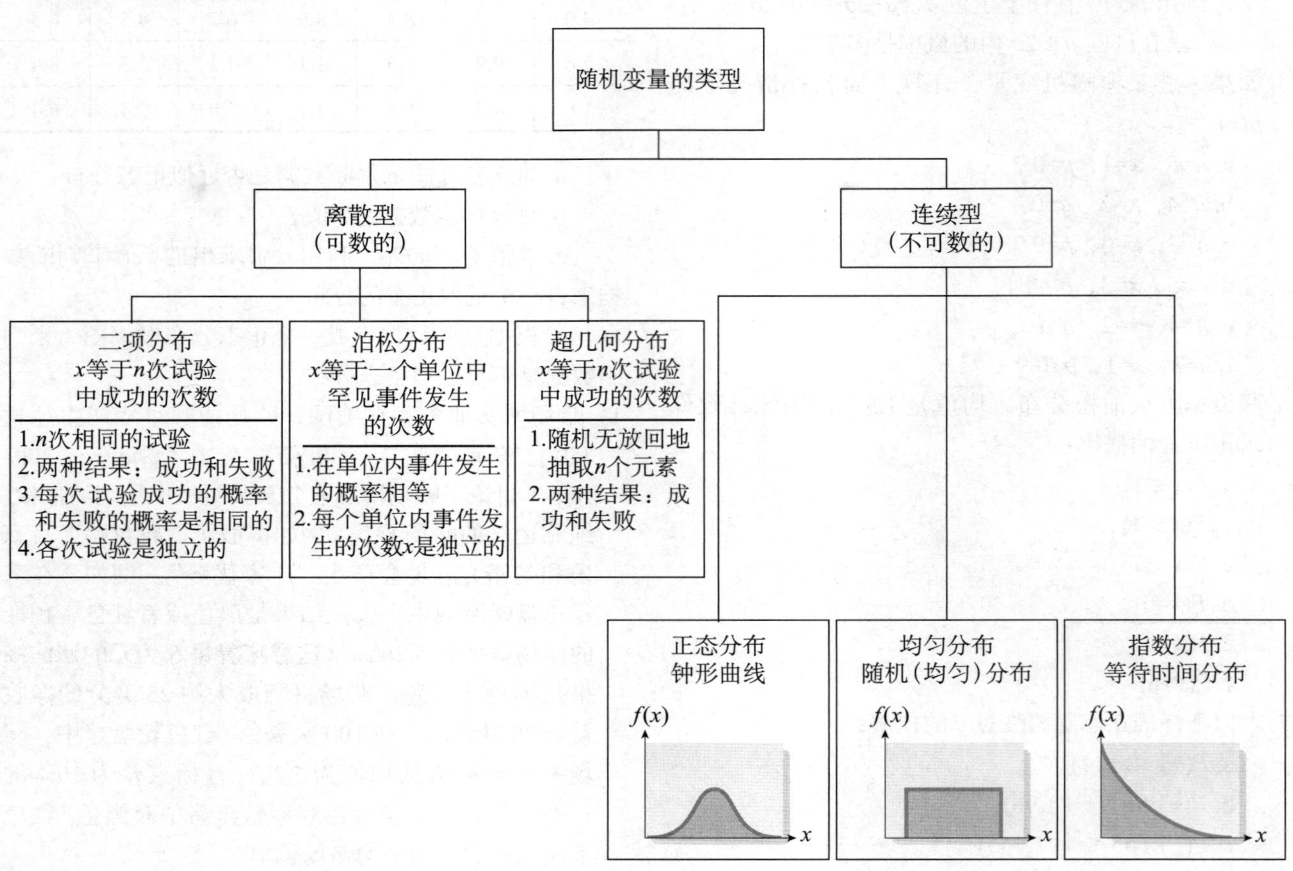

练习题

1. 在地铁商店排队的顾客。商店老板对正午时在地铁口商店前排队购买三明治的顾客数量 x 很感兴趣。x 可能取哪些值？x 是离散型随机变量还是连续型随机变量？

2. 随机变量 x 有如下离散型概率分布：

x	1	3	5	7	9
$p(x)$	0.1	0.2	0.4	0.2	0.1

   a. 列出 x 的可能值。
   b. x 最可能的取值是什么？
   c. 画出概率分布图。
   d. 求出 $p(x=7)$。
   e. 求出 $p(x\geqslant 5)$。
   f. 求出 $p(x>2)$。
   g. 求出 $E(x)$。

3. 掷三枚硬币，设 x 等于正面出现的次数。
   a. 识别该试验的样本点，并给每个样本点分配一

个 x 值。

b. 计算每个 x 值的 $p(x)$。

c. 画出 $p(x)$ 的图像。

d. $P(x=2$ 或 $x=3)$ 是多少？

4. 考虑如下概率分布：

x	−4	−3	−2	−1	0	1	2	3	4
$p(x)$	0.2	0.7	0.10	0.15	0.30	0.18	0.10	0.06	0.02

a. 求出 μ，σ^2 和 σ。

b. 画出 $p(x)$，在图上定位 μ，$\mu-2\sigma$ 和 $\mu+2\sigma$。

c. x 落在区间 $\mu\pm2\sigma$ 内的概率是多少？

5. 如果 x 是二项随机变量，计算下面各种情况下的 $p(x)$：

a. $n=5$，$x=1$，$p=0.2$

b. $n=4$，$x=2$，$q=0.4$

c. $n=3$，$x=0$，$p=0.7$

d. $n=5$，$x=3$，$p=0.1$

e. $n=4$，$x=2$，$q=0.6$

f. $n=3$，$x=1$，$p=0.9$

6. 假设 x 服从泊松分布，均值是 1.5。使用统计软件求出下面的概率：

a. $P(x\leqslant3)$

b. $P(x\geqslant3)$

c. $P(x=3)$

d. $P(x=0)$

e. $P(x>0)$

f. $P(x>6)$

7. 求以下标准正态随机变量 z 的概率：

a. $P(-1\leqslant z\leqslant1)$

b. $P(-1.96\leqslant z\leqslant1.96)$

c. $P(-1.645\leqslant z\leqslant1.645)$

d. $P(-2\leqslant z\leqslant2)$

8. 求标准正态随机变量 z 的一个值，设为 z_0，以使得：

a. $P(z\leqslant z_0)=0.209\,0$

b. $P(z\leqslant z_0)=0.709\,0$

c. $P(-z_0\leqslant z<z_0)=0.847\,2$

d. $P(-z_0\leqslant z\leqslant z_0)=0.166\,4$

e. $P(z_0\leqslant z\leqslant0)=0.479\,8$

f. $P(-1<z<z_0)$

9. 随机变量 x 有一个正态分布，$\mu=1\,000$，$\sigma=10$。

a. 求出 x 取值超出它的均值 2 倍标准差的概率。求出 x 取值超出 μ 的 3 倍标准差的概率。

b. 求出 x 取值在它的均值 1 倍标准差之内的概率。求出 x 取值在它的 2 倍标准差之内的概率。

c. 求出 x 是该分布的第 80 个百分位数的取值。第 10 个百分位数的取值呢？

10. 检查下面的样本数据：

5.9	5.3	1.6	7.4	8.6	1.2	2.1
4.0	7.3	8.4	8.9	6.7	4.5	6.3
7.6	9.7	3.5	1.1	4.3	3.3	8.4
1.6	8.2	6.5	1.1	5.0	9.4	6.4

a. 建立茎叶图来判断数据是否近似正态分布。

b. 计算样本数据的 s 值。

c. 求值 Q_L 和 Q_U，利用 b 中求出的 s 值来判断数据来自一个近似正态的分布。

d. 根据这些数据生成一个正态分布概率图，来判断数据是不是近似正态分布。

11. 赌场博彩业务。在美国，赌场博彩每年产生超过 350 亿美元的收入。《机会》杂志（*Chance*，2005 年春）讨论了赌场博彩业务及其对概率法则的依赖。纯靠运气的赌场游戏（例如掷骰子、轮盘赌、百家乐和基诺）总是会产生“庄家优势”。例如，在双零轮盘赌游戏中，投注结果是黑色或者红色，预期的赌场赢率为 5.26%。（这意味着每 5 美元的赌注结果是黑色或红色，赌场将赚取大约 25 美分的净收益。）可以看出，在 100 次黑色 / 红色轮盘赌中，赌场平均赢率服从均值为 5.26% 且标准差为 10% 的正态分布。用 x 表示在双零轮盘赌中对黑色 / 红色下注 100 次后的平均赌场赢率。

a. 求 $P(x>0)$。（这是赌博游戏赢钱的概率。）

b. 求 $P(5<x<15)$。

c. 求 $P(x<1)$。

d. 如果你观察到在黑色 / 红色轮盘赌中投注 100 次后，赌场的平均赢率为 −25%，你会得出什么结论?

参考文献

1. Deming, W. E. *Out of the Crisis*. Cambridge, Mass.：MIT Center for Advanced Engineering Study, 1986.

2. Hogg, R. V., McKean, J. W., and Craig, A. T. *Introduction to Mathematical Statistics,* 7th ed. Boston：

Pearson, 2012.

3.Larsen, R. J., & Marx, M. L. *An Introduction to Mathematical Statistics and Its Applications,* 6th ed. Boston：Pearson, 2017.

4. Lindgren, B. W. *Statistical Theory*, 4th ed. New York：Chapman & Hall, 1993.

5. Ramsey, P. P., & Ramsey, P. H. "Simple tests of normality in small samples," *Journal of Quality Technology*, Vol. 22, 1990.

6.Wackerly, D., Mendenhall, W., and Scheaffer, R. *Mathematical Statistics with Applications,* 7th ed. North Scituate, Mass.：Duxbury, 2008.

第 5 章 抽样分布

我们将要学习

- 样本统计量是一个具有概率分布的随机变量
- 样本统计量的概率分布为抽样分布
- 抽样分布的两个重要性质
- 样本均值和样本方差的抽样分布都是趋于近似正态的

实践中的统计

安眠药：有效吗？

25 年之前，麻省理工学院（MIT）的神经系统科学家开始将褪黑素（由大脑内的松果体分泌的一种激素）作为促进睡眠的激素进行试验研究。他们发表在《美国科学院院刊》（*Proceedings of the National Academy of Sciences*，1994 年 3 月）上的开创性研究成果为失眠症患者和遭受时差困扰的旅行者带来了鼓舞人心的消息：褪黑素被发现对缩短睡眠的入睡潜伏期（人们从开始睡觉到真正进入睡眠状态的时间）是有效的。更进一步，由于这种激素是自然产生的，因此它不会致瘾。

自那以后，生产治疗失眠症的褪黑素药片的制药公司开始收到关于药物有效性的负面报告。很多人认为褪黑素药片无效。因此，MIT 研究者进行了一项随访研究，并将他们的结果发表在《睡眠医学评论》（*Sleep Medicine Reviews*，2005 年 2 月）上。他们报告称，市场上可以买到的褪黑素药片所含的药物剂量过高，当激素过多时，大脑中的褪黑素受体变得迟钝。研究者对于以前有关褪黑素能促进睡眠的研究进行了分析，认为服用少量的褪黑素对缩短入睡潜伏期是有效的。

在这里，我们的关注点是 MIT 的原始研究。年轻的男性志愿者服用不同剂量的褪黑素或安慰剂（不含褪黑素的伪药物）。之后，中午时他们被安置在一个阴暗的房间内，并被告知闭眼 30 分钟。我们关注的变量是入睡潜伏期（单位为分钟）。

首席调查者理查德·乌特曼（Richard Wurtman）教授说："服用褪黑素的志愿者在 5~6 分钟进入睡眠状态，服用安慰剂的志愿者则需要约 15 分钟。"不过乌特曼警告说，如果不对褪黑素的剂量加以控制，会

产生改变情绪的副作用。

考虑一个包含 40 位年轻男性的随机样本，每个人都给予一定量促进睡眠的褪黑素药片。这 40 位男性进入睡眠状态所用时间（分钟）在表 SIA5-1 中给出，并保存在文件 SLEEP 中。研究者知道，服用安慰剂（即不含褪黑素）时的平均入睡潜伏期为 μ=15 分钟，标准差为 σ=10 分钟。他们想利用这些数据来对服用褪黑素药片的人的 μ 的真值进行推断。特别地，研究者想知道褪黑素是不是治疗失眠症的有效药物。

表 SIA5-1　40 位男性志愿者进入睡眠状态的时间（分钟）

7.6	2.1	1.4	1.5	3.6	17.0	14.9	4.4	4.7	20.1
7.7	2.4	8.1	1.5	10.3	1.3	3.7	2.5	3.4	10.7
2.9	1.5	15.9	3.0	1.9	8.5	6.1	4.5	2.2	2.6
7.0	6.4	2.8	2.8	22.8	1.5	4.6	2.0	6.3	3.2

注：这些数据是基于麻省理工学院研究提供的汇总信息而模拟的入睡潜伏期。

在本章，“回顾实践中的统计”专栏中的一个例子展示了我们如何使用本章的一个主题——中心极限定理——来对褪黑素作为睡眠诱发激素的有效性进行推断。

回顾实践中的统计

推断安眠药服用者的平均入睡潜伏期。

对入睡潜伏期短于 15 分钟的安眠药服用者的比例进行推断。

在第 4 章中，我们假定已知一个随机变量的概率分布，能利用已知条件计算这个随机变量的均值、方差和有关概率。然而，在大多数实际应用中，这种信息是不可获得的。为了说明这一点，在例 4.13 中，我们计算了二项随机变量 x——20 名员工中支持工会的人数——假定为特定值的概率。为此，需要假定所有员工中支持工会的比例 p 为某个值。为了举例说明，我们假定在所有可能的取值中 p=0.6，但实际上 p 的精确值是未知的。事实上，进行投票的目的可能是估计 p。类似地，在例 4.21 中，当我们对某一车型在城市内行驶的里程数进行建模时，我们使用假定均值和标准差分别为 27 英里 / 加仑和 3 英里 / 加仑的正态概率分布。在大多数情况下，真实的均值和标准差是未知的、需要估计的数值。描述概率分布的数值被称为参数。因此，二项试验的成功概率 p 以及正态分布的均值 μ 和标准差 σ 都是参数的例子。

参数（parameter）是对总体的一个数值描述性度量。因为它是基于总体的观测，所以它的值几乎总是未知的。

我们也讨论了样本均值 $\bar{x}$、样本方差 s^2、样本标准差 s 等，这些都是从样本中计算得到的数值描述性度量（参见表 5-1，为本书截至目前涵盖的统计量列表）。我们将经常利用这些包含在样本统计量中的信息来对总体参数进行推断。

样本统计量（sample statistic）是对一个样本的数值描述性度量。它是利用样本的测量值计算得到的。

表 5-1 总体参数与相应样本统计量

	总体参数	样本统计量
均值	μ	$\bar{x}$
中位数	η	m
方差	σ^2	s^2
样本方差	σ	s
二项比例	p	$\hat{p}$

注意，术语“统计量”表示样本，术语“参数”表示总体。

在展示如何使用样本统计量对总体参数进行推断之前，我们需要评估它们的性质。一个样本统计量比另一个样本统计量包含更多的关于总体参数的信息吗？我们应该在什么基础上选择“最佳”统计量来推断参数？本章将回答这些问题。

5.1 抽样分布的概念

如果我们想估计总体参数（比如总体的均值 μ），可以利用一些样本统计量来进行估计。两种可能的选择是样本均值$\bar{x}$和样本中位数 m。你认为哪个能更好地估计 μ？

在回答这个问题之前，考虑下面的例子：掷一个质地均匀的骰子，令 x 等于骰子朝上的点数。假设掷三次骰子，产生的样本测量值是 2，2，6，那么样本均值$\bar{x}=3.33$，样本中位数 $m=2$。由于 x 的总体均值 $\mu=3.5$，你可以看到，对于这个有三个测量值的样本来说，样本均值$\bar{x}$相对于样本中位数提供了一个离 μ 更近的估计值（见图 5-1a）。现在假设我们再掷三次骰子，得到的样本测量值是 3，4，6。那么这个样本的均值和中位数分别是$\bar{x}=4.33$ 和 $m=4$。这次 m 更加接近 μ（见图 5-1b）。

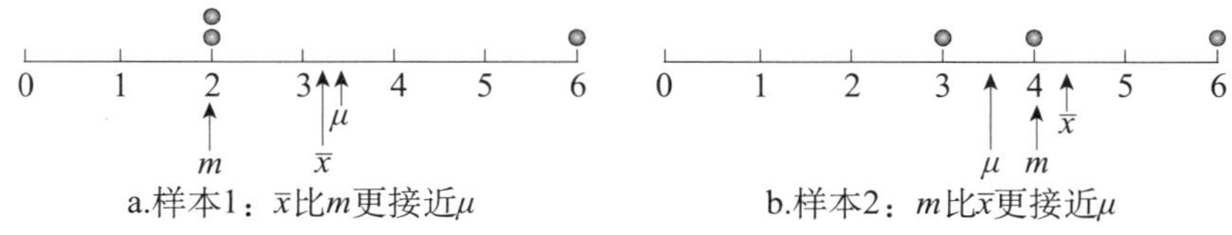

图 5-1 比较总体均值 (μ) 的两个估计量：样本均值 ($\bar{x}$) 和样本中位数 (m)

这个简单的例子说明了重要的一点：无论是样本均值还是样本中位数，没有哪一个会总是更接近总体的均值。因此，我们不能基于它们在单个样本上的表现来比较这两个样本统计量。或者，一般而言，不能比较任意两个样本统计量。相反，我们需要认识到样本统计量本身就是随机变量，因为不同的样本会导致样本统计量有不同的取值。作为随机变量，样本统计量的判断和比较应该基于它们的概率分布（例如，如果样本试验重复很多次，会得到每一个统计量的值和对应概率的集合）。我们将用另一个例子来解释这个概念。

假设已知为某名牌起搏器制造的连接模块的平均长度为 $\mu=0.3$ 英寸，标准差为 0.005 英寸。考虑一个随机选取 25 个最近生产的连接模块的试验，测量每个模块的长度，然后计算样本均值长度$\bar{x}$。如果这个试验重复很多次，样本均值$\bar{x}$的值将因样本不同而不同。举例来说，第一个包含 25 个长度测量值的样本均值为$\bar{x}=0.301$，第二个样本均值为$\bar{x}=0.298$，第三个样本均值为$\bar{x}=0.303$，等等。如果样本试验重复很多次，那么样本均值的直方图将很接近样本均值$\bar{x}$的概率分布。如果$\bar{x}$是 μ 的良好估计值，我们将期望$\bar{x}$的值聚集在 μ 的周围，如图 5-2 所示。这个概率

分布叫作抽样分布，因为它是由样本试验重复很多次得来的。

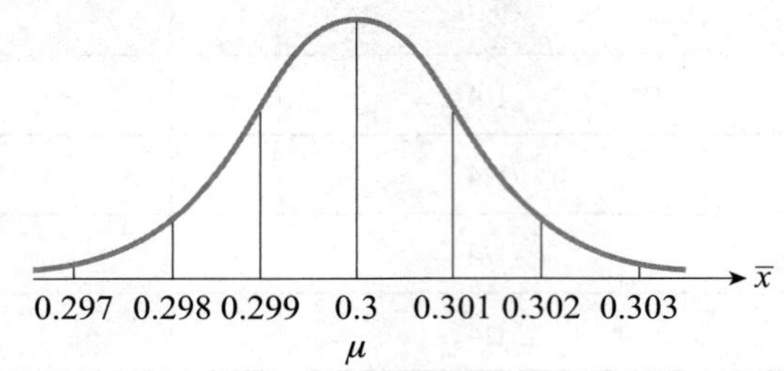

图 5-2 长度测量值$\bar{x}$的抽样分布（基于 n=25 的样本）

> 考虑从一个有 n 个测量值的样本计算出的样本统计量。统计量的**抽样分布**（sampling distribution）是统计量的概率分布。

在实际应用中，统计量的抽样分布是用数学方法计算得到的，或者是（至少近似地）在计算机上用类似于刚才描述的程序来模拟样本获得的。

如果样本均值$\bar{x}$是从一个包含 25 个测量值的样本中计算得到的，而这 25 个测量值是从均值为 μ=0.3、标准差为 σ=0.005 的总体中选取的，那么这个抽样分布（见图 5-2）提供了重复抽样中关于均值$\bar{x}$的信息。例如，抽取一个有 25 个测量值的样本，得到位于区间 $0.299 \leqslant \bar{x} \leqslant 0.3$ 的$\bar{x}$值的概率是抽样分布下的区间的面积。

因为统计量的性质由它的抽样分布体现，所以要想比较两个统计量，你应该比较它们的抽样分布。例如，如果你有两个统计量 A 和 B 来估计同一个参数（为了便于解释，假设这个参数是总体方差 σ^2），如果它们的抽样分布如图 5-3 所示，你将选取统计量 A 而不是统计量 B。你之所以做出这样的选择，是因为 A 的抽样分布集中于 σ^2 之上，并且相对于 B 来说离散度更小。当你在一个实际抽样情形中抽取一个简单的样本时，统计量 A 离 σ^2 更近的概率会更大。

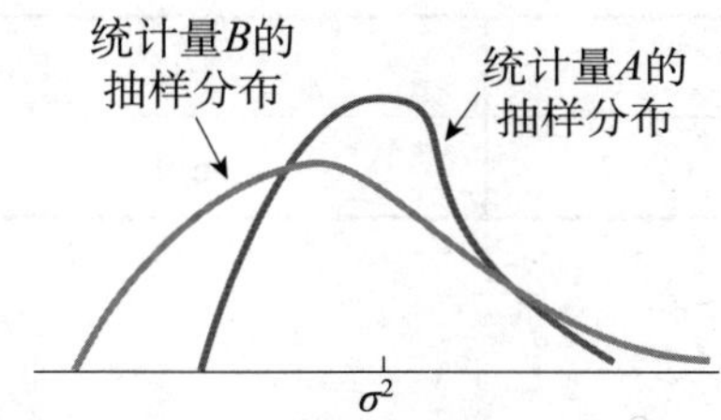

图 5-3 估计总体方差 σ^2 的两个抽样分布

记住，我们在实际应用中不会知道未知参数 σ^2 的值，所以我们不会知道在一个样本中是 A 还是 B 会更接近 σ^2。我们必须依赖于理论上的抽样分布知识来选取最好的样本统计量，然后把它应用在后面的样本中。求一个统计量的抽样分布的程序在例 5.1 和例 5.2 中有展示。

例 5.1 求抽样分布——抛硬币试验

问题 在抛一枚硬币的试验中，令 x 等于观察到的正面朝上的次数。现在考虑一个由抛 2 次硬币构成的样本（n=2）。求 x 的抽样分布、样本均值。

解答 对于一次抛硬币试验，其结果要么是正面 (H)，要么是反面 (T)。因此，x 的值是 x=1 或 x=0。表 5-2 列出了两次抛硬币的四种可能结果（样本点）和相应的概率。由于抛的是一枚均匀的硬币，因此这四种可能的结果出现的可能性相等。

表 5-2 抛硬币的结果 (n=2)

结果（第一次抛，第二次抛）	概率	$\bar{x}$
$HH(x=1, x=1)$	1/4	1
$HT(x=1, x=0)$	1/4	0.5
$TH(x=0, x=1)$	1/4	0.5
$TT(x=0, x=0)$	1/4	0

回顾 每个结果的$\bar{x}$值也列在表 5-2 中。你可以看到值是 0，0.5 或者 1。现在，$P(\bar{x}=1)=P(HH)=1/4$。同理，$P(\bar{x}=0)=P(TT)=1/4$。最后，使用互斥事件并集的概率法则，$P(\bar{x}=0.5)=P(HT$ 或 $TH)=P(HT)+P(TH)=1/4+1/4=1/2$。因此，$\bar{x}$的抽样分布为：

$\bar{x}$	0	0.5	1
$p(\bar{x})$	1/4	1/2	1/4

例 5.2 求抽样分布——双骰子

问题 考虑赌博中较为流行的双骰子玩法。玩家掷两个骰子来猜测结果（两个骰子朝上那面的两个点数之和）。在例 4.5 中，我们研究了在第一次掷骰子（称为 come-out roll）时下注 5 美元的可能结果。回想一下，如果骰子的总点数是 7 或 11，掷骰者将赢得 5 美元；如果总数是 2，3，12，则掷骰者输 5 美元（即掷骰者"赢"−5 美元）；并且，对于任何其他总数（4，5，6，8，9，10），掷骰者不会输钱或赢钱（即掷骰子赢 0 美元）。令 x 代表掷骰子结果（−5 美元、0 美元或 +5 美元）。我们在例 4.5 中展示了 x 的实际概率分布是：

x	−5	0	5
$p(x)$	1/9	6/9	2/9

现在，考虑一个 n=3 次掷骰子的随机样本。

a. 求样本均值$\bar{x}$的抽样分布。

b. 求样本中位数 m 的抽样分布。

解答 n=3 次投掷的每个可能的样本结果，包括样本均值和中位数，见表 5-3。每个样本的概率可利用乘法法则得到。例如，样本（0，0，5）的概率是 $P(0)P(0)P(5)=6/9\times6/9\times2/9=72/729=0.099$。每个样本的概率同样在表 5-3 中给出。注意，这些概率之和为 1。

表 5-3 掷骰子的所有可能样本 (n=3)

可能的样本	$\bar{x}$	m	概率
−5, −5, −5	−5	−5	$1/9\times1/9\times1/9=1/729$
−5, −5, 0	−3.33	−5	$1/9\times1/9\times6/9=6/729$
−5, −5, 5	−1.67	−5	$1/9\times1/9\times2/9=2/729$
−5, 0, −5	−3.33	−5	$1/9\times6/9\times1/9=6/729$

续表

可能的样本	$\bar{x}$	*m*	概率
−5, 0, 0	−1.67	0	1/9 × 6/9 × 6/9=36/729
−5, 0, 5	0	0	1/9 × 6/9 × 2/9=12/729
−5, 5, −5	−1.67	−5	1/9 × 2/9 × 1/9=2/729
−5, 5, 0	0	0	1/9 × 2/9 × 6/9=12/729
−5, 5, 5	1.67	5	1/9 × 2/9 × 2/9=4/729
0, −5, −5	−3.33	−5	6/9 × 1/9 × 1/9=6/729
0, −5, 0	−1.67	0	6/9 × 1/9 × 6/9=36/729
0, −5, 5	0	0	6/9 × 1/9 × 2/9=12/729
0, 0, −5	−1.67	0	6/9 × 6/9 × 1/9=36/729
0, 0, 0	0	0	6/9 × 6/9 × 6/9=216/729
0, 0, 5	1.67	0	6/9 × 6/9 × 2/9=72/729
0, 5, −5	0	0	6/9 × 2/9 × 1/9=12/729
0, 5, 0	1.67	0	6/9 × 2/9 × 6/9=72/729
0, 5, 5	3.33	5	6/9 × 2/9 × 2/9=24/729
5, −5, −5	−1.67	−5	2/9 × 1/9 × 1/9=2/729
5, −5, 0	0	0	2/9 × 1/9 × 6/9=12/729
5, −5, 5	1.67	5	2/9 × 1/9 × 2/9=4/729
5, 0, −5	0	0	2/9 × 6/9 × 1/9=12/729
5, 0, 0	1.67	0	2/9 × 6/9 × 6/9=72/729
5, 0, 5	3.33	5	2/9 × 6/9 × 2/9=24/729
5, 5, −5	1.67	5	2/9 × 2/9 × 1/9=4/729
5, 5, 0	3.33	5	2/9 × 2/9 × 6/9=24/729
5, 5, 5	5	5	2/9 × 2/9 × 2/9=8/729
			总计 =729/729=1

a. 从表 5-3 中可以看到，均值$\bar{x}$能取值 −5，−3.33，−1.67，0，1.67，3.33，5。$\bar{x}$ =−5 只会发生在一个样本中，$P(\bar{x}=-5)=1/729$。相似地，$\bar{x}$ =−3.33 会发生在三个样本（−5，−5，0），(−5，0，−5)，(0，−5，−5) 中，因此，$P(\bar{x}=-3.33)=6/729+6/729+6/729=18/729$。计算余下的$\bar{x}$值的概率，然后放到表里，我们得到下面的概率分布。

$\bar{x}$	−5	−3.33	−1.67	0	1.67	3.33	5
$p(\bar{x})$	1/729 =0.001 4	18/729 =0.024 7	114/729 =0.156 4	288/729 =0.395 1	228/729 =0.312 7	72/729 =0.098 8	8/729 =0.011 0

这是$\bar{x}$的抽样分布，因为它指明了$\bar{x}$的每一个可能值的概率。你可以看到3次随机选择的掷骰子之后最可能的均值结果为$\bar{x}=0$，这个结果发生的概率为288/729=0.395 1。

b. 在表5-3中，你能看到中位数m能取如下三个值−5，0，5。$m=-5$发生在7个不同的样本中，即$P(m=-5)=1/729+6/729+2/729+6/729+2/729+6/729+2/729=25/729$。类似地，$m=0$发生在13个样本中，$m=5$发生在7个样本中。这些概率是通过将它们对应的样本点的概率相加得到的。计算之后，我们得到中位数m的概率分布如下：

m	−5	0	5
$p(m)$	25/729=0.034 3	612/729=0.839 5	92/729=0.126 2

再一次地，3次随机选择的掷骰子之后最可能的中位数结果为$\bar{x}=0$，这个结果发生的概率为612/729=0.839 5。

回顾 a和b中的抽样分布是通过先列出统计量所有可能的不同值，再将每个值的概率相加得到的。注意，如果x的值具有等可能性，那么表5-3中的27个样本点发生的概率相同，均为1/27。

例5.1展示了当从总体中选取的不同样本的数量相对较少时，求一个统计量的精确的抽样分布的程序。在现实世界中，总体一般都会包含大量的不同取值，使得抽样很难（或不可能）枚举。当这种情况发生时，我们可以选择通过一次又一次地模拟抽样并记录统计量出现不同值的次数的比例来获得统计量的近似抽样分布。例5.3说明了这个程序。

例5.3 模拟抽样分布——钢板厚度

问题 参见例4.24，回顾一块钢板的厚度服从一个取值为150~200毫米的均匀分布。假设我们多次进行以下试验：从生产线上随机抽取11块样本钢板，记录每块的厚度x。计算这两个样本统计量：

$$\bar{x}=\text{样本均值}=\frac{\sum x}{11}$$

m= 中位数 = 当11个厚度按照升序排列时第6个样本的观测值

得到$\bar{x}$和m的近似抽样分布。

解答 回顾4.8节中钢板厚度的总体服从均匀分布（如图5-4所示）。我们使用Minitab来从总体中生成1 000个样本，每个样本有n=11个观测值，然后对每个样本计算$\bar{x}$和m。我们的目标是得到$\bar{x}$和m的近似抽样分布，从而求出哪个样本统计量（$\bar{x}$还是m）包含更多关于μ的信息。

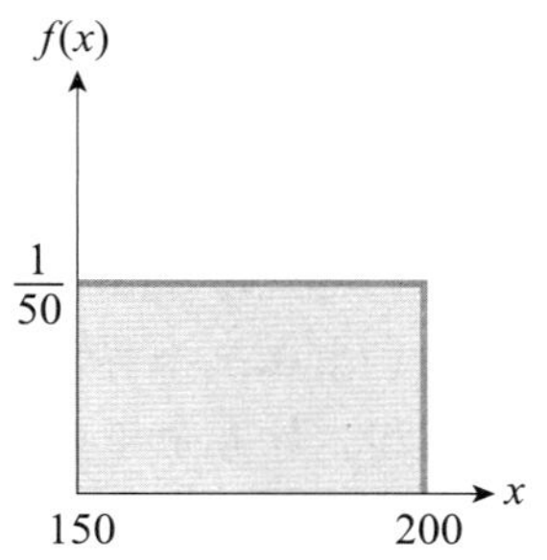

图5-4 钢板厚度的均匀分布

（**注意**：在这个特定的例子里，我们知道总体均值μ=175毫米（见4.8节）。）1 000个样本中的前10个在表5-4中给出。例如，基于均匀分布由计算机生成的第一个样本包含以下厚度观测值（以升序排列）：151毫米、157毫米、162毫米、169毫米、171毫米、173毫米、181毫米、182毫米、187毫米、188毫

米和 193 毫米。这个样本的均值$\bar{x}$和中位数 m 分别为：

$$\bar{x}=\frac{151+157+\cdots+193}{11}=174.0$$

m= 排序后第 6 个观测值 =173

表 5-4　来自均匀分布的 n=11 个厚度观测值的前 10 个样本

样本	厚度观测值											均值	中位数
1	173	171	187	151	188	181	182	157	162	169	193	174.00	173
2	181	190	182	171	187	177	162	172	188	200	193	182.09	182
3	192	195	187	187	172	164	164	189	179	182	173	180.36	182
4	173	157	150	154	168	174	171	182	200	181	187	172.45	173
5	169	160	167	170	197	159	174	174	161	173	160	169.46	169
6	179	170	167	174	173	178	173	170	173	198	187	176.55	173
7	166	177	162	171	154	177	154	179	175	185	193	172.09	175
8	164	199	152	153	163	156	184	151	198	167	180	169.73	164
9	181	193	151	166	180	199	180	184	182	181	175	179.27	181
10	155	199	199	171	172	157	173	187	190	185	150	176.18	173

图 5-5 给出了 n=11 的 1 000 个样本的$\bar{x}$和 m 的 Minitab 频数直方图。这些直方图描绘了$\bar{x}$和 m 的真实的抽样分布的近似。

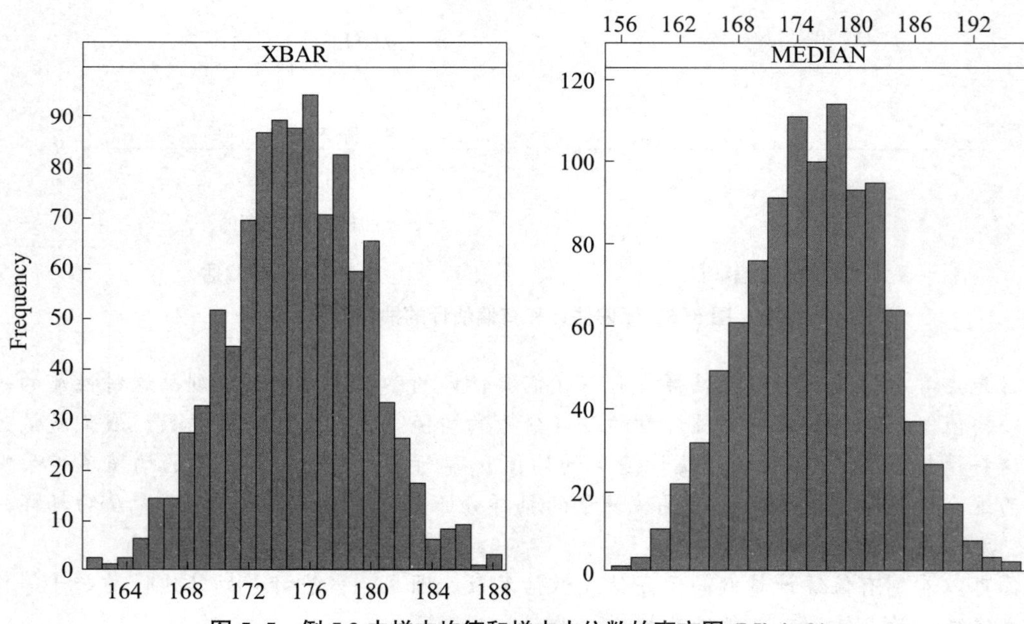

图 5-5　例 5.3 中样本均值和样本中位数的直方图 (Minitab)

回顾　你能看到，相对于 m 的值，$\bar{x}$的值更倾向于聚集在 μ 的周围。因此，基于观测到的抽样分布，我们得出结论：$\bar{x}$比 m 包含更多关于 μ 的信息——至少对于从均匀分布中选取的 11 个观测值的样本来说是这样的。

正如前面所说，很多抽样分布能用数学方法推导出来，但是相关的理论超出了本书的范围。因此，当我们需要知道一个统计量的性质时，将给出它的抽样分布，并且直接描述它的性质。我们关注的抽样分布的几个重要性质将在下节讨论。

5.2 抽样分布的性质：无偏性和最小方差

对总体参数进行推断的最简单的统计方式是点估计——一种规则或公式，告诉我们如何利用样本数据计算用于估计总体参数的数值。例如，样本均值$\bar{x}$是总体均值 μ 的点估计，类似地，样本方差 s^2 是总体方差 σ^2 的点估计。

> 总体参数的**点估计**（point estimator）是一个规则或公式，告诉我们如何利用样本数据来计算可以作为总体参数的估计的一个值。

通常，许多不同的点估计可以用于估计同一个参数。每一个估计都有一个抽样分布，提供有关该点估计的信息。通过检查抽样分布，我们可以发现估计值与参数真值之间的差异（称作**估计误差**（error of estimation））可能有多大。我们同样可以判断一个估计是否更有可能高估或低估参数。

例 5.4 比较两个统计量

问题 假设有两个统计量 A 和 B 用来估计同一个总体参数 θ。（注意 θ 可以是任何参数，如 μ，σ^2，σ，等等。）假定这两个统计量具有如图 5-6 所示的抽样分布。在这个抽样分布的基础上，哪个统计量更适合作为 θ 的估计呢？

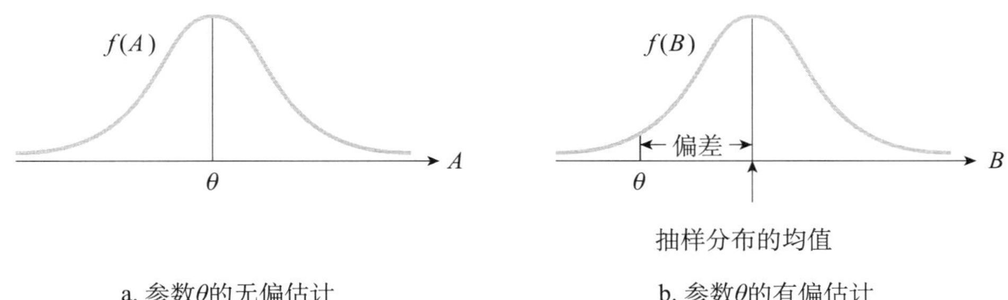

a. 参数θ的无偏估计　　b. 参数θ的有偏估计

图 5-6 无偏估计和有偏估计的抽样分布

解答 首先要考虑的是我们希望抽样分布以我们要估计的参数值为中心。刻画这种性质的一种途径是看抽样分布的均值。因此，如果一个统计量的抽样分布的均值等于需要估计的参数，我们就认为该统计量是无偏的。这种情形如图 5-6a 所示，统计量 A 的均值 μ_A 等于 θ。如果抽样分布的均值不等于需要估计的参数，则认为这个统计量是有偏的。有偏统计量的抽样分布如图 5-6b 所示，统计量 B 的抽样分布的均值 μ_B 不等于 θ，实际上，它偏移到 θ 的右侧。

回顾 你可以看到有偏统计量倾向于高估或低估参数。因此，当统计量的其他性质趋于等价时，我们将选择一个无偏统计量来估计感兴趣的参数。[①]

① 并不是所有感兴趣的参数都存在无偏统计量，但本书考虑的所有参数都存在无偏估计。

> 如果样本统计量的抽样分布均值与该统计量要估计的总体参数相等，就认为这个统计量是参数的**无偏估计**（unbiased estimate）。
> 如果抽样分布的均值不等于参数，就认为这个统计量是参数的**有偏估计**（biased estimate）。

抽样分布的标准差度量了统计量的另一个重要性质：重复抽样产生的估计的离散度。假定两个统计量 *A* 和 *B* 都是总体参数的无偏估计。由于两个抽样分布的均值相同，我们转向比较它们的标准差来决定哪个统计量提供的估计与待估计的未知总体参数更接近。自然地，我们将选择标准差更小的样本统计量。图 5-7 描绘了统计量 *A* 和统计量 *B* 的抽样分布，注意 *A* 的分布的标准差小于 *B* 的分布的标准差。这表明在大量样本中，统计量 *A* 的值相对于统计量 *B* 的值更集中地分布在未知总体参数的周围。换言之，统计量 *A* 接近参数值的概率要大于统计量 *B* 接近参数值的概率。

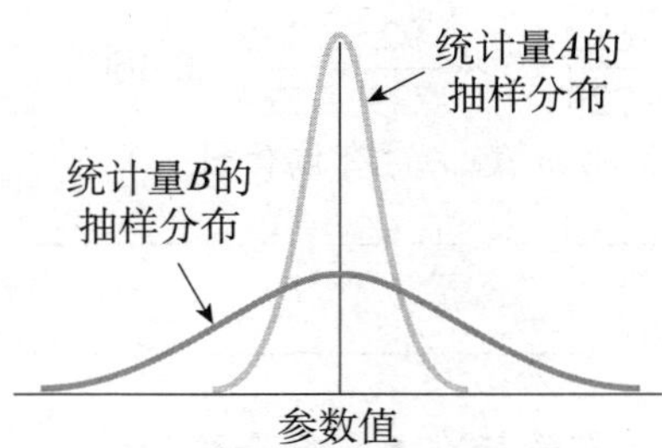

图 5-7 两个无偏估计的抽样分布

总而言之，为对总体参数做推断，我们使用抽样分布无偏且标准差最小（通常比其他无偏样本统计量的标准差更小）的样本统计量。我们不关心这个样本统计量的来源，因为估计特定参数的"最好"统计量是有案可稽的事实。我们将仅提供所考虑的每个总体参数的无偏估计及其标准差。（注意，一个统计量的抽样分布的标准差也称**统计量的标准误**（standard error of the statistic）。）

例 5.5 有偏估计和无偏估计——双骰子

问题 参见例 5.2，赌博中 5 美元赌注的结果为 x。我们得知在如下概率分布定义的总体中，3 次投掷骰子的随机样本的样本均值$\bar{x}$和样本中位数 m 的抽样分布。

x	−5	0	5
$p(x)$	$\frac{1}{9}$	$\frac{6}{9}$	$\frac{2}{9}$

$\bar{x}$和 m 的抽样分布如下表：

$\bar{x}$	−5	−3.33	−1.67	0	1.67	3.33	5
$p(\bar{x})$	$\frac{1}{729}$	$\frac{18}{729}$	$\frac{114}{729}$	$\frac{288}{729}$	$\frac{228}{729}$	$\frac{72}{729}$	$\frac{8}{729}$

m	−5	0	5
$p(m)$	$\frac{25}{729}$	$\frac{612}{729}$	$\frac{92}{729}$

a. 说明该情形中$\bar{x}$是 μ 的无偏估计。

b. 说明该情形中 m 是 μ 的有偏估计。

解答 a. 离散型随机变量（见 4.3 节）的期望值定义为 $E(x)=\sum xp(x)$，这里是对 x 的所有值求和，则

$$E(x)=\mu=\sum xp(x)=(-5)\times\frac{1}{9}+0\times\frac{6}{9}+5\times\frac{2}{9}=\frac{5}{9}=0.556$$

离散型随机变量 $\bar{x}$ 的期望值为：

$$E(\bar{x})=\sum(\bar{x})p(\bar{x})$$

对所有 $\bar{x}$ 求和，则

$$E(\bar{x})=(-5)\times\frac{1}{729}+(-3.33)\times\frac{18}{729}+(-1.67)\times\frac{114}{729}+\cdots+5\times\frac{8}{729}=0.556$$

由于 $E(\bar{x})=\mu$，因此 $\bar{x}$ 是 μ 的无偏估计。

b. 样本中位数 m 的期望值为：

$$E(m)=\sum mp(m)=(-5)\times\frac{25}{729}+0\times\frac{612}{729}+5\times\frac{92}{729}=\frac{335}{729}=0.460$$

由于 m 的期望值不等于 $\mu(\mu=0.556)$，因此 m 是 μ 的有偏估计。

例 5.6 估计的方差——双骰子

问题 参见例 5.4，求出 $\bar{x}$ 和 m 的抽样分布的标准差。哪个统计量是 μ 的更好的估计？

解答 $\bar{x}$ 的抽样分布的方差（我们记作 $\sigma_{\bar{x}}^2$）为：

$$\sigma_{\bar{x}}^2=E\{[\bar{x}-E(\bar{x})]^2\}=\sum(\bar{x}-\mu)^2p(\bar{x})$$

从例 5.5 得到：

$$E(\bar{x})=\mu=0.556$$

$$\sigma_{\bar{x}}^2=(-5-0.556)^2\times\frac{1}{729}+(-3.33-0.556)^2\times\frac{18}{729}+\cdots+(5-0.556)^2\times\frac{8}{729}=2.678$$

$$\sigma_{\bar{x}}=\sqrt{2.678}=1.64$$

类似地，m 的抽样分布的方差（我们记作 σ_m^2）为：

$$\sigma_m^2=E\{[m-E(m)]^2\}$$

从例 5.5 得到 m 的期望值为 $E(m)=0.460$，则

$$\sigma_m^2=E\{[m-E(m)]^2\}=\sum[m-E(m)]^2p(m)$$

$$=(-5-0.460)\times\frac{25}{729}+(0-0.460)\times\frac{612}{729}+(5-0.460)\times\frac{92}{729}$$

$$=3.801$$

$$\sigma_m=\sqrt{3.801}=1.95$$

哪个统计量看起来是总体均值 μ 的更好的估计呢，是样本均值 $\bar{x}$ 还是中位数 m？为了回答这个问题，我们比较这两个统计量的抽样分布。样本中位数 m 的抽样分布是有偏的（即它位于均值 μ 的左侧），其标准差 $\sigma_m=1.95$ 比 $\bar{x}$ 的抽样分布的标准差 $\sigma_{\bar{x}}=1.64$ 要大。因此，对于研究的总体，样本均值 $\bar{x}$ 相对于样本中位数 m 是总体均值 μ 的一个更好的估计。

回顾 理想情况下，我们希望一个估计是无偏的且在所有无偏估计中具有最小方差。我们称这样的统计量为**最小方差无偏估计**（minimum-variance unbiased estimator, MVUE）。

5.3 样本均值的抽样分布与中心极限定理

估计汽车的平均使用寿命、一个大城市的所有 iPhone 经销商的平均月销售额、新型塑料的平均断裂强度是具有一些共同特征的实际问题。在每个例子中，我们感兴趣的是对某个总体的均值 μ 做出推断。正如我们在第 2 章提到的，一般来说样本均值$\bar{x}$是 μ 的一个很好的估计。我们现在要获得这个有用的统计量的抽样分布的有关信息。我们将说明$\bar{x}$是 μ 的最小方差无偏估计。

例 5.7 描述$\bar{x}$的抽样分布

问题 假设一个总体有均匀的概率分布，如图 5-8 所示。其均值 μ=175，标准差 σ=14.43。(见 4.8 节中 μ 和 σ 的公式。) 现在假设从这个总体中选取一个有 11 个观测值的样本。描述基于例 5.3 中讨论的 1 000 次抽样试验，描述样本均值$\bar{x}$的抽样分布。

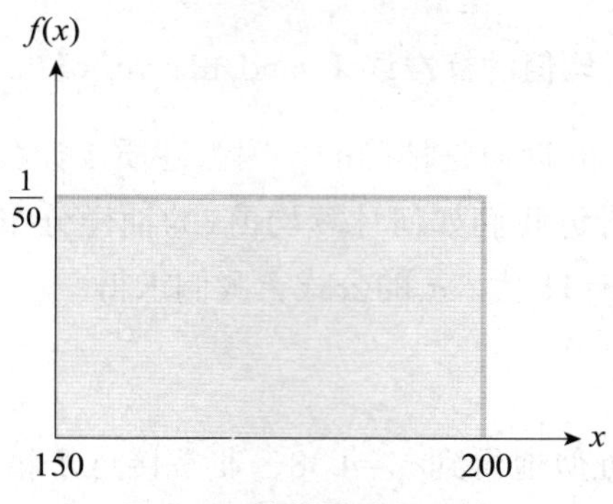

图 5-8 抽样的均匀总体

解答 在例 5.3 中我们产生了 1 000 个样本，每个样本有 11 个观测值。1 000 个样本均值的 Minitab 直方图如图 5-9 所示，上面添加了一个正态分布概率。你能看到这个正态概率分布非常好地近似描述了计算机生成的抽样分布。

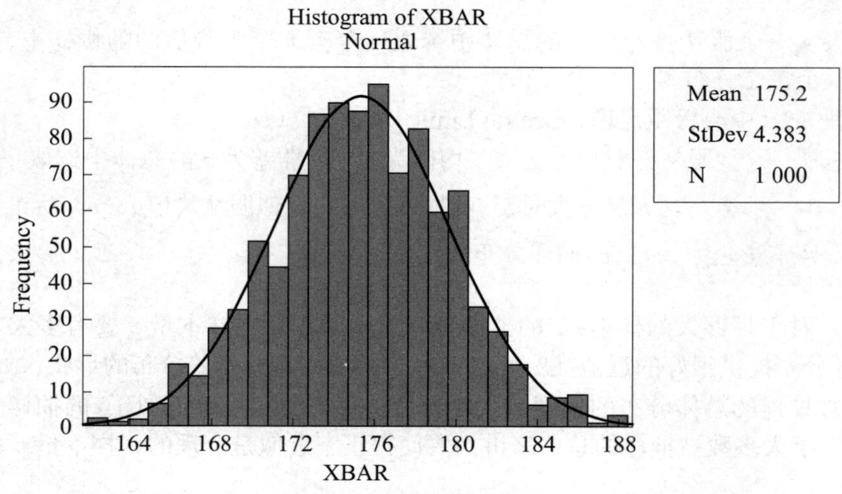

图 5-9 1 000 个样本的样本均值的直方图 (Minitab)

为了充分地描述一个正态概率分布，需要知道它的均值和标准差。在图 5-9 中，Minitab 直方图的右上角给出了 1 000 个$\bar{x}$的统计量。可以看到均值是 175.2，标准差是 4.383。

基于 1 000 个样本，其中每个样本包括来自均匀总体的 11 个观测值，我们对结果进行总结，$\bar{x}$的抽样

分布是近似正态的，其中均值约为175，标准差约为4.38。

回顾 注意，均匀分布模拟值$\mu_{\bar{x}}$=175.2非常接近于μ=175，即模拟的$\bar{x}$的抽样分布提供了μ的一个精确估计值。

假设从任意一个总体中抽取有n个观测值的随机样本，样本均值$\bar{x}$的真实抽样分布具有以下性质：

$\bar{x}$的抽样分布的性质

1. 抽样分布的均值等于抽样总体的均值，即$\mu_{\bar{x}}=E(\bar{x})=\mu$。
2. 抽样分布的标准差等于抽样总体的标准差除以样本量的平方根，即

$$\sigma_{\bar{x}}=\frac{\sigma}{\sqrt{n}}$$ ①

标准差$\sigma_{\bar{x}}$通常被称为**均值的标准误**（standard error of the mean）。

你能看到例5.7中对$\mu_{\bar{x}}$的近似是精确的，因为性质1让我们确定了均值等于被抽样的总体的均值：175毫米。性质2告诉我们如何计算均值$\bar{x}$的抽样分布的标准差。把被抽样的均匀分布的标准差σ=14.43和样本量n=11代入$\sigma_{\bar{x}}$的公式，我们求得：

$$\sigma_{\bar{x}}=\frac{\sigma}{\sqrt{n}}=\frac{14.43}{\sqrt{11}}=4.35$$

因此，例5.7中我们近似地得到$\sigma_{\bar{x}}$=4.38，非常接近于精确值$\sigma_{\bar{x}}$=4.35。可以证明（省略了证明过程）$\sigma_{\bar{x}}^2$的值是μ的所有无偏估计中最小的方差，因此，$\bar{x}$是μ的最小方差无偏估计。

$\bar{x}$的抽样分布呈什么形状呢？两个重要的定理提供了相关信息。一个定理适用于原始总体数据呈正态分布时；另一个定理适用于样本量n很大时，是统计学中最重要的定理之一：中心极限定理。

定理5.1

如果从一个服从正态分布的总体中选取一个有n个观测值的随机样本，那么$\bar{x}$的抽样分布将是一个正态分布。

定理5.2（中心极限定理（Central Limit Theorem））

考虑从一个（服从任意概率分布）均值为μ、标准差为σ的总体中选取一个有n个观测值的随机样本。那么，当n足够大时，$\bar{x}$的抽样分布将近似服从均值$\mu_{\bar{x}}=\mu$、标准差$\sigma_{\bar{x}}=\sigma/\sqrt{n}$的正态分布。样本量越大，对$\bar{x}$的抽样分布的正态近似将越好。②

因此，对于足够大的样本，$\bar{x}$的抽样分布近似为正态。样本量n要有多大才能使得正态分布为$\bar{x}$的抽样分布提供很好的近似呢？答案取决于被抽样的总体的分布的形状，如图5-10所示。一般来说，被抽样的总体分布的偏度越大，要使得正态分布充分近似于$\bar{x}$的抽样分布所需的样本量就越大。对于大多数被抽样的总体来讲，要使得正态近似是合理的，样本量$n\geqslant30$就足够了。

---

① 如果样本量n相对于总体元素个数N较大（例如，5%或更大），$\sigma/\sqrt{n}$必须乘以有限总体修正因子$\sqrt{(N-n)/(N-1)}$。在大多数抽样情形下，该修正因子接近1，可以忽略。

② 根据中心极限定理，对大样本来说，随机样本的n个观测值和$\sum x$将具有近似正态的抽样分布。该分布的均值为$n\mu$，方差为$n\sigma^2$。中心极限定理的证明超出了本书的范围，但是可以在许多数理统计书中找到相关内容。

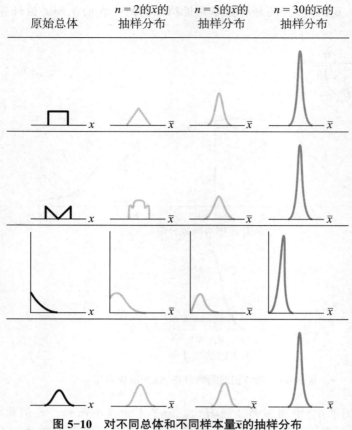

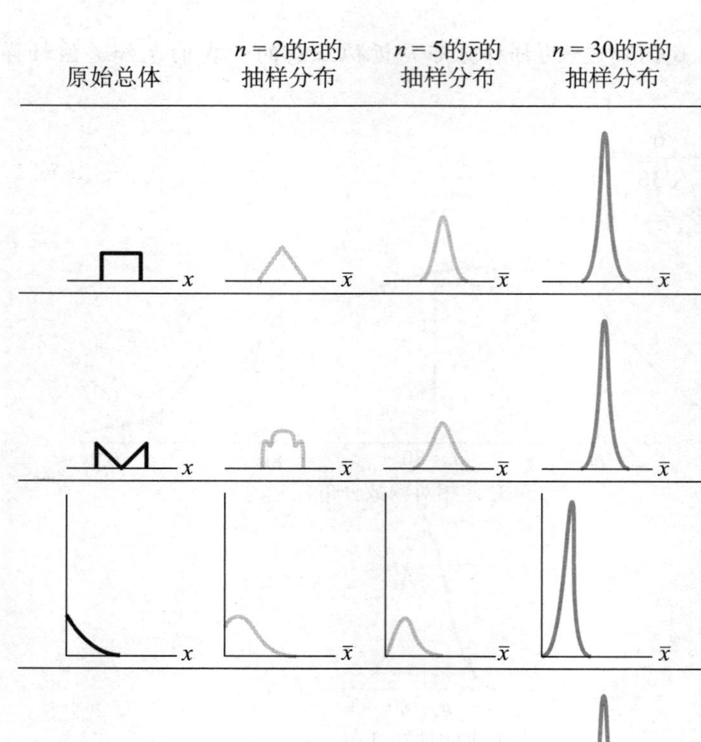

图 5-10 对不同总体和不同样本量$\bar{x}$的抽样分布

说明：分布没有画刻度，所有曲线下的面积都是 1。

人物介绍

皮埃尔 - 西蒙 · 拉普拉斯（1749—1827）——中心极限定理的提出者

皮埃尔 - 西蒙 · 拉普拉斯（Pierre-Simon Laplace）在法国诺曼底长大，在圣本笃教团的小修道院学校上学。毕业后，他进入卡昂大学学习神学。在那里的两年，他发现了自己的数学天赋，并开始了他作为一位杰出数学家的生涯。事实上，他自认为是法国最好的数学家。拉普拉斯对数学的贡献很大——从引入解答微分方程的新方法到对天体运动的复杂分析。在 1778 年研究彗星轨道的倾斜角度时，拉普拉斯证明这些角度之和服从正态分布。于是，他被认为是中心极限定理的提出者。（然而，这个定理的严格证明直到 20 世纪 30 年代早期才由另一位法国数学家保罗 · 莱维（Paul Levy）给出。）拉普拉斯也发现了贝叶斯定理，建立了贝叶斯统计分析，作为解决他那个时代许多实际问题的一种有效方法。

例 5.8 使用中心极限定理求概率

问题 假设我们从一个均值为 80、标准差为 6 的总体中选取 n=36 个观测值的一个随机样本。已知总体不是严重偏态的。

a. 描述总体和样本均值$\bar{x}$的抽样分布的相对频数分布。

b. 求出$\bar{x}$大于 82 的概率。

解答 a. 我们不知道总体相对频数分布的精确形状，但是知道它肯定以μ=80 为中心，它的离散度应该用σ=6 来测度，并且它不是高度偏态的。图 5-11a 显示了一种可能。因为被抽样的总体分布不是严重

偏态的，根据中心极限定理，我们知道$\bar{x}$的抽样分布是近似正态的。我们也知道该抽样分布的均值和标准差为：

$$\mu_{\bar{x}}=\mu=80 \text{ 和 } \sigma_{\bar{x}}=\frac{\sigma}{\sqrt{n}}=\frac{6}{\sqrt{36}}=1$$

$\bar{x}$的抽样分布如图 5-11b 所示。

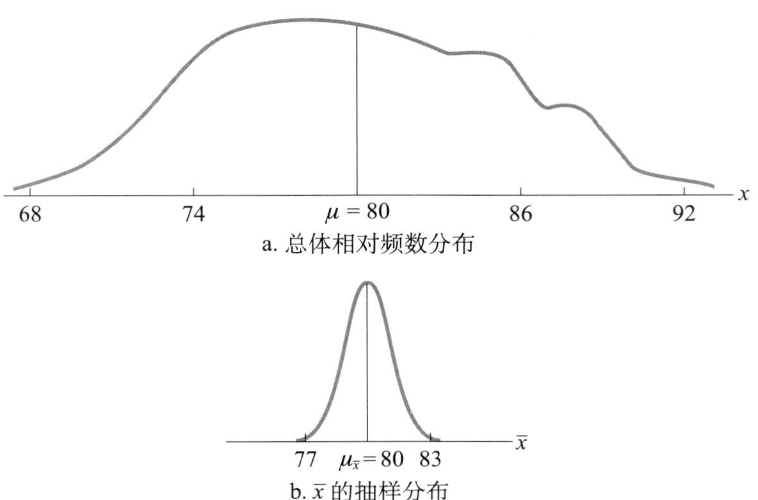

图 5-11 总体相对频数分布和$\bar{x}$的抽样分布

b. $\bar{x}$大于 82 的概率等于图 5-12 中阴影部分的面积。为了求出这个面积，我们需要求对应于$\bar{x}=82$的 z 值。回顾前文，标准正态随机变量 z 是任意正态分布随机变量与其均值之间的偏差，使用其标准差单位来表示。因为$\bar{x}$近似为均值$\mu_{\bar{x}}=\mu$、标准差$\sigma_{\bar{x}}=\sigma/\sqrt{n}$的正态分布随机变量，所以得到样本均值$\bar{x}$的标准正态 z 值是：

$$z=\frac{\text{正态随机变量}-\text{均值}}{\text{标准差}}=\frac{\bar{x}-\mu_{\bar{x}}}{\sigma_{\bar{x}}}$$

因此，对于$\bar{x}=82$，我们有：

$$z=\frac{\bar{x}-\mu_{\bar{x}}}{\sigma_{\bar{x}}}=\frac{82-80}{1}=2$$

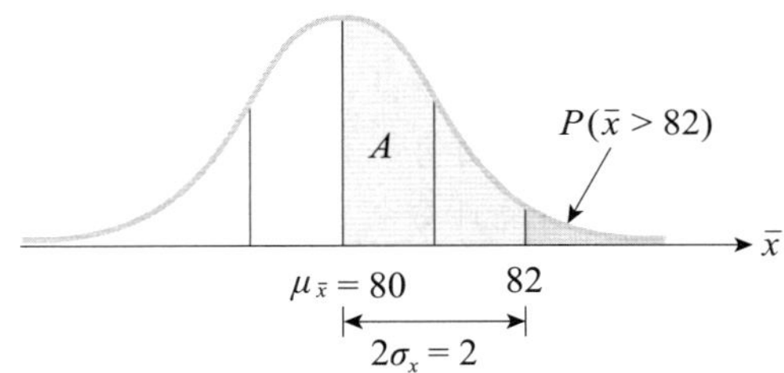

图 5-12 $\bar{x}$的抽样分布

图 5-12 中对应于 $z=2$ 的面积 A 在正态曲线下的面积表（见附录的表Ⅱ）给出，为 0.477 2。因此，尾部面积就对应于$\bar{x}$大于 82 的概率：

$$P(\bar{x}>82)=P(z>2)=0.5-0.477\,2=0.022\,8$$

回顾 b 部分求概率的关键是认识到$\bar{x}$的分布是正态的，其均值$\mu_{\bar{x}}=\mu$ 且标准差$\sigma_{\bar{x}}=\sigma/\sqrt{n}$。

例 5.9 中心极限定理的应用——检验生产商的声明

问题 一个汽车电池生产商声称其质量最好的电池的寿命长度分布均值为 54 个月，标准差为 6 个月。最近生产商收到大量来自不满意顾客的投诉，他们说电池比预期耗完得早。假设一个顾客群决定检验生产商的声明，他们购买 50 个电池作为样本测试电池的寿命。

a. 假设生产商的声明是真的，描述 50 个电池样本的平均寿命的分布。

b. 假设生产商的声明是真的，这个顾客群的电池样本寿命均值不超过 52 个月的概率是多少？

解答 a. 即使我们没有关于电池寿命的概率分布形状的信息，也能利用中心极限定理推导出 50 个电池样本的平均寿命的抽样分布为近似正态分布。而且，这个抽样分布的均值等于被抽样的总体的均值，根据生产商的声明，μ=54 个月。最后，抽样分布的标准差是：

$$\sigma_{\bar{x}}=\frac{\sigma}{\sqrt{n}}=\frac{6}{\sqrt{50}}=0.85\text{（个月）}$$

注意，我们利用了生产商声称的标准差 σ=6 个月。因此，如果我们假定声明是真的，50 个电池的寿命均值的抽样分布如图 5-13 所示。

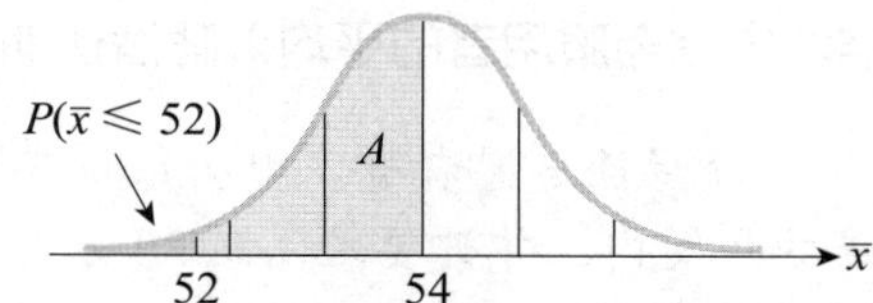

图 5-13 例 5.9 中对于 n=50 的 $\bar{x}$ 的抽样分布

b. 如果生产商的声明是真的，那么顾客群的 50 个电池样本中观测到寿命均值不超过 52 个月的概率 $P(x\leqslant 52)$ 等于图 5-13 中阴影部分的面积。由于抽样分布是近似正态的，因此我们能通过计算标准正态 z 值求得这个面积：

$$z=\frac{\bar{x}-\mu_{\bar{x}}}{\sigma_{\bar{x}}}=\frac{52-54}{0.85}=-2.35$$

其中，$\bar{x}$ 的抽样分布的均值 $\mu_{\bar{x}}$ 等于被抽样的总体的均值 μ，$\sigma_{\bar{x}}$ 是 $\bar{x}$ 的抽样分布的标准差。注意，z 值是 2.7 节中熟悉的标准化距离（z 得分），由于 $\bar{x}$ 是近似正态分布，它将（近似）拥有 4.6 节提到的标准正态分布。

在附录的表 Ⅱ 中找到图 5-13 中 $\bar{x}$ =52 和 $\bar{x}$ =54（对应于 z=−2.35）之间的面积 A 是 0.490 6。因此，$\bar{x}$ =52 左侧的面积是：

$$P(\bar{x}\leqslant 52)=0.5-A=0.5-0.490\,6=0.009\,4$$

因此，如果生产商的声明是真的，那么顾客群将观测到样本均值不超过 52 个月的概率只有 0.009 4。

回顾 如果这 50 个被测试的电池寿命均值为 52 个月或者更短，顾客群将得到有力的证据证明生产商的声明不是真的。因为，如果声明是真的，这样的事件极不可能发生。（这仍然是统计推断中的小概率事件方法的另一个应用。）

我们最后以关于 $\bar{x}$ 的抽样分布的三个评论来结束这一节。首先，由公式 $\sigma_{\bar{x}}=\sigma/\sqrt{n}$ 可以看出，$\bar{x}$ 的抽样分布的标准差随样本量 n 的增大而减小。例如，在例 5.9 中，当 n=50 时，我们计算出 $\sigma_{\bar{x}}$=0.85，但对于 n=100，我们得到 $\sigma_{\bar{x}}=\sigma/\sqrt{n}=6/\sqrt{100}=0.60$。这一关系将适用于本书中遇到的大多数样本统计量——抽样分布的标准差随样本量的增大而减小。样本量越大，样本统计量（例如 $\bar{x}$）在估计总体参数（例如 μ）时就越精确。我们将在第 6 章中利用这个结果来帮助我们确定达到指定估计精度所需的样本量。

其次，我们的第二个评论涉及中心极限定理：除了为样本均值的抽样分布提供了一个非常有用的近似之外，中心极限定理还为许多数据的相对频数分布为土墩形分布的事实给出了解释。在现实中，我们选取的许多观测值实际上是大量小事件的平均或者总和。例如，一家公司一年的销售额是许多个人一年销售额的总和。类似地，我们可以将建筑公司建造一栋房子的时间长度看作完成多项不同工作的时间之和，我们可以将医院一个月的血液需求量视作许多病人的需求量之和。用以求和的这些观测值是否满足中心极限定理的基本假设是值得商榷的。然而，自然界中许多数据的分布是土墩形的且呈正态分布，这是一个事实。

最后，了解在统计分析中何时使用 σ 或 $\sigma/\sqrt{n}$ 很重要。如果你要进行的统计推断涉及随机变量的单个值——例如，一个随机选择的电池的寿命 x——则使用 σ，即计算 x 的概率分布的标准差。或者，如果你要进行的统计推断涉及样本均值。例如，n 个电池的随机样本的平均寿命 $\bar{x}$，则使用 $\sigma/\sqrt{n}$，即 $\bar{x}$ 的抽样分布的标准差。

回顾实践中的统计

推断安眠药服用者的平均入睡潜伏期

在麻省理工学院的研究中，40 位年轻男性志愿者样本中的每位成员被给予一定量的促进睡眠的褪黑素药片，在中午时被安排到一个阴暗的房间内，并被要求闭眼 30 分钟。研究者测量每位志愿者进入睡眠的时间（分钟）——被称为入睡潜伏期，数据（表 SIA5-1 中给出）被保存在文件 SLEEP 中。

之前的研究发现给予安慰剂（即不含褪黑素）时平均入睡潜伏期 μ=15 分钟，标准差 σ=10 分钟。如果对于这些服用褪黑素药片的人而言，μ 的真值为 μ<15（即如果服用褪黑素药片的志愿者的平均入睡潜伏期短于服用安慰剂的志愿者），那么研究者就可以推断褪黑素在治疗失眠症上是有效的。

40 个入睡潜伏期的描述性统计在图 SIA5-1 中的 StatCrunch 输出结果中给出。可以看到样本均值 $\bar{x}$ =5.935 分钟。如果药物在缩短入睡潜伏期上是无效的，那么入睡潜伏期的分布将与服用安慰剂志愿者的入睡潜伏期的分布没有差别。也就是说，如果药物是无效的，总体入睡潜伏期的均值和标准差分别是 μ=15 和 σ=10。如果这是正确的，观测到样本均值小于 6 分钟的可能性有多大呢?

Summary statistics:

Column	n	Mean	Std. dev.	Min	Max
SLEEPTIME	40	5.935	5.3916626	1.3	22.8

图 SIA5-1　入睡潜伏期数据的描述性统计 (StatCrunch)

为了回答这个问题，我们需要求概率 $P(\bar{x}<6)$。为了求这个概率，我们使用中心极限定理。根据这个定理，$\bar{x}$ 的抽样分布有如下均值和标准差：

$$\mu_{\bar{x}}=\mu=15$$

$$\sigma_{\bar{x}}=\sigma/\sqrt{n}=10/\sqrt{40}=1.58$$

中心极限定理同样表明 $\bar{x}$ 是近似正态分布的。因此，我们计算待求的概率（使用标准正态分布表）如下：

$$P(\bar{x}<6)=P\left(z<\frac{6-\mu_{\bar{x}}}{\sigma_{\bar{x}}}\right)$$

$$=P\left(z<\frac{6-15}{1.58}\right)=P(z<-5.70)\approx 0$$

换言之，如果入睡潜伏期的均值和标准差分别是 μ=15 和 σ=10（即如果药物是无效的），我们观测到

样本均值小于$\bar{x}$=6分钟的概率几乎为0。因此，要么药物是无效的且研究者观测到一个极端稀有的事件(基本没有可能发生的事件)，要么服用褪黑素药片的志愿者的μ的真值显著小于15分钟。显然，进行统计推断的小概率事件方法支持第二个结论。褪黑素看来是有效的安眠药物，能够缩短服用褪黑素药片的志愿者的平均入睡潜伏期。

5.4 样本比例的抽样分布

假定你想要估计在你所在的州对一项将赌博合法化的提案投赞成票者的比例，或者使用商店信用卡来付款的顾客百分比，或者延迟支付年薪的公司CEO的比例。在每种情形下，感兴趣的数据自然地分为两类(比如，赞成或不赞成)。因此，我们想对二项比例p做推断。

正如样本均值是总体均值的良好估计一样，样本比例——记作$\hat{p}$——是总体比例p的良好估计。对$\hat{p}$的估计有多好取决于该统计量的抽样分布。这个抽样分布具有与$\bar{x}$的抽样分布类似的性质，正如下面的例子所示。

例5.10 模拟$\hat{p}$的抽样分布——工会

问题 参见例4.13中对员工抽样来判断他们是否支持工会的问题。我们假设一个大工厂里所有工人中的60%支持工会。假定我们随机抽取100位工人并询问他们每个人是否支持工会。使用计算机和统计软件来模拟支持工会的工人的样本比例$\hat{p}$的抽样分布。你观察到什么性质呢?

解答 考虑一个包含100位工人的随机样本。如果我们定义工人支持工会为“成功”，若100位工人中有58位支持工会，那么我们对二项比例p的估计为$\hat{p}$=58/100=0.58。通过按照这种方式重复地抽样并计算$\hat{p}$，我们可以模拟$\hat{p}$的抽样分布。

我们使用Minitab从成功概率为p=0.6的二项总体中产生1 000个样本量为n=100的样本。对每个样本，我们计算$\hat{p}=x/n$，其中x是该样本中成功的个数。前20个样本估计的比例在表5-5中给出。所有1 000个估计的比例的Minitab直方图见图5-14，这个直方图近似了$\hat{p}$的抽样分布。

表5-5 前20个样本的结果(样本量n=100名工人)

样本	成功的个数，x	成功的比例，$\hat{p}$
1	60	0.60
2	58	0.58
3	56	0.56
4	61	0.61
5	54	0.54
6	67	0.67
7	54	0.54
8	55	0.55
9	56	0.56
10	69	0.69

续表

样本	成功的个数，x	成功的比例，$\hat{p}$
11	59	0.59
12	64	0.64
13	53	0.53
14	65	0.65
15	66	0.66
16	61	0.61
17	60	0.60
18	55	0.55
19	57	0.57
20	61	0.61

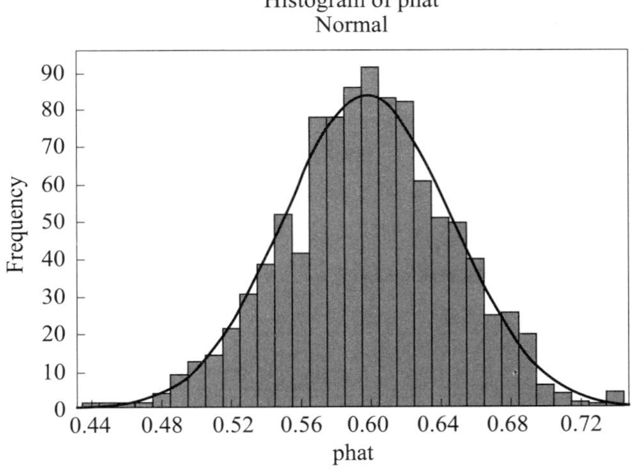

图 5-14　例 5.9 中$\hat{p}$的 1 000 个值的直方图 (Minitab)

首先，抽样分布看起来呈正态分布，因此，$\hat{p}$的抽样分布具有与$\bar{x}$的抽样分布相同的性质——对于很大的 n 呈正态分布。其次，该抽样分布是以 p=0.6 为中心的，即看起来该抽样分布的均值等于待估计的比例 p。

回顾　一旦你认识到样本比例$\hat{p}$可写成许多 0 和许多 1 的均值，其中 1 代表"成功"(工人支持工会)、0 代表"失败"(工人不支持工会)，那么通过计算机模拟确定的正态分布的性质就变得显而易见。在表 5-5 所示的第一个样本中，有 60 个为成功，有 40 个为失败，因此

$$\hat{p}=\frac{60\times1+40\times0}{100}=60/100=0.60$$

由于$\hat{p}$是一个均值，当样本量 n 很大时，适用中心极限定理。

$\hat{p}$的真正的抽样分布具有如下性质：

$\hat{p}$的抽样分布

1. 抽样分布的均值等于真实的二项比例 p，即 $E(\hat{p})=p$。因此，$\hat{p}$是 p 的无偏估计。

2. 抽样分布的标准差等于$\sqrt{p(1-p)/n}$，即$\sigma_{\hat{p}}=\sqrt{p(1-p)/n}$。

3. 对于大样本，抽样分布近似为正态的。（如果 $n\hat{p}\geqslant 15$ 且 $n(1-\hat{p})\geqslant 15$，就认为该样本为大样本。）

在例 5.10 中，$p=0.6$。因此，$\hat{p}$的抽样分布的真实均值等于 0.6。同样，$\hat{p}$的抽样分布的真实标准差为：

$$\sigma_{\hat{p}}=\sqrt{p(1-p)/n}=\sqrt{0.6\times 0.4/100}=0.049$$

注意，我们对均值的标准差的估计分别使用了模拟值——0.599 和 0.048，它们很接近真值。

例 5.11　求关于$\hat{p}$的概率——支持工会的工人

问题　参见例 5.10。我们再一次假定一个大工厂里所有工人中的 60% 支持工会。在包含 100 位工人的一个随机样本中，少于一半的人支持工会的概率是多少呢？

解答　我们想求出样本比例小于 0.5 的概率，即 $P(\hat{p}<0.5)$。由前文可知，$\hat{p}$的抽样分布是正态分布（因为 n 很大），均值 $p=0.6$，标准差$\sigma_{\hat{p}}=0.049$。因此

$$P(\hat{p}<0.5)=P\{(\hat{p}-p)/\sigma_{\hat{p}}<(0.5-p)/\sigma_{\hat{p}}\}$$

$$=P\{z<(0.5-0.6)/0.049\}=P(z<-2.04)$$

使用 Minitab 软件（见图 5-15），我们求得 $P(\hat{p}<0.5)=P(z<-2.04)=0.021$。

Cumulative Distribution Function

Normal with mean = 0 and standard deviation = 1

x	P(X ≤ x)
-2.04	0.0206752

图 5-15　例 5.10 中正态概率的 Minitab 输出结果

在接下来的两章，我们使用$\bar{x}$和$\hat{p}$的抽样分布来对总体均值和比例做推断。

回顾实践中的统计

对入睡潜伏期短于 15 分钟的安眠药服用者的比例进行推断

我们现在回到对服用了一定剂量的促进睡眠的褪黑素的志愿者入睡潜伏期的研究。除了记录中午入睡所需的时间，研究人员还记录了志愿者入睡潜伏期是否短于 15 分钟。（在 SLEEP 数据文件中，变量 *LESS15* 记录为“是”或“否”。）

回想一下，没有使用安眠药（服用安慰剂）者的入睡潜伏期平均为 15 分钟。假定服用安慰剂者中，有一半的志愿者不需要 15 分钟即可入睡，而一半的志愿者超过 15 分钟才能入睡。（这是假定入睡潜伏期的分布的均值等于中位数。）如果安眠药在缩短入睡潜伏期方面是真实有效的，那么服用安眠药者中入睡潜伏期短于 15 分钟的真实比例将超过 0.5。

图 SIA5-2 中的 StatCrunch 输出结果显示，40 名男性志愿者中有 90% 的人用了不到 15 分钟就能入睡。这是否足以让研究人员推断褪黑素是一种对抗失眠的有效药？

Frequency table results for LESS15:
Count = 40

LESS15 ⬍	Frequency ⬍	Relative Frequency ⬍
No	4	0.1
Yes	36	0.9

图 SIA5-2　短于 15 分钟的比例 (StatCrunch)

正如之前“回顾实践中的统计”专栏一样，我们可以通过找到抽样结果的概率来回答这个问题，前提是假定药物无效。在此，假定入睡潜伏期短于 15 分钟的真实比例为 0.5，我们想要求出样本中该比例为 0.9 或者大于 0.9 的概率。也就是说，我们想求的概率为：

$$P(\hat{p} > 0.9|p=0.5)$$

根据中心极限定理，$\hat{p}$的抽样分布是正态的，并且具有以下均值和标准差：

$$\mu_{\hat{p}} = p = 0.5, \sigma_{\hat{p}} = \sqrt{p(1-p)/n} = \sqrt{0.5\times0.5/40} = 0.079$$

通过将$\hat{p}$标准化，可得：

$$P(\hat{p} > 0.9) = P\{z > (0.9-\mu_{\hat{p}})/\sigma_{\hat{p}}\} = P\{z > (0.9-0.5)/0.079\} = P(z > 5.06) \approx 0$$

实践中，这个比例意味着如果志愿者的入睡潜伏期短于 15 分钟的真实比例等于 0.5，那么观察到样本中该比例等于 0.9 或者大于 0.9 几乎不可能。正如之前“回顾实践中的统计”专栏一样，要么是安眠药无效且研究者观察到了一个极端小概率事件（几乎不可能发生），要么是服用褪黑素者中该比例大于 0.5。我们赞成第二个结论并（再次）推断褪黑素似乎是一种有效的安眠药。

关键术语

有偏估计（biased estimate）
中心极限定理（Central Limit Theorem）
估计误差（error of estimation）
最小方差无偏估计（minimum-variance unbiased estimator, MVUE）
参数（parameter）
点估计（point estimator）
样本统计量（sample statistic）
抽样分布（sampling distribution）
均值的标准误（standard error of the mean）
统计量的标准误（standard error of the statistic）
无偏估计（unbiased estimate）

关键公式

	均值	标准差	z 得分
$\bar{x}$的抽样分布	$\mu_{\bar{x}}=\mu$	$\sigma_{\bar{x}}=\dfrac{\sigma}{\sqrt{n}}$	$z=\dfrac{\bar{x}-\mu_{\bar{x}}}{\sigma_{\bar{x}}}=\dfrac{\bar{x}-\mu}{\sigma/\sqrt{n}}$
$\hat{p}$的抽样分布	p	$\sigma_{\hat{p}}=\sqrt{p(1-p)/n}$	$z=\dfrac{\hat{p}-p}{\sqrt{p(1-p)/n}}$

关键知识点

统计量的抽样分布：
在重复抽样中，该统计量的理论概率分布。

无偏估计：
抽样分布均值等于待估计总体参数的统计量。

中心极限定理：
对于很大的 n，样本均值 $\bar{x}$ 或样本比例 $\hat{p}$ 的抽样分布是近似正态的。

$\bar{x}$ 是 μ 的最小方差无偏估计（MVUE）。

$\hat{p}$ 是 p 的最小方差无偏估计。

关键符号

θ——总体参数（一般情况下）

$\mu_{\bar{x}}$——$\bar{x}$ 的抽样分布的真实均值

$\sigma_{\bar{x}}$——$\bar{x}$ 的抽样分布的真实标准差

p——$\hat{p}$ 的抽样分布的真实均值

$\sigma_{\hat{p}}$——$\hat{p}$ 的抽样分布的真实标准差

$\bar{x}$ 抽样分布的产生过程

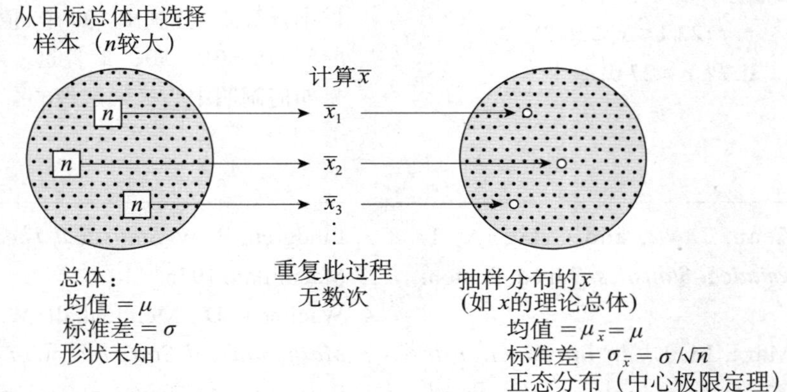

练习题

1. 如下所示的概率分布描述了一个测量值为 0，2，4，6 的总体，每个测量值发生的相对频率是相同的：

x	0	2	4	6
$p(x)$	1/4	1/4	1/4	1/4

a. 列出可以从该总体中抽取的包含 n=2 个观测值的所有不同样本。例如，(0, 6) 是一对可能的观测值；(2, 2) 是另一个对可能的观测值。

b. 计算 a 中每个不同样本的均值。

c. 如果从该总体中随机抽取一个包含 n=2 个观测值的样本，那么某一特定样本被选中的概率是多少？

d. 假设从总体中选取一个包含 n=2 个观测值的随机样本，列出 b 中得到的每个不同的 $\bar{x}$ 值以及各自的概率，然后在一张表中给出样本均值 $\bar{x}$ 的抽样分布。

e. 画出 $\bar{x}$ 的抽样分布的概率直方图。

2. 考虑一个取值为 x=00，01，02，03，…，96，97，98，99 的总体，假定 x 的所有取值以等概率发生。使用计算机从该总体中产生 500 个样本，每个样本包含 n=25 个观测值。计算 500 个样本中每个样本的样本均值 $\bar{x}$ 和样本方差 s^2。

a. 为了近似 $\bar{x}$ 的抽样分布，画出 500 个 $\bar{x}$ 值的相对频数直方图。

b. 画出 500 个 s^2 值的相对频数直方图。

3. 考虑如下概率分布：

x	0	1	4
$p(x)$	1/3	1/3	1/3

a. 求 μ 和 σ^2。

b. 对于从该总体中抽取的一个包含 n=2 个观测值的随机样本，求样本均值$\bar{x}$的抽样分布。

c. 证明 $\bar{x}$ 是 μ 的无偏估计。(提示：可证明 $E(\bar{x})=\sum \bar{x}p(\bar{x})=\mu$。)

d. 对于从该总体中抽取的一个包含 n=2 个观测值的随机样本，求样本方差 s^2 的抽样分布。

e. 证明 s^2 是 σ^2 的无偏估计。

4. $\bar{x}$的抽样分布总是近似正态分布吗？请解释。

5. 考虑一个从 μ=100，σ^2=100 的总体中抽取的包含 n 个观测值的随机样本。对下面每一个 n 值，给出样本均值$\bar{x}$的抽样分布的均值和标准差。

   a. n=4　　b. n=25　　c. n=100

   d. n=50　　e. n=500　　f. n=1 000

6. 从 μ=30，σ=16 的总体中抽取一个包含 n=100 个观测值的随机样本。近似计算如下概率：

   a. $P(\bar{x}\geqslant 28)$　　b. $P(22.1\leqslant\bar{x}\leqslant 26.8)$

   c. $P(\bar{x}\leqslant 28.2)$　　d. $P(\bar{x}\geqslant 27.0)$

7. 从成功概率为 0.85 的二项总体中抽取一个包含 n=250 个观测值的随机样本。

   a. 计算 $E(\hat{p})$ 和$\sigma_{\hat{p}}$。

   b. 描述$\hat{p}$的抽样分布的形状。

   c. 求 $P(\hat{p}<0.9)$。

8. 从成功概率为 0.4 的二项总体中抽取一个包含 n=1 500 个观测值的随机样本，那么可能得到的$\hat{p}$的最小值和最大值分别是多少？

9. 从 p=0.8 的二项总体中抽取一个包含 n=300 个观测值的随机样本，近似计算如下概率：

   a. $P(\hat{p}<0.83)$

   b. $P(\hat{p}>0.75)$

   c. $P(0.79<\hat{p}<0.81)$

10. 使用一种统计软件包从 c=0，d=10 的均匀概率分布中产生 100 个样本量为 n=2 的随机样本。对每个样本计算$\bar{x}$，并画出 100 个$\bar{x}$值的频数分布图。对于 n=5，10，30，50，重复这一过程。解释你的图形是如何阐明中心极限定理的。

参考文献

1. Hogg, R. V., McKean, J. W., and Craig, A. T. *Introduction to Mathematical Statistics,* 7th ed. Boston: Pearson, 2012.
2. Larsen, R. J., and Marx, M. L. *An Introduction to Mathematical Statisticsand Its Applications,* 6th ed. Boston: Pearson, 2017.
3. Lindgren, B. W. *Statistical Theory,* 3rd ed. New York: Macmillan, 1976.
4. Wackerly, D., Mendenhall, W., and Scheaffer, R. L. *Mathematical Statistics with Applications,* 7th ed. Belmont, CA: Thomson, Brooks / Cole, 2008.

综合案例二（覆盖第 3 章至第 5 章的案例）

家具失火案

一个家具批发商兼零售商在佛罗里达州坦帕市的一家大型仓库里存有备用的家具。今年年初，一场大火烧毁了仓库里的所有家具。在确认这场火灾是一个意外后，该零售商向保险公司提出了索赔请求，来收回成本。

按照这种火灾保险的通常政策，家具零售商必须向保险公司提供被烧毁家具的损失利润的估计。零售商使用“毛利润因子”（gross profit factor, GPF）以百分比形式计算了边际利润。按照定义，单件被卖出的家具的 GPF 是用百分比形式表示的利润与商品销售价格之比，即

商品的 GPF=（利润 / 销售价格）×100%

零售商和保险公司共同关注的是仓库中所有家具的平均 GPF。因为这些家具都被烧毁了，所以显然它们的最终销售价格和利润都是未知的。于是，所有库存家具的平均 GPF 也是未知的。

估计被烧毁家具的平均 GPF 的一种方法是使用最近销售的类似家具的平均 GPF 来代替。在发生火灾的前一年，零售商销售了 3 005 件家具，而且所有的销售都存有发票。零售商没有计算所有的 3 005 件家

具的平均 GPF，而是从中抽取了 253 件家具的发票来计算这些家具的平均 GPF。这 253 件家具分两次抽取，先抽取 134 件，再抽取 119 件。两个子样本的平均 GPF 分别是 50.6% 和 51.0%，这样得到整体的平均 GPF 是 50.8%。可以将这个平均 GPF 应用在火灾中被烧毁的家具上，从而得到损失利润的一个估计值。

保险公司富有经验的理赔人员却认为，在火灾中烧毁的这类家具的 GPF 很少会超过 48%。因此，估计值 50.8% 是比较高的。（这类家具的 GPF 每增加 1 个百分点，近似等于利润增加 16 000 美元。）当保险公司就此问题向零售商提出质疑时，零售商回应："我们的估计是基于从票据总体中选择的两个独立的随机样本。因为样本是随机选取的，总的样本量也足够大，所以平均 GPF 的估计值为 50.8% 是有效的。"

这样，家具零售商与保险公司展开了争论，并且提起了法律诉讼。在诉讼的一部分中，保险公司控告零售商以欺诈方式提出了它们的抽样方法，而不是随机地选择样本。零售商被指控从总体中选择了较多"高利润"的家具，导致整个样本的平均 GPF 有所提高。

为了支持其对零售商欺诈行为的指控，保险公司雇用了一家会计公司（CPA）来独立评估零售商的毛利润。于是，CPA 合法地获得了销售的 3 005 件家具的所有票据，并把这些信息输入电脑。销售价格、利润、边际利润和 3 005 件家具每月的销量等信息存在表 FIRE 中，如下表所示。

变量	类型	描述
MONTH	定性变量	火灾前一年家具销售的月份
INVOICE	定量变量	发票数量
SALES	定量变量	以美元计算的家具销售价格
PROFIT	定量变量	以美元计算的家具销售利润
MARGIN	定量变量	家具的边际利润 =（利润 / 销售）× 100%

在本案例中，你的目标是通过使用这些数据来确定欺诈的可能性。从 3 005 件家具的总体中随机选取的 253 件家具的平均 GPF 可能至少为 50.8% 吗？或者两个样本量分别为 134 和 119 的独立随机样本的平均 GPF 可能分别是 50.6% 和 51.0% 吗？（CPA 的统计学家提出了这两个问题。）使用概率和抽样分布的方法来指导你的分析。

请准备一个专业文档来展示你的分析结果，给出你对于欺诈行为的意见。一定要描述得出结论的假设条件和方法。

第6章 基于单样本的统计推断：置信区间的估计

我们将要学习：

- 基于从总体中得到的大样本来估计总体参数：均值、比例或方差
- 使用统计量的抽样分布构造总体参数的一个置信区间
- 选择合适的样本量来估计一个总体参数

实践中的统计

医疗保险欺诈调查

监察长办公室网站称，美国司法部（US Department of Justice, USDOJ）于 2007 年 3 月成立的医疗保险欺诈打击部门（Medicare Fraud Strike Force）“使用数据分析以及联邦、州和地方执法实体的综合资源，以防止和打击医疗保健欺诈、浪费和滥用。该部门已经在全美范围内破获了多起医疗保健欺诈案件，逮捕了 1 000 多名罪犯，并追回了数百万纳税人的钱”。

以下是 2019 年美国司法部发布的新闻稿样本：

- 洛杉矶地区的前任医生因欺诈医疗保险和非法开阿片类药物被判入联邦监狱两年。
- 底特律家庭健康机构所有者因参与 150 万美元的医疗保险回扣案件而被判入狱。
- 加利福尼亚州南部的医生因参与 1 200 万美元的医疗保险欺诈和设备掺假案件而被判有罪。
- 得克萨斯州医生因 1 600 万美元的医疗保险欺诈案件被定罪。
- 34 人因涉嫌西海岸医疗保险和医疗补助欺诈案件而受到总计 2.58 亿美元的指控。
- 佛罗里达州南部医疗保健机构所有者因参与司法部有史以来最大的医疗保健欺诈案件而被判处 20 年监禁。
- 新泽西州医生对通过远程医疗矫形器订单诈骗 1 300 万美元医疗保险的罪行认罪。
- 远程医疗公司的所有者和首席执行官承认串谋诈骗医疗保险 4.24 亿美元并收取非法回扣以换取耐用医疗设备订单的罪名。

- 患者招募人员因 130 万美元的医疗保险回扣案件而被判有罪。
- 坦帕地区医疗营销公司的所有者因 200 万美元的医疗保险欺诈案件而被判有罪。
- 佛罗里达州南部的药丸厂老板因参与 220 万美元的医疗保险欺诈案件而被判入狱。
- 洛杉矶家庭健康机构的所有者因参与破坏医疗保险的医疗保健欺诈而被判入狱。
- 密歇根州医生认罪，承认参与了 250 万美元的医疗保险欺诈案件。
- 田纳西州疼痛管理公司的前首席执行官因参与了约 400 万美元的医疗保险回扣案件而被定罪。
- 休斯敦两家家庭保健公司的前任行政人员因 2 000 万美元的医疗保险欺诈案件被判入狱。
- 总部位于华盛顿特区的耐用医疗设备公司的所有者因参与 980 万美元的医疗补助欺诈案件而被判入狱。

医保欺诈的一种方式是“向上记录”，指的是医护服务提供者没有按照病人实际得到的医保水平记录医保索赔，而是以更高水平记录。例如，假设某种索赔有三种水平可以记录，其中，水平 1 是常规的就诊咨询，水平 2 是包含高级诊断检测的全身检查，水平 3 是外科手术。随着索赔水平的提升，医保支付的金额也会增加。因此，如果水平 1 的服务以水平 2 或水平 3 的费用支付，或者水平 2 的服务以水平 3 的费用支付，就会发生“向上记录”。

美国司法部依靠可靠的统计方法来帮助识别医疗保险欺诈。一旦美国司法部确定可能发生了“向上记录”，接下来会试图进一步调查它是合法实践的结果（提供者可能是提供更高级别护理的专家）还是提供者的欺诈行为。为了进一步调查，美国司法部接下来将要求统计人员从所有的索赔中抽取一个样本。例如，统计学家可能会从 1 000 个索赔中随机抽取 52 个索赔，该样本量将足够提供关于超标支付费用的可靠估计。美国司法部然后要求医疗保健专家审核样本中的每个医疗文件，并确定护理水平与提供者计费的水平是否相符，如果不相符，则确定应该计费的水平。审计完成后，美国司法部将计算超标支付费用。

在本章，我们介绍了美国司法部最近调查的医保欺诈事件。通过对 52 个索赔样本的审核，得到了每个索赔的费用，经审核不合理的索赔数量以及每个索赔应支付的费用，都存储在 MFRAUD 文件中。[①] 1 000 个索赔的总费用是 103 500 美元，司法部想要通过样本估计总体的超标支付费用。

回顾实践中的统计

- 估计超标支付金额的均值。
- 估计错误记录的比例。
- 确定样本量。

6.1 确定与估计目标参数

在本章，我们的目标是估计一个未知的总体参数的值，比如估计总体均值或者服从二项分布的总体比例。例如，我们可能想知道一种新车型每加仑汽油行驶的平均里程，或者一种平板电脑显示器的平均使用寿命，或者互联网公司在创业后一年内失败的比例。

你将会看到可以用不同的方法来估计均值或者比例，这取决于样本是包含大量观测值还是少量观测值。然而，我们的目标都是一样的。我们想用样本信息来估计我们感兴趣的参数，即目标参数，并评价这种估计的可靠性。

① 数据由佛罗里达州的盖恩斯维尔（Gainesville）信息技术公司提供（经许可）。

我们感兴趣并且要估计的未知总体参数（例如均值或比例）就是**目标参数**（target parameter）。通常，目标参数用符号 θ 表示。

问题的陈述中经常有一个或者多个关键词来暗示合适的目标参数。下表列出了本节中介绍的与两个参数有关的一些关键词。

确定目标参数

参数 (θ)	关键词或词组	数据类型
μ	均值、平均数	定量数据
p	比例、百分比、分数、比率	定性数据
σ^2(可选)	方差、变异性、离散度	定量数据

对于上面给出的例子，“每加仑汽油行驶的平均里程”中的“平均”和“平均使用寿命”中的“平均”都暗示了目标参数是总体均值 μ，“互联网公司在创业后一年内失败的比例”中的“比例”暗示了目标参数是二项分布的总体比例 p。

除了关键词和词组外，所收集的数据的类型 (定量或者定性) 也暗示了目标参数。对于定量数据，你很可能需要估计数据的均值或者方差。对于有两个结果 (成功或者失败) 的定性数据，成功的二项分布比例很可能是目标参数。

点估计是一个由样本计算出来的用于估计目标总体参数的数。例如，我们使用样本均值 $\bar{x}$ 去估计总体均值 μ，那么，$\bar{x}$ 就是点估计。类似地，我们也知道，样本中成功的比例 (用 $\hat{p}$ 表示) 就是二项比例 p 的一个点估计，样本方差 s^2 就是总体方差 σ^2 的一个点估计。同时，我们将通过区间估计来给我们的估计附加一个可靠性的度量。区间估计指的是以很高的置信度包含目标参数的一个数字范围，因此，区间估计也称为置信区间。

总体参数的**点估计**（point estimator）就是一个规则或者公式，告诉我们怎样使用样本数据计算一个数，从而用它作为目标参数的一个估计。

区间估计（interval estimator）(或**置信区间**（confidence interval)）是一个可以告诉我们怎样使用样本数据计算出一个区间来估计目标参数的公式。

在 6.2 节与 6.3 节，我们将考虑估计总体均值的置信区间。6.4 节将展示总体比例的置信区间。在 6.5 节，基于简单随机抽样，我们将说明为获得目标参数的可靠估计怎样确定所需的样本量。在选学的 6.6 节将介绍一种在样本量相对于总体数量较大时的应用方法。最后，在 6.7 节我们讨论总体方差的估计。

➡ 6.2 总体均值的置信区间：正态 (z) 统计量

假设一家大银行想要估计其拖欠贷款的债务人 (即那些超过还款期 2 个月的债务人) 所欠的平均账款数。为实现这一目标，该银行计划随机抽取 100 个拖欠账户，并用由这部分逾期款项得到的样本均值 $\bar{x}$ 来估计所有逾期账款的均值 μ。样本均值 $\bar{x}$ 表示总体均值 μ 的一个单一的数值估计，称为点估计。我们怎样评估点估计的准确性呢？

根据中心极限定理，在大样本中，样本均值的抽样分布近似正态分布，如图 6-1 所示。

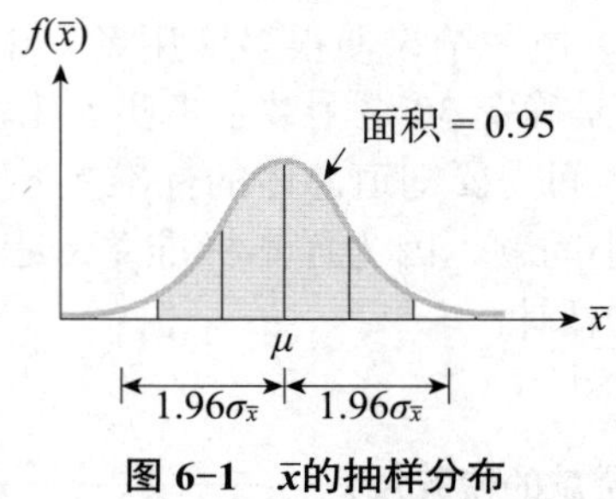

图 6-1　$\bar{x}$的抽样分布

让我们计算区间：

$$\bar{x} \pm 1.96\,\sigma_{\bar{x}} = \bar{x} \pm 1.96\,\frac{\sigma}{\sqrt{n}}$$

我们构造了一个区间：从小于样本均值 1.96 倍的标准差到大于样本均值 1.96 倍的标准差。在抽取样本前，这个区间包含总体均值 μ 的可能性有多大？

为了回答这个问题，参考图 6-1。如果这 100 个观测值得到了一个 $\bar{x}$ 的值，它落在了 μ 两边的两条线之间（也就是在 μ 的 1.96 倍的标准差之间），那么区间 $\bar{x} \pm 1.96\sigma_{\bar{x}}$ 将包含 μ；如果 $\bar{x}$ 的值落在了 μ 两边的边界线之外，那么区间 $\bar{x} \pm 1.96\sigma_{\bar{x}}$ 将不包含 μ；在 5.3 节，我们知道正态曲线（$\bar{x}$ 的抽样分布）下位于这些边界之间的面积恰好是 0.95。于是，随机选择的区间 $\bar{x} \pm 1.96\sigma_{\bar{x}}$ 包含 μ 的概率是 0.95。

例 6.1　在 σ 已知的情况下计算均值——拖欠贷款的债务人

问题　考虑大银行想要估计拖欠贷款的债务人所欠的平均账款数 μ。随机选取 n=100 的样本量，计算这 100 个逾期账款样本的均值 $\bar{x}$ =230 美元，同时假定总体的标准差 σ=90 美元，使用区间估计 $\bar{x} \pm 1.96\,\sigma_{\bar{x}}$ 来求目标参数 μ 的置信区间。

解答　将 $\bar{x}$ =230，σ=90 代入区间估计公式，可以得到：

$$\bar{x} \pm 1.96\,\sigma_{\bar{x}} = \bar{x} \pm 1.96\sigma/\sqrt{n} = 230 \pm 1.96 \times 90/\sqrt{100} = 230 \pm 17.64$$

或者是 (212.36, 247.64)。我们可以使用统计软件 Minitab 来获得这一置信区间（见图 6-2）。

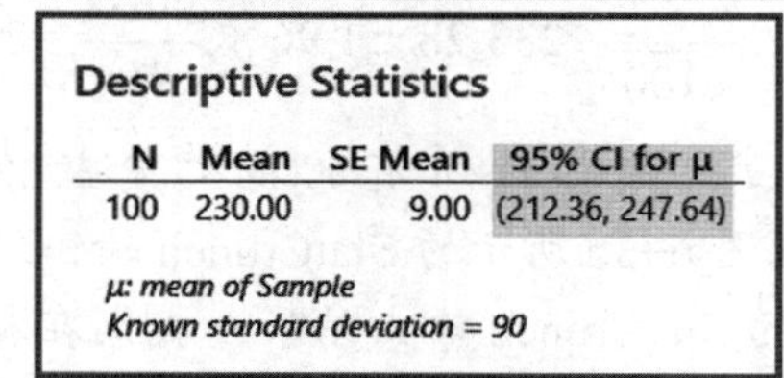
One-Sample Z

Descriptive Statistics

N	Mean	SE Mean	95% CI for μ
100	230.00	9.00	(212.36, 247.64)

μ: mean of Sample
Known standard deviation = 90

图 6-2　σ 已知时 μ 的 95% 置信区间 (Minitab)

回顾　因为我们知道区间 $\bar{x} \pm 1.96\,\sigma_{\bar{x}}$ 以 95% 的概率包含 μ，所以我们称这一区间估计为 μ 的 95% 置信区间。

例 6.1 中的区间 $\bar{x} \pm 1.96\,\sigma_{\bar{x}}$ 称为 μ 的大样本 95% 置信区间。其中大样本表明样本量要足够大，使我们能用中心极限定理和正态统计量来确定 $\bar{x}$ 的抽样分布形式。实践经验表明，当 n 在

20~30 时，$\bar{x}$的抽样分布近似正态。这一结果使很多应用者采用了一个标准，即在使用大样本置信区间时要求 $n \geqslant 30$，需要注意的是确定 30 这个数字事实上比较武断。

需要注意的是，大样本置信区间需要知道总体的标准差 σ。在大多数商业实践中，σ 的值未知。对于大样本来说，这只是个小问题，因为样本标准差 s 是 σ 的一个很好估计。[①] 下一个例子将更真实地说明大样本置信区间的估计。

例 6.2 在 σ 未知的情况下计算均值——拖欠贷款的债务人

问题 例 6.1 提到的估计总体均值 μ，即估计拖欠贷款债务人所欠的平均账款数。拖欠账户 $n=100$ 的逾期账款如表 6-1 所示。使用数据估计 μ 的 95% 置信区间，并解释结果。

表 6-1 100 个拖欠贷款债务人的逾期账款 (美元)

195	243	132	133	209	400	142	312	221	289
221	162	134	275	355	293	242	458	378	148
278	222	236	178	202	222	334	208	194	135
363	221	449	265	146	215	113	229	221	243
512	193	134	138	209	207	206	310	293	310
237	135	252	365	371	238	232	271	121	134
203	178	180	148	162	160	86	234	244	266
119	259	108	289	328	331	330	227	162	354
304	141	158	240	82	17	357	187	364	268
368	274	278	190	344	157	219	77	171	280

解答 这家大银行不知道逾期账款总体的真实标准差 σ。但是，因为样本量大 (n=100)，我们可以在用置信区间的公式时使用样本标准差 s 来估计 σ。图 6-3a 展示了 StatCrunch 计算的这 100 个逾期账款样本的描述性统计量。从输出结果的阴影部分看，$\bar{x}$ =233.28 美元，s=90.34 美元。将这些值代入区间估计公式，可得：

$$\bar{x} \pm 1.96 \times \frac{\sigma}{\sqrt{100}} \approx \bar{x} \pm 1.96 \times \frac{s}{\sqrt{100}} = 233.28 \pm 1.96 \times \frac{90.34}{10} = 233.28 \pm 17.71$$

或者是 (215.57, 250.99)。也就是说，我们估计所有的拖欠贷款债务人的平均逾期账款落在区间 (215.57, 250.99) 内。这个置信区间在图 6-3b 所示的 StatCrunch 输出结果中做了阴影处理。

回顾 为了获得如图 6-3b 所示的 StatCrunch 输出结果，我们在相应的菜单屏幕上输入 $\sigma \approx s$=90.34 的值。 这种近似是合理的，因为样本量 n=100 很大。但是，如果我们不假设 $\sigma \approx s$，则生成的置信区间将不同于图 6-3b 中所示的区间。这种情况下 μ 的 95% 置信区间显示（阴影部分）在 XLSTAT 输出结果的底部 (见图 6-3c)。请注意，区间 (215.35, 251.21) 的端点与示例中计算的端点略有不同。这是因为当 σ 未知且 n 较大时，x 的抽样分布会略微偏离正态（z）分布。(这个抽样分布是下一节的主题。) 在实践中，这些差异可以忽略不计。

---

① 在第 5 章中，可以证明 s 是 σ 的无偏估计量。

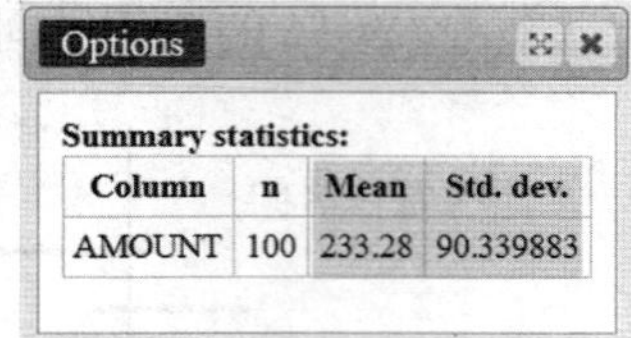
Options

Summary statistics:

Column	n	Mean	Std. dev.
AMOUNT	100	233.28	90.339883

a. 逾期账款的描述性统计量（StatCrunch）

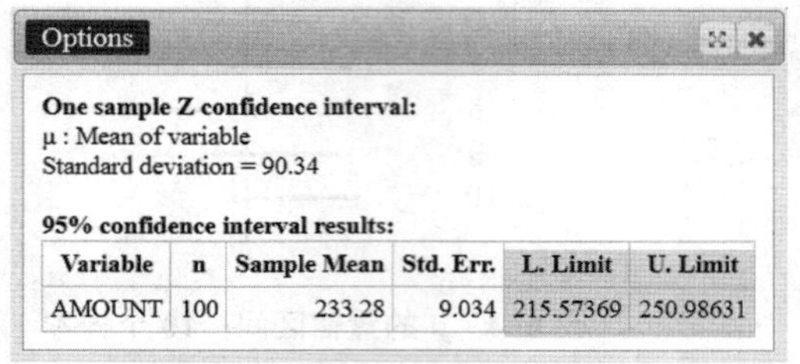
Options

One sample Z confidence interval:
μ : Mean of variable
Standard deviation = 90.34

95% confidence interval results:

Variable	n	Sample Mean	Std. Err.	L. Limit	U. Limit
AMOUNT	100	233.28	9.034	215.57369	250.98631

b. σ 已知时逾期账款均值 μ 的 95% 置信区间（StatCrunch）

Descriptive statistics (Quantitative data):

Statistic	AMOUNT
Nbr. of observations	100
Minimum	17.0000
Maximum	512.0000
Median	222.0000
Mean	233.2800
Variance (n-1)	8161.2945
Standard deviation (n-1)	90.3399
Lower bound on mean (95%)	215.3546
Upper bound on mean (95%)	251.2054

c. σ 未知时输出的逾期账款均值 μ 的 95% 置信区间（XLSTAT）

图 6-3　例 6.2 软件输出结果

在例 6.2 中，我们能够确定实际的均值落在区间（215.57, 250.99）内吗？我们不能确定，但是我们有合理的理由相信答案是肯定的。我们的自信来自这样的认识：如果我们得到这个总体的 100 个观测值的重复随机抽样，每一次构造$\bar{x} \pm 1.96\sigma_{\bar{x}}$，那么 95% 的区间都包含 μ。我们没有办法知道（不看所有拖欠贷款的账户）样本区间是包含 μ 的 95% 之一，还是不包含 μ 的 5% 之一。但是这些概率明显支持区间包含 μ。概率 0.95 度量了我们对这个区间估计的信心，称为置信系数。百分比 95% 称作区间估计的置信水平。

置信系数（confidence coefficient）是一个随机选取的置信区间包含总体参数的概率。即当估计量在大量重复应用的情况下，相似的构造区间包含总体参数的相对频数。**置信水平**（confidence level）是置信系数用百分数表示的形式。

我们已经看到一个区间是怎样被用来估计一个总体均值的。当我们使用区间估计时，通常计算估计过程导致一个区间可以包含总体均值的真实值的概率，也就是说，在重复使用的情况下，区间包含参数的概率通常是已知的。图 6-4 展示了从总体中抽取 10 个不同的样本，每次计算 μ 的置信区间将会发生什么情况。μ 的位置是用图中的垂直线表示的，基于 10 个样本的 10 个置信区间是用水平线段表示的。注意，置信区间随着样本在移动——有时包含 μ，有时不包含 μ。如

果我们的置信水平是 95%，从长远来看，95% 的置信区间包含 μ，5% 的置信区间不包含 μ。

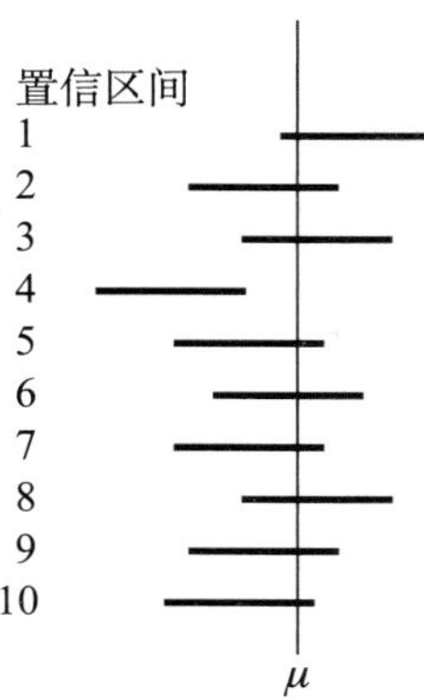

图 6-4　μ 的置信区间：10 个样本

假设你想选择一个不是 0.95 的置信系数。注意在图 6-1 中，置信系数 0.95 等于抽样分布下两个尾部之间的面积，较小的面积 0.05 被等分成两个尾部。因此，我们可以通过增大或减小抽样分布尾部的面积（称之为 α）来构造一个有任意置信系数的置信区间（见图 6-5）。例如，如果我们把每个尾部的面积设为 $\alpha/2$，那么 $z_{\alpha/2}$ 就是使得右侧尾部面积是 $\alpha/2$ 的 z 的值，于是置信系数为 $(1-\alpha)$ 的置信区间是：$\bar{x} \pm z_{\alpha/2}\,\sigma_{\bar{x}}$。

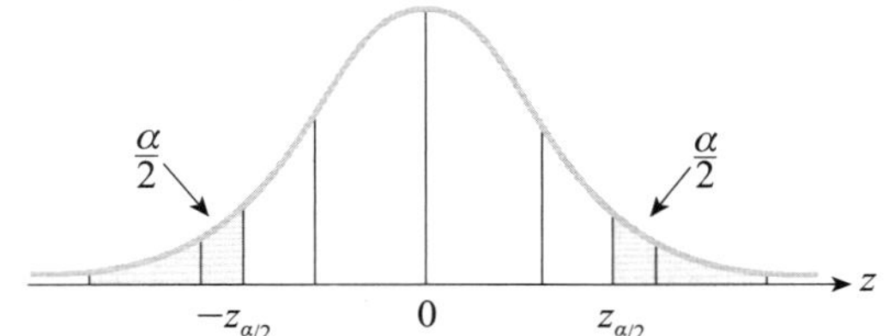

图 6-5　在标准正态曲线上确定 $z_{\alpha/2}$

> z_α 定义为标准正态随机变量的 z 值，其右侧的面积等于 α。换言之，$P(z>z_\alpha)=\alpha$。

人物介绍

泽西・内曼 (1894—1981)——用波兰口音说统计

出生于波兰的泽西・内曼（Jerzey Neyman）在俄罗斯的哈尔科夫大学学习了初等数学，通过钻研期刊上的文章自学了研究生数学。1924 年从波兰的华沙大学获得博士学位后，内曼得到了伦敦大学学院的一个职位。在那里，他与埃贡・皮尔逊（Egon Pearson）建立了友谊，并且共同发展了假设检验理论（见第 7 章）。1934 年在英国皇家统计学会的一次演讲中，内曼首次提出了区间估计的想法，他称之为置信区间。1938 年，他移居美国，来到加州大学伯克利分校，在这里建立了全国最好的统计系。泽西・内曼被认为是现代统计学的伟大的缔造者之一。他不仅是一位优秀的老师，而且是有创造力的研究者。他热爱他的学生，永远与他们分享他的想法。内曼对他所遇到的人的影响可以用著名统计学家戴维・萨尔斯伯格（David Salsburg）的话来表达："我们都学会了用波兰口音说统计。"

为了说明如何寻找 z 得分，对于置信系数 0.90，我们有 $(1-\alpha)=0.90$，$\alpha=0.10$，$\alpha/2=0.05$，$z_{0.05}$ 就是抽样分布图上确定的右尾面积为 0.05 的 z 得分。附录中的表Ⅱ给出了均值和特定的 z 值之间的面积。因为均值右侧的面积是 0.5，所以 $z_{0.05}$ 对应于均值右侧面积为 0.5−0.05=0.45 的 z 值（见

图 6–6)。此时 z 值就是 $z_{0.05}$=1.645。使用技术也可以得到同样的结果。图 6–7 是 Minitab 的输出结果，结果显示使得右尾面积为 0.05 的 z 值约为 $z_{0.05}$ = 1.645。

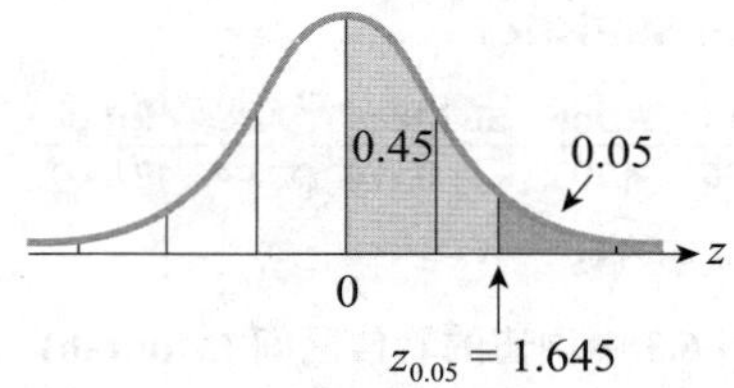

图 6–6　对应于 z 分布的右尾面积等于 0.05 的 z 得分 $z_{0.05}$

Inverse Cumulative Distribution Function

Normal with mean = 0 and standard deviation = 1

P(X ≤ x)	x
0.95	1.64485

图 6–7　查找 $z_{0.05}$ 的 Minitab 输出

在实际使用中置信系数通常是从 0.90~0.99 中取值，表 6–2 列出了大部分常用的置信系数以及相关的 α 和 $z_{\alpha/2}$ 的值。

表 6–2　常用的 $z_{\alpha/2}$ 值

置信水平			
100(1–α)	α	$\alpha/2$	$z_{\alpha/2}$
90%	0.10	0.05	1.645
95%	0.05	0.025	1.960
98%	0.02	0.01	2.326
99%	0.01	0.005	2.576

基于正态 (z) 统计量，μ 在大样本下 (1–α)% 的置信区间

σ 是已知的：$\bar{x} \pm z_{\alpha/2}\sigma_{\bar{x}} = \bar{x} \pm z_{\sigma/2}\dfrac{\sigma}{\sqrt{n}}$

σ 是未知的：$\bar{x} \pm z_{\alpha/2}\sigma_{\bar{x}} \approx \bar{x} \pm z_{\alpha/2}\dfrac{s}{\sqrt{n}}$

式中，$z_{\alpha/2}$ 是 z 的右边使得右尾面积等于 $\alpha/2$ 的 z 值(见图 6–5)，$\sigma_{\bar{x}}$ 是 $\bar{x}$ 抽样分布的标准差（也称为**均值的标准误**（standard error of the mean)），σ 是抽样总体的标准差，s 是样本标准差。

μ 的有效的大样本置信区间所需的条件

1. 从目标总体中选择一个随机样本。

2. 样本量 n 很大(即 $n \geqslant 30$)。由于中心极限定理，这个条件保证了$\bar{x}$的抽样分布为近似正态分布。(另外，对于较大的 n, s 将会是 σ 的良好估计。)

例 6.3　μ 的大样本置信区间——每次飞行的空置座位数

问题　每次飞行的空置座位使得航空公司失去相应的收入。假设一家大航空公司要估计在过去的一年

里每次飞行的平均空置座位数量。要做到这一点，随机挑选 225 个飞行记录，每次选中的飞行都记录了空位数。(数据保存在 NOSHOW 文件中。) 数据的描述性统计量见 Minitab 输出结果，如图 6-8 所示。

Descriptive Statistics

N	Mean	StDev	SE Mean	90% CI for μ
225	11.596	4.103	0.274	(11.144, 12.047)

μ: mean of NOSHOWS

图 6-8 例 6.3 中均值的置信区间 (Minitab)

使用 90% 的置信区间来估计去年每次飞行的空置座位的平均数量 μ。

解答 总体均值的 90% 置信区间的一般形式为：

$$\bar{x} \pm z_{\alpha/2}\,\sigma_{\bar{x}} = \bar{x} \pm z_{0.05}\,\sigma_{\bar{x}} = \bar{x} \pm 1.645 \times \frac{\sigma}{\sqrt{n}}$$

由图 6-8 可以发现，$\bar{x}$ =11.6（经过四舍五入）。因为我们不知道 σ（一年内所有飞行中空置座位数的标准差）的值，所以使用最佳估计量样本标准差 s 来代替 σ。那么 90% 的置信区间可以近似为：

$$11.6 \pm 1.645 \times \frac{4.1}{\sqrt{225}} = 11.6 \pm 0.45$$

或者是 11.15~12.05，也就是说，在置信水平为 90% 时，我们估计了抽样年份的每次飞行的空置座位的平均数量为 11.15~12.05。结果可以用图 6-8 的 Minitab 输出结果的右边得到证实（除了舍入差距）。

回顾 需要强调的是，本例中的 90% 置信水平针对的是所使用的程序。如果我们对不同的样本重复这样的过程，那么大约有 90% 的区间将包含 μ。尽管我们不知道这个特定区间 (11.15, 12.05) 是包含 μ 的 90% 区间中的一个，还是不包含 μ 的 10% 中的一个，但是概率论知识让我们相信这个区间包含 μ。

总体均值的置信区间的解释如下：

总体均值的置信区间的解释

当我们构造了 μ 的 $(1-\alpha)100\%$ 置信区间时，通常这样表达我们对区间的把握程度："我们有 $(1-\alpha)100\%$ 的把握确定 μ 落在置信区间的上下界之间。"其中对于特定的应用，我们用合适的数值代替置信水平和上下界。这句话反映了我们对估计过程的信心，而不是依据样本数据计算得到的特定区间的信心。我们知道重复同样的过程会得到区间的不同上下界。而且，我们知道 $(1-\alpha)100\%$ 的结果区间将包含 μ。通常没有办法知道某个特定区间是包含 μ 的区间中的一个或者是不包含 μ 的区间中的一个。尽管如此，与点估计不同，置信区间有一个可靠性的度量——置信系数。出于这个原因，区间估计通常比点估计更受欢迎。

有时估计过程会产生一个置信区间，但是对我们来说区间太宽泛了。在这种情况下，我们想减小区间的宽度从而获得 μ 的一个更精确的估计。实现这个目的的一种方法是减小置信系数 $(1-\alpha)$。例如，重新考虑所有拖欠贷款账户的平均账款的估计问题。回顾样本有 100 个账户，$\bar{x}$ =233.28 美元，s=90.34 美元。一个 μ 的 90% 置信区间是：

$$\bar{x} \pm 1.645\sigma/\sqrt{n} \approx 233.28 \pm 1.645 \times 90.34/\sqrt{100}) = 233.28 \pm 14.86$$

或者是 (218.42, 248.14)。你可以看到这个区间比前面得到的 95% 的置信区间 (215.57, 250.99) 要窄。遗憾的是，我们得到了较低的置信水平 90% 的置信区间。一种替代方法是增加样本量 n 以减小区间的宽度而不牺牲置信水平。我们将在 6.5 节说明这一方法。

6.3 总体均值的置信区间：学生 t 统计量

美国联邦调查局要求医药公司在新药上市之前做全面的测试。首先，将新药在动物身上试验，如果通过第一阶段的安全性测试，医药公司就可以在有限范围进行真人试验。在第二阶段，必须基于非常小的样本人群对药物的反应等信息来推断药物的安全性。

假设医药公司必须估计病人在服用一定量新药后血压的平均增加值。假设（从总体中随机挑选的）只有六位病人能够用于第一阶段的真人试验。使用小样本会给我们用标准正态 z 统计量对 μ 的推断带来两大问题。

问题一：样本均值$\bar{x}$（和 z 统计量）的抽样分布的形状现在取决于被抽样的总体的形状。我们不能再假设均值$\bar{x}$的抽样分布是近似正态分布，因为中心极限定理需要样本量足够大才能确保正态性。

问题一的解决方法：根据定理 5.1，如果总体为正态，即使是小样本，$\bar{x}$（和 z 统计量）的抽样分布也会服从正态分布。总体为近似正态时，样本也服从近似正态分布。

问题二：总体标准差 σ 大部分情况下未知。尽管$\sigma_{\bar{x}}=\sigma/\sqrt{n}$总是正确的，但是当样本量比较小时，样本标准差 s 对 σ 的近似性不够好。

问题二的解决方法：使用标准正态统计量：

$$z=\frac{\bar{x}-\mu}{\sigma_{\bar{x}}}=\frac{\bar{x}-\mu}{\sigma/\sqrt{n}}$$

这就要求 σ 已知或者有一个较好的估计。我们定义并使用下面的统计量：

$$t=\frac{\bar{x}-\mu}{s/\sqrt{n}}$$

式中，样本标准差 s 代替了总体标准差 σ。

如果我们从正态分布中抽取样本，**t 统计量** (t-statistic) 就具有与 **z 统计量**（z-statistic）极其相似的抽样分布：土墩形，对称，均值为 0。两个分布的主要差别就在于 t 统计量比 z 统计量具有更大的变异性，因为 t 统计量包含两个随机变量$\bar{x}$和 s，而 z 统计量只包含$\bar{x}$。

t 统计量的抽样分布的实际总变异性取决于样本量 n。这种依赖性的一种简单的表达方法就是：t 统计量有 $(n-1)$ 个**自由度** (degrees of freedom, df)。之前 $(n-1)$ 曾在计算 s^2 时作为除数出现过，这个值在讨论 s^2 统计量的抽样分布时起着至关重要的作用，而且还会出现在后面的章节对其他统计量的讨论中。特别是，t 统计量的自由度越小，抽样分布的变异性越大。

图 6-9 同时展示了 z 的抽样分布和自由度为 4 和 20 的 t 统计量的抽样分布。注意，t 分布的变异性比 z 分布更大，这种变异性随着自由度的减小而增大。t 统计量增大的变异性意味着 t 分布尾部的面积 α 的 t 值 t_α 大于对应的 z_α。对于给定的 α，t_α 随着自由度的减小而增大，t_α 被用来构建小样本下 μ 的置信区间，见附录中的表Ⅲ，此表的部分数值见表 6-3。

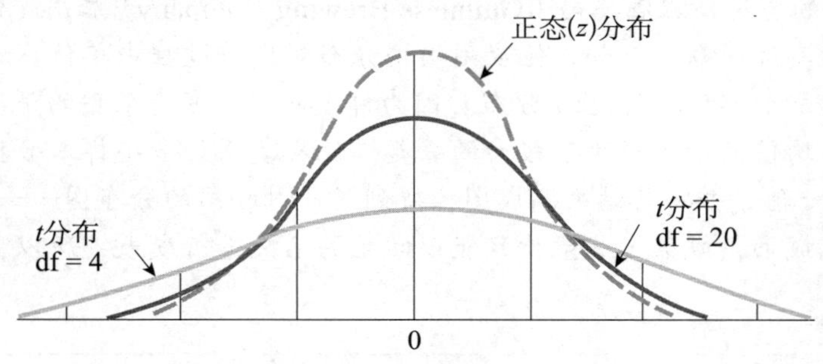

图 6-9　标准正态 (z) 分布和 t 分布

表 6-3 附录中表Ⅲ节选

自由度	$t_{0.100}$	$t_{0.050}$	$t_{0.025}$	$t_{0.010}$	$t_{0.005}$	$t_{0.001}$	$t_{0.0005}$
1	3.078	6.314	12.706	31.821	63.657	318.13	636.62
2	1.886	2.920	4.303	6.965	9.925	22.326	21.598
3	1.638	2.353	3.182	4.541	5.841	10.213	12.924
4	1.533	2.132	2.776	3.747	4.604	7.173	8.610
5	1.476	2.015	2.571	3.365	4.032	5.893	6.869
6	1.440	1.943	2.447	3.132	3.707	5.208	5.959
7	1.415	1.895	2.365	2.998	3.499	4.785	5.408
8	1.397	1.860	2.306	2.896	3.355	4.501	5.041
9	1.383	1.833	2.262	2.821	3.250	4.297	4.781
10	1.372	1.812	2.228	2.764	3.169	4.144	4.587
11	1.363	1.796	2.201	2.718	3.106	4.025	4.437
12	1.356	1.782	2.179	2.681	3.055	3.930	4.318
13	1.350	1.771	2.160	2.650	3.012	3.852	4.221
14	1.345	1.761	2.145	2.624	2.977	3.787	4.140
15	1.341	1.753	2.131	2.602	2.947	3.733	4.073
⋮	⋮	⋮	⋮	⋮	⋮	⋮	⋮
∞	1.282	1.645	1.960	2.326	2.576	3.090	3.291

注意，此表列出了不同自由度下的 t_α，α 等于 t 分布中 t_α 值右尾的面积。例如，如果我们希望获得自由度为 4 且右尾面积为 0.025 时的 t_α 值，可以查表获得该值 $t_{0.025}=2.776$，也可查对应的表得到 $z_{0.025}=1.96$。

注意表Ⅲ的最后一行（见表 6-3），当自由度趋近于正无穷时，包含了标准正态的 z 得分。这是因为当 n 很大时，s 接近于 σ，t 值也接近 z 得分。事实上，当 df=29 时，表中对应的 t 值与 z 得分几乎没有差异。所以，研究者通常用 n=30(df=29) 来区分大样本和小样本。

人物介绍

威廉・戈塞特 (1876—1937)——学生 t 分布

威廉・戈塞特（William S. Gosset）23 岁时在牛津大学获得了化学和数学学位。因为他的化学专长，他被位于爱尔兰都柏林的吉尼斯酿酒公司（Guinness Brewing Company）雇用。他利用数学技能解决了一系列有关啤酒酿造的实际问题。例如，他应用泊松分布对发酵过程中单位体积的酵母菌细胞数进行建模。他最重要的贡献是于 1908 年提出 t 分布。因为许多实用研究者采用的是小样本，威廉・戈塞特就对小样本案例中有关均值的行为产生了极大的兴趣。他反复用许多小样本数据进行研究，计算均值和标准差，得到它们的 t 值，并将其结果制成图，得到了一种相同的分布图——t 分布图。但由于公司规定雇员不能发表研究成果，威廉・戈塞特只能以学生的名义进行发表，所以，该分布就被称为学生 t 分布。

例 6.4 基于 t 统计量求 μ 的置信区间——血压药

问题 医药公司想估计患者服用新药后血压的平均升高值，接受测试的六位患者的血压升高值见表 6-4。使用此信息建立 μ 的 95% 的置信区间，μ 即人群中所有患者服用新药后的平均血压升高值。

表 6-4 六位患者的血压升高值

1.7	3.0	0.8	3.4	2.7	2.1

解答 首先，我们知道现有的数据太少而无法假定样本均值 $\bar{x}$ 服从由中心极限定理确保的正态分布，即当样本过小时，我们无法自动根据中心极限定理得到样本均值服从正态分布。相反，在这个案例中血压升高值这个变量必须服从正态分布，这样才能使得 $\bar{x}$ 服从正态分布。

其次，除非我们能很幸运地知道总体标准差 σ(在此代表了所有患者在服药之后血压升高值的标准差)，否则我们不能使用标准正态 z 统计值来构造所需的 μ 的置信区间。相反，我们必须使用自由度为 $n-1$ 的 t 分布。

在这个案例中，自由度 $n-1=5$，根据表 6-3 得出自由度为 5 的 t 值 $t_{0.025}=2.571$。回顾大样本下 95% 的置信区间：

$$\bar{x} \pm z_{\alpha/2}\,\sigma_{\bar{x}} = \bar{x} \pm z_{\alpha/2}\frac{\sigma}{\sqrt{n}} = \bar{x} \pm z_{0.025}\frac{\sigma}{\sqrt{n}}$$

在前面的公式中，用 t 代替 z，用 s 代替 σ，就可以从正态分布抽样得到小样本置信区间：

$$\bar{x} \pm t_{\alpha/2}\frac{s}{\sqrt{n}}$$

图 6-10 所示的 StatCrunch 输出结果是六位患者血压升高的描述性统计量。注意，$\bar{x}=2.283$ 和 $s=0.950$。把这些数值代入置信区间公式，可以得到：

$$2.283 \pm 2.571 \times \frac{0.950}{\sqrt{6}} = 2.283 \pm 0.997$$

或者是 1.286~3.280。注意，这个区间和图 6-10 中以阴影显示的置信区间一致（不考虑舍入差异）。

Summary statistics:

Column	n	Mean	Std. dev.
BPINCR	6	2.2833333	0.9495613

One sample T confidence interval:
μ : Mean of variable

95% confidence interval results:

Variable	Sample Mean	Std. Err.	DF	L. Limit	U. Limit
BPINCR	2.2833333	0.38765678	5	1.2868299	3.2798367

图 6-10 血压升高均值的置信区间 (StatCrunch)

我们对区间进行如下解释：我们有 95% 的把握肯定服药后平均血压升高值为 1.286~3.28。与大样本的区间估计一样，我们的信心针对的是一个过程，而不是一个特定区间。我们知道，如果重复该估计过程，那么有 95% 的置信区间包含 μ，前提是假定血压变化的概率分布服从正态分布，这个假设保证了小样本区间的合理性。

回顾 在使用小样本的条件下，我们付出了何种代价？首先，我们必须假设总体服从标准正态分布，如果假设无效，我们的区间估计也会无效。[①] 其次，我们必须用 t 值 2.571 而不是 z 得分 1.96 来形成置信区

① 我们所说的无效，是指该过程产生一个包含 μ 的区间的概率不等于 $(1-\alpha)$。一般来说，如果总体近似正态分布，那么置信系数将约等于一个随机选择的区间包含 μ 的概率。

间，这样 95% 的置信水平就产生了一个较宽的区间，如果置信区间（1.286，3.28）太宽而无法使用，那么我们知道如何补救这种情况：通过增加样本量来减小区间宽度（平均而言）。

形成小样本置信区间的过程概括如下：

μ 的小样本置信区间，学生 t 统计量

σ 未知：$\bar{x} \pm t_{\alpha/2}\dfrac{s}{\sqrt{n}}$

式中，$t_{\alpha/2}$ 是基于 $(n-1)$ 个自由度 t 分布中右尾面积 $\alpha/2$ 对应的 t 值。

σ 已知：$\bar{x} \pm z_{\alpha/2}\dfrac{\sigma}{\sqrt{n}}$

μ 的有效小样本置信区间所需的条件

1. 从目标总体中选择一个随机样本；
2. 总体的相对频数分布近似于标准正态分布。

例 6.5　为 μ 找一个小样本置信区间——破坏性抽样

问题　有些质量控制试验需要利用破坏性抽样来检验产品的特定性质（即通过破坏样本来确定样本是否存在缺陷），但是破坏性抽样的成本太高，以致只能抽取小样本进行试验。例如，假设一家打印机制造商希望估计在打印头损坏之前打印的平均字符数。假设打印机制造商测试了 n=15 个随机选择的打印头，并记录了每个打印头在损坏之前打印的字符数。这 15 个测量值如表 6–5 所示，图 6–11 显示了 XLSTAT 汇总的统计结果。

表 6–5　n=15 的打印测试的字符数（百万）

1.13	1.55	1.43	0.92	1.25
1.36	1.32	0.85	1.07	1.48
1.20	1.33	1.18	1.22	1.29

Descriptive statistics (Quantitative data):

Statistic	NUMBER
Nbr. of observations	15
Minimum	0.8500
Maximum	1.5500
Mean	1.2387
Standard deviation (n-1)	0.1932
Lower bound on mean (99%)	1.0902
Upper bound on mean (99%)	1.3871

图 6–11　例 6.5 的汇总统计及 μ 的 95% 置信区间 (XLSTAT)

a. 建立在打印头损坏前，打印的平均字符数的 99% 的置信区间，并给出解释。

b. a 部分的区间需要满足哪些假设才具有合理性？这些假设是否都满足？

解答　a. 对于这个样本量为 15 的小样本，我们通过 t 统计量来构造置信区间。此时，置信系数为 0.99，自由度为 $n-1$=14，所以

$t_{\alpha/2}$=$t_{0.005}$=2.977

（注意：小样本使得我们几乎在样本均值$\bar{x}$两侧扩大了3个标准差才形成99%的置信区间。）根据图6-11的XLSTAT输出结果，我们看到$\bar{x}$=1.239和s=0.193，把这些数值代入置信区间公式，可以得到

$$\bar{x} \pm t_{0.005}\frac{s}{\sqrt{n}} = 1.239 \pm 2.977 \times \frac{0.193}{\sqrt{15}} = 1.239 \pm 0.148 \text{ 或 } (1.091, 1.387)$$

该区间显示在图6-11的输出结果的底部。

我们的解释如下：制造商可以99%地相信，打印机打印头的平均寿命大概是打1 091 000~ 1 387 000个字符。如果制造商做广告说至少可以打100万个字符，那么区间估计支持此说法。我们的信心来自这样一个事实：重复该过程得到的区间有99%将包含μ。

b. 因为样本量n很小，我们必须假设打印头在损坏之前所打印的字符数是一个随机变量，且服从正态分布，即假定抽取15个样本的总体是正态的。检验这个假设的一种途径就是根据数据绘制分布图，如果我们的样本数据近似正态，那么总体有可能服从正态分布。图6-12显示的是由Minitab得到的样本的茎叶图。可以看出，分布是土墩形和对称的，因此，关于正态性的假设看起来是合理的。

```
Stem-and-leaf of NUMBER   N = 15

1     8   5
2     9   2
3    10   7
5    11   38
(4)  12   0259
6    13   236
3    14   38
1    15   5

Leaf Unit = 0.01
```

图6-12　表6-5数据的茎叶图 (Minitab)

回顾　其他正态检验方法(如正态概率图、比值IQR/S)也可以用来证明正态分布。

在本节，我们一直强调假设总体服从正态分布，这对于用t统计量对μ做小样本统计推断是很有必要的。虽然许多现象的确近似服从正态分布，但同样有很多随机现象的分布不是正态分布，甚至不是土墩形对称的。多年实践经验证明，基于t分布的置信区间对适度偏离正态性相当不敏感——也就是说，当从轻微或中等倾斜的土墩形总体中抽样时，使用t统计量通常会产生可信的结果；然而，对于分布明显非正态的情况，我们必须抽取一个大样本或使用非参数方法。

当总体相对频数分布大大偏离正态性时，你会怎么做？
答案：使用非参数统计方法。

回顾实践中的统计

估计超标支付金额的均值

回顾前面“实践中的统计”专栏提到的医疗保险欺诈调查。美国司法部从总体即1 000个索赔中随机抽取52个样本。对于每个索赔，已支付索赔金额、经审核不允许的索赔金额及应该支付的索赔金额已经记录并保存在MFRAUD文件中。美国司法部想通过这些数据估计总体中超标支付的总额。

一种方法是首先使用样本数据估计总体中每个索赔的超标支付的平均数，然后外推至总体，估计总体中1 000个索赔的超标支付总金额。每个索赔的已支付索赔金额与经审核的应该支付的索赔金额之差就是每个索赔的超标支付金额。这些值记录在MFRAUD文件中。超标支付金额列在表SIA6-1中。

表 SIA6-1　52 个样本的超标支付金额（美元）

0.00	31.00	0.00	37.20	37.20	0.00	43.40	0.00
37.20	43.40	0.00	37.20	0.00	24.80	0.00	0.00
37.20	0.00	37.20	0.00	37.20	37.20	37.20	0.00
37.20	37.20	0.00	0.00	37.20	0.00	43.40	37.20
0.00	37.20	0.00	37.20	37.20	0.00	37.20	37.20
0.00	37.20	43.40	0.00	37.20	37.20	37.20	0.00
43.40	0.00	43.40	0.00				

使用 Minitab 软件估计超标支付金额平均数 μ 的 95% 置信区间。Minitab 输出见图 SIA6-1。μ 的 95% 置信区间为（16.51，27.13）。因此司法部可以 95% 的置信水平相信超标支付金额的均值为 16.51~27.13 美元。

Descriptive Statistics

N	Mean	StDev	SE Mean	95% CI for μ
52	21.82	19.08	2.65	(16.51, 27.13)

μ: mean of Denied_Amount

图 SIA6-1　由 Minitab 得到的超标支付金额的均值的置信区间

现在，令 x_i 表示第 i 个超标支付的索赔。如果实际的均值 μ 已知，总体的超标支付金额为：

$$\sum_{i=1}^{1000} x_i = 1\,000 \times \left(\sum_{i=1}^{1000} x_i\right) / 1\,000 = 1\,000\mu$$

因此，为了估计 1 000 个索赔的超额支付总额，美国司法部只需将区间的端点乘以 1 000。这产生了 95% 的置信区间（16 510，27 130）。[①] 通常情况下，美国司法部会要求其医疗保险提供者按照 95% 置信区间的下限退款——在本案中为 16 510 美元。

6.4　总体比例的大样本置信区间

近年来，公众民意测验以令人惊叹的速度增加。几乎每天都有媒体报道一些民意测验的结果。民意测验专家定期确定对现任总统工作表现满意的人数的比例、支持某个特定候选人的投票者的比例、喜欢某一特定商品的顾客的比例、观看某一特定电视节目的家庭的比例。在每一种情况下，我们对估计某些带有一定特征的群体感兴趣。在本节，我们考虑大样本中推断总体比例的问题。

例 6.6　估计总体比例——对谷类早餐的偏爱

问题　某食品公司开展了一项市场研究，通过随机抽取和测试 1 000 名顾客来了解他们喜欢哪个品牌的谷类早餐。假定 313 名顾客喜欢该公司的品牌。你怎样估计所有喜欢该公司谷类早餐顾客的真实比例？

解答　在这项研究中，顾客被问及他们喜欢哪个品牌的谷类早餐。注意“品牌”是一个定性变量，我们想知道在一个二项试验中你怎样估计成功的概率 p，p 是一名被抽到的顾客喜欢该公司品牌的可能性。

① 该区间表示超标支付总额的真实 95% 置信区间的近似值。精确区间涉及使用总体规模的连续性修正（见 6.6 节）。

对这个总体来说，一种合理的估计方法是使用样本的成功比例，即我们能够通过前面的公式估计 p:

$$\hat{p}=\frac{\text{被抽到的顾客喜欢公司品牌的数量}}{\text{被抽到的顾客的数量}}$$

在这种情况下，

$$\hat{p}=\frac{313}{1\,000}=0.313$$

回顾 为了确定估计值$\hat{p}$的可靠性，我们需要知道它的抽样分布，也就是说，如果我们反复抽取 1 000 个样本，每一次计算一个新的估计值$\hat{p}$，所有$\hat{p}$值的频数分布将是怎样的呢？回顾一下 5.4 节，答案在于将$\hat{p}$视为 n 次试验中每次试验成功的平均次数或者平均值。如果成功被赋值 1，失败被赋值 0，那么所有 n 个样本观测值之和为 x，即成功的总体数量，$\hat{p}=\frac{x}{n}$是平均值或均值。中心极限定理告诉我们，对任何总体来说，当样本量足够大时，样本均值的相对频数分布是近似正态的。

$\hat{p}$的重复抽样分布是 5.4 节的主题，其所具有的特征如下 (见图 6-13):

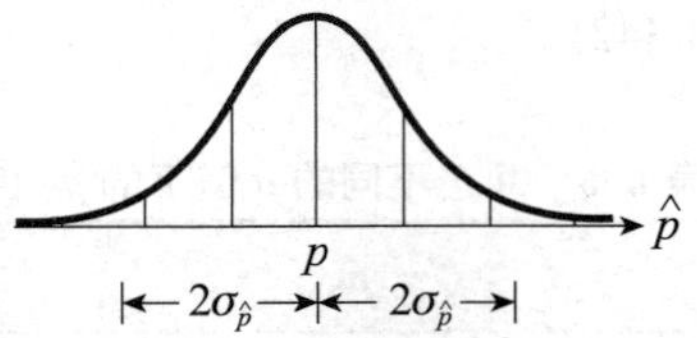

图 6-13 $\hat{p}$的抽样分布

> **$\hat{p}$的抽样分布的性质**
>
> 1. $\hat{p}$的抽样分布的均值是 p，即$\hat{p}$是 p 的无偏估计。
> 2. $\hat{p}$的抽样分布的标准差是$\sqrt{pq/n}$，其中 $q=1-p$。
> 3. 对大样本来说，$\hat{p}$的抽样分布是近似正态的。如果 $n\hat{p}\geqslant 15$ 和 $n\hat{q}\geqslant 15$ 同时成立，样本被视为大样本。

$\hat{p}$是每次试验成功的数量的样本均值，这一事实允许我们以一种完全类似于用于 μ 的大样本估计的方式构造 p 的置信区间。

> **p 的大样本置信区间**（large-sample confidence interval for p）
>
> $$\hat{p}\pm z_{\alpha/2}\,\sigma_{\hat{p}}=\hat{p}\pm z_{\alpha/2}\sqrt{\frac{pq}{n}}\approx\hat{p}\pm z_{\alpha/2}\sqrt{\frac{\hat{p}\hat{q}}{n}}$$
>
> 其中，$\hat{p}=\frac{x}{n}$，$\hat{q}=1-\hat{p}$。
>
> 注意：当 n 是大样本时，$\hat{p}$能近似估计$\sigma_{\hat{p}}$的公式中的 p 值。

> **p 的有效的大样本置信区间所需的条件**
>
> 1. 从目标总体中选择一个随机样本。
> 2. 样本量 n 大。（如果 $n\hat{p}\geqslant 15$ 且 $n\hat{q}\geqslant 15$，这个条件将得到满足。注意 $n\hat{p}$和 $n\hat{q}$ 在样本中分别表示成功的数量和失败的数量。）

因此，如果 1 000 名顾客中有 313 人喜欢某公司的谷类早餐品牌，对所有喜欢该公司品牌的

顾客这一总体来说，95% 的置信区间是：

$$\hat{p} \pm z_{\alpha/2}\sigma_{\hat{p}}=0.313\pm1.96\sqrt{\frac{pq}{1\,000}}$$

式中，$q=1-p$。这就如同我们在计算 μ 的一个大样本置信区间时需要一个 σ 的近似值，我们也需要一个 p 的近似值。如表 6-6 所示，p 的近似值不必特别精确，因为置信区间所需的$\sqrt{pq}$的值对 p 的变化相对不敏感。因此，我们能用$\hat{p}$来近似 p，而 $\hat{q}=1-\hat{p}$，我们把这些值代入公式来得到置信区间：

$$\hat{p}\pm1.96\sqrt{\frac{pq}{1\,000}}\approx\hat{p}\pm1.96\sqrt{\frac{\hat{p}\hat{q}}{1\,000}}$$

$$=0.313\pm1.96\sqrt{\frac{0.313\times0.687}{1\,000}}$$

$$=0.313\pm0.029$$

$$=(0.284,0.342)$$

表 6-6　几个不同的 p 值下的 pq 值

p	pq	$\sqrt{pq}$
0.5	0.25	0.50
0.6 或 0.4	0.24	0.49
0.7 或 0.3	0.21	0.46
0.8 或 0.2	0.16	0.40
0.9 或 0.1	0.09	0.30

该公司将有 95% 的信心认为在（28.4%，34.2%）这一区间包含喜欢其品牌的所有顾客的真实比例，即在重复的置信区间中，所有样本中大约有 95% 将产生包含 p 的置信区间。注意，解释关于 μ 的置信区间的方式也可用来解释 p 的置信区间，因为在一个二项试验中，p 是“总体的成功比例”。

例 6.7　p 的大样本置信区间——对经济状况持乐观态度的消费者的比例

问题　许多公共调查机构开展调查，以确定当前消费者对国家经济的看法。例如，佛罗里达大学的经济和商业研究所（Bureau of Economic and Business Research，BEBR）定期在本州进行调查来估计消费者的态度。假定经济和商业研究所随机抽取了 484 名消费者，发现 157 名对经济状况持乐观态度。使用 90% 的置信区间来估计对国家经济状况持乐观态度的佛罗里达州消费者的比例。基于置信区间，经济和商业研究所能够推断佛罗里达州的多数消费者对经济状况持乐观态度吗？

解答　如果我们能够假定样本是从佛罗里达州消费者这一总体中随机抽取的，那么在 484 名被抽中的消费者中，对国家经济状况持乐观态度的消费者的数量 x 是一个二项随机变量，并且对每个消费者进行了相同的民意调查。

佛罗里达州对国家经济状况持乐观态度的消费者总体的点估计是：

$$\hat{p}=\frac{x}{n}=\frac{157}{484}=0.324$$

我们首先确保样本量足够大，正态分布为$\hat{p}$的抽样分布提供了一个合理的近似。我们要求$n\hat{p}$和$n\hat{q}$至少为 15。现在，$n\hat{p}=157$，$n\hat{q}=327$，由于这两个值都大于 15，我们可以得出结论：正态近似是合理的。

我们现在得到佛罗里达州对国家经济状况持乐观态度的消费者的真实比例 p 的 90% 的置信区间：

$$\hat{p}\pm z_{\alpha/2}\sigma_{\hat{p}}=\hat{p}\pm z_{\alpha/2}\sqrt{\frac{pq}{n}}\approx\hat{p}\pm z_{\alpha/2}\sqrt{\frac{\hat{p}\hat{q}}{n}}$$

$$=0.324\pm1.645\sqrt{\frac{0.324\times0.676}{484}}$$

$$=0.324\pm0.035=(0.289,0.359)$$

（这一区间也显示在 Minitab 输出结果中，见图 6-14。）因此，我们能有 90% 的把握认为佛罗里达州对国家经济状况持乐观态度的消费者的比例为 0.289~0.359。一如既往，我们的信心源于这样一个事实，即所有类似形成的区间中的 90% 都将包含真实比例 p，而不是来自关于这个特定区间是否包含的真实比例的知识。

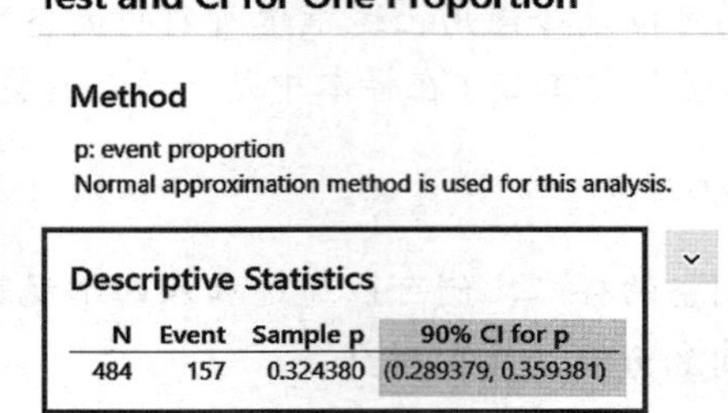
Test and CI for One Proportion

Method

p: event proportion
Normal approximation method is used for this analysis.

Descriptive Statistics

N	Event	Sample p	90% CI for p
484	157	0.324380	(0.289379, 0.359381)

图 6-14　例 6.7 中 p 的 95% 置信区间 (Minitab)

我们能够基于这个区间断定佛罗里达州的少数消费者对国家经济状况持乐观态度吗？如果我们希望使用这个区间推断少数消费者是乐观的，那么这个区间将支持这个推断：p 小于 0.5——少于 50% 的佛罗里达州消费者对国家经济状况持乐观态度。注意，这个区间只包含小于 0.5 的值。因此，我们可以得出结论：可以基于 90% 的置信区间断定 p 的真实值小于 0.5。

回顾　如果整个置信区间包含 0.5(例如，一个 0.42~0.54 的区间)，那么，我们不能断定持乐观态度的消费者的真实比例小于 0.5(因为 p 值可能取 0.54)。

我们以一个提示和一个例子来结束本节。

提示

除非 n 特别大，本节提出的大样本程序在 p 接近 0 或接近 1 时表现很差。

上述提示中所述的问题可以说明如下。举例来说，假设你想估计死于工伤的高管的比例，样本量 n=100。这一比例可能接近 0，比如，$p\approx0.001$，则 $np\approx100\times0.001=0.1$，小于 15。因此，基于样本量 n=100 得到的 p 的置信区间可能会产生误导。

为解决这一潜在问题，要求样本量特别大。由于满足“特别大”所需的 n 值很难确定，统计学家（Agresti & Coull，1998）提出了一种基于点估计（Wilson，1927）的替代方法。

这一程序如下框所示。研究人员已经证明，这个置信区间对任何 p 都很好，即使样本量 n 非

常小。

总体比例的调整后 (1-α)100% 置信区间 (adjust (1-α)100% confidence interval for a population proportion)

$$\tilde{p} \pm z_{\alpha/2}\sqrt{\frac{\tilde{p}(1-\tilde{p})}{n+4}}$$

$\tilde{p}=\frac{x+2}{n+4}$是可调整的样本观测值比例，$x$ 是样本中成功的数量，n 是样本量。

例 6.8 p 的调整后置信区间——珠宝店员工受伤的比例

问题 依据美国劳工部 2012 年的统计年鉴，珠宝店员工受伤的概率小于 0.01。假定在一个包括 200 名珠宝店员工的随机样本中，有 3 人在工作中受伤。使用 95% 的置信区间估计珠宝店员工在工作时受伤的真实比例。

解答 以 p 表示所有珠宝店员工在工作中受伤的比例。由于 p 接近 0，一个“特别大”的样本要求使用通常的大样本方法估计它的值。注意，成功的数量为 3，小于 15。因而，我们怀疑样本量 200 是否足够大以至于可以运用大样本方法。我们可以选择使用上述框中所列的调整程序。

由于成功的数量 (例如，珠宝店受伤员工数) 在样本中是 x=3，调整后的样本比例是：

$$\tilde{p}=\frac{x+2}{n+4}=\frac{3+2}{200+4}=\frac{5}{204}=0.025$$

注意对这个样本数据来说，可调整的样本比例可以通过加入四个观测值——两个成功的和两个失败的得到。将$\tilde{p}$ =0.025 代入 95% 置信区间的方程，我们得到：

$$\tilde{p} \pm 1.96\sqrt{\frac{\tilde{p}(1-\tilde{p})}{n+4}}=0.025 \pm 1.96\sqrt{\frac{0.025\times 0.975}{204}}=0.025 \pm 0.021$$

或者是 (0.004, 0.046)。结果是，我们有 95% 的把握确信珠宝店员工受伤的比例为 0.004~0.046。

回顾 如果我们使用标准的大样本置信区间公式，其中$\hat{p}=\frac{3}{200}$=0.015，那么我们将得到：

$$\hat{p}\pm 1.96\sqrt{\frac{\hat{p}\hat{q}}{n}}=0.015\pm 1.96\sqrt{\frac{0.015\times 0.985}{200}}$$

$$=0.015\pm 0.017\text{或}(-0.002,0.032)$$

注意区间内包含负值，这样的结果就是错用大样本方法导致的。

回顾实践中的统计

估计错误记录的比例

在前面的“实践中的统计”专栏中，我们介绍了怎样估计医保欺诈的平均超标支付金额。此外，美国司法部还对医保提供者的记录错误率感兴趣，这种比率指的是未正确记录医保索赔的比率。因此，美国司法部想估计总体比率 p。美国司法部发现 50% 的索赔未正确记录。

如果你在表 SIA6-1 中检测样本数据，就会发现在 52 个审核样本中有 31 个存在错误记录，从而导致了超标支付。因此，记录错误率 p 的一个估计值为：

$$\hat{p}=31/52=0.596$$

p 的 95% 的置信区间可以通过置信区间公式或软件获得。

MFRAUD 文件中有一个名为“错误记录”的二分类变量，其中，Yes 表示索赔错误记录，No 表示索赔正确记录。因此，美国司法部想要估计 Yes 值的比率。Minitab 软件给出了这一比例的置信区间（0.45, 0.73）(见图 SIA6–2)，这一区间也表示了总体中记录错误率以 95% 的置信水平落入该区间。注意，0.5（美国司法部期望的比率）也落入了该区间。

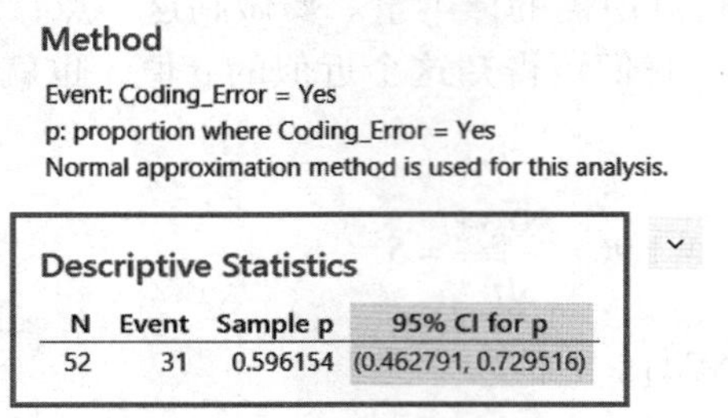

Test and CI for One Proportion: Coding_Error

Method

Event: Coding_Error = Yes
p: proportion where Coding_Error = Yes
Normal approximation method is used for this analysis.

Descriptive Statistics

N	Event	Sample p	95% CI for p
52	31	0.596154	(0.462791, 0.729516)

图 SIA6–2　记录错误率的置信区间 (Minitab)

6.5　确定样本量

在 1.6 节中，我们提到收集相关数据用来推断总体情况的方法之一是试验设计，试验设计过程中，最重要的是确定样本量。在本节中，对总体均值或总体比例进行推断所需的样本量主要取决于所期望的可靠性。

估计总体均值

回顾例 6.2，我们估计了银行的所有拖欠账户的平均拖欠账款数，在 100 个拖欠账户的样本中，我们得到 95% 的置信区间为$\bar{x} \pm 1.96\,\sigma_{\bar{x}} \approx 233.28 \pm 17.71$。因此，在置信水平为 95% 时，我们估计$\bar{x}$是在所有拖欠账款的总体均值 μ 的 ± 17.71 的范围内，即当 100 个账户被抽到时，μ 的 95% 置信区间的宽度是 $2 \times 17.71=35.42$ 美元（如图 6–15a 所示）。

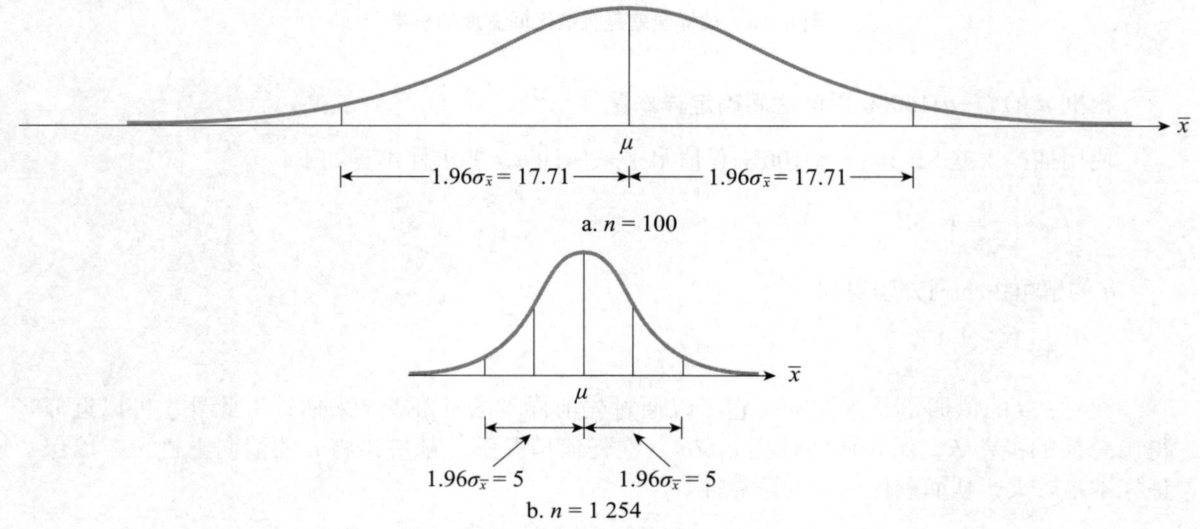

图 6–15　样本量与置信区间的宽度：拖欠账款的例子

现在假定在 95% 置信水平下，我们想估计在 5 美元范围内的 μ，即我们想缩小置信区间的宽度，即从 35.42 美元缩小到 10 美元 (如图 6–15b 所示)。要做到这一点，样本量将增加多少？如果我们想估计 $\bar{x}$ 在 μ 的 5 美元范围内时，我们必须有：

$$1.96\ \sigma_{\bar{x}}=5 \text{ 或者 } 1.96\times\frac{\sigma}{\sqrt{n}}=5$$

解这个关于 n 的方程可得到所需的样本量。要做到这一点，我们需要知道 σ 的一个近似值，从最初抽取的 100 个样本中，我们可得知这个近似的 σ 值，也就是说，样本标准差 s=90.34（见例 6.2 的解答）。因此

$$1.96\times\frac{\sigma}{\sqrt{n}}\approx 1.96\times\frac{s}{\sqrt{n}}=1.96\times\frac{90.34}{\sqrt{n}}=5$$

$$\sqrt{n}=\frac{1.96\times 90.34}{5}=35.413$$

$$n=35.413^2=1\,254.1\approx 1\,254$$

因此，在 95% 置信区间内，需要随机抽取约 1 254 个样本来估计拖欠账款的均值，这个由样本量所决定的置信区间的宽度大约是 10 美元（见图 6–15b）。

通常，我们通过指定**抽样误差**（sampling error）来表达与总体均值 μ 的置信区间相关的可靠性，我们希望在该误差范围内以 $(1-\alpha)100\%$ 的置信水平估计 μ 的值。那么，抽样误差（记为 SE）等于置信区间宽度的一半，如图 6–16 所示。

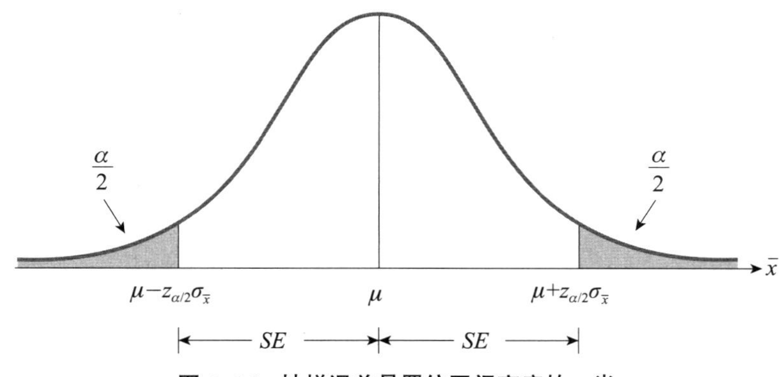

图 6–16 抽样误差是置信区间宽度的一半

根据 μ 的 $(1-\alpha)100\%$ 置信区间确定样本量

使用抽样误差 SE 和 $(1-\alpha)100\%$ 置信水平来估计 μ，要求样本量如下：

$$z_{\alpha/2}\left(\frac{\sigma}{\sqrt{n}}\right)=\text{SE}$$

n 的解可由下列方程得到：

$$n=\frac{(z_{\alpha/2})^2\sigma^2}{\text{SE}^2}$$

注意：σ 的值通常是未知的。它可以通过先前样本的标准差 s 来估计。此外，可以近似得出总体的极差 R，保守地估计出 $\sigma\approx R/4$。在任何情况下，都应该将 n 的值向上进位，以保证样本足够大，从而确保调查的可靠性。

例 6.9　确定样本量来估计 μ——橄榄球膨胀压力的均值

问题　美国职业橄榄球大联盟（NFL）的橄榄球生产商使用一种机器给新球充气，气压达到 13.5（磅力 / 平方英寸，psi）。当机器精准时，膨胀压力均值是 13.5psi，但某些无法控制的因素会导致个别球的压力在 13.3~13.7psi。为了保证质量，生产商希望在抽样误差为 0.025psi 时，用 99% 的置信区间估计膨胀压力均值。应该抽取多少样本呢？

解答　我们希望在 SE=0.025psi 时，在 99% 置信区间内估计 μ 值，由此得到，$z_{\alpha/2}=z_{0.005}=2.576$。没有 s 的先验估计，但是，由已知条件可知 $R=13.7-13.3=0.4$，保守地估计（基于切比雪夫法则）$\sigma\approx R/4=0.1$。下面我们可以用公式求得样本量 n:

$$n=\frac{(z_{\alpha/2})^2\sigma^2}{\mathrm{SE}^2}\approx\frac{2.576^2\times0.1^2}{0.025^2}=106.17$$

向上进位得 $n=107$。意识到 σ 近似于 $R/4$，我们甚至可以建议将样本量指定为 $n=110$，以便更确定地实现 99% 置信区间的目标，此时的抽样误差为 0.025psi 或更小。

也可以使用统计软件获得此结果。我们在 Minitab 软件的 Power and Sample Size 选项中输入 $\sigma=0.1$，置信水平 $(1-\alpha)=0.99$，边际误差（ME）=0.025，选择估计均值，得到的输出如图 6-17 所示。样本值 107 在输出结果的底部以阴影标出。

Sample Size for Estimation

Method

Parameter	Mean
Distribution	Normal
Standard deviation	0.1 (population value)
Confidence level	99%
Confidence interval	Two-sided

Results

Margin of Error	Sample Size
0.025	107

图 6-17　计算例 6.9 的样本量 (Minitab)

回顾　要确定抽样误差 SE 的值，需确定 μ 的值。

有时，由公式计算得出的样本量较小（比如 $n<30$）。遗憾的是，这样求得的解是无效的，因为小样本的程序和假设与大样本不同，这一点我们在 6.3 节可以看到。因此在这种情况下，如果由公式得到一个小样本量，我们的一个简单策略是选择样本量为 $n=30$。

估计总体比例

上述方法可以很容易地应用于总体比例 p。例如，在例 6.6 中，某公司在顾客中随机抽取 1 000 人作为样本，计算喜欢其谷类早餐品牌的顾客所占比例。继而，我们获得了 95% 的置信区间，求得该区间为 0.313 ± 0.029。假设该公司想更精确地估计其产品在市场上的占有率，也就是说 95% 的置信区间在 0.015 范围内。

公司想要一个 p 的置信区间，此时抽样误差 SE=0.015。可通过解下列方程计算得到产生该

置信区间所需的样本量 n（见图 6-18）:

$$z_{\alpha/2}\,\sigma_{\hat{p}}=\text{SE} \text{ 或 } z_{\alpha/2}\sqrt{\frac{pq}{n}}=0.015$$

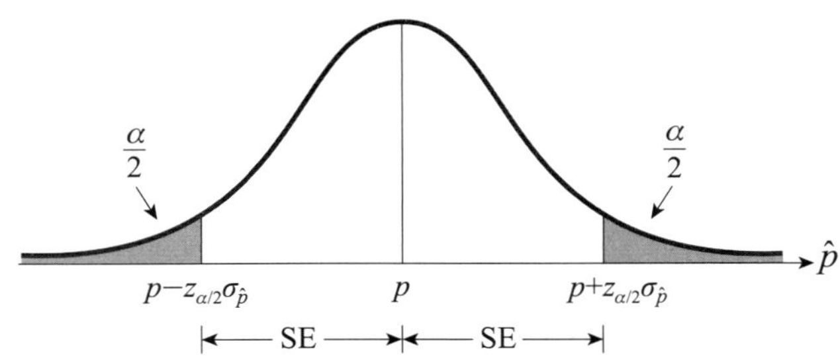

图 6-18　一个总体比例 p 在指定抽样误差范围时的置信区间

由于希望得到 95% 的置信区间，合适的 z 得分是 $z_{\alpha/2}=z_{0.025}=1.96$。在解方程求 n 之前，必须得到 pq 的近似值。如表 6-6 所示，p 和 q 的值越接近 0.5，它们的乘积就越大。因此，要求出一个可以产生符合指定可靠性的大样本量，我们一般选择一个近似于 0.5 的 p。但在食品公司的例子中，我们有初始估计的 $\hat{p}=0.313$，那么，可以取 $p=0.35$ 从而得到 pq 的较大的估计值。代入方程中求出 n:

$$1.96\sqrt{\frac{0.35\times0.65}{n}}=0.015$$

$$n=\frac{1.96^2\times0.35\times0.65}{0.015^2}=3\,884.28\approx3\,885$$

为了获得顾客中偏好其品牌的总体比例的抽样误差在 0.015 以内的 95% 的置信区间，该公司必须至少抽取 3 885 名顾客。

方框内给出了计算具有指定抽样误差 SE 的总体比例 p 所需样本量的程序。

为估计 p 的 $(1-\alpha)100\%$ 置信区间确定样本量

为估计二项分布的概率 p，给定抽样误差 SE 和 $(1-\alpha)100\%$ 置信水平，通过解下列方程得到所需的样本量:

$$z_{\alpha/2}\sqrt{\frac{pq}{n}}=\text{SE}$$

n 的解是:

$$n=\frac{(z_{\alpha/2})^2(pq)}{\text{SE}^2}$$

注意：由于 pq 的值通常是未知的，我们可以使用样本中的成功比例 $\hat{p}$ 的值。回顾表 6-6，当 $p=q=0.5$ 时，pq 值最大，因此，通过近似 p 为 0.5，可以保守地估计出 n。在任何情况下，都应该将 n 的值向上进位，以保证样本足够大，从而确保调查的信度。

例 6.10　估计 p 所需的样本量——手机有缺陷的比例

问题　一家手机制造商遇到了客户投诉过多的问题，客户随后将手机退回进行维修或更换。制造商想要确定问题的严重程度，以便估计其保修责任。公司应从其仓库中随机抽样并检查多少部手机，以便得到

置信水平为 90%、抽样误差在 0.01 之内的缺陷比例 p 的估计？

解答 为了得到置信水平为 90%、抽样误差在 0.01 之内的缺陷比例 p 的估计，置信区间的一半宽度为 SE=0.01，见图 6-19。

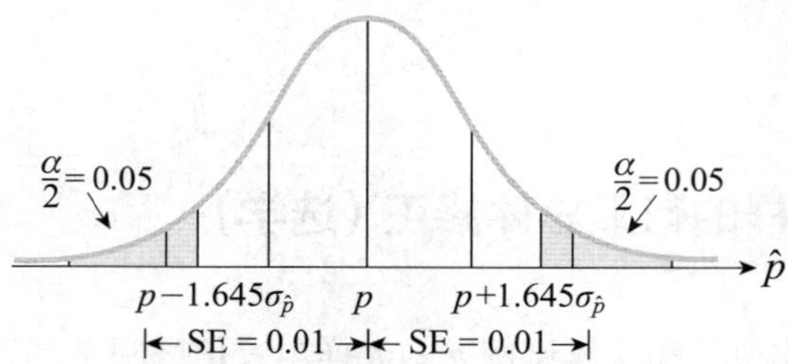

图 6-19 指定可靠性估计例 6.10 中的缺陷比例

样本量 n 的方程要求对 pq 的乘积进行估计。多数情况下，我们能够估计出 pq=0.25(例如使用 p=0.5)，但是在估计缺陷比例时，这样做可能显得过于保守。0.1 表示 10% 的缺陷，对于此应用可能足够大。因此，可得到：

$$n=\frac{(z_{\alpha/2})^2(pq)}{\text{SE}^2}=\frac{1.645^2\times0.1\times0.9}{0.01^2}=2\ 435.4\approx2\ 436$$

因此，为了得到置信水平为 90%、抽样误差在 0.01 之内的缺陷比例 p 的估计，制造商应该抽取 2 436 部手机。

回顾 这个答案依据的是我们对 pq 的近似，这里我们使用的是 0.09。如果缺陷比例接近 0.05 而不是 0.10，我们可以使用 1 286 部手机来估计置信水平为 90%、抽样误差在 0.01 之内的缺陷比例 p。

在最终确定要选择的样本量以估计 μ 或 p 时，抽样成本发挥着重要的作用。虽然可以推导出更复杂的公式来平衡可靠性和成本，但我们仍然要求解必要的样本量，并注意抽样预算可能是一个限制因素。(请参阅参考资料以更完整地处理此问题。) 一旦确定了样本量 n，一定要设计一个抽样计划，以确保从目标总体中选择具有代表性的样本。

回顾实践中的统计

确定样本量

在本章前面的“实践中的统计”专栏中，我们将置信区间用于：(1) 估计医保欺诈研究中超标支付金额的总体均值 μ；(2) 估计医保提供者记录错误率 p，即索赔中记录错误的比例。这两个置信区间都基于从医保提供者处理的索赔总体中随机抽取的 52 个索赔记录。那么，美国司法部是如何确定抽取的样本量的？

考虑估计记录错误率 p 的问题。之前在“回顾实践中的统计”提到美国司法部发现记录错误率是 50%。假定美国司法部想在 95% 的置信水平下且抽样误差不超过 0.1 时，估计真实记录错误率。为了获得想要的估计，那么需要随机抽取多少样本呢？

这里，美国司法部期望抽样误差 SE=0.1，置信水平 1-α=0.95 (此时，$z_{\alpha/2}=1.96$)，估计 $p\approx0.50$。将这些值代入样本量公式，我们得到：

$$n=(z_{\alpha/2})^2\ (pq)/\text{SE}^2=(1.96^2\times0.5\times0.5)/0.1^2=96.04$$

结果是，美国司法部如果要使 p 的抽样误差为 0.10，并获得 96% 的置信区间，大约要随机抽取 97 个

索赔样本。

（注：你可能想知道为什么实际用于欺诈分析的样本仅包含 52 个索赔。所采用的抽样策略不仅仅涉及选择一个简单的随机样本；相反，它使用了一种更复杂的抽样方案，称为分层随机抽样（参见 1.6 节）。52 个索赔仅代表其中一个层的样本。）

6.6 简单随机抽样的有限总体修正（选学）

前面提到，总体均值 μ 和总体比例 p 的大样本置信区间是基于从目标总体中选择的一个简单随机抽样。虽然我们没有说明，但是程序假定总体中观测（即抽样单位）的数量 N 相对于样本量 n 来说很大。

在某些情况下样本量 n 是总体中的全部抽样单位 N 的 5% 或 10%。当样本量相对于总体来说很大时（见下面的框），μ 和 p 的估计值的标准误（分别见 6.2 节和 6.4 节）应该乘以一个**有限总体修正因子**（finite population correction factor）。

有限总体修正因子的形式取决于怎样定义总体方差 σ^2。为了简化标准误的计算公式，一般把方差定义为误差平方和除以 $N-1$，要好于除以 N（类似于我们定义样本方差）。如果我们沿用这一方法，有限总体修正因子变为$\sqrt{(N-n)N}$，然后，估计$\bar{x}$和$\hat{p}$的标准误，如下面的框所示。[①]

有限总体修正因子的经验法则

当 $n/N > 0.05$ 时，使用有限总体修正因子（见下面的框）。

规模为 N 的有限总体的简单随机抽样

总体均值的估计

估计标准误：

$$\hat{\sigma}_{\bar{x}} = \frac{s}{\sqrt{n}}\sqrt{\frac{N-n}{N}}$$

近似的 95% 置信区间：$\bar{x} \pm 2\hat{\sigma}_{\bar{x}}$

总体比例的估计

估计的标准误：

$$\hat{\sigma}_{\hat{p}} = \sqrt{\frac{\hat{p}(1-\hat{p})}{n}}\sqrt{\frac{N-n}{N}}$$

近似的 95% 置信区间：$\hat{p} \pm 2\hat{\sigma}_{\hat{p}}$

注意：由于我们使用 2 近似 $z_{0.025}=1.96$，因此置信区间是“近似的”。

例 6.11 有限总体修正因子的应用——铝箔的制造

问题 一家专业制造商想要购买铝箔的边角料。所有厚度相同的铝箔存储在 1 462 卷中，每卷包含不同数量的铝箔。为了估计所有卷中铝箔的总平方英尺数，制造商随机抽取 100 卷并测量每卷中的平方英尺数。样本均值为 47.4，样本标准差为 12.4。

① 对大多数调查和民意测验来说，有限总体修正因子大约等于 1，如果需要的话，可以放心地忽略。不过，如果 $n/N > 0.05$，计算标准误时应考虑有限总体修正因子。

a. 给 1 462 卷铝箔的平均量构造一个大约 95% 的置信区间。

b. 将 a 中得到的置信区间乘以 1 462 来估计所有铝箔的量，解释结果。

解答 a. 每一卷铝箔都是抽样单位，总体中共有 N=1 462 个抽样单位，样本量是 n=100。因为 n/N=100/1 462=0.068>0.05，所以我们需要应用有限总体修正因子。由于 n=100，$\bar{x}$=47.4，s=12.4，将这些数值代入公式，我们可以得到近似的 95% 的置信区间为：

$$\bar{x} \pm 2\frac{s}{\sqrt{n}}\sqrt{\frac{N-n}{N}}=47.4 \pm 2\times\frac{12.4}{\sqrt{100}}\times\sqrt{\frac{1\,462-100}{1\,462}}=47.4 \pm 2.39$$

或者是 (45.01, 49.79)。

b. 对规模为 N 的总体，总体中所有的测量值 (总体总数) 是：

$$\sum_{i=1}^{N} x_i = N\mu$$

因为 a 中的置信区间估计了 μ，所以总体总数可以用 N 乘以该区间的端点得到，即

下限 $=N\times 45.01=1\,462\times 45.01=65\,804.6$

上限 $=N\times 49.79=1\,462\times 49.79=72\,793.0$

因此，制造商估计铝箔的总量在 65 805 平方英尺到 72 793 平方英尺之间，置信度为 95%。

回顾 如果制造商想采取保守的态度，铝箔的出价将基于置信区间的下限，即 65 805 平方英尺的铝箔。

6.7 总体方差的置信区间（选学）

在前面的章节，我们讨论了总体均值或比例的区间估计。在选学的本节中，我们将讨论总体方差 σ^2 的置信区间。

回顾例 1.5，美国陆军工程兵部队在亚拉巴马州研究田纳西河中鱼类的污染情况，主要关注受污染的鱼类重量是否稳定，也就是说鱼类重量的变异性有多大。关键词“变异性”表示了目标总体参数是 σ^2，即指所有生活在田纳西河的受污染鱼类的体重的方差。当然，σ^2 的真实值未知。因此，美国陆军工程兵部队想要以高的置信水平估计方差的值。

直觉上，可用样本方差 s^2 估计总体方差 σ^2。然而，与样本均值或比例不同，s^2 的抽样分布不服从正态 (z) 分布或学生 t 分布。如果特定的假设成立，s^2 的抽样分布近似服从**卡方分布**（chi-square distribution）。卡方概率分布像 t 分布一样，其分布特征与自由度有关。不同自由度的卡方分布如图 6-20 所示，你可以看到卡方分布不同于 z 分布或 t 分布，它不关于 0 对称。

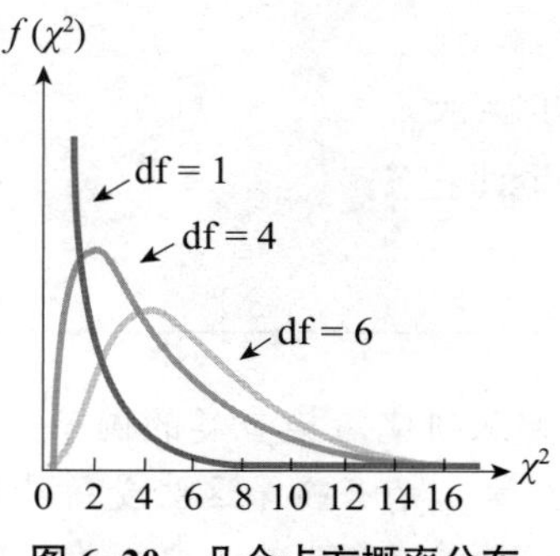

图 6-20 几个卡方概率分布

附录中的表Ⅳ给出了卡方分布的右尾面积，表 6-7 列出了其中一部分。卡方分布右尾面积 α 对应的 χ^2 值记为χ_α^2，即有 $P(\chi^2 > \chi_\alpha^2)=\alpha$。与 t 统计量一样，与 s^2 统计有关的自由度为 $n-1$。因此，对应 $n=10$，$\alpha=0.05$，根据表 6-7 得到自由度 $n-1=9$ 和$\chi_{0.05}^2=16.919\ 0$（在表 6-7 中以阴影处理）。

表 6-7 附录中表Ⅳ节选

自由度	$\chi^2_{0.100}$	$\chi^2_{0.050}$	$\chi^2_{0.025}$	$\chi^2_{0.010}$	$\chi^2_{0.005}$
1	2.705 54	3.841 46	5.023 89	6.634 90	7.879 44
2	4.605 17	5.991 47	7.377 76	9.210 34	10.596 6
3	6.251 39	7.814 73	9.348 40	11.344 9	12.838 1
4	7.779 44	9.487 73	11.143 3	13.276 7	14.860 2
5	9.236 35	11.070 5	12.832 5	15.086 3	16.749 6
6	10.644 6	12.591 6	14.449 4	16.811 9	18.547 6
7	12.017 0	14.067 1	16.012 8	18.475 3	20.277 7
8	13.361 6	15.507 3	17.534 6	20.090 2	21.955 0
9	14.683 7	16.919 0	19.022 8	21.666 0	23.589 3
10	15.987 1	18.307 0	20.483 1	23.209 3	25.188 2
11	17.275 0	19.675 1	21.920 0	24.725 0	25.756 9
12	18.549 4	21.026 1	23.336 7	26.217 0	28.299 5
13	19.811 9	22.362 1	24.735 6	27.688 3	29.819 4
14	21.064 2	23.684 8	26.119 0	29.141 3	31.319 3
15	22.307 2	24.995 8	27.488 4	30.577 9	32.801 3
16	23.541 8	26.286 2	28.845 4	31.999 9	34.267 2
17	24.769 0	27.587 1	30.191 0	33.408 7	35.718 5
18	25.989 4	28.869 3	31.526 4	34.805 3	37.156 4
19	27.203 6	30.143 5	32.852 3	36.190 8	38.582 2

通过卡方分布可以得到 σ^2 的置信区间，见下面的框，随后还有举例。

σ^2 的 $(1-\alpha)100\%$ 置信区间

$$\frac{(n-1)s^2}{\chi_{\alpha/2}^2} \leqslant \sigma^2 \leqslant \frac{(n-1)s^2}{\chi_{(1-\alpha/2)}^2}$$

式中，$\chi_{\alpha/2}^2$和$\chi_{(1-\alpha/2)}^2$分别表示自由度为 $n-1$ 的卡方分布中右尾和左尾面积为 $\alpha/2$ 时所对应的值。

σ^2 有效置信区间所需的条件

1. 从目标总体中选择一个随机样本。
2. 感兴趣的总体的频数分布近似正态。

例 6.12 估计 σ^2——受污染鱼类重量的方差

问题 回顾前面提到的美国陆军工程兵部队研究污染鱼类的例子。美国陆军工程兵部队随机收集了一个样本数据，即 144 条受 DDT 污染的鱼的重量。可以确保这些受污染的鱼是从不同溪流和河流支流中随机捕获的。这些鱼的重量数据（单位：克）保存在 DDT 文件中。美国陆军工程兵部队想要估计鱼类重量

的真实方差，从而确定鱼类重量是否稳定，进一步决定是否继续做河流 DDT 污染检验。

a. 使用样本数据构造感兴趣参数的 95% 置信区间。

b. 确定 a 部分得到的置信区间是否有效。

解答 a. 这里，目标参数是 σ^2，即受污染鱼类重量的方差。首先，为了估计置信区间，我们需要计算样本方差 s^2。图 6-21 给出了利用 Minitab 得到的样本数据的描述性统计。你可以知道 s=376.5 克，从而得到 s^2=376.5^2=141 752.25。

Descriptive Statistics: WEIGHT

Statistics

Variable	N	Mean	StDev	Minimum	Median	Maximum
WEIGHT	144	1049.7	376.5	173.0	1000.0	2302.0

图 6-21　例 6.12 鱼类重量的描述性统计 (Minitab)

然后，我们需要计算卡方分布的临界值 $\chi^2_{\alpha/2}$ 和 $\chi^2_{(1-\alpha/2)}$。对于 95% 的置信区间，α=0.05，$\alpha/2$=0.025，$(1-\alpha/2)$=0.975。因此，我们需要知道 $\chi^2_{0.025}$ 和 $\chi^2_{0.975}$。现在，样本量 n=144，与分布对应的自由度 df=(n−1)=143。查附录的表Ⅳ中 df=150 一行 (最接近 143 的一行)，我们得到 $\chi^2_{0.025}$ =185.800 和 $\chi^2_{0.975}$ =117.985。当然，这些是 χ^2 的近似值。

将这些值代入上面框中给出的公式，得到：

$$\frac{(144-1)\times 376.5^2}{185.500} \leqslant \sigma^2 \leqslant \frac{(144-1)\times 376.5^2}{117.985}$$

或者

$$109\,275 \leqslant \sigma^2 \leqslant 171\,806$$

因此，美国陆军工程兵部队可以有 95% 的把握相信受污染鱼类重量的总体方差在 109 275~171 806。

b. 根据上面的框所示，确保置信区间有效需要两个条件：第一，样本是从总体中随机选取的。这的确做到了，鱼是从田纳西河的各个地点随机捕获的。第二，总体数据 (鱼类重量) 必须近似正态分布。样本数据绘制的直方图见图 6-22。很显然，数据近似正态分布。因此，a 部分得到的置信区间是有效的。

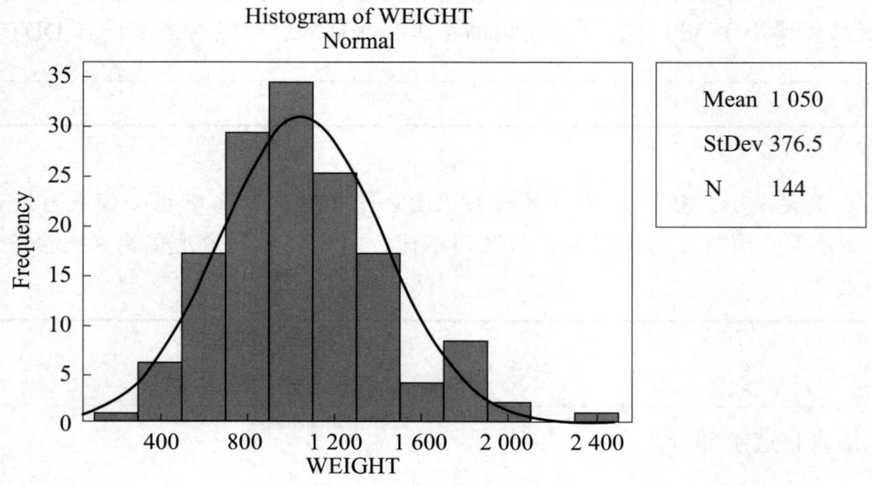

图 6-22　例 6.12 鱼类重量直方图 (Minitab)

回顾　这个置信区间在帮助美国陆军工程兵部队确定鱼的重量是否稳定方面是否起到实际作用？显然，只有清楚鱼类重量方差的含义才能回答。最有可能的是，美国陆军工程兵部队希望区间的单位与鱼类

重量单位（克）一致。因此，他们想要计算 σ 的置信区间（即鱼类重量的标准差）。下一个例子会说明如何获得该区间。

例 6.13 估计 σ——受污染鱼类重量的标准差

问题 参见例 6.12，计算受污染鱼类重量的标准差 σ 的 95% 置信区间。

解答 对 σ^2 置信区间的上、下界开方，就得到 σ 的置信区间，从而 σ 的 95% 置信区间为：

$$\sqrt{109\ 275}\leqslant\sigma\leqslant\sqrt{171\ 806}$$

或者

$$330.5\leqslant\sigma\leqslant414.5$$

因此，美国陆军工程兵部队可以有 95% 的把握相信鱼类重量的标准差在 330.5~414.5 克。

注意：请记住，我们使用 χ^2 的近似值来计算区间。如果你使用统计软件，可以获得自由度 df=143 的 $\chi^2_{0.025}$ 和 $\chi^2_{0.975}$ 的值用于计算置信区间。使用 Minitab 得到的精确的 95% 置信区间如图 6–23 所示。

Method

σ: standard deviation of WEIGHT
The Bonett method is valid for any continuous distribution.
The chi-square method is valid only for the normal distribution.

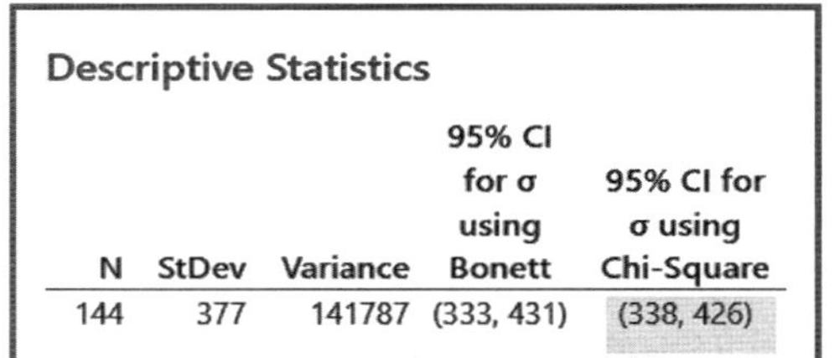

Descriptive Statistics

N	StDev	Variance	95% CI for σ using Bonett	95% CI for σ using Chi-Square
144	377	141787	(333, 431)	(338, 426)

图 6–23 重量标准差的 95% 置信区间（使用 χ^2 的精确值，Minitab）

回顾 假定美国陆军工程兵部队使用的阈值是 σ=500 克。也就是说，如果鱼类重量的标准差为 500 克或更大，则由于鱼类重量的不稳定，将暂停进一步的 DDT 污染检测。因为现在计算的鱼类重量标准差 σ 的 95% 的置信区间小于 500 克，所以美国陆军工程兵部队将继续对鱼类进行 DDT 污染检测。

提示

无论样本量大或小，估计 σ^2 或 σ 的过程需要一个假设。样本数据必须来自近似正态的总体。与基于 t 分布的均值 μ 的小样本置信区间不同，总体轻微到中度偏离正态会导致 σ^2 的卡方置信区间无效。

关键术语

说明：带 * 的术语来自选学部分。

总体比例的调整后 $(1-\alpha)100\%$ 置信区间（adjusted $(1-\alpha)100\%$ confidence interval for a population proportion）

* 卡方分布（chi-square distribution）

置信系数 (confidence coefficient)

置信区间 (confidence interval)

置信水平 (confidence level)

自由度 (degrees of freedom)

*有限总体修正因子 (finite population correction factor)

区间估计 (interval estimator)

p 的大样本置信区间 (large-sample confidence interval for p)

点估计（point estimator）

均值的标准误（standard error of the mean）

抽样误差（sampling error）

目标参数（target parameter）

t 统计量（t-statistic）

z 统计量（z-statistic）

关键符号

θ——总体参数

μ——总体均值

σ^2——总体方差

σ——总体标准差

p——总体比例；二项试验中的成功概率

q——$1-p$

$\bar{x}$——样本均值 (μ 的估计)

$\hat{p}$——样本比例 (p 的估计)

$*s^2$——样本方差 (σ^2 的估计)

$\mu_{\bar{x}}$——$\bar{x}$的总体抽样分布的均值

$\sigma_{\bar{x}}$——$\bar{x}$的总体抽样分布的标准差

$\sigma_{\hat{p}}$——$\hat{p}$的抽样分布的标准差

SE——估计的抽样误差

α——$1-\alpha$ 表示置信系数

$z_{\alpha/2}$——建立 μ 或 p 的 $(1-\alpha)100\%$ 大样本置信区间时使用的 z 值

$t_{\alpha/2}$——建立 μ 的 $(1-\alpha)100\%$ 的小样本置信区间时，所用的 t 值

*N——目标总体的观测数

* $\chi^2_{\alpha/2}$——估计 σ^2 的 $(1-\alpha)100\%$ 置信区间时，所使用的卡方值

关键知识点

总体参数，估计量，标准误：

参数（θ）	估计量（$\hat{\theta}$）	标准误的估计量（σ_{θ}）	估计的标准误（$\hat{\sigma}_{\hat{\theta}}$）
均值，μ	$\bar{x}$	$\sigma/\sqrt{n}$	$s/\sqrt{n}$
比例，p	$\hat{p}$	$\sqrt{pq/n}$	$\sqrt{\hat{p}\hat{q}/n}$
* 方差，σ^2	s^2	—	—

置信区间：

以 $1-\alpha$ 置信水平包含未知总体参数的区间。

置信系数：

一个随机选择的置信区间包含总体参数真实值的概率 $(1-\alpha)$。

识别目标参数的关键词：

μ——均值

p——比例、分数、百分比、比率、概率

*σ^2——方差、变异性、离散度

建立大样本置信区间常用的 z 得分：

90% 置信区间：$(1-\alpha)=0.10$ $z_{0.05}=1.645$

95% 置信区间：$(1-\alpha)=0.05$ $z_{0.025}=1.96$

98% 置信区间：$(1-\alpha)=0.02$ $z_{0.01}=2.326$

99% 置信区间：$(1-\alpha)=0.01$ $z_{0.005}=2.576$

选取样本量 n：

估计 μ ：$n=(z_{\alpha/2})^2\sigma^2/\text{SE}^2$

估计 p ：$n=(z_{\alpha/2})^2pq/\text{SE}^2$

*** 有限总体修正因子（当 $n/N>0.05$）：**

估计 μ：$\hat{\sigma}_{\bar{x}}=\dfrac{s}{\sqrt{n}}\sqrt{\dfrac{N-n}{N}}$

估计 p：$\hat{\sigma}_{\hat{p}}=\sqrt{\dfrac{p(1-p)}{n}}\sqrt{\dfrac{N-n}{N}}$

构造置信区间指南

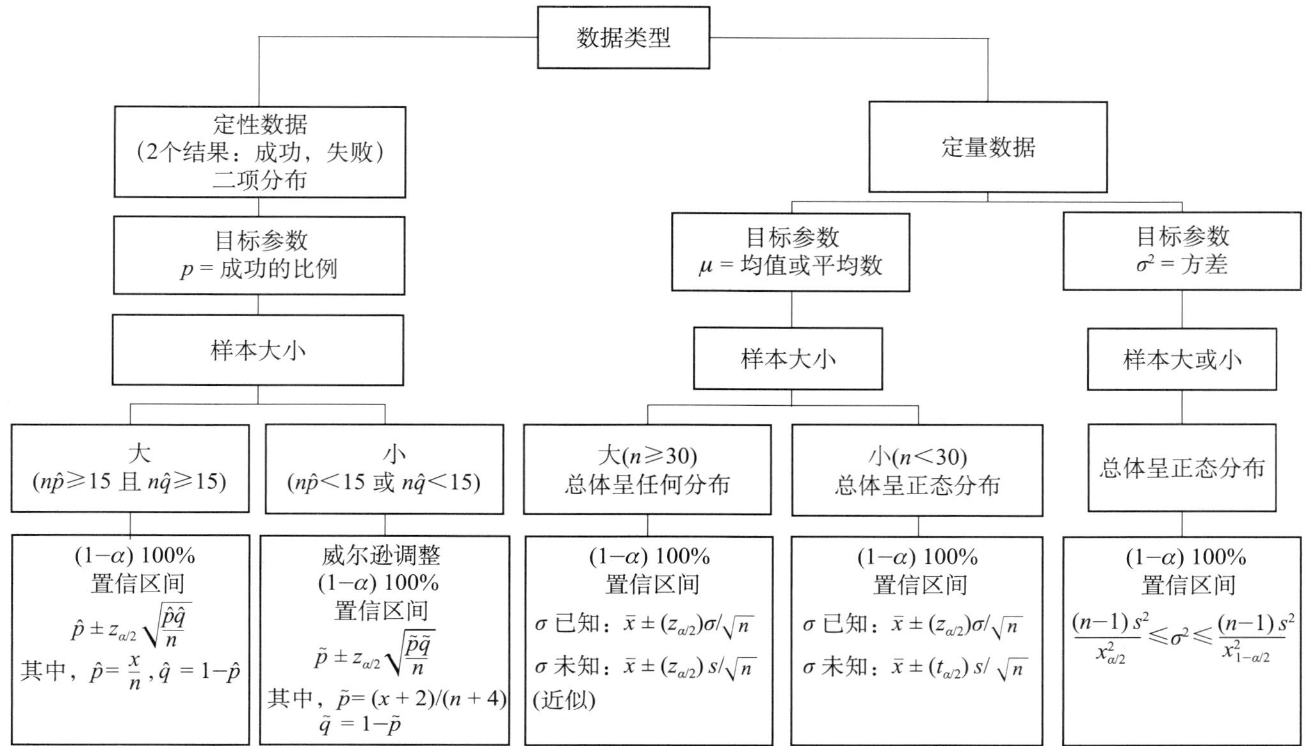

练习题

1. 从平均值 μ 未知且标准差 σ 已知的总体中随机选择由 n 个测量值构成的样本。计算以下每种情况下 μ 的 95% 置信区间：

   a. n=75，$\bar{x}$=28，σ^2=12

   b. n=200，$\bar{x}$=102，σ^2=22

   c. n=100，$\bar{x}$=15，σ=0.3

   d. n=100，$\bar{x}$=4.05，σ^2=0.83

   e. 为了确保 a 至 d 部分置信区间的有效性，是否需要假设样本是取自服从正态分布的总体？ 请给出解释。

2. 瓶装水中的细菌。你喝的瓶装水安全吗？美国自然资源保护协会（Natural Resources Defense Council）警告说，你饮用的瓶装水可能含有比州和联邦法规允许的更多的细菌和其他潜在致癌化学物质。在研究的 1 000 多瓶水中，近 1/3 超过了政府标准。假设自然资源保护协会想要对违反至少一项政府标准的瓶装水的总体比例进行最新估计。 确定估计此比例所需的样本量（瓶数），使其误差在 ±0.01 以内，置信度为 99%。

3. 根据以下给定的值，求出σ^2和σ的 90% 的置信区间。

   a. $\bar{x}$=21，s=2.5，n=50

   b. $\bar{x}$=1.3，s=0.02，n=15

   c. $\bar{x}$=167，s=31.6，n=22

   d. $\bar{x}$=9.4，s=1.5，n=5

4. 对乳胶过敏的医护工作者。在一个有 46 名医护工作者的样本中，每一位都根据接触乳胶手套的皮肤点刺测试被诊断为乳胶过敏（《当代过敏和临床免疫学》（*Current Allergy & Clinical Immunology*），2004 年 3 月）。每周使用乳胶手套数量的统计结果为：$\bar{x}$=19.3，s=11.9。

   a. 求出所有乳胶过敏的医护工作者每周使用乳胶手套的数量的均值的点估计。

   b. 求出所有乳胶过敏的医护工作者每周使用乳胶手套的数量的均值的 95% 置信区间。

   c. 给出问题 b 中区间的实际解释。

   d. 给出问题 b 中区间有效的条件。

5. 常规健康调查。佐治亚州的亚特兰大市疾病控制预防中心每年都会举行一次美国人群常规健康调查，

这也是其行为危险因素监督系统的部分研究内容。通过随机拨号，该中心对美国 18 岁以上的市民进行电话访问，询问下面四个问题：

a. 您的健康状况总体上是优秀、非常好、良好、一般，还是差？

b. 过去 30 天内，您有多少天因为受伤或生病导致身体健康状况不佳？

c. 过去 30 天内，您有多少天因为压力、抑郁或情绪问题导致心理健康状况不佳？

d. 过去 30 天内，您有多少天因为身体或心理健康状况导致无法进行日常活动？

确定上述每个问题感兴趣的参数。

6. 开车时使用手机有撞车的风险。研究表明，驾驶员在驾驶机动车时使用手机会增加发生事故的风险。为了量化这种风险，《新英格兰医学杂志》（*New England Journal of Medicine*，2014 年 1 月 2 日）报告了新手司机和熟练司机在使用手机时发生车祸（或接近车祸）的风险。在 371 例新手司机开车时使用手机的案例中，有 24 例导致车祸（或接近车祸）。在 1 467 名熟练司机在开车时使用手机的案例样本中，有 67 例导致车祸（或接近车祸）。

a. 对使用手机的新手司机的真实车祸风险（可能性）p，给出点估计。

b. 求 p 的 95% 置信区间。

c. 给出 b 部分区间的实际解释。

d. 对于熟练司机，请重复 a 至 c 部分。

7. 饮用水中的铅和铜。佛罗里达州希尔斯伯勒县水务部门定期检测居民的饮用水中是否含有污染物（比如铅和铜）。研究人员抽取了水晶湖庄园地区的 10 位居民的水样，其中铅和铜的含量见下表，同时给出了 Minitab 软件的分析结果。

铅（微克 / 升）	铜（毫克 / 升）
1.32	0.508
0	0.279
13.1	0.320
0.919	0.904
0.657	0.221
3.0	0.283
1.32	0.475
4.09	0.130
4.45	0.220
0	0.743

资料来源：Data from Hillsborough Country Water Department Environmental Laboratory, Tampa, Florida.

Descriptive Statistics

Sample	N	Mean	StDev	SE Mean	90% CI for μ
LEAD	10	2.89	3.92	1.24	(0.61, 5.16)
COPPER	10	0.4083	0.2495	0.0789	(0.2637, 0.5529)

μ: mean of LEAD, COPPER

a. 找出水晶湖庄园地区水样中铅含量均值的 90% 置信区间。

b. 找出水晶湖庄园地区水样中铜含量均值的 90% 置信区间。

c. 给出问题 a 和问题 b 中区间的实际解释。

d. 讨论 90% 置信水平的含义。

8. 水污染测试。EPA 机构想测试随机抽取的 n 份水样，并估计采矿作业导致的每日污染率。如果在样本误差为 1 毫克 / 升的情况下，得到污染率的 95% 的置信区间，那么需要抽取多少水样？假设先验知识表明一天内采集的水样中的污染读数近似正态分布，其标准差为 5 毫克 / 升。

9. 雇员滥用药品问题。根据新泽西州委员会对无吸毒工作环境的报告，在抽取的 72 家成员企业中有 50 家企业承认它们存在雇员滥用药品问题。当时，新泽西州委员会有 251 家企业。使用有限总体修正因子构造比例的 95% 置信区间，这里的比例指存在雇员滥用药品问题的所有新泽西州委员会成员企业所占比例。解释产生的区间。

10. 拖拉机的滑行距离最小化。当为了运输木材计划修建一条新的森林公路时，规划者要选好地址以便使拖拉机的滑行距离最小化。在《森林工程期刊》（*Journal of Forest Engineering*）中，研究者希望估计在一个欧洲森林的新公路上拖拉机滑行距离的真实均值。研究者在随机挑选的 20 条公路上测量了滑行距离（以米为单位），各项数据如下表所示：

488	350	457	199	285	409	435	574	439	546
385	295	184	261	273	400	311	312	141	425

资料来源：Based on J. Tujek and E. Pacola, " Algorithms

for Skidding Distance Modeling on a Raster Digital Terrain Model," *Journal of Forest Engineering*, Vol. 10, No. 1, July 1999 (Table 1).

a. 用 95% 的置信区间来估计滑行距离的真实均值。

b. 给出问题 a 的实际解释。

c. 使得问题 b 有效的要求是什么？这些要求是否满足？

d. 一个伐木工人说平均滑行距离至少是 425 米，你同意吗？

参考文献

1. Agresti, A., and Coull, B. A. "Approximate is better than 'exact' for interval estimation of binomial proportions," *The American Statistician*, Vol. 52, No. 2, May 1998, pp. 119–126.
2. Arkin, H. *Sampling Methods for the Auditor*. New York：McGraw-Hill, 1982.
3. Cochran, W. G. *Sampling Techniques*, 3rd ed. New York：Wiley, 1977.
4. Freedman, D., Pisani, R., and Purves, R. *Statistics*. 4th ed. New York：Norton, 2007.
5. Kish, L. *Survey Sampling*. New York：Wiley, 1965.
6. Mendenhall, W., Beaver, R. J., and Beaver, B. *Introduction to Probability and Statistics*, 15th ed. Boston：Cengage Learning, 2019.
7. Wilson, E. G. "Probable inference, the law of succession, and statistical inference," *Journal of the American Statistical Association*, Vol. 22, 1927, pp. 209–212.

第7章 基于单样本的统计推断：假设检验

我们将要学习：

- 假设检验的概念
- 一种衡量假设检验可靠性的方法，称作显著性水平的检验
- 检验总体参数的某个特定值（均值、比例或方差），称作假设检验
- 怎样估计检验的可靠性

实践中的统计

舒洁纸巾使用者的日记——盒子里有多少纸巾？

1924 年，金佰利公司（Kimberly-Clark Corporation）发明了一种用于去除润肤霜的面巾纸，并开始将其作为舒洁（Kleenex®）牌纸巾进行营销。如今，舒洁已被公认为世界上最畅销的纸巾品牌。有各种各样的舒洁产品可供选择，从特大号纸巾到含乳液的纸巾。在过去的几十年里，金佰利公司将纸巾包装在不同大小和形状的盒子中，并改变了每个盒子中装有的纸巾数量。例如，通常一个家庭用盒有 144 张两层纸巾，一个感冒护理盒有 70 张纸巾（涂有乳液），一个方便装有 15 张小号纸巾。

金佰利公司是如何决定每个盒子里放多少张纸巾的呢？据《华尔街日报》报道，该公司的营销人员利用对舒洁顾客的调查结果来帮助确定每个盒子里应该装多少张纸巾。20 世纪 80 年代中期，金佰利公司开发出专为感冒患者设计的感冒护理盒时，公司就对此进行了初步的顾客调查。数百名顾客被要求在日记中记录他们使用面巾纸的数量。据《华尔街日报》报道，调查结果表明“毫无疑问公司应该在每个盒子里放 60 张纸巾”。60 是“人们在感冒期间擤鼻涕的平均次数”。目前，该公司仍在感冒护理（现已更名为“抗病毒”）盒中放 60 张纸巾。

根据《华尔街日报》文章提供的摘要信息，我们构建了一个数据集来表示类似于上述调查的调查结果。在名为 TISSUE 的数据文件中，我们记录了 250 名顾客在感冒期间每人使用的纸巾数量。在“回顾实践中的统计”专栏中，我们将本章介绍的假设检验方法应用于此数据集。

回顾实践中的统计

假设检验的关键要素。
检验总体均值。
检验总体比例。

假设你想确定一家快餐店的免下车服务窗口的平均等待时间是否小于 5 分钟，或者绝大多数消费者对经济状况是否持乐观态度。在这两种情况下，你感兴趣的都是对一个参数的值与一个具体数值的关系做出推断。它是小于、等于还是大于特定的数值呢？这种推断就是本章将讨论的主题：**假设检验**（test of hypothesis）。

在 7.1 节至 7.3 节中我们将介绍假设检验的基本要素，在 7.4 节中将介绍对总体均值的大样本假设检验，在 7.5 节中将对均值进行小样本检验，在 7.6 节中将介绍二项概率的大样本检验，在 7.7 节中将介绍如何对总体方差进行检验，最后在 7.8 节中将讨论确定检验可靠性的一些更高级的方法。

7.1 假设检验的要素

假设某一个城市的建设规范要求，住宅的下水管的平均抗断强度大于 2 400 磅 / 英尺（即每线性英尺）。每个想要在这个城市销售管道的制造商都必须证明其产品符合规范。请注意，我们感兴趣的是对总体的均值进行推断。然而，在本例中，我们更感兴趣的是对总体均值的假设检验，而不是对总体均值的估计——我们想判断下水管的平均抗断强度是否超过 2 400 磅 / 英尺。

统计上的**假设**（hypothesis）是一个关于总体参数取值的陈述。

用来得出结论的方法基于前几章提到的小概率事件的概念。我们定义两个假设：（1）原假设：代表了进行抽样试验的一方的现状——除非数据提供令人信服的证据证明它是错误的，否则该假设将被接受。（2）备择假设 / 研究假设：只有在数据提供令人信服的证据证明其真实性时才会被接受。从进行检验的城市的角度来看，原假设是制造商的下水管不符合规范要求，除非检验提供令人信服的证据。因此原假设和备择假设是

原假设 (H_0)：$\mu \leq 2\,400$（即制造商的下水管不符合规范要求）

备择（研究）假设 (H_a)：$\mu > 2\,400$（即制造商的下水管符合规范要求）

原假设（null hypothesis），记为 H_0，表示假设为真，除非数据提供令人信服的证据证明它是假的。原假设通常代表“现状”或研究者希望验证的一些关于总体参数的论断。

备择假设 / 研究假设（alternative/research hypothesis），记为 H_a，表示只有在数据提供令人信服的证据证明其真实性时才会被接受。这通常表示研究人员希望收集证据支持的总体参数值。

当存在足够的证据来断定制造商的下水管符合规范时，该市如何决定？因为假设与推断的总体值有关，就像我们在 6.2 节和 6.3 节中为 μ 建立置信区间时所做的那样。只有当样本均值 $\bar{x}$ 令人信服地表明总体均值超过 2 400 磅 / 英尺时，该市才会断定该下水管符合规范要求。

当 $\bar{x}$ 的值超过 2 400 的数量不能轻易归因于抽样变异性时，将存在支持备择假设的“令人信

服的”证据。为此，我们基于样本计算一个检验统计量。此处，检验统计量是 z 值，它测量 $\bar{x}$ 值和原假设中给定的 μ 值之间的距离（以标准差为单位）。当原假设包含 μ 的一个以上的值时，在本例中 (H_0：$\mu \leqslant 2\ 400$)，我们用 μ 值中最接近备择假设中给定值的那个。这一想法是，如果可以拒绝 $\mu=2\ 400$ 的假设而支持 $\mu>2\ 400$，那么肯定可以拒绝 $\mu \leqslant 2\ 400$。因此，检验统计量是

$$z=\frac{\bar{x}-2\ 400}{\sigma_{\bar{x}}}=\frac{\bar{x}-2\ 400}{\sigma/\sqrt{n}}$$

注意，$z=1$ 表示 $\bar{x}$ 在 $\mu=2\ 400$ 的上侧 1 个标准差，$z=1.5$ 表示 $\bar{x}$ 在 $\mu=2\ 400$ 的上侧 1.5 个标准差，依此类推。z 要多大才能使城市有信心拒绝原假设而接受备择假设，从而得到下水管符合规范要求的结论？

检验统计量（test statistic）是样本统计量，根据样本提供的信息计算得到，研究者用这个样本统计量在原假设和备择假设之间做出选择。

如果你观察图 7-1，会注意到 $\bar{x}$ 在 2 400 的上侧超过 1.645 个标准差的机会是 0.05——如果事实上真实的均值 μ 就是 2 400。因此，如果样本均值在 2 400 的上侧超过 1.645 个标准差，那么要么 H_0 是真的，这是一个相对小概率事件（0.05 的概率），要么 H_a 是真的，样本均值超过 2 400。因为我们总是最大可能地拒绝小概率事件发生的情形，所以我们将拒绝原假设（$\mu \leqslant 2\ 400$），并且得出备择假设（$\mu>2\ 400$）正确的结论。那么这种方法使我们得到不正确结论的概率是多少呢？

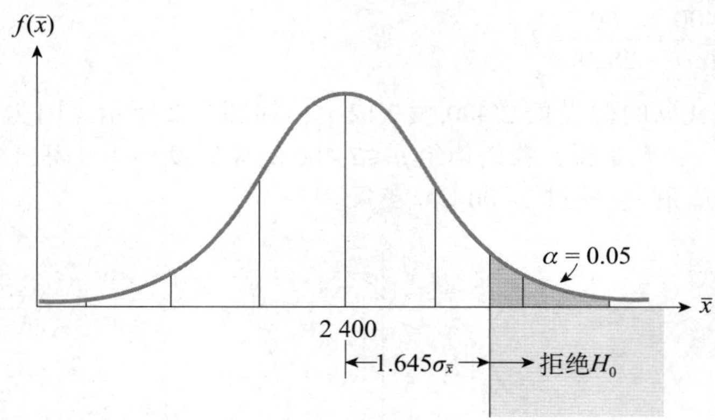

图 7-1　假设 $\mu=2\ 400$ 时 $\bar{x}$ 的抽样分布

这样一个不正确的结论——在原假设正确的情况下，判定原假设是错误的——称为第 I 类错误。如图 7-1 所示，犯第 I 类错误的风险用 α 表示，即

$\alpha=P$（第 I 类错误）

$=P$（原假设正确时拒绝原假设）

第 I 类错误（Type I error）是指当 H_0 为真的情况下拒绝原假设而接受备择假设。犯第 I 类错误的概率记为 α。

在我们的例子中，

$\alpha=P(z>1.645|\mu=2\ 400)=0.05$

现在我们总结检验的要素：

H_0：$\mu \leqslant 2\ 400$（下水管不符合规范要求）

H_a：μ>2 400(下水管符合规范要求)

检验统计量：$z=\dfrac{\bar{x}-2400}{\sigma_{\bar{x}}}$

拒绝域：z>1.645，对应的是 α=0.05

注意，拒绝域对应的是我们拒绝原假设的统计量的取值。

> 统计检验的**拒绝域**（rejection region）是检验统计量可能值的一个集合，当检验统计量的值落入这个集合时，研究者会拒绝 H_0 而接受 H_a。

为了阐明检验的使用，假设我们检验下水管的 50 段，求出这 50 个测量值的均值和标准差如下：

$\bar{x}$ =2 460 磅 / 英尺

s=200 磅 / 英尺

在估计时，当 s 是利用一个大样本测量值集合计算得到的时，我们可以用 s 来近似 σ。

检验统计量是：

$$z=\frac{\bar{x}-2\,400}{\sigma_{\bar{x}}}=\frac{\bar{x}-2\,400}{\sigma/\sqrt{n}}\approx\frac{\bar{x}-2\,400}{s/\sqrt{n}}$$

代入 $\bar{x}$ =2 460，n=50，s=200，可得：

$$z\approx\frac{2\,460-2\,400}{200/\sqrt{50}}=\frac{60}{28.28}=2.12$$

所以，样本均值比 μ 的假设值 2 400 大 2.12 $\sigma_{\bar{x}}$，如图 7-2 所示。因为 z 的值超过了 1.645，所以它落在拒绝域内。也就是说，我们拒绝 $\mu\leq$2 400 的原假设，并且得出结论：μ>2 400。即制造商的下水管的平均抗断强度超过 2 400 磅 / 英尺。

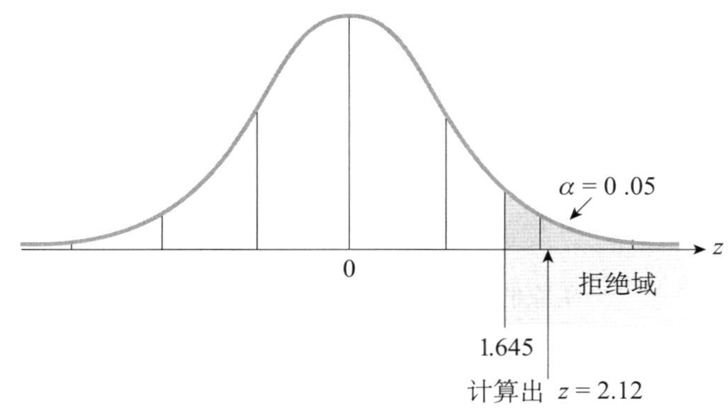

图 7-2 假设检验 H_0：μ=2 400 的检验统计量的位置

这个结论的可靠性有多高呢？若原假设为真，统计检验拒绝原假设（因此得到制造商的下水管符合规范要求的结论）的概率是多少？答案是 α=0.05，即我们选择风险水平 α 时犯第 I 类错误的概率。因此，在下水管不符合规范要求时我们的检验还有 1/20 的机会得到其符合规范要求的结论。

现在假设 50 段下水道的样本平均抗断强度 $\bar{x}$ =2 430，n=50，s=200，得到检验统计量：

$$z\approx\frac{2\,430-2\,400}{200/\sqrt{50}}=\frac{30}{28.28}=1.06$$

所以样本均值$\bar{x}$=2 430 仅仅是原假设值 μ=2 400 上侧的 1.06 个标准差。如图 7-3 所示，这个值并没有落在拒绝域 (z>1.645) 内。因此，我们用 α=0.05 无法拒绝 H_0。即使样本均值比规范要求的 2 400 磅 / 英尺超出 30 磅 / 英尺，它也不足以证明总体均值超过 2 400。

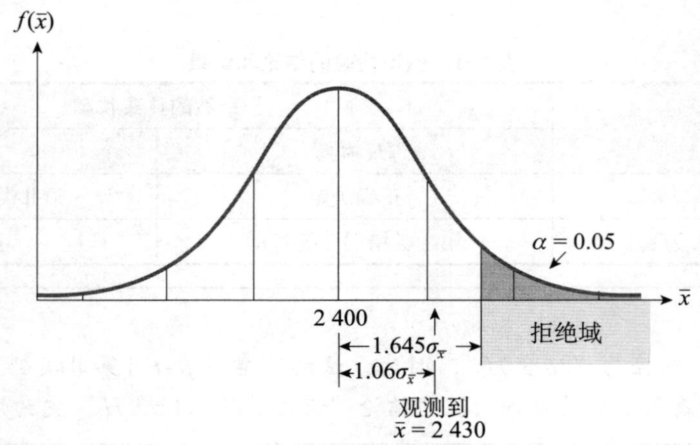

图 7-3　当$\bar{x}$ =2 430 时检验统计量的位置

我们是否应该接受原假设 H_0：$\mu\leq$2 400 并且得出制造商的下水管不符合规范要求的结论呢？这样做就有犯第Ⅱ类错误的危险——当事实上原假设是错误的 (下水管符合规范要求) 时，而得出原假设正确 (下水管不符合规范要求) 的结论。我们记犯第Ⅱ类错误的概率为 β，在 7.8 节中我们将说明要精确求出 β 是很困难的。与其做一个犯错误概率 (β) 未知的决定 (接受 H_0)，我们还不如通过避免接受原假设是正确的来避免犯第Ⅱ类错误。我们将之简单表述为：在 α=0.05 时样本证据不足以拒绝 H_0。既然原假设是对"现状"的假设，那么不拒绝 H_0 的结果就是为了保持现状。在检验下水管的例子中，没有充分的证据来拒绝下水管不符合规范要求的原假设，可能导致禁止使用该制造商的下水管，除非有充分的证据表明下水管符合规范要求——我们通常维持真相所暗示的现状，直到证据令人信服地表示原假设是错误的。

人物介绍

埃贡 · 皮尔逊 (1895—1980)——内曼 – 皮尔逊引理

埃贡 · 皮尔逊（Egon Pearson）是著名的英国统计学家卡尔 · 皮尔逊（Karl Pearson）唯一的儿子。埃贡对其父建立的统计方法有浓厚的兴趣。硕士毕业后，他在伦敦大学的应用统计系与其父共职。埃贡与其合作伙伴内曼关于假设检验理论的研究闻名于世。在内曼 – 皮尔逊方法中一个基础性的概念是原假设与备择假设，他们著名的内曼 – 皮尔逊引理于 1928 年发表在《生物统计学》（*Biometrika*）上。埃贡对统计学还有大量其他的贡献，他还是杰出的教师和演讲者。在他最后的主要工作中，埃贡实现了对其父的承诺，对卡尔 · 皮尔逊关于统计的早期历史的论文进行了注释。

第Ⅱ类错误（Type Ⅱ error）是指当 H_0 为假时接受原假设。犯第Ⅱ类错误的概率记为 β。

表 7-1 总结了一个假设检验的四种可能结果 (也就是**结论**（conclusion）)。"自然的真实状态"列中包括 H_0 为真或 H_a 为真。注意检验中的研究者不知道自然的真实状态。表 7-1 中"结论"这一栏体现了研究者的行为，即基于抽样试验做出的结论认为 H_0 为真或 H_a 为真。只有在拒绝原假设而接受备择假设时才会犯第Ⅰ类错误，只有在接受原假设时才会犯第Ⅱ类错误。我们的策略

是：只有当我们知道做出与该决定相对应的犯错概率时，才会做出这个决定。因为 α 通常由分析师指定，所以当样本证据支持该决定时，我们通常能够拒绝 H_0（接受 H_a）。但是，由于通常不指定 β，我们通常会避免接受 H_0 的决定，而宁愿在检验统计量不在拒绝域内时声明样本证据不足以拒绝 H_0。

表 7–1 假设检验的结论和结果

结论	自然的真实状态	
	H_0 为真	H_a 为真
接受 H_0（假设 H_0 为真）	正确决定	第 II 类错误（概率 β）
拒绝 H_0（假设 H_a 为真）	第 I 类错误（概率 α）	正确决定

提示

在做假设检验时，别轻易“接受 H_0”，因为方法的可靠性 $\beta=P$（第 II 类错误）通常不知道。如果检验统计量没有落在拒绝域内，陈述结论“证据不足以拒绝 H_0”更为恰当。[①]

下面的框中总结了假设检验的要素。请注意，前四个要素都是在执行抽样试验之前确定的。在任何情况下都不会使用样本结果来确定假设；收集数据是为了检验预先确定的假设，而不是为了制定它们。

假设检验的要素

1. 原假设（H_0）：关于一个或多个总体参数的具体值的理论。这个理论通常表示现状，我们一直采用它，直到它被证明是错误的。理论通常被陈述为 H_0：参数 = 值。

2. 备择假设 / 研究假设（H_a）：与原假设相矛盾的一个理论。我们只在有充分的证据来支持其真实性时才应用这个理论。

3. 检验统计量：一个样本统计量通常用来决定是否拒绝原假设。

4. 拒绝域：检验假设中使原假设被拒绝的数值。选择拒绝域，从而在原假设为真的情况下，拒绝域包含检验统计量的概率为 α，所以导致第 I 类错误。α 的值通常很小（例如 0.01，0.05 或 0.10），并且被称为检验的**显著性水平**（level of significance）。

5. 假设：对被抽样总体所做的关于假设的明确陈述。

6. 试验和检验统计量的计算：进行抽样试验和确定检验统计量的数值。

7. 结论：

a. 如果检验统计量的数值落在拒绝域内，我们拒绝原假设并且得出结论：备择假设是对的。我们知道在 H_0 正确的情况下，假设检验的过程导致结论不正确（第 I 类错误）的概率只有 α。

b. 如果检验统计量没有落在拒绝域内，我们不拒绝 H_0。这样，我们保留关于哪个假设正确的判断。我们不能得出原假设为真的结论，因为我们（通常）不知道我们的检验程序将导致错误接受 H_0（第 II 类错误）的概率 β。

与置信区间一样，检验假设的方法随着总体目标参数的变化而变化。在本章中，我们讲述检验总体均值、总体比例和总体方差的方法。下面的框中列举了与这些目标参数有关的一些关键词和数据类型。

---

① 在假设检验的许多实际商业应用中，不拒绝被管理层视为接受原假设。因此，接受和不拒绝的区别在实际中经常是模糊的。在 7.8 节中，我们将详细讨论接受原假设和 β 计算的有关问题。

确定目标参数

参数	关键词	数据类型
μ	均值、平均数	定量数据
p	比例、百分比、分数、比率	定性数据
σ^2	方差、变异性、离散度	定量数据

7.2 设定假设与构造拒绝域

在 7.1 节中，我们知道原假设和备择假设形成了一个假设检验的基础。原假设和备择假设可能是许多形式中的一种。在下水管的例子中，我们检验了原假设：下水管的总体平均抗断强度小于或等于 2 400 磅 / 英尺，相应的备择假设是平均抗断强度超过 2 400 磅 / 英尺，即

H_0：$\mu \leqslant 2\,400$（下水管不符合规范要求）

H_a：$\mu > 2\,400$（下水管符合规范要求）

这是一个**单侧（单边）统计检验**（one-tailed (one-sided) statistical test），因为备择假设指出了总体参数（本例中是总体均值 μ）严格大于指定值（这里是 2 400）。如果原假设是 H_0：$\mu \geqslant 2\,400$，备择假设是 H_a：$\mu < 2\,400$，检验仍然是单侧的，因为参数仍然指定在原假设值的一边。一些统计调查想证明总体参数要么大于要么小于某个指定值。这样的备择假设称为**双侧（双边）假设**（two-tailed (two-sided) hypothesis）。

虽然备择假设总是指定为严格不等式，例如 $\mu < 2\,400$，$\mu > 2\,400$，或者 $\mu \neq 2\,400$，但原假设通常是等式，例如 $\mu = 2\,400$。甚至当原假设是不等式，比如 $\mu \leqslant 2\,400$ 时，我们仍然指定 H_0：$\mu = 2\,400$，这是合理的，因为当原假设是 H_0：$\mu = 2\,400$ 时，如果有充分的证据表明 H_a：$\mu > 2\,400$ 是正确的，那么同样有充分的证据拒绝 $\mu < 2\,400$。因此，原假设指定为最靠近单侧备择假设的 μ 值，被指定的唯一的值不能被指定在双侧备择假设里。下面的框总结了选择原假设和备择假设的步骤。

选择原假设和备择假设的步骤

1. 选择备择假设依赖于抽样试验的目的，备择假设有三种形式：

a. 单侧，上侧（例如，H_a：$\mu > 2\,400$）

b. 单侧，下侧（例如，H_a：$\mu < 2\,400$）

c. 双侧（例如，H_a：$\mu \neq 2\,400$）

2. 将原假设选为现状，认为原假设是正确的，除非抽样试验证明了备择假设。原假设被指定为最靠近单侧备择假设的值和双侧备择假设中互补（或仅未指定）的值（例如，H_0：$\mu = 2\,400$）。

单侧检验的备择假设有方向且包含“<”或“>”符号。关键词可以帮助你识别方向：

上侧（>）：多于，大于，高于

下侧（<）：少于，小于，低于

双侧检验的备择假设并不朝 H_0 的特定方向偏离，且包含“≠”符号。关键词可以帮助你识别这种无方向特征：

双侧（≠）：不等于，不同于

例 7.1 为总体均值的检验设定 H_0 和 H_a——质量控制

问题 质量控制检查员要定期检查金属车床，以确定其生产的机器轴承的平均直径是否为 0.5 英寸。如果轴承的平均直径大于或小于 0.5 英寸，则说明生产过程失控，需要调整。设定检验的原假设和备择假设，以确定轴承生产过程是否失控。

解答 假设必须以总体参数的某种形式陈述。这里我们用 μ 表示金属车床生产轴承直径的真实均值（单位：英尺）。如果 $\mu>0.5$ 或者 $\mu<0.5$，则说明轴承的生产过程失控。因为质量检查员希望检测这两种情况发生的可能性（表明生产过程需要调整），所以 μ 的这些值对应于备择（研究）假设。而 $\mu=0.5$ 代表了生产过程未失控（当前状态），所以这对应于原假设。因此，我们希望构造一个双侧假设检验：

H_0：$\mu=0.5$（即生产过程未失控）

H_a：$\mu\neq0.5$（即生产过程失控）

回顾 这里，备择假设不一定是质量控制检查员希望支持的假设。然而，只有当具有充分的证据表明生产过程失控时，工厂才会对金属车床的设置进行调整。所以，$\mu\neq0.5$ 必须设定为备择假设。

例 7.2 为总体比例的检验设定 H_0 和 H_a——香烟广告

问题 美国联邦法律规定香烟广告中必须有以下声明：“警告：外科医生已确定吸烟有害您的健康。”然而，此警告通常位于广告不显眼的角落，并以小字印刷。假定联邦贸易委员会（FTC）声称有 80% 的吸烟者没有看到此警告。一家大型烟草公司的营销人员想要收集证据来证明联邦贸易委员会声称的概率偏高，即不到 80% 的香烟消费者没有看到警告。请为联邦贸易委员会的观点设定原假设和备择假设。

解答 营销人员希望对吸烟者中没有看到警告的真实比例 p 做出推断。特别地，营销人员希望收集数据以证明少于 80% 的吸烟者没有看到警告，即 $p<0.8$。因此，$p<0.8$ 为备择假设，而 $p=0.8$ 为原假设（联邦贸易委员会的观点）。也就是说，营销人员需要构造一个单侧（下侧）假设：

H_0：$p=0.8$(联邦贸易委员会的观点是对的)

H_a：$p<0.8$(联邦贸易委员会的观点是错的)

回顾 每当对特定总体参数的值做出声明，同时研究人员想要检验该声明并认为它是错误的时，声明的值将放入原假设。

双侧检验的拒绝域和单侧检验的不同。当我们试图检测任一方向对原假设的偏离时，我们必须在检验统计量的抽样分布的两个尾部建立拒绝域。图 7-4a 和 7-4b 分别显示了下侧 / 左侧检验和上侧 / 右侧检验的单侧拒绝域。双侧拒绝域如图 7-4c 所示。请注意，在双侧检验的抽样分布的两侧都有拒绝域。

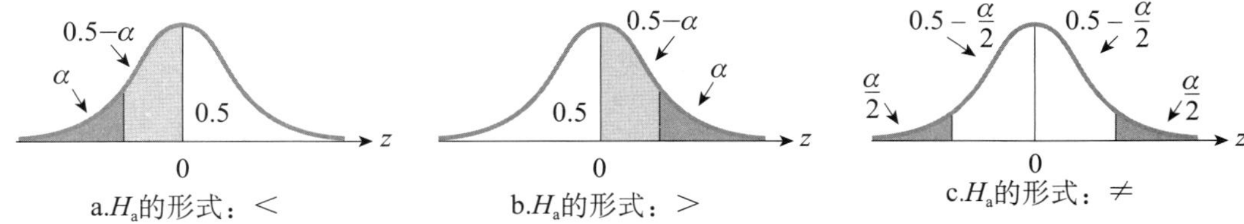

图 7-4 对应于单侧检验和双侧检验的拒绝域

在单侧检验与双侧检验中，α 的常用值及对应的拒绝域见表 7-2。注意，α 越小，越需要更多的证据（较大的 z）来拒绝 H_0。

表 7-2 α 的常用值对应的拒绝域

	备择假设		
	下侧 / 左侧	上侧 / 右侧	双侧
α=0.10	$z<-1.282$	$z>1.282$	$z<-1.645$ 或 $z>1.645$
α=0.05	$z<-1.645$	$z>1.645$	$z<-1.96$ 或 $z>1.96$
α=0.01	$z<-2.326$	$z>2.326$	$z<-2.576$ 或 $z>2.576$

例 7.3 建立 μ 的假设检验——每盒谷物的平均数量

问题 一个谷物分装机生产商想检验一种分装机的运行情况。分装机预计为每盒平均装入 12 盎司，生产商想通过检验发现对这个设定的偏离情况。这一质量研究要求从今天的生产线上随机抽取 100 盒，确定是否平均每盒装入 12 盎司。建立该研究的假设检验，令 α=0.01。

解答 步骤 1：首先，我们要识别感兴趣的参数。问题陈述中的关键词"平均"暗示目标参数是 μ，即每盒谷物的平均数量。

步骤 2：接下来，我们建立原假设和备择假设。因为生产商希望检查在 μ=12 两个方向之一的偏离，即 $\mu<12$ 或 $\mu>12$，所以我们建立一个双侧检验。继续进行检验程序，选择原假设和备择假设，我们指定的备择假设为均值不是 12 盎司，因为质量控制研究的目的就是发现机器偏离设定值。原假设是假定分装机正常运转。所以

H_0：μ=12（总体平均装入量是 12 盎司）

H_a：$\mu \neq 12$（$\mu<12$ 或 $\mu>12$；机器少装或多装）

步骤 3：现在我们指定检验统计量。检验统计量测量了观测值的 $\bar{x}$ 与原假设值 μ=12 之间的标准差数：

检验统计量：$z=\dfrac{\bar{x}-12}{\sigma_{\bar{x}}}$

步骤 4：接下来，我们要确定拒绝域。指定拒绝域检测在 μ=12 的两个方向上的偏离。所以当 z 的值太小（负值）或太大（正值）时拒绝 H_0。为了确定构成拒绝域的 z 的准确值，我们首先选 α，即检验将导致拒绝原假设的犯错概率。然后我们在 z 的分布的上侧和下侧平均分配 α，如图 7-5 所示。在这个例子中，α=0.01，因此每侧都是 $\alpha/2$=0.005。面积分别对应于 $z=-2.576$ 和 $z=2.576$（见表 7-2）。

拒绝域：$z<-2.576$ 或 $z>2.576$（见图 7-5）。

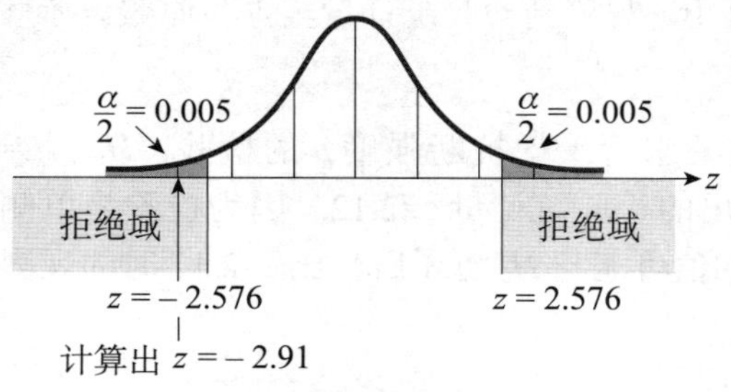

图 7-5 α=0.01 的双侧拒绝域

步骤 5：最后我们列出了有效检验所需数据的假设：由于试验的样本量足够大（$n>30$），应用中心极限定理，装入量的总体不需要任何假设。100 盒的平均装入量的抽样分布近似于正态分布，而不必考虑每盒装入量的分布。

回顾 注意，在抽样试验进行前就已经建立了检验。数据不是用来建立检验的。显然，生产商不需要打乱分装过程来调整机器，除非样本数据提供了令人信服的证据表明机器不符合规范要求，因为 α 相当

小，只为 0.01。如果样本证据导致拒绝 H_0，生产商将自信地认为机器需要调整，因为犯第Ⅰ类错误的概率只有 0.01。

一旦检验建立，生产商将准备进行抽样试验并且进行检验。检验将在下一节中介绍。

回顾实践中的统计

假设检验的关键要素

在金佰利公司对感冒人群进行的调查中，250 名顾客被要求在日记中记录下他们使用舒洁纸巾的数量。公司的主要目的之一是确定在一个“抗病毒”盒中应该放多少张纸巾。因此，每个被调查的顾客使用纸巾的数量都被记录下来。由于纸巾数量是一个定量变量，因此感兴趣的参数要么是所有感冒顾客使用的平均纸巾数量 μ，要么是纸巾使用量的方差 σ^2。

回想一下，该公司将 60 张纸巾包装在一个“抗病毒”盒中。该决定是基于营销人员的说法，即一个人在感冒期间擤鼻涕的平均次数超过了之前的平均值 60 次。关键词“平均”意味着感兴趣的参数是 μ，营销人员声称 $\mu>60$。为了检验这一说法，我们建立了以下原假设和备择假设：

H_0：$\mu=60$

H_a：$\mu>60$

我们将在后面的“回顾实践中的统计”专栏中做这个假设检验。

7.3 观测的显著性水平：p 值

根据 7.2 节中描述的统计检验过程，拒绝域和相应的 α 值是在检验之前选择的，结论是拒绝或不拒绝原假设。第二种呈现统计检验结果的方法是报告检验统计量与原假设不一致的程度，并决定把是否拒绝原假设的任务留给读者。 这种不一致的度量称为检验的观测的显著性水平或 p 值。

一个给定的统计检验的**观测的显著性水平**（p 值）（observed significance level（p-value）），是（在 H_0 为真的条件下）观测到检验统计量至少与原假设矛盾而支持备择假设的概率，它是根据样本计算出来的。

回顾 7.1 节中有关下水管平均抗断强度 μ 的检验：H_0：$\mu=2\,400$，H_a：$\mu>2\,400$。下水管的样本为 $n=50$ 时，计算出的检验统计量 $z=2.12$。因为检验是单侧的——备择（研究）假设为 H_a：$\mu>2\,400$，检验统计量的值可能与 H_0 更矛盾，比 $z=2.12$ 时的观测值更大。所以，检验的观测的显著性水平是：

$$p\text{ 值}=P\ (z>2.12)$$

或等价于标准正态曲线下 $z=2.12$ 右侧的面积（见图 7-6）。

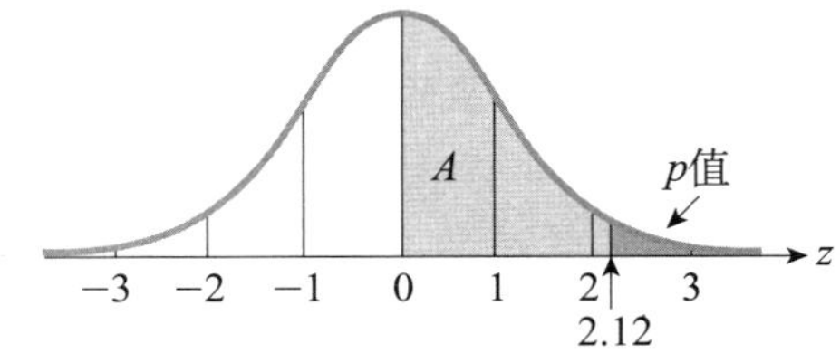

图 7-6 当 z=2.12 时求出上侧 / 右侧检验的 p 值

图 7-6 中的面积 A 在附录的表Ⅱ中已经给出，为 0.483 0，所以对应于 z=2.12 的右侧面积是：

p 值 =0.5−0.483 0=0.017 0

因此，我们说这些检验结果非常显著（拒绝原假设 H_0：μ=2 400，而选择 H_a：μ>2 400）。如果实际上真值为 2 400，观测一个 z 得分大于 2.12 的概率只有 0.017 0。

如果你为这次检验选择 α=0.05，那么你会拒绝原假设，因为这个检验的 p 值 0.017 0 小于 0.05。但如果你为这次检验选择 α=0.01，那么你不会拒绝原假设，因为这个检验的 p 值大于 0.01。因此，显著性水平的应用与之前的检验程序是相同的，唯一不同之处是你可以选择 α。

下述框中给出了计算与总体均值检验统计量相对应的 p 值的步骤。

计算假设检验 p 值的步骤

1. 根据抽样试验的结果，计算相应检验统计量 z 的值。

2. a. 如果检验是单侧检验，则 p 值等于 z 外侧的尾部面积，方向与备择假设相同。因此，如果备择假设的形式为 >，则 p 值是观察到的 z 值右侧或上侧的面积。相反，如果备择假设的形式为 <，则 p 值是观察到的 z 值左侧或下侧的面积（见图 7-7）。

b. 如果检验是双侧的，p 值等于两倍的超过 z 区域部分的面积。即如果 z 是正的，p 值是右侧或上侧面积的两倍。相反，如果 z 是负的，p 值是左侧或下侧面积的两倍（见图 7-8）。

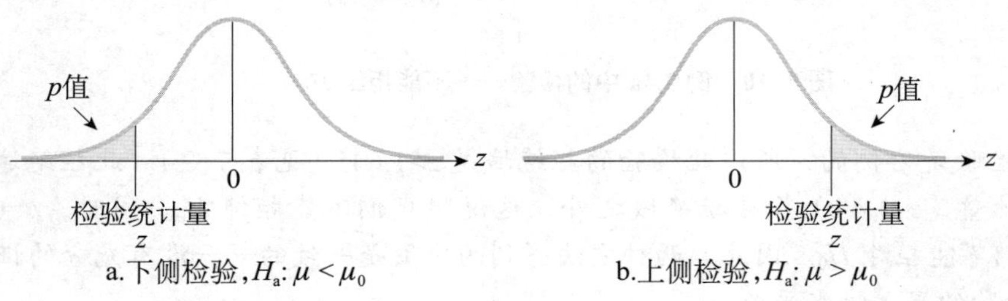

图 7-7 求出单侧检验的 p 值

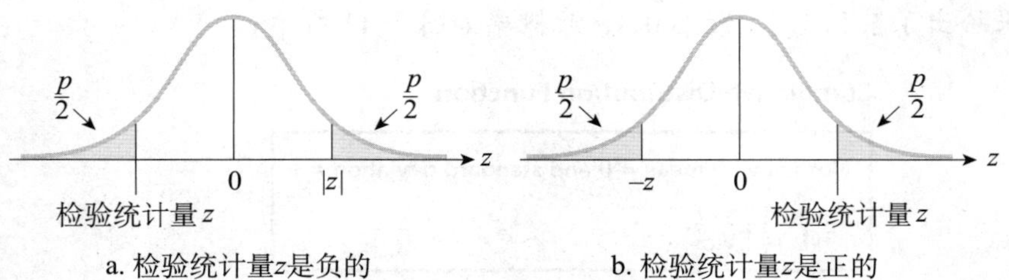

图 7-8 求出双侧检验的 p 值 =2(p/2)

例 7.4 比较拒绝域与 p 值

问题 考虑单侧检验，H_0：μ=100 和 H_a：μ>100。

a. 假定检验统计量 z=1.44。求此检验的 p 值及 α=0.05 时的拒绝域。然后证明从拒绝域得到的结论与从 p 值得到的结论是一致的。

b. 现在假定检验统计量 z=3.01。求此检验的 p 值及 α=0.05 时的拒绝域。然后证明从拒绝域得到的结论与从 p 值得到的结论是一致的。

解答 a. 检验的 p 值是得到一个比 z=1.44 更加偏离原假设（即更加支持备择假设）的统计量的概率。因为我们构造的是一个**上侧 / 右侧检验**（upper-tailed test）(H_a：μ>100)，所以这个概率就是：

p 值 $=P(z > 1.44)=1-P(z < 1.44)$

第二个表达式中的概率是标准正态分布的累积概率，可以从标准正态分布表中查到（见附录中的表Ⅱ），也可以用统计软件得到。Minitab 输出的此概率值如图 7-9 所示。

Cumulative Distribution Function

Normal with mean = 0 and standard deviation = 1

x	P(X ≤ x)
1.44	0.925066

图 7-9 例 7.4a 的正态概率值 (Minitab)

因此，我们计算得到：

p 值 $=P(z>1.44)=1-P(z<1.44)=1-0.925=0.075$

这个 p 值如图 7-10 所示。

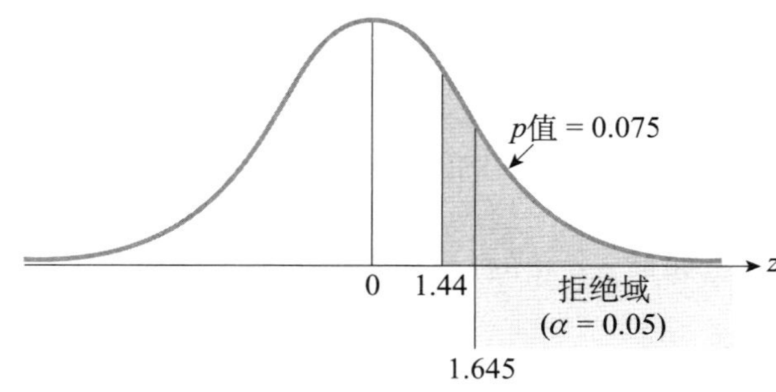

图 7-10 例 7.4a 中的检验——不能拒绝 H_0

因为 α=0.05 且此检验是右侧的，所以此检验的拒绝域是 z>1.645（见表 7-2）。此拒绝域如图 7-10 所示。可以看出检验统计量（z=1.44）落在拒绝域之外，这说明我们不能拒绝 H_0。同时，α=0.05 小于 p 值 0.075，这同样说明我们不能拒绝 H_0。因此，两种方法得到的决策是一致的——没有充分的证据拒绝 H_0。

b. 对于 z=3.01，检验的显著性水平是：

p 值 $=P(z>3.01)=1-P(z<3.01)$

Minitab 的输出结果给出了累积概率 $P(z<3.01)$，此概率如图 7-11 所示。

Cumulative Distribution Function

Normal with mean = 0 and standard deviation = 1

x	P(X ≤ x)
3.01	0.998694

图 7-11 例 7.4b 的正态概率值 (Minitab)

因此，我们有：

p 值 $=P(z>3.01)=1-P(z<3.01)=1-0.998\ 7=0.001\ 3$

此 p 值如图 7-12 所示。

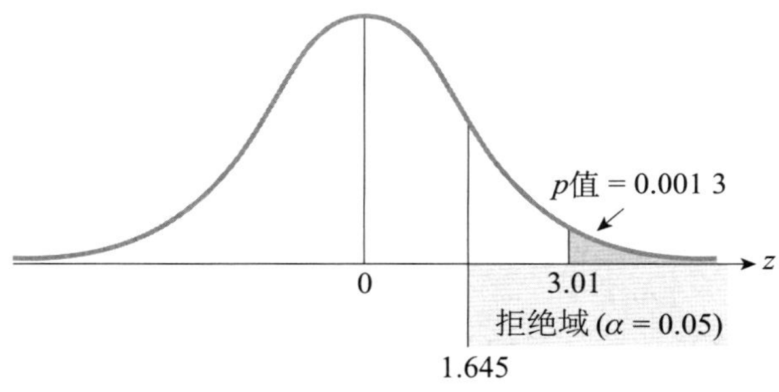

图 7-12 例 7.4b 中的检验——拒绝 H_0

同时，对于 α=0.05 的右侧检验，其拒绝域为 z>1.645。此拒绝域如图 7–12 所示。检验统计量 (z=3.01) 落在拒绝域内，这表明我们应该拒绝 H_0。同时，α=0.05 大于 p 值 (0.001 3)，这说明我们应该拒绝 H_0。两种方法得到的决策也是一致的——只要决策所用的 α 相同，两种方法得到的结论必然一致。

回顾　利用统计软件可以方便地获得 p 值，所以大多数分析人员和研究人员利用 p 值进行假设检验。在以后的例子中，我们会广泛地采用这种方法，同时也会在一些必要的地方继续使用拒绝域。

在杂志、案例研究、报告等载体上公布假设检验结果时，许多研究人员使用 p 值。研究人员不是像本章介绍的那样预先选择然后进行检验，而是计算（通常借助统计软件包）并报告适当检验统计量的值及其相关的 p 值。由阅读报告之人来判断结果的显著性（例如，根据报告的 p 值，读者决定是否拒绝原假设，选择备择假设）。通常，如果 p 值小于确定的显著性水平 α（由读者选择），读者将拒绝原假设。以这种方式报告测试结果有两个优势：（1）如果他们真的以本章介绍的方式进行了标准的假设检验，读者可以在能容忍的范围内选 α 的最大值。（2）提供了结果的显著性程度的度量（即 p 值）。

用 p 值来报告检验结果：如何决定是否拒绝 H_0

1. 选择你能容忍的最大的 α 值。
2. 如果检验的观测的显著性水平（p 值）比选定的 α 值小，那么拒绝原假设，否则不能拒绝原假设。

注意：一些统计软件包只能进行双侧假设检验。对于这些软件，单侧检验的 p 值如下所示：

把输出结果中的双侧 p 值转化为单侧 p 值

$$p=\frac{\text{报告的}p\text{值}}{2}，\text{如果}\begin{cases}H_a\text{是}>\text{的形式，并且}z\text{是正值}\\H_a\text{是}<\text{的形式，并且}z\text{是负值}\end{cases}$$

$$p=1-\frac{\text{报告的}p\text{值}}{2}，\text{如果}\begin{cases}H_a\text{是}>\text{的形式，并且}z\text{是负值}\\H_a\text{是}<\text{的形式，并且}z\text{是正值}\end{cases}$$

➡ 7.4　总体均值的假设检验：正态（z）统计量

进行总体均值 μ 的假设检验时，检验统计量的形式取决于样本量 n 是大（比如，$n\geqslant30$）还是小，也取决于我们是否知道总体标准差 σ 的值。在本节中，我们考虑大样本的情形。

因为样本量足够大，所以中心极限定理保证了$\bar{x}$是近似正态的。因此，大样本条件下的检验统计量是以正态 z 统计量为基础的。尽管 z 统计量要求我们知道总体真实的标准差 σ，而我们很少知道 σ 的值，但是，在第 6 章中我们看到：当 n 足够大时，样本标准差可以足够好地近似 σ，进而 z 统计量可以有如下近似：

$$z=\frac{\bar{x}-\mu_0}{\sigma_{\bar{x}}}=\frac{\bar{x}-\mu_0}{\sigma/\sqrt{n}}\approx\frac{\bar{x}-\mu_0}{s/\sqrt{n}}$$

式中，μ_0 代表原假设中 μ 的取值。

总体均值的大样本单侧和双侧检验方法总结如下：

μ 的有效大样本假设检验所需条件

1. 样本是从目标总体中随机抽取的。

2. 大样本量（即 $n \geqslant 30$）。（根据中心极限定理，这个条件保证了无论总体概率分布的形状如何，检验统计量都是近似正态分布的。）

以正态（z）统计量为基础的 μ 的大样本假设检验

检验统计量	σ 已知 $z_c = \dfrac{(\bar{x} - \mu_0)}{(\sigma / \sqrt{n})}$		σ 未知 $z_c = \dfrac{(\bar{x} - \mu_0)}{(s / \sqrt{n})}$
	单侧检验		双侧检验
	H_0：$\mu = \mu_0$ H_a：$\mu < \mu_0$	H_0：$\mu = \mu_0$ H_a：$\mu > \mu_0$	H_0：$\mu = \mu_0$ H_a：$\mu \neq \mu_0$
拒绝域	$z_c < -z_\alpha$	$z_c > z_\alpha$	$\lvert z_c \rvert > z_{\alpha/2}$
p 值	$P(z < z_c)$	$P(z > z_c)$	$2P(z > z_c)$，如果 z_c 是正值 $2P(z < z_c)$，如果 z_c 是负值

决策：如果 $\alpha > p$ 值，或者检验统计量 z_c 落入拒绝域，则拒绝 H_0。此时，$\alpha = P$（第 I 类错误）$= P$（拒绝原假设 | 原假设为真）。

注：原假设下赋给 μ 的数值符号为 μ_0。

检验一旦建立，就进行抽样试验并计算检验统计量和相应的 p 值。下面的框总结了一些基于样本试验的假设检验的可能结论。

假设检验的可能结论

1. 如果计算得到的检验统计量落在拒绝域之内（或 $\alpha > p$ 值），拒绝 H_0 并认为备择假设 H_a 正确。结论是在显著性水平 α 下拒绝原假设。记住，置信度是对检验过程而言的，而不是单个检验的一个特定结果。

2. 如果计算得到的检验统计量落在拒绝域之外（或 $\alpha < p$ 值），结论是在显著性水平 α 下抽样试验没有提供充分的证据拒绝 H_0。（一般来说，除非第 II 类错误发生的概率 β 被计算出来（见 7.8 节），否则我们不会“接受”原假设。）

例 7.5 μ 的假设检验——每盒谷物的平均数量

问题 参见例 7.3 中的质量控制检验。按照设计，分装机为每个盒子装入 12 盎司的谷物。100 盒谷物的样本所得结果（盎司）如表 7-3 所示。使用这些数据来进行如下假设检验：

H_0: $\mu = 12$（装入量的均值是12盎司）

H_a: $\mu \neq 12$（分装机多装或少装）

表 7-3 质量控制检验的装入量

12.3	12.2	12.9	11.8	12.1	11.7	11.8	11.3	12.0	11.7
11.0	12.7	11.2	11.8	11.4	11.3	11.5	12.1	12.5	11.7
12.3	11.7	11.6	11.6	11.1	12.1	12.4	11.4	11.6	11.4
10.9	11.0	11.5	11.6	11.6	11.4	11.9	11.1	11.7	12.1

续表

12.2	11.7	11.6	11.4	12.4	11.0	11.8	12.9	13.2	11.5
11.5	12.0	11.9	11.8	12.5	11.8	12.4	12.0	12.2	12.4
11.8	12.6	11.8	11.8	11.5	12.0	12.7	11.5	11.0	11.8
11.2	12.6	12.0	12.6	12.0	12.0	12.5	12.0	12.8	11.8
12.6	12.4	10.9	12.0	11.9	11.6	11.3	12.1	11.8	12.2
12.2	11.5	12.7	11.5	11.0	11.7	12.5	11.6	11.3	11.1

解答 为了实施检验，我们需要求出$\bar{x}$和 s 的值。$\bar{x}$ =11.851，s=0.512 这些值在图 7–13 的 Minitab 输出结果中做了阴影处理。现在，我们将样本统计量代入检验统计量中，并得到：

$$z=\frac{\bar{x}-12}{\sigma_{\bar{x}}}=\frac{\bar{x}-12}{\sigma/\sqrt{n}}=\frac{11.851-12}{\sigma/\sqrt{100}}\approx\frac{11.851-12}{s/10}=\frac{-0.149}{0.512/10}=-2.91$$

Statistics

Variable	N	Mean	StDev	Minimum	Q1	Median	Q3	Maximum
FILL	100	11.851	0.512	10.900	11.500	11.800	12.200	13.200

图 7–13 例 7.5 装入量的描述性统计量 (Minitab)

这意味着样本均值 11.851 比 x 的抽样分布中的原假设值 12.0（大约）小 3 个标准差。你可以在图 7–5 中看到这个 z 值位于左侧拒绝域，该区域包括所有满足 z<–2.576 的 z 值。这些样本数据提供了足够的证据来拒绝 H_0 并得出结论，在显著性水平 α=0.01 的条件下，可以断定平均装入量与 μ=12 的规格不一致。看来分装机平均装入量不足。

回顾 本例中关于假设检验的三点可应用于所有统计检验：

1. 因为 z<–2.576，所以很容易在显著性水平小于 α=0.01 的条件下陈述我们的结论。我们拒绝这个诱惑的原因在于显著性水平 α 在抽样试验前就已经确定了。如果我们决定容忍 1% 的第Ⅰ类错误，抽样试验的结果应该对该结论没有影响。通常来说，同样的数据不能既用来建立检验，又用来实施检验。

2. 当我们在显著性水平为 α=0.01 的条件下陈述结论时，我们指的是过程的失败率，而不是实际检验的结果。当实际上 μ=12 时，我们知道检验过程将导致拒绝原假设的可能性只有 1%。所以，当检验统计量落在拒绝域内时，我们推断备择假设 $\mu\neq12$ 为真，并且通过显著性水平 α 或 $(1-\alpha)100\%$ 置信水平来表示我们对这个过程的信心。

3. 尽管一个检验可能导致一个“统计上显著”的结果(例如，在上面的检验中，在显著性水平为 α 的条件下，拒绝 H_0)，它可能不是“实际上显著”的。例如，假设质量控制研究中检验 n=100 000 个谷物盒，得到$\bar{x}$ =11.995，s=0.5。现在，H_0：μ=12 的双侧检验得到的检验统计量为：

$$z=\frac{11.995-12}{0.5/\sqrt{100\,000}}=-3.16$$

这个结果使我们在显著性水平为 α=0.01 的条件下“拒绝 H_0”，并且得到结论：均值 μ 与 12 是“统计上不同”的。然而，对于所有的实际目的，样本均值$\bar{x}$ =11.995 与假设均值 μ=12 是一样的。由于结果不是“实际上显著”的，公司为了达到实际目的，不可能花钱调整机器以使平均装入量为 12 盎司。因此，不是所有“统计上显著”的结果都是“实际上显著”的。

例 7.6 *p* 值的应用——平均装入量的检验

问题 计算例 7.3 和例 7.5 中平均装入量的观测的显著性水平 (p 值)。解释结果。

解答 我们仍然在检验 H_0：$\mu=12$ 和 H_a：$\mu\neq 12$。在例 7.5 中检验统计量的观测值为 $z=-2.91$。小于 -2.91 和大于 2.91 的 z 的任意值 (因为这是双侧检验) 将与 H_0 相矛盾。所以，检验的观测的显著性水平是：

$$p\text{ 值}=P(z<-2.91\text{ 或 }z>2.91)=P(|z|>2.91)$$

所以，我们计算 $z=-2.91$ 左侧的面积后再乘以 2。在附录中查表Ⅱ，我们可得 $P(z<-2.91)=0.5-0.498\,2=0.001\,8$。所以 p 值为：

$$2P(z<-2.91)=2\times 0.001\,8=0.003\,6$$

利用统计软件也可以得到这个 p 值，图 7-14 中 Minitab 输出结果的阴影部分显示了四舍五入的 p 值。因为 $\alpha=0.01$ 大于 p 值 $=0.003\,6$，所以我们的结论与例 7.5 所得结论一致——拒绝 H_0。

Descriptive Statistics

N	Mean	StDev	SE Mean	95% CI for μ
100	11.8510	0.5118	0.0512	(11.7506, 11.9514)

μ: mean of FILL
Known standard deviation = 0.512

Test

Null hypothesis H₀: μ = 12
Alternative hypothesis H₁: μ ≠ 12

Z-Value	P-Value
-2.91	0.004

图 7-14 例 7.6 的平均装入量的检验 (Minitab)

回顾 我们可以将此 p 值解释为机器未根据规范要求填充盒子的强烈暗示。因为如果机器符合规范要求 ($\mu=12$)，我们将观察到这种极端或更极端的测试统计数据在 10 000 次中只有 36 次。通过计算 μ 的置信区间可以更好地确定均值与 12 的差异程度。

例 7.7 *p* 值的应用——检验平均住院时间

问题 一个病人占据医院床位的时长——称为停留时间——对分配资源非常重要。在一家医院里，病人的平均停留时间是 5 天。一位医院管理者认为，采用一个新的管理系统可能使平均停留时间少于 5 天。为了检验这个值 (单位：天)，随机选取医院的 100 个病人，如表 7-4 所示。检验实际的平均停留时间少于 5 天的假设，即

H_0：$\mu=5$ (平均停留时间为 5 天)

H_a：$\mu<5$ (平均停留时间少于 5 天)

假设 $\sigma=3.68$，利用表中数据在 $\alpha=0.05$ 时进行假设检验。

表 7-4 100 名病人在医院的停留时间

2	3	8	6	4	4	6	4	2	5
8	10	4	4	4	2	1	3	2	10
1	3	2	3	4	3	5	2	4	1

续表

2	9	1	7	17	9	9	9	4	4
1	1	1	3	1	6	3	3	2	5
1	3	3	14	2	3	9	6	6	3
5	1	4	6	11	22	1	9	6	5
2	2	5	4	3	6	1	5	1	6
17	1	2	4	5	4	4	3	2	3
3	5	2	3	3	2	10	2	4	2

解答 数据被输入计算机，采用 StatCrunch 软件进行分析。StatCrunch 输出的**下侧 / 左侧检验**（lower-tailed test）结果如图 7-15 所示。检验统计量 $z=-1.28$ 以及 p 值 $=0.101$ 都在 StatCrunch 的输出结果中做了阴影处理。因为 p 值大于我们所选的 $\alpha=0.05$，所以不能拒绝原假设。因此，（在 $\alpha=0.05$ 的条件下）我们没有充足的证据证明平均停留时间少于 5 天。

One sample Z hypothesis test:
μ : Mean of variable
$H_0 : \mu = 5$
$H_A : \mu < 5$
Standard deviation = 3.68

Hypothesis test results:

Variable	n	Sample Mean	Std. Err.	Z-Stat	P-value
LOS	100	4.53	0.368	-1.2771739	0.1008

图 7-15 例 7.7 中均值下侧检验的输出结果 (StatCrunch)

回顾 一位希望平均停留时间少于 5 天的医院管理者在计算出 p 值 $=0.101$ 之后，可能会倾向于选择能够拒绝原假设的 α 值。基于两个原因，我们应该拒绝这样做：第一，管理者若想得到 H_a：$\mu<5$ 的结论，必须选择 $\alpha>0.101$（比如说 $\alpha=0.15$）。但大多数研究者认为 15% 的第 I 类错误概率过大。第二，这种策略违反了统计在实际应用中的职业道德。

在下一节中，我们将介绍小样本情况下怎样进行检验。虽然该过程与大样本基本相同，但是，我们需要对总体数据做出一些假设。

回顾实践中的统计

检验总体均值

请参阅金佰利公司对于 250 名顾客的调查，这些顾客在日记中记录了他们使用舒洁纸巾的数量。我们想检验一下营销人员的说法，即感冒期间人均使用纸巾的数量 μ 大于 60，也就是说，我们要测试

H_0：$\mu=60$

H_a：$\mu>60$

我们选择 $\alpha=0.05$ 为检验的显著性水平。

250 位顾客的数据保存在 TISSUE 文件里，数据的 Minitab 分析结果如图 SIA7-1 所示。

Descriptive Statistics

N	Mean	StDev	SE Mean	95% Lower Bound for μ
250	68.68	25.03	1.58	66.06

μ: mean of NUMUSED

Test

Null hypothesis	H_0: μ = 60
Alternative hypothesis	H_1: μ > 60

T-Value	P-Value
5.48	0.000

图 SIA7-1　舒洁调查中 μ=60 的检验 (Minitab)

输出结果中阴影部分显示的检验的观测的显著性水平为 p 值 =0.000。因为 p 值小于 α=0.05，我们有充分的理由拒绝 H_0。所以，我们断言感冒期间人均使用纸巾的数量大于 60。这一结果支持该公司决定将多于 60 张的纸巾放入纸巾盒中。

7.5　总体均值的假设检验：学生 t 统计量

一个生产流程由一个单机工具系统组成，平均每小时生产 15.5 个变压器部件。在经过一次彻底的大检修之后，随机选择 17 个小时，通过观察每个小时内生产的部件数量来监控这个系统，得到均值和标准差分别为：

$\bar{x}$ =15.42　s=0.16

这个样本是否足以表明经过这次大检修之后系统每小时的生产数量与 15.5 不同？

这个推断可以放在假设检验的框架里。我们把检修前的均值作为原假设值，使用双侧备择假设，即检修后每小时平均生产的数量不是 15.5：

H_0：μ=15.5（大检修后平均每小时生产的数量是 15.5）

H_a：$\mu \neq$15.5（大检修后平均每小时生产的数量不是 15.5）

回顾在 6.3 节中，当我们使用小样本信息对总体均值进行推断时，存在两个问题：

1. 当样本量小时，$\bar{x}$的抽样分布的正态性不是根据中心极限定理得到的。我们必须假设观测样本是抽取自近似正态分布的总体，这样才能保证$\bar{x}$的抽样分布的近似正态性。

2. 若总体标准差 σ 未知（通常是这种情况），当样本量小的时候，我们就不能像通常那样假设 s 是 σ 的一个较好的估计。相反，我们用 t 分布而不是标准正态 z 分布来推断总体均值 μ。

所以，对于总体均值的小样本检验的检验统计量，我们使用 t 统计量：

检验统计量：$t=\dfrac{\bar{x}-\mu_0}{s/\sqrt{n}}=\dfrac{\bar{x}-15.5}{s/\sqrt{n}}$

式中，μ_0 是原假设中总体均值 μ 的值，在本例中 μ_0=15.5。

为了求出拒绝域，我们必须指定 α 值，即当原假设为真时，检验得到拒绝原假设的概率。然后查 t 表（附录中的表Ⅲ）或使用统计软件。使用 α=0.05，双侧拒绝域是：

拒绝域：$t_{\alpha/2}=t_{0.025}$=2.120　（自由度为 $n-1$=16）

拒绝 H_0，如果 $t < -2.120$ 或 $t > 2.120$

拒绝域如图 7-16 所示。

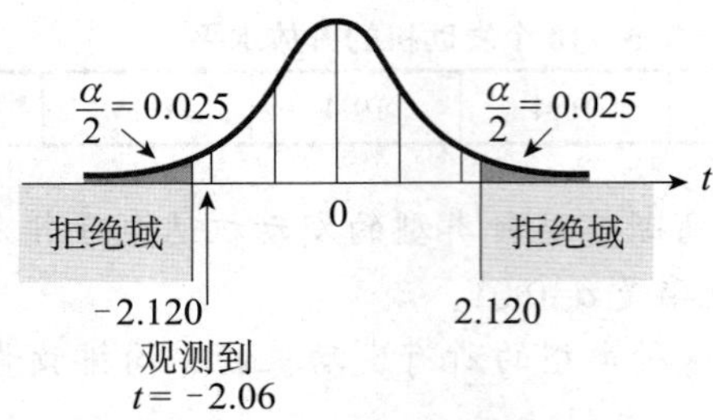

图 7-16　小样本 t 检验的双侧拒绝域

现在我们来计算检验统计量并且得出结论：

$$t=\frac{\bar{x}-\mu_0}{s/\sqrt{n}}=\frac{15.42-15.50}{0.16/\sqrt{n}}=-2.06$$

由于 $t=-2.06$ 没有落在拒绝域内（见图 7-16），因此我们不能拒绝 H_0（在显著性水平 $\alpha=0.05$ 下）。基于样本证据，我们不能断定检修后每小时生产量的均值与 15.5 不同。

非常有趣的是，计算得到的 t 值 −2.06 小于 −1.96(显著性水平为 0.05 条件下的 z 得分)，这表明如果我们错误地使用了 z 统计量来进行检验，那么我们会在 $\alpha=0.05$ 的条件下拒绝原假设，得出检修后每小时生产量的均值不同于 15.5 的结论。非常重要的一点是，必须仔细研究统计过程，并且理解每个假设。许多统计失真都是误用其他有效过程的结果。

对总体均值实施小样本假设检验的方法归纳如下：

基于 t 统计量的关于 μ 的小样本假设检验

检验统计量	$t_c=\frac{(\bar{x}-\mu_0)}{(s/\sqrt{n})}$		
	单侧检验		双侧检验
	H_0：$\mu=\mu_0$ H_a：$\mu<\mu_0$	H_0：$\mu=\mu_0$ H_a：$\mu>\mu_0$	H_0：$\mu=\mu_0$ H_a：$\mu\neq\mu_0$
拒绝域	$t_c<-t_\alpha$	$t_c>t_\alpha$	$\lvert t_c\rvert>t_{\alpha/2}$
p 值	$P(t<t_c)$	$P(t>t_c)$	$2P(t>t_c)$，如果 t_c 是正值 $2P(t<t_c)$，如果 t_c 是负值

决策：如果 $\alpha>p$ 值，或者检验统计量 t_c 落入拒绝域，则拒绝 H_0。此时，$\alpha=P$（第 I 类错误）$=P$（拒绝原假设 | 原假设为真），t 分布的自由度为 $n-1$。

注：原假设下赋给 μ 的数值符号为 μ_0。

μ 的有效小样本假设检验所需的条件

1. 从目标总体中选择一个随机样本。
2. 样本来自的总体近似服从正态分布。

例 7.8　μ 的小样本检验——新发动机达到空气污染物排放标准了吗？

问题　一个汽车制造商想检验一种新发动机来确定它是否达到空气污染物排放标准。这种类型的所有发动机的碳的平均排放量 μ 必须小于百万分之 20[①]。为了完成检验，制造了 10 个发动机并得到了每个发动机的排放水平。数据见表 7-5。

① 为便于计算，例 7.8 和例 7.9 中的“百万分之 20”均简述为“20”。——译者

表 7-5 10 个发动机的排放水平

15.6	16.2	22.5	20.5	16.4	19.4	19.6	17.9	12.7	14.9

数据是否提供了充分的证据让制造商断言这种类型的发动机达到了排放标准？假设生产过程是稳定的，制造商愿意接受的犯第 I 类错误的概率是 α=0.01。

解答 制造商想支持的研究假设是这种类型的所有发动机的平均排放量 μ 小于 20。这种小样本单侧检验的基本要素是：

H_0: $\mu = 20$（平均排放水平是20）

H_a: $\mu < 20$（平均排放水平小于20，即发动机达到排放标准）

检验统计量：$t = \dfrac{\overline{x} - 20}{s/\sqrt{n}}$

拒绝域：对于 α=0.01，df $= n-1 = 9$，单侧拒绝域是 $t < -t_{0.01} = -2.821$（见图 7-17）。

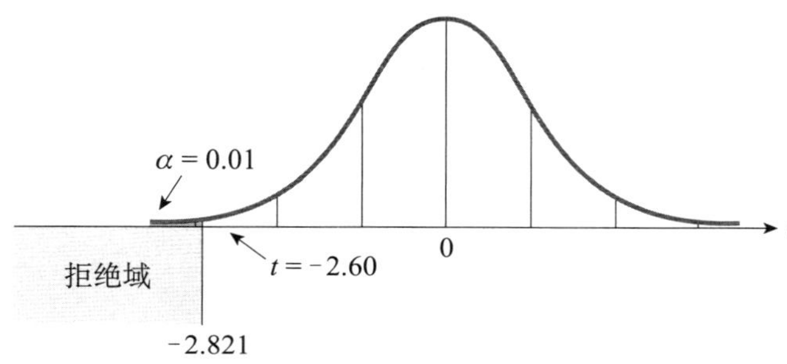

图 7-17 例 7.8 中自由度为 9 的 t 分布以及相应的拒绝域

假设：这种类型的所有发动机的排放水平的总体相对频数分布近似正态。利用 Minitab 对此数据所做的茎叶图如图 7-18 所示，根据此图可知该假设合理。

Stem-and-leaf of E-LEVEL N = 10

```
1    1  2
3    1  45
(3)  1  667
4    1  99
2    2  0
1    2  2
```

Leaf Unit = 1

One-Sample T: E-LEVEL

Descriptive Statistics

N	Mean	StDev	SE Mean	95% Upper Bound for μ
10	17.570	2.952	0.934	19.281

μ: mean of E-LEVEL

Test

Null hypothesis H₀: μ = 20

Alternative hypothesis H₁: μ < 20

T-Value	P-Value
-2.60	0.014

图 7-18 例 7.8 中的 10 个排放水平 (Minitab)

为了计算该检验统计量，我们将数据输入电脑，使用 Minitab 分析数据。Minitab 输出结果见图 7-18。从中我们得到 $\overline{x}$ =17.57，s=2.95。把这些值代入检验统计量公式，得到：

$$t=\frac{\overline{x}-20}{s/\sqrt{n}}=\frac{17.57-20}{2.95/\sqrt{10}}=-2.60$$

因为计算得到的 t 值落在了拒绝域之外（见图 7–17），制造商不能拒绝原假设。没有足够的证据可以断言 $\mu<20$。因此我们不能推断新发动机达到排放标准。

回顾 你对该推断的可靠性是否满意？如果研究假设实际上是错误的，该检验支持研究假设的概率仅仅是 $\alpha=0.01$。

例 7.9 μ 的小样本检验的 p 值

问题 求出例 7.8 中检验的观测的显著性水平，并解释该结果。

解答 例 7.8 的检验是一个下侧检验：

H_0：$\mu=20$

H_a：$\mu<20$

根据样本计算的 t 值为 −2.60，检验的观测的显著性水平（或 p 值）等于在 H_0 事实上为真的情况下，t 的取值小于或等于 −2.60 的概率。这等于 t 分布的下尾面积（见图 7–19 中的阴影部分）。

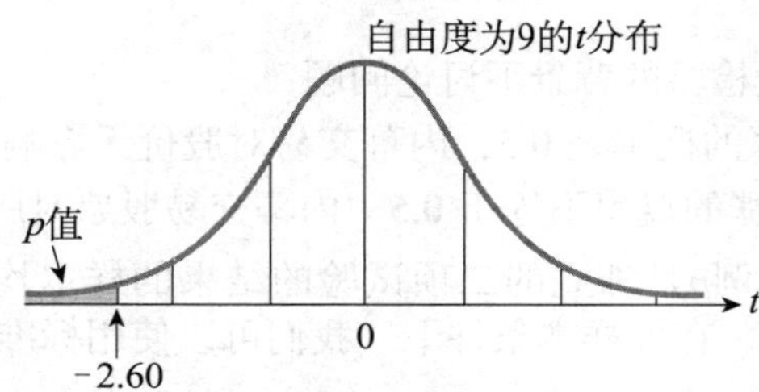

图 7–19 例 7.8 中检验的观测的显著性水平

求该面积（即检验的 p 值）的一种方法就是查 t 表（附录中的表Ⅲ）。不同于正态曲线下面积的表，表Ⅲ仅仅给出了对应于面积 0.100，0.050，0.025，0.010，0.005，0.001，0.000 5 的 t 值。因此，我们只能近似得到检验的 p 值。因为观测的 t 值对应的自由度为 9，在表Ⅲ中设 df=9，沿着行移动，直到 t 值接近观测的 $t=-2.60$。（注意：我们忽略了负号。）对应于 p 值 0.010 和 0.025 的 t 值分别是 2.821 和 2.262。因为观测的 t 值落在 $t_{0.010}$ 和 $t_{0.025}$ 之间，检验的 p 值就处于 0.010 和 0.025 之间。换言之，0.010<p 值 <0.025。于是，对于大于 0.025（p 值的上界）的任何 α 值，我们拒绝原假设 H_0：$\mu=20$。

获得 p 值的另一种更准确的方法是使用统计软件包来执行假设检验。Minitab 输出结果如图 7–18 所示，该图给出了检验统计量 (−2.60) 和 p 值 (0.014)。

你可以看到检验的实际 p 值落在了根据表Ⅲ得到的界限内。所以，这两种方法的结论一致：对于大于 0.014 的任何 α 值，我们拒绝原假设 H_0：$\mu=20$，支持备择假设 H_a：$\mu<20$。

小样本推断通常要求更多假设，且对总体参数提供的信息少于大样本推断。不过，当只有少量观测值可以获得时，t 检验是对正态总体均值进行假设检验的一种方法。如果总体的相对频数分布不是正态分布，比如说是高度偏态的，怎么办？

总体相对频数分布严重偏离正态怎么办？

答案：使用非参数统计方法。

➡ 7.6 总体比例的大样本假设检验

关于总体比例（或百分比）的推断经常在二项分布的“成功”概率为 p 的情形下进行讨论。在 6.4 节，我们了解了如何用从二项分布中得到的大样本来建立 p 的置信区间。现在考虑 p 的假设检验。

例如，考虑股票市场上的内幕交易。内幕交易是指通过公司内部掌握信息的个人（通常是公司的高层管理人员）买卖股票。美国证券交易委员会（Securities and Exchange Commission，SEC）关于内幕交易有严格的规定，以使每个投资者对影响股票价格的信息享有同等的知情权。一个投资者想检验在一年内 SEC 规则对市场监管的效果，并且记录下一个内部人员大量购买股票后第二天股价上涨的情况。在 576 个这样的交易发生的第二天，股价涨了 327 次。这个样本是否足以证明内幕交易影响股价？

我们首先将这一事件看作二项试验，将 576 次交易作为试验，并且用成功表示股票价格在第二天上涨，p 表示一个内部人员大量购买股票后股价上涨的概率。如果内幕交易不影响股价（也就是说，内部人员获得的信息与市场上的信息相同），那么投资者认为股价上涨的概率和下跌的概率一样，即 $p=0.5$。另外，如果内幕交易影响了股价（表明市场没有充分考虑到内幕人士知道的信息），那么投资者预期股票在重大内幕交易之后一半以上的时间里要么下跌要么上涨 ，也就是说，$p \neq 0.5$。

我们现在可以在假设检验的背景下讨论问题：

H_0：$p=0.5$（股价上涨的概率是 0.5，内幕交易对股价无影响）

H_a：$p \neq 0.5$（股价上涨的概率不等于 0.5，内幕交易股票对股价有影响）

回顾 5.4 节，样本比例$\hat{p}$是独立的二项试验的结果的样本均值，根据中心极限定理（大样本下）近似正态分布。所以，在大样本条件下，我们可以使用标准正态 z 作为检验统计量：

$$\text{检验统计量：} z = \frac{\text{样本比例} - \text{原假设比例}}{\text{样本比例的标准差}} = \frac{\hat{p} - p_0}{\sigma_{\hat{p}}}$$

式中，p_0 表示原假设中的 p 值。

拒绝域：对于给定的 α，我们用标准正态分布来求出恰当的拒绝域。使用 $\alpha=0.05$，双侧检验的拒绝域是（如图 7-20 所示）：

$$z < -z_{\alpha/2} = -z_{0.025} = -1.96$$

或

$$z > z_{\alpha/2} = z_{0.025} = 1.96$$

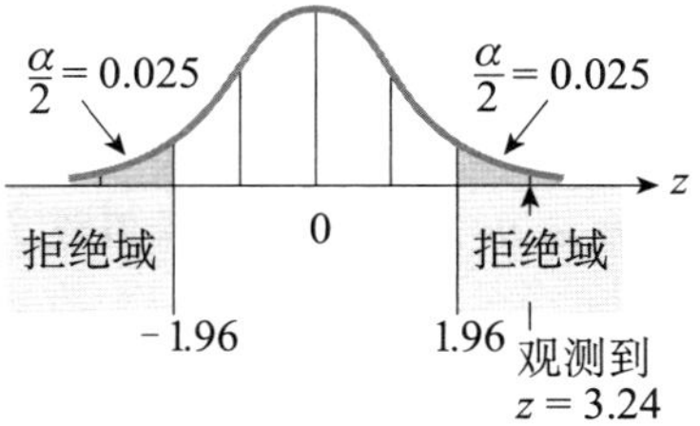

图 7-20 内幕交易例子的拒绝域

现在我们计算检验统计量的值。首先，要确定样本量足够大，从而保证$\hat{p}$的抽样分布近似正态分布是合理的。回顾 6.4 节，我们要求 np 和 nq 都至少为 15。因为原假设值 p_0 被认为是 p 的真值（除非我们的假设检验证明不是这样的），所以我们检验 $np_0 \geqslant 15$，$nq_0 \geqslant 15$（此时，$q_0=1-p_0$）是否成立。现在，$np_0=576 \times 0.5=288$ 且 $nq_0=576 \times 0.5=288$，所以，$\hat{p}$的抽样分布近似正态分布是合理的。

返回假设检验，交易样本中导致股价上涨的比例是：

$\hat{p}$ =327/576=0.568

最后，我们计算样本值和二项比例的假设值之间的标准差（z 得分）：

$$z=\frac{\hat{p}-p_0}{\sigma_{\hat{p}}}=\frac{\hat{p}-p_0}{\sqrt{p_0q_0/n}}=\frac{0.568-0.5}{0.021}=\frac{0.068}{0.021}=3.24$$

这意味着观测到的样本比例比原假设比例 0.5 高出（近似）3.24 倍的标准差（见图 7-20）。所以我们拒绝原假设，认为在显著性水平 0.05 上，断定在内幕交易的第二天，股价上涨或下跌的真实概率不是 0.5。看起来，内幕交易显著增加了股价在第二天上涨的概率（为了估计股价上涨的概率，也可以考虑构造置信区间）。

关于总体比例 p 的假设检验总结如下。注意其过程与总体均值的大样本检验情形相似。

p 的大样本假设检验：正态统计量（z）

检验统计量	$z_c=\frac{(\hat{p}-p_0)}{\sigma_{\hat{p}}}=\frac{(\hat{p}-p_0)}{\sqrt{(p_0q_0/n)}}$		
	单侧检验		双侧检验
	H_0：$p=p_0$ H_a：$p<p_0$	H_0：$p=p_0$ H_a：$p>p_0$	H_0：$p=p_0$ H_a：$p\neq p_0$
拒绝域	$z_c<-z_\alpha$	$z_c>z_\alpha$	$\lvert z_c\rvert>z_{\alpha/2}$
p 值	$P(z<z_c)$	$P(z>z_c)$	$2P(z>z_c)$，如果 z_c 是正值 $2P(z<z_c)$，如果 z_c 是负值

决策：如果 $\alpha>p$ 值，或者检验统计量 z_c 落入拒绝域，则拒绝 H_0。此时，$\alpha=P$（第 I 类错误）$=P$（拒绝原假设 | 原假设为真），t 分布的自由度为 $n-1$。

注：原假设下赋给 μ 的数值符号为 μ_0。

p 的有效大样本检验所需条件

1. 从二项总体中抽取一个随机样本。
2. 样本量 n 很大。（如果 $np_0\geqslant 15$ 且 $nq_0\geqslant 15$，那么该条件会得到满足。）

例 7.10　p 的假设检验——电池的次品率

问题　如果生产商提供的商品中有很大比例的次品，会严重影响商业信誉（从而影响销售）。例如，一个碱性电池生产商想要合理地确定它的电池中只有少于 5% 的次品。假设从一大批的电池中随机抽取 300 节，对每节电池进行检验，发现 10 个次品，这是否有充分的证据让生产商断定所有电池的次品率低于 0.05？令 $\alpha=0.01$。

解答　抽样的目的是确定是否有充分的证据表明次品率 p 小于 0.05。所以，我们将检验原假设 $p=0.05$，$p<0.05$ 为备择假设，检验的要素是：

H_0: $p=0.05$（电池的次品率为 0.05）

H_a: $p<0.05$（电池的次品率低于 0.05）

检验统计量：$z=(\hat{p}-p_0)/\sigma_{\hat{p}}$

拒绝域：$z<-z_{0.01}=-2.326$（见图 7-21）

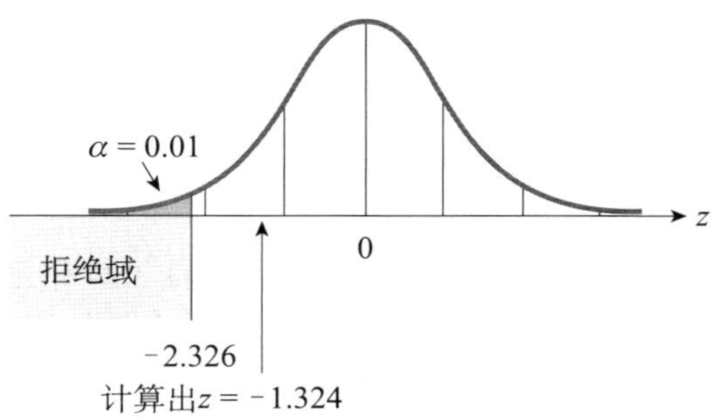

图 7-21　例 7.10 的拒绝域

在进行检验之前，我们首先检验一下样本量是否足够大来保证$\hat{p}$的抽样分布近似正态分布。因为 $np_0=300\times0.05=15$，$nq_0=300\times0.95=285$，都超过 15，正态近似是合适的。

现在我们计算检验统计量：

$$z=(\hat{p}-p_0)/\sigma_{\hat{p}}=(10/300-0.05)/\sqrt{p_0q_0/n}$$

$$=(0.033-0.05)/\sqrt{p_0q_0/300}$$

注意：我们用 p_0 计算$\sigma_{\hat{p}}$，与计算$\sigma_{\hat{p}}$的置信区间相比，检验统计量是在假设原假设正确的条件下（$p=p_0$）进行的。所以，将 p_0 和$\hat{p}$的值代入检验统计量得：

$$z\approx-0.016\,67/\sqrt{0.05\times0.95/300}=-0.016\,67/0.012\,58=-1.324$$

如图 7-21 所示，计算的 z 值没有落在拒绝域内。所以，当显著性水平为 0.01 时，没有充分的证据表明该批电池的次品率小于 5%。

例 7.11　关于总体比例 p 的检验的 p 值

问题　在例 7.10 中，我们发现在显著性水平 $\alpha=0.01$ 的条件下，没有充分的证据表明碱性电池的次品率低于 0.05。证据多有力才可以支持备择假设（H_a：$p<0.05$）？求出检验的观测的显著性水平。

解答　计算得到检验统计量 z，四舍五入后有 $z=-1.32$。所以，对于下侧/左侧检验，近似的观测的显著性水平为：

观测的显著性水平 $=P(z\leqslant-1.32)$

下侧面积如图 7-22 所示。由附录中的表Ⅱ可得 $z=0$ 和 $z=1.32$ 之间的面积是 0.406 6。所以，观测的显著性水平（近似）是 0.5−0.406 6=0.093 4。

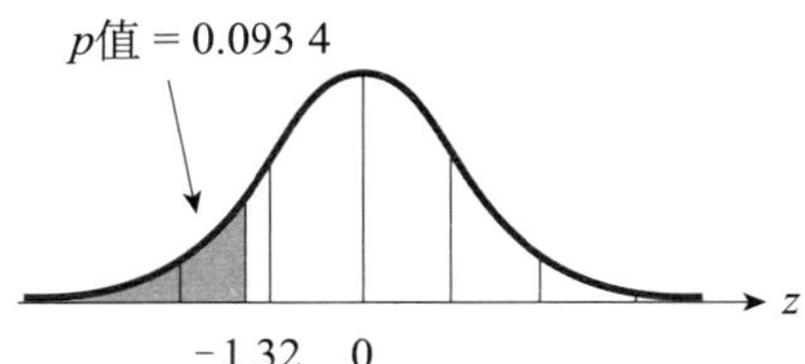

图 7-22　例 7.11 的观测的显著性水平

注意：观测的显著性水平也可通过统计软件得到。StatCrunch 的输出结果如图 7-23 所示，阴影部分显示了未经四舍五入的 p 值。

One sample proportion summary hypothesis test:
p : Proportion of successes
$H_0 : p = 0.05$
$H_A : p < 0.05$

Hypothesis test results:

Proportion	Count	Total	Sample Prop.	Std. Err.	Z-Stat	P-value
p	10	300	0.033333333	0.012583057	-1.3245324	0.0927

图 7-23 例 7.11 下侧 / 左侧检验的 p 值 (StatCrunch)

回顾 尽管我们在 α=0.01 时没有拒绝 H_0：p=0.05。如果 H_0 是真，那么我们观察到一个等于或小于 -1.32 的 z 得分的概率只有 0.093。所以，如果我们选择 α=0.10（因为观测的显著性水平小于 0.10），则拒绝 H_0。如果我们选择 α=0.05 或 α=0.01，则不拒绝 H_0（例 7.10 的结论）。

小样本

由于大多数调查和研究都采用大样本，因此基于此处介绍的正态（z）统计量的大样本检验程序适用于对总体比例进行推断。然而，在小样本的情况下（np_0 或 nq_0 小于 15 时），基于 z 统计量的总体比例检验可能无效，尤其是在进行单侧检验时。小样本的比例检验使用二项分布，而不是正态分布。这些称为精确二项检验，因为检验的精确（而不是近似）p 值是根据二项分布计算的。

例如，考虑检验 H_0：p=0.6 与 H_a：p<0.6，其中 p 是一家大公司所有员工支持工会的真实比例。假设在对 n=20 名员工（从公司所有员工中随机选择）的调查中，x=10 名员工支持工会。在 α=0.05 下，是否有足够的证据来拒绝原假设？

首先，请注意 p_0=0.6 和 $np_0=20\times0.6=12$ 小于 15；因此，我们需要一个二项比例的小样本检验。现在，我们观察到 x=10 名员工支持工会。然后，假设支持工会的真实总体比例为 P，根据定义，下侧 / 左侧检验的观测的显著性水平（p 值）将等于观测到 10 名或者更少的员工支持工会。也即

p 值 =P（$x\leqslant 10|p=0.6$）

在例 4.13 中，我们使用 Minitab 找到了这个二项概率。图 7-24 中显示了类似的 Minitab 输出结果。你可以看到 p 值 =0.245。由于 α=0.05<p 值，故我们无法拒绝原假设。

Method

p: event proportion
Exact method is used for this analysis.

Descriptive Statistics

N	Event	Sample p	95% Upper Bound for p
20	10	0.500000	0.698046

Test

Null hypothesis H_0: p = 0.6
Alternative hypothesis H_1: p < 0.6

P-Value
0.245

图 7-24 精确二项检验的 p 值 (Minitab)

回顾实践中的统计

检验总体比例

在前面的“回顾实践中的统计”专栏中，我们研究了金佰利公司的决定，即在一盒舒洁纸巾中放入超过 60 张纸巾。为此，我们使用从 250 名舒洁顾客的调查中收集的数据来检验感冒患者使用的纸巾平均数量为 μ=60 的说法。解决该问题的另一种方法是考虑在感冒时使用超过 60 张纸巾的舒洁顾客的比例。现在感兴趣的总体参数是 p，即所有舒洁顾客在感冒时使用超过 60 张纸巾的比例。

金佰利公司相信如果调查中一半以上的顾客的纸巾使用量多于 60 张（即 p>0.5），在一个“抗病毒”盒中放入超过 60 张纸巾的决定将得到支持。是否有充分的理由证明总体比例大于 0.5? 为了回答这个问题，我们建立原假设和备择假设：

H_0: p=0.5

H_a: p>0.5

回顾对 250 名顾客的调查结果保存在 TISSUE 数据文件里。除了每个人使用纸巾的数量外，文件里包含的一个定性变量 USED60 表示每个人使用的纸巾少于或多于 60 张。（USED60 的值设为“少于”或“多于”。）使用 Minitab 对该变量进行分析，得到如图 SIA7-2 所示的结果。

Method

Event: USED60 = MORE
p: proportion where USED60 = MORE
Normal approximation method is used for this analysis.

Descriptive Statistics

N	Event	Sample p	95% Lower Bound for p
250	154	0.616000	0.565404

Test

Null hypothesis　H_0: p = 0.5
Alternative hypothesis　H_1: p > 0.5

Z-Value	P-Value
3.67	0.000

图 SIA7-2　舒洁调查中对 p=0.5 的检验 (Minitab)

在 Minitab 输出结果中，x 表示 250 名顾客感冒时使用纸巾数量多于 60 张的人数。注意 x=154，使用该值计算检验统计量 z=3.67，在输出结果中以阴影显示。检验的 p 值也做了阴影处理，p 值 =0.000。由于该值小于 α=0.05，因此有充分的理由（在 α=0.05 时）拒绝 H_0；我们得出结论，所有舒洁顾客在感冒时使用超过 60 张纸巾的比例大于 0.5。这一结论再次支持该公司的决定，即在一盒舒洁纸巾盒中放入超过 60 张纸巾。

➡ 7.7　总体方差的假设检验

尽管许多实际问题都涉及总体均值（或比例）的推断，但有时也涉及总体方差 σ^2。例如，一家罐头工厂的质检主管知道：因为有不能控制的因素影响装入的量，所以每瓶罐头的内含量各不相同。每瓶装入量的均值很重要，装入量的方差也同样重要。如果装入量的方差 σ^2 很大，一些

罐头瓶会装得太少，另一些会装得太多。假设管理机构要求装入量的标准差小于 0.1 盎司。为了判断过程是否符合此规定，质检主管随机抽取 10 瓶并且称重，结果如表 7-6 所示。

表 7-6　10 瓶罐头的装入量　　单位：盎司

16.00	16.06	15.95	16.04	16.10	16.05	16.02	16.03	15.99	16.02

这些数据是否提供了足够的证据表明方差如所期望的那样小？为了回答这个问题，我们需要进行关于 σ^2 的假设检验。

直观地，我们应该将样本方差 s^2 和 σ^2 的假设值（或比较 s 和 σ）进行比较。为了得出关于总体方差的决策，检验统计量：

$(n-1)\ s^2/\sigma^2$

当样本的总体服从正态分布时，这个统计量的抽样分布为卡方分布。（卡方分布在 6.6 节作了介绍。）

既然知道了 $(n-1)\ s^2/\sigma^2$ 的分布，就可以将它作为检验统计量进行总体方差的假设检验，如下例所示。

例 7.12　检验 σ^2——装入量的方差 σ^2

问题　10 瓶标注为 16 盎司的罐头样本的实际装入量如表 7-6 所示。数据是否提供了充分的证据表明标注为 16 盎司的罐头装入量的真实的标准差 σ 小于 0.1 盎司？

解答　这里，我们想检验 $\sigma<0.1$。既然原假设和备择假设以 σ^2 的形式而不是 σ 的形式表示，我们想检验原假设 $\sigma^2=0.1^2=0.01$，备择假设 $\sigma^2<0.1^2$。因此，检验的要素如下：

H_0: $\sigma^2=0.01$（方差等于 0.01，即不符合加工标准）

H_a: $\sigma^2<0.01$（方差小于 0.01，即符合加工标准）

检验统计量：$\chi^2=(n-1)\ s^2/\sigma^2$

假设：装入量近似服从正态分布。

拒绝域：s^2 的值越小，有利于 H_a 的证据越强。因此，根据统计量的值，我们拒绝 H_0。回顾 6.6 节可知卡方分布的自由度是 $n-1$。根据 $\alpha=0.05$ 和自由度 9 在附录中的表Ⅳ中找到拒绝原假设的 χ^2 值，如图 7-25 所示。如果 $\chi^2<3.325\ 11$，我们将拒绝 H_0。

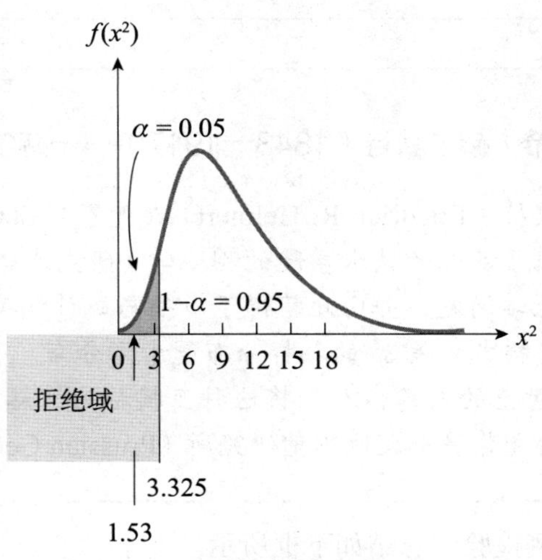

图 7-25　例 7.12 的拒绝域

（注意：附录的表Ⅳ中给出的面积是数量值右侧的面积，所以，为了判断左侧值，将 α=0.05 移到其左边，我们使用表Ⅳ中的$\chi^2_{0.95}$列）。

利用 Minitab 对表 7-6 中的数据进行分析，得到图 7-26。输出结果 s=0.041 2（图中做了阴影处理），代入公式计算检验统计量，得到：

$$\chi^2=\frac{(n-1)s^2}{\sigma^2}=\frac{9\times 0.041\ 2^2}{0.01}=1.53$$

Method

σ: standard deviation of WEIGHT
The Bonett method is valid for any continuous distribution.
The chi-square method is valid only for the normal distribution.

Descriptive Statistics

N	StDev	Variance	95% Upper Bound for σ using Bonett	95% Upper Bound for σ using Chi-Square
10	0.0412	0.00169	0.0732	0.0677

Test

Null hypothesis H₀: σ = 0.1
Alternative hypothesis H₁: σ < 0.1

Method	Test Statistic	DF	P-Value
Bonett	—	—	0.010
Chi-Square	1.52	9	0.003

图 7-26 例 7.12 中装入量方差的分析结果 (Minitab)

因为检验统计量落在拒绝域内，我们拒绝 H_0，而考虑 H_a，即主管可以得出结论：装入量的总体方差小于 0.01（σ< 0.1），犯第Ⅰ类错误的概率是 0.05。如果重复这个过程，只有 5% 的犯错概率拒绝 H_0。所以质检主管确信罐头厂的操作在允许的变异性范围之内。

回顾 注意检验统计量和左侧的 p 值 0.003 在输出结果的底部以阴影显示，如图 7-26 所示。因为 α=0.05 大于 p 值，所以我们的结论是拒绝 H_0。

人物介绍

弗里德里希·赫尔默特（1843—1917）——赫尔默特变换

德国人弗里德里希·赫尔默特（Friedrich R. Helmert）在德累斯顿大学学习工程科学和数学，并且获得了博士学位，之后接受了位于亚琛的技术学院的测地学（研究地球大小和形状的科学）教授职位。赫尔默特应用数学方法解决测地学问题，并由此获得了多项与统计相关的发现。1876 年，他做出了最伟大的统计贡献——率先证明了样本方差 s^2 的抽样分布是卡方分布。赫尔默特使用了一系列的数学变换来得到 s^2 的分布。为了表达对他的敬意，人们将这种变换称为“赫尔默特变换”。赫尔默特晚年被任命为柏林大学高级测地学教授和普鲁士大地测量研究所（Prussian Geodesic Institute）所长。

σ^2 的单侧检验和双侧检验的总结如下框所示。

关于 σ^2 的大样本假设检验：卡方统计量

检验统计量	$\chi_c^2=\frac{(n-1)\ s^2}{\sigma_0^2}$		
	单侧检验		双侧检验
	H_0: $\sigma^2=\sigma_0^2$ H_a: $\sigma^2<\sigma_0^2$	H_0: $\sigma^2=\sigma_0^2$ H_a: $\sigma^2>\sigma_0^2$	H_0: $\sigma^2=\sigma_0^2$ H_a: $\sigma^2\neq\sigma_0^2$
拒绝域	$\chi_c^2<\chi_{(1-\alpha)}^2$	$\chi_c^2>\chi_\alpha^2$	$\chi_c^2<\chi_{(1-\alpha/2)}^2$或 $\chi_c^2>\chi_{\alpha/2}^2$
p 值	$P(\chi^2<\chi_c^2)$	$P(\chi^2>\chi_c^2)$	$2\min\{P(\chi^2<\chi_c^2),\ P(\chi^2>\chi_c^2)\}$

决策：如果 $\alpha>p$ 值，或者检验统计量 χ_c^2 落入拒绝域（其中 $P(\chi^2>\chi_\alpha^2)=\alpha$，$P(\chi^2<\chi_{(1-\alpha)}^2)=\alpha$，$\alpha=P$（第 I 类错误）$=P$（拒绝原假设 | 原假设为真）），则拒绝 H_0，卡方分布的自由度为 $n-1$。

注：原假设下赋给 σ^2 的数值符号为 σ_0^2。

σ^2 的假设检验所需的条件

1. 从目标总体中选择一个随机样本。
2. 样本来自的总体近似服从正态分布。

提示

在上面的例子中，在对 σ^2 进行假设检验的过程中，不论样本量 n 是大还是小，都需要假定从中抽取样本的总体必须近似服从正态分布。与基于 t 统计量的 μ 的小样本检验不同，轻微至中度偏离正态分布会导致卡方检验无效。

7.8 计算犯第 II 类错误的概率：关于 β 的更多信息（选学）

在 7.1 节的假设检验介绍中，我们表明犯第 I 类错误的概率 α 可以通过选择检验的拒绝域来控制。这样，当检验统计量落在拒绝域内时，我们就拒绝 H_0。我们这样做是因为知道错误地拒绝 H_0 的概率就是犯第 I 类错误的概率。相应地，接受原假设，因此就有犯第 II 类错误的风险，此情况通常是不可控的。出于这个原因，当检验统计量未落在拒绝域内时，我们采用了不拒绝 H_0 的策略，而不是冒着不知错误程度的风险。

为了了解如何为假设检验计算 β（犯第 II 类错误的概率），回顾 7.1 节中的例子，一个城市要检验制造商的下水管是否符合规范要求，即平均抗断强度是否超过 2 400 磅 / 英尺。检验的步骤如下：

H_0: $\mu=2\ 400$

H_a: $\mu>2\ 400$

检验统计量：$z=\dfrac{\bar{x}-2\ 400}{\sigma/\sqrt{n}}$

拒绝域：$z>1.645$ （$\alpha=0.05$）

图 7-27a 显示了**零分布**（null distribution）的拒绝域，即在假定原假设正确的条件下检验统计

量的分布。拒绝域的面积为 0.05，用 α 表示，是当 H_0 正确时检验统计量落在拒绝域内的概率。

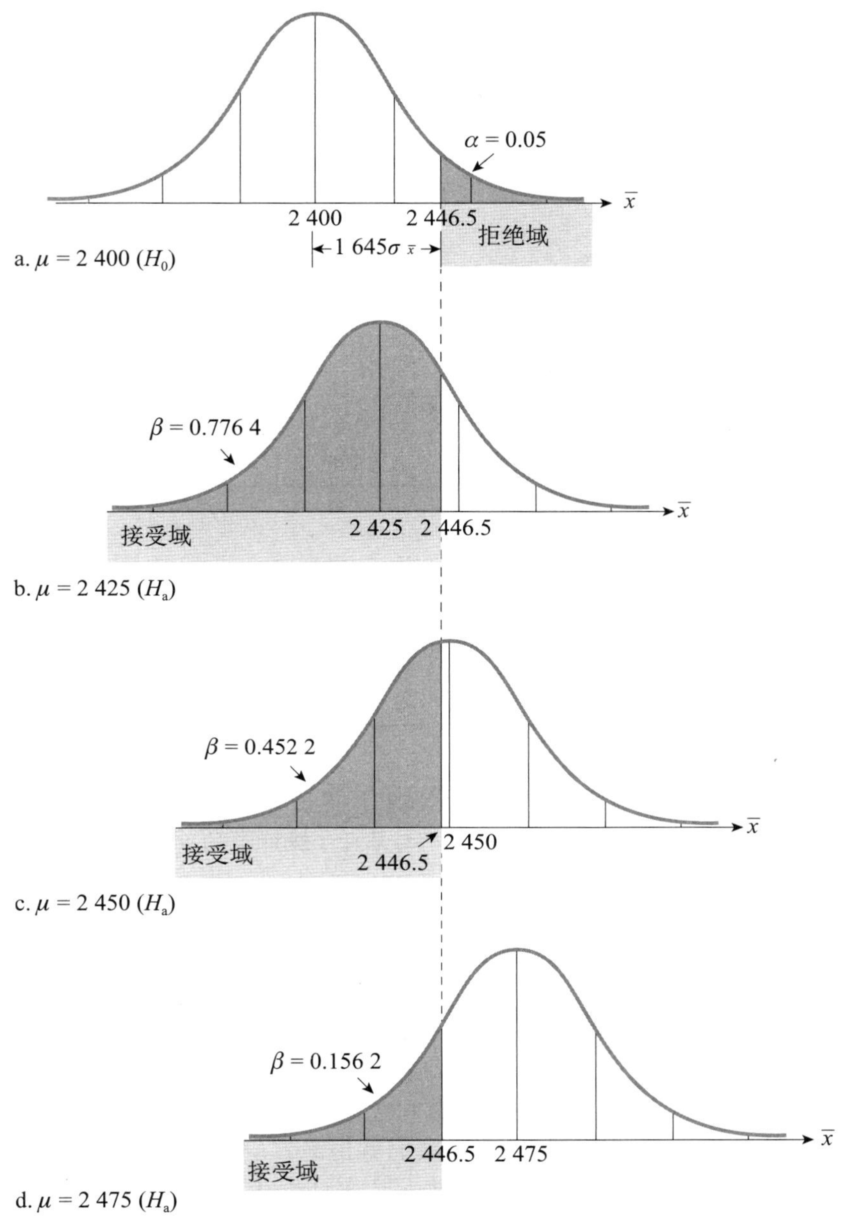

图 7-27　不同 μ 对应的 α 值和 β 值

犯第Ⅱ类错误的概率 β 是在原假设错误的条件下计算的，因为 β 的定义是在原假设错误的条件下接受原假设的概率。既然对任何超过 2 400 的值 H_0 都为假，所以对于大于 2 400 的每个可能的值（无限多种可能性），存在一个 β 值。图 7-27b 至图 7-27d 显示了可能的三种情形，相应的 μ 的备择假设值分别为 2 425，2 450，2 475。注意，β 是每个分布的接受域的面积，并且 β 随着 μ 远离原假设值 μ=2 400 而递减。这是显而易见的，因为错误地接受原假设的概率应该随着 μ 的原假设值和备择假设值之间的距离的增加而减小。

为了计算 H_a 中特定 μ 下的 β 值，我们采取以下步骤：

1. 计算接受域和拒绝域之间相应的$\bar{x}$的值。例如在下水管的例子中，$\bar{x}$的值在$\bar{x}$的抽样分布中位于 μ=2 400 上 1.645 倍标准差外的区域。定义这个值为$\bar{x}_0$，对应于支持原假设的$\bar{x}$的最大值，我

们发现（回顾 s=200，且 n=50）：

$$\bar{x}_0=\mu_0+1.645\sigma_{\bar{x}}=2\ 400+1.645\ \frac{\sigma}{\sqrt{n}}$$
$$\approx 2\ 400+1.645\ \frac{s}{\sqrt{n}}=2\ 400+1.645\times\frac{200}{\sqrt{50}}$$
$$=2\ 400+1.645\times 28.28=2\ 446.5$$

2. 对于特定备择分布对应的 μ 值（用 μ_a 表示），我们计算相对于$\bar{x}_0$的 z 值，即拒绝域和接受域之间的边界。

我们使用 z 得分和附录中的表 Ⅱ 来确定备择分布下接受域的面积。这一面积就是对应于特定备择 μ_a 的 β 值。例如，μ_a=242 5，我们计算得到：

$$z=(\bar{x}_0-2\ 425)\ /\ \sigma_{\bar{x}}=(\bar{x}_0-2\ 425)\ /\ (\sigma/\sqrt{n})$$
$$\approx(\bar{x}_0-2\ 425)\ /\ \sigma_{\bar{x}}=0.76$$

注意，在图 7-27b 中，接受域的面积是 z = 0.76 左侧的面积。这个面积为：

$$\beta=0.5+0.276\ 4=0.776\ 4$$

因此，当实际上 μ = 2 425，假设检验程序导致错误地接受原假设 μ = 2 400 的概率约为 0.78。随着下水管的平均抗断强度增加到 2 450，β 值减小到 0.452 2（见图 7-27c）。如果平均抗断强度进一步增加到 2 475，β 值将进一步减小到 0.156 2（见图 7-27d）。因此，即使下水管的真实平均抗断强度超过最低要求 75 磅 / 英尺，检验程序也会在大约 16% 的时间内错误地接受原假设（拒绝使用该下水管）。结果是，如果制造商希望下水管被城市接受的概率大（即 β 小），那么制造的下水管必须使平均抗断强度远远超过最低要求。

以下总结了在总体均值和总体比例的大样本检验中计算 β 的步骤。

关于 μ 的大样本检验中计算 β 的步骤

1. 计算与拒绝域的边界对应的$\bar{x}$的值。单侧检验将有一个边界值，双侧检验将有两个边界值。公式为以下之一，对应显著性水平为 α 的检验：

上侧（左侧）检验：$\bar{x}_0=\mu_0+z_\alpha\sigma_{\bar{x}}\approx\mu_0+z_\alpha\frac{s}{\sqrt{n}}$

（H_a：$\mu>\mu_0$）

下侧（右侧）检验：$\bar{x}_0=\mu_0-z_\alpha\sigma_{\bar{x}}\approx\mu_0-z_\alpha\frac{s}{\sqrt{n}}$

（H_a：$\mu<\mu_0$）

双侧检验：$\bar{x}_{0,L}=\mu_0-z_{\alpha/2}\sigma_{\bar{x}}\approx\mu_0-z_{\alpha/2}\frac{s}{\sqrt{n}}$

（H_a：$\mu\neq\mu_0$）

$\bar{x}_{0,U}=\mu_0+z_{\alpha/2}\sigma_{\bar{x}}\approx\mu_0+z_{\alpha/2}\frac{s}{\sqrt{n}}$

2. 指定备择假设中 μ_a 的值，来计算 β 的值。然后计算$\bar{x}_0$的边界值并用备择分布的 μ_a 来计算 z 得分。z 得分的一般公式是：

$$z=(\bar{x}_0-\mu_a)\ /\sigma_{\bar{x}}$$

3. 描绘备择分布（中心为 μ_a），并且将接受域（非拒绝域）的面积用阴影表示。用 z 统计量和附录中的表 Ⅱ 来求出阴影部分的面积，即 β。

下侧（右侧）检验：$\beta = P\left(z > \dfrac{\bar{x}_0 - \mu_a}{\sigma_{\bar{x}}}\right)$

（H_a：$\mu < \mu_0$）

上侧（左侧）检验：$\beta = P\left(z < \dfrac{\bar{x}_0 - \mu_a}{\sigma_{\bar{x}}}\right)$

（H_a：$\mu > \mu_0$）

双侧检验：$\beta = P\left(\dfrac{\bar{x}_{0,L} - \mu_a}{\sigma_{\bar{x}}} < z < \dfrac{\bar{x}_{0,U} - \mu_a}{\sigma_{\bar{x}}}\right)$

（H_a：$\mu \neq \mu_0$）

关于 p 的大样本检验中计算 β 值的步骤

1. 计算对应于拒绝域边界的$\hat{p}$值，单侧检验有一个边界值，而双侧检验有两个边界值。公式为以下之一，对应显著性水平为 α 的检验：

上侧（左侧）检验：$\hat{p}_0 = p_0 + z_\alpha \sigma_p = p_0 + z_\alpha \sqrt{\dfrac{p_0 q_0}{n}}$

（H_a：$p > p_0$）

下侧（右侧）检验：$\hat{p}_0 = p_0 - z_\alpha \sigma_p = p_0 - z_\alpha \sqrt{\dfrac{p_0 q_0}{n}}$

（H_a：$p < p_0$）

双侧检验：$\hat{p}_{0,L} = p_0 - z_{\alpha/2} \sigma_p = p_0 - z_{\alpha/2} \sqrt{\dfrac{p_0 q_0}{n}}$

（H_a：$p \neq p_0$）

$\hat{p}_{0,U} = p_0 + z_{\alpha/2} \sigma_p = p_0 + z_{\alpha/2} \sqrt{\dfrac{p_0 q_0}{n}}$

2. 指定备择假设中 p_a 的值，计算 β 的值。然后用备择分布的均值 p_a，将边界值$\hat{p}_0$转换为 z 得分。计算 z 得分的一般公式是：

$$z = (\hat{p}_0 - p_a)/\sigma_p = \frac{\hat{p}_0 - p_a}{\sqrt{\dfrac{p_a q_a}{n}}}$$

3. 描绘备择分布（中心为p_a），并且将接受域（非拒绝域）的面积用阴影表示。用 z 统计量和附录中的表Ⅱ来求出阴影部分的面积，即 β。

上侧检验：$\beta = P\left(z < \dfrac{\hat{p}_0 - p_a}{\sqrt{\dfrac{p_a q_a}{n}}}\right)$

（H_a：$p > p_0$）

下侧检验：$\beta = P\left(z > \dfrac{\hat{p}_0 - p_a}{\sqrt{\dfrac{p_a q_a}{n}}}\right)$

（H_a：$p < p_0$）

双侧检验：$\beta = P\left(\dfrac{\hat{p}_{0,\mathrm{L}} - p_a}{\sqrt{\dfrac{p_a q_a}{n}}} < z < \dfrac{\hat{p}_{0,\mathrm{U}} - p_a}{\sqrt{\dfrac{p_a q_a}{n}}}\right)$

（H_a：$p \neq p_0$）

在针对 H_a 中参数的特定值计算 β 之后，你应该基于假设检验的应用背景解释该值。解释 $1-\beta$ 的值通常很有用，它被称为对应于特定备择假设（例如，总体均值 μ_a）的检验功效。由于 β 是当备择假设为真即 $\mu=\mu_a$ 时，接受原假设的概率。$1-\beta$ 是互补事件的概率，或者当备择假设 H_a：$\mu=\mu_a$ 为真时拒绝原假设的概率。也就是说，功效（$1-\beta$）衡量了当备择假设取特定均值（或比例）时，假设检验得到正确决策（拒绝 H_0）的可能性。

检验功效（power of the test）是指当备择假设取特定的 μ 值或者 p 值时，检验可以正确拒绝原假设的概率。特定的备择值的检验功效等于 $1-\beta$。

例如，在下水管的例子中，我们发现当 μ=2 425 时 β=0.776 4。这是当 μ=2 425 时，检验得到（不正确）接受原假设的概率。或者，等效地，检验功效是 1−0.776 4=0.223 6，这意味着当下水管的平均抗断强度超过规定强度 25 磅 / 英尺时，检验得到（正确）拒绝原假设的可能性为 22%。当制造商的下水管的平均抗断强度达到 2 475 磅 / 英尺（也就是超过规定强度 75 磅 / 英尺）时，检验功效增加到 1−0.156 2=0.843 8，这意味着当 μ=2 475 时，检验使得有 84% 的可能性接受制造商的下水管。

例 7.13 检验功效——质量控制研究

问题 回顾例 7.5 的质量控制研究，我们检验谷物分装机的装入量是否偏离均值 μ=12 盎司。建立检验：

H_0：μ=12

H_a：$\mu \neq 12$ （μ<12 或 μ>12）

检验统计量：$z=(\bar{x}-12)/\sigma_{\bar{x}}$

拒绝域：$z<-1.96$ 或 $z>1.96$，当 α=0.05 时

$z<-2.575$ 或 $z>2.575$，当 α=0.01 时

注意，对于 α=0.05 和 α=0.01，拒绝域分别被确定。假设 n=100，且 s=0.5。

a. 假设分装机的装入量比均值少 0.1 盎司（μ=11.9）。计算对应于两个拒绝域的 β 值，讨论 α 和 β 之间的关系。

b. 计算当 μ=11.9 时每个拒绝域的检验功效。

解答 a. 我们首先考虑对应于 α=0.05 的拒绝域。第一步是计算对应于双侧拒绝域的 $\bar{x}$ 的边界值。

由于 $z<-1.96$ 或 $z>1.96$，则

$$\bar{x}_{0,\mathrm{L}} = \mu_0 - 1.96\,\sigma_{\bar{x}} \approx \mu_0 - 1.96\,(s/\sqrt{n}) = 12 - 1.96 \times (0.5/10) = 11.902$$

$$\bar{x}_{0,\mathrm{U}} = \mu_0 + 1.96\,\sigma_{\bar{x}} \approx \mu_0 + 1.96\,(s/\sqrt{n}) = 12 + 1.96 \times (0.5/10) = 12.098$$

这些边界值如图 7-28a 所示。

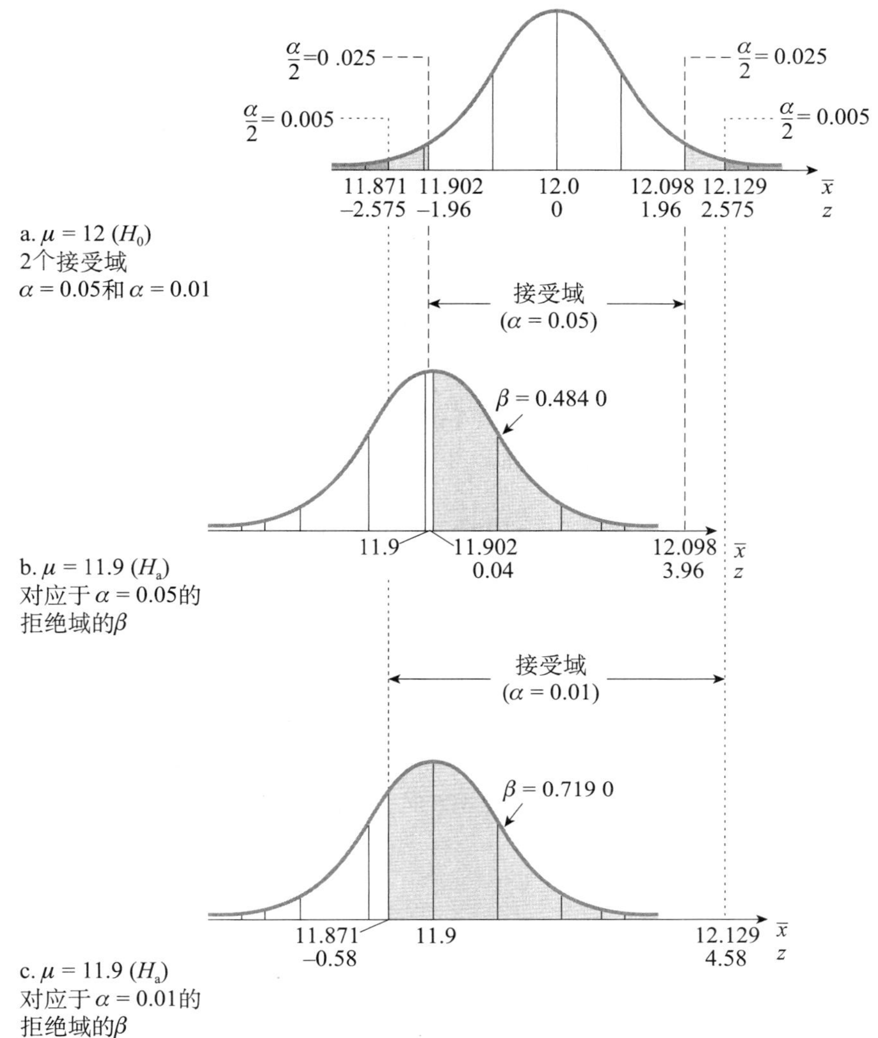

图 7-28　例 7.13 中分装机过程 β 值的计算

然后，根据这些边界值和备择分布 μ_a=11.9 计算出 z 值：

$$z_L = \frac{x_{0,L} - \mu_a}{\sigma_{\bar{x}}} \approx \frac{11.902 - 11.9}{0.05} = 0.04$$

$$z_U = \frac{x_{0,U} - \mu_a}{\sigma_{\bar{x}}} \approx \frac{12.098 - 11.9}{0.05} = 3.96$$

在图 7-28b 中显示出 z 值，你可以看到接受域（非拒绝域）就是 z 值之间的区域。利用附录中的表Ⅱ，我们可发现 z=0 和 z=0.04 之间的面积是 0.016 0，且 z=0 和 z=3.96 之间的面积（大约）是 0.5。那么，z=0.04 和 z=3.96 之间的面积大约是：

β=0.5−0.016 0=0.484 0

这样，α=0.05 的检验导致在装入量均值为 11.9 盎司时犯第Ⅱ类错误的概率大约是 48%。

针对对应于 α=0.01 的拒绝域，z<−2.575 或 z>2.575，我们发现：

$\bar{x}_{0,L}$ =12−2.575×（0.5/10）=11.871

$\bar{x}_{0,U}$=12+2.575×（0.5/10）=12.129

这些拒绝域的边界值如图 7-28c 所示。

当备择分布 μ_a=11.9，将两个边界值变为 z 得分，得到 z_L=−0.58，z_U=4.58。这两个值之间的面积大约是：

β=P（−0.58< z <4.58）= 0.219 0+0.5=0.719 0

这样，α=0.01 下检验错误接受 H_0 的概率大约是 72%。

注意，当 α 从 0.05 减小到 0.01 时，β 的值从 0.484 0 增大到 0.719 0。α 和 β 之间关系的一般性质是：当 α 减小（增大）时，β 增大（减小）。

b. 检验功效被定义为正确地拒绝原假设的概率。当 μ=11.9 且 α=0.05 时，我们发现：

统计检验功效 =1−β=1−0.484 0=0.516 0

当 μ=11.9 且 α=0.01 时，我们发现：

统计检验功效 =1−β=1−0.719 0=0.281 0

你可以看到统计检验功效随着 α 的减小而降低。这意味着随着正确拒绝原假设概率的降低，在给定备择假设时正确接受原假设的概率也在降低。

回顾 本例的关键是 α 的选取必须谨慎。随着 α 的减小，检验中发现偏离原假设的可能性也将减小。

注意：在大部分检验统计包中都有计算标准统计检验功效的选项。通常，你需要确定检验类型（z 检验或 t 检验）、H_a 的形式（<，> 或≠）、标准差、样本量和 H_a 的参数值（或 H_0 与 H_a 中的值之差）。例 7.13 中当 α=0.05 时，Minitab 的功效分析如图 7-29 所示。输出结果的阴影部分显示了检验功效（0.516）。

Power and Sample Size

1-Sample Z Test
Testing mean = null (versus ≠ null)
Calculating power for mean = null + difference
α = 0.05 Assumed standard deviation = 0.5

Results

Difference	Sample Size	Power
0.1	100	0.516005

图 7-29 例 7.13 的功效分析 (Minitab)

我们已经知道犯第Ⅱ类错误的概率 β 与 α 呈负相关（见例 7.13），并且 β 值随着 μ_a 与原假设值距离的增大而减小（见下水管的例子）。样本量 n 对 β 也有影响。请记住，$\bar{x}$抽样分布的标准差与样本量 n 的平方根成反比例关系（$\sigma_{\bar{x}}=\sigma/\sqrt{n}$）。因此，如图 7-30 所示，当 n 增大时，无论是原假设还是备择假设，其抽样分布的方差都会变小。如果给定 α 值并固定不变，β 随着 n 的增大而减小。相反，对于给定的备择假设，其统计检验功效随着样本量的增加而增大。β 和功效的性质总结如下。

β 和功效的性质

1. 对于给定的 n 和 α，随着原假设值μ_0（或p_0）和备择假设值μ_a（或p_a）之间距离的增大，β 值减小，功效值增大（见图 7-27）。

2. 对于给定的 n，μ_0和μ_a（或p_0，p_a），随着 α 值的减小，β 值增大，功效值减小（见图 7-28）。

3. 对于给定的 α，μ_0 和 μ_a（或 p_0，p_a），随着 n 值的增大，β 值减小，功效值增大（见图 7-30）。

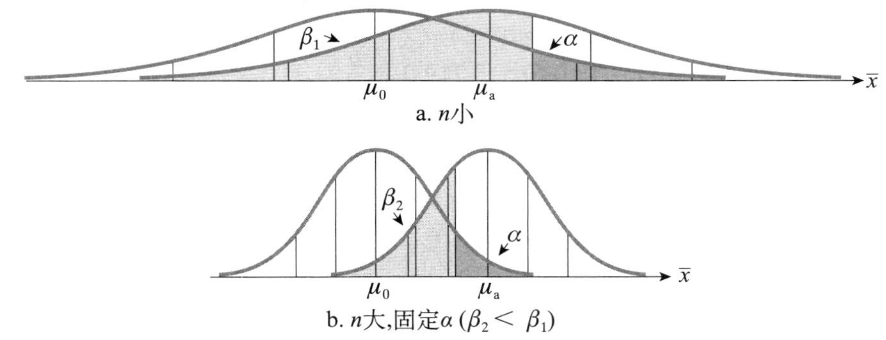

图 7-30 α，β 和 n 三者间的关系

关键术语

说明：带 * 的术语来自选学部分。

备择假设 / 研究假设（alternative / research hypothesis）
结论（conclusion）
假设（hypothesis）
显著性水平（level of significance）
下侧 / 左侧检验（lower-tailed test）
零分布（null distribution）
原假设（null hypothesis）
观测的显著性水平（p 值）(observed significance level (p-value))
单侧（单边）统计检验（one-tailed (one-sided) statistical test）
* 检验功效（power of the test）
拒绝域（rejection region）
假设检验（test of hypothesis）
检验统计量（test statistic）
双侧（双边）假设（two-tailed (two-sided) hypothesis）
第 Ⅰ 类错误（Type Ⅰ error）
第 Ⅱ 类错误（Type Ⅱ error）
上侧 / 右侧检验（upper-tailed test）

关键符号

μ——总体均值
p——二项试验中的总体比例，P（成功）
σ^2——总体方差
$\bar{x}$——样本均值（μ 的估计量）
$\hat{p}$——样本比例（p 的估计量）
s^2——样本方差（σ^2 的估计量）
H_0——原假设
H_a——备择假设
μ_0——假设检验中的总体均值
p_0——假设检验中的总体比例
σ_0^2——假设检验中的总体方差
α——第 Ⅰ 类错误的概率
β——第 Ⅱ 类错误的概率
χ^2——卡方（s^2 的抽样分布）

关键知识点

确定目标参数的关键词：

μ——均值；平均数
p——比例；分数；百分比；比率；概率
σ^2——方差；变异性；离散度

假设检验的要素：

1. 原假设（H_0）

2. 备择假设（H_a）
3. 检验统计量（z，t 或 χ^2）
4. 显著性水平（α）
5. p 值
6. 结论

假设检验中的概率：

α=P（第Ⅰ类错误）=P（当 H_0 正确时拒绝 H_0）

β=P（第Ⅱ类错误）=P（当 H_0 错误时接受 H_0）

1−β= 检验功效 =P（当 H_0 错误时拒绝 H_0）

备择假设的形式：

下侧 / 左侧检验：H_a: $\mu<\mu_0$

上侧 / 右侧检验：H_a: $\mu>\mu_0$

双侧检验：H_a: $\mu \neq \mu_0$

使用 p 值进行决策：

1. 选择显著性水平（α）
2. 获得检验的 p 值
3. 如果 $\alpha>p$ 值，则拒绝 H_0

单样本假设检验的选择指南

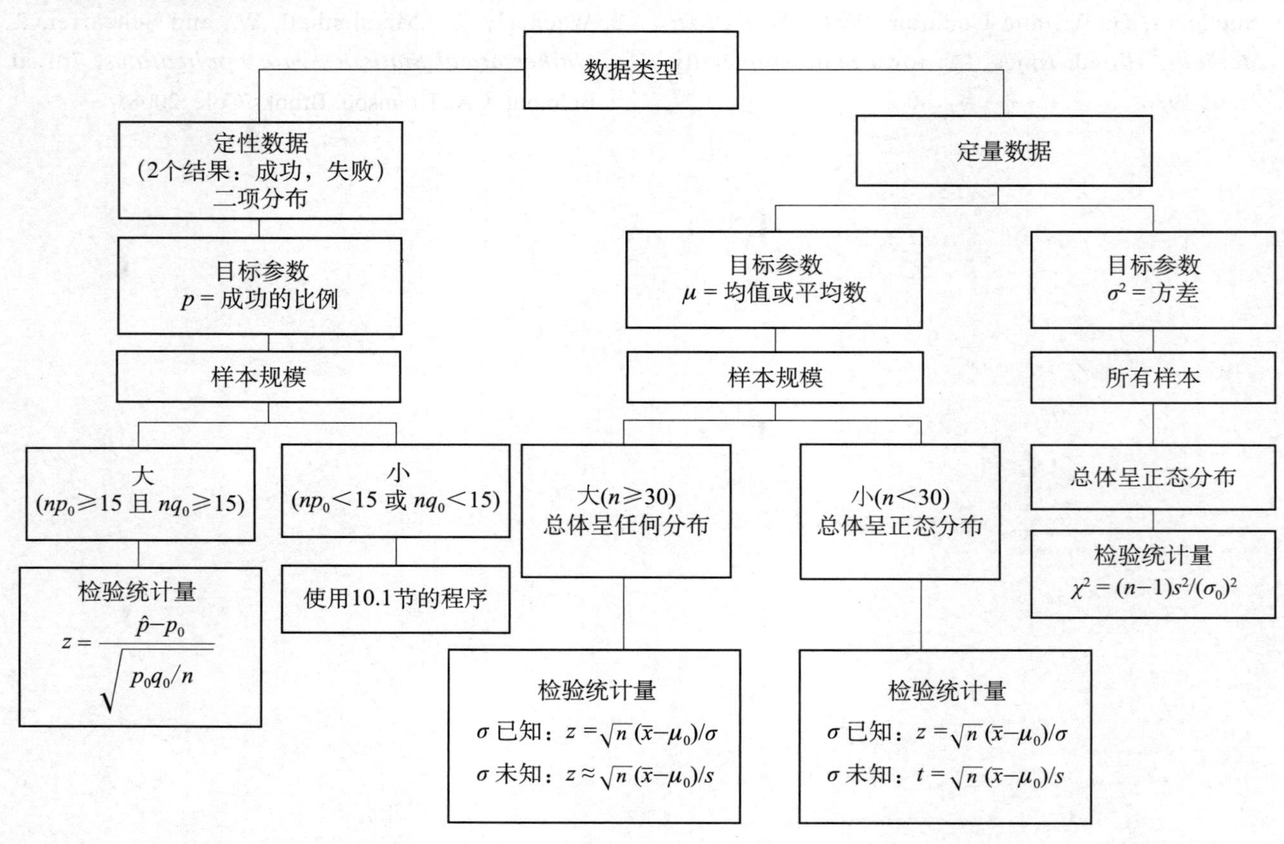

练习题

1.a. 列出可以增加检验功效的三个因素。

b. 犯第Ⅱ类错误的概率 β 与检验功效之间的关系是怎样的？

2. 说明大样本和小样本条件下对总体均值 μ 进行检验时的差别。将重点放在假设和统计量上。

3. 完成下面的陈述：一个假设检验的 p 值越小，就有越强的证据支持____假设。解释你的答案。

4. 如果你在构造假设检验时选择了一个非常小的 α 值，β 会大还是小？请解释。

5. 如果拒绝一个检验的原假设会导致你的公司破产，你希望 α 的值是大还是小？请解释。

6. 从一个正态总体中随机抽取 20 个样本，计算得到 $\bar{x}$=72.6，s^2=19.4。

   a. 检验 H_0: μ=80 和 H_a: μ<80。令 α=0.05。

   b. 检验 H_0: μ=80 和 H_a: $\mu \neq 80$。令 α=0.01。

7. 随机抽取 175 个样本，$\bar{x}$=8.2，s=0.79。

a. 检验 H_0: μ=8.3 和 H_a: $\mu \neq 8.3$。令 α=0.05。

b. 检验 H_0: μ=8.4 和 H_a: $\mu \neq 8.4$。令 α=0.05。

c. 检验 H_0: σ=1 和 H_a: $\sigma \neq 1$。令 α=0.05。

d. 如果 μ_a=8.5，请计算 a 中的检验功效。

8. 从二项分布总体中随机抽取 n=200 个样本，计算得到$\hat{p}$ =0.29。

a. 检验 H_0: p=0.35 和 H_a: p<0.35。令 α=0.05。

b. 检验 H_0: p=0.35 和 H_a: $p \neq 0.35$。令 α=0.05。

9. 对 n=17 的随机样本进行 t 检验，原假设 H_0 : μ=10，备择假设 H_a : μ>10。检验结果 t=1.174，p 值 =0.128 8。

a. 解释 p 值。

b. 要保证此检验有效，需要什么假设？

c. 若备择假设为 H_a: $\mu \neq 10$，计算并解释 p 值。

10. 从一个正态总体中随机抽取 41 个样本，计算得到均值$\bar{x}$ =88，标准差 s=6.9。

a. 检验 H_0: σ^2=30 和 H_a: σ^2>30。令 α=0.05。

b. 检验 H_0: σ^2=30 和 H_a: $\sigma^2 \neq 30$。令 α=0.05。

参考文献

1. Snedecor, G. W., and Cochran, W. G. *Statistical Methods*, 7th ed. Ames, IA: Iowa State University Press, 1980.

2. Wackerly, D., Mendenhall, W., and Scheaffer, R. *Mathematical Statistics with Applications*, 7th ed. Belmont, CA: Thomson, Brooks/Cole, 2008.

第 8 章 基于双样本的统计推断：置信区间和假设检验

我们将要学习：

- 在比较两个总体时如何确定目标参数
- 如何利用置信区间和假设检验比较两个总体均值
- 将这些推断方法用来比较两个总体比例或者两个总体方差
- 在给定边际误差时确定估计两个总体参数差异所需的样本量

实践中的统计

ZixIt 公司起诉维萨美国公司——一起诽谤案

《美国法律期刊》(*National Law Journal*，2002 年 8 月 26 日至 9 月 2 日）报道了一起有趣的案件，其中涉及 ZixIt 公司——一个刚成立的网上信用卡结算中心。ZixIt 声称其新的在线信用卡处理系统将允许互联网购物者在不透露其信用卡号码的情况下进行购物。这种说法违反了大多数主要信用卡公司的既定协议，包括维萨（Visa)。在公司不知情的情况下，维萨一位负责技术研发的副总裁开始写电子邮件并在雅虎留言板上发帖给 ZixIt 的投资者，向 ZixIt 的声明发出挑战，并督促投资者卖掉他们手中的 ZixIt 股票。这名维萨高管在被捕之前发送了 400 多封电子邮件和帖子。ZixIt 一经发现这些帖子出自维萨高管之手，就立刻控告维萨公司，指控维萨利用这位高管作为公司的代理人恶意贬低和干扰 ZixIt 及其积极向市场推销新的在线信用卡处理系统的努力。在这起诽谤案中，ZixIt 要求维萨赔偿 6.99 亿美元。

在这起诉讼中，达拉斯市 Lynn, Tillotson & Pinker 律师事务所的律师杰夫·蒂洛森（Jeff Tillotson）和迈克·林恩（Mike Lynn）受聘为维萨辩护。这些律师又聘请詹姆斯·麦克拉夫（James McClave）博士（本书的作者之一）担任他们的专业统计学家。麦克拉夫在法庭上证明了“事件研究”的结果，他将维萨高管的电子邮件发布和 ZixIt 股票价格在下一个交易日的波动匹配起来。麦克拉夫的证明显示，在发帖之后股价上涨和股价下跌的天数相同，这使得维萨的代理律师在这起案件中占上风。《美国法律期刊》报道，在经过两天半的审议之后，“陪审员发现维萨高管的行为不在他的职责范围之内，维萨没有诋毁 ZixIt 或者干扰 ZixIt 的商业活动”。

在本章中，我们展示了麦克拉夫用来推断维萨高管的帖子对 ZixIt 的股价没有影响的几个统计分析。每日 ZixIt 股票价格以及维萨高管的发贴时间都保存在 ZIXVSA 文件中。[①] 我们将在两个“回顾实践中的统计”专栏中将本章介绍的统计方法应用于该数据集。

回顾实践中的统计

比较平均价格的变动。

比例的比较。

➡ 8.1 确定目标参数

很多试验涉及两个总体比较的问题。例如，一名房地产经纪人可能想要估计城市和郊区的住房销售价格均值的差异；一个消费群体可能想要检验两个主要品牌的电冰箱的平均耗电量是否有明显的差异；一名电视节目市场调研人员需要估算经常观看一档受欢迎的电视节目的年轻观众和老年观众的比例差异；一个高尔夫球供应商可能会对比较两个竞争品牌的高尔夫球在被相同球杆击打后飞出距离的变异性感兴趣。在本章，我们考虑利用双样本来对选取的两个总体进行比较的统计方法。

用于对单个总体参数进行估计和假设检验的步骤经修改可以对两个总体进行推断。与第 6 章和第 7 章一样，使用的方法将依赖于样本量和感兴趣的参数（也就是目标参数）。本章涉及的一些参数的关键词、数据类型列在下面的框中。

确定目标参数

参数	关键词或短语	数据类型
$\mu_1-\mu_2$	均值差，在平均数上的差异	定量数据
p_1-p_2	在比例、百分比、分数或比率上的差异，比较比例	定性数据
σ_1^2/σ_2^2	方差比值，在变异性或离散度上的差异，比较方差	定量数据

你可以看到，关键词“差异”和“比较”能够帮助我们识别相比较的两个总体的一些实际情况。正如前面给出的一些例子，“销售价格均值”中的“均值”和“平均耗电量”中的“平均”意味着目标参数实际上就是总体均值差 $(\mu_1-\mu_2)$；“年轻观众和老年观众的比例差异”中的“比例差异”表明目标参数指的就是比例差 (p_1-p_2)；“距离的变异性”中的“变异性”则指出了总体方差的比值，也就是目标参数 (σ_1^2/σ_2^2)。

与单个总体的推断问题一样，从双样本中收集得到的数据类型（定量或定性数据），都能用来指示目标参数。当你拥有定量数据时，可能会倾向于比较数据的均值或者方差。而如果你拥有表示两种结果的定性数据（成功或失败），可能会有兴趣去比较两个总体中成功次数所占的比例。

我们将在 8.2 节和 8.3 节考虑比较两个总体均值的方法，在 8.4 节介绍比较总体比例的问题，在 8.6 节讨论总体方差的问题。在 8.5 节展示如何确定所需的样本量，从而得到对目标参数的可靠估计。

① 数据由佛罗里达州的盖恩斯维尔信息技术公司提供（经许可）。

➡ 8.2 比较两个总体均值：独立抽样

在本节，我们将考虑比较两个总体均值的大样本方法和小样本方法。在大样本情况下，我们使用 z 统计量（当总体方差未知时 $z\approx t$），而在小样本情况下，我们使用 t 统计量。

大样本情况

例 8.1　大样本情况下的（μ_1-μ_2）置信区间——比较汽车平均价格

问题　近年来，美国和日本就两国间的贸易限制问题进行了激烈谈判。美国官员反复声称，日本生产商在日本市场的产品定价高于在美国的产品定价，通过在日本市场上执行非常高的价格对美国市场的低价进行相应补贴。根据美方的观点，日本通过阻止有竞争力的美国商品进入日本市场来达到这一目的。

一位经济学家决定检验日本汽车在日本的零售价高于美国的假设。她获得了同一时期同一型号汽车的 50 份美国零售价格和 50 份日本零售价格的独立随机样本，并使用现行汇率将日本的销售价格从日元换算成美元。AUTOS 文件中保存的数据已经列在表 8-1 中。构造一个置信水平为 95% 的置信区间，说明这种车型零售价格总体均值在两国之间的差异，并对结果进行解释。

表 8-1　汽车零售价格　　单位：千美元

美国的销售价格	28.2	26.2	27.2	28.7	28.4	26.6	24.9	26.8	22.1	20.8
	28.5	25.5	26.2	26.3	28.2	29.5	23.2	26.8	22.9	27.2
	28.2	26.3	26.8	26.4	28.6	25.6	27.1	28.1	28.9	29.0
	27.3	28.8	24.9	26.7	30.3	27.1	24.6	27.2	23.0	28.4
	26.9	23.3	26.3	25.9	26.6	27.6	26.0	27.1	24.6	28.0
日本的销售价格	28.5	24.0	28.2	31.1	23.9	28.7	24.9	26.4	26.3	28.0
	26.8	29.8	27.3	26.6	24.9	26.3	26.5	25.4	27.6	30.1
	26.4	28.0	27.5	28.4	29.8	24.8	28.2	26.7	30.2	26.2
	30.4	27.9	25.5	25.4	27.7	27.1	27.9	27.4	28.2	26.2
	28.5	26.9	27.6	24.4	31.6	28.6	26.2	24.3	22.5	30.0

解答　回顾在单样本情况下均值 μ 的大样本置信区间的一般形式，即$\bar{x} \pm z_{\alpha/2}\,\sigma_{\bar{x}}$，也即对样本均值加减 $z_{\alpha/2}$ 倍的标准差。我们用类似的过程来构造显示两个总体均值差异的置信区间。

令 μ_1 表示美国市场这种车型零售价格总体的均值，μ_2 表示日本市场同款车型零售价格总体的均值。我们想要构造 $(\mu_1-\mu_2)$ 的一个置信区间。$(\mu_1-\mu_2)$ 估计量当然是样本均值的差（$\bar{x}_1-\bar{x}_2$）。于是，我们构造的置信区间如下：

$$(\bar{x}_1-\bar{x}_2)\pm z_{\alpha/2}\,\sigma_{(\bar{x}_1-\bar{x}_2)}$$

假设两个样本是相互独立的，则样本均值差的标准差为：

$$\sigma_{(\bar{x}_1-\bar{x}_2)}=\sqrt{\frac{\sigma_1^2}{n_1}+\frac{\sigma_2^2}{n_2}}\approx\sqrt{\frac{s_1^2}{n_1}+\frac{s_2^2}{n_2}}$$

注意，我们用s_1^2和s_2^2分别代替了一般取值未知的σ_1^2和σ_2^2，在大样本情况下，这是一个很好的近似。StatCrunch 输出的汽车销售数据的描述性统计量如图 8-1 所示。其中，$\bar{x}_1$=26 596 美元，$\bar{x}_2$=27 236 美

元，$\bar{s}_1$ =1 981 美元，$\bar{s}_2$ =1 974 美元。利用这些值和 α=0.05，$z_{0.025}$=1.96，我们发现 95% 的置信区间约为：

$$(26\ 596-27\ 236)\pm 1.96\sqrt{\frac{1\ 981^2}{50}+\frac{1\ 974^2}{50}}=-640\pm(1.96\times 396)=-640\pm 776$$

或者是 (−1 416，136)。在图 8-1 的底部也给出了这个区间。(结果的差异源于四舍五入和正态分布近似。)

Summary statistics:

Column	n	Mean	Std. dev.
USA	50	26596	1981.4404
JAPAN	50	27236	1974.0934

Two sample Z confidence interval:
μ_1 : Mean of USA (Std. dev. not specified)
μ_2 : Mean of JAPAN (Std. dev. not specified)
$\mu_1 - \mu_2$: Difference between two means

95% confidence interval results:

Difference	n_1	n_2	Sample mean	Std. err.	L. limit	U. limit
$\mu_1 - \mu_2$	50	50	-640	395.55407	-1415.2717	135.27173

图 8-1　汽车价格研究的描述性统计量和置信区间 (StatCrunch)

针对不同的样本多次使用这种估计方法，我们认为大概有 95% 的由上述方式构造的置信区间会包含总体均值差异的真值 (μ_1−μ_2)。因此我们非常确信美国和日本汽车零售价格均值的差异为 −1 416~136 美元。因为 0 落在这个区间内，所以两个总体均值差值（也就是 μ_1−μ_2）为 0 是有可能的，经济学家不能下结论说两国的汽车零售价格均值之间存在显著差异。

回顾　如果 (μ_1−μ_2) 的置信区间包含的全是正数（例如（527，991）)，那么我们会断定总体均值差是正的，即有 μ_1>μ_2。如果区间包含的全是负数（例如（−722，−145）)，那么我们会断定总体均值差是负的，即有 μ_1<μ_2。

在例 8.1 中估计 (μ_1−μ_2) 的方法的合理性依赖于 ($\bar{x}_1-\bar{x}_2$) 的抽样分布的性质。在重复抽样的情况下，估计量的效果如图 8-2 所示，它的性质总结在下面的框中。

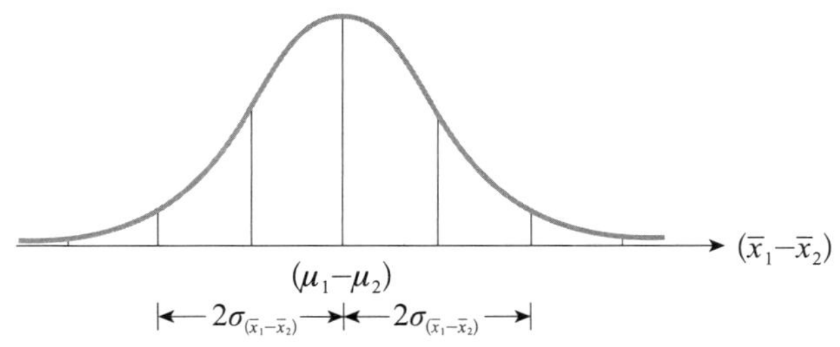

图 8-2　$(\bar{x}_1-\bar{x}_2)$ 的抽样分布

$(\bar{x}_1-\bar{x}_2)$抽样分布的性质

1. $(\bar{x}_1-\bar{x}_2)$的抽样分布的均值是（μ_1−μ_2）。
2. 如果两个样本是相互独立的，抽样分布的标准差是：

$$\sigma_{(\bar{x}_1-\bar{x}_2)}=\sqrt{\frac{\sigma_1^2}{n_1}+\frac{\sigma_2^2}{n_2}}$$

式中，σ_1^2和σ_2^2分别是所要抽样的两个总体的方差，n_1 和 n_2 代表各自的样本量。我们称$\sigma_{(\bar{x}_1-\bar{x}_2)}$为统计量$(\bar{x}_1-\bar{x}_2)$的**标准误**（standard error）。

3. 根据中心极限定理知，$(\bar{x}_1-\bar{x}_2)$的抽样分布在大样本情况下近似服从正态分布。

在例 8.1 中我们注意到，大样本情况下构造单个总体均值的置信区间与构造两个总体均值差的置信区间所用的方法相似。当我们做假设检验时，所用的方法也会非常相似。一般在大样本情况下，构造 $(\mu_1-\mu_2)$ 的置信区间以及对其进行假设检验所采用的方法归纳如下：

独立大样本情况下 $(\mu_1-\mu_2)$ 的置信区间：正态 (z) 统计量

σ_1^2和σ_2^2已知：$(\bar{x}_1-\bar{x}_2)\pm z_{\alpha/2}\sigma_{(\bar{x}_1-\bar{x}_2)}=(\bar{x}_1-\bar{x}_2)\pm z_{\alpha/2}\sqrt{\dfrac{\sigma_1^2}{n_1}+\dfrac{\sigma_2^2}{n_2}}$

σ_1^2和σ_2^2未知：$(\bar{x}_1-\bar{x}_2)\pm z_{\alpha/2}\sigma_{(\bar{x}_1-\bar{x}_2)}\approx(\bar{x}_1-\bar{x}_2)\pm z_{\alpha/2}\sqrt{\dfrac{s_1^2}{n_1}+\dfrac{s_2^2}{n_2}}$

独立大样本情况下 $(\mu_1-\mu_2)$ 的假设检验：正态 (z) 统计量

单侧检验	双侧检验
H_0: $(\mu_1-\mu_2)=D_0$ H_a: $(\mu_1-\mu_2)<D_0$ 或 H_a: $(\mu_1-\mu_2)>D_0$	H_0: $(\mu_1-\mu_2)=D_0$ H_a: $(\mu_1-\mu_2)\neq D_0$
式中，D_0= 假设的均值差（通常假定为 0）	
检验统计量：$z=\dfrac{(\bar{x}_1-\bar{x}_2)-D_0}{\sigma_{(\bar{x}_1-\bar{x}_2)}}$ 式中，$\sigma_{(\bar{x}_1-\bar{x}_2)}=\sqrt{\dfrac{\sigma_1^2}{n_1}+\dfrac{\sigma_2^2}{n_2}}$，若$\sigma_1^2$和$\sigma_2^2$已知 $\approx\sqrt{\dfrac{s_1^2}{n_1}+\dfrac{s_2^2}{n_2}}$，若$\sigma_1^2$和$\sigma_2^2$未知	
拒绝域：$z<-z_\alpha$ 或 $z>z_\alpha$ 当 H_a: $(\mu_1-\mu_2)>D_0$	拒绝域：$\lvert z\rvert>z_{\alpha/2}$
p 值 $=P(z<z_c)$ 或 $P(z>z_c)$	p 值 $=2P(z>\lvert z_c\rvert)$
式中，z_c 是计算得到的统计量的值。	

关于 $(\mu_1-\mu_2)$ 的有效大样本统计推断所需的条件

1. 两个样本是以独立的方式从两个目标总体中随机抽取的。

2. 样本量 n_1 和 n_2 都很大（也就是 $n_1\geqslant30$，$n_2\geqslant30$）。（根据中心极限定理，此条件确保不管总体潜在的概率分布形状如何，$(\bar{x}_1-\bar{x}_2)$的抽样分布将近似服从正态分布。同样，当两个样本足够大时，s_1^2和s_2^2将分别是σ_1^2和σ_2^2的良好近似。）

例 8.2　$(\mu_1-\mu_2)$ 的大样本检验——比较汽车平均价格

问题　参考例 8.1 中涉及在美国和日本市场出售的汽车零售价格的研究。比较两个国家汽车零售价格均值的另外一种方法就是进行假设检验。利用 StatCrunch 输出结果（见图 8-1）中显示的信息来进行检验，取 $\alpha=0.05$。

解答 同样，我们设 μ_1 和 μ_2 分别表示美国和日本市场上汽车零售价格总体均值。假如美国政府的声明是正确的，那么日本市场上汽车的平均零售价格超过美国市场的平均零售价格（也就是 $\mu_1<\mu_2$ 或 $\mu_1-\mu_2<0$）。检验步骤如下：

H_0: $(\mu_1-\mu_2)=0$（即 $\mu_1=\mu_2$；表明在此假设检验中 $D_0=0$）

H_a: $(\mu_1-\mu_2)<0$（即 $\mu_1<\mu_2$）

检验统计量：$z=\dfrac{(\bar{x}_1-\bar{x}_2)-D_0}{\sigma_{(\bar{x}_1-\bar{x}_2)}}=\dfrac{\bar{x}_1-\bar{x}_2-0}{\sigma_{(\bar{x}_1-\bar{x}_2)}}$

拒绝域：$z<-z_{0.05}=-1.645$ （见图 8-3）

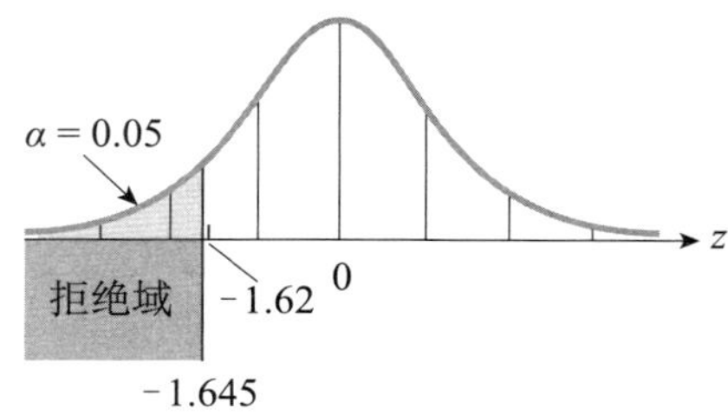

图 8-3 例 8.2 的拒绝域

将图 8-1 给出的描述性统计量代入检验统计量，我们得到：

$$z=\frac{\bar{x}_1-\bar{x}_2-0}{\sigma_{(\bar{x}_1-\bar{x}_2)}}=\frac{26\ 596-27\ 236}{\sqrt{\dfrac{\sigma_1^2}{n_1}+\dfrac{\sigma_2^2}{n_2}}}$$

$$\approx\frac{-640}{\sqrt{\dfrac{s_1^2}{n_1}+\dfrac{s_2^2}{n_2}}}=\frac{-640}{\sqrt{\dfrac{1\ 981^2}{50}+\dfrac{1\ 974^2}{50}}}=\frac{-640}{396}=-1.62$$

（注意：这个检验统计量的值在 StatCrunch 输出结果的底部用阴影表示，见图 8-4。）

Two sample Z hypothesis test:
μ_1 : Mean of USA (Std. dev. not specified)
μ_2 : Mean of JAPAN (Std. dev. not specified)
$\mu_1 - \mu_2$: Difference between two means
$H_0 : \mu_1 - \mu_2 = 0$
$H_A : \mu_1 - \mu_2 < 0$

Hypothesis test results:

Difference	n_1	n_2	Sample mean	Std. err.	Z-stat	P-value
$\mu_1 - \mu_2$	50	50	-640	395.55407	-1.6179836	0.0528

图 8-4 汽车价格研究中的假设检验结果 (StatCrunch)

正如你在图 8-3 中看到的，计算得出的 z 值没有落在拒绝域内。因此，在显著性水平 $\alpha=0.05$ 的条件下，样本没有提供充分的证据让经济学家得出日本市场上汽车零售价格均值超过美国市场的零售价格均值的结论。

回顾 首先，注意这一结论与例 8.1 中 95% 的置信区间的推断一致。然而，一般来说，首先一个置信区间比假设检验提供更多关于均值差异的信息。假设检验仅仅检测均值之间是否存在差异，置信区间则提供有关差异大小的信息。其次，一个单侧假设检验与一个置信区间（是双侧的）并不总是一致的。但是，只要两种方法的 α 值相同，一个双侧假设检验和一个双侧置信区间估计对于目标参数总是给出相同的推断结果。

例 8.3 (μ_1-μ_2) 假设检验的 p 值

问题 求出例 8.2 中假设检验的观测的显著性水平（p 值），并对结果做出解释。

解答 例 8.2 中备择假设 $H_a:(\mu_1-\mu_2)<0$，所需的下侧检验利用检验统计量：

$$z=\frac{\bar{x}_1-\bar{x}_2}{\sigma_{(\bar{x}_1-\bar{x}_2)}}$$

因为从样本数据计算得到的 z 值约为 −1.62，左侧检验观测的显著性水平（p 值）是在与原假设相反的方向上所观测的 z 值的概率，由于 z=−1.62，因此

p 值 $=P(z<-1.62)$

此概率是在假设 H_0 为真的情况下计算得到的，相当于图 8-5 中显示的阴影部分面积。

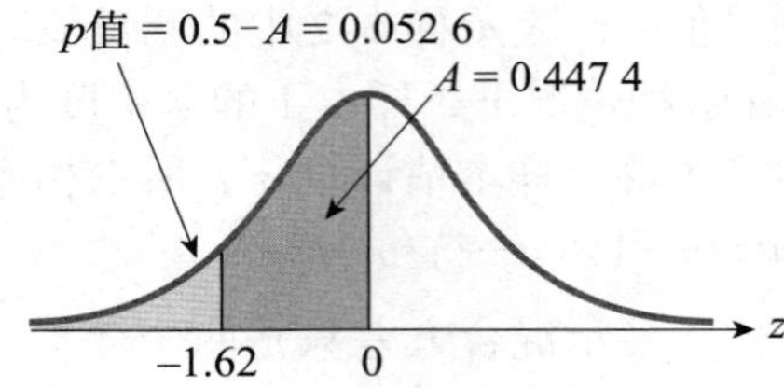

图 8-5 例 8.2 中观测的显著性水平

查附录中的表Ⅱ，z=1.62 对应的列表面积为 0.447 4，因此，观测的显著性水平为：

p 值 ≈0.5−0.447 4=0.052 6

由于我们选取的 α 值 0.05 小于这个 p 值，因此我们没有充分的证据拒绝原假设 H_0: $(\mu_1-\mu_2)=0$，而去支持备择假设 $H_a:(\mu_1-\mu_2)<0$。

回顾 通过统计软件包很容易得到检验的 p 值。单侧假设检验的 p 值在 StatCrunch 输出结果中以阴影显示为 0.052 8（见图 8-4），与我们近似计算的 p 值是一致的（保留 3 位小数）。

小样本情况

当我们在小样本情况下（比如说 $n_1<30$，$n_2<30$）比较两个总体均值时，前面三个例子中运用的方法将不再有效，为什么呢？当样本量很小时，σ_1^2和σ_2^2的估计就不那么可靠了，中心极限定理（保证 z 统计量服从正态分布）也不再适用。但是与单样本的均值一样（见 7.5 节），我们采用熟悉的学生 t 分布。

为了应用 t 分布，不仅被抽样的两个总体必须近似服从具有同方差的正态分布，而且随机样本必须是彼此独立选取的。正态性和同方差假设暗示了总体的相对频数分布将会呈现如图 8-6 所示的形状。

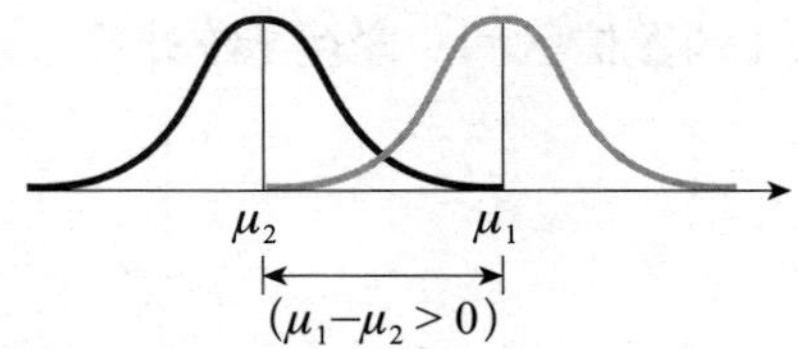

图 8-6 双样本 t 分布的假设：正态总体且具有同方差

因为我们已经假定两个总体具有同方差（$\sigma_1^2=\sigma_2^2=\sigma^2$），所以利用两个样本中包含的信息来构

造 σ^2 的**混合样本估计量**（pooled sample estimator of σ^2）是合理的，它将适用于置信区间和检验统计量。[①] 因此，如果s_1^2和s_2^2是两个样本方差（两个总体共有的方差 σ^2 的估计），σ^2 的混合样本估计量表示为s_p^2，则有

$$s_p^2=\frac{(n_1-1)s_1^2+(n_2-1)s_2^2}{(n_1-1)+(n_2-1)}=\frac{(n_1-1)s_1^2+(n_2-1)s_2^2}{n_1+n_2-2}$$

或者

$$s_p^2=\frac{\overbrace{\sum(x_1-\bar{x}_1)^2}^{\text{来自样本1}}+\overbrace{\sum(x_2-\bar{x}_2)^2}^{\text{来自样本2}}}{n_1+n_2-2}$$

式中，x_1 表示样本 1 中的测量值，x_2 表示样本 2 中的测量值。回顾一下 6.2 节中定义的术语自由度，它比样本量小 1。因此在这种情况下，样本 1 的自由度为 n_1-1，样本 2 的自由度为 n_2-1。因为我们从两个样本信息中得到了混合样本估计量 σ^2，所以相应的混合方差s_p^2的自由度为两个样本自由度的和，也就是s_p^2的分母 $(n_1-1)+(n_2-1)=n_1+n_2-2$。

注意，s_p^2给出的第二个公式显示混合方差只是两个样本方差s_1^2和s_2^2的加权平均。赋予每个方差的权重与自由度是成比例的。如果两个方差有相同的自由度（即两个样本量相等），那么混合方差就是两个样本方差的简单平均。它是一个平均意义上的混合方差，比仅用s_1^2或s_2^2更适合作 σ^2 的估计。

人物介绍

布拉德利 · 埃弗龙（1938 年至今）——Bootstrap 方法

布拉德利 · 埃弗龙（Bradley Efron）在明尼苏达州的圣保罗长大，他的父亲是一位货车司机，业余时间兼任保龄球和棒球联盟社团的统计员。1960 年埃弗龙在加州理工学院获得数学学士学位，但是他认为自己没有现代抽象数学方面的天赋。他在仔细阅读了哈罗德 · 格拉默（Harold Gramer）写的一本书后开始对统计学产生兴趣。后来埃弗龙去斯坦福大学学习统计学，并在 1964 年获得了博士学位。1966 年，他成为斯坦福大学统计学院的一名研究员。在学术生涯中，埃弗龙曾多次因其对现代统计学所做的突出贡献而获得嘉奖，其中包括麦克阿瑟天才奖（MacArthur Prize Fellow）（1983 年）、美国统计协会维尔克斯勋章（American Statistical Association Wilks Medal）（1990 年）和帕岑统计创新奖（Parzen Prize for Statistical Innovation）（1998 年）。1979 年，埃弗龙提出一种被称为 Bootstrap 的方法，这是用来在抽样分布未知或者违背假设的情况下对总体参数进行估计和检验的一种方法。这种方法涉及对原始样本（有放回地）抽取容量为 n 的重复抽样，并计算点估计的值。埃弗龙证明了估计量的抽样分布仅仅是 Bootstrap 估计的频数分布。

在小样本情况下，比较两个总体均值的置信区间和进行假设检验的方法总结如下：

在独立小样本情况下，$(\mu_1-\mu_2)$ 的置信区间：学生 t 统计量

$$(\bar{x}_1-\bar{x}_2)\pm t_{\alpha/2}\sqrt{s_p^2\left(\frac{1}{n_1}+\frac{1}{n_2}\right)}$$

① 当 $\sigma^2=\sigma_1^2=\sigma_2^2$时，$s_p^2$可以被证明是 σ^2 的最小方差无偏估计。

其中，$s_p^2=\dfrac{(n_1-1)s_1^2+(n_2-1)s_2^2}{n_1+n_2-2}$，$t_{\alpha/2}$ 是基于自由度 (n_1+n_2-2)。

在独立小样本情况下，$(\mu_1-\mu_2)$ 的假设检验

单侧检验	双侧检验
$H_0:(\mu_1-\mu_2)=D_0$ $H_a:(\mu_1-\mu_2)<D_0$ 或 $H_a:(\mu_1-\mu_2)>D_0$	$H_0:(\mu_1-\mu_2)=D_0$ $H_a:(\mu_1-\mu_2)\neq D_0$
检验统计量：$t=\dfrac{(\bar{x}_1-\bar{x}_2)-D_0}{\sqrt{s_p^2\left(\dfrac{1}{n_1}+\dfrac{1}{n_2}\right)}}$	
拒绝域：$t<-t_\alpha$ 或 $t>t_\alpha$，当 $H_a:(\mu_1-\mu_2)>D_0$ 时	拒绝域：$\lvert t\rvert>t_{\alpha/2}$
p 值 $=P(t<t_c)$ 或 $P(t>t_c)$	p 值 $=2P(t>\lvert t_c\rvert)$
式中，t_α 和 $t_{\alpha/2}$ 基于自由度 (n_1+n_2-2)，t_c 是计算得到的检验统计量的值。	

在小样本情况下，有效推断 $(\mu_1-\mu_2)$ 所需的条件如下：

1. 两个样本是以独立的方式从两个目标总体中随机选取的。
2. 两个被抽样的总体都近似服从正态分布。
3. 两个总体具有相同的方差（也就是$\sigma_1^2=\sigma_2^2$）。

例 8.4　小样本情况下（$\mu_1-\mu_2$）的置信区间——管理者的成功指数

问题　行为研究者已经提出了一种指数来衡量管理者的成功水平。这个指数（以百分制衡量）是基于管理者在公司中的工作时间长短和他在公司中的级别；指数越大，表明管理者越成功。假设一名研究人员想要比较一家大型制造工厂的两组管理者的平均成功指数。第一组管理者从事大量与工作单位以外的人互动的工作。(这种互动包括与客户和供应商的电话和面对面会议、外部会议以及公共关系工作。) 第二组管理者则很少与工作单位以外的人打交道。从两个小组中分别选取样本量为 12 和 15 的独立随机样本，成功指数都被记录下来，研究结果在表 8-2 中给出。

a. 利用表中数据估计两组管理者成功指数均值差异的真值。利用置信水平为 95% 的置信区间。

b. 解释问题 a 中给出的区间的意义。

c. 为了确保估计是有效的，需要做出什么样的假设？它们是否得到了合理的满足？

表 8-2　两组管理者的成功指数

第一组（大量互动）						第二组（很少互动）					
65	58	78	60	68	69	62	53	36	34	56	50
66	70	53	71	63	63	42	57	46	68	48	42
						52	53	43			

解答　a. 对于这次试验，设 μ_1 和 μ_2 分别代表第一组和第二组管理者的成功指数的均值。我们的目的是得到 $(\mu_1-\mu_2)$ 的 95% 的置信区间。

为了构造置信区间，首先要得到每组管理者成功指数的描述性统计量（如$\bar{x}$和 s）。将表 8–2 中的数据输入计算机，运用 Minitab 获取这些描述性统计量。Minitab 的输出结果见图 8–7。注意，$\bar{x}_1 = 65.33$，s_1=6.61，$\bar{x}_2$ =49.47，s_2=9.33。

Two-Sample T-Test and CI: SUCCESS, GROUP

Method

μ₁: mean of SUCCESS when GROUP = 1
μ₂: mean of SUCCESS when GROUP = 2
Difference: μ₁ - μ₂

Equal variances are assumed for this analysis.

Descriptive Statistics: SUCCESS

GROUP	N	Mean	StDev	SE Mean
1	12	65.33	6.61	1.9
2	15	49.47	9.33	2.4

Estimation for Difference

Difference	Pooled StDev	95% CI for Difference
15.87	8.25	(9.29, 22.45)

Test

Null hypothesis H₀: μ₁ - μ₂ = 0
Alternative hypothesis H₁: μ₁ - μ₂ ≠ 0

T-Value	DF	P-Value
4.97	25	0.000

图 8–7 例 8.4 的输出结果 (Minitab)

然后，我们计算混合方差估计量的值：

$$s_p^2 = \frac{(n_1-1)s_1^2+(n_2-1)s_2^2}{n_1+n_2-2}$$

$$= \frac{(12-1)\times 6.61^2+(15-1)\times 9.33^2}{12+15-2} = 67.97$$

式中，s_p^2基于自由度为 $(n_1+n_2-2)=(12+15-2)=25$。同样，我们从附录的表Ⅲ中得到 $t_{\alpha/2}=t_{0.025}=2.06$（自由度为 25）。

最后，两组管理者总体的成功指数均值差 $(\mu_1-\mu_2)$ 的 95% 的置信区间为：

$$(\bar{x}_1-\bar{x}_2)\pm t_{\alpha/2}\sqrt{s_p^2\left(\frac{1}{n_1}+\frac{1}{n_2}\right)} = 65.33-49.47\pm t_{0.025}\sqrt{67.97\times\left(\frac{1}{12}+\frac{1}{15}\right)}$$

$$=15.86\pm(2.06\times 3.19)=15.86\pm 6.57$$

或者是（9.29，22.43）。这个区间与 Minitab 输出结果底部给出的区间是一致的（经过四舍五入后），如图 8–7 所示。

b. 我们注意到这个置信区间中只包含正的均值差，因此我们有 95% 的把握认为 $(\mu_1-\mu_2)$ 大于 0。事实上我们估计，需要与工作单位以外的人进行大量互动的管理者（第一组）的成功指数均值 μ_1，比很少互动的管理者（第二组）的成功指数均值 μ_2 要大，且差值有可能是 9.29~22.43 的任一值。

c. 为了合理地利用小样本置信区间，必须满足以下几个假设：

1. 管理者样本是从第一组和第二组总体中分别随机且独立地抽取的。

2. 对两个管理者总体来说，成功指数是呈正态分布的。

3. 成功指数方差对两个总体来说是相同的（也就是$\sigma_1^2=\sigma_2^2$）。

第一个假设可以得到满足，它是基于问题描述中的抽样方法所提供的信息。为了检验其他两个假设，我们借助图形方法。图 8-8 是 Minitab 输出结果，显示了两个管理者样本成功指数的正态概率图。两个图形都表现出接近直线的趋势，表明成功指数的分布近似土墩形和对称状。因此，每个样本数据集都表现出是来自一个近似正态的总体。

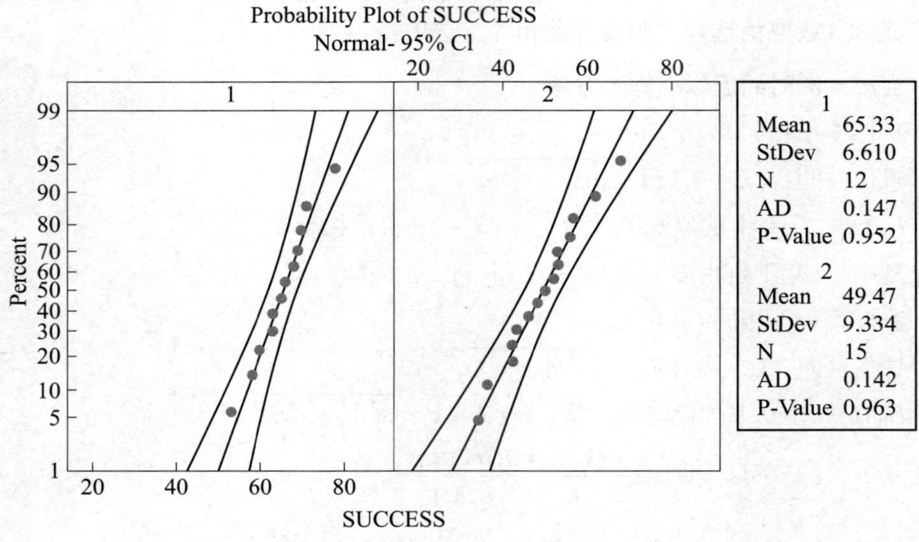

图 8-8　管理者成功指数的正态概率图 (Minitab)

检验第三个假设的一种方法是对原假设 H_0: $\sigma_1^2=\sigma_2^2$进行检验。这个检验的相关内容见 8.6 节。另外一种方法是观测样本数据的箱线图。图 8-9 是 Minitab 的输出结果，其中显示了两个样本成功指数的并排的箱线图。回顾 2.7 节，箱线图表明了数据集的“离散度”。可以看出两个箱线图具有大致相同的离散度（我们在 8.6 节中通过假设检验验证了这一发现），这表明样本是来自方差近似相等的两个总体。

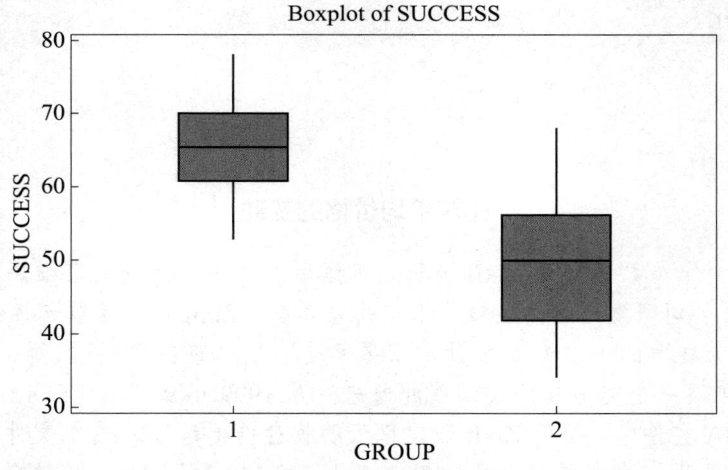

图 8-9　管理者成功指数的箱线图 (Minitab)

回顾　三个假设全部显示出合理地满足了应用小样本置信区间所需的假设。

双样本情况下，在假设条件得到满足时，t 统计量是一个比较总体均值的有力工具。我们已

经说明，仅当被抽样的总体近似服从正态分布时，才能保持其有效性。而且当样本量相同时，可以放松相同总体方差的假设，即如果 $n_1=n_2$，在σ_1^2和σ_2^2之间有很大不同时，检验统计量仍将近似服从学生 t 分布。当$\sigma_1^2 \neq \sigma_2^2$且 $n_1 \neq n_2$ 时，可以根据 t 分布适当修正自由度，来得到近似小样本情况下的置信区间或假设检验。

下面的框给出了当违背同方差假设时使用的近似小样本方法。“不同样本量”情况下的检验是基于 Satterhwaite（1946）中关于近似的观点。使用统计软件产生结果时，一定要选择“方差不等”选项（或取消选择“假设方差相等”选项）。

当$\sigma_1^2 \neq \sigma_2^2$时的近似小样本方法

1. 样本量相同 $(n_1=n_2=n)$

置信区间：$(\bar{x}_1-\bar{x}_2) \pm t_{\alpha/2}\sqrt{(s_1^2+s_2^2)/n}$

$H_0:(\mu_1-\mu_2)=0$ 下的检验统计量：$t=(\bar{x}_1-\bar{x}_2)\sqrt{(s_1^2+s_2^2)/n}$

其中，t 基于自由度 $v=n_1+n_2-2=2(n-1)$。

2. 样本量不相同 $(n_1 \neq n_2)$

置信区间：$(\bar{x}_1-\bar{x}_2) \pm t_{\alpha/2}\sqrt{s_1^2/n_1+s_2^2/n_2}$

$H_0:(\mu_1-\mu_2)=0$ 下的检验统计量：$t=(\bar{x}_1-\bar{x}_2)\sqrt{s_1^2/n_1+s_2^2/n_2}$

其中，t 基于自由度 $v=\dfrac{(s_1^2/n_1+s_2^2/n_2)^2}{\dfrac{(s_1^2/n_1)^2}{n_1-1}+\dfrac{(s_2^2/n_2)^2}{n_2-1}}$

注意：v 值一般并不是整数，为了使用 t 分布表，应使 v 值经四舍五入成为整数。

当几个假设明显地没有得到满足时，你可以从总体中选取更多的样本或使用其他更有效的统计检验（非参数统计）。

如果几个假设没有得到满足，你会怎么做？

答案：如果你担心假设不满足的情况，可以对独立样本使用 Wilcoxon 秩和检验来检验总体分布的变化。

回顾实践中的统计

比较平均价格的变动

参考“实践中的统计”专栏描述的 ZixIt 公司起诉维萨的案例。回顾一名维萨高管通过电子邮件和网络发帖竭力破坏由 ZixIt 公司研发的新的在线信用卡处理系统。ZixIt 以诽谤罪起诉维萨，要求赔偿 6.99 亿美元。由被告方（维萨）雇用的一名专业统计学家展示了一次“事件研究”，他将维萨高管的电子邮件、发帖和 ZixIt 股票价格在下一个交易日的波动匹配起来。从 1999 年 9 月 1 日到 12 月 30 日期间，共 83 天的日数据保存在 ZIXVSA 文件中。除了 ZixIt 股票每天的收盘价（美元），这个文件中还包含一个变量，说明维萨高管是否发帖以及下一个交易日股票价格的变化。在这 83 天中，这名高管有 43 天发了帖，有 40 天未发帖。

如果维萨高管每天的发帖对于 ZixIt 股票有负面影响，那么无帖次日的平均股票价格变化会超过发帖次日的平均价格变化。因此，分析这个数据的一种方法是利用置信区间或者假设检验比较两个总体均值。这里，我们用 μ_1 表示无帖次日 ZixIt 股票的平均价格变化，用 μ_2 表示发帖次日 ZixIt 股票的平均价格变化。事实上，如果 ZixIt 提出的指控是真的，那么 μ_1 将会超过 μ_2。然而，如果数据并不支持 ZixIt 的指控，那

么我们将不能拒绝原假设 $H_0:(\mu_1-\mu_2)=0$，接受 $H_a:(\mu_1-\mu_2)>0$。同样，如果 $(\mu_1-\mu_2)$ 的置信区间包含 0，那么将没有证据支持 ZixIt 的起诉。

因为两个样本量（$n_1=40$ 和 $n_2=43$）都很大，我们可以对独立样本运用大样本 z 检验或者大样本置信区间的方法。由 Minitab 得到的分析结果见图 SIA8-1。95% 的置信区间和双侧检验的 p 值在输出结果中均以阴影显示。注意 95% 的置信区间（−1.47，1.09）包含 0，而双侧检验的 p 值（0.770）意味着两个总体均值没有显著差异。有趣的是，发帖次日的样本价格均值（$\bar{x}_1=0.06$）比较小而且为正，而无帖日的样本价格均值（$\bar{x}_2=-0.13$）比较小但为负，总体上是与 ZixIt 的起诉相矛盾的。

辩护方的统计专家将这些结果呈现给陪审团，辩称“发帖次日的平均价格变化较小并类似于无帖次日的平均价格变化”并且“这种均值差异在统计上并不显著”。

注意：统计学家也比较了发帖次日 ZixIt 股票的平均交易量（ZixIt 股票交易的股数）和无帖次日的平均交易量。这些结果显示在图 SIA8-2 中。你可以看到平均交易量之差的 95% 置信区间（阴影部分）包含 0，均值之差的双侧假设检验对应的 p 值（阴影部分）在统计上并不显著。在维萨的辩护中，这些结果也一并呈现给了陪审团。

Two-Sample T-Test and CI: PriceChange, Posting

Method

μ₁: mean of PriceChange when Posting = NO
μ₂: mean of PriceChange when Posting = POST
Difference: μ₁ - μ₂

Equal variances are not assumed for this analysis.

Descriptive Statistics: PriceChange

Posting	N	Mean	StDev	SE Mean
NO	40	-0.13	3.46	0.55
POST	43	0.06	2.20	0.34

Estimation for Difference

Difference	95% CI for Difference
-0.188	(-1.470, 1.093)

Test

Null hypothesis H₀: μ₁ - μ₂ = 0
Alternative hypothesis H₁: μ₁ - μ₂ ≠ 0

T-Value	DF	P-Value
-0.29	65	0.770

图 SIA8-1　两组价格变化的均值比较 (Minitab)

Two-Sample T-Test and CI: VolumeAfter, Posting

Method

μ₁: mean of VolumeAfter when Posting = NO
μ₂: mean of VolumeAfter when Posting = POST
Difference: μ₁ - μ₂

Equal variances are not assumed for this analysis.

Descriptive Statistics: VolumeAfter

Posting	N	Mean	StDev	SE Mean
NO	40	719645	430837	68121
POST	43	578665	333921	50922

Estimation for Difference

Difference	95% CI for Difference
140980	(-28526, 310485)

Test

Null hypothesis H₀: μ₁ - μ₂ = 0
Alternative hypothesis H₁: μ₁ - μ₂ ≠ 0

T-Value	DF	P-Value
1.66	73	0.102

图 SIA8-2　比较两组交易量的均值 (Minitab)

➡ 8.3　比较两个总体均值：配对差异试验

假设你想要对位于同一城市的两家餐馆的日平均营业额做比较。如果你在 6 个月当中随机选取 12 天，并记录餐馆营业总额数据，则可能得到如表 8-3 所示的结果。这些数据是否提供了充分的证据说明两家餐馆的日平均营业额存在差异呢？

表 8-3　两家餐馆的日营业额

天数	餐馆 1 (x_1)（美元）	餐馆 2 (x_2)（美元）
1（周三）	1 005	918
2（周六）	2 073	1 971

续表

天数	餐馆 1 (x_1)（美元）	餐馆 2 (x_2)（美元）
3（周二）	873	825
4（周三）	1 074	999
5（周五）	1 932	1 827
6（周四）	1 338	1 281
7（周四）	1 449	1 302
8（周一）	759	678
9（周五）	1 905	1 782
10（周一）	693	639
11（周六）	2 106	2 049
12（周二）	981	933

我们要对日平均营业额进行假设检验，原假设是 μ_1 和 μ_2 相等，对立的备择假设是两者不相等，即

$H_0:(\mu_1-\mu_2)=0$

$H_a:(\mu_1-\mu_2) \neq 0$

许多研究者错误地使用两个独立样本的 t 检验统计量（见 8.2 节）来进行这个检验。分析显示在 XLSTAT 的输出结果中，如图 8-10 所示。检验统计量 t=0.38、检验的 p 值 =0.704 7 都做了阴影处理。在显著性水平 α=0.10 的条件下，p 值大于 α，因此，通过以上分析我们可以得出结论，认为没有充分的证据来推断两家餐馆的日平均营业额之间有差异。

Summary statistics:

Variable	Observations	Minimum	Maximum	Mean	Std. deviation
SALES1	12	693.0000	2106.0000	1349.0000	530.0744
SALES2	12	639.0000	2049.0000	1267.0000	516.0370

t-test for two independent samples / Two-tailed test:

95% confidence interval on the difference between the means:

[-360.8877, 524.8877]

Difference	82
t (Observed value)	0.3840
|t| (Critical value)	2.0739
DF	22
p-value (Two-tailed)	0.7047
alpha	0.05

图 8-10　对表 8-3 数据的无效分析的输出结果 (XLSTAT)

然而，如果你仔细检查表 8-3 中的数据，就会发现这一结论很难被接受：在随机选取的 12 天中，餐馆 1 每天的营业额都要超过餐馆 2 的营业额。这本身就是强有力的证据，说明 μ_1 并不同于 μ_2，我们随后将确认这一事实。那么为什么 t 检验不能检测出这一差异？答案是，对于这种数据而言，独立样本 t 检验并不是一种有效的方法。

t 检验不适用的原因在于独立样本假设失效了。我们已经随机选取了天数，因此一旦你选取了餐馆 1 样本的天数，我们就没办法再独立地选取餐馆 2 样本的天数。这些天内观测值之间的依赖性可以通过日营业额的数对观察出来，日营业额趋于同时上升和下降，这提供了强有力的证

据，说明违背了 8.2 节中双样本 t 检验所需的独立性假设。另外将s_1^2=530.07 和s_2^2=516.04（由图 8-10 的输出结果得到）代入s_p^2的公式，我们得到：

$$s_p^2=\frac{(n_1-1)s_1^2+(n_2-1)s_2^2}{n_1+n_2-2}$$
$$=\frac{(12-1)\times 530.07^2+(12-1)\times 516.04^2}{12+12-2}=273\,635.7$$

因此，与相对较小的样本均值差相比，存在一个很大的样本方差（通过大的s_p^2值反映出来）。由于s_p^2过大，8.2 节的 t 检验不能检测出 μ_1 和 μ_2 之间可能存在的差异。

我们现在来考虑一种分析表 8-3 中数据的有效方法。在表 8-4 中，增加一栏——两家餐馆日营业额之差 $x_d=x_1-x_2$。我们可以将这些日营业额之差看作独立于天数变化（过去和现在）的随机样本。然后我们利用这一样本对总体差异的均值 μ_d 做出推断，它与均值差 $(\mu_1-\mu_2)$ 是相同的。即总体（和样本）差异的均值等于总体（和样本）均值的差。从而我们的检验变成：

H_0:μ_d=0（即 $\mu_1-\mu_2$=0）

H_a:$\mu_d\neq 0$（即 $\mu_1-\mu_2\neq 0$）

表 8-4　日营业额及两个餐馆日营业额之差

天数	餐馆 1 (x_1)（美元）	餐馆 2 (x_2)（美元）	营业额之差 $x_d=x_1-x_2$（美元）
1（周三）	1 005	918	87
2（周六）	2 073	1 971	102
3（周二）	873	825	48
4（周三）	1 074	999	75
5（周五）	1 932	1 827	105
6（周四）	1 338	1 281	57
7（周四）	1 449	1 302	147
8（周一）	759	678	81
9（周五）	1 905	1 782	123
10（周一）	693	639	54
11（周六）	2 106	2 049	57
12（周二）	981	933	48

这个检验统计量是单样本 t 统计量（见 7.5 节），我们现在可以分析小样本 n 的单个样本的差异。检验统计量：

$$t=\frac{\overline{x}_d-0}{s_d/\sqrt{n_d}}$$

式中，$\overline{x}_d$ =样本差值的均值；

s_d= 样本差值的标准差；

n_d= 差值的数目 = 数对的数目。

假设：日营业额之差的总体近似服从正态分布。营业额之差的样本是从总体中随机抽取的（注意：我们不需要假设$\sigma_1^2=\sigma_2^2$）。

拒绝域：在显著性水平 α=0.05 的条件下，如果 $|t|>t_{0.05}$，我们将拒绝 H_0，其中 $t_{0.05}$ 的自由度为 (n_d-1)。

参考附录中的表Ⅲ，我们查出对应于显著性水平 α=0.025 和自由度 $n_d-1=12-1=11$ 的 t 值为 $t_{0.025}$=2.201，则如果 $|t|>2.201$，我们将拒绝原假设（见图 8-11）。注意，当我们利用配对差异试验而不是两个独立随机样本设计时，自由度已经从 $n_1+n_2-2=22$ 减小到 11。

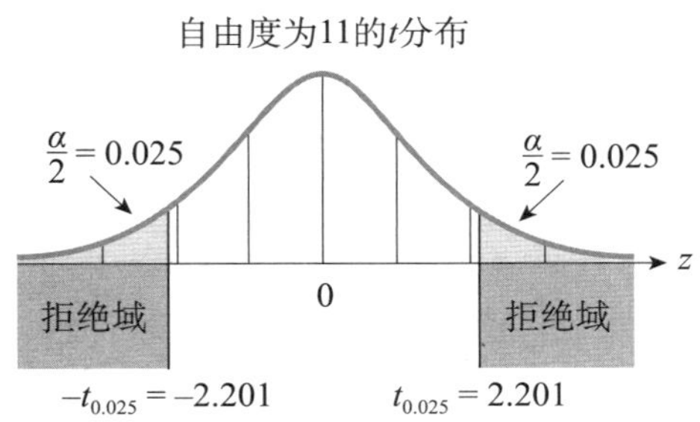

图 8-11 餐馆营业额例子的拒绝域

Minitab 的输出结果显示了 n=12 的样本差值的描述性统计量，如图 8-12 所示。注意 $\bar{x}_d$=82.0 和 s_d=32.0（经四舍五入后）。将这些值代入检验统计量的公式，我们有：

$$t=\frac{\bar{x}_d-0}{s_d/\sqrt{n_d}}=\frac{82}{32/\sqrt{12}}=8.88$$

Paired T-Test and CI: SALES1, SALES2

Descriptive Statistics

Sample	N	Mean	StDev	SE Mean
SALES1	12	1349	530	153
SALES2	12	1267	516	149

Estimation for Paired Difference

Mean	StDev	SE Mean	95% CI for μ_difference
82.00	31.99	9.23	(61.68, 102.32)

μ_difference: mean of (SALES1 - SALES2)

Test

Null hypothesis H₀: μ_difference = 0

Alternative hypothesis H₁: μ_difference ≠ 0

T-Value	P-Value
8.88	0.000

图 8-12 餐馆日营业额的差异分析 (Minitab)

因为 t 值落在拒绝域内，我们得出结论：在 α=0.05 水平下，总体日平均营业额之差对两家餐馆来说与 0 有显著差异。我们观察到图 8-12 中检验的 p 值接近 0，可以得出相同的结论。$(\bar{x}_1-\bar{x}_2)=\bar{x}_d=82.00$（美元）的事实也强有力地表明，餐馆 1 的日平均营业额超过餐馆 2 的日平均营业额。

这种将观测值进行配对来分析差异的试验被称为**配对差异试验**（paired difference experiment）。在很多情况下，配对差异试验比独立样本试验能够提供更多关于总体均值差的信息。其思想是通过比较配对的试验单元（物体、人等）之间的差来比较总体均值，这与前面介绍的方法很相似。作差消除了容易导致 σ^2 扩大的变化来源。例如，在餐馆的例子中，与天数变化相伴随的日营业额的变化在分析餐馆日营业额之差时被消除了。相似的试验单元被称为**区组**

（blocking），配对差异试验就是**随机区组试验**（randomized block experiment）的一个例子。在我们的例子中，天数代表区组。

下面是一些可能适用配对差异试验的其他例子：

1. 假设你想要估计两个主要品牌优质汽油的每加仑价格均值差 $(\mu_1-\mu_2)$。如果你对每个品牌选择加油站的独立随机样本，那么价格的变异性会由于地理位置而变得很大。为了消除变异性的来源，你可以选择有相似规模的加油站进行配对，从地理位置相近的加油站中选取所有品牌汽油的价格，并且利用不同品牌的价格差作为样本，对 $(\mu_1-\mu_2)$ 进行推断。

2. 高校就业中心想要估计通过该中心找工作的毕业生中男生和女生的起薪均值差 $(\mu_1-\mu_2)$。如果是独立的样本，起薪可能会由于他们的大学专业和平均成绩的差异而变化很大。为了消除这些变异性的来源，就业中心可将应聘者中的男生和女生根据专业和平均成绩进行匹配，于是样本中每对之间的起薪差可以用来对 $(\mu_1-\mu_2)$ 进行推断。

3. 为了比较两名汽车销售人员的绩效，我们可以对他们各自的月销售额均值差 $(\mu_1-\mu_2)$ 做假设检验。如果随机选取销售员 1 的 n_1 个月的销售额，并独立地选取销售员 2 的 n_2 个月的销售额，则新车销售的季节性带来的月份之间的变异性可能使 s_p^2 增大，并使两个样本 t 统计量不能检测出均值 μ_1 和 μ_2 之间的差异（如果确实存在这样的差异）。但是，可以通过取 n 个月中每个月两名销售人员的销售额之差，来消除销售额的季节变异性，而且如果两个总体存在差异，那么检测到其均值 μ_1 和 μ_2 差异的概率会增大。

在大样本和小样本情况下，假设检验的步骤和利用配对差异试验构造两个总体均值差的置信区间的方法总结如下：

配对差异试验 $\mu_d=(\mu_1-\mu_2)$ 的置信区间

大样本，正态 z 统计量

$$\bar{x}_d \pm z_{\alpha/2}\frac{\sigma_d}{\sqrt{n_d}} \approx \bar{x}_d \pm z_{\alpha/2}\frac{s_d}{\sqrt{n_d}}$$

小样本，学生 t 统计量

$$\bar{x}_d \pm t_{\alpha/2}\frac{s_d}{\sqrt{n_d}}$$

其中，$t_{\alpha/2}$ 基于自由度 (n_d-1)。

配对差异试验对于 $\mu_d=(\mu_1-\mu_2)$ 的假设检验

单侧检验	双侧检验
$H_0: \mu_d=D_0$ $H_a: \mu_d<D_0$ 或 $H_a: \mu_d>D_0$	$H_0: \mu_d=D_0$ $H_a: \mu_d \neq D_0$
大样本，正态 z 统计量 检验统计量：$z=\dfrac{\bar{x}_d-D_0}{\sigma_d/\sqrt{n_d}} \approx \dfrac{\bar{x}_d-D_0}{s_d/\sqrt{n_d}}$	
拒绝域：$z<-z_\alpha$ 或 $z>z_\alpha$，当 $H_a: \mu_d>D_0$ 时	拒绝域：$\lvert z\rvert>z_{\alpha/2}$
p 值 $=P(z<z_c)$ 或 $P(z>z_c)$	p 值 $=2P(z>\lvert z_c\rvert)$
式中，z_c 是计算得到的检验统计量的值。	

续表

单侧检验	双侧检验
小样本，学生 t 统计量 检验统计量：$t=\frac{\bar{x}_d-D_0}{s_d/\sqrt{n_d}}$	
拒绝域：$t<-t_\alpha$ 或 $t>t_\alpha$，当 H_a: $\mu_d>D_0$ 时	拒绝域：$\lvert t\rvert>t_{\alpha/2}$
p 值 $=P(t<t_c)$ 或 $P(t>t_c)$	p 值 $=2P(t>\lvert t_c\rvert)$
式中，t_α 和 $t_{\alpha/2}$ 基于自由度 (n_d-1)，t_c 是计算得到的统计量的值。	

关于 μ_d 有效大样本推断所需的条件

1. 一个随机样本差值是从目标总体差值中选取的。
2. 样本量 n_d 很大（也就是 $n_d\geqslant30$）；根据中心极限定理，这个条件确保不管总体的潜在概率分布形状如何，检验统计量将近似服从正态分布。

关于 μ_d 有效小样本推断所需的条件

1. 一个随机样本差值是从目标总体差值中选取的。
2. 总体的差异近似服从正态分布。

例 8.5 μ_d 的置信区间——比较男生和女生的起薪均值

问题 一项试验是比较找工作的男、女大学毕业生的起薪。选取相同专业且平均成绩类似的男生和女生进行配对。假设根据这种方式，已选取了一个有 10 对的随机样本，并对每个人的起薪做了记录。结果显示在表 8-5 中。利用置信水平为 95% 的置信区间对男生的起薪均值 μ_1 和女生的起薪均值 μ_2 做比较，并对结果做出解释。

表 8-5 大学毕业生起薪的配对数据

对序	男生 x_1（美元）	女生 x_2（美元）	差值 $x_d=x_1-x_2$（美元）
1	29 300	28 800	500
2	41 500	41 600	−100
3	40 400	39 800	600
4	38 500	38 500	0
5	43 500	42 600	900
6	37 800	38 000	−200
7	69 500	69 200	300
8	41 200	40 100	1 100
9	38 400	38 200	200
10	59 200	58 500	700

解答 我们已经收集了平均成绩和专业相匹配的男生和女生成对数据，来进行配对差异试验。基于分析的需要，首先计算起薪之间的差值（见表 8-5）。这 10 对差值的描述性统计信息显示在图 8-13 的 Minitab 输出结果中。

Paired T-Test and CI: MALE, FEMALE

Descriptive Statistics

Sample	N	Mean	StDev	SE Mean
MALE	10	43930	11665	3689
FEMALE	10	43530	11617	3674

Estimation for Paired Difference

Mean	StDev	SE Mean	95% CI for μ_difference
400	435	137	(89, 711)

μ_difference: mean of (MALE - FEMALE)

Test

Null hypothesis   H₀: μ_difference = 0
Alternative hypothesis   H₁: μ_difference ≠ 0

T-Value	P-Value
2.91	0.017

图 8-13 起薪差异分析 (Minitab)

对于小样本，$\mu_d=(\mu_1-\mu_2)$ 的 95% 水平下的置信区间为：

$$\bar{x}_d \pm t_{\alpha/2}\frac{s_d}{\sqrt{n_d}}$$

式中，$t_{\alpha/2}=t_{0.025}=2.262$（从附录的表Ⅲ中获取）基于自由度 $n_d-1=9$。将输出结果中的 $\bar{x}_d=400$ 和 $s_d=435$ 代入公式，我们得到：

$$\bar{x}_d \pm t_{0.025}\frac{s_d}{\sqrt{n_d}}=400\pm 2.262\times\frac{435}{\sqrt{10}}$$

$$=400\pm 311=（89, 711）$$

（注意：这个区间也显示在 Minitab 输出结果中，见图 8-13。）男生和女生起薪差异的真实均值落在 89~711 美元，其置信度为 95%。因为区间内的值都大于 0，我们推断 $\mu_1-\mu_2>0$；也就是说，男生的平均起薪要高于女生的平均起薪。

回顾 因为 $\mu_d=(\mu_1-\mu_2)$，所以如果 $\mu_d>0$，则 $\mu_1>\mu_2$；如果 $\mu_d<0$，则 $\mu_1<\mu_2$。

为了测量通过例 8.5 中的配对差异试验而不是独立样本试验得到的 $(\mu_1-\mu_2)$ 的信息量，我们可以比较用两种方法获取的置信区间的相对宽度。例 8.5 运用配对差异试验得到 $(\mu_1-\mu_2)$ 的一个置信水平为 95% 的置信区间（89，711）。如果我们按照独立样本试验来分析同样的数据[①]，将首先得到由 StatCrunch 输出的描述性统计结果，如图 8-14 所示。

接着我们将输出结果中显示的样本均值和标准差代入独立样本 95% 置信水平下的置信区间公式：

$$(\bar{x}_1-\bar{x}_2)\pm t_{0.025}\sqrt{s_p^2\left(\frac{1}{n_1}+\frac{1}{n_2}\right)}$$

① 这样做只是为了衡量配对设计与未配对设计相比所获得的信息量的增加。事实上，如果是根据配对进行设计的，在不进行配对时，由于独立样本假设得不到满足，得出的分析结果将是无效的。

式中，$$s_p^2=\frac{(n_1-1)s_1^2+(n_2-1)s_2^2}{n_1+n_2-2}$$

Summary statistics:

Column	n	Mean	Std. dev.
MALE	10	43930	11665.148
FEMALE	10	43530	11616.946

Two sample T confidence interval:
μ_1 : Mean of MALE
μ_2 : Mean of FEMALE
$\mu_1 - \mu_2$: Difference between two means
(with pooled variances)

95% confidence interval results:

Difference	Sample Diff.	Std. Err.	DF	L. Limit	U. Limit
$\mu_1 - \mu_2$	400	5206.0456	18	-10537.496	11337.496

图 8-14　在独立样本的假设条件下分析起薪 (StatCrunch)

由 StatCrunch 执行这些计算，得到区间（−10 537.50，11 337.50），这个区间在图 8-14 中做了阴影处理。

注意独立样本下得到的区间中包含 0。因此，如果我们利用这个区间对 $(\mu_1-\mu_2)$ 进行推断，将错误地得出结论：男生和女生的起薪均值之间不存在差异！你会看到，独立抽样试验下的置信区间大约是相应配对差异试验下置信区间的 35 倍。通过区组设计去除因专业和平均学分绩点造成的变异性，给出 $(\mu_1-\mu_2)$ 一个更为精确（相同置信系数下得到更窄的置信区间）的估计，从而明显地增加了男生和女生起薪均值差异的信息量。

你可能想知道配对差异试验是否总是好于独立样本试验。答案是——大多数时候是，但并非总是。当用配对差异设计代替独立样本设计时，我们将牺牲一半 t 统计量自由度。这会造成信息量的损失，除非这个损失能够通过区组设计（配对）减小变异性来加以补偿，否则这个配对差异试验将导致 $(\mu_1-\mu_2)$ 的净信息量损失。因此，在执行配对差异试验之前，我们应确信进行配对会明显地减小变异性。大多数时候会出现这种结果。

最后的注解：对观测值的配对是在进行试验之前确定的（也就是说通过试验的设计实现的）。在获取观测值之后，不能通过将样本观测值配对来实现配对差异试验。

当总体差异的正态分布假设不能满足时，你该怎么办？
答案：对于配对差异试验使用 Wilcoxon 符号秩检验。

统计中的道德观

在有关两个组的分析中，为了产生一种期望的结果而在收集数据后有目的地对观测值进行配对，被认为是不道德的统计行为。

8.4　比较两个总体比例：独立抽样

假设私人船舶生产商想要对它的产品在美国东北部的市场与在美国东南部的市场做比较。进行这样一个比较将会帮助生产商决定在什么地方集中销售。利用电话号码簿在东南部（SE）和东

北部（NE）随机地各抽取 1 000 个家庭，并确定每个家庭在未来 5 年内是否有购买私人船舶的计划。目标就是利用样本信息对差值（p_1-p_2）进行推断，其中 p_1 表示在未来 5 年有购买私人船舶计划的家庭在 SE 所占的比例，这类家庭在 NE 所占的比例用 p_2 表示。

两个样本代表独立二项试验。（见 4.3 节二项试验的性质。）二项随机变量是指在每个地区抽取的 1 000 个家庭中在未来 5 年内将会购买私人船舶的家庭数量 x_1 和 x_2。结果总结在表 8-6 中。

表 8-6　电话调查的结果

SE	NE
n_1=1 000	n_2=1 000
x_1=42	x_2=24

我们现在可以分别计算家庭在 SE 和 NE 的样本比例$\hat{p}_1$和$\hat{p}_2$，它们是潜在购买者：

$$\hat{p}_1=\frac{x_1}{n_1}=\frac{42}{1\,000}=0.042$$

$$\hat{p}_2=\frac{x_2}{n_2}=\frac{24}{1\,000}=0.024$$

直观上，样本比例差$(\hat{p}_1-\hat{p}_2)$是对总体参数差 (p_1-p_2) 的合理点估计。对于我们的例子，估计值是：

$$(\hat{p}_1-\hat{p}_2)=0.042-0.024=0.018$$

为了判定估计量$(\hat{p}_1-\hat{p}_2)$的可靠性，我们必须观测从两个总体中重复抽样的表现，也就是说我们需要弄清楚$(\hat{p}_1-\hat{p}_2)$的抽样分布。抽样分布的性质列在下面的框中。回顾一下，$\hat{p}_1$和$\hat{p}_2$可以看作各自样本中每次试验的成功次数的均值，所以当样本量很大时，中心极限定理是适用的。

(p_1-p_2) 抽样分布的性质

1. $(\hat{p}_1-\hat{p}_2)$抽样分布的均值是 (p_1-p_2)，即

$$E(\hat{p}_1-\hat{p}_2)=p_1-p_2$$

因此，$(\hat{p}_1-\hat{p}_2)$是 (p_1-p_2) 的无偏估计。

2. $(\hat{p}_1-\hat{p}_2)$抽样分布的标准差是：

$$\sigma_{(\hat{p}_1-\hat{p}_2)}=\sqrt{\frac{p_1q_1}{n_1}+\frac{p_2q_2}{n_2}}$$

3. 如果样本量 n_1 和 n_2 很大（有关指南，请参阅 6.4 节），则$(\hat{p}_1-\hat{p}_2)$抽样分布近似正态。

因为在重复抽样情况下$(\hat{p}_1-\hat{p}_2)$的分布近似正态，我们可以利用 z 统计量推导出 (p_1-p_2) 的置信区间或者假设检验。

对于私人船舶的例子来说，总体比例差 (p_1-p_2) 的 95% 置信区间是：

$$(\hat{p}_1-\hat{p}_2)\pm1.96\,\sigma_{(\hat{p}_1-\hat{p}_2)}\text{或}(\hat{p}_1-\hat{p}_2)\pm1.96\sqrt{\frac{p_1q_1}{n_1}+\frac{p_2q_2}{n_2}}$$

必须估计出 p_1q_1 和 p_2q_2 的数值才能完成标准差$\sigma_{(\hat{p}_1-\hat{p}_2)}$的计算，并由此得到置信区间。在 6.4 节中我们说明了 pq 的值对 p 近似值的选取相对不敏感，因此$\hat{p}_1\hat{q}_1$和$\hat{p}_2\hat{q}_2$分别是 p_1q_1 和 p_2q_2 令人满意的估计，则

$$\sqrt{\frac{p_1q_1}{n_1}+\frac{p_2q_2}{n_2}}\approx\sqrt{\frac{\hat{p}_1\hat{q}_1}{n_1}+\frac{\hat{p}_2\hat{q}_2}{n_2}}$$

我们将通过下面的区间近似 95% 的置信区间：

$$(\hat{p}_1-\hat{p}_2)\pm 1.96\sqrt{\frac{\hat{p}_1\hat{q}_1}{n_1}+\frac{\hat{p}_2\hat{q}_2}{n_2}}$$

代入样本的数值，则会有：

$$(0.042-0.024)\pm 1.96\sqrt{\frac{0.042\times 0.958}{1\ 000}+\frac{0.024\times 0.976}{1\ 000}}$$

或 0.018 ± 0.016。因此，我们有 95% 的把握认为 (p_1-p_2) 包含在区间 (0.002，0.034) 中。我们推断在未来 5 年内有计划购买私人船舶产品的家庭，东南部比东北部多出 0.2%~3.4%。

总体比例差 (p_1-p_2) 置信区间的一般形式如下：

在大样本情况下，(p_1-p_2) 的 $(1-\alpha)$% 置信区间：正态 z 统计量

$$(\hat{p}_1-\hat{p}_2)\pm z_{\alpha/2}\,\sigma_{(\hat{p}_1-\hat{p}_2)}=(\hat{p}_1-\hat{p}_2)\pm z_{\alpha/2}\sqrt{\frac{p_1q_1}{n_1}+\frac{p_2q_2}{n_2}}$$

$$\approx(\hat{p}_1-\hat{p}_2)\pm z_{\alpha/2}\sqrt{\frac{\hat{p}_1\hat{q}_1}{n_1}+\frac{\hat{p}_2\hat{q}_2}{n_2}}$$

(p_1-p_2) 有效大样本推断所需的条件

1. 两个样本是以独立的方式从两个目标总体中随机抽取的。

2. 样本量 n_1 和 n_2 都很大，从而使$(\hat{p}_1-\hat{p}_2)$的抽样分布近似正态分布。(这个条件在 $n_1\hat{p}_1\geqslant 15$，$n_1\hat{q}_1\geqslant 15$ 及$n_2\hat{p}_2\geqslant 15$，$n_2\hat{q}_2\geqslant 15$ 的情况下将会得到满足。)

z 统计量的公式为：

$$z=\frac{(\hat{p}_1-\hat{p}_2)-(p_1-p_2)}{\sigma_{(\hat{p}_1-\hat{p}_2)}}$$

这被用来检验原假设，即 (p_1-p_2) 等于某个特定差值，比如说 D_0。对于特定情况下 $D_0=0$，也就是说，我们要检验原假设 H_0: $(p_1-p_2)=0$（或等价于 H_0: $p_1=p_2$）。$p_1=p_2=p$ 的最优估计通过将双样本中总的成功次数 (x_1+x_2) 除以总体观测值数目 (n_1+n_2) 而获得；即

$$\hat{p}=\frac{x_1+x_2}{n_1+n_2} \text{ 或 } \hat{p}=\frac{n_1\hat{p}_1+n_2\hat{p}_2}{n_1+n_2}$$

第二个等式表示$\hat{p}$是$\hat{p}_1$和$\hat{p}_2$的一个加权平均，赋予大样本更大的权重。如果样本量相同，则$\hat{p}$是两样本中成功比例的简单平均。

我们用加权平均$\hat{p}$代替$(\hat{p}_1-\hat{p}_2)$标准差公式中的 p_1 和 p_2：

$$\sigma_{(\hat{p}_1-\hat{p}_2)}=\sqrt{\frac{p_1q_1}{n_1}+\frac{p_2q_2}{n_2}}\approx\sqrt{\frac{\hat{p}\hat{q}}{n_1}+\frac{\hat{p}\hat{q}}{n_2}}=\sqrt{\hat{p}\hat{q}\left(\frac{1}{n_1}+\frac{1}{n_2}\right)}$$

检验总结在如下框中。

大样本情况下 (p_1-p_2) 的假设检验：正态 z 统计量

单侧检验	双侧检验
$H_0:(p_1-p_2)=0$① $H_a:(p_1-p_2)\neq 0$ 或 $H_a:(p_1-p_2)>0$	$H_0:(p_1-p_2)=0$ $H_a:(p_1-p_2)\neq 0$

① 检验可以改成检验 $D_0\neq 0$，因为大多数应用要求比较 p_1 和 p_2，这意味着 $D_0=0$，我们将关注这种情况。

续表

单侧检验	双侧检验
检验统计量：$z=\dfrac{(\hat{p}_1-\hat{p}_2)}{\sigma_{(\hat{p}_1-\hat{p}_2)}}$	
拒绝域：$z<-z_a$ 或 $z>z_a$，当 $H_a:(p_1-p_2)>0$ 时	拒绝域：$\lvert z\rvert>z_{\alpha/2}$
p 值 $=P(z<z_c)$ 或 $P(z>z_c)$	p 值 $=2P(z>\lvert z_c\rvert)$
式中，z_c 是计算得到的检验统计量的值。	
注意：$\sigma_{(\hat{p}_1-\hat{p}_2)}=\sqrt{\dfrac{p_1q_1}{n_1}+\dfrac{p_2q_2}{n_2}}\approx\sqrt{\hat{p}\hat{q}\left(\dfrac{1}{n_1}+\dfrac{1}{n_2}\right)}$，其中 $\hat{p}=\dfrac{x_1+x_2}{n_1+n_2}$。	

例 8.6　大样本情况下 (p_1-p_2) 的检验——比较车辆返修率

问题　消费者权益保护协会想要确定两种主导的车型在购买后两年内需要大修（超过 500 美元）的比例是否存在差异。研究者联系了 400 位购买第一种车型达两年的车主，联系了 500 位购买第二种车型达两年的车主。报告其汽车在购买后前两年内需要大修的车主数量 x_1 和 x_2 分别为 53 和 78。在 α=0.10 水平下，检验原假设，即认为在总体 1 和总体 2 中需要大修的车主所占比例不存在差异，与此对立的备择假设为两个总体比例之间存在差异。

解答　如果我们定义 p_1 和 p_2 分别为在购买后两年内需要大修的车型 1 和车型 2 的车主的总体比例真值，检验的过程如下：

$H_0:(p_1-p_2)=0$

$H_a:(p_1-p_2)\neq 0$

检验统计量：$z=\dfrac{(\hat{p}_1-\hat{p}_2)-0}{\sigma_{(\hat{p}_1-\hat{p}_2)}}$

拒绝域 (α=0.10)：$\lvert z\rvert>z_{\alpha/2}=z_{0.05}=1.645$　（见图 8-15）

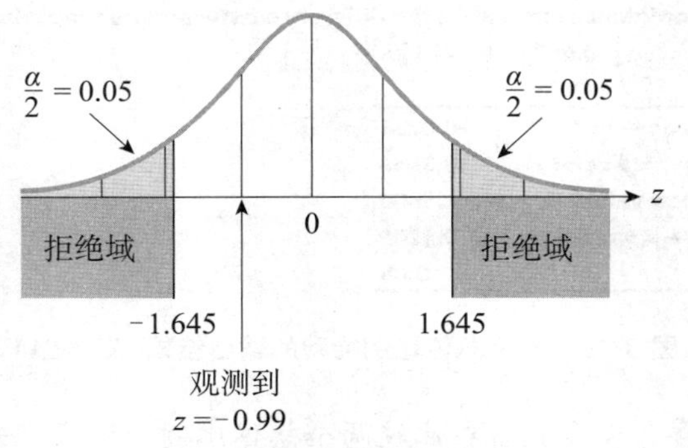

图 8-15　例 8.6 的拒绝域

我们现在计算汽车需要大修的车主的样本比例：

$$\hat{p}_1=\frac{x_1}{n_1}=\frac{53}{400}=0.132\,5$$

$$\hat{p}_2=\frac{x_2}{n_2}=\frac{78}{500}=0.156\ 0$$

$$z=\frac{(\hat{p}_1-\hat{p}_2)-0}{\sigma_{(\hat{p}_1-\hat{p}_2)}}\approx\frac{(\hat{p}_1-\hat{p}_2)}{\sqrt{\hat{p}\hat{q}\left(\frac{1}{n_1}+\frac{1}{n_2}\right)}}$$

$$\hat{p}=\frac{x_1+x_2}{n_1+n_2}=\frac{53+78}{400+500}=0.145\ 6$$

注意，$\hat{p}$是$\hat{p}_1$和$\hat{p}_2$的一个加权平均，车型 2 的车主有较大样本，因此被赋予更大的权重。

因此，计算得到的检验统计量的值为：

$$z=\frac{0.132\ 5-0.156\ 0}{\sqrt{0.145\ 6\times0.854\ 4\times\left(\frac{1}{400}+\frac{1}{500}\right)}}=\frac{-0.023\ 5}{0.023\ 7}=-0.99$$

对于两种车型在购买两年内需要大修的比例，在 $\alpha=0.10$ 水平下，样本提供的证据不足以检测出它们之间的差异。

回顾 尽管在抽取的车型 2 的车主中认为需要进行大修的车主比车型 1 多 2.35%，但是在真实比例差为 0 的假设下，这个差异小于 1 个标准差 ($z=-0.99$)。因此，(p_1-p_2) 的 95% 置信区间将会包含 0——意味着差异不显著。

例 8.7 给出 (p_1-p_2) 观测的显著性水平（p 值）

问题 利用统计软件执行例 8.6 中的检验，给出并解释检验的 p 值。

解答 在 XLSTAT 中输入样本量（n_1 和 n_2）和成功次数（x_1 和 x_2），得到的输出结果显示在图 8-16 中。双侧检验的检验统计量和观测的显著性水平（p 值）在输出结果中做了阴影处理。注意，p 值 =0.320 5 比 $\alpha=0.10$ 要大，因此我们并没有充分的证据说明两个总体比例真值之间存在差异。

z-test for two proportions / Two-tailed test:

95% confidence interval on the difference between the proportions:

] -0.0695 , 0.0225 [

Difference	**-0.0235**
z (Observed value)	**-0.9934**
z (Critical value)	**1.9600**
p-value (Two-tailed)	**0.3205**
alpha	**0.05**

图 8-16 两个总体比例检验的输出结果 (XLSTAT)

与单个总体比例的研究一样，大多数旨在比较两个总体比例的研究都采用大样本；因此，本章介绍的基于正态 (z) 统计量的大样本检验程序将适用于对 p_1-p_2 进行推断。但是，在小样本的情况下，基于 z 统计量的 p_1-p_2 检验可能无效。在小样本情况下，用于比较比例的检验可使用费希尔精确检验。我们将在第 10 章的选学部分讨论这种方法。

在小样本情况下比较两个总体比例，你会怎么做？
答案：使用费希尔精确检验（见第 10 章）。

回顾实践中的统计

比例的比较

在本章前面的“回顾实践中的统计”专栏里，我们描述了在一起诽谤案中专业统计学家如何利用两个均值的比较为维萨辩护。回想一下，ZixIt 声称维萨高管的电子邮件、帖子对 ZixIt 开发的新的在线信用卡处理系统的尝试产生了负面影响。在这里，我们展示了另一种分析数据的方法，一种由统计学家在法庭上成功展示的方法。

ZIXVSA 文件中除了 ZixIt 股票每天的收盘价和交易量外，还包含一个定性变量用来说明在接下来的一天股票价格是否上涨（下跌或者保持不变）。统计学家建立这个变量来比较发帖次日和无帖次日 ZixIt 股价出现上涨的比例。令 p_1 表示无帖次日 ZixIt 股价出现上涨的天数所占比例，p_2 表示发帖次日 ZixIt 股价出现上涨的天数所占比例。那么，如果 ZixIt 的起诉是成立的（也就是说发帖对于 ZixIt 股票有负面影响），则 p_1 大于 p_2。这样，两个总体比例的比较是合适的。回顾在所研究的 83 天里，这名高管有 43 天发了帖，有 40 天未发帖。而且，两个样本量（n_1=40 和 n_2=43）都很大，因此我们可以使用独立样本下的大样本 z 检验或者大样本置信区间的方法。（你能进行演示吗？）此分析的 Minitab 的输出结果见图 SIA8-3。

Test and CI for Two Proportions: Up/Down, Posting

Method

Event: Up/Down = UP
p_1: proportion where Up/Down = UP and Posting = NO
p_2: proportion where Up/Down = UP and Posting = POST
Difference: p_1 - p_2

Descriptive Statistics: Up/Down

Posting	N	Event	Sample p
NO	40	20	0.500000
POST	43	18	0.418605

Estimation for Difference

Difference	95% CI for Difference
0.0813953	(-0.132500, 0.295291)

CI based on normal approximation

Test

Null hypothesis　H_0: p_1 - p_2 = 0
Alternative hypothesis　H_1: p_1 - p_2 ≠ 0

Method	Z-Value	P-Value
Normal approximation	0.74	0.457
Fisher's exact		0.513

The test based on the normal approximation uses the pooled estimate of the proportion (0.457831).

图 SIA8-3　两个比例的比较分析 (Minitab)

从输出结果中你会看到在 40 天无帖的次日，有 20 天股票价格上涨；而在 43 天发帖的次日，有 18 天股票价格上涨。因此，样本比例是 p_1=20/40=0.5 和 p_2=18/43=0.42。这些样本比例差异对我们来说是否足够大从而可以得出“总体比例是不同的，ZixIt 的起诉是成立的”这样的结论？不要依赖统计分析。要注意，(p_1-p_2) 的 95% 置信区间是 (−0.133，0.295)，包含 0，对于 H_0:(p_1-p_2)=0 双侧检验的 p 值 =0.456，超过了

α=0.05。这些都意味着两个总体比例之间不存在显著差异，而且没有一个样本比例的显著差异是 0.5。(你能进行演示吗？）因此，统计专家在法庭上出示了由这些结果得到的结论："在发帖次日 ZixIt 股票价格波动的方向是随机的，就像无帖次日的波动一样。"

8.5 确定所需样本量

在特定的抽样误差（SE）和可靠性程度（使用 6.5 节描述的方法获得）条件下，你算出合适的样本量来估计一对参数之间的差异。也就是说，为了在置信水平为 1-α 且抽样误差范围内估计两个参数差。令 $z_{\alpha/2}$ 乘以估计量抽样分布标准差等于抽样误差，然后，计算得出样本量。为了达到目的，我们首先要得到 n_1 和 n_2 之间的特定比率。最常见的方法是，将样本量视为相等的，即 $n_1=n_2=n$。我们将举两个例子来说明这种方法。

例 8.8 确定估计 ($\mu_1-\mu_2$) 的样本量——比较农作物的平均产量

问题 新的复合肥料广告许诺能够使农作物增产。假设我们想要比较使用新的复合肥料的小麦产量均值 μ_1 和使用一般肥料的小麦产量均值 μ_2。每英亩[①]平均产量差异的估计值应精确到 0.25 蒲式耳[②]以内，置信系数为 0.95。如果样本量相等，求 $n_1=n_2=n$，即分配给每种肥料的 1 英亩小麦地块的数量。

解答 为了解决这个问题，你需要弄清楚每英亩产出（单位：蒲式耳）的方差的一些信息。假设从过去的记录来看，你知道小麦产量具有一个大概每英亩 10 蒲式耳的波动幅度，且 $\sigma_1=\sigma_2=\sigma$，通过假定极差等于 4σ，有：

$$4\sigma \approx 10 \text{ 蒲式耳}$$
$$\sigma \approx 2.5 \text{ 蒲式耳}$$

下一步是解方程：

$$z_{\alpha/2}\,\sigma_{(\bar{x}_1-\bar{x}_2)}=\text{SE} \text{ 或 } z_{\alpha/2}\sqrt{\frac{\sigma_1^2}{n_1}+\frac{\sigma_2^2}{n_2}}=\text{SE}$$

对于 n，有 $n=n_1=n_2$。因为我们希望估计值位于 $(\mu_1-\mu_2)$ 的 SE=0.25 内且置信系数等于 0.95。我们有 $z_{\alpha/2}=z_{0.025}=1.96$，然后令 $\sigma_1=\sigma_2=2.5$，就可以解出 n：

$$1.96\sqrt{\frac{2.5^2}{n}+\frac{2.5^2}{n}}=0.25$$

$$1.96\sqrt{\frac{2\times 2.5^2}{n}}=0.25$$

$$n=768.32\approx 769 \text{（向上进位）}$$

因此，对于每种肥料，我们将抽取 769 英亩小麦，在 0.25 蒲式耳的误差限内来估计每英亩产量的均值差。

该结果也可以使用统计软件获得。值（769）在 StatCrunch 输出结果的底部以阴影显示，见图 8-17。请注意，所需置信区间的宽度为 2SE=2×0.25=0.5。

① 1 英亩 =4 840 平方码，1 平方码 =0.836 1 平方米。——译者

② 1 蒲式耳（英）=4 配克（英），1 配克（英）=9.092 2 升。——译者

回顾 因为 n=769，所以必须进行范围广泛且成本高昂的试验，为了减少样本量，你或许会决定允许更大的抽样误差（比如说 SE=0.50 或 SE=1），你也可能减小置信系数。关键是我们可以通过在试验开始前确定大致的样本量来了解在我们的最终估计中达到指定精度所需的试验工作。

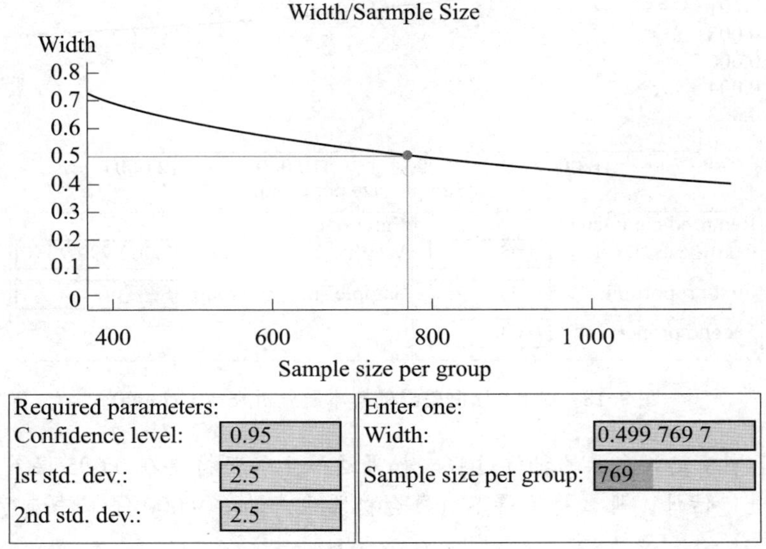

图 8-17 例 8.8 针对均值差异的样本量分析 (StatCrunch)

例 8.9 确定估计 (p_1-p_2) 的样本量——比较两台机器的缺陷率

问题 一位生产主管怀疑两台不同的机器生产的工件缺陷率 p_1 和 p_2 之间存在差异。经验表明两台机器生产工件的缺陷率在 0.03 左右。如果该主管想要在 0.005 误差内，使用 95% 的置信区间对缺陷率差进行估计，必须从每台机器生产的产品中随机抽取多少工件？（假设主管希望 $n_1=n_2=n$。）

解答 在这个抽样问题中，抽样误差 SE=0.005，特定的可靠性水平 $(1-\alpha)=0.95$，$z_{\alpha/2}=z_{0.025}=1.96$。设 $p_1=p_2=0.03$ 和 $n_1=n_2=n$，我们通过解下面关于 n 的方程式得到每台机器必需的样本量：

$$z_{\alpha/2}\,\sigma_{(\hat{p}_1-\hat{p}_2)}=\text{SE}$$

或

$$z_{\alpha/2}\sqrt{\frac{p_1q_1}{n_1}+\frac{p_2q_2}{n_2}}=\text{SE}$$

$$1.96\sqrt{\frac{0.03\times0.97}{n}+\frac{0.03\times0.97}{n}}=0.005$$

$$1.96\sqrt{\frac{2\times0.03\times0.97}{n}}=0.005$$

$$n=8\,943.2$$

这个结果（8 943）在 StatCrunch 输出结果的底部得到验证，如图 8-18 所示。

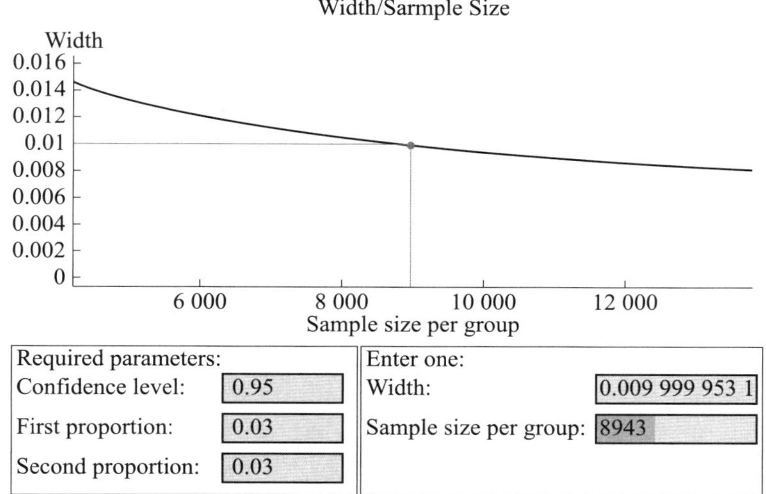

图 8-18 例 8.9 比例差异的样本量分析 (StatCrunch)

回顾 大样本可能导致冗长乏味的抽样过程。如果这位主管坚持要在 0.005 误差内，使用 95% 的置信区间对比例差 (p_1-p_2) 进行估计，那么将不得不对每台机器生产的近 9 000 件工件进行检查。

从例 8.9 的计算中你可看到，$\sigma_{(\hat{p}_1-\hat{p}_2)}$（和最终的解答，$n_1=n_2=n$）依赖于 p_1 和 p_2 的真实值（但未知）。实际上，当 $p_1=p_2=0.5$ 时所需的样本量 $n_1=n_2=n$ 是最大的。因此，如果你在估计 p_1 和 p_2 值时没有先验信息，可以在公式$\sigma_{(\hat{p}_1-\hat{p}_2)}$中采用 $p_1=p_2=0.5$。如果 p_1 和 p_2 实际上接近 0.5，你计算所得的 p_1 和 p_2 值将会是恰当的。如果 p_1 和 p_2 与 0.5 差距很大，则你解出的 n_1 和 n_2 将会比所需要的大。因此，利用 $p_1=p_2=0.5$ 求解 n_1 和 n_2 是一种保守的方法，因为样本量 n_1 和 n_2 将至少与所需的一样大（很可能较之更大）。

在 $n_1=n_2$ 的情况下，确定估计 $(\mu_1-\mu_2)$ 或 (p_1-p_2) 所需样本量的步骤如下：

确定估计 $(\mu_1-\mu_2)$ 的样本量：样本量相等的情况

在给定抽样误差 SE 和置信水平 $(1-\alpha)$ 的条件下估计 $(\mu_1-\mu_2)$，请使用以下公式求解将得到满足所需可靠性的相等样本量：

$$n_1=n_2=\frac{(z_{\alpha/2})^2(\sigma_1^2+\sigma_2^2)}{\text{SE}^2}$$

在求解样本量之前，你需要用估计值代替σ_1^2和σ_2^2的值。它们的估计值可以是从先验抽样（如试验样品）中得到的样本方差s_1^2和s_2^2，也可以基于有根据的（保守地加大）猜测得到，即 $s\approx R/4$。

确定估计 (p_1-p_2) 的样本量：样本量相等的情况

在给定的抽样误差 SE 和置信水平 $(1-\alpha)$ 条件下，为了估计 (p_1-p_2)，请使用以下公式求解将得到满足所需可靠性的相等样本量：

$$n_1=n_2=\frac{(z_{\alpha/2})^2(p_1q_1+p_2q_2)}{\text{SE}^2}$$

在求解样本量之前，你需要用其估计值代替 p_1 和 p_2 的值。它们的估计值可以基于先验样本，也可以根据经验推测获得，或者最保守地将之指定为 $p_1=p_2=0.5$。

确定估计 μ_d 的样本量

在给定的抽样误差 (SE) 和置信水平 $(1-\alpha)$ 条件下，为了估计 n_d，请使用以下公式求解将得到满足所需可靠性的成对样本量：

$$n_d = (z_{\alpha/2})^2(\sigma_d^2)/\mathrm{SE}^2$$

在求解样本量之前，你需要用估计值代替成对数据差的标准差σ_d。

注意：在估计 $(\mu_1-\mu_2)$ 或者 (p_1-p_2) 的时候，你可能希望一个样本量是另一个的倍数，如 $n_2=a(n_1)$，a 是一个整数。例如，你可能想让第二个单元抽样的次数是第一个单元的 2 倍。然后有 $a=2$，$n_2=2(n_1)$。对于这种不相同的样本量，需要对计算公式进行微调。这些公式（证明略）如下：

当 $n_2=a(n_1)$ 时估计 $(\mu_1-\mu_2)$ 的样本量的公式的调整

$$n_1 = \frac{(z_{\alpha/2})^2(a\sigma_1^2+\sigma_2^2)}{a(\mathrm{SE})^2} \qquad n_2 = a(n_1)$$

当 $n_2=a(n_1)$ 时估计 (p_1-p_2) 的样本量的公式的调整

$$n_1 = \frac{(z_{\alpha/2})^2(ap_1q_1+p_2q_2)}{a(\mathrm{SE})^2} \qquad n_2 = a(n_1)$$

8.6 比较两个总体方差：独立抽样

很多时候，利用本章已经提出的方法来比较两个总体均值或比例是有实用价值的。然而，在很多重要情况下我们希望比较两个总体的方差。例如，当使用两种仪器（如刻度尺、测径器、温度计等）进行精确测量时，在决定购买哪种仪器之前，我们可能想要比较两种仪器测量的方差。或者，当两种标准化测验可用来对应聘者进行评价时，在决定使用哪种测验之前，我们应先考虑两种测验得分的变异性。

对于诸如此类的问题，我们需要提出一种统计方法来比较总体方差。常见的用于比较两个总体方差σ_1^2和σ_2^2的统计方法是对σ_1^2/σ_2^2进行推断。在本节，我们将展示如何检验比率σ_1^2/σ_2^2等于 1（方差相同）的原假设，对立的备择假设为比率σ_1^2/σ_2^2不等于 1（方差不同）：

$$H_0: \frac{\sigma_1^2}{\sigma_2^2}=1\,(\sigma_1^2=\sigma_2^2)$$

$$H_a: \frac{\sigma_1^2}{\sigma_2^2}\neq 1\,(\sigma_1^2\neq\sigma_2^2)$$

为了对比率σ_1^2/σ_2^2进行推断，收集样本数据并利用样本方差比率σ_1^2/σ_2^2，这看起来似乎是合理的。我们将使用检验统计量：

$$F=\frac{s_1^2}{s_2^2}$$

为了确定检验统计量的拒绝域，我们需要了解s_1^2/s_2^2的抽样分布。正如你随后将看到的，s_1^2/s_2^2抽样分布是基于 t 检验所需的两个假设：

1. 两个被抽样的总体服从正态分布。
2. 样本是从各个总体中随机且独立地抽取的。

当这些假设得到满足且当原假设是正确的（即$\sigma_1^2=\sigma_2^2$）时，$F=s_1^2/s_2^2$抽样分布是服从 (n_1-1)

（分子的自由度）和 (n_2-1)（分母的自由度）的 **F 分布**（*F*-distribution）。*F* 分布的形状依赖于与 s_1^2 和 s_2^2 有关的自由度，也就是 (n_1-1) 和 (n_2-1)。图 8-19 展示了自由度为 7 和 9 的 *F* 分布。你可以看到，分布是右偏的，因为 s_1^2 / s_2^2 不能比 0 小，但可以无限地增加。

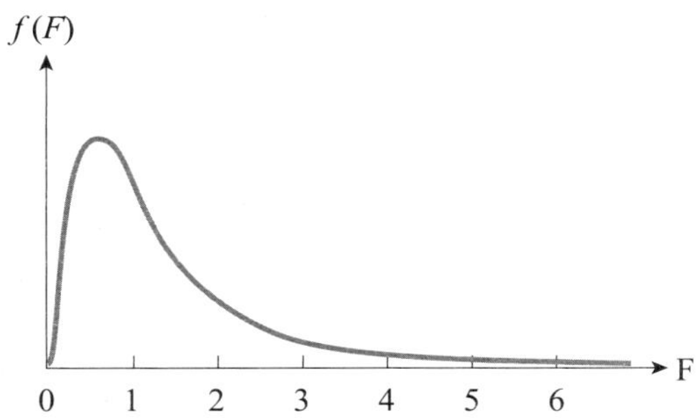

图 8-19　分子自由度为 7、分母自由度为 9 的 *F* 分布

为了确定假设检验的拒绝域，我们需要找出对应于分布尾部面积的 *F* 值，因为当总体方差不相等时，我们预期样本方差比率 *F* 要么太大要么太小。α=0.10，0.05，0.025，0.01 的上尾 *F* 值可以在附录的表Ⅴ、表Ⅵ、表Ⅶ和表Ⅷ中查到。表Ⅵ节选见表 8-7，给出了对应上尾部面积 α=0.05 的 *F* 值，v_1 表示分子样本方差 s_1^2 的自由度，而 v_2 对应分母样本方差 s_2^2 的自由度。这样，如果分子自由度为 v_1=7，分母自由度为 v_2=9，由表中第七列第九行可得到 $F_{0.05}$=3.29。如图 8-20 所示，在自由度为 7 和 9 的 *F* 分布下，α=0.05 是 3.29 右侧的尾部面积，也可以说，如果 $\sigma_1^2=\sigma_2^2$，则 *F* 统计量超出 3.29 的概率为 α=0.05。

表 8-7　附录中表Ⅵ节选：*F* 分布的百分点，α=0.05

v_1 \ v_2		分子自由度								
		1	2	3	4	5	6	7	8	9
分母自由度	1	161.4	199.5	215.7	224.6	230.2	234.0	236.8	238.9	240.5
	2	18.51	19.00	19.16	19.25	19.30	19.33	19.35	19.37	19.38
	3	10.13	9.55	9.28	9.12	9.01	8.94	8.89	8.85	8.81
	4	7.71	6.94	6.59	6.39	6.26	6.16	6.09	6.04	6.00
	5	6.61	5.79	5.41	5.19	5.05	4.95	4.88	4.82	4.77
	6	5.99	5.14	4.76	4.53	4.39	4.28	4.21	4.15	4.10
	7	5.59	4.74	4.35	4.12	3.97	3.87	3.79	3.73	3.68
	8	5.32	4.46	4.07	3.84	3.69	3.58	3.50	3.44	3.39
	9	5.12	4.26	3.86	3.63	3.48	3.37	3.29	3.23	3.18
	10	4.96	4.10	3.71	3.48	3.33	3.22	3.14	3.07	3.02
	11	4.84	3.98	3.59	3.36	3.20	3.09	3.01	2.95	2.90
	12	4.75	3.89	3.49	3.25	3.11	3.00	2.91	2.85	2.80

续表

v_1 \ v_2		分子自由度								
		1	2	3	4	5	6	7	8	9
分母自由度	13	4.67	3.81	3.41	3.18	3.03	2.92	2.83	2.77	2.71
	14	4.60	3.74	3.34	3.11	2.96	2.85	2.76	2.70	2.65

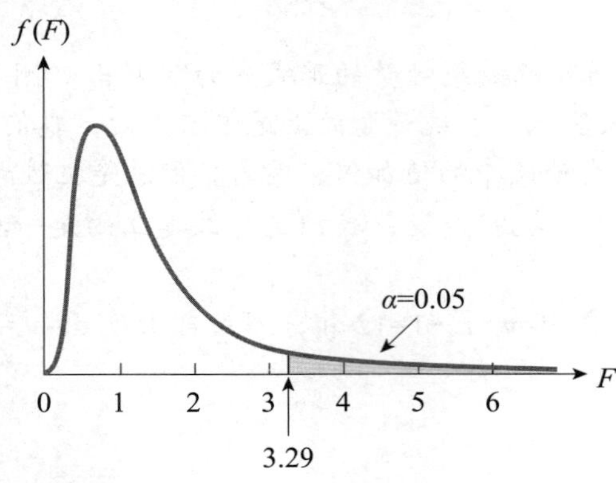

图 8-20　自由度 v_1=7，v_2=9 的 *F* 分布；α=0.05

人物介绍

乔治·斯内德克（1882—1974）——斯内德克的 *F* 检验

乔治·斯内德克（George W. Snedecor）在亚拉巴马大学获得了数学和物理学士学位。之后，他到密歇根大学攻读物理学硕士学位，最后在肯塔基大学获得数学博士学位。斯内德克在艾奥瓦州立大学建立了一个统计实验室，于 1915 年讲授了第一门统计学课程。1933 年，斯内德克将统计实验室发展成美国第一个统计系。在担任系主任期间，斯内德克出版了具有里程碑意义的教科书《统计方法》（*Statistical Methods*，1937）。此书收录了他第一次发表的比较两个总体假设检验的文献。尽管斯内德克将其命名为 *F* 检验以纪念统计学家费希尔（Fisher）（他在几年前提出了 *F* 分布），但许多研究人员仍将其称为斯内德克的 *F* 检验。现在，《统计方法》（第九版）（与威廉·科克伦（William Cochran）合著）仍然是统计领域中被引用次数最多的著作之一。

例 8.10　*F* 检验的应用——比较造纸厂产量的方差

问题　一个纸制品生产商想要比较两家造纸厂日生产水平的变化。从每家工厂中抽取独立随机的日样本，所抽取的日生产水平数据显示在表 8-8 中，这些数据是否提供了充分的证据表明两家造纸厂日生产水平的变异性之间存在差异？（取 α=0.10。）

表 8-8　两家造纸厂的产量水平

工厂 1	34	18	28	21	40	23	29		
	25	10	38	32	22	22			
工厂 2	31	13	27	19	22	18	23	22	21
	18	15	24	13	19	18	19	23	13

解答 设

σ_1^2 = 工厂 1 生产水平总体方差

σ_2^2 = 工厂 2 生产水平总体方差

感兴趣的假设为：

$$H_0: \frac{\sigma_1^2}{\sigma_2^2}=1\,(\sigma_1^2=\sigma_2^2)$$

$$H_a: \frac{\sigma_1^2}{\sigma_2^2}\neq 1\,(\sigma_1^2\neq\sigma_2^2)$$

附录中的表给出的 F 分布表的性质影响着统计量的形式。为了做出双侧 F 检验的拒绝域，我们需要确定使用的是上尾，因为附录中的表仅显示了 F 统计量的上尾值。为此，我们总是把较大的样本方差放在 F 检验统计量的分子位置。对于 α，这会使表中的值加倍，因为我们总是把较大的样本方差放在分子位置，从而使 F 比率值落在上尾的概率加倍了，也就是说，我们这样做建立的是一种单侧拒绝域而不是双侧拒绝域。

对于本例来说，得到分子 s_1^2 自由度 df=v_1=n_1−1=12 和分母 s_2^2 自由度 df=v_2=n_2−1=17。因此检验统计量将是：

$$F=\frac{\text{较大的样本方差}}{\text{较小的样本方差}}=\frac{s_1^2}{s_2^2}$$

并且在 α=0.10 水平下，当计算的 F 值超出列表中的值时，将拒绝 $H_0: \sigma_1^2=\sigma_2^2$。

$F_{\alpha/2}$=$F_{0.05}$=2.38（见图 8–21）

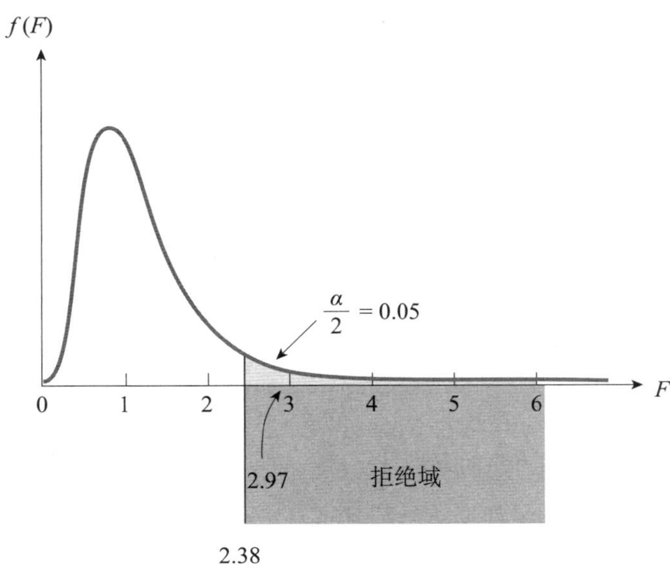

图 8–21　例 8.10 中的拒绝域

为了计算检验统计量的值，我们需要样本方差。表 8–8 中数据的描述性统计结果显示在图 8–22 的 Minitab 输出结果中。样本标准差（阴影部分）为 s_1=8.36，s_2=4.85，所以得到：

$$F=\frac{s_1^2}{s_2^2}=\frac{8.36^2}{4.85^2}=2.97$$

当我们将这个结果与图 8–21 显示的拒绝域的值相比时，发现 F=2.97 落在拒绝域内，因此数据提供充

分的证据表明总体方差存在差异。看起来似乎是工厂 1 的生产水平变化程度比工厂 2 要大。

Test and CI for Two Variances: LEVEL vs MILL

Method

σ₁: standard deviation of LEVEL when MILL = 1
σ₂: standard deviation of LEVEL when MILL = 2
Ratio: σ₁/σ₂
F method was used. This method is accurate for normal data only.

Descriptive Statistics

MILL	N	StDev	Variance	95% CI for σ
1	13	8.360	69.897	(5.995, 13.801)
2	18	4.849	23.516	(3.639, 7.270)

Ratio of Standard Deviations

Estimated Ratio	95% CI for Ratio using F
1.72403	(1.026, 3.049)

Test

Null hypothesis　H₀: σ₁ / σ₂ = 1
Alternative hypothesis　H₁: σ₁ / σ₂ ≠ 1
Significance level　α = 0.05

Method	Test Statistic	DF1	DF2	P-Value
F	2.97	12	17	0.040

图 8-22　相等方差的 F 检验 (Minitab)

回顾　如果根据样本数据计算得到的 F 值没有落在拒绝域内，你将得出什么结论？你能推断方差相等的原假设是正确的吗？不能，因为你可能有犯第Ⅱ类错误（接受 H_0，如果 H_a 为真）的风险，而且不知道 β 值，其中 β 是当 H_0 事实上是错误的时仍然接受 H_0: $\sigma_1^2=\sigma_2^2$的概率。因为本书不考虑特定选择下 β 的计算，当 F 统计量没有落在拒绝域内时，我们仅断定不存在充分样本证据拒绝原假设$\sigma_1^2=\sigma_2^2$。

相等总体方差的 F 检验总结如下。

相等总体方差的 F 检验

单侧检验	双侧检验
H_0: $\sigma_1^2=\sigma_2^2$ H_a: $\sigma_1^2<\sigma_2^2$（或 H_a: $\sigma_1^2\leqq\sigma_2^2$）	H_0: $\sigma_1^2=\sigma_2^2$ H_a: $\sigma_1^2\neq\sigma_2^2$
检验统计量： $F=\frac{s_2^2}{s_1^2}$ 或 $F=\frac{s_1^2}{s_2^2}$，当 H_a: $\sigma_1^2>\sigma_2^2$时	检验统计量： $F=\frac{\text{较大的样本方差}}{\text{较小的样本方差}}=\frac{s_1^2}{s_2^2}$，当$s_1^2>s_2^2$时 或$\frac{s_2^2}{s_1^2}$，当$s_2^2>s_1^2$时
拒绝域：$F>F_\alpha$	拒绝域：$F>F_{\alpha/2}$

续表

单侧检验	双侧检验
p 值 $=P(F>F_c)$	p 值 $=P(F^{*}$[①]$<1/F_c)+P(F>F_c)$
式中，F_c 是检验统计量的计算值，F 基于分子自由度 v_1 与分母自由度 v_2，F^* 的分子自由度为 v_2，分母自由度为 v_1。	

方差相等的有效 *F* 检验所需的条件

1. 两个被抽样的总体都服从正态分布。
2. 样本是随机且独立的。

例 8.11 *F* 检验的观测的显著性水平（*p* 值）

问题 利用附录中的 F 分布表找出例 8.10 中检验的 p 值，将该值与计算机输出的精确 p 值进行比较。

解答 因为例 8.10 中 F 统计量的观测值是 2.97，所以如果事实上 H_0 为真，检验的观测的显著性水平将等于与 H_0: $\sigma_1^2=\sigma_2^2$对立的方向观测到一个 F 值的概率，如 F=2.97。由于附录中的 F 分布表仅给出 α 值等于 0.10，0.05，0.025，0.01 时的值，我们只能近似观测到显著性水平。查表Ⅶ和表Ⅷ，我们发现 $F_{0.025}$=2.82 和 $F_{0.01}$=3.46。因为 F 观测值大于 $F_{0.025}$ 但小于 $F_{0.01}$，所以检验的观测的显著性水平小于 2×0.025=0.05，但大于 2×0.01=0.02，即

$$0.02<p \text{ 值 } <0.05$$

检验的精确 p 值显示在 Minitab 输出结果中，如图 8-22 所示。此值为 0.04（阴影部分）。

回顾 我们将附录的表Ⅶ和表Ⅷ中显示的 α 值加倍是因为这里的检验是双侧的。

作为应用的最后一个例子，把比较总体方差看作对双样本 t 检验所需的假设$\sigma_1^2=\sigma_2^2$的验证。拒绝原假设$\sigma_1^2=\sigma_2^2$将表明假设是无效的。（注意：不拒绝原假设并不意味着该假设是有效的。）我们将举例说明。

例 8.12 检验同方差的假设

问题 在例 8.4 中（8.2 节），我们使用双样本 t 统计量来比较两组管理者的成功指数。为方便起见，数据再现在表 8-9 中。t 统计量的使用要基于两组管理者的成功指数总体方差相等的假设。在 α=0.10 的水平下，进行假设检验来检验这一假设。

表 8-9 两组管理者的成功指数

第一组（大量互动）						第二组（很少互动）					
65	58	78	60	68	69	62	53	36	34	56	50
66	70	53	71	63	63	42	57	46	68	48	42
						52	53	43			

① 虽然相等总体方差假设检验是最常见的 F 检验的应用，但它也可以用来检验总体方差比率等于某个特定值的假设：H_0: $\sigma_1^2/\sigma_2^2=k$。对这个检验，除了利用检验统计量 $F=\frac{s_1^2}{s_2^2}\left(\frac{1}{k}\right)$外，均采取与表中所列完全相同的方式进行。

解答 我们想要检验：

H_0: $\sigma_1^2 = \sigma_2^2$

H_a: $\sigma_1^2 \neq \sigma_2^2$

F 检验显示在 XLSTAT 输出结果中，如图 8-23 所示。检验统计量 F=0.5 和双侧 p 值，p=0.255 4 都做了阴影处理。因为 α=0.10 比 p 值要小，所以我们不能拒绝原假设，即成功指数总体方差相同。在这里误用 F 检验的可能性是很大的，我们不能断定数据已证明使用 t 统计量是合理有效的，这也等价于接受 H_0，我们再三地对这种论断提出警告，是因为犯第 Ⅱ 类错误的概率 β 是未知的。α=0.10 的显著性水平仅使我们避免出现 H_0 为真而拒绝它的情况。当得到的 F 值导致我们拒绝$\sigma_1^2 = \sigma_2^2$的假设时，利用 F 检验可能会防止我们滥用 t 检验方法。但当 F 统计量没有落在拒绝域内时，与执行检验之前相比，我们并不知道更多关于假设有效性的信息。

Summary statistics (Data / GROUP):

Variable	Observations	Minimum	Maximum	Mean	Std. deviation
SUCCESS | 1	12	53.0000	78.0000	65.3333	6.6104
SUCCESS | 2	15	34.0000	68.0000	49.4667	9.3340

Fisher's F-test / Two-tailed test:

90% confidence interval on the ratio of variances:
[0.1955, 1.3736]

Ratio	0.5016
F (Observed value)	0.5016
F (Critical value)	2.5655
DF1	11
DF2	14
p-value (Two-tailed)	0.2554
alpha	0.1

图 8-23 对同方差假设进行检验 (EXLSTAT)

回顾 比率σ_1^2 / σ_2^2的 90% 置信区间显示在图 8-23 中。注意区间（0.196，1.374）包含 1，因此我们不能得出结论：该比率不等于 1。这样，置信区间得到与双侧检验相同的结论：没有充分的证据说明总体方差之间存在差异。

如果正态总体分布的假设得不到满足，你应该怎么办？

答案：与用于比较总体均值的 t 检验（8.2 节）相比，F 检验对偏离正态性的稳健性要差得多（即敏感得多）。如果你对总体频数分布的正态性有疑问，请使用**非参数方法**（nonparametric method，例如列文检验（Levene's test））来比较两个总体方差。

关键术语

区组（blocking）
F 分布（F-distribution）
非参数方法（nonparametric method）
配对差异试验（paired difference experiment）
σ^2 的混合样本估计量（pooled sample estimator of σ^2）
随机区组试验（randomized block experiment）
抽样误差（sampling error）
标准误（standard error）

关键符号

$\mu_1-\mu_2$——总体均值差
μ_d——总体配对差异的均值
p_1-p_2——总体比例差
σ_1^2 / σ_2^2——总体方差比
D_0——假定的差异值
$\bar{x}_1-\bar{x}_2$——样本均值差
$\bar{x}_d$——样本差均值
$\hat{p}_1-\hat{p}_2$——样本比例差
s_1^2 / s_2^2——样本方差比
$\sigma_{(\bar{x}_1-\bar{x}_2)}$——$(\bar{x}_1-\bar{x}_2)$的标准误
σ_d——$\bar{x}_d$的标准误
$\sigma_{(\hat{p}_1-\hat{p}_2)}$——$\hat{p}_1-\hat{p}_2$的标准误
F_α——F 分布的临界值
v_1——F 分布的分子自由度
v_2——F 分布的分母自由度
SE——估计的抽样误差

关键知识点

确定目标参数的关键词：

$\mu_1-\mu_2$——均值差或平均差异
μ_d——配对差异的均值或平均数
p_1-p_2——比例差，分数差，百分比差，比率差
σ_1^2 / σ_2^2——方差比（方差差异），离散度比

确定样本量：

估计 $\mu_1-\mu_2$:$n_1=n_2=(z_{\alpha/2})^2(\sigma_1^2+\sigma_2^2)/\text{SE}^2$
估计 p_1-p_2:$n_1=n_2=(z_{\alpha/2})^2(p_1q_1+p_2q_2)/\text{SE}^2$
估计 μ_d:$n_d=(z_{\alpha/2})^2(\sigma_d)^2/\text{SE}^2$

对 $\mu_1-\mu_2$ 进行推断所需的条件

大样本：

1. 独立随机样本
2. $n_1 \geqslant 30$，$n_2 \geqslant 30$

小样本：

1. 独立随机样本
2. 两个总体都服从正态分布
3. $\sigma_1^2=\sigma_2^2$

对σ_1^2 / σ_2^2进行推断所需的条件

大样本或小样本：

1. 独立随机样本
2. 两个总体都服从正态分布

对 μ_d 进行推断所需的条件

大样本：

1. 配对差异的随机样本
2. $n_d \geqslant 30$

小样本：

1. 配对差异的随机样本
2. 总体差异呈正态

对 p_1-p_2 进行推断所需的条件

大样本：

1. 独立随机样本
2. $n_1p_1 \geqslant 15$，$n_1q_1 \geqslant 15$
3. $n_2p_2 \geqslant 15$，$n_2q_2 \geqslant 15$

利用 $(\mu_1-\mu_2)$ 或 (p_1-p_2) 的置信区间确定是否存在差异

1. 如果置信区间包含所有正值
(+，+)：→推断 $\mu_1>\mu_2$ 或 $p_1>p_2$
2. 如果置信区间包含所有负值
(−，−)：→推断 $\mu_1<\mu_2$ 或 $p_1<p_2$
3. 如果置信区间包含 0
(−，+)：→推断没有证据说明存在差异

选择双样本假设检验和置信区间的指南

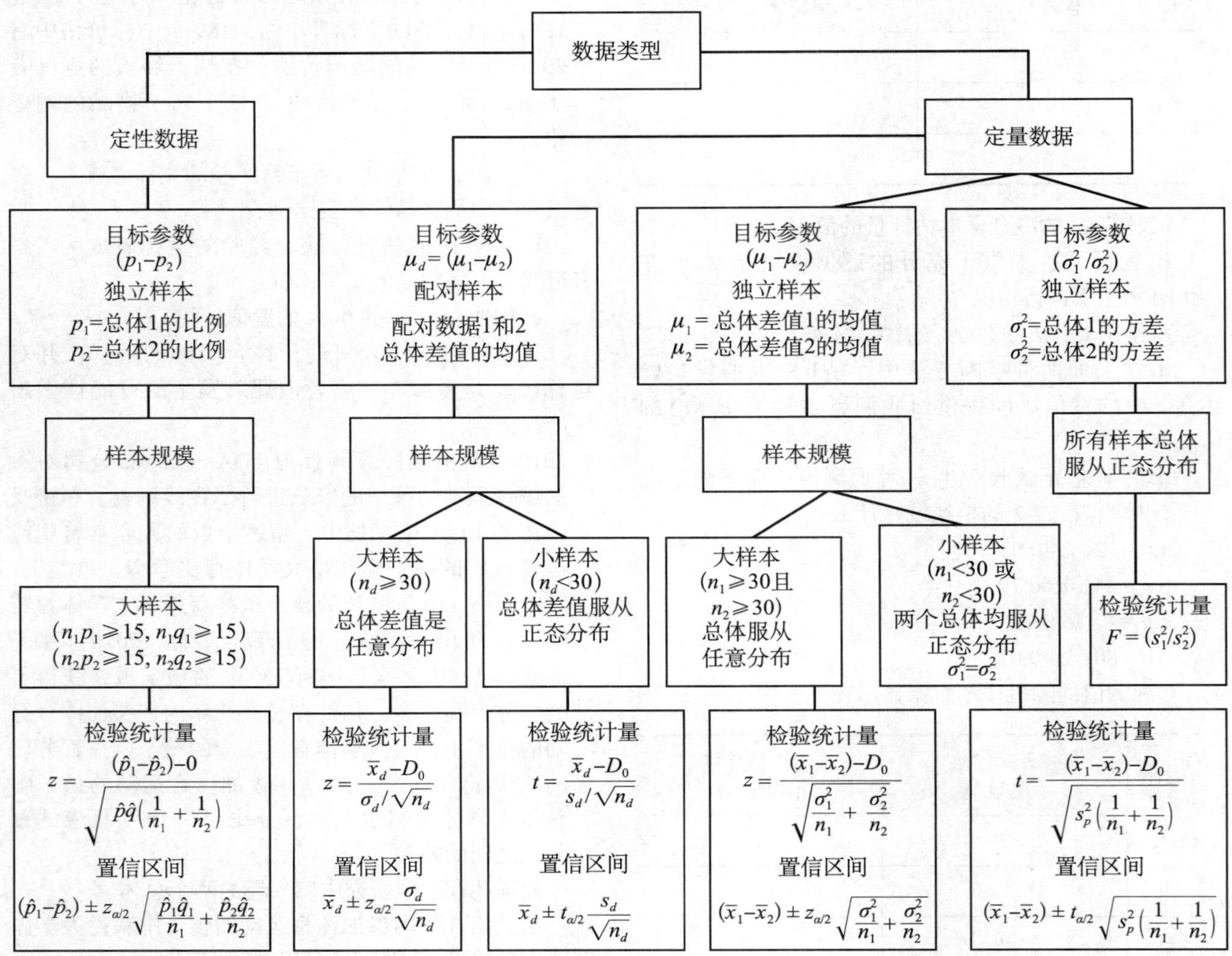

练习题

1. 为了比较两个总体的均值，分别从每个总体中选取 400 个独立随机样本进行观测，结果如下：

样本 1	样本 2
$\bar{x}_1$=5 275	$\bar{x}_2$=5 240
s_1=150	s_2=200

a. 利用 95% 的置信区间对总体均值差 $(\mu_1-\mu_2)$ 进行估计，并对置信区间的含义做出解释。

b. 检验原假设 H_0:$(\mu_1-\mu_2)$=0，相对于备择假设 H_a:$(\mu_1-\mu_2)\neq 0$，给出检验的显著性水平，并对结果做出解释。

c. 假设在 b 中我们执行的检验的备择假设为 H_a:$(\mu_1-\mu_2)$>0，那么在 b 中你给出的答案会如何变化？

d. 检验原假设 H_0:$(\mu_1-\mu_2)$=25，相对于备择假设 H_a:$(\mu_1-\mu_2)\neq 25$，给出检验的显著性水平，将你的答案与 b 中实施的检验进行对比。

e. 为了确保应用于 a 至 d 中的推断程序的有效性，应做出什么必要的假设？

2. 来自正态总体的独立随机样本，产生的抽样结果显示在下表中：

样本 1	样本 2
1.2	4.2
3.1	2.7

续表

样本 1	样本 2
1.7	3.6
2.8	3.9
3.0	

a. 计算 σ^2 的混合样本估计量的值。

b. 数据是否提供了充分的证据说明 $\mu_2>\mu_1$？在 α=0.10 水平下进行检验。

c. 给出 $(\mu_1-\mu_2)$ 的 90% 的置信区间。

d. 在上面两种推断方法中，是 b 中的假设检验还是 c 中的置信区间提供给我们更多关于 $(\mu_1-\mu_2)$ 的信息？

3. 一个配对差异试验产生 n_d 对观测值。在下列情况下，检验 $H_0:\mu_d>2$ 的拒绝域是什么：

a. n_d=12，α=0.05

b. n_d=24，α=0.10

c. n_d=4，α=0.025

d. n_d=80，α=0.01

4. 6 对观测值的随机样本数据显示在下表中：

对序	样本来自总体 1（观测 1）	样本来自总体 2（观测 2）
1	7	4
2	3	1
3	9	7
4	6	2
5	4	4
6	8	7

a. 通过观测 1 减去观测 2，计算每对观测值的差值，利用这些差值计算 $\bar{x}_d$ 和 s_d^2。

b. 如果 μ_1 和 μ_2 分别代表的是总体 1 和总体 2 的均值，根据 μ_1 和 μ_2 表示 μ_d。

c. 构造 μ_d 的一个 95% 的置信区间。

d. 完成假设检验。令原假设 $H_0:\mu_d=0$，备择假设 $H_a:\mu_d \neq 0$。令 α=0.05。

5. 拍卖竞标中的“赢者诅咒”。在拍卖竞标中，“赢者诅咒”是指中标（或最高）价格高于拍卖物品的期望价值的现象。发表在《经济学与统计学评论》（*Review of Economic and Statistics*，2001 年 8 月）上的一项研究，讨论了竞标经验是否影响“赢者诅咒”发生的可能性。在密封投标拍卖的方式下对有丰富经验的竞标者和缺乏经验的竞标者进行比较。在有丰富经验的竞标者小组，189 个中标价格中有 29 个高于物品的期望价值；在缺乏经验的竞标者小组，149 个中标价格中有 32 个高于物品的期望价值。

a. 给出 p_1 的估计，有丰富经验的竞标者成为“赢者诅咒”中牺牲品的真实比例。

b. 给出 p_2 的估计，缺乏经验的竞标者成为“赢者诅咒”中牺牲品的真实比例。

c. 构造 (p_1-p_2) 的 90% 的置信区间。

d. 对 c 中置信区间进行符合实际的解释，并对竞标经验是否影响“赢者诅咒”发生的可能性做出评论。

6. 2019 年哈里斯民意调查为 TDAmeritrade 公司对参加体育运动的孩子的家长进行了在线调查。在接受采访的 1 001 位家长中，超过半数的人非常希望或确信他们的孩子会获得大学体育奖学金。事实上，其中只有 110 位家长的孩子最终获得了大学体育奖学金。为了进行比较，该研究报告称，2016 年接受调查的 1 001 名家长中有 250 名的孩子最终获得了大学体育奖学金。估计在过去 3 年内在参加体育运动的孩子中获得大学体育奖学金的孩子所占百分比的减少量，即估计 2019 年参加体育运动的孩子中获得大学体育奖学金的百分比与 2016 年相应的百分比之间的差异。

a. 描述在这项研究中感兴趣的两个总体。

b. 给出 3 年内参加体育运动的孩子中获得大学体育奖学金的孩子减少的百分比的点估计。

c. 找到 2019 年和 2016 年百分比差异的 90% 置信区间。

d. 根据 c 中的置信区间，你能否得出结论，即参加体育运动的孩子中获得大学体育奖学金的孩子的真实百分比存在差异？请给出解释。

7. 假设 $n_1=n_2$，在下面每种情况下，给出估计 (p_1-p_2) 所需的样本量：

a. 在 99% 的置信水平下，抽样误差 SE=0.01，假设 $p_1\approx0.4$，$p_2\approx0.7$。

b. 宽度为 0.05 的 90% 的置信区间。假设没有可用的先验经验获得 p_1 和 p_2 的近似值。

c. 抽样误差 SE=0.03，90% 的置信水平，假设 $p_1\approx0.2$，$p_2\approx0.3$。

8. 在下列情况下，分别给出估计 $(\mu_1-\mu_2)$ 所需的适当的 n_1 和 n_2 的值（假设 $n_1=n_2$）：

a. 在 95% 置信水平下，抽样误差等于 3.2，根据

先验经验我们知道 $\sigma_1 \approx 15$ 和 $\sigma_2 \approx 17$。

b. 在 99% 置信水平下，抽样误差等于 8，每个总体的极差为 60。

c. 宽度为 1.0 的 95% 的置信区间。假设 $\sigma_1^2 \approx 5.8$ 和 $\sigma_2^2 \approx 7.5$。

9. 老鼠对甘蔗田的危害。美国农业部正在调查老鼠药应该放在田地中间还是田地外围。回答这个问题的一种方法是确定哪里发生了更大的危害。如果危害是通过被老鼠损坏的甘蔗茎的比例来衡量的，那么应该从田地的每个部分抽取多少根茎来估计两个部分中损坏的甘蔗茎的比例之间的真实差异在 0.02 以内，取 95% 的置信水平？

10. 环境影响研究。有一些发电厂位于河流或海洋附近以方便用水冷却冷凝器。假设作为环境影响研究的一部分，一家电力公司想估计其排出的废水和近岸河（海）水之间的平均水温差。在每一个地点需要抽取多少个样本观测值才能估计出均值之间的真正差异？误差控制在 0.2℃内，取 95% 的置信水平。假定每个地点的读数极差大约为 4℃，并且每个地点的读数个数都相同。

11. 自我管理工作团队的积极影响。为了提高质量、产量和及时性，美国许多企业都组建了自我管理工作团队（SMWT）。因为 SMWT 需要培训员工的人际交往能力，所以会对其家庭生活产生潜在的积极影响。《质量管理杂志》（*Quality Management Journal*，1995 年夏）上刊登了关于 SMWT 的工作特征和员工对其对家庭生活的积极影响的感知之间的联系的研究成果。调查数据收集自在美国电话电报公司技术部门从事 SMWT 工作的 114 名员工。员工分为两组：（1）报告工作技能对家庭生活有积极影响的人；（2）没有报告有积极影响的人。需要比较两组人的一系列工作和个人特征，其中之一是创意的使用（以 7 分制度量，数值越大，显示的特征越明显）。数据（根据《质量管理杂志》文章中提供的摘要信息模拟）保存在文件中。

a. 研究者想做的一个比较是：报告工作技能对家庭生活有积极影响的那些员工的创意平均得分，和没有报告有积极影响的员工的平均得分是否有所不同。给出研究者做出对比的原假设和备择假设。

b. 讨论利用大样本 z 检验方法检验问题 a 的假设是否合适。

c. 检验结果显示在 XLSTAT 输出结果中。对结果进行解释。使用 $\alpha=0.05$ 得到合理的结论。

d. 在 XLSTAT 输出结果给出了创意的使用得分均值差的 95% 置信区间。解释这个区间。从这个置信区间得到的推断与假设检验的结论一致吗？

e. 数据也包括定性变量：每个员工的性别。研究者想知道两组中男性员工的比例是否不同。Minitab 输出结果显示如下。针对这个问题对结果进行详尽分析。

Summary statistics (Data / Subsamples):

Variable	Observations	Minimum	Maximum	Mean	Std. deviation
CREATIVE | NOSPILL	67	3.0000	5.0000	4.4478	0.5304
CREATIVE | SPILLOV	47	5.0000	6.0000	5.2553	0.4408

z-test for two independent samples / Two-tailed test:

95% confidence interval on the difference between the means:

[-0.9865, -0.6287]

Difference	-0.8076
z (Observed value)	-8.8470
|z| (Critical value)	1.9600
p-value (Two-tailed)	< 0.0001
alpha	0.05

XLSTAT output for Exercise 8.118

Method

Event: GENDER = MALE

p_1: proportion where GENDER = MALE and GROUP = NOSPILL

p_2: proportion where GENDER = MALE and GROUP = SPILLOV

Difference: $p_1 - p_2$

Descriptive Statistics: GENDER

GROUP	N	Event	Sample p
NOSPILL	67	59	0.880597
SPILLOV	47	39	0.829787

Estimation for Difference

Difference	95% CI for Difference
0.0508098	(-0.081752, 0.183371)

CI based on normal approximation

Test

Null hypothesis　$H_0: p_1 - p_2 = 0$

Alternative hypothesis　$H_1: p_1 - p_2 \neq 0$

Method	Z-Value	P-Value
Normal approximation	0.77	0.442
Fisher's exact		0.585

The test based on the normal approximation uses the pooled estimate of the proportion (0.859649).

Minitab output for Exercise 8.118

12. 性别对广告的影响。性别如何影响最有效的广告类型？《广告研究杂志》（*Journal of Advertising Research*）中的一篇文章引用了许多研究，这些研究得出结论，男性往往更倾向于与他人竞争而不是与自己竞争。为了将这个结论应用到广告中，作者制作了两则宣传新品牌软饮料的广告：

广告 1：四名男子参加壁球比赛

广告 2：一名男子在壁球比赛中与自己竞争

作者假设广告 1 向男性展示会更有效。为了检验这一假设，向 43 名男性展示了这两则广告，并测量他们对广告的态度（Aad）、他们对软饮料品牌的态度（Ab）以及他们购买软饮料的意愿（Intention）。每个变量都使用 7 分制量表进行测量，得分越高表示态度越

有利。结果如下表所示。你同意作者的假设吗？

续表

样本均值			
	Aad	Ab	Intention
广告 1	4.465	3.311	4.366
广告 2	4.150	2.902	3.813
显著性水平	p=0.091	p=0.032	p=0.050

参考文献

1. Freedman, D., Pisani, R., and Purves, R. *Statistics*, 4th ed. New York: W. W. Norton and Co., 2007.
2. Gibbons, J. D. and Chakraborti, S. *Nonparametric Statistical Inference,* 5th ed. New York: Chapman Hall, 2010.
3. Hollander, M., Wolfe, D. A., and Chicken, E. *Nonparametric Statistical Methods*, 3rd ed. New York: Wiley, 2014.
4. Koehler, K. *Snedecor and Cochran's Statistical Methods,* 9th ed. New York: Blackwell Publishing, 2012.
5. Mendenhall, W., Beaver, R. J., and Beaver, B. M. *Introduction to Probability and Statistics,* 15th ed. Boston: Cengage Learning, 2020.
6. Satterthwaite, F. W. " An approximate distribution of estimates of variance components, " *Biometrics Bulletin,* Vol. 2, 1946, pp. 110–114.
7. Steel, R. G. D., Torrie, J. H., and Dickey, D.A. *Principles and Procedures of Statistics,* 3rd ed. New York: McGraw-Hill, 1997.

综合案例三（覆盖第 6 章至第 8 章的案例）

肯塔基州的牛奶案例（二）

在肯塔基州的牛奶案例（一）中，你利用图形和数值描述性统计研究肯塔基州学区牛奶市场中的共谋竞价现象。在这里我们要结合推断统计方法扩展你以前的分析。你所关注的三个方面描述如下。（见本案例（一）展示 MILK 数据的文件。）此外，你应该准备一份专业文件，介绍分析结果以及有关肯塔基州“三县”市场的共谋竞价行为的影响。

1. 再次中标率。回顾在本案例（一）中提到，市场分配（同样的乳制品公司年复一年地控制同样的学区）是串通投标共谋行为的普遍形式。市场分配通常可以用某一个学年内市场的再次中标率来衡量——定义为学区中本年度赢得合同的牛奶供应商去年也中标的百分比。过去在竞争激烈的市场中进行牛奶竞标的经验表明，“正常”再次中标率约为 0.7——也就是说，预计 70% 的学区将从前一年供应牛奶的同一供应商处购买牛奶。在肯塔基州“三县”市场的 13 个学区，每年都可能有潜在的 13 个卖主发生变化。1985—1988 年（据称那时共谋竞价已经存在），有 52 个潜在的卖主发生变化。基于每年发生的卖主变化的实际数据和 1985—1988 年的数据，对于共谋竞价进行推断。

2. 竞价水平的分散。回顾在秘密竞价的竞争市场，竞价要比共谋市场更为分散、更容易变化。（这是因为共谋的卖主分享他们竞价的信息。）因此，如果存在串通，“三县”市场的竞价变异性将会显著小于周边市场的竞价变异性。对于每一种奶制品，分析比较两个市场每年的竞价方差，并做出合适的推断。

3. 平均中标价格。根据共谋理论，因为每年都有共谋行为存在，“被操纵”市场上的平均中标价格会超过竞争市场上的平均中标价格。另外，当共谋行为连续几年存在时，竞争市场的均值和“被操纵”市场的均值之间的差异会随时间推移趋向于增大。对于每一种奶制品，分析比较每年“三县”市场中标价格的均值和周边市场中标价格均值之间的差异，并做出合适的推断。

第 9 章 试验设计和方差分析

我们将要学习：

- 样本试验设计中的关键要素
- 建立三种非常受欢迎的试验设计，以比较两个以上的总体均值：完全随机、随机区组、析因设计
- 利用方差分析的方法分析试验设计收集到的数据
- 方差分析（ANOVA）的深入分析：均值的排序

实践中的统计

税收遵从行为——提交联邦纳税申报表时影响风险承担水平的因素

根据美国国税局（IRS）的数据，每年未征收但依法欠缴的联邦税款超过 4 500 亿美元。《时代》(*Time*) 杂志 2013 年 3 月 27 日估计，“(这一）税收差距的最大贡献者——占其中的 84%——是那些简单地少报收入的人”。大多数纳税人都知道美国国税局有审计程序来检测不遵守税法的行为（例如，故意少报收入、进行虚假扣除、隐藏资产），如果被发现，违法者将面临巨额罚款和刑事指控。然而，这种冒险行为在每个税收季节都会发生。

在提交联邦或州所得税申报表时，是否有某些因素会影响风险承担水平？这是发表在《会计行为研究》(*Behavioral Research in Accounting*，2015 年 1 月）上的一项研究感兴趣的问题。研究人员——弗吉尼亚理工大学和东北大学的教授——认为纳税人的风险承担水平取决于纳税人是否需补税或是否会收到退税。先前的研究发现，与可得到退税的纳税人相比，提交单一纳税申报表且需到期补税的纳税人往往倾向于承担更大风险。研究人员目前的研究扩展了这一想法，检查纳税人在提交单一纳税申报表和提交多项纳税申报表（例如，联邦和州申报表）这两种情况下的行为。

研究人员应用前景理论预测，如果纳税人能得到退税，则在多项报税时愿意承担比单一报税更大的风险；但是，如果纳税人需要补税，提交多项申报比在单一申报时愿意承担的风险要小。这些预测总结为以下两个命题：

命题 1：与提交单一纳税申报表获得退税相比，提交多项纳税申报表获得到期净退税时，纳税人倾向

于承担更大风险。

命题 2：与提交单一纳税申报表且到期补税相比，提交多项纳税申报表且到期净补税时，纳税人愿意承担的风险减小。

研究人员设计了一个试验来检验这两个命题。研究对象是纳税人，他们是从购物中心或专业研究生学位课程中招募的。每个纳税人被随机分配到四种试验条件之下：（1）提交单一联邦纳税申报表且到期退税；（2）提交单一联邦纳税申报表且到期补税；（3）提交多项（联邦和州）纳税申报表且到期净退税；（4）提交多项（联邦和州）纳税申报表且到期支付净补税（见图 SIA9-1）。对于此统计数据，假设每个条件分配了 60 名纳税人，总样本量为 240。[①]

	到期净退税	到期净补税
提交单一申报表	条件 1	条件 2
提交多项申报表	条件 3	条件 4

图 SIA9-1　试验设计布局

在阅读了关于自己的纳税情况（条件）的描述后，每个受试者都会得到一份退款或补税的估计。然后，受试者被告知，由于新的税法变更，他们有机会在联邦申报表中额外扣除。这种扣除会增加净退税额或减少净补税额。受试者还被告知美国国税局可能会以不同的方式解释新法律并不允许扣除。因此，扣除会带来一定风险。如果不允许扣除，他们将不得不偿还节省的税款以及利息和罚款。最后，根据所有这些信息，每个受试者以 9 分制回答自己是否会进行额外扣除（1= 肯定不会进行扣除；9= 肯定会进行扣除）。研究人员使用这个变量来记录纳税人的税收遵从行为。

240 个主题的数据（根据期刊文章中提供的信息模拟）保存在 TAX 文件中。在接下来的“回顾实践中的统计”专栏中，我们说明了如何分析这些数据以检验研究人员关于纳税人税收遵从行为的命题。

回顾实践中的统计

四种试验条件下检验税收遵从行为的均值是否相等。

四种试验条件下对税收遵从行为均值进行排序。

调查纳税状况（退税或补税）和申报方式（单一或多项）对税收遵从行为均值的影响。

前面章节分析的数据多数来源于观察样本试验而不是设计样本试验。在观察性试验中，研究人员不能对所分析的变量进行控制，而只能观测它们的值。与之相对的是，在设计性试验中，研究人员试图控制一个或多个变量的水平，来决定其对他们感兴趣的变量的影响。当试验设计合理时，这些试验允许研究人员确定被控制变量的变化是否会引起响应变量的变化，也就是说，它允许人们推断原因和后果。尽管实际的商业环境中很难有机会进行这种控制，但即使对于观察性试验，了解分析方面的知识和设计性试验数据的解释，以及了解当机会出现时如何设计试验，也是有益的。

我们首先在 9.1 节介绍试验设计的要素，然后在 9.2 节、9.4 节、9.5 节讨论三个比较简单又很受欢迎的试验设计。在 9.3 节，我们将讲述如何对总体均值从小到大进行排序。

① 在实际研究中，四个条件之下的纳税人数量分别为 53，60，82，75。

9.1 试验设计的要素

不论应用于哪个特定的领域，某些要素在几乎所有的试验设计中都是相同的。例如，响应变量是试验感兴趣的变量。响应变量可能是经企管理研究生入学考试（GMAT）分数、公司前一年的总销售额或特定家庭今年的总收入。响应变量也可以称为因变量。一般而言，响应变量具有定量属性，因为试验设计的其中一个目标是比较响应变量的均值。

响应变量（response variable）是在试验中测得的感兴趣的变量。我们也把响应变量称为**因变量**（dependent variable）。一般地，响应变量 / 因变量属于定量变量。

多数统计试验的目的是决定一个或多个变量对响应变量的影响。这些变量通常被称为试验设计中的因素。这些因素是定性的还是定量的，取决于变量是否以数值尺度衡量。例如，我们想考察定性变量"性别"对响应变量 GMAT 分数的影响。也就是说，我们想比较男性和女性学生的 GMAT 成绩。或者，我们希望知道定量变量"销售人员的数量"对零售企业销售总额的影响。通常感兴趣的有两个或更多因素。例如，我们可能想要确定定量因素"赚工资的人数"和定性因素"位置"对响应变量家庭收入的影响。

因素（factor）是那些对试验者感兴趣的响应变量产生影响的变量。**定量因素**（quantitative factor）使用数值尺度来度量，而**定性因素**（qualitative factor）不能（自然地）使用数值尺度度量。因素也可以称为**自变量**（independent variable）。

试验中因素的取值称为水平。定性变量的水平是自然分类的。例如，性别的水平是男性和女性，位置的水平是东、西、南和北。[①] 定量因素的水平是数值。例如，销售人员的数量可以是 1，3，5，7，9；受教育年限可以取 8，12，16，20。

因素水平（factor level）就是试验中因素的取值。

在单因素试验中，处理是因素的水平。例如，如果研究性别因素对 GMAT 分数的影响，则试验的处理是性别的两个水平：男性和女性。或者，如果"赚工资的人数"对家庭收入的影响是试验的主题，则定量因素"赚工资的人数"所假定的数值就是处理。如果在试验中有两个或两个以上的因素，处理就是两个因素水平的组合。例如，如果想研究性别因素和社会经济地位（SES）对于响应变量 GMAT 分数的影响，处理就是性别水平和 SES 的组合。因此，(女，高 SES)，(男，高 SES)，(女，低 SES) 都是处理。

试验的**处理**（treatment）是因素水平的组合。

观察到响应变量和因素的对象是试验单元。例如，GMAT 成绩、大学 GPA 成绩和性别可以在同一个试验单元——商科研究生身上观察到。总销售额、每股收益和销售人员总数可以在某个

① 定性变量的水平可以用数字标签来表示。例如，位置可以表示为 1，2，3，4。然而，在这种情况下，定性变量的数字标签通常代表分类水平的编码。

年份的某个公司观察到，公司 – 年份的组合就构成了一个试验单元。在一个特定的时点对某个家庭的总收入、赚取工资的女性人数和家庭住址进行观察，家庭 – 时点的组合就构成了一个试验单元。不论是观察性试验还是设计性试验，都有可以观察变量的试验单元。然而，试验单元的识别在设计性试验中更为重要，此时试验者必须实际对试验单元进行抽样并测量变量。

试验单元（experimental unit）是观察和测量响应变量和因素的对象。[①]

如果分析人员掌控了处理规格以及为每个处理分配试验单元的方法，就称该研究是设计性的。与之相对应的是，如果分析人员仅仅对试验单元的样本所对应的处理进行观察，我们称这样的研究为观察性的。例如，如果你随机选定一组员工接受培训，你随机选定另一组员工不接受培训。将两组进行对比，以评估培训对员工生产率的影响，这时你在进行一个设计性研究。再如，如果你将一组有大学学历的员工的生产率与没有大学学历的员工的生产率进行比较，则这项研究是观察性的。

设计性研究（designed study）是指处理的选择以及为每个处理分配试验单元的方法都受到分析人员控制的研究。**观察性研究**（observational study）是指分析人员仅基于试验单元的样本对处理和响应变量进行观察的研究。

人物介绍

罗纳德·费希尔（1890—1962）——现代统计学的奠基人

罗纳德·费希尔（Ronald A. Fisher）在青年时代就在数学、天文学和生物学方面展示了卓越的才华。（费希尔的生物学老师将所有的学生按“纯粹的才华”分为两个组：费希尔和其他人。）1912 年，费希尔毕业于剑桥大学，获得天文学学士学位。在教授了几年数学之后，他在罗森斯德农业试验站找到了一份工作。从此，他开始了非凡的统计学家的生涯。费希尔被认为是现代统计学的奠基人。他的贡献包括：提出了无偏统计的概念，发展了假设检验中的 p 值，提出了试验设计的方差分析、极大似然估计理论和几个重要统计量的数学分布。1925 年，费希尔撰写的《研究工作者的统计方法》（*Statistical Methods for Research Workers*）用可读性和实用性很强的例子演示了如何分析数据并解释结果，发起了应用统计学的革命。1935 年，他撰写了《试验设计》（*Design of Experiments*）一书，在书中他首次描述了著名的“女士品茶”试验。（费希尔通过一项设计性试验表明，某位女士真的可以确定她手中的奶茶中的牛奶是在泡茶之前还是泡茶之后加入的。）费希尔当选为英国皇家统计学会的会员，获得了无数的奖章，并得到了英国女王的接见。

图 9-1 提供了试验过程的概况和对本章术语的总结。值得注意的是，试验单元是整个过程的核心。从总体样本中选择试验单元的样本的方法决定着试验的类型。每个因素的水平（处理）和响应变量都是在每个试验单元中观察或者测量到的变量。

① 回顾第 1 章，所有的试验单元的集合构成总体。

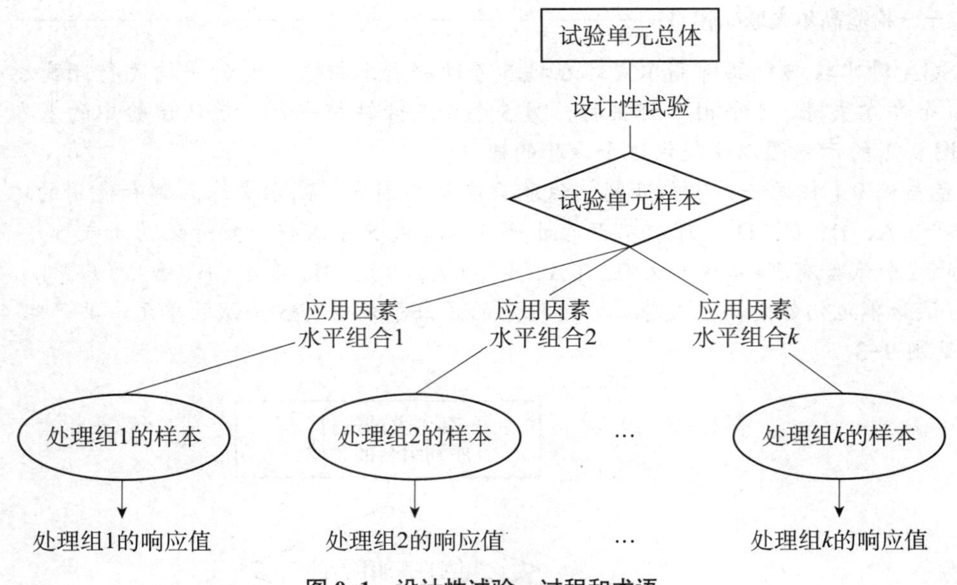

图 9-1 设计性试验：过程和术语

例 9.1 试验设计的要素——高尔夫球品牌的检验

问题 美国高尔夫球协会（United States Golf Association，USGA）定期检查高尔夫设备以确保其达到 USGA 的标准。假设要比较四个不同品牌的高尔夫球被木杆（用于使距离最大化的球杆）击打后飞行的平均距离。接下来要进行的试验是：针对每个品牌随机选取 10 个球。每个球被“铁拜伦”（以著名的高尔夫球手拜伦·纳尔逊（Byron Nelson）的名字命名的 USGA 高尔夫机器人）使用木杆击出，并记录下球飞行的距离。试验设计的布局图展示在图 9-2 中。识别本试验中的以下要素：响应变量、因素、因素种类、水平、处理和试验单元。

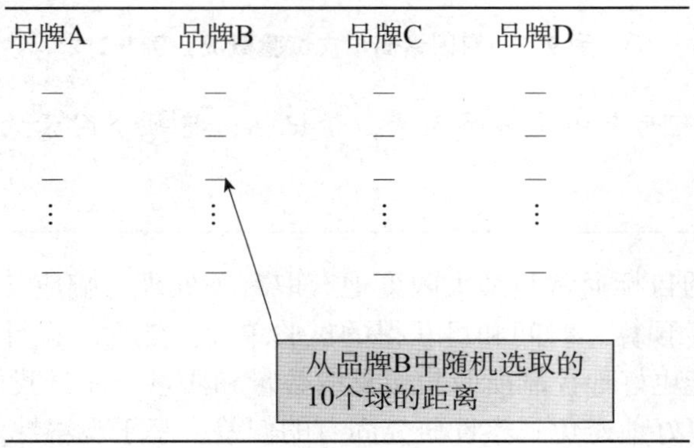

品牌A 品牌B 品牌C 品牌D

从品牌B中随机选取的10个球的距离

图 9-2 例 9.1 的试验设计的布局图

解答 飞行距离是感兴趣的响应变量。在试验中只有一个因素——高尔夫球的品牌，这个因素是非数值的，因此是定性数据。四个品牌（A，B，C，D）是这个因素的四个水平。由于只涉及一个因素，因此处理是这个因素的四种水平——在这里是四个品牌。试验单元是一个高尔夫球；特别地，它是在击球序列中的特定位置被击打的高尔夫球，因为只有在球被击打时才能记录球行进的距离。如果同一个球被击打两次，我们预计两次距离会有所不同（由于风阻、落地位置等随机因素的影响）。我们注意到对于每个处理有 10 个试验单元，共产生 40 个观测值。

回顾 与许多真实的应用一样，这个试验是一个设计性研究和观察性研究的混合体：分析人员不能控制每个高尔夫球的品牌分配（观察性），但可以控制每个球在击打顺序中的位置的分配（设计性）。

例 9.2 双因素试验——检验高尔夫球品牌

问题 假设 USGA 对比较四种品牌高尔夫球在被 5 号铁杆和木杆击打时的平均飞行距离感兴趣。每个品牌随机选取 10 个高尔夫球，5 个由木杆击打，另 5 个由 5 号铁杆击打。确认试验中的基本要素，并且构建一个类似于图 9-1 的示意图以便提供这个试验的概况。

解答 响应变量与例 9.1 相同——飞行距离。试验存在两个因素：高尔夫球品牌和使用的球杆。高尔夫球品牌有四个水平（A，B，C，D)，球杆有两个水平（木杆或 5 号铁杆，或者记为 1 或 5）。处理是因素水平的组合，因此这个试验有 2×4=8 个处理：（A，1)，（A，5)，（B，1)，（B，5)，（C，1)，（C，5)，（D，1)，（D，5）。试验单元仍然是高尔夫球。需要注意的是每个处理有 5 个试验单元，共产生 40 个观测值。试验的概况参见图 9-3。

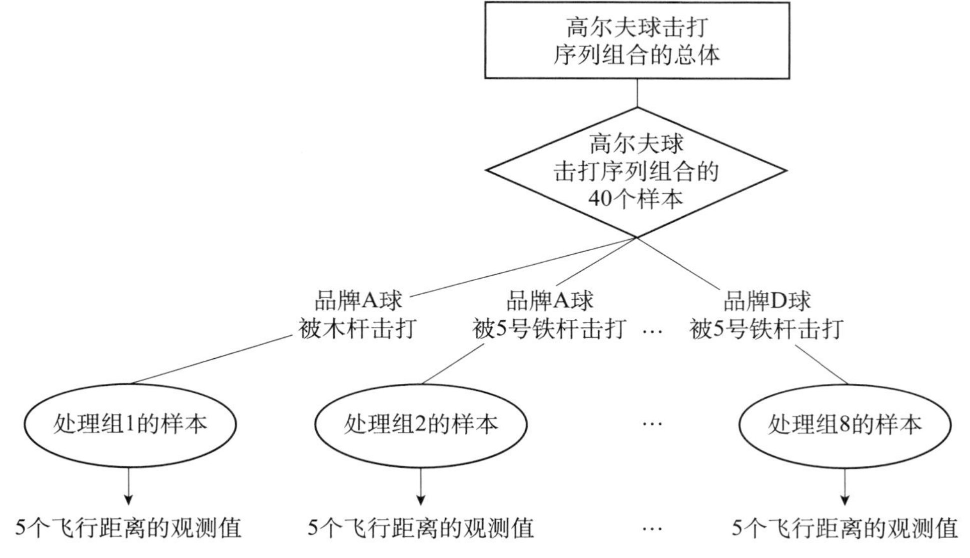

图 9-3 双因素高尔夫试验概况：例 9.2

回顾 无论一个试验中有两个还是多个因素，请记住，将每个因素的水平进行组合可得到不同的处理。

我们设计研究的目标通常是最大限度地获取有关处理与响应变量之间关系的信息量。当然，我们几乎总是受制于预算、时间和可获得的试验单元。然而，设计性研究通常优于观察性研究。这不仅是因为我们能更好地控制所收集信息的数量和质量，而且我们还可以通过选择每种处理下出现的试验单元来更好地避免观察性研究固有的偏差。基于观察性研究的推断总是带有隐含的假设，即样本没有统计分析中未考虑的隐藏偏差。更好地理解观察性研究的潜在问题是我们在本章其余部分研究试验设计的副产品。

➡ 9.2 完全随机设计：单因素

最简单的试验设计是完全随机设计，由每个处理的独立随机选取的试验单元构成。例如，我们独立随机选取高三的 20 名女生和 15 名男生作为一个样本，比较他们的平均 SAT 成绩。或者我们在四个调查区域各自独立随机选取 30 个家庭作为一个样本，比较每个地区的平均家庭收入。在这两个例子中，我们的目标是通过为每个处理独立随机地抽取样本来比较处理的均值。

考虑一个包含 k 个处理的单因素的试验。**完全随机设计**（completely randomized design）是指在设计中，试验单元被随机地分配给 k 个处理，或者为每一个处理选择独立随机的试验单元样本。[①]

例 9.3 在完全随机设计中安排处理——瓶装水品牌研究

问题 假定我们想比较消费者对于三个不同品牌（品牌 A、品牌 B、品牌 C）瓶装水的口味偏好。随机选择 15 位瓶装水消费者作为样本。为此制定一个完全随机设计——为这个设计的试验单元安排处理。

解答 在这项研究中，试验单元是 15 位消费者，处理是瓶装水的三个品牌。建立完全随机设计试验的一种方法是随机地将三个品牌中的一个分配给每位消费者进行品尝。这时，我们可以测量每位消费者的口味偏好（1~10 分）。更好的试验是分配相同数量的消费者去品尝每个品牌的瓶装水——在这个例子中，每个品牌有 5 位消费者。（当为每个处理分配的试验单元相等时，我们称这个设计为**平衡设计**（balanced design）。）

随机数生成器或者统计软件可以用来进行随机分配。图 9-4 的 Minitab 工作表显示的随机分配是利用 Minitab"随机数"函数产生的。可以看到 Minitab 随机重新排序了 15 位消费者，然后随机分配前 5 位重新排序的消费者（编号为 2，9，5，7，15）品尝品牌 A，接下来的 5 位（编号为 13，6，14，3，12）品尝品牌 B，最后 5 位（编号为 11，10，1，8，4）品尝品牌 C。

+	C1	C2	C3	C4	C5
	Consumer	Reorder	BrandA	BrandB	BrandC
1	1	2	2	13	11
2	2	9	9	6	10
3	3	5	5	14	1
4	4	7	7	3	8
5	5	15	15	12	4
6	6	13			
7	7	6			
8	8	14			
9	9	3			
10	10	12			
11	11	11			
12	12	10			
13	13	1			
14	14	8			
15	15	4			

CRD3Brands.mwx

图 9-4 将消费者随机分配给品牌 (Minitab)

回顾 在某些试验中，不可能将处理随机分配给试验单元，反之亦然——这些单元已经与其中一种处理相关联。（例如，处理是"男性"和"女性"，你不能改变人的性别。）在这种情况下，完全随机设计是你可以从每个处理中独立、随机地选择试验单元样本。

完全随机设计的目标通常是用于比较处理均值。如果我们将 k 个处理的总体或真正的均值表示为 μ_1，μ_2，…，μ_k，在原假设下这 k 个均值是相等的，备选假设为这 k 个均值中至少有两个处理的均值不相等。

H_0：$\mu_1 = \mu_2 = \cdots = \mu_k$

H_a：至少有两个处理均值不相等

μ 表示所有高中男生、女生的 SAT 成绩的平均分，或四个调查地区中每个地区的所有家庭收入的均值。

① 我们使用的完全随机设计既指代设计性研究也指代观察性研究。因此，唯一的要求是为每个处理（设计性或观察性）独立、随机地抽取试验单元。

为了对这些假设做统计检验，在完全随机设计下，我们将使用从处理总体中抽取的独立随机样本的均值——也就是说，我们比较 k 个样本均值 $\bar{x}_1$，$\bar{x}_2$，…，$\bar{x}_k$。

例如，假设你要选择 5 名高三女生和 5 名高三男生的独立随机样本，并记录他们的 SAT 分数，数据如表 9-1 所示。StatCrunch 对此数据的分析结果见图 9-5。可以看到女生 SAT 成绩（阴影部分）的样本均值是 590 分，男生为 550 分。那么我们能否得出结论“平均而言，高三女生总体的分数要比男生总体高”？

表 9-1　高三学生的 SAT 成绩

女生	男生
530	490
560	520
590	550
620	580
650	610

Summary statistics:

Column	n	Mean	Std. dev.	Variance	Min	Max
Females	5	590	47.434165	2250	530	650
Males	5	550	47.434165	2250	490	610

图 9-5　表 9-1 数据的描述性统计量 (StatCrunch)

为了回答这个问题，我们必须考虑在试验单元（学生）中抽样变异性的大小。将表 9-1 中的 SAT 成绩用 StatCrunch 绘制成点图，如图 9-6 所示。注意，样本均值之间的差异相对于处理组（女生和男生）内部分数的抽样变异性来说比较小。在这种情况下，我们不会倾向于拒绝总体均值相等的原假设。

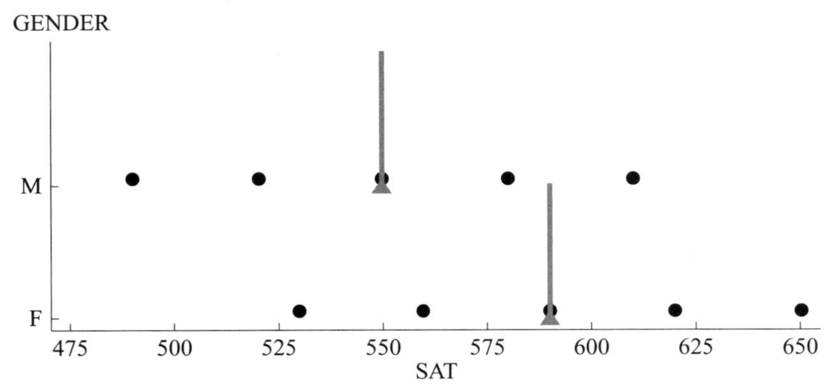

图 9-6　SAT 分数的点图：均值间的差异被抽样变异性控制 (箭头指向样本均值)(StatCrunch)

与之相对的是，如果数据像图 9-7 中使用 StatCrunch 描绘的点图那样，那么抽样变异性相对于两个均值的差异比较小。我们将倾向于接受备择假设：总体均值是不同的。

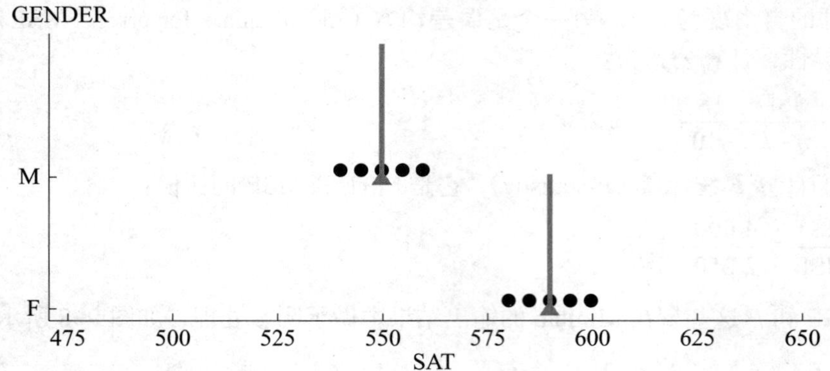

图 9-7 SAT 分数的点图：均值之间的差异相对于抽样变异性比较大 (箭头指向样本均值)(StatCrunch)

你可以看到，关键在于比较处理均值的差异和抽样变异性之间的差异。要对假设进行正式的统计检验，需要对处理均值之间的差异和每个处理中抽样变异性的差异进行数值测量。处理均值之间的变异性是通过**处理平方和**（sum of squares for treatments，SST）测度的。计算每个处理均值和所有样本观测值的总均值之间的距离的平方，得到平方距离。然后将每个平方距离乘以该处理的样本观测数，最后把所有处理的结果加总，就可得到 SST。对于表 9-1 中的数据，总均值是 570。这样我们得到：

$$\text{SST}=\sum_{i=1}^{k} n_i(\bar{x}_i-\bar{x})^2=5\times(550-570)^2+5\times(590-570)^2=4\,000$$

在这个式子中，我们用$\bar{x}$表示所有样本响应值的总均值——所有样本混合后的均值。用 n_i 表示第 i 个处理的样本个数。我们可以看到图 9-6 和图 9-7 中 5 名女生和 5 名男生两个样本的 SAT 成绩的 SST 值为 4 000。

接下来，我们必须测量处理中的抽样变异性。我们称其为**误差平方和**（sum of squares for error，SSE），因为它衡量的是由于抽样误差影响处理均值的变异性。SSE 值的计算方法是：对处理内每个响应观测值和所对应的处理均值之间距离的平方进行加总，然后对整个样本中的所有观测值的距离的平方求和。

$$\text{SSE}=\sum_{j=1}^{n_1}(x_{1j}-\bar{x}_1)^2+\sum_{j=1}^{n_2}(x_{2j}-\bar{x}_2)^2+\cdots+\sum_{j=1}^{n_k}(x_{kj}-\bar{x}_k)^2$$

式中，x_{1j} 表示第 1 个样本的第 j 个观测值，x_{2j} 表示第 2 个样本的第 j 个观测值，等等。这个看起来相当复杂的公式可以被简化为第 2 章介绍的样本方差 s^2 的形式。

$$s^2=\sum_{i=1}^{n}\frac{(x_i-\bar{x})^2}{n-1}$$

注意，SSE 中的每个和可以简化为特定处理下的 s^2 的分子。因此，我们可以把 SSE 改写为：

$$\text{SSE}=(n_1-1)\,s_1^2+(n_2-1)\,s_2^2+\cdots+(n_k-1)\,s_k^2$$

式中，s_1^2，s_2^2，…，s_k^2是 k 个处理下的样本方差。对于表 9-1 中的 SAT 成绩，Minitab 输出结果（见图 9-5）显示s_1^2 =2 250（女生）和s_2^2 =2 250（男生）。因此我们可以得到：

$$\text{SSE}=(5-1)\times2\,250+(5-1)\times2\,250=18\,000$$

为了使两个统计量易于比较，我们用它们分别除以各自的自由度，把平方和变成均方。一个是**处理均方**（mean square for treatments，MST），测量了处理均值之间的变异性，计算公式为：

$$\text{MST}=\frac{\text{SST}}{k-1}=\frac{4\,000}{2-1}=4\,000$$

式中，k 个处理的自由度为 $k-1$。另一个是**误差均方**（mean square for error，MSE），测量了处理内部的抽样变异性，计算公式为：

$$\text{MSE}=\frac{\text{SSE}}{n-k}=\frac{18\ 000}{10-2}=2\ 250$$

最后，我们计算 ***F* 统计量**（*F*-statistic），它是 MST 和 MSE 的比值：

$$F=\frac{\text{MST}}{\text{MSE}}=\frac{4\ 000}{2\ 250}=1.78$$

MST、MSE 和 F 这些量在 Minitab 的输出结果中做了阴影处理，如图 9-8 所示。

Analysis of Variance

Source	DF	Adj SS	Adj MS	F-Value	P-Value
GENDER	1	4000	4000	1.78	0.219
Error	8	18000	2250		
Total	9	22000			

Model Summary

S	R-sq	R-sq(adj)	R-sq(pred)
47.4342	18.18%	7.95%	0.00%

图 9-8　表 9-1 中数据的方差分析结果 (Minitab)

F 值接近 1 表示两个变异来源——处理均值间的变异性和处理内部的变异性——是近似相等的。在此种情况下，处理均值间的差异可能是由于抽样误差导致的，因此不能支持备择假设：处理的总体均值是不同的。F 值远远超过 1 意味着处理均值间的变异性远远超过处理组内的变异性，因此我们支持备择假设，认为处理的总体均值是不同的。

问题在于 F 值超过 1 多少才可以拒绝均值相等的原假设。这取决于处理的自由度、误差的自由度和检验所选择的 α 值。我们比较计算得出的 F 值与 F 分布表中的 F 值（附录中的表Ⅴ至表Ⅷ）。其中，$v_1=(k-1)$ 是分子的自由度，$v_2=(n-k)$ 是分母的自由度，α 是相应的犯第Ⅰ类错误的概率。以 SAT 成绩为例，F 统计量分子的自由度 $v_1=(2-1)=1$，分母的自由度 $v_2=(10-2)=8$。对于 $\alpha=0.05$，查表（附录中的表Ⅵ）可知：

$$F_{0.05}=5.32$$

这意味着只有当 MST 是 MSE 的 5.32 倍以上时，我们才能在 0.05 的显著性水平下得出“两个总体处理均值是不同的”这一结论。由数据算出 $F=1.78$，我们对图 9-6 中点图的直观判断得到了证实——没有充分的证据可以得出高三男生总体、女生总体的 SAT 平均成绩是不同的。拒绝域和计算出的 F 值在图 9-9 中给出。

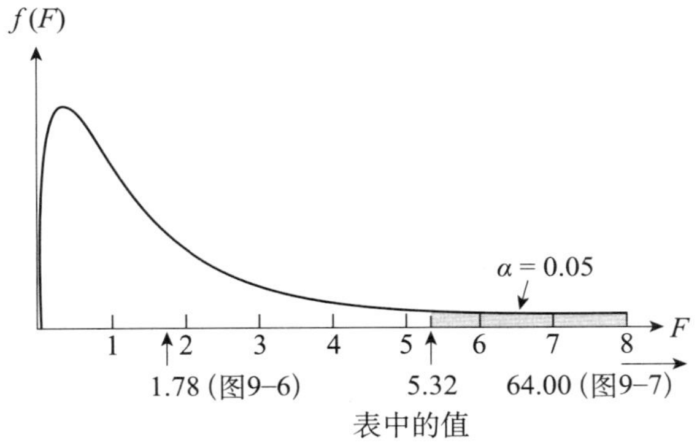

图 9-9　SAT 成绩样本的拒绝域和计算的 *F* 值

对照地，考虑图 9-7 中的点图。这个点图中显示的 SAT 成绩罗列在表 9-2 中，图 9-10 给出了 Minitab 描述性统计量。注意，女生和男生的样本均值分别是 590 和 550，与前面的例子是一样的。因此，均值间的变异性也是相同的，即 MST=4 000。然而，两个处理内部的变异性非常小。事实上，图 9-10 显示s_1^2=62.5，s_2^2=62.5。这样，处理间的变异性可以表示为：

$$\text{SSE}=(5-1)\times 62.5+(5-1)\times 62.5=500$$

$$\text{MSE}=\frac{\text{SSE}}{n-k}=\frac{500}{8}=62.5$$（图 9-10 的阴影部分）

F 值为：

$$F=\frac{\text{MST}}{\text{MSE}}=\frac{4\,000}{62.5}=64.0$$（图 9-10 的阴影部分）

表 9-2　图 9-7 中给出的高三学生的 SAT 成绩

女生	男生
580	540
585	545
590	550
595	555
600	560

Analysis of Variance

Source	DF	Adj SS	Adj MS	F-Value	P-Value
GENDER	1	4000.0	4000.00	64.00	0.000
Error	8	500.0	62.50		
Total	9	4500.0			

Model Summary

S	R-sq	R-sq(adj)	R-sq(pred)
7.90569	88.89%	87.50%	82.64%

Means

GENDER	N	Mean	StDev	95% CI
F	5	590.00	7.91	(581.85, 598.15)
M	5	550.00	7.91	(541.85, 558.15)

图 9-10　表 9-2 中数据的描述性统计量和方差分析结果 (Minitab)

我们对点图的直观判断再次得到了证实：F=64.0 远远超过了 0.05 显著性水平下的 F 值 5.32。我们将在这个水平拒绝原假设，得到结论：男生的 SAT 平均成绩与女生不同。

用于比较处理均值的方差分析 F 检验汇总如下：

比较 k 个处理均值的方差分析 F 检验：完全随机设计

H_0：$\mu_1=\mu_2=\cdots=\mu_k$

H_a：至少有两个处理均值不等

检验统计量：$F=\dfrac{\text{MST}}{\text{MSE}}$

拒绝域：$F>F_\alpha$

p 值：$p(F>F_c)$

其中，F_c 是计算得出的检验统计量的值，F_α 的分子（MST）自由度为 $k-1$，分母（MSE）自由度为 $n-k$。

有效方差分析 F 检验所需的条件：完全随机设计

1. 从 k 个处理总体中独立地随机抽取样本。（这可以通过将试验单元随机分配给处理完成。）
2. 所有 k 个抽样总体都近似正态分布。
3. k 个总体的方差是相等的（即 $\sigma_1^2=\sigma_2^2=\sigma_3^2=\cdots=\sigma_k^2$）。

我们将借助一些可用的统计软件计算 F 统计量，重点在于结果的解释而不是它们的计算。

例 9.4 进行方差分析的 F 检验——比较高尔夫球的品牌

问题 假设 USGA 想要比较四种不同品牌的高尔夫球被木杆击打后的平均飞行距离。采用完全随机设计试验，四个品牌的高尔夫球中每个品牌随机抽取 10 个球，由“铁拜伦”使用木杆按随机顺序击打。记录每次击打的飞行距离，结果按照品牌分类（如表 9-3 所示）。

a. 建立检验比较四个品牌高尔夫球的平均飞行距离，$\alpha=0.1$。

b. 使用统计软件得到检验统计量和 p 值，并解释结果。

表 9-3 完全随机设计试验的结果：“铁拜伦”使用木杆击打

	品牌 A	品牌 B	品牌 C	品牌 D
	251.2	263.2	269.7	251.6
	245.1	262.9	263.2	248.6
	248.0	265.0	277.5	249.4
	251.1	254.5	267.4	242.0
	260.5	264.3	270.5	246.5
	250.0	257.0	265.5	251.3
	253.9	262.8	270.7	261.8
	244.6	264.4	272.9	249.0
	254.6	260.6	275.6	247.1
	248.8	255.9	266.5	245.9
样本均值	250.8	261.1	270.0	249.3

解答 a. 比较四个品牌的高尔夫球的飞行距离，我们首先确定需要进行检验的假设。设第 i 个品牌的总体均值为 μ_i，我们检验：

H_0：$\mu_1=\mu_2=\mu_3=\mu_4$

H_a：至少有两个品牌的高尔夫球飞行距离不同

检验统计量对四个处理（品牌）均值间的变异性和每个处理内部的样本变异性进行比较。

检验统计量：$F=\dfrac{\text{MST}}{\text{MSE}}$

拒绝域：$F>F_{\alpha}=F_{0.1}$

其中 $\nu_1=(k-1)=3$，$\nu_2=(n-k)=36$。

查附录中的表Ⅴ可知，$F_{0.1}(3,36)\approx2.25$。因此，如果 $F>2.25$，我们会拒绝原假设 H_0（见图 9-11）。

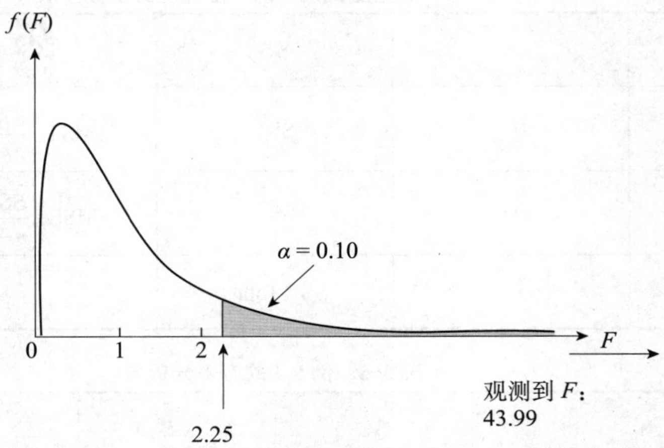

图 9-11　完全随机设计的 F 检验：高尔夫球试验

下面的假设保证了检验的有效性：

1. 每个品牌的 10 个高尔夫球样本是独立随机选择的。
2. 每个品牌的高尔夫球飞行距离的概率分布是正态分布。
3. 每个品牌的高尔夫球飞行距离的概率分布的方差是相等的。

b. XLSTAT 给出了表 9-3 完全随机设计试验数据的输出结果，见图 9-12。均方值 MST=931.46 和 MSE=21.175 做了阴影处理。F=43.99（阴影部分）超过了表中值 2.25。因此我们在 0.1 的显著性水平上拒绝原假设，得到结论：至少有两个品牌的球被击打后其飞行的平均距离是不同的。

我们也可以通过注意到 F 检验的观测的置信水平（图 9-12 中“Pr>F”下方）<0.000 1 得出适当的结论。这意味着我们可以在任何合理选择的置信水平下，拒绝“均值相等”这一原假设。

Analysis of variance (DISTANCE):

Source	DF	Sum of squares	Mean squares	F	Pr > F
Model	3	2794.3888	931.4629	43.9887	< 0.0001
Error	36	762.3010	21.1750		
Corrected Total	39	3556.6898			

Computed against model Y=Mean(Y)

Means for factor BRAND:

Category	Mean
BrandA	250.7800
BrandB	261.0600
BrandC	269.9500
BrandD	249.3200

图 9-12　高尔夫球飞行距离数据的方差分析结果 (XLSTAT)

回顾　既然我们知道平均飞行距离是不同的，下一个合乎逻辑的问题自然是：“平均而言，哪个品牌的球被击打后飞得最远？”在 9.3 节，我们将介绍在方差分析中对于处理组均值进行排序的方法。

方差分析（analysis of variance，ANOVA）的结果可以概括在一张简单的表里，其形式类似于例 9.4 中的 Excel 输出结果。概括的一般形式见表 9–4，其中符号 df，SS 和 MS 分别代表自由度、平方和以及均方。注意两个变异来源：处理和误差，加在一起是总平方和（SS（Total））。例 9.4 的方差分析汇总表见表 9–5。总平方和分解成两个部分，如图 9–13 所示。

表 9–4　完全随机设计的一般方差分析概括表

来源	df	SS	MS	*F*
处理	$k-1$	SST	$MST=\frac{SST}{k-1}$	$\frac{MST}{MSE}$
误差	$n-k$	SSE	$MSE=\frac{SSE}{n-k}$	
合计	$n-1$	SS（Total）		

表 9–5　例 9.4 的方差分析表

来源	df	SS	MS	*F*	*p* 值
品牌	3	2 794.39	931.46	43.99	<0.000 1
误差	36	762.30	21.18		
合计	39	3 556.69			

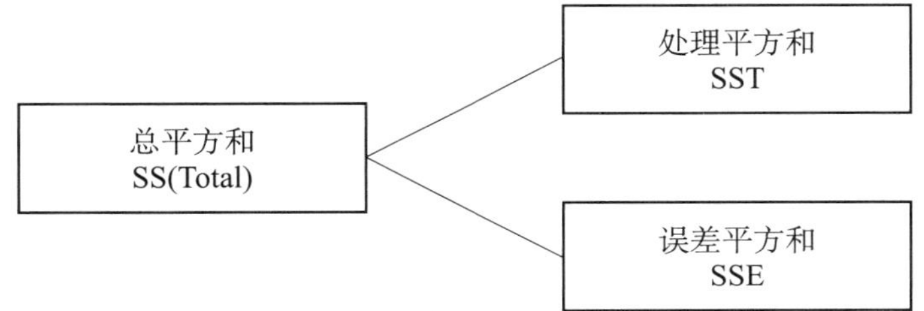

图 9–13　完全随机设计下总平方和的分解

例 9.5　检查方差分析的假设

问题　参见例 9.4 中完全随机设计试验的方差分析。所有检验要求的假设是否都近似满足呢？

解答　下面重复了检验所需的假设：

1. 每个品牌的 10 个高尔夫球样本是独立随机选择的。
2. 每个品牌的高尔夫球飞行距离的概率分布是正态分布。
3. 每个品牌的高尔夫球飞行距离的概率分布的方差是相等的。

因为组成样本的每个品牌的 10 个球是随机选择的，并且是由“铁拜伦”来击打的，所以我们的第一个独立随机样本的假设是满足的。对于另外两个假设，我们将使用第 2 章介绍的两种图形方法——直方图和箱线图进行分析。图 9–14 是每个品牌的高尔夫球的飞行距离的 Minitab 直方图，图 9–15 是利用 StatCrunch 产生的箱线图。

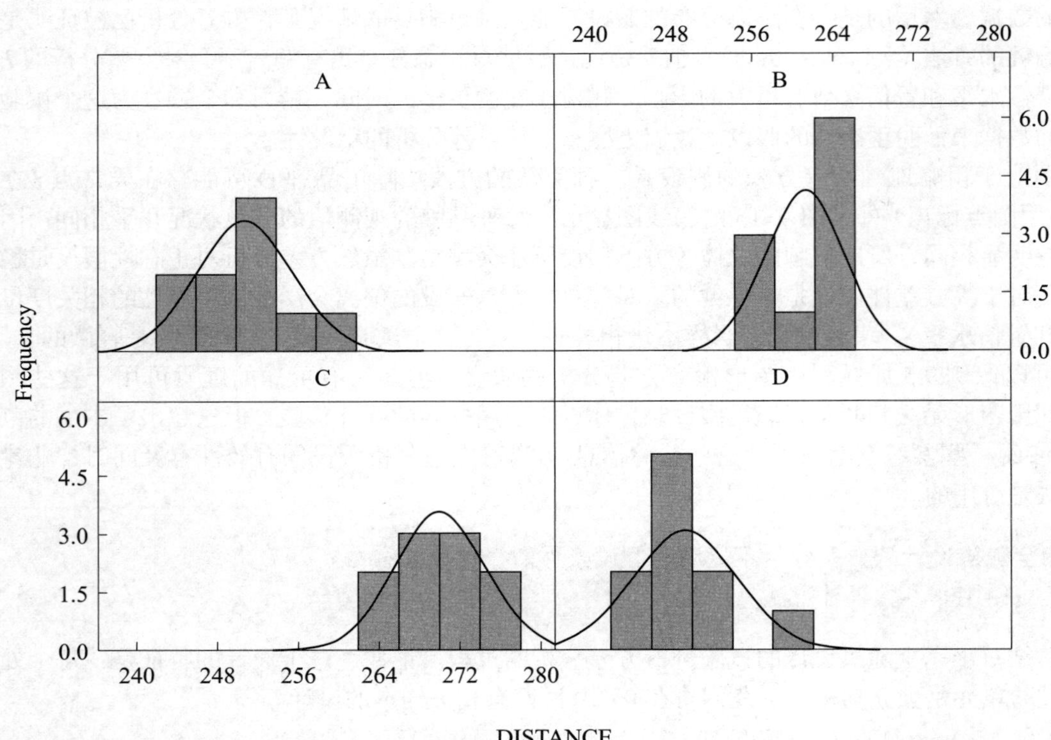

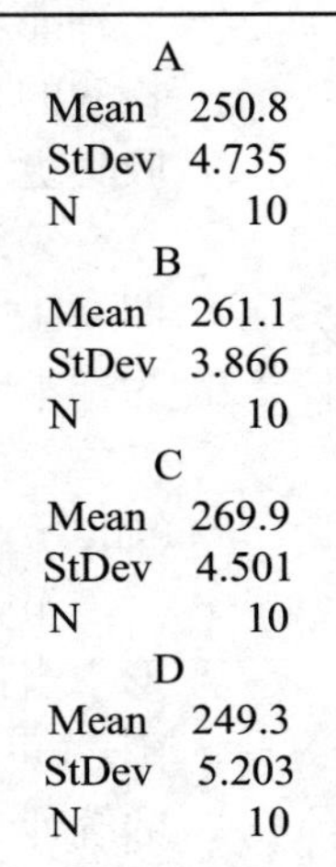

图 9-14 高尔夫球飞行距离的直方图 (Minitab)

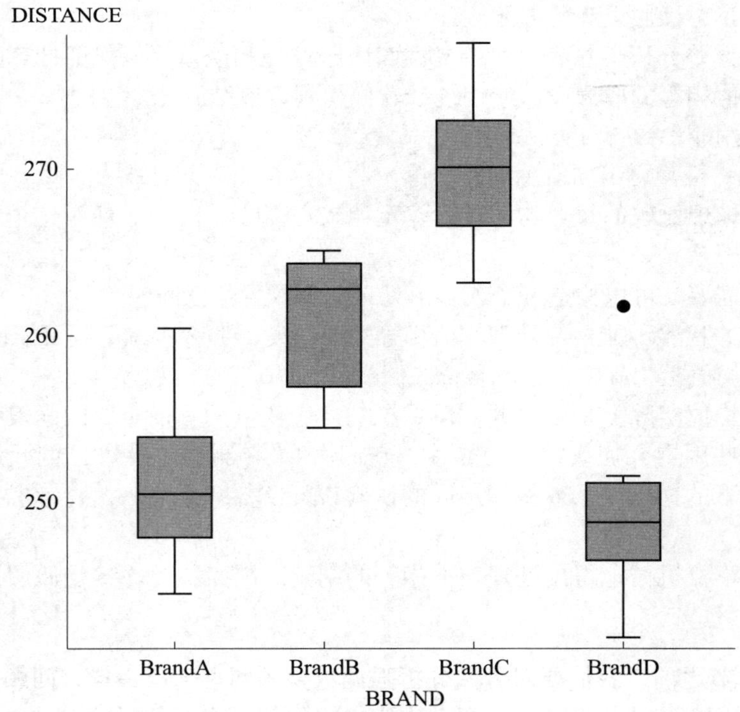

图 9-15 高尔夫球飞行距离的箱线图 (StatCrunch)

正态假设可以通过图 9-14 的直方图进行检验。因为每个品牌只有 10 个样本观测值，所以信息并不能充分地表现出来。在对距离是否服从正态分布做出判断之前，我们需要针对每个品牌收集更多的数据。幸运的是，在正态分布的假设不能精确地满足的情况下，方差分析已被证明是一种非常**稳健的方法**（robust method）。也就是说，数据对正态分布稍有偏离不会对方差分析的 F 检验的显著性水平和置信系数有重大的影响。相对于花费更多的时间、精力和金钱去为这个试验收集更多的数据来证明正态性的假设，我们更愿意信赖方差分析的稳健性。

箱线图对于粗略地判断等方差的假设是一种简便的方法。除了品牌 D 可能存在异常点（在图 9-15 中用圆点标识）外，图 9-15 的箱线图显示出每种品牌的观测值的分散状况几乎相同。因为样本方差明显相同，所以品牌的总体等方差假设可能会满足。虽然方差分析对正态性假设是稳健的，但是对于等方差性假设是不稳健的。对等总体方差假设的偏离会影响到可靠性的相关度量（如，p 值和置信水平）。幸运的是，当样本量相等时，就与这个试验一样，这种影响是轻微的。

虽然可以像例 9.5 那样利用图形检查方差分析的假设，但是没有可靠的度量可用于这些图形。当你利用图形无法判断是否满足假设时，你可以使用标准的统计检验，但这超出了本书的范围。（可以参阅一些参考文献来了解这些检验信息。）当对方差分析假设的有效性有疑问时，非参数统计方法是有用的。

当完全随机设计的方差分析不能满足假设条件时，你该怎么办？

答案：使用非参数统计方法。

下面总结对于完全随机设计的试验进行方差分析的过程。记住，这个设计的特征是：每个处理对应的试验单元是独立随机的。我们将在 9.4 节讨论有相关样本的设计。

对于完全随机设计进行方差分析的步骤

1. 确认设计是完全随机的，每个处理的样本都是独立随机样本。

2. 检验正态性假设和均方差假设。

3. 构造方差分析汇总表：将变异性归因于处理和误差，以保证计算的 F 统计量能够检验总体处理均值相等的原假设。使用统计软件得到数值结果。（当对方差分析假设的有效性有疑问时，可采用非参数统计方法。）

4. 如果 F 检验得出均值不同的结论：

a. 对于你想比较的每对均值进行多重比较（参见 9.3 节）。使用这个结果汇总处理均值在统计上的显著差异。

b. 如果需要，可以构造一个或多个处理均值的置信区间。

5. 如果 F 检验不能拒绝处理均值相等的原假设，那么考虑下列可能性：

a. 处理均值是相等的，也就是说原假设是真的。

b. 处理均值实际上是不同的，但是影响响应变量的其他重要因素没有被完全随机设计考虑进来。这些因素会加大抽样变异性，它们由 MSE 测度，导致 F 统计量的值偏小。或者增加每个处理下的样本量，或使用不同的试验设计（参见 9.4 节），它考虑了其他因素对响应变量的影响。

注意：不要机械地得出处理均值相等的结论。因为如果你接受原假设，需要考虑犯第Ⅱ类错误的概率。

在结束本节之前，我们要对方差分析强调重要的两点。第一点，回顾在 8.2 节对于两个独立样本，我们利用双样本 t 检验对于两个均值之间的差异进行假设检验。在比较两个独立样本时，双侧 t 检验和 F 检验是等价的。为此，将 t 的公式用于表 9-2 中 SAT 成绩的两个样本：

$$t=\frac{\bar{x}_1-\bar{x}_2}{\sqrt{s_p^2\left(\frac{1}{n_1}+\frac{1}{n_2}\right)}}=\frac{590-550}{\sqrt{62.5\times\left(\frac{1}{5}+\frac{1}{5}\right)}}=\frac{40}{5}=8$$

这里，我们利用了这样一个事实s_p^2=MSE，你可以通过比较公式进行验证。注意，对这些样本计算 F 值 (F=64) 等于相同样本下计算 t 值 (t=8) 的平方。同样，F 临界值 (5.32) 等于 0.05 显著性水平下双侧 t 临界值的平方 ($t_{0.025}$=2.306，自由度为 8)。因为拒绝域和这个计算值以同样的方式相关，所以检验是等价的。而且保证 t 检验和 F 检验能够有效进行的条件也是相同的：

1. 每个处理组的响应值的总体概率分布必须近似服从正态分布。
2. 每个处理组的响应值的总体概率分布必须有相同的方差。
3. 处理组的试验单元样本必须是独立地随机选择的。

事实上，这两个检验中唯一的不同是 F 检验可以比较两个以上的处理均值，而 t 检验只能用于两个样本。

第二点，参考例 9.4。我们的结论是：击球后至少会有两个品牌的高尔夫球具有不同的平均飞行距离。这自然引出了接下来的问题：哪些品牌之间是不同的？如何根据平均距离对这些品牌进行排序？

获得这些信息的一种方法是利用 8.2 节的方法对于任意两两处理之间的均值差异构建置信区间。例如，如果例 9.4 中$(\mu_A-\mu_C)$的 95% 置信区间是（−24，−13）。那么我们有信心认为 C 品牌高尔夫球的平均飞行距离超过了 A 品牌高尔夫球的平均飞行距离（因为在整个区间内的差异都是负的）。为所有可能的品牌对构建置信区间会有助于你对品牌均值进行排序。能够完成这些多重比较的方法——在控制第 I 类错误的情况下——将在 9.3 节给出。

回顾实践中的统计

四种试验条件下检验税收遵从行为的均值是否相等

我们现在考虑《会计行为研究》（2015 年 1 月）中在提交联邦或州所得税申报表时影响风险水平的因素研究。回想一下，研究人员设计了一项试验，其中 240 名受试者（纳税人）被随机分配到四种试验条件之下：（1）提交单一联邦纳税申报表且到期退税；（2）提交单一联邦纳税申报表且到期补税；（3）提交多项（联邦和州）纳税申报表且到期净退税；（4）提交多项（联邦和州）纳税申报表且到期支付净补税（见图 SIA9-1）。在被告知他们的联邦申报表的额外扣除——国税局可能不允许的扣除——会增加净退税额或减少净补税额后，受试者的税收遵从行为得分以 9 分制衡量（1= 绝对不会进行扣除；9= 肯定会进行扣除）。

根据研究人员的理论，平均税收遵从行为得分将根据是否提交单一申报或多项申报，以及是否有到期净退税或到期净补税而有所不同。命题 1 指出，条件 3（提交多项申报表 / 到期退税）的纳税人的均值将超过条件 1（提交单一申报表 / 到期退税）的纳税人的均值。命题 2 指出，条件 4（提交多项申报表 / 到期补税）中纳税人的均值将低于条件 2（提交单一申报表 / 到期补税）中纳税人的均值。

我们将对具有四种处理（条件）和 20 个受试者（纳税人）的完全随机设计运行方差分析。方差分析中的因变量是税收遵从行为得分。让 μ_j 代表处理 j 的真实平均税收遵从行为得分。那么方差分析检验的原假设和备择假设是：

H_0：$\mu_1=\mu_2=\mu_3=\mu_4$
H_a：至少存在两个 μ_j 是不同的

“无法拒绝 H_0” 的结论（即均值差异的证据不足）不会支持研究人员的命题。“拒绝 H_0” 的结论（有充

分的证据表明均值存在差异）至少会部分支持研究人员的命题。

使用 Minitab 分析 TAX 文件中的数据。Minitab 输出结果见图 SIA9-2。

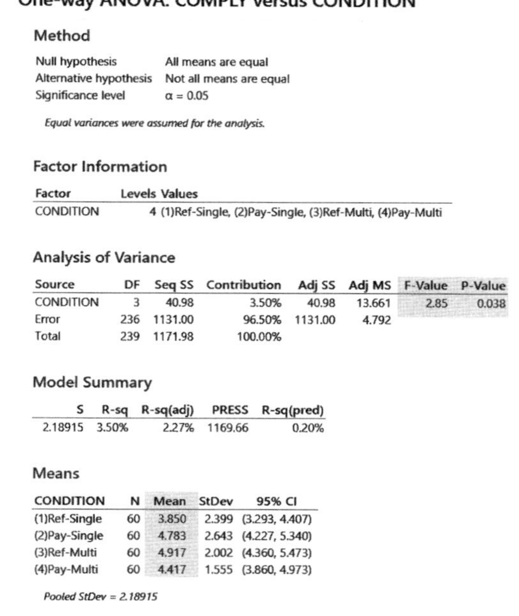

One-way ANOVA: COMPLY versus CONDITION

Method

Null hypothesis	All means are equal
Alternative hypothesis	Not all means are equal
Significance level	α = 0.05

Equal variances were assumed for the analysis.

Factor Information

Factor	Levels	Values
CONDITION	4	(1)Ref-Single, (2)Pay-Single, (3)Ref-Multi, (4)Pay-Multi

Analysis of Variance

Source	DF	Seq SS	Contribution	Adj SS	Adj MS	F-Value	P-Value
CONDITION	3	40.98	3.50%	40.98	13.661	2.85	0.038
Error	236	1131.00	96.50%	1131.00	4.792		
Total	239	1171.98	100.00%				

Model Summary

S	R-sq	R-sq(adj)	PRESS	R-sq(pred)
2.18915	3.50%	2.27%	1169.66	0.20%

Means

CONDITION	N	Mean	StDev	95% CI
(1)Ref-Single	60	3.850	2.399	(3.293, 4.407)
(2)Pay-Single	60	4.783	2.643	(4.227, 5.340)
(3)Ref-Multi	60	4.917	2.002	(4.360, 5.473)
(4)Pay-Multi	60	4.417	1.555	(3.860, 4.973)

Pooled StDev = 2.18915

图 SIA9-2 比较税收遵从行为均值的方差分析 (Minitab)

方差分析 F 值（输出结果中的阴影部分）为 F=2.85；相应的 p 值（也做了阴影处理）为 0.038。由于犯第 Ⅰ 类错误率 α=0.05 超过 p 值，因此有足够的证据得出结论，对于纳税人总体，各处理的税收遵从行为的均值有所不同。

这个结论是否完全支持研究人员的主张？也就是说，我们可以从这个分析中得出 $\mu_3>\mu_1$（命题 1）和 $\mu_2<\mu_4$（命题 2）的结论吗？检查样本平均值（在图 SIA9-2 的底部用阴影表示）似乎支持这两个命题。为了更清楚地看到这一点，检查图 SIA9-3 中的样本均值图。请注意，当到期退税时（见图中的虚线），提交多项申报表的响应的样本均值超过提交单次申报表的样本均值，正如研究人员在命题 1 中预测的那样。同样，当到期补税时（见图中的实线），提交多项申报表的响应的样本均值低于提交单次申报表的样本均值，正如研究人员在命题 2 中预测的那样。

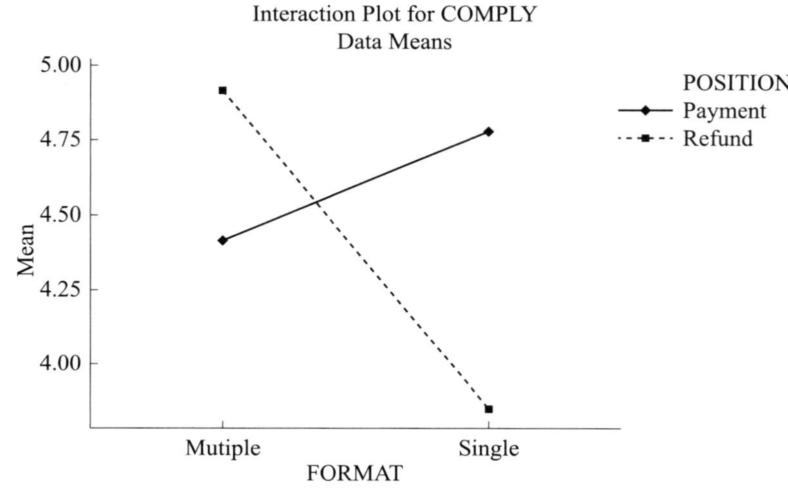

图 SIA9-3 税收遵从行为均值图 (Minitab)

不幸的是，我们无法对这些推断附加可靠性衡量标准，因为它们仅基于样本均值。我们（从方差分析中）可以得出的结论是，在取 α=0.05 时，至少有两个总体的税收遵从行为均值是不同的。

在以下两个“回顾实践中的统计”专栏（9.3 节和 9.5 节）中，我们扩展了本节的分析并应用了支持研究人员命题的统计推断方法。

9.3 均值的多重比较

考虑一个具有三个处理 A，B 和 C 的完全随机设计。假设通过 9.2 节的方差分析 F 检验，我们可以确定处理均值在统计上是不同的。为了完成这个分析，我们希望对三个处理的均值进行排序。就像我们在 9.2 节提到的，首先计算试验中每对处理均值差的置信区间。例如在三个处理的试验中，我们要构造下列三个差的置信区间：$\mu_A-\mu_B$，$\mu_A-\mu_C$，$\mu_B-\mu_C$。

确定处理均值两两比较的次数

一般来说，如果有 k 个处理，就会有

$$c=\frac{k(k-1)}{2}\text{（对）}$$

需要比较均值。

如果我们希望以 $(1-\alpha)100\%$ 的置信度要求 c 个置信区间都包含将要估计的真实差异，那么对每个独立的置信区间使用的 α 值必须小于只使用一个区间时的 α 值。例如，假设我们想对三个处理 A，B，C 的均值进行排序，以 95% 的置信度要求所有三个均值比较的置信区间包含处理均值差的真实值。这时，构造的每个置信区间所使用的显著性水平需要比 α=0.05 更小，以便能够以 95% 的置信度要求三个区间都包含真实的差异。[①]

为了实施**处理均值的多重比较**（multiple comparisons of a set of treatment means），我们可以在各种假设下使用一些算法，以确保与所有比较相关的总体置信水平仍然保持或超过特定的 $(1-\alpha)100\%$ 水平。三种被广泛使用的技术是邦费罗尼（Bonferroni）、舍夫（Scheffé）和图基方法。对于每种算法，犯第 I 类错误的风险适用于试验中处理均值的比较。因此，α 的取值也称为试验错误率（相对于对比错误率）。

对于试验设计中两个均值的比较，犯第 I 类错误的概率（即得到给定的均值不同而事实上相等这一结论的概率）称为**对比错误率**（comparisonwise error rate，CER）。

对于试验设计中均值的多重比较，至少犯第 I 类错误的概率（即得出结论至少有两个均值存在差异，而事实上均值均相等这一结论的概率）称为**试验错误率**（experimentwise error rate，EER）。

在方差分析中多重比较方法的选择将取决于所使用的试验设计的类型和分析人员关注的比较点。例如，图基提出的一种算法适用于当处理组的样本量相等时的两两比较（Tukey，1949）。而**邦费罗尼方法**（Bonferroni method）（Miller，1981）类似于图基方法，在对两两比较感兴趣时使用；然而，邦费罗尼方法不要求样本量相等。舍夫提出了一种更一般的算法，来比较处理均值的所有可能的线性组合（称为对照）（Scheffé，1953）。因此，当使用两两比较时，舍夫方法的置信

① 每个区间必须在比为区间集合指定的置信水平更高的置信水平下形成的原因可以证明如下：

$$P\{\text{至少有一个区间不能包括真实值}\}=1-P\{\text{所有区间都能包括真实值}\}=1-(1-\alpha)^c\geqslant\alpha$$

这样，为了使至少有一个失败的概率等于 α，我们必须要求每个显著性水平都小于 α。

区间一般比图基方法或者邦费罗尼方法的置信区间要宽。

因为这些方法（以及其他的方法）在大多数统计软件的方差分析程序中都是可用的，所以我们使用计算机进行这些分析。基于分析人员选择的试验错误率（α），这些程序可以产生所有可能的每对处理的均值之差的置信区间。因此，它们被称为联合置信区间。

人物介绍

卡洛·邦费罗尼（1892—1960）——邦费罗尼不等式

卡洛·邦费罗尼（Carlo E.Bonferroni）在意大利都灵度过了童年时代，其间在学习音乐的同时展现出了数学方面的天赋。他在都灵大学获得了数学学位。1923 年邦费罗尼在巴里大学得到第一个数学教授职位。十年之后，他成为佛罗里达大学的首席金融数学系主任，直至去世。邦费罗尼共发表了超过 65 篇研究论文和专著。他对统计学特别是均值和相关系数的计算方法非常感兴趣。由于在 1935 年提出了邦费罗尼不等式而闻名统计学界。此后，其他的统计学家使用该不等式计算出联合置信区间，发展了方差分析中的邦费罗尼多重比较。此外，邦费罗尼在音乐方面取得了与科学领域相当的成就，是一名杰出的钢琴家和作曲家。

例 9.6 处理均值的排序——高尔夫球品牌试验

问题 参考例 9.4 的完全随机设计试验，我们得出结论：在木杆的击打下，至少有两个品牌的高尔夫球的平均飞行距离存在差异。

a. 在 95% 的总体置信度下，使用图基多重比较程序对处理均值进行排序。

b. 对排名最靠前的品牌的高尔夫球的平均飞行距离估计置信区间。

解答 a. 为了在 95% 的总体置信度下对总体均值进行排序，我们要求试验错误率 α=0.05。由图基方法产生的置信区间出现在图 9-16 中 Minitab 输出结果的底部。对于任何一对均值 μ_i 与 μ_j，Minitab 计算出 $(\mu_i-\mu_j)$ 的置信区间。

Means

BRAND	N	Mean	StDev	95% CI
A	10	250.78	4.74	(247.83, 253.73)
B	10	261.06	3.87	(258.11, 264.01)
C	10	269.95	4.50	(267.00, 272.90)
D	10	249.32	5.20	(246.37, 252.27)

Pooled StDev = 4.60163

Tukey Pairwise Comparisons

Grouping Information Using the Tukey Method and 95% Confidence

BRAND	N	Mean	Grouping		
C	10	269.95	A		
B	10	261.06		B	
A	10	250.78			C
D	10	249.32			C

Means that do not share a letter are significantly different.

Tukey Simultaneous Tests for Differences of Means

Difference of Levels	Difference of Means	SE of Difference	95% CI	T-Value	Adjusted P-Value
B - A	10.28	2.06	(4.74, 15.82)	5.00	0.000
C - A	19.17	2.06	(13.63, 24.71)	9.32	0.000
D - A	-1.46	2.06	(-7.00, 4.08)	-0.71	0.893
C - B	8.89	2.06	(3.35, 14.43)	4.32	0.001
D - B	-11.74	2.06	(-17.28, -6.20)	-5.70	0.000
D - C	-20.63	2.06	(-26.17, -15.09)	-10.02	0.000

Individual confidence level = 98.93%

图 9-16 高尔夫球数据的图基多重比较 (Minitab)

在本例中，我们有 k=4 个品牌的均值需要比较。因此，成对比较的数量是 c=4×3/2=6。图 9-16 底部

阴影部分显示的 6 个区间在表 9–6 中给出。

表 9–6 例 9.6 的配对比较

品牌的比较	置信区间
$(\mu_B-\mu_A)$	(4.74, 15.82)
$(\mu_C-\mu_A)$	(13.63, 24.71)
$(\mu_D-\mu_A)$	(−7.00, 4.08)
$(\mu_C-\mu_B)$	(3.35, 14.43)
$(\mu_D-\mu_B)$	(−17.28, −6.20)
$(\mu_D-\mu_C)$	(−26.17, −15.09)

我们以 95% 的置信度确信这些区间包含品牌真实平均距离之间的差值。我们注意到有些区间包含 0，例如品牌 D– 品牌 A 的置信区间为（−7.00，4.08），不能支持“品牌的真实距离均值是不同的”这一结论。如果置信区间的两个端点都是正数，例如品牌 B– 品牌 A 的置信区间为（4.74，15.82），这意味着第一个品牌（B）的距离均值远远超过第二个品牌（A）。相反，如果置信区间的两个端点都是负数，例如品牌 D– 品牌 C 的置信区间为（−26.17，−15.09），这意味着第二个品牌（C）的距离均值远远超过第一个品牌（D）。

对图基多重比较结果较方便的汇总是将品牌均值从大到小排列，用一条实线将那些没有显著差异的处理连接起来。这个汇总展示在图 9–17 中。在图 9–16 中 Minitab 输出结果的中部有一个类似的汇总。对结果的解释是：品牌 C 的平均飞行距离远远超过其他品牌；品牌 B 的平均飞行距离远远超过品牌 A 和品牌 D；品牌 A 和品牌 D 的平均飞行距离没有显著差异。所有的推断是同时做出的，置信度为 95%，即图基多重比较的整体置信水平。

均值：	249.3	250.8	261.1	270.0
品牌：	D	A	B	C

图 9–17 图基多重比较汇总

b. 品牌 C 排名最靠前，因此，我们希望得到 μ_C 的置信区间。因为样本是在完全随机设计试验中独立选择的，对于单个处理均值的置信区间可以由 6.3 节中的单样本 t 置信区间得到，它利用误差均方和 MSE 作为试验中抽样变异性的度量值。品牌 C（显然是那些检验中“飞行距离最远的球”）平均飞行距离的 95% 置信区间是：

$$\bar{x}_C \pm t_{0.025}\sqrt{\frac{\text{MSE}}{n}}$$

式中，n=10，$t_{0.025}(36)\approx 2$，并且 MSE=21.175（通过 XLSTAT 得到，见图 9–12）。代入，我们可以得到：

$$270.0 \pm 2\times\sqrt{\frac{21.175}{10}} = 270.0 \pm 2.9 \text{ 或（267.1，272.9）}$$

（请注意，该区间也在 Minitab 输出结果的顶部给出，见图 9–16。）这样，我们以 95% 的置信度得到，当由“铁拜伦”用木杆击球时，C 品牌高尔夫球的平均飞行距离的真值为 267.1~272.9 码。

回顾 构造如图 9–17 所示的汇总表的最简便方法是，首先对处理均值排序。从最大均值开始，然后通过检查计算机输出结果显示的适当置信区间，将其与（按顺序）第二大均值、第三大均值等进行比较。如果置信区间包含 0，则用一条线连接两个均值。（这两个均值没有显著差异。）以这种方式继续，将第二大均值与第三大均值、第四大均值等进行比较，直到所有的 $c=k(k-1)/2$ 个均值都完成了比较。

请记住图基多重比较方法——用于比较具有相同样本量的配对处理的均值——只是众多可用的多重比较方法中的一种。其他的方法对于你使用的试验设计可能更合适。当使用它们的时候，参阅文献考虑这些方法的细节。使用图基、邦费罗尼和舍夫多重比较的指南如下：

方差分析中选择一种多重比较方法的指导准则

方法	处理组的样本量	比较的类型
图基方法	相等	配对比较
邦费罗尼方法	相等或不等	配对或一般比较（比较的数目已知）
舍夫方法	相等或不等	一般比较

注意：对于等样本规模和配对比较，图基方法产生的置信区间的跨度最小，邦费罗尼方法置信区间的跨度小于舍夫方法。

统计中的道德观

使用几种不同的多重比较方法，只报告产生的结果与预期结果相符的那个而不去考虑试验设计，被认为是不道德的统计行为。

回顾实践中的统计

四种试验条件下对税收遵从行为均值进行排序

我们再次回到《会计行为研究》（2015 年 1 月）研究影响提交联邦或州所得税申报表时承担风险水平的因素。在 9.2 节的末尾，我们使用方差分析进行完全随机设计，以比较纳税人在四种不同试验条件下的平均税收遵从行为得分：（1）提交单一联邦纳税申报表且到期退税；（2）提交单一联邦纳税申报表且到期补税；（3）提交多项（联邦和州）纳税申报表且到期净退税；（4）提交多项（联邦和州）纳税申报表且到期支付净补税。ANOVA 的 F 检验显示四种处理之间存在显著差异。

现在，我们通过对税收条件（处理）均值进行多重比较来跟进此方差分析。该分析将使研究人员能够对均值进行排序，并最终确定是否支持期刊文章中假设的两个命题。由于与四个条件相关的样本量相等，并且因为我们希望对均值进行成对比较，所以具有最高功效的方法（即当实际存在差异时最有可能检测到差异的方法）是图基多重比较方法。此外，此方法明确控制比较错误率（即总体第 I 类错误率）。对于这个问题有四种处理方法（税收条件）。因此，有 $c=k(k-1)/2=4\times3/2=6$ 个比较。

同样，令符号 μ_j 代表纳税人在条件 j 中的总体平均税收遵从行为得分。那么，我们想要的 6 个比较如下：$(\mu_1-\mu_2)$，$(\mu_1-\mu_3)$，$(\mu_1-\mu_4)$，$(\mu_2-\mu_3)$，$(\mu_2-\mu_4)$，$(\mu_3-\mu_4)$。我们使用 XLSTAT 对保存在 TAX 文件中的数据执行多重比较。结果（使用 0.05 的试验误差率）如图 SIA9-4 所示。基于均值差异的置信区间，XLSTAT 确定哪些均值显著不同。“Groups”栏中具有相同字母的处理没有显著差异。

图 SIA9-4 底部相同的字母“A”表示条件 3，2 和 4 的均值没有显著差异。同样，相同的字母“B”表示条件 2，4 和 1 的均值没有显著差异。被发现具有显著不同的税收遵从行为均值的唯一两个税收条件是条件 3 和条件 1（因为它们没有相同的“Group”字母）。做出这些推断时出现第 I 类错误的概率为 5%。

由于条件 3 的均值（4.92）超过了条件 1 的均值（3.85），因此有证据支持研究人员的命题 1，即纳税人提交多项纳税申报表且到期净退税的均值将超过纳税人提交单一联邦纳税申报表且到期退税的均值，即 $\mu_3>\mu_1$。然而，多重比较不能支持研究人员的命题 2，即提交多项（联邦和州）申报表且到期支付净补税的

纳税人的均值将小于提交单一联邦纳税申报表且到期补税的纳税人的均值（即 $\mu_4<\mu_2$）。尽管条件 4 的样本均值小于条件 2 的样本均值，但均值之间没有显著差异。

CONDITION / Tukey (HSD) / Analysis of the differences between the categories with a confidence interval of 95% (COMPLY):

Contrast	Difference	Standardized difference	Critical value	Pr > Diff	Significant	Lower bound (95%)	Upper bound (95%)	Lower bound (95%)	Upper bound (95%)
(3)Ref-Multi vs (1)Ref-Single	1.0667	2.6688	2.5874	**0.0403**	Yes	0.0325	2.1008		
(3)Ref-Multi vs (4)Pay-Multi	0.5000	1.2510	2.5874	0.5951	No	-0.5341	1.5341		
(3)Ref-Multi vs (2)Pay-Single	0.1333	0.3336	2.5874	0.9872	No	-0.9008	1.1675		
(2)Pay-Single vs (1)Ref-Single	0.9333	2.3352	2.5874	0.0931	No	-0.1008	1.9675		
(2)Pay-Single vs (4)Pay-Multi	0.3667	0.9174	2.5874	0.7956	No	-0.6675	1.4008		
(4)Pay-Multi vs (1)Ref-Single	0.5667	1.4178	2.5874	0.4895	No	-0.4675	1.6008		
Tukey's d critical value:			3.6592						

Category	Mean	Groups	
(3)Ref-Multi	4.9167	A	
(2)Pay-Single	4.7833	A	B
(4)Pay-Multi	4.4167	A	B
(1)Ref-Single	3.8500		B

图 SIA9-4　税收遵从行为均值的多重比较 (XLSTAT)

在本章最后一节的“回顾实践中的统计”，我们将用一个更复杂的方差分析方法——一种考虑纳税状况（退税或补税）和申报方式（单一或多项）这两个因素的方法——来检验研究人员提出的命题。

9.4 随机区组设计

如果完全随机设计的结果没有拒绝处理均值相等的原假设，是因为抽样变异性（用 MSE 进行度量）过大，那么我们要考虑一种能够更好地控制此变异性的试验设计。与通过完全随机设计选择试验单元的独立样本相比，随机区组设计使用匹配组的试验单元集合，即把集合中的每个试验单元安排到每种处理中。试验单元的匹配集合称为区组。随机区组设计的基本思想是减小每个区组内试验单元的抽样变异性，从而降低误差均方（即 MSE）。

随机区组设计（randomized block design）**包括的两个步骤**

1. 形成被称为**区组**（block）的试验单元的匹配集合：每个区组由 k 个试验单元组成（其中 k 是处理的个数）。b 个区组由尽可能相似的试验单元组成。

2. 从每个区组中选择一个试验单元随机安排一个处理，使得共有 $n=bk$ 个响应变量值。

例如，如果我们希望比较高中男生、女生的 SAT 成绩，我们可以随机独立地选择 5 名男生和 5 名女生的样本，并且像 9.2 节那样得到完全随机设计的分析结果。或者，我们根据他们的学业记录选择男生、女生的匹配对，分析成对学生的 SAT 成绩。例如，我们可以选择来自同一高中 GPA 成绩大致相同的成对学生。这样的 5 对（区组）学生罗列在表 9-7 中。注意这是一个配对差异试验，首次讨论是在 8.3 节。

表 9-7　随机区组设计：SAT 成绩比较

区组	女生 SAT 成绩	男生 SAT 成绩	区组均值
1（学校 A，GPA2.75）	540	530	535
2（学校 B，GPA3.00）	570	550	560

续表

区组	女生 SAT 成绩	男生 SAT 成绩	区组均值
3（学校 C，GPA3.25）	590	580	585
4（学校 D，GPA3.50）	640	620	630
5（学校 E，GPA3.75）	690	690	690
处理均值	606	594	

与前面一样，用每个处理均值与总均值距离的平方乘以这个处理中测量值的个数，再对所有处理求和，就可以测量处理均值间的变异性。

$$\text{SST}=\sum_{i=1}^{k} b(\bar{x}_{Ti}-\bar{x})^2$$
$$=5\times(606-600)^2+5\times(594-600)^2=360$$

式中，$\bar{x}_{Ti}$代表第 i 个处理的样本均值，b（区组的个数）是每个处理下测量值的个数，k 是处理的个数。

区组也可以用来解释不同响应值之间的变异性，也就是说，像 SST 测量女生和男生平均分数之间的变异性那样，我们可以测度计算代表了不同学校和学术能力的 5 个区组均值之间的变异性。与 SST 的计算类似，我们对每个区组均值和总平均值之间差异的平方求和，再乘以每个区组内测量值的个数，最后将所有区组加总得到**区组平方和**（sum of squares for blocks，SSB）：

$$\text{SSB}=\sum_{i=1}^{k} k(\bar{x}_{B_i}-\bar{x})^2$$
$$=2\times(535-600)^2+2\times(560-600)^2+2\times(585-600)^2$$
$$+2\times(630-600)^2+2\times(690-600)^2$$
$$=30\ 100$$

式中，$\bar{x}_{B_i}$代表第 i 个区组的样本均值，k（处理的个数）也是每个区组中测量值的个数。像我们希望的那样，归因于学校和学习成绩水平的 SAT 分数的变异性显然变大了。

现在，我们要比较由于抽样变异性导致的处理的变异性。在随机区组设计中，抽样变异性等于从总平方和（SS（Total））中减去处理平方和以及区组平方和剩下的部分。总变异是对每个测量值与总体均值的差的平方进行求和：

$$\text{SS(Total)}=\sum_{i=1}^{n}(x_i-\bar{x})^2$$
$$=(540-600)^2+(530-600)^2+(570-600)^2+(550-600)^2+\cdots+(690-600)^2$$
$$=30\ 600$$

那么，抽样误差造成的变异可以通过减法得到：

$$\text{SSE}=\text{SS(Total)}-\text{SST}-\text{SSB}=30\ 600-360-30\ 100=140$$

总而言之，总平方和——30 600——被分成三个部分：360 是由处理（性别）造成的，30 100 是由区组（学术能力和学校）造成的，140 是由抽样误差造成的。

每一种变异性来源的均方可以通过平方和除以相应的自由度得到。随机区组设计中总平方和的分解及总自由度概括在图 9-18 中。

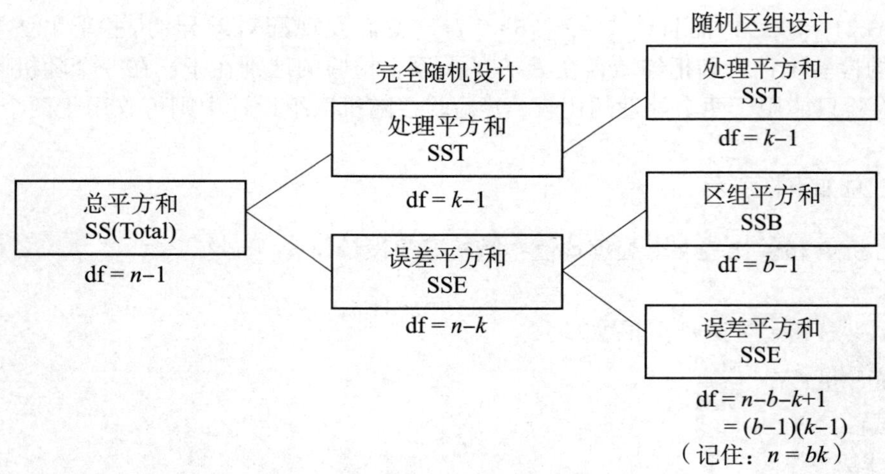

图 9-18　随机区组设计总平方和的分解

为了判断我们能否拒绝处理均值相等的原假设而支持至少有两个均值不等的备择假设，我们计算：

$$\text{MST}=\frac{\text{SST}}{k-1}=\frac{360}{2-1}=360$$

$$\text{MSE}=\frac{\text{SSE}}{n-b-k+1}=\frac{140}{10-5-2+1}=35$$

对假设进行检验的 F 值为：

$$F=\frac{360}{35}=10.29$$

把这个值与表中的 α=0.05、分子的自由度为 $v_1=(k-1)=1$ 和分母的自由度为 $v_2=(n-b-k+1)=4$ 的 F 值进行比较，我们可以看出：

$$F=10.29>F_{0.05}=7.71$$

显然，我们应当拒绝原假设，并且得出结论：男生和女生的 SAT 成绩是不同的。当然，所有这些计算可以使用统计软件得到。Minitab 对表 9-7 中数据的分析输出结果见图 9-19。SST，SSE，MST，MSE 和 F 在结果中以阴影显示。

Analysis of Variance

Source	DF	Adj SS	Adj MS	F-Value	P-Value
GENDER	1	360.0	360.00	10.29	0.033
BLOCK	4	30100.0	7525.00	215.00	0.000
Error	4	140.0	35.00		
Total	9	30600.0			

图 9-19　表 9-7 中数据的方差分析结果 (Minitab)

评论：如果回顾 8.3 节，你会发现配对差异试验的分析就是对每个区组内的处理响应值的差异进行单样本 t 检验。将这一过程用于表 9-7 中男生、女生成绩差异的分析，我们发现：

$$t=\frac{\bar{x}_d}{s_d/\sqrt{n_d}}=\frac{12}{\sqrt{70}/\sqrt{5}}=3.207$$

在 0.05 的显著性水平和 $(n_d-1)=4$ 的自由度下，有：

$$t=3.21>t_{0.025}=2.776$$

因为 $t^2=3.21^2=10.29$，而且 $t^2_{0.025}=2.776^2=7.71$，我们发现配对差异的 t 检验和 F 检验是等价的，所计算的检验统计量和拒绝域存在 $F=t^2$ 的关系。检验的区别在于：在一个随机区组设计中，配对差异 t 检验只能用于两个处理的比较，F 检验在随机区组设计中则可以用于两个或两个以上处理的比较。

F 检验汇总如下框所示。

方差分析 F 检验比较 k 个处理均值：随机区组设计

H_0：$\mu_1=\mu_2=\cdots=\mu_k$

H_a：至少有两个均值是不相等的

检验统计量：$F=\dfrac{\text{MST}}{\text{MSE}}$

拒绝域：$F>F_\alpha$

p 值：$P(F>F_c)$

其中，F_c 是检验统计量计算得到的值，F_α 分子的自由度为 $k-1$，分母的自由度为 $n-b-k+1$。

进行有效方差分析 F 检验所需的条件：随机区组设计

1. b 个区组是随机选取的，所有 k 个处理应用于（随机序列的）每个区组。
2. 所有 bk 个区组 - 处理组合的观测值近似服从正态分布。
3. bk 个区组 - 处理的分布有相等的方差。

我们注意到假设与每一个区组 - 处理组合的概率分布有关。假设每个组合中的试验单元是从相应组合中所有可能的样本中随机选取的，并且每个区组 - 处理组合下的响应变量服从等方差的正态分布。例如，比较男生、女生 SAT 平均成绩的 F 检验要求性别和学术能力（例如，来自学校 C 的 GPA 分数为 3.25 的女生）组合下的分数服从正态分布，并且方差要像这个试验中的其他组合一样是相同的。

在本节中，我们将使用统计软件来分析随机区组设计，并获得充分的证据来检验原假设：处理均值是相等的。

例 9.7 试验设计原则

问题 参见例 9.4 至例 9.6。假设 USGA 希望对四个品牌的高尔夫球的平均飞行距离进行比较，用木杆击球的不是“铁拜伦”，而是雇用的高尔夫球手。假设在试验中每个品牌将有 10 个高尔夫球被使用。

a. 解释如何使用完全随机设计。

b. 解释如何使用随机区组设计。

c. 在不同品牌的高尔夫球平均飞行距离的比较中，哪种设计可以提供更多的信息？

解答 a. 因为完全随机设计需要独立样本，我们可以这样设计：随机选择 40 个高尔夫球手，对于每个品牌随机分配 10 个高尔夫球手。最后，每个高尔夫球手将击打被分配到的品牌的高尔夫球，并记录球的飞行距离。设计由图 9-20a 说明。

b. 随机区组设计利用相对同类的试验单元作为区组。例如，我们可以随机选择 10 个高尔夫球手，并且允许每个高尔夫球手随机击打 4 个高尔夫球，每个品牌 1 个球。这时每个高尔夫球手是一个区组，每个处理（品牌）被分配到各个区组（高尔夫球手）中。设计由图 9-20b 说明。

c. 因为我们预期到由高尔夫球手击打产生的飞行距离比“铁拜伦”的击打距离有更多、更大的变异性，所以我们会期望随机区组设计比完全随机设计更好地控制变异性。也就是说，我们会认为，包含 40 个高尔夫球手的设计中每个品牌内部的飞行距离的抽样变异性，要大于由 10 个球手击打同一品牌的球产生的四个距离之间的变异性。

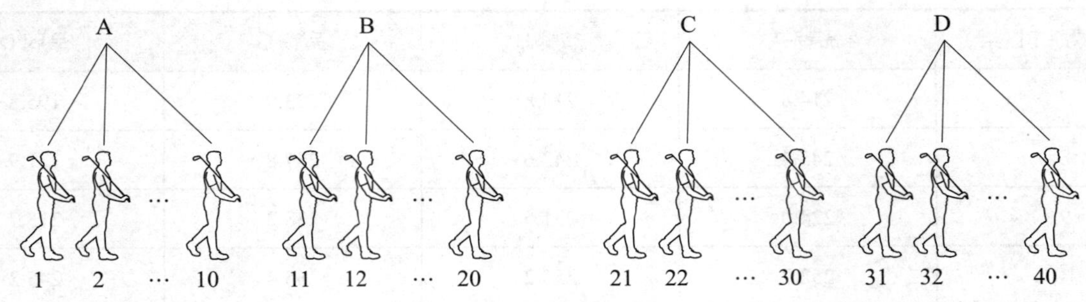

a.完全随机设计

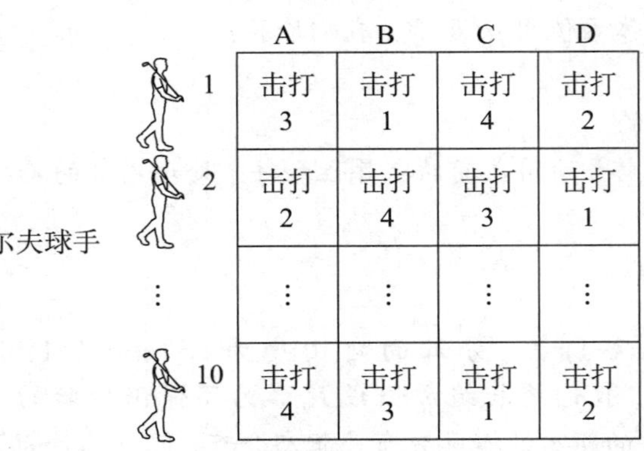

b.随机区组设计

图 9-20 完全随机设计和随机区组设计：比较四个品牌的高尔夫球

例 9.8 随机区组设计——比较高尔夫球品牌

问题 参见例 9.7。假设 b 部分的随机区组设计被采纳，让 10 个球手组成一个随机样本，每个球手用木杆击打 4 个球，每个品牌 1 个球，随机排序。

a. 建立研究的假设检验：各品牌高尔夫球平均飞行距离存在差异，取 α=0.05。

b. 试验数据见表 9-8。利用统计软件分析数据，并对 a 部分进行检验。

表 9-8 随机区组设计的距离数据

高尔夫球手（区组）	品牌 A	品牌 B	品牌 C	品牌 D
1	202.4	203.2	223.7	203.6
2	242.0	248.7	259.8	240.7
3	220.4	227.3	240.0	207.4
4	230.0	243.1	247.7	226.9
5	191.6	211.4	218.7	200.1
6	247.7	253.0	268.1	244.0

续表

高尔夫球手（区组）	品牌 A	品牌 B	品牌 C	品牌 D
7	214.8	214.8	233.9	195.8
8	245.4	243.6	257.8	227.9
9	224.0	231.5	238.2	215.7
10	252.2	255.2	265.4	245.2
样本均值	227.0	233.2	245.3	220.7

解答 a. 我们要检验表 9-8 中的数据是否提供充分的证据支持各品牌高尔夫球的平均飞行距离存在差异的结论。假设第 i 个品牌的总体均值用 μ_i 表示，我们检验：

H_0：$\mu_1=\mu_2=\mu_3=\mu_4$

H_a：至少有两个均值是不同的

检验统计量对四个处理（品牌）均值之间的变异性和每个处理内部的抽样变异性做比较。

检验统计量：$F=\dfrac{\text{MST}}{\text{MSE}}$

拒绝域：$F>F_\alpha=F_{0.05}$

式中，F_α 分子的自由度为 $v_1=(k-1)=3$，分母的自由度为 $v_2=(n-b-k+1)=27$。查附录中的表Ⅵ可知，$F_{0.05}=2.96$。因此，如果 $F>2.96$，我们将拒绝原假设 H_0。为了保证检验的有效性，需要满足下列假设：（1）每个品牌 - 高尔夫球手组合的距离的概率分布是正态分布；（2）每个品牌 - 高尔夫球手组合的距离的概率分布的方差是相等的。

b. 使用 Minitab 对表 9-8 中的数据进行分析，结果显示在图 9-21 中。MSE 和 MST 的值（阴影部分）分别为 1 099.6 和 20.25。品牌的 F 值（阴影部分）为 54.31，远远大于表中的值 2.96。因此，我们在 0.05 的显著性水平下拒绝原假设，得出结论：在用木杆击打时，至少有两个品牌的高尔夫球的平均飞行距离是不同的。

ANOVA: DISTANCE versus BRAND, GOLFER

Factor Information

Factor	Type	Levels	Values
BRAND	Fixed	4	A, B, C, D
GOLFER	Fixed	10	1, 2, 3, 4, 5, 6, 7, 8, 9, 10

Analysis of Variance for DISTANCE

Source	DF	SS	MS	F	P
BRAND	3	3298.7	1099.55	54.31	0.000
GOLFER	9	12073.9	1341.54	66.26	0.000
Error	27	546.6	20.25		
Total	39	15919.2			

Model Summary

S	R-sq	R-sq(adj)
4.49947	96.57%	95.04%

图 9-21 随机区组设计的方差分析：高尔夫球品牌的比较 (Minitab)

回顾 b 部分的结果也可由检验的观测的显著性水平的 p 值得到：$p\approx0$（见阴影部分）。

与 9.2 节的完全随机设计一样，方差分析的结果可以用表格形式显示。这张表的一般形式如表 9-9 所示，例 9.8 的方差分析表在表 9-10 中给出。我们注意到：随机区组设计试验的一个特点是有三个变异性来源：处理、区组和误差——它们的加总即总平方和。我们希望所采用区组的

试验单元可以减少误差的变异性，从而可以更有效地比较处理的均值。

表 9-9　随机区组设计的一般方差分析汇总表

来源	df	SS	MS	F
处理	k−1	SST	MST	MST/MSE
区组	b−1	SSB	MSB	
误差	n−k−b+1	SSE	MSE	
合计	n−1	SS（Total）		

表 9-10　例 9.8 的方差分析表

来源	df	SS	MS	F	p
处理（品牌）	3	3 298.7	1 099.6	54.31	0.000
区组（高尔夫球手）	9	12 073.9	1 341.5		
误差	27	546.6	20.2		
合计	39	15 919.2			

当 F 检验导致拒绝总体均值相等的原假设时，我们通常希望比较每一对处理的均值以决定哪一对存在差异。我们可以利用像 9.3 节那样的多重比较程序。需要比较的均值配对的数量仍为：$c=k(k-1)/2$，其中 k 为处理均值的个数。在例 9.8 中，$c=4\times3/2=6$；也就是说，有 6 组高尔夫球品牌的均值需要比较。

例 9.9　随机区组设计中处理均值的排序——关于高尔夫球的研究

问题　利用邦费罗尼方法分析例 9.8 的数据。使用 0.05 的试验错误率为四个品牌的高尔夫球的平均飞行距离进行排序。解释结果。

解答　我们利用 Excel/XLSTAT 实现邦费罗尼方法得到均值的排序。XLSTAT 的输出结果见图 9-22。因为在这个设计中有 k=4 个处理（品牌），所以共有 $c=4\times3/2=6$ 个品牌均值的两两比较需要分析。这些比较（对照）显示在图 9-22 的顶部。XLSTAT 并不是为每对比较给出一个置信区间，而是提供信息确定哪两个均值的比较是显著不同的。你可以看到当 EER=0.05 时，所有 6 个比较都产生显著的差异。（这等价于没有一个置信区间包含 0。）因此，在整体 95% 的置信水平下，我们得出结论认为这四个品牌的高尔夫球被击打后飞行距离的平均真值都是不同的。

图 9-22 的底部给出了四个品牌的排序和击打后飞行距离的样本均值。（注意每一个品牌对应一个不同的组别字母。）因此，对于整体 95% 的置信水平，我们有 $\mu_C>\mu_B>\mu_A>\mu_D$。

与完全随机设计不同的是，一般来说，随机区组设计不能用来估计单个处理均值。这是因为完全随机设计中每个处理下的样本是随机的，而随机区组设计不一定要在每个处理下使用试验单元的随机样本。假定区组内的试验单元是随机选择的，但是区组本身不是随机选择的。

然而，我们可以检验假设：区组均值是显著不同的。我们只需要比较区组均值间差异的变异性以及与之相关的抽样变异性即可。MSB 和 MSE 的比率是 F 比率，其形式类似于处理均值的检验。该 F 统计量与表中特定 α、分子自由度为 $(b-1)$ 和分母自由度为 $(n-k-b+1)$ 的 F 值进行比较。通常这个检验与处理均值检验的输出结果是一样的。从图 9-21 中的 Minitab 输出结果可以看到，比较区组均值的检验统计量为：

$$F=\frac{\text{MSB}}{\text{MSE}}=\frac{\text{MS(高尔夫球手)}}{\text{MS(误差)}}=\frac{1\,341.5}{20.2}=66.26$$[①]

BRAND / Tukey (HSD) / Analysis of the differences between the categories with a confidence interval of 95% (DISTANCE):

Contrast	Difference	Standardized difference	Critical value	Pr > Diff	Significant	Lower bound	Upper bound	Lower bound	Upper bound
BrandC vs BrandD	24.6000	12.2253	2.7366	**< 0.0001**	Yes	19.0934	30.1066		
BrandC vs BrandA	18.2800	9.0845	2.7366	**< 0.0001**	Yes	12.7734	23.7866		
BrandC vs BrandB	12.1500	6.0381	2.7366	**< 0.0001**	Yes	6.6434	17.6566		
BrandB vs BrandD	12.4500	6.1872	2.7366	**< 0.0001**	Yes	6.9434	17.9566		
BrandB vs BrandA	6.1300	3.0464	2.7366	**0.0249**	Yes	0.6234	11.6366		
BrandA vs BrandD	6.3200	3.1408	2.7366	**0.0199**	Yes	0.8134	11.8266		
Tukey's d critical value:			3.8701						

Category	Mean	Groups			
BrandC	245.3300	A			
BrandB	233.1800		B		
BrandA	227.0500			C	
BrandD	220.7300				D

图 9-22 高尔夫球品牌均值的邦费罗尼排序 (XLSTAT)

其 p 值为 0.000。因为 α=0.05 远远超过 p 值，所以我们得到结论：区组均值是不同的。检验结果汇总在表 9-11 中。

表 9-11 随机区组设计的方差分析表：包含区组的检验

来源	df	SS	MS	F	p
处理（品牌）	3	3 298.7	1 099.6	54.31	0.000
区组（高尔夫球手）	9	12 073.9	1 341.5	66.26	0.000
误差	27	546.6	20.2		
合计	39	15 919.2			

在高尔夫球的例子中，区组均值的检验证明了我们的怀疑：高尔夫球手的变化是显著的。因此，使用区组设计是一个非常好的决定。然而，我们必须注意：如果对区组的 F 检验不能拒绝区组均值相等的原假设，那么我们不能认为区组设计就是错误的。记住可能存在第Ⅱ类错误，并且我们不能控制它的概率，因为我们控制了犯第Ⅰ类错误的概率 α。如果试验者认为区组内的试验单元比区组间的试验单元有更多的共性，那么他应当使用随机区组设计而不必关注比较区组均值的检验结果。

下框概括了对随机区组设计进行方差分析的过程。记住这个设计的特点：每个处理下的试验单元在区组内存在共性。

对随机区组设计进行方差分析的步骤

1. 确定区组的构成（由类似的试验单元构成区组更好），并且每个处理随机分配给每个区组下的每个试验单元。

2. 如果可能，对于所有区组 - 处理组合检查正态性假设和等方差假设。（注意：这可能很困难，因为每个区组处理的组合中很可能只有一个观测值。）

3. 建立方差分析汇总表，具体说明由处理、区组和误差产生的变异性，由此计算 F 统计量以便检验原假设：在总体中处理均值是相等的。利用统计软件得到必要的数值。

① 此处因小数保留位数的原因，与实际计算结果（1 341.5/20.2≈66.41）略有不一致。可参考图 9-21。——译者

4. 如果 F 检验得出均值不同的结论，使用邦费罗尼、图基或其他类似的方法对尽可能多的均值配对进行多重比较。利用这个结果归纳出统计上存在显著差异的处理均值。记住，一般来说，随机区组设计不能用来构建单个处理均值的置信区间。

5. 如果 F 检验不能拒绝处理均值相等的原假设，那么存在以下几种可能：

a. 处理均值是相等的，也就是说，原假设是真的。

b. 处理均值实际上是不等的，但是对响应变量有影响的其他重要因素没有在随机区组设计中被考虑。这些因素会加大 MSE 测度的抽样变异性，从而导致 F 统计量值偏小。或者增加每个处理的样本量，或者调整试验，将影响响应变量的其他因素考虑进来（见 9.5 节）。不能机械地得出 a 部分的结论，因为如果你接受原假设，必须考虑犯第Ⅱ类错误的概率。

6. 如果需要，对区组均值相等的原假设进行 F 检验。拒绝这个原假设将意味着在统计上支持随机区组设计。

注意：检验随机区组设计是否满足假设一般是很困难的，因为在每个区组 - 处理组合中通常只有一个观测值。当你感觉可能不能满足这些假设时，选择一种非参数方法是可取的。

当随机区组设计的方差分析的假设不能满足时，你该怎么办？

答案：使用非参数统计。

9.5 析因试验：双因素

9.2 节至 9.4 节中讨论的所有试验都是**单因素试验**（single-factor experiment），处理是一个因素的水平，试验单元的抽样是通过完全随机设计或随机区组设计得到的。然而，多数响应变量都会受到多个因素的影响，因此我们通常希望设计出包括更多因素的试验。

考虑一个试验，其考察两个因素对于响应变量的影响。假设因素 A 有 a 个水平，因素 B 有 b 个水平。因为处理是因素水平的组合，你可以看到试验潜在包含 ab 个处理。完全析因试验是一个所有 ab 个可能的处理都被用到的试验。

完全析因试验（complete factorial experiment）是一个利用了所有因素水平组合的试验，即试验中处理的个数等于所有因素水平的组合的总数。

例如，假设 USGA 不仅希望确定高尔夫球品牌与球的飞行距离间的关系，也希望研究球的飞行距离与用来击打高尔夫球的球杆之间的关系。如果他们决定在试验中使用四个品牌的球和两种球杆（木杆和 5 号铁杆），这时完全析因试验将使用所有 $4\times2=8$ 个品牌 - 球杆的组合。这个试验可以称为完全 4×2 析因试验。双因素的析因试验（以下用“析因”代表“完全析因”）的布局在表 9-12 中给出。析因试验也称为**双因素试验**（two-way classification），因为它可以被安排在表 9-12 中展示的行 - 列格式中。

为了符合试验设计的这种格式上的要求，处理会被分配给试验单元。如果在析因试验中 ab 个处理的分配是随机且独立的，那么这个设计是完全随机的。例如，如果“铁拜伦”击打 80 个高尔夫球，8 个品牌 - 球杆组合中的每一个都有 10 个球，则设计是完全随机的。接下来，我们主要讨论使用完全随机设计的析因试验。

如果我们使用完全随机设计来构造有 ab 个处理的析因试验，将严格按照与 9.2 节相同的过程进行分析——我们计算（或利用计算机计算）处理均值变异性的测度（MST）和抽样变异性的

测度（MSE），并且使用这两个量的 F 比率检验处理均值相等的原假设。然而，如果这个原假设被拒绝，那么我们得到处理均值间存在差异的结论，但是重要问题依然存在：是两个因素都对响应变量产生影响还是只有一个因素对响应变量产生影响？如果两个因素都对响应变量产生影响，它们是独立影响响应变量还是相互作用影响响应变量？

表 9-12 双因素的析因试验的概要布局表

<table>
<tr><td colspan="2" rowspan="2"></td><td colspan="5">b 水平下的因素 B</td></tr>
<tr><td>1</td><td>2</td><td>3</td><td>…</td><td>b</td></tr>
<tr><td rowspan="5">a 水平下的因素 A</td><td>1</td><td>处理 1</td><td>处理 2</td><td>处理 3</td><td>…</td><td>处理 b</td></tr>
<tr><td>2</td><td>处理 b+1</td><td>处理 b+2</td><td>处理 b+3</td><td>…</td><td>处理 2b</td></tr>
<tr><td>3</td><td>处理 2b+1</td><td>处理 2b+2</td><td>处理 2b+3</td><td>…</td><td>处理 3b</td></tr>
<tr><td>⋮</td><td>⋮</td><td>⋮</td><td>⋮</td><td>…</td><td>⋮</td></tr>
<tr><td>a</td><td>处理 (a−1) b+1</td><td>处理 (a−1) b+2</td><td>处理 (a−1) b+3</td><td>…</td><td>处理 ab</td></tr>
</table>

例如，假设有关距离的数据显示，在高尔夫球试验的 8 个处理（品牌 - 球杆的组合）中至少有两个处理的均值是不同的。是球的品牌（因素 A）或者使用的球杆（因素 B）在影响球的平均飞行距离，还是两者都有影响呢？几种情况的可能性显示在图 9-23 中。在图 9-23a 中，品牌的均值是相等的（为便于说明只显示了 3 个点），但是因素 B（球杆）的两个水平使得球的飞行距离有所不同。因此品牌对飞行距离没有影响，体现了球杆的主效应。在图 9-23b 中，品牌的均值是不同的，而每个品牌下球杆的均值是相同的。这里体现了品牌的主效应，球杆对飞行距离没有影响。

图 9-23c 和图 9-23d 说明了例子中两个因素都影响响应变量的情况。在图 9-23c 中，球杆击球后球的平均飞行距离在三个品牌下没有变化，所以品牌对距离的影响是独立于球杆的，也就是说，两个因素品牌和球杆没有交互效应。与此相对，图 9-23d 显示球杆击球后球的平均飞行距离的差异随着品牌而变化。这样品牌对飞行距离的影响依赖于球杆，因此两个因素间存在交互效应。

为了判断在析因试验中处理对响应变量的影响（如果有的话）的性质，我们需要将处理的变异性分解成三个部分：因素 A 和因素 B 的交互效应、因素 A 的主效应、因素 B 的主效应。**因素的交互效应**（factor interaction）用来检验因素的组合是否对响应变量产生影响，而**因素的主效应**（factor main effect）用来判断各因素对响应变量的影响。

把总平方和分解成各个部分的过程如图 9-24 所示。注意在阶段 1，分解后的成分和 9.2 节完全随机设计的单因素分析是一样的；处理平方和与误差平方和的加总是总平方和。处理的自由度等于 $(ab-1)$，比处理的个数少 1。误差的自由度是 $(n-ab)$，等于样本量减去处理个数。只有在分解的阶段 2，析因试验才与前面的讨论出现不同。这里我们将处理平方和分成三个部分：交互效应和两个主效应。这些部分可以用来检验处理均值间差异（如果有的话）的性质。

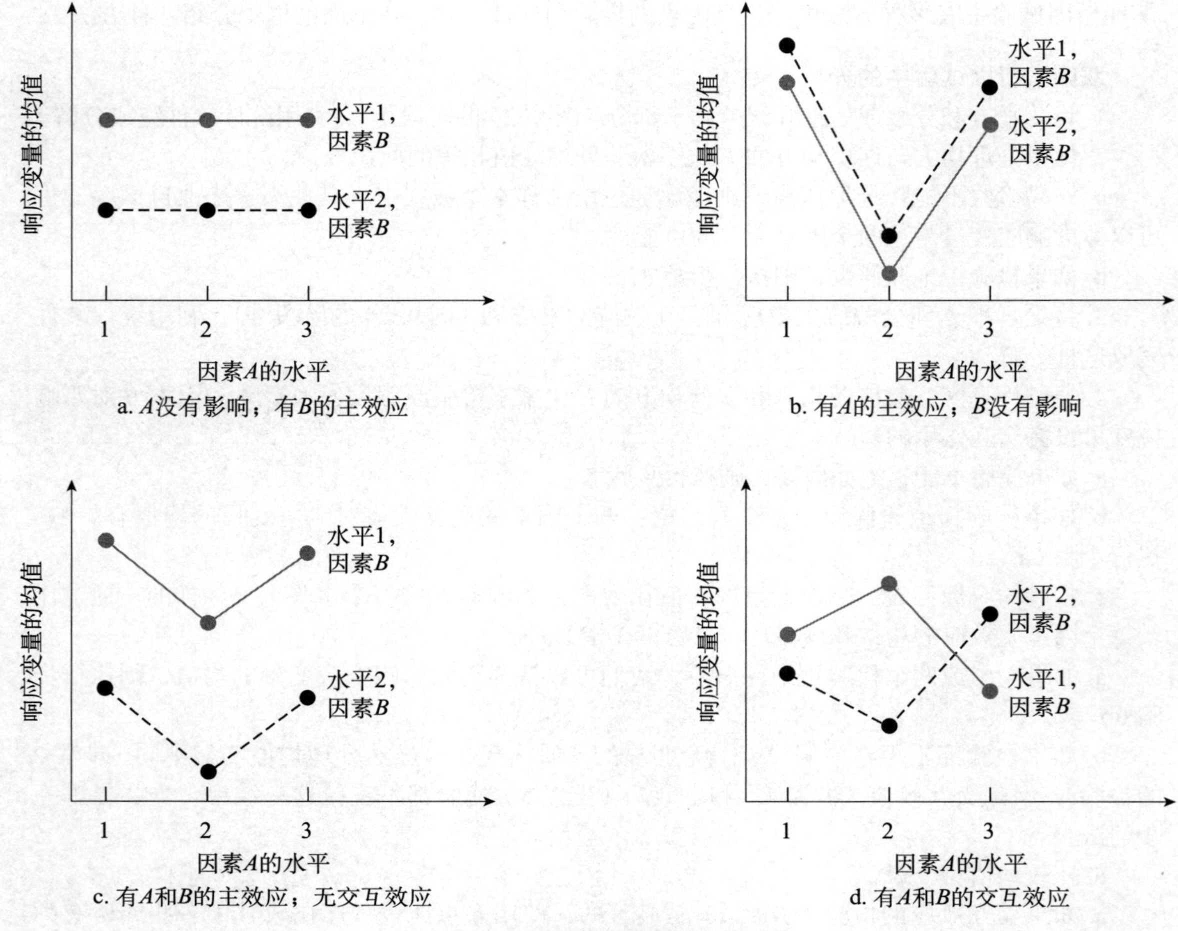

图 9-23 处理的可能影响：析因试验

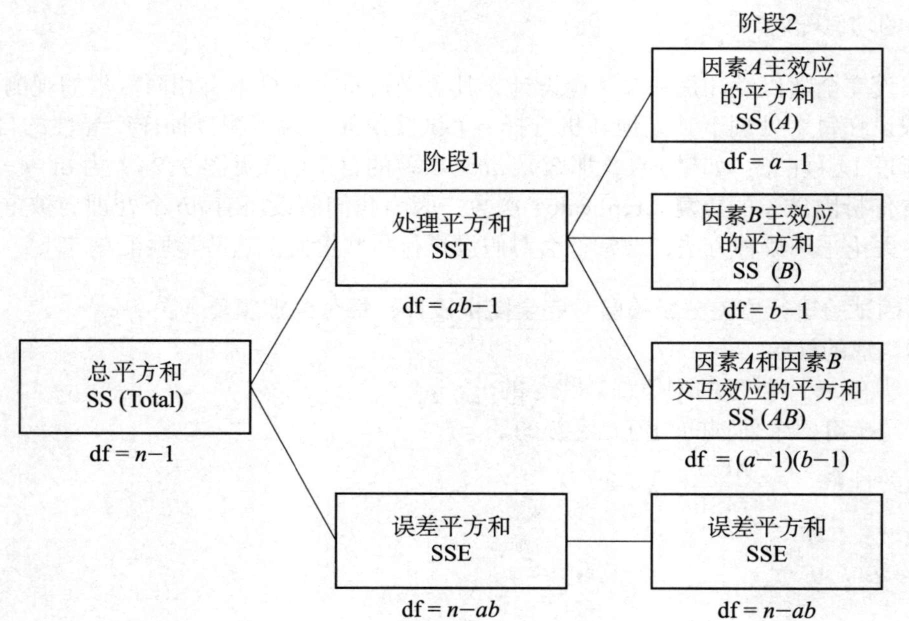

图 9-24 双因素析因试验中总平方和的分解

在析因试验中有多种方法可以进行因素的检验和估计。我们在下面的框中介绍一种方法。

双因素析因试验中的分析步骤

1. 将总平方和分解成处理和误差两个部分（图 9-24 的阶段 1）。利用统计软件完成分解。

2. 使用处理均方与误差均方的 F 比率检验处理均值相等的原假设。[①]

a. 如果检验不能拒绝原假设，则考虑通过增加样本个数或引入其他因素来改进试验，也可以考虑响应变量与这两个因素无关的可能性。

b. 如果检验拒绝原假设，则执行步骤 3。

3. 将处理平方和分解成主效应和交互效应的平方和（图 9-24 的阶段 2）。利用统计软件完成这种分解。

4. 通过计算交互效应的均方和误差均方的 F 比率来检验原假设：因素 A 和因素 B 对于响应变量没有交互作用的影响。

a. 如果检验不能拒绝原假设，则执行步骤 5。

b. 如果检验拒绝原假设，则得到结论：两个因素的交互效应对响应变量的均值有影响。执行步骤 6a。

5. 检验两个原假设：响应变量的均值在因素 A 和因素 B 的每个水平上是一样的。通过比较每个因素主效应的均方和误差均方计算两个 F 比率。

a. 如果一个或两个检验拒绝原假设，我们可以认为因素影响响应变量的均值，则执行步骤 6b。

b. 如果检验都不拒绝原假设，一个明显的矛盾出现了。虽然处理均值明显不同（步骤 2 的检验），但是交互效应（步骤 4）和主效应（步骤 5）检验都不支持这一结果。需要更进一步的试验。

6. 比较均值：

a. 如果交互效应的检验（步骤 4）是显著的，使用多重比较程序比较其中一些或所有的处理均值的配对。

b. 如果一个或两个主效应的检验（步骤 5）是显著的，使用多重比较程序比较显著因素水平对应的均值配对。

我们假设完全随机设计是一个平衡设计，其含义是每个处理下有相同数量的观测值，也就是说，我们假设在每个处理下独立地随机选择 r 个试验单元。为了测量抽样变异性的自由度，r 的数值必须超过 1。（注意：如果 $r=1$，那么 $n=ab$，误差的自由度（见图 9-24）为 $\mathrm{df}=n-ab=0$。）r 的值通常被看作析因试验的**重复**（replicate）次数，因为我们假设所有 ab 个处理会被重复 r 次。在析因试验中无论采用哪种方法，通常都会对假设进行一些检验。这些检验汇总如下：

对析因试验进行方差分析检验：完全随机设计，每个处理重复 r 次

处理均值的检验

H_0：所有 ab 个处理的均值都是相等的

H_a：至少有两个处理的均值是不等的

检验统计量：$F=\dfrac{\mathrm{MST}}{\mathrm{MSE}}$

拒绝域：$F>F_\alpha$

p 值：$P(F>F_c)$

① 有些分析人员更喜欢直接检验交互效应和主效应的过程，跳过对处理均值的检验。我们先进行这个检验是为了沿用单因素完全随机设计的方法。

其中 F_c 是计算得出的检验统计量的值，F 基于分子的自由度为 $ab-1$，分母的自由度为 $n-ab$。（注意：$n=abr$。）

对因素的交互效应的检验

H_0：因素 A 和因素 B 对响应变量均值没有交互效应的影响

H_a：因素 A 和因素 B 对响应变量均值有交互效应的影响

检验统计量：$F=\dfrac{\text{MS}(AB)}{\text{MSE}}$

拒绝域：$F>F_\alpha$

p 值：$P(F>F_c)$

其中 F 基于分子的自由度为 $(a-1)(b-1)$，分母的自由度为 $n-ab$。

因素 *A* 主效应的检验

H_0：因素 A 的 a 个水平的均值间没有差异

H_a：因素 A 至少有两个水平的均值存在差异

检验统计量：$F=\dfrac{\text{MS}(A)}{\text{MSE}}$

拒绝域：$F>F_\alpha$

p 值：$P(F>F_c)$

其中 F 基于分子的自由度为 $a-1$，分母的自由度为 $n-ab$。

因素 *B* 主效应的检验

H_0：因素 B 的 b 个水平的均值间没有差异

H_a：因素 B 至少有两个水平的均值存在差异

检验统计量：$F=\dfrac{\text{MS}(B)}{\text{MSE}}$

拒绝域：$F>F_\alpha$

p 值：$P(F>F_c)$

其中 F 基于分子的自由度为 $b-1$，分母的自由度为 $n-ab$。

对析因试验进行有效 *F* 检验所需的条件

1. 各个因素水平的组合（处理）下的响应变量服从正态分布。
2. 所有处理的响应变量的方差相等。
3. 每个处理的试验单元是独立随机的样本。

例 9.10　进行析因方差分析——关于高尔夫球的研究

问题　USGA 想知道任何两个品牌的高尔夫球被击打后的飞行距离的差异是否取决于所使用的球杆。因此，USGA 在一个完全随机设计中检验高尔夫球的四个品牌（A，B，C，D）和两种不同的球杆（木杆和 5 号铁杆）。这 8 个品牌 – 球杆组合处理组被独立地随机分配给四个试验单元，每个试验单元由“铁拜伦”按顺序在某个特定位置击打。32 次击打后球的飞行距离被记录下来，结果见表 9–13。

a. 利用统计软件将总平方和分解成分析 4×2 析因试验必要的部分。

b. 进行适当的方差分析检验并且解释你的分析结果。在每个检验中使用 α=0.1。

c. 如果适当，对处理均值进行多重比较。使用 0.10 的试验错误率。利用图说明这种比较。

解答　a. XLSTAT 输出了这个析因试验中总平方和（即 SS（Total））的分解，见图 9–25。在输出结果的顶部用“ Corrected Total SS”标记的 SS(Total)=34 482.05（四舍五入，余同）被分为“ Model”（即处理）

的平方和与“Error”(误差)平方和。我们注意到 SST=33 659.81(自由度为 7)与 SSE=822.24(自由度为 24)的和等于 SS(Total)(自由度为 31)。处理平方和 SST 可以更进一步分解为主效应(品牌和球杆)的平方和与交互效应的平方和。这些值在图 9-25 中做了阴影处理,SS(品牌)=800.74(自由度为 3),SS(球杆)=32 093.11(自由度为 1),SS(品牌 × 球杆)=765.96(自由度为 3)。

表 9-13　4 × 2 析因高尔夫球试验的距离数据

		品牌			
		A	B	C	D
球杆	木杆	226.4	238.3	240.5	219.8
		232.6	231.7	246.9	228.7
		234.0	227.7	240.3	232.9
		220.7	237.2	244.7	237.6
	5 号铁杆	163.8	184.4	179.0	157.8
		179.4	180.6	168.0	161.8
		168.6	179.5	165.2	162.1
		173.4	186.2	156.5	160.3

Analysis of variance (DISTANCE):

Source	DF	Sum of squares	Mean squares	F	Pr > F
Model	7	33659.8088	4808.5441	140.3545	< 0.0001
Error	24	822.2400	34.2600		
Corrected Total	31	34482.0488			

Computed against model Y=Mean(Y)

Type III Sum of Squares analysis (DISTANCE):

Source	DF	Sum of squares	Mean squares	F	Pr > F
CLUB	1	32093.1113	32093.1113	936.7516	< 0.0001
BRAND	3	800.7362	266.9121	7.7908	0.0008
CLUB*BRAND	3	765.9613	255.3204	7.4524	0.0011

图 9-25　高尔夫球数据析因试验的方差分析 (XLSTAT)

b. 一旦分解完成,我们首先检验:

H_0:8 个处理的均值都是相等的

H_a:8 个均值中,至少有两个处理的均值是不等的

检验统计量:$F=\dfrac{\text{MST}}{\text{MSE}}=140.35$　(输出结果的第一行)

观测的显著性水平:p 值 <0.000 1　(输出结果的第一行)

因为 α=0.10 超过了 p 值,我们拒绝原假设,得出结论认为至少有两个品牌和球杆的组合导致的平均飞行距离是不同的。

在接受处理均值不同的假设之后,可以认为品牌因素和/或球杆因素以某种方式影响平均飞行距离,我们想确定这些因素如何影响平均响应值。我们先从检验品牌和球杆的交互效应开始:

H_0：品牌和球杆因素不会交互影响平均响应值

H_a：品牌和球杆因素会交互影响平均响应值

检验统计量：$F=\dfrac{\text{MS}(AB)}{\text{MSE}}=\dfrac{\text{MS(品牌×球杆)}}{\text{MSE}}$

$=\dfrac{255.32}{34.26}=7.45$ （输出结果的最后）

观测的显著性水平：p=0.001 1 （输出结果的最后）

因为 α=0.10 超过了 p 值，我们可以认为品牌和球杆的交互效应影响平均飞行距离。

因为存在因素的交互效应，所以我们不需要检验品牌和球杆的主效应。取而代之，我们比较处理均值试图了解 c 部分交互效应的性质。

c. 相对于比较所有 8×7/2=28 个均值对，我们只检验不同球杆下品牌对之间的差异。可以假设球杆间是存在差异的。因此每种球杆只有 4×3/2=6 对均值需要比较，或者说两种球杆一共进行 12 对比较。在试验错误率 α=0.1 的条件下对每个球杆用图基方法比较，Minitab 输出结果见图 9-26。对于每一种球杆，品牌的均值在图 9-26 中按降序排列，而且没有显著差异的均值以相同的字母列在“Grouping”一列中。

Tukey Pairwise Comparisons: BRAND (CLUB=5Iron)

Grouping Information Using the Tukey Method and 90% Confidence

BRAND (CLUB=5Iron)	N	Mean	Grouping
BrandB	4	182.675	A
BrandA	4	171.300	B
BrandC	4	167.175	B
BrandD	4	160.500	B

Means that do not share a letter are significantly different.

Tukey Pairwise Comparisons: BRAND (CLUB=Driver)

Grouping Information Using the Tukey Method and 90% Confidence

BRAND (CLUB=Driver)	N	Mean	Grouping	
BrandC	4	243.100	A	
BrandB	4	233.725	A	B
BrandD	4	229.750		B
BrandA	4	228.425		B

Means that do not share a letter are significantly different.

图 9-26 在每个球杆水平下对品牌均值进行排序 (Minitab)

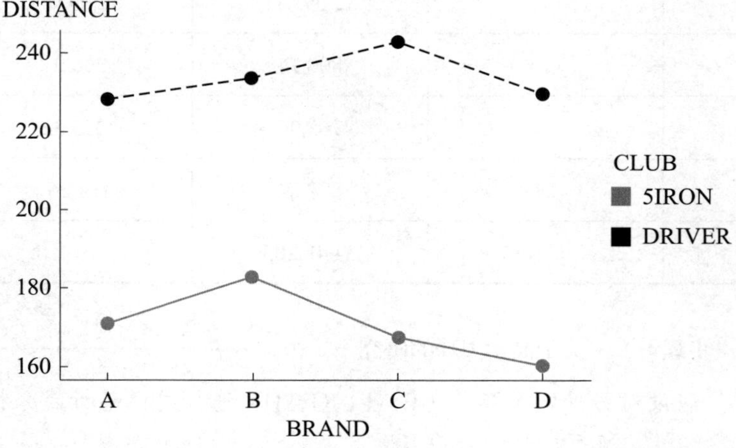

图 9-27 高尔夫球析因试验的均值图 (StatCrunch)

如图 9-26 所示，关于品牌均值，目前尚不清楚。对于 5 号铁杆（见图 9-26 上部），品牌 B 的均值显著地超过其他品牌。然而当使用木杆击球时（见图 9-26 下部），品牌 B 的均值并没有显著地不同于其他品牌。球杆 - 品牌的交互效应可以从图 9-27StatCrunch 的均值图中看出。值得注意的是，两种球杆（木杆和 5 号铁杆）击打后球的平均飞行距离间的差别取决于品牌。最大的差别出现在品牌 C 中，最小的差别出现在品牌 B 中。

回顾 注意多重比较的非传递性。例如，对于木杆，品牌 C 的均值可能与品牌 B 的均值“相同”，品牌 B 的均值可能与品牌 D 的均值“相同”，然而品牌 C 的均值显著超过品牌 D 的均值。这是源于“相同”的定义——我们一定要小心，不能认为因为它们同属于一个子群或被同一条垂线相连就认为两个均值是简单相等的。这条线仅仅意味着相连的均值没有显著差异。你只能认为（在整体 α 的显著性水平下）没有相连的均值是不同的，对有线连接的均值不做判断。哪些均值存在差异以及差异程度如何等问题将随着析因试验中重复次数的增加而变得清晰。

类似于完全随机设计和随机区组设计，析因方差分析的结果也通常展现在方差分析汇总表中。表 9-14 给出了方差分析表的一般形式，而表 9-15 给出了例 9.10 高尔夫球数据的方差分析表。双因素析因分析有四个变异来源作为基本特征：因素 A、因素 B、$A \times B$ 的交互效应和误差——它们的和等于总平方和。

表 9-14 双因素析因试验的一般方差分析汇总表

来源	df	SS	MS	F
A	$a-1$	SS(A)	MS(A)	MS(A)/MSE
B	$b-1$	SS(B)	MS(B)	MS(B)/MSE
AB	$(a-1)(b-1)$	SS(AB)	MS(AB)	MS(AB)/MSE
误差	$ab(r-1)$	SSE	MSE	
合计	$n-1$	SS(Total)		

表 9-15 例 9.10 中的方差分析汇总表

来源	df	SS	MS	F
品牌	1	32 093.11	32 093.11	936.75
球杆	3	800.74	266.91	7.79
交互效应	3	765.96	255.32	7.45
误差	24	822.24	34.26	
合计	31	34 482.05		

例 9.11 析因分析的进一步练习——关于高尔夫球的研究

问题 参考例 9.10。假设对另外四个品牌（E，F，G，H）进行同样的析因分析，结果显示在表 9-16 中。重复析因分析并解释结果。所有检验的 α=0.10。

表 9-16 第二个高尔夫球析因试验的距离数据

		品牌			
		E	F	G	H
球杆	木杆	238.6	261.4	264.7	235.4
		241.9	261.3	262.9	239.8
		236.6	254.0	253.5	236.2
		244.9	259.9	255.6	237.5
	5 号铁杆	165.2	179.2	189.0	171.4
		156.9	171.0	191.2	159.3
		172.2	178.0	191.3	156.6
		163.2	182.7	180.5	157.4

解答 第二个析因试验的 Minitab 结果见图 9-28。我们做几个前文提到的检验。

Analysis of Variance

Source	DF	Adj SS	Adj MS	F-Value	P-Value
Regression	7	49959.4	7137.1	290.12	0.000
BRAND	3	1845.7	615.2	25.01	0.000
CLUB	1	11590.0	11590.0	471.13	0.000
BRAND*CLUB	3	105.2	35.1	1.42	0.260
Error	24	590.4	24.6		
Total	31	50549.8			

图 9-28 第二个高尔夫球析因试验的分析 (Minitab)

处理均值相等的检验

我们最初的检验是：

H_0：所有 $4\times2=8$ 个处理均值相等

H_a：至少有 2 个处理组均值存在差异

Minitab 对处理差异进行 F 检验，并在输出结果顶部的“Regression”行中报告结果（阴影部分）。

检验统计量是：

$$F=\frac{\text{MS(处理)}}{\text{MSE}}=7\,137.1/24.6=290.12$$

因为这个 F 值超过了临界值 $F_{0.10}=1.98$（查附录中的表Ⅴ得到），我们拒绝处理没有差异的原假设，得出结论：至少有两个品牌－球杆的组合的平均飞行距离有显著差异。我们注意到 $\alpha=0.10$ 超过报告的 p 值（阴影部分）0.000，从而得出相同的结论。

交互效应的检验

接下来，我们对品牌和球杆的交互效应进行检验：

$$F=\frac{\text{MS(品牌×球杆)}}{\text{MSE}}=1.42\quad\text{（在输出结果中以阴影显示）}$$

因为 F 值没有超过表中的 $F_{0.10}=2.33$，其中自由度为 3 和 24（查附录中的表Ⅴ得到），我们不能认为在 0.10 的显著性水平下因素之间存在交互效应。实际上，我们注意到检验交互效应的观测的显著性水平（见

Minitab 输出结果）是 0.26。因此，在任何小于 α=0.26 的显著性水平下，我们都不能认为因素之间存在交互效应。我们将检验品牌和球杆的主效应。

品牌因素的主效应检验

我们首先检验品牌的主效应：

H_0：真实的品牌导致的平均飞行距离间不存在差异

H_a：至少有两个品牌导致的平均飞行距离是不同的

检验统计量：$F=\dfrac{MS(品牌)}{MSE}=\dfrac{615.2}{24.60}=25.01$ （在输出结果中以阴影显示）

观测的显著性水平：p=0.000 （在输出结果中以阴影显示）

α=0.10 超过了 p 值，可以认为至少有两个品牌的均值是不相同的。接下来我们要使用图基多重比较方法来判断哪些品牌均值是不同的。但是，首先比较球杆的主效应。

球杆主效应的检验

H_0：球杆导致的平均飞行距离间不存在差异

H_a：球杆导致的平均飞行距离间存在差异

检验统计量：$F=\dfrac{MS(球杆)}{MSE}=\dfrac{11\ 590.0}{24.60}=471.13$（在输出结果以阴影显示）

观测的显著性水平：p=0.000

因为 α=0.10 超过了 p 值，我们可以认为球杆与平均飞行距离的差异是有关系的。因为在试验中只使用了球杆的两个水平，通过 F 检验可以推断：两种球杆导致的平均飞行距离不同。毋庸置疑（对于高尔夫球手），用木杆击球后球的平均飞行距离显著大于用 5 号铁杆击球后球的平均飞行距离。

均值的排序

为了判断哪些品牌的平均飞行距离不同，我们要在 0.10 的显著性水平下使用图基多重比较方法来比较 k=4 个品牌的均值。多重比较的结果（见图 9–29）由 Minitab 给出。Minitab 同时对于形如 $(\mu_i-\mu_j)$ 的 $c=4\times3/2=6$ 个可能比较对计算出 90% 的置信区间。这些区间在输出结果中做了阴影处理。任何不包含 0 的区间均意味着两个处理均值有显著差异。

Grouping Information Using the Tukey Method and 90% Confidence

BRAND	N	Mean	Grouping
G	8	223.587	A
F	8	218.437	A
E	8	202.437	B
H	8	199.200	B

Means that do not share a letter are significantly different.

Tukey Simultaneous Tests for Differences of Means

Difference of BRAND Levels	Difference of Means	SE of Difference	Simultaneous 90% CI	T-Value	Adjusted P-Value
F - E	16.00	2.48	(10.00, 22.00)	6.45	0.000
G - E	21.15	2.48	(15.15, 27.15)	8.53	0.000
H - E	-3.24	2.48	(-9.23, 2.76)	-1.31	0.568
G - F	5.15	2.48	(-0.85, 11.15)	2.08	0.189
H - F	-19.24	2.48	(-25.23, -13.24)	-7.76	0.000
H - G	-24.39	2.48	(-30.38, -18.39)	-9.83	0.000

Individual confidence level = 97.65%

图 9–29 对品牌进行图基多重比较的输出结果 (Minitab)

这些比较对的汇总显示在 Minitab 输出结果的顶部。你可以看出品牌 G、F 导致的平均飞行距离显著大于品牌 E、H，但是，我们在品牌 G、F 之间或品牌 E、H 之间无法做出区分。

回顾 因为品牌和球杆之间的交互效应不显著，我们认为品牌间的差异可适用于每个球杆。图9-30中显示了所有球杆-品牌组合的样本均值，并且显示了支持检验和比较的结论。值得注意的是，对于每种球杆，品牌均值保持了它们自己的相对位置——对于木杆和5号铁杆来讲，品牌F、G都领先于品牌E、H。

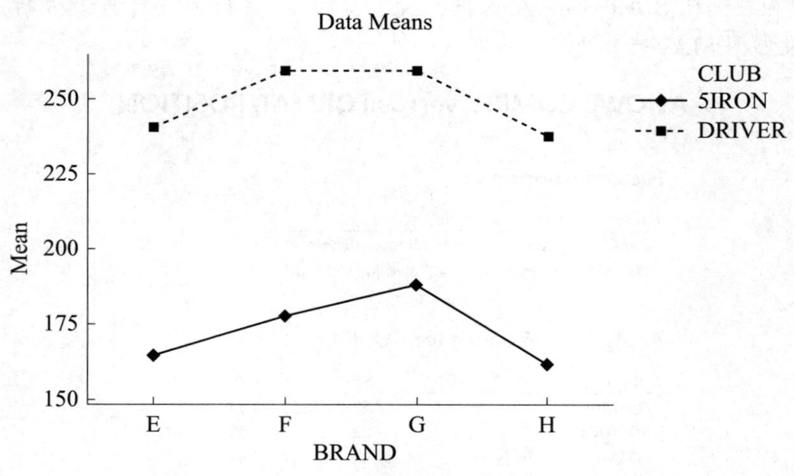

图9-30 第二个高尔夫球析因试验的均值图(Minitab)

如果增加因素的数量，析因试验的分析会变得更加复杂。如果某些因素组合具有不同数量的观测值，即使是双因素试验也会使分析变得更困难。我们介绍了对于每个处理有相等数量观测值的双因素析因试验。虽然相似的概念可以应用到更多的析因试验中，但是如果你需要设计和分析更复杂的析因试验，你应该查阅本章的参考文献。

回顾实践中的统计

调查纳税状况（退税或补税）和申报方式（单一或多项）对税收遵从行为均值的影响

在前面两个回顾实践中的统计部分中，我们分析了来自《会计行为研究》(2015年1月)的研究数据，使用方差分析对具有单一因素的完全随机设计进行了分析。因素条件有四个级别：(1)提交单一联邦纳税申报表且到期退税；(2)提交单一联邦纳税申报表且到期补税；(3)提交多项(联邦和州)纳税申报表且到期净退税；(4)提交多项(联邦和州)纳税申报表且到期支付净补税。结果为四种情况的税收遵从行为方式提供了有用的信息。然而，研究人员将试验设计为2×2析因：两个水平(退税或补税)的纳税状况(第一个因素)以及两个水平(单次或多次报税)的申报方式(第二个因素)。(再次参见图SIA9-1。)

使用析因设计的方差分析分析这些数据不仅让研究人员可以比较2×2=4个处理(条件)的均值，还可以深入了解纳税状况对税收遵从行为的影响是否依赖于申报方式，即两个因素之间的交互效应。为什么要研究因素之间的交互效应？回忆一下期刊文章中的两个命题：

命题1：与提交单一纳税申报表获得退税相比，提交多项纳税申报表获得到期净退税时，纳税人倾向于承担更大风险。

命题2：与提交单一纳税申报表且到期补税相比，提交多项纳税申报表且到期净补税时，纳税人愿意承担的风险减小。

在命题1中，研究人员认为，假设纳税人应获得净退税，提交多项纳税申报表获得退税的平均税收遵

从行为将高于提交单一纳税申报表获得净退税。相比之下，命题2指出，假定纳税人需补税，提交多项纳税申报表且到期补税的平均税收遵从行为将低于提交单一纳税申报表且到期补税。这些命题共同预测了申报方式（单一或多项）和纳税状况（退税或补税）之间的交互效应。

我们在前面的“回顾实践中的统计”中发现，样本均值的模式似乎支持这两个命题以及纳税状况和申报方式之间的交互效应（见图SIA9-3）。在这里，我们提供2×2析因设计方差分析的结果来检验交互效应。Minitab输出结果如图SIA9-5所示。

ANOVA: COMPLY versus FORMAT, POSITION

Factor Information

Factor	Type	Levels	Values
FORMAT	Fixed	2	Multiple, Single
POSITION	Fixed	2	Payment, Refund

Analysis of Variance for COMPLY

Source	DF	SS	MS	F	P
FORMAT	1	7.35	7.350	1.53	0.217
POSITION	1	2.82	2.817	0.59	0.444
FORMAT*POSITION	1	30.82	30.817	6.43	0.012
Error	236	1131.00	4.792		
Total	239	1171.98			

Model Summary

S	R-sq	R-sq(adj)
2.18915	3.50%	2.27%

图SIA9-5 税收遵从行为均值的2×2析因方差分析的输出结果(Minitab)

检验因素交互效应的p值（在输出结果中做了阴影处理）为0.012。由于此p值小于α=0.05，因此有充分的证据表明纳税状况和申报方式之间存在交互效应。

这个结果支持这两个命题吗？不见得。结果表明，单一申报和多项申报之间的均值差异取决于纳税人是应该退税还是补税。然而，单独的交互检验并不能深入了解两种方式中的哪一种（多项申报与单一申报）在每个纳税状况（退税或补税）水平上更大，只是表明均值的差异是不一样的。此信息由图基多重比较程序和随均值差异调整后的置信区间提供。我们在之前的“回顾实践中的统计”（见图SIA9-4）中了解到，纳税人提交多项净退税申报表的均值实际上超过了提交单一净退税的纳税人的均值——支持命题1。但是，纳税人提交多项申报表且到期净补税的均值与提交单一申报表且到期补税的均值没有显著差异。因此，虽然样本均值的方向正确，但没有足够的统计证据支持命题2。

关键术语

方差分析（analysis of variance, ANOVA）
平衡设计（balanced design）
区组（block）
邦费罗尼方法（Bonferroni method）
对比错误率（comparisonwise error rate, CER）
完全析因试验（complete factorial experiment）
完全随机设计（completely randomized design）
因变量（dependent variable）
设计性研究（designed study）
试验单元（experimental unit）
试验错误率（experimentwise error rate, EER）
因素的交互效应（factor interaction）
因素水平（factor level）
因素的主效应（factor main effect）
因素（factor）
F统计量（F-statistic）

自变量（independent variable）
误差均方（mean square for error, MSE）
处理均方（mean square for treatments, MST）
处理均值的多重比较（multiple comparisons of a set of treatment means）
观察性研究（observational study）
定性因素（qualitative factor）
定量因素（quantitative factor）
随机区组设计（randomized block design）
重复（replicate）
响应变量（response variable）
稳健的方法（robust method）
单因素试验（single-factor experiment）
区组平方和（sum of squares for blocks, SSB）
误差平方和（sum of squares for error, SSE）
处理平方和（sum of squares for treatments, SST）
处理（treatment）
双因素试验（two-way classification）

关键符号

ANOVA——方差分析
SST——处理平方和
MST——处理均方
SSB——区组平方和
MSB——区组均方
SSE——误差平方和
MSE——误差均方
$a \times b$ 析因设计——一个因素有 a 水平和另一个因素有 b 水平的析因设计
SS(A)——因素 A 主效应的平方和
MS(A)——因素 A 主效应的均方
SS(B)——因素 B 主效应的平方和
MS(B)——因素 B 主效应的均方
SS(AB)——因素 $A \times B$ 的交互效应的平方和
MS(AB)——因素 $A \times B$ 的交互效应的均方

关键知识点

试验设计的关键要素：

1. 响应变量（因变量）——定量的。
2. 因素（自变量）——定量或定性的。
3. 因素水平（因素的取值）——由试验者选择。
4. 处理——因素水平的组合。
5. 试验单元——将处理分配到各试验单元，并测量每一个处理的响应值。

均衡设计：

每个处理组的样本大小相等。

析因设计中的主效应检验：

只有在因素的交互效应检验不显著时才适用。

稳健的方法：

轻度到中度偏离正态性对方差分析结果的有效性没有影响。

在完全随机设计中有效 *F* 检验的条件要求：

1. 所有 k 个处理总体均近似正态。
2. $\sigma_1^2 = \sigma_2^2 = \cdots = \sigma_k^2$。

在随机区组设计中有效 *F* 检验的条件要求：

1. 所有的处理 - 区组总体均近似正态。
2. 所有的处理 - 区组总体有相同的方差。

在完全析因设计中有效 *F* 检验的条件要求：

1. 所有的处理总体近似正态。
2. 所有的处理总体有相同的方差。

均值的多重比较方法：

k 个处理均值配对比较的数量：

$$c=k(k-1)/2$$

图基方法：

1. 均衡设计。
2. 均值的配对比较。

邦费罗尼方法：

1. 均衡或不均衡设计。
2. 均值的配对比较。

舍夫方法：

1. 均衡或不均衡设计。
2. 均值的一般比较。

试验错误率：

在方差分析中对均值进行多重比较时至少犯一个第I类错误的风险。

选择试验设计的指南

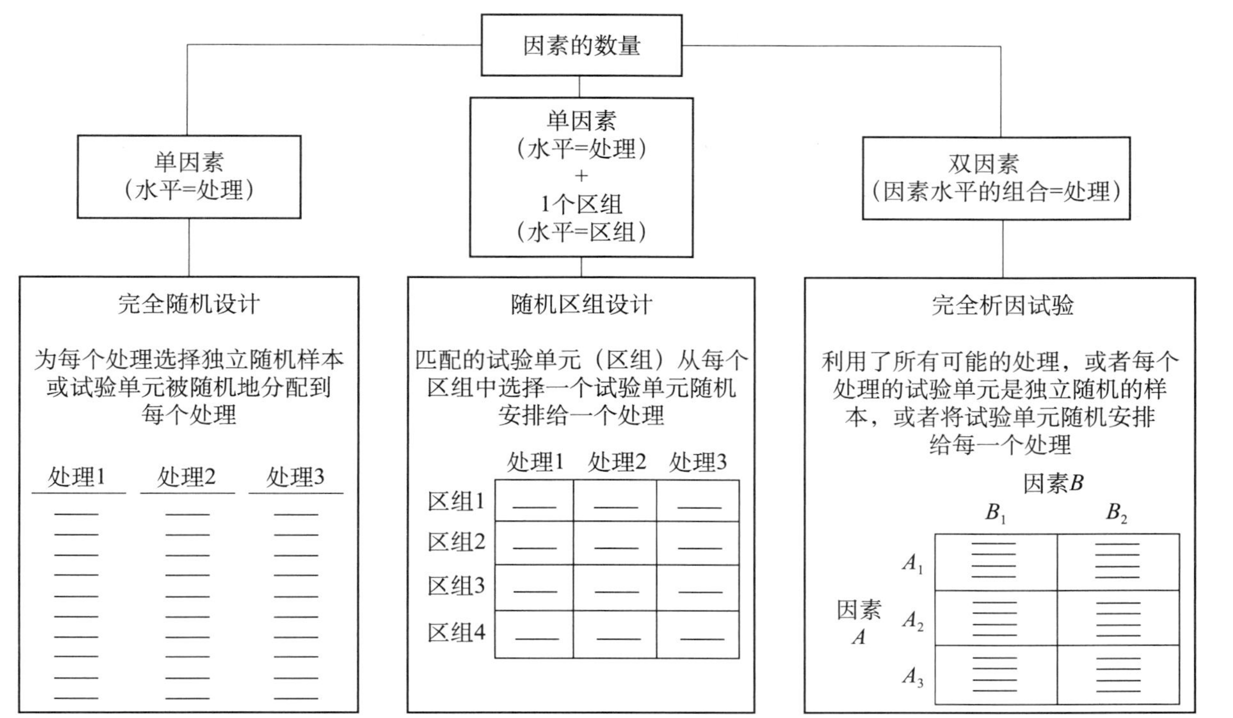

方差分析 F 检验的指南

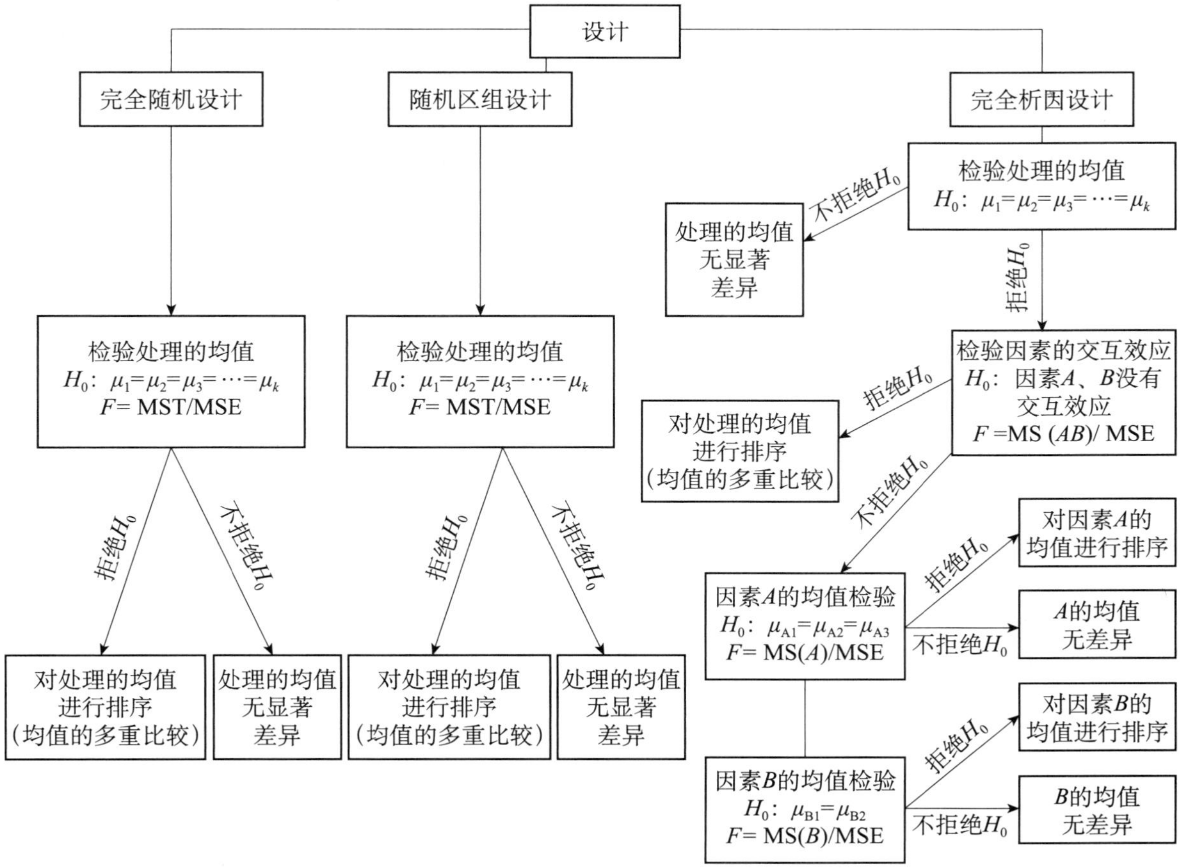

设计

完全随机设计

检验处理的均值
H_0：$\mu_1=\mu_2=\mu_3=\cdots=\mu_k$
F= MST/MSE

拒绝H_0 → 对处理的均值进行排序（均值的多重比较）

不拒绝H_0 → 处理的均值无显著差异

随机区组设计

检验处理的均值
H_0：$\mu_1=\mu_2=\mu_3=\cdots=\mu_k$
F= MST/MSE

拒绝H_0 → 对处理的均值进行排序（均值的多重比较）

不拒绝H_0 → 处理的均值无显著差异

完全析因设计

检验处理的均值
H_0：$\mu_1=\mu_2=\mu_3=\cdots=\mu_k$

不拒绝H_0 → 处理的均值无显著差异

拒绝H_0 → 检验因素的交互效应
H_0：因素A、B没有交互效应
F =MS (AB)/ MSE

拒绝H_0 → 对处理的均值进行排序（均值的多重比较）

不拒绝H_0 → 因素A的均值检验
H_0：$\mu_{A1}=\mu_{A2}=\mu_{A3}$
F= MS(A)/MSE

拒绝H_0 → 对因素A的均值进行排序

不拒绝H_0 → A的均值无差异

因素B的均值检验
H_0：$\mu_{B1}=\mu_{B2}$
F= MS(B)/MSE

拒绝H_0 → 对因素B的均值进行排序

不拒绝H_0 → B的均值无差异

练习题

1. 指出试验的类型。下面给出一些试验的简要描述。区分它是观察性试验还是设计性试验，并给出你的理由。

a. 经济学家以一个州为样本，获取过去 10 年的失业率和社会总产值，来检验普查区中失业率和社会总产值的关系。

b. 造纸中心的一名经理在 9 家工厂中的每家工厂实施了三个激励计划之一，以确定每个计划对生产率的影响。

c. 一名电脑营销人员在四家全国性的出版物上发布了一则季度广告，并持续追踪每种出版物的广告所带来的销售收入。

d. 一家电力公司聘请了一名顾问，在一年的时间内每月监测其烟囱的排放情况，以便了解排放物中的二氧化硫水平与该设施的发电机的负荷之间的关系。

e. 考虑运货的距离、运输货物的种类和柴油价格的影响，比较政府放松对价格的管制前后的州内货运比例。

2. 思考点图 1 和点图 2。假设在完全独立随机设计试验中，两个样本是对应两个处理的独立随机样本。

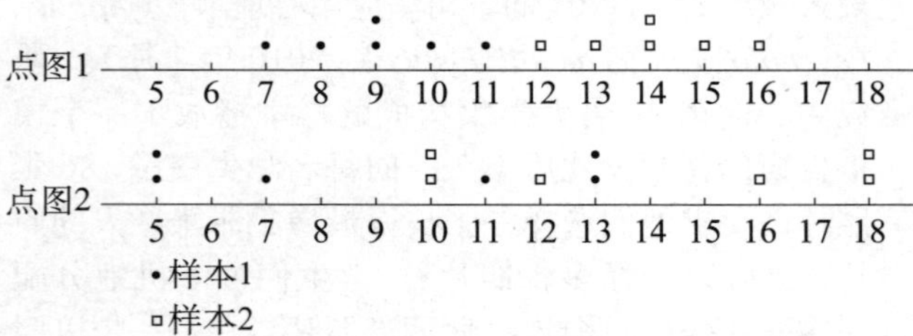

a. 在哪个图中样本均值之间的差异相对于样本观测值中的变异性更小？证明你的答案。

b. 计算处理的均值（例如每个点图的两个样本的均值）。

c. 使用均值计算出每个点图的处理平方和（SST）。

d. 计算每个样本的方差，并利用这些方差求出每个点图的误差平方和（SSE）。

e. 通过对处理平方和与误差平方和进行求和，计算两个点图的总平方和 SS（Total）。处理占 SS（Total）的百分比是多少？即在每个例子中，总平方和中处理平方和的比例有多大？

f. 将处理平方和与误差平方和分别除以各自的自由度。对于每个图，通过处理均方与误差均方的比值计算 F 值。

g. 使用 F 值验证原假设：图中的两个总体的样本均值是相等的。使用 0.05 的置信水平。

h. 对应于每个处理的总体分布，为了确保问题 g 中得到的 F 检验的有效性，需要哪些基本假设？

3. 下表是由完全随机设计试验得到的数据：

处理 1	处理 2	处理 3
3.8	5.4	1.3
1.2	2.0	0.7
4.1	4.8	2.2
5.5	3.8	
2.3		

a. 试用统计软件完成下列方差分析表：

来源	df	SS	MS	F
处理				
误差				
合计				

b. 检验原假设：$\mu_1=\mu_2=\mu_3$，其中 μ_i 表示第 i 个处理的总体均值。备择假设为：至少有两个总体均值是不同的。置信水平为 $\alpha=0.01$。

4. 不同的鸡舍类型生产的商品蛋。在欧洲商品蛋的生产中，使用四种不同的鸡舍：笼养、谷仓、自由放养、有机鸡舍。关于在这四种鸡舍中所产蛋的特征的研究刊登在《食品化学》（*Food Chemistry*，2008 年第 106 卷）上。从超市中随机选择 28 个 A 级商品蛋，来自笼养、谷仓、自由放养、有机鸡舍的蛋分别是 10 个、6 个、6 个和 6 个。对每个蛋的定量特征进行测量，包括壳厚度（毫米）、搅拌容量（溢出（%））、穿透力（牛顿）。对于每一个特征，研究者比较了四种不同鸡舍所产蛋的均值。Minitab 描述性统计量和方差分析的结果如下图所示。对于结果进行全面的分析。确定哪些鸡舍类型的产蛋特征不同。

Statistics

Variable	HOUSING	N	Mean	StDev	Minimum	Maximum
THICKNESS	BARN	6	0.50000	0.01414	0.48000	0.52000
	CAGE	10	0.4230	0.0350	0.3700	0.4700
	FREE	6	0.5017	0.0279	0.4700	0.5500
	ORGANIC	6	0.4817	0.0387	0.4300	0.5200
OVERRUN	BARN	6	513.33	8.38	501.00	526.00
	CAGE	10	480.60	12.91	462.00	502.00
	FREE	6	517.50	8.17	510.00	531.00
	ORGANIC	6	529.17	10.65	511.00	544.00
STRENGTH	BARN	6	39.333	1.120	37.600	40.300
	CAGE	10	37.320	2.127	33.000	40.200
	FREE	6	37.17	3.79	31.50	40.60
	ORGANIC	6	35.97	3.04	32.60	40.20

One-way ANOVA: THICKNESS versus HOUSING

Analysis of Variance

Source	DF	Seq SS	Contribution	Adj SS	Adj MS	F-Value	P-Value
HOUSING	3	0.03429	59.46%	0.03429	0.011430	11.74	0.000
Error	24	0.02338	40.54%	0.02338	0.000974		
Total	27	0.05767	100.00%				

One-way ANOVA: OVERRUN versus HOUSING

Analysis of Variance

Source	DF	Seq SS	Contribution	Adj SS	Adj MS	F-Value	P-Value
HOUSING	3	10788	79.67%	10788	3595.9	31.36	0.000
Error	24	2752	20.33%	2752	114.7		
Total	27	13540	100.00%				

One-way ANOVA: STRENGTH versus HOUSING

Analysis of Variance

Source	DF	Seq SS	Contribution	Adj SS	Adj MS	F-Value	P-Value
HOUSING	3	35.12	17.57%	35.12	11.707	1.70	0.193
Error	24	164.82	82.43%	164.82	6.867		
Total	27	199.94	100.00%				

5. 不同的鸡舍类型生产的商品蛋。回顾练习题 4,《食品化学》(2008 年第 106 卷)对于四种不同鸡舍中所产蛋的特征做了研究。回想一下，四种鸡舍类型是笼养、谷仓、自由放养和有机鸡舍。除了鸡舍类型，研究人员还确定了每个样本鸡蛋的重量等级（中型或大型）。下表显示了 28 个样本鸡蛋的搅拌容量（溢出（%））数据。研究人员想要研究鸡舍类型和重量等级对鸡蛋平均搅拌容量的影响。特别地，他们想知道中型鸡蛋和大型鸡蛋的平均搅拌容量之间的差异是否取决于鸡舍类型。

鸡舍类型	重量等级	溢出 (%)
笼养	M	495，462，488，471，471
	L	502，472，474，492，479
自由放养	M	513，510，510
	L	520，531，521
谷仓	M	515，516，514
	L	526，501，508
有机鸡舍	M	532，511，527
	L	530，544，531

a. 这个试验中的因素和处理是什么？

b. 利用统计软件对数据进行方差分析，并报告方差分析表的结果。

c. 在鸡舍类型和重量等级中是否有明显的交互效应？利用 α=0.05 检验。（提示：由于不平衡设计，你需要使用统计软件中的广义线性模型。）结果意味着什么？

d. 解释鸡舍类型的主效应检验（利用 α=0.05）。结果怎样？

e. 解释重量等级的主效应检验（利用 α=0.05）。结果怎样？

6. 目击者和犯罪嫌疑人面部照片。犯罪学家研究了面部照片的分组大小是否会影响目击者对犯罪嫌疑人做出的选择（《刑事司法应用心理学》(*Applied Psychology in Criminal Justice*)，2010 年 4 月）。研究中，向由 96 名大学生构成的样本播放了一个模拟盗窃的视频。此后不久，向每名学生展示 180 张照片，要求他们选择一张长得最像犯罪嫌疑人的照片（也可以选择多张照片）。学生们被随机地分配一次看 3 张、6 张或 12 张面部照片。在每一个以照片的多少划分的组内，学生又进一步被随机分成三个集合。在第一个集合中，研究者主要关注展示的前 60 张照片中学生给出的选择；在第二个集合中，关注展示中间 60 张照片时学生的选择；在第三个集合中，则关注展示最后 60 张照片时学生的选择。这些选择均被记录下来。被解释变量是所选择的照片的数量。这个用于 3×3 的析因方差分析的模拟数据保存在随附的文件中，照片组的大小有 3 个水平（3 张、6 张或者 12 张），照片集合有 3 个水平（前 60 张、中间 60 张和最后 60 张）。对这组数据进行全面分析。特别地，研究者想知道照片组的大小是否会影响照片选择的平均次数，如果有影响，那么哪一个组的大小会导致最多的选择。而且，在前 60 张、中间 60 张和最后 60 张照片中，哪一个会有更多的照片被选择呢？

7. 对互惠基金的研究。根据基金公司的资本量，互惠基金可分为大型基金、中型基金和小型基金。

夏威夷太平洋大学的研究者调查了互惠基金的平均表现是否和资金量大小有关（《美国商业评论》（*American Business Review*），2002 年 1 月）。从三个基金组中分别独立地随机抽取 30 个互惠基金作为样本，并记录每个基金的 90 天回报率。对 90 个基金的数据进行方差分析，结果显示在下面的方差分析表中。

来源	df	SS	MS	*F*	*p* 值
基金组	2	409.566	204.783	6.965	0.002
误差	87	2 557.860	29.401		
合计	89	2 967.426			

资料来源：S. W. Shi and M. J. Seiler, "Growth and Value Style Comparison of U.S. Stock Mutual Funds," *American Business Review*, January 2002 (Table 3). Published by American Business Review, © 2002.

a. 说明这个方差分析的原假设和备择假设。

b. 利用 $\alpha=0.01$ 给出这个检验的拒绝域。

c. 利用检验统计量或者 p 值得出合适的结论。

8. 对互惠基金的研究。参考练习题 7《美国商业评论》（2002 年 1 月）对大型、中型和小型互惠基金的比较。在试验错误率 $\alpha=0.05$ 的条件下，所有可能的不同类型基金平均回报率的配对的图基置信区间如下。

比较	置信区间
$\mu_{大型}-\mu_{中型}$	(−0.184 7，5.380 7)
$\mu_{大型}-\mu_{小型}$	(2.442 6，8.008 0)
$\mu_{中型}-\mu_{小型}$	(−0.155 4，5.410 0)

a. 为什么在这里使用图基多重比较法而不是其他多重比较法？

b. 大型和中型互惠基金的处理均值是否有显著差异？请给出解释。

c. 大型和小型互惠基金的处理均值是否有显著差异？请给出解释。

d. 中型和小型互惠基金的处理均值是否有显著差异？请给出解释。

e. 用问题 b 至 d 的答案对处理均值进行排序。

f. 对问题 e 的推断给出可靠性度量。

9. 电视广告回忆研究。带有暴力和色情内容的电视节目是否会损害对广告的记忆？为了回答这个问题，艾奥瓦州立大学的研究人员进行了一项设计试验，其中 324 名成年人被随机分配到三个观众组中的一个，每个观众组有 108 名参与者（《应用心理学杂志》(*Journal of Applied Psychology*)，2002 年 6 月)。一组观看具有暴力内容代码评级的节目（V）；一组观看具有色情内容代码评级的节目（S）；一组观看既没有暴力内容也没有色情内容的中立电视节目（N）。每个电视节目中植入了 9 种商业广告。观看节目后，每个参与者都根据自己对商业广告中品牌名称的回忆进行评分，分数范围从 0（没有回忆起任何品牌）到 9（回忆起所有品牌）。数据（根据文章中提供的信息模拟）保存在随附的文件中。研究人员将三个观看组的平均回忆得分与完全随机设计的方差分析进行了比较。

a. 确定研究中的试验单位。

b. 确定研究中的因（响应）变量。

c. 确定研究中的因素和处理。

d. 三个组回忆分数的样本均值 $\bar{x}_V=2.08$，$\bar{x}_S=1.71$，$\bar{x}_N=3.17$。解释为什么人们不应该基于这些汇总统计数据来推断总体平均回忆分数的差异。

e. 使用统计软件对数据进行方差分析。在输出结果中找到测试统计量和 p 值。

f. 使用 $\alpha=0.01$ 解释问题 e 的结果。对于这三组电视广告观众，研究人员可以得出什么结论？

g. 检验方差分析假设是否得到合理满足。

h. 使用图基方法，研究人员对三个平均回忆分数进行了多重比较。这项研究进行了多少次配对比较？

i. 使用统计软件以 0.05 的试验错误率来执行图基方法的步骤。哪一组的平均回忆得分最高？

j. 在期刊文章中，研究人员得出结论："观看带有暴力或色情内容的节目后，观众对电视广告的记忆会受损。"你同意吗？

k. 除了操纵这三组电视内容，研究者记录了参与者以前是否看过这则电视广告。完全试验设计的表如下所示。注意在这个试验中有两个因素——电视内容分组有 3 个水平，以前是否看过该广告有 2 个水平——这是 3×2 析因设计。研究者想知道电视内容和以前是否看过广告这两个因素是否对平均回忆得分有影响。对数据进行双因素析因设计方差分析。研究者得出结论：（1）中立内容组具有最高的平均回忆得分，在暴力和色情内容组之间平均回忆得分没有显著差异。（2）在之前看过广告和没看过广告这两组间，平均回忆得分没有显著差异。你同意这些结论吗？

以前是否看过该广告	内容组		
	暴力 (V)	色情 (S)	中立 (N)
是	n=48	n=60	n=54
否	n=60	n=48	n=54

10. 产蛋鸡的蛋壳品质。在母鸡的饲料中加入钙可以提高蛋壳的质量。其中一种方法是在饲料中加入石灰石。据《动物饲养科学与技术》(*Animal Feed Science and Technology*，2010 年 6 月)，研究者调查了母鸡的年龄和石灰石饲料对于蛋壳质量的影响，对于两种不同的饲料——精石灰石（FL）和粗石灰石（CL）进行了研究。母鸡被分成年幼母鸡（饲养 24~36 周）和年老母鸡（饲养 56~68 周）。这项研究使用了 120 只年幼母鸡和 120 只年老母鸡。在每一个年龄分组中，一半吃添加了精石灰石的饲料，另一半吃添加了粗石灰石的饲料。这样在基于年龄和饲料的四个分组中各有 60 只母鸡。它们所产的蛋的特征被记录下来，包括蛋壳厚度。

a. 这是观察性试验还是设计性试验？给出你的理由。

b. 试验的因素是什么，每个因素的水平是怎样的？

c. 试验单元是什么？

d. 因变量是什么？

e. 研究者发现因素的交互效应不明显。对这个结果进行解释。

f. 研究者没有发现证据支持母鸡年龄的主效应。对这个结果进行解释。

g. 研究者发现石灰石饲料的主效应在统计上是显著的。对这个结果进行解释。(注意：吃添加粗石灰石饲料的母鸡所下蛋的蛋壳平均厚度大于吃添加精石灰石饲料的母鸡。)

参考文献

1. Cochran, W. G., and Cox, G. M. *Experimental Designs*, 2nd ed. New York: Wiley, 1992.
2. Hsu, J. C. *Multiple Comparisons: Theory and Methods*. London: Chapman & Hall, 1996.
3. Koehler, K. *Snedecor and Cochran's Statistical Methods*, 9th ed. New York: Blackwell Publishing, 2016.
4. Kramer, C. Y. “ Extension of multiple range tests to group means with unequal number of replications, ” *Biometrics*, Vol. 12, 1956, pp. 307–310.
5. Kutner, M., Nachtsheim, C., Neter, J., and Li, W. *Applied Linear Statistical Models*, 5th ed. New York: McGraw-Hill/Irwin, 2005.
6. Mason, R. L., Gunst, R. F., and Hess, J. L. *Statistical Design and Analysis of Experiments*. New York: Wiley, 1989.
7. Mendenhall, W. *Introduction to Linear Models and the Design and Analysis of Experiments*. Belmont, Calif.: Wadsworth, 1968.
8. Miller, R. G., Jr. *Simultaneous Statistical Inference*. 2nd ed. New York: Springer-Verlag, 1985.
9. Montgomery, D. *Design and Analysis of Experiments,* 8th ed. New York: Wiley, 2012.
10. Scheffé, H. “ A method for judging all contrasts in the analysis of variance, ” *Biometrica*, Vol. 40, 1953, pp. 87–104.
11. Scheffé, H. *The Analysis of Variance*. New York: Wiley, 1959.
12. Steele, R. G. D., and Torrie, J. H. *Principles and Procedures of Statistics: A Biometrical Approach*, 2nd ed. New York: McGraw-Hill, 1980.
13. Tukey, J. “ Comparing individual means in the analysis of variance, ” *Biometrics*, Vol. 5, 1949, pp. 99–114.
14. Winer, B., Brown, D., and Michels, K. *Statistical Principles in Experimental Design*, 3rd ed. New York: McGraw-Hill, 1991.

第 10 章 分类数据的分析

我们将要学习：

- 具有两个以上分类结果的定性（如分类）数据
- 用卡方假设检验来比较单个定性变量的分类比例——称为单向分析
- 与两个定性变量有关的卡方假设检验——称为双向分析
- 防止卡方检验的误用

实践中的统计

残忍的组织器官移植案例——谁有责任支付赔偿金？

根据 Grand View Research 公司（《市场研究报告》(*Market Research Report*)，2017 年 6 月)，“全球组织器官移植市场规模……2016 年为 235 亿美元，预计到 2025 年将达到 510 亿美元”。显然，全球组织器官移植市场相当大。在美国，组织移植是器官衰竭病例的常规手术，包括关节置换、脊柱手术和运动相关手术（肌腱和韧带）。

得到一个供移植的组织器官的过程包括：首先，当然是捐献者同意在死后捐出组织器官而且其家人表示赞成。然后，这个组织器官会被一个认可的组织器官库接收。接下来，由专业处理人员对这个组织器官进行消毒杀菌。最后，这个处理人员会把它交给做移植手术的医院 / 外科医生，或者把它交给一个配送人员，他会把组织器官保存起来，最终将交给医院 / 外科医生。整个过程被美国联邦贸易委员会（FTC）严格监管，尤其是接收和处理环节。

在这样的背景下，我们考虑一个真实的案例。21 世纪早期，生物医学组织服务公司（Biomedical Tissue Service，BTS）总裁掌控了一些殡仪馆，从中非法获取组织器官，并未得到捐献者及其家人的同意。在某些情况下，遗体带有癌细胞、艾滋病病毒或者丙型肝炎病毒，不适合作为组织器官的来源。BTS 把这些组织器官送到处理人员那里而不会透露这是非法获得的。（该总裁现在在纽约监狱服刑，刑期长达 18~24 年。）毫不知情的处理人员给这些组织器官消毒，并在有相关手术时送去使用。当新闻爆出这些组织器官是如何得到的后，处理人员和配送人员需要将 FTC 的强制召回通知告诉接收这些组织器官的医院 / 外科医

生。BTS 的一部分组织器官被召回，然而大部分已被移植，医院和外科医生需要通知病人那些移入体内的组织器官带有潜在传染源。尽管只有少数病人以后会被感染，但是大多数病人已起诉配送人员和处理人员（以及 BTS）要求给予经济赔偿。

大部分诉讼得以审判或解决，但一名处理人员和其中一名配送人员之间就向起诉病人支付损害赔偿的责任发生了纠纷。特别是，这名处理人员声称配送人员应该对造成的伤害承担更多的责任，因为在这名配送人员的召回通知中有他擅自递送的一些带有煽动性的文章，其中用图片详尽地描述了长期发生的非法盗卖组织器官的残忍行为。尽管病人在接受被这名处理人员消过毒的移植物后，没有一个人发生感染，但许多病人还是对他提起了诉讼。

为了给予反驳，这名处理人员搜集了一些病人的数据：哪些病人已经接受了消毒的 BTS 移植物，以及这些病人中后来提起诉讼的数量。数据显示，总共有 7 914 名病人，其中 708 人提起诉讼。一位有顾问资格的统计学家将这些信息进行分类，将召回通知发给这些病人的外科医生的人，要么是这名处理人员，要么是发送报纸文章的那名配送人员，要么是其他配送人员。分组如表 SIA10-1 所示。

表 SIA10-1 受污染的组织器官案件的数据 ①

召回通知递送者	病人数	诉讼数
处理人员 / 其他配送人员	1 751	51
有争议的配送人员	6 163	657
合计	7 914	708

资料来源：Info Tech, Inc.

这些数据是否提供了证据表明病人提起诉讼的可能性取决于哪一方发出召回通知？如果是这样，如果有争议的配送人员的概率要高得多，处理人员可以在法庭上辩称，发送煽动性文章的配送人员更应该为伤害负责。

在接下来的“回顾实践中的统计”专栏的例子中，我们将使用本章介绍的统计方法分析该案件。

回顾实践中的统计

检验诉讼的可能性是否与召回通知的递送者有关。

10.1 分类数据和多项试验

正如 1.5 节所介绍的那样，定性变量的观测值只能被分类。例如，每一组都会按销售人员的最高受教育程度分类。受教育程度就是一个定性变量，并且每名销售人员都要被归入五类中的一类，而且只能是一类。这五个类别是：中学在读、中学学历、大学在读、大学学历和研究生学历。分类的结果便是，每一组都有一定数量的销售人员被分到各个类别中。

当定性变量的结果只涉及两个响应结果（是或不是，成功或失败，有益或无益，等等）中的一个时，所得数据（称为计数）可以使用 4.3 节中讨论的二项分布来分析。然而，诸如受教育程度这样的定性变量涉及两个以上的响应结果是很常见的，这就必须使用其他方法来分析这类

① 出于保密的目的，这个例子中的当事人不会被识别出来。在这里使用这组数据已经得到担任顾问的统计学家的同意。

数据。

有两种以上分类结果的定性数据通常是由**多项试验**（multinomial experiment）所引起的。多项试验的特征是它拥有 k 个结果，如下面的框所示。你可以把第 4 章中介绍的二项试验看成多项试验 k=2 的特殊情况。

多项试验的特点

1. 这种试验由 n 个同质试验组成。

2. 每次试验都有 k 种可能的结果，这些结果被称为**类**（class）、**类别**（category）或**单元格**（cell）。

3. 对于每次试验，这 k 种结果发生的概率用 p_1，p_2，…，p_k 表示，并且在每次试验中都相同，其中 $p_1+p_2+\cdots+p_k=1$。

4. 每次试验相互独立。

5. 感兴趣的随机变量是**单元格计数**（cell count）：n_1，n_2，…，n_k，即落入 k 类中的每一类观测值的数目。

例 10.1　识别一个多项试验

问题　考虑一家大公司的 n=100 的销售人员样本，研究这组销售人员的最高受教育程度。假设我们把这个样本的每名销售人员按受教育程度分为如下五个类别：中学在读、中学学历、大学在读、大学学历和研究生学历，并且对每个类别中的样本数目进行计数。那么这是一个多项试验的合理近似吗？

解答　核对上述有关多项试验的五个特点，如下所示：

1. 这个试验由 n=100 个同质试验构成，并且这里的每个试验都将会决定一名销售人员的最高受教育程度。

2. 每次试验有 k=5 种可能的分类结果对应 5 个受教育程度。

3. 每次试验的 5 种结果发生的概率分别为 p_1，p_2，p_3，p_4，p_5，每次试验都保持一致（达到一种合理程度的近似），这里的 p_i 表示每名销售人员达到受教育程度 i 的真实概率。

4. 这组试验是相互独立的（也就是说，一名销售人员的受教育程度不影响其他销售人员的受教育程度）。

5. 我们关注的是归入五个类别中每一类的销售人员的数量。这五个类别的计数分别用 n_1，n_2，n_3，n_4，n_5 表示。

因此，本例满足多项试验的特点。

在本章中，我们感兴趣的是分类数据的分析，特别是多项试验中每个类别的计数数据。在 10.2 节中，我们将学习如何根据单一定性变量（或分类变量）去推断分类概率。在 10.3 节中，我们将学习如何根据两个定性变量（或分类变量）去推断分类概率。我们推断使用的统计量近似地服从卡方分布。

10.2　分类概率的检验：单向表

在本节中，我们考虑有 k 种结果的多项试验，这 k 个结果相当于单一定性变量的类别。这种试验产生的结果可以汇总在一个**单向表**（one-way table）内。使用“单向”这个词是因为只有一个变量被分类。通常，我们想基于这个单向表内的样本信息，对 k 个分类出现的真实比例做出

推断。

举例说明，假设一家大型连锁超市想根据消费者在店内购买的面包的品牌，来了解消费者的消费偏好。假设这家连锁店销售三个品牌的面包——两个市场上的大品牌（品牌 A 和品牌 B）以及这家连锁店的自有品牌。为进行这次调查，我们随机抽取 150 个消费者作为观测对象，并且将他们对每种品牌的偏好数量记录下来制成表，计数数据显示在表 10-1 中。

表 10-1 消费者偏好调查的结果

品牌 A	品牌 B	自有品牌
61	53	36

请注意，在我们的消费者偏好调查中，面包品牌这一定性变量满足多项试验的特点。这个试验由随机抽样的 n=150 个消费者构成，他们是从一个大的消费者总体中抽取的，这个总体包含了我们未知的偏好品牌 A 的比例 p_1，偏好品牌 B 的比例 p_2，偏好这家连锁店自有品牌的比例 p_3。每个消费者代表一次试验，每次试验出现三种结果中的一个：消费者偏好品牌 A、品牌 B 或者连锁店自有品牌的概率为 p_1，p_2，p_3。（假设每个消费者都对面包品牌有偏好。）这个样本中每个消费者对面包品牌的偏好并不影响其他消费者的偏好，因此，这些试验是相互独立的。最后，你会看到记录的数据就是消费者 - 偏好类别中每一类消费者的数量。因此，消费者偏好调查满足多项试验的五个特点。

在这项消费者偏好调查中，并且在多项试验的大多数实际应用中，k 个结果的概率 p_1，p_2，…，p_k 是未知的，我们通常想利用调查数据来推断它们的取值。在消费者偏好调查中这些未知的概率分别是：

p_1= 所有消费者中偏好品牌 A 的比例

p_2= 所有消费者中偏好品牌 B 的比例

p_3= 所有消费者中偏好连锁店自有品牌的比例

例如，为了判断消费者是否对这些品牌存在特殊偏好，我们将原假设确定为消费者对面包品牌存在等同的偏好（即 $p_1=p_2=p_3=1/3$），备择假设是消费者对至少一个品牌的偏好较大（即 p_1，p_2，p_3 至少有一个超过 1/3）。因此，我们要检验的是：

H_0：$p_1=p_2=p_3=1/3$（不存在特殊偏好）

H_a：至少存在一个概率大于 1/3（存在特殊偏好）

如果原假设为真，即 $p_1=p_2=p_3=1/3$，那么这个样本中偏好品牌 A 的消费者数目的期望值是：

$$E_1=np_1=n\times\frac{1}{3}=150\times\frac{1}{3}=50$$

同理，$E_2=E_3=50$，如果原假设成立，则特殊偏好不存在。

下面的检验统计量——**卡方检验**（chi-square test）——测量样本数据和原假设之间的差异程度：

$$\chi^2=\frac{(n_1-E_1)^2}{E_1}+\frac{(n_2-E_2)^2}{E_2}+\frac{(n_3-E_3)^2}{E_3}$$
$$=\frac{(n_1-50)^2}{50}+\frac{(n_2-50)^2}{50}+\frac{(n_3-50)^2}{50}$$

需要注意的是，样本观测值 n_1，n_2，n_3 偏离其期望值 50 越远，χ^2 值就会越大，那么我们拒绝原假设的理由越充分。

人物介绍

卡尔·皮尔逊（1857—1936）——“统计学之父”

卡尔·皮尔逊（Karl Pearson）出生于伦敦，在大学时就表现出了广泛的兴趣，涉猎数学、物理学、宗教、历史学、社会学和达尔文的进化论。在剑桥大学获得法学学位并在德国的海德堡大学获得政治学博士学位之后，皮尔逊在伦敦大学担任应用数学教授。他在 1892 年出版的《科学的法则》（*The Grammer of Science*）中阐述了自己的观点：统计数据分析是所有知识的基础。因此，很多人视皮尔逊为“统计学之父”。皮尔逊在以下领域做出了杰出的贡献：介绍了标准差及其相关的符号 σ，发展了相关系数的分布，与他人共同创建和编辑了在统计学界享有盛誉的期刊《生物统计学》(*Biometrika*，并且发明了卡方拟合优度检验（很多人认为这是他最伟大的成就）。皮尔逊通过他精彩的课程和对统计学的热情激励着他的学生（包括他的儿子埃贡）和威廉·戈赛特（William Gossett）。

在判断调查数据是否表现出明显的偏好之前，我们必须知道重复抽样中的 χ^2 统计量的分布。当 H_0 为真时，可以证明 χ^2 具有（近似的）6.6 节中提到的卡方分布。对于这个单向分类，χ^2 分布的自由度为 $k-1$。[①] 对于这个消费者偏好调查，$\alpha=0.05$，自由度为 $k-1=3-1=2$，那么它的拒绝域为：

拒绝域：$\chi^2>\chi^2_{0.05}$

$\chi^2_{0.05}$的值是 5.991 47（可查附录中的表Ⅳ得到），见图 10–1。检验统计量的计算取值为：

$$\chi^2=\frac{(n_1-50)^2}{50}+\frac{(n_2-50)^2}{50}+\frac{(n_3-50)^2}{50}$$

$$=\frac{(61-50)^2}{50}+\frac{(53-50)^2}{50}+\frac{(36-50)^2}{50}=6.52$$

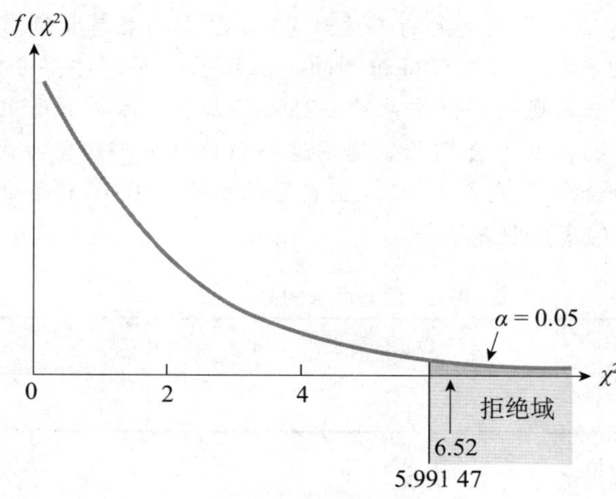

图 10–1　消费者偏好调查的拒绝域

因为计算得到的 $\chi^2=6.52$ 超过了临界值 5.991 47，所以，在显著性水平 $\alpha=0.05$ 的条件下，我们有理由相信这个消费者总体对这三个品牌中的至少一个存在较明显的偏好。

既然我们有理由相信 p_1，p_2，p_3 并不完全相等，那么我们就可以使用 6.4 节中介绍的方法来

① 卡方分布的自由度涉及在计数数据上施加的线性约束的个数。在这个例子中，唯一的约束是 $\sum n_i=n$，其中 n（样本量）是预先给定的。因此，自由度为 df=$k-1$。在其他的例子中，对于每次 χ^2 统计量的应用我们都要给出一个自由度，感兴趣的读者可查阅文献以了解更多细节。

推断它们的值。(注意：我们不能使用 8.4 节中的方法去进行比例的两两比较，因为这些类别的计数是相互关联的随机变量。) 多项概率的假设检验的一般形式如下：

多项分布概率的假设检验：单向表

H_0：$p_1=p_{1,0}, p_2=p_{2,0}, \cdots, p_k=p_{k,0}$

其中，$p_{1,0}$，$p_{2,0}$，$\cdots$，$p_{k,0}$ 表示多项分布概率的假设值。

H_a：至少有一个多项分布的概率不等于假设值

检验统计量：$\chi^2=\sum\frac{(n_i-E_i)^2}{E_i}$

其中，$E_i=np_{i,0}$ 是每个类的**期望计数**（expected cell count），也就是假定原假设为真时，出现第 i 类结果的期望数目。总样本量为 n。

拒绝域：$\chi^2>\chi^2_\alpha$

p 值：$P(\chi^2>\chi^2_c)$

其中，χ^2_α的自由度为 $k-1$，χ^2_c是检验统计量的计算值。

有效的 χ^2 检验所需的条件：单向表

1. 已经进行了一个多项试验。这个条件通常可以通过从关心的总体中随机抽取一个样本来实现。

2. 样本量 n 足够大。这要求每个类都要满足：每个类的期望计数 E_i 要大于或等于 5。①

例 10.2 单向 χ^2 检验——评估一家公司的薪酬增长计划

问题 一家大型公司想建立一套决定其雇员年薪增长幅度的客观系统。这套系统由一系列的评估得分组成，这些评估得分是由每个雇员的监督人决定的。达到 80 分以上的雇员将因其表现优秀而获得薪酬的超额增长，那些得分在 50~80 分的雇员就只能获得薪酬的标准增长，而那些得分低于 50 分的雇员的薪酬将不会增长。该公司是这样设计这一客观的评价体系的：25% 的雇员将获得薪酬的超额增长，65% 的雇员获得薪酬的标准增长，10% 的雇员的薪酬不会增长。使用这一新计划一个经营年度后，公司的 600 名雇员构成一个随机样本，其薪酬增长分布情况见表 10-2。在显著性水平 $\alpha=0.01$ 的条件下，检验这个数据是否与公司制订的薪酬增长计划数据有显著的区别。

表 10-2 薪酬增长的分布

不会增长	标准增长	超额增长
42	365	193

解答 定义这三种薪酬增长方式的总体比例为：

p_1= 薪酬不会增长的雇员的比例

p_2= 薪酬获得标准增长的雇员的比例

p_3= 薪酬获得超额增长的雇员的比例

那么，原假设为这三个比例等于根据公司薪酬计划设定的比例，即

H_0：$p_1=0.1, p_2=0.65, p_3=0.25$

① 所有分类的期望计数至少是 5 这样的条件是必需的，它要保证 χ^2 的近似是合理的。针对这个假设检验的精确方法是存在的，并且可能适用于小的期望计数，但是这已经超出了本书所讨论的范围。而且，一些研究者在某种程度上放松了这种假设，需要分类的期望计数至少是 1 并且 20% 以上都可以小于 5。

备择假设为：

H_a：至少有两个比例不同于公司制订的计划

检验统计量：$\chi^2=\sum\frac{(n_i-E_i)^2}{E_i}$

$$E_1=np_{1,0}=600\times0.10=60$$
$$E_2=np_{2,0}=600\times0.65=390$$
$$E_3=np_{3,0}=600\times0.25=150$$

因为这些值都大于 5，所以进行 χ^2 近似是合理的。而且，因为这些雇员是随机选取的，所以满足多项分布的特点。

拒绝域：在 $\alpha=0.01$ 的显著性水平下，自由度 df=k−1=2，拒绝域为 $\chi^2>\chi^2_{0.01}$，其中 $\chi^2_{0.01}$ =9.210 34（通过查附录中的表Ⅳ得到），现在我们计算检验统计量：

$$\chi^2=\frac{(42-60)^2}{60}+\frac{(365-390)^2}{390}+\frac{(193-150)^2}{150}=19.33$$

这个值超过 χ^2 的表中值（9.210 34），因此，在显著性水平为 0.01 的条件下，数据提供了充分的证据说明实际的薪酬增长分布情况与公司既定的计划有差异。

χ^2 检验同样也可以通过统计软件来实现。图 10−2 是用 XLSTAT 软件分析表 10−2 中数据的输出结果，注意给出的检验的 p 值小于 0.000 1。因为 α=0.01 超过了这个 p 值，因此有充分的证据拒绝原假设。

Chi-square test:	
Chi-square (Observed value)	**19.3292**
Chi-square (Critical value)	**5.9915**
DF	**2**
p-value	**< 0.0001**
alpha	**0.05**

图 10−2　表 10−2 中数据的多项卡方检验 (XLSTAT)

回顾　如果 χ^2 检验的结论是“不能拒绝 H_0”，那么没有充分的证据支持实际薪酬计划分布不同于 H_0 陈述中的既定计划。一定不要“接受 H_0”，认为 p_1=0.10，p_2=0.65，p_3=0.25。因为犯第Ⅱ类错误的概率（β）是未知的。

如果我们关注的是多项分布试验的一个特殊结果，那么可以使用 6.4 节介绍的二项比例的方法建立任何多项分布概率的置信区间。[①] 例如，我们想知道在新系统下将会得到薪酬的超额增长的雇员所占比例的一个置信度为 95% 的置信区间，计算如下：

$$\hat{p}_3=\frac{n_3}{n}=\frac{193}{600}=0.32$$

$$\hat{p}_3\pm1.96\,\sigma_{\hat{p}_3}\approx\hat{p}_3\pm1.96\sqrt{\frac{\hat{p}_3(1-\hat{p}_3)}{n}}$$

$$=0.32\pm1.96\sqrt{\frac{0.32\times(1-0.32)}{600}}=0.32\pm0.04$$

因此，我们估计在新的评价系统下将有 28%~36% 的雇员能够获得薪酬的超额增长。这样看

① 需要注意的是，当我们关心一个类的结果是否和假设的一致时，我们就可以把其余 k−1 个结果分到一个组内，因此，事实上我们得到了两个结果，或者说是一个二项分布试验。

来，公司为了达到既定目标中 25% 的雇员合格率，将不得不提高超额增长的要求。

10.3 对分类概率的检验：双向（列联）表

在 10.1 节中，我们介绍了多项概率分布，并且根据单一定性变量标准考虑了数据的分类。我们现在根据两个标准来考虑多项试验的数据分类，即根据两个定性变量的数据分类。

例如，《市场营销》（*Journal of Marketing*）上发布的一项研究关注的是电视广告中使用名人的影响。研究人员调查了观众的性别和观众的品牌意识之间的关系。300 名电视观众被要求识别男性名人代言的产品。数据汇总在如表 10-3 所示的**双向表**（two-way table）中。该表称为**列联表**（contingency table），它展现了按照类别（即观众的性别和观众的品牌意识）的两个尺度或者**类别维度**（dimension of classification）进行分类的多项计数数据。

表 10-3　营销例子的列联表

		性别		合计
		男性	女性	
品牌意识	能够识别产品	95	41	136
	不能识别产品	50	114	164
合计		145	155	300

表 10-4a 中的符号代表的是表 10-3 中多项试验的分类计数，相应的单元格、行或列的概率显示在表 10-4b 中。因此，n_{11} 表示的是男性且能够识别产品的观众数量，p_{11} 表示的是相应单元格的概率，注意行和列合计的符号以及各自概率合计的符号。后者称为行或列的**边际概率**（marginal probability），如边际概率 p_{r1} 表示的是一名电视观众识别出这种产品的概率；边际概率 p_{c1} 表示的是电视观众是男性的概率。因此

$$p_{r1}=p_{11}+p_{12},\quad p_{c1}=p_{11}+p_{21}$$

表 10-4a　列联表 10-3 的观测频数

		性别		合计
		男性	女性	
品牌意识	能够识别产品	n_{11}	n_{12}	R_1
	不能识别产品	n_{21}	n_{22}	R_2
合计		C_1	C_2	n

表 10-4b　列联表 10-3 的概率

		性别		合计
		男性	女性	
品牌意识	能够识别产品	p_{11}	p_{12}	p_{r1}
	不能识别产品	p_{21}	p_{22}	p_{r2}
合计		p_{c1}	p_{c2}	1

那么，我们可以看到这的确是一个总共进行了 300 次试验的多项试验，有 $2\times2=4$ 个单元格或者可能的结果，并且每个单元格的概率显示在表 10-4b 中。如果这 300 名电视观众是随机抽取的，就可以认为这 300 次试验是独立进行的，并且这些概率在每次试验中保持不变。

假如我们想知道观众的性别和观众的品牌意识这两个变量是否相互依赖，也就是说，假如我们知道电视观众的性别，那么这些信息能否给我们提供一些与观众的品牌意识有关的线索。从概率的角度讲，我们知道（第 3 章）事件 A 和事件 B 独立意味着 $P(AB)=P(A)P(B)$。同样，在列联表的分析中，如果两个变量或者维度是独立的，那么某一项归入表中某个特定单元格的概率是相应边际概率的乘积。这样，在独立性的假设下，在表 10-4b 中，我们必然有：

$$p_{11}=p_{r1}p_{c1},\quad p_{21}=p_{r2}p_{c1}$$
$$p_{12}=p_{r1}p_{c2},\quad p_{22}=p_{r2}p_{c2}$$

为检验独立性的假设，我们使用在 10.2 节单向检验中用到的相同推理。首先，假定独立性原假设是正确的，在此条件下计算每个单元格的期望（或平均）计数。同时要注意，表中一个单元格内的期望计数正好是多项试验总次数 n 乘以单元格概率。n_{ij} 表示列联表中第 i 行第 j 列的**观测计数**（observed cell count），那么左上角的单元格（第一行第一列）的期望计数为：

$$E_{11}=np_{11}$$

或者，在原假设成立时（类别之间是独立的）有：

$$E_{11}=np_{r1}p_{c1}$$

因为这些概率的真值是未知的，所以我们使用$\hat{p}_{r1}=R_1/n$ 和$\hat{p}_{c1}=C_1/n$ 分别估计 p_{r1} 和 p_{c1}，其中 R_1 和 C_1 分别表示第一行和第一列的观测计数合计。这样，我们可以估计期望计数 E_{11}：

$$\hat{E}_{11}=n\left(\frac{R_1}{n}\right)\left(\frac{C_1}{n}\right)=\frac{R_1C_1}{n}$$

同样，对于每个 i，j 都有：

$$\hat{E}_{ij}=\frac{\text{行合计}\times\text{列合计}}{\text{总的样本大小}}$$

因此

$$\hat{E}_{12}=\frac{R_1C_2}{n}$$
$$\hat{E}_{21}=\frac{R_2C_1}{n}$$
$$\hat{E}_{22}=\frac{R_2C_2}{n}$$

建立双向列联表的分类期望计数

落入第 i 行第 j 列单元格内的观测值的期望计数的估计为：

$$\hat{E}_{ij}=\frac{R_iC_j}{n}$$

式中，R_i 为第 i 行的计数合计，C_j 为第 j 列的计数合计，n 为样本量。

利用表 10-3 中的数据，我们得到：

$$\hat{E}_{11}=\frac{R_1C_1}{n}=\frac{136\times145}{300}=65.73$$

$$\hat{E}_{12}=\frac{R_1C_2}{n}=\frac{136\times155}{300}=70.27$$

$$\hat{E}_{21}=\frac{R_2C_1}{n}=\frac{164\times145}{300}=79.27$$

$$\hat{E}_{22}=\frac{R_2C_2}{n}=\frac{164\times155}{300}=84.73$$

利用统计软件很容易得到这些期望值的估计。图 10-3 是 Minitab 的分析输出结果，其中期望值已做阴影处理。

Using frequencies in NUMBER

Rows: AWARE Columns: GENDER

	Female	Male	All
ID-Product	41	95	136
	26.45	65.52	45.33
	70.27	65.73	
No-ID	114	50	164
	73.55	34.48	54.67
	84.73	79.27	
All	155	145	300
	100.00	100.00	100.00

Cell Contents
Count
% of Column
Expected count

Chi-Square Test

	Chi-Square	DF	P-Value
Pearson	46.135	1	0.000
Likelihood Ratio	47.362	1	0.000

Fisher's Exact Test

P-Value
0.0000000

图 10-3 表 10-3 中数据的列联表分析 (Minitab)

现在我们使用 χ^2 统计量比较列联表每个单元格内的观测计数和期望（估计）计数：

$$\chi^2=\frac{(n_{11}-\hat{E}_{11})^2}{\hat{E}_{11}}+\frac{(n_{12}-\hat{E}_{12})^2}{\hat{E}_{12}}+\frac{(n_{21}-\hat{E}_{21})^2}{\hat{E}_{21}}+\frac{(n_{22}-\hat{E}_{22})^2}{\hat{E}_{22}}$$

$$=\sum\frac{(n_{ij}-\hat{E}_{ij})^2}{\hat{E}_{ij}}$$

注意：列联表分析背景下 $\sum$ 指列联表中所有单元格的合计。

把表 10-3 中的数据代入上式得：

$$\chi^2=\frac{(95-65.73)^2}{65.73}+\frac{(41-70.27)^2}{70.27}+\frac{(50-79.27)^2}{79.27}+\frac{(114-84.73)^2}{84.73}=46.14$$

注意：这个值在图 10-3 中也已做阴影处理。

大的 χ^2 值意味着观测计数与期望计数并不是很相符，因此独立性原假设是错误的。为了判断多大的 χ^2 值才能拒绝原假设，我们利用这样一个事实：当类别之间相互独立时，χ^2 统计量的抽样分布近似 χ^2 概率分布。

在一个双向列联表中检验独立性原假设时，合理的自由度是 $(r-1)(c-1)$，其中 r 是表的行数，c 是表的列数。

在品牌识别的例子中，χ^2 的自由度是 $(r-1)(c-1)=(2-1)(2-1)=1$。那么，对于 $\alpha=0.05$，我们拒绝原假设的条件是：

$$\chi^2> \chi^2_{0.05} =3.841\ 46$$

因为计算的 $\chi^2=46.14$ 超过了 3.841 46，所以我们得出结论：观众的性别和观众的品牌意识是两个相互依赖的事件。注意，检验的 p 值（在图 10-3 中做阴影处理）接近 0，可以得出同样的结论。

两个变量的**依赖性**（dependence）在将观测值转换为百分比后更明显。首先，选择两个分类中的一个作为基础变量。在前面的例子中，假设我们选择电视观众的性别作为基础分类变量。然后，我们将第二个分类变量（这个例子中为观众的品牌意识）每个水平的响应值表示为基础变量分类汇总的百分比。例如，在表 10-3 中，我们将识别产品的男性观众的响应值（95）转化为全部男性观众总和（145）的百分比。即

$$\frac{95}{145}\times 100\%=65.5\%$$

把表 10-3 所有单元格都转换成这种百分比的形式，其结果显示在图 10-3 和表 10-5 中。每一行最右侧的数据是这一行的合计，表示占整个表中响应值总数的百分比。这样，能够识别产品的电视观众所占的比例是 $(136/300)\times 100\%=45.3\%$（四舍五入到 0.1）。

表 10-5　按性别识别产品的电视观众所占百分比

		性别		合计
		男性	女性	
品牌意识	能够识别产品	65.5	26.5	45.3
	不能识别产品	34.5	73.5	54.7
合计		100	100	100

如果观众的性别和品牌意识是相互独立的，那么表中每个单元格的百分比应该近似等于行百分比。因此，如果两个变量独立，那么具有品牌意识的观众中男性和女性的比例都应该是 45%。每种性别的百分比相对这个值的偏离程度决定了这两个分类的依赖程度，行百分比具有较大的变异性意味着一种更大的依赖程度。百分比的图形有助于汇总观测到的模式。在利用 Minitab 绘制的条形图中，我们把观众性别（基础变量）作为横轴，把能够识别品牌的电视观众的百分比作为纵轴，在独立性假设下的期望百分比用一条横向的点线表示（见图 10-4）。

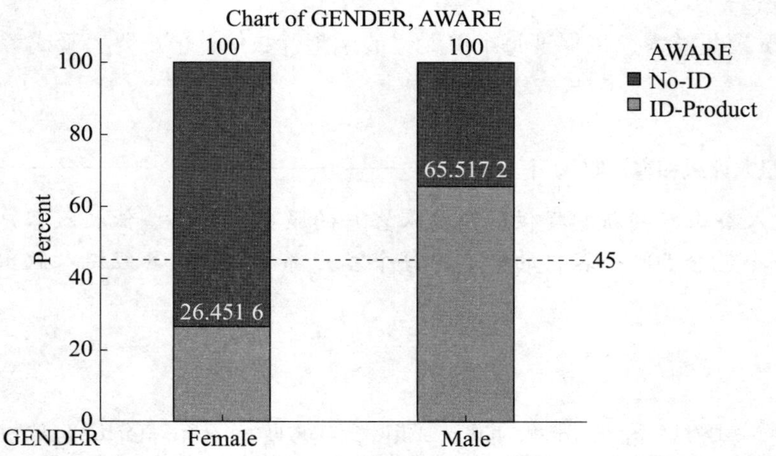

图 10-4　识别出电视产品的观众所占百分比的条形图 (Minitab)

图 10-4 清楚地呈现了列联表中两个变量通过检验得出不独立的结论的原因。识别品牌产品的男性观众占比是女性观众占比的两倍多。[①] 统计上对两变量依赖程度的度量和成对分类水平之间的比较都是可以实现的。这些内容超出了本书的研究范围，可以查阅参考文献。我们利用像图 10-4 那样的描述性汇总表考察样本数据中反映出来的依赖程度。

双向列联表的一般形式包含 r 行、c 列（被称为 $r \times c$ 维列联表），如表 10-6 所示。在每个单元格中的观测计数用 n_{ij} 表示，第 i 行合计为 R_i，第 j 列合计为 C_j，总样本量为 n。

表 10-6　$r \times c$ 维列联表的一般形式

	列	1	2	…	c	行合计
行	1	n_{11}	n_{12}	…	n_{1c}	R_1
	2	n_{21}	n_{22}	…	n_{2c}	R_2
	⋮	⋮	⋮		⋮	⋮
	r	n_{r1}	n_{r2}	…	n_{rc}	R_r
	列合计	C_1	C_2	…	C_c	n

利用这些符号，我们在下面的框中给出了列联表中分类变量独立性检验的一般形式。

双向（列联）表分析的一般形式：χ^2 独立性检验

H_0：两个分类变量之间是相互独立的

H_a：两个分类变量之间不独立

检验统计量：$\chi^2 = \sum \dfrac{\left(n_{ij} - \hat{E}_{ij}\right)^2}{\hat{E}_{ij}}$

其中，$\hat{E}_{ij} = \dfrac{R_i C_j}{n}$。

拒绝域：$\chi^2 > \chi_\alpha^2$

p 值：$P(\chi^2 > \chi_c^2)$

其中，χ_α^2的自由度为 $(r-1)(c-1)$，χ_c^2为检验统计量的计算值。

有效 χ^2 检验需要满足的条件：列联表

1. n 个观测到的计数是从总体中抽取的随机样本。我们可以将此视为一个具有 $r \times c$ 种可能结果的多项试验。

2. 样本量 n 要足够大，以保证每个单元格的期望计数估计值$\hat{E}_{ij}$要大于或者等于 5。

例 10.3　双向分析——经纪人评级和客户收入

问题　一家大型经纪人公司想判断它提供给高收入客户的服务和提供给低收入客户的服务是否存在区别。公司随机抽取了一个包含 500 个客户的样本，每个客户都被要求对其经纪人做出评价，结果如表 10-7 所示。

① 进行这种比较的另一种方法是对 (p_1-p_2) 进行推断，其中 p_1 是指识别产品的男性观众所占百分比，p_2 是女性观众相应的比例，可以采用第 8 章的方法。事实上，对于 2×2 列联表的 χ^2 分析等价于对原假设 $H_0{:}p_1-p_2=0$ 的检验，其备择假设是 $H_a{:}p_1-p_2 \neq 0$。

表 10-7 例 10.3 的调查结果（观测到的客户数）

		客户收入			
		30 000 美元以下	30 000~60 000 美元	60 000 美元以上	合计
经纪人评级	表现突出	48	64	41	153
	表现一般	98	120	50	268
	表现较差	30	33	16	79
	合计	176	217	107	500

a. 检验以确定是否有证据表明经纪人评级和客户收入水平之间是不独立的。利用 α=0.05。

b. 对数据绘图，并描述该图所揭示的模式。该图是否支持检验的结果？

解答 a. 第一步，在两个分类变量相互独立的假设下，计算每个单元格的估计期望计数。当然并不是人工计算，而是借助统计软件计算。StatCrunch 对表 10-7 中的数据进行分析的输出结果见图 10-5。单元格的期望在图 10-5 的表格中做了阴影处理。注意，$\hat{E}_{11}$表示的是经纪人被评为“表现突出”和客户收入为“30 000 美元以下”的那个单元格的估计期望计数，是 53.86。类似地，“表现突出”和“30 000~60 000 美元”对应的单元格的估计期望计数为$\hat{E}_{12}$=66.40。因为每个单元格的估计期望计数都大于 5，所以检验统计量近似 χ^2 分布是合适的。假设样本客户是从这个经纪人公司的所有客户中随机抽取的，那么其满足多项试验的概率分布的特征。

Contingency table results:
Rows: RATING2
Columns: None

Cell format
Count (Column percent) (Expected count)

	UND30K	30K-60K	OVR60K	Total
OUTSTANDING	48 (27.27%) (53.86)	64 (29.49%) (66.4)	41 (38.32%) (32.74)	153 (30.6%)
AVERAGE	98 (55.68%) (94.34)	120 (55.3%) (116.31)	50 (46.73%) (57.35)	268 (53.6%)
POOR	30 (17.05%) (27.81)	33 (15.21%) (34.29)	16 (14.95%) (16.91)	79 (15.8%)
Total	176 (100%)	217 (100%)	107 (100%)	500 (100%)

Chi-Square test:

Statistic	DF	Value	P-value
Chi-square	4	4.2777053	0.3697

图 10-5 经纪人公司数据的列联表分析 (StatCrunch)

我们要检验的原假设和备择假设是：

H_0：客户给出的经纪人评级独立于客户收入

H_a：经纪人评级和客户收入是不独立的

检验统计量的实现值 χ^2=4.28 在输出结果的底部以阴影显示，并且给出了检验中观测的显著性水平（p 值）。因为 α=0.05 小于 p=0.369 7，所以我们不能拒绝原假设。这次调查不支持公司的备择假设：收入水平高的客户得到的经纪人的服务和收入水平较低的客户得到的服务是不同的。（注意，即使在 α=0.1 的水平

上我们也无法拒绝 H_0。)

b. 在图 10-5 利用 StatCrunch 计算出的输出结果中，经纪人评级的频数表示为收入分类频数的百分比。独立性假设下的期望百分比显示在输出结果的"Total"列。Minitab 对这组数据生成的并列条形图显示在图 10-6 中。注意，响应百分比值与那些在独立性原假设下得到的期望值仅仅有轻微的偏离，支持 a 部分的检验结果——无论是图形描述还是统计检验，都不能提供证据证明对经纪人服务的评级依赖于客户收入。

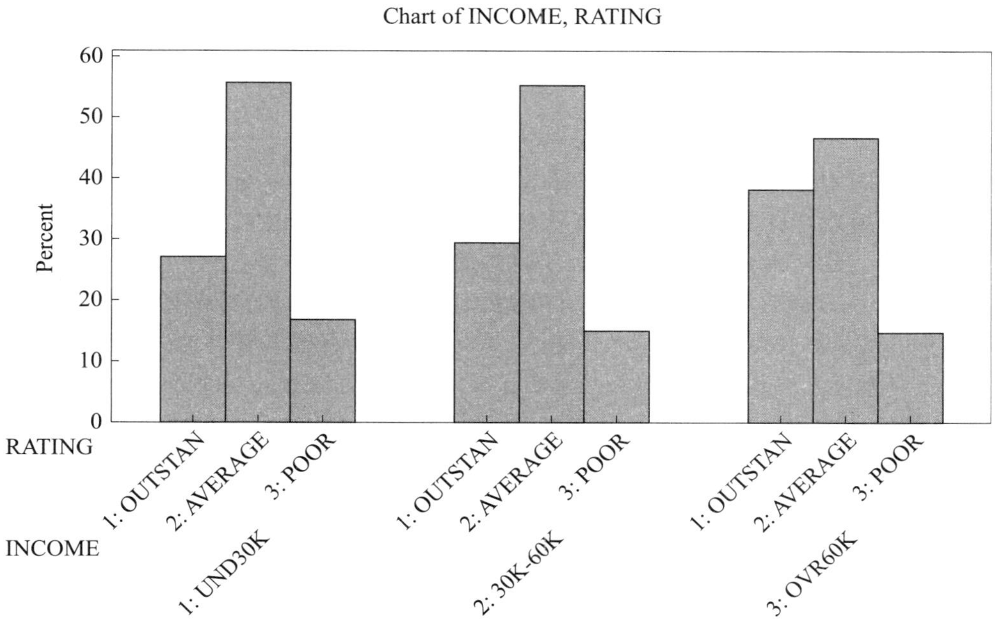

图 10-6 经纪人公司数据的并列条形图 (Minitab)

具有固定边际的列联表

在《市场营销》杂志关于电视广告名人代言的研究中，从所有电视观众的目标总体中选择一个随机样本，记录每位观众的性别和品牌意识。对于此类研究，研究者不知道有多少观察结果会归入定性变量的类别中。也就是说，在得到样本之前，研究者不知道样本中有多少男性观众或者有多少品牌识别者（即识别出品牌的观众）。通常情况下，从其中一个定性变量的每个水平中选择一个随机样本是有利的。

例如，在《市场营销》杂志的研究中，研究者可能会想保证相同数量的男性观众和女性观众出现在样本中。因此，将选择 150 名男性观众和 150 名女性观众的独立随机样本。(事实上，这只是真实研究的抽样计划。) 这类研究的汇总数据产生了一个**具有固定边际的列联表**（contingency table with fixed marginal），因为某个定性变量（如性别）的列合计是已知的。[①] 这种分析的目标不会发生变化——确定这两个定性变量（例如性别和品牌意识）是否独立。

对一个具有固定边际的列联表进行卡方分析的过程与前面提到的一致，因为可以证明这类抽样的 χ^2 检验统计量具有近似卡方分布，自由度为 $(r-1)(c-1)$。(证明略。) 你可能会选择此种替代抽样方案的原因之一是为了在列联表的每个单元格中得到足够多的观测值以保证卡方近似有效。

① 来自这类研究的数据也被称为乘积二项数据。

一般地，当单元格计数的期望值都大于或等于 5 时，这种情况会发生。在《市场营销》杂志的研究中，通过为每一个性别选择一个大样本（150 个观测值），研究者提高了在列联表中得到大的观测计数的概率。

列联表中独立性的精确检验

在列联表中检验独立性的过程是一个“近似”检验，因为 χ^2 检验统计量具有近似卡方概率分布。样本越大，检验的近似值就越好。因此，该检验通常称为渐近检验。对于小样本（即生成列联表的样本，其中一个或多个单元格的期望数量小于 5），渐近卡方检验的 p 值可能不是实际（精确）p 值的良好估计。在这种情况下，我们可以采用费希尔（1935）提出的技术。

对于 2×2 列联表，费希尔提出了一个程序来计算独立性检验的精确 p 值，称为**费希尔精确检验**（Fisher's exact test）。该方法利用第 4 章的超几何概率分布，将在下一个示例中说明。

例 10.4　2×2 列联表的精确检验——HIV 疫苗的应用

问题　现需筛选出某些 HIV 菌株，来开发新的、有效的 HIV 疫苗。哈佛大学公共卫生学院的一位统计学家在《机会》（*Chance*，2000 年秋季）上发表了有关检测 HIV 疫苗功效的研究。表 10-8 以 2×2 列联表的形式给出了 HIV 疫苗初步试验的结果。该疫苗旨在消灭一种特定的病毒株，称为“MN 菌株”。该试验包括 7 名接种新型疫苗的 AIDS 患者和 31 名接受安慰剂（未接种疫苗）治疗的 AIDS 患者。该表显示了在试验随访期间 MN 菌株检测呈阳性和阴性的患者人数。

表 10-8　例 10.4 的列联表

患者分组	MN 菌株		
	阳性	阴性	总数
未接种疫苗的患者	22	9	31
已接种疫苗的患者	2	5	7
总数	24	14	38

a. 进行检验以确定新型疫苗是否可以有效消灭 MN 菌株。使用 α=0.05。
b. a 部分的假设检验是否满足条件？
c. 考虑超几何概率

$$\binom{7}{2}\binom{31}{22}\div\binom{38}{24}=\frac{\dfrac{7!}{2!5!}\,\dfrac{31!}{22!9!}}{\dfrac{38!}{24!14!}}=0.043\ 78$$

假设独立性原假设为真，这表示 7 名接种疫苗的 AIDS 患者中有 2 名检测呈阳性，31 名未接种疫苗的患者中有 22 名检测呈阳性的概率，即列联表结果的概率。表 10-9a 和表 10-9b 中显示了两个列联表（与原始表具有相同的边际总数），与观察表相比，它们与独立性原假设更矛盾。使用超几何公式求出每个列联表的概率。

表 10-9a　例 10.4 的备选方案列联表

患者分组	MN 菌株		
	阳性	阴性	总数
未接种疫苗的患者	23	8	31

续表

患者分组	MN 菌株		
	阳性	阴性	总数
已接种疫苗的患者	1	6	7
总数	24	14	38

表 10-9b 例 10.4 的备选方案列联表

患者分组	MN 菌株		
	阳性	阴性	总数
未接种疫苗的患者	24	7	31
已接种疫苗的患者	0	7	7
总数	24	14	38

d. 费希尔精确检验的 p 值是在给定相同的边际总数的情况下观察到的结果至少与观察列联表一样与原假设矛盾的概率。将 c 部分的三个概率相加，得到费希尔精确检验的 p 值。在疫苗试验的背景下解释这个值。

解答 a. 如果疫苗能有效消灭 MN 菌株，那么接种组中阳性患者的比例将小于未接种组的相应比例。也就是说，患者组和菌株检测结果这两个变量将相互依赖。因此，我们对表 10-8 的数据进行了独立性卡方检验。分析的 XLSTAT 输出结果显示在图 10-7 中。检验的近似 p 值（在输出结果的顶部以阴影显示）为 0.036。由于该值小于 α=0.05，我们拒绝独立性原假设并得出结论，即新型疫苗对 MN 菌株检测呈阳性的患者比例有影响。

Test of independence between the rows and the columns (Chi-square):

Chi-square (Observed value)	4.4112
Chi-square (Critical value)	3.8415
DF	1
p-value	0.0357
alpha	0.05

Observed frequencies:

	POSITIVE	NEGATIVE	Total
Unvaccinated	22	9	31
Vaccinated	2	5	7
Total	24	14	38

Theoretical frequencies:

	POSITIVE	NEGATIVE	Total
Unvaccinated	19.5789	11.4211	31.0000
Vaccinated	4.4211	2.5789	7.0000
Total	24	14	38

Fisher's exact test:

Odds ratio	1.3580
p-value (one-tailed)	0.0498
alpha	0.05

图 10-7 表 10-8 的列联表分析 (XLSTAT)

b. a 部分的渐近卡方检验是大样本检验。我们的假设是样本足够大，因此期望的单元格计数都大于或等于 5。这些期望的单元格计数在 XLSTAT 输出结果中做了阴影处理，如图 10-7 所示。请注意，两个单元格的期望计数小于 5，不满足大样本假设。因此，检验产生的 p 值可能不是真实 p 值的可靠估计。

c. 使用超几何公式，在给定独立性原假设的情况下，表 10-9a 中的结果为真的概率为：

$$\binom{7}{1}\binom{31}{23}\div\binom{38}{24}=\frac{\frac{7!}{1!6!}\,\frac{31!}{23!8!}}{\frac{38!}{24!14!}}=0.005\ 71$$

同样，表 10-9b 中的列联表的概率为：

$$\binom{7}{0}\binom{31}{24}\div\binom{38}{24}=\frac{\frac{7!}{0!7!}\,\frac{31!}{24!7!}}{\frac{38!}{24!14!}}=0.000\ 27$$

d. 为了获得费希尔精确检验的 p 值，我们将所有可能的列联表的列联表概率相加，这些列联表给出的结果至少与观察到的列联表一样与原假设矛盾。由于表 10-9 中的列联表是仅有的两个可能给出更矛盾结果的表，我们将它们的超几何概率添加到表 10-8 的超几何概率中以获得独立性检验的精确 p 值：

p值 $=0.043\ 78+0.005\ 71+0.000\ 27=0.049\ 76$

由于这个精确的 p 值小于 $\alpha=0.05$，我们拒绝独立性原假设；有足够的证据可靠地得出结论：该疫苗可有效消灭 MN 菌株。实施费希尔精确检验，p 值 $=0.049\ 76\approx0.050$，可以使用统计软件更轻松地获得。它显示（阴影部分）在图 10-7 中 XLSTAT 输出结果的底部。

回顾 列联表的费希尔精确检验 p 值显示在对应的 Minitab 输出结果的底部，见图 10-3。

因为很容易使用统计软件获得，所以在分析 2×2 列联表时应用费希尔精确检验（而不是渐近卡方检验）。费希尔程序也可以应用于更一般的 $2\times c$ 列联表（即一个分类变量的 2 个水平和另一个分类变量的 c 个水平的表）。使用统计软件编程可以计算这些检验的精确 p 值。

回顾实践中的统计

检验诉讼的可能性是否与召回通知的递送者有关

我们回到关于移植组织器官被感染的案例。回想一下，处理人员声称配送人员应为向起诉病人者支付损害赔偿金负有更大责任。为什么？因为这名有争议的配送人员在递送召回通知给医院和外科医生（FTC 要求）时，还附上了来路不明的报纸文章，上面用图片详细描述了长期发生的非法盗卖组织器官的残忍行为。按照这名处理人员的看法，这些文章会刺激组织器官的接受者，增加病人起诉的可能性。

为了在法庭上证实这一点，处理人员需要在起诉的可能性和召回通知的递送者之间建立一种统计联系。具体而言，这个处理人员需说明收到夹带煽动性文章的召回通知的外科医生的病人起诉的概率，是否高于只收到召回通知的外科医生的病人。

作为处理人员的专业顾问的统计学家审查了收到召回通知的 7 914 位病人的数据（其中 708 位提起诉讼）。这些数据保存在 GHOUL1 文件中。对于每一位病人，文件包含了召回通知递送者（SENDER）（处理人员或配送人员）的信息，以及是否提起诉讼（LAWSUIT）（是或否）。既然这两个变量都是定性变量，且我们想知道诉讼的概率是否依赖于召回通知的递送者，进行一个列联表分析是合适的。

图 SIA10-1 显示了 Minitab 列联表分析的结果。检验的原假设和备择假设是：

H_0：诉讼和递送者之间是独立的

H_a：诉讼和递送者之间是不独立的

Rows: SENDER Columns: LAWSUIT

	No	Yes	All
Distributor	5506	657	6163
	89.34	10.66	100.00
	5611.6	551.4	
	1.989	20.244	
Processor	1700	51	1751
	97.09	2.91	100.00
	1594.4	156.6	
	7.001	71.252	
All	7206	708	7914
	91.05	8.95	100.00

Cell Contents
Count
% of Row
Expected count
Contribution to Chi-square

Chi-Square Test

	Chi-Square	DF	P-Value
Pearson	100.485	1	0.000
Likelihood Ratio	124.748	1	0.000

Fisher's Exact Test

P-Value
0.0000000

图 SIA10-1 列联表分析——诉讼的可能性和召回通知的递送者 (Minitab)

卡方检验统计量（100.5）和检验 p 值（0.000）在输出结果中做了阴影处理。如果我们在 α=0.01 的条件下进行这个检验，那么有充分的证据拒绝 H_0。也就是说，数据提供的证据显示移植受污染的组织器官的病人提起诉讼的可能性和召回通知的递送者之间是有联系的。

为了确认哪个递送者相关的病人诉讼率较高，观察图 SIA10-1 中列联表的行百分比（阴影部分）。你会看到有 1 751 位病人是由处理人员递送召回通知的，其中有 51 人（或者 2.91%）提起了诉讼。相比之下，有 6 163 位病人由有争议的配送人员递送召回通知，其中 657 人（或者 10.66%）提起了诉讼。这样，与配送人员相关的病人提起诉讼的概率约是与处理人员相关的病人的四倍。

在用这些结果在法庭上作证之前，统计学家决定做一个附加分析：他从样本中剔除一些数据，这些数据对应的病人的外科医生同时收到这两方送到的两份召回通知。为什么？因为这些病人的外科医生收到两份召回通知，病人提起诉讼的根本原因不清楚。病人起诉仅是因为他接受了被感染的移植组织器官，还是因为受到召回通知中夹带的煽动性文章的刺激？在剔除这些病人后，数据如表 SIA10-2 所示。对于这组删减后的数据（保存在 GHOUL2 文件中）进行 Minitab 列联表分析，结果见图 SIA10-2。

表 SIA10-2 受污染的组织器官案件的数据，剔除了双重召回通知数据

召回通知递送者	病人数	诉讼数
处理人员 / 其他配送人员	1 522	31
有争议的配送人员	5 705	606
合计	7 227	637

与前面的分析一样，卡方检验统计量（110.2）和检验的 p 值（0.000）——在输出结果中做了阴影处理——意味着移植受污染的组织器官的病人提起诉讼的可能性与召回通知的递送者之间有联系，显著性水平 α=0.01。而且，由配送人员递送召回通知的病人提起诉讼的百分比（10.62%），是由处理人员递送召回通知的病人提起诉讼的百分比（2.04%）的 5 倍多。

Rows: SENDER Columns: LAWSUIT

	No	Yes	All
Distributor	5099	606	5705
	89.38	10.62	100.00
	5202.2	502.8	
	2.045	21.160	
Processor	1491	31	1522
	97.96	2.04	100.00
	1387.8	134.2	
	7.667	79.315	
All	6590	637	7227
	91.19	8.81	100.00

Cell Contents
Count
% of Row
Expected count
Contribution to Chi-square

Chi-Square Test

	Chi-Square	DF	P-Value
Pearson	110.187	1	0.000
Likelihood Ratio	144.862	1	0.000

Fisher's Exact Test

P-Value
0.0000000

图 SIA10-2　剔除双重召回通知数据后的列联表分析 (Minitab)

这两个分析的结果都被成功地用来在法庭上支持处理人员的陈述。然而，我们需要对列联表分析提出一个警告。注意不能得出这样的结论：数据证实夹带的煽动性文章引起诉讼的概率提高。在所有可能与提起诉讼相关的变量（例如，病人的社会经济状况，病人以前是否提起过诉讼）并没有得到控制的情况下，我们只能说这两个定性变量——诉讼状况和召回通知的递送者之间在统计上是相关联的。然而，当通知是由配送人员递送时，其诉讼可能性明显增加，这一事实将举证责任转移到配送人员。由配送人员解释为什么会发生这种情况，并说服法院他不应该承担支付赔偿的大部分责任。

另一种分析：在本节的脚注中曾经提到，一个 2×2 的列联表分析等价于两个总体比例的比较。在这个受污染组织器官的案例中，我们想比较由处理人员递送召回通知的病人提起诉讼的比例 p_1，以及由夹带煽动性文章的配送人员递送召回通知的病人提起诉讼的比例 p_2。对原假设 $H_0:(p_1-p_2)=0$ 的检验和差异 (p_1-p_2) 的 95% 置信区间均使用剔除后的样本数据，在 Minitab 的输出结果做了阴影处理，见图 SIA10-3。

检验的 p 值（0.000）显示两个比例在 α=0.05 的条件下是显著不同的。95% 的置信区间（−0.097，−0.075）说明，由那名配送人员递送召回通知的病人提起诉讼的比例比处理人员对应的比例高出 0.075~0.097。这两个结果都支持处理人员，也就是说，收到夹带煽动性文章的召回通知的病人比只收到召

回通知的病人更有可能提起诉讼。

Test and CI for Two Proportions

Method

p_1: proportion where Sample 1 = Event
p_2: proportion where Sample 2 = Event
Difference: $p_1 - p_2$

Descriptive Statistics

Sample	N	Event	Sample p
Sample 1	1522	31	0.020368
Sample 2	5705	606	0.106223

Estimation for Difference

Difference	95% CI for Difference
-0.0858547	(-0.096545, -0.075164)

CI based on normal approximation

Test

Null hypothesis　H_0: $p_1 - p_2 = 0$
Alternative hypothesis　H_1: $p_1 - p_2 \neq 0$

Method	Z-Value	P-Value
Normal approximation	-15.74	0.000
Fisher's exact		0.000

图 SIA10-3　95% 置信区间和提起诉讼比例差异的检验 (Minitab)

10.4　卡方检验中需要注意的地方

由于卡方统计量在多项概率检验理论中得到广泛应用，也最容易被滥用，因此，使用者首先应该确保试验满足每一步给定的假设。更进一步，使用者应该保证样本来自正确的总体，也就是说，来自需要推断的总体。

如果期望计数很小，就应该避免使用 χ^2 概率分布作为 χ^2 统计量的抽样分布的近似。当期望计数很小时，这种近似性会变得非常弱，因此真实的 α 水平将与制表值有很大差异。作为经验法则，单元格的期望计数至少包含 5 个，意味着 χ^2 概率分布能用于决定一个近似临界值。

如果卡方值没有超过已确定的卡方临界值，不能接受独立性原假设。你会有犯第Ⅱ类错误（在 H_0 错误的情况下接受 H_0）的风险，犯这类错误的概率 β 是未知的。通常用到的备择假设是：分类变量间相互依赖。由于两个分类变量相互依赖的方式实际上是无穷的，因此很难计算一个或者几个 β 值来代表这种广泛的备择假设。因此，我们要避免得出两个分类变量相互独立的结论，即使 χ^2 值很小。

最后，如果列联表中的 χ^2 值确实超过了临界值，我们要谨慎，避免推断两个分类变量之间存在因果关系。我们的备择假设是：两个分类变量在统计意义上是相互依赖的，并且统计意义上

的依赖并不意味着因果关系。因此，因果关系的存在不能由列联表分析得到。

统计中的道德观

当你完全意识到样本太小或者前提不满足时，仍然利用卡方分析的结果进行一种你所希望的推断，被认为是不道德的统计行为。

关键术语

类别（category）
单元格计数（cell count）
单元格（cell）
卡方检验（chi-square test）
类（class）
列联表（contingency table）
具有固定边际的列联表（contingency table with fixed marginal）
依赖性（dependence）
类别维度（dimension of classification）
期望计数（expected cell count）
费希尔精确检验（Fisher's exact test）
边际概率（marginal probability）
多项试验（multinomial experiment）
观测计数（observed cell count）
单向表（one-way table）
双向表（two-way table）

关键符号

$p_{i,0}$——在原假设下多项概率 p_i 的值
χ^2——用于分类数据的卡方检验统计量
n_i——单向表单元格 i 中的观测结果数目
E_i——单向表单元格 i 中期望的结果数目
p_{ij}——双向表第 i 行和第 j 列中结果的概率
n_{ij}——双向表第 i 行和第 j 列中观测到的结果数目
$\hat{E}_{ij}$——双向表第 i 行和第 j 列中期望的结果数目
R_i——双向表第 i 行结果的数目合计
C_j——双向表第 j 列结果的数目合计

关键知识点

多项数据：
多于两类的定性数据
多项分布的性质：
1. n 个同质的试验；
2. 每次试验有 k 个可能的结果；
3. k 个结果的概率在试验中保持不变，其中 $p_1+p_2+\cdots+p_k=1$；
4. 每次试验相互独立；
5. 感兴趣的变量：单元格计数（即属于每个结果类别的观测数量），记为 n_1，n_2，…，n_k。

单向表：
单个定性变量的汇总表
双向（列联）表：
两个定性变量的汇总表
卡方（χ^2）统计量：
在单向表和双向表中用来验证分类概率
卡方独立性检验：
不能被用来推断两个定性变量间的因果关系
有效的 χ^2 检验需要满足的条件：
1. 多项试验；
2. 样本量 n 足够大（单元格的期望计数大于或等于5）。

分类数据分析指南

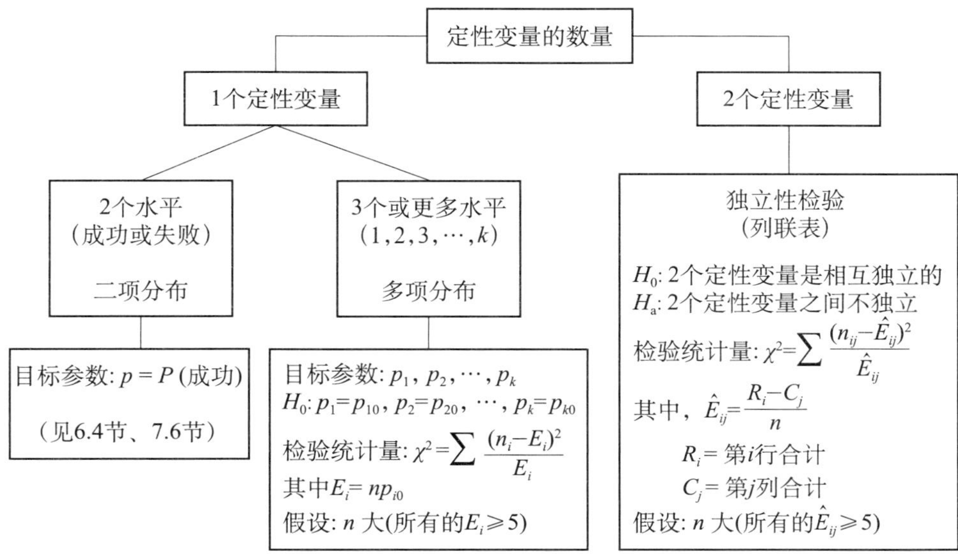

练习题

1. 货运业超载。虽然违法，但超载在卡车运输行业很常见。州际公路规划机构（明尼苏达州交通部）使用公路内置的无人计算机化秤监测州际公路上超重卡车的移动。卡车司机不知道，当他们经过时，秤会称重他们的车辆。下表第二列显示了一周中每一天超重卡车占卡车总流量（五轴半挂牵引车）的比例。在同一周内，第三列中给出了每天超重卡车的数量。此信息保存在随附的文件中。规划机构想知道每周超重卡车的数量在一周 7 天内的分布是否与卡车交通量成正比。使用 α=0.05 进行测试。

	比例	数量
星期一	0.191	90
星期二	0.198	82
星期三	0.187	72
星期四	0.180	70
星期五	0.155	51
星期六	0.043	18
星期日	0.046	31

2. 找到两个分类的独立性检验的拒绝域，其中列联表包含 r 行和 c 列。

   a. r=5，c=5，α=0.05

   b. r=3，c=6，α=0.10

   c. r=2，c=3，α=0.01

3. 旅游从业者的薪酬是否公平?《商务旅行新闻》（*Business Travel News*, 2018 年 8 月 13 日）报道了其年度旅游从业者薪酬和态度调查的结果。共有 256 名旅游从业者参与了调查，其中男性 77 人，女性 179 人。其中一个问题询问了旅游从业者对其薪酬是否公平的看法。回答分为三类：“薪酬太低”“薪酬公平”或“薪酬高”。下表按性别对每个类别的答复进行了细分。

	男性	女性
薪酬太低	30	79
薪酬公平	37	77
薪酬高	10	23
合计	77	179

a. 找出认为自己的薪酬过低的男性旅游从业者的比例，并将其与认为自己的薪酬过低的女性旅游从业者的比例进行比较。

b. 重复问题 a 的步骤，比较认为薪酬公平的男性和女性旅游从业者的比例。

c. 重复问题 a 的步骤，比较认为薪酬高的男性和女性旅游从业者的比例。

d. 根据 a 至 c 部分的比较，你认为男性和女性对旅游从业者薪酬公平性的看法是否不同？

e. 参考问题 d 的答案，进行合理的统计检验，取 α=0.10。

f. 求解问题 a 中两个比例间差异的 90% 置信区间，并给出解释。

4. 目击者和犯罪嫌疑人照片。回顾《刑事司法应用心理学》（2010 年 4 月）对于目击者选择犯罪嫌疑人面部照片的研究。回想一下，有 96 名大学生看了一段模拟盗窃的视频，然后要求他们选择一张长得最像盗贼的面部照片。学生们被随机地分配一次看 3 张、6 张或 12 张照片，每组有 32 个学生。在每次看 3 张、6 张和 12 张照片的三个组中选择目标照片的学生人数分别是 19，19 和 15。

a. 对每一个照片组，计算选择目标照片的学生所占的比例。哪个组的比例最低？

b. 为这些数据建立一个列联表，照片组作为行，是否选择了目标照片作为列。

c. 分析问题 b 中的列联表，这三个组在选择目标照片的比例上有差异吗？利用 α=0.1 进行检验。

5. 香烟税率和戒烟率。参考《经济心理学杂志》（*Journal of Economic Psychology*, 2018 年第 66 卷）关于高税率是否会降低戒烟概率的研究，我们收集了 725 名当前或曾经吸烟者的州税率（高或低）数据。汇总结果（每个类别中的吸烟者人数）的表格如下。数据是否表明香烟税率会影响吸烟者是否戒烟？在 α=0.01 下进行适当的检验。

	高税率	低税率	合计
曾经吸烟者（戒烟者）	457	25	482
当前吸烟者	226	17	243
合计	683	42	725

资料来源：Ferrer, R.A., et al. "Cigarette tax rates, behavioral disengagement, and quit ratios among daily smokers", *Journal of Economic Psychology*, Vol. 66, 2019 (adapted from Table 1 and Figure 1).

6. 将 150 个观察结果的随机样本分为下表所示的类别。

	类别				
	1	2	3	4	5
n_i	28	35	33	25	29

a. 数据是否提供了足够的证据表明这些类别的可能性不同？使用 α=0.10。

b. 形成 p_2 的 90% 置信区间，即观测值属于类别 2 的概率。

7. M&M's 巧克力豆的颜色。M&M's 普通的巧克力豆有六种不同的颜色：棕色、黄色、红色、橙色、绿色和蓝色。从生产商处得知，每一批产品中不同颜色的比例是：棕色 30%、黄色 20%、红色 20%、橙色 10%、绿色 10% 和蓝色 10%。为验证这一点，明尼苏达州卡尔顿大学的一名教授让学生数出 M&M's 大袋巧克力豆中不同颜色的数量。400 个 M&M's 巧克力豆样本的结果如下表所示。

棕色	黄色	红色	橙色	绿色	蓝色	合计
100	75	85	50	40	50	400

a. 假定生产商声称的比例是精确的，计算归入这六类的期望数目。

b. 计算检验生产商声明的卡方值。

c. 检验实际生产的不同颜色的巧克力豆的比例是否与生产商声称的百分比不同，取 α=0.05。

8. 顶级互联网搜索引擎。Smart Insights 公司报告了网络上最流行的搜索引擎的"搜索"份额（即所有互联网搜索量的百分比）。2020 年 1 月，谷歌占全球所有搜索量的 73%，百度占 10%，雅虎占 2%，必应占 12%，其他搜索引擎占 3%。假设在 1 000 次近期互联网搜索的随机样本中，720 次使用谷歌，115 次使用百度，27 次使用雅虎，108 次使用必应，30 次使用其他搜索引擎。

a. 样本数据是否与 Smart Insights 公司报告的百分比不一致？使用 α=0.05 进行测试。

b. 求出并解释所有互联网搜索中使用谷歌搜索引擎的百分比的 95% 置信区间。

9. 手机用户调查。您的手机套餐中有多少个不同的手机号码？根据当前人口调查（Current Population Survey，CPS）的报告，51% 的手机套餐只有一个手机号码，37% 有两个号码，9% 有三个号码，3% 有四个或更多号码。一项针对随机选择的 943 名手机用户的独立调查发现，473 人只为一个号码付费，334 人为两个号码付费，106 人为三个号码付费，30 人为四个或更多号码付费。进行检验以确定来自独立调查的数据是否与 CPS 报告的内容相矛盾。使用 α=0.01。

10. 决策制定过程中的内疚感。就内疚感对于决策制定者的影响，2007 年 1 月的《决策行为杂志》（*Journal of Behavioral Decision Making*）进行了调

查。共有 171 名学生志愿者参加了这个试验，通过一项读 / 写任务，每个人被随机分配到三种情感状态（内疚、气愤或者中立）组中。这项任务完成之后，立即交给学生一个决策问题，这些问题的选项具有负面特征（例如，花钱修理一辆很旧的车）。结果（每一类对应的计数）汇总在下表中。是否有充分的证据（α=0.1）说明选项的选择依赖于情绪状态？利用保存的数据回答这个问题。

情绪状态	选择的选项	未选择的选项	合计
内疚	45	12	57
气愤	8	50	58
中立	7	49	56
合计	60	111	171

资料来源：A. Gangemi and F. Mancini, "Guilt and Focusing in Decision-Making," *Journal of Behavioral Decision Making*, Vol. 20, January 2007 (Table 2).

参考文献

1. Agresti, A. *An Introduction to Categorical Data Analysis*, 3rd ed. New York: Wiley, 2019.
2. Cochran, W. G. "The χ^2 test of goodness of fit," *Annals of Mathematical Statistics*, 1952, 23.
3. Conover, W. J. *Practical Nonparametric Statistics*, 3rd ed. New York: Wiley, 1999.
4. DeGroot, M. H., Fienberg, S. E., and Kadane, J. B., eds. *Statistics and the Law*. New York: Wiley, 1986.
5. Fisher, R. A. " The logic of inductive inference (with discussion), " *Journal of the Royal Statistical Society*, Vol. 98, 1935, pp. 39–82.
6. Hollander, M., Wolfe, D. A., and Chicken, E. *Nonparametric Statistical Methods*, 3rd ed. New York: Wiley, 2013.
7. Savage, I. R. " Bibliography of nonparametric statistics and related topics," *Journal of the American Statistical Association*, 1953, 48.

综合案例四（覆盖第 9 章和第 10 章的案例）

职场上的歧视

1964 年的《民权法案》（Civil Rights Act）第七章禁止在工作场所中出现基于种族、肤色、宗教、性别和民族的歧视。1967 年的《雇佣年龄歧视法案》（Age Discrimination in Employment Act，ADEA）保护 40~70 岁的工人免受年龄歧视，并指出在雇佣、晋升、薪酬和解雇过程中都存在潜在的歧视。

1971 年美国最高法院审理的雇佣歧视案件分为两类：差别性对待案件和差别性影响案件。前者关注的焦点是雇主是否有意歧视工人。例如，如果雇主在决定是否解雇该雇员时考虑了个人的种族，那么这就是一个差别性对待的案件。后者关注的焦点是雇佣行为（即使雇主没有歧视意向）是否对受保护群体或社会阶层产生不利影响。

第一部分：一家电脑公司的裁员事件

差别性影响案件几乎总是涉及专业统计学家使用统计证据和专家证词。原告的律师在为客户辩护时经常使用 p 值形式的假设检验结果。

表 C4-1 最近被引入作为种族案件的证据，该案件由一家计算机制造商的裁员事件引起。该公司决定裁掉一个部门 1 215 名员工中的 51 名。原告——在本案中被解雇的 20 名非洲裔美国人中的 15 名——起诉该公司要求赔偿 2 000 万美元。

表 C4-1 种族案件中裁员数据汇总

		决定	
		保留	解雇
种族	白人	1 051	31
	黑人	113	20

资料来源：P. George Benson.

该公司的律师辩称，这些决定是根据所有员工的绩效排名做出的。原告的法律团队和他们的专家证人引用了统计假设检验的结果，认为裁员是种族歧视造成的。

原告对数据解释的有效性取决于在这种情况下是否满足检验的假设。特别是，与本书中提出的所有假设检验一样，随机抽样的假设必须成立。如果不是，则检验结果可能是由于违反了该假设而不是歧视。一般来说，检验过程的合理性取决于检验能否捕捉到问题中与雇佣过程有关的方面（DeGroot，Fienberg，and Kadane，*Statistics and the Law*，1986）。

准备一份作为证据提交的文件（即证据），文件要评价原告对数据解释的有效性。评价要基于公司解雇员工的过程以及这些过程在原告的假设检验中如何反映。

第二部分：年龄歧视——你就是法官

AJAX 制药公司（公司名为虚构）将其匹兹堡制造厂的 55 名装配线工人中的 24 名解雇。被解雇工人中的 11 人援引 ADEA 的规定，声称受到年龄歧视，并起诉 AJAX 制药公司要求赔偿 500 万美元。管理者对这一说法提出异议，说由于工人本质上是可以互换的，因此他们使用随机抽样的方法选择了解雇的 24 人。

表 C4-2 列出了 55 名装配线工人，并确定了哪些已被解雇，哪些仍然在职。原告用星号标记。原告和被告都使用这些数据来确定裁员是否对 40 岁及以上的工人产生了不利影响，并确定管理层随机抽样声明的可靠性。

表 C4-2 年龄歧视案件的数据

雇员	年收入（美元）	年龄	雇员情况
* 奥尔德	41 200	45	解雇
阿拉里奥	39 565	43	在职
安德斯	30 980	41	在职
巴杰瓦	23 225	27	在职
* 巴尼	21 250	26	在职
伯杰	41 875	45	解雇
布伦	31 225	41	在职
凯恩	30 135	36	解雇
卡莱	29 850	32	在职
卡斯尔	21 850	22	在职
钱	43 005	48	解雇

续表

雇员	年收入（美元）	年龄	雇员情况
乔	34 785	41	在职
科恩	25 350	27	在职
达雷尔	36 300	42	在职
* 戴维斯	40 425	46	解雇
* 道森	39 150	42	解雇
登克尔	19 435	19	在职
多兰多	24 125	28	在职
迪布瓦	30 450	40	在职
英格兰	24 750	25	在职
叶斯季斯	22 755	23	在职
芬顿	23 000	24	在职
芬纳	42 000	46	解雇
* 弗雷斯	44 100	52	解雇
加里	44 975	55	解雇
吉伦	25 900	27	在职
哈维	40 875	46	解雇
希金斯	38 595	41	在职
* 黄	42 995	48	解雇
雅托	31 755	40	在职
约翰逊	29 540	32	在职
朱拉斯克	34 300	41	在职
克莱因	43 700	51	解雇
兰	19 435	22	在职
利奥	28 750	32	在职
* 劳斯坦	44 675	52	解雇
马克	35 505	38	解雇
马洛夫	33 425	38	解雇
麦考尔	31 300	36	解雇
* 纳多	42 300	46	解雇
* 阮	43 625	50	解雇

续表

雇员	年收入（美元）	年龄	雇员情况
奥斯	37 650	42	在职
* 帕特勒	38 400	43	解雇
波特	32 195	35	解雇
罗莎	19 435	21	在职
罗思	32 785	39	解雇
萨伊诺	37 900	42	在职
斯科特	29 150	30	解雇
史密斯	35 125	41	在职
蒂尔	27 655	33	在职
* 沃克	42 545	47	解雇
王	22 200	32	在职
延	40 350	44	解雇
永	28 305	34	在职
蔡特尔斯	36 500	42	在职

使用任何你认为合理的统计方法，形成一份支持原告观点的文件（将与这一问题有关的文件称为证物A）。同样，形成一份支持被告观点的文件（将与这一问题有关的文件称为证物B）。然后讨论哪个物证更为可信并解释原因。（注意：此案件有数据文件，描述如下。）

变量	类型
姓氏	定性变量
收入	定量变量
年龄	定量变量
雇佣情况	定性变量

（观测数：55）

第 11 章 简单线性回归

我们将要学习：

- 引入直线模型（简单线性回归模型）作为建立一个定量变量和另一个定量变量之间联系的方法
- 评价简单线性回归模型拟合样本数据的效果
- 引入相关系数作为建立一个定量变量和另一个定量变量之间联系的方法
- 使用简单线性回归模型来根据一个变量的给定值预测另一个变量的值

实践中的统计

法律服务广告——有利可图吗？

美国律师协会（American Bar Association）称，有超过 100 万名律师为了得到客户的代理权而竞争。为了获得竞争优势，这些律师积极地为他们的服务做广告。法律服务广告一直备受争议，很多人认为这是不道德的（在某些情况下甚至是违法的）做法。尽管如此，法律服务广告仍然出现在几乎所有的媒体上——从电话簿的封面到电视广告片，并且大量充斥于网络。事实上，艾瑞克森市场营销有限公司（Erickson Marketing，Inc.）称“律师服务广告是黄页电话簿广告中排名第一的类别”。

在这里，我们介绍近期发生的涉及两位前律师事务所合伙人的一个真实案例。就谁应该支付多少份额一事，合伙人 A 控告合伙人 B 应当支付他们前合伙企业的部分费用。合伙人 A 处理人身伤害（PI）案件，而合伙人 B 只处理工伤赔偿（WC）案件。公司的广告只针对 PI 案件，但合伙人 A 声称广告使得合伙人 B 接手了更多的 WC 案件，因此合伙人 B 应当负担一部分广告费用。

表 SIA11-1 显示了该公司在 48 个月的合作伙伴关系中每个月的新 PI 和 WC 案件，还显示了每个月和过去 6 个月的广告总支出。这些数据是否支持广告支出增加与更多案件相关的假设？如果广告支出与案件数量在统计上显著相关，这是否必然意味着二者存在因果关系，即广告支出增加会导致案件数量增加？根据这些数据，是合伙人 A 还是合伙人 B 应当承担大部分广告费用？

表 SIA11-1 法律服务广告数据

月份	广告费用（美元）	新增 PI 案件	新增 WC 案件	6 个月累计广告费用（美元）
1	9 221.55	7	26	—
2	6 684.00	9	33	—
3	200.00	12	18	—
4	14 546.75	27	15	—
5	5 170.14	9	19	—
6	5 810.30	13	26	—
7	5 816.20	11	24	41 632.74
8	8 236.38	7	22	38 227.39
9	−2 089.55	13	12	39 779.77
10	29 282.24	7	15	37 490.22
11	9 193.58	9	21	52 225.71
12	9 499.18	8	24	56 249.15
13	11 128.76	18	25	59 938.03
14	9 057.64	9	19	65 250.59
15	13 604.54	25	12	66 071.85
16	14 411.76	26	33	81 765.94
17	13 724.2	27	32	66 895.46
18	13 419.42	12	21	71 426.16
19	17 372.33	14	18	75 346.40
20	6 296.35	5	25	81 589.97
21	13 191.59	22	12	78 828.68
22	26 798.80	15	7	78 415.73
23	18 610.95	12	22	90 802.77
24	829.53	18	27	95 689.44
25	16 976.53	20	25	83 099.55
26	14 076.98	38	26	82 703.75
27	24 791.75	13	28	90 484.38
28	9 691.25	18	31	102 084.54
29	28 948.25	21	40	84 976.99
30	21 373.52	7	39	95 314.29

续表

月份	广告费用（美元）	新增 PI 案件	新增 WC 案件	6 个月累计广告费用（美元）
31	9 675.25	16	41	115 858.28
32	33 213.55	12	48	108 557.00
33	19 859.85	15	28	127 693.57
34	10 475.25	18	29	122 761.67
35	24 790.84	30	20	123 545.67
36	36 660.94	12	27	119 388.26
37	8 812.50	30	26	134 675.68
38	41 817.75	20	45	133 812.93
39	27 399.33	19	30	142 417.13
40	25 723.10	29	33	149 956.61
41	16 312.10	58	24	165 204.46
42	26 332.78	42	40	156 725.72
43	60 207.58	24	36	146 397.56
44	42 485.39	47	29	197 792.64
45	35 601.92	24	17	198 460.28
46	72 071.50	14	13	206 662.87
47	12 797.11	31	15	253 011.27
48	12 310.50	26	16	249 496.28

资料来源：Based on Legal Advertising Data from Info Tech, Inc.

该案件的数据保存在文件 LEGADV 中。在本章的“回顾实践中的统计”专栏中，我们将考察月广告费用与新增法律案件数量的关系，并试图回答这些问题。

回顾实践中的统计

估计直线回归模型。
评估直线回归模型拟合数据的效果。
使用相关系数和决定系数。
使用直线模型进行预测。

在第 6 章至第 9 章中，我们介绍了总体均值推断的有关方法。总体均值被看作一个常数，我们说明了怎样使用样本数据估计或检验有关总体均值的假设。在许多应用中，总体均值不能被视为常数，而是一个变量。例如，一个大城市的住宅今年的平均售价可能被视为变量，因为平均售价取决于住宅的居住面积的大小（单位：平方英尺）。例如，可能的关系是：

平均售价 =30 000+60 × 居住面积

这个公式意味着 1 000 平方英尺房子的平均售价是 90 000 美元，2 000 平方英尺房子的平均售价是 150 000 美元，3 000 平方英尺房子的平均售价是 210 000 美元。

在本章，我们讨论这样一种情况：总体均值被视为变量，它取决于另一个变量的取值。住宅售价取决于居住面积就是一个例子。还有其他的例子，比如一个公司的平均销售收入取决于广告支出，一个大学毕业生的平均起薪取决于他的 GPA 成绩，汽车公司的平均月产量取决于前一个月的销售量。

我们将开始讨论总体均值与其他变量相关的模型中最简单的模型，即直线模型。我们证明了怎样使用样本数据估计变量 y 的均值与另一个变量 x 之间的直线关系。估计和使用直线关系的方法就是简单线性回归分析。

11.1 概率模型

在推销一种商品时，需要考虑的一个非常重要的因素是广告费用。假设你将为一个家电商店的月销售收入建模，将之作为月广告费用的函数。第一个问题就是："你认为这两个变量之间存在一种确切的关系吗？"也就是说，如果知道广告费用，是否能得到准确的月销售收入。我们认为你会同意我们的看法，即这是不可能的，原因有几个。除了广告费用，销售还取决于很多变量，例如处于一年内的什么时间、这个地区的经济状况、库存以及价格结构。即使一个模型中包含许多变量（第 12 章的主题），我们仍然不太可能准确地预测月销售收入。几乎可以肯定，由于一些无法建模或解释的随机现象，月销售收入总会有一些变化。

如果我们构建一个模型，假设变量之间存在准确的关系，这个模型称作**确定性模型**（deterministic model）。例如，如果我们认为月销售收入 y 是月广告费用 x 的 15 倍，我们记作：

$$y=15x$$

这就表明变量 y 和 x 之间存在一种确定性关系。这意味着，已知 x 的值，我们可以准确地得到 y。在这个预测中不存在误差。

另外，如果我们认为在月销售中存在不可解释的变化——可能是由一个重要的但模型中没有包括的变量导致的，也可能是由随机现象导致的——我们放弃确定性模型，使用另外的模型解释这种**随机误差**（random error）。这种**概率模型**（probabilistic model）包括一个确定性部分和一个随机误差部分。例如，我们假设销售收入 y 与广告费用 x 的关系为：

$$y=15x+\text{随机误差}$$

概率模型的一般形式

$$y=\text{确定性部分}+\text{随机误差}$$

其中，y 是感兴趣的变量。我们往往假设随机误差的期望值是零，这等价于假设 y 的期望 $E(y)$ 等于模型的确定性部分，即

$$E(y)=\text{确定性部分}$$

现在我们假定 y 和 x 之间存在一种概率关系。注意，这个模型的确定性部分是 $15x$。

图 11-1a 给出了当选择确定性模型时，五个不同月份中 y 和 x 的可能取值。所有的 (x, y) 点

一定准确地落在一条直线上，因为一个确定性模型不存在随机误差。

图 11-1b 给出了当选择概率模型时，对于相同的 x 值有可能对应的 y 的点。注意，模型的确定性部分（直线本身）是相同的。但是，随机误差的引入允许月销售收入偏离直线。因此我们知道，对于一个给定的 x 值，销售收入的变化是随机的，概率模型相对于确定性模型给出了 y 的一个更真实的模拟。

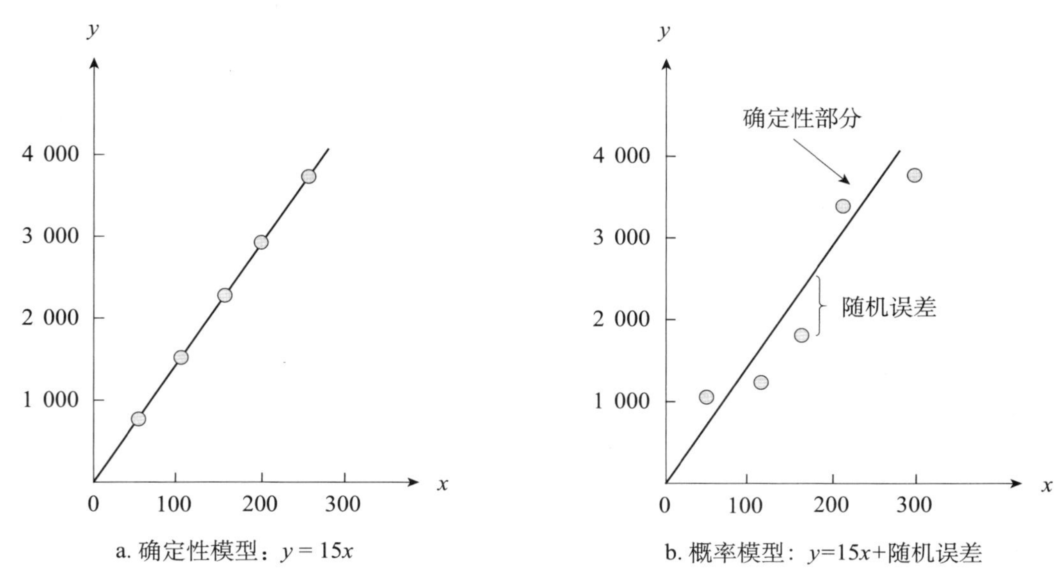

图 11-1　对于五个不同月份的 x，可能的销售收入 y

在本章中，我们介绍最简单的概率模型——**直线（一阶）模型**（straight-line（first-order）model）——这个名称源于模型的确定性部分是直线。用这个模型拟合一系列的数据就是**回归分析**（regression analysis）或者**回归建模**（regression modeling）。

直线模型的要素总结在如下框中。

直线一阶概率模型

$$y=\beta_0+\beta_1 x+\varepsilon$$

式中，y 为**因变量**（dependent variable）或者**响应变量**（response variable）（需要建模的定量变量）；x 为**自变量**（independent variable）或者**预测变量**（predictor variable）（用来预测 y 的定量变量）[①]，$E(y)=\beta_0+\beta_1 x=$ 确定性部分；ε 为随机误差部分；β_0 为直线的 **y 轴截距**（y-intercept），即直线截取 y 轴上的点或者穿过 y 轴的点（见图 11-2）；β_1 为直线的**斜率**（slope），即对于 x 每增加一单位，y 的确定性部分的变化（增加或减少的总值）。

（注意：x 每增加一单位，正斜率意味着 $E(y)$ 增加 β_1（见图 11-2）；负斜率意味着 $E(y)$ 减少 β_1。）

① independent 一词不应以概率意义来解释，如第 3 章中的定义。回归分析中的自变量（independent variable）是指响应 y 的预测变量。

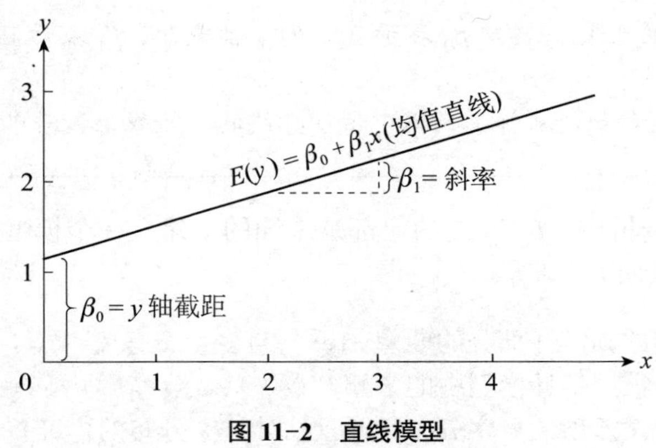

图 11-2　直线模型

在概率模型中，确定性部分作为直线的均值被提及，因为 y 的期望 $E(y)$ 等于模型的直线部分，即

$$E(y)=\beta_0+\beta_1 x$$

注意，β_0 和 β_1 分别代表模型的 y 轴截距和斜率。只有当我们有 (x, y) 观测值的全部总体时，我们才可以知道总体参数。加上自变量 x 的特定取值，它们决定了 y 的期望值，这是**均值直线**（line of means）上一个特定的点（见图 11-2）。

人物介绍

弗朗西斯·高尔顿（1822—1911）——普遍回归法则

弗朗西斯·高尔顿（Francis Galton）出生于英国的一个中产阶级家庭，是七个孩子中最小的一个，也是查尔斯·达尔文（Charles Darwin）的堂兄，高尔顿曾就读于英国剑桥大学三一学院学习医学。由于父亲去世，高尔顿没有拿到学位，但是他在医学和数学方面的才能使他成了科学家。高尔顿的主要贡献集中在遗传学、心理学、气象学、人类学等领域。因为他应用了许多当时新颖的统计概念——特别是回归和相关，所以一些人认为高尔顿是第一个社会科学家。1886 年，在研究自然遗传时，他收集了父母及其成年孩子的身高数据。高尔顿注意到，偏高（矮）父母的孩子也偏高（矮），但是孩子的平均身高并不比他们的父母高（矮）。高尔顿把这种现象叫作“普遍回归法则”，因为成年孩子的平均身高回归到总体身高的均值。高尔顿在朋友和学生皮尔逊的帮助下，把直线模型应用到身高数据中，并提出了“回归模型”这个术语。

例 11.1　美国公司工作外包水平建模

问题　考虑一项旨在估计美国公司外包工作百分比与公司规模（员工人数）之间线性关系的研究。特别是，研究人员想要预测一家拥有 500 名员工的公司外包工作的百分比。

a. 在这项研究中，确定试验单元、因变量和自变量。

b. 解释为什么概率模型比确定性模型更合适。

c. 写出直线概率模型的方程式。

解答　a. 由于研究人员想要预测（或建模）外包工作的百分比，因此 y= 外包工作百分比，是因变量。并且，由于研究人员希望使用公司规模进行预测，因此 x= 公司规模，是自变量。请注意，这两个变量都是针对每家美国公司进行测量的，因此，公司是本应用的试验单元。

b. 期望所有规模相同 (x) 的美国公司产生相同百分比的外包工作 (y) 是不现实的。也就是说，由于公司间的差异，我们预计公司规模不会准确地决定公司的外包水平。因此，概率模型比确定性模型更合适。

c. 概率模型采用 $y=\beta_0+\beta_1x+\varepsilon$ 的形式，其中 β_0 表示直线的 y 轴截距，β_1 表示直线的斜率，ε 表示随机误差。

回顾 在下一节中，我们将展示如何从样本数据中估计直线的 y 轴截距和斜率。

在几乎所有的回归分析中，β_0 和 β_1 的值都是未知的。建立一个模型，估计未知参数以及利用模型的过程可以分为下面五个步骤。

第 1 步：假设模型的确定性部分的期望 $E(y)$ 与自变量 x 有关（11.1 节）。
第 2 步：使用样本数据估计模型中的未知参数（11.2 节）。
第 3 步：指定随机误差项的概率分布，并且估计这个分布的标准差（11.3 节）。
第 4 步：从统计学上评估模型的有效性（11.4 节和 11.5 节）。
第 5 步：当模型满足有效性时，利用模型来预测、估计以及用于其他用途（11.6 节）。

11.2 模型拟合：最小二乘法

在假设期望 $E(y)$ 与自变量 x 之间存在直线模型关系之后，下一步是收集数据，估计未知的总体参数：y 轴截距 β_0 和斜率 β_1。

我们先举一个简单的例子。假设一个家电商店做一个为期 5 个月的试验来确定广告对销售收入的影响，结果见表 11–1。(在这个例子中，为了避免算法混淆，测量的数目以及测量本身都是虚构的。) 这组数据将用于演示 11.1 节给出的回归建模的五个步骤。在本节中，我们假设模型的确定性部分并估计未知参数（第 1 步、第 2 步）。模型的假设和随机误差项（第 3 步）是 11.3 节的主题，而 11.4 节和 11.5 节将评估模型的有效性（第 4 步）。最后，我们在 11.6 节运用模型进行预测和估计（第 5 步）。

表 11–1 广告 – 销售数据

月份	广告费用 x（百美元）	销售收入 y（千美元）
1	1	1
2	2	1
3	3	2
4	4	2
5	5	4

第 1 步：假设概率模型的确定性部分。如前所述，我们在本章中只考虑直线模型。因此，销售收入期望 $E(y)$ 与广告费用 x 之间关系的模型如下：

$$E(y)=\beta_0+\beta_1x$$

第 2 步：使用样本数据估计模型中的未知参数。这一步是本节的主要内容——我们怎样才能最好地利用表 11–1 中给出的五个观测对象的样本信息，来估计未知的 y 轴截距 β_0 和斜率 β_1。

画出样本数据的**散点图**（scatterplot/scattergram）对我们确定 y 和 x 之间是否存在线性关系是有用的。我们在 2.9 节讲过，散点图就是在图中标注出五个数据点，如图 11–3 所示。注意，散点图中给出了 y 随 x 增加而增加的趋势。如果你将一把尺子放在散点图上，可能会发现五个点

中的三个点通过一条直线，如图 11-4 所示。为了得到这个直观的直线方程，我们注意到直线与 y 轴相交于 y=-1 处，因此 y 轴截距是 -1。同样，当 x 恰好增加一单位时，y 也恰好增加一单位，也就是说斜率是 +1。因此，方程是：

$$\tilde{y}=-1+1(x)=-1+x$$

式中，$\tilde{y}$表示从直观模型中预测的 y 值。

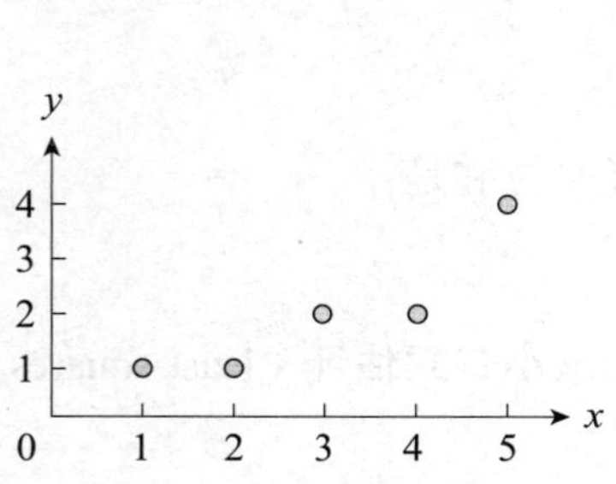

图 11-3　表 11-1 中数据的散点图

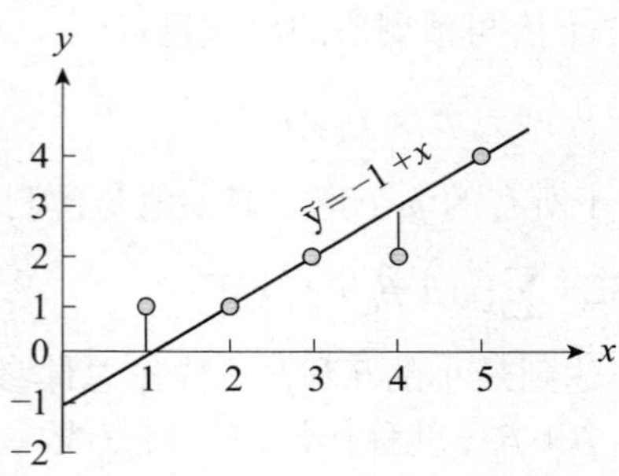

图 11-4　拟合图 11-3 中数据的直观的直线

从数量上判断一个直线模型的拟合数据好不好的方法是：看数据点偏离直线的程度。例如，要评价图 11-4 中的模型，我们计算离差（即 y 的观测值与预测值之间的差）的大小。这些离差（或**预测误差**（error of prediction））是观测值和预测值之间的垂直距离（见图 11-4）。[①] 表 11-2 给出了 y 的观测值和预测值的差及平方差。注意，误差和等于 0，误差平方和（SSE）是 2，误差平方和更强调点与直线的大的离差。

表 11-2　对于直观模型比较观测值和预测值

x	y	$\tilde{y}=-1+x$	$y-\tilde{y}$	$(y-\tilde{y})^2$
1	1	0	1-0=1	1
2	1	1	1-1=0	0
3	2	2	2-2=0	0
4	2	3	2-3=-1	1
5	4	4	4-4=0	0
			误差和 =0	误差平方和（SSE）=2

通过在图上移动尺子，你可以找到许多条直线，它们的误差和都等于 0，但是有且仅有一条直线的 SSE 可以达到最小值。这条直线就叫作**最小二乘直线**（least squares line）、**回归直线**（regression line），或者**最小二乘预测方程**（least squares prediction equation）。得到这条直线的方法就叫作**最小二乘法**（method of least squares）。

为了求出一系列数据的最小二乘预测方程，假设我们有 n 个样本数据点，每个数据点由一对数据 x 和 y 组成，记作 (x_1, y_1)，(x_2, y_2)，…，(x_n, y_n)。例如，n=5，表 11-2 给出了五个数据点 (1, 1)，(2, 1)，(3, 2)，(4, 2)，(5, 4)。我们基于五个数据点计算得出的拟合直线记作：

$$\hat{y}=\hat{\beta}_0+\hat{\beta}_1 x$$

① 在第 12 章中，我们将这些预测误差称为**回归残差**（regression residuals）。在那里，我们了解到，对残差的分析是建立一个有用的回归模型的关键。

“^”表示它下面的符号是估计值：$\hat{y}$是 y 的期望 $E(y)$ 的估计值，而且是 y 的一些未来值的预测值；$\hat{\beta}_0$和$\hat{\beta}_1$分别是 β_0 和 β_1 的估计值。

对于一个给定的数据点，记作 (x_i, y_i)，y 的观测值是 y_i，y 的预测值可以通过把 x_i 代入下列预测方程得到。

$$\hat{y}_i = \hat{\beta}_0 + \hat{\beta}_1 x_i$$

y 的第 i 个值与预测值的离差是：

$$y_i - \hat{y}_i = y_i - (\hat{\beta}_0 + \hat{\beta}_1 x_i)$$

那么对于所有的 n 个点，其 y 值与预测值之间的离差平方和是：

$$\text{SSE} = \sum [y_i - (\hat{\beta}_0 + \hat{\beta}_1 x_i)]^2$$

使 SSE 达到最小的$\hat{\beta}_0$和$\hat{\beta}_1$就称作总体参数 β_0 和 β_1 的**最小二乘估计**（least squares estimates），预测方程$\hat{y} = \hat{\beta}_0 + \hat{\beta}_1 x$ 就称作最小二乘直线。

最小二乘直线$\hat{y} = \hat{\beta}_0 + \hat{\beta}_1 x$ 满足下列两个性质

1. 误差和（SE）为零。
2. 误差平方和（SSE）比其他任何一个直线模型都小。

下面简单地（证明省略）给出使 SSE 达到最小的$\hat{\beta}_0$和$\hat{\beta}_1$的值。[①]

最小二乘估计公式

斜率：$\hat{\beta}_1 = \dfrac{\text{SS}_{xy}}{\text{SS}_{xx}}$

y 轴截距：$\hat{\beta}_0 = \bar{y} - \hat{\beta}_1 \bar{x}$

式中[②]，$\text{SS}_{xy} = \sum (x_i - \bar{x})(y_i - \bar{y})$

$\text{SS}_{xx} = \sum (x_i - \bar{x})^2$

n= 样本量

例 11.2 利用最小二乘法——广告 - 销售数据

问题 参考表 11-1 中给出的广告 - 销售数据。考虑直线模型 $E(y)=\beta_0+\beta_1 x$, 其中，y= 销售收入（千美元），x= 广告费用（百美元）。

a. 利用最小二乘法估计 β_0 和 β_1 的值。

b. 当广告支出为 200 美元（即 x=2）时预测销售收入。

c. 求出 SSE。

d. 给出 β_0 和 β_1 的值的实际解释。

解答 a. 为了求出广告 - 销售的最小二乘直线，先使用 Excel 进行初步计算。Excel 电子表格见图 11-5。使用电子表格中的值，我们得到：

---

① 熟悉微积分的学生可以发现，使 $\text{SSE} = \sum (y_i - \hat{y}_i)^2$ 达到最小的 β_0 和 β_1 的值是通过令偏导 $\partial\text{SSE}/\partial\beta_0$ 和 $\partial\text{SSE}/\partial\beta_1$ 为 0 得到的。由这两个方程的解得到下面的框中的公式。而且，使用$\hat{\beta}_0$和$\hat{\beta}_1$表示样本解，符号“^”表示这些解是真实的总体截距 β_0 和真实的总体斜率 β_1 的样本估计。

② 另外，也可使用如下更简单的公式：

$$\text{SS}_{xy} = \sum x_i y_i - \frac{(\sum x_i)(\sum y_i)}{n}，\quad \text{SS}_{xx} = \sum x_i^2 - \frac{(\sum x_i)^2}{n}$$

$$\bar{x} = \frac{\sum x}{5} = \frac{15}{5} = 3$$

$$\bar{y} = \frac{\sum y}{5} = \frac{10}{5} = 2$$

$$SS_{xy} = \sum (x-\bar{x})(y-\bar{y}) = \sum (x-3)(y-2) = 7$$

$$SS_{xx} = \sum (x-\bar{x})^2 = \sum (x-3)^2 = 10$$

	A	B	C	D	E	F	G	H
1		AdvExp (X)	SalesRev (Y)	(X - 3)	(Y - 2)	(X - 3)(Y - 2)	(X - 3)(X - 3)	(Y - 2)(Y -2)
2		1	1	-2	-1	2	4	1
3		2	1	-1	-1	1	1	1
4		3	2	0	0	0	0	0
5		4	2	1	0	0	1	0
6		5	4	2	2	4	4	4
7								
8	Totals	15	10	0	0	7	10	6
9	Mean	3	2					

图 11-5 展示广告 - 销售例子计算结果的电子表格 (Excel)

那么最小二乘直线的斜率是：

$$\hat{\beta}_1 = \frac{SS_{xy}}{SS_{xx}} = \frac{7}{10} = 0.7$$

y 轴截距是：

$$\hat{\beta}_0 = \bar{y} - \hat{\beta}_1\bar{x} = 2-(0.7\times 3) = 2-2.1 = -0.1$$

因此，最小二乘直线就是：

$$\hat{y} = \hat{\beta}_0 + \hat{\beta}_1 x = -0.1+0.7x$$

图 11-6 给出了直线的图形。

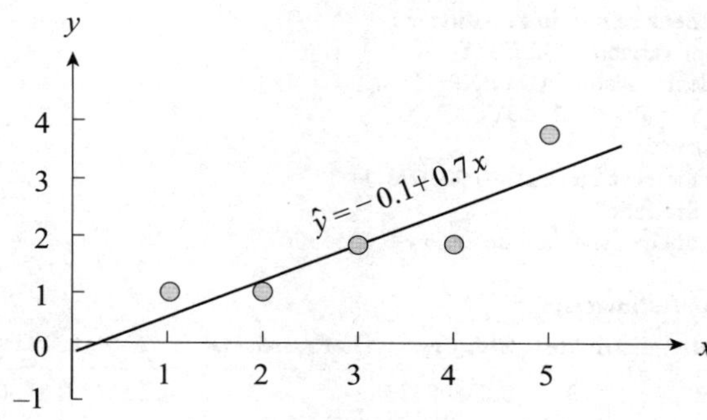

图 11-6 数据拟合直线 $\hat{y}=-0.1+0.7x$

b. 对于一个给定的 x 值，y 的预测值可以通过在最小二乘直线中代入 x 得到。在最小二乘直线中代入 x=2，有：

$$\hat{y} = -0.1+0.7x = -0.1+0.7\times 2 = 1.3$$

因此，当广告费用是 200 美元时，我们预测月销售收入为 1 300 美元。我们将在 11.6 节中讨论怎样求

出 y 的预测区间。

c. 图 11-7 中的电子表格给出了 y 的观测值和预测值、y 的观测值与预测值之间的离差以及离差的平方。注意，SSE=1.10，这小于表 11-2 中给出的 SSE=2.0。

	A	B	C	D	E
1	AdvExp (X)	SalesRev	Predicted Y = -.1 + .7X	(Y-Yhat)	(Y-Yhat)(Y-Yhat)
2	1	1	0.6	0.4	0.16
3	2	1	1.3	-0.3	0.09
4	3	2	2	0	0
5	4	2	2.7	-0.7	0.49
6	5	4	3.4	0.6	0.36
7					
8			Sum	0	1.1

图 11-7 广告 - 销售的例子中比较观测值和预测值 (Excel)

d. y 轴截距的估计值 $\hat{\beta}_0=-0.1$，也就是说，当广告费用 x 为 0 时，估计的销售收入期望是 −0.1，或者 −100 美元。销售收入为负是不可能的，这会使模型毫无意义。模型参数仅在自变量的样本区间内时才是可解释的。在这个例子中，广告费用应该在 100~500 美元。因此，y 轴截距——由定义知在 x=0 点（广告花费为 0）处的值——不在 x 的样本区间中，所以不是有意义的解释。

最小二乘直线的斜率 $\hat{\beta}_1=0.7$，也就是说，x 每增加一单位，y 的期望估计增加 0.7 个单位。在这个例子中，广告费用每增加 100 美元，估计销售收入平均会增加 700 美元，比广告费用的样本区间 100~500 美元要多。因此，模型并不是表明广告费用增加 500~1 000 美元，销售收入期望就会增加 3 500 美元，因为样本中 x 的区间并没有达到 1 000 美元（x=10）。注意：估计参数的解释仅限于 x 的样本区间内。

回顾 在简单直线回归中，需要通过计算得到 $\hat{\beta}_0$，$\hat{\beta}_1$ 和 SSE，尽管这很简单，但是也烦琐。即使使用 Excel，计算过程也是费力的，而且容易出错，尤其是当样本量相当大时。幸运的是，使用一种统计软件可以显著地减少回归计算的工作量。使用 StatCrunch、Minitab 以及 XLSTAT 得到的表 11-1 中数据的简单线性回归，如图 11-8a 至图 11-8c 所示。$\hat{\beta}_0$ 和 $\hat{\beta}_1$ 的值做了阴影处理。$\hat{\beta}_0=-0.1$，$\hat{\beta}_0=0.7$，和我们人工计算的结果相同。SSE 的值 1.10 也做了阴影处理。

Simple linear regression results:
Dependent Variable: SALES_Y
Independent Variable: ADVEXP_X
SALES_Y = -0.1 + 0.7 ADVEXP_X
Sample size: 5
R (correlation coefficient) = 0.90369611
R-sq = 0.81666667
Estimate of error standard deviation: 0.60553007

Parameter estimates:

Parameter	Estimate	Std. Err.	Alternative	DF	T-Stat	P-value
Intercept	-0.1	0.6350853	≠ 0	3	-0.15745916	0.8849
Slope	0.7	0.19148542	≠ 0	3	3.6556308	0.0354

Analysis of variance table for regression model:

Source	DF	SS	MS	F-stat	P-value
Model	1	4.9	4.9	13.363636	0.0354
Error	3	1.1	0.36666667		
Total	4	6			

图 11-8a 广告 - 销售回归模型的输出结果 (StatCrunch)

Regression Analysis: SALES_Y versus ADVEXP_X

Regression Equation

SALES_Y = -0.100 + 0.700 ADVEXP_X

Coefficients

Term	Coef	SE Coef	T-Value	P-Value	VIF
Constant	-0.100	0.635	-0.16	0.885	
ADVEXP_X	0.700	0.191	3.66	0.035	1.00

Model Summary

S	R-sq	R-sq(adj)	R-sq(pred)
0.605530	81.67%	75.56%	26.11%

Analysis of Variance

Source	DF	Adj SS	Adj MS	F-Value	P-Value
Regression	1	4.900	4.9000	13.36	0.035
ADVEXP_X	1	4.900	4.9000	13.36	0.035
Error	3	1.100	0.3667		
Total	4	6.000			

图 11-8b 广告 - 销售回归模型的输出结果 (Minitab)

Regression of variable SalesRev (Y):

Goodness of fit statistics (SalesRev (Y)):

Observations	5.0000
Sum of weights	5.0000
DF	3.0000
R²	0.8167
Adjusted R²	0.7556
MSE	0.3667
RMSE	0.6055
MAPE	24.0000
DW	2.5091
Cp	2.0000
AIC	-3.5706
SBC	-4.3518
PC	0.4278

Analysis of variance (SalesRev (Y)):

Source	DF	Sum of squares	Mean squares	F	Pr > F
Model	1	4.9000	4.9000	13.3636	**0.0354**
Error	3	1.1000	0.3667		
Corrected Total	4	6.0000			

Model parameters (SalesRev (Y)):

Source	Value	Standard error	t	Pr > |t|	Lower bound	Upper bound
Intercept	-0.1000	0.6351	-0.1575	0.8849	-2.1211	1.9211
AdvExp (X)	0.7000	0.1915	3.6556	**0.0354**	0.0906	1.3094

Equation of the model (SalesRev (Y)):
SalesRev (Y) = -0.1+0.7*AdvExp (X)

图 11-8c 广告 - 销售回归模型的输出结果 (XLSTAT)

简单线性回归模型中$\hat{\beta}_0$和$\hat{\beta}_1$估计值的解释

y 轴截距：$\hat{\beta}_0$表示当 x=0 时 y 的预测值。(注意：当 x=0 是无意义的或者在样本数据区间以外时，这个值是无意义的。)

斜率：$\hat{\beta}_1$表示 x 每增加一单位时 y 增加（或减少）的量。（注意：这个解释仅当 x 的值在样本数据区间内时才是有效的。）

在一个简单线性回归模型中，即使估计参数的解释是有意义的，我们也需要记住，这些值只是我们基于样本得到的估计。当我们更换样本时，它们的值是会发生变化的。我们到底应该在多大程度上相信斜率的估计值$\hat{\beta}_1$精确地接近真实斜率 β_1？这需要以置信区间和假设检验的形式进行统计推断，我们将在 11.4 节中讨论。

总之，我们定义的最佳拟合直线是使得误差平方和最小的直线，我们称之为最小二乘直线。我们应该仅在自变量样本区间内解释最小二乘直线。在接下来的章节中我们将说明怎样进行模型的统计推断。

回顾实践中的统计

估计直线回归模型

我们回到涉及两名前律师事务所合伙人的法律服务广告的案件。合伙人 A（处理 PI 案件）起诉合伙人 B（处理 WC 案件），认为合伙人 B 应当支付之前合伙时的部分广告费用。关于新增 PI 案件数、新增 WC 案件数和过去 6 个月广告费用的总支出（单位为千美元）的月度数据被收集。数据（表 SIA11-1 中给出）保存在文件 LEGADV 中。这些数据能为广告费用的增加与更多的 PI 案件有关的假设提供支持吗？定义 y 为每个月新增 PI 案件数，x 为 6 个月累计广告费用（单位为千美元）。探索这两个变量之间联系的一种方法是对表 SIA11-1 中的数据拟合直线模型：$E(y)=\beta_0+\beta_1 x$。

数据的 Minitab 散点图和简单线性回归输出见图 SIA11-1。注意，散点图上同时显示了最小二乘直线。可以看到这条直线的斜率为正，而且尽管直线周围的数据点有一些变异，广告费用 (x) 与新增 PI 案件数 (y) 之间仍有很强的联系。估计的直线斜率（在图 SIA11-1 中做了阴影处理）为$\hat{\beta}_1=0.113$，因此，累计广告费用每增加 1 000 美元，我们估计新增 PI 案件数增加 0.113 件。

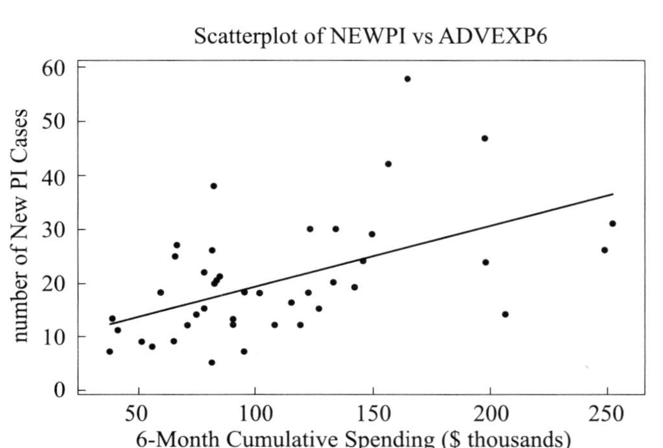

Regression Analysis: NEWPI versus ADVEXP6

Regression Equation

NEWPI = 7.77 + 0.1129 ADVEXP6

Coefficients

Term	Coef	SE Coef	T-Value	P-Value	VIF
Constant	7.77	3.38	2.29	0.027	
ADVEXP6	0.1129	0.0279	4.04	0.000	1.00

Model Summary

S	R-sq	R-sq(adj)	R-sq(pred)
9.67521	29.00%	27.23%	20.37%

Analysis of Variance

Source	DF	Adj SS	Adj MS	F-Value	P-Value
Regression	1	1530	1529.52	16.34	0.000
ADVEXP6	1	1530	1529.52	16.34	0.000
Error	40	3744	93.61		
Total	41	5274			

图 SIA11-1 新增 PI 案件与 6 个月累计广告费用的分析 (Minitab)

这种关系同样存在于新增 WC 案件数与广告费用之间吗？现在令 y 表示每个月新增 WC 案件数，x 表示累计 6 个月的广告费用。这两个变量的 Minitab 散点图和简单线性回归分析见图 SIA11-2。相比于之前的散点图，图 SIA11-2 中的最小二乘直线显得更加平缓，直线周围数据点的变异也更大。因此，新增 WC 案件数与广告费用之间并没有很强的联系。事实上，估计的斜率（在图 SIA11-2 中做了阴影处理）表明累计广告费用每增加 1 000 美元只导致每个月新增 WC 案件数增加 0.009 8 件。

Scatterplot of NEWPI vs ADVEXP6

number of New WC Cases

6-Month Cumulative Spending ($ thousands)

Regression Analysis: NEWWC versus ADVEXP6

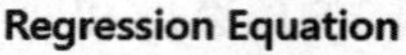

Regression Equation

NEWWC = 24.57 + 0.0098 ADVEXP6

Coefficients

Term	Coef	SE Coef	T-Value	P-Value	VIF
Constant	24.57	3.37	7.30	0.000	
ADVEXP6	0.0098	0.0278	0.35	0.725	1.00

Model Summary

S	R-sq	R-sq(adj)	R-sq(pred)
9.62296	0.31%	0.00%	0.00%

Analysis of Variance

Source	DF	Adj SS	Adj MS	F-Value	P-Value
Regression	1	11.58	11.58	0.13	0.725
ADVEXP6	1	11.58	11.58	0.13	0.725
Error	40	3704.06	92.60		
Total	41	3715.64			

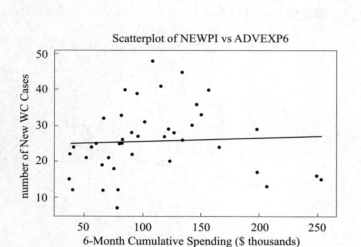

图 SIA11-2　新增 WC 案件与 6 个月累计广告费用的分析 (Minitab)

基于这些描述性统计（散点图和最小二乘直线），合伙人 A 认为合伙人 B 应当承担部分广告费用的论据似乎很弱。在下面的“回顾实践中的统计”专栏中，我们将提供针对这个推断的可靠性度量，并进一步研究法律服务广告的数据。

11.3 模型假设

在 11.2 节，我们假设公司销售收入 y 和广告费用的概率模型为：

$$y=\beta_0+\beta_1 x+\varepsilon$$

我们还记得，模型的确定性部分 $\beta_0+\beta_1 x$ 的最小二乘估计是：

$$\hat{y}=\hat{\beta}_0+\hat{\beta}_1 x=-0.1+0.7x$$

现在，我们把注意力转向概率模型的随机部分 ε，以及估计 β_0 和 β_1 时 ε 与误差的关系。我们将使用概率分布来描述 ε。我们将看到 ε 的概率分布是如何决定模型对因变量 y 和自变量 x 关系的描述的。

回归分析中的第 3 步要求我们说明随机误差 ε 的概率分布。我们将做四个关于概率分布一般形式的基本假设：

假设 1：ε 的概率分布期望是 0，也就是说，当给定一个自变量 x 的值时，ε 的值在无限长的试验序列中的均值是 0。这个假设是指，对于一个给定的 x 值，y 的期望 $E(y)=\beta_0+\beta_1 x$。

假设 2：对于所有给定的自变量 x，ε 的概率分布的方差是常数。对于我们的直线模型，这个假设的含义是：对于所有的 x 值，ε 的方差等于一个常数 σ^2。

假设 3：ε 的概率分布服从正态分布。

假设 4：任何两个观测值 y 对应的 ε 值都是独立的，也就是说，一个 y 值对应的 ε 值对另一个 y 值对应的 ε 值没有影响。

前三个假设的含义在图 11-9 中可以看出，图中给出了对于三个不同的 x 值 x_1，x_2，x_3 的误差的分布。注意，误差的相对频数分布是一个期望为 0、方差为常数 σ^2 的正态分布。（图中给出的所有分布都有相同的离散度和变异性。）图 11-9 中给出的直线是期望直线，也就是对于给定的 x 值，y 值的期望，我们记这个期望为 $E(y)$。那么期望的直线是：

$$E(y)=\beta_0+\beta_1 x$$

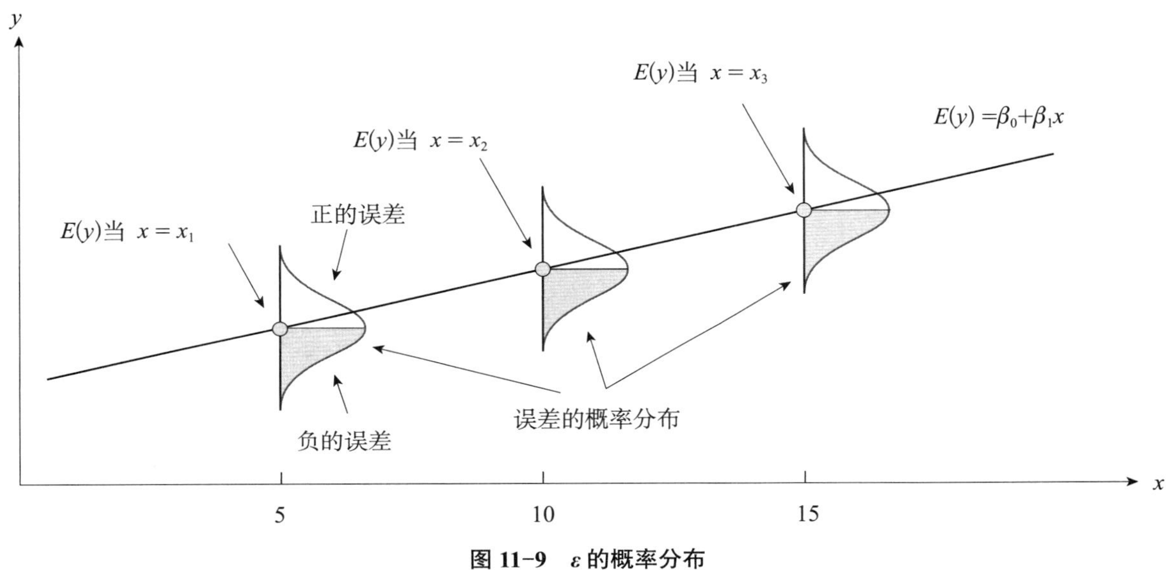

图 11-9 ε 的概率分布

这些假设使得我们可以度量最小二乘估计的可靠性，进行最小二乘直线有效性的假设检验。我们有很多方法可以检验这些假设的有效性，并且当这些假设不满足时，我们还有补救办法。这些补救办法将在第 12 章中讨论。幸运的是，为了使得最小二乘估计是有用的，这些假设并不需要完全成立。对于实践中遇到的许多应用，这些假设将得到充分满足。

下面的假设看起来是合理的：假设随机误差 ε 的变异性越大（用其自身的方差 σ^2 来测量），估计模型参数 β_0 和 β_1 的误差就越大，而且对于一些 x 值，$\hat{y}$对 y 的预测误差也越大。因此，当我们继续学习本章时，你会发现 σ^2 出现在我们将使用的所有置信区间和检验统计量的公式中。

在大部分实际情况下 σ^2 是未知的，我们必须使用数据来估计它的值。σ^2 的最好估计记作 s^2，是通过预测直线中 y 值的离差平方和 $\text{SSE}=\sum(y_i-\hat{y}_i)^2$除以其自由度得到的。在直线模型中，我们使用两个自由度来估计参数 β_0 和 β_1，余下的 $n-2$ 个自由度用来估计误差方差。

对于直线（一阶）模型 σ^2 的估计

$$s^2=\frac{\text{SSE}}{\text{误差的自由度}}=\frac{\text{SSE}}{n-2}$$

式中，$\text{SSE}=\sum(y_i-\hat{y}_i)^2=\text{SS}_{yy}-\hat{\beta}_1\text{SS}_{xy}$

$$SS_{yy}=\sum(y_i-\bar{y})^2$$ ①

为了估计 ε 的标准差 σ，我们计算：

$$s=\sqrt{s^2}=\sqrt{\frac{\text{SSE}}{n-2}}$$

我们称 s 为**回归模型的估计标准误**（estimated standard error of regression model）。

提示

在计算时，你可能会试图将 SS_{yy}，$\hat{\beta}_1$，SS_{xy} 的值四舍五入。在计算这些值时一定要最少保留六位有效数字，以避免在计算 SSE 的过程中产生代入误差。

例 11.3　估计 σ——广告－销售的回归

问题　回顾例 11.2 以及表 11-1 中广告－销售数据的简单线性回归。

a. 计算 σ 的估计值。

b. 给出这个估计的实际解释。

解答　a. 对于最小二乘直线 $\hat{y}=-0.1+0.7x$，我们以前计算得到 SSE=1.10。我们知道有 n=5 个数据点，估计 σ^2 的自由度为 $n-2=5-2=3$。因此估计的方差为：

$$s^2=\frac{\text{SSE}}{n-2}=\frac{1.10}{3}=0.367$$

回归模型的估计标准误为：

$$s=\sqrt{0.367}=0.61$$

b. 你可以通过回顾第 2 章中给出的标准差的解释，从直观上理解 s，我们还知道，对于一个给定的 x 值，可利用最小二乘直线估计 y 的期望值。对于最小二乘直线，因为 s 测量的是 y 值关于最小二乘直线的分布的宽度，我们会发现，大部分观测值位于 $2s$ 内，即 $2\times0.61=1.22$。对于这个简单的例子（只有 5 个数据点），最小二乘直线所有的 5 个销售收入值都落在 $2s$（或者 1 220 美元）内。在 11.6 节，对于一个给定的 x 值，在用最小二乘估计来预测 y 值时，可以利用 s 来评价预测的误差。

回顾　s 和 s^2 的值可以从简单线性回归的输出结果中得到。图 11-10 中给出了利用 Minitab 得到的广告－销售估计结果。s^2 的值位于输出结果的底部，在“MS”列“Error”行做了阴影处理。（在回归中，σ^2 的估计叫作误差均方或者 MSE）。s^2=0.366 7 与我们人工计算的结果相同。在图 11-10 中，s 的值也做了阴影处理。s=0.605 53（除去四舍五入）与我们人工计算的结果相同。

---

① 或者，你也可以使用以下公式：

$$SS_{yy}=\sum y^2-\frac{(\sum y)^2}{n}$$

Regression Analysis: SALES_Y versus ADVEXP_X

Regression Equation

SALES_Y = -0.100 + 0.700 ADVEXP_X

Coefficients

Term	Coef	SE Coef	T-Value	P-Value	VIF
Constant	-0.100	0.635	-0.16	0.885	
ADVEXP_X	0.700	0.191	3.66	0.035	1.00

Model Summary

S	R-sq	R-sq(adj)	R-sq(pred)
0.605530	81.67%	75.56%	26.11%

Analysis of Variance

Source	DF	Adj SS	Adj MS	F-Value	P-Value
Regression	1	4.900	4.9000	13.36	0.035
ADVEXP_X	1	4.900	4.9000	13.36	0.035
Error	3	1.100	0.3667		
Total	4	6.000			

图 11-10 广告 - 销售回归模型的输出结果 (Minitab)

s 的解释及估计的 ε 的标准差

我们希望大部分（大约 95%）观测到的 y 值分别位于它们的最小二乘预测值$\hat{y}$的 $2s$ 范围内。

11.4 评价模型的有效性：对斜率 β_1 的推断

现在，我们给定 ε 的概率分布，求出了方差 σ^2 的估计，我们准备对模型预测响应 y 的有效性进行统计推断。这是回归建模过程的第 4 步。

再次利用表 11-1 中的数据，而且假设家电商店的销售收入与广告费用完全无关。在下面的假设概率模型 $y=\beta_0+\beta_1x+\varepsilon$ 中，如果 x 对预测 y 不能提供任何信息，那么 β_0 和 β_1 的值怎样？这就意味着，当 x 改变时，y 的期望——模型的确定性部分 $E(y)=\beta_0+\beta_1x$ ——保持不变。在直线模型中，这就意味着斜率 β_1 等于 0（见图 11-11）。因此，为了检验“线性模型对预测 y 不提供任何信息”的原假设和“线性模型对预测 y 有用”的备择假设，我们检验：

H_0：$\beta_1=0$

H_a：$\beta_1 \neq 0$

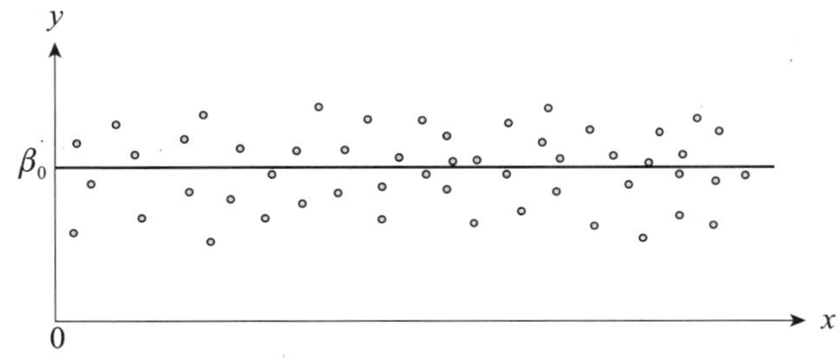

图 11-11 当斜率为 0 时的直线模型（即 $y=\beta_0+\varepsilon$ 的图形）

如果数据支持备择假设，我们将认为使用线性模型预测 y 时 x 确实可以提供信息（尽管 $E(y)$ 与 x 之间的真实关系可能比直线要复杂得多）。因此，这实际上就是对假设模型的有效性检验。

通过考虑 $\hat{\beta}_1$——斜率 β_1 的最小二乘估计——的抽样分布得到合适的检验统计量，如下框所示。

$\hat{\beta}_1$的抽样分布

如果对 ε 做四个假设（见 11.3 节），斜率的最小二乘估计 $\hat{\beta}_1$ 的抽样分布将是正态分布，均值为 β_1（真实斜率），标准差是：

$$\sigma_{\hat{\beta}_1}=\frac{\sigma}{\sqrt{\mathrm{SS}_{xx}}}\quad（见图 11-12）$$

通过 $s_{\hat{\beta}_1}=\dfrac{s}{\sqrt{\mathrm{SS}_{xx}}}$ 来估计 $\sigma_{\hat{\beta}_1}$，把这个量称为**最小二乘斜率 $\hat{\beta}_1$ 的估计标准误**（estimated standard error of the least squares slope $\hat{\beta}_1$）。

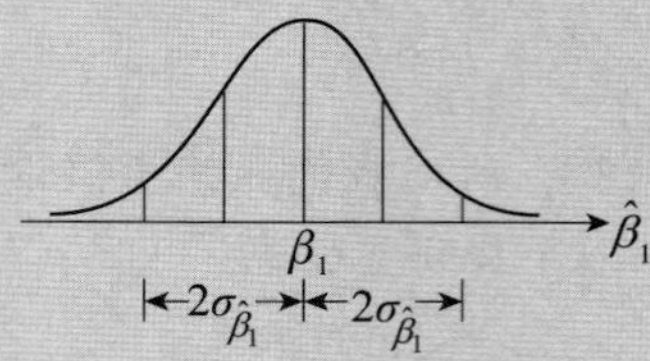

图 11-12　$\hat{\beta}_1$的抽样分布

因为 σ 通常是未知的，合适的统计量是 t 统计量，公式如下：

$$t=\frac{\hat{\beta}_1-\beta_1\text{的假设值}}{s_{\hat{\beta}_1}}$$

式中，$s_{\hat{\beta}_1}=\dfrac{s}{\sqrt{\mathrm{SS}_{xx}}}$，因此

$$t=\frac{\hat{\beta}_1-0}{s/\sqrt{\mathrm{SS}_{xx}}}$$

注意，我们用 s 代替 σ，然后用 s 除以 $\sqrt{\mathrm{SS}_{xx}}$，得到 $s_{\hat{\beta}_1}$ 的公式。t 统计量的自由度与 s 的自由度相同。回顾当假设模型是直线时，自由度是 $n-2$（见 11.3 节）。直线模型有效性检验的步骤如下：

模型有效性的检验：简单线性回归

检验统计量	$t_c=\dfrac{\hat{\beta}_1}{s_{\hat{\beta}_1}}=\dfrac{\hat{\beta}_1}{(s/\sqrt{\mathrm{SS}_{xx}})}$		
	单侧检验		双侧检验
	H_0：$\beta_1=0$ H_a：$\beta_1<0$	H_0：$\beta_1=0$ H_a：$\beta_1>0$	H_0：$\beta_1=0$ H_a：$\beta_1\neq 0$
拒绝域	$t_c<-t_\alpha$ w	$t_c>t_\alpha$	$\lvert t_c\rvert>t_{\alpha/2}$
p 值	$P(t<t_c)$	$P(t>t_c)$	$2P(t>t_c)$，如果 t_c 是正值 $2P(t<t_c)$，如果 t_c 是负值

决策：如果 $\alpha>p$ 值，或者检验统计量 t_c 落入拒绝域内，则拒绝原假设。此时 $P(t>t_\alpha)=\alpha$，$P(t>t_{\alpha/2})=\alpha/2$ 且 t 的自由度为 $n-2$。

有效检验所需的条件：简单线性回归

参考 11.3 节给出的关于 ε 的四个假设。

例 11.4 检验回归斜率 β_1——销售收入模型

问题 参见例 11.2 和例 11.3 中广告－销售数据的简单线性回归分析，取 α=0.05，检验销售收入 y 与广告费用 x 是否线性相关。

解答 如前所述，我们想检验 H_0：β_1=0，H_a：$\beta_1 \neq 0$。对于本例，n=5。因此 t 基于自由度 n−2=3，拒绝域（α=0.05）是：

$$|t|>t_{0.25}=3.182$$

我们已经计算得到 $\hat{\beta}_1$=0.7，s=0.61，SS_{xx}=10，因此得到检验统计量为：

$$t=\frac{\hat{\beta}_1}{s/\sqrt{SS_{xx}}}=\frac{0.7}{0.61/\sqrt{10}}=\frac{0.7}{0.19}=3.7$$

因为 t 值落在了拒绝域的上侧（见图 11-13），所以我们拒绝原假设，认为斜率 β_1 不为 0。样本证据表明，当使用线性模型时，广告费用 x 对销售收入 y 提供了信息。

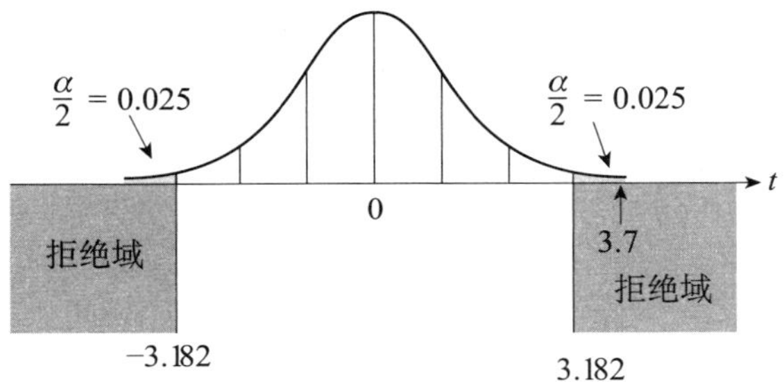

图 11-13 检验 H_0：β_1=0 对 H_a：$\beta_1 \neq 0$ 的拒绝域和计算得到的 t 值

（注意：我们使用观测的显著性水平（p 值）能够得到同样的结论。图 11-14 再次给出了广告－销售例子的 Minitab 输出结果。检验统计量和双侧 p 值做了阴影处理。因为 p 值小于 α=0.05，所以拒绝 H_0。）

Regression Analysis: SALES_Y versus ADVEXP_X

Regression Equation

SALES_Y = -0.100 + 0.700 ADVEXP_X

Coefficients

Term	Coef	SE Coef	T-Value	P-Value	VIF
Constant	-0.100	0.635	-0.16	0.885	
ADVEXP_X	0.700	0.191	3.66	0.035	1.00

Model Summary

S	R-sq	R-sq(adj)	R-sq(pred)
0.605530	81.67%	75.56%	26.11%

Analysis of Variance

Source	DF	Adj SS	Adj MS	F-Value	P-Value
Regression	1	4.900	4.9000	13.36	0.035
ADVEXP_X	1	4.900	4.9000	13.36	0.035
Error	3	1.100	0.3667		
Total	4	6.000			

图 11-14 广告－销售的回归结果 (Minitab)

回顾 如果计算的 t 值没有落在拒绝域或者观测的显著性水平超过了 α，该得出什么样的结论？从前

面对假设检验原理的讨论可知，这样一个 t 值不能让我们接受原假设，即我们不能得出结论 $\beta_1=0$。额外的数据可能表明 β_1 不等于 0，或者 x 与 y 之间存在更复杂的关系，需要拟合一个直线模型以外的模型。我们将在第 12 章讨论这样的模型。

解释回归中 β 系数的 p 值

几乎所有的统计软件都可以报告回归模型中每一个 β 参数的双侧 p 值。例如，在简单线性回归中，输出结果给出了双侧检验 H_0：$\beta_1=0$ 对 H_a：$\beta_1 \neq 0$ 的 p 值。如果你想做单侧检验，需要调整输出结果中给出的 p 值：

上侧检验 H_a：$\beta_1>0$：$p\text{ 值} = \begin{cases} p/2 & \text{如果} t > 0 \\ 1-p/2 & \text{如果} t < 0 \end{cases}$

下侧检验 H_a：$\beta_1<0$：$p\text{ 值} = \begin{cases} p/2 & \text{如果} t < 0 \\ 1-p/2 & \text{如果} t > 0 \end{cases}$

其中，p 是输出结果中给出的 p 值，t 是检验统计量的值。

另外一个关于斜率 β_1 的统计推断是使用置信区间来估计。下面给出了置信区间的公式。

简单线性回归斜率 β_1 的 $(1-\alpha)100\%$ 置信区间

$$\hat{\beta}_1 \pm t_{\alpha/2}\, s_{\hat{\beta}_1}$$

其中，$\hat{\beta}_1$的估计标准误通过下式计算：

$$s_{\hat{\beta}_1} = \frac{S}{\sqrt{\mathrm{SS}_{xx}}}$$

$t_{\alpha/2}$ 基于自由度 $n-2$。

有效置信区间所需的条件：简单线性回归

参见 11.3 节中对 ε 所做的四个假设。

在销售收入的简单线性回归（例 11.1 至例 11.3）中，$t_{\alpha/2}$ 基于自由度 $n-2=3$，且对于 $\alpha=0.05$，$t_{0.025}=3.182$。因此得到斜率 β_1 的 95% 置信区间，即当广告费用增加 100 美元时，销售收入的期望变化是：

$$\hat{\beta} \pm (t_{0.025})\, s_{\hat{\beta}_1} = 0.7 \pm 3.182 \times \frac{s}{\sqrt{\mathrm{SS}_{xx}}} = 0.7 \pm 3.182 \times \frac{0.61}{\sqrt{10}} = 0.7 \pm 0.61$$

于是，斜率 β_1 的区间估计是 0.09~1.31。（注意：这个区间也可以通过使用统计软件获得，在图 11–15 的 StatCrunch 输出结果中做了阴影处理。）从这个例子来看，每增加 100 美元的广告费用，我们有 95% 的把握确定销售收入的真实均值增加 90~1 310 美元。这个推断只有在 x 的抽样范围之内才有意义，即广告费用为 100~500 美元。

Simple linear regression results:
Dependent Variable: SALES_Y
Independent Variable: ADVEXP_X
SALES_Y = -0.1 + 0.7 ADVEXP_X
Sample size: 5
R (correlation coefficient) = 0.90369611
R-sq = 0.81666667
Estimate of error standard deviation: 0.60553007

Parameter estimates:

Parameter	Estimate	Std. Err.	DF	95% L. Limit	95% U. Limit
Intercept	-0.1	0.6350853	3	-2.1211249	1.9211249
Slope	0.7	0.19148542	3	0.090607928	1.3093921

图 11–15　广告 – 销售回归中 β 系数的 95% 置信区间 (StatCrunch)

因为该区间所有的值都是正值，可以看出 β_1 是正值，而且当 x 增加时，y 的均值 $E(y)$ 也增加。然而，相当宽的置信区间反映了试验中样本数据点较少（因此导致信息缺乏）。特别讨厌的是，置信区间的下限意味着我们甚至不能弥补额外的费用，因为广告费用每增加 100 美元可能只带来销售收入平均增加 90 美元。如果要想使得区间变窄，我们需要增加样本量。

回顾实践中的统计

评估直线回归模型拟合数据的效果

在前面的“回顾实践中的统计”专栏中，我们拟合了直线模型 $E(y)=\beta_0+\beta_1x$，其中，x 表示 6 个月的累计广告费用，y 表示每个月新增 PI 案件数或 WC 案件数。这两个分析的 XLSTAT 回归输出结果见图 SIA11-3(y= 新增 PI 案件数的回归显示在输出结果的顶部，y= 新增 WC 案件数的回归显示在输出结果的底部)。我们的目的是确定两个因变量或其中之一与 6 个月累计广告费用在统计上是否线性相关。

Model parameters (New PI Cases):

Source	Value	Standard error	t	Pr > |t|	Lower bound	Upper bound
Intercept	7.7675	3.3850	2.2947	**0.0271**	0.9262	14.6088
AdvExp (thousands)	0.1129	0.0279	4.0422	**0.0002**	0.0564	0.1693

Model parameters (New WC Cases):

Source	Value	Standard error	t	Pr > |t|	Lower bound	Upper bound
Intercept	24.5741	3.3667	7.2991	**< 0.0001**	17.7697	31.3785
AdvExp (thousands)	0.0098	0.0278	0.3537	0.7254	-0.0463	0.0660

图 SIA11-3 法律服务广告数据的简单线性回归 (XLSTAT)

检验原假设 H_0: $\beta_1=0$ 的双侧 p 值（在输出结果中做了阴影处理）是新增 PI 案件数 p 值 =0.000 2。新增 WC 案件数 p 值 =0.725 4。对于 y= 新增 PI 案件数，有充分的证据拒绝 H_0（取 α=0.01）并断定新增 PI 案件数与 6 个月累计广告费用是线性相关的。相比之下，对于 y= 新增 WC 案件数，没有充分的证据拒绝 H_0（取 α=0.01），因此没有证据表明新增 WC 案件数与 6 个月累计广告费用之间存在线性关系。

我们可以考察斜率 β_1 的 95% 置信区间来进一步解释这个现象。对于 y= 新增 PI 案件数，这个区间（在 XLSTAT 输出结果中做了阴影处理）为（0.056 4, 0.169 3）。我们有 95% 的信心认为，月广告费用每增加 1 000 美元，每个月新增 PI 案件增加数为 0.06~0.17 件。现在，更加实际的 6 个月累计广告费用增加值可能是 20 000 美元，将区间端点乘以 20，我们发现广告费用的增加会导致新增 PI 案件增加数为 1~3 件。

现在，对于 y= 新增 WC 案件数，斜率的 95% 置信区间（同样在 XLSTAT 输出结果中做了阴影部分）为（−0.046 3,0.066 0）。因为该区间包含 0，我们得到与假设检验同样的结论——没有统计证据表明新增 WC 案件数与 6 个月累计广告费用之间存在线性关系。

回顾一下，合伙人 A（处理 PI 案件）起诉合伙人 B（处理 WC 案件）没有公平地承担广告费用，这些结果并不支持合伙人 A 的论述，因为没有证据表明合伙人 B 从广告中获利。

11.5 相关系数和决定系数

在本节我们将介绍描述模型充分性的两个统计量：相关系数和决定系数。

相关系数

回顾（从 2.10 节开始）描述两个变量 x 和 y 之间的关系（或相关性）的**二变量关系**（bivariate relationship）。散点图可以用图示的方法描述二变量关系。在本节中我们将会讨论**相关**（correlation）这个概念，同时说明如何用它来衡量两个变量 x 和 y 之间的线性关系。相关系数 r 提供了一个描述 x 和 y 之间线性关系的数值描述性度量。

相关系数（coefficient of correlation）r ① 是一个衡量变量 x 和 y 之间线性关系强度的测度。它的计算公式（对于有 n 个 x 和 y 测量值的样本）为：

$$r=\frac{SS_{xy}}{\sqrt{SS_{xx}SS_{yy}}}=\hat{\beta}_1\sqrt{\frac{SS_{xx}}{SS_{yy}}}$$

式中，

$$SS_{xy}=\sum(x-\bar{x})(y-\bar{y})$$

$$SS_{xx}=\sum(x-\bar{x})^2$$

$$SS_{yy}=\sum(y-\bar{y})^2$$

注意，相关系数 r 的计算公式中包含了与计算最小二乘预测方程中相同的量。事实上，你可以看到当 $\hat{\beta}_1=0$ 时，$r=0$（此时 x 对于预测 y 没有任何贡献），当斜率是正数时，r 也是正数，当斜率为负数时，r 也是负数。与 $\hat{\beta}_1$ 不同的是，相关系数 r 是无量纲的，并且不管 x 和 y 的单位是什么，r 的数值都在 $-1\sim1$。

当 r 的数值接近或者等于 0 时，说明 x 和 y 之间几乎没有或者完全没有线性关系。相对地，当 r 接近 1 或者 -1 时，说明 x 和 y 之间有很强的线性关系。如果 $r=1$ 或者 $r=-1$，所有样本点都严格地落在最小二乘直线上。r 为正数时说明 y 与 x 是正相关的，也就是说 y 的数值随着 x 的增大而增大。r 为负数时说明 y 与 x 是负相关的，也就是说 y 的数值随着 x 的增大而减小。这些情况都在图 11-16 中描绘出来了。

我们用表 11-1 中关于广告 - 销售例子的数据说明如何计算相关系数 r。计算 r 所需要的量是 SS_{xy}，SS_{xx} 和 SS_{yy}。前两个量在前面已经计算过，分别为 $SS_{xy}=7$ 和 $SS_{xx}=10$。$SS_{yy}=\sum(y-\bar{y})^2$ 的计算在图 11-5 中 Excel 电子表格的最后一列给出，结果为 $SS_{yy}=6$。

现在我们计算相关系数：

$$r=\frac{SS_{xy}}{\sqrt{SS_{xx}SS_{yy}}}=\frac{7}{\sqrt{10\times6}}=\frac{7}{\sqrt{60}}=0.904$$

r 是正数且接近 1 的事实表明，对于这 5 个月的样本而言，销售收入 y 随着广告费用的增加而增长。我们计算的最小二乘直线的斜率是正数，与此计算得出的结论是相同的。这与我们发现最小二乘斜率的计算值为正时得出的结论相同。

---

① r 的值通常被称为皮尔逊相关系数，以纪念它的提出者卡尔 · 皮尔逊（见第 10 章的“人物介绍”专栏）。

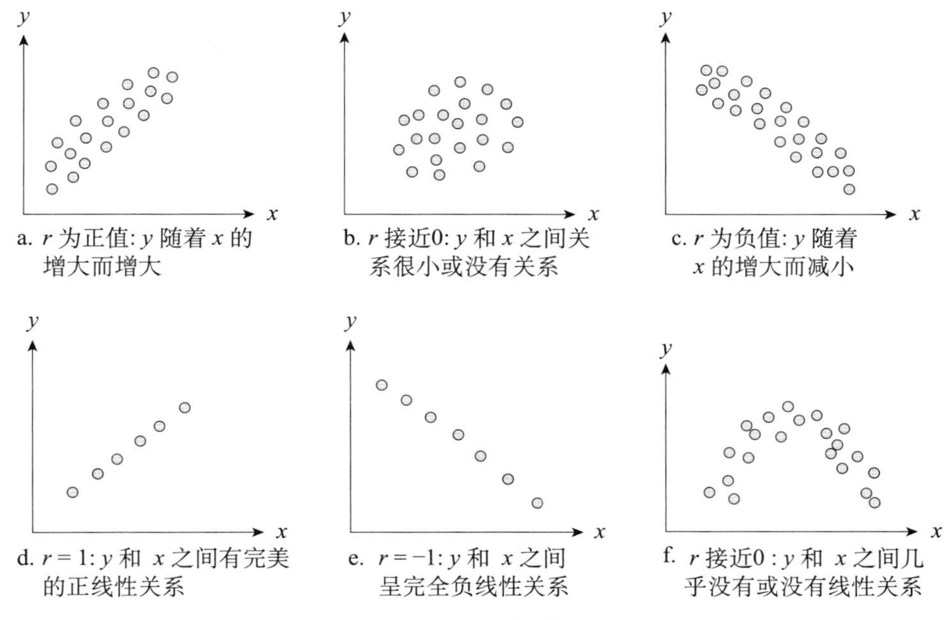

图 11-16　r 的值及其含义

例 11.5　使用相关系数——犯罪率与赌场雇用情况的联系

问题　密西西比州一个城市经营的几家河船赌场提供合法赌博。该市市长想知道赌场雇员人数与犯罪率之间的相关性。查阅近 10 年的记录，得到如表 11-3 所示的结果。计算数据的相关系数 r，并对结果进行说明。

表 11-3　例 11.5 的赌场雇员与犯罪率的数据

年份	赌场雇员人数 x（千人）	犯罪率 y（每千人中的犯罪人数）
2011	15	1.35
2012	18	1.63
2013	24	2.33
2014	22	2.41
2015	25	2.63
2016	29	2.93
2017	30	3.41
2018	32	3.26
2019	35	3.63
2020	38	4.15

解答　不用定义中给出的计算公式，我们使用 XLSTAT 分析表 11-3 中的数据，输出结果见图 11-17。

Correlation matrix (Pearson):

Variables	Employees	CrimeRate
Employees	1	**0.9870**
CrimeRate	**0.9870**	1

Values in bold are different from 0 with a significance level alpha=0.05

p-values (Pearson):

Variables	Employees	CrimeRate
Employees	0	< 0.0001
CrimeRate	< 0.0001	0

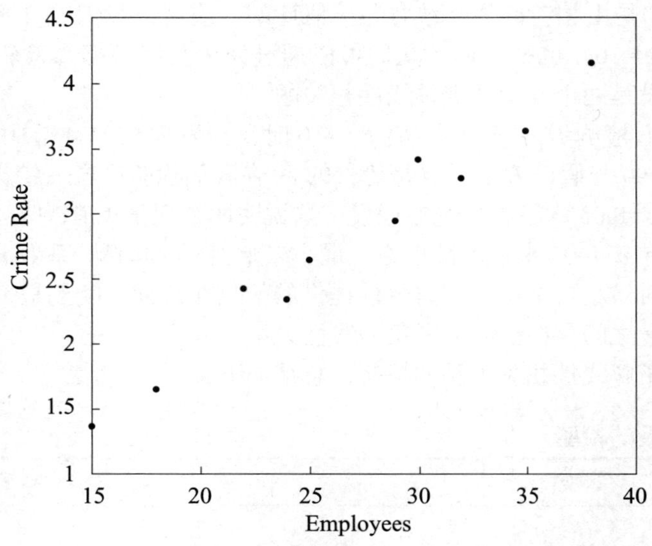

图 11-17 例 11.5 的相关性分析 (XLSTAT)

计算出的相关系数位于顶部的阴影区域，r=0.987。因此，赌场雇员人数与这个城市的犯罪率有很高的相关性——至少在过去的 10 年里是这样。这就意味着这些变量之间有很强的正线性相关性（见图 11-17 底部的散点图）。我们必须很小心，避免得出一个毫无根据的结论。例如，市长可能倾向于推断明年雇用更多的赌场雇员将会导致犯罪率提高，也就是说两个变量间存在因果关系。然而，高相关性并不表示因果关系。事实上许多因素都可能是促成赌场雇员和犯罪率共同增长的原因。自从合法赌场出现，这个城市的旅游业毫无疑问得到了发展，同时赌场提供的服务和数量都增加了。基于样本数据的高相关性，我们不能推断出因果关系。当观测到样本数据有较高的相关性时，最可靠的结论就是 x 和 y 之间可能存在一种线性趋势。

回顾 另外一个变量（例如游客增加）可能是 x 和 y 之间存在高相关性的潜在原因。

统计中的道德观

在可能存在非线性关系的情况下，故意使用相关系数来推断两个变量之间的关系被认为是不道德的统计行为。

> **提示**
> 当用样本相关系数 r 来表示 x 与 y 之间关系的属性时，要注意两点：（1）高相关性并不一定意味着 x 和 y 之间存在因果关系，仅仅说明两个变量之间可能存在线性趋势；（2）低相关性并不一定说明 x 和 y 之间没有关系，仅仅说明 x 和 y 的线性相关不是很强。

谨记，相关系数 r 衡量的是样本中 x 值和 y 值之间的线性相关性，一个类似的线性相关系数存在于数据点所在的总体。**总体相关系数**（population correlation coefficient）由符号 ρ 表示。正如你可能想象的，ρ 是由相应的样本统计量 r 估计的。或者，我们或许不想估计 ρ，而是检验原假设 H_0: $\rho=0$，H_a: $\rho \neq 0$。也就是说，我们可以通过使用直线模型来检验 x 对 y 的预测没有贡献的假设，其备择假设是两个变量至少是线性相关的。

然而，当我们检测 H_0：$\beta_1=0$，H_a：$\beta_1 \neq 0$ 时，会发现在 11.4 节中进行了相同的检验，也就是说原假设 H_0: $\rho=0$ 与假设 H_0: $\beta_1=0$ 是等价的。[①] 在我们检验广告 – 销售例子中的原假设 H_0: $\beta_1=0$ 时，数据导致在 $\alpha=0.05$ 水平上拒绝原假设。这说明两个变量（销售收入和广告费用）之间相关性为 0 的原假设也在 $\alpha=0.05$ 水平上被拒绝。最小二乘斜率 $\hat{\beta}_1$ 和相关系数 r 之间真正的区别是衡量尺度。所以，它们对最小二乘模型的有效性提供的信息在某种程度上是多余的。因此，我们使用斜率来推断两个变量之间存在正的或者负的线性关系。

为便于全面了解线性相关关系的检验，总结如下：

线性相关关系的检验

单侧检验	双侧检验
H_0：$\rho=0$ H_a：$\rho>0$ 或 H_a：$\rho<0$	H_0：$\rho=0$ H_a：$\rho \neq 0$
检验统计量：$t=\dfrac{r\sqrt{n-2}}{\sqrt{1-r^2}}=\dfrac{\hat{\beta}_1}{s_{\hat{\beta}_1}}$	
拒绝域：$t>t_{\alpha}$ 或 $t<-t_{\alpha}$	拒绝域：$\lvert t\rvert>t_{\alpha/2}$
p 值：P（$t>t_c$）或 P（$t<-t_c$）	p 值：$2P$（$t>t_c$）
式中，t 的分布是基于自由度 $n-2$ 的。t_c 是检验统计量的计算值。	

相关性有效检验要求的条件

样本（x，y）的值是从正态总体中随机选取的。

决定系数

另外一种测量模型有效性的方法就是测量 x 对于预测 y 的贡献。为此，我们计算使用 x 提供的信息后 y 的预测误差减小了多少。举例来说，考虑图 11-18a 中散点图给出的样本。如果我们假定 x 对于预测 y 没有一点贡献，那么 y 的最佳预测值是样本平均值 $\bar{y}$，即图 11-18b 中显示的水平线。图 11-18b 中的垂直线段表示点相对平均值 $\bar{y}$ 的离差。注意预测方程 $\hat{y}=\bar{y}$ 的离差平方和为：

$$SS_{yy}=\sum(y_i-\bar{y})^2$$

① 这两个检验只在简单线性回归中是等价的。

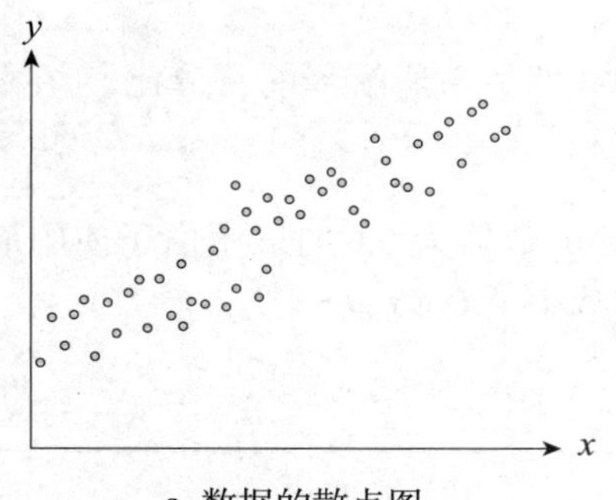

a. 数据的散点图

y

$\overline{y}$ $\hat{y}=\overline{y}$

x

b. 假定：x 对于预测 y 没有提供任何信息，$\hat{y}=\overline{y}$

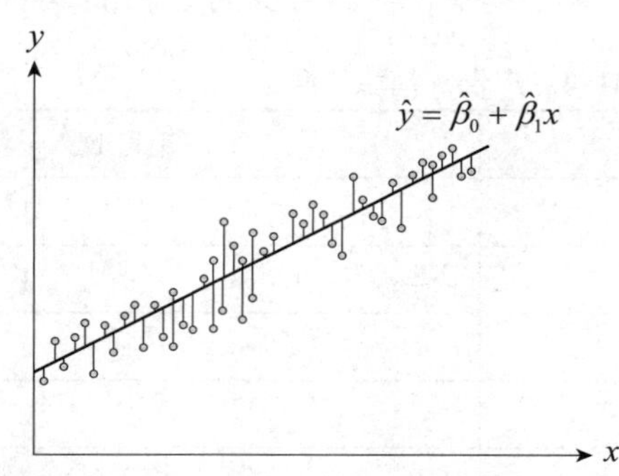

c. 假定：x 对于预测 y 提供了信息，$\hat{y}=\hat{\beta}_0+\hat{\beta}_1x$

图 11-18　两个模型中离差平方和的比较

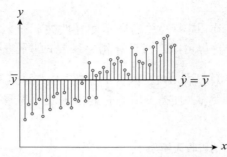

现在假设你使用最小二乘直线拟合同样的一组数据，并在图 11-18c 中指出点相对该直线的离差。比较图 11-18b 和图 11-18c 中相对预测线的离差，你可以看出：

1. 如果 x 对于预测 y 没有提供信息或提供很少的信息，两条直线的离差平方和 $SS_{yy}=\sum(y_i-\overline{y})^2$ 与 $SSE=\sum(y_i-\hat{y}_i)^2$ 将会几乎相等。

2. 如果 x 对于预测 y 确实提供信息，SSE 将会比 SS_{yy} 小。实际上，如果所有的点都落在最小二乘直线上，则 SSE=0。

归因于 x 的离差平方和的减少可以表示成 SS_{yy} 的一部分：

$$\frac{SS_{yy}-SSE}{SS_{yy}}$$

注意，SS_{yy} 为观测值在均值 $\overline{y}$ 的周围的“总的样本变异性”，SSE 是在拟合直线 $\overline{y}$ 之后剩余的“未解释的样本变异性”。因此，差值 SS_{yy}−SSE 是“可解释的样本变异性”，可归因于与 x 的线性关系。比值的书面表达式为：

$$\frac{SS_{yy}-SSE}{SS_{yy}}=\frac{\text{可解释的样本变异性}}{\text{总的样本变异性}}$$

$$=\text{总的样本变异性被线性关系解释的百分比}$$

在简单线性回归中，可以证明这个百分比——称作**决定系数**（coefficient of determination）——等于简单线性相关系数 r 的平方。

决定系数的计算公式

$$r^2=\frac{SS_{yy}-SSE}{SS_{yy}}=1-\frac{SSE}{SS_{yy}}$$

它表示在$\bar{y}$周围的总的样本变异性被 y 和 x 之间的线性关系所解释的百分比。(在简单线性回归中，它也可以通过计算相关系数 r 的平方得到。)

注意，r^2 总是在 0~1，因为 r 是在 −1~1 的。因此，r^2 的数值为 0.6 时表示由于使用最小二乘方程$\hat{y}$代替$\bar{y}$预测 y，使得 y 值与它的预测值的离差平方和减小了 60%。

例 11.6 获得 r^2 值——销售收入模型

问题 计算广告－销售例子的决定系数。为了方便，数据再次列于表 11-4 中。解释结果。

表 11-4 广告－销售数据

广告费用 x（百美元）	销售收入 y（千美元）
1	1
2	1
3	2
4	2
5	4

解答 由前面的计算得到：

$$SS_{yy}=6 \quad SSE=\sum(y-\hat{y})^2=1.10$$

那么由定义可知，决定系数为：

$$r^2=\frac{SS_{yy}-SSE}{SS_{yy}}=\frac{6.0-1.1}{6.0}=\frac{4.9}{6.0}=0.82$$

另一种计算 r^2 的方法可回顾 11.2 节，r=0.904，我们可以计算 $r^2=0.904^2=0.82$。第三种获得 r^2 的方法是从计算机输出结果中得到。这个值在图 11-19 的 StatCrunch 输出结果中做了阴影处理。我们的解释如下：我们知道利用广告费用 x 来预测 y，使用最小二乘直线$\hat{y}=-0.1+0.7x$ 能解释 5 个样本 y 值关于均值$\bar{y}$的总离差平方和的 82%。或者换一种说法，在直线模型中，销售收入 (y) 的样本变异性的 82% 可以由广告费用 (x) 解释。

Simple linear regression results:
Dependent Variable: SALES_Y
Independent Variable: ADVEXP_X
SALES_Y = -0.1 + 0.7 ADVEXP_X
Sample size: 5
R (correlation coefficient) = 0.90369611
R-sq = 0.81666667
Estimate of error standard deviation: 0.60553007

图 11-19 广告－销售回归的 SPSS 输出结果 (StatCrunch)

决定系数 r^2 的实际解释

通过在直线模型中使用 x 来预测 y，y 的样本变异性（用样本 y 值与均值$\bar{y}$的总离差平方和来衡量）的约 $100(r^2)$% 能够得到解释。

回顾实践中的统计

使用相关系数和决定系数

在前面的“回顾实践中的统计”专栏中，我们发现 6 个月的累计广告费用是新增 PI 案件数的统计上有用的线性预测变量，但并不是新增 WC 案件数的有用的线性预测变量。相关系数和决定系数（在图 SIA11-4 和图 SIA11-5 的 StatCrunch 输出结果中做了阴影处理）同样支持这个结论。

Simple linear regression results:
Dependent Variable: New PI Cases
Independent Variable: AdvExp (thousands)
New PI Cases = 7.7673426 + 0.11289168 AdvExp (thousands)
Sample size: 42
R (correlation coefficient) = 0.53853208
R-sq = 0.29001681
Estimate of error standard deviation: 9.6752051

图 SIA11-4 y= 新增 PI 案件数时的相关系数和决定系数 (StatCrunch)

Simple linear regression results:
Dependent Variable: New WC Cases
Independent Variable: AdvExp (thousands)
New WC Cases = 24.574089 + 0.0098251056 AdvExp (thousands)
Sample size: 42
R (correlation coefficient) = 0.055838794
R-sq = 0.0031179709
Estimate of error standard deviation: 9.6229642

图 SIA11-5 y= 新增 WC 案件数时的相关系数和决定系数 (StatCrunch)

对于 y= 新增 PI 案件数，相关系数 r=0.539 在统计上与 0 有显著差异，表明变量之间有中等强度的正的线性关系；决定系数 r^2=0.29，表明新增 PI 案件数的样本变异性的将近 30% 能被直线模型中的广告费用 (x) 解释。相比之下，对于 y= 新增 WC 案件数，r=0.056 在统计上与 0 没有显著差异，r^2=0.003 表明新增 WC 案件数的样本变异性只有 0.3% 能被直线模型中的广告费用 (x) 解释。

11.6 利用模型进行估计和预测

如果我们对建立的一个描述 x 和 y 关系的有用模型感到满意的话，就可以准备进行回归建模的第 5 步：使用模型来估计和预测。

概率模型用于推断的最常见的用途可以分为两类。第一类用途是用模型根据给定的 x 值估计 y 的均值 $E(y)$。对于广告 – 销售这个例子来说，我们可能会想要估计广告费用为 400 美元 (x=4) 的所有月份的销售收入的均值。

第二类用途就是用模型根据一个给定的 x 值估计一个新的 y 值。也就是说，如果我们下个月想投入 400 美元做广告，我们会想要预测公司在下个月的销售收入。

在第一种情况下，我们尝试在给定的 x 值下估计大量试验的 y 值的均值。在第二种情况下，我们尝试在给定的 x 值下预测一个单独试验的结果。模型的这些用途——估计 y 的均值和预测 y 的新的个值（在同一个 x 值下）——哪个能够以更高的精度实现呢？

在回答这个问题之前，我们首先要考虑选择 y 的均值（或新的个值）的估计量（或预测量）的问题。我们使用最小二乘预测方程：

$$\hat{y}=\hat{\beta}_0+\hat{\beta}_1 x$$

同时在一个给定的 x 值下估计 y 的均值和预测一个 y 的新的个值。对于我们的例子，可得到：

$$\hat{y}=-0.1+0.7x$$

所以当 x=4（广告费用为 400 美元）时，所有月份的估计的平均销售收入是：

$$\hat{y}=-0.1+0.7\times4=2.7$$

即 2 700 美元。（注意 y 的单位是千美元。）当 x=4 时预测出同样的新的 y 值，也就是说估计的均值和预测的个值都是 $\hat{y}$ =2.7，如图 11-20 所示。

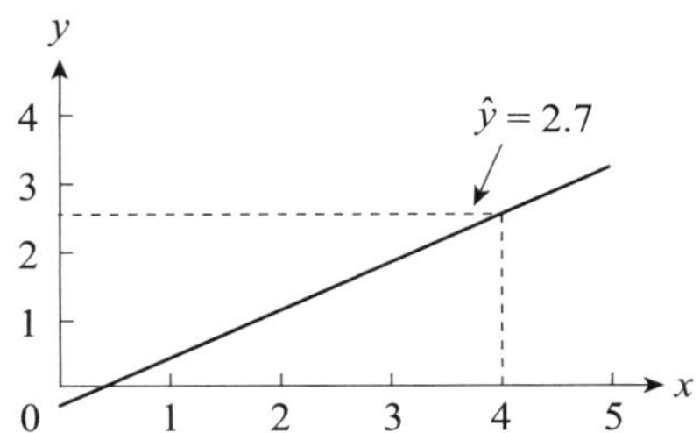

图 11-20　当 x=4 时销售收入 y 的估计的均值和预测的个值

两个模型用法的不同体现在估计和预测的相对精度上。当分别用于估计和预测时，这种精度可以由最小二乘直线的抽样误差来很好地衡量。这些误差是用下面给出的标准差反映的。

估计 y 的均值和预测 y 的个值的样本误差

1. 在给定 x 值（记为 x_p）时，y 的均值的估计量 $\hat{y}$ 的抽样分布的标准差是：

$$\sigma_{\hat{y}}=\sigma\sqrt{\frac{1}{n}+\frac{(x_p-\bar{x})^2}{SS_{xx}}}$$

式中，σ 是随机误差 ε 的标准差，我们称 $\sigma_{\hat{y}}$ 是 **$\hat{y}$ 的标准误**（standard error of $\hat{y}$）。

2. 在给定 x 值时，y 的个值的预测值 $\hat{y}$ 的预测误差的标准差是：

$$\sigma_{(y-\hat{y})}=\sigma\sqrt{1+\frac{1}{n}+\frac{(x_p-\bar{x})^2}{SS_{xx}}}$$

式中，σ 是随机误差 ε 的标准差，我们称 $\sigma_{(y-\hat{y})}$ 是**预测的标准误**（standard error of the prediction）。

σ 的真实值很少知道，因此我们用 s 估计 σ，并且用下面两个框中介绍的方法计算估计区间和预测区间。

当 $x=x_p$ 时，y 的均值的 $(1-\alpha)100\%$ 置信区间

$$\hat{y}\pm t_{\alpha/2}\ (\hat{y}\text{的估计标准误})$$

或者 $$\hat{y}\pm t_{\alpha/2}s\sqrt{\frac{1}{n}+\frac{(x_p-\bar{x})^2}{SS_{xx}}}$$

式中，$t_{\alpha/2}$ 是基于 $n-2$ 个自由度得到的。

当 $x=x_p$ 时，y 的新的个值的 $(1-\alpha)100\%$ 预测区间 [1]

$$\hat{y} \pm t_{\alpha/2} \text{（预测值的估计标准误）}$$

或者 $$\hat{y} \pm t_{\alpha/2} s\sqrt{1+\frac{1}{n}+\frac{(x_p-\bar{x})^2}{\text{SS}_{xx}}}$$

式中，$t_{\alpha/2}$ 是基于 $n-2$ 个自由度得到的。

例 11.7 估计 y 的均值——销售收入模型

问题 参见前面例子中提到的销售收入简单线性回归，当家电商店花 400 美元做广告时，求出月均销售额的 95% 置信区间。

解答 我们要求当商店在广告上花费 400 美元时，所有月份的均值 $E(y)$ 的置信区间。对于 400 美元的广告费用，此时 $x=4$，y 的均值的置信区间为：

$$\hat{y} \pm t_{\alpha/2} s\sqrt{\frac{1}{n}+\frac{(x_p-\bar{x})^2}{\text{SS}_{xx}}}=\hat{y} \pm t_{0.025} s\sqrt{\frac{1}{5}+\frac{(4-\bar{x})^2}{\text{SS}_{xx}}}$$

式中，$t_{0.025}$ 是基于 $n-2=5-2=3$ 个自由度。前面得到 $\hat{y}=2.7$，$s=0.61$，$\bar{x}=3$，$\text{SS}_{xx}=10$。从附录的表Ⅲ中查到 $t_{0.025}=3.182$，因此我们得到：

$$\begin{aligned}2.7 \pm 3.182 \times 0.61\sqrt{\frac{1}{5}+\frac{(4-3)^2}{10}} &= 2.7 \pm 3.182 \times 0.61 \times 0.55\\ &= 2.7 \pm 3.182 \times 0.34 = 2.7 \pm 1.1\\ &= (1.6, 3.8)\end{aligned}$$

因此，当商店每个月花 400 美元做广告时，我们有 95% 的把握确定平均销售收入在 1 600~3 800 美元。

回顾 我们使用少量的数据（规模较小）来说明怎样拟合最小二乘直线。如果从大量样本中能获得更多信息，区间可能会更窄。

例 11.8 预测 y 的个值——销售收入模型

问题 再次参见前面的销售收入回归，如果广告费用是 400 美元，预测下个月的月销售额。使用 95% 的预测区间。

解答 我们关注商店花费 400 美元做广告时某特定月份的情况。为了预测一个 $x_p=4$ 的特定月份的销售额，我们计算 95% 的预测区间：

$$\begin{aligned}\hat{y} \pm t_{\alpha/2} s\sqrt{1+\frac{1}{n}+\frac{(x_p-\bar{x})^2}{\text{SS}_{xx}}} &= 2.7 \pm 3.182 \times 0.61\sqrt{1+\frac{1}{5}+\frac{(4-3)^2}{10}}\\ &= 2.7 \pm 3.182 \times 0.61 \times 1.14\\ &= 2.7 \pm 3.182 \times 0.70\\ &= 2.7 \pm 2.2 = (0.5, 4.9)\end{aligned}$$

① 当构成的区间试图包含随机变量的值时，使用术语“预测区间”。在估计总体参数（例如均值）时，仍使用术语“置信区间”。

因此，我们有 95% 的把握预测下个月（我们投入 400 美元做广告的月份）的销售额将会落入 500~4 900 美元的区间。

回顾 就像 y 的均值的置信区间那样，y 的预测区间也很大。这是因为我们选择了一个简单的例子（只有 5 个数据点）来拟合最小二乘直线。如果使用大量的数据点，可以减小预测区间的宽度。

$E(y)$ 的置信区间和 **y 的预测区间**（prediction interval for y）都可以使用统计软件得到。图 11-21 是 Minitab 给出的广告 - 销售例子的置信区间和预测区间的输出结果。当 x=4 时，$E(y)$ 的 95% 置信区间为图 11-21 中“95% CI”下方的阴影部分，即 (1.645,3.755)。当 x=4 时，y 的 95% 预测区间为图 11-21 中“95% PI”下方的阴影部分，即 (0.503,4.897)。两个区间分别与例 11.6、例 11.7 中的计算结果一致。

Prediction for SALES_Y

Regression Equation

SALES_Y = -0.100 + 0.700 ADVEXP_X

Settings

Variable	Setting
ADVEXP_X	4

Prediction

Fit	SE Fit	95% CI	95% PI
2.7	0.331662	(1.64450, 3.75550)	(0.502806, 4.89719)

图 11-21 $E(y)$ 的 95% 置信区间和 y 的 95% 预测区间 (Minitab)

注意，y 的新个值的预测区间总是比相应的 y 的均值的置信区间要宽。要了解这一点，请考虑以下内容。在给定 x 值（比如 x_p）的情况下，估计 y 的均值 $E(y)$ 的误差是从最小二乘直线到真正的均值线 $E(y)=\beta_0+\beta_1x$ 的距离。这个误差 $(\hat{y}-E(y))$ 见图 11-22。相比较而言，预测 y 的未来值的误差 $(y_p-\hat{y})$ 是两个误差的和——估计 y 的均值 $E(y)$ 的误差加上要预测的 y 值的随机误差（见图 11-23）。因此，在特定的 x 值条件下，预测 y 的个值的误差将会比估计 y 的均值的误差大。从它们的公式中可以看出，估计误差和预测误差在 $x_p=\bar{x}$时取最小值。x_p 与$\bar{x}$相差越大，则估计误差和预测误差也越大。观察图 11-23 中在不同 x_p 下均值线 $E(y)=\beta_0+\beta_1x$ 和均值预测线$\hat{y}=\hat{\beta}_0+\hat{\beta}_1x$ 之间的差距，你可以看出为什么这种说法是正确的。在 x 值最大和最小的区间的两端，差距最大。

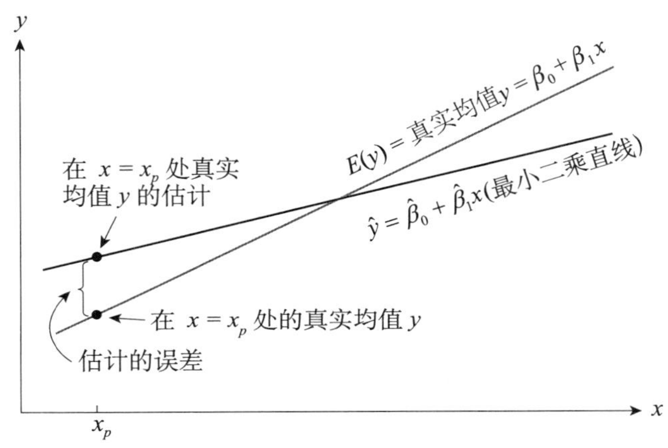

图 11-22 针对给定 x 值估计 y 的均值的误差

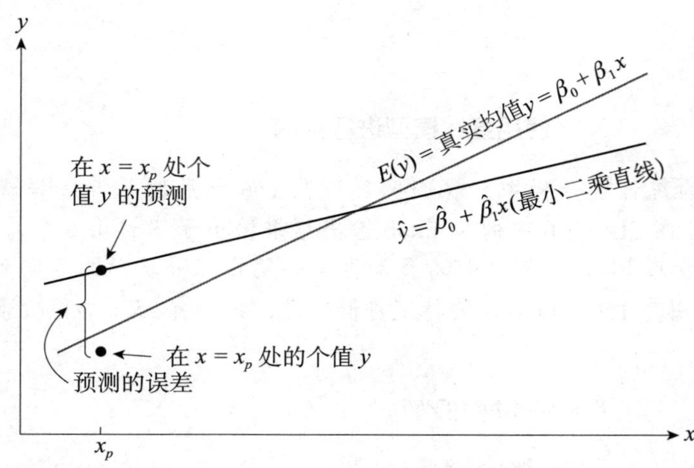

图 11-23 针对给定 x 值预测 y 的未来值的误差

均值的置信区间和新值的预测区间在图 11-24 中都是按全部 x 轴区间上的回归线描述的。你可以看出置信区间总是比预测区间窄，并且在$\bar{x}$处两者都达到最小值，随着距离$|x-\bar{x}|$的增加而平稳增加。实际上，当选择的 x 远离$\bar{x}$而落在样本数据范围之外时，做任何关于 $E(y)$ 或者 y 的推断都是不恰当的。

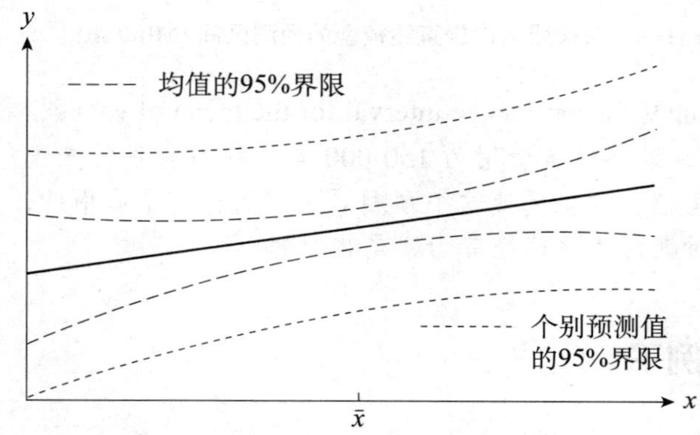

图 11-24 y 的均值的置信区间和新值的预测区间

> **提示**
> 当 x 值超出你的样本数据的 x 的取值范围时，使用最小二乘预测方程来估计 y 的均值或者预测 y 的个值可能导致估计误差或者预测误差远远大于预期。尽管最小二乘模型在样本点包含的 x 范围内能很好地拟合数据，但对于整个区域以外的 x 值，它对真实模型的描述可能较差。

当 n 增大时，置信区间的宽度也会越来越小，因此理论上讲，只要能选择足够大的样本（在给定的 x 值下），你得到的 y 的均值的估计就能像你期望的那样精确。当 n 增大时，y 的个值的预测区间的宽度也会越来越小，但是它的宽度有下限。如果你检查预测区间的公式，就会发现区间不可能小于$\hat{y}\pm z_{\alpha/2}\sigma$。[①] 因此，获得 y 的个值的更精确预测的唯一方法就是减小回归模型的标准差 σ。这只能通过改进模型来实现，要么使用 y 和 x 之间的曲线（而不是直线）关系，要么在模型中添加新的自变量，或者同时使用这两种方法。改进模型的方法在第 12 章中讨论。

① 这个结果可以通过以下事实得到：对于较大的 n，$t_{\alpha/2}\approx z_{\alpha/2}$，$s\approx\sigma$，且预测值的标准误根号下的后两项近似为 0。

回顾实践中的统计

使用直线模型进行预测

在前面的“回顾实践中的统计”专栏中，我们已经证明 x=6 个月的累计广告费用是 y= 新增 PI 案件数的有用的线性预测变量。图 SIA11-6 中的 Minitab 输出结果给出了当过去 6 个月的累计广告费用为 x=150 000 美元时，一个月内新增 PI 案件数的 95% 预测区间。阴影部分显示的区间为 (4.78，44.62)，因此，对于 6 个月的累计广告费用为 150 000 美元的特定月份来说，我们有 95% 的信心预测律师事务所这个月内将新增 5~44 件 PI 案件。

Prediction for NEWPI

Regression Equation

NEWPI = 7.77 + 0.1129 ADVEXP6

Settings

Variable	Setting
ADVEXP6	150

Prediction

Fit	SE Fit	95% CI	95% PI
24.7011	1.88524	(20.8909, 28.5113)	(4.77905, 44.6232)

图 SIA11-6 法律服务广告直线模型的预测区间 (Minitab)

***y* 的均值的 95% 置信区间**（the 95% confidence interval for the mean of y）（同样在输出结果中做阴影处理）为 (20.89，28.51)，这表明对于累计广告费用为 150 000 美元的所有月份来说，每个月新增 PI 案件的平均数将在 21~28 件的范围内。当然，如果要使这个预测对未来的计划是有用的，其他可能影响公司业务的经济因素必须与样本数据产生时期内的这些经济因素是相似的。

11.7 一个完整的例子

在前面的章节中，我们已经介绍了拟合和使用直线回归模型所必需的基本要素。在本节，我们凭借电脑的帮助，将所有这些元素集合起来应用于一个例子中。

假设一家财产保险公司想要在主要住宅火灾的损失金额与火灾点到最近的消防站的距离之间建立联系。这项研究在一个大城市附近的大型郊区完成，收集了该郊区最近发生的 15 起火灾的信息。每起火灾的损失金额 y 与火灾点到最近的消防站的距离 x 都被记录下来。结果在表 11-5 中给出，并保存在文件 RFIRES 中。

表 11-5 火灾损失数据

到最近的消防站的距离 x（英里）	火灾损失 y（千美元）
3.4	26.2
1.8	17.8
4.6	31.3
2.3	23.1

续表

到最近的消防站的距离 x（英里）	火灾损失 y（千美元）
3.1	27.5
5.5	36.0
0.7	14.1
3.0	22.3
2.6	19.6
4.3	31.3
2.1	24.0
1.1	17.3
6.1	43.2
4.8	36.4
3.8	26.1

第 1 步：首先，我们假定一个模型来建立火灾损失 y 与火灾点到最近的消防站的距离 x 的联系。我们假定一个直线概率模型：

$$y=\beta_0+\beta_1x+\varepsilon$$

第 2 步：接下来，我们打开 RFIRES 文件，并使用统计软件来估计假设模型的确定性部分中的未知参数。XLSTAT 输出的简单线性回归分析结果见图 11-25。斜率 β_1 和截距 β_0（在输出图中做了阴影处理）的最小二乘估计值是：

$$\hat{\beta}_1=4.919\ 3$$

$$\hat{\beta}_0=10.277\ 9$$

Regression of variable DAMAGE:

Goodness of fit statistics (DAMAGE):

Observations	15.0000
DF	13.0000
R²	0.9235
Adjusted R²	0.9176
MSE	5.3655
RMSE	2.3163
PC	0.1001

Analysis of variance (DAMAGE):

Source	DF	Sum of squares	Mean squares	F	Pr > F
Model	1	841.7664	841.7664	156.8862	**< 0.0001**
Error	13	69.7510	5.3655		
Corrected Total	14	911.5173			

Model parameters (DAMAGE):

Source	Value	Standard error	t	Pr > |t|	Lower bound	Upper bound
Intercept	10.2779	1.4203	7.2366	**< 0.0001**	7.2096	13.3463
DISTANCE	4.9193	0.3927	12.5254	**< 0.0001**	4.0709	5.7678

图 11-25　火灾损失的回归分析 (XLSTAT)

最小二乘方程（四舍五入后）是：

$$\hat{y}=10.278+4.919x$$

这个预测方程画在 Minitab 散点图中，见图 11-26。

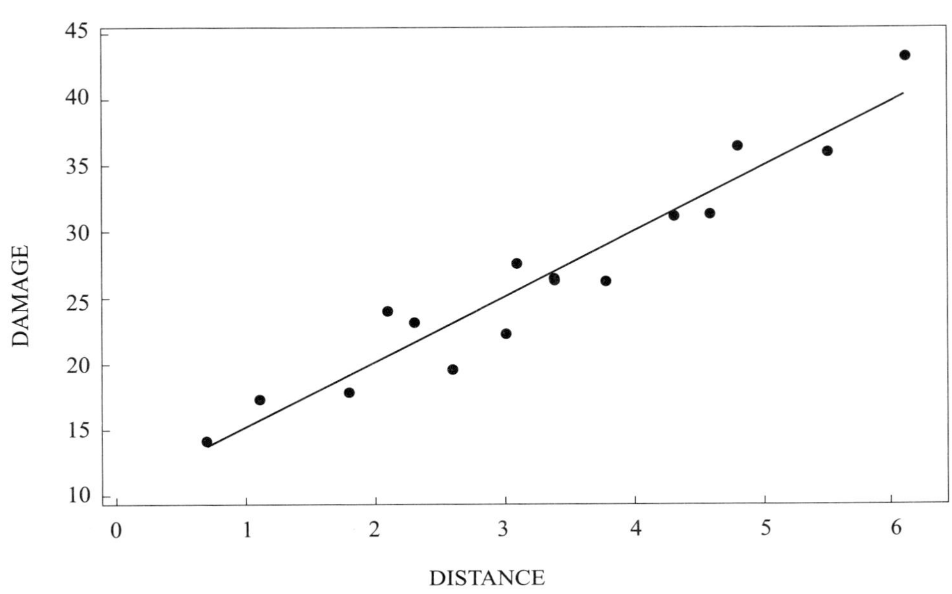

图 11-26　火灾损失回归分析的最小二乘直线和散点图 (Minitab)

斜率的最小二乘估计值$\hat{\beta}_1$=4.919，说明火灾点到最近的消防站的距离每增加 1 英里，估计的平均损失就增加 4 919 美元。这个解释适用于整个 x 的范围，即距离为 0.7~6.1 英里。估计的 y 轴截距$\hat{\beta}_0$=10.278，表示距离最近的消防站为 0 的火灾点的估计平均损失是 10 278 美元。尽管这似乎适用于消防站自身，但要记住 y 轴截距只有当 x=0 在自变量的样本范围之内时才有意义。在本例中 x=0 在取值范围之外，$\hat{\beta}_0$没有实际意义。

第 3 步：现在我们指定随机误差部分 ε 的概率分布。对分布的假设与 11.3 节中所列的假设是一样的。尽管我们知道这些假设不完全满足（实际问题中很少完全满足），我们仍然假定在这个例子中它们近似地满足。ε 的标准差 σ 的估计在 XLSTAT 输出结果做了阴影处理（“RMSE”），如图 11-25 所示，即

$$s=2.316\,3$$

这表明当使用最小二乘直线时，观测到的火灾损失 (y) 数值大多数落在它们各自的预测值大约 $2s$（4 640 千美元）的范围之内。（注意：更精确的 y 预测区间在步骤 5 中给出。）

第 4 步：我们现在可以检验假设模型的有效性，也就是说当使用直线模型时，x 是否对 y 值的预测提供信息。首先，检验斜率 β_1 等于 0 的原假设，即火灾损失与火灾点到最近的消防站的距离之间没有线性关系，备择假设是火灾损失随着距离的增加而增大。我们检验：

$$H_0:\beta_1=0$$
$$H_a:\beta_1>0$$

检验统计量的值（在输出结果中做了阴影处理）为 t=12.53。检验 H_a：$\beta_1\neq 0$ 的双侧观测的显著性水平（在输出结果中做了阴影处理）近似为 0。当我们将这个值除以 2，单侧检验的 p 值

也接近 0。这个小的 p 值毫无疑问意味着火灾损失与火灾点到最近的消防站的距离之间至少存在线性关系，即火灾损失随着距离的增加而增大。

我们通过建立斜率 β_1 的 95% 置信区间可以得到这个关系的额外信息。这个区间的下界点和上界点在图 11-25 所示的 XLSTAT 输出结果中做了阴影处理。

产生的区间是 (4.071，5.768)。我们估计（以 95% 的置信水平）4 071~5 768 美元的区间包括从火灾点到最近的消防站的距离每增加 1 英里时火灾损失的平均增加量 (β_1)。

模型有效性的另一种测量方法是决定系数 r^2。该值（在图 11-25 中做了阴影处理）是 r^2=0.923 5，说明火灾损失 (y) 样本变异性的约 92% 可以通过火灾点到最近的消防站的距离 x 来解释。

XLSTAT 输出结果中没有显示衡量 x 和 y 之间线性关系强度的相关系数 r，必须单独计算。由于简单线性回归中 $r=\sqrt{r^2}$，r 与 $\hat{\beta}_1$ 有同样的符号，我们得到：

$$r=+\sqrt{r^2}=\sqrt{0.923\ 5}=0.96$$

这么高的相关性证实了我们的 β_1 比 0 大很多的结论；明显看出火灾损失与火灾点到最近的消防站的距离之间是正相关的。所有迹象都表明 x 和 y 之间有很强的线性关系。

第 5 步：我们现在准备使用最小二乘模型。假设保险公司想要预测距最近的消防站 3.5 英里的住宅发生火灾的损失，当 x=3.5 时，$E(y)$ 的 95% 置信区间以及 y 的 95% 预测区间都显示在图 11-27 所示的 StatCrunch 输出结果中。预测值（在输出结果中做了阴影处理）是 $\hat{y}$=27.496，95% 预测区间（同样做了阴影处理）是 (22.323 9,32.667 2)。因此，我们有 95% 的把握预测距离最近的消防站 3.5 英里的住宅发生火灾的损失在 22 324~32 667 美元。

Predicted values:

X value	Pred. Y	s.e.(Pred. y)	95% C.I. for mean	95% P.I. for new
3.5	27.495586	0.60428722	(26.190103, 28.801069)	(22.32394, 32.667232)

图 11-27　火灾损失回归分析的置信区间和预测区间 (StatCrunch)

> **提示**
>
> 我们不能使用此预测模型对模型范围之外的数据进行预测，即距离最近的消防站不到 0.7 英里或超过 6.1 英里的住宅。查看表 11-5 中的数据可以发现所有 x 值都在 0.7 和 6.1 之间。使用模型来预测样本数据范围之外的点是不恰当的。当 x 的数值范围扩大时，直线也许不能为 y 的均值和 x 值之间的关系提供良好的模型。

关键术语

二变量关系（bivariate relationship）

相关系数（coefficient of correlation）

决定系数（coefficient of determination）

y 的均值的 95% 置信区间（the 95% confidence interval for the mean of y）

相关（correlation）

因变量（dependent variable）

确定性模型（deterministic model）

预测误差（error of prediction）

最小二乘斜率 $\hat{\beta}_1$ 的估计标准误（estimated standard error of the least squares slope $\hat{\beta}_1$）

回归模型的估计标准误（estimated standard error of regression model）

自变量（independent variable）

最小二乘估计（least squares estimates）

最小二乘直线（least squares line）

最小二乘预测方程（least squares prediction equation）
均值直线（line of means）
最小二乘法（method of least squares）
总体相关系数（population correlation coefficient）
y 的预测区间（prediction interval for y）
预测变量（predictor variable）
概率模型（probabilistic model）
随机误差（random error）
回归分析（regression analysis）
回归直线（regression line）
回归建模（regression modeling）
回归残差（regression residuals）
响应变量（response variable）
散点图（scatterplot/scattergram ）
斜率（slope）
预测的标准误（standard error of the prediction）
$\hat{y}$的标准误（standard error of $\hat{y}$）
直线（一阶）模型（straight-line（first-order）model）
y 轴截距（y-intercept）

关键符号

y——因变量（用来预测的变量）
x——自变量（用来预测 y 的变量）
$E(y)$——y 的期望（均值）
β_0——真实直线的 y 轴截距
β_1——直线的斜率
$\hat{\beta}_0$——y 轴截距的最小二乘估计
$\hat{\beta}_1$——斜率的最小二乘估计
ε——随机误差
$\hat{y}$——给定 x 值的 y 的预测值
$y-\hat{y}$——预测误差的估计
SSE——预测误差平方和
r——相关系数
r^2——决定系数
x_p——用来预测 y 的 x 值
$r^2=\dfrac{SS_{yy}-SSE}{SS_{yy}}$——决定系数
$\hat{y}\pm(t_{\alpha/2})s\sqrt{\dfrac{1}{n}+\dfrac{(x_p-\bar{x})^2}{SS_{xx}}}$——当 $x=x_p$ 时，$E(y)$ 的 $(1-\alpha)100\%$ 的置信区间
$\hat{y}\pm(t_{\alpha/2})s\sqrt{1+\dfrac{1}{n}+\dfrac{(x_p-\bar{x})^2}{SS_{xx}}}$——当 $x=x_p$ 时，y 的 $(1-\alpha)100\%$ 的预测区间

关键知识点

简单线性回归模型

y= 因变量（定量变量）
x= 自变量（定量变量）

最小二乘法的性质

1. 预测的平均误差 =0；
2. 误差平方和最小。

y 轴截距的实际解释

当 x=0 时 y 的预测值（如果 x=0 无意义或者在样本数据之外，此时 y 轴截距没有实际意义）。

斜率的实际解释

x 每增加一单位时，y 的增加（或减少）。

直线（一阶）模型

$$E(y)=\beta_0+\beta_1x$$

式中，$E(y)$=y 的均值；
β_0= 直线的 y 轴截距（直线与 y 轴的相交点）；
β_1= 直线的斜率（x 每增加一单位时，y 的均值改变量）。

相关系数 r

1. 取值在 −1~1；
2. 度量 x 与 y 之间的线性关系程度。

决定系数 r^2

1. 取值在 0~1；
2. 度量 y 能被模型“解释”的样本变异性的比例。

模型标准差 s 的实际解释

95% 的 y 值落在它们的预测值的 $2s$ 之内；$E(y)$ 的置信区间的宽度永远比 y 的预测区间窄。

简单线性回归指南

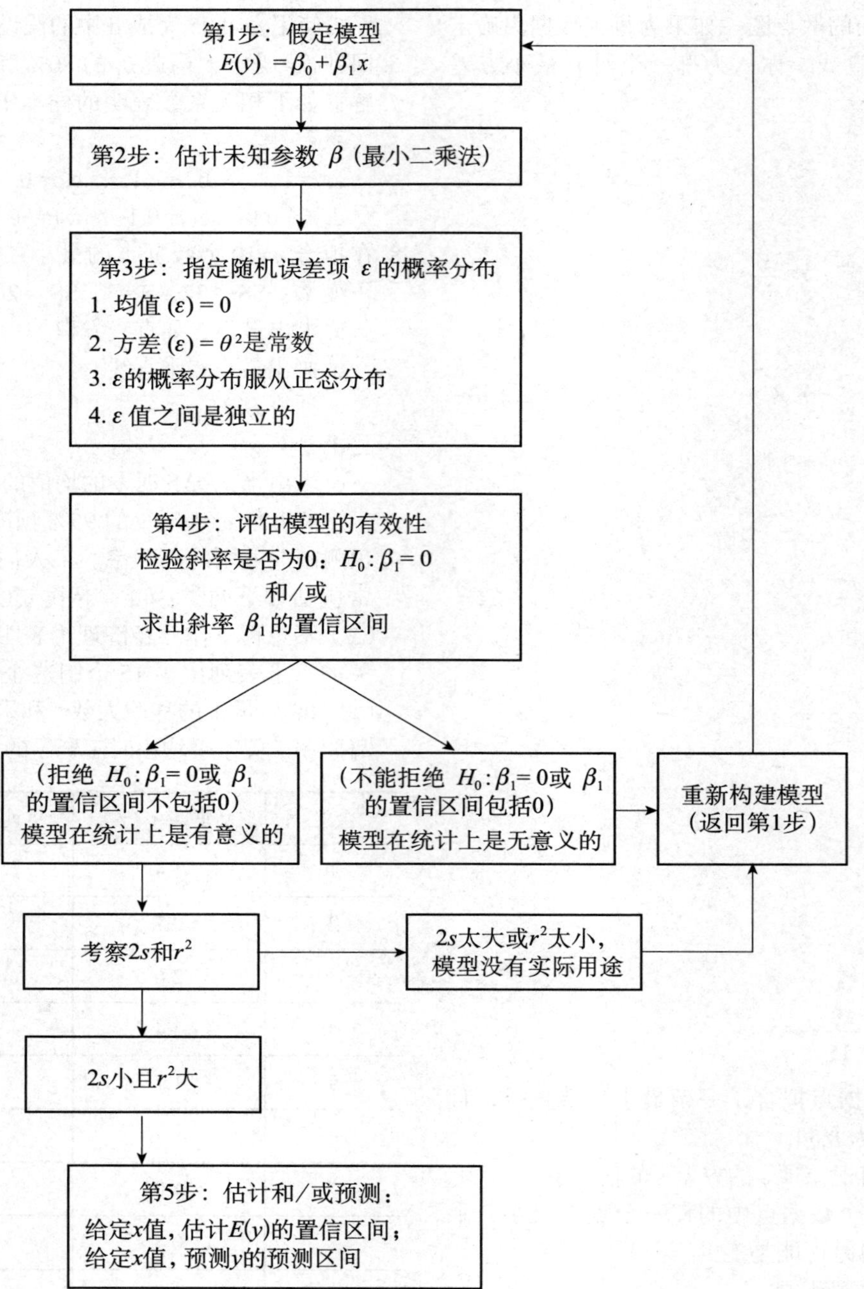

练习题

1. 为什么相对于确定性模型，我们通常更倾向于使用概率模型？给出适用这两种模型的例子。
2. 为下表中的数据画出散点图。

x	0.5	1	1.5
y	2	1	3

a. 在散点图中画出下列两条直线：$y=3-x$，$y=1+x$。

b. 你会选择哪一条直线来描述 x 和 y 的关系？请解释。

c. 证明这两条直线的预测误差和都是 0。

d. 哪条直线的 SSE 最小？

e. 求出数据的最小二乘直线，并与 a 中的两条直线进行比较。

3. 直观地比较下面的散点图。如果为每个数据集确定一条最小二乘直线，你认为哪一个具有最小方差 s^2？请解释。

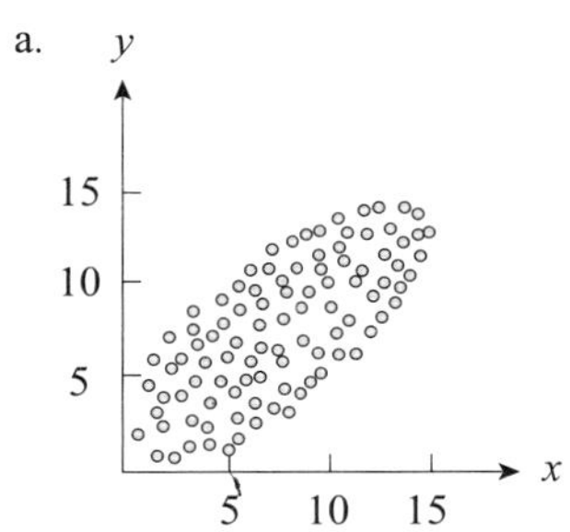

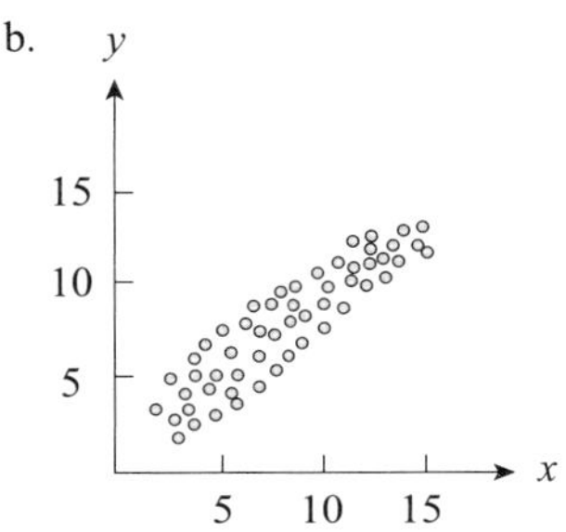

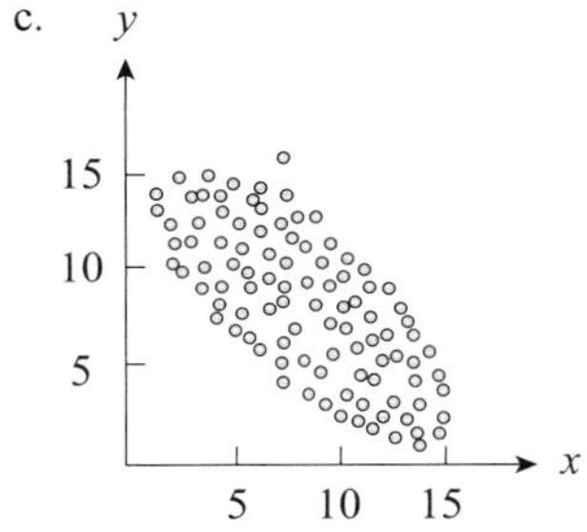

4. 假设对 26 个数据点拟合了一条最小二乘直线，且计算的 SSE 值为 8.34。

a. 求 σ^2（随机误差项 ε 的方差）的估计 s^2。

b. 你认为 26 个数据点中的任一个点与最小二乘直线之间的最大离差可能是多少？

5. 考察下面的成对观测值：

x	1	4	3	2	5	6	0
y	1	3	3	1	4	7	2

a. 画出数据的散点图。

b. 使用最小二乘法用直线拟合表中的七个数据。

c. 在问题 a 中的散点图上画出最小二乘直线。

d. 写出用来检验数据能否提供充分证据表明 x 有助于（线性）预测 y 的原假设和备择假设。

e. 问题 d 中的假设检验应该使用哪个检验统计量？写出该检验统计量的自由度。

f. 使用 α=0.05 完成 d 中的假设检验。

6. 回到练习题 5，构造 β_1 的 80% 和 98% 置信区间。

7. 解释如下相关系数表明的样本中 x 值和 y 值之间的关系：

a. r=1　　b. r=−1　　c. r=0

d. r=−0.9　　e. r=0.1　　f. r=−0.88

8. 在拟合 n=10 个数据点的最小二乘直线时，计算如下变量：SS_{xx}=32，$\bar{x}$=3，SS_{yy}=26，$\bar{y}$=4，SS_{xy}=28。

a. 求出最小二乘直线方程。

b. 画出最小二乘直线。

c. 计算 SSE。

d. 计算 s^2。

e. 求出当 x_p=2.5 时 y 的均值的 95% 置信区间。

f. 求出当 x_p=4 时 y 的 95% 预测区间。

9. 预测制造业中的辞职率。工人们给出的辞职原因通常包括如下两类：（1）寻找或已找到另一份工作；（2）不想再工作。经济理论表明工资和辞职率是相关的。下表列出了 15 个制造企业样本中的辞职率（每 100 名员工的辞职人数）和平均小时工资。考虑辞职率 y 关于平均小时工资 x 的简单线性回归。

企业	辞职率 y (%)	平均小时工资 x（美元）
1	1.4	8.20
2	0.7	10.35
3	2.6	6.18
4	3.4	5.37
5	1.7	9.94
6	1.7	9.11
7	1.0	10.59
8	0.5	13.29
9	2.0	7.99
10	3.8	5.54
11	2.3	7.50
12	1.9	6.43
13	1.4	8.83
14	1.8	10.93
15	2.0	8.80

a. 数据能提供充分的证据表明平均小时工资有助于预测辞职率吗？你的模型表明辞职率和工资之间有什么关系？

b. 对于一个平均小时工资为 9 美元的企业，求出辞职率的 95% 预测区间，并解释结果。

c. 对于一个平均小时工资为 9 美元的企业，求出平均辞职率的 95% 置信区间，并解释结果。

10. 经过原点的回归。有时从理论上考虑可以知道两个变量 x 和 y 之间的直线关系经过 xy 平面的原点。对于一批 50 磅的袋装面粉，考虑货物总重量 y 与货物袋数 x 之间的关系。由于包含 $x=0$ 袋面粉（即根本没有货物）的总重量为 $y=0$，因此表明 x 和 y 关系的直线模型应当经过点 $x=0$，$y=0$。此时，可以假定 $\beta_0=0$，并用如下模型来描述 x 和 y 之间的关系：

$$y=\beta_1 x+\varepsilon$$

对于该模型，β_1 的最小二乘估计为：

$$\hat{\beta}_1=\frac{\sum x_i y_i}{\sum x_i^2}$$

从过去的面粉运输记录中随机选取 15 份数据，记录在下表中：

货物总重量（磅）	货物中 50 磅袋装面粉的袋数
5 050	100
10 249	205
20 000	450
7 420	150
24 685	500
10 206	200
7 325	150
4 958	100
7 162	150
24 000	500
4 900	100
14 501	300
28 000	600
17 002	400
16 100	400

a. 求出在假设 $\beta_0=0$ 下给定数据的最小二乘直线。在数据的散点图上画出最小二乘直线。

b. 使用模型 $y=\beta_0+\beta_1 x+\varepsilon$ 求给定数据的最小二乘直线（即不限定 $\beta_0=0$）。在 a 中的散点图上画出该直线。

c. 回顾问题 b，为什么尽管已知 β_0 的真实值为 0，$\hat{\beta}_0$仍然可能不等于 0？

d. 估计的$\hat{\beta}_0$的标准误等于：

$$s\sqrt{\frac{1}{n}+\frac{\bar{x}^2}{\mathrm{SS}_{xx}}}$$

使用 t 统计量

$$t=\frac{\hat{\beta}_0-0}{s\sqrt{(1/n)+\left(\bar{x}^2/\mathrm{SS}_{xx}\right)}}$$

来检验原假设 H_0：$\beta_0=0$ 和备择假设 H_a：$\beta_0\neq 0$。令 $\alpha=0.1$。模型中应当纳入 β_0 吗？

参考文献

1. Chatterjee, S., and Hadi, A. *Regression Analysis by Example*, 5th ed. New York: Wiley, 2013.
2. Draper, N., and Smith, H. *Applied Regression Analysis*, 3rd ed. New York: Wiley, 2014.
3. Gitlow, H., Oppenheim, A., Oppenheim, R. and Levine, D. *Quality Management: Tools and Methods for Improvement*, 3rd ed. Burr Ridge, Ill.: Irwin, 2005.
4. Graybill, F. *Theory and Application of the Linear Model*. North Scituate, Mass.: Duxbury, 1976.
5. Kleinbaum, D., Kupper, L. , Nizam, A. and Muller, K. *Applied Regression Analysis and Other Multivariable Methods*, 4th ed. North Scituate, Mass.: Duxbury, 2007.
6. Kutner, M., Nachtsheim, C., Neter, J., and Li, W. *Applied Linear Statistical Models*, 5th ed. New York: McGraw-Hill, 2006.
7. Mendenhall, W. *Introduction to Linear Models and the Design and Analysis of Experiments*. Belmont, CA.: Wadsworth, 1968.
8. Mendenhall, W., and Sincich, T. *Second Course in Statistics: Regression Analysis*, 8th ed. Hoboken, N.J.:

Pearson, 2020.

9. Montgomery, D., Peck, E., and Vining, G. *Introduction to Linear Regression Analysis*, 5th ed. New York: Wiley, 2012.
10. Mosteller, F., and Tukey, J. W. *Data Analysis and Regression: A Second Course in Statistics*. Reading, Mass.: Addison-Wesley, 1977.
11. Rousseeuw, P. J., and Leroy, A. M. *Robust Regression and Outlier Detection.* New York: Wiley, 1987.
12. Weisburg, S. *Applied Linear Regression*, 3rd ed. New York: Wiley, 2005.

第 12 章 多元线性回归和模型建立

我们将要学习：

- 应用多元回归模型建立因变量与两个或更多个自变量之间的联系
- 包含定量和定性自变量的几种多元回归模型
- 多元回归模型拟合数据的程度
- 如何将回归模型用于预测以及建模的一些技巧
- 如何通过模型的残差分析检测回归假设，如何对模型进行修正
- 回归模型的一些易错点

实践中的统计

高速公路建设中的操纵投标

在美国，承包商通过竞标来竞争高速公路的建设权。州政府机构，通常是交通部（Department of Transportation, DOT)，通知各承包商该州建设高速公路的意图。承包商提交密封标书，报价（建筑成本）最低的承包商获得公路建设合同。竞标过程在竞争性市场中运作得非常好，但如果市场是非竞争性的或存在串通行为，则有可能增加建设成本。串通行为发生在美国许多州，包括佛罗里达州（1980 年代）和加利福尼亚州（2010 年代）。许多公路承包商承认或被判犯有操纵价格罪（即通过操纵投标或其他方式将建设成本设定在公平或竞争性成本之上)。

实践中的统计涉及佛罗里达州的司法部长在价格操纵危机后不久收集的数据。司法部长的目标是为使用密封投标系统授予的公路建设合同的成本（y）建立模型。FLAG 文件包含 235 个公路合同样本的数据。表 SIA12-1 列出了每份合同的测量变量。最终，司法部长希望使用该模型来预测该州未来公路合同的成本。

表 SIA12-1 FLAG 数据文件中的变量

变量名称	类型	描述
CONTRACT	定量变量	公路合同数量
COST	定量变量	最低合同报价（单位：千美元）
DOTEST	定量变量	交通部工程师的造价估计（单位：千美元）
STATUS	定性变量	合同的竞标状态（1= 定向竞标，0= 竞争性竞标）
B2B1RAT	定量变量	次低报价与最低报价之比
B3B1RAT	定量变量	第三低报价与最低报价之比
BHB1RAT	定量变量	最高报价与最低报价之比
DISTRICT	定性变量	公路所在地（1= 南佛罗里达，0= 北佛罗里达）
BTPRATIO	定量变量	竞标者数量与计划竞标者数量的比值
DAYSEST	定量变量	交通部工程师预估的必要工作日

在本章的“回顾实践中的统计”专栏中，我们展示了如何使用多元回归分析来分析数据。

回顾实践中的统计

评价一阶模型。
变量选择和模型构建。
残差分析。

12.1 多元回归模型

在实际使用中，回归分析大多采用比简单线性模型更为复杂的模型。例如，在关于每月销售收入的现实统计模型中，可能不仅包括广告支出费用，上个月的销售情况、销售竞争对手的数量和广告媒介等也是与销售收入可能相关的变量。为了得到更精确的预测，我们需要将这些变量和其他潜在重要变量一起纳入我们的模型。

包含一个以上自变量的概率模型叫作**多元回归模型**（multiple regression model）。这类模型的一般形式为：

$$y=\beta_0+\beta_1x_1+\beta_2x_2+\cdots+\beta_kx_k+\varepsilon$$

此时因变量 y 是 k 个自变量 x_1，$x_2,\cdots$，x_k 的函数。随机误差项的加入使得这个模型成为一个概率模型，而不是一个确定性模型。系数 β_i 的值表示自变量 x_i 的贡献，β_0 为 y 轴截距。系数 β_0，β_1，$\cdots$，β_k 的值一般是未知的，因为它们代表的是总体参数。

表面上看起来，上述回归模型的形式不允许 y 与自变量之间存在除直线关系以外的其他关系，但是事实上并非如此。实际上，x_1，$x_2,\cdots$，x_k 可以是变量的函数，只要这种函数中不含未知的参数。例如，月销售收入 y 可以看作某些自变量的函数：

x_1 = 广告费用

x_2 = 销售竞争对手的数量

$x_3 = x_1^2$

x_4 =1（电视广告）或 0（非电视广告）

x_3 项称为**高次项**（higher-order term），因为它是一个定量变量 x_1 的平方（即它是二次幂）。x_4 项称为**编码变量**（coded variable），代表着一个定性变量（广告媒介）。多元回归模型的类型非常丰富，可以对许多不同类型的响应变量建模。

多元回归模型的一般形式 ①

$$y = \beta_0 + \beta_1 x_1 + \beta_2 x_2 + \cdots + \beta_k x_k + \varepsilon$$

式中，y 是因变量；$x_1, x_2, \cdots, x_k$是自变量；$E(y)= \beta_0 + \beta_1 x_1 + \beta_2 x_2 + \cdots + \beta_k x_k$是模型的确定性部分；$\beta_i$ 决定了自变量x_i的贡献。

注意：符号$x_1, x_2, \cdots, x_k$可以表示定量变量的高次项，也可以表示定性变量。

构造多元回归模型的步骤与一元回归模型类似，如下框所示。

分析多元回归模型

第 1 步　对模型的确定性部分做假设。这一部分将均值 $E(y)$ 与自变量$x_1, x_2, \cdots, x_k$联系起来。这里要决定模型应该包含哪些变量（12.2 节及 12.5 节至 12.10 节）。

第 2 步　用样本数据来估计模型中未知参数的值（12.2 节）。

第 3 步　假定随机误差项 ε 的分布，估计其标准差 σ（12.3 节）。

第 4 步　检验上述关于 ε 的假设是否满足，必要时对模型进行修正（12.11 节）。

第 5 步　用统计方法评估模型的有效性（12.3 节）。

第 6 步　如果对模型的有效性满意，则可将它用于预测、估计和其他目的（12.4 节）。

多元回归模型中对随机误差项 ε 的假设与一元回归模型中相同（见 11.3 节），总结如下框所示。

随机误差项 ε 的假设

对于给定的值$x_1, x_2, \cdots, x_k$，随机误差项 ε 的概率分布有如下特征：

1. 均值为 0；
2. 方差为 σ^2；
3. 服从正态分布；
4. 随机误差独立（在概率意义上）。

本章内容共分为三个部分。在第一部分中，我们考虑了只涉及定量自变量的最基本的多元回归模型，称为一阶模型。在第二部分中，我们介绍了其他几种不同类型的模型，它们构成了**模型构建**（model building）的基础（即有用的模型构建）。在第三部分中，我们介绍了检验模型中误差假设的方法——残差分析。

① 从技术上讲，这个模型被称为一般的多元线性回归模型，因为这个方程是 β 的线性函数。

第一部分：定量自变量的一阶模型

12.2 对参数 β 进行估计和推断

仅含有定量自变量的模型被称为**一阶模型**（first-order model），如下面的框所示。注意，一阶模型不含任何高次项（例如x_1^2）。

含有五个自变量的一阶模型 ①

$$E(y)=\beta_0+\beta_1x_1+\beta_2x_2+\beta_3x_3+\beta_4x_4+\beta_5x_5$$

式中，x_1，x_2,…，x_5均为定量变量，且它们不是其他自变量的函数。

注意：β_i 表示当其他变量固定时，y 对x_i的直线的斜率。

拟合一阶模型和多元回归模型的方法与简单的直线模型相同：**最小二乘法**（method of least squares），即我们选择模型：

$$\hat{y}=\hat{\beta}_0+\hat{\beta}_1x_1+\cdots+\hat{\beta}_kx_k$$

（1）其平均预测误差为 0，即$\sum(y-\hat{y})=0$。

（2）使$\text{SSE}=(y-\hat{y})^2$最小化。

与简单直线模型相同，样本估计值$\hat{\beta}_0$，$\hat{\beta}_1$，$\hat{\beta}_2$，…，$\hat{\beta}_k$是一组联立线性方程的解。②

拟合简单回归模型和多元回归模型的主要区别是计算难度不同。为了估计（k+1）个系数$\hat{\beta}_0$，$\hat{\beta}_1$，$\hat{\beta}_2$，…，$\hat{\beta}_k$，必须要求解（k+1）个联立线性方程，估计通常是用矩阵和矩阵代数得到的。我们没有提供拟合模型所需的复杂矩阵代数，而是借助统计软件，并提供来自 SPSS、Minitab 和 Excel 的输出结果。

人物介绍

乔治 · 尤尔（1871—1951）——尤尔过程

乔治 · 尤尔（George U. Yule）出生在苏格兰的一个小农场，他从小就接受了广泛的教育。从伦敦大学学院土木工程专业毕业后，尤尔在工程车间工作了一年。然而，他在 1893 年改变了职业，在统计学家卡尔 · 皮尔逊的指导下接受了大学学院的教师职位。受皮尔逊工作的启发，尤尔发表了一系列关于回归和相关性统计的重要文章。尤尔被认为是第一个将最小二乘法应用于回归分析的人，同时发展了多元回归理论。他最终被剑桥大学聘为统计学讲师，后来成为著名的英国皇家统计学会的主席。尤尔在统计领域做出了许多其他贡献，包括提出了时间序列分析、尤尔过程和尤尔分布等。

① 术语“一阶”源自模型中的每一个 x 都是一次幂的事实。

② 熟悉微积分的同学会注意到，$\hat{\beta}_0$，$\hat{\beta}_1$,…，$\hat{\beta}_k$是方程组的$\partial\text{SSE}/\partial\hat{\beta}_0=0$，$\partial\text{SSE}/\partial\hat{\beta}_1=0$，…，$\partial\text{SSE}/\partial\hat{\beta}_k=0$解。这个解通常是矩阵的形式，我们此处不详述其细节。关于细节请看参考文献。

例 12.1 拟合一阶模型：古董钟拍卖价格模型

问题 一位在拍卖会上出售古董落地钟的收藏者认为古董钟拍卖价格与使用年限及竞拍人数有关，因此考虑如下一阶模型：

$$y=\beta_0+\beta_1x_1+\beta_2x_2+\varepsilon$$

式中，y= 拍卖价格（美元）；

x_1= 钟的使用年限（年）；

x_2= 竞拍人数。

表 12-1 给出了 32 个落地钟拍卖价格的样本，以及它们的年限和竞拍人数。

表 12-1 拍卖价格数据

使用年限 x_1	竞拍人数 x_2	拍卖价格 y（美元）	使用年限 x_1	竞拍人数 x_2	拍卖价格 y（美元）
127	13	1 235	170	14	2 131
115	12	1 080	182	8	1 550
127	7	845	162	11	1 884
150	9	1 522	184	10	2 041
156	6	1 047	143	6	845
182	11	1 979	159	9	1 483
156	12	1 822	108	14	1 055
132	10	1 253	175	8	1 545
137	9	1 297	108	6	729
113	9	946	179	9	1 792
137	15	1 713	111	15	1 175
117	11	1 024	187	8	1 593
137	8	1 147	111	7	785
153	6	1 092	115	7	744
117	13	1 152	194	5	1 356
126	10	1 336	168	7	1 262

a. 用散点图表示数据，并给出解释。

b. 用最小二乘法估计模型中的未知参数 β_0，β_1，β_2 的值。

c. 用最小二乘法求出 SSE。

d. 估计模型的标准差 σ，并解释结果。

解答 a. 图 12-1 显示了用于检查 y 和 x_1 之间以及 y 和 x_2 之间的二变量关系的 Minitab 并排散点图。在这两个变量中，使用年限 (x_1) 似乎与拍卖价格 (y) 具有更强的线性关系。

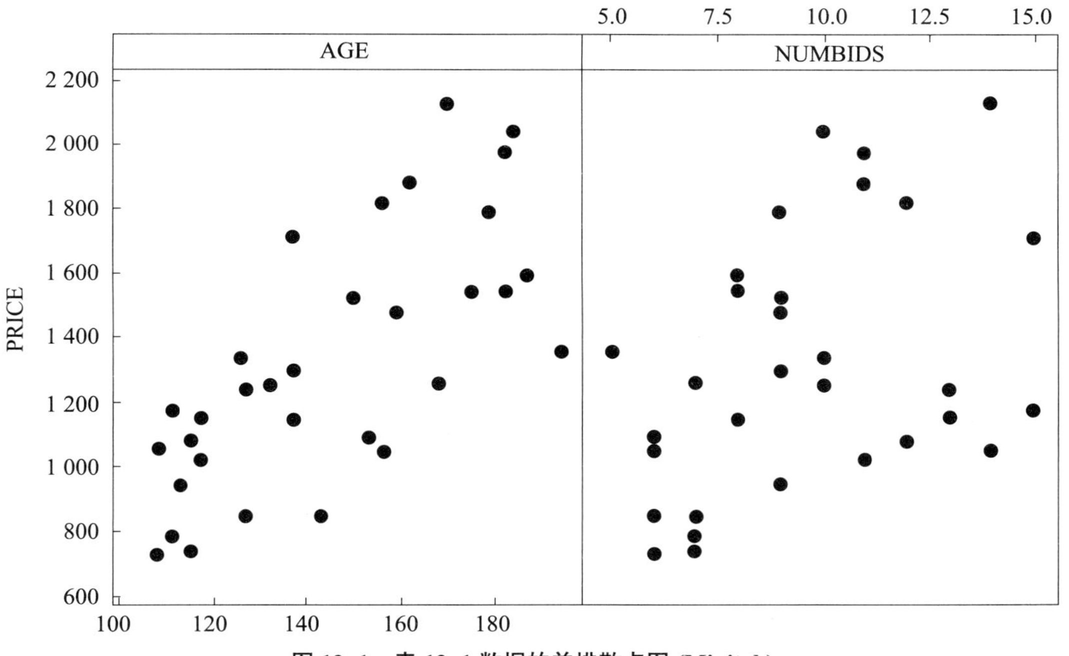

图 12-1 表 12-1 数据的并排散点图 (Minitab)

b. 对表 12-1 中的数据使用 XLSTAT 拟合上述假设的模型，部分输出结果见图 12-2。参数的最小二乘估计结果为 $\hat{\beta}_0=-1\ 339$，$\hat{\beta}_1=12.74$，$\hat{\beta}_2=85.95$。所以使得 SSE 最小化的方程为（也即**最小二乘预测方程**（least squares prediction equation））：

$$\hat{y}=-1\ 339+12.74\,x_1+85.95\,x_2$$

c. 误差平方和的最小值在图 12-2 中做了阴影处理，SSE=516 727。

Regression of variable PRICE:

Goodness of fit statistics (PRICE):

Observations	32.0000
Sum of weights	32.0000
DF	29.0000
R²	0.8923
Adjusted R²	0.8849
MSE	17818.1565
RMSE	133.4847
PC	0.1299

Analysis of variance (PRICE):

Source	DF	Sum of squares	Mean squares	F	Pr > F
Model	2	4283062.9601	2141531.4801	120.1882	**< 0.0001**
Error	29	516726.5399	17818.1565		
Corrected Total	31	4799789.5000			

Computed against model Y=Mean(Y)

Model parameters (PRICE):

Source	Value	Standard error	t	Pr > |t|	Lower bound (90%)	Upper bound (90%)
Intercept	-1338.9513	173.8095	-7.7036	**< 0.0001**	-1634.2757	-1043.6270
AGE	12.7406	0.9047	14.0820	**< 0.0001**	11.2033	14.2778
NUMBIDS	85.9530	8.7285	9.8474	**< 0.0001**	71.1221	100.7839

Equation of the model (PRICE):

PRICE = -1338.95134047589+12.7405740971494*AGE+85.9529843693435*NUMBIDS

图 12-2 拍卖价格模型 (XLSTAT)

d. 回顾一下，直线模型中方差 σ^2 的估计为 $s^2=\text{SSE}/(n-2)$。注意分母为 n 减去参数 β 的个数，在直线模型中也就是 $n-2$。因为在一阶模型中，我们要估计 3 个参数：β_0，β_1，β_2，所以方差 σ^2 的估计为：

$$s^2 = \frac{SSE}{n-3} = \frac{SSE}{32-3} = \frac{516\,727}{29} = 17\,818$$

这个值常被称为**均方误差**（mean square for error, MSE），在图 12-2 中做了阴影处理。标准差 σ 的估计为：

$$s = \sqrt{17\,818} = 133.5$$

这在图 12-2 输出结果上部做了阴影处理。对估计标准差 s 的一种有用解释是，区间 $\pm 2s$ 是给定 x 时对 y 的预测值的粗略近似。所以我们用模型得到的销售价格的预测值在 $\pm 2s = \pm 2 \times 133.5 = \pm 267$ 美元之间。[①]

回顾 与简单线性回归相同，我们既可以用 σ^2 的估计来检验模型是否有用（12.3 节），也可以用它来度量预测和估计的可靠性（12.4 节）。因此可以看到，对 σ^2 的估计在建立回归模型中起着重要的作用。

对包含 k 个自变量的多元回归模型的 σ^2 的估计

$$s^2 = \frac{SSE}{n - \text{估计}\beta\text{参数的个数}} = \frac{SSE}{n-(k+1)}$$

由最小二乘法得到估计方程之后，分析人员通常想对系数 β 做一些有意义的解释。回顾在直线模型中（见第 11 章）：

$$y = \beta_0 + \beta_1 x_1 + \varepsilon$$

β_0 代表 y 轴截距，β_1 代表直线的斜率。由第 11 章的分析可知，β_1 有一个实用的解释——它代表 x 的单位增长所引起的 y 的平均变化。当自变量是定量变量时，例 12.1 中一阶直线模型中的 β 参数具有类似的解释。它们的区别在于，当我们要解释与某变量（如 x_1）相乘的 β 时，需要固定其他变量（如 x_2，x_3）。

为更好地解释，假设因变量 y 的期望 $E(y)$ 与两个数值变量 x_1 和 x_2 相关，有如下一阶模型：

$$E(y) = 1 + 2x_1 + x_2$$

换言之，有：$\beta_0=1$，$\beta_1=2$，$\beta_2=1$。

现在，当 $x_2 = 0$ 时，$E(y)$ 和 x_1 的关系为：

$$E(y) = 1 + 2x_1 + 0 = 1 + 2x_1$$

这种关系的 Minitab 图（一条直线）如图 12-3 所示。$x_2=1$ 时的 $E(y)$ 和 x_1 之间的关系为：

$$E(y) = 1 + 2x_1 + 1 = 2 + 2x_1$$

当 $x_2=2$ 时，有：

$$E(y) = 1 + 2x_1 + 2 = 3 + 2x_1$$

以上图形同样由图 12-3 给出。注意三条线的斜率都为 $\beta_1=2$，即 x_1 所对应的参数值。

---

① 当样本量增加时，$\pm 2s$ 近似将得到改进。在 12.4 节，我们将提供更精确的方法来构造预测区间。

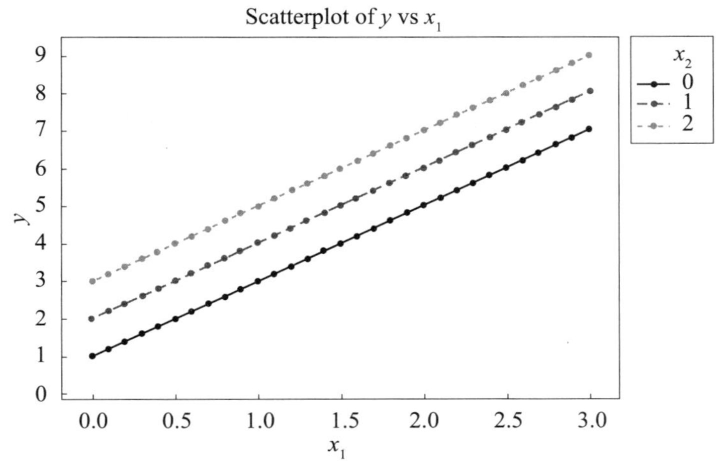

图 12-3 $E(y)=1+2x_1+x_2$ 在 $x_2=0$，1，2 时的图形 (Minitab)

图 12-3 展现出了所有一阶模型的一个特性：当你针对任何一个变量（如 x_1）同时固定其他变量作 $E(y)$ 图时，结果永远是一条斜率为 β_1 的直线。如果改变固定变量的值，重复这个过程，将会得到一系列平行的直线。这意味着自变量 x_i 对 $E(y)$ 的影响与其他自变量是独立的，而且此影响可以用斜率 β_i 来度量。

例 12.2 解释 β 的估计值——古董钟拍卖价格模型

问题 参见例 12.1 中讨论的拍卖价格（y）的一阶模型，对模型中参数 β 的估计值进行解释。

解答 例 12.1 中给出的最小二乘预测方程是 $\hat{y}=-1\ 339+12.74x_1+85.95x_2$。我们知道在一阶模型中，$\beta_1$ 代表的是 x_2 固定时，y 对 x_1 的直线斜率。也就是说，β_1 衡量的是当其他自变量固定不变时，x_1 每增加一单位时 $E(y)$ 的变化。可以对 β_2 做出类似的论述，如 β_2 衡量的是其他自变量固定时，x_2 每增加一单位时 $E(y)$ 的变化。于是我们得到以下解释：

1. $\hat{\beta}_1=12.74$：令竞拍人数 x_2 固定不变，当古董钟的使用年限增加一年时，竞拍价格均值增加 12.74 美元。

2. $\hat{\beta}_2=85.95$：令古董钟的使用年限 x_1 不变，当竞拍人数增加一人时，竞拍价格均值增加 85.95 美元。

此模型中 $\hat{\beta}_0=-1\ 339$ 在本例中没有实际意义。注意，当 $x_1=x_2=0$ 时，$\hat{y}=\hat{\beta}_0$。因此，$\hat{\beta}_0=-1\ 339$ 代表当其他自变量都为 0 时的平均竞拍价格。事实上古董钟的使用年限、竞拍人数都为 0 时的竞拍价格并不存在，故 $\hat{\beta}_0$ 是没有实际意义的。

回顾 一般而言，$\hat{\beta}_0$ 没有实际解释，只有当所有变量 x 都变成 0 时它才有意义。

> **提示**
> 在多元回归模型中对参数 β 的解释依赖于模型的设定。上述解释仅针对一阶线性模型。在实践中，在对 β 做出解释之前，应该确保一阶模型是 $E(y)$ 的正确模型。（我们将在 12.5 节至 12.8 节中讨论 $E(y)$ 的其他备选模型。）

对模型中的单个 β 参数的推断既可以用置信区间也可以用假设检验来表示，参见下面两个框中的简要介绍。[①]

① $\hat{\beta}_i$ 和它的标准误的计算公式非常复杂，表示它们的唯一合理的方式就是使用矩阵代数。对本书来说，矩阵代数不是先修课程，我们认为在一本入门教材里省略这些公式不会有什么影响。它们在统计软件里已经被编入多元回归例行程序中，参考文献中列出的一些教材里有这些内容。

参数 β 的 100(1−α)%置信区间

$$\hat{\beta}_i \pm t_{\alpha/2} s_{\hat{\beta}_i}$$

式中，$t_{\alpha/2}$ 是基于自由度 $n-(k+1)$ 得到的；n 是观测值个数；$k+1$ 是模型中的参数 β 的个数。

多元回归模型中单个参数系数的检验

单侧检验	双侧检验
H_0：$\beta_i=0$ H_a：$\beta_i<0$ 或 H_a：$\beta_i>0$	H_0：$\beta_i=0$ H_a：$\beta_i \neq 0$
检验统计量：$t=\dfrac{\hat{\beta}_i}{s_{\hat{\beta}_i}}$	
拒绝域：$t<-t_\alpha$ 或 $t>t_\alpha$，当 H_a：$\beta_i>0$ 时	拒绝域：$\lvert t\rvert > t_{\alpha/2}$
p 值：$P(t<t_c)$ 或 $P(t>t_c)$，当 H_a：$\beta_i>0$ 时	p 值：$2P(t>\lvert t_c\rvert)$
其中，t_α 和 $t_{\alpha/2}$ 是基于自由度 $n-(k+1)$ 得到的；n 是观测值个数；$k+1$ 是模型中的参数 β 的个数。	

对参数 β 进行有效推断所需的条件

参考对随机误差项 ε 的概率分布做的四个假设。

我们通过下面的例子来说明这些方法。

例 12.3 对参数 β 进行推断——古董钟拍卖价格模型

问题 参见例 12.1 和例 12.2。一位古董钟收藏者知道，古董钟的收购价格随其使用年限的增加呈线性增长。进一步，收藏者假设古董钟的拍卖价格会随着竞拍人数的增加而呈线性增长。根据图 12−2 中的 XLSTAT 输出结果回答：

a. 检验当古董钟的使用年限固定时拍卖价格随竞拍人数增加而递增的假设，也就是检验 $\beta_2>0$，使用 $\alpha=0.05$。

b. 构建一个 β_1 的 90% 置信区间，并对结果进行解释。

解答 a. 设立关于参数 β_2 的备择假设。

H_0：$\beta_2=0$

H_a：$\beta_2>0$

检验统计量是 t 统计量，由参数 β_2 的样本估计值 $\hat{\beta}_2$ 除以 $\hat{\beta}_2$ 的标准差（记为 $s_{\hat{\beta}_2}$）得到。$\hat{\beta}_2=85.953$，$s_{\hat{\beta}_2}=8.729$，计算如下：

$$\text{检验统计量：} t=\frac{\hat{\beta}_2}{s_{\hat{\beta}_2}}=\frac{85.953}{8.729}=9.85$$

计算的 t 值在图 12−2 的 Minitab 输出结果中做了阴影处理。这个检验拒绝域的构建和之前章节的 t 检验完全一样，也就是查附录中的表Ⅲ得到 t 的上尾值。这个值 t_α 使得 $P(t>t_\alpha)=\alpha$。我们可以使用这个值来构建单侧检验或者双侧检验的拒绝域。

由于 $\alpha=0.05$，自由度为 $n-(k+1)=32-(2+1)=29$，从表Ⅲ中得到的 t 的临界值为 $t_{0.05}=1.699$。因此：

拒绝域：$t>1.699$（见图 12−4）

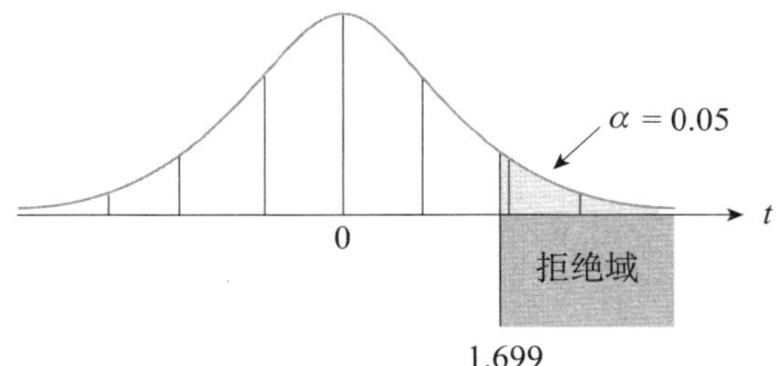

图 12-4 拒绝域H_0：β_2=0，H_a：β_2>0

由于检验统计量 t=9.85 落在拒绝域内，我们有足够的证据拒绝 H_0。因此收藏家可以得出结论，当使用年限保持不变时，一个古董钟的平均拍卖价格随着竞拍人数的增加而上涨。注意，输出结果中同样对双侧检验的显著性水平做了阴影处理。因为单尾 p 值 <0.000 05（是输出结果的一半，由 0.000 1/2 算得），此值非常小，任何非零的 α（例如，α=0.01）都会导致我们拒绝 H_0。

b. β_1 的 90% 置信区间是：

$$\hat{\beta}_1 \pm t_{\alpha/2} s_{\hat{\beta}_1} = \hat{\beta}_1 \pm t_{0.05} s_{\hat{\beta}_1}$$

将 $\hat{\beta}_1$ =12.74，$s_{\hat{\beta}_1}$ =0.905（都是从 XLSTAT 输出结果中得到，见图 12-2），$t_{0.05}$=1.699（从 a 部分得到）代入上式，可得：

$$12.74 \pm 1.699 \times 0.905 = 12.74 \pm 1.54 = (11.20, 14.28)$$

（注意：这个区间在 XLSTAT 输出结果中做了阴影处理。）因此，我们有 90% 的把握认为 β_1 会落入（11.20，14.28）。因为 β_1 是拍卖价格 (y) 与古董钟使用年限（x_1）相关的直线的斜率，所以我们可以推论，保持竞拍人数（x_2）不变，使用年限每增长一年，拍卖价格平均增加 11.20~14.28 美元。

回顾 当解释 β 乘以某个 x 时，要确定模型中其他 x 不变。

➡ 12.3 模型整体有效性评价

在 12.2 节中，我们演示了多元回归模型中 β 参数的检验及应用。然而，在确定哪些 x 对预测 y 有用时，需要进行 t 检验。下面列出了几个注意事项。

对 β 参数进行 t 检验的注意事项

为确定哪些 x 对预测 y 有用而哪些没用，在一阶线性模型中对单个 β 参数进行 t 检验是危险的。如果你不能拒绝原假设 H_0：β_i=0，则可能有以下几种结论：

1. y 和 x_i 之间没有关系。
2. y 和 x_i 之间存在线性关系（当保持其他 x 不变时），但会犯第Ⅱ类错误。
3. y 和 x_i 之间存在比线性关系更为复杂的某种关系，如一种曲线关系（当保持其他 x 不变时）。对一个 β 参数检验，你至多能说有充分的证据（如果要拒绝 H_0：β_i=0），或者没有充分的证据（如果不拒绝 H_0：β_i=0）说明 y 和 x_i 之间存在线性关系。

此外，对每一个 β 参数进行 t 检验，也并不是确定整个模型能否为 y 的预测提供信息的最佳方式。如果我们进行一系列 t 检验来决定自变量对预测是否起作用，那么我们很可能会在保留或剔除某些项时犯一个甚至更多错误。

举例而言，假设你要拟合一个有 10 个数值变量的一阶模型，并决定对所有 10 个 β 使用 t 检验，令 α=0.05。即使所有的 β 参数都等于 0（β_0 除外），你也会有大约 40%的可能性至少一次错误地拒绝原假设，并认为某些参数不等于 0。[①] 所以在考虑有很多自变量的多元回归模型时，使用一系列 t 检验可能会引入很多不显著的变量，并排除某些有用的变量。为检验多元回归模型的有效性，我们需要使用全局检验（一个包含所有参数的检验）。我们也希望找到这样的统计量来衡量模型对数据的拟合程度。

我们从一个简单的问题开始——考虑模型对数据拟合程度的衡量。为此我们在多元回归模型中采用类似于直线模型中判定系数r^2的方法（见第 11 章），如下框所示。

多元判定系数（multiple coefficient of determination，R^2 的定义）

$$R^2=1-\frac{\text{SSE}}{\text{SS}_{yy}}=\frac{\text{SS}_{yy}-\text{SSE}}{\text{SS}_{yy}}=\frac{\text{解释了的变异性}}{\text{总变异性}}$$

正如 r^2 在简单线性模型中一样，R^2 代表样本 y 值的变化（由 SS_{yy} 度量）被最小二乘预测方程解释的比例。于是，R^2=0 表示模型对数据完全不符合，而 R^2=1 表示模型对每一个数据点完美拟合。总之，R^2 值越大，模型对数据拟合得越好。

为了说明这一点，例 12.1 至例 12.3 古董钟拍卖价格模型的 R^2=0.892 在图 12-5 StatCrunch 输出结果中做了阴影处理。较大的 R^2 值表示一阶模型中的古董钟使用年限、竞拍人数等自变量解释了 89.2%的销售价格的总样本变异性（用 SS_{yy} 来衡量）。所以，R^2 是一个反映模型对数据拟合程度的样本统计量，从而是对整个模型有效性的度量。

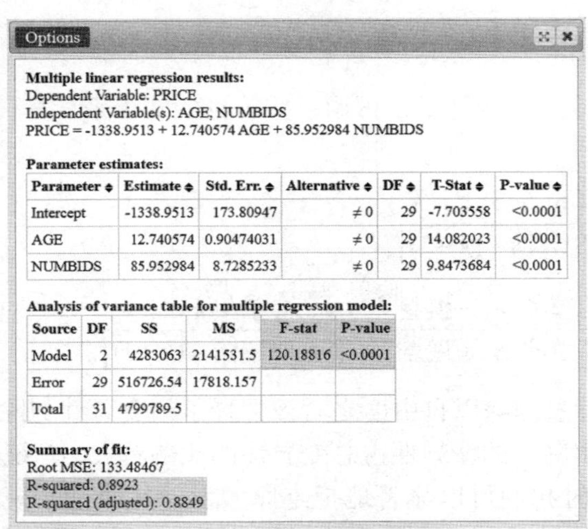
Options

Multiple linear regression results:
Dependent Variable: PRICE
Independent Variable(s): AGE, NUMBIDS
PRICE = -1338.9513 + 12.740574 AGE + 85.952984 NUMBIDS

Parameter estimates:

Parameter	Estimate	Std. Err.	Alternative	DF	T-Stat	P-value
Intercept	-1338.9513	173.80947	≠ 0	29	-7.703558	<0.0001
AGE	12.740574	0.90474031	≠ 0	29	14.082023	<0.0001
NUMBIDS	85.952984	8.7285233	≠ 0	29	9.8473684	<0.0001

Analysis of variance table for multiple regression model:

Source	DF	SS	MS	F-stat	P-value
Model	2	4283063	2141531.5	120.18816	<0.0001
Error	29	516726.54	17818.157		
Total	31	4799789.5			

Summary of fit:
Root MSE: 133.48467
R-squared: 0.8923
R-squared (adjusted): 0.8849

图 12-5 拍卖价格模型的分析 (StatCrunch)

从样本数据中得到的一个较大的 R^2 并不意味着这个模型对总体也会是一个良好的拟合。例如，一个包含三个变量的一阶模型会完美地拟合有三个数据的样本，R^2 会等于 1。同样，对一个样本量为 n 的样本，你总能用含有 n 个变量的模型完美拟合。所以，如果你想用 R^2 来衡量模型的有效性，样本量必须大于模型中变量的个数。

① 这个结果（假设检验独立）的证明过程如下：

P（至少拒绝 H_0 一次 $|\beta_1=\beta_2=\cdots=\beta_{10}=0$）$=1-P$（拒绝 H_0 零次 $|\beta_1=\beta_2=\cdots=\beta_{10}=0$）

$\leqslant 1-[P$（接受 $H_0:\beta_1=0|\beta_1=0$）$\times P$（接受 $H_0:\beta_2=0|\beta_2=0$）$\times\cdots\times P$（接受 $H_0:\beta_{10}=0|\beta_{10}=0$）$]$

$=1-(1-\alpha)^{10}=1-0.95^{10}=0.401$

对于相依的检验，邦费罗尼不等式表明：

P（至少拒绝 H_0 一次 $|\beta_1=\beta_2=\cdots=\beta_{10}=0$）$\leqslant 10(\alpha)=10\times0.05=0.50$

> **提示**
> 在多元回归分析中，要使用 R^2 来衡量线性模型对 y 预测的有效性，必须确定样本包含比模型参数个数更多的数据点。

为了测量模型的有效性，调整后的多元判定系数R_a^2经常作为 R^2 的替代出现在输出表中。R_a^2的计算公式在下面的框中给出。

调整后的多元判定系数（adjusted multiple coefficient of determination）

$$R_a^2 = 1 - \left[\frac{(n-1)}{n-(k+1)}\right]\left(\frac{\text{SSE}}{\text{SS}_{yy}}\right) = 1 - \left[\frac{(n-1)}{n-(k+1)}\right](1-R^2)$$

注意：$R_a^2 \leqslant R^2$。

R^2和R_a^2有着相似的解释。然而与R^2不同，R_a^2考虑了（经调整的）样本量 n 和模型中 β 参数的数量。R_a^2总是比R^2小，更重要的是，R_a^2不会因为加入越来越多的变量而“被迫”趋向于 1。所以，分析者在判定模型的有效性时倾向于使用R_a^2。

尽管R^2和R_a^2非常有用，但它们都是单纯的样本统计量，因此仅仅使用这些值来考虑模型的总体有效性存在一些风险。更好的方法是在一个模型中对所有的 β 参数（不包括 β_0）进行检验。具体而言，对一般多元回归模型$E(y)=\beta_0+\beta_1x_1+\beta_2x_2+\cdots+\beta_kx_k$，我们将检验：

H_0：$\beta_1=\beta_2=\cdots=\beta_k=0$

H_a：至少一个参数不为 0

检验这种假设的统计量是 F 统计量，可用一些等价的式子来计算（尽管我们通常利用电脑计算 F 值）：

$$\text{检验统计量}F = \frac{(\text{SS}_{yy}-\text{SSE})/k}{\text{SSE}/[n-(k+1)]}$$

$$= \frac{\text{均值平方（模型）}}{\text{均值平方（误差）}} = \frac{R^2/k}{(1-R^2)/[n-(k+1)]}$$

上述公式表明，F 统计量为除以自由度之后被解释了的变异性与除以自由度之后未被解释的变异性之比。所以，模型解释了的变异性占总变异性的比例越大，F 统计量的值越大。

要决定该比例大到何时我们可以显著地拒绝原假设，从而推断模型对解释 y 是有一定作用的，我们将计算得到的 F 统计量与查表得到的分子自由度为 k、分母自由度为 $n-(k+1)$ 的 F 值相比较。对不同 α 值的 F 分布表由附录中的表Ⅴ、表Ⅵ、表Ⅶ、表Ⅷ给出。

拒绝域：$F>F_\alpha$，其中 F 的分子自由度为 k，分母自由度为 $n-(k+1)$。

方差分析总结了检验模型有效性的 F 检验。

检验模型的全局有效性：分析 F 检验的变异性

H_0：$\beta_1=\beta_2=\cdots=\beta_k=0$ （所有项对预测 y 都不重要）

H_a：至少一个参数不为 0 （至少一项对预测 y 有用）

检验统计量：$F=\dfrac{(\text{SS}_{yy}-\text{SSE})/k}{\text{SSE}/[n-(k+1)]}=\dfrac{R^2/k}{(1-R^2)/[n-(k+1)]}$

$=$ 均值平方（模型）/ 均值平方（误差）

其中，n 是样本数，k 是模型的项数。

拒绝域：$F>F_\alpha$，其中 F 的分子自由度为 k，分母自由度为 $n-(k+1)$。
p 值：$P(F>F_c)$，其中 F_c 是检验统计量的计算值。

进行模型总体有效性 F 检验所需满足的条件
参见随机误差项的标准回归假设（12.1 节）。

提示
在总体 F 检验中对原假设 H_0：$\beta_1=\beta_2=\cdots=\beta_k=0$ 的拒绝意味着，我们有 $100(1-\alpha)\%$ 的把握确定模型在统计意义上是有用的。然而在统计意义上有用并不意味着它是最好的。另一个模型在描述自变量和因变量关系以及进行预测时可能更有效。总体 F 检验通常被认为是做进一步的研究之前必须满足的条件。

例 12.4　总体有效性评估——古董钟拍卖价格模型

问题　参见例 12.1 至例 12.3，一位古董收藏家对拍卖价格（y）与古董钟的使用年限（x_1）和竞拍人数（x_2）建立模型。回顾一下，当时假设的一阶模型为：

$$y=\beta_0+\beta_1x_1+\beta_2x_2+\varepsilon$$

参考 StatCrunch 输出的分析，如图 12-5 所示。

a. 求出调整后的判定系数R_a^2并给出解释。

b. 在 $\alpha=0.05$ 的显著性水平上进行模型有效性的总体 F 检验。

解答　a. R_a^2的值（见图 12-5 底部阴影部分）为 0.884 9，只是略小于R^2。这意味着经过样本量和自变量数目调整后，最小二乘模型能够解释大约 88.5% 的样本 y 值的（拍卖价格）变异性。

b. 进行模型总体检验如下：

H_0：$\beta_1=\beta_2=0$（注意：$k=2$）

H_a：β_1 和 β_2 这两个模型系数中，至少有一个参数不为 0

检验统计量：$F=\dfrac{\text{MS（模型）}}{\text{MSE}}=\dfrac{2\,141\,531}{17\,818}=120.19$（在图 12-5 中做了阴影处理）

p 值 $<0.000\,1$（在图 12-5 中做了阴影处理）

结论：因为 $\alpha=0.05$ 超过了观测的显著性水平，该数据提供了充分的证据表明至少一个模型系数不为 0。整体模型在统计上对预测拍卖价格有用。

回顾　基于模型总体有效，我们可以确信已经找到最好的预测模型了吗？遗憾的是我们不能。加入其他变量可能会使模型更加有效。在 12.5 节至 12.8 节中，我们考虑更复杂的多元回归模型。

在本节中，我们讨论了评价模型有效性的几种统计量：对单个 β 参数进行检验的 t 统计量，R^2，R_a^2，以及总体 F 检验。R^2和R_a^2均测度模型是否很好地拟合了数据。关于R^2的作用的直观评价需格外小心。与R_a^2不同，R^2随着变量个数的增加而增加。所以即使模型对预测 y 不能提供任何信息，你也可以迫使R^2增加到 1。事实上，当模型中变量个数（包括 β_0）等于样本点个数时，R^2就等于 1。所以你不能单纯依赖R^2（甚至R_a^2）来告诉你模型对于预测 y 是否有效。

如要进行模型的总体有效性检验，对每个 β 逐个进行 t 检验不是一种很好的方法，因为此时犯第 I 类错误的概率较大。应该用 F 检验来进行模型的总体有效性检验。

当我们用 F 检验确定模型的总体有效性之后，可能需要对一个或多个系数进行 t 检验。然而，必须在拟合模型之前确定具体要对哪些系数进行检验。为了降低犯第 I 类错误的概率，我们应该对 t 检验的个数进行限制。一般我们只对重要的系数进行 t 检验。在 12.5 节至 12.8 节中，我们提供在线性模型中确定最重要变量的方法。

关于检验多元回归模型有效性的建议

1. 用 F 检验来进行模型的总体有效性检验，即

H_0：$\beta_1=\beta_2=\cdots=\beta_k=0$

如果模型被认为是有效的（即能拒绝 H_0），则转向第 2 步。否则，应该重新修改模型和拟合数据。新的模型可以包括更多的变量和更高阶的项。

2. 对你最感兴趣的 β（即最重要的 β）进行 t 检验。正如我们将在 12.5 节和 12.6 节中看到的，这些通常只涉及与高次项相关的 β。然而保险起见，应该限制需检验的 β 个数。进行一系列 t 检验将导致犯第 I 类错误的概率 α 很大。

12.4 利用模型进行估计和预测

在 11.6 节中，我们讨论了在给定 x（例如 $x=x_p$）的条件下，用最小二乘直线来估计 y 的均值 $E(y)$。我们还讨论了当 $x=x_p$ 时，如何用该模型来预测 y 在未来可能会得到什么值。回顾一下，最小二乘法得到的估计值 $E(y)$ 和预测值相同，即均将x_p代入预测方程$\hat{y}=\hat{\beta}_0+\hat{\beta}_1x$，然后计算$\hat{y}_p$，所以两者所得结果相同。由于当预测 y 的未来值时需要考虑随机误差项 ε，因此 $E(y)$ 的置信区间比预测 y 的预测区间要小。

这些概念在多元回归模型中同样适用。再次注意，一阶模型将房产售价（y）与土地价值 (x_1)、增值 (x_2)、居住面积 (x_3) 联系起来。设想我们要估计一处给定房产的平均售价，有 x_1=15 000 美元，x_2=50 000 美元，x_3=1 800 平方英尺。假设一阶模型代表了房产售价和三个自变量之间的真实关系，我们需要估计：

$$E(y)=\beta_0+\beta_1x_1+\beta_2x_2+\beta_3x_3=\beta_0+\beta_1\times 15\,000+\beta_2\times 50\,000+\beta_3\times 1\,800$$

代入最小二乘预测方程，可得 $E(y)$ 的估计值：

$$\hat{y}=\hat{\beta}_0+\hat{\beta}_1\times 15\,000+\hat{\beta}_2\times 50\,000+\hat{\beta}_3\times 1\,800$$

为构造均值的置信区间，我们需要知道预测值$\hat{y}$的抽样分布的标准差。对多元回归模型而言，标准差的形式相当复杂。统计软件包的回归模块能让我们得到给定任意自变量时均值的置信区间。下面我们举例说明。

例 12.5 估计 $E(y)$ 和预测 y——古董钟拍卖价格模型

问题 根据例 12.1 至例 12.4 和一阶模型 $E(y)=\beta_0+\beta_1x_1+\beta_2x_2$，其中 y= 拍卖价格，x_1 = 使用年限，x_2 = 竞拍人数。

a. 估计所有 150 年古董钟在有 10 位竞拍者出席时的平均拍卖价格，使用 95% 置信区间。解释你的结果。

b. 预测一个 150 年古董钟在有 10 位竞拍者出席时的拍卖价格，使用 95% 预测区间。解释你的结果。

c. 如果你需要预测 50 年古董钟在有 2 位竞拍者时的拍卖价格，你该如何进行呢？

解答 a. 这里，关键词“所有”和“平均”暗示着我们要预测的是 y 的均值 $E(y)$。我们需要求出 x_1=150 年和 x_2=10 名竞拍者时 $E(y)$ 的 95% 置信区间。利用 Minitab 分析并输出结果，如图 12-6 所示。置信区间（“95% CI”下标出）是（1 381.4，1 481.9）。于是，我们基于 95% 的置信水平确定，所有 150 年古董钟在有 10 位竞拍者出席时的平均拍卖价格在 1 381.4~1 481.9 美元。

Regression Equation

PRICE = -1339 + 12.741 AGE + 85.95 NUMBIDS

Settings

Variable	Setting
AGE	150
NUMBIDS	10

Prediction

Fit	SE Fit	95% CI	95% PI
1431.66	24.5774	(1381.40, 1481.93)	(1154.07, 1709.26)

图 12-6 古董钟拍卖价格模型的 95% 置信区间 (Minitab)

b. 关键词“预测”和“一个”暗示着我们需要求出 x_1=150 年和 x_2=10 名竞拍者时 y 的 95% 预测区间。利用 Minitab 分析并输出结果，如图 12-6 所示。预测区间（“95% PI”下标出）是（1 154.1，1 709.3）。于是我们基于 95% 的置信水平确定，一个 150 年古董钟在有 10 位竞拍者出席时的平均拍卖价格在 1 154.1~1 709.3 美元。

c. 现在我们要预测 x_1=50 年和 x_2=2 名竞拍者时单个古董钟的拍卖价格，即我们希望 y 的预测区间为 95%。然而在构造这个预测区间之前，我们需要检查并确定选定的自变量值 x_1=50 和 x_2=2 都合理并处于各自的样本范围内。如果检查表 12-1 给出的样本数据，会发现使用年限的范围是 $108 \leqslant x_1 \leqslant 194$，竞拍人数的范围是 $5 \leqslant x_2 \leqslant 15$，而两个选定的数值都在这一范围之外。回忆一下 11.6 节中的提示框，提示使用样本范围外的自变量值预测 y 是危险的。这样做可能会导致不可靠的预测。

回顾 如果我们想进行 c 部分中要求的预测，需要收集关于具有特定特征（x_1=50 年和 x_2=2 名竞拍者）古董钟的额外数据，然后重新拟合模型。

回顾实践中的统计

评价一阶模型

佛罗里达州司法部长想要对使用封闭报价系统的公路建设合同的成本建立一个模型，并使用这个模型来预测将来的合同造价。除了合同成本，FLAG 文件还包含 235 个样本合同的 8 个潜在预测变量（见表 SIA12-1）。Minitab 散点图（因变量最低合同报价（COST）与每个潜在因素）如图 SIA12-1 所示。从这些散点图中可看出，交通部工程师的造价估计（DOTEST）和交通部工程师预估的必要工作日（DAYSEST）会是合同成本的良好预测变量。（在后面的“回顾实践中的统计”专栏中，我们会发现，事实上最好的两个预测因素是 DOTEST 和合同的竞标状态（STATUS）。）然而，在本节中我们会使用所有的 8 个自变量来拟合一阶回归模型。

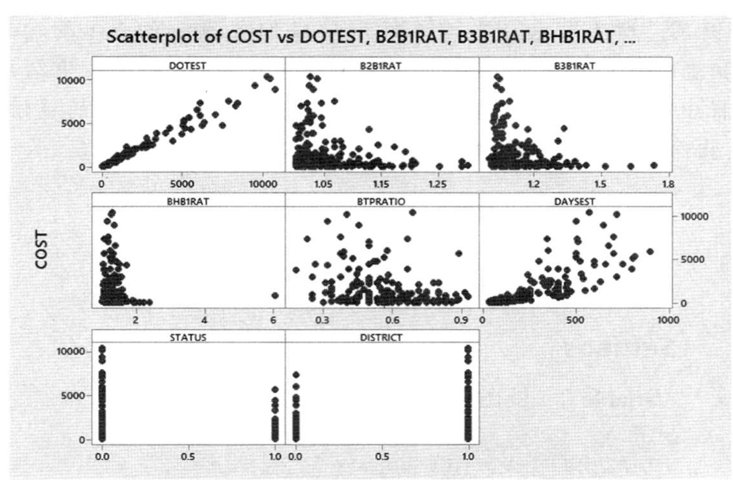

图 SIA12-1　FLAG 数据的 Minitab 散点图

回归分析的 Minitab 输出结果如图 SIA12-2 所示。全局 F 统计量（F=1 166.68）和相应的 p 值（0.000）表明整个模型对于预测建筑成本在统计上是有效的。R^2 值表明模型能解释样本中合同成本 97.6% 的变动。这些结果为使用该模型进行估计和预测提供了强有力的支撑。

Regression Equation

COST = 124 + 0.9065 DOTEST - 147 B2B1RAT - 84 B3B1RAT - 59.1 BHB1RAT + 148.2 STATUS
+ 37.8 DISTRICT + 218 BTPRATIO + 0.344 DAYSEST

Coefficients

Term	Coef	SE Coef	T-Value	P-Value
Constant	124	427	0.29	0.772
DOTEST	0.9065	0.0166	54.64	0.000
B2B1RAT	-147	419	-0.35	0.726
B3B1RAT	-84	245	-0.34	0.733
BHB1RAT	-59.1	54.9	-1.08	0.283
STATUS	148.2	51.5	2.88	0.004
DISTRICT	37.8	43.1	0.88	0.382
BTPRATIO	218	140	1.56	0.121
DAYSEST	0.344	0.180	1.91	0.058

Model Summary

S	R-sq	R-sq(adj)
304.586	97.64%	97.55%

Analysis of Variance

Source	DF	Adj SS	Adj MS	F-Value	P-Value
Regression	8	865909963	108238745	1166.71	0.000
Error	226	20966676	92773		
Total	234	886876639			

图 SIA12-2　公路造价一阶模型的回归 (Minitab)

（注意：并不是所有的自变量都有显著的 t 值。然而我们建议不要在这一阶段丢弃模型中的不显著变量。原因之一（见 12.3 节）是进行大量的 t 检验会增加犯第 I 类错误的概率。在后面的章节里，我们会解释其他原因，来说明为什么多元 t 检验不是决定保留哪个自变量的良好策略。）

图 SIA12-3 所示的 Minitab 输出结果给出了成本的 95% 的置信区间，以及对应 FLAG 数据中最后一个数据的 x 值的均值的 95% 置信区间。这些 x 值为：DOTEST=497 000 美元，B2B1RAT=1.07，B3B1RAT=1.08，BHB1RAT=1.19，竞争性竞标（STATUS=0），南佛罗里达（DISTRICT=1），BTPRATIO=0.5，DAYSEST=90（这些变量代表的含义见表 SIA12-1）。95% 的置信区间（339.2，528.2）表明，我们有 95% 的把握确信有着这些 x 值的公路建设合同的平均成本落在 339 200~528 200 美元。

Regression Equation

COST = 124 + 0.9065 DOTEST - 147 B2B1RAT - 84 B3B1RAT - 59.1 BHB1RAT + 148.2 STATUS + 37.8 DISTRICT + 218 BTPRATIO + 0.344 DAYSEST

Settings

Variable	Setting
DOTEST	497
B2B1RAT	1.07
B3B1RAT	1.08
BHB1RAT	1.19
STATUS	0
DISTRICT	1
BTPRATIO	0.5
DAYSEST	90

Prediction

Fit	SE Fit	95% CI	95% PI
433.641	47.9459	(339.163, 528.119)	(-173.942, 1041.22)

图 SIA12-3　95%的置信区间的 Minitab 输出结果

95%的预测区间（−173.9，1 041.2）表明，我们有 95%的把握确信拥有上述特征的单个公路建设合同的成本会落在 0~1 041.2 美元（因为成本不可能为负值）。注意预测区间的宽度。这源于更大的标准差，s=305 000 美元。尽管这个模型被认为对于预测合同价格在统计意义上有效，实际上它可能并没有用。为了减小 s 的幅度，我们需要提高模型的预测能力。（我们在下一节的“回顾实践中的统计”专栏中将再次考虑这个模型。）

第二部分：建立多元回归模型

➡ 12.5　交互模型

在 12.2 节，我们演示了在一阶模型中 $E(y)$ 与其他自变量的关系。当固定其他变量，将 $E(y)$ 对任意一个变量（比如 x_1）作图时，结果是一组平行的直线（见图 12-3）。当这种情况发生时（对于一阶模型而言经常出现这种情况），我们说 $E(y)$ 与某一个变量的相关关系不依赖于模型中其他的变量。

然而，如果 $E(y)$ 与变量 x_1 的关系确实依赖于模型中其他变量的取值，此时一阶模型对于预测该组数据是不合适的。在这种情况下，我们必须考虑这种相关性，这样的模型包含了两个或者更多变量的交叉乘积项。

举例来说，假设一个响应变量 y 的均值 $E(y)$ 与其他两个定量自变量 x_1 和 x_2 相关，有如下模型：

$$E(y)=1+2x_1-x_2+3x_1x_2$$

当 x_2=0，1，2 时，$E(y)$ 与 x_1 之间的关系如图 12-7 所示。

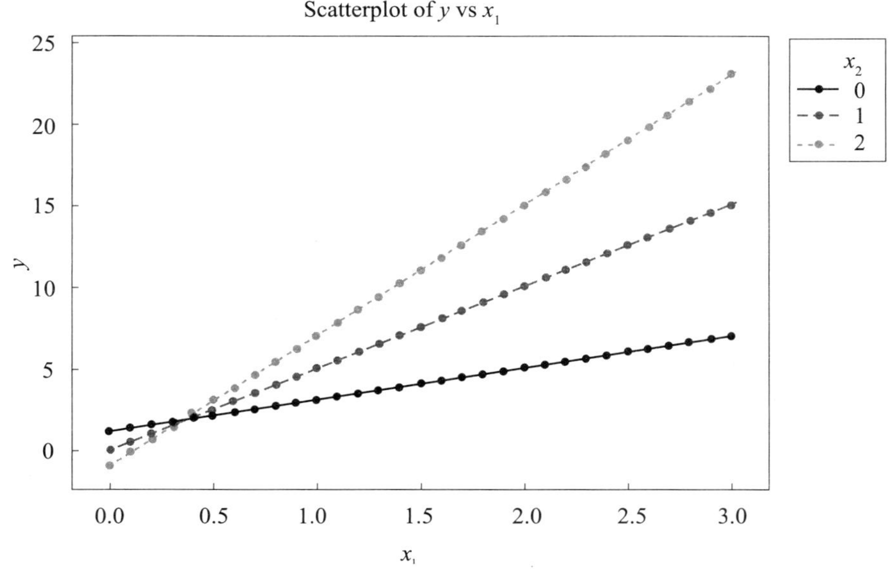

图 12-7 $x_2=0$，1，2 时 $E(y)=1+2x_1-x_2+3x_1x_2$ 的图形

注意该图展示的是非平行的直线，你可以通过将 $x_2=0$，1，2 分别代入方程来验证直线的斜率不同。

对于 $x_2=0$，有：

$E(y)=1+2x_1-0+3x_1\times 0=1+2x_1$ （斜率 =2）

对于 $x_2=1$：

$E(y)=1+2x_1-1+3x_1\times 1=0+5x_1$ （斜率 =5）

对于 $x_2=2$：

$E(y)=1+2x_1-2+3x_1\times 2=-1+8x_1$ （斜率 =8）

注意每一条直线的斜率均用 $\beta_1+\beta_3x_2=2+3x_2$ 表示。所以 x_1 的变化对 $E(y)$ 的影响（即斜率）依赖于 x_2 的取值。当这种情况发生时，我们说 x_1 与 x_2 是**交互**（interact）的。其交叉乘积 x_1x_2 叫作**交互项**（interaction term），模型 $E(y)=\beta_0+\beta_1x_1+\beta_2x_2+\beta_3x_1x_2$ 叫作含有两个定量变量的**交互模型**（interaction model）。

含有两个定量变量的交互模型

$$E(y)=\beta_0+\beta_1x_1+\beta_2x_2+\beta_3x_1x_2$$

其中，$(\beta_1+\beta_3x_2)$ 表示当 x_2 固定时，一单位 x_1 的变化引起的 $E(y)$ 的变化；$(\beta_2+\beta_3x_1)$ 表示当 x_1 固定时，一单位 x_2 的变化引起的 $E(y)$ 的变化。

当 y 与一个自变量之间的线性关系依赖于另一个自变量的值时，适宜采用交互模型。下一个示例说明了这个观点。

例 12.6 评价交互模型——古董钟拍卖价格模型

问题 参见例 12.1 至例 12.4。假设古董钟的收藏者已经观察了许多拍卖活动，他相信与古董钟的使用年限有关的拍卖价格的增长比率会随着竞拍人数的增加而上涨。因此，与图 12-8a 所示的关系不一样，收藏者更相信拍卖价格会像图 12-8b 所示的那样。注意，竞拍人数从 5 人增加到 15 人，关于使用年限与拍卖价格的斜率是增长的。

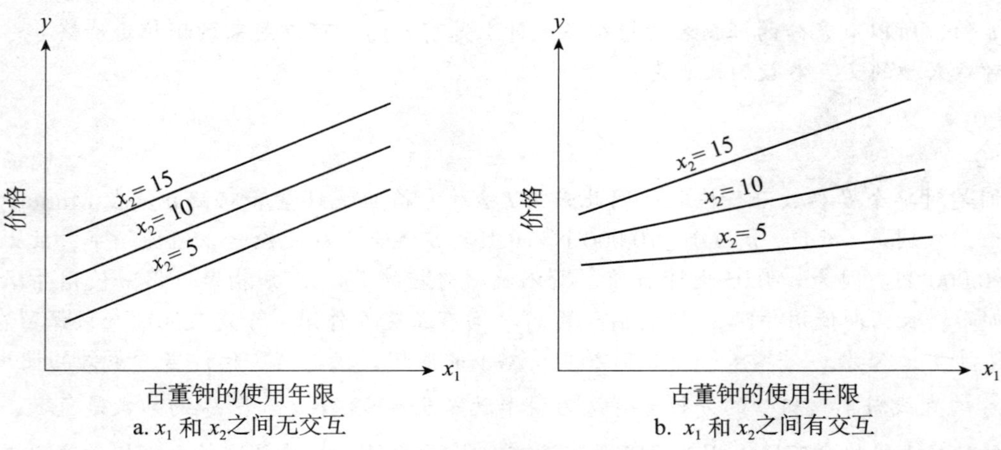

图 12-8　无交互和有交互模型的例子

说明：a 图中的直线斜率相同。

因此，交互模型如下：

$$y=\beta_0+\beta_1x_1+\beta_2x_2+\beta_3x_1x_2+\varepsilon$$

表 12-1 列出了用来构建交互模型的 32 个数据。图 12-9 给出了一部分 Minitab 输出结果。

Regression of variable PRICE:

Goodness of fit statistics (PRICE):

Observations	32.0000
Sum of weights	32.0000
DF	28.0000
R²	0.9539
Adjusted R²	0.9489
MSE	7905.7905
RMSE	88.9145
PC	0.0593

Analysis of variance (PRICE):

Source	DF	Sum of squares	Mean squares	F	Pr > F
Model	3	4578427.3668	1526142.4556	193.0411	**< 0.0001**
Error	28	221362.1332	7905.7905		
Corrected Total	31	4799789.5000			

Computed against model Y=Mean(Y)

Model parameters (PRICE):

Source	Value	Standard error	t	Pr > |t|	Lower bound (90%)	Upper bound (90%)
Intercept	320.4580	295.1413	1.0858	0.2868	-181.6160	822.5320
AGE	0.8781	2.0322	0.4321	0.6690	-2.5788	4.3351
NUMBIDS	-93.2648	29.8916	-3.1201	**0.0042**	-144.1144	-42.4153
AGE-BID	1.2978	0.2123	6.1123	**< 0.0001**	0.9366	1.6591

Equation of the model (PRICE):

PRICE = 320.457993353758+0.878142475484835*AGE-93.2648243648699*NUMBIDS+1.29784582379838*AGE-BID

图 12-9　拍卖价格的交互模型的 Minitab 输出结果

a. 当 α=0.05 时对模型的总体有效性进行 F 检验。

b. 当 α=0.05 时对拍卖价格 - 使用年限斜率随着竞拍人数增加而增长这个假设进行检验，即使用年限与竞拍人数之间有正交互作用。

c. 对每一个额外的竞拍者估计使用年限为 150 年的古董钟的拍卖价格的变化。

解答　a. 整体 F 检验是针对下面的原假设：

H_0：$\beta_1=\beta_2=\beta_3=0$

检验统计量和 p 值在 Minitab 输出结果中做了阴影处理，分别是 F=193.04，p 值小于 0.000 1。因为

α=0.05 大于 p 值，所以有充分的证据表明模型在统计上是有效的，可以用来预测拍卖价格 y。

b. 收藏者感兴趣的交互参数的检验是：

H_0：$\beta_3=0$

H_a：$\beta_3>0$

因为我们是对单个 β 参数进行检验，因此采用 t 检验。检验统计量和双侧 p 值在 Minitab 输出结果中做了阴影处理，分别是 t=6.11，p 值小于 0.000 1。而上侧 p 值等于双侧检验 p 值的一半，故上侧的 p 值等于 0.000 1/2=0.000 05。因为 α=0.05 大于 p 值，所以收藏者拒绝 H_0，可知拍卖价格－使用年限斜率随着竞拍人数的增加而增长，即使用年限 x_1 与竞拍人数 x_2 之间有正交互作用。于是交互项应该保留在模型中。

c. 为了估计竞拍人数 x_2 每增长一单位时拍卖价格 y 的变化，我们需要估计当古董钟的使用年限为 150 年时 y 关于 x_2 的直线斜率。粗心的分析者会认为斜率就是 $\hat{\beta}_2=-93.26$。尽管 x_2 的系数是负数，但并不表明竞拍人数增加时拍卖价格会下降。因为交互效应存在，关于竞拍人数的平均拍卖价格的变化率还取决于古董钟的使用年限 x_1。对于使用年限为 x_1 的固定值，我们可以改写交互模型如下：

$$E(y)=\beta_0+\beta_1x_1+\beta_2x_2+\beta_3x_1x_2=\underbrace{(\beta_0+\beta_1x_1)}_{y\text{轴截距}}+\underbrace{(\beta_2+\beta_3x_1)}_{\text{斜率}}x_2$$

于是，当古董钟使用年限为 150 年，并且 x_2 每增加一单位时（一名新的竞拍者），y 的变化率为：

$$y\text{ 对}x_2\text{的估计直线斜率}=\hat{\beta}_2+\hat{\beta}_3x_1=-93.26+1.30\times150=101.74$$

换言之，对于 150 年的古董钟而言，每增加一名竞拍者拍卖价格大约平均增加 101.74 美元。

回顾 尽管当 x_1 改变时，增长率会变化，但在整个样本 x_1 的取值范围内，它仍然保持正值。在多元回归模型中，特别需要关注的是解释系数的符号和大小。

例 12.6 说明了在交互模型中对 β 参数进行 t 检验的重要的一点。该模型中最重要的 β 参数是交互的 β，即 β_3。注意这个 β 也是高次项 x_1x_2 的系数。① 因此在确定模型有助于预测 y 之后，接下来可以检验 H_0：β_3=0。然而一旦发现交互效应，对于一次项 x_1 和 x_2 的检验就没有意义了，因为交互效应的存在就表明 x_1 和 x_2 很重要。

> **提示**
>
> 一旦在模型 $E(y)=\beta_0+\beta_1x_1+\beta_2x_2+\beta_3x_1x_2$ 中确认交互效应很重要，对一次项 x_1 和 x_2 就不需要进行 t 检验，它们必须保存在模型中，而不考虑与之相关的 p 值的大小。

12.6 二阶模型以及其他高阶模型

在前面讨论过的所有模型中，$E(y)$ 与其他自变量之间均为直线形式的关系。在本节中，我们将允许 $E(y)$ 与其他自变量之间存在曲线关系。因为这些模型包含 x^2 项，所以这些模型被称为**二阶模型**（second-order model）。

首先，我们考虑只包含一个自变量 x 的模型。这种模型被称为**二次模型**（quadratic model），表示为：

$$y=\beta_0+\beta_1x+\beta_2x^2+\varepsilon$$

包含x^2的那一项被称为**二次项**（quadratic term），或者叫作**二阶项**（second-order term），正是

① 项的次数等于该项中所有定量变量次数的和，因此，当 x_1 和 x_2 都是定量变量时，交叉积 x_1x_2 就是二次项。

这一项使得我们可以假设在 y 关于 x 的响应模型的图中存在曲线关系。图 12-10 给出了对应两个不同 β_2 值的二次模型的图形。当模型曲线开口向上时，β_2 的符号为正（见图 12-10a）；当模型曲线开口向下时，β_2 的符号为负（见图 12-10b）。

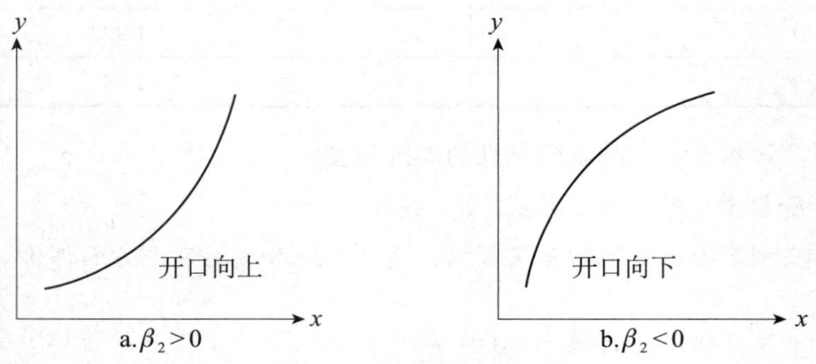

图 12-10　两个二次模型的图形

单个定量自变量的二次（二阶）模型

$$E(y)=\beta_0+\beta_1x+\beta_2x^2$$

式中，β_0 = 曲线在 y 轴上的截距；

β_1 = 平移参数；

β_2 = 曲率。

例 12.7　二阶模型——用电量预测

问题　在一个完全电气化的家庭，其用电量是所有的消费者、建筑商、与节约用电相关的团体都关心的。假设我们想调查一个完全电气化的家庭的月用电量 y 与房屋面积 x 的关系。而且，假设月用电量与房屋面积的关系可以用下面的二阶模型表示：

$$y=\beta_0+\beta_1 x+\beta_2x^2+\varepsilon$$

为了拟合这个模型，我们收集了 15 个家庭在某个月的用电量和房屋面积数据，见表 12-2。

表 12-2　房屋面积与用电量数据

房屋面积 x（平方英尺）	用电量 y（千瓦时）
1 290	1 182
1 350	1 172
1 470	1 264
1 600	1 493
1 710	1 571
1 840	1 711
1 980	1 804
2 230	1 840
2 400	1 986
2 710	2 007
2 930	1 984
3 000	1 960

续表

房屋面积 x（平方英尺）	用电量 y（千瓦时）
3 210	2 001
3 240	1 928
3 520	1 945

a. 画出该数据的散点图。证据是否支持我们假设的二阶模型？

b. 用最小二乘法估计二阶模型中的未知参数β_0，β_1，β_2。

c. 写出预测方程并评估模型是否很好地拟合了数据，请从直观和数据两个方面评价。

d. 解释参数 β 的意义。

e. 模型对于预测用电量 y 是总体有效的吗（α=0.01）？

f. 有充分的证据表明家庭用电量和房屋面积是向下倾斜的曲线关系吗？请在 α=0.01 的水平上检验该假设。

解答 a. 表 12-2 中数据的 StatCrunch 散点图见图 12-11。该图表明家庭用电量与房屋面积有向上倾斜的曲线关系，这在一定程度上支持了我们将x^2放到模型中的假设。

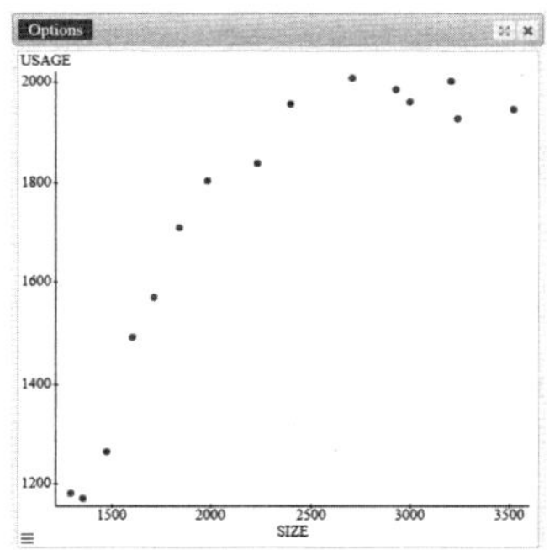

图 12-11 用电量数据的 StatCrunch 散点图

b. 我们用 StatCrunch 来拟合表 12-2 中的数据。回归输出结果见图 12-12。参数 β 的最小二乘估计为 $\hat{\beta}_0$=−806.7，$\hat{\beta}_1$=1.961 6，$\hat{\beta}_2$=−0.000 34。因此使得数据的 SSE 最小的方程为：

$$\hat{y}=-806.7+1.961\,6x-0.000\,34\,x^2$$

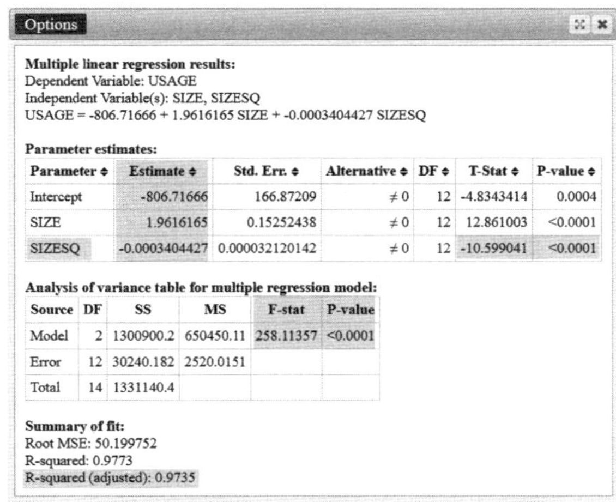

Options

Multiple linear regression results:
Dependent Variable: USAGE
Independent Variable(s): SIZE, SIZESQ
USAGE = -806.71666 + 1.9616165 SIZE + -0.0003404427 SIZESQ

Parameter estimates:

Parameter	Estimate	Std. Err.	Alternative	DF	T-Stat	P-value
Intercept	-806.71666	166.87209	≠ 0	12	-4.8343414	0.0004
SIZE	1.9616165	0.15252438	≠ 0	12	12.861003	<0.0001
SIZESQ	-0.0003404427	0.000032120142	≠ 0	12	-10.599041	<0.0001

Analysis of variance table for multiple regression model:

Source	DF	SS	MS	F-stat	P-value
Model	2	1300900.2	650450.11	258.11357	<0.0001
Error	12	30240.182	2520.0151		
Total	14	1331140.4			

Summary of fit:
Root MSE: 50.199752
R-squared: 0.9773
R-squared (adjusted): 0.9735

图 12-12 用电量模型的回归结果 (StatCrunch)

c. 图 12-13 是最小二乘预测方程的 Minitab 图。注意该图形很好地拟合了表 12-2 中的数据。拟合程度可以用调整的判定系数 R_a^2 的数值测量。该值为（见图 12-12 和图 12-13）R_a^2 =0.973 5。在调整样本量和自由度之后，这意味着用电量 y 大约 97% 的样本变异性可以用二阶模型来解释。

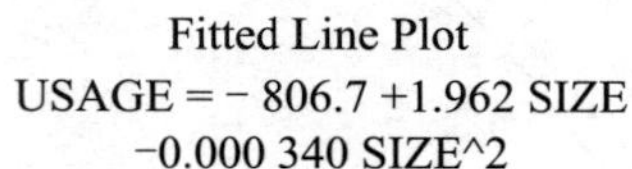

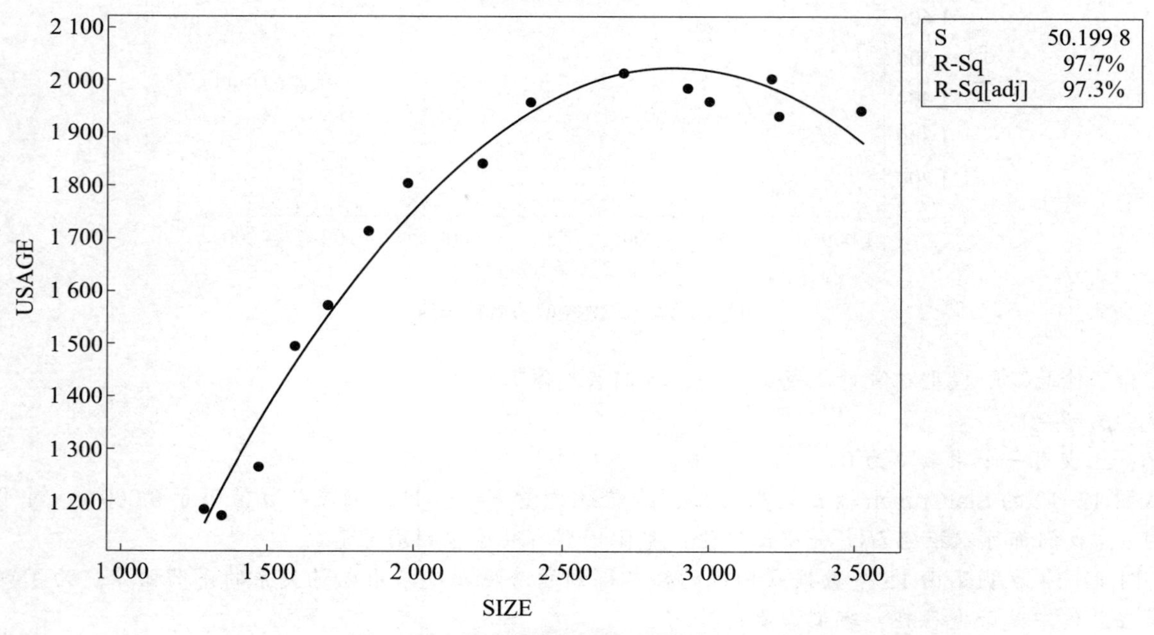

图 12-13　用电量的最小二乘模型 (Minitab)

d. 要很小心地解释二阶模型中的估计系数。首先估计出的 y 轴截距 $\hat{\beta}_0$ 只有当自变量的取值范围包括 0 时才能被有意义地解释——也就是说，如果 x=0 包含在 x 的样本范围内。尽管 $\hat{\beta}_0$ =−806.7 似乎意味着当 x=0 时用电量是负值，但是注意 x=0 并不在样本范围之内（最小的 x 值是 1 290 平方英尺），而且该值也没有意义，因为房屋面积为 0 是很荒谬的。于是对 $\hat{\beta}_0$ 进行解释就没有意义。

x 的系数 $\hat{\beta}_1$ =1.961 6，但是由于二次项 x^2 的存在，它不再表示斜率。[①] 通常，二阶模型中的一次项 x 的系数没有有意义的解释。

二次项 x^2 的系数 $\hat{\beta}_2$ 的符号表明曲线是下凹（山形）还是上凹（碗状）。如例子所示（见图 12-13），$\hat{\beta}_2$ =−0.000 34，为负数，表明曲线下凹。正的 $\hat{\beta}_2$ 表明曲线上凹。与其解释 $\hat{\beta}_2$ 的数值，我们更愿意利用图 12-13 中的图形表示来描述模型。

注意图 12-13 意味着用电量在房屋面积超过 2 500 平方英尺后是很平稳的。事实上，如果房屋面积为 4 000 平方英尺甚至更大，模型的凹性会导致用电量下降，见图 12-14。然而超过自变量的取值范围时，对模型的解释是没有意义的。本例中最大的房屋面积是 3 520 平方英尺。因此，尽管模型似乎支持假设“当房屋面积接近样本的最大值时，每平方英尺的用电量增长率下降”，对于房屋面积大的家庭来说用电量下降这个结论是对模型的滥用。因为房屋面积为 3 600 平方英尺及以上的家庭不在我们的考察样本之内。

① 有微积分知识的同学注意，二次模型的斜率是一阶导数 $\frac{\partial y}{\partial x}=\beta_1+2\beta_2 x$。因此，斜率作为 x 的函数而变化，而不是与直线模型相关的恒定斜率。

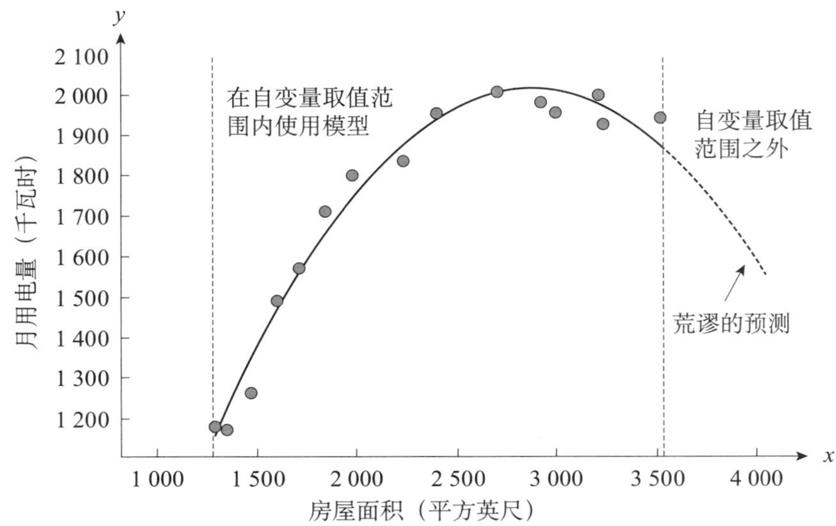

图 12-14　二次模型的潜在误用

e. 为了检验二阶模型在统计上是有效的，我们做整体 F 检验：

H_0：$\beta_1=\beta_2=0$

H_a：至少有一个系数不为 0

从图 12-12 的 StatCrunch 输出结果可知，检验统计量 F=258.11，相应的 p 值小于 0.000 1。对于任意合理的 α，我们都可以拒绝 H_0，并得出结论：整体模型有助于预测用电量。

f. 图 12-13 表明了由 15 个数据点构成的样本得到的房屋面积与用电量关系的下凹曲率。为了判断这种曲率在总体中是否也存在，我们需要检验：

H_0：$\beta_2=0$（响应曲线没有曲率）

H_a：$\beta_2<0$（响应曲线有下凹的曲率）

检验 β_2 的统计量在输出结果图 12-12 中做了阴影处理，t=−10.599，相应的双侧 p 值小于 0.000 1。因为这是单侧检验，合理的 p 值等于 0.000 1/2=0.000 05。α=0.01 超过了 p 值，因此，有充分的证据说明总体中存在下凹曲率，即相对于房屋面积小的家庭来说，房屋面积大的家庭每平方英尺的用电量增长比较缓慢。

回顾　注意 StatCrunch 输出在图 12-12 中的 t 检验统计量和相应的双侧 p 值也可以用来检验 H_0：$\beta_0=0$ 和 H_0：$\beta_1=0$。因为模型中这些参数的解释没有意义，所以对于它们的检验也就不予关注。

当将两个或者更多定量自变量引入二阶模型时，我们可以把每个 x 的二次项整合在一起，就像两个自变量的交互项一样。包含两个变量所有可能的二次项的模型就称为**完全二阶模型**（complete second-order model），如下框所示。当其中一个 x 保持固定时，该模型提出 y 与另一个 x 的抛物线形状。

有两个定量自变量的完全二阶模型

$$E(y)=\beta_0+\beta_1x_1+\beta_2x_2+\beta_3x_1x_2+\beta_4x_1^2+\beta_5x_2^2$$

式中，β_0 表示曲线在 y 轴上的截距，当 $x_1=x_2=0$ 时，$E(y)=\beta_0$；β_1，β_2，β_3 表示控制固定一个 x 时抛物线移动的大小；β_4 表示当 x_2 保持固定时，关于 y 与 x_1 的抛物线的曲率；β_5 表示当 x_1 保持固定时，关于 y 与 x_2 的抛物线的曲率。

例 12.8　更复杂的二阶模型——每周工时数的预测

问题　一位社会科学家想研究已婚妇女每周工作（在家外）的时间与她所受正式教育的年限和所养孩子数之间的关系。

a. 识别因变量和自变量。

b. 写出本例的一阶模型。

c. 在 b 中的模型中加入交互项来修正模型。

d. 写出 $E(y)$ 的完全二阶模型。

解答　a. 因变量是：

y= 已婚妇女每周工作的时间

两个自变量都是定量变量，分别是：

x_1= 该妇女所受正式教育的年限

x_2= 所养孩子数

b. 一阶模型为：

$$E(y)= \beta_0 + \beta_1 x_1 + \beta_2 x_2$$

在这种情况下，该模型可能不是很合适，因为x_1和 x_2 可能相互影响，并且/或者在模型中加入对应于x_1^2和x_2^2的曲率项可能会是 $E(y)$ 的更好的模型。

c. 在 b 中的模型中加入交互项，可得：

$$E(y)= \beta_0 + \beta_1 x_1 + \beta_2 x_2 + \beta_3 x_1 x_2$$

该模型要优于 b 中的模型，因为我们考虑了 x_1 和 x_2 的相互影响。

d. 完全二阶模型是：

$$E(y)= \beta_0 + \beta_1 x_1 + \beta_2 x_2 + \beta_3 x_1 x_2 + \beta_4 x_1^2 + \beta_5 x_2^2$$

毫无意外，已婚妇女每周工作的时间 (y) 与该妇女所受正式教育的年限 (x_1) 或所养孩子数 (x_2) 之间存在曲线相关关系，所以完整的二阶模型优于 b 和 c 中的模型。

回顾　我们怎样才知道完全二阶模型在预测每周工作时间上确实优于 b 和 c 中的模型？在 12.9 节将考虑这个问题以及类似的问题。

$E(y)$ 与两个或者更多定量自变量之间的关系大多符合二阶模型，可以使用交互项或者完全二阶模型获得对数据较好的拟合。然而在单个定量自变量的情况下，曲率在数据集中变量的取值范围内的变动非常小，当这种情况发生时，一阶模型可以对数据提供一个较好的拟合模型。

➡ 12.7　定性（虚拟）变量模型

多元回归模型中自变量也可以包括**定性变量**（qualitative variable）或**分类变量**（categorical variable）。与定量变量不同，定性变量不能用数值刻画。因此，在拟合模型之前，我们必须对定性变量用数字（称为水平）进行编码。由于数字是任意分配到不同水平的，因此这些编码的定性变量称为**虚拟变量**（dummy variable）或**指示变量**（indicator variable）。

假设某公司女性主管声称男性主管的平均薪酬高于有相同教育背景、经历和职责的女性主管。为了支持她的声明，她想使用表示主管性别（男性或女性）的定性自变量来对主管薪酬建模。

对于两个水平的定性变量，方便的编码方式是：给一个水平赋值为 1，给另一个水平赋值为 0，通常使用如下所示的虚拟变量进行编码：

$$x=\begin{cases}1 & \text{如果性别是男性}\\0 & \text{如果性别是女性}\end{cases}$$

至于给哪一个水平赋值为 1，给哪一个水平赋值为 0，是任意选择的。然后，可以采用下面的模型：

$$E(y)=\beta_0+\beta_1 x$$

使用 0 和 1 编码的好处是 β 系数很容易被解释。上面的模型可以让我们比较男性主管和女性主管的平均薪酬。

男性 $(x=1)$：$E(y)=\beta_0+\beta_1\times 1=\beta_0+\beta_1$

女性 $(x=0)$：$E(y)=\beta_0+\beta_1\times 0=\beta_0$

图 12-15 给出了两个平均薪酬的条形图。

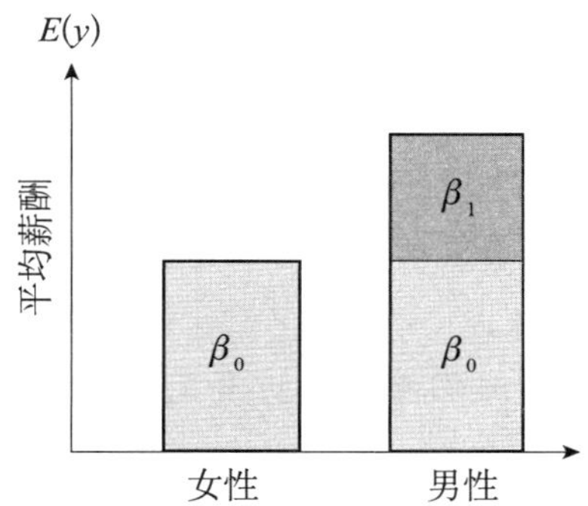

图 12-15　男性和女性的 $E(y)$ 的条形图比较

首先，β_0 表示女性平均薪酬，即 μ_F。当使用 0 和 1 编码时，β_0 表示定性变量赋值为 0 的那个水平（称为**基准水平**（base level））对应的平均薪酬。男性和女性的平均薪酬的差 $\mu_M-\mu_F$ 是 β_1。即

$$\mu_M-\mu_F=(\beta_0+\beta_1)-\beta_0=\beta_1$$

图 12-15 展示了这个差值。[①] 当使用 0 和 1 编码时，β_1 将一直表示与定性变量赋值为 1 的水平相对应的平均响应同与基准水平相对应的平均响应的差。对于主管薪酬模型，可得：

$$\beta_0=\mu_F$$
$$\beta_1=\mu_M-\mu_F$$

将平均响应 $E(y)$ 与两水平的定性自变量的模型总结在如下框中。

有关 $E(y)$ 和两水平定性自变量的模型

$$E(y)=\beta_0+\beta_1 x$$

式中，$x=\begin{cases}1 & \text{如果是水平A}\\0 & \text{如果是水平B}\end{cases}$

① 注意，β_1 可能是负的。如果 β_1 是负的，那么对应于男性的条形图的高度应该比女性的条形图高度减少（而不是增加）β_1。假设 β_1 为正数，则构造了图 12-15。

$\beta_0=\mu_B$ （基准水平的均值）

$\beta_1=\mu_A-\mu_B$

注意：μ_i 代表虚拟变量取水平 i 时 y 的均值 $E(y)$。

仔细检查一个有两个水平的定性自变量的模型，因为我们将对有任意个水平的定性自变量采用这样相同的模式。而且，参数的解释将是一样的。选择一个水平（比如水平 A）作为基准水平，那么对于虚拟变量进行 0 和 1 编码[①]，可得：

$\mu_A=\beta_0$

所有虚拟变量的编码如下：为了在特定水平表示 y 的均值，设虚拟变量为 1，否则设虚拟变量为 0。使用这种编码，可得：

$\mu_B=\beta_0+\beta_1$

$\mu_C=\beta_0+\beta_2$

依此类推。因为 $\mu_A=\beta_0$，任何一个其他的模型参数将表示该水平与基准水平的差。

$\beta_1=\mu_B-\mu_A$

$\beta_2=\mu_C-\mu_A$

依此类推。于是，每个 β 乘以虚拟变量表示其水平与基准水平对应 $E(y)$ 的差。

有关 $E(y)$ 与 k 个水平的定性自变量的模型

虚拟变量的个数一直少于定性变量的水平数。于是对于有 k 个水平的定性变量，使用 $k-1$ 个虚拟变量：

$$E(y)=\beta_0+\beta_1x_1+\beta_2x_2+\cdots+\beta_{k-1}x_{k-1}$$

式中，x_i 是水平 $i+1$ 的虚拟变量，即

$$x_i=\begin{cases}1 & \text{如果是在水平}i+1\text{观测到}y\\ 0 & \text{其他}\end{cases}$$

那么，编码系统就是：

$\mu_A=\beta_0$

$\mu_B=\beta_0+\beta_1$

$\mu_C=\beta_0+\beta_2$

$\mu_D=\beta_0+\beta_3$

和 $\beta_1=\mu_B-\mu_A$

$\beta_2=\mu_C-\mu_A$

$\beta_3=\mu_D-\mu_A$

$\vdots$

注意：μ_i 代表定性变量取水平 i 时 y 的均值 $E(y)$。

① 对虚拟变量可以不使用 0 和 1 编码。任意的二值编码都可以使用，但是模型参数的解释取决于编码，使用 0 和 1 编码便于参数的解释。

例 12.9 一个定性自变量模型——信用卡欠款

问题 假设一位经济学家想比较三种不同社会经济阶层中信用卡使用者的平均欠款额，三个阶层分别是：（1）低层；（2）中层；（3）高层。每组选择 10 个使用者，表 12-3 列出了拖欠款数据。

表 12-3 例 12.9 的拖欠款额

单位：美元

第 1 组（低层）	第 2 组（中层）	第 3 组（高层）
148	513	335
76	264	643
393	433	216
520	94	536
236	535	128
134	327	723
55	214	258
166	135	380
415	280	594
153	304	465

a. 假设将社会经济阶层作为自变量，对拖欠款额 y 建立回归模型。

b. 解释模型中的 β 参数。

c. 拟合模型并给出最小二乘法得到的预测方程。

d. 使用模型确定三个阶层的平均拖欠款额是否显著不同，取 α=0.05。

解答 a. 注意，社会经济阶层（低层、中层、高层）是一个定性变量（用定序变量表示）。对于三个水平的定性变量，在回归模型中需要两个虚拟变量。将 $E(y)$ 与社会经济阶层这个定性变量联系起来的模型是：

$$E(y)=\beta_0+\beta_1x_1+\beta_2x_2$$

其中（任意选择组 1 作为基本级别）

$$x_1=\begin{cases}1 & \text{如果是第2组}\\ 0 & \text{其他}\end{cases}\qquad x_2=\begin{cases}1 & \text{如果是第3组}\\ 0 & \text{其他}\end{cases}$$

b. 对于这个模型，有：

$$\beta_0=\mu_1$$
$$\beta_1=\mu_2-\mu_1$$
$$\beta_2=\mu_3-\mu_1$$

其中，μ_1，μ_2，μ_3 分别是第 1 组、第 2 组、第 3 组的平均响应。β_0 表示第 1 组（低层）的平均欠款额，β_1 表示第 2 组（中层）和第 1 组（低层）欠款的平均差，β_2 表示第 3 组（高层）和第 1 组（低层）欠款的平均差。

c. 模型拟合的 Minitab 输出结果见图 12-16。最小二乘估计参数 β 在结果中做了阴影处理，得到如下最小二乘预测方程：

$$\hat{y}=229.6+80.3x_1+198.2x_2$$

Regression Analysis: Amount versus X1, X2

Regression Equation

Amount = 229.6 + 80.3 X1 + 198.2 X2

Coefficients

Term	Coef	SE Coef	T-Value	P-Value
Constant	229.6	53.4	4.30	0.000
X1	80.3	75.6	1.06	0.297
X2	198.2	75.6	2.62	0.014

Model Summary

S	R-sq	R-sq(adj)
168.948	20.50%	14.62%

Analysis of Variance

Source	DF	Adj SS	Adj MS	F-Value	P-Value
Regression	2	198772	99386	3.48	0.045
Error	27	770671	28543		
Total	29	969443			

Descriptive Statistics: Amount

Statistics

Variable	Class	N	Mean	StDev	Minimum	Maximum
Amount	L	10	229.6	158.2	55.0	520.0
	M	10	309.9	147.9	94.0	535.0
	U	10	427.8	196.8	128.0	723.0

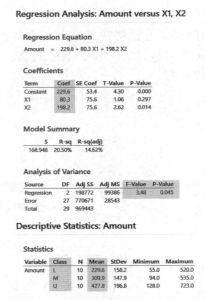

图 12-16　虚拟变量模型的回归结果 (Minitab)

b 中 β 的解释使我们能够从与定性变量的不同水平相关联的样本均值中获得 β 估计值。[①]

因为 $\beta_0=\mu_1$，所以 β_0 的估计值是社会经济地位低层人群的平均拖欠款额。Minitab 输出结果的底部阴影部分显示样本均值为 229.6，因此 $\hat{\beta}_0=229.6$。

现在看一下 $\beta_1=\mu_2-\mu_1$。β_1 的估计值是社会经济阶层中层人群与低层人群的平均拖欠款额的差值。根据 Minitab 输出结果底部阴影部分显示的样本均值，我们可以得到 $\hat{\beta}_1=309.9-229.6=80.3$。

同样，$\beta_2=\mu_3-\mu_1$ 的估计值是社会经济阶层高层人群与低层人群的平均拖欠款额的差值。根据 Minitab 输出结果底部阴影部分显示的样本均值，我们可以得到 $\hat{\beta}_2=427.8-229.6=198.2$。

d. 检验原假设：三组的平均欠款额相等，即 $\mu_1=\mu_2=\mu_3$，等价于检验：

H_0：$\beta_1=\beta_2=0$

如果 $\beta_1=\mu_2-\mu_1=0$，那么 $\mu_1=\mu_2$。类似地，如果 $\beta_2=\mu_3-\mu_1=0$，那么 $\mu_3=\mu_1$。于是，如果原假设 H_0 为真，那么 μ_1，μ_2，μ_3 必须相等。备择假设是：

H_a：β_1 和 β_2 中至少有一个不为 0（这意味着 μ_1，μ_2，μ_3 至少有两个不相等）。

为了检验该假设，对模型进行整体 F 检验。检验模型有效性的 F 统计量的值为 $F=3.48$，该检验的 p 值为 0.045，在图 12-16 结果中都做了阴影处理。因为 $\alpha=0.05$ 大于 p 值，所以我们拒绝 H_0，可得 β_1 和 β_2 中至少有一个不为 0。或者等价地，我们可知数据提供了充分的证据表明每个社会经济阶层的欠款额是不同的。

回顾　整体 F 检验等价于第 9 章完全随机设计的方差分析的 F 检验。

提示

分析人员经常犯的错误是使用单个虚拟变量 x 表示 k 个水平的定性变量，其中 $x=1$，2，3，…，k。这样的回归模型使得难以对 β 进行估计和解释。记住，当使用定性自变量建立 $E(y)$ 的模型时，模型中包括的 0-1 虚拟变量的个数将比定性变量的水平数少一个。

① 当不同水平自变量的样本量相同时，使用最小二乘法和样本均值法将得到同样的 β 估计。

12.8 包含定性变量和定量变量的模型

假设你想研究一家公司的平均月销售额 $E(y)$ 与每个月在三种广告媒体（比如互联网、移动设备和电视）上的广告支出 x 之间的关系，你可以使用直线（一阶）模型对三种媒体的响应建模。这三种关系图可能与图 12-17 一样。

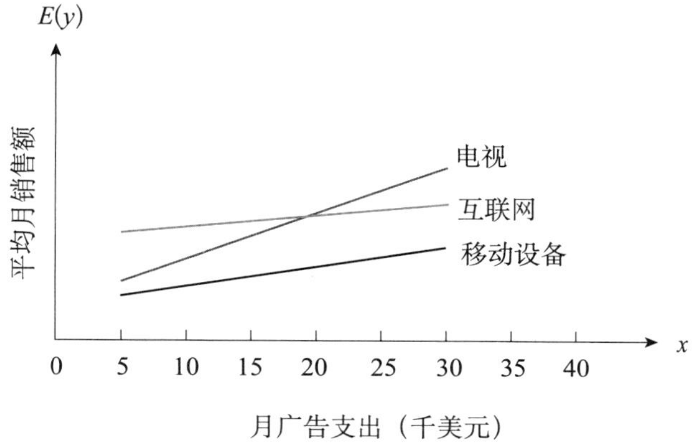

图 12-17　平均月销售额 $E(y)$ 与广告支出的关系图

因为图 12-17 中的直线都是假设的，所以会出现很多实际的问题。一种媒体与另一种媒体有同样的效果吗？即对这三种媒体，三条平均销售额直线是否不同？对这三种媒体，广告支出每增加一美元，平均销售额的增加是否不同？即三条直线的斜率是否不同？注意，这两个实际问题已经被重新表述成图 12-17 中的三条直线所定义的参数。为了回答问题，我们必须构建可以描述图 12-17 中三条直线的单独的回归模型。通过检验直线的有关假设来回答这些问题。

前面描述的月销售额的响应是两个自变量的函数，其中一个是定量变量（广告支出 x_1），另一个是定性变量（媒体类型）。我们将逐步构造 $E(y)$ 与这些变量的模型，在每一步用图说明对模型的解释。这将有助于你看到模型中不同项的贡献。

1. 对三种媒体来说，平均销售额 $E(y)$ 与广告支出之间的直线关系是相同的，即对所有媒体，一条单独的直线可以描述 $E(y)$ 与广告支出 x_1 之间的关系（见图 12-18）。

$$E(y)=\beta_0+\beta_1x_1$$

式中，　x_1 = 广告支出

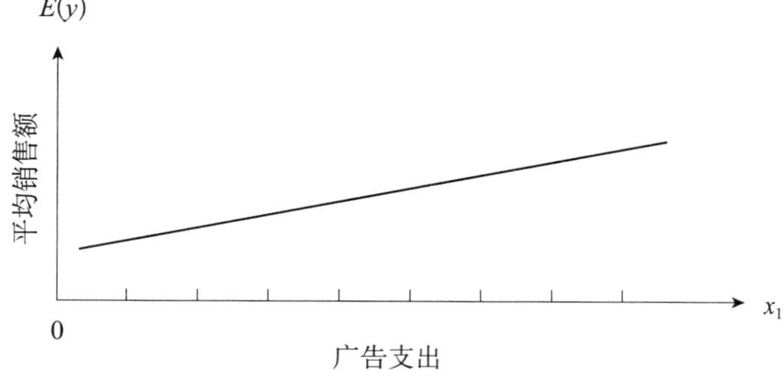

图 12-18　对于三种媒体来说，$E(y)$ 与 x_1 的直线关系都是相同的

2. 对三种媒体来说，平均销售额 $E(y)$ 与广告支出 x_1 之间的直线关系是不相同的，但是广告支出每增加一美元，销售额的增长率是相同的，即直线是平行的，但是 y 轴截距不相同（见图 12-19）。

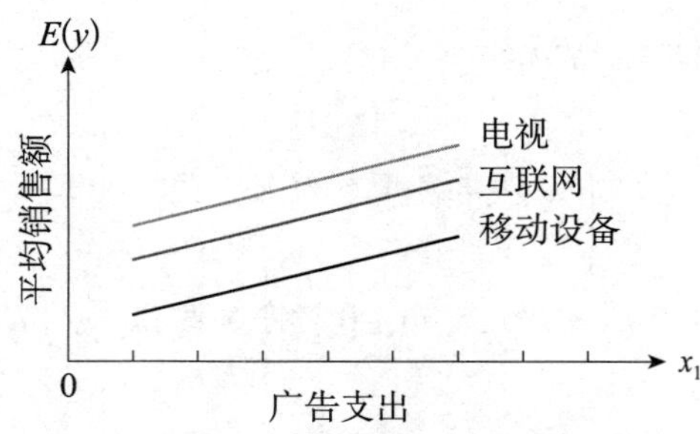

图 12-19 对于三种媒体来说，$E(y)$ 与 x_1 的直线都是平行的

$$E(y)=\beta_0+\beta_1x_1+\beta_2x_2+\beta_3x_3$$

式中， x_1= 广告支出

$$x_2=\begin{cases}1 & \text{如果是移动设备媒体}\\0 & \text{其他}\end{cases}\qquad x_3=\begin{cases}1 & \text{如果是电视媒体}\\0 & \text{其他}\end{cases}$$

（广告媒体基准水平 = 互联网）

注意，这个模型本质上是有一个定量变量的一阶模型和有一个定性变量的模型的组合：

有一个定量变量的一阶模型：$E(y)=\beta_0+\beta_1x_1$

有一个三水平的定性变量的模型：$E(y)=\beta_0+\beta_2x_2+\beta_3x_3$

其中，x_1，x_2 与 x_3 都是定义好的。这里的模型暗示在广告支出 x_1 与定性变量（媒体的类型）这两个自变量之间没有交互作用。对三种媒体来说，x_1 每增加一单位，$E(y)$ 的改变量是相同的（直线的斜率是相同的）。每个自变量相对应的项称为**主效应项**（main effect term），因为它们没有交互。

3. 对于三种媒体来说，平均销售额 $E(y)$ 与广告支出 x_1 之间的直线关系是不相同的，即直线的截距和斜率都不相同（见图 12-20）。正如你所看到的，交互模型是通过增加两个自变量的交叉乘积项得到的：

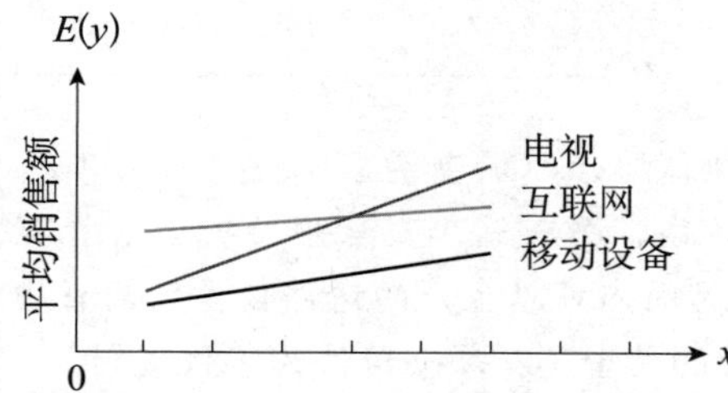

图 12-20 对于三种媒体来说，$E(y)$ 与 x_1 的直线是三条不同的直线

$$E(y)=\overbrace{\beta_0+\beta_1x_1}^{\text{主效应，广告支出}}+\overbrace{\beta_2x_2+\beta_3x_3}^{\text{主效应，媒体类型}}+\overbrace{\beta_4x_1x_2+\beta_5x_1x_3}^{\text{交互项}}$$

注意，前面的每个模型都是在模型 1 中添加一些项得到的。单独的一阶模型用来对所有媒体的响应建模。模型 2 是通过增加定性变量媒体类型的主效应项得到的，模型 3 是通过在模型 2 中增加交互效应项得到的。

例 12.10 解释混合自变量的模型的 β

问题 在前面的模型 3 中给虚拟变量代入合适的值，得出图 12-20 中三条响应直线的方程。

解答 刻画图 12-20 中三条直线的完全模型是：

$$E(y)=\beta_0+\beta_1x_1+\beta_2x_2+\beta_3x_3+\beta_4x_1x_2+\beta_5x_1x_3$$

式中， x_1= 广告支出

$$x_2=\begin{cases}1 & \text{如果是移动设备媒体}\\0 & \text{其他}\end{cases}\qquad x_3=\begin{cases}1 & \text{如果是电视媒体}\\0 & \text{其他}\end{cases}$$

检查编码，你会发现当广告媒体是互联网时，$x_2=x_3=0$。将这些值代入 $E(y)$ 的表达式，可得互联网媒体的直线为：

$$E(y)=\beta_0+\beta_1x_1+\beta_2(0)+\beta_3(0)+\beta_4x_1(0)+\beta_5x_1(0)=\beta_0+\beta_1x_1$$

类似地，把 x_2 和 x_3 的合适的值（$x_2=1$ 和 $x_3=0$）代入 $E(y)$ 的表达式，可得移动设备媒体的直线为：

$$\begin{aligned}E(y)&=\beta_0+\beta_1x_1+\beta_2\times1+\beta_3\times0+\beta_4x_1\times1+\beta_5x_1\times0\\&=\underbrace{(\beta_0+\beta_2)}_{y\text{轴截距}}+\underbrace{(\beta_1+\beta_4)}_{\text{斜率}}x_1\end{aligned}$$

电视媒体的直线为 ($x_2=0$ 和 $x_3=1$)：

$$\begin{aligned}E(y)&=\beta_0+\beta_1x_1+\beta_2\times0+\beta_3\times1+\beta_4x_1\times0+\beta_5x_1\times1\\&=\underbrace{(\beta_0+\beta_3)}_{y\text{轴截距}}+\underbrace{(\beta_1+\beta_5)}_{\text{斜率}}x_1\end{aligned}$$

回顾 如果你拟合了模型 3，就可以获得 β_0，β_1，β_2，…，β_5 的估计，并把它们代入三种媒体的直线方程，那么你将会获得与你拟合三条独立的直线（每一条直线对应一种媒体数据）完全相同的预测方程。你可能会问为什么我们不分别拟合三条直线？为什么要费力地把三条直线拟合到一个模型（模型 3）中呢？原因在于，如果你希望使用统计检验来比较这三种媒体直线，就需要这样一个过程。根据模型中的参数等于 0 的假设，我们要能够表达关于这些直线的实际问题。（将在下一节介绍该方法。）如果你分别建立回归分析，用直线来拟合每种媒体数据，就不能达到这个目的。

例 12.11 检验两个不同的斜率——工人生产率

问题 一位工业心理学家进行了一项试验，以调查两家制造工厂的工人生产率与薪资激励措施之间的关系：一家工厂采用纪律严明型的管理方式，另一家工厂采用传统型的管理方式。每位工人的生产率 y 是通过记录一名工人在每周 40 小时的 4 周时间内可以生产的铸件数量来衡量的。奖励是为在 4 周期间内每个工人生产的所有铸件超过 1 000 个而支付的奖金（以每个铸件为单位支付）x_1。每个工厂选出 9 名工人，每组 9 名工人中选 3 名享有每个铸件 20 美分的奖金，3 名享有每个铸件 30 美分的奖金，3 名享有每个铸件 40 美分的奖金。表 12-4 显示了 18 名工人的生产率数据，按工厂类型和激励形成的组合里每组有 3 人。

表 12-4 例 12.11 的生产率数据

管理方式	奖励								
	20 美分 / 铸件			30 美分 / 铸件			40 美分 / 铸件		
传统型	1 435	1 512	1 491	1 583	1 529	1 610	1 601	1 574	1 636
纪律严明型	1 575	1 512	1 488	1 635	1 589	1 661	1 645	1 616	1 689

a. 构建平均生产率 $E(y)$ 的模型，假设 $E(y)$ 与奖励 x_1 之间的关系是一阶的。

b. 构建模型，并写出管理方式分别为纪律严明型和传统型工厂的预测方程。

c. 数据是否提供了充分的证据，表明纪律严明型工厂和传统型工厂的工人生产率的增长率不同？在

α=0.10 的水平下进行检验。

解答 a. 如果我们假设一阶模型[①]能够发现平均生产率作为奖励 x_1 的函数的变化，那么模型产生两条直线，每一条对应一家工厂：

$$E(y)=\beta_0+\beta_1x_1+\beta_2x_2+\beta_3x_1x_2$$

式中， x_1= 奖励

$$x_2=\begin{cases}1 & \text{如果是纪律严明型的管理方式}\\0 & \text{如果是传统型的管理方式}\end{cases}$$

b. 回归分析的 StatCrunch 输出结果见图 12–21。读取输出结果中阴影部分显示的参数估计，可看到：

$$\hat{y}=1\ 365.833+6.217x_1+47.778x_2+0.033x_1x_2$$

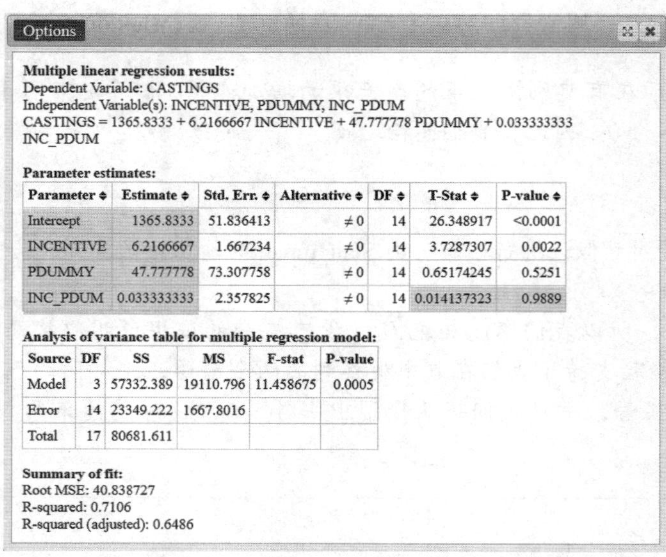

Options

Multiple linear regression results:
Dependent Variable: CASTINGS
Independent Variable(s): INCENTIVE, PDUMMY, INC_PDUM
CASTINGS = 1365.8333 + 6.2166667 INCENTIVE + 47.777778 PDUMMY + 0.033333333 INC_PDUM

Parameter estimates:

Parameter	Estimate	Std. Err.	Alternative	DF	T-Stat	P-value
Intercept	1365.8333	51.836413	≠ 0	14	26.348917	<0.0001
INCENTIVE	6.2166667	1.667234	≠ 0	14	3.7287307	0.0022
PDUMMY	47.777778	73.307758	≠ 0	14	0.65174245	0.5251
INC_PDUM	0.033333333	2.357825	≠ 0	14	0.014137323	0.9889

Analysis of variance table for multiple regression model:

Source	DF	SS	MS	F-stat	P-value
Model	3	57332.389	19110.796	11.458675	0.0005
Error	14	23349.222	1667.8016		
Total	17	80681.611			

Summary of fit:
Root MSE: 40.838727
R-squared: 0.7106
R-squared (adjusted): 0.6486

图 12–21 铸件数据的完全模型 (StatCrunch)

将 x_2=0 代入一般预测方程，可得到传统型工厂的预测方程：

$$\hat{y}=\hat{\beta}_0+\hat{\beta}_1x_1+\hat{\beta}_2\times0+\hat{\beta}_3x_1\times0=\hat{\beta}_0+\hat{\beta}_1x_1$$
$$=1\ 365.833+6.217x_1$$

同理，将 x_2=1 代入一般预测方程，可得到纪律严明型工厂的预测方程：

$$\hat{y}=\hat{\beta}_0+\hat{\beta}_1x_1+\hat{\beta}_2x_2+\hat{\beta}_3x_1x_2$$
$$=\hat{\beta}_0+\hat{\beta}_1x_1+\hat{\beta}_2\times1+\hat{\beta}_3x_1\times1$$
$$=\underbrace{(\beta_0+\beta_2)}_{y\text{轴截距}}+\underbrace{(\beta_1+\beta_3)}_{\text{斜率}}x_1$$
$$=(1\ 365.833+47.778)+(6.217+0.033)x_1$$
$$=1\ 413.611+6.250x_1$$

这些预测方程的 Minitab 图如图 12–22 所示。注意，两条直线的斜率几乎相同（传统型的是 6.217，纪

① 尽管模型包含 x_1x_2，它还是定量变量 x_1 的一阶模型（图形还是直线）。变量 x_2 是模型中可以引入或去掉的虚拟变量。模型的阶仅仅由模型中出现的定量变量决定。

律严明型的是 6.250）。

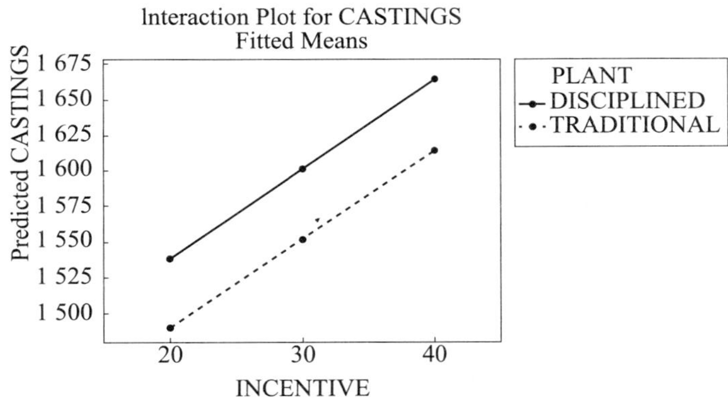

图 12-22 两条生产率直线的预测方程 (Minitab)

c. 如果纪律严明型工厂在有奖励情况下的生产率的增加率（即斜率）不同于传统型工厂的相应斜率，那么交互项 β（即 β_3）将不为 0。因此，我们想检验：

H_0：$\beta_3=0$

H_a：$\beta_3 \neq 0$

使用 12.3 节的 t 统计量对该假设进行检验。由 StatCrunch 的输出结果可知，检验统计量与相应的 p 值为：

$t=0.014 \quad p=0.989\,9$

因为 $\alpha=0.10$ 小于 p 值，所以我们不能拒绝 H_0。没有充分的证据说明纪律严明型和传统型的管理方式下的图形不一样。因此，检验支持了我们在 b 中观察到的两个斜率几乎相同的现象。

回顾 因为交互项不显著，所以我们将从模型中去掉 x_1x_2，使用更简单的模型 $E(y)=\beta_0+\beta_1x_1+\beta_2x_2$ 来预测生产率。

有定量变量与定性变量的模型也可以包括高次项（比如二次项）。在研究公司的平均月销售额 $E(y)$ 与广告支出 x_1 和媒体类型之间关系的问题中，假设我们认为 $E(y)$ 与 x_1 之间是曲线关系，我们将逐步构造模型，以便你能够将其与本节开始介绍的一阶模型的逐步构造程序进行比较。图形解释将帮助你理解模型中一些项的作用。

1. 对三种媒体来说，平均销售额曲线是相同的，即对所有媒体形式，一个单独的二阶曲线足以描述 $E(y)$ 与广告支出 x_1 之间的关系（见图 12-23）。

$$E(y)=\beta_0+\beta_1x_1+\beta_2x_1^2,$$

式中， x_1= 广告支出

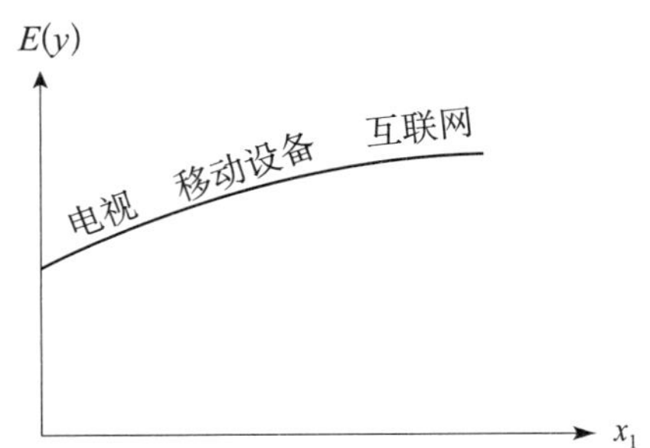

图 12-23 对于三种媒体来说 $E(y)$ 与 x_1 的曲线形状相同

2. 响应曲线形状相同，但是 y 轴截距不相同（见图 12-24）：

$$E(y)=\beta_0+\beta_1x_1+\beta_2x_1^2+\beta_3x_2+\beta_4x_3$$

式中，　x_1= 广告支出

$$x_2=\begin{cases}1 & 如果是移动设备媒体\\0 & 其他\end{cases}\qquad x_3=\begin{cases}1 & 如果是电视媒体\\0 & 其他\end{cases}$$

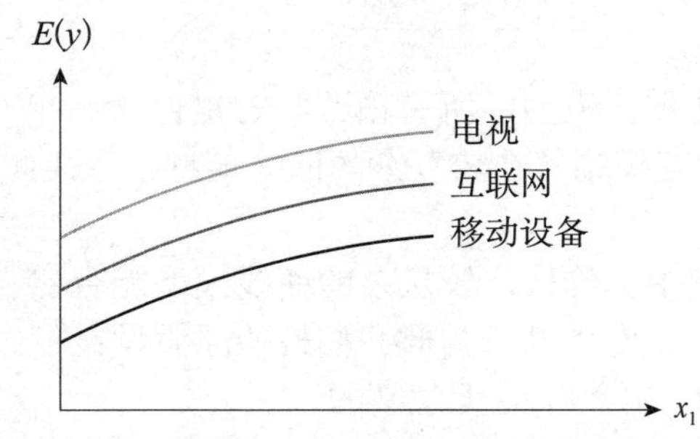

图 12-24　响应曲线形状相同，但是 y 截距不相同

3. 三种媒体的响应曲线不相同（即广告支出和媒体类型交互），如图 12-25 所示。

$$E(y)=\beta_0+\beta_1x_1+\beta_2x_1^2+\beta_3x_2+\beta_4x_3+\beta_5x_1x_2+\beta_6x_1x_3+\beta_7x_1^2x_2+\beta_8x_1^2x_3$$

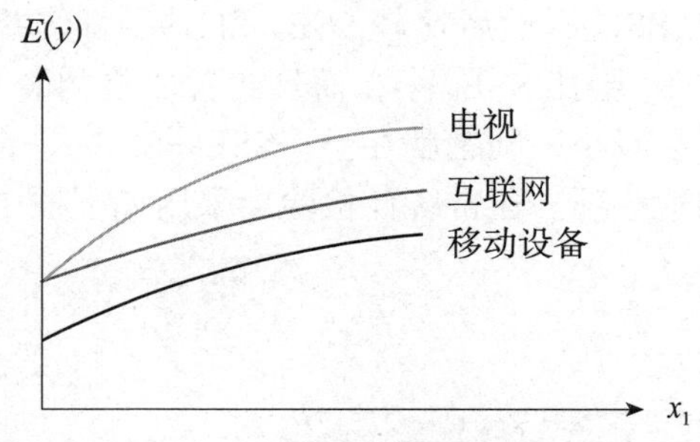

图 12-25　三种媒体的响应曲线不相同

现在你已经知道怎么构建一个有两个自变量的模型，其中一个是定性自变量，另一个是定量自变量。我们要问的是：为什么要这样做？为什么不对每个媒体类型构建一个二阶模型，其中 $E(y)$ 仅仅是广告支出的函数？如前所述，一个原因就是构建能表示三个响应曲线的单独模型使得我们可以通过检验来确定曲线是否不同。我们将在 12.9 节介绍该程序。另一个原因是构建这样的单独模型可以得到随机误差成分 ε 的方差 σ^2 的混合估计。如果每种媒体的 ε 的方差相同，那么混合估计就比针对每个媒体单独建立模型得到的单独估计要好。

12.9　比较嵌套模型

作为一个成功的建模者，我们需要一种可帮助我们（以高置信度）在候选模型中选择最优模型的统计方法。在本节中，我们将介绍**嵌套模型**（nested model）的方法。

> 两个模型是嵌套的，如果其中一个模型包含另一个模型的所有项并且至少有一个额外项，其中较复杂的称为**完全模型**（complete（full）model），较简单的称为**简化模型**（reduced model）。

下面举例阐明嵌套模型的定义。要拍卖古董钟，平均拍卖价格 $E(y)$ 与两个定量因素有关：该钟的使用年限 (x_1)、竞拍人数 (x_2)。若认为三者间的相互作用是直线性的，例 12.6 给出的交互模型为：

$$E(y)=\beta_0+\beta_1x_1+\beta_2x_2+\beta_3x_1x_2$$

若假设 y 与 x_1，x_2 的关系是曲线的，则二阶模型更适合：

$$E(y)=\underbrace{\beta_0+\beta_1x_1+\beta_2x_2+\beta_3x_1x_2}_{\text{交互模型中的项}}+\underbrace{\beta_4x_1^2+\beta_5x_2^2}_{\text{二次项}}$$

可以看到，曲线模型包含交互模型的所有项，同时也包含 x_1 和 x_2 的二次项。因此，我们称这两个模型是嵌套的，其中交互模型嵌在较复杂的曲线模型中，故曲线模型是完全模型，而交互模型是简化模型。

假定我们想知道对于预测拍卖价格，较复杂的曲线模型能否比直线交互模型提供更多信息，这等价于判断是否应保留二次项 β_4 和 β_5，为此我们检验原假设：

H_0：$\beta_4=\beta_5=0$（即二次项对于预测 y 是无意义的）

H_a：β_4，β_5 至少有一个不为 0（即至少有一个二次项对于预测 y 是有意义的）

可以注意到，被检验的项是完全模型中含有的额外项，而不是简化模型中的项。

在 12.3 节中，我们介绍了模型中单参数的 t 检验以及除 β_0 之外所有 β 参数的整体 F 检验，如今，我们需要检验完全模型中的 β 子集，而该过程是直观的。首先，应用最小二乘法去拟合简化模型，同时计算相应误差（即预测值和实际值的差）平方的总和，记为 SSE_R。接下来拟合完全模型，计算误差平方和，记为 SSE_C。然后比较 SSE_R 和 SSE_C，作差得 SSE_R-SSE_C。如果完全模型中的额外项是显著的，则 SSE_C 会比 SSE_R 小，而且两者之差会很大。

当模型增加新项时，SSE 会减小，问题就在于，SSE_R-SSE_C 是否足够大以至于让我们相信这是增加的项所致，并尝试增加这些项。通常统计检验会采用如下框中的 F 检验。

比较嵌套模型的 *F* 检验

简化模型：$E(y)=\beta_0+\beta_1x_1+\cdots+\beta_gx_g$

完全模型：$E(y)=\beta_0+\beta_1x_1+\cdots+\beta_gx_g+\beta_{g+1}x_{g+1}+\cdots+\beta_kx_k$

H_0：$\beta_{g+1}=\beta_{g+2}=\cdots=\beta_k=0$

H_a：检验中的 β 参数至少有一个不为 0

检验统计量：

$$F=\frac{(\mathrm{SSE_R}-\mathrm{SSE_C})/(k-g)}{\mathrm{SSE_C}/[n-(k+1)]}$$

$$=\frac{(\mathrm{SSE_R}-\mathrm{SSE_C})/H_0\text{中检验的}\beta\text{的个数}}{\mathrm{MSE_C}}$$

式中，SSE_R= 简化模型的误差平方和；

SSE_C= 完全模型的误差平方和；

MSE_C= 完全模型的均方误差；

$k-g=H_0$ 中指定的 β 参数的个数（即需要检验的 β 参数的个数）；

$k+1$= 完全模型中 β 参数（包括 β_0）的个数；

n= 总样本量。

拒绝域：$F>F_\alpha$

p 值：$P(F>F_c)$

其中，F 是基于分子自由度为 $v_1=k-g$、分母自由度为 $v_2=n-(k+1)$ 的 F 分布得到的。F_c 是计算的检验统计量的值。

若满足 12.1 节中关于随机误差项的假设，则 F 统计量服从自由度为 v_1 和 v_2 的 F 分布，其中，v_1 表示被检验 β 参数的个数，v_2 表示完全模型中 s_2 自由度的个数。

例 12.12 完全二阶模型——古董钟拍卖价格数据

问题 参见例 12.1 至例 12.6 古董钟拍卖价格（y）模型的问题。在这些例子中，我们发现拍卖价格 y 与古董钟的使用年限 (x_1) 及竞拍人数 (x_2) 均相关，自变量的交互作用对拍卖价格有影响。但例 12.1 中的一阶模型和例 12.6 中的交互模型均只是线性关系。我们没有考虑拍卖价格 y 与古董钟的使用年限 (x_1) 或者拍卖价格 y 与竞拍人数 (x_2) 呈非线性关系。

a. 用一个完全的二阶模型拟合数据。拍卖价格 y 作为使用年限 x_1 和竞拍人数 x_2 的函数。

b. 拟合表 12-1 中的 32 个古董钟数据并给出最小二乘估计的预测方程。

c. 这些数据能提供充分的证据表明二次项对预测 y 能提供信息吗？也就是说，是否有证据表明拍卖价格 - 使用年限和拍卖价格 - 竞拍人数之间存在曲线关系？

解答 a. 因为古董钟的使用年限 (x_1) 及竞拍人数 (x_2) 均为定量变量，所以完全二阶模型为：

$$E(y)=\beta_0+\beta_1x_1+\beta_2x_2+\beta_3x_1x_2+\beta_4x_1^2+\beta_5x_2^2$$

注意，我们将二次项 $\beta_4x_1^2$ 和 $\beta_5x_2^2$ 添加到例 12.6 的交互模型之中。

b. 我们采用 Minitab 拟合表 12-2 中的数据，结果见图 12-26。阴影部分显示的最小二乘预测方程为：

$$\hat{y}=-332+3.21x_1+14.8x_2+1.12x_1x_2-0.003\,x_1^2-4.18\,x_2^2$$

Regression Equation

PRICE = -332 + 3.21 AGE + 14.8 NUMBIDS + 1.123 AGE-BID - 0.0030 AGESQ - 4.18 NUMBIDSQ

Coefficients

Term	Coef	SE Coef	T-Value	P-Value
Constant	-332	765	-0.43	0.668
AGE	3.21	8.95	0.36	0.723
NUMBIDS	14.8	62.2	0.24	0.814
AGE-BID	1.123	0.232	4.85	0.000
AGESQ	-0.0030	0.0275	-0.11	0.914
NUMBIDSQ	-4.18	2.15	-1.95	0.062

Model Summary

S	R-sq	R-sq(adj)
86.1019	95.98%	95.21%

Analysis of Variance

Source	DF	Adj SS	Adj MS	F-Value	P-Value
Regression	5	4607038	921408	124.29	0.000
Error	26	192752	7414		
Total	31	4799790			

图 12-26 拍卖价格的完全二阶模型的分析结果 (Minitab)

注意，二次项系数估计值 β_4 和 β_5 均为负数，意味着拍卖价格 y 与使用年限 x_1、拍卖价格 y 与竞拍人数 x_2 具有下凹的曲线关系。

c. 为确定二次项为预测 y 提供信息，我们要检验：

H_0：$\beta_4=\beta_5=0$

H_a：参数 β_4，β_5 至少有一个不为 0

因为原假设涉及全部参数集合 β 的一个子集，所以我们需要进行嵌套模型的 F 检验。完全模型是 a 部分的完全二阶模型，简化模型是通过舍去完全模型中的二次项得到的。简化模型为：

$E(y)=\beta_0+\beta_1x_1+\beta_2x_2+\beta_3x_1x_2$

我们在例 12.6 中拟合该模型。简化模型的 Minitab 输出结果见图 12-27。

Regression Equation

PRICE = 320 + 0.88 AGE - 93.3 NUMBIDS + 1.298 AGE-BID

Coefficients

Term	Coef	SE Coef	T-Value	P-Value
Constant	320	295	1.09	0.287
AGE	0.88	2.03	0.43	0.669
NUMBIDS	-93.3	29.9	-3.12	0.004
AGE-BID	1.298	0.212	6.11	0.000

Model Summary

S	R-sq	R-sq(adj)
88.9145	95.39%	94.89%

Analysis of Variance

Source	DF	Adj SS	Adj MS	F-Value	P-Value
Regression	3	4578427	1526142	193.04	0.000
Error	28	221362	7906		
Total	31	4799790			

图 12-27 拍卖价格的简化模型 (Minitab)

为实现统计检验，我们获得完全模型和简化模型的 SSE 值（分别在图 12-26 和图 12-27 中做了阴影处理）：

$$\text{SSE}_\text{C}=192\ 752 \quad \text{SSE}_\text{R}=221\ 362$$

同样，完全模型的样本方差 s^2（在图 12-26 中做了阴影处理）为：

$$s^2=\text{MSE}_\text{C}=7\ 414$$

回顾数据样本量 n=32，在完全模型中项数 k=5，在简化模型中项数 g=3。因此，检验统计量的计算如下：

$$F=\frac{(\text{SSE}_\text{R}-\text{SSE}_\text{C})/(k-g)}{\text{MSE}_\text{C}}=\frac{(221\,362-192\,752)/2}{7\,414}=1.93$$

拒绝域的临界点 F 值是基于分子自由度 $v_1=k-g=2$ 和分母自由度 $v_2=n-(k+1)=26$ 来确定的。如果取 $\alpha=0.05$，则临界值 $F_{0.05}=3.37$，拒绝域为：

$$F>3.37$$

由于检验统计量 F=1.93，没有落入拒绝域，因此我们无法拒绝原假设 H_0，即（在 α=0.05 水平下）没有充分的证据得出结论：至少有一个二次项为预测拍卖价格 y 提供信息。即没有证据说明拍卖价格与古董钟的使用年限或拍卖价格与竞拍人数存在曲线关系。结果显示，有交互项的一阶模型（简化模型）足以用来预测拍卖价格。

回顾 一些统计软件能够对嵌套模型执行 F 检验。其他工具，如 Minitab 软件提供了根据检验统计量的计算值获取检验 p 值的选项。图 12-28 是 Minitab 的输出结果，显示了具有 2 个分子自由度和 26 个分母自由度的 F 分布的概率 $P(F<1.93)$。这个概率（阴影部分）是 0.835。检验的 p 值是概率：

$$P(F>1.93)=1-P(F<1.93)=1-0.835=0.165$$

由于 p 值 =0.165 超过了 α=0.05，因此没有足够的证据拒绝 H_0。

F distribution with 2 DF in numerator and 26 DF in denominator

x	P(X ≤ x)
1.93	0.834619

图 12-28　F 分布的概率值 (Minitab)

嵌套模型的 F 检验可通过检验任意 β 参数的子集是否同时为 0，来判定对应的项是否要包含在完全模型中。例如，我们可能想判断一个模型是否要包含定量变量中一些交互项或者那些主效应项，如果我们拒绝 H_0，则完全模型比两个简化模型要好。如果不拒绝 H_0（如例 12.12），我们会选择简化模型。虽然我们必须谨慎地接受 H_0，但实际的回归分析者多采用简约原则，即在两个模型的预测能力几乎一样的情况下（如例 12.12），我们选择含有较少 β 参数的模型。基于这一原则，我们将舍去两个二次项，选择有交互项的一阶模型而不选择完全的二阶模型。

简约模型（parsimonious model）是一种有少量 β 参数的一般线性模型。当两个备选模型有基本相同的预测能力时（通过 F 检验证明），我们会选择其中较简约的模型。

利用嵌套模型 F 检验来选择模型的准则

结论		选择的模型
拒绝 H_0	→	完全模型
不拒绝 H_0	→	简化模型

当建模中的备选模型为嵌套模型时，本节介绍的 F 检验是用来比较模型的一种很恰当的方法。但是，若这些模型不是嵌套的，F 检验是不可用的。在这种情况下，分析者应基于统计量，如 R_a^2 和 s 选择最好的模型。必须牢记，基于模型有效性的这些和其他数值描述性度量的决策难以检测可靠性，实际上往往是非常主观的。

12.10　逐步回归

考虑建立一个模型预测一名主管的收入 y。在建模描绘其收入时最大的问题就是要确定模型应包括的重要的自变量。而潜在的重要的自变量可能非常多（如年龄、经历、任职年限及受教育程度等），此时，我们需要一种客观的方法筛选出不重要的变量。

在面对大量自变量时，确定让哪些变量进入模型是一个常见问题。例如，试着确定哪些变量影响企业利润，哪些变量影响道琼斯工业平均指数，哪些变量与大学学生成绩有关，等等。

采用系统方法建立有大量自变量的模型是很困难的，这是因为对多元交互项及高次项的解释很烦琐。因此，我们采用一种筛选方法，即**逐步回归**（stepwise regression）。大多数统计软件中都包含该方法。

最常用的逐步回归法的程序如下。首先要确定因变量 (y) 及潜在重要的自变量 x_1，x_2，…，x_k，k 一般较大。（注意：这些变量包括一次项及高次项。但是因为二次项极大地增加了自变量的数量，所以我们通常仅考虑定量变量的主效应项（一次项）及定性变量（虚拟变量）。）将因变量及自变量输入软件，开始逐步回归。

第 1 步：用统计软件对数据拟合所有可能的如下形式的单变量模型：

$$E(y)=\beta_0+\beta_1 x_i$$

其中，x_i 是第 i 个自变量，i=1，2，…，k。针对每一个模型，应用针对单参数 β 的 t 检验（或等价的 F 检验）来检验：

H_0：$\beta_1=0$

备择假设是：

H_a：$\beta_1 \neq 0$

对单个参数 β 使用 t 检验（或等效的 F 检验）。产生最大 t 值（绝对值）的自变量是 y 的最佳预测变量[①]，称该自变量为 x_1。

第 2 步：逐步回归程序在剩余的 $(k-1)$ 个变量中寻找最好的双变量模型，形式如下：

$$E(y)=\beta_0+\beta_1 x_1+\beta_2 x_i$$

通过拟合所有的包含 x_1 和从 $k-1$ 个变量中选出的第二个变量 x_i 的双变量模型，计算 $k-1$ 个模型（对应剩下的自变量 x_i，i=2，3，…，k) 中检验 H_0：$\beta_2=0$ 的 t 值，留下有最大 t 值的变量，记为 x_2。

在这一点上，有些统计软件使用的方法存在差异。较好的统计软件会在$\hat{\beta}_2x_2$添加到模型后再检验$\hat{\beta}_1$的 t 值。若对于指定的 α（如取 0.1），t 值并不显著，则剔除变量 x_1，再搜索带有 β 参数的变量，使$\hat{\beta}_2x_2$有最显著的 t 值。其他软件不会检验$\hat{\beta}_1$的显著性，而是直接进入第 3 步。[②]

从第 1 步到第 2 步 x_1 的 t 值可能发生变化，这是因为系数$\hat{\beta}_1$的意义发生变化。在第 2 步，我们用含有两个变量的平面去逼近一个复杂的响应曲面，而最好的拟合平面可能产生与第 1 步不同的$\hat{\beta}_1$值。因此，从第 1 步到第 2 步，$\hat{\beta}_1$值及显著程度都会发生变化。所以，统计软件往往每步都需要检验 t 值。

第 3 步：逐步回归程序选择第三个自变量添加到已含有 x_1，x_2 的模型中，即选择如下形式的最好模型：

$$E(y)=\beta_0+\beta_1 x_1+\beta_2 x_2+\beta_3 x_i$$

为了达到这个目的，对 x_1，x_2 和剩下的 $k-2$ 个变量中的一个 x_i（作为可能的 x_3）分别拟合 $k-2$ 个模型，同样选择有最大 t 值的变量，记为 x_3。

较好的统计软件此时会重新检验相应的 x_1 和 x_2 的系数对应的 t 值，剔除 t 值不显著的变量。该操作会一直进行，直到不再有显著自变量（在显著性水平 α 下）可增加到模型中。

逐步回归过程的结果是一个模型，只包含那些在指定的 α 水平上 t 值显著的变量。因此，在大多数实际情况下，大量自变量中仅有少数变量被保留。但是不能轻易断言有助于预测 y 的所有重要的自变量都已被识别，或者那些不重要的变量都已被剔除。逐步回归法仅仅使用真实模型的系数 β 的样本估计量来选择最重要的变量。因此，要进行大量的 β 参数检验，在选择及剔除变量时发生一个或多个错误的概率是相当大的。即我们很可能选择了不重要的变量（第Ⅰ类错误），剔除了一些重要的变量（第Ⅱ类错误）。

我们没有得到一个好的模型，还有另外一个原因。当我们用逐步回归选择变量时，一般忽略高阶项（为保持变量数可管理）。因此，我们可能最初就剔除了重要的变量。于是，我们应认识到逐步回归是一种**主观的变量筛选方法**（objective variable screening procedure）。

---

① 注意，有最大 t 值的自变量也是与 y 有最大（绝对值）皮尔逊积矩相关系数 r（见 11.5 节）的自变量。

② 前向选择是逐步回归方法的一种，它不重新检查每个先前输入的自变量的重要性。这与执行重新检查的逐步选择回归方法形成对比。第三种方法是使用后向选择，首先输入所有自变量，然后一个一个地删除。

成功的建模者会考虑由逐步回归法选择的变量的二次项（针对定量变量）及变量间的交互作用。最好的办法是对用筛选的自变量的另一组数据（与筛选变量时所用数据独立）建立这个响应模型，这样逐步回归的结果会被新数据进行部分验证。但这并不总是可能的，在很多建模情况下仅有少量数据可以用。

不能只相信逐步回归法产生的 t 值——它仅选择了有最大 t 值的自变量。同时，在系统改进预测模型时，一定要考虑二次项。最后，如果逐步回归中选用了一次项，给模型添加高阶项会极大地改进模型。

提示

要谨慎使用逐步回归的结果去推断 $E(y)$ 与一阶模型中自变量之间的关系。首先，在对大量的变量进行 t 检验后，很有可能发生一个或更多的第Ⅰ类错误或第Ⅱ类错误。其次，逐步模型并不考虑高阶项或交互项。只在必要时采用逐步回归法，即当需要确定大量潜在变量中哪些要用于建模时，使用该方法。

例 12.13　进行逐步回归分析——主管薪酬模型

问题　一家国际管理咨询公司为客户公司的主管薪酬建立多元统计模型。该咨询公司发现在模型中将薪酬的自然对数作为因变量要比将薪酬本身作为因变量有更好的预测效果。[①] 建立模型的第 1 步是确定最重要的自变量。对于一家企业，取 100 个主管的样本，度量 10 个潜在自变量（7 个定量的，3 个定性的）。表 12-5 中的数据保存在文件中。鉴于很难建立关于 10 个变量的完全二阶模型，应用逐步回归法确定 10 个变量中哪些应包含在主管薪酬的自然对数的最终模型中。

表 12-5　主管薪酬例子中的自变量

自变量	描述描述	类型
x_1	工龄（年）	定量变量
x_2	受教育年限（年）	定量变量
x_3	是否有红利（1 代表有，0 代表没有）	定性变量
x_4	员工数	定量变量
x_5	公司资产（百万美元）	定量变量
x_6	是否为董事会成员（1 代表是，0 代表否）	定性变量
x_7	年龄（岁）	定量变量
x_8	公司盈利（过去 12 个月，百万美元）	定量变量
x_9	是否掌管国际业务（1 代表是，0 代表否）	定性变量
x_{10}	公司总营业额（过去 12 个月，百万美元）	定量变量

解答　我们将采用逐步回归法识别 10 个变量中哪些是最重要的变量。因变量为主管薪酬的自然对数。逐步回归的 XLSTAT 输出结果见图 12-29。

---

① 这可能是因为薪酬的增长通常是以百分比表示，而不是以增加多少美元表示。当自变量变化时，响应变量是以百分比形式变化的，此时，响应变量的对数就更适合作为因变量。

Regression of variable Y:

Summary of the variables selection Y:

Nbr. of variables	Variables	Variable IN/OUT	Status	MSE	R²	Adjusted R²
1	X1	X1	IN	0.0260	0.6190	0.6151
2	X1 / X3	X3	IN	0.0173	0.7492	0.7440
3	X1 / X3 / X4	X4	IN	0.0112	0.8391	0.8341
4	X1 / X2 / X3 / X4	X2	IN	0.0065	0.9075	0.9036
5	X1 / X2 / X3 / X4 / X5	X5	IN	0.0056	0.9206	0.9164

Goodness of fit statistics (Y):

Observations	100.0000
Sum of weights	100.0000
DF	94.0000
R²	0.9206
Adjusted R²	0.9164
MSE	0.0056
RMSE	0.0751
PC	0.0895

Analysis of variance (Y):

Source	DF	Sum of squares	Mean squares	F	Pr > F
Model	5	6.1523	1.2305	218.0606	**< 0.0001**
Error	94	0.5304	0.0056		
Corrected Total	99	6.6827			

Computed against model Y=Mean(Y)

Model parameters (Y):

Source	Value	Standard error	t	Pr > |t|
Intercept	9.9619	0.1011	98.5777	**< 0.0001**
X1	0.0273	0.0010	26.5005	**< 0.0001**
X2	0.0291	0.0033	8.7188	**< 0.0001**
X3	0.2247	0.0164	13.7424	**< 0.0001**
X4	0.0005	0.0000	11.0643	**< 0.0001**
X5	0.0020	0.0005	3.9469	**0.0002**

图 12-29 主管薪酬的逐步回归结果 (XLSTAT)

注意看结果的顶部，模型中包含的第一个变量是 x_1（工龄）。在第 2 步，一个定性的虚拟变量 x_3（是否有红利）被引入模型。第 3 步至第 5 步分别选择了变量 x_4（员工数）、x_2（受教育年限）及 x_5（公司资产）。在第 5 步后停止运算，因为没有其他自变量能达到进入模型的标准。一般情况下，XLSTAT 在 t 检验中采用 α=0.05。也就是说，若某 β 系数的 p 值超过 0.05，模型将不会选择该变量。①

逐步回归法的结果告诉我们应考虑这 5 个自变量。应该提出和评估具有二次项和交互效应的模型，以确定预测主管薪酬的最佳模型。

建议

不要用逐步回归模型作为最终模型来预测 y。逐步回归法倾向于进行大量的 t 检验，这增加了第Ⅰ类错误的发生概率，也不能自动包含高次项（例如，交互项和平方项）。当存在大量潜在的重要自变量时，可以用逐步回归法作为变量选择工具，然后用所筛选出的变量对 y 建立模型。

回顾实践中的统计

变量选择和模型构建

在前面的“回顾实践中的统计”专栏中，我们采用表 SIA12-1 中的 8 个自变量来拟合使用密封投标系统授予的公路建设合同的成本 y 的一阶模型。虽然该模型被认为能在统计上预测 y，但是模型的标准差（s=305 000 美元）可能太大，使得该模型实际上不可用。此时应考虑更复杂的模型——涉及高阶项（交互

---

① 其他软件（例如 Minitab）使用 α=0.15 作为默认显著性水平。尽管犯第 I 类错误的概率增加了，但排除重要自变量（即犯第Ⅱ类错误）的概率却减少了。

作用及平方项）的模型。完全的二阶模型考虑了所有的 8 个自变量，这样将会有 100 多种形式。于是，我们需要用逐步回归法选择最佳自变量，进而建立完全二阶模型。

图 SIA12-4 是逐步回归的 Minitab 输出结果。可以看到，选择的第一个变量是 DOTEST，接下来是 STATUS、DAYSEST、BTPRATIO。这里 Minitab 默认 α=0.15，若我们降低显著性水平取 α=0.05，仅 DOTEST 和 STATUS 满足，而 DAYSEST、BTPRATIO 的 p 值比 0.05 大。

Stepwise Selection of Terms

Candidate terms: DOTEST, B2B1RAT, B3B1RAT, BHB1RAT, STATUS, DISTRICT, BTPRATIO, DAYSEST

	-----Step 1-----		-----Step 2-----		-----Step 3----		-----Step 4----	
	Coef	P	Coef	P	Coef	P	Coef	P
Constant	20.9		-20.5		-55.2		-212.8	
DOTEST	0.92629	0.000	0.93078	0.000	0.9110	0.000	0.9132	0.000
STATUS			166.3	0.001	166.9	0.001	171.2	0.001
DAYSEST					0.274	0.122	0.330	0.065
BTPRATIO							241	0.072
S		313.085		306.329		305.401		303.918
R-sq		97.42%		97.55%		97.57%		97.60%
R-sq(adj)		97.41%		97.52%		97.54%		97.56%
Mallows' Cp		15.18		5.66		5.24		3.99
AICc		3371.84		3362.65		3362.29		3361.09
BIC		3382.11		3376.31		3379.33		3381.48

α to enter = 0.15, α to remove = 0.15

Regression Equation

COST = -212.8 + 0.9132 DOTEST + 171.2 STATUS + 241 BTPRATIO + 0.330 DAYSEST

Coefficients

Term	Coef	SE Coef	T-Value	P-Value
Constant	-212.8	93.9	-2.27	0.024
DOTEST	0.9132	0.0160	57.11	0.000
STATUS	171.2	49.0	3.50	0.001
BTPRATIO	241	133	1.81	0.072
DAYSEST	0.330	0.178	1.85	0.065

Model Summary

S	R-sq	R-sq(adj)
303.918	97.60%	97.56%

Analysis of Variance

Source	DF	Adj SS	Adj MS	F-Value	P-Value
Regression	4	865632473	216408118	2342.94	0.000
Error	230	21244166	92366		
Total	234	886876639			

图 SIA12-4　合同成本逐步回归的输出结果 (Minitab)

鉴于竞标状态是定性变量（x_2=1，若为定向竞标；x_2=0，若为竞争性竞标），合同成本 y 关于 DOTEST(x_1)、STATUS(x_2) 的完全二阶模型为：

$$E(y)=\beta_0+\beta_1x_1+\beta_2 x_1^2 +\beta_3x_2+\beta_4x_1x_2+\beta_5 x_1^2 x_2$$

该模型的 Minitab 输出结果见图 SIA12-5。可看到该模型的 F 检验是显著的（p=0.000），并且该模型

的标准差 s=296.6，比一阶模型的标准差小（s=303.9）。

Regression Equation

COST = -3.0 + 0.9155 DOTEST + 0.000001 DOTEST2 - 36.7 STATUS + 0.324 STA_DOT - 0.000036 STA_DOT2

Coefficients

Term	Coef	SE Coef	T-Value	P-Value
Constant	-3.0	30.9	-0.10	0.923
DOTEST	0.9155	0.0292	31.39	0.000
DOTEST2	0.000001	0.000003	0.21	0.833
STATUS	-36.7	74.8	-0.49	0.624
STA_DOT	0.324	0.119	2.72	0.007
STA_DOT2	-0.000036	0.000025	-1.44	0.150

Model Summary

S	R-sq	R-sq(adj)
296.642	97.73%	97.68%

Analysis of Variance

Source	DF	Adj SS	Adj MS	F-Value	P-Value
Regression	5	866725402	173345080	1969.91	0.000
Error	229	20151237	87997		
Total	234	886876639			

图 SIA12-5 合同成本的完全二阶模型 (Minitab)

该模型的二次形式 $\beta_2 x_1^2$，$\beta_5 x_1^2 x_2$ 是必要的吗？若不是，我们可以简化该模型，删去这些曲线形式。检验假设：H_0：$\beta_2=\beta_5=0$，我们对完全二阶模型和删去曲线部分的模型进行比较。简化模型的形式如下：

$$E(y)=\beta_0+\beta_1x_1+\beta_3x_2+\beta_4x_1x_2$$

简化模型的 Minitab 输出结果见图 SIA12-6。

Regression Equation

COST = -6.4 + 0.92134 DOTEST + 28.7 STATUS + 0.1633 STA_DOT

Coefficients

Term	Coef	SE Coef	T-Value	P-Value
Constant	-6.4	26.2	-0.25	0.807
DOTEST	0.92134	0.00972	94.75	0.000
STATUS	28.7	58.7	0.49	0.626
STA_DOT	0.1633	0.0404	4.04	0.000

Model Summary

S	R-sq	R-sq(adj)
296.695	97.71%	97.68%

Analysis of Variance

Source	DF	Adj SS	Adj MS	F-Value	P-Value
Regression	3	866542162	288847387	3281.31	0.000
Error	231	20334478	88028		
Total	234	886876639			

图 SIA12-6 合同成本的简化回归模型 (Minitab)

为了计算检验统计量，我们有 SSE_R =20 334 478（图 SIA12-6 中的阴影部分），SSE_C =20 151 237（图 SIA12-5 中的阴影部分），MSE_C =87 997（图 SIA12-5 中的阴影部分）。

$$F=\frac{(SSE_R-SSE_C)/(\text{被检验的}\beta\text{个数})}{MSE_C}=\frac{(20\,334\,478-20\,151\,237)/2}{87\,997}=1.04$$

其中 F 的分子有 2 个自由度（被检验的 β 的数量），分母有 229 个自由度（完全模型的误差的自由度）。检验统计量小于值 1.04 的概率在 Minitab 输出结果中的阴影部分，如图 SIA12-7 所示。因此，检验的 p 值为：

$$P(F>1.04)=1-P(F<1.04)=1-0.645=0.355$$

F distribution with 2 DF in numerator and 229 DF in denominator

x	P(X ≤ x)
1.04	0.644882

图 SIA12-7　*F* 分布概率 (Minitab)

因为 p 值大于 α=0.05，没有足够的证据拒绝原假设，也就是说没有足够的证据表明这两个曲线项对于预测公路成本是有用的。因此，选择简化模型作为成本的更好预测模型。

检查 Minitab 输出结果，见图 SIA12-6，我们看到整体简化模型在统计上是有用的（全局 F 检验的相伴概率 p 值 =0.000），解释了合同成本中大约 98% 的样本变化。模型标准差 s=296.7，意味着我们可以将成本预测在大约 593 000 美元以内。此外，交互项 $\beta_4x_1x_2$ 的 t 检验是显著的（p=0.000），这意味着合同成本 y 与交通部工程师估算的成本 x_1 之间的关系取决于竞标状态（定向的或者竞争性的）。

简化模型的最小二乘预测方程的 Minitab 图（见图 SIA12-8）揭示了交互作用的本质。你可以看到，定向竞标状态下的合同成本 y 的增长率随着交通部工程师估算的造价估计（x_1）而增长，比在竞争性竞标状态下更陡峭。

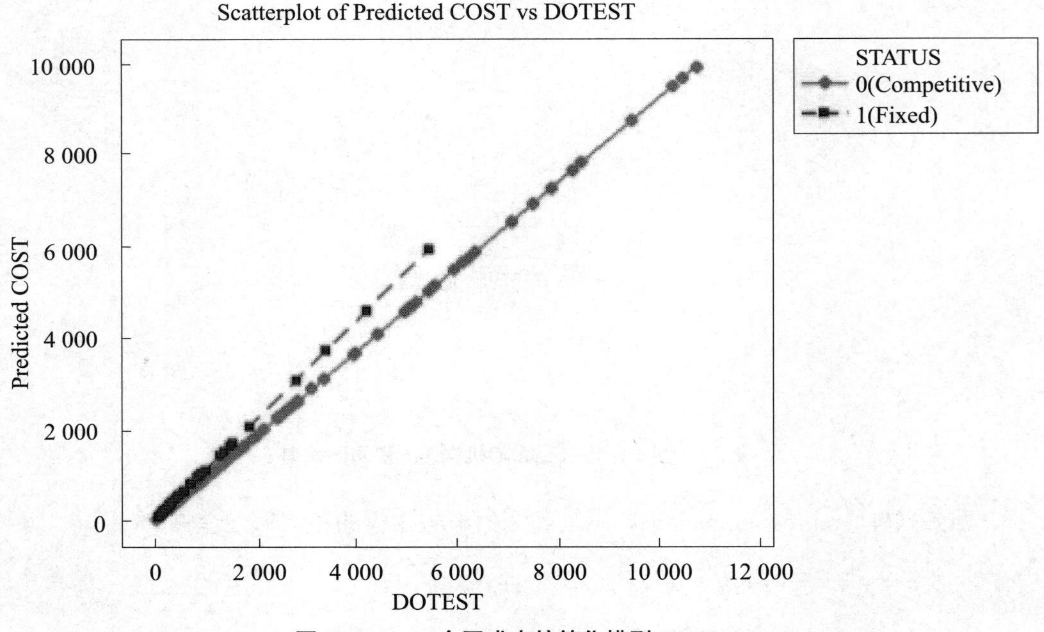

图 SIA12-8　合同成本的简化模型 (Minitab)

第三部分：多元回归诊断

12.11 残差分析：检验回归假设

当我们对一组数据应用回归分析时，我们永远不知道 12.1 节的假设是否满足。我们可以在多大程度上偏离假设并仍然期望回归分析产生具有本章所述可靠性的结果？我们如何检测假设的偏差（如果存在），我们可以对它们做些什么？我们在本节中提供了针对这些问题的一些答案。

回想 12.1 节，对于任意给定的 x_1，x_2，…，x_k 的值集，我们假设随机误差项 ε 具有以下性质：

1. 均值等于 0；
2. 误差方差恒定；
3. 随机误差服从正态分布；
4. 随机误差项独立。

在回归分析的实际应用中，这些假设不太可能得到完全的满足。幸运的是，经验表明，只要偏离假设不是太大，最小二乘回归分析就可以产生可靠的统计检验、置信区间和预测区间。在本节中，我们将提出一些方法来确定数据是否表明与假设有重大偏差。

因为假设都与模型的随机误差项 ε 有关，所以第一步是估计随机误差。因为与特定 y 值相关的实际随机误差是实际 y 值与其未知均值之间的差，所以我们通过实际 y 值与估计均值之间的差来估计误差。这个估计误差称为回归残差，或简称**残差**（residual），用 $\hat{\varepsilon}$ 表示。实际误差 ε 和残差 $\hat{\varepsilon}$ 如图 12-30 所示。

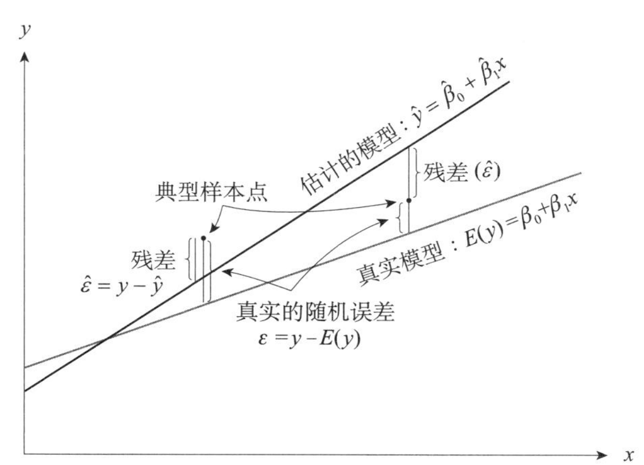

图 12-30 实际随机误差 ε 和回归残差 $\hat{\varepsilon}$

> **回归残差**（regression residual）$\hat{\varepsilon}$ 是观测值 y 与相应的预测值之差：
>
> $$\hat{\varepsilon}=y-\hat{y}=y-(\hat{\beta}_0+\hat{\beta}_1x_1+\hat{\beta}_2x_2+\cdots+\hat{\beta}_kx_k)$$

因为 y 的真实均值（即真正的回归模型）是未知的，所以无法计算实际的随机误差。然而，由于残差是基于估计的均值（最小二乘回归模型），因此可以计算残差并用于估计随机误差和检验回归假设。这种检验通常称为**残差分析**（residual analysis）。下述方框给出了残差的两个有用性质。

回归残差的性质

1. 残差的均值等于 0。这个性质源于这样一个事实，即观测到的 y 值与其最小二乘预测 $\hat{y}$ 值之间的差之和等于 0。

$$\sum(\text{残差})=\sum(y-\hat{y})=0$$

2. 残差的标准差等于拟合回归模型的标准差 s。这一性质源于残差的平方和等于 SSE，SSE 除以误差自由度等于拟合回归模型的方差 s^2。方差的平方根即是残差的标准差，也是回归模型的标准差。

$$\sum(\text{残差})^2=\sum(y-\hat{y})^2=\text{SSE}$$

$$s=\sqrt{\frac{\sum(\text{残差})^2}{n-(k+1)}}=\sqrt{\frac{\text{SSE}}{n-(k+1)}}$$

以下示例展示了如何使用回归残差的图形分析来验证与模型相关的假设，并在假设似乎不满足时支持对模型的改进。我们依靠统计软件在示例和练习中生成适当的图形。

检验假设 1：ε 的均值 =0

首先，我们演示残差图如何检测模型中 $E(y)$ 和自变量 x 之间的假设关系是错误的。这类模型不符合平均误差为 0 的假设。①

人物介绍

弗朗西斯·安斯科姆（1918—2001）——安斯科姆的数据

英国人弗朗西斯·安斯科姆（Francis J. Anscombe）在英吉利海峡附近的一个小镇长大。他获得奖学金进入剑桥大学三一学院学习，在 1939 年毕业时获得数学领域的最高荣誉，后来在 1943 年获得硕士学位。第二次世界大战期间，安斯科姆在英国的陆军供应部工作，他采用数学方法提高了防空火箭对德国的轰炸机和飞弹的击中率。战后，他在洛桑试验站（Rothamsted Experimental）工作，把统计方法应用于农业。在那里，他对解决具有社会意义的问题产生了浓厚的兴趣。在担任统计学教授的职业生涯中，安斯科姆先后在剑桥大学、普林斯顿大学和耶鲁大学工作过。他是把计算机应用于统计分析的先驱，也是在回归分析中进行残差分析的早期开拓者。他因为在 1973 年发表的一篇论文而出名，在该论文里，他证明了回归模型能被四种不同的数据集（安斯科姆的数据）拟合。安斯科姆一共发表了 50 篇统计论文，此外他也对古典音乐、诗歌和艺术有浓厚兴趣。

例 12.14　残差分析——用电量模型

问题　参考例 12.7 中对房屋面积 x 和用电量 y 之间的关系进行建模的问题。n=15 个家庭的数据在表 12-6 中再次呈现。拟合数据的直线模型和二次模型的 Minitab 输出结果分别如图 12-31a 和图 12-31b 所示。这些模型的残差在输出结果中做了阴影处理。然后在图 12-32a 和图 12-32b 中分别将残差绘制在纵轴上，而变量 x（房屋面积）则绘制在 x 轴上。

a. 验证每个残差等于观测到的 y 值与估计的均值 $\hat{y}$ 之间的差值。

b. 分析残差图。

① 对于一个误设的模型，假定的 y 均值记为 $E_h(y)$，不等于真实的 y 均值 $E(y)$。因为 $y=E_h(y)+\varepsilon$，$\varepsilon=y-E_h(y)$ 且 $E(\varepsilon)=E[y-E_h(y)]=E(y)-E_h(y)\neq 0$。

表 12-6 房屋面积与用电量数据

房屋面积 x（平方英尺）	每月用电量 y（千瓦时）
1 290	1 182
1 350	1 172
1 470	1 264
1 600	1 493
1 710	1 571
1 840	1 711
1 980	1 804
2 230	1 840
2 400	1 956
2 710	2 007
2 930	1 984
3 000	1 960
3 210	2 001
3 240	1 928
3 520	1 945

解答 a. 对于直线模型，第一个 y 值的残差计算如下：

$$\hat{\varepsilon}=(y-\hat{y})=1\ 182-1\ 362.2=-180.2$$

其中 $\hat{y}$ 是图 12-31a 中 Minitab 输出结果中标签为 Fit 的列中的第一个数字。同样，使用二次模型（见图 12-31b），第一个 y 值的残差为：

$$\hat{\varepsilon}=1\ 182-1\ 157.2=24.8$$

Regression Analysis: USAGE versus SIZE

Regression Equation

USAGE = 903 + 0.3559 SIZE

Coefficients

Term	Coef	SE Coef	T-Value	P-Value
Constant	903	132	6.83	0.000
SIZE	0.3559	0.0548	6.50	0.000

Model Summary

S	R-sq	R-sq(adj)
155.251	76.46%	74.65%

Analysis of Variance

Source	DF	Adj SS	Adj MS	F-Value	P-Value
Regression	1	1017803	1017803	42.23	0.000
Error	13	313338	24103		
Total	14	1331140			

Fits and Diagnostics for All Observations

Obs	USAGE	Fit	Resid	Std Resid
1	1182.0	1362.2	-180.2	-1.29
2	1172.0	1383.5	-211.5	-1.50
3	1264.0	1426.2	-162.2	-1.13
4	1493.0	1472.5	20.5	0.14
5	1571.0	1511.7	59.3	0.41
6	1711.0	1557.9	153.1	1.04
7	1804.0	1607.8	196.2	1.32
8	1840.0	1696.8	143.2	0.96
9	1956.0	1757.3	198.7	1.33
10	2007.0	1867.6	139.4	0.94
11	1984.0	1945.9	38.1	0.26
12	1960.0	1970.8	-10.8	-0.07
13	2001.0	2045.6	-44.6	-0.32
14	1928.0	2056.3	-128.3	-0.91
15	1945.0	2155.9	-210.9	-1.57

图 12-31a 用电量直线模型 (Minitab)

Regression Analysis: USAGE versus SIZE, SIZESQ

Regression Equation

USAGE = -807 + 1.962 SIZE - 0.000340 SIZESQ

Coefficients

Term	Coef	SE Coef	T-Value	P-Value
Constant	-807	167	-4.83	0.000
SIZE	1.962	0.153	12.86	0.000
SIZESQ	-0.000340	0.000032	-10.60	0.000

Model Summary

S	R-sq	R-sq(adj)
50.1998	97.73%	97.35%

Analysis of Variance

Source	DF	Adj SS	Adj MS	F-Value	P-Value
Regression	2	1300900	650450	258.11	0.000
Error	12	30240	2520		
Total	14	1331140			

Fits and Diagnostics for All Observations

Obs	USAGE	Fit	Resid	Std Resid
1	1182.0	1157.2	24.8	0.61
2	1172.0	1221.0	-49.0	-1.14
3	1264.0	1341.2	-77.2	-1.70
4	1493.0	1460.3	32.7	0.70
5	1571.0	1552.2	18.8	0.40
6	1711.0	1650.1	60.9	1.30
7	1804.0	1742.6	61.4	1.32
8	1840.0	1874.7	-34.7	-0.76
9	1956.0	1940.2	15.8	0.35
10	2007.0	2009.0	-2.0	-0.04
11	1984.0	2018.2	-34.2	-0.73
12	1960.0	2014.1	-54.1	-1.16
13	2001.0	1982.1	18.9	0.42
14	1928.0	1975.1	-47.1	-1.05
15	1945.0	1880.0	65.0	1.87

图 12-31b 用电量二次模型 (Minitab)

这两个残差分别与图 12-31a 和图 12-31b 中残差栏中给出的第一个值一致。虽然残差都对应于相同的观测 y 值 1 182，但它们不同，因为预测的均值取决于使用的是直线模型还是二次模型。类似的计算产生剩余的残差。

b. 直线模型残差的 Minitab 图（见图 12-32a）显示了一种非随机模式。残差呈现出弯曲的形状，x 的最小值的残差低于水平的 0（残差的平均值）线，x 的中间值对应的残差在 0 线以上，x 的最大值对应的残差在 0 线以下。这表明随机误差 ε 在 x 的每个范围（小、中、大）内的均值可能不等于 0。这样的模式通常表明需要在模型中添加曲率。

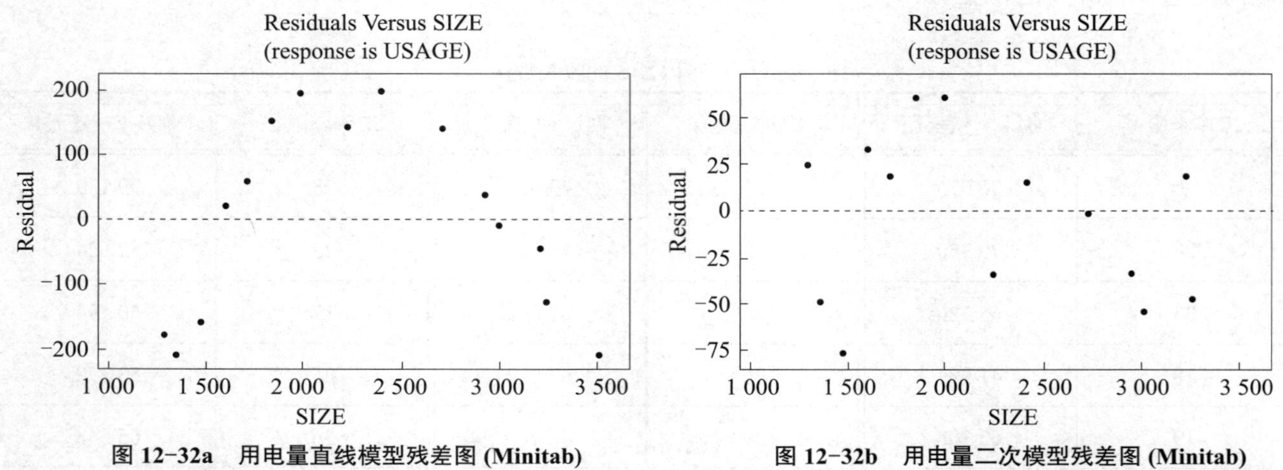

图 12-32a 用电量直线模型残差图 (Minitab)

图 12-32b 用电量二次模型残差图 (Minitab)

当将二阶项加入模型中时，非随机模式消失。在图 12-32b 中，残差似乎随机分布在 0 线周围，正如预期的那样。还要注意，二次模型的残差图的残差在 −75 到 50 之间变化，而直线图的残差在 −200 到 200 之间变化。事实上，二次模型的 $s\approx50$ 比直线模型的 $s\approx155$ 要小得多。这意味着二次模型为预测用电量提供了一个相当好的模型。

回顾 残差分析验证了我们从例 12.7 中得出的结论，其中我们发现二次项 β_2x^2 的 t 检验具有统计显著性。

检验假设 2：误差方差恒定

残差图也可用于检测误差方差恒定假设的违反情况。例如，残差与预测值 $\hat{y}$ 的关系图可能显示如图 12-33 所示的模式之一。在这些图中，残差的取值范围随着 $\hat{y}$ 的增大而增大（或减小），这表明随机误差 ε 的方差随着 $E(y)$ 的估计值的增大而增大（或减小）。因为 $E(y)$ 取决于模型中的 x 值，这意味着 ε 的方差对于所有的 x 的取值不是恒定的。

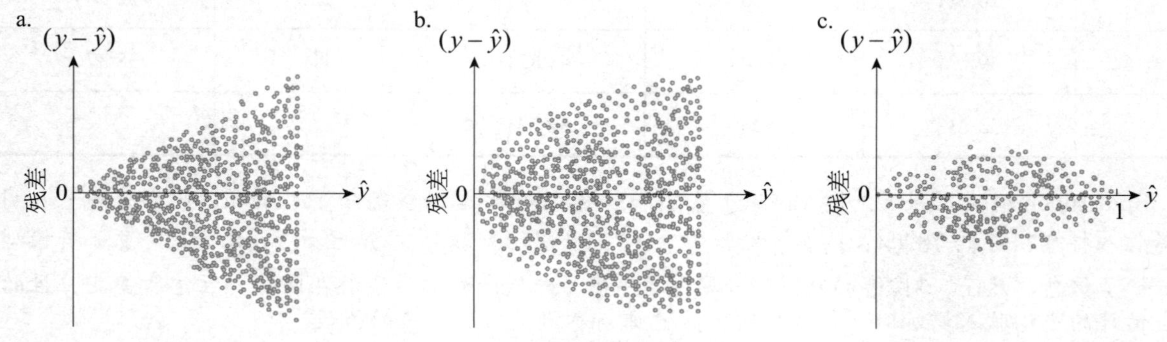

图 12-33 显示 ε 方差变动的残差图

在下一个示例中，我们将演示如何使用此图来检测非恒定方差，并提出一种有用的补救方法。

例 12.15 用残差检测等方差——社会工作者的收入

问题 表 12-7 中的数据是 50 名社会工作者的收入 y 和工作年限 x。使用 StatCrunch 对数据拟合一阶模型 $E(y)=\beta_0+\beta_1 x$。StatCrunch 输出结果如图 12-34 所示。图 12-35 是 $\hat{y}$ 和残差图的关系图。解释结果。如有必要，对模型进行修正。

表 12-7 例 12.15 的收入数据

工作年限 x	收入 y（美元）	工作年限 x	收入 y（美元）	工作年限 x	收入 y（美元）
7	26 075	21	43 628	28	99 139
28	79 370	4	16 105	23	52 624
23	65 726	24	65 644	17	50 594
18	41 983	20	63 022	25	53 272
19	62 308	20	47 780	26	65 343
15	41 154	15	38 853	19	46 216
24	53 610	25	66 537	16	54 288
13	33 697	25	67 447	3	20 844
2	22 444	28	64 785	12	32 586
8	32 562	26	61 581	23	71 235
20	43 076	27	70 678	20	36 530
21	56 000	20	51 301	19	52 745
18	58 667	18	39 346	27	67 282
7	22 210	1	24 833	25	80 931
2	20 521	26	65 929	12	32 303
18	49 727	20	41 721	11	38 371
11	33 233	26	82 641		

解答 StatCrunch 输出结果（见图 12-34）表明一阶模型对数据拟合充分。R^2 的值（阴影处理）表明模型可解释收入样本变异的 78.7%。β_1 的 t 检验值为 13.31（阴影处理），高度显著（p 值 ≈ 0），意味着模型对预测 y 贡献了信息。然而，对 $\hat{y}$ 的残差图（见图 12-35）进行检验揭示了潜在问题。注意残差变异性的“锥形”；当估计的平均收入增加时，残差增大，这意味着不满足常数方差的假设。

Multiple linear regression results:
Dependent Variable: SALARY
Independent Variable(s): EXP
SALARY = 11368.721 + 2141.3807 EXP

Parameter estimates:

Parameter	Estimate	Std. Err.	Alternative	DF	T-Stat	P-value
Intercept	11368.721	3160.317	≠ 0	48	3.5973357	0.0008
EXP	2141.3807	160.83923	≠ 0	48	13.313796	<0.0001

Analysis of variance table for multiple regression model:

Source	DF	SS	MS	F-stat	P-value
Model	1	1.3239655e10	1.3239655e10	177.25716	<0.0001
Error	48	3.5852061e9	74691793		
Total	49	1.6824862e10			

Summary of fit:
Root MSE: 8642.4414
R-squared: 0.7869
R-squared (adjusted): 0.7825

图 12-34 收入的一阶模型的回归结果 (StatCrunch)

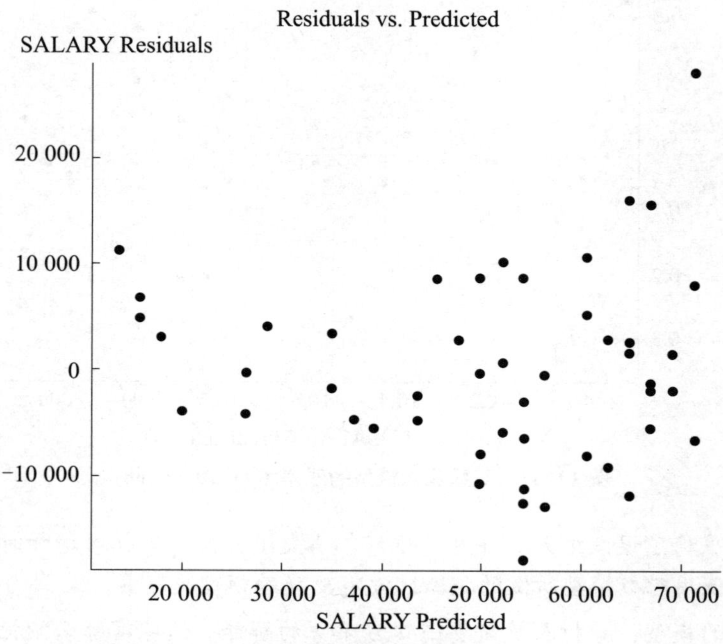

图 12-35 收入的一阶模型的残差图 (StatCrunch)

一种使随机误差项 ε 的方差平稳化的方法是对因变量 y 变换后重新拟合模型。对于经济数据（比如，收入），一种有用的**方差稳定变换**（variance-stabilizing transformation）就是对 y 取自然对数，记为 $\ln(y)$。① 我们应用模型：

$$\ln(y)=\beta_0+\beta_1x+\varepsilon$$

拟合表 12-7 中的数据。图 12-36 显示了 n=50 个观测值的 StatCrunch 回归分析结果，图 12-37 显示了对数线性模型的残差图。

① 在实践中成功使用的其他方差稳定变换是 $\sqrt{y}$ 和 $\sin^{-1}\sqrt{y}$。有关这些转换的详细信息，请参阅参考文献。

Multiple linear regression results:
Dependent Variable: LNSALARY
Independent Variable(s): EXP
LNSALARY = 9.8413116 + 0.049979049 EXP

Parameter estimates:

Parameter ◆	Estimate ◆	Std. Err. ◆	Alternative ◆	DF ◆	T-Stat ◆	P-value ◆
Intercept	9.8413116	0.056355007	≠ 0	48	174.63065	<0.0001
EXP	0.049979049	0.0028680971	≠ 0	48	17.425856	<0.0001

Analysis of variance table for multiple regression model:

Source	DF	SS	MS	F-stat	P-value
Model	1	7.2121521	7.2121521	303.66047	<0.0001
Error	48	1.1400341	0.023750711		
Total	49	8.3521862			

Summary of fit:
Root MSE: 0.15411266
R-squared: 0.8635
R-squared (adjusted): 0.8607

图 12-36 对数收入模型的回归结果 (StatCrunch)

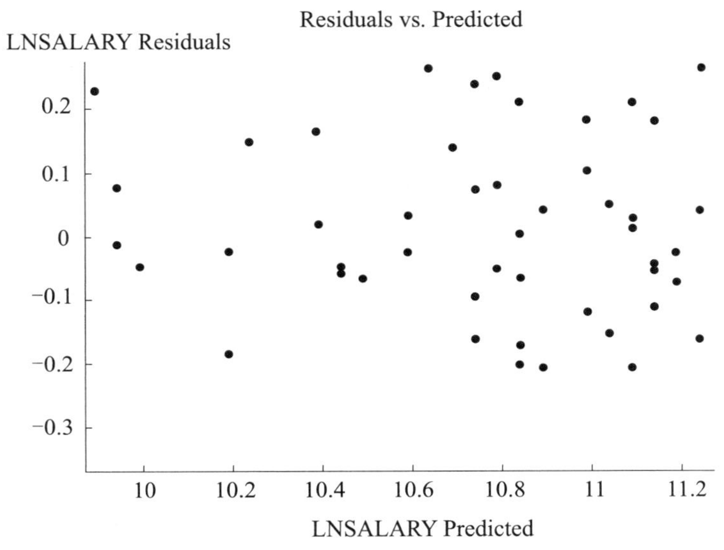

图 12-37 对数收入模型的残差图 (StatCrunch)

可以看到对数变换平稳了误差方差。注意“锥形”消失了；当平均收入增加时，残差方差没有明显的趋势。因此，我们相信使用对数模型所做的推断比没有变换的模型更可靠。

回顾 对于变换后的模型，分析人员需要小心 $\hat{\beta}_1$ 和 s 的解释。这些解释必须把因变量并不是 y 的函数考虑进来。例如，在 y 取对数 $\ln(y)$ 的模型中，$\hat{\beta}_1$ 的指数应解释为当工作年限每增加一年时收入变动的百分比。

检验假设 3：随机误差服从正态分布

有几种图形方法可用于评估随机误差 ε 是否近似为正态分布。回想一下（4.7 节），茎叶图、直方图和正态概率图对于检验数据是否呈正态分布很有用。我们用一个示例来说明这些技术。但首先，我们讨论一个相关的问题——使用残差来检验异常值。

如果误差满足正态分布的假设，则我们预计约 95% 的残差落在均值 0 的 2 倍标准差范围内，几乎所有残差落在均值 0 的 3 倍标准差范围内。离 0 极远且脱离其他大部分残差的点称为回归异常值，分析人员应特别关注这样的点。

一个残差大于 3s（绝对值）的值被认为是一个**回归异常值**（regression outlier）。

例 12.16 识别异常值——古董钟拍卖价格模型

问题 参见例 12.6，我们把古董钟的拍卖价格建模为古董钟的使用年限 x_1 和竞拍人数 x_2 的函数。数据见表 12-8。该数据表与表 12-1 有一个很重要的区别，第六列最上面的古董钟的拍卖价格由 2 131 美元变为 1 131 美元（在表 12-8 中做了阴影处理）。交互模型为：

$$E(y)=\beta_0+\beta_1x_1+\beta_2x_2+\beta_3x_1x_2$$

表 12-8 修改后的拍卖价格数据

使用年限 x_1（年）	竞拍人数 x_2	拍卖价格 y（美元）	使用年限 x_1（年）	竞拍人数 x_2	拍卖价格 y（美元）
127	13	1 235	170	14	1 131
115	12	1 080	182	8	1 550
127	7	845	162	11	1 884
150	9	1 522	184	10	2 041
156	6	1 047	143	6	845
182	11	1 979	159	9	1 483
156	12	1 822	108	14	1 055
132	10	1 253	175	8	1 545
137	9	1 297	108	6	729
113	9	946	179	9	1 792
137	15	1 713	111	15	1 175
117	11	1 024	187	8	1 593
137	8	1 147	111	7	785
153	6	1 092	115	7	744
117	13	1 152	194	5	1 356
126	10	1 336	168	7	1 262

再次拟合（修改后的）数据。图 12-38 给出了 Minitab 输出结果，残差做了阴影处理。图 12-39 给出了竞拍人数 x_2 与残差的图形。对残差图进行分析。

解答 残差图醒目地揭示了一个改变的观测值。注意，x_2=14 时两个残差中的一个落在了 3 倍标准差之外的区域（观测值在图 12-38 中做了阴影处理）且小于 0。注意没有其他残差落在 2 倍标准差之外的区域。

一旦识别出异常值，我们该怎么办呢？首先，我们尝试确定原因。将数据录入电脑时有输入错误吗？收集数据时是否有记录错误？如果是这样，我们改正数据，重新进行分析。另一种可能性是这个观测值不代表我们尝试建模的状况。例如，在这个例子里，低价格适合那些损坏严重或者质量较差的古董钟。通过

这些分析，我们可能会排除这样的观测值。在很多情况下，可能无法确定存在异常值的原因。你甚至想在剔除异常值之后重新进行回归分析，以便评估这个观测值对分析结果的影响。

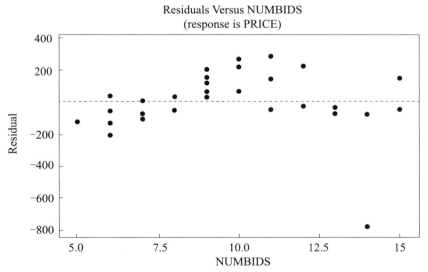

Regression Equation

PRICE = -513 + 8.17 AGE + 19.9 NUMBIDS + 0.320 AGE_BIDS

Coefficients

Term	Coef	SE Coef	T-Value	P-Value
Constant	-513	666	-0.77	0.448
AGE	8.17	4.58	1.78	0.086
NUMBIDS	19.9	67.4	0.29	0.770
AGE_BIDS	0.320	0.479	0.67	0.510

Model Summary

S	R-sq	R-sq(adj)
200.598	72.92%	70.02%

Analysis of Variance

Source	DF	Adj SS	Adj MS	F-Value	P-Value
Regression	3	3033587	1011196	25.13	0.000
Error	28	1126703	40239		
Total	31	4160290			

Fits and Diagnostics for All Observations

Obs	PRICE	Fit	Resid	Std Resid	
1	1235.0	1310.4	-75.4	-0.39	
2	1080.0	1105.9	-25.9	-0.14	
3	845.0	947.5	-102.5	-0.54	
4	1522.0	1322.5	199.5	1.01	
5	1047.0	1179.5	-132.5	-0.69	
6	1979.0	1831.9	147.1	0.81	
7	1822.0	1598.0	224.0	1.17	
8	1253.0	1185.8	67.2	0.34	
9	1297.0	1178.9	118.1	0.60	
10	946.0	913.9	32.1	0.17	
11	1713.0	1561.0	152.0	0.82	
12	1024.0	1072.6	-48.6	-0.25	
13	1147.0	1115.2	31.8	0.16	
14	1092.0	1149.2	-57.2	-0.30	
15	1152.0	1187.2	-35.2	-0.19	
16	1336.0	1117.6	218.4	1.12	
17	1131.0	1914.4	-783.4	-4.80	R
18	1550.0	1597.7	-47.7	-0.25	
19	1884.0	1598.3	285.7	1.49	
20	2041.0	1776.6	264.4	1.41	
21	845.0	1048.4	-203.4	-1.06	
22	1483.0	1421.8	61.2	0.31	
23	1055.0	1130.7	-75.7	-0.43	
24	1545.0	1522.7	22.3	0.12	
25	729.0	695.5	33.5	0.19	
26	1792.0	1642.7	149.3	0.78	
27	1175.0	1224.0	-49.0	-0.29	
28	1593.0	1651.3	-58.3	-0.31	
29	785.0	781.1	3.9	0.02	
30	744.0	822.7	-78.7	-0.42	
31	1356.0	1480.7	-124.7	-0.83	X
32	1262.0	1374.0	-112.0	-0.58	

R Large residual
X Unusual X

图 12-38 修改后的古董钟数据的回归结果 (Minitab)

Residuals Versus NUMBIDS
(response is PRICE)

Residual: 400, 200, -200, -400, -600, -800
NUMBIDS: 5.0, 7.5, 10.0, 12.5, 15

图 12-39 修改后的古董钟数据的残差图 (Minitab)

图 12-40 展示了将异常值从古董钟的分析中剔除后的输出结果，图 12-41 展示了关于竞标人数的新的残差图。现在仅有一个残差落在 2 倍标准差之外的区域，没有残差落在 3 倍标准差之外的区域。模型的统计量也表明没有异常值的模型更好。更明显的是，标准差 s 从 200.6 降到 85.83，表明模型将对与缩减样本中的古董钟相似的古董钟提供更精确的估计和预测（较窄的置信区间和预测区间）。

Regression Equation

PRICE = 474 - 0.46 AGE - 114.1 NUMBIDS + 1.478 AGE_BIDS

Coefficients

Term	Coef	SE Coef	T-Value	P-Value
Constant	474	298	1.59	0.124
AGE	-0.46	2.11	-0.22	0.827
NUMBIDS	-114.1	31.2	-3.65	0.001
AGE_BIDS	1.478	0.229	6.44	0.000

Model Summary

S	R-sq	R-sq(adj)
85.8286	95.19%	94.65%

Analysis of Variance

Source	DF	Adj SS	Adj MS	F-Value	P-Value
Regression	3	3933417	1311139	177.99	0.000
Error	27	198897	7367		
Total	30	4132314			

图 12-40 剔除异常值后的回归 (Minitab)

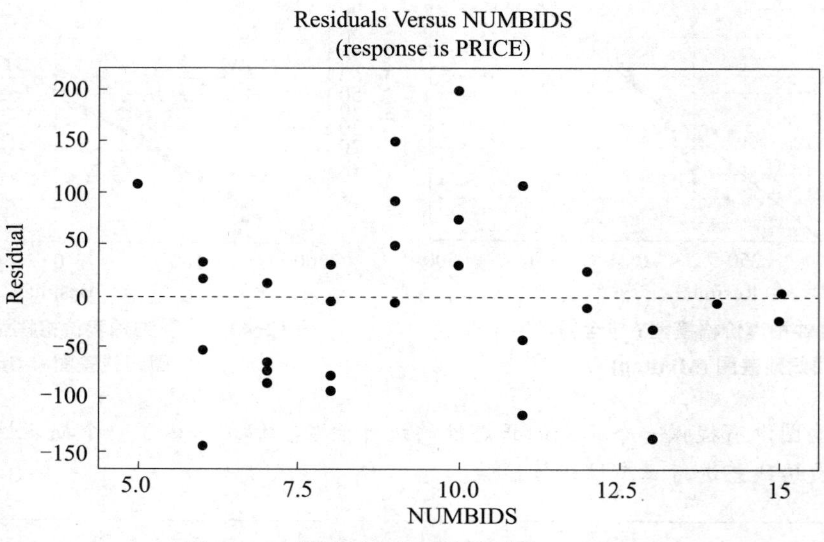

图 12-41 剔除异常值后的残差图 (Minitab)

回顾 请记住，如果将异常值从分析中剔除，而实际上它与样本的其余部分属于同一总体，则生成的模型可能会提供误导性的估计和预测。

下面一个例子用来检验随机误差项的正态性假设是否合理。

例 12.17 利用残差检验正态误差——古董钟拍卖价格模型

问题 参见例 12.16。分析异常值剔除前后古董钟拍卖价格模型的残差的分布，确定正态性假设是否合理。

解答 使用 Minitab 分别计算异常值剔除前后的模型的残差的直方图和正态概率图，分别见图 12-42 和图 12-43。注意，图 12-42 中包含异常值的直方图看起来有偏，而图 12-43 中的直方图看起来更像土墩形。同样，图 12-43 中的正态概率图（剔除异常值）的模式比图 12-42（包含异常值）的模式更近似为一条直线。因此，在剔除异常值后，正态性假设似乎更合理。

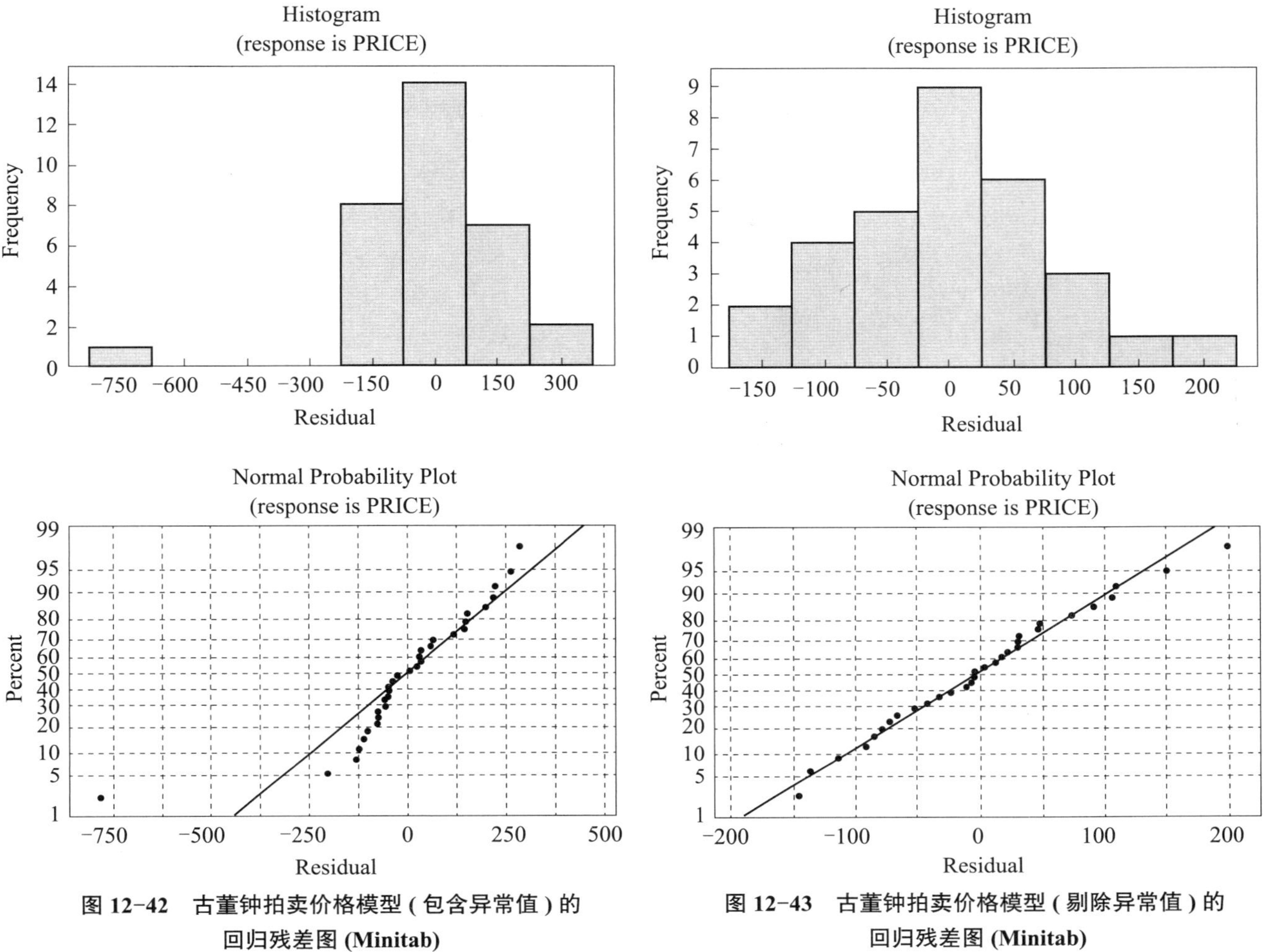

图 12-42 古董钟拍卖价格模型（包含异常值）的回归残差图 (Minitab)

图 12-43 古董钟拍卖价格模型（剔除异常值）的回归残差图 (Minitab)

回顾 尽管这些图没有提供一个正式的正态性的统计检验，但是给出了一个描述性的展示。查阅有关方法的参考文献，使用残差进行正态性统计检验。

当我们使用回归分析时，12.1 节的四个假设中的“随机误差服从正态分布”假设是最不需要严格满足的，即随机误差中度偏离正态分布，对于本章中讨论的统计检验、置信区间和预测区间的有效性而言，影响微乎其微。在这个例子中，我们说回归分析关于非正态误差是稳健的。然而，远远偏离正态性使人们对回归分析得到的任何推断产生怀疑。

检验假设 4：随机误差项独立

当一系列误差相关时，就违背了随机误差项独立的假设。当因变量和自变量都是一段时间内观测的序列（称为**时间序列数据**（time series data））时，这种现象（即误差相关）尤为明显。时间序列数据具有独特的性质；试验个体代表一个时间点，例如一年、一个月或者一个季度。图形或者正式的统计检验方法能够检测误差独立的假设，例如，残差随时间变化的简单图。如果残差在大于零或者小于零处集聚（如图 12-44 所示），那么残差项之间很可能是相关的，独立的假设就不满足了。一旦残差是相关的，一种解决的办法是建立 $E(y)$ 的**时间序列模型**（time series model）。

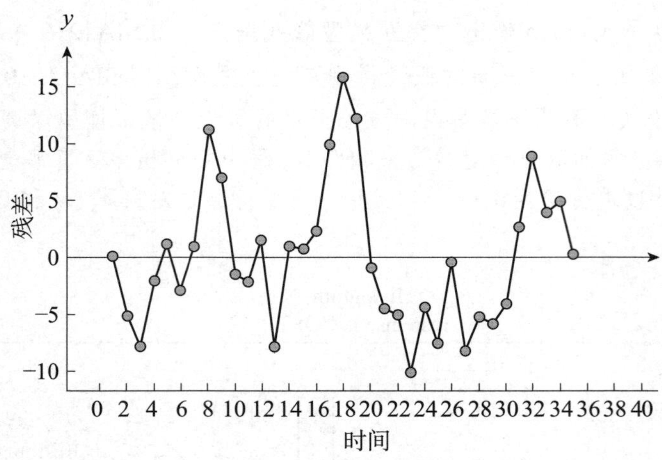

图 12-44　时间序列数据的假设残差图

总结

对回归分析者来说，残差分析是一个有用的工具，不仅可以检验假设，还可以提供信息帮助我们改进模型。下面给出残差分析检验随机误差 ε 服从均值为 0、方差为常数的正态性假设的一个总结。

残差分析的步骤

1. 画出关于每一个定量自变量的残差图来检验模型的误设。分析每一幅图，寻找曲线趋势。其形状表明模型需要引入二次项。对引入二次项的模型再画一幅这样的残差图进行分析。

2. 检查异常值的残差图。在残差图上以 0 线为中心画出 2 倍和 3 倍标准差的范围。落在 3 倍标准差直线之外的残差就是异常值，大约 5% 的残差在 2 倍标准差直线之外。确定每一个异常值的形成原因是否为数据收集或抄写错误，是否对应于与样本其余部分不同的总体，或者仅仅是一个不寻常的观测值。如果观测值被认为是一个误差，修正或者剔除它。即使你无法确定原因，也可能希望在没有此观测值的情况下重新进行回归分析，以确定其对分析的影响。

3. 利用茎叶图或者直方图，画出残差的频数分布来检验非正态误差。可以看出是否明显偏离正态。频数分布的极端偏斜可能意味着存在异常值，或者意味着需要对因变量做变形。（标准化变形超出了本书的范围，你可以从参考文献中找到相关信息。）

4. 画出关于预测值（$\hat{y}$）的残差图来检验不相等的误差方差。如果你检测到锥形模型或者其他一些模型，就意味着 ε 的方差不是常数，对 y 做方差稳定变换，比如 $\ln(y)$，再重新拟合模型。（要想了解其他方差稳定变换，参阅本章后面的参考文献。）

回顾实践中的统计

残差分析

在前面的“回顾实践中的统计”专栏中，我们求出了交互模型 $E(y)=\beta_0+\beta_1x_1+\beta_3x_2+\beta_4x_1x_2$，这是一个在统计学上和实践中都很有用的模型，有助于预测公路合同成本。回顾一下，两个自变量分别是交通部工程师的造价估计 (x_1) 和合同的竞标状态 (x_2)。其中，若为定向竞标，$x_2=1$；若为竞争性竞标，$x_2=0$。在将模型应用于实践之前，我们需要检验残差以确保标准回归假设能被合理地满足。

图 SIA12-9 和图 SIA12-10 是 Minitab 输出的交互模型的残差图。图 SIA12-9 中的直方图看起来似乎服从正态分布，因此，随机误差服从正态分布的假设得到满足。然而，图 SIA12-10 中所示的残差对 $\hat{y}$ 的散点图显示出明显的“漏斗”模式，表明不满足误差方差恒定的假设。修正模型以满足该假设的一种方法就是对成本 (y) 做方差稳定变换（例如取自然对数）。当回归方程中的 y 和 x 变量都是经济变量（价格、成本、薪酬等）时，通常把 x 变量也进行变换比较好。因此，我们将通过对成本 (y) 和 DOTEST(x_1) 同时进行对数变换来修正模型。

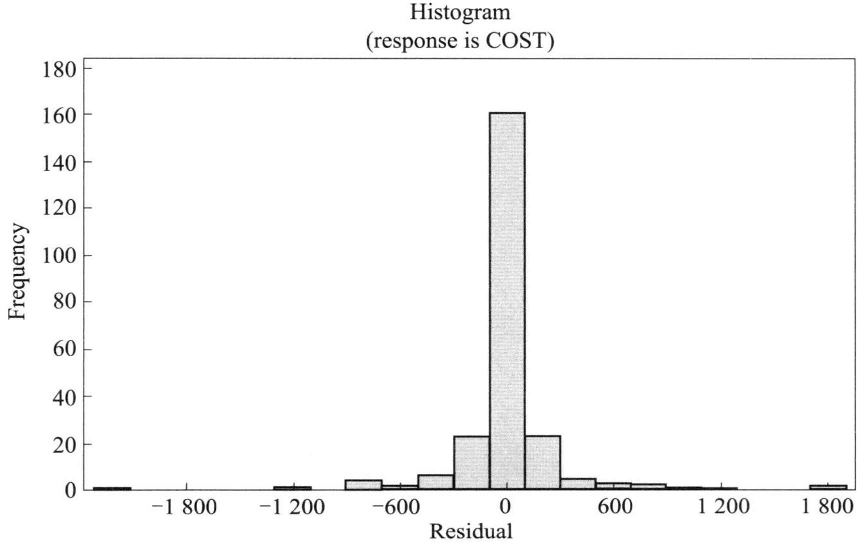

图 SIA12-9 公路合同成本的交互模型的残差直方图 (Minitab)

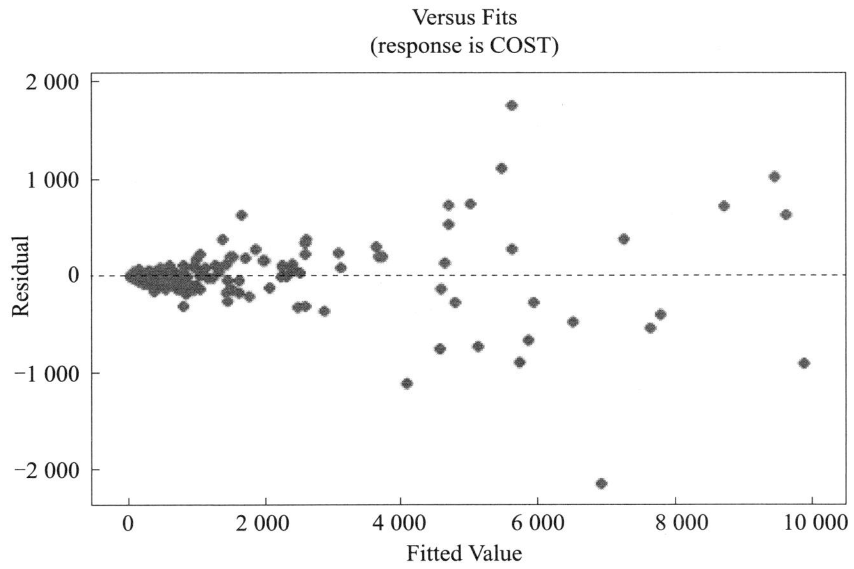

图 SIA12-10 公路合同成本的交互模型关于预测值的残差图 (Minitab)

修正的（log-log）交互模型如下：

$$E(y^*) = \beta_0 + \beta_1 x_1^* + \beta_2 x_2 + \beta_3 (x_1^*) x_2$$

式中，y^*=ln(COST)，x_1^*=ln(DOTEST)。该模型的 Minitab 输出结果如图 SIA12-11 所示，然后是图 SIA12-12 和图 SIA12-13 的残差图。图 SIA12-12 中的直方图看起来似乎是正态分布，而更重要的是，图 SIA12-

13 中的残差图没有明显的趋势。看起来对数变换成功地稳定了误差方差。然而，要注意模型的交互项的 t 检验（在图 SIA12-11 中做了阴影处理）不再是统计上显著的（p 值=0.42）。因此，我们将从模型中剔除交互项，使用更简单的修正模型 $E(y^*)=\beta_0+\beta_1 x_1^*+\beta_2 x_2$ 来预测公路合同成本。

Regression Equation

LNCOST = -0.1618 + 1.00778 LNDOTEST + 0.324 STATUS - 0.0176 STA_LNDOT

Coefficients

Term	Coef	SE Coef	T-Value	P-Value
Constant	-0.1618	0.0519	-3.12	0.002
LNDOTEST	1.00778	0.00798	126.25	0.000
STATUS	0.324	0.136	2.39	0.018
STA_LNDOT	-0.0176	0.0218	-0.81	0.422

Model Summary

S	R-sq	R-sq(adj)
0.154890	98.76%	98.74%

Analysis of Variance

Source	DF	Adj SS	Adj MS	F-Value	P-Value
Regression	3	439.622	146.541	6108.16	0.000
Error	231	5.542	0.024		
Total	234	445.164			

图 SIA12-11　公路合同成本的修正模型 (log-log 模型) 的回归结果 (Minitab)

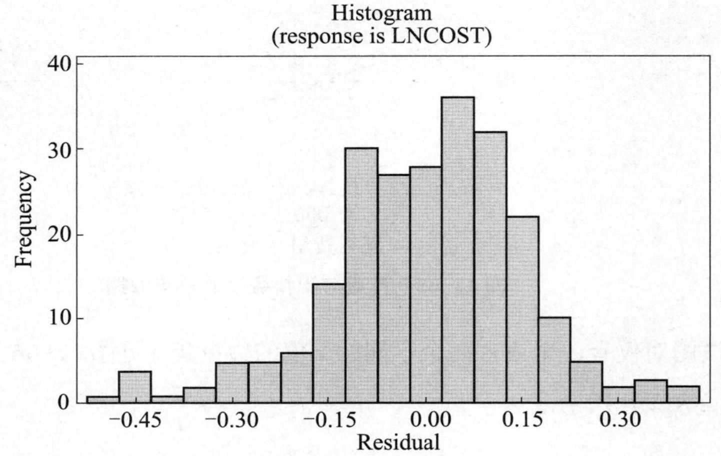

图 SIA12-12　公路合同成本的修正模型 (log-log 模型) 的残差直方图 (Minitab)

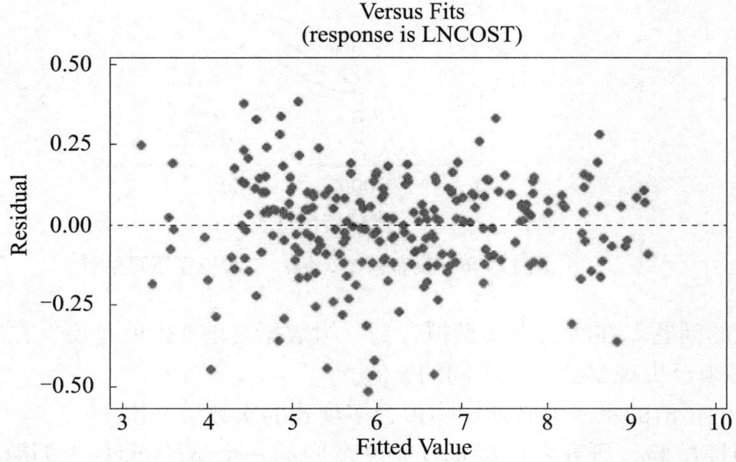

图 SIA12-13　公路合同成本的修正模型 (log-log 模型) 关于预测值的残差图 (Minitab)

12.12　一些陷阱：可估计性、多重共线性与外推法

在为某些响应 y 构建预测模型时，你应该意识到几个潜在的问题。最后一节将讨论其中最重要的几个问题。

问题 1：参数可估计性

假设你想拟合一个关于作物年产量 y 与肥料总费用 x 的模型。我们提出一阶模型：

$$E(y) = \beta_0 + \beta_1 x$$

现在假设我们有 3 年的数据，每年在肥料上花费 1 000 美元。数据如图 12-45 所示。你可以看到问题：当所有数据集中在单个 x 值时，无法估计模型的参数。回想一下，它需要两点 (x 值) 来拟合一条直线。因此，当只观察到一个 x 时，参数是不可估计的。

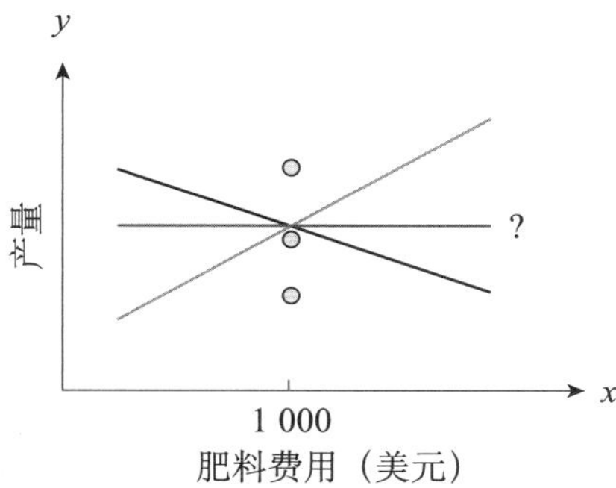

图 12-45　产量与肥料费用的三年数据

如果我们试图对仅有一个或者两个不同的 x 值的数据集（见图 12-46）拟合二次模型：

$$E(y) = \beta_0 + \beta_1 x + \beta_2 x^2$$

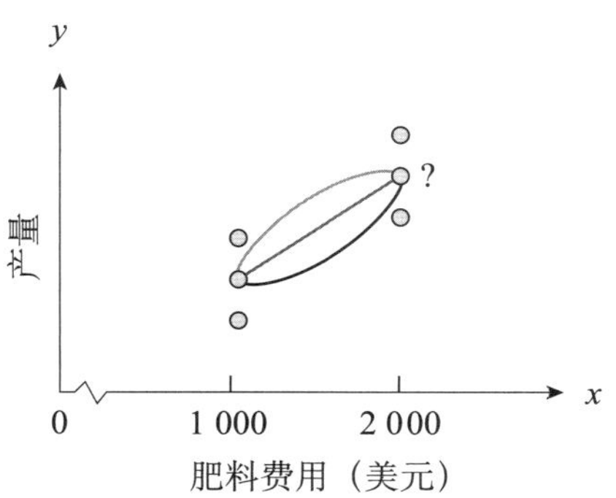

图 12-46　仅有两个 x 值：二阶模型不可估计

也会出现类似的问题。在将二次模型拟合到一组数据之前（也就是说，在所有三个参数都是可估计的之前），必须至少观察到三个不同的 x 值。

通常观测的 x 值的水平数必须比你拟合多项式的次数多一次。

对于控制性试验，研究者可以选择第 9 章中的一个试验设计，使得模型参数可估计。甚至当自变量的值不能被研究者控制时，自变量几乎总是可以观察到足够的水平数使得模型参数可估计。当你使用的统计软件突然拒绝拟合一个模型时，很可能是出现了不能估计参数的问题。

问题 2：多重共线性

当一个回归模型使用了两个或更多的自变量时，通常会提供多余的信息，也就是说自变量之间彼此相关。例如，假定我们想构造一个模型来预测一辆卡车的油耗率，使用的自变量是载重量 x_1（吨）和发动机的马力 x_2（英尺磅 / 秒）。我们预计较大的载重量需要较大的马力，从而有较低的油耗率。于是，尽管 x_1 和 x_2 都对预测油耗率 y 提供信息，但有一些信息是重叠的，因为 x_1 和 x_2 是相关的。

当自变量相关时，我们就说存在多重共线性。实践中，自变量之间存在相关性并不罕见。然而，当回归模型中变量出现了严重多重共线性时，一些问题就产生了。

当回归中使用的两个或多个自变量相关时，存在**多重共线性**（multicollinearity）。

首先，自变量之间的高度相关性会增加 β 估计和标准误等的计算中的舍入误差。其次，更重要的是，回归结果可能令人困惑且误导人。考虑卡车的油耗率 y 的模型：

$$E(y)=\beta_0+\beta_1 x_1+\beta_2 x_2$$

式中，x_1= 载重量，x_2= 马力。对一个样本数据拟合模型，我们发现当 α=0.05 时，对 β_1 和 β_2 所作的 t 检验都不显著，而对 H_0：$\beta_1=\beta_2=0$ 所作的 F 检验却高度显著（p=0.001）。检验结果似乎相矛盾，但实际上并不矛盾。t 检验表明在 x_2= 马力的效应被解释后（因为 x_2 也在模型中），变量 x_1 的贡献是不显著的。另外，显著的 F 检验告诉我们，两个变量中至少有一个对预测 y 有贡献（也就是说，β_1 和 β_2 要么都不为 0，要么有一个不为 0）。实际上，两个变量都可能有贡献，但是其中一个变量的贡献与另一个变量的贡献重叠了。

多重共线性也会对参数估计的符号产生作用。特别是，β_i 值可能与预期值的符号相反。在卡车油耗率的例子中，我们预计较大的载重量导致较低的油耗率，较大的马力导致较低的油耗率。因此，我们预计两个参数的符号都是负的。然而，我们实际上看到 β_1 是正值，这将解释为较大的载重量导致较高的油耗率。当自变量之间存在相关性时，对 β 系数的解释就存在危险，因为变量会产生多余的信息，x_1= 载重量和 y= 油耗率之间的效应仅部分由 β_1 度量。

如何避免回归分析中的多重共线性问题呢？一种方法就是做一个设计性试验（见第 9 章），使得 x 变量的水平之间不相关。但遗憾的是，时间和成本的约束阻碍了你使用这种方式收集数据。因此，大部分数据都是观测数据。因为观测数据通常包括相关的自变量，当多重共线性存在时，如果有必要，应对回归分析进行调整。

在回归分析中有几种方法可以检验多重共线性。一种简单的方法就是计算模型中每对自变量之间的相关系数 r，使用 11.5 节中提及的程序来检验显著相关的变量。如果有一个或者更多的 r 值与 0 有统计上的差异，正在考虑的变量就是相关的，多重共线性就可能存在。[①] 多重共线性的程度取决于 r 的值，如下面的框所示。

使用相关系数 r 来识别多重共线性

严重多重共线性：$|r| \geqslant 0.8$

中度多重共线性：$0.2 \leqslant |r|<0.8$

轻微多重共线性：$|r|<0.2$

其他用来显示多重共线性的指标有：当模型有效性的 F 检验足够显著时单个参数估计的 t 检

① 记住 r 度量的只是 x 值之间的两两相关性。三个变量 x_1，x_2，x_3 作为一个组时可能高度相关，但是可能不存在较大的成对相关性。于是，当所有的成对相关性与 0 无统计上的差异时，多重共线性可能存在。

验不显著，或者估计的符号与预期相反。[①]

检验回归模型中的多重共线性

1. 成对自变量之间的显著相关性（见上一个方框）；

2. 当模型有效性的 F 检验显著时，对所有（或者几乎所有）单个参数估计的 t 检验是非显著性的；

3. 参数 β 估计的符号与预期的相反。

例 12.18 检验多重共线性——香烟烟雾中的一氧化碳

问题 美国联邦贸易委员会（FTC）每年根据焦油、尼古丁、一氧化碳的含量对美国的各种香烟进行排名。美国卫生局认为这三种物质中的每一种都对吸烟者的健康有害。过去的研究表明，焦油和尼古丁含量的增加往往伴随着香烟烟雾中一氧化碳的增加。表 12-9 列出了最近一年检验的 25 个品牌香烟的焦油、尼古丁和一氧化碳的含量（毫克）和重量（克）。假定我们想对一氧化碳含量 y 建立关于焦油含量 x_1、尼古丁含量 x_2 和重量 x_3 的模型，使用下面的模型：

$$E(y)=\beta_0+\beta_1x_1+\beta_2x_2+\beta_3x_3$$

表 12-9 例 12.18 的 FTC 香烟数据

焦油含量 x_1	尼古丁含量 x_2	重量 x_3	一氧化碳含量 y
14.1	0.86	0.985 3	13.6
16.0	1.06	1.093 8	16.6
29.8	2.03	1.165 0	23.5
8.0	0.67	0.928 0	10.2
4.1	0.40	0.946 2	5.4
15.0	1.04	0.888 5	15.0
8.8	0.76	1.026 7	9.0
12.4	0.95	0.922 5	12.3
16.6	1.12	0.937 2	16.3
14.9	1.02	0.885 8	15.4
13.7	1.01	0.964 3	13.0
15.1	0.90	0.931 6	14.4
7.8	0.57	0.970 5	10.0
11.4	0.78	1.124 0	10.2
9.0	0.74	0.851 7	9.5

① 可以使用更正式的诊断多重共线性的方法，例如方差膨胀因子 (VIF)。VIF 为 10 或以上的自变量通常被认为与模型中的一个或多个其他自变量高度相关。VIF 的计算超出了本书的范围。有关 VIF 和诊断多重共线性的其他正式方法的讨论，请参阅本章参考文献。

续表

焦油含量x_1	尼古丁含量x_2	重量x_3	一氧化碳含量 y
1.0	0.13	0.785 1	1.5
17.0	1.26	0.918 6	18.5
12.8	1.08	1.039 5	12.6
15.8	0.96	0.957 3	17.5
4.5	0.42	0.910 6	4.9
14.5	1.01	1.007 0	15.9
7.3	0.61	0.980 6	8.5
8.6	0.69	0.969 3	10.6
15.2	1.02	0.949 6	13.9
12.0	0.82	1.118 4	14.9

资料来源：Federal Trade Commission.

该模型拟合了表 12-9 中的 25 个数据点。图 12-47 给出了 XLSTAT 输出结果的一部分。检查这个结果，你能看出多重共线性的迹象吗？

Correlation matrix:

	TAR	NICOTINE	WEIGHT	CO
TAR	1	0.9766	0.4908	0.9575
NICOTINE	0.9766	1	0.5002	0.9259
WEIGHT	0.4908	0.5002	1	0.4640
CO	0.9575	0.9259	0.4640	1

Regression of variable CO:

Goodness of fit statistics (CO):

Observations	25.0000
Sum of weights	25.0000
DF	21.0000
R²	0.9186
Adjusted R²	0.9070
MSE	2.0901
RMSE	1.4457
PC	0.1124

Analysis of variance (CO):

Source	DF	Sum of squares	Mean squares	F	Pr > F
Model	3	495.2578	165.0859	78.9838	< 0.0001
Error	21	43.8926	2.0901		
Corrected Total	24	539.1504			

Computed against model Y=Mean(Y)

Model parameters (CO):

Source	Value	Standard error	t	Pr > |t|	Lower bound (95%)	Upper bound (95%)
Intercept	3.2022	3.4618	0.9250	0.3655	-3.9969	10.4013
TAR	0.9626	0.2422	3.9736	0.0007	0.4588	1.4663
NICOTINE	-2.6317	3.9006	-0.6747	0.5072	-10.7433	5.4800
WEIGHT	-0.1305	3.8853	-0.0336	0.9735	-8.2105	7.9495

Equation of the model (CO):

CO = 3.20219001919236+0.962573856634453*TAR-2.63166111059078*NICOTINE-0.130481853268808*WEIGHT

图 12-47　例 12.18 中一氧化碳含量的建模结果 (XLSTAT)

解答　首先，注意对整个模型有效性的 F 检验是显著的。图 12-47 中的 XLSTAT 输出结果中的检验统计量（F=78.98）和观测的显著性水平（p 值 <0.000 1）都已做了阴影处理。因此，当 α=0.01 时，我们可

以得出以下结论：模型中的 β_1，β_2 或者 β_3 至少有一个不为 0。但是三个 β 中两个参数的 t 检验不显著（这些检验的 p 值在输出结果中已做了阴影处理）。除了焦油含量（x_1）是这三个变量中唯一有益于预测一氧化碳含量的之外，这些结果就是可能存在多重共线性的第一个迹象。

β_2 和 β_3 为负值（阴影部分）是可能存在多重共线性的第二个迹象。从过去的研究可知，当尼古丁含量 x_2 或者重量 x_3 增加时，FTC 期望一氧化碳的含量 y 也会增加。也就是说，FTC 期望 y 与 x_2 之间以及 y 与 x_3 之间存在正的关系，而不是负的关系。

所有的迹象都表明存在严重的多重共线性。

回顾 为了证实我们的怀疑，使用 XLSTAT 得到模型中三对自变量的相关系数 r。结果（阴影部分）显示在图 12-47 的顶部。可以看到焦油含量（x_1）和尼古丁含量（x_2）是高度相关的（r=0.977），而重量（x_3）与其他两个自变量是中度相关的（$r\approx 0.5$）。

一旦你检验到存在多重共线性，有几种可选的方法可以用来解决这个问题。具体采用哪种方法取决于多重共线性的严重性和回归分析的最终目的。

当面对高度相关的自变量时，一些研究者宁愿最终的回归模型中只有一个相关变量。如果你仅仅对使用模型估计和预测（第 6 步）感兴趣，你可以决定不剔除模型中的任何一个自变量。当存在多重共线性时，我们已经发现对 β 参数的解释存在危险。然而，只要用来预测 y 的 x 值遵循样本数据中显示的多重共线性模式，$E(y)$ 的置信区间和 y 的预测区间通常不受影响——你必须十分谨慎，确保 x 变量的值落在样本数据之内。

多重共线性所带来问题的解决 [①]

1. 从模型中剔除一个或更多相关的自变量。要决定将哪一个变量保留在模型中，可采用逐步回归方法（见 12.10 节）。

2. 如果你确定将所有的变量保留在模型中：

a. 避免基于 t 检验对单个 β 参数进行推断；

b. 仅限于使用落在样本数据范围内的 x 值对 $E(y)$ 和未来 y 值进行推断。

问题 3：试验范围之外的预测

许多研究型经济学家开发了许多高技术性的模型，来研究经济状态与各种经济指标及其他自变量之间的关系。这样的模型大多是多元回归模型。例如，因变量 y 可能是下一年的国内生产总值（GDP），自变量可能是当年的通货膨胀率、当年的居民消费价格指数（CPI），等等。换言之，利用当年的数据，可以用模型来预测下一年的经济状况。

遗憾的是，这些模型几乎都没有成功预测过 20 世纪 70 年代早期至 90 年代末期的经济衰退。出了什么问题呢？一个问题就是许多回归模型使用**外推法**（extrapolation）(即当自变量在建模的范围之外时预测 y 值)。例如，在 60 年代末期，当建立模型时，通货膨胀率为 6%~8%。当 70 年代早期出现两位数的通货膨胀率时，一些研究者试图使用同样的模型去预测未来 GDP 的增长。可以从图 12-48 中看到，当 x 在试验范围之内时，利用模型来预测 y 是非常准确的，但是当 x 超出试验范围时，利用该模型进行预测就不恰当了。

---

① 还有其他几种解决方法。例如，在高阶回归模型中，分析者可能想对解释变量进行编码，使得 x 变量的高次项（比如 x^2）与 x 不高度相关。一种转换方法是 $z=(x-\bar{x})/s$。解决多重共线性的其他更成熟的方法（比如岭回归）超出了本书的范围。请参阅本章后面的参考文献。

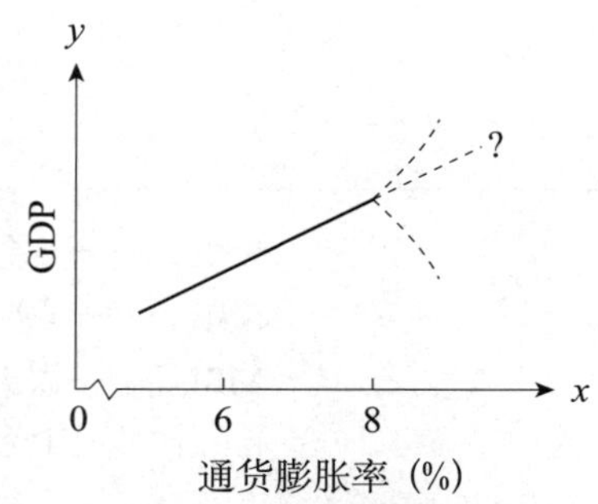

图 12-48 超出试验范围时利用回归模型

关键术语

调整后的多元判定系数（adjusted multiple coefficient of determination）
基准水平（base level）
分类变量（categorical variable）
编码变量（coded variable）
完全模型（complete model）
完全二阶模型（complete second-order model）
虚拟变量（dummy variable）
外推法（extrapolation）
一阶模型（first-order model）
完全模型（full model）
高次项（higher-order term）
指示变量（indicator variable）
交互（interact）
交互模型（interaction model）
交互项（interaction term）
最小二乘预测方程（least squares prediction equation）
主效应项（main effect term）
均方误差（mean square for error，MSE）
最小二乘法（method of least squares）
模型构建（model building）
多重共线性（multicollinearity）
多元判定系数（multiple coefficient of determination，R^2）
多元回归模型（multiple regression model）
嵌套模型（nested model）
主观的变量筛选方法（objective variable screening procedure）
简约模型（parsimonious model）
二次模型（quadratic model）
二次项（quadratic term）
定性变量（qualitative variable）
简化模型（reduced model）
回归异常值（regression outlier）
回归残差（regression residual）
残差（residual）
残差分析（residual analysis）
二阶模型（second-order model）
二阶项（second-order term）
逐步回归（stepwise regression）
时间序列数据（time series data）
时间序列模型（time series model）
方差稳定变换（variance-stabilizing transformation）

关键公式

$s^2 = \text{MSE} = \dfrac{\text{SSE}}{n-(k+1)}$——有 k 个自变量的模型的 σ^2 的估计

$t = \dfrac{\hat{\beta}_i}{s_{\hat{\beta}_i}}$——检验 H_0：β_i 的检验统计量

$\hat{\beta}_i \pm t_{\alpha/2} s_{\hat{\beta}_i}$——$\beta_i$ 的 $(1-\alpha)100\%$ 置信区间（其中，$t_{\alpha/2}$ 基于 $n-(k+1)$ 个自由度）

$R^2 = \dfrac{\text{SS}_{yy} - \text{SSE}}{\text{SS}_{yy}}$——多元判定系数

$R_a^2 = 1 - \left[\dfrac{(n-1)}{n-(k+1)}\right](1-R^2)$——调整后的多元判定系数

$F = \dfrac{\text{MS(模型)}}{\text{MSE}} = \dfrac{R^2/k}{(1-R^2)/[n-(k+1)]}$——检验 H_0：$\beta_1=\beta_2=\cdots=\beta_k=0$ 的检验统计量

$F = \dfrac{(\text{SSE}_\text{R} - \text{SSE}_\text{C})/\text{被检验的}\beta\text{个数}}{\text{MSE}_\text{C}}$——比较简化模型和完全模型的检验统计量

$y-\hat{y}$——回归残差

关键符号

x_1^2——定量变量的二次项

x_1x_2——交互项

MSE——误差均方（估计σ^2）

$\hat{\varepsilon}$——估计的随机误差（残差）

SSE_R——误差平方和，简化模型

SSE_C——误差平方和，完全模型

MSE_C——误差均方，完全模型

$\ln(y)$——因变量的自然对数

关键知识点

多元回归变量：

y 为因变量（定量变量）；

x_1，x_2，…，x_k 是自变量（定量或定性变量）。

k 个定量变量的一阶模型：

$$E(y)=\beta_0+\beta_1x_1+\beta_2x_2+\cdots+\beta_kx_k$$

每个 β_i 表示保持其他自变量不变时，x_i 每增加一单位，$E(y)$ 的改变量。

两个定量变量的交互模型：

$$E(y)=\beta_0+\beta_1x_1+\beta_2x_2+\beta_3x_1x_2$$

$\beta_1+\beta_3x_2$ 表示当 x_2 固定时，x_1 每增加一单位，$E(y)$ 的改变量；

$\beta_2+\beta_3x_1$ 表示当 x_1 固定时，x_2 每增加一单位，$E(y)$ 的改变量。

一个定量变量 x 的二阶模型：

$$E(y)=\beta_0+\beta_1x+\beta_2x^2$$

β_2 表示 $E(y)$ 对 x 的曲率；

$\beta_2>0$ 表示上凹的曲率；

$\beta_2<0$ 表示下凹的曲率。

两个定量变量的完全二阶模型：

$$E(y)=\beta_0+\beta_1x_1+\beta_2x_2+\beta_3x_1x_2+\beta_4x_1^2+\beta_5x_2^2$$

β_4 表示当 x_2 固定时，$E(y)$ 对 x_1 的曲率；

β_5 表示当 x_1 固定时，$E(y)$ 对 x_2 的曲率。

一个定性变量的虚拟变量模型：

$$E(y)=\beta_0+\beta_1x_1+\beta_2x_2+\cdots+\beta_{k-1}x_{k-1}$$

$$x_1=\begin{cases}1 & \text{取水平1}\\0 & \text{其他}\end{cases}$$

$$x_2=\begin{cases}1 & \text{取水平2}\\0 & \text{其他}\end{cases}$$

$$x_{k-1}=\begin{cases}1 & \text{取水平}k-1\\0 & \text{其他}\end{cases}$$

β_0= 取水平 k（基准水平）时因变量 y 的均值 $=\mu_k$

$\beta_1=\mu_1-\mu_k$

$\beta_2=\mu_2-\mu_k$

一个定量变量 x 和一个两水平（A，B）的定性变量 x 的完全二阶模型：

$$E(y)=\beta_0+\beta_1x_1+\beta_2x_1^2+\beta_3x_2+\beta_4x_1x_2+\beta_5x_1^2x_2$$

$$x_2\begin{cases}1 & \text{取水平A}\\0 & \text{取水平B}\end{cases}$$

调整后的判定系数 R_a^2：

不能通过添加独立自变量来“强制”使得该模型的 R_a^2 为 1。

x_1 和 x_2 的交互：

意味着 y 与其中一个 x 的关系受到另一个 x 的影响。

简约模型：

一个模型有少数 β 参数。

评估模型有效性的建议：

1. 做整体 F 检验，如果显著，继续做。
2. 对最重要的 β 参数做 t 检验（包括交互项和平方项）。
3. 解释 $2s$。
4. 解释 R_a^2。

检验单个 β 的建议：

1. 如果曲率 x^2 很重要，那么不需要对模型中的一次项 x 做检验。
2. 如果交互项 x_1x_2 很重要，那么不需要对一次项 x_1 和 x_2 做检验。

外推法：

当你用超出样本数据范围的 x 值预测 y 时发生。

嵌套模型：

在嵌套模型中，一个模型（完全模型）包含了另一个模型（简化模型）的所有项再加上至少一个额外项。

多重共线性：

当两个或更多变量相关时，就会发生多重共线性。

多重共线性的指标：

1. x 变量高度相关。
2. 整体 F 检验显著，但是所有的 t 检验不显著。
3. β 的符号与期望的相反。

逐步回归得到最后模型的问题：

1. 极大数量的 t 检验使得至少犯第 Ⅰ 类错误的整体概率增大。
2. 模型中没有高次项（交互项或平方项）。

残差分析：

1. 发现误设模型：画出残差和定量变量 x 的散点图（查看趋势，例如曲线趋势）。
2. 发现非常数的误差方差：画出残差和 $\hat{y}$ 的散点图（查看模式，例如锥形）。
3. 发现非正态误差：直方图、茎叶图或残差的正态概率图（查看偏离正态的严重性）。
4. 识别异常值：残差值的绝对值大于 $3s$（在剔除之前调查异常值）。

多元回归指南

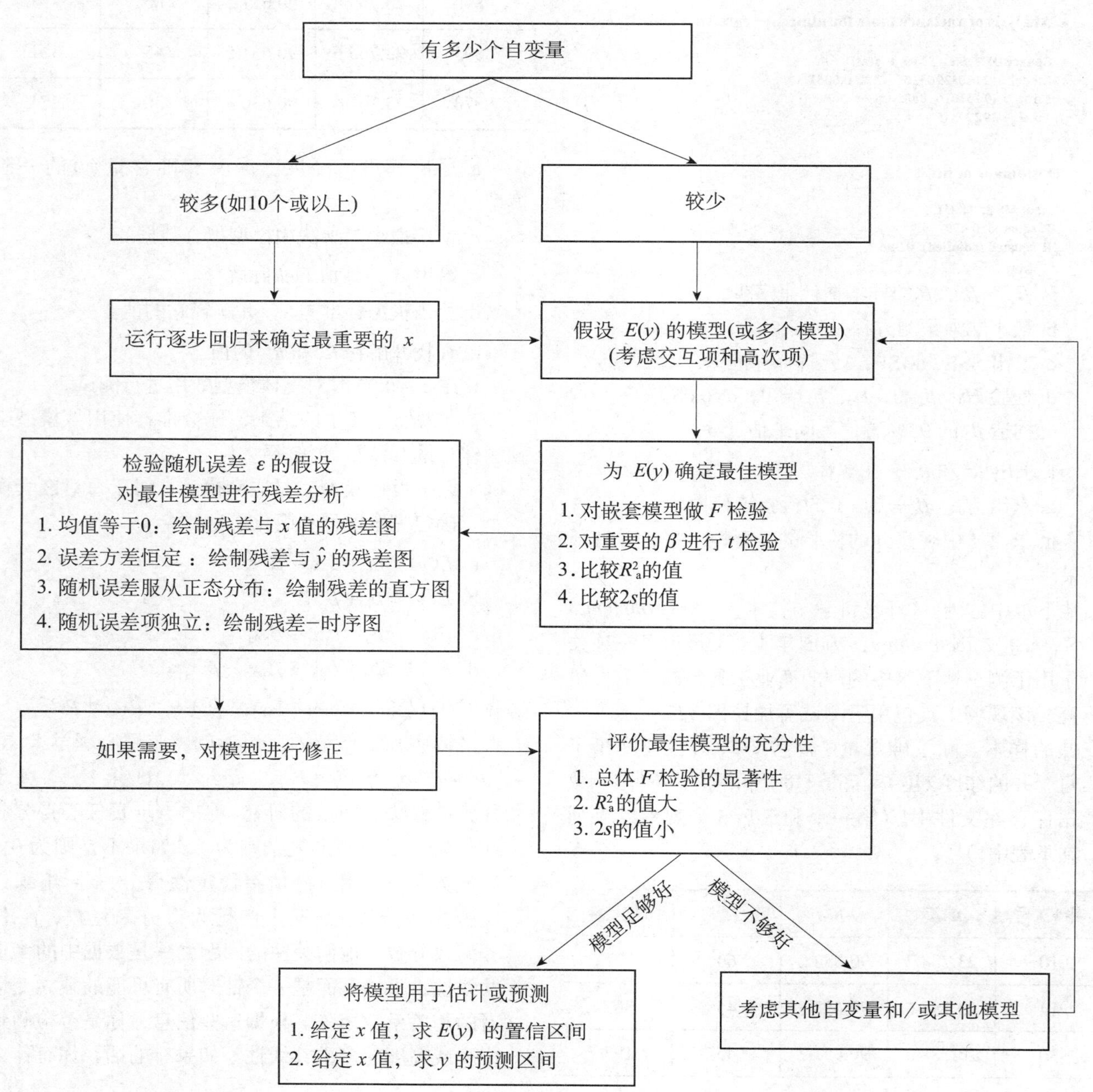

练习题

1. 使用下面的模型 $E(y)=\beta_0+\beta_1x_1+\beta_2x_2$ 拟合 $n=20$ 个数据点。StatCrunch 输出结果见下图。

Multiple linear regression results:

Dependent Variable: Y
Independent Variable(s): X1, X2
Y = 506.35 – 941.9 X1 – 429.1 X2

Parameter estimates:

Parameter	Estimate	Std. Err.	Alternative	DF	T-Stat	P-value
Intercept	506.35	45.17	≠ 0	17	11.21	<0.0001
X1	-941.90	275.08	≠ 0	17	-3.42	0.0032
X2	-429.06	379.83	≠ 0	17	-1.13	0.2750

Analysis of variance table for multiple regression model:

Source	DF	SS	MS	F-stat	P-value
Model	2	128329	64165	7.22	0.0051
Error	17	151016	8883		
Total	19	279345			

Summary of fit:

Root MSE: 94.251
R-squared: 0.459
R-squared (adjusted): 0.396

a. β_0，β_1，β_2的样本估计是多少？

b. 最小二乘预测方程是什么？

c. 求出 SSE，MSE，s，解释标准差。

d. 检验 H_0：$\beta_1=0$；H_a：$\beta_1\neq 0$，$\alpha=0.05$。

e. 构造 β_2 的 95% 置信区间来估计 β_2。

f. 求出 R^2 和 R_a^2，并解释。

g. 求出 H_0：$\beta_1=\beta_2=0$ 的检验统计量。

h. 求出 g 中观察到的检验的显著性水平，并解释结果。

2. 地下水中的砷。《环境科学与技术》（*Environmental Science & Technology*，2005 年 1 月）报道了一项关于用于测试地下水中的砷的商业工具包的可靠性研究。该现场工具包用于测试孟加拉国 328 个地下水井的样本。除了砷含量（微克 / 升）外，还测量了每个井的纬度（度）、经度（度）和深度（英尺）。数据保存在文件中。（第一个和最后 5 个观察结果列在下表中。）

井 ID 号	纬度	经度	深度	砷含量
10	23.788 7	90.652 2	60	331
14	23.788 6	90.652 3	45	302
30	23.788 0	90.651 7	45	193
59	23.789 3	90.652 5	125	232
85	23.792 0	90.614 0	150	19
⋮	⋮	⋮	⋮	⋮
7 353	23.794 9	90.651 5	40	48
7 357	23.795 5	90.651 5	30	172
7 890	23.765 8	90.631 2	60	175
7 893	23.765 6	90.631 5	45	624
7 970	23.764 4	90.630 3	30	254

a. 写出纬度、经度、深度和砷含量 (y) 的一阶模型。

b. 使用最小二乘法用模型拟合数据。

c. 给出 β 估计值的实际解释。

d. 找出模型标准差 s，并解释它的值。

e. 查找并解释 R^2 和 R_a^2 的值

f. 在 α =0.05 时对整体模型效用进行测试。

g. 根据 d 至 f 中的结果，你会推荐使用该模型来预测砷含量 (y) 吗？请解释。

3. 确定以下哪些模型对是嵌套模型。对于每对嵌套模型，确定完全模型和简化模型。

a. $E(y)=\beta_0+\beta_1x_1+\beta_2x_2$

b. $E(y)=\beta_0+\beta_1x_1$

c. $E(y)=\beta_0+\beta_1x_1+\beta_2x_1^2$

d. $E(y)=\beta_0+\beta_1x_1+\beta_2x_2+\beta_3x_1x_2$

e. $E(y)=\beta_0+\beta_1x_1+\beta_2x_2+\beta_3x_1x_2+\beta_4x_1^2+\beta_5x_2^2$

4. 人格特质和工作绩效。请参阅《应用心理学杂志》（*Journal of Applied Psychology*，2011 年 1 月）关于任务绩效决定因素的研究。除了 x_1= 责任心得分和 x_2={ 如果工作高度复杂则为 1，如果不是则为 0}，研究人员还利用 x_3= 情绪稳定性得分、x_4= 组织公民行为得分和 x_5= 反生产行为得分来建模，y= 任务绩效分数。他们关注的问题之一是数据中的多重共线性水平。下面是一个针对所有可能的独立变量对的相关系数矩阵。根据这些信息，你是否检测到中度或高度的多重共线性？如果有的话，你有什么

建议？

	x_1	x_2	x_3	x_4
责任心（x_1）				
工作复杂性（x_2）	0.13			
情绪稳定性（x_3）	0.62	0.14		
组织公民行为（x_4）	0.24	0.03	0.24	
反生产行为（x_5）	−0.23	−0.02	−0.25	−0.62

5. 地下水中的砷。回顾练习题 2。你将砷含量 y 的一阶模型拟合为纬度 x_1、经度 x_2 和深度 x_3 的函数保存在文件中。对数据进行残差分析。根据结果，评论以下各项：
   a. 假设平均误差 =0
   b. 误差方差恒定的假设
   c. 异常值
   d. 正态分布误差假设
   e. 多重共线性
6. 考虑将 $E(y)$ 与一个定量自变量 x_1 及一个有三个水平的定性自变量 x_2 关联起来。
   a. 写出一阶模型。
   b. 写一个模型，将其绘制为三条不同的二阶曲线——每一条对应定性变量的一个水平。
7. 入门级工作偏好。《福利季刊》（*Benefits Quarterly*）发表了一项关于入门级工作偏好的研究。许多自变量被纳入模型以研究 164 名商学院毕业生的工作偏好（以 10 分制衡量）。假设用逐步回归法来建立工作偏好分数 y 的模型，作为以下自变量的函数：

$$x_1=\begin{cases}1 & \text{若为弹性工作制}\\0 & \text{若不是}\end{cases}$$

$$x_2=\begin{cases}1 & \text{若需要日间护理}\\0 & \text{若不需要}\end{cases}$$

$$x_3=\begin{cases}1 & \text{若需要配偶随调}\\0 & \text{若不需要}\end{cases}$$

$x_4=$允许病假天数

$$x_5=\begin{cases}1 & \text{若已婚}\\0 & \text{若未婚}\end{cases}$$

$x_6=$申请者抚养子女数

$$x_7=\begin{cases}1 & \text{若申请者为男性}\\0 & \text{若申请者为女性}\end{cases}$$

   a. 第 1 步要拟合多少个模型？给出模型的一般形式。
   b. 第 2 步要拟合多少个模型？给出模型的一般形式。
   c. 第 3 步要拟合多少个模型？给出模型的一般形式。
   d. 试解释如何判断应何时停止向模型中添加变量。
   e. 描述用最后一步的模型作为工作偏好 y 的最佳模型的两个主要弊端。

参考文献

1. Barnett, V., and Lewis, T. *Outliers in Statistical Data*, 3rd ed. New York: Wiley, 1994.
2. Belsley, D. A., Kuh, E., and Welsch, R. E. *Regression Diagnostics: Identifying Influential Data and Sources of Collinearity*, 2nd ed. New York: Wiley, 2013.
3. Chatterjee, S., and Hadi, A. *Regression Analysis by Example*, 5th ed. New York: Wiley, 2013.
4. Draper, N., and Smith, H. *Applied Regression Analysis*, 3rd ed. New York: Wiley, 2014.
5. Graybill, F. *Theory and Application of the Linear Model*. North Scituate, Mass.: Duxbury, 1976.
6. Kutner, M., Nachtsheim, C., Neter, J., and Li, W. *Applied Linear Statistical Models*, 5th ed. New York: McGraw-Hill/Irwin, 2006.
7. Mendenhall, W. *Introduction to Linear Models and the Design and Analysis of Experiments*. Belmont, Calif.: Wadsworth, 1968.
8. Mendenhall, W., and Sincich, T. *A Second Course in Statistics: Regression Analysis*, 8th ed. Hoboken, N.J.: Pearson, 2020.
9. Mosteller, F., and Tukey, J. W. *Data Analysis and Regression: A Second Course in Statistics*. Reading, Mass.: Addison-Wesley, 1977.
10. Rousseeuw, P. J., and Leroy, A. M. *Robust Regression and Outlier Detection*. New York: Wiley, 1987.
11. Weisberg, S. *Applied Linear Regression*, 3rd ed. New York: Wiley, 2005.

综合案例五（覆盖第11章和第12章的案例）

公寓销售的案例

本案例旨在研究海滨公寓销售价格的影响因素。它是关于赫尔曼·克尔廷（Herman Kelting）对相同数据的分析的拓展性研究。虽然公寓的销售价格在过去的20年内大幅上涨，但是这些影响因素与销售价格之间的关系仍大致相同。因此，这些数据为了解当今的公寓销售市场提供了宝贵的见解。

获得的销售数据来自一个新的海滨公寓大楼，该大楼由两栋相连的八层楼组成。该建筑群包含200个大小相同的单元（每个单元约500平方英尺）。建筑物相对于大海、游泳池、停车场等的位置如图C5-1所示。你应该注意该建筑群的几个特点：

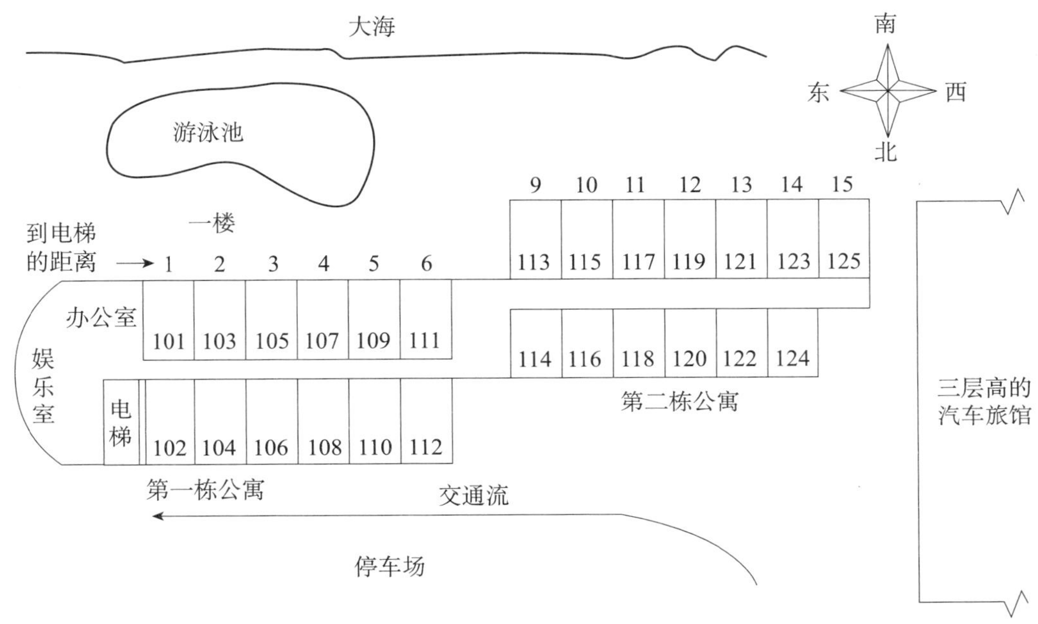

图C5-1 公寓综合体的平面布局图

这些公寓有几个特征需要注意：

1. 朝南面对大海的单元称为“海景房”。另外，在第一栋公寓的房间里可以很好地欣赏游泳池。这栋公寓背面的单元称为“湾景房”，面对停车场和一块陆地（即海湾的大陆架）。在这些单元的较高楼层可以远眺林木繁茂的沙滩。海湾很远，几乎看不见。

2. 公寓里唯一一部电梯位于第一栋公寓的东边，这里也是办公室和娱乐室的所在地。人们进出第二栋公寓的高层都可能使用电梯，通过走廊回到所住的单元。因此，住在高层但离电梯较远的单元的人就不太方便，他们搬运行李、食品、杂货等更费力，而且距离娱乐室、办公室和游泳池均较远。但这些单元也有一个优势：经过那里的走廊的人最少，私密性较好。

3. 低层面向海边的单元最适合活跃的人，因为这些单元通向海滩、大海和游泳池，而且靠近娱乐室，并能迅速达到停车场。

4. 观察公寓大楼的布局，你会发现大楼中心的一些单元（门牌以11号、14号结尾的单元）的视野有部分被遮住了。

5. 公寓大楼在1975年经济衰退时完工，由于销售缓慢，开发商被迫在开业约18个月后在拍卖会上出售大部分单元。因此与大多数在很大程度上由卖方和经纪人指定的其他房地产销售数据相反，拍卖数据完全由买方指定，以消费者为导向。

6. 该建筑群中许多未售出的单元由开发商提供家具，并在拍卖前出租。因此，一些在拍卖中出价和出

售的单元有家具，其他则没有。

这个公寓显然是独特的。例如，唯一的电梯位于公寓的一侧，给第二栋公寓的高层住户带来了明显的不便，并且存在隐私问题。因此，开发商不确定单元楼层的高度（以楼层号表示）、单元到电梯的距离、是否为海景房等因素是如何影响拍卖会上售出单元的价格的。为了研究这些关系，以下数据（保存在数据文件中）记录了拍卖会上售出的 106 个单元的拍卖情况。

1. 销售价格。用百美元来计量（根据通货膨胀进行了调整）。

2. 楼层高度。单元所处的楼层，变量水平是 1，2，…，8。

3. 到电梯的距离。距离以沿着复合式公寓内部走向的单元个数来计量。考虑到第二栋公寓的住户需要途经两栋建筑之间的空地，因此对第二栋公寓单元到电梯的距离的度量是在前面的基础上加上 2 个单元。因此，单元 105 到电梯的距离就是 3，单元 113 到电梯的距离就是 9。变量水平是 1，2，…，15。

4. 是否为海景房。记录每个单元能否看到海景，指定一个虚拟变量（1 表示可以看到海景，0 表示看不到）。注意，看不到海景的单元会面向停车场。

5. 末端的单元。我们期望对海边的末端单元（以 11 结尾）单独降低价格。这些单元看到的海景被第二栋公寓挡住了一部分，这个定性变量也用一个虚拟变量来表示（1 表示以 11 结尾的单元，0 表示其他单元）。

6. 家具。记录每个单元是否带有家具，指定一个虚拟变量（1 表示有家具，0 表示没有家具）。

在本案例中，你的目标就是建立一个回归模型，能相对精确地预测拍卖会上销售的公寓的价格。准备一个专业的文档来展示你的分析结果，包括一个能够说明模型中每一个自变量如何影响拍卖价格的图形。数据文件模板见下表。

变量	类型
销售价格	定量变量
楼层高度	定量变量
到电梯的距离	定量变量
是否为海景房	定性变量
末端的单元	定性变量
家具	定性变量

附　录

表 I 二项分布概率

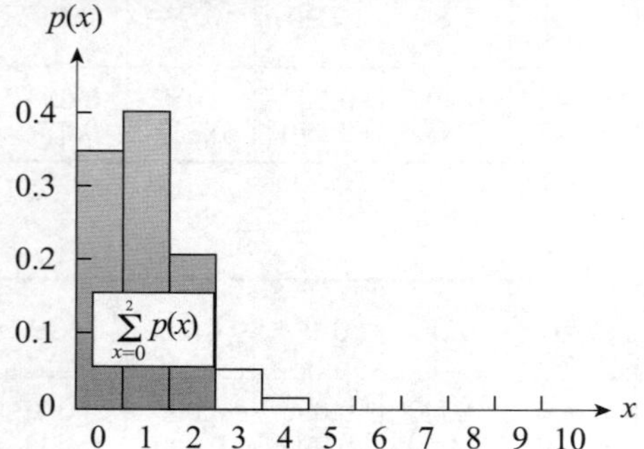

将$\sum_{x=0}^{k} p(x)$的计算数值结果列表如下（计算结果保留三位小数）

a. n=5

k \ p	0.01	0.05	0.10	0.20	0.30	0.40	0.50	0.60	0.70	0.80	0.90	0.95	0.99
0	0.951	0.774	0.590	0.328	0.168	0.078	0.031	0.010	0.002	0.000	0.000	0.000	0.000
1	0.999	0.977	0.919	0.737	0.528	0.337	0.188	0.087	0.031	0.007	0.000	0.000	0.000
2	1.000	0.999	0.991	0.942	0.837	0.683	0.500	0.317	0.163	0.058	0.009	0.001	0.000
3	1.000	1.000	1.000	0.993	0.969	0.913	0.812	0.663	0.472	0.263	0.081	0.023	0.001
4	1.000	1.000	1.000	1.000	0.998	0.990	0.969	0.922	0.832	0.672	0.410	0.226	0.049

b. n=6

k \ p	0.01	0.05	0.10	0.20	0.30	0.40	0.50	0.60	0.70	0.80	0.90	0.95	0.99
0	0.941	0.735	0.531	0.262	0.118	0.047	0.016	0.004	0.001	0.000	0.000	0.000	0.000
1	0.999	0.967	0.886	0.655	0.420	0.233	0.109	0.041	0.011	0.002	0.000	0.000	0.000
2	1.000	0.998	0.984	0.901	0.744	0.544	0.344	0.179	0.070	0.017	0.001	0.000	0.000
3	1.000	1.000	0.999	0.983	0.930	0.821	0.656	0.456	0.256	0.099	0.016	0.002	0.000
4	1.000	1.000	1.000	0.998	0.989	0.959	0.891	0.767	0.580	0.345	0.114	0.033	0.001
5	1.000	1.000	1.000	1.000	0.999	0.996	0.984	0.953	0.882	0.738	0.469	0.265	0.059

c. n=7

k \ p	0.01	0.05	0.10	0.20	0.30	0.40	0.50	0.60	0.70	0.80	0.90	0.95	0.99
0	0.932	0.698	0.478	0.210	0.082	0.028	0.008	0.002	0.000	0.000	0.000	0.000	0.000
1	0.998	0.956	0.850	0.577	0.329	0.159	0.063	0.019	0.004	0.000	0.000	0.000	0.000
2	1.000	0.996	0.974	0.852	0.647	0.420	0.227	0.096	0.029	0.005	0.000	0.000	0.000
3	1.000	1.000	0.997	0.967	0.874	0.710	0.500	0.290	0.126	0.033	0.003	0.000	0.000
4	1.000	1.000	1.000	0.995	0.971	0.904	0.773	0.580	0.353	0.148	0.026	0.004	0.000
5	1.000	1.000	1.000	1.000	0.996	0.981	0.937	0.841	0.671	0.423	0.150	0.044	0.002
6	1.000	1.000	1.000	1.000	1.000	0.998	0.992	0.972	0.918	0.790	0.522	0.302	0.068

d. n=8

k \ p	0.01	0.05	0.10	0.20	0.30	0.40	0.50	0.60	0.70	0.80	0.90	0.95	0.99
0	0.923	0.663	0.430	0.168	0.058	0.017	0.004	0.001	0.000	0.000	0.000	0.000	0.000
1	0.997	0.943	0.813	0.503	0.255	0.106	0.035	0.009	0.001	0.000	0.000	0.000	0.000
2	1.000	0.994	0.962	0.797	0.552	0.315	0.145	0.050	0.011	0.001	0.000	0.000	0.000
3	1.000	1.000	0.995	0.944	0.806	0.594	0.363	0.174	0.058	0.010	0.000	0.000	0.000
4	1.000	1.000	1.000	0.990	0.942	0.826	0.637	0.406	0.194	0.056	0.005	0.000	0.000
5	1.000	1.000	1.000	0.999	0.989	0.950	0.855	0.685	0.448	0.203	0.038	0.006	0.000

续表

k \ p	0.01	0.05	0.10	0.20	0.30	0.40	0.50	0.60	0.70	0.80	0.90	0.95	0.99
6	1.000	1.000	1.000	1.000	0.999	0.991	0.965	0.894	0.745	0.497	0.187	0.057	0.003
7	1.000	1.000	1.000	1.000	1.000	0.999	0.996	0.983	0.942	0.832	0.570	0.337	0.077

e. n=9

k \ p	0.01	0.05	0.10	0.20	0.30	0.40	0.50	0.60	0.70	0.80	0.90	0.95	0.99
0	0.914	0.630	0.387	0.134	0.040	0.010	0.002	0.000	0.000	0.000	0.000	0.000	0.000
1	0.997	0.929	0.775	0.436	0.196	0.071	0.020	0.004	0.000	0.000	0.000	0.000	0.000
2	1.000	0.992	0.947	0.738	0.463	0.232	0.090	0.025	0.004	0.000	0.000	0.000	0.000
3	1.000	0.999	0.992	0.914	0.730	0.483	0.254	0.099	0.025	0.003	0.000	0.000	0.000
4	1.000	1.000	0.999	0.980	0.901	0.733	0.500	0.267	0.099	0.020	0.001	0.000	0.000
5	1.000	1.000	1.000	0.997	0.975	0.901	0.746	0.517	0.270	0.086	0.008	0.001	0.000
6	1.000	1.000	1.000	1.000	0.996	0.975	0.910	0.768	0.537	0.262	0.053	0.008	0.000
7	1.000	1.000	1.000	1.000	1.000	0.996	0.980	0.929	0.804	0.564	0.225	0.071	0.003
8	1.000	1.000	1.000	1.000	1.000	1.000	0.998	0.990	0.960	0.866	0.613	0.370	0.086

f. n=10

k \ p	0.01	0.05	0.10	0.20	0.30	0.40	0.50	0.60	0.70	0.80	0.90	0.95	0.99
0	0.904	0.599	0.349	0.107	0.028	0.006	0.001	0.000	0.000	0.000	0.000	0.000	0.000
1	0.996	0.914	0.736	0.376	0.149	0.046	0.011	0.002	0.000	0.000	0.000	0.000	0.000
2	1.000	0.988	0.930	0.678	0.383	0.167	0.055	0.012	0.002	0.000	0.000	0.000	0.000
3	1.000	0.999	0.987	0.879	0.650	0.382	0.172	0.055	0.011	0.001	0.000	0.000	0.000
4	1.000	1.000	0.998	0.967	0.850	0.633	0.377	0.166	0.047	0.006	0.000	0.000	0.000
5	1.000	1.000	1.000	0.994	0.953	0.834	0.623	0.367	0.150	0.033	0.002	0.000	0.000
6	1.000	1.000	1.000	0.999	0.989	0.945	0.828	0.618	0.350	0.121	0.013	0.001	0.000
7	1.000	1.000	1.000	1.000	0.998	0.988	0.945	0.833	0.617	0.322	0.070	0.012	0.000
8	1.000	1.000	1.000	1.000	1.000	0.998	0.989	0.954	0.851	0.624	0.264	0.086	0.004
9	1.000	1.000	1.000	1.000	1.000	1.000	0.999	0.994	0.972	0.893	0.651	0.401	0.096

g. n=15

k \ p	0.01	0.05	0.10	0.20	0.30	0.40	0.50	0.60	0.70	0.80	0.90	0.95	0.99
0	0.860	0.463	0.206	0.035	0.005	0.000	0.000	0.000	0.000	0.000	0.000	0.000	0.000
1	0.990	0.829	0.549	0.167	0.035	0.005	0.000	0.000	0.000	0.000	0.000	0.000	0.000
2	1.000	0.964	0.816	0.398	0.127	0.027	0.004	0.000	0.000	0.000	0.000	0.000	0.000
3	1.000	0.995	0.944	0.648	0.297	0.091	0.018	0.002	0.000	0.000	0.000	0.000	0.000
4	1.000	0.999	0.987	0.838	0.515	0.217	0.059	0.009	0.001	0.000	0.000	0.000	0.000
5	1.000	1.000	0.998	0.939	0.722	0.403	0.151	0.034	0.004	0.000	0.000	0.000	0.000
6	1.000	1.000	1.000	0.982	0.869	0.610	0.304	0.095	0.015	0.001	0.000	0.000	0.000
7	1.000	1.000	1.000	0.996	0.950	0.787	0.500	0.213	0.050	0.004	0.000	0.000	0.000
8	1.000	1.000	1.000	0.999	0.985	0.905	0.696	0.390	0.131	0.018	0.000	0.000	0.000
9	1.000	1.000	1.000	1.000	0.996	0.966	0.849	0.597	0.278	0.061	0.002	0.000	0.000
10	1.000	1.000	1.000	1.000	0.999	0.991	0.941	0.783	0.485	0.164	0.013	0.001	0.000
11	1.000	1.000	1.000	1.000	1.000	0.998	0.982	0.909	0.703	0.352	0.056	0.005	0.000
12	1.000	1.000	1.000	1.000	1.000	1.000	0.996	0.973	0.873	0.602	0.184	0.036	0.000
13	1.000	1.000	1.000	1.000	1.000	1.000	1.000	0.995	0.965	0.833	0.451	0.171	0.010
14	1.000	1.000	1.000	1.000	1.000	1.000	1.000	1.000	0.995	0.965	0.794	0.537	0.140

h. n=20

k \ p	0.01	0.05	0.10	0.20	0.30	0.40	0.50	0.60	0.70	0.80	0.90	0.95	0.99
0	0.818	0.358	0.122	0.012	0.001	0.000	0.000	0.000	0.000	0.000	0.000	0.000	0.000

续表

k \ p	0.01	0.05	0.10	0.20	0.30	0.40	0.50	0.60	0.70	0.80	0.90	0.95	0.99
1	0.983	0.736	0.392	0.069	0.008	0.001	0.000	0.000	0.000	0.000	0.000	0.000	0.000
2	0.999	0.925	0.677	0.206	0.035	0.004	0.000	0.000	0.000	0.000	0.000	0.000	0.000
3	1.000	0.984	0.867	0.411	0.107	0.016	0.001	0.000	0.000	0.000	0.000	0.000	0.000
4	1.000	0.997	0.957	0.630	0.238	0.051	0.006	0.000	0.000	0.000	0.000	0.000	0.000
5	1.000	1.000	0.989	0.804	0.416	0.126	0.021	0.002	0.000	0.000	0.000	0.000	0.000
6	1.000	1.000	0.998	0.913	0.608	0.250	0.058	0.006	0.000	0.000	0.000	0.000	0.000
7	1.000	1.000	1.000	0.968	0.772	0.416	0.132	0.021	0.001	0.000	0.000	0.000	0.000
8	1.000	1.000	1.000	0.990	0.887	0.596	0.252	0.057	0.005	0.000	0.000	0.000	0.000
9	1.000	1.000	1.000	0.997	0.952	0.755	0.412	0.128	0.017	0.001	0.000	0.000	0.000
10	1.000	1.000	1.000	0.999	0.983	0.872	0.588	0.245	0.048	0.003	0.000	0.000	0.000
11	1.000	1.000	1.000	1.000	0.995	0.943	0.748	0.404	0.113	0.010	0.000	0.000	0.000
12	1.000	1.000	1.000	1.000	0.999	0.979	0.868	0.584	0.228	0.032	0.000	0.000	0.000
13	1.000	1.000	1.000	1.000	1.000	0.994	0.942	0.750	0.392	0.087	0.002	0.000	0.000
14	1.000	1.000	1.000	1.000	1.000	0.998	0.979	0.874	0.584	0.196	0.011	0.000	0.000
15	1.000	1.000	1.000	1.000	1.000	1.000	0.994	0.949	0.762	0.370	0.043	0.003	0.000
16	1.000	1.000	1.000	1.000	1.000	1.000	0.999	0.984	0.893	0.589	0.133	0.016	0.000
17	1.000	1.000	1.000	1.000	1.000	1.000	1.000	0.996	0.965	0.794	0.323	0.075	0.001
18	1.000	1.000	1.000	1.000	1.000	1.000	1.000	0.999	0.992	0.931	0.608	0.264	0.017
19	1.000	1.000	1.000	1.000	1.000	1.000	1.000	1.000	0.999	0.988	0.878	0.642	0.182

i. n=25

k \ p	0.01	0.05	0.10	0.20	0.30	0.40	0.50	0.60	0.70	0.80	0.90	0.95	0.99
0	0.778	0.277	0.072	0.004	0.000	0.000	0.000	0.000	0.000	0.000	0.000	0.000	0.000
1	0.974	0.642	0.271	0.027	0.002	0.000	0.000	0.000	0.000	0.000	0.000	0.000	0.000
2	0.998	0.873	0.537	0.098	0.009	0.000	0.000	0.000	0.000	0.000	0.000	0.000	0.000
3	1.000	0.966	0.764	0.234	0.033	0.002	0.000	0.000	0.000	0.000	0.000	0.000	0.000
4	1.000	0.993	0.902	0.421	0.090	0.009	0.000	0.000	0.000	0.000	0.000	0.000	0.000
5	1.000	0.999	0.967	0.617	0.193	0.029	0.002	0.000	0.000	0.000	0.000	0.000	0.000
6	1.000	1.000	0.991	0.780	0.341	0.074	0.007	0.000	0.000	0.000	0.000	0.000	0.000
7	1.000	1.000	0.998	0.891	0.512	0.154	0.022	0.001	0.000	0.000	0.000	0.000	0.000
8	1.000	1.000	1.000	0.953	0.677	0.274	0.054	0.004	0.000	0.000	0.000	0.000	0.000
9	1.000	1.000	1.000	0.983	0.811	0.425	0.115	0.013	0.000	0.000	0.000	0.000	0.000
10	1.000	1.000	1.000	0.994	0.902	0.586	0.212	0.034	0.002	0.000	0.000	0.000	0.000
11	1.000	1.000	1.000	0.998	0.956	0.732	0.345	0.078	0.006	0.000	0.000	0.000	0.000
12	1.000	1.000	1.000	1.000	0.983	0.846	0.500	0.154	0.017	0.000	0.000	0.000	0.000
13	1.000	1.000	1.000	1.000	0.994	0.922	0.655	0.268	0.044	0.002	0.000	0.000	0.000
14	1.000	1.000	1.000	1.000	0.998	0.966	0.788	0.414	0.098	0.006	0.000	0.000	0.000
15	1.000	1.000	1.000	1.000	1.000	0.987	0.885	0.575	0.189	0.017	0.000	0.000	0.000
16	1.000	1.000	1.000	1.000	1.000	0.996	0.946	0.726	0.323	0.047	0.000	0.000	0.000
17	1.000	1.000	1.000	1.000	1.000	0.999	0.978	0.846	0.488	0.109	0.002	0.000	0.000
18	1.000	1.000	1.000	1.000	1.000	1.000	0.993	0.926	0.659	0.220	0.009	0.000	0.000
19	1.000	1.000	1.000	1.000	1.000	1.000	0.998	0.971	0.807	0.383	0.033	0.001	0.000
20	1.000	1.000	1.000	1.000	1.000	1.000	1.000	0.991	0.910	0.579	0.098	0.007	0.000
21	1.000	1.000	1.000	1.000	1.000	1.000	1.000	0.998	0.967	0.766	0.236	0.034	0.000
22	1.000	1.000	1.000	1.000	1.000	1.000	1.000	1.000	0.991	0.902	0.463	0.127	0.002
23	1.000	1.000	1.000	1.000	1.000	1.000	1.000	1.000	0.998	0.973	0.729	0.358	0.026
24	1.000	1.000	1.000	1.000	1.000	1.000	1.000	1.000	1.000	0.996	0.928	0.723	0.222

表 II 正态曲线区域面积

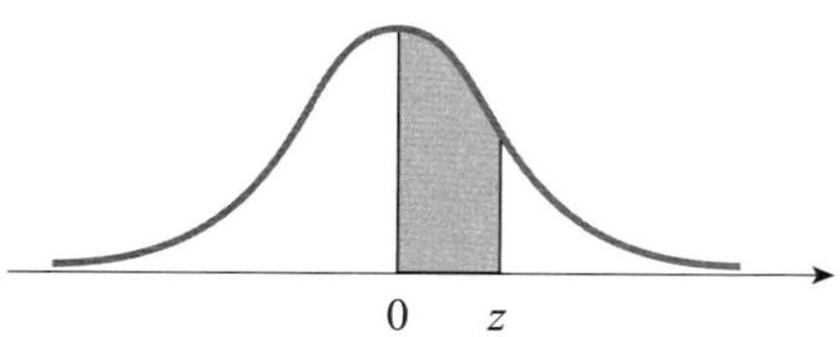

z	0.00	0.01	0.02	0.03	0.04	0.05	0.06	0.07	0.08	0.09
0.0	0.000 0	0.004 0	0.008 0	0.012 0	0.016 0	0.019 9	0.023 9	0.027 9	0.031 9	0.035 9
0.1	0.039 8	0.043 8	0.047 8	0.051 7	0.055 7	0.059 6	0.063 6	0.067 5	0.071 4	0.075 3
0.2	0.079 3	0.083 2	0.087 1	0.091 0	0.094 8	0.098 7	0.102 6	0.106 4	0.110 3	0.114 1
0.3	0.117 9	0.121 7	0.125 5	0.129 3	0.133 1	0.136 8	0.140 6	0.144 3	0.148 0	0.151 7
0.4	0.155 4	0.159 1	0.162 8	0.166 4	0.170 0	0.173 6	0.177 2	0.180 8	0.184 4	0.187 9
0.5	0.191 5	0.195 0	0.198 5	0.201 9	0.205 4	0.208 8	0.212 3	0.215 7	0.219 0	0.222 4
0.6	0.225 7	0.229 1	0.232 4	0.235 7	0.238 9	0.242 2	0.245 4	0.248 6	0.251 7	0.254 9
0.7	0.258 0	0.261 1	0.264 2	0.267 3	0.270 4	0.273 4	0.276 4	0.279 4	0.282 3	0.285 2
0.8	0.288 1	0.291 0	0.293 9	0.296 7	0.299 5	0.302 3	0.305 1	0.307 8	0.310 6	0.313 3
0.9	0.315 9	0.318 6	0.321 2	0.323 8	0.326 4	0.328 9	0.331 5	0.334 0	0.336 5	0.338 9
1.0	0.341 3	0.343 8	0.346 1	0.348 5	0.350 8	0.353 1	0.355 4	0.357 7	0.359 9	0.362 1
1.1	0.364 3	0.366 5	0.368 6	0.370 8	0.372 9	0.374 9	0.377 0	0.379 0	0.381 0	0.383 0
1.2	0.384 9	0.386 9	0.388 8	0.390 7	0.392 5	0.394 4	0.396 2	0.398 0	0.399 7	0.401 5
1.3	0.403 2	0.404 9	0.406 6	0.408 2	0.409 9	0.411 5	0.413 1	0.414 7	0.416 2	0.417 7
1.4	0.419 2	0.420 7	0.422 2	0.423 6	0.425 1	0.426 5	0.427 9	0.429 2	0.430 6	0.431 9
1.5	0.433 2	0.434 5	0.435 7	0.437 0	0.438 2	0.439 4	0.440 6	0.441 8	0.442 9	0.444 1
1.6	0.445 2	0.446 3	0.447 4	0.448 4	0.449 5	0.450 5	0.451 5	0.452 5	0.453 5	0.454 5
1.7	0.455 4	0.456 4	0.457 3	0.458 2	0.459 1	0.459 9	0.460 8	0.461 6	0.462 5	0.463 3
1.8	0.464 1	0.464 9	0.465 6	0.466 4	0.467 1	0.467 8	0.468 6	0.469 3	0.469 9	0.470 6
1.9	0.471 3	0.471 9	0.472 6	0.473 2	0.473 8	0.474 4	0.475 0	0.475 6	0.476 1	0.476 7
2.0	0.477 2	0.477 8	0.478 3	0.478 8	0.479 3	0.479 8	0.480 3	0.480 8	0.481 2	0.481 7
2.1	0.482 1	0.482 6	0.483 0	0.483 4	0.483 8	0.484 2	0.484 6	0.485 0	0.485 4	0.485 7
2.2	0.486 1	0.486 4	0.486 8	0.487 1	0.487 5	0.487 8	0.488 1	0.488 4	0.488 7	0.489 0
2.3	0.489 3	0.489 6	0.489 8	0.490 1	0.490 4	0.490 6	0.490 9	0.491 1	0.491 3	0.491 6
2.4	0.491 8	0.492 0	0.492 2	0.492 5	0.492 7	0.492 9	0.493 1	0.493 2	0.493 4	0.493 6
2.5	0.493 8	0.494 0	0.494 1	0.494 3	0.494 5	0.494 6	0.494 8	0.494 9	0.495 1	0.495 2
2.6	0.495 3	00.495 5	0.495 6	0.495 7	0.495 9	0.496 0	0.496 1	0.496 2	0.496 3	0.496 4
2.7	0.496 5	0.496 6	0.496 7	0.496 8	0.496 9	0.497 0	0.497 1	0.497 2	0.497 3	0.497 4
2.8	0.497 4	0.497 5	0.497 6	0.497 7	0.497 7	0.497 8	0.497 9	0.497 9	0.498 0	0.498 1
2.9	0.498 1	0.498 2	0.498 2	0.498 3	0.498 4	0.498 4	0.498 5	0.498 5	0.498 6	0.498 6
3.0	0.498 7	0.498 7	0.498 7	0.498 8	0.498 8	0.498 9	0.498 9	0.498 9	0.499 0	0.499 0
3.1	0.499 03	0.499 06	0.499 10	0.499 13	0.499 16	0.499 18	0.499 21	0.499 24	0.499 26	0.488 29
3.2	0.499 31	0.499 34	0.499 36	0.499 38	0.499 40	0.499 42	0.499 44	0.499 46	0.499 48	0.499 50
3.3	0.499 52	0.499 53	0.499 55	0.499 57	0.499 58	0.499 60	0.499 61	0.499 62	0.499 64	0.499 65
3.4	0.499 66	0.499 68	0.499 69	0.499 70	0.499 71	0.499 72	0.499 73	0.499 74	0.499 75	0.499 76
3.5	0.499 77	0.499 78	0.499 78	0.499 79	0.499 80	0.499 81	0.499 81	0.499 82	0.499 83	0.499 83
3.6	0.499 84	0.499 85	0.499 85	0.499 86	0.499 86	0.499 87	0.499 87	0.499 88	0.499 88	0.499 89
3.7	0.499 89	0.499 90	0.499 90	0.499 90	0.499 91	0.499 91	0.499 92	0.499 92	0.499 92	0.499 92
3.8	0.499 93	0.499 93	0.499 93	0.499 94	0.499 94	0.499 94	0.499 94	0.499 95	0.499 95	0.499 95
3.9	0.499 95	0.499 95	0.499 96	0.499 96	0.499 96	0.499 96	0.499 96	0.499 96	0.499 97	0.499 97

资料来源：Abridged from Table I of A. Hald. Statistical Tables and Formulas (New York: Wiley), 1952.

表Ⅲ　t 分布临界值

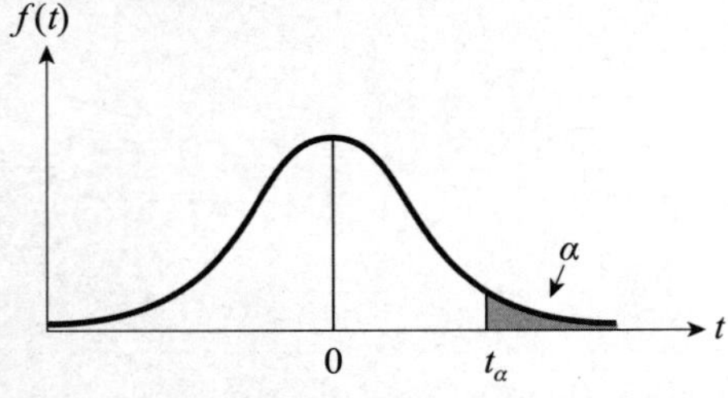

自由度	$t_{0.100}$	$t_{0.050}$	$t_{0.025}$	$t_{0.010}$	$t_{0.005}$	$t_{0.001}$	$t_{0.0005}$
1	3.078	6.314	12.706	31.821	63.657	318.31	636.62
2	1.886	2.920	4.303	6.965	9.925	22.326	31.598
3	1.638	2.353	3.182	4.541	5.841	10.213	12.924
4	1.533	2.132	2.776	3.747	4.604	7.173	8.610
5	1.476	2.015	2.571	3.365	4.032	5.893	6.869
6	1.440	1.943	2.447	3.143	3.707	5.208	5.959
7	1.415	1.895	2.365	2.998	3.499	4.785	5.408
8	1.397	1.860	2.306	2.896	3.355	4.501	5.041
9	1.383	1.833	2.262	2.821	3.250	4.297	4.781
10	1.372	1.812	2.228	2.764	3.169	4.144	4.587
11	1.363	1.796	2.201	2.718	3.106	4.025	4.437
12	1.356	1.782	2.179	2.681	3.055	3.930	4.318
13	1.350	1.771	2.160	2.650	3.012	3.852	4.221
14	1.345	1.761	2.145	2.624	2.977	3.787	4.140
15	1.341	1.753	2.131	2.602	2.947	3.733	4.073
16	1.337	1.746	2.120	2.583	2.921	3.686	4.015
17	1.333	1.740	2.110	2.567	2.898	3.646	3.965
18	1.330	1.734	2.101	2.552	2.878	3.610	3.922
19	1.328	1.729	2.093	2.539	2.861	3.579	3.883
20	1.325	1.725	2.086	2.528	2.845	3.552	3.850
21	1.323	1.721	2.080	2.518	2.831	3.527	3.819
22	1.321	1.717	2.074	2.508	2.819	3.505	3.792
23	1.319	1.714	2.069	2.500	2.807	3.485	3.767
24	1.318	1.711	2.064	2.492	2.797	3.467	3.745
25	1.316	1.708	2.060	2.485	2.787	3.450	3.725
26	1.315	1.706	2.056	2.479	2.779	3.435	3.707
27	1.314	1.703	2.052	2.473	2.771	3.421	3.690
28	1.313	1.701	2.048	2.467	2.763	3.408	3.674
29	1.311	1.699	2.045	2.462	2.756	3.396	3.659
30	1.310	1.697	2.042	2.457	2.750	3.385	3.646
40	1.303	1.684	2.021	2.423	2.704	3.307	3.551
50	1.299	1.676	2.009	2.403	2.678	3.261	3.496
60	1.296	1.671	2.000	2.390	2.660	3.232	3.460
70	1.294	1.667	1.994	2.381	2.648	3.211	3.435
80	1.292	1.664	1.990	2.374	2.639	3.195	3.416
90	1.291	1.662	1.987	2.369	2.632	3.183	3.402
100	1.290	1.660	1.984	2.364	2.629	3.174	3.390
120	1.289	1.658	1.980	2.358	2.617	3.160	3.373
150	1.287	1.655	1.976	2.351	2.609	3.145	3.357
∞	1.282	1.645	1.960	2.326	2.576	3.090	3.291

表Ⅳ χ^2分布临界值

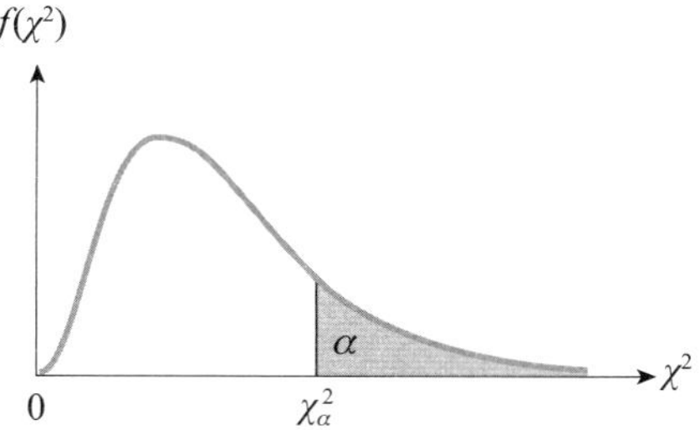

自由度	$\chi^2_{0.995}$	$\chi^2_{0.990}$	$\chi^2_{0.975}$	$\chi^2_{0.950}$	$\chi^2_{0.900}$
1	0.000 039 3	0.000 157 1	0.000 982 1	0.003 932 1	0.015 790 8
2	0.010 025 1	0.020 100 7	0.050 635 6	0.102 587	0.210 720
3	0.071 721 2	0.114 832	0.215 795	0.351 846	0.584 375
4	0.206 990	0.297 110	0.484 419	0.710 721	1.063 623
5	0.411 740	0.554 300	0.831 211	1.145 476	1.610 31
6	0.675 727	0.872 085	1.237 347	1.635 39	2.204 13
7	0.989 265	1.239 043	1.689 87	2.167 35	2.833 11
8	1.344 419	1.646 482	2.179 73	2.732 64	3.489 54
9	1.734 926	2.087 912	2.700 39	3.325 11	4.168 16
10	2.155 85	2.558 21	3.246 97	3.940 30	4.865 18
11	2.603 21	3.053 47	3.815 75	4.574 81	5.577 79
12	3.073 82	3.570 56	4.403 79	5.226 03	6.303 80
13	3.565 03	4.106 91	5.008 74	5.891 86	7.041 50
14	4.074 68	4.660 43	5.628 72	6.570 63	7.789 53
15	4.600 94	5.229 35	6.262 14	7.260 94	8.546 75
16	5.142 24	5.812 21	6.907 66	7.961 64	9.312 23
17	5.697 24	6.407 76	7.564 18	8.671 76	10.085 2
18	6.264 81	7.014 91	8.230 75	9.390 46	10.864 9
19	6.843 98	7.632 73	8.906 55	10.117 0	11.650 9
20	7.433 86	8.260 40	9.590 83	10.850 8	12.442 6
21	8.033 66	8.897 20	10.282 93	11.591 3	13.239 6
22	8.642 72	9.542 49	10.982 3	12.338 0	14.041 5
23	9.260 42	10.195 67	11.688 5	13.090 5	14.847 9
24	9.886 23	10.856 4	12.401 1	13.848 4	15.658 7
25	10.519 7	11.524 0	13.119 7	14.611 4	16.473 4
26	11.160 3	12.198 1	13.843 9	15.379 1	17.291 9
27	11.807 6	12.878 6	14.573 3	16.151 3	18.113 8
28	12.461 3	13.564 8	15.307 9	16.927 9	18.939 2
29	13.121 1	14.256 5	16.047 1	17.708 3	19.767 7
30	13.786 7	14.953 5	16.790 8	18.492 6	20.599 2
40	20.706 5	22.164 3	24.433 1	26.509 3	29.050 5
50	27.990 7	29.706 7	32.357 4	34.764 2	37.688 6
60	35.534 6	37.484 8	40.481 7	43.187 9	46.458 9
70	43.275 2	45.441 8	48.757 6	51.739 3	55.329 0
80	51.172 0	53.540 0	57.153 2	60.391 5	64.277 8
90	59.196 3	61.754 1	65.646 6	69.126 0	73.291 2
100	67.327 6	70.064 8	74.221 9	77.929 5	82.358 1
150	109.142	112.668	117.985	122.692	128.275
200	152.241	156.432	162.728	168.279	174.835
300	240.663	245.972	253.912	260.878	269.068
400	330.903	337.155	346.482	354.641	364.207
500	422.303	429.388	439.936	449.147	459.926

自由度	$\chi^2_{0.100}$	$\chi^2_{0.050}$	$\chi^2_{0.025}$	$\chi^2_{0.010}$	$\chi^2_{0.005}$
1	2.705 54	3.841 46	5.023 89	6.634 90	7.879 44
2	4.605 17	5.991 47	7.377 76	9.210 34	10.596 6
3	6.251 39	7.814 73	9.348 40	11.344 9	12.838 1
4	7.779 44	9.487 73	11.143 3	13.276 7	14.860 2
5	9.236 35	11.070 5	12.832 5	15.086 3	16.749 6
6	10.644 6	12.591 6	14.449 4	16.811 9	18.547 6
7	12.017 0	14.067 1	16.012 8	18.475 3	20.277 7
8	13.361 6	15.507 3	17.534 6	20.090 2	21.955 0
9	14.683 7	16.919 0	19.022 8	21.666 0	23.589 3
10	15.987 1	18.307 0	20.483 1	23.209 3	25.188 2
11	17.275 0	19.675 1	21.920 0	24.725 0	26.756 9
12	18.549 4	21.026 1	23.336 7	26.217 0	28.299 5
13	19.811 9	22.362 1	24.735 6	27.688 3	29.819 4
14	21.064 2	23.684 8	26.119 0	29.141 3	31.319 3
15	22.307 2	24.995 8	27.488 4	30.577 9	32.801 3
16	23.541 8	26.296 2	28.845 4	31.999 9	34.267 2
17	24.769 0	27.587 1	30.191 0	33.408 7	35.718 5
18	25.989 4	28.869 3	31.526 4	34.805 3	37.156 4
19	27.203 6	30.143 5	32.852 3	36.190 8	38.582 2
20	28.412 0	31.410 4	34.169 6	37.566 2	39.996 8
21	29.615 1	32.670 5	35.478 9	38.932 1	41.401 0
22	30.813 3	33.924 4	36.780 7	40.289 4	42.795 6
23	32.006 9	35.172 5	38.075 7	41.638 4	44.181 3
24	33.196 3	36.415 1	39.364 1	42.979 8	45.558 5
25	34.381 6	37.652 5	40.646 5	44.314 1	46.927 8
26	35.563 1	38.885 2	41.923 2	45.641 7	48.289 9
27	36.741 2	40.113 3	43.194 4	46.963 0	49.644 9
28	37.915 9	41.337 2	44.460 7	48.278 2	50.993 3
29	39.087 5	42.556 9	45.722 2	49.587 9	52.335 6
30	40.256 0	43.772 9	46.979 2	50.892 2	53.672 0
40	51.805 0	55.758 5	59.341 7	63.690 7	66.765 9
50	63.167 1	67.504 8	71.420 2	76.153 9	79.490 0
60	74.397 0	79.081 9	83.297 6	88.379 4	91.951 7
70	85.527 1	90.531 2	95.023 1	100.425	104.215
80	96.578 2	101.879	106.629	112.329	116.321
90	107.565	113.145	118.136	124.116	128.299
100	118.498	124.342	129.561	135.807	140.169
150	172.578	179.581	185.800	193.208	198.360
200	226.021	233.994	241.058	249.445	255.264
300	331.789	341.395	349.874	359.906	366.844
400	436.649	447.632	457.305	468.724	476.606
500	540.930	553.127	563.852	576.493	585.207

表 V F 分布的百分点，α=0.10

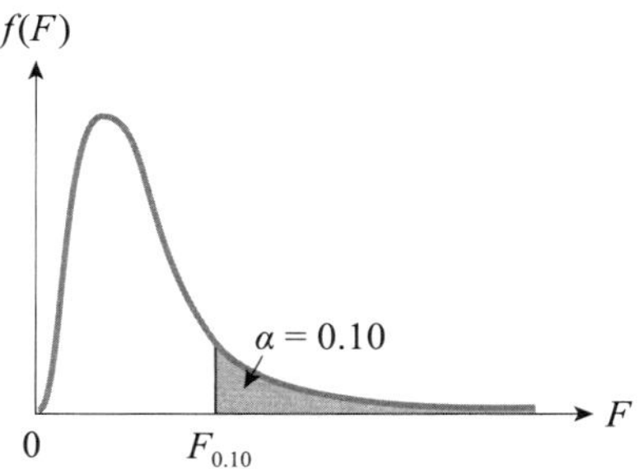

v_2 \ v_1	分子自由度 1	2	3	4	5	6	7	8	9
1	39.86	49.50	53.59	55.83	57.24	58.20	58.91	59.44	59.86
2	8.53	9.00	9.16	9.24	9.29	9.33	9.35	9.37	9.38
3	5.54	5.46	5.39	5.34	5.31	5.28	5.27	5.25	5.24
4	4.54	4.32	4.19	4.11	4.05	4.01	3.98	3.95	3.94
5	4.06	3.78	3.62	3.52	3.45	3.40	3.37	3.34	3.32
6	3.78	3.46	3.29	3.18	3.11	3.05	3.01	2.98	2.96
7	3.59	3.26	3.07	2.96	2.88	2.83	2.78	2.75	2.72
8	3.46	3.11	2.92	2.81	2.73	2.67	2.62	2.59	2.56
9	3.36	3.01	2.81	2.69	2.61	2.55	2.51	2.47	2.44
10	3.29	2.92	2.73	2.61	2.52	2.46	2.41	2.38	2.35
11	3.23	2.86	2.66	2.54	2.45	2.39	2.34	2.30	2.27
12	3.18	2.81	2.61	2.48	2.39	2.33	2.28	2.24	2.21
13	3.14	2.76	2.56	2.43	2.35	2.28	2.23	2.20	2.16
14	3.10	2.73	2.52	2.39	2.31	2.24	2.19	2.15	2.12
15	3.07	2.70	2.49	2.36	2.27	2.21	2.16	2.12	2.09
16	3.05	2.67	2.46	2.33	2.24	2.18	2.13	2.09	2.06
17	3.03	2.64	2.44	2.31	2.22	2.15	2.10	2.06	2.03
分母自由度 18	3.01	2.62	2.42	2.29	2.20	2.13	2.08	2.04	2.00
19	2.99	2.61	2.40	2.27	2.18	2.11	2.06	2.02	1.98
20	2.97	2.59	2.38	2.25	2.16	2.09	2.04	2.00	1.96
21	2.96	2.57	2.36	2.23	2.14	2.08	2.02	1.98	1.95
22	2.95	2.56	2.35	2.22	2.13	2.06	2.01	1.97	1.93
23	2.94	2.55	2.34	2.21	2.11	2.05	1.99	1.95	1.92
24	2.93	2.54	2.33	2.19	2.10	2.04	1.98	1.94	1.91
25	2.92	2.53	2.32	2.18	2.09	2.02	1.97	1.93	1.89
26	2.91	2.52	2.31	2.17	2.08	2.01	1.96	1.92	1.88
27	2.90	2.51	2.30	2.17	2.07	2.00	1.95	1.91	1.87
28	2.89	2.50	2.29	2.16	2.06	2.00	1.94	1.90	1.87
29	2.89	2.50	2.28	2.15	2.06	1.99	1.93	1.89	1.86
30	2.88	2.49	2.28	2.14	2.05	1.98	1.93	1.88	1.85
40	2.84	2.44	2.23	2.09	2.00	1.93	1.87	1.83	1.79
60	2.79	2.39	2.18	2.04	1.95	1.87	1.82	1.77	1.74
120	2.75	2.35	2.13	1.99	1.90	1.82	1.77	1.72	1.68
∞	2.71	2.30	2.08	1.94	1.85	1.77	1.72	1.67	1.63

v_2 \ v_1		分子自由度									
		10	12	15	20	24	30	40	60	120	∞
分母自由度	1	60.19	60.71	61.22	61.74	62.00	62.26	62.53	62.79	63.06	63.33
	2	9.39	9.41	9.42	9.44	9.45	9.46	9.47	9.47	9.48	9.49
	3	5.23	5.22	5.20	5.18	5.18	5.17	5.16	5.15	5.14	5.13
	4	3.92	3.90	3.87	3.84	3.83	3.82	3.80	3.79	3.78	3.76
	5	3.30	3.27	3.24	3.21	3.19	3.17	3.16	3.14	3.12	3.10
	6	2.94	2.90	2.87	2.84	2.82	2.80	2.78	2.76	2.74	2.72
	7	2.70	2.67	2.63	2.59	2.58	2.56	2.54	2.51	2.49	2.47
	8	2.54	2.50	2.46	2.42	2.40	2.38	2.36	2.34	2.32	2.29
	9	2.42	2.38	2.34	2.30	2.28	2.25	2.23	2.21	2.18	2.16
	10	2.32	2.28	2.24	2.20	2.18	2.16	2.13	2.11	2.08	2.06
	11	2.25	2.21	2.17	2.12	2.10	2.08	2.05	2.03	2.00	1.97
	12	2.19	2.15	2.10	2.06	2.04	2.01	1.99	1.96	1.93	1.90
	13	2.14	2.10	2.05	2.01	1.98	1.96	1.93	1.90	1.88	1.85
	14	2.10	2.05	2.01	1.96	1.94	1.91	1.89	1.86	1.83	1.80
	15	2.06	2.02	1.97	1.92	1.90	1.87	1.85	1.82	1.79	1.76
	16	2.03	1.99	1.94	1.89	1.87	1.84	1.81	1.78	1.75	1.72
	17	2.00	1.96	1.91	1.86	1.84	1.81	1.78	1.75	1.72	1.69
	18	1.98	1.93	1.89	1.84	1.81	1.78	1.75	1.72	1.69	1.66
	19	1.96	1.91	1.86	1.81	1.79	1.76	1.73	1.70	1.67	1.63
	20	1.94	1.89	1.84	1.79	1.77	1.74	1.71	1.68	1.64	1.61
	21	1.92	1.87	1.83	1.78	1.75	1.72	1.69	1.66	1.62	1.59
	22	1.90	1.86	1.81	1.76	1.73	1.70	1.67	1.64	1.60	1.57
	23	1.89	1.84	1.80	1.74	1.72	1.69	1.66	1.62	1.59	1.55
	24	1.88	1.83	1.78	1.73	1.70	1.67	1.64	1.61	1.57	1.53
	25	1.87	1.82	1.77	1.72	1.69	1.66	1.63	1.59	1.56	1.52
	26	1.86	1.81	1.76	1.71	1.68	1.65	1.61	1.58	1.54	1.50
	27	1.85	1.80	1.75	1.70	1.67	1.64	1.60	1.57	1.53	1.49
	28	1.84	1.79	1.74	1.69	1.66	1.63	1.59	1.56	1.52	1.48
	29	1.83	1.78	1.73	1.68	1.65	1.62	1.58	1.55	1.51	1.47
	30	1.82	1.77	1.72	1.67	1.64	1.61	1.57	1.54	1.50	1.46
	40	1.76	1.71	1.66	1.61	1.57	1.54	1.51	1.47	1.42	1.38
	60	1.71	1.66	1.60	1.54	1.51	1.48	1.44	1.40	1.35	1.29
	120	1.65	1.60	1.55	1.48	1.45	1.41	1.37	1.32	1.26	1.19
	∞	1.60	1.55	1.49	1.42	1.38	1.34	1.30	1.24	1.17	1.00

表Ⅵ F 分布的百分点，α=0.05

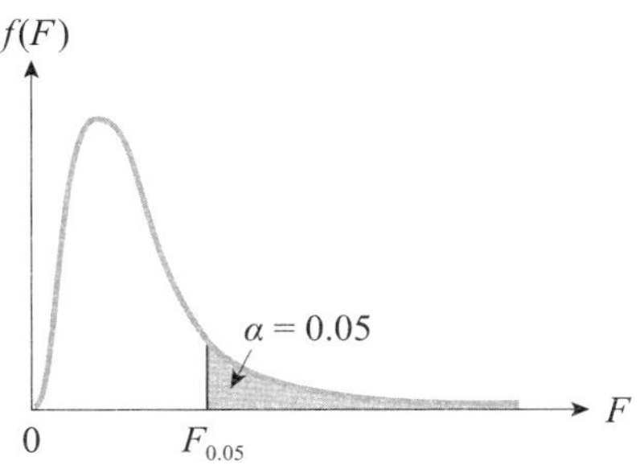

v_2 \ v_1	分子自由度								
分母自由度	1	2	3	4	5	6	7	8	9
1	161.4	199.5	215.7	224.6	230.2	234.0	236.8	238.9	240.5
2	18.51	19.00	19.16	19.25	19.30	19.33	19.35	19.37	19.38
3	10.13	9.55	9.28	9.12	9.01	8.94	8.89	8.85	8.81
4	7.71	6.94	6.59	6.39	6.26	6.16	6.09	6.04	6.00
5	6.61	5.79	5.41	5.19	5.05	4.95	4.88	4.82	4.77
6	5.99	5.14	4.76	4.53	4.39	4.28	4.21	4.15	4.10
7	5.59	4.74	4.35	4.12	3.97	3.87	3.79	3.73	3.68
8	5.32	4.46	4.07	3.84	3.69	3.58	3.50	3.44	3.39
9	5.12	4.26	3.86	3.63	3.48	3.37	3.29	3.23	3.18
10	4.96	4.10	3.71	3.48	3.33	3.22	3.14	3.07	3.02
11	4.84	3.98	3.59	3.36	3.20	3.09	3.01	2.95	2.90
12	4.75	3.89	3.49	3.26	3.11	3.00	2.91	2.85	2.80
13	4.67	3.81	3.41	3.18	3.03	2.92	2.83	2.77	2.71
14	4.60	3.74	3.34	3.11	2.96	2.85	2.76	2.70	2.65
15	4.54	3.68	3.29	3.06	2.90	2.79	2.71	2.64	2.59
16	4.49	3.63	3.24	3.01	2.85	2.74	2.66	2.59	2.54
17	4.45	3.59	3.20	2.96	2.81	2.70	2.61	2.55	2.49
18	4.41	3.55	3.16	2.93	2.77	2.66	2.58	2.51	2.46
19	4.38	3.52	3.13	2.90	2.74	2.63	2.54	2.48	2.42
20	4.35	3.49	3.10	2.87	2.71	2.60	2.51	2.45	2.39
21	4.32	3.47	3.07	2.84	2.68	2.57	2.49	2.42	2.37
22	4.30	3.44	3.05	2.82	2.66	2.55	2.46	2.40	2.34
23	4.28	3.42	3.03	2.80	2.64	2.53	2.44	2.37	2.32
24	4.26	3.40	3.01	2.78	2.62	2.51	2.42	2.36	2.30
25	4.24	3.39	2.99	2.76	2.60	2.49	2.40	2.34	2.28
26	4.23	3.37	2.98	2.74	2.59	2.47	2.39	2.32	2.77
27	4.21	3.35	2.96	2.73	2.57	2.46	2.37	2.31	2.25
28	4.20	3.34	2.95	2.71	2.56	2.45	2.36	2.29	2.24
29	4.18	3.33	2.93	2.70	2.55	2.43	2.35	2.28	2.22
30	4.17	3.32	2.92	2.69	2.53	2.42	2.33	2.27	2.21
40	4.08	3.23	2.84	2.61	2.45	2.34	2.25	2.18	2.12
60	4.00	3.15	2.76	2.53	2.37	2.25	2.17	2.10	2.04
120	3.92	3.07	2.68	2.45	2.29	2.17	2.09	2.02	1.96
∞	3.84	3.00	2.60	2.37	2.21	2.10	2.01	1.94	1.88

	ν_1 / ν_2	分子自由度									
		10	12	15	20	24	30	40	60	120	∞
	1	241.9	243.9	245.9	248.0	249.1	250.1	251.1	252.2	253.3	254.3
	2	19.40	19.41	19.43	19.45	19.45	19.46	19.47	19.48	19.49	19.50
	3	8.79	8.74	8.70	8.66	8.64	8.62	8.59	8.57	8.55	8.53
	4	5.96	5.91	5.86	5.80	5.77	5.75	5.72	5.69	5.66	5.63
	5	4.74	4.68	4.62	4.56	4.53	4.50	4.46	4.43	4.40	4.36
	6	4.06	4.00	3.94	3.87	3.84	3.81	3.77	3.74	3.70	3.67
	7	3.64	3.57	3.51	3.44	3.41	3.38	3.34	3.30	3.27	3.23
	8	3.35	3.28	3.22	3.15	3.12	3.08	3.04	3.01	2.97	2.93
	9	3.14	3.07	3.01	2.94	2.90	2.86	2.83	2.79	2.75	2.71
	10	2.98	2.91	2.85	2.77	2.74	2.70	2.66	2.62	2.58	2.54
	11	2.85	2.79	2.72	2.65	2.61	2.57	2.53	2.49	2.45	2.40
	12	2.75	2.69	2.62	2.54	2.51	2.47	2.43	2.38	2.34	2.30
	13	2.67	2.60	2.53	2.46	2.42	2.38	2.34	2.30	2.25	2.21
	14	2.60	2.53	2.46	2.39	2.35	2.31	2.27	2.22	2.18	2.13
	15	2.54	2.48	2.40	2.33	2.29	2.25	2.20	2.16	2.11	2.07
	16	2.49	2.42	2.35	2.28	2.24	2.19	2.15	2.11	2.06	2.01
	17	2.45	2.38	2.31	2.23	2.19	2.15	2.10	2.06	2.01	1.96
分母自由度	18	2.41	2.34	2.27	2.19	2.15	2.11	2.06	2.02	1.97	1.92
	19	2.38	2.31	2.23	2.16	2.11	2.07	2.03	1.98	1.93	1.88
	20	2.35	2.28	2.20	2.12	2.08	2.04	1.99	1.95	1.90	1.84
	21	2.32	2.25	2.18	2.10	2.05	2.01	1.96	1.92	1.87	1.81
	22	2.30	2.23	2.15	2.07	2.03	1.98	1.94	1.89	1.84	1.78
	23	2.27	2.20	2.13	2.05	2.01	1.96	1.91	1.86	1.81	1.76
	24	2.25	2.18	2.11	2.03	1.98	1.94	1.89	1.84	1.79	1.73
	25	2.24	2.16	2.09	2.01	1.96	1.92	1.87	1.82	1.77	1.71
	26	2.22	2.15	2.07	1.99	1.95	1.90	1.85	1.80	1.75	1.69
	27	2.20	2.13	2.06	1.97	1.93	1.88	1.84	1.79	1.73	1.67
	28	2.19	2.12	2.04	1.96	1.91	1.87	1.82	1.77	1.71	1.65
	29	2.18	2.10	2.03	1.94	1.90	1.85	1.81	1.75	1.70	1.64
	30	2.16	2.09	2.01	1.93	1.89	1.84	1.79	1.74	1.68	1.62
	40	2.08	2.00	1.92	1.84	1.79	1.74	1.69	1.64	1.58	1.51
	60	1.99	1.92	1.84	1.75	1.70	1.65	1.59	1.53	1.47	1.39
	120	1.91	1.83	1.75	1.66	1.61	1.55	1.50	1.43	1.35	1.25
	∞	1.83	1.75	1.67	1.57	1.52	1.46	1.39	1.32	1.22	1.00

表Ⅶ　*F* 分布的百分点，$\alpha=0.025$

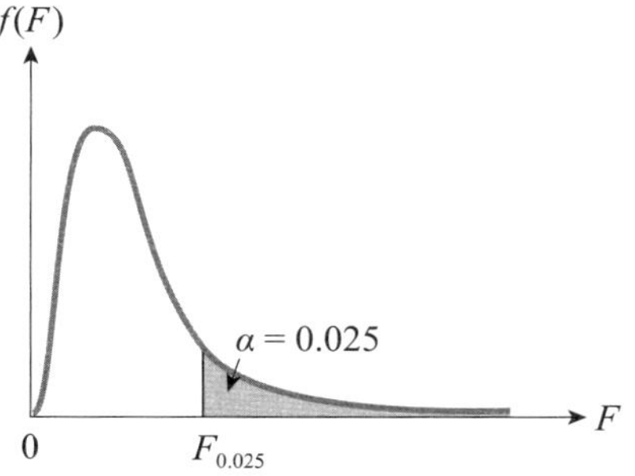

v_1 \ v_2	分子自由度								
	1	2	3	4	5	6	7	8	9
分母自由度 1	647.8	799.5	864.2	899.6	921.8	937.1	948.2	956.7	963.3
2	38.51	39.00	39.17	39.25	39.30	39.33	39.36	39.37	39.39
3	17.44	16.04	15.44	15.10	14.88	14.73	14.62	14.54	14.47
4	12.22	10.65	9.98	9.60	9.36	9.20	9.07	8.98	8.90
5	10.01	8.43	7.76	7.39	7.15	6.98	6.85	6.76	6.68
6	8.81	7.26	6.60	6.23	5.99	5.82	5.70	5.60	5.52
7	8.07	6.54	5.89	5.52	5.29	5.12	4.99	4.90	4.82
8	7.57	6.06	5.42	5.05	4.82	4.65	4.53	4.43	4.36
9	7.21	5.71	5.08	4.72	4.48	4.32	4.20	4.10	4.03
10	6.94	5.46	4.83	4.47	4.24	4.07	3.95	3.85	3.78
11	6.72	5.26	4.63	4.28	4.04	3.88	3.76	3.66	3.59
12	6.55	5.10	4.47	4.12	3.89	3.73	3.61	3.51	3.44
13	6.41	4.97	4.35	4.00	3.77	3.60	3.48	3.39	3.31
14	6.30	4.86	4.24	3.89	3.66	3.50	3.38	3.29	3.21
15	6.20	4.77	4.15	3.80	3.58	3.41	3.29	3.20	3.12
16	6.12	4.69	4.08	3.73	3.50	3.34	3.22	3.12	3.05
17	6.04	4.62	4.01	3.66	3.44	3.28	3.16	3.06	2.98
18	5.98	4.56	3.95	3.61	3.38	3.22	3.10	3.01	2.93
19	5.92	4.51	3.90	3.56	3.33	3.17	3.05	2.96	2.88
20	5.87	4.46	3.86	3.51	3.29	3.13	3.01	2.91	2.84
21	5.83	4.42	3.82	3.48	3.25	3.09	2.97	2.87	2.80
22	5.79	4.38	3.78	3.44	3.22	3.05	2.93	2.84	2.76
23	5.75	4.35	3.75	3.41	3.18	3.02	2.90	2.81	2.73
24	5.72	4.32	3.72	3.38	3.15	2.99	2.87	2.78	2.70
25	5.69	4.29	3.69	3.35	3.13	2.97	2.85	2.75	2.68
26	5.66	4.27	3.67	3.33	3.10	2.94	2.82	2.73	2.65
27	5.63	4.24	3.65	3.31	3.08	2.92	2.80	2.71	2.63
28	5.61	4.22	3.63	3.29	3.06	2.90	2.78	2.69	2.61
29	5.59	4.20	3.61	3.27	3.04	2.88	2.76	2.67	2.59
30	5.57	4.18	3.59	3.25	3.03	2.87	2.75	2.65	2.57
40	5.42	4.05	3.46	3.13	2.90	2.74	2.62	2.53	2.45
60	5.29	3.93	3.34	3.01	2.79	2.63	2.51	2.41	2.33
120	5.15	3.80	3.23	2.89	2.67	2.52	2.39	2.30	2.22
∞	5.02	3.69	3.12	2.79	2.57	2.41	2.29	2.19	2.11

ν_2 \ ν_1		分子自由度									
		10	12	15	20	24	30	40	60	120	∞
分母自由度	1	968.6	976.7	984.9	993.1	997.2	1 001	1 006	1 010	1 014	1 018
	2	39.40	39.41	39.43	39.45	39.46	39.46	39.47	39.48	39.49	39.50
	3	14.42	14.34	14.25	14.17	14.12	14.08	14.04	13.99	13.95	13.90
	4	8.84	8.75	8.66	8.56	8.51	8.46	8.41	8.36	8.31	8.26
	5	6.62	6.52	6.43	6.33	6.28	6.23	6.18	6.12	6.07	6.02
	6	5.46	5.37	5.27	5.17	5.12	5.07	5.01	4.96	4.90	4.85
	7	4.76	4.67	4.57	4.47	4.42	4.36	4.31	4.25	4.20	4.14
	8	4.30	4.20	4.10	4.00	3.95	3.89	3.84	3.78	3.73	3.67
	9	3.96	3.87	3.77	3.67	3.61	3.56	3.51	3.45	3.39	3.33
	10	3.72	3.62	3.52	3.42	3.37	3.31	3.26	3.20	3.14	3.08
	11	3.53	3.43	3.33	3.23	3.17	3.12	3.06	3.00	2.94	2.88
	12	3.37	3.28	3.18	3.07	3.02	2.96	2.91	2.85	2.79	2.72
	13	3.25	3.15	3.05	2.95	2.89	2.84	2.78	2.72	2.66	2.60
	14	3.15	3.05	2.95	2.84	2.79	2.73	2.67	2.61	2.55	2.49
	15	3.06	2.96	2.86	2.76	2.70	2.64	2.59	2.52	2.46	2.40
	16	2.99	2.89	2.79	2.68	2.63	2.57	2.51	2.45	2.38	2.32
	17	2.92	2.82	2.72	2.62	2.56	2.50	2.44	2.38	2.32	2.25
	18	2.87	2.77	2.67	2.56	2.50	2.44	2.38	2.32	2.26	2.19
	19	2.82	2.72	2.62	2.51	2.45	2.39	2.33	2.27	2.20	2.13
	20	2.77	2.68	2.57	2.46	2.41	2.35	2.29	2.22	2.16	2.09
	21	2.73	2.64	2.53	2.42	2.37	2.31	2.25	2.18	2.11	2.04
	22	2.70	2.60	2.50	2.39	2.33	2.27	2.21	2.14	2.08	2.00
	23	2.67	2.57	2.47	2.36	2.30	2.24	2.18	2.11	2.04	1.97
	24	2.64	2.54	2.44	2.33	2.27	2.21	2.15	2.08	2.01	1.94
	25	2.61	2.51	2.41	2.30	2.24	2.18	2.12	2.05	1.98	1.91
	26	2.59	2.49	2.39	2.28	2.22	2.16	2.09	2.03	1.95	1.88
	27	2.57	2.47	2.36	2.25	2.19	2.13	2.07	2.00	1.93	1.85
	28	2.55	2.45	2.34	2.23	2.17	2.11	2.05	1.98	1.91	1.83
	29	2.53	2.43	2.32	2.21	2.15	2.09	2.03	1.96	1.89	1.81
	30	2.51	2.41	2.31	2.20	2.14	2.07	2.01	1.94	1.87	1.79
	40	2.39	2.29	2.18	2.07	2.01	1.94	1.88	1.80	1.72	1.64
	60	2.27	2.17	2.06	1.94	1.88	1.82	1.74	1.67	1.58	1.48
	120	2.16	2.05	1.94	1.82	1.76	1.69	1.61	1.53	1.43	1.31
	∞	2.05	1.94	1.83	1.71	1.64	1.57	1.48	1.39	1.27	1.00

表Ⅷ F 分布的百分点，α=0.01

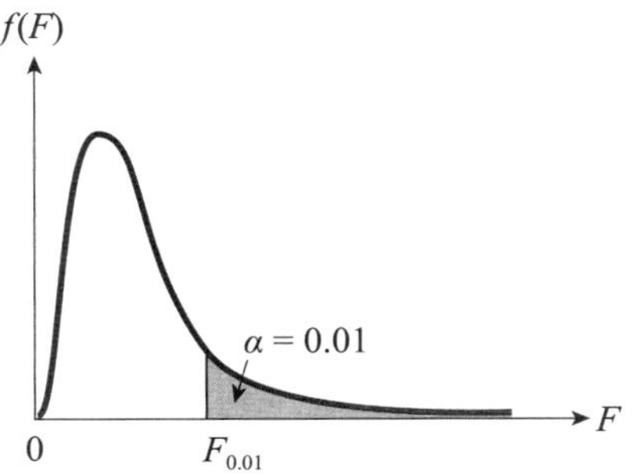

v_2 \ v_1	分子自由度								
分母自由度	1	2	3	4	5	6	7	8	9
1	4 052	4 999.5	5 403	5 625	5 764	5 859	5 928	5 982	6 022
2	98.50	99.00	99.17	99.25	99.30	99.33	99.36	99.37	99.39
3	34.12	30.82	29.46	28.71	28.24	27.91	27.67	27.49	27.35
4	21.20	18.00	16.69	15.98	15.52	15.21	14.98	14.80	14.66
5	16.26	13.27	12.06	11.39	10.97	10.67	10.46	10.29	10.16
6	13.75	10.92	9.78	9.15	8.75	8.47	8.26	8.10	7.98
7	12.25	9.55	8.45	7.85	7.46	7.19	6.99	6.84	6.72
8	11.26	8.65	7.59	7.01	6.63	6.37	6.18	6.03	5.91
9	10.56	8.02	6.99	6.42	6.06	5.80	5.61	5.47	5.35
10	10.04	7.56	6.55	5.99	5.64	5.39	5.20	5.06	4.94
11	9.65	7.21	6.22	5.67	5.32	5.07	4.89	4.74	4.63
12	9.33	6.93	5.95	5.41	5.06	4.82	4.64	4.50	4.39
13	9.07	6.70	5.74	5.21	4.86	4.62	4.44	4.30	4.19
14	8.86	6.51	5.56	5.04	4.69	4.46	4.28	4.14	4.03
15	8.68	6.36	5.42	4.89	4.56	4.32	4.14	4.00	3.89
16	8.53	6.23	5.29	4.77	4.44	4.20	4.03	3.89	3.78
17	8.40	6.11	5.18	4.67	4.34	4.10	3.93	3.79	3.68
18	8.29	6.01	5.09	4.58	4.25	4.01	3.84	3.71	3.60
19	8.18	5.93	5.01	4.50	4.17	3.94	3.77	3.63	3.52
20	8.10	5.85	4.94	4.43	4.10	3.87	3.70	3.56	3.46
21	8.02	5.78	4.87	4.37	4.04	3.81	3.64	3.51	3.40
22	7.95	5.72	4.82	4.31	3.99	3.76	3.59	3.45	3.35
23	7.88	5.66	4.76	4.26	3.94	3.71	3.54	3.41	3.30
24	7.82	5.61	4.72	4.22	3.90	3.67	3.50	3.36	3.26
25	7.77	5.57	4.68	4.18	3.85	3.63	3.46	3.32	3.22
26	7.72	5.53	4.64	4.14	3.82	3.59	3.42	3.29	3.18
27	7.68	5.49	4.60	4.11	3.78	3.56	3.39	3.26	3.15
28	7.64	5.45	4.57	4.07	3.75	3.53	3.36	3.23	3.12
29	7.60	5.42	4.54	4.04	3.73	3.50	3.33	3.20	3.09
30	7.56	5.39	4.51	4.02	3.70	3.47	3.30	3.17	3.07
40	7.31	5.18	4.31	3.83	3.51	3.29	3.12	2.99	2.89
60	7.08	4.98	4.13	3.65	3.34	3.12	2.95	2.82	2.72
120	6.85	4.79	3.95	3.48	3.17	2.96	2.79	2.66	2.56
∞	6.63	4.61	3.78	3.32	3.02	2.80	2.64	2.51	2.41

v_2 \ v_1	分子自由度									
	10	12	15	20	24	30	40	60	120	∞
1	6 056	6 106	6 157	6 209	6 235	6 261	6 287	6 313	6 339	6 366
2	99.40	99.42	99.43	99.45	99.46	99.47	99.47	99.48	99.49	99.50
3	27.23	27.05	26.87	26.69	26.60	26.50	26.41	26.32	26.22	26.13
4	14.55	14.37	14.20	14.02	13.93	13.84	13.75	13.65	13.56	13.46
5	10.05	9.89	9.72	9.55	9.47	9.38	9.29	9.20	9.11	9.02
6	7.87	7.72	7.56	7.40	7.31	7.23	7.14	7.06	6.97	6.88
7	6.62	6.47	6.31	6.16	6.07	5.99	5.91	5.82	5.74	5.65
8	5.81	5.67	5.52	5.36	5.28	5.20	5.12	5.03	4.95	4.86
9	5.26	5.11	4.96	4.81	4.73	4.65	4.57	4.48	4.40	4.31
10	4.85	4.71	4.56	4.41	4.33	4.25	4.17	4.08	4.00	3.91
11	4.54	4.40	4.25	4.10	4.02	3.94	3.86	3.78	3.69	3.60
12	4.30	4.16	4.01	3.86	3.78	3.70	3.62	3.54	3.45	3.36
13	4.10	3.96	3.82	3.66	3.59	3.51	3.43	3.34	3.25	3.17
14	3.94	3.80	3.66	3.51	3.43	3.35	3.27	3.18	3.09	3.00
15	3.80	3.67	3.52	3.37	3.29	3.21	3.13	3.05	2.96	2.87
16	3.69	3.55	3.41	3.26	3.18	3.10	3.02	2.93	2.84	2.75
分母自由度 17	3.59	3.46	3.31	3.16	3.08	3.00	2.92	2.83	2.75	2.65
18	3.51	3.37	3.23	3.08	3.00	2.92	2.84	2.75	2.66	2.57
19	3.43	3.30	3.15	3.00	2.92	2.84	2.76	2.67	2.58	2.49
20	3.37	3.23	3.09	2.94	2.86	2.78	2.69	2.61	2.52	2.42
21	3.31	3.17	3.03	2.88	2.80	2.72	2.64	2.55	2.46	2.36
22	3.26	3.12	2.98	2.83	2.75	2.67	2.58	2.50	2.40	2.31
23	3.21	3.07	2.93	2.78	2.70	2.62	2.54	2.45	2.35	2.26
24	3.17	3.03	2.89	2.74	2.66	2.58	2.49	2.40	2.31	2.21
25	3.13	2.99	2.85	2.70	2.62	2.54	2.45	2.36	2.27	2.17
26	3.09	2.96	2.81	2.66	2.58	2.50	2.42	2.33	2.23	2.13
27	3.06	2.93	2.78	2.63	2.55	2.47	2.38	2.29	2.20	2.10
28	3.03	2.90	2.75	2.60	2.52	2.44	2.35	2.26	2.17	2.06
29	3.00	2.87	2.73	2.57	2.49	2.41	2.33	2.23	2.14	2.03
30	2.98	2.84	2.70	2.55	2.47	2.39	2.30	2.21	2.11	2.01
40	2.80	2.66	2.52	2.37	2.29	2.20	2.11	2.02	1.92	1.80
60	2.63	2.50	2.35	2.20	2.12	2.03	1.94	1.84	1.73	1.60
120	2.47	2.34	2.19	2.03	1.95	1.86	1.76	1.66	1.53	1.38
∞	2.32	2.18	2.04	1.88	1.79	1.70	1.59	1.47	1.32	1.00

表IX 控制图常数

子群中的观测值 n	A_2	d_2	d_3	D_3	D_4
2	1.880	1.128	0.853	0.000	3.267
3	1.023	1.693	0.888	0.000	2.574
4	0.729	2.059	0.880	0.000	2.282
5	0.577	2.326	0.864	0.000	2.114
6	0.483	2.534	0.848	0.000	2.004
7	0.419	2.704	0.833	0.076	1.924
8	0.373	2.847	0.820	0.136	1.864
9	0.337	2.970	0.808	0.184	1.816
10	0.308	3.078	0.797	0.223	1.777
11	0.285	3.173	0.787	0.256	1.744
12	0.266	3.258	0.778	0.283	1.717
13	0.249	3.336	0.770	0.307	1.693
14	0.235	3.407	0.762	0.328	1.672
15	0.223	3.472	0.755	0.347	1.653
16	0.212	3.532	0.749	0.363	1.637
17	0.203	3.588	0.743	0.378	1.622
18	0.194	3.640	0.738	0.391	1.608
19	0.187	3.689	0.733	0.403	1.597
20	0.180	3.735	0.729	0.415	1.585
21	0.173	3.778	0.724	0.425	1.575
22	0.167	3.819	0.720	0.434	1.566
23	0.162	3.858	0.716	0.443	1.557
24	0.157	3.895	0.712	0.451	1.548
25	0.153	3.931	0.709	0.459	1.541

表 X　Durbin-Watson d 统计量的临界值，α=0.05

n	k=1		k=2		k=3		k=4		k=5	
	d_L	d_U	d_L	d_U	d_L	d_U	d_L	d_U	d_L	d_U
15	1.08	1.36	0.95	1.54	0.82	1.75	0.69	1.97	0.56	2.21
16	1.10	1.37	0.98	1.54	0.86	1.73	0.74	1.93	0.62	2.15
17	1.13	1.38	1.02	1.54	0.90	1.71	0.78	1.90	0.67	2.10
18	1.16	1.39	1.05	1.53	0.93	1.69	0.92	1.87	0.71	2.06
19	1.18	1.40	1.08	1.53	0.97	1.68	0.86	1.85	0.75	2.02
20	1.20	1.41	1.10	1.54	1.00	1.68	0.90	1.83	0.79	1.99
21	1.22	1.42	1.13	1.54	1.03	1.67	0.93	1.81	0.83	1.96
22	1.24	1.43	1.15	1.54	1.05	1.66	0.96	1.80	0.96	1.94
23	1.26	1.44	1.17	1.54	1.08	1.66	0.99	1.79	0.90	1.92
24	1.27	1.45	1.19	1.55	1.10	1.66	1.01	1.78	0.93	1.90
25	1.29	1.45	1.21	1.55	1.12	1.66	1.04	1.77	0.95	1.89
26	1.30	1.46	1.22	1.55	1.14	1.65	1.06	1.76	0.98	1.88
27	1.32	1.47	1.24	1.56	1.16	1.65	1.08	1.76	1.01	1.86
28	1.33	1.48	1.26	1.56	1.18	1.65	1.10	1.75	1.03	1.85
29	1.34	1.48	1.27	1.56	1.20	1.65	1.12	1.74	1.05	1.84
30	1.35	1.49	1.28	1.57	1.21	1.65	1.14	1.74	1.07	1.83
31	1.36	1.50	1.30	1.57	1.23	1.65	1.16	1.74	1.09	1.83
32	1.37	1.50	1.31	1.57	1.24	1.65	1.18	1.73	1.11	1.82
33	1.38	1.51	1.32	1.58	1.26	1.65	1.19	1.73	1.13	1.81
34	1.39	1.51	1.33	1.58	1.27	1.65	1.21	1.73	1.15	1.81
35	1.40	1.52	1.34	1.58	1.28	1.65	1.22	1.73	1.16	1.80
36	1.41	1.52	1.35	1.59	1.29	1.65	1.24	1.73	1.18	1.80
37	1.42	1.53	1.36	1.59	1.31	1.66	1.25	1.72	1.19	1.80
38	1.43	1.54	1.37	1.59	1.32	1.66	1.26	1.72	1.21	1.79
39	1.43	1.54	1.38	1.60	1.33	1.66	1.27	1.72	1.22	1.79
40	1.44	1.54	1.39	1.60	1.34	1.66	1.29	1.72	1.23	1.79
45	1.48	1.57	1.43	1.62	1.38	1.67	1.34	1.72	1.29	1.78
50	1.50	1.59	1.46	1.63	1.42	1.67	1.38	1.72	1.34	1.77
55	1.53	1.60	1.49	1.64	1.45	1.68	1.41	1.72	1.38	1.77
60	1.55	1.62	1.51	1.65	1.48	1.69	1.44	1.73	1.41	1.77
65	1.57	1.63	1.54	1.66	1.50	1.70	1.47	1.73	1.44	1.77
70	1.58	1.64	1.55	1.67	1.52	1.70	1.49	1.74	1.46	1.77
75	1.60	1.65	1.57	1.68	1.54	1.71	1.51	1.74	1.49	1.77
80	1.61	1.66	1.59	1.69	1.56	1.72	1.53	1.74	1.51	1.77
85	1.62	1.67	1.60	1.70	1.57	1.72	1.55	1.75	1.52	1.77
90	1.63	1.68	1.61	1.70	1.59	1.73	1.57	1.75	1.54	1.78
95	1.64	1.69	1.62	1.71	1.60	1.73	1.58	1.75	1.56	1.78
100	1.65	1.69	1.63	1.72	1.61	1.74	1.59	1.76	1.57	1.78

表XI	Durbin-Watson d 统计量的临界值，α=0.01									
n	k=1		k=2		k=3		k=4		k=5	
	d_L	d_U	d_L	d_U	d_L	d_U	d_L	d_U	d_L	d_U
15	0.81	1.07	0.70	1.25	0.59	1.46	0.49	1.70	0.39	1.96
16	0.84	1.09	0.74	1.25	0.63	1.44	0.53	1.66	0.44	1.90
17	0.87	1.10	0.77	1.25	0.67	1.43	0.57	1.3	0.48	1.85
18	0.90	1.12	0.80	1.26	0.71	1.42	0.61	1.60	0.52	1.80
19	0.93	1.13	0.83	1.26	0.74	1.41	0.65	1.58	0.56	1.77
20	0.95	1.15	0.86	1.27	0.77	1.41	0.68	1.57	0.60	1.74
21	0.97	1.16	0.89	1.27	0.80	1.41	0.72	1.55	0.63	1.71
22	1.00	1.17	0.91	1.28	0.83	1.40	0.75	1.54	0.66	1.69
23	1.02	1.19	0.94	1.29	0.86	1.40	0.77	1.53	0.70	1.67
24	1.04	1.20	0.96	1.30	0.88	1.41	0.80	1.53	0.72	1.66
25	1.05	1.21	0.98	1.30	0.90	1.41	0.83	1.52	0.75	1.65
26	1.07	1.22	1.00	1.31	0.93	1.41	0.85	1.52	0.78	1.64
27	1.09	1.23	1.02	1.32	0.95	1.41	0.88	1.51	0.81	1.63
28	1.10	1.24	1.04	1.32	0.97	1.41	0.90	1.51	0.83	1.62
29	1.12	1.25	1.05	1.33	0.99	1.42	0.92	1.51	0.85	1.61
30	1.13	1.26	1.07	1.34	1.01	1.42	0.94	1.51	0.88	1.61
31	1.15	1.27	1.08	1.34	1.02	1.42	0.96	1.51	0.90	1.60
32	1.16	1.28	1.10	1.35	1.04	1.43	0.98	1.51	0.92	1.60
33	1.17	1.29	1.11	1.36	1.05	1.43	1.00	1.51	0.94	1.59
34	1.18	1.30	1.13	1.36	1.07	1.43	1.01	1.51	0.95	1.59
35	1.19	1.31	1.14	1.27	1.08	1.44	1.03	1.51	0.97	1.59
36	1.21	1.32	1.15	1.38	1.10	1.44	1.04	1.51	0.99	1.59
37	1.22	1.32	1.16	1.38	1.11	1.45	1.06	1.51	1.00	1.59
38	1.23	1.33	1.18	1.39	1.12	1.45	1.07	1.52	1.02	1.58
39	1.24	1.34	1.19	1.39	1.14	1.45	1.09	1.52	1.03	1.58
40	1.25	1.34	1.20	1.40	1.15	1.46	1.10	1.52	1.05	1.58
45	1.29	1.38	1.24	1.42	1.20	1.48	1.16	1.53	1.11	1.58
50	1.32	1.40	1.28	1.45	1.24	1.49	1.20	1.54	1.16	1.59
55	1.36	1.43	1.32	1.47	1.28	1.51	1.25	1.55	1.21	1.59
60	1.38	1.45	1.35	1.48	1.32	1.52	1.28	1.56	1.25	1.60
65	1.41	1.47	1.38	1.50	1.35	1.53	1.31	1.57	1.28	1.61
70	1.43	1.49	1.40	1.52	1.37	1.55	1.34	1.58	1.31	1.61
75	1.45	1.50	1.42	1.53	1.39	1.56	1.37	1.59	1.34	1.62
80	1.47	1.52	1.44	1.54	1.42	1.57	1.39	1.60	1.36	1.62
85	1.48	1.53	1.46	1.55	1.43	1.58	1.41	1.60	1.39	1.63
90	1.50	1.54	1.47	1.56	1.45	1.59	1.43	1.61	1.41	1.64
95	1.51	1.55	1.49	1.57	1.47	1.60	1.45	1.62	1.42	1.64
100	1.52	1.56	1.50	1.58	1.48	1.60	1.46	1.63	1.44	1.65

表XII Wilcoxon 秩和检验 T_L 和 T_U 临界值：独立样本

检验统计量是小样本的秩和（如果各样本大小相等，则两个统计量都可以应用）。

a. α=0.025 单尾；α=0.025 双尾

n_2 \ n_1	3		4		5		6		7		8		9		10	
	T_L	T_U	T_L	T_U	T_L	T_U	T_L	T_U	T_L	T_U	T_L	T_U	T_L	T_U	T_L	T_U
3	5	16	6	18	6	21	7	23	7	26	8	28	8	31	9	33
4	6	18	11	25	12	28	12	32	13	35	14	38	15	41	16	44
5	6	21	12	28	18	37	19	41	20	45	21	49	22	53	24	56
6	7	23	12	32	19	41	26	52	28	56	29	61	31	65	32	70
7	7	26	13	35	20	45	28	56	37	68	39	73	41	78	43	83
8	8	28	14	38	21	49	29	61	39	73	49	87	51	93	54	98
9	8	31	15	41	22	53	31	65	41	78	51	93	63	108	66	114
10	9	33	16	44	24	56	32	70	43	83	54	98	66	114	79	131

b. α=0.025 单尾；α=0.025 双尾

n_2 \ n_1	3		4		5		6		7		8		9		10	
	T_L	T_U	T_L	T_U	T_L	T_U	T_L	T_U	T_L	T_U	T_L	T_U	T_L	T_U	T_L	T_U
3	6	15	7	17	7	20	8	22	9	24	9	27	10	29	11	31
4	7	17	12	24	13	27	14	30	15	33	16	36	17	39	18	42
5	7	20	13	27	19	36	20	40	22	43	24	46	25	50	26	54
6	8	22	14	30	20	40	28	50	30	54	32	58	33	63	35	67
7	9	24	15	33	22	43	30	54	39	66	41	71	43	76	46	80
8	9	27	16	36	24	46	32	58	41	71	52	84	54	90	57	95
9	10	29	17	39	25	50	33	63	43	76	54	90	66	105	69	111
10	11	31	18	42	26	54	35	67	46	80	57	95	69	111	83	127

资料来源：From Wilcoxon, F., & Wilcox, R. A. " Some rapid approximate statistical procedures," 1964, 20–23. Courtesy of Lederle Laboratories Division of American Cyanamid Company, Madison, NJ.

表XIII Wilcoxon 差异配对符号秩检验 T_0 临界值

单尾	双尾	n=5	n=6	n=7	n=8	n=9	n=10
α=0.05	α=0.10	1	2	4	6	8	11
α=0.025	α=0.05		1	2	4	6	8
α=0.01	α=0.02			0	2	3	5
α=0.005	α=0.01				0	2	3
		n=11	n=12	n=13	n=14	n=15	n=16
α=0.05	α=0.10	14	17	21	26	30	36
α=0.025	α=0.05	11	14	17	21	25	30
α=0.01	α=0.02	7	10	13	16	20	24
α=0.005	α=0.01	5	7	10	13	16	19
		n=17	n=18	n=19	n=20	n=21	n=22
α=0.05	α=0.10	41	47	54	60	68	75
α=0.025	α=0.05	35	40	46	52	59	66
α=0.01	α=0.02	28	33	38	43	49	56
α=0.005	α=0.01	23	28	32	37	43	49
		n=23	n=24	n=25	n=26	n=27	n=28
α=0.05	α=0.10	83	92	101	110	120	130
α=0.025	α=0.05	73	81	90	98	107	117
α=0.01	α=0.02	62	69	77	85	93	102
α=0.005	α=0.01	55	61	68	76	84	92
		n=29	n=30	n=31	n=32	n=33	n=34
α=0.05	α=0.10	141	152	163	175	188	201
α=0.025	α=0.05	127	137	148	159	171	183
α=0.01	α=0.02	111	120	130	141	151	162
α=0.005	α=0.01	100	109	118	128	138	149
		n=35	n=36	n=37	n=38	n=39	
α=0.05	α=0.10	214	228	242	256	271	
α=0.025	α=0.05	195	208	222	235	250	
α=0.01	α=0.02	174	186	198	211	224	
α=0.005	α=0.01	160	171	183	195	208	
		n=40	n=41	n=42	n=43	n=44	n=45
α=0.05	α=0.10	287	303	319	336	353	371
α=0.025	α=0.05	264	279	295	311	327	344
α=0.01	α=0.02	238	252	267	281	297	313
α=0.005	α=0.01	221	234	248	262	277	292
		n=46	n=47	n=48	n=49	n=50	
α=0.05	α=0.10	389	408	427	446	466	
α=0.025	α=0.05	361	379	397	415	434	
α=0.01	α=0.02	329	345	362	380	398	
α=0.005	α=0.01	307	323	339	356	373	

资料来源：From Wilcoxon, F., & Wilcox, R. A. “Some rapid approximate statistical procedures,” 1964, p. 28. Courtesy of Lederle Laboratories Division of American Cyanamid Company, Madison, NJ.

表XIV Spearman 秩相关系数临界值

数值对应于单尾检验，原假设 H_0：p=0。对于双尾检验，相应数值增加一倍。

n	α=0.05	α=0.025	α=0.01	α=0.005	n	α=0.05	α=0.025	α=0.01	α=0.005
5	0.900	—	—	—	18	0.399	0.476	0.564	0.625
6	0.829	0.886	0.943	—	19	0.388	0.462	0.549	0.608
7	0.714	0.786	0.893	—	20	0.377	0.450	0.534	0.591
8	0.643	0.738	0.833	0.881	21	0.368	0.438	0.521	0.576
9	0.600	0.683	0.783	0.833	22	0.359	0.428	0.508	0.562
10	0.564	0.648	0.745	0.794	23	0.351	0.418	0.496	0.549
11	0.523	0.623	0.736	0.818	24	0.343	0.409	0.485	0.537
12	0.497	0.591	0.703	0.780	25	0.336	0.400	0.475	0.526
13	0.475	0.566	0.673	0.745	26	0.329	0.392	0.465	0.515
14	0.457	0.545	0.646	0.716	27	0.323	0.385	0.456	0.505
15	0.441	0.525	0.623	0.689	28	0.317	0.377	0.448	0.496
16	0.425	0.507	0.601	0.666	29	0.311	0.370	0.440	0.487
17	0.412	0.490	0.582	0.645	30	0.305	0.364	0.432	0.478

表XV 学生化范围分布的临界值 $\alpha=0.05$

n \ k	2	3	4	5	6	7	8	9	10	11
1	17.97	26.98	32.82	37.08	40.41	43.12	45.40	47.36	49.07	50.59
2	6.08	8.33	9.80	10.88	11.74	12.44	13.03	13.54	13.99	14.39
3	4.50	5.91	6.82	7.50	8.04	8.48	8.85	9.18	9.46	9.72
4	3.93	5.04	5.76	6.29	6.71	7.05	7.35	7.60	7.83	8.03
5	3.64	4.60	5.22	5.67	6.03	6.33	6.58	6.80	6.99	7.17
6	3.46	4.34	4.90	5.30	5.63	5.90	6.12	6.32	6.49	6.65
7	3.34	4.16	4.68	5.06	5.36	5.61	5.82	6.00	6.16	6.30
8	3.26	4.04	4.53	4.89	5.17	5.40	5.60	5.77	5.92	6.05
9	3.20	3.95	4.41	4.76	5.02	5.24	5.43	5.59	5.74	5.87
10	3.15	3.88	4.33	4.65	4.91	5.12	5.30	5.46	5.60	5.72
11	3.11	3.82	4.26	4.57	4.82	5.03	5.20	5.35	5.49	5.61
12	3.08	3.77	4.20	4.51	4.75	4.95	5.12	5.27	5.39	5.51
13	3.06	3.73	4.15	4.45	4.69	4.88	5.05	5.19	5.32	5.43
14	3.03	3.70	4.11	4.41	4.64	4.83	4.99	5.13	5.25	5.36
15	3.01	3.67	4.08	4.37	4.60	4.78	4.94	5.08	5.20	5.31
16	3.00	3.65	4.05	4.33	4.56	4.74	4.90	5.03	5.15	5.26
17	2.98	3.63	4.02	4.30	4.52	4.70	4.86	4.99	5.11	5.21
18	2.97	3.61	4.00	4.28	4.49	4.67	4.82	4.96	5.07	5.17
19	2.96	3.59	3.98	4.25	4.47	4.65	4.79	4.92	5.04	5.14
20	2.95	3.58	3.96	4.23	4.45	4.62	4.77	4.90	5.01	5.11
24	2.92	3.53	3.90	4.17	4.37	4.54	4.68	4.81	4.92	5.01
30	2.89	3.49	3.85	4.10	4.30	4.46	4.60	4.72	4.82	4.92
40	2.86	3.44	3.79	4.04	4.23	4.39	4.52	4.63	4.73	4.82
60	2.83	3.40	3.74	3.98	4.16	4.31	4.44	4.55	4.65	4.73
120	2.80	3.36	3.68	3.92	4.10	4.24	4.36	4.47	4.56	4.64
∞	2.77	3.31	3.63	3.86	4.03	4.17	4.29	4.39	4.47	4.55

n \ k	12	13	14	15	16	17	18	19	20
1	51.96	53.20	54.33	55.36	56.32	57.22	58.04	58.83	59.56
2	14.75	15.08	15.38	15.65	15.91	16.14	16.37	16.57	16.77
3	9.95	10.15	10.35	10.52	10.69	10.84	10.98	11.11	11.24
4	8.21	8.37	8.52	8.66	8.79	8.91	9.03	9.13	9.23
5	7.32	7.47	7.60	7.72	7.83	7.93	8.03	8.12	8.21
6	6.79	6.92	7.03	7.14	7.24	7.34	7.43	7.51	7.59
7	6.43	6.55	6.66	6.76	6.85	6.94	7.02	7.10	7.17
8	6.18	6.29	6.39	6.48	6.57	6.65	6.73	6.80	6.87
9	5.98	6.09	6.19	6.28	6.36	6.44	6.51	6.58	6.64
10	5.83	5.93	6.03	6.11	6.19	6.27	6.34	6.40	6.47
11	5.71	5.81	5.90	5.98	6.06	6.13	6.20	6.27	6.33
12	5.61	5.71	5.80	5.88	5.95	6.02	6.09	6.15	6.21
13	5.53	5.63	5.71	5.79	5.86	5.93	5.99	6.05	6.11
14	5.46	5.55	5.64	5.71	5.79	5.85	5.91	5.97	6.03
15	5.40	5.49	5.57	5.65	5.72	5.78	5.85	5.90	5.96
16	5.35	5.44	5.52	5.59	5.66	5.73	5.79	5.84	5.90
17	5.31	5.39	5.47	5.54	5.61	5.67	5.73	5.79	5.84
18	5.27	5.35	5.43	5.50	5.57	5.63	5.69	5.74	5.79
19	5.23	5.31	5.39	5.46	5.53	5.59	5.65	5.70	5.75
20	5.20	5.28	5.36	5.43	5.49	5.55	5.61	5.66	5.71
24	5.10	5.18	5.25	5.32	5.38	5.44	5.49	5.55	5.59
30	5.00	5.08	5.15	5.21	5.27	5.33	5.38	5.43	5.47
40	4.90	4.98	5.04	5.11	5.16	5.22	5.27	5.31	5.36
60	4.81	4.88	4.94	5.00	5.06	5.11	5.15	5.20	5.24
120	4.71	4.78	4.84	4.90	4.95	5.00	5.04	5.09	5.13
∞	4.62	4.68	4.74	4.80	4.85	4.89	4.93	4.97	5.01

Authorized translation from the English language edition, entitled Statistics for Business and Economics, 14e, 9780136855354 by James T. McClave, P. George Benson, Terry Sincich, published by Pearson Education, Inc., Copyright © 2022, 2018, 2014 by Pearson Education, Inc. or its affiliates.